NINETEENTH CENTURY FRENCH PLAYS

NINETEENTH CENTURY FRENCH PLAYS

EDITED BY

JOSEPH L. BORGERHOFF

IRVINGTON PUBLISHERS, INC., New York

Library of Congress Cataloging in Publication Data

Borgerhoff, Joseph Leopold, 1870-   ed.
    Nineteenth century French plays.

    Plays in French; introductory material in English.
    Reprint of the 1959 ed. published by Appleton-
Century-Crofts, New York, in series: The Century
modern language series.
    Bibliography: p.
    1. French drama—19th century. I. Title.
PQ1222.B6 1978   842'.009   77-27470
ISBN 0-89197-319-2

PRINTED IN THE UNITED STATES OF AMERICA

PREFACE

While using, with some of my classes, the excellent volume entitled *Eighteenth-Century French Plays*, edited by Clarence D. Brenner and Nolan A. Goodyear, I conceived the idea of compiling a similar volume dealing with the nineteenth century drama in the hope that such a work would render useful service to teachers and students. As in the above-named volume, there are in this one two kinds of introduction, one giving a bird's-eye view of the development of the drama from the Revolution to the end of the century, the others dealing more in detail with the various authors included in this collection. The bibliographies accompanying those introductions, though far from complete, contain, it is hoped, the most indispensable and most useful items. Since the volume is intended for advanced students, the linguistic notes have been kept down to what I considered a minimum, which, in the case of *Cyrano de Bergerac*, is still not inconsiderable. For the remainder, any school dictionary will easily supply what additional help may be needed.

About the choice of material in this volume, opinions may well differ. Every one realizes that the nineteen plays here presented form but a small fraction of the tremendous volume of stage productions that saw the footlights in Paris between 1800 and 1900. My aim was not to pick out the best, or the most interesting from the playgoer's point of view; it was rather to call attention to a number of authors whose works marked a stage in the evolution of French dramatic art, and while even in this selection I was, from material necessity, compelled to limit myself, it is hoped that the works included in the volume are sufficiently representative of the divers tendencies that have characterized the French stage during the past century.

I desire to express my sincere gratitude to Professor Kenneth McKenzie of Princeton University, whose helpfulness, kindness, and patience have never failed me during the preparation of this volume. Thanks are due also to my son, Elbert B. O. Borgerhoff, instructor at Princeton, who has given me valuable help with the notes. Neither should bear the least blame for any of the shortcomings of the book.

J. L. B.

CONTENTS

NINETEENTH CENTURY FRENCH PLAYS

NINETEENTH CENTURY FRENCH PLAYS

INTRODUCTION

I

When in the early years of the French Revolution, on January 13, 1791, the Assemblée Constituante revoked the monopoly of the two leading playhouses, about fifty theatres were opened in Paris almost immediately. Tearful comedies and bourgeois dramas, those tedious products of the eighteenth century, were nearly forgotten. Contemporary events and political questions were dramatized to the delight of the revolutionary crowds.[1] Curiously enough, tragedies in five acts and in verse with subjects drawn from Roman, French, Italian, and Biblical history were composed as revolutionary propaganda, and characters named Marius, Lucretia, Nero, or Cincinnatus became the idols or the objects of detestation of the public. Never since Corneille had such an array of Roman heroes and heroines uttered such high-sounding patriotic sentiments and virtuous platitudes, and at no time in the history of the stage had so many mediocre plays been turned out. Few of them bear reading to-day.

With Napoleon's advent, Corneille, Racine, and Voltaire, with some of their better imitators, came again into favor, thanks to the genius of the great actor Talma and to the encouragement of the emperor, who loved the pomp and circumstance of the classic tragedy and saw in it a symbol of his own grandeur. Moreover it was, with the comedy of the two previous centuries, the only form of drama he considered worthy of being offered to conquered nations as specimens of the dramatic genius of France. Meanwhile, disciples of Voltaire kept grinding out plays after the same pseudo-classic pattern: Raynouard, *Les Templiers* (1805); Luce de Lancival, *Hector* (1809); le Jouy, *Tippo Saïb* (1813); Viennet, *Achille* (1822); Soumet, *Clitemnestre* (1822), *Saül* (1822), and *Cléopâtre* (1824). Sheer inertia and the conviction that no other form of serious drama suited the French temperament and taste kept tragedy alive. Yet Madame de Staël [2] wrote in 1810: "Nos plus belles tragédies en France n'intéressent plus le peuple," and she might have added that the *drame bourgeois* was dead. It was not strange that a nation which had passed through the hectic revolutionary years and had seen the Napoleonic epic in action should no longer relish the imaginary woes and fine speeches of decorous kings and queens long since gone

---

[1] *Le Jugement dernier des rois, prophétie en un acte et en prose*, 1793, in which all Kings were deported to a volcanic island, is an example of such *pièces d'actualité*.

[2] *De l'Allemagne*, II, 15.

1

and forgotten. Such a nation craved something more exciting: more action, more human interest.

That interest and excitement was found on the Boulevards, where the show-houses of lesser importance were located: at the Ambigu Comique, the Gaieté, or the Théâtre de la Porte Saint-Martin. There, night after night, could be seen plenty of action, mighty deeds, dark treachery, innocence and virtue vindicated, villainy crushed, all amidst gorgeous scenery and stage effects that were realistic, beautiful or deliciously terrifying, to the accompaniment of music and ballets. In the last quarter of the eighteenth century such entertainment was called *pantomime*, because the privilege of presenting regular comedy and drama was enjoyed by only two theatres; the others had to be satisfied with mute shows and printed explanatory notices, such as the silent cinema makes use of to-day. Occasionally a monologue was introduced, and later, by special arrangement with the monopolistic theatres, dialogues were added. But the term *pantomime* was still applied after the birth of the spoken melodrama. Even Pixerécourt's melodramas with full text were occasionally called *pantomime dialoguée*. Not only the lower classes but also the more cultured public liked this type of drama. Fleury, an actor of the Comédie Française,[1] complains of this state of affairs, for he says that the society women of the new régime had started a fashion of attending such plays; it is true that they also subscribed to the Comédie Française, but merely to spend there an hour or so in order to display their diamonds. What they really enjoyed was the melodrama, this new form of entertainment in which violence and bad taste predominated. Fleury's good sense made him see that melodrama was playing havoc with routine, and that what it needed to grow to the full stature of a recognized literary genre, was merely an actor of genius. Other critics said that all it needed was a writer of genius, because, in their estimation, the chief merit of a dramatic work lay in its style.

The genius who made melodrama grow and become famous was Guilbert de Pixerécourt. He was not the creator of it, for many pantomimes are truly melodramas minus the dialogue; but he perfected it and fixed its formula. All the elements of this formula are already present in *Coelina* (1800): the persecuted victim, the virtuous and brave hero, the villain, and the *niais*, or clown. Victim and hero are paragons of virtue and bravery, the villain has no redeeming features, although he may repent and confess at the end and so win a measure of sympathy; the *niais*, who is generally on the side of the good and is sometimes instrumental in the rescue of the victim or the undoing of the wicked, serves mainly to furnish relief from the horror or sadness of the situation. There is nearly always a moral, expressed or implied. The play has usually three acts, sometimes four or five, and rarely one. Frequently the unities are observed, a feat of which the author is not a little proud. The first act acquaints us with the love motif and the main elements of the plot. The second is devoted to the recital of the victim's misfortunes, and the perfidious machinations of the villain. The third to the triumph of innocence or virtue and the punishment of the wicked. Music accompanies the entrances and exits of the main actors: the tremolos of the violin are the necessary adjunct of pathetic situations, while the violent ones are accentuated by the blare of trumpets and the beating of drums. Ballets are introduced wherever circumstances justify them or relief

[1] *Mémoires de Fleury*, tome VI, chapter IV.

from a tense situation seems desirable. The style of the play, particularly of the monologues, is in turn grandiloquent, pathetic, mysterious, violent, and teeming with moral maxims. This style is, of course, completely lacking in distinction.

This form of drama has been called the tragedy of the masses, and Pixerécourt was frequently referred to as "le Corneille des Boulevards." When not used ironically, those appellations are inappropriate; for a tragedy, as conceived by the French classicists, is a dramatic conflict of spiritual forces in which either the will or the passions have the upper hand. Fate playing an insignificant part, the plot is free from complications, and events lead logically to the catastrophe as a result of the operating spiritual forces. On the stage there is little action, local color is disregarded, and scenic effects are reduced to a minimum, for the reason that the whole interest centers on the inner struggle of souls. As a result, the observance of the unities of time, place, and action was a comparatively easy matter. The later pseudo-classicists considerably altered this scheme, sometimes violating the unities of time and place, putting more action, local color, and externally dramatic scenes on the stage. Characters and language alike were kept on a high level, and a tragedy was always written in verse.

In the melodrama the conflict is material and violent. It is fought out with material means between the morally good and the morally bad, Providence or Fate being always on the side of the former, who after bitter trials and persecution find in the end their patience and goodness rewarded. In this respect, melodrama resembles the "thrillers" of to-day. As the conclusion is foreseen and must satisfy the moral sense of the audience, the skill of the dramatist consists in furnishing the necessary suspense, the emotion, the local color and the comic relief. It was, of course, art in its infancy; but its long, flourishing career is proof that it filled a need at a time when the best theatres in Paris dragged out an anemic existence with tragedies and comedies lacking an appeal both to the cultured or to the uncultured.

A considerable number of second and third rate writers were engaged in the production of melodramas, but Guilbert de Pixerécourt was the prince of them all. Most of his plays, from *Coelina* (1800) to *Latude* (1834), gained success. The genre was introduced into England in 1802 and its fame soon spread all over Europe.

Next to Pixerécourt came Caigniez, who was sometimes called "le Racine des Boulevards." He wrote *la Forêt enchantée ou la Belle au bois dormant*, and two Biblical melodramas, *Jugement de Salomon* (1802), which enjoyed three hundred performances, and *le Triomphe du roi David* (1805).

Another successful melodramatist was Victor Ducange (1783–1833), who scored heavily at least three times, once with *Calas ou le Fanatisme*, again with *Thérèse ou l'Orpheline de Genève*, and especially with his masterpiece, *Trente ans ou la Vie d'un joueur*, produced at the Porte Saint-Martin in 1827. Written hastily and badly, it was magnificently interpreted by Frédérick Lemaître and Mme Dorval, who eventually became stars of the romantic theatre. *Trente ans* long held its popularity, and it is not so many years since it might still be seen on the stage. In 1831 Ducange made tears flow with *Il y a seize ans*, which he called a *drame* because that was the appellation used by the romanticists. As a matter of fact, it was still pure melodrama with a mistaken identity corrected by an "anneau de ma mère," an offspring of the prolific "croix de ma mère" made use of by Voltaire in *Zaïre*. Ducange might, in a way, be considered as forming a link between the genuine *mélodrame à grand spectacle* and the prose drama of the romantic school.

The two plays by rivals which duplicated Pixerécourt's triumphs were *Trente ans* mentioned above, and *l'Auberge des Adrets* by Saint-Amand and Paulyanthe. In both Frédérick Lemaître played the leading part, and to his interpretation was due their success.

II

While in lyric poetry romanticism had scored almost a complete victory by about 1825, the conventional stage was still struggling hopelessly in a losing fight against reform. Criticism was not lacking: voices had long since been raised against pseudo-classicists. Diderot, Mercier, Wilhelm Schlegel, Mme de Staël, to name only the leading critics, had condemned it in no uncertain terms; but Diderot and Mercier were forgotten, Schlegel was a foreigner and Mme de Staël had only repeated Schlegel. Voltaire's influence, reinforced by the authoritative critic La Harpe (1739–1803), himself the author of a dozen tragedies of little worth, was still supreme in official circles, including the Academy. Moreover, we have seen that Napoleon and Talma had combined to keep classical tragedy on the stage, in spite of protests. Lady Morgan in *France in 1817*, a work of keen observation, did not hesitate to proclaim that even Talma with all his talent could not make a classic tragedy interesting as Shakespeare's plays were interesting.

In 1821 a new edition of Letourneur's translation of Shakespeare's works was published along with renderings of Schiller's romantic dramas; and in 1823 the two romantic tragedies of Manzoni were translated from Italian into French, and attracted some attention. In the preface of the Shakespeare translation, Guizot stated that the great English playwright was the model whom young Frenchmen should follow. But no one in France had ever seen any of those dramas acted save the few travelers who had visited England. Critics and journalists held the opinion accredited by Voltaire and La Harpe that Shakespeare was a kind of barbarian who had written plays in which flashes of genius and of philosophic profundity alternated with coarse jest such as no French audience would brook. Ducis had made some adaptations in the classic manner, but they gave no better idea of the real Shakespeare dramas than did the pantomimes and melodramas which others drew from them. Yet Lady Morgan presumed to place the English dramatist above Corneille, Racine, and Voltaire. No little indignation was aroused in the pseudo-classic camp. One theatre manager, however, Merle, of the Porte Saint-Martin, dreamed of making the experiment of placing the real Shakespeare before the public, and in 1822 he engaged a third-rate company under the leadership of one Penley, and English plays were announced on rather provocative posters which at once aroused hostility. The experiment was a dismal failure. The English actors were driven off the stage by an infuriated mob, and Penley's company had to repair to an obscure little stage where a handful of enthusiasts attended his very inferior performances. Unsatisfactory though this experiment was, it was an entering wedge. In 1823 Stendhal wrote *Racine et Shakespeare*, and from now it might be said that the fight was on in earnest between the partisans of the old and those of the new.

In 1824 the *Globe*, a literary journal, was started with its significant title and with the avowed purpose of promoting a true understanding of the greatest English playwright. In 1827 a second company was induced to make a more serious attempt to present English drama to the Parisians. Conditions this time were more auspicious. Twelve years had elapsed since the defeat at Waterloo, six since Napoleon's death; politically France and England were friendly neighbors. Charles Kemble, Miss Smithson, Kean, Macready, supported by other fairly good actors, appeared at the Odéon and the Italiens, and were received with enthusiasm. The newspapers, with few exceptions, welcomed the venture; and the performances were attended by hundreds of writers and students who, knowing English but imperfectly, followed the actors by means of booklets containing side by side the stage version and the French translation. Miss Smithson, who later became the wife of the composer Berlioz, was from the start a great favorite; her interpretation of Ophelia and Desdemona was especially admired. All the great plays of the Coventry repertory were seen and applauded in Paris. Compared to those dramas, so full of color, movement, life, in which the comic, the grotesque, and the tragic mingled without incongruity, and in which the unities of time and place were disregarded, the pseudo-classic productions by Arnault, Raynouard, Lemercier, Jouy, Viennet, Delavigne, all of whom had made attempts at rejuvenating their material by drawing on national history, appeared pale and futile. In the fall of 1827, Hugo's *Cromwell* was completed. The value of that drama was slight, and it was unsuitable for presentation on the stage. Shakespeare's influence was clearly discernible, but the French poet had imitated only the most external, superficial features of his great model. The preface, however, was of prime importance, for it became the gospel of the young reformers. It proclaimed in clarion tones that the unities of time and place were an obsolete fetich; that an ever dignified and stilted language was unnatural; that antithesis, the mingling of the tragic and the comic, the sublime and the grotesque, laughter and tears, were the essence of life, and should therefore be mingled in the drama which is a representation of life. The poet held that plays should be written in verse, but in a verse liberated from the classic shackles, and the language made to conform to reality by the adoption of a living vocabulary in which the *mot propre* should replace the classic periphrasis.

Unfortunately, no work meeting such specifications, and at the same time suitable for actual presentation, was at hand, an argument the pseudo-classicists did not fail to bring against the youthful theorist and his followers. Three years were to elapse before the latter could point triumphantly to a masterpiece composed according to the new doctrine. Meanwhile, on February 10, 1829, Alexandre Dumas, one of those who were most profoundly impressed by the performances of the English players in 1827 and 1828, produced a historical drama in prose that created somewhat of a sensation: *Henri III et sa cour*. With a subject taken from French history, it was full of local color rather superficially applied, lively dialogue, and much action; melodramatic elements were not wanting, yet the technique was not that of the Boulevards. The action was swift and compact, there was no music, there were no sentimental or bombastic tirades, no straining after grandiose effects, no fireworks, verbal or scenic. It was different from anything the French stage had known, and its success was immediate and genuine. Although it was not the type of play dreamed of by the poets, or by the critics like Stendhal, who looked for a dramatization of serious historical events, or finally by those other critics whose ideal was Shakespeare, it was at least an interesting experiment, and a breach made in the classical rampart represented by the Comédie Française. The Shakespearians, fearful lest this sort of play might set the standard for the new school and thus frustrate their efforts to impose Shakespeare as a model, considered it indispensable to present his principal dramas by means of faithful translations. Alfred de Vigny's version of *Othello* was performed under the title of *le More de Venise* at the Comédie Française on October 24, 1829. According to the *Globe*, it was a triumph in spite of a few hisses from irreducible classicists. Shakespeare had once more conquered Paris. "Il s'agissait bien réellement de se prononcer," one critic wrote,[1] "il s'agissait d'inaugurer à la face du ciel et des hommes un système dramatique tout opposé au nôtre ou d'en conjurer l'établissement; il s'agissait d'admettre ou de repousser William Shakespeare à titre de rival des maîtres de notre scène." Although this writer was won over, the public still hesitated. "Les cœurs sont gagnés," he adds, "mais les esprits restent en suspens." His own feelings may be inferred from the dithyrambic tone of his article: "Figurez-vous un homme qui n'aurait vécu depuis longtemps qu'à la clarté des bougies, des lampions ou des verres de couleur, qui n'aurait respiré que l'air échauffé des salons, qui n'aurait vu que des cascades d'opéra, des montagnes de toile peinte et des guirlandes de fleurs artificielles, et qui se trouverait transporté tout à coup, par une magnifique matinée du mois de juillet au souffle de l'air pur, sous les tranquilles et gracieux noyers d'Interlaken, en face des glaciers de l'Oberland, et vous aurez une assez juste idée de la situation morale d'un habitué des premières représentations, lorsqu'il vient à se trouver à l'improviste en présence de ces beautés, si grandes, si nouvelles."

February 25, 1830, was a day of triumph for the young literary agitators, for it was on that day that Victor Hugo's *Hernani* was performed at the Comédie Française amidst the applause and the vociferous bravo of the turbulent young Bohemians who saw to it that the faint protests of the traditionalists should not be heard. The story of that first performance has been related so often that we may be dispensed from rehearsing it here.[2] According to the romanticists the long awaited masterpiece had been realized and a French Shakespeare was born. The scholarly critics, however, were faintly disappointed. Magnin, of the *Globe*, who had yearned and labored for the rejuvenation of the stage, called *Hernani* "une légende féodale, une romance espagnole . . . , une ballade allemande elevée aux proportions de la tragédie."[3] Stendhal, who for seven years had fought against the antiquated tragedy and who had called the alexandrine verse "un cache-sottise," wrote: "*Hernani*, tragédie de M. Victor Hugo, mal imitée des *Two gentlemen of Verona* et autres pieces de ce genre du divin Shakespeare."[4] Jay, another admirer of Shakespeare, whom he ranked, however, below Racine and Voltaire, expressed his opinion as follows: "L'expérience

[1] de Broglie in *Revue Française*, January, 1830.
[2] See Théophile Gautier, *Histoire du romantisme.*
[3] *Le Globe*, March 1, 1830.
[4] Letter dated March 10, 1830.

décisive a été faite: le drame de l'imagination s'est montré sur la scène et a paru avec toute la pompe des costumes, des décorations, tout le prestige de la curiosité habilement excitée. Je n'hésite plus maintenant à le déclarer, *Hernani* et les pièces qui lui ressemblent ne sont que des mélodrames beaucoup moins intéressants que ceux qui se jouent sur les boulevards." [1] It is significant also that several parodies of *Hernani* were produced to the delight of the public. Nevertheless, Hugo achieved success with three other tragedies in verse, of which the best is *Ruy Blas* (1838), and with melodramatic plays in prose (*Lucrèce Borgia*, 1833).

Dumas meanwhile continued his activities as a dramatist so auspiciously begun with *Henri III et sa cour*. Nearly all of his plays are justly forgotten to-day, mainly because they cannot boast what saved Hugo's, the glamour of brilliant verse. *La tour de Nesle* (1833) is still occasionally seen, and it may claim the right to be called the most successful melodrama of the nineteenth century. The most interesting, in many ways, of his dramatic productions is *Antony* (1831), the first of a class of "triangular" (or adultery) plays, that were destined to have such a fruitful career. The characters and settings were contemporary, something unique at the time although familiar in the *drame bourgeois* of the eighteenth century; and no doubt Dumas thought that he had inaugurated realism on the stage. But Antony, despite his modern dress, is only another incarnation of the *héros fatal* dear to the true romanticists, whose over-strained sentiments he voices and whose language he speaks. He does not belong to any recognized social category, he is merely theatrical. Dumas, like Hugo, or like Pixerécourt, searched historical documents, resuscitated dead events and dead characters, infusing both with their own conceptions and with their own temperaments, while forgetting to study the living reality. The result is that there is a great similarity between all those plays and all those characters, which all suffer from a total lack of sincerity. Nevertheless, *Antony* made a deep impression on Alfred de Vigny, who saw behind the theatricalness of the drama a thought: the tragic situation of a man without a name or a place in society, and of a woman loving that man but tied to a husband for whom she had no love. No doubt, this spectacle of what he considered the cruelty of a heartless world helped to make concrete Vigny's idea of a *drama of thought*, which he soon realized in *Chatterton*. The plot of that drama is simple, and the conflict is entirely spiritual. Vigny himself said that the plot was nothing. It is the simple story of a day, the last day in the life of an idealist crushed by a materialistic world. In the compactness of the action, the sobriety and consistency of the language, the strict observance of the unities, this play is almost classic.

In all the above we are far removed from Shakespeare, under whose patronage the literary revolution had been brought about; and it may be safely asserted that the aims of the Shakespearians and of the partisans of the historical drama had not been realized. A net gain was the liberation from the pseudo-classic tyranny and from the lifeless products which had paraded under the name of tragedies. Freedom from tradition and from meaningless rules had been achieved and to that extent Shakespeare's example had been beneficial. It was felt, however, that France did not yet possess her ideal drama; and this was not likely to be found on the road which Dumas, Hugo, and Vigny had chosen to

---

[1] *La conversion d'un romantique.*

follow.   Their plays, with the exception of *Chatterton*, had no serious basis, no high ideals.   They contained, moreover, unethical and unsocial elements which, if not checked, were bound to lead to the disintegration of moral standards. The good French bourgeois applauded in the theatres things they would not have countenanced in their family circles.   There was, therefore, divorce between the stage and life, and since the romantic battle had been fought in the name of truth and artistic realism, it was obvious that in the application of those principles, the chief representatives of the school had failed.   Hence the dissatisfaction of critics like Stendhal and the contributors to *le Globe*.   They longed for a good historical tragedy.   "La nation a soif de sa tragédie historique," Stendhal [1] had written; and Duvergier de Hauranne had said: [2] "S'il est un point sur lequel tout le monde soit aujourd'hui d'accord, c'est la nécessité de remplacer par des tragédies historiques les tragédies mythologiques et purement idéales."   Dumas, Hugo, and Vigny (with *la Maréchale d'Ancre*) had interpreted the term "tragédie historique" in their own way, and theirs was the wrong way. Through skilful publicity they succeeded in occupying the principal theatres of Paris and in excluding more serious attempts made by others, Prosper Mérimée, Ludovic Vitet, Dittmer et Cavé, none of whom saw their works performed. Mérimée's *Théâtre de Clara Gazul*, published in 1825, contained several plays interesting because of their fine sobriety of tone and language, their truthful characterization and their dramatic qualities.   Even to-day they have preserved their freshness and charm.   Three years later appeared *la Jacquerie, scènes féodales*, in which Mérimée, who was much of a realist, has painted a dramatic picture of a well-known episode of French history.   In 1826 appeared Vitet's *Barricades*, not intended for the stage because, as the young author wrote: "Ce n'est pas une pièce que l'on va lire, ce sont des faits historiques présentés sous la forme dramatique, mais sans la prétention d'en composer un drame."   Yet, the quality of the scenes is such that with little alteration they could form an interesting play which would have the merit of being faithful to historic truth. *Les soirées de Neuilly*, by Dittmer and Cavé, published in 1827 under the pseudonym of M. de Fongeray, was preceded by an alleged portrait of the mysterious M. de Fongeray which was in reality a caricature of Stendhal.   In this group there is one play, *la Conspiration de Malet*, which is notable for the rapidity of the movement and the realism of the incidents and characters; it was highly praised in the *Globe* (April 3, 1827) by Vitet, who himself wrote the same year *les Etats de Blois ou la Mort de M. de Guise*, and two years later *la Mort de Henri III*.   The *Globe*, while commending the author, blamed his too great timidity, his too scrupulous adherence to historical facts.   This was a dangerous doctrine and invited all the fantastic falsifications and anachronisms of a Hugo and a Dumas.   Vitet, somewhat discouraged, wrote that dramatic art had no need of erudition.   By that time *Henri III et sa cour* had carried Paris by storm and Mérimée's *Jacquerie*, Dittmer and Cavé's *Soirées de Neuilly*, Vitet's learned dramas, Charles d'Outrepont's *Saint-Barthélemy* (1826), Loëve-Veimars' *Mort de Charles Premier, drame en 42 scènes* (1827), *Scènes contemporaines* (1827) and *le Dix-huit Brumaire* (1828), as well as some others of the same type were neglected.   These historical dramas were too learned, too devoid of picturesqueness,

---

[1] Letter dated March 6, 1823.
[2] *Le Globe*, June 10, 1826.

too drab, and not sufficiently romantic for the temper of a public which preferred the tinsel of Dumas and Hugo. "Amuser et intéresser," wrote Dumas [1] after Molière, "voilà les seules règles . . . que j'admette," and they were all the public cared for.

In the midst of this search for novelty the traditionalists had not hauled down their flag altogether. Tragedies according to the old formula were still produced and at least one conservative poet gained a goodly measure of applause. That was Casimir Delavigne. By temperament and training a classic, he nevertheless may be considered a transition poet, for his tragedies, written mainly after the classic formula, give evidence of concessions to the prevailing demands for renovation. While his famous *Vêpres Siciliennes* (1819) is entirely modeled after Corneille's pattern, *le Paria* (1821), and especially *Marino Faliero* (1829), *Louis XI* (1832), and *les Enfants d'Edouard* (1833), show distinct romantic leanings. In his comedies he remained faithful to the conventional aristocratic types of the seventeenth and eighteenth centuries, although he also collaborated with Scribe on some farces. Among his contemporaries, Louis-Jean Népomucène Lemercier (1771–1840) is one of the best of the belated classics. He too, after his very successful *Agamemnon* (1797), tackled medieval subjects like *Christophe Colomb* (1809), in which he disregarded the unities, *la Démence de Charles VI* (1820), *Frédégonde et Brunehaut* (1821). He lacked the dignity of his great forbears of the stage and his historical subjects are often treated in a superficial way. His *Pinto* (1800) is interesting in that it was written in prose and contained, long before Hugo's *Préface*, a mingling of tragic and comic elements. Little or nothing was produced by way of realistic drama before the advent of the younger Dumas. We should, however, call attention to the date of Balzac's *le Faiseur* or *Mercadet*, a character comedy written in 1832, but produced only in 1851 after being re-worked by the practical playwright d'Ennery. In spite of exaggerations in detail, it is already genuine realism; it deals with very material matters, business, debts, an absconding partner; the setting is realistic and the speeches are in familiar language. On account of its influence in the direction of realism, it is important and deserves a place in a selection like the present one. It is all the more interesting if we consider that at the time of its composition comedy was indeed at a low ebb. The romantic playwrights neglected it altogether as unworthy of their high, artistic mission, and we may assert that since Beaumarchais in the last quarter of the eighteenth century, little had been done in that field. Alexandre Duval (1767–1844) wrote a *Chevalier d'Industrie*, the fame of which is attested by the fact that the title has become part of the current vocabulary, just as later the younger Dumas' *Demi-monde* added a new term to the dictionary. More important is Picard, the first to switch from the revolutionary *pièce de circonstance*, satirical and lacking in gayety, to the comedy of manners with laughter as a component part. In his early plays he often sacrifices plot to a demonstration of the theme he has chosen; thus in *la Petite ville* (1801) the various incidents are intended to show that life in small towns is not the idyllic existence often painted by dissatisfied city dwellers. Later he attaches more importance to plot, yet this is seldom so complicated as to dominate his main concern, which is to amuse and interest by the study of manners. His philosophy of life, superficial in the extreme, is

[1] Preface to *Napoléon Bonaparte*.

perhaps best expressed in his *Marionnettes* (1806), in which he attempts to show that human beings are swayed in their actions by mere chance or by the state of their nerves, not by logic, conscience, or will power, and that the smallest causes may have most important results.   This he again illustrates in *les Ricochets* (1807), a play which is characteristic of his style and method.

Scribe (1791–1861), whose philosophy approaches that of Picard, by whom he was undoubtedly influenced, is of far greater importance in the history of the stage, not because of any intrinsic literary or artistic value in his vaudevilles and comedies, but because of his unsurpassed skill as a play builder.   He could take any idea, any historical *fait divers*, true or apocryphal, and transform it into a comedy which would keep a willing audience amused for an evening; or he could take a human foible or vice and weave around it a play that passed for a comedy of manners.   His characters speak and act plausibly in the circumstances in which their creator and manipulator places them, but the circumstances would not be likely to arise in real life.   Scribe's wit and cleverness made both his complicated plots and his artificial characters acceptable to his public, because he was a spell-binder possessing the art of robbing his audience of its logic and reasoning power while amusing it; but he was great as a technician, and as such he has been the teacher of all who came after him, not only of the younger Dumas and of Augier, but of all of Europe.   He is the greatest modern exponent of the *well-made play*.   Sarcey said of him: "One must know Scribe. One must study, but not imitate him." [1]   In France among his imitators and direct spiritual descendants was Labiche (1815–1888), author of many diverting farces composed wholly by himself or in collaboration with others.   Improbable but amusing situations, mistaken identities, misunderstandings, the portrayal of ridiculous personages and monomaniacs, caricature, pranks and puns, form his stock in trade; but he was an amusingly clever, if superficial, observer of human nature.   His farces best remembered are *le Chapeau de paille d'Italie* (1851), *le Voyage de M. Perrichon* (1860), and *la Poudre aux yeux* (1861).

Perhaps the most brilliant of Scribe's pupils, certainly the most prolific and the most successful from a financial point of view, was Victorien Sardou (1831–1908), who started with amusing social satires winning immediate recognition; *les Pattes de mouche* (1860), known in English as *A Scrap of Paper*, was his first success, after which he composed an astounding number of comedies, and later historical plays of which some are simply gorgeous melodramas.   He has contributed nothing valuable to the development of the drama, but his numerous productions give evidence of a thorough understanding of all the intricacies of the successful playwright's trade.

Halévy (1834–1918) and Meilhac (1832–1897) were also extremely popular with their comedies and farces.   Separately or in collaboration, they have produced about a hundred pieces, of which Offenbach (1819–1880) put a dozen to music; *la Belle Hélène* (1865), *la Grande duchesse* (1867), *Froufrou* (1867), and a multitude of others of the same type have made the round of the world.   Halévy has also written novels, the most famous of which is *l'Abbé Constantin* (1882), dramatized by Crémieux.

Without any pretentions at moralizing, Edouard Pailleron has written comedies of manners, one of which, *le Monde où l'on s'ennuie* (1881), may well prove

[1] Quoted from *The Development of Dramatic Art* by Donald Clive Stuart.

to be the best of the nineteenth century. It contains gentle satire and delicious humor, and besides, it has what the French aptly call *tenue*, a species of moral elegance eminently suited to the subject. His comedies are carefully made, but not obtrusively so, and we willingly overlook the artificiality of the plot, the surprises, and intrigues, to admire his knowledge of human nature, his characterization, and his wit.

A place apart should be allotted to Alfred de Musset, who had read and admired Shakespeare, and had penetrated his spirit perhaps better than any other Frenchman of his generation. With the quarrels of the literary clans he had nothing to do; as a matter of fact, he broke away early from the group under whose influence he, the youngest, had come for a time. He was, it is true, a romantic by temperament, but he had none of the truculence of the leaders, and of their charlatanism, grandiloquence and grand gestures he was rather inclined to make sport. He is frequently referred to as the *enfant terrible* of the school; he certainly was the most sincere of them all, and by following his natural genius, he has created something new and entirely refreshing and pleasing. As his first dramatic venture was hissed at the Odéon, he swore that henceforth he would write no more for the stage; but in time he forgot his vow. Because of his sincerity, which is also his originality, he is the least antiquated dramatist of this whole period, and the most satisfying. He was not hampered by any dramatic technique, and when reading him, if we forget all the accepted notions concerning it, we shall come under the spell of his subtle, subdued, and refined charm, and we shall find that his plays have real dramatic qualities as well. Some of them have now a permanent place on the repertory of the Théâtre Français.

III

Romanticism, so far as content was concerned, was based on nothing more substantial than the so-called divine right of passion; it contained no criticism of life. At the time of the failure of Hugo's *Burgraves* (1843), the public had had its fill of frenzied passion and oratory. In disgust it turned to the classics of the seventeenth century and to a modified form of classicism represented by Ponsard's *Lucrèce* (1843), and called it the School of Common Sense. But this attempted revival of the tragedy in verse was foredoomed to fail. The genius of the incomparable actress Rachel was alone capable of giving it a semblance of life. Something closer to the hearts of the people was needed to keep the public interest awake. Balzac had shown that pictures of contemporary types could constitute interesting novels, and had he lived to carry out his plans for a series of plays constructed according to the same method, we might have had a second *Comédie humaine*, one written for the stage. As it is, he left *la Marâtre*, produced in 1848, a powerful but badly constructed play containing by the side of much melodrama strongly realistic touches, and *Mercadet* already mentioned. The latter may be considered the first truly realistic play of the century, although it must be added that writers of comedy from Molière to Picard had never lost complete touch with the realities of life. We catch glimpses of them even in the fantastic Scribe. But none had come so close to them as Balzac in his *Mercadet*.

Dumas the younger and Augier were the authors who were to combine the study of contemporary types and conditions with the dramatic technique of

Scribe, so as to compose a series of plays destined to displace Hugo and the elder Dumas, to occupy the stage for a generation, and finally to lead to new developments in drama. Both writers had, however, ideals which neither Balzac nor Scribe entertained, namely, the bettering of society, the exposing or suppression of evils and abuses, the maintaining or raising of moral standards for the family or the nation. Dumas especially is very earnest and sincere in his rôle as social and even legal reformer. Most of his plays have for their main object the righting of some wrong; he is the initiator of what he himself called the useful theatre and the problem play, or *pièce à thèse*. In his hands the stage became a sort of pulpit from which, through some character in each play, the *raisonneur*, he expresses his ideas. By his great skill in combining plots and by his stylistic qualities he managed to interest his audiences in the questions that were dear to his heart. Despite the interest that attaches to his plots, one is never allowed to lose sight of the problem, and while in the case of Scribe what stuck in the mind, the play once over, was the story and the incidents, in the case of Dumas it was the moral or social question involved. Beginning with *la Dame aux camélias*, the most successful of his plays although precisely the one in which there was no *thèse*, his success lasted uninterrupted to his death, in 1895.

His contemporary, Augier, also wrote *pièces à thèse* and was equally skilled in the weaving of plots. His moral standards are as high as those of Dumas, but whereas the latter often deals with exceptional people and exceptional circumstances—fallen women, illegitimate children, husbands who shoot their unfaithful and vicious wives, mulatto women who attain high social rank—Augier had little love for that kind of society and little patience with Dumas' preoccupation with what he considered social injustice. Augier stands for the old French ideals of family, honesty, and honor. His *Mariage d'Olympe* may be considered as a reply to *la Dame aux camélias* as well as to its ancestor, *Marion Delorme*, for it shows that a bad woman is less a victim of an unjust society than of her own corrupt nature, and that no amount of rehabilitation will cure her. Then again, while Dumas preaches, argues, and demonstrates his thesis, Augier is less sure that the wrong is all on one side. The author presents both sides of his picture and lets the events and the characters speak for themselves rather than through the instrumentality of a *raisonneur*. This makes for a better, if somewhat more artificial balance, in the cast. A beautiful example of this is to be found in *le Gendre de M. Poirier*, in which the case for both aristocracy and the rich bourgeoisie is presented with great skill and sympathy. There is no need for the author to impose his own views or to plead the case under consideration with the persistence of a lawyer, as Dumas too often did: the reader or the spectator can easily draw his own conclusions.

Satisfying though those dramas were to the public, many critics held that the well-made *pièces à thèse* did not reflect life in all its reality. True, they came far nearer doing so than did the romantic creations of the elder Dumas, who thought that his *Antony* was realism because the characters wore contemporary clothes and discussed literature from the modern point of view. But, said the critics, in everyday life there are no such complicated plots, no such neatly dovetailed scenes, no such timely happenings, no such surprises and climaxes at the proper moment, and no such dénouements which settle questions with the finality of a court judgment, often by a pistol shot when logic is unable to do it, like

the ancient and proverbial *deus ex machina*. Such clock-like precision and inevitability seemed to them too theatrical. The complaint was not that those plays were badly composed, but rather that they were too well-made. The term *pièce bien faite*, that legacy of Scribe, became one of opprobrium to later realists.

As early as 1873, Emile Zola wrote in a preface to a dramatized version of his novel *Thérèse Raquin:* "We have now come to the birth of truth." The play was a failure, but it did not pass unnoticed. "The critics were savage," continues Zola, "they discussed the play with extreme violence." Despite this failure and the continued dominance of Augier and Dumas, a feeling was abroad that there was still a wide gap between the life depicted nightly before the footlights and real life, and that somehow that gap would have to be filled. All the interesting moral issues raised by the two masters of the *pièce à thèse* and solved by them elegantly in the best Scribean manner contained many things removed from actual experience. Besides, in the solution of those problems it was felt that the strings were continually pulled by the authors, or that the trumps were all in their hands, and that by slightly shuffling the cards there could be a wholly different result, so that nothing would be proved. The characters serve too often as mouthpiece for the playwright's own ideas; they are too clever and the plays seem too artificial. There was more real life in *Thérèse Raquin* and in some dramatized novels by Daudet (*l'Arlésienne*) and the Goncourt brothers; but there, too, much was sacrificed to the conventions, and those attempts also failed to achieve the needed renovation of the drama. It remained for a newcomer in the field of letters to accomplish that result.

In 1882 a play was given at the Théâtre Français which at once set the critics by the ears while baffling the ordinary run of theater-goers. Henri Becque's *les Corbeaux* was not a drama in the accepted sense of the word. It had no plot worth speaking of; neither did it contain a message or a thesis. There was in it not a single striking scene, no oratory, no surprises, no style even. The characters were wholly devoid of distinction, picturesqueness or sympathetic appeal. What then was there in it to create a stir? Precisely the stark commonplaceness of actors and incident, the truth in the observation: it was a photographic transcription of everyday events, unadorned by poetry or eloquence. With the simplest means imaginable, with a technique that was new in spite of its simplicity, that was at the antipodes of Scribe and Dumas, Becque had succeeded in creating tragedy more sincere and more convincing than anything they had ever produced. Realism had at last invaded the stage. It did not gain at once a complete victory. It had to conquer ingrained prejudice, habit, tradition. Becque's following was hesitant, and several years were to elapse before the revolution he contemplated could be successful. His friend Antoine, a clerk in the Paris Gas Office, was instrumental in vindicating Becque and his technique. Without capital, but with unbounded faith and the moral support of a few enthusiasts like himself, he founded the Théâtre Libre, an experimental affair and not a business enterprise. This tiny playhouse opened its doors to all new ventures, to authors whose works were refused elsewhere, to Russians, Germans, Scandinavians, as well as to Frenchmen, to anything that contained a novel note in the concert of stereotyped productions. Antoine adopted new methods of staging and acting, constantly seeking to come nearer

and nearer to life.   In this he went admittedly too far, but in order to call attention to his experiment, he wished to strike hard, to shock.   The things that
were taboo were the so-called well-made play, spurious realism, preaching, artificiality in speech and action, and the *scène à faire*, that is, the striking, sensational, or picturesque scene to which the Scribe formula often sacrificed all else,
and which was often counted on to save mediocre plays from disaster.   "Nature
and truth" seemed to be the watchword, and this applied to plot, characterization, acting, and stage setting—an ambitious program, but one that was
approved by the best minds among the younger realists who supported Antoine
and, one might say, graduated from his school: Mirbeau, Donnay, Porto-Riche,
Brieux, Curel, Lavedan, and others.   While many excesses and absurdities,
much vulgarity and indecency were paraded under the name of Naturalism,
the effect of the venture was on the whole salutary, and the established theaters
as well as the critics were obliged to take notice.   The successes achieved by
some of these plays and the example of foreign dramatists caused or hastened
the breaking up of deep-rooted stage traditions and the advent of genuine Realism.   Naturalism as distinguished from Realism came to be applied to novels
and plays in which the sordid, the base, the cynical was depicted with too much
detail or too great complacency.   To many of those plays the term *rosse* ("tough
and cynical") was also given.   For a time the "slices of life" and the *comédie
rosse* had all the vogue.   Of both, Becque's *Corbeaux* and his *Parisienne* may
be considered the prototypes.

As is frequently the case, a violent reaction calls for a counter-reaction, as
a result of which matters calm down.   *Les Flaireurs* (1889) by the Fleming Van
Lerberghe was the first symbolistic play in point of time.   But it remained
unknown until the author's countryman Maeterlinck achieved fame with his
static theatre,[1] little plays in which there is hardly any outward action, in which
the characters live in a kind of dreamland, surrounded as by mist and terrified
by the mystery of life and death.   What interests in his *drames pour marionnettes* is not the plot, but the mood, the atmosphere, the poetic terror which the
poet tries to create by what his characters say and often by what they leave
unsaid.   To some matter-of-fact natures those plays appeared morbid; others,
like Mirbeau, saw in Maeterlinck a rival of Shakespeare; in judging him much
will depend on the temperament of the critic.   With the exception of Maeterlinck, symbolism on the stage failed, and the attempts to impose it on the public,
so valiantly made by the Théâtre d'Art and the Théâtre de l'Œuvre, were finally
abandoned through lack of support.   All those poets who wished to turn public
taste from materialism and vulgarity tried to do so by turning their backs to
life.   They failed to make a distinction between literature and drama, the essence
of the latter being action, and not beautiful language, nor a recreation of old myths
and legends or dreams without substance.

Midway between naturalism and symbolism we find one poet who stands
out as an incurable romanticist after the manner of 1830, save that his outlook
on life is healthier and his understanding of stage technique quasi miraculous.
Mix together the ringing grandiloquence of Hugo, the adventurous joy of living
of Dumas of the *Three Musketeers*, and the whimsical humor of Musset, seasoned

---

[1] The Théâtre d'Art presented Maeterlinck's *Intruse* without success in 1891; shortly after, *les
Aveugles*.   The poet Paul Fort was the animator of the symbolistic movement on the stage.

with a dash of Marivaudage and *préciosité* and add to it all an uncanny feeling for local color and dramatic values, and you have Rostand.   In 1897 he obtained with *Cyrano de Bergerac* the most grandiose success of the century; in the line of poetic dramas, this heroic comedy, *l'Aiglon* and *la Princesse lointaine* are the best works the modern French stage can boast.   They breathe forth a splendid optimism and idealism, consoling to those who despair of human nature as portrayed by the naturalists in novel and play.

Other writers were at work at the same time, producing dramas imbued with higher concerns than the depiction of brutal instincts, adulterous loves, and a relentless struggle for wealth.   Curel, Brieux, and Hervieu deal with ideas in an original and often over-serious manner.   Of these three, Curel has been the least successful if success is gauged by popular following, the most successful if gauged by the thought-provoking character of his subjects and their treatment in his *théâtre d'idées*.   He deals with unusual psychological and social problems, and he shuns the obvious and the hackneyed; for such reasons, rather than for their purely dramatic qualities, his plays bid fair to preserve their hold on a limited, serious-minded public.

Success in a material sense has been earned to a far greater degree by Eugène Brieux, who exploits social problems as the younger Dumas, his master, had done.   But while the latter fought mainly the evils resulting from sex relations, Brieux attacks a number of old-aged institutions, customs and evils which threaten to undermine the health of the French nation: political corruption, malfeasance in office, gambling among the working classes, over-education of women of the people, wet nursing, social disease, loveless marriages, etc.   Like Dumas he is convinced that the theater has a mission to perform, namely, the betterment of the human lot through enlightenment.   His *pièces à thèse* have a truer ring than have those of Dumas and even Augier, because he served his apprenticeship under the naturalists, and because he has been since his childhood in close touch with the people, whose joys and sorrows, vices and virtues he knows and paints understandingly.

Paul Hervieu (1857–1915) also followed in the footsteps of Dumas by composing a number of problem plays.   His plots are simple and direct, his characters and their psychology are accurately studied, and the cases he handles are of universal application.   *Les Tenailles* (1894) treats of adultery and incompatibility between husband and wife as a result of differences in education and early association; *la Loi de l'homme* (1897) takes up the cudgels for women whom man-made law places in the power of their husbands even if the latter persist in violating the moral code; *la Course du flambeau* (1901) shows that a mother will sacrifice not only her own share of happiness, but her parents, for the sake of her children.   This latter play, of classical proportions and style, is his best.

Many other dramatists gained distinction toward the end of the nineteenth and the beginning of the twentieth century.   Literary groupings and schools had practically disappeared.   Through the gropings and experiments in the course of the last hundred years, playwrights had learned their art, had learned that the manner of presenting the subject was more important than the subject itself. Many conventions had been abandoned;[1] language, acting, scenery, psychology

---

[1] Already in 1873 Zola wrote in his preface to *Thérèse Raquin:* "There should no longer be any school, no more formulas, no standards of any kind; there is only life itself, an enormous field where

and logic were nearer than ever to that relative truth that is demanded of the stage, and without which our enjoyment cannot be complete.   Maeterlinck with his mysticism, Rostand with his idealism, Curel with his *théâtre d'idées*, Brieux with his *pièces à thèse*, Mirbeau with his satirical and somewhat brutal comedies, all were hailed as masters by a public whose horizon had been singularly widened and which was eager to applaud any author, French or foreign, who showed genius, talent, originality, or merely exceptional skill.

GENERAL BIBLIOGRAPHY

M. Aghion: *Le théâtre à Paris au XVIIIme siècle*, Paris, 1926.
M. Albert: *Les théâtres des Boulevards*, Paris, 1902.
L. Allard: *La comédie de mœurs en France au dix-neuvième siècle*, Paris, 1923.
L. Aubin: *Histoire de la musique dramatique en France*, Tours, 1908.
H. Beaulieu: *Les théâtres du Boulevard du Crime*, Paris, 1905.
A. Benoist: *Le théâtre d'aujourd'hui*, 2 vols., Paris, 1911–12.
H. Bordeaux: *La vie au théâtre*, Paris, 1907–19.
J. L. Borgerhoff: *Le théâtre anglais à Paris*, Paris, 1912.
F. Brunetière: *Les époques du théâtre français*, Paris, 1896.
—— *Le théâtre de la Révolution*, in *Etudes Critiques*, 2me série.
E. Campardon: *Les spectacles de la foire*, Paris and Nancy, 1877.
F. W. Chandler, *Aspects of Modern Drama*, 1914.
—— *The Contemporary Drama of France*, Boston, 1920.
B. H. Clark: *The Continental Drama of To-day*, New York, 1914.
—— *Contemporary French Dramatists*, 1915.
—— *A Story of the Modern Drama*, 1925.
R. Doumic: *De Scribe à Ibsen*, Paris, 1893.
—— *Le mélodrame et le théâtre romantique* in *Histoire de la langue et de la littérature française* by Petit de Julleville, vol. VII.
——*Le théâtre nouveau*, Paris, 1908.
F. W. Draper: *The Rise and Fall of French Romantic Drama*, London, 1923.
A. Dukes: *Modern Dramatists*, London, 1911.
E. Faguet: *Notes sur le théâtre contemporain*, 7 vols., Paris, 1889–1895.
—— *Propos de théâtre*, 4 vols., Paris, 1903–07.
A. Filon: *De Dumas à Rostand*, Paris, 1893.
P. Flat: *Figures du théâtre contemporain*, 2 vols., Paris, 1912–13.
F. Gaiffe: *Le drame en France au 18me siècle*, Paris, 1910.
Th. Gautier: *Histoire de l'art dramatique en France depuis vingt-cinq ans*, 1858.
—— *Histoire du romantisme*, 1874.
P. Ginisty: *Le mélodrame*, Paris, 1910.
F. Guizot: Preface to Letourneur's translation of Shakespeare, Paris, 1821.
E. E. Hale: *Dramatists of to-day*, 6th ed., 1911.
A. Henderson: *European Dramatists*, 1913.
V. Hugo: *Préface de Cromwell*, edited by M. Souriau, Paris, 1897.
A. Kahn: *Le théâtre social en France*, Paris, 1907.
G. Lanson: *Manuel bibliographique de la littérature française moderne*, 1500 à 1900.
—— *Histoire de la littérature française*.

each may study and create as he chooses." And again: "The well-known recipes for the tying and untying of a plot have served their time. . . . Outside a few scenic conventions, all that is known as the ' science of the theatre ' is merely a mass of clever tricks, a narrow tradition that serves to cramp the drama, a ready-made code of language and hackneyed situations all known and planned beforehand, which every original worker will scorn to use."

C. LATREILLE: *La fin du théâtre romantique et F. Ponsard*, Paris, 1899.

A. LE BRETON: *Théâtre romantique*, Paris.

J. LEMAÎTRE: *Les contemporains*, 7 vols., 1885–1899.

—— *Impressions de théâtre*, 10 vols. 1888–1898.

CH. LENIENT: *La comédie en France au dix-neuvième siècle*, 2 vols., Paris, 1898.

A. LE ROY: *L'aube du théâtre romantique*, Paris, 1904.

J. F. MASON: *The Melodrama in France, from the Revolution to the Beginning of the Romantic Drama*, Baltimore, 1912.

B. MATTHEWS: *French Dramatists of the Nineteenth Century*, 5th ed., New York, 1914.

LADY MORGAN: *France in 1817*.

P. NEBOUT: *Le drame romantique*, Paris, 1899.

NITZE AND DARGAN: *History of French Literature*, 2nd ed., New York, 1929.

H. PARIGOT: *Le théâtre d'hier*, Paris, 1893.

A. PITOU: *Les origines du mélodrame français à la fin du 18me siècle* in *Revue d'histoire littéraire*, 1911.

L. PETIT DE JULLEVILLE: *Histoire de la langue et de la littérature française*, vols. VII and VIII, Paris, 1899.

—— *Le théâtre en France*, Paris, 1889.

E. RIGAL: *Le romantisme au théâtre avant les romantiques*, in *Revue d'histoire littéraire*, 1915.

F. SARCEY: *Quarante ans de théâtre*, 8 vols., Paris, 1900–1902.

A. W. SCHLEGEL: *Cours de littérature dramatique*, traduit de l'allemand par Mme Necker de Saussure, Paris, 1836.

A. SÉCHÉ et J. BERTAUT: *L'évolution du théâtre contemporain*, Paris, 1908.

H. A. SMITH: *Main Currents of Modern French Drama*, New York, 1925.

A. E. SOREL: *Essais de psychologie dramatique*, Paris, 1911.

A. SOUBIES: *La Comédie-Française depuis l'époque romantique*, Paris, 1895.

M. SOURIAU: *De la convention dans la tragédie et dans le drame romantique*, Paris, 1885.

STENDHAL: *Racine et Shakespeare*, Paris, 1823.

D. C. STUART: *The Development of Dramatic Art*, New York, 1928.

A. THALASSO: *Le Théâtre-Libre*, Paris, 1909.

H. THIEME: *Bibliographie de la littérature française au 19me siècle*, Paris, 1909.

A. VITU: *Les mille et une nuits du théâtre*, 9 vols., Paris, 1884–1895.

S. M. WAXMAN: *Antoine and the Théâtre Libre*, Harvard University Press, Cambridge, 1926.

J. J. WEISS: *Le théâtre et les moeurs*, Paris, 1889.

—— *Trois années de théâtre*, Paris, 1883–1885.

C. H. C. WRIGHT: *A History of French Literature*, New York, London, 1912.

E. ZOLA: *Nos auteurs dramatiques*, Paris, 1881.

—— *Le naturalisme au théâtre*, Paris, 1881.

PIXERÉCOURT

René-Charles Guilbert de Pixerécourt was born at Nancy on January 22, 1773, and died there on July 27, 1844. He received his primary and secondary education in the schools of his native town under the guidance of priests. The Revolution broke out while he was engaged in the study of law, and being the son of the Seigneur de Pixerécourt he was suspected of royalist leanings, hence in danger. His father made him go to Coblentz where were gathered, he tells us, "les Princes et l'élite de la noblesse française." In 1793, he went to live in Paris; there he dropped his aristocratic name and called himself Guilbert. While reading Florian's *Nouvelles*, he decided to dramatize *Sélico*, one of the stories of that collection. In a week's time he had composed *Sélico ou les Nègres généreux, drame en quatre actes et en prose* (January, 1793), which he sold for six hundred francs to the Théâtre Molière, but which was never produced. Encouraged by his first venture, he wrote *Claudine ou l'Anglais vertueux*, a one-act musical comedy which was accepted by the Théâtre Favart but not produced. In October, 1793, the Théâtre Louvois took his *Alexis ou la Maisonnette dans les bois*, another musical comedy which also remained buried in the archives of the theatre. It was followed in December of the same year by *Jacques et Georgette*, which was never accepted.

These first attempts prove that Guilbert had at least three qualities useful to a writer: fertility of invention, industry, and perseverance. We next find him again at Nancy doing military duty in a cavalry regiment. While there, he composed a dramatic satire, *Marat Mauger ou le Jacobin en mission*, using the name of the local representative of the Convention. Although the Nancy theatre accepted this *Fait historique en un acte*, the republican authorities not only forbade its production, but ordered the young author arrested. He managed, in true melodramatic fashion, to flee through a rear door while the soldiers were searching the house for him. Once more he took the road to Paris, but was discovered and ordered back to Nancy to be imprisoned, less on account of his literary escapade than because he was now known as a *ci-devant*. Thanks, however, to the protection of Barrère and Carnot, members of the Convention, the order was revoked and Guilbert was given a post in the offices of the war department.

In 1795 he married a demoiselle de la Hogue. He tells us that the first three years of his married life were hard, for, having left the war department, he was without position and without means. He took work as a painter of fans at the equivalent of forty American cents a day. By this time he had had sixteen plays accepted by various theatres, but through some fatality or other, none had as yet been produced. Finally, on September 16, 1793, the Ambigu Comique gave one of his musical comedies, which had seventy-three performances in Paris and thirty-nine in the provinces. He was known at last, and from then on his path seemed clear.

His first real melodrama was *Victor ou l'Enfant de la forêt*, which he called at first *drame lyrique en trois actes*. It was to be given with music by the Théâtre

Favart, but on account of some difficulties he withdrew it and took it to the Ambigu Comique, where it was presented without music on June 10, 1799. It was a distinct success. This was followed by *la Forêt de Sicile*, given eighty-two times at the Théâtre Montansier; *le Château des Apennins, ou les Mystères d'Udolphe, drama en cinq actes*, at the Ambigu Comique; *Blanchette* at the Théâtre Louvois; *la Soirée des Champs Elysées, proverbe en un acte et en vaudevilles*, at the Théâtre Montansier; and a dozen other *tableaux lyriques, comédies*, comic operas, and parodies; and finally, his first important success, *Coelina ou l'enfant du mystère*, given for the first time at the Ambigu Comique on September 2, 1800. The critics of the time called it far superior to anything the boulevards had seen until then. The plot is taken from a rather badly written novel by Ducray-Duminil, a popular imitator of Ann Radcliffe. The author of the novel himself wrote after the first performance: "L'auteur a tiré un parti étonnant de ce roman qui offrait les plus grandes difficultés pour être mis à la scène, et ce sont ces difficultés vaincues avec art qui font de *Coelina* le meilleur ouvrage qui ait été joué aux boulevards et le rendent digne de nos premiers théâtres. . . . Le premier acte est fait de main de maître: c'est un des plus beaux qu'il y ait au théâtre. Le second offre de la gaîté, un ballet charmant, des détails fort attachants et une catastrophe très intéressante. Quant au troisième, qui appartient entièrement à l'auteur, il est peut-être plus étonnant que les deux autres par la difficulté qu'il y avait à soutenir jusqu'à la fin un intérêt aussi puissant et à dénouer d'une manière satisfaisante une intrigue aussi fortement ourdie." Other critics testified to the excellence and enormous success of *Coelina*, which some still called by the old name of *pantomime dialoguée*. The popularity of the play soon extended to the remotest hamlets of France, and numerous mothers gave the name of Coelina or Céline to their daughters. It was translated into various languages. London saw it in 1802 under the name of *The Tale of Mystery, a melo-drama by Thomas Holcroft with the music by Dr. Busby*, the first melodrama to make its appearance in England.

Space is lacking for a mere enumeration of the titles of Pixerécourt's works. In his *Théâtre choisi*, prepared by himself, he records in all 120 plays, namely two tragedies, nine comedies, four dramas, fifty-nine melodramas, twenty-one comic operas and lyrical dramas, eight *féeries* and pantomimes, seventeen vaudevilles. Of the fifty-nine melodramas, twenty-eight are entirely his own, and they are the best; the twenty-one remaining were composed in collaboration with various authors. The last thing he wrote, just before he intended to retire, was *Bijou ou l'Enfant de Paris, pièce féerie*, which was having its general rehearsal at the Gaieté when the theatre, of which he was the manager, burned to the ground, thus wiping out in a few minutes half of the author's fortune, amassed by the labor of a lifetime. *Latude ou trente-cinq ans de captivité*, given at the Gaieté on November 15, 1834, may be considered his last melodrama. In spite of the interest attaching to the story, known then to everybody, of this unfortunate victim of error and arbitrariness, the play had only 186 performances in Paris and 207 in the provinces. But we are in the year of grace 1834; the romanticists, to the great disgust of the virtuous Pixerécourt and his friends, have the public ear with their "horreurs"; for the time being the old-fashioned "mélodrame où Margot a pleuré," with its moral lessons and its providential punishments and rewards, its elaborate scenery, its music, ballets and *fêtes champêtres*, its subterranean passages, battles, earthquakes and volcanic eruptions, is losing ground. Another form of drama, more sophisticated, more artistic in style and more condensed in form, is taking its place. Yet the old mold was not broken, and for generations after Pixerécourt melodramas have been produced and relished. Like novels of adventure, they appeal still to-day to a large fraction of humanity, that fraction which finds relaxation from the humdrum realities of life in idealized good or idealized evil, in a concrete presentation of extraordinary deeds and events, in violent action that stirs the senses. The Paris Guignol is one modern representative of that kind of spectacle.

The best, or at least the most successful, of Pixerécourt's melodramas, if the number of performances may be taken as a sufficient index, are: *Coelina*, 1476 times; *le Pèlerin blanc ou les Orphelines du hameau*, 1533; *l'Homme à trois visages ou le Proscrit de Venise*, 1022; *la Femme à deux maris*, 1346; *les Mines de Pologne*, 601; *Tékéli ou le Siège de Montglatz*, 1334; *la Forteresse du Danube*, 604; *Robinson Crusoé*, 752; *l'Ange tutélaire ou le Démon femelle*, 497; *Marguerite d'Anjou*, 420; *les Ruines de Babylone*, 912; *le Chien de Montargis*, 1158; *le Monastère abandonné ou la Malédiction paternelle*, 663; *Latude ou Trente-cinq ans de captivité*, 393.

Pixerécourt had at an early age conceived a love for collecting books. Toward the end of his life, his library was estimated to be worth 100,000 francs. His last years were unhappy. After being for thirty years the recognized king of the boulevard theatres, manager of the Gaieté for ten years and of the Opéra-Comique from 1827 on, he was compelled to sell his home at Fontenay-sous-Bois and his beloved books to meet the claims arising from the burning of his theatre. He retired to Nancy, where he died in 1844, after having devoted much time to the preparation of the four volumes of his *Théâtre Choisi*, which contains thirty plays for which he asked thirty of his literary friends to write introductory notices. Charles Nodier wrote the general introduction. Paul Lacroix, known as Bibliophile Jacob, wrote in a letter accompanying his preface to *Coelina:* "Vous êtes le créateur d'un genre et quoique ce genre ne soit ni la haute comédie ni la tragédie classique, il a fait, grâce à vous, assez de bruit dans le monde . . . c'est vous . . . qui l'avez élevé presque au niveau des grandes compositions du théâtre français, vous qui avez fondé les règles de ce genre."

Contrasting the melodrama with the *pantomimes dialoguées* preceding it, which he calls "un assemblage de scènes informe, abortif et monstrueux . . . enfin, tout ce qui est propre à un art dans sa première enfance," Nodier calls Pixerécourt's work "un genre nouveau; il est à la fois le tableau véritable du monde que la société nous a fait et la seule tragédie populaire qui convienne à notre époque." There is, of course, no need to agree with Nodier, who, no doubt, forced the note somewhat out of affection for his old and unhappy friend. He might have added with more reason, that those melodramas played an important part in the elaboration of the new theatrical régime, for in spite of all the pretensions at originality put forth by the romanticists, they were more influenced than they were willing to admit by them, and perhaps much of their success was due to the use of the same means that Pixerécourt had employed so successfully to capture the public fancy. Many plays by Hugo and Dumas, especially those in prose, if stripped of the witchcraft of their style, are hardly more than melodramas.

Bibliography: Pixerécourt: *Théâtre choisi*, Nancy, 1841–1843, 4 vols., with introduction by Charles Nodier.

The first publication of *Coelina* occurred in 1803 with this title: *Coelina ou l'Enfant du mystère, drame en 3 actes, en prose et à grand spectacle, par R.-G.-Guilbert de Pixerécourt, Paris, Ambigu-Comique, 15 fructidor, an VIII. Paris au théâtre an XI (1803)*.

Consult for further detail:

W. G. Hartog, *Guilbert de Pixerécourt*, Paris, 1912.

F. Heel, *Guilbert de Pixerécourt, sein Leben and seine Werke*, Erlangen, 1912.

A. Lacey, *Pixerécourt and the French Romantic Drama*, University of Toronto Press, 1928.

P. Ginisty, *Le mélodrame*, Paris, Louis Michaud, 1910.

J. Marsan, *Le mélodrame de G. de Pixerécourt in Revue d'histoire littéraire*, April 15, 1900.

J. F. Mason, *The Melodrama in France from the Revolution to the Beginning of the Romantic Drama*, Baltimore, 1912.

A. Virely, *Guilbert de Pixerécourt*, Paris, 1909.

COELINA OU L'ENFANT DU MYSTÈRE

Par G. DE PIXERÉCOURT

(1800)

PERSONNAGES

DUFOUR, *vieillard goutteux et infirme, père de Stéphany.*
TRUGUELIN, *oncle de Cœlina.*
FRANCISQUE, *pauvre homme, muet.*
CŒLINA, *crue nièce de Dufour.*
STÉPHANY, *fils de Dufour et amant de Cœlina.*
ANDREVON, *médecin.*
TIENNETTE, *ancienne gouvernante de Dufour.*
FARIBOLE, *domestique de Dufour.*
MICHAUD, *meunier.*

GERMAIN, *domestique et confident de Truguelin.*
UN EXEMPT DE LA MARÉCHAUSSÉE.
CAVALIERS DE LA MARÉCHAUSSÉE.
PAYSANS ET PAYSANNES.

La scène est en Savoie.

Les deux premiers actes se passent à Sallenche, chez M. Dufour; et le troisième au pied du rocher d'Arpennaz, situé à une lieue de Sallenche.[1]

ACTE PREMIER

(*Le théâtre représente une salle basse dans la maison de* DUFOUR. *Une porte de fond; deux portes latérales; une table; des sièges. A gauche sur le devant, un grand fauteuil à bras. Il est sept heures du soir; il y a deux flambeaux allumés sur la table.*)

SCÈNE I

CŒLINA, TIENNETTE *

(TIENNETTE *traverse rapidement la salle,* CŒLINA *entre par la porte du fond et l'arrête.*)

CŒLINA. Où cours-tu donc si vite, ma bonne Tiennette? tu parais bien pressée.
TIENNETTE. Dieu merci, quoique la besogne ne manque pas dans cette maison, il vient de m'en arriver un surcroît dont je me serais bien passée.
CŒLINA. Qu'est-ce donc?
TIENNETTE. Ne faut-il pas préparer un appartement pour M. Truguelin et son fils?
CŒLINA. Est-il possible! mon oncle et mon cousin reviennent ici?
TIENNETTE. On les attend ce soir ou demain.

CŒLINA. J'en suis bien fâchée!
TIENNETTE. A dire vrai, je ne suis pas plus contente que vous. Ils me déplaisent à moi, ces Truguelin, je les crois envieux, faux et méchants. Quelle différence entre cet oncle-là, et ce bon M. Dufour, votre oncle paternel!
CŒLINA. Et entre mes deux cousins! Je crois qu'elle est encore plus grande, car je déteste l'un, bien sincèrement, tandis. . .
TIENNETTE *souriant.* Que vous aimez l'autre plus sincèrement encore, n'est-ce pas?
CŒLINA. Tu sais s'il le mérite, ma bonne Tiennette.
TIENNETTE. Ce cher Stéphany, c'est le meilleur enfant que je connaisse, et je suis sûre qu'il rendra sa femme heureuse.
CŒLINA, *vivement et avec naïveté.* N'est-ce pas? Je l'ai toujours pensé comme toi.
TIENNETTE. Oui da! vous pensez donc à cela quelquefois? Il n'est pas encore temps, Mademoiselle, vous êtes trop jeune. Ce n'est pas à votre âge qu'on doit. . . Ce n'est pas l'embarras, je crois que, si M. Dufour n'était pas votre tuteur, il ne serait point éloigné de vous marier au petit cousin.
CŒLINA, *vivement.* Tu crois, Tiennette?
TIENNETTE. J'en suis sûre. Vous en-

---

* Les acteurs sont placés au théâtre, comme les personnages en tête de chaque scène. Toutes les indications de *droite* et de *gauche*, que l'on trouvera dans le cours de la pièce, sont censées prises du parterre, c'est-à-dire relativement aux spectateurs.
[1] *Sallenche* or rather *Sallanches*, small town in the department of Haute-Savoie, on the road from Geneva to Chamonix.

tendez bien qu'il n'en est point à s'apercevoir[1] que vous vous aimez. Mais dam![2] les convenances, la délicatesse. . . il craint qu'on ne dise dans le pays qu'il a profité de l'ascendant qu'il avait sur vous pour enrichir son fils. C'est tout simple ça, je me mets à sa place; quand on est honnête et délicat. . .

CŒLINA. Tiennette, je me charge de détruire ses scrupules: je refuserai tous les partis qui se présenteront; je dirai à mon oncle que Stéphany est le seul que j'aime, que je puisse aimer; et je lui offrirai moi-même mon cœur et ma fortune.

TIENNETTE. Laissez faire votre tuteur, et soyez sûre que. . .

DUFOUR, *en dehors.* Tiennette! Tiennette!

TIENNETTE. Je l'entends qui m'appelle. Sans doute il veut prendre le frais[3] dans cette salle. Je vous quitte.

CŒLINA. Un moment, Tiennette.

TIENNETTE. Je ne puis. Quand sa goutte le tourmente, vous savez que le cher homme n'est pas endurant.

DUFOUR, *en dehors et plus haut.* Tiennette!

TIENNETTE. J'y vais, Monsieur. Consolez-vous, mon enfant, voilà Stéphany qui revient de la chasse, il vous tiendra compagnie. Vous ne perdrez pas au change, n'est-il pas vrai? Je parie qu'à présent vous ne voudriez pas de moi, quand je vous proposerais de rester.

CŒLINA. Tu sais, ma bonne Tiennette, que je n'ai pas un secret qui ne t'appartienne.

DUFOUR, *en dehors, toujours plus haut.* Tiennette! Tiennette!

TIENNETTE. Me voilà, Monsieur. (*Elle sort*).

SCÈNE II

CŒLINA, STÉPHANY

STÉPHANY *entre avec un fusil sous le bras; il le pose dans le fond de la chambre.* Bonsoir, petite cousine.

CŒLINA. Bonsoir, Stéphany.

STÉPHANY. Qu'as-tu donc, Cœlina? d'où te vient cette tristesse?

CŒLINA. Je te l'avouerai, mon ami, l'arrivée de mon oncle Truguelin m'afflige.

STÉPHANY. M. Truguelin ici!

CŒLINA. On l'attend.

STÉPHANY. Quand?

CŒLINA. Ce soir ou demain.

STÉPHANY. Vient-il seul?

CŒLINA. Son fils l'accompagne.

STÉPHANY. Marcan avec lui! Sais-tu ce qui les amène?

CŒLINA. Non.

STÉPHANY. Je le soupçonne. Sans doute, il s'agit de mariage.

CŒLINA. De mariage! ô ciel!

STÉPHANY. Oui. Je les connais: ils sont ambitieux, avares. Ils savent que tes parents t'ont laissé de grands biens; que mon père qui régit pour toi ce riche héritage peut seul disposer de ta fortune, de ta main; ils viennent ici demander l'une et l'autre, et mon père qui les aime sera assez faible pour te sacrifier à leur cupidité.

CŒLINA. Pourquoi penses-tu que ce serait me sacrifier?

STÉPHANY, *de même.* Pardon, Cœlina, ce mot m'est échappé sans le vouloir. (*Avec contrainte.*) En effet, il est possible que vous aimiez Marcan, et que ce soit pour vous un bonheur de l'épouser.

CŒLINA. Méchant! peux-tu me railler aussi cruellement?

STÉPHANY, *de même.* Ai-je le droit de vous aimer autrement que comme une parente, et dois-je prétendre au bonheur de devenir votre époux, quand je songe à l'énorme distance qu'il y a entre la fortune de mon père et la vôtre?

CŒLINA, *avec un peu d'humeur.* Vous calculez, Stéphany!—Oh oui. Vous avez raison. Vous ne m'aimez que comme une parente.

STÉPHANY. Tu connais bien peu mon cœur!

CŒLINA. Tu juges bien mal le mien!

STÉPHANY. Que je hais ce Marcan! que je lui en veux de venir troubler la paix dont nous jouissions.

CŒLINA. Si l'annonce de son arrivée a pu nous affliger ainsi, que sera-ce donc quand il habitera cette maison? Oh! j'en frémis d'avance.

STÉPHANY. Pourquoi ces pressentiments?

CŒLINA. Chaque fois qu'il est question de ces hommes que je crains sans que j'en puisse démêler la cause, les dernières paroles de ma mère se représentent à ma mémoire. Mon enfant, me dit-elle avant de mourir, donne toute ta tendresse à ton oncle Dufour, il en est digne, et fera ton

---

[1] He has no longer to find out.
[2] *Mais dam!* Now more generally *dame!* The meaning is about the same as *mais que voulez-vous!*
[3] *prendre le frais,* "enjoy the coolness."

bonheur. Méfie-toi des Truguelin, ils sont capables de tout.

STÉPHANY. Loin de nous, Cœlina, ces idées sombres et sinistres, espérons tout de l'avenir, de la bonté d'un père, et tâchons de retrouver cette douce sérénité, cette gaîté franche qui, ce matin encore, faisaient notre bonheur.

CŒLINA. Tu as raison.

DUFOUR, *en dehors.* Je vous dis, Tiennette, que cela sera.

STÉPHANY. J'entends mon père.

CŒLINA. Comme il parle haut. On dirait qu'il est fâché.

SCÈNE III

LES PRÉCÉDENTS, DUFOUR, TIENNETTE

TIENNETTE, *conduisant* DUFOUR *vers le grand fauteuil.* Allez, Monsieur, il y a de l'inhumanité dans ce que vous m'ordonnez. Je vous jure que je ne me prêterai jamais à une pareille injustice.

DUFOUR. Je vous dis que je le veux. Vous allez voir[1] que je ne serai pas le maître chez moi.

TIENNETTE. Non, Monsieur, non, tant que j'y serai, vous ne serez pas le maître de faire une mauvaise action.

CŒLINA. Quel est donc le sujet de votre querelle?

TIENNETTE. Monsieur veut que je renvoie de la maison ce pauvre homme qui est ici depuis huit jours, sous prétexte que la chambre qu'il occupe est · nécessaire à M. Truguelin.

CŒLINA. Ah! mon oncle, il a l'air si honnête!

STÉPHANY. Mon père, il est bien malheureux!

DUFOUR. Oui, par sa faute, comme il y en a tant! Je voudrais bien savoir quel intérêt vous prenez tous à un mendiant que vous ne connaissez pas plus que moi, et qui a abusé de ma sensibilité pour s'introduire ici et s'y établir?

TIENNETTE. Quel intérêt, Monsieur? celui que l'on prend à tous les malheureux. Je ne sais qui il est, cet homme; j'ignore jusqu'à son nom, mais il a une physionomie si douce, il jette sur moi des regards si expressifs qu'on ne peut s'y méprendre. Oui, Monsieur, je m'y connais, je vous réponds que c'est un honnête homme et qu'il a éprouvé de grands malheurs.

DUFOUR. Qui te l'a dit?

TIENNETTE. A coup sûr, ce n'est pas lui, puisqu'il est muet; mais sa profonde tristesse me l'assure.

DUFOUR. Tu es folle.

TIENNETTE. Oh! voilà comme vous êtes, Monsieur, vous vous prévenez injustement contre les uns, tandis que vous vous passionnez pour d'autres qui. . . mais ce n'est pas là ce dont il s'agit. Je vous déclare que je sortirai de chez vous plutôt que d'en voir renvoyer cet indigent.

DUFOUR. Vous abusez de ma patience et de mon amitié pour vous, Tiennette; mais je ne souffrirai pas que personne fasse ici la loi et s'oppose à mes volontés. Entendez-vous?

TIENNETTE. Ah! Monsieur, si, comme moi, vous aviez été témoin des pleurs que la situation de ce malheureux fit répandre, il y a huit ans, dans les environs de Sallenche, vous ne pourriez vous défendre d'un certain intérêt en sa faveur, et vous ne voudriez point le désespérer en le chassant de chez vous.

DUFOUR. Tu ne m'avais pas dit cela.

TIENNETTE. Comment, Monsieur, vous ne vous souvenez pas. . .

DUFOUR. Non, sans doute.

TIENNETTE. Oh! je veux vous la raconter cette funeste aventure, et je suis sûre qu'elle vous intéressera.

DUFOUR. Parle, mon enfant, je t'écoute.

TIENNETTE. Je revenais un soir de Cluse,[2] où vous m'aviez envoyée, et je m'étais assise un moment au pied du rocher d'Arpennaz, là, tout près du moulin, lorsque des cris aigus viennent frapper mon oreille. Deux hommes armés et couverts de sang sortent du bois, passent en fuyant près de moi, et disparaissent à ma vue. Bientôt des gémissements sourds m'avertissent que leur victime n'est point éloignée. La pitié l'emporte sur mon effroi. Je me lève; j'entre dans le bois, et je ne tarde point à trouver étendu, sur la terre, un homme défiguré et couvert de sang. Je lui parle, il ne peut me répondre, les monstres l'ont privé de l'organe de la parole; il ne peut que gémir, et me tendre une main défaillante, qui semble implorer mon secours.

CŒLINA. Quelle horreur!

TIENNETTE. Ne pouvant lui donner seule les soins qu'il réclamait, je fis retentir la forêt de mes cris, et je vis bientôt accourir vers moi quelques montagnards,

---

[1] *Vous allez voir,* Colloqual with the meaning "Pretty soon we shall be hearing."

[2] *Cluse* or *Cluses,* a small town in the department of Haute-Savoie, near Sallenche.

qui s'empressèrent d'étancher le sang de ce malheureux, et le transportèrent au moulin, où il fut reçu avec le plus touchant intérêt par l'honnête Michaud, que vous connaissez, Monsieur.

DUFOUR. Pauvre homme!

TIENNETTE. Jugez de ma surprise, lorsque je rencontrai, il y a huit jours, cet infortuné couvert de haillons, et me demandant de pourvoir à sa subsistance par une légère aumône. Je lui témoignai mon étonnement; il parut me reconnaître, et je vis briller la joie sur son front. Je vous demandai, Monsieur, de lui accorder un asile pour quelques jours, vous y consentîtes; car, malgré ce dehors brusque, vous avez un bon cœur. Et c'est ce même homme que vous voulez chasser aujourd'hui! Non, Monsieur, vous ne persisterez point dans cette résolution cruelle. Si mes prières ne peuvent rien sur vous, eh bien! je prendrai sur mes gages pour lui louer un petit logement, je partagerai ma nourriture avec lui. Par ce moyen nous serons satisfaits tous deux: vous n'aurez plus sous les yeux un infortuné dont l'aspect vous fatigue, et moi, j'aurai la consolation d'avoir, par un léger sacrifice, arraché cet homme au désespoir.

CŒLINA. Mon oncle, prenez pitié de lui.

STÉPHANY. Encore quelques jours, mon père.

DUFOUR. Mais enfin, où couchera-t-il pendant que messieurs Truguelin seront ici?

TIENNETTE. Sur cette bergère. Il s'y trouvera à merveille.

DUFOUR. A la bonne heure. Tu sais bien, Tiennette, que je ne veux chagriner personne; dis à cet indigent qu'il se rassure, et que je le garde encore pendant quelque temps.

TIENNETTE. Comme il va vous bénir!

DUFOUR. Ce que tu m'en as dit pique ma curiosité, je serai bien aise de le voir. Sait-il écrire?

TIENNETTE. Oui, Monsieur.

DUFOUR. Je veux qu'il m'écrive ses aventures. Fais-le venir.

TIENNETTE, à part. Enfin j'ai réussi. (Haut.) Je vous l'amène à l'instant. (Elle sort.)

SCÈNE IV

LES PRÉCÉDENTS, excepté TIENNETTE

DUFOUR. Eh bien! vous voilà tous contents, n'est-ce pas?

STÉPHANY. Vraiment mon père, ce pauvre homme mérite ce que vous faites pour lui. Je vous avoue qu'il m'inspire le plus vif intérêt.

CŒLINA. Tiennette a raison, et je répondrais de lui.

STÉPHANY. Il a pour ma cousine mille prévenances, mille soins délicats.

DUFOUR. En vérité?

CŒLINA. Oui, mon oncle. Tous les matins, en sortant de ma chambre, je le trouve assis près de la porte, tenant un bouquet qu'il m'offre d'une main tremblante et avec la plus touchante expression.

DUFOUR. C'est fort bien.

CŒLINA. Souvent je le vois me regarder fixement et cherchant à lire dans mes yeux ce qui m'occupe ou m'intéresse. Quand il croit l'avoir deviné, il me quitte et revient bientôt m'apporter ce qu'il suppose être l'objet de mes désirs. Lorsqu'il a réussi, la joie la plus vive brille sur son visage; il semble tout fier d'avoir pénétré ma pensée, et me demande d'un air suppliant de lui permettre de baiser ma main qu'il baigne de ses larmes. O mon oncle! on ne peut être un méchant homme avec un si bon cœur.

STÉPHANY. De plus, il possède des talents.

DUFOUR. Il a des talents, dis-tu?

CŒLINA. Oui, mon oncle. Il dessine à merveille.

DUFOUR. Je suis bien aise d'apprendre tous ces détails. Mais encore faut-il savoir qui l'on a chez soi.

STÉPHANY. Le voici.

SCÈNE V

LES PRÉCÉDENTS, FRANCISQUE, TIENNETTE

FRANCISQUE s'avance lentement et d'un air timide.

DUFOUR, à FRANCISQUE. Approche, mon ami, ne crains rien. Tiennette, reste là. Si je n'entends pas bien ses gestes, tu me les expliqueras. Assieds-toi, brave homme; j'aime ta physionomie; elle prévient en ta faveur. Mes enfants, laissez-nous; votre présence pourrait le gêner.

(STÉPHANY et CŒLINA font un mouvement pour sortir; FRANCISQUE se lève précipitamment, et les prend par la main en les priant de rester.)

DUFOUR. Restez, puisqu'il le veut. Mon ami, voilà une plume et de l'encre; approche-toi de cette table et tu me répon-

dras par écrit, quand tu ne pourras le faire autrement; surtout dis-moi la vérité. (Francisque *témoigne qu'il est incapable de mentir.*)
Comment te nommes-tu?
(Francisque *écrit, et* Tiennette *placée derrière lui lit à haute voix.*)
Tiennette. Francisque Humbert.
Dufour. Quel est ton âge?
Tiennette. Quarante ans.
Dufour. Qui a causé tes malheurs?
Tiennette. L'amour et l'ambition.
Dufour. Tu aimais et tu as été ambitieux?
Tiennette. Non pas moi, mais un homme cruel à qui je dois tous mes maux.
Dufour. Tiennette m'a raconté qu'elle t'a trouvé un jour près du moulin d'Arpennaz, percé de coups et baigné dans ton sang.
Tiennette. C'est vrai.
Dufour. Quels sont les monstres qui t'ont réduit en cet état? les connais-tu?
(Francisque *fait un geste affirmatif.*)
Nomme-les.
Tiennette. Je ne le puis, sans faire le malheur de tous ceux qui me sont chers. (Francisque *jette un regard expressif sur* Cœlina.)
Dufour. Pourquoi ce mystère?
Tiennette. Le temps vous l'apprendra.
Dufour. Tes assassins sont-ils de ce pays? (Francisque *fait un geste affirmatif.*) Dans quelle classe de la société?
Tiennette. Riche.
Dufour, *a part.* Il m'étonne. (*Haut*) Sont-ils considérés?
Tiennette. Que trop.[1]
Dufour. Penses-tu qu'ils me soient connus?
Tiennette. Beaucoup.
Dufour. Quelle énigme! explique-toi plus clairement, je l'exige, ou je ne te garde pas plus longtemps chez moi.

SCÈNE VI

Les précédents, Faribole, *puis* Truguelin

Faribole. Monsieur, je vous annonce l'arrivée de M. Truguelin.
Cœlina *et* Stéphany. Déjà?
Dufour. Où est-il?
Faribole. Il me suit. Le voilà.
(*A ces mots,* Francisque *s'est élancé vers la porte; mais il se trouve en face de*

Truguelin, *qui recule et paraît frappé de terreur.* Francisque *détourne la vue et sort précipitamment.*)
Dufour. Où va-t-il donc? et quel est ce vertige? cours après lui, Tiennette, et ramène-le.
Tiennette. J'y vais, Monsieur. (*Elle sort avec* Faribole.)
Stéphany. Et moi aussi. (*A part.*) Que je hais ce Truguelin! (*Il sort.*)

SCÈNE VII

Dufour, Truguelin, Cœlina

Truguelin *s'est remis promptement, et s'approchant de* Dufour, *il lui dit d'un ton affectueux:* Bonsoir, M. Dufour. Il me tardait de vous voir, de connaître par moi-même l'état de votre santé. Elle me paraît meilleure; je vous en félicite. Embrassez-moi, ma nièce. . . . (*Il l'embrasse.*) Elle est charmante! Vraiment, M. Dufour, c'est tout le portrait de votre frère.
Dufour. On trouve, au contraire, qu'elle ressemble beaucoup à sa mère.
Truguelin. A ma sœur! je ne suis pas de cet avis; mais qu'importe, elle est à merveille, et mon fils le sait bien.
Dufour. Où donc est-il, Monsieur votre fils? est-ce qu'il ne vous a point accompagné?
Truguelin. Il est resté à Genève pour faire quelques emplettes qu'il destine à sa cousine; mais je pense qu'il sera ici dans deux jours plus tard. Je n'ai amené avec moi que mon fidèle Germain.
Dufour. Asseyez-vous, M. Truguelin.
Truguelin. Volontiers. Aussi bien ai-je à vous parler de la grande affaire dont je vous entretins lors de mon dernier voyage ici, il y a huit ans.
Cœlina. Je me retire, mon oncle.
Dufour. Va, mon enfant.
Cœlina, *à part.* O Dieu! ne permettez pas que je sois séparée des objets qui me sont chers. (*Elle sort, après avoir embrassé* Dufour.)

SCÈNE VIII

Dufour, Truguelin

Dufour. Nous sommes seuls.
Truguelin. Vous savez, Monsieur, combien je fus attaché à ma sœur, cette pauvre Isoline, qui eut l'honneur d'épouser M. le baron des Echelettes, votre frère. Un contrat bizarre scella cette union qui

---

[1] Only too much.

pouvait devenir fatale pour ma sœur, si l'hymen n'eût pas donné une fille à votre frère. Cœlina vit le jour et perdit, quelques années après, son père et sa mère, qui lui laissèrent un héritage considérable. Vous eûtes la bonté de vous charger de la gestion de ses biens et de l'éducation de l'enfant.

DUFOUR. Qui a répondu à mes soins au delà de toute attente.

TRUGUELIN. On ne pouvait faire pour elle un choix plus avantageux. Vous seul avez le droit de disposer de sa main, et si j'ose aujourd'hui vous la demander pour mon fils, ne croyez pas que le désir de partager les biens de cette riche orpheline ait dirigé ma démarche. C'est que je sais, à n'en pas douter, que ces jeunes gens ressentent l'un pour l'autre, depuis l'enfance, une tendresse réciproque. Mon fils, surtout, aime sa cousine avec une véritable passion: pendant le cours de nos voyages, il n'a cessé de me parler d'elle; je lui ai promis de venir vous la demander, et j'espère ne point vous trouver contraire à un hymen qui comble les vœux de ma sœur, les miens, et qui doit faire le bonheur de ces deux enfants.

DUFOUR. Monsieur, l'alliance que vous me proposez pour ma pupille n'a rien dont je ne doive être flatté. Les rapports de fortune, les convenances de famille s'y trouvent également observés; mais vous me permettrez de ne point en croire aveuglément ce que vous me dites de l'inclination réciproque de ces jeunes gens. L'amitié que j'ai pour Cœlina, la tendresse dont elle me donne chaque jour de nouvelles preuves, me prescrivent impérieusement de ne lui faire contracter aucun engagement, sans une entière liberté de sa part.

TRUGUELIN. N'avez-vous pas sur elle des droits?

DUFOUR. Je n'en veux avoir que sur son cœur.

TRUGUELIN. Il me semble cependant que vous pourriez. . . .

DUFOUR. La contraindre? Jamais. Je sais trop que la violence n'est propre qu'à nous faire haïr.

TRUGUELIN. Ainsi donc vous me refusez?

DUFOUR. Non, Monsieur. Je diffère seulement ma réponse jusqu'à ce que les sentiments de Cœlina me soient parfaitement connus. Monsieur votre fils arrive dans deux jours; j'aurai bientôt lu dans le cœur de ma nièce, et soyez sûr que rien ne pourra différer son bonheur dès que je serai convaincu qu'il tient à cette union. La voici, changeons de discours.

SCÈNE IX

LES MÊMES, CŒLINA

TRUGUELIN. Que nous veut mon aimable nièce?

CŒLINA, à DUFOUR. Je vous apporte, mon oncle, une lettre dont l'indigent vient de me charger pour vous.

TRUGUELIN, avec indifférence. Qui? cette espèce d'imbécile que j'ai rencontré en entrant ici? A propos, M. Dufour, j'avais oublié de vous demander ce que vous faites chez vous d'un homme de cette espèce.

CŒLINA, piquée. Un homme de cette espèce est souvent plus estimable qu'un autre.

TRUGUELIN, froidement. C'est à monsieur que je m'adresse, ma nièce.

DUFOUR. C'est un malheureux que Tiennette a recueilli; il était sans asile, sans secours, et j'ai consenti à ce qu'il restât quelque temps ici. Lorsque vous êtes arrivé, il me faisait part de ses aventures.

TRUGUELIN. Oh! ces drôles-là ne manquent jamais de moyens pour abuser de la compassion des hommes sensibles et hospitaliers. Quant à moi, je n'en écoute aucun.

DUFOUR. Je m'en méfie comme vous. Mais les aventures de celui-ci sont vraiment de nature à intéresser. Figurez-vous que ce malheureux, privé de la parole et couvert de cicatrices, a été ainsi mutilé, il y a quelques années, à une lieue d'ici, auprès du moulin d'Arpennaz. Vous connaissez peut-être cet endroit?

TRUGUELIN, se troublant. Oui. . . . Je le connais. . . . Et nomme-t-il. . . .

DUFOUR. Qui? ses assassins? . . . Non. Il les connaît, cependant.

TRUGUELIN, d'un air contraint et avec un faux intérêt. Ah! il les connaît.

DUFOUR. Et ce qui vous paraîtra bien singulier, c'est qu'il assure que ce sont des personnes fort considérées dans le pays. Mais je m'amuse à vous conter tout cela comme si vous deviez y prendre quelque intérêt.

TRUGUELIN, s'efforçant de se remettre de son trouble. J'en prends plus que vous ne pouvez le croire. Il suffit qu'il vous paraisse mériter quelque estime, pour qu'il ait des droits à la mienne.

DUFOUR. Voyons ce qu'il m'écrit.

TRUGUELIN. Si vous m'en croyez, vous ne lirez point cette lettre. Ce sont sans doute de nouvelles plaintes, des demandes indiscrètes, car ces gens-là ne sont jamais contents de ce que l'on fait pour eux. A quoi bon vous remplir la tête de ces contes mensongers? Suivez en sa faveur votre inclination généreuse; mais n'excitez point mal à propos votre sensibilité.

DUFOUR. Je crois que vous avez raison. (TRUGUELIN s'empare de la lettre que DUFOUR tient négligemment de la main gauche.)

TRUGUELIN. C'est le plus sage, et pour que, dans un autre moment, vous ne soyez tenté de la lire. . . . (Il fait un mouvement pour la déchirer; CŒLINA la lui prend.)

CŒLINA. Pardon, Monsieur, mais en me chargeant de cette lettre pour mon oncle, je me suis engagée à rapporter la réponse à celui qu'elle intéresse. Ainsi, trouvez bon que j'insiste pour qu'il la lise.

DUFOUR. Lisons donc. (Il ouvre la lettre et lit:)

« Homme généreux! je ne puis demeurer plus longtemps chez vous sans troubler la tranquillité de votre famille, et je me retire, pénétré de la plus vive reconnaissance. Agréez mes remerciements et mes adieux, et croyez que, quelque part que je sois, je n'oublierai jamais l'honnête M. DUFOUR, ni ses aimables enfants.» Je ne veux pas qu'il s'en aille.

TRUGUELIN. Que vous importe? un pareil être mérite-t-il de fixer votre attention?

DUFOUR. Va, cours, ma nièce, dis-lui que je lui défends expressément de partir ce soir, et que je le verrai demain matin.

TRUGUELIN, à part. C'est ce que je saurai bien empêcher.

DUFOUR. Va vite, mon enfant.

CŒLINA. J'y cours, mon oncle. (A part.) Oh que je suis contente! (Elle sort en courant.)

SCÈNE X

DUFOUR, TRUGUELIN, FARIBOLE

DUFOUR, à FARIBOLE. Que veux-tu, mon garçon?

FARIBOLE. Vous dire que monsieur le docteur demande s'il peut vous voir.

DUFOUR. Sans doute, dis-lui que je l'attends avec impatience, car j'ai beaucoup souffert de la goutte, la nuit dernière.

FARIBOLE, dans le fond. Entrez, entrez, monsieur Andrevon.

TRUGUELIN, vivement frappé. Andrevon!

FARIBOLE. Notre monsieur dit comme ça, qu'il sera bien aise de vous voir.

TRUGUELIN, embarrassé et faisant mine de vouloir se retirer. Permettez. . . . (A part, voyant entrer ANDREVON.) Il est trop tard.

SCÈNE XI

LES MÊMES, ANDREVON

ANDREVON. Bonsoir, mon voisin. Je n'ai pu vous voir hier. . . . (Il aperçoit TRUGUELIN et recule, frappé d'horreur.) Vous ici, Monsieur! . . .

TRUGUELIN, avec un grand sang-froid. N'ayant pas l'honneur de vous connaître, Monsieur, je ne vois pas en quoi ma présence ici peut vous intéresser ou vous déplaire.

ANDREVON, d'un ton brusque, après avoir jeté un regard de mépris sur TRUGUELIN. Bonsoir, Monsieur Dufour, vous me reverrez une autre fois. (Il sort.)

DUFOUR. Écoutez-moi, docteur . . . docteur! M. Andrevon! Est-ce que tous ces gens-là sont devenus fous? Tiennette! Tiennette!

TIENNETTE, en dehors. Plaît-il, Monsieur?

DUFOUR. Cours après le docteur; dis-lui que j'ai le plus grand besoin de ses conseils. (A Faribole.) Toi, donne-moi le bras. Excusez-moi, M. Truguelin, si je vous quitte; mais je veux absolument lui parler.

TRUGUELIN. Cet homme extravague. Je le connais de réputation.

DUFOUR. Il extravague! le docteur Andrevon! c'est l'homme le plus sensé de la Savoie. Bonsoir, M. Truguelin, voilà votre appartement. Demandez ce qui vous sera nécessaire. M. Andrevon! . . . M. Andrevon! . . .

TRUGUELIN, à FARIBOLE. Mon ami, je vous prie de m'envoyer mon domestique.

FARIBOLE. Cela suffit, Monsieur. (DUFOUR sort par le fond.)

SCÈNE XII

TRUGUELIN, puis GERMAIN

TRUGUELIN. Que fait ici ce Francisque? Je croyais m'en être entièrement défait. Sans doute c'est pour me nuire auprès de ce crédule vieillard qu'il s'est introduit chez lui. S'il dit un mot, mes projets sont évanouis, et moi-même. . . . Oh, je frissonne.

GERMAIN, *mystérieusement.* Vous me demandez, Monsieur?

TRUGUELIN. Oui, Germain, j'ai grand besoin de ton secours.

GERMAIN. Parlez, Monsieur.

TRUGUELIN. Francisque est ici.

GERMAIN. Je le sais.

TRUGUELIN. Un mot de sa part. . . .

GERMAIN. Peut nous perdre. M. Dufour. . . .

TRUGUELIN. Ne sait rien encore.

GERMAIN. Mais d'un moment à l'autre il peut tout apprendre.

TRUGUELIN. Ton avis?—

GERMAIN. Le vôtre?—

TRUGUELIN. Tu m'entends.

GERMAIN. Il suffit.

TRUGUELIN. Misérable Francisque, tu paieras cher les inquiétudes que tu me causes.

SCÈNE XIII

LES PRÉCÉDENTS, CŒLINA

CŒLINA, *à part dans le fond.* Ils parlent de l'indigent. Écoutons. (*Elle se glisse jusqu'à la porte qui est à gauche, et la tient entr'ouverte.*)

GERMAIN. Point d'éclat.

TRUGUELIN. Sais-tu où couche ce malheureux?

GERMAIN. Ici. On l'a déplacé pour vous recevoir.

TRUGUELIN. Entrons dans mon appartement et. . . .

GERMAIN. Quand tout le monde reposera. . . .

TRUGUELIN. A minuit. S'il résiste. . . .

GERMAIN. Il est mort.

TRUGUELIN. Retirons-nous.

CŒLINA, *à part.* Les monstres!

TRUGUELIN. J'entends du bruit.

GERMAIN, *allant au fond.* On vient. . . . C'est lui.

TRUGUELIN. Lui! pourquoi différer?

GERMAIN. Il n'est pas temps encore.

TRUGUELIN. Tu veilleras.

GERMAIN. Vous agirez.

CŒLINA, *à part.* Les scélérats!

(TRUGUELIN *et* GERMAIN *entrent doucement dans l'appartement de droite et emportent la lumière qui est sur la table.*)

SCÈNE XIV

CŒLINA *cachée,* TIENNETTE *et* FRANCISQUE

(FRANCISQUE *entre par le fond, tenant une lampe.*)

TIENNETTE. Je suis désespérée, pauvre homme, de ne pouvoir vous loger plus commodément; mais la chambre que vous occupiez est nécessaire à M. Truguelin, et tant qu'il restera ici, il faudra vous contenter de la bergère qui est dans le cabinet.

(FRANCISQUE *témoigne sa reconnaissance.*)

Soyez tranquille, M. Dufour vous aime; vos malheurs l'ont intéressé, et il ne vous abandonnera pas. Bonne nuit.

(FRANCISQUE *la remercie, et lui souhaite le bon soir.*)

SCÈNE XV

CŒLINA *cachée,* FRANCISQUE

(FRANCISQUE *s'arrête à la porte de la chambre où est* TRUGUELIN, *s'en éloigne avec horreur et revient près de la table.* CŒLINA *sort doucement de la chambre où elle est, et tire* FRANCISQUE *par le pan de son habit. Celui-ci se retourne avec une sorte d'effroi; mais en voyant* CŒLINA, *son front s'épanouit, la joie brille sur son visage.*)

CŒLINA, *à voix basse et très vivement, en lui montrant la chambre de droite:* Vos jours sont menacés; ne dormez pas, je veille sur vous.

(*Elle sort,* FRANCISQUE *écrit rapidement quelques mots.*)

SCÈNE XVI

TRUGUELIN, GERMAIN, FRANCISQUE

TRUGUELIN, *bas à* GERMAIN, *en lui montrant la porte du fond.* Veille à cette porte. (*A* FRANCISQUE *d'un ton menaçant.*) Malheureux! que viens-tu faire ici?

(FRANCISQUE *tire de son sein deux pistolets qu'il dirige sur* TRUGUELIN *et son domestique, en leur faisant signe de lire le papier qu'il vient d'écrire.*)

(TRUGUELIN *s'approche et lit*): « Si vous ne sortez à l'instant, je vous brûle la cervelle, et je déclare tout.»

(*Avec un sourire de mépris:*) Imprudent! que pourrais-tu contre deux personnes? (*Il jette une bourse sur la table.*) Cet or est à toi, si tu promets de sortir d'ici avant le point du jour. (FRANCISQUE *refuse.*)

Accepte cette offre. (*Même signe de* FRANCISQUE.) Tu penses me braver impunément; mais nous saurons bien te forcer d'obéir. (*Il tire un poignard de son sein, et se précipite sur* FRANCISQUE *qui fait feu de la main gauche.* GERMAIN *lui arrache son second pistolet.*)

SCÈNE XVII

LES PRÉCÉDENTS, CŒLINA; *puis,* DUFOUR, STÉPHANY, TIENNETTE, FARIBOLE

CŒLINA *ouvre la porte du fond, et jette un cri perçant.* Mon oncle! Stéphany! venez vite.
(*Au cri de* CŒLINA, *les assassins ont lâché* FRANCISQUE *qui lève les yeux au ciel, et* TRUGUELIN *s'avance avec assurance.*)
TRUGUELIN. Qu'avez-vous, ma nièce, et pourquoi ces cris?
CŒLINA. Allez! c'est affreux ce que vous avez fait là!
DUFOUR. Il est bien étonnant, Monsieur, que vous vous permettiez de maltraiter chez moi un homme à qui j'accorde ma protection: cette conduite révoltante m'intéresse autant en sa faveur qu'elle m'indispose contre vous.
TRUGUELIN. Voilà bien les hommes; toujours prompts à croire le mal, et jamais disposés à s'éclairer avant de juger. Cet homme m'avait insulté; fallait-il donc souffrir patiemment une injure d'un pareil misérable?
DUFOUR, *avec étonnement.* Et ce coup de pistolet? . . .
TRUGUELIN. C'est sur moi qu'il a été dirigé.
DUFOUR. Par qui?
TRUGUELIN *montrant* FRANCISQUE. Par lui.
DUFOUR, *à* FRANCISQUE. Est-il vrai? (FRANCISQUE *fait signe que c'est la vérité.*) Est-ce ainsi que tu respectes les droits de l'hospitalité?
CŒLINA. Ah! mon oncle; si l'indigent s'est porté à cette extrémité, c'est qu'il a été contraint par les violences qu'on exerçait sur lui.
TRUGUELIN, *avec sévérité.* Mademoiselle. . . .
CŒLINA, *à* DUFOUR. Oui, mon oncle, on voulait forcer ce pauvre homme à sortir de la maison, et, en cas de résistance, on avait juré sa perte.

TRUGUELIN. Qui?
CŒLINA, *avec énergie.* Vous.
TRUGUELIN. Osez-vous? . . .
CŒLINA. Tout pour sauver un innocent.
TRUGUELIN, *à* DUFOUR. Cette inculpation. . . .
CŒLINA. Est vraie. J'en jure par mon cœur, et par le ciel qui sait si jamais je me suis abaissée jusqu'à feindre.
TRUGUELIN, *avec ironie.* Qui donc a pu si bien vous instruire?
CŒLINA. Moi-même.
TRUGUELIN, *se troublant.* Vous?
CŒLINA. Oui. Cachée derrière la porte de ce cabinet, j'ai entendu le complot infernal tramé contre ce malheureux, par vous et par votre indigne valet. Démentez maintenant, si vous le pouvez, tout ce que je viens de dire.
TRUGUELIN. J'espère, M. Dufour, que vous êtes loin d'ajouter foi aux discours insensés de votre nièce . . . et que. . . .
DUFOUR. Monsieur, je n'entreprendrai point de décider de quel côté sont les torts. Tout ce que je sais, c'est que vous avez répandu l'effroi dans ma maison; tout le monde vous fuit ou semble se troubler à votre aspect. J'aime les hommes francs, et comme j'entrevois dans tout ceci une espèce de mystère qui me déplaît, trouvez bon que je rejette décidément la proposition que vous m'avez faite pour Cœlina, et que je vous dispense à l'avenir de me faire l'honneur de votre visite.
TRUGUELIN. Vous ne dites pas tout, ambitieux vieillard, et ce n'est là qu'un prétexte adroit pour colorer un refus que vous étiez décidé à me faire. Mais j'en sais plus que vous ne pensez. Je sais que votre fils aime Cœlina, et que vous protégez cette inclination, pour faire entrer dans votre famille les grands biens de cette riche héritière. Mais tremblez . . . si vous osez former cette union, vous ne savez pas jusqu'où peut aller la jalousie dans un cœur comme celui de mon fils, et je vous déclare que je ne m'opposerai point à ses progrès. Je ne resterai pas plus longtemps dans un lieu où ma présence semble vous gêner. Je me retire. Mais, si demain, avant dix heures, je ne reçois point votre consentement, tremblez tous! un seul mot peut rompre le mariage que vous projetez, et ce mot je le dirai. Adieu. (*Il sort avec* GERMAIN.)

SCÈNE XVIII

LES PRÉCÉDENTS, *excepté* TRUGUELIN *et*
GERMAIN

DUFOUR. Vaines menaces et qui ne
m'effraient point. Rassurez-vous, mes enfants, mes projets sont changés: si M.
Truguelin s'était présenté ici d'une manière convenable, j'aurais peut-être accueilli sa demande; et, en effet, cette union
eût été plus avantageuse pour Cœlina;
mais il se déclare notre ennemi; c'est une
raison pour que j'accélère votre bonheur,
et vous serez unis. (*A* CŒLINA.) Tu as
besoin d'un protecteur, mon enfant, et je
ne puis t'en donner un plus zélé, plus sûr,
que celui qui n'a pas cessé un instant de
t'aimer.

CŒLINA. Mon oncle!

STÉPHANY. Mon père!

DUFOUR. Demain, nous célébrerons
vos fiançailles. Allons nous reposer, mes
amis, j'en ai grand besoin; car cette soirée
m'a furieusement ému. (*A* FARIBOLE.)
Toi, ferme bien les portes, afin que ce
méchant homme ne vienne plus nous
troubler.

(CŒLINA *embrasse son oncle,* STÉPHANY
baise la main de sa cousine, FRANCISQUE
salue respectueusement DUFOUR *qui rentre dans son appartement soutenu par son
fils et* CŒLINA; FARIBOLE *et* TIENNETTE
sortent par le fond.)

ACTE SECOND

(*Le théâtre représente un jardin dans lequel
tout est préparé pour une fête; à gauche
est la maison de* DUFOUR.)

SCÈNE I

FARIBOLE, PAYSANS

(*Au lever du rideau,* FARIBOLE *et ses compagnons sont occupés à faire des guirlandes, et à suspendre des festons aux
arbres.*)

FARIBOLE. Dépêchons-nous, mes camarades, songez qu'il faut que tout cela
soit prêt pour le lever de mamselle Cœlina.
Nous n'avons pas une minute à perdre.

PREMIER PAYSAN. Soyez tranquille,
M. Faribole, ça sera fini.

SECOND PAYSAN. Faribole! quel drôle
de nom! [1] je ne peux pas l'entendre sans
rire.

PREMIER PAYSAN. Est-ce que c'est
votre nom de famille?

FARIBOLE. Pas du tout; c'est un sobri-
quet. J'ai servi, [2] voyez-vous.

SECOND PAYSAN. Vous!

FARIBOLE. Oui, j'étais tambour.

TOUS, *riant.* Ah! ah! ah!

FARIBOLE. Au régiment, j'étais gai,
j'étais drôle; je contais toute la journée
des contes à mes camarades, et ils appelaient ça des fariboles. Ma foi, le nom
m'en est resté, et depuis, on ne me connaît
que sous l'étymologie de Faribole. Mais
il ne faut pas vous déranger pour ça.
Travaillez donc. Aussi bien, voici not'
jeune maître.

SCÈNE II

LES PRÉCÉDENTS, STÉPHANY

STÉPHANY. Avez-vous fini, mes amis?

FARIBOLE. Ça s'avance.

STÉPHANY. Hâtez-vous, car mon père
et ma cousine ne tarderont point à se
rendre au jardin. Faribole, as-tu fait
toutes mes commissions?

FARIBOLE. Je crois qu'oui, not' jeune
maître.

STÉPHANY. Aurai-je des musiciens?

FARIBOLE. J'crois bien! tout l'orchestre de Sallenche est à vos ordres. Vous
aurez une vielle, une musette et un tambourin; j'espère que ça sera joli; sans
compter que Mlle Tiennette et moi nous
jouons des castagnettes à faire plaisir.

STÉPHANY. A merveille, mon garçon!
Tu leur as bien indiqué à tous. . . .

FARIBOLE. Ce qu'ils ont à faire? Eh
oui.

STÉPHANY. Tu n'oublieras rien?

FARIBOLE. N'ayez pas peur. Ce que
vous m'avez dit est cloué là. [3]

STÉPHANY. Allons, je te fais pour aujourd'hui maître des cérémonies.

FARIBOLE, *aux paysans.* Vous l'entendez, vous autres! j'sis le maître des çarimonies; ainsi tout le monde doit m'obéir.

STÉPHANY, *à part.* Le jour qui se prépare sera le plus beau de ma vie!

TIENNETTE, *à la porte de la maison.*
Voici M. Dufour. (*Elle rentre.*)

---

[1] *faribole* means trifle, nonsense.

[2] *servi,* i. e. in the army.

[3] *cloué là* "fixed in here" (pointing at his head).

STÉPHANY, *aux paysans.* Éloignez-vous. Ne manque pas le moment.

FARIBOLE. Vous me prenez donc pour un crétin? Croyez-vous qu'il faille me répéter dix fois la même chose? Allez, allez, vos çarimonies sont en bonnes mains. (*Tous les paysans sortent avec Faribole.*)

SCÈNE III

DUFOUR, CŒLINA, STÉPHANY, TIENNETTE

CŒLINA. Oh! que cela est joli, mon oncle!

DUFOUR. Vraiment! c'est fort bien arrangé.

CŒLINA. Pauvre cousin! tu n'as donc pas dormi?

DUFOUR. Bon, à son âge, j'aurais passé dix nuits de suite pour ménager une surprise agréable à ma femme.

CŒLINA. En vérité, Stéphany, on n'est pas plus galant.

DUFOUR. Tiennette, apporte nous le déjeuner sous ce berceau: cela fera plaisir à nos jeunes gens, n'est-il pas vrai?

TIENNETTE. J'y vais, Monsieur. (*Elle dispose tout pour le déjeuner.*)

CŒLINA. Venez vous asseoir, mon oncle.

DUFOUR. Tout à l'heure. Je ne sais si c'est le plaisir de faire des heureux qui me rajeunit; mais je me trouve aujourd'hui beaucoup mieux que je n'ai été depuis longtemps. En attendant le déjeuner, causons de vos intérêts. (*A CŒLINA.*) Mon enfant, ta fortune déjà considérable à la mort de ton père, s'est encore augmentée par les épargnes que j'ai faites, et tu te trouves maintenant une des plus riches héritières de la Savoie. La conduite révoltante de M. Truguelin me prouve qu'en demandant ton alliance pour son fils, il cherchait plutôt à s'approprier tes biens qu'à former une union assortie, et c'est ce qui m'a affermi dans la résolution, peut-être un peu prompte, que j'ai prise de vous unir.

STÉPHANY. Quoi! mon père, vous repentiriez-vous?

DUFOUR. Mon fils, le monde est injuste, méchant et toujours disposé à trouver des torts aux hommes les plus probes. On pourrait m'accuser d'avoir séduit le cœur de ma pupille; d'avoir abusé de mon empire sur elle, pour lui faire épouser un jeune homme, qui n'a presque rien et ne possèdera, après ma mort, qu'une fortune des plus modiques. Je devais donc, par

délicatesse, favoriser la recherche de M. Truguelin, tant que je l'ai cru dirigé par des motifs louables. Maintenant que je suis désabusé, je saisis avec empressement l'occasion de combler vos vœux, en couronnant un amour que vous n'avez pas jugé à propos de me confier, mais que j'avais deviné depuis longtemps avec la plus vive satisfaction.

CŒLINA. Mon oncle! j'accepte avec reconnaissance le présent que vous me faites, en m'unissant à l'ami de mon cœur; mais, je vous l'avouerai, M. Truguelin m'épouvante et je frémis encore. . . .

DUFOUR. Qu'avons-nous à redouter de sa part? Les biens de mon frère étaient clairs et bien acquis, son testament les assure à sa fille, tu es son unique héritière, tout ce qui concerne ma gestion est parfaitement en règle, et je brave hardiment les menaces d'un furieux. Il suffit même qu'il semble vouloir me contraindre, pour que je presse la conclusion de votre mariage.

STÉPHANY. Mon père!

CŒLINA. Que de bonté!

DUFOUR. Demain vous serez unis; demain j'acquitte une dette sacrée envers mon respectable frère, en fixant à jamais le sort et le bonheur de sa fille.

TIENNETTE. Vous êtes servi, Monsieur.

DUFOUR. Déjeunons. Après quoi j'irai chez M. Antoine, mon notaire, pour régler les articles du contrat. Tu me donneras le bras, Stéphany.

STÉPHANY, *gaîment.* Oui, mon père.

DUFOUR, *souriant.* Je gage que jamais tu ne m'auras accompagné d'aussi bon cœur. Tiennette, comment va ce pauvre homme? Est-il remis de sa frayeur d'hier? Appelle-le.

TIENNETTE. Oui, Monsieur, j'y vais.

DUFOUR, *à CŒLINA.* Soutiens-moi, mon enfant.

(CŒLINA *donne le bras à* DUFOUR, *et tous deux s'avancent vers le berceau.* STÉPHANY *va au fond, et fait un signe d'intelligence à* FARIBOLE, *qui appelle ses compagnons. Tout le monde se cache derrière les arbres.*)

SCÈNE IV

LES PRÉCÉDENTS, FRANCISQUE, FARIBOLE, PAYSANS *et* PAYSANNES

(*Au moment où* CŒLINA *et* DUFOUR *se placent sous le berceau, les branches du haut se séparent et laissent voir un cartel soutenu par des guirlandes, et sur lequel est écrit:* A L'AMOUR ET A LA RECONNAISSANCE. *Deux couronnes sont placées sur la tête du vieillard et de sa nièce.* CŒLINA *est restée debout,* DUFOUR *est assis,* STÉPHANY *est aux pieds de son père;* FRANCISQUE, *conduit par* TIENNETTE, *est resté immobile devant la porte de la maison.*)

CŒLINA, *avec l'accent de la surprise et de la joie.* Ah! mon oncle.

FARIBOLE *s'avance en riant.* Eh bien! c'est-il joliment ordonnancé ça? Vous ne comptiez pas là-dessus, hein?

DUFOUR. Bravo! mes enfants; il y a quarante ans que je n'aurais pas fait mieux . . . . (*Il relève* STÉPHANY, *l'embrasse et le fait placer à sa droite.* CŒLINA *est près de lui.* (A FRANCISQUE) Approche, brave homme, cela paraît te faire plaisir. (FRANCISQUE *exprime la plus vive satisfaction.*)

FARIBOLE, *à* TIENNETTE. Ah! vous ne direz plus que je suis un maladroit; j'espère que ce coup-d'œil-là a été exécuté de main de maître. Avez-vous vu quelquefois des çarimonies mieux ordonnancées que ça? Allons, vous autres, avancez, surtout faites bien ce que je vous ai dit. (*Tout le monde présente des bouquets à* CŒLINA.) Pas mal, pas mal, j'sis content de vous. A présent, placez-vous pour la danse. Ohé! la musique; bon, voilà la place de l'orchestre. Grimpez là-dessus, et vive la joie.

(*Trois paysans jouant du tambourin, de la musette et de la vielle, montent sur un banc; on danse.*)

Pour mettre un peu de variation là-dedans, je vas vous chanter une ronde, moi! Mamselle Tiennette, nous danserons nous deux pour la rareté du fait. Je crois bien qu'il y a longtemps que ça ne vous est arrivé; mais ça n'y fait rien. Un petit rémora[1] de temps en temps, ça divertit.

TIENNETTE. Je le veux bien. Cette journée m'a rajeunie de dix ans.

FARIBOLE. Allons, attention, je commence. Vous autres, vous chanterez le refrain avec moi, tant bien que mal, j'y suis.

SCÈNE V

LES MÊMES, GERMAIN

GERMAIN, *présentant une lettre à* M. DUFOUR. Vieillard imprudent, lisez.

(*Tout le monde se lève, la danse cesse et chacun demeure immobile;* GERMAIN *se retire.*)

SCÈNE VI

LES MÊMES, *excepté* GERMAIN

(*Après un moment de silence,* DUFOUR *ouvre le paquet et lit. Il paraît vivement agité; à la fin il s'écrie:*)

DUFOUR. Grand Dieu! je suis trahi, déshonoré! . . .

STÉPHANY. Que dites-vous?

CŒLINA. Qu'entends-je?

TIENNETTE. Juste ciel!

(FRANCISQUE *paraît au désespoir.*)

DUFOUR. Plus d'hymen! plus d'amour! la douleur et la haine . . . voilà le partage de ma triste vieillesse.

STÉPHANY. Expliquez-vous!

CŒLINA. Parlez, mon oncle!

DUFOUR, *la repoussant.* Je ne suis point votre oncle.

TOUS. Oh mon Dieu!

(*Stupéfaction générale.*)

DUFOUR. Non. Elle n'est point ma nièce. C'est l'enfant du crime et de l'adultère!

(FRANCISQUE *paraît accablé.*)

STÉPHANY. Mon père, on vous trompe.

DUFOUR, *lui présentant le papier.* Lisez.

STÉPHANY, *voyant la signature.* Truguelin! c'est une calomnie.

DUFOUR. Lisez.

STÉPHANY *lit d'une voix tremblante.* « Cœlina n'est point votre nièce, elle n'est point la fille de votre frère. Il fut trompé par sa coupable épouse. Faut-il, hélas! que cette femme criminelle ait été ma sœur! Isoline eut cette enfant d'un misérable sans état, sans fortune et sans mœurs. Je vous envoie son extrait de baptême; vous y verrez qu'elle ne porte point le nom de votre frère, et qu'en un mot, elle vous est parfaitement étrangère.»

DUFOUR, *lui donnant l'extrait de baptême.* Lisez.

STÉPHANY *lit.* Extrait des registres de baptême de la paroisse St.-Etienne de Servoz.[2] « Ce jourd'hui,[3] 11 mai 1754, sur les dix

---

[1] *rémora* means obstacle, delay, but Faribole seems to use the word in the sense of interruption of labor, fun.

[2] *Servoz*, a tiny village in the department of Haute-Savoie, near Chamonix.

[3] *Ce jourd'hui*, legal terminology for *aujourd'hui.*

heures du soir, a été baptisée Suzanne-Cœlina, fille d'Isoline Truguelin et de Francisque Humbert. . . .»

CŒLINA. Vous, mon père! (FRANCISQUE *lui tend les bras et elle s'y précipite.*)

STÉPHANY. Se peut-il?

DUFOUR. Quoi! malheureux! non content d'avoir déshonoré mon frère, tu as osé t'introduire ici pour solliciter ma pitié, et me laisser contracter l'alliance la plus honteuse. Va, sors de ma présence, et emmène avec toi le fruit de ton coupable amour.

STÉPHANY. Cœlina est innocente.

DUFOUR. Mais son père est un monstre. Sortez, vous dis-je.

(FRANCISQUE *se lève fièrement, et emmène* CŒLINA *vers le fond.*)

DUFOUR, *se retournant brusquement.* Arrête, malheureux! Sans ressources, sans asile, sans biens, où conduis-tu cette enfant? que va-t-elle devenir? doit-elle expirer de besoin, parce que son père fut un misérable? Voilà ma bourse. Quand elle sera épuisée, tu me feras connaître ton asile, et mes secours te suivront.

CŒLINA. Gardez, Monsieur, des bienfaits que nous ne méritons plus.

DUFOUR. Eh! pauvre enfant! tu n'as rien fait pour t'en rendre indigne.

STÉPHANY *vivement.* Qu'avez-vous dit, mon père?

DUFOUR *brusquement.* Rien . . . rien . . . je dis que je les chasse, je ne veux plus les voir . . . sortez . . . sortez.

CŒLINA. Adieu, Stéphany . . . adieu, Tiennette.

STÉPHANY. Non, tu ne partiras pas, ou je te suivrai partout.

DUFOUR. L'ingrat! abandonner son père! . . . Ah! ce dernier trait m'irrite encore plus contre eux. Sortez, vous dis-je, éloignez-vous, et que je ne vous revoie jamais. (*Aux paysans.*) Vous, retenez cet insensé!

(TIENNETTE *embrasse* CŒLINA *et l'accompagne jusqu'au fond.* STÉPHANY *veut en vain les suivre; il est retenu par* FARIBOLE *et les paysans, et va tomber sur l'escalier qui est devant la maison.*)

SCÈNE VII

DUFOUR, STÉPHANY

STÉPHANY. On me l'enlève. Je ne la verrai plus. Mon père! mon père! rendez-moi Cœlina.

DUFOUR. Réprimez ces cris qui m'offensent. Oubliez Cœlina; elle n'est point votre cousine.

STÉPHANY. Elle est plus! elle est ma fiancée!

DUFOUR. Qu'osez-vous dire?

STÉPHANY. Elle est ma femme. Je vais la suivre, et lui donner ma main aux pieds des autels.

DUFOUR. Sans mon aveu?

STÉPHANY. Vous nous le donnerez un jour, vous ne pouvez pas nous haïr.

DUFOUR. Malheureux! tu quitterais ton père? tu abandonnerais un vieillard infirme, qui n'a que toi dans le monde pour le consoler?

STÉPHANY. Je reviendrai vous présenter mon épouse, et vous nous presserez tous deux dans vos bras.

DUFOUR. Si tu es assez imprudent pour effectuer ce projet, je te déshérite et te donne ma malédiction.

STÉPHANY. La malédiction d'un père est repoussée par le Ciel, quand elle est injuste.

DUFOUR. Tu oses me manquer de respect? Sors de ma présence . . . ou je ne réponds plus de mon indignation.

STÉPHANY. O ciel! est-on plus malheureux!

SCÈNE VIII

LES MÊMES, TIENNETTE *revenant*

TIENNETTE. Eh bien? eh bien? qu'y a-t-il encore de nouveau? Vous voulez donc faire mourir tout le monde?

DUFOUR. Je ne m'étonne plus, vraiment, si M. Truguelin voulait faire sortir cet homme de chez moi. Il avait de bonnes raisons pour cela, et je l'approuve maintenant.

TIENNETTE. Votre Truguelin est un monstre.

DUFOUR. Et vous aussi, Tiennette?

TIENNETTE. Oui. Je le répète. Un monstre! il est capable d'avoir falsifié cet acte pour se venger du refus que vous lui avez fait.

DUFOUR. Cet acte est parfaitement en règle. Je n'en puis nier l'évidence.

TIENNETTE. Et quand cela serait, Monsieur, est-ce une raison pour rompre le bonheur de deux jeunes gens qui s'aiment? pour chasser honteusement de chez vous une jeune personne que vous avez élevée, et qui a partagé pendant douze ans avec votre fils, vos soins et votre tendresse? Allez, Monsieur, rien ne peut vous justifier d'une semblable injustice. Ce que vous venez de faire est affreux.

Dufour. Songez-vous à qui vous parlez?

Tiennette. Et ce pauvre Stéphany, qu'a-t-il fait pour être frappé d'un coup aussi sensible? Et vous pensez qu'il se laissera enlever ses espérances, et qu'il va renoncer tranquillement à celle que vous lui ordonniez d'aimer, il n'y a qu'un moment! Non, Monsieur. Il n'y renoncera pas, et il aura raison. Vous aurez beau le retenir, il vous quittera. Il rejoindra l'amie de son cœur; et tous deux iront jouir loin de vous d'un bonheur que vous ne leur avez laissé entrevoir que pour leur rendre sa perte plus sensible.

Dufour. Finissez, Tiennette, ou bien. . . .

Tiennette. Vous me chasserez, n'est-ce pas? Vous renverrez une fille qui vous sert avec attachement et fidélité depuis trente ans, et cela pour vous avoir dit la vérité, pour s'être révoltée à l'aspect d'une injustice! Oh! mon Dieu, je m'en irai; mais ce ne sera pas du moins sans vous avoir dit tout ce que je pense, sans vous avoir répété que vous êtes un homme dur, méchant, que vous serez abandonné de tout le monde, que vous traînerez une vie languissante et malheureuse, et que personne ne vous plaindra, parce que vous l'aurez mérité. Oui, Monsieur, je vous dirai tout cela; je vous le répéterai cent fois, et puis je m'en irai.

Dufour. Encore une fois, taisez-vous.

Tiennette. Je me tais, Monsieur. Je n'ai plus rien à dire.

SCÈNE IX

Les précédents, Andrevon

Tiennette, *apercevant le docteur qui entre avec empressement.* Accourez, Monsieur le docteur; venez vous joindre à nous pour reprocher à Monsieur son injustice.

Andrevon, *à* Dufour. Que viens-je d'apprendre? . . . Quoi! vous avez renvoyé votre nièce de chez vous?

Dufour. Elle n'est point ma nièce.

Andrevon. D'où le savez-vous?

Dufour. Par ces papiers.

Andrevon. De qui les tenez-vous?

Dufour. De M. Truguelin.

Andrevon. C'est un scélérat.

Stéphany. Vous l'entendez, mon père!

Tiennette, *avec satisfaction.* Eh bien! Monsieur, me croirez-vous une autre fois?

Dufour. Paix. (*Au docteur.*) Vous dites. . . .

Andrevon. La vérité. Ah! mon cher Dufour, si le cœur des mortels se montrait à découvert, on ne ferait guère de pas dans la société sans y rencontrer des méchants!

Dufour. Docteur, vous connaissez mon opinion sur les hommes; vous savez qu'en général je ne les estime point. Mais une inculpation de cette nature est trop grave pour que j'y croie aussi légèrement, et vous me permettrez de n'y pas ajouter foi, jusqu'à ce que vous m'ayez donné des preuves irrécusables.

Andrevon. Ah! vous voulez des preuves? je vais vous en donner. (*Tout le monde se rapproche d'*Andrevon.)

Dufour. Parlez, docteur.

Andrevon. Il y a huit ans à peu près, je n'avais pas encore l'honneur de vous connaître, que, revenant un soir de la ville de Cluse où j'avais été voir quelques malades, je montais doucement le rocher d'Arpennaz. . . .

Tiennette, *à part.* Le rocher d'Arpennaz!

Andrevon. Lorsque deux hommes couverts de sang passent rapidement à mes côtés, comme s'ils venaient de commettre un grand crime.

Tiennette, *à part.* Quel singulier rapport!

Andrevon. Mais à peine ont-ils fait cent pas devant moi, que celui qui me paraissait le maître, chancelle et tombe baigné dans son sang. Je vole près de lui, et bientôt, par mes soins, il est en état de se soutenir jusque chez moi où il passe la nuit. Je le questionne ainsi que son valet, et tous deux s'accordent à dire qu'ils ont été attaqués par des voleurs. Cependant, leurs vêtements déchirés, une morsure considérable que le maître avait à la main gauche, d'autres blessures qui me paraissaient avoir été faites par un homme sans armes, et plus que tout cela, leur embarras et le peu de vraisemblance de leur récit, me font concevoir des soupçons qui se changent en certitude, lorsque j'apprends le lendemain que le meunier d'Arpennaz, l'honnête Michaud, a recueilli la veille, et précisément dans le lieu d'où j'avais vu partir ces deux hommes, un malheureux criblé de coups et horriblement mutilé.

Tiennette. Michaud! le rocher d'Arpennaz! il y a huit ans!

Dufour. Laissez finir le docteur.

ANDREVON. Je ne doutai plus que j'avais chez moi des assassins, et je sortis dans l'intention de les livrer à la justice, qui les faisait chercher; mais, à mon retour, je ne les trouvai plus, ils avaient fui. Je courus à leur appartement; ils y avaient laissé une bourse et cette lettre.

DUFOUR, *jetant un coup d'œil sur la lettre.* C'est l'écriture de Truguelin!

ANDREVON. Jugez de ma surprise et de mon indignation, en rencontrant hier ici ce même homme que je croyais vous être parfaitement étranger. Je n'ai pas été maître de moi, et je vous ai quitté pour aller le dénoncer aux magistrats. Depuis ce matin, les archers sont à sa poursuite, et peut-être en ce moment le conduit-on à Chambéry,[2] pour le livrer à la justice.

DUFOUR. Vous avez bien fait.

TIENNETTE. Mais, Monsieur, ce malheureux trouvé près du moulin, recueilli par Michaud. . . .

ANDREVON. Eh bien?

STÉPHANY. Il était ici.

TIENNETTE. C'est le père de Cœlina.

ANDREVON. Quoi! ce pauvre homme!

DUFOUR. C'est lui-même.

STÉPHANY. Les persécutions que Truguelin n'a cessé de lui faire éprouver cachent quelque affreux mystère.

DUFOUR. Je le crois; mais comment l'éclaircir? j'ai éloigné ceux qui pouvaient m'instruire.

ANDREVON. Comment avez-vous pu croire si légèrement?

DUFOUR. Comment? comment? il ne s'agit pas de cela. C'est fait.

ANDREVON. Il faut voir Cœlina, cet indigent.

TIENNETTE. Oui, Monsieur, il faut les voir.

STÉPHANY. Courir sur leurs traces.

DUFOUR. Mais où sont-ils, enfin?

ANDREVON. Au moulin d'Arpenaz, chez le bon Michaud, pour lequel cet indigent conserve la plus vive reconnaissance.

DUFOUR. Vous les avez donc vus?

ANDREVON. Je les quittais en entrant chez vous.

DUFOUR. Allons les trouver. Je veux les voir absolument.

STÉPHANY. Mon père! vous leur rendrez donc votre amitié?

DUFOUR. S'ils la méritent.

ANDREVON. Et s'ils ne sont que malheureux?

DUFOUR. Je les plaindrai.

STÉPHANY. Ce n'est point assez, mon père, il faut. . . .

DUFOUR. Je sais ce que j'ai à faire. Est-ce à soixante-cinq ans que j'ai besoin que l'on règle ma conduite? Allons, donnez-moi le bras et partons.

ANDREVON. Je suis content de vous, mon voisin.

DUFOUR. Un moment! vous ne savez pas encore ce que je ferai.

TIENNETTE. C'est égal, Monsieur, je vous rends toujours mon amitié.

DUFOUR. Je te remercie, Tiennette; partons.

STÉPHANY. O ciel! exauce mes vœux!

(Ils sortent.)

ACTE TROISIÈME

Le théâtre représente un lieu sauvage, connu sous le nom du Nant[3] d'Arpennaz. Dans le fond, est un pont de bois, au-dessous duquel se précipite un torrent, qui vient passer derrière un moulin, placé à droite; la porte du moulin fait face à la coulisse, et les croisées sont vis-à-vis des spectateurs; il y a un banc de pierre au-dessous des croisées.

Pendant l'entr'acte, on entend le bruit du tonnerre.

SCÈNE I

TRUGUELIN, *déguisé en paysan*
(Il parcourt la moitié du théâtre.)

Où fuir? où porter ma honte? Errant depuis le matin dans ces montagnes, je cherche en vain un asile qui puisse dérober ma tête au supplice. Je n'ai point trouvé d'antre obscur, de caverne assez profonde pour ensevelir mes crimes. Sous ces habits grossiers, rendu méconnaissable à l'œil le plus pénétrant, je me trahis moi-même, et baissant vers la terre mon front décoloré, je ne réponds qu'en tremblant aux questions qu'on m'adresse. Il me semble que tout, dans la nature, se réunit pour m'accuser.—Ces mots terribles retentissent sans cesse à mon oreille: Point de repos pour l'assassin! vengeance! vengeance! . . . (*On entend résonner l'écho.*

---

[1] *Chambéry,* capital of the department of Savoie.

[2] *Nant,* old French word meaning " a mountain stream."

TRUGUELIN *se retourne avec effroi.*) Où suis-je? quelle voix menaçante? Ciel! que vois-je? ce pont, ces rochers, ce torrent, c'est là, là, que ma main criminelle versa le sang d'un infortuné. O mon Dieu! toi que j'ai si longtemps méconnu, vois mes remords, mon repentir sincère. Arrête, misérable, et n'outrage pas le ciel! Des consolations à toi! cette faveur n'est réservée qu'à l'innocence, tu ne la goûteras jamais. Les larmes, l'échafaud; voilà le sort qui t'attend et auquel tu ne pourras échapper. (*Il tombe anéanti sur un banc.*) Ah! si l'on savait ce qu'il en coûte pour cesser d'être vertueux, on verrait bien peu de méchants sur la terre. (*Pendant cette scène, l'orage a continué.*)

SCÈNE II

TRUGUELIN, MICHAUD

MICHAUD *paraît sur le pont. Il arrive en chantant.*
Air: (de Toberne) *Pendant le jour je bêche.*

> La foudre sur ma tête
> Gronde sans m'effrayer;
> Je ris de la tempête,
> Et brave le danger.
> Franc, joyeux, charitable,
> Je crains peu le trépas,
> Ce jour n'est redoutable
> Que pour les scélérats.

TRUGUELIN *revient de son accablement, et s'écrie:* O ciel! on m'a reconnu! (*Il aperçoit* MICHAUD *qui descend de la montagne.*) Funeste conséquence du crime! je ne vois partout que des accusateurs. (*Il s'efforce de prendre une contenance assurée.*)

MICHAUD, *finissant l'air.*

> Bannissons l'humeur noire,
> Et vivent les plaisirs!
> Travailler, rire et boire,
> Voilà tous mes désirs.

(*Il va à la porte du moulin, et aperçoit* TRUGUELIN.) Eh! l'ami! qu'est-ce que vous faites donc là?
TRUGUELIN. Je suis à l'abri de l'orage.
MICHAUD. Parbleu! entrez dans mon moulin, vous serez mieux.
TRUGUELIN, *à part.* Si je pouvais parlà me soustraire aux recherches.
MICHAUD. Eh bien! vous ne me répondez pas?

TRUGUELIN. Au contraire, mon camarade, je suis fort reconnaissant.
MICHAUD. Vous paraissez bien accablé; c'est sans doute la fatigue?
TRUGUELIN, *d'un air contraint.* Oui . . . oui . . . c'est la fatigue.
MICHAUD. Venez-vous de loin, comme cela?
TRUGUELIN. De Genève.
MICHAUD. Et vous allez?
TRUGUELIN. A la Couteraye.[1]
MICHAUD. Encore sept lieues! Vous ne comptez pas y arriver aujourd'hui?
TRUGUELIN. Si mes forces le permettent.
MICHAUD. Vous trouvez peut-être singulier que je vous questionne aussi librement. Ma foi, vous m'excuserez, mais c'est ma manière. Je suis rond, un peu causeur, et d'une franchise à toute épreuve; et voyez-vous, je mettrais aussi peu d'importance à vous raconter mes affaires, que je témoigne d'empressement pour être instruit des vôtres. Avez-vous passé à Sallenche?
TRUGUELIN. Ce n'est pas ma route.
MICHAUD. J'y étais encore il n'y a pas une heure, et j'ai été témoin d'un grand acte de justice. Il n'est pas que vous n'ayez ouï parler d'une histoire arrivée ici, il y a huit ans, d'un jeune peintre, nommé Francisque, que j'ai trouvé de l'autre côté du pont, à moitié mort, et horriblement mutilé?
TRUGUELIN, *avec une indifférence affectée.* Cette aventure a fait assez de bruit.
MICHAUD. On a cherché longtemps à découvrir les auteurs de ce meurtre sans pouvoir y parvenir. Mais voyez, comme on a bien raison de dire que le crime ne reste jamais impuni. Hier au soir, le docteur Andrevon, en entrant chez son ami Dufour, reconnaît les assassins de ce pauvre Francisque. Il ne perd pas de temps, court les dénoncer aux magistrats; on se met à leur poursuite, et comme je vous le disais, je viens de voir conduire en prison le domestique de ce scélérat Truguelin. Il a tout avoué; ainsi, son affaire ne sera pas longue.
TRUGUELIN, *à part.* Je frissonne!
MICHAUD. Qu'est-ce que vous avez donc?
TRUGUELIN. L'idée de ce crime est épouvantable.

---

[1] *la Couteraye*, unimportant locality not mentioned in *Dictionnaire complet des communes de la France*, etc.

Michaud, *lui frappant sur l'épaule.*
Soyez tranquille. Allez, ils ne le porteront pas loin, les ordres sont donnés; les archers sont en campagne; la moindre chaumière sera visitée. Oh! il est impossible que le maître échappe. Ma foi, quoique je ne sois pas méchant, l'amitié que j'ai pour ce malheureux Francisque me fait désirer que la punition de ce monstre soit prompte et exemplaire. Voyez plutôt si je ne vous ai pas dit vrai. Voilà une brigade qui se dirige de ce côté.

SCÈNE III

Les mêmes, un Exempt, Archers[1]
(Michaud *s'avance jusqu'au petit pont.*)

Truguelin, *à part.* Un moment plus tôt j'étais perdu! (*Il se rapproche de* Michaud.)
Michaud. Cherchez-vous quelqu'un, mes bons messieurs?
L'Exempt, *tenant un papier à la main.* Oui, brave homme. Nous cherchons un certain Truguelin que nous avons ordre d'arrêter, et dont voici le signalement.
Truguelin, *à part.* C'est fait de moi. (*Il cherche à déguiser sa taille.*)
L'Exempt *lit:* François Truguelin, âgé de quarante-sept ans, taille de cinq pieds trois pouces, front élevé, sourcils et cheveux châtains, yeux noirs et caves, nez aquilin, bouche moyenne, menton rond, visage long, la voix forte, et la démarche hardie, habit vert galonné, une large cicatrice sur le revers de la main gauche.
Truguelin, *à part, et mettant vivement sa main gauche dans la poche de son habit.* Je frémis!
Michaud. Je ne le connais pas; mais j'en ai entendu parler.
Truguelin. C'est un grand coupable, à ce qu'on dit?
L'Exempt. C'est un scélérat que réclame la justice.
Michaud. Je l'approuve d'autant plus que je suis l'ami intime du malheureux qui a été victime de ce Truguelin.
L'Exempt. On nous a assuré qu'on l'avait vu s'enfoncer dans ces montagnes.
Truguelin. Il aura peut-être gagné les bords de l'Arve. . . .[2]
Michaud. Cela serait très possible.

L'Exempt. En effet, ce côté étant moins fréquenté. . . .
Michaud. Il s'y sera cru plus en sûreté, et de là il aura été par Chamouny[3] jusqu'au Buet[4], où une fois arrivé, il lui sera très facile de se soustraire aux recherches.
L'Exempt. Il a raison.
Michaud. Si vous m'en croyez, vous vous dirigerez promptement de ce côté.
L'Exempt. Merci, mes amis.
Michaud. Ne perdez pas de temps.
L'Exempt. Adieu.
Truguelin. Bon voyage, messieurs.
Michaud, *les conduisant jusqu'au delà du pont.* Surtout, ne le manquez pas.
Truguelin, *à part, sur le devant de la scène.* Si je pouvais rester jusqu'à la nuit chez cet homme, j'échapperais peut-être aux recherches.
Michaud, *aux archers, haut et de loin.* Songez que l'orage a grossi les torrents; vous ne pourrez pas passer là, montez encore; bon. (*On les perd de vue.*)
Truguelin, *à part.* Mais si, sur quelque indice, ce paysan découvrait en moi le coupable qu'on cherche, que risqué-je? je suis armé. . . . Encore un crime, Truguelin! et tu ne frémis pas!
Michaud. Ils sont bien loin. (*Il revient.*)
Truguelin, *à part.* Est-ce par de nouveaux forfaits que tu veux obtenir le pardon du premier?

SCÈNE IV

Michaud, Truguelin

Michaud. Camarade, il se fait tard; les chemins sont mauvais, vous êtes fatigué, croyez-moi, passez la nuit au moulin; vous m'avez l'air d'un bon vivant; je trouverai là-dedans quelque vieille bouteille de vin. J'ai servi autrefois, je vous conterai mes aventures, vous m'apprendrez les vôtres. Insensiblement, la nuit se passera, et demain, aussi matin que vous le voudrez, vous vous remettrez en route.
Truguelin. J'accepte volontiers vos offres.
Michaud. Eh bien, voilà qui est dit. Entrons, vous vous reposerez plus à votre aise. Pendant ce temps, je préparerai

---

[1] *exempt*, formerly a police officer; *archers*, formerly police agents.
[2] *Arve*, a small mountain river in Haute-Savoie, runs into the Rhône.
[3] *Chamouny*, rare spelling for *Chamonix* (pron. *Chamoni*) or *Chamouni*, a town at the foot of Mont Blanc.
[4] *Buet*, a mountain not far from Chamonix.

notre petit repas; et qui sait? vous aurez peut-être le plaisir, avant de vous en aller, de voir arrêter ce coquin de Truguelin.

TRUGUELIN, *à part.*   Plaise au ciel que ce ne soit point l'affreuse vérité!

MICHAUD.   Entrons.   (*Il le prend par la main.*)   Diable! vous avez là une terrible cicatrice!

TRUGUELIN.   (*A part.*)   O ciel!   (*Embarrassé.*)   Une cicatrice!   (*Se remettant et affectant de sourire.*)   Ah! oui, à la main; c'est la suite d'une blessure que j'ai reçue à l'armée.   Je vous conterai cela.

MICHAUD.   Si on allait vous prendre pour le coquin qu'on cherche à présent, cela ne vous amuserait pas, hein?   Je dis cela au moins pour rire, il ne faut pas que cela vous fâche.   Allons, je suis bien aise que vous ayez servi; ça fera que vous ne serez pas en reste vis-à-vis de moi.   Entrez donc, que diable! est-ce que vous faites des façons?

TRUGUELIN.   Je vous obéis.   (*Ils entrent dans le moulin.*)

SCÈNE V

CŒLINA, FRANCISQUE

(*Ils paraissent sur le haut de la montagne.*)

(*FRANCISQUE soutient CŒLINA, qui peut à peine marcher, et lui montre le moulin.*)

CŒLINA.   C'est donc ici le terme de notre voyage?   (*FRANCISQUE fait signe que oui, et la conduit vers le banc.*)   Quoi! si près de Sallenche?—(*FRANCISQUE regrette de n'avoir à lui offrir qu'un aussi triste asile.*)   Ne vous affligez pas, mon père; Cœlina, près de vous, trouvera son bonheur à vous exprimer chaque jour sa tendresse et à vous prodiguer les soins les plus empressés.   (*FRANCISQUE la presse vivement contre son cœur.*)   Ce ne sont pas les richesses auxquelles je n'avais aucun droit, dont la perte me paraîtra sensible. C'est l'ami de mon cœur que je regrette. Ce cher Stéphany, ah mon père! je l'ai perdu pour toujours.   (*FRANCISQUE la rassure.*)   Moi, devenir son épouse! jamais.   (*FRANCISQUE répète ce qu'il vient de lui dire.*)   Comment espérez-vous y parvenir?   (*FRANCISQUE montre le ciel, et répond qu'il réussira.*)   Puissiez-vous dire vrai! mais l'espoir a fui de mon cœur. (*FRANCISQUE la rassure encore et va frapper à la porte du moulin.*)

SCÈNE VI

LES MÊMES, MICHAUD

MICHAUD *ouvre la porte et se jette dans les bras de* FRANCISQUE.   C'est vous, mon bon ami!   Je ne vous attendais pas si vite, foi de Michaud.

CŒLINA, *vivement.*   Quoi! serait-ce là ce bon Michaud, dont les soins généreux vous ont conservé la vie?

(FRANCISQUE *fait signe que oui.*)

MICHAUD.   Est-ce que je n'ai pas l'air d'un honnête homme, mamselle?

CŒLINA.   Ah! mon père, je sens que je l'aimerai presque autant que vous.

MICHAUD.   C'est vous qui êtes mamselle Cœlina?

CŒLINA.   Oui.

MICHAUD.   Et par quel hasard vous vois-je dans nos montagnes?

CŒLINA.   J'ai suivi mon père.   (FRANCISQUE *paraît souffrir.*)

MICHAUD.   Vous semblez affligés; que vous est-il arrivé?

(FRANCISQUE *soupire et lève les yeux au ciel.*)

CŒLINA.   L'hymen allait serrer les plus doux nœuds, j'allais épouser l'ami de mon cœur. . . . Mon père jouissait en secret du bonheur de sa fille, quand un monstre, Truguelin, a découvert le secret de ma naissance.

MICHAUD.   Encore ce coquin! j'espère qu'il paiera bientôt tout cela.

CŒLINA.   Que voulez-vous dire?

MICHAUD.   Qu'on le poursuit, que son domestique est déjà arrêté, et que lui-même ne peut tarder à tomber entre les mains de la justice.

(FRANCISQUE *et* CŒLINA *se jettent à genoux pour remercier le ciel.* FRANCISQUE *fait comprendre à sa fille qu'il ne faut jamais désespérer de la bonté divine.* MICHAUD *les contemple avec ravissement.*)

MICHAUD.   Mais cette chère enfant doit avoir besoin de se réconforter, entrons.

CŒLINA.   Encore un moment.   Je me sens oppressée.

MICHAUD.   Dans ce cas, demeurez au grand air, aussi bien ne faut-il pas vous presser d'entrer là-dedans.   Il n'y fait pas beau, du moins, je vous en avertis.   Cela ne ressemble pas du tout aux belles chambres de la ville.

CŒLINA.   Vous vous moquez, bon Michaud.

MICHAUD.   Je vais vous chercher quelques fruits.   (*Il entre.*)

Cœlina. Mon père, donnez-lui ces effets.

(Francisque *prend le paquet qu'il avait en entrant, et le porte au moulin.*)

Michaud, *apportant un petit panier.* Pourquoi ne m'avez-vous pas donné cela? Je l'aurais serré moi-même. (Francisque *entre.*) Tenez, ma brave demoiselle, voilà des fruits délicieux; ils sont de notre jardin. Goûtez, cela vous remettra.

Cœlina. Excellent homme!

(Francisque *sort précipitamment du moulin, il est pâle; l'épouvante et l'horreur sont peintes sur sa figure;* Michaud *et* Cœlina *vont à lui.*)

Michaud. Qu'avez-vous?

Cœlina. D'où naît cet effroi?

(Francisque *montre la chaumière en reculant, et en indiquant qu'elle renferme son ennemi.*)

Cœlina. Que voulez-vous dire?

Michaud. Cet homme vous aurait-il effrayé?

(Francisque *indique qu'il l'a reconnu; il montre sa main à* Michaud, *et lui rappelle que c'est à ce signe qu'il aurait dû reconnaître son assassin.*)

Michaud. Est-il possible! Ce serait là Truguelin?

Cœlina. Truguelin, ô ciel! (Francisque *assure que c'est lui.*)

SCÈNE VII

Les mêmes, Truguelin, *à la croisée du moulin*

Truguelin, *à part, sans être vu.* L'apparition de cet homme m'inquiète. Qu'entends-je? on m'a nommé.

Michaud. O malédiction! Les archers étaient là, et je n'ai pas su deviner! C'était cependant bien facile. Et cette cicatrice. . . . Ah! Michaud! Michaud! où avais-tu mis ton esprit?

Cœlina. Fuyons, mon père, éloignons-nous de ce méchant homme.

Truguelin, *de même.* J'en sais assez. (*Il rentre et ferme la croisée.*)

SCÈNE VIII *

Cœlina, Francisque, Michaud

Michaud. Gardez-vous bien de vous en aller. Il est encore temps de réparer ma sottise. Les archers ne peuvent être fort éloignés; je vais courir après eux et les ramener: que ce soit là où le crime a été commis, que le monstre en reçoive la punition.

(Francisque *arrête* Michaud *et lui montre le moulin, en lui faisant entendre que* Truguelin *peut s'échapper.*)

Michaud. Vous avez raison. Étourdi! j'oubliais que l'essentiel est de nous assurer des issues. (*Il ferme la porte.. Allant vers la croisée.*) Visitons la maison. Bon, il ne se doute de rien. Veillez soigneusement. Avez-vous des armes? (Francisque *montre des pistolets.*) Gardez celui-ci, il vous servira à tenir notre homme en respect, s'il tentait de s'évader; donnez-moi l'autre. Si mes cris ne peuvent se faire entendre des archers, ma dernière ressource sera de lâcher un coup de pistolet pour les attirer de ce côté.

Cœlina. Allez vite, veillez sur mon père.

Michaud. Le ciel veille sur tous deux. (*Il gravit le pont et disparaît.*)

SCÈNE IX

Truguelin, Cœlina, Francisque

Cœlina. Demeurez ici, mon père; je vais sur le pont pour découvrir plus tôt Michaud, ou appeler du monde s'il s'en présente.

(*Elle monte sur le pont;* Francisque, *assis au bord du torrent près de la porte du moulin, a le dos tourné à la croisée et regarde sa fille.*)

Truguelin *rouvre la croisée.* Je n'entends plus rien, ils se sont sans doute éloignés; le moment est favorable. Mettons-nous, par une prompte fuite, à l'abri de leurs perquisitions.

(*Il monte sur la croisée, descend sur le banc de pierre qui est placé devant, et de là à terre; puis il va doucement jusqu'à l'angle du moulin. Quand il y est arrivé, il aperçoit* Francisque *à deux pas de lui; alors il recule et tirant ses pistolets, il se présente brusquement à lui.*)

Si tu fais un mouvement, tu es mort.

(Francisque *se lève vivement pour prendre son arme.* Truguelin *lâche son coup et le manque.* Cœlina *jette un cri perçant.*)

Cœlina. Michaud! Michaud!

(*On entend dans l'éloignement un second coup de pistolet.* Francisque *court vivement sur* Truguelin *et lui coupe le*

---

* Cette scène doit être jouée d'une manière mystérieuse et avec vivacité.

chemin en côtoyant le torrent, de sorte que celui-ci se trouve forcé de revenir du côté de la maison. CŒLINA est descendue, s'est jetée au-devant de son père et l'a entraîné dans le moulin.)

SCÈNE X

TRUGUELIN, ARCHERS, PAYSANS

(TRUGUELIN *fuit par le sentier qui borde le torrent et va traverser le pont du haut, quand un archer se présente le sabre élevé;* TRUGUELIN *se jette sur lui, le désarme et le jette dans le torrent; alors il veut passer outre; mais plusieurs archers l'en empêchent, et il est forcé de redescendre précipitamment jusqu'auprès du moulin, où se livre un combat très vif entre lui et les archers; il en renverse un et va échapper à l'autre, quand les paysans arrivent armés, se précipitent sur lui et se disposent à le frapper.)*

SCÈNE XI

LES PRÉCÉDENTS, FRANCISQUE, CŒLINA, DUFOUR, ANDREVON, STÉPHANY, MICHAUD, TIENNETTE, FARIBOLE.

MICHAUD *relève les armes dirigées contre* TRUGUELIN.

DUFOUR.   Mes amis, laissez aux lois le soin de nous venger. (*Aux archers:*) Faites votre devoir. (*On emmène* TRUGUELIN *blessé.*)

SCÈNE XII ET DERNIÈRE

LES PRÉCÉDENTS, *excepté* TRUGUELIN ET LES ARCHERS

MICHAUD.   Enfin, nous en voilà débarrassés!

DUFOUR, *à* FRANCISQUE.   Mais que je sache au moins la cause de ce mystère et le motif des persécutions de TRUGUELIN. (FRANCISQUE *lui présente un papier, que* STÉPHANY *prend et ouvre avec empressement; tout le monde s'approche.*)

STÉPHANY *lit:* « Un mariage secret m'unissait depuis deux mois à la belle Isoline, lorsque monsieur votre frère la vit et proposa de l'épouser. Vous savez qu'en se mariant il assurait tous ses biens à ses enfants au cas qu'il en eût. Truguelin, dans l'espoir de s'emparer un jour de ce riche héritage, et sans respect pour des nœuds que sa sœur lui avoua, la con-

traignit dans mon absence à consentir à cette union.»

TOUS.   Le malheureux!

STÉPHANY, *continuant.*   « Cœlina vit le jour. Désespéré d'avoir perdu mon épouse, et voulant conserver sur ma fille les droits que m'assuraient l'hymen et la nature, je l'enlevai aux personnes qui en étaient chargées, et je la fis baptiser sous mon nom. De là le motif de la haine de Truguelin et sa constance à me persécuter.»

DUFOUR, *interrompant son fils.*   Le reste m'est connu. (*A* FRANCISQUE, *en lui tendant les bras.*) Vous êtes un brave homme, et je vous rends mon estime.

ANDREVON.   Il la mérite.

CŒLINA, *embrassant* FRANCISQUE, *qui pleure de joie.*   Ah! mon père!

STÉPHANY, *à* DUFOUR.   Mais sa fille. . . .

DUFOUR.   Devient la mienne. Demain vous serez unis. (*A* STÉPHANY:) Les biens de mon frère me reviennent de droit, je te les donne.

STÉPHANY.   Pour les rendre à Cœlina.

DUFOUR.   Bien. (*Il prend* CŒLINA *et* STÉPHANY *dans ses bras.*)

TIENNETTE.   En vérité je ne me sens pas d'aise. (*Faisant une révérence à* DUFOUR.) Excusez, Monsieur, mais je n'y tiens pas; il faut absolument que je vous embrasse.

DUFOUR *l'embrassant.*   Excellente fille!

FARIBOLE.   Ah! çà, on se marie donc?

TIENNETTE.   Sans doute.

FARIBOLE.   A la bonne heure. Mais, puisque voilà un méchant de moins et des heureux de plus, c'est bien le cas ou jamais de nous réjouir. M. Dufour est trop fatigué pour retourner tout de suite à Sallenche; pas vrai, Monsieur? Pendant qu'il va se reposer, le père Michaud nous chantera une ronde. Hein! qu'en dites-vous?

TOUS.   Oui, oui.

FARIBOLE.   Allons, père Michaud, quelque chose de joli.

MICHAUD.   M'y voilà. (*Tout le monde danse en répétant le refrain.*)

RONDE

AIR: *Un rigodon, zig, zag, don, don.*

Vous le voyez, mes chers amis,
    De l'ombre en vain l'on couvre
Les crimes que l'on a commis;
    Tôt ou tard ça s'découvre.

Soyons bons, francs, vertueux;
Faisons souvent des heureux:
   Alors gaîment on danse
     Le rigodon.
Zig, zag, don, don;
Rien n'échauffe la cadence
Comme un'bonne action.

Ne r'poussons jamais l'indigent
   Qui nous peint sa disgrâce;
Demain un r'vers, un accident,
   Peut nous mettre à sa place.
Soyons toujours généreux;
Quand on a fait un heureux,
   Bien plus gaîment on danse
     Le rigodon.
Zig, zag, don, don;

   Rien n'échauff' la cadence
   Comme un'bonne action.

Bien des gens croient trouver l'bonheur
   Au sein de la richesse;
Mais il n'est qu'dans la paix du cœur,
   Sans ça point d'allégresse.
Aux champs tout comble nos vœux;
On voit, on fait des heureux;
   Soir et matin l'on danse
     Le rigodon.
Zig, zag, don, don;
Rien n'échauff' la cadence
Comme un'bonne action.

(La toile tombe.)

PICARD

Louis Benoît Picard was born in Paris in 1769 and died there in 1828. He chose acting as a career, although as son of a lawyer and nephew of a physician, he was expected to follow in the footsteps of either the one or the other. Acting, in which he had gained considerable distinction, led him to play-writing which had really been his early ambition. Eight of the ten volumes of his collected works are devoted to his dramatic productions; of these there are forty, but it is probable that he wrote twice that number. To-day, only students of literature remember his *Médiocre et rampant*, five acts in verse (1797), *Duhautcours*, five acts in prose (1801), *le Collatéral*, five acts in prose (1801), *Monsieur Musard*, five acts in verse (1803), *les Marionnettes*, five acts in prose (1806), *les Deux Philibert*, three acts in prose (1816); on the other hand, his *Petite ville*, five acts in prose (1801), and *les Ricochets*, one act in prose (1807), are somewhat better known.

Why this almost total oblivion of a playwright who in his day enjoyed tremendous vogue? Lanson says that there is not a shadow of life or truth in his characters and their psychology, and Lanson represents fairly well the opinion of modern critics. Why this severity? I see two reasons, one of which is furnished by the playwright himself. In the preface of *Médiocre et rampant* he says that the writer of comedies must depict men and manners, but that only Molière has consistently portrayed humanity, for "beneath the costume, the habits and the language of his day one finds guardians and wards, old men and their young wives, dupes and scoundrels, sick people and doctors of all epochs, prudes, coquettes, self-satisfied dandies, lovers, misers, parvenus of all cities, lords of all courts, pedants and précieuses of all literatures, and hypocrites of all religions." Playwrights who have portrayed types of their own times only have become obsolete in less than half a century; thus *Turcaret*, an outstanding comic masterpiece, had become, already before the Revolution, more antiquated than *le Bourgeois gentilhomme*. The same fate was awaiting Picard, and he foresaw it. When he started writing, customs and institutions were changing. What was the playwright to do? Hark back to the past and repeat Molière, or depict the fleeting present, with the knowledge that such a proceeding would yield only ephemeral works? He decided in favor of the latter alternative, somewhat regretfully, we suspect, for about twenty years after the production of *Médiocre et rampant*, a work on which he had bestowed his best effort, he wrote: "Ma pièce a vieilli avant moi."

The second reason why Picard is forgotten is that he was overshadowed by Scribe, who, without any doubt, learned much from the older playwright, perfected his method, and, with less literary merit but with a better instinctive understanding of stage technique, managed to monopolize the public favor. Even Balzac may owe him more than is generally conceded. In reading *Duhautcours*, one cannot escape the conviction that Balzac had it in mind when he com-

45

posed *Mercadet* and perhaps *César Birotteau*. It was not Balzac but Picard who wrote in 1821: "Au moment où nous donnâmes la pièce, quelques négociants de Paris affichaient le plus grand luxe. . . . Ces négociants faisaient les grands seigneurs, leurs maisons étaient le rendez-vous de nos généraux, de nos premiers magistrats. Seulement, la société, toujours très nombreuse, était un peu mêlée. . . . Ces négociants, encouragés par le succès de quelques spéculations hardies, croyaient pouvoir acquérir en peu d'années une fortune égale et même supérieure à celles que les négociants prudents et sensés obtenaient jadis par vingt ou trente ans de travail. Ces dépenses et cette cupidité en conduisaient plusieurs à des faillites arrangées. C'est ce vice, c'est ce crime . . . que nous entreprîmes d'attaquer dans cette comédie." Like Balzac he believed in the significance of names, although he is more naïve about it. Duhautcours sounds like a stock-market term; Crépon is a ladies' tailor; Fiammeschi an Italian fire-works artist; Maraschino, a confectioner; Francval a bluff, outspoken, honest merchant; Desbilans an "artist" in fraudulent inventories. In other comedies names begin and end in monotonous fashion with -mont, -val, -ville, -roches, -fier, -belle, -beau, -clair, etc., and the same characters and names recur in several plays.

One of his least forgotten comedies is *la Petite ville*, although it is difficult to see on what grounds. It contains some amusing scenes, but this might be said of almost any of his plays, for gaiety is what characterizes Picard, and gaiety is precisely what was lacking in the bourgeois plays of his predecessors. A sentence of La Bruyère furnishes him with the theme of this comedy: "J'approche d'une petite ville. Je me récrie et je dis: Quel plaisir de vivre sous un si beau ciel et dans un séjour si délicieux! Je descends dans la ville où je n'ai pas couché deux nuits que je ressemble à ceux qui l'habitent: je veux en sortir." This does not look like promising material for a comedy; yet Picard undertakes to use it. He imagines a young Parisian who, because of a disappointment in love, flees from the capital to seek solace and, maybe, happiness in the country. In less than twelve hours, he meets in the little paradise which he had admired from a distance, more disagreeable people and adventures than seems reasonable in so short a time. "Mais c'est un enfer que cette petite ville" exclaims the disillusioned hero, and, having moreover found, by one of those incredible coincidences so common in comedies, the lady of his heart who was, after all, guiltless of the suspected jilting, he is perfectly willing to return to Paris, a happier and wiser man. This comedy is a *morale en action*, as much so as a fable by La Fontaine; in almost equally rectilinear fashion, it proceeds to a conclusion which is foreseen from the start. The types are superficially drawn, possessed of only one distinguishing trait and one idea, but the incidents and imbroglios in which they become involved, and the scenes in which they exhibit their little intrigues and their *manies*, are amusing.

Les Ricochets, reproduced here, illustrates Picard's manner as well as any comedy we could have chosen, and it probably had some influence on the play by Scribe which we reprint further on. Picard considered it the best of his short comedies. "Quand mes amis veulent choisir entre mes petites pièces, ils balancent entre *les Voisins, M. Musard* et *les Ricochets*. Moi je suis pour *les Ricochets*. Qu'on me pardonne cette franchise d'amour propre, je ne trouve presque rien à reprendre dans *les Ricochets*. L'idée de la pièce est ingénieuse et vraie et la pièce elle-même me paraît bien exécutée." The author seems to have left little for us to say in praise of this *bluette*. He has even forestalled the most obvious criticism, the bareness of the plot and the absence of all surprises, the mathematical certainty of the dénouement, which depends on the caprice of one woman, for he says: "Dans les trois suites de ricochets qui composent la pièce, on devine d'avance par les premières scènes quelles sont celles qui vont suivre." This he attributes to the nature of the subject, and, moreover, he considers it rather an advantage than a drawback because "Il m'a semblé reconnaître que le public était plus satisfait de voir arriver la scène telle qu'il l'attendait que fâché de l'avoir devinée." We see that Picard did not believe in "damning the public." The Revolution had made it King for a short while and although by 1807 Napoleon had somewhat dented its crown, in theatrical matters it still held sway.

Just as *la Petite ville* was a dramatic illustration of an idea expressed by La Bruyère, so *les Ricochets* was intended to put into action an idea expressed by Fielding in his *Adventures of Joseph Andrews:* "And with regard to time, it may not be unpleasant to survey the picture of dependence like a kind of ladder; as, for instance: early in the morning arises the postillion or some other boy, which great families, no more than great ships, are without, and falls to brushing the clothes and cleaning the shoes of John the footman; who, being drest himself, applies his hands to the same labours for Mr. Second-hand, the squire's gentleman; the gentleman in the like manner, a little later in the day, attends the squire; the squire is no sooner equipped than he attends the levee of my lord; which is no sooner over than my lord himself is seen at the levee of the favourite, who, after the hour of homage is at an end, appears himself to pay homage to the levee of his Sovereign." (Bk. II, chap. 13.) By *ricochet* or "rebound" the fate of all these people represented in the comedy is in the hands of a woman, Mme de Mircour. If Mme de Mircour makes the Colonel happy, then M. Dorsay, her uncle, will obtain a coveted post in the government service, the groom will be raised to the rank of his secretary and can marry the maid and Lafleur will also rise in importance. With Fielding's idea in regard to the interdependence of all things social, Picard has combined another, namely, that small causes often lead to important effects, an idea which is made the chief prop of Scribe's *un Verre d'eau.*

Schiller adapted two of Picard's plays to the German stage at the suggestion of Duke Karl August of Weimar. *Médiocre et rampant ou le moyen de parvenir,* written in alexandrines and first performed in Paris in 1797, was changed into a prose play under the title of *Der Parasit oder die Kunst sein Glück zu machen; Encore des Ménechmes* (1791) became *Der Neffe als Onkel.* The latter was performed with much success at Weimar on May 18, 1803, and in Berlin on October 12 of the same year.

Bibliography: *Œuvres* de Picard, 10 volumes, Barba, Paris, 1821; additional volume, *Théâtre républicain,* Paris, 1832. *Théâtre de Picard,* 2 vols., Garnier Frères, Paris, 1877, with an introduction by MOLAND. *Théâtre choisi de L. B. Picard,* one volume, Laplace, Paris, 1881. LENIENT, *La Comédie en France au XIXe siècle,* 2 vols., Hachette, Paris, 1898.

LES RICOCHETS

PAR LOUIS-BENOIT PICARD

(1807)

PERSONNAGES

SAINVILLE, *jeune colonel, fils d'un ministre.*
DORSAY.
LAFLEUR, *valet de chambre de* DORSAY.
GABRIEL, *jockey*[1] *de* DORSAY.
MADAME DE MIRCOUR, *nièce de* DORSAY.

MARIE, *jeune femme de chambre de* MA-
DAME DE MIRCOUR.

*La scène se passe à Paris, dans l'apparte-
ment de* DORSAY.

SCÈNE I

GABRIEL, *seul*

(*Il porte l'habit de Lafleur, et une cage dans
laquelle il y a un serin.*)[2]

L'habit, la cravate pour la toilette de
monsieur de Lafleur, la cage et le serin
que je me hasarde d'offrir à mademoiselle
Marie. Bon! je ne suis point en retard.
Pauvre Gabriel! Quand on est tourmenté
comme toi par l'amour et l'ambition, on
ne dort guère. Moi, jockey, faire la cour
à une femme de chambre, nièce d'un valet
de chambre! Mademoiselle Marie est si
gentille! C'est un ange pour la douceur,
un démon pour l'esprit. Monsieur de
Lafleur, son oncle, est un bon protecteur,
qui n'est pas insensible aux petites atten-
tions qu'on a pour lui.

SCÈNE II

GABRIEL, MARIE

MARIE. Monsieur Gabriel.
GABRIEL. Ah! vous voilà, mademoiselle Marie?
MARIE. Peut-on causer?
GABRIEL. Oui, votre oncle vient d'achever de coiffer monsieur, et il se coiffe lui-
même, en attendant que j'aie appris,
comme vous me l'avez conseillé, mademoiselle Marie.
MARIE. Et d'ici je peux entendre la
sonnette de madame.

GABRIEL, *présentant la cage.* Pour ne
pas perdre de temps, Mademoiselle, oserais-je prendre la liberté de vous prier
d'accepter. . . .
MARIE. Oh, la jolie cage! Oh, le joli
serin! C'est bien honnête à vous, Monsieur Gabriel; mais je ne veux pas demeurer en reste. (*Elle lui donne une
cravate enveloppée dans du papier.*) Tenez.
GABRIEL. Qu'est-ce que c'est? Une
cravate de mousseline. Ah! Mademoiselle, quelle bonté!
MARIE. C'est moi qui l'ai brodée,
Monsieur Gabriel.
GABRIEL. Hélas! que je suis encore
loin de mériter tant de faveurs! Quand
donc pourrai-je paraître un parti sortable[3]
à monsieur votre oncle?
MARIE. Patience, les choses sont déjà
bien avancées. Voilà dix mois que, par
le crédit de mon oncle, je suis entrée
femme de chambre chez Madame de Mircour, la nièce de Monsieur Dorsay, le
maître de mon oncle. Voilà quinze jours
que, par mon crédit, vous êtes entré
comme jockey chez ce même Monsieur
Dorsay.
GABRIEL. Et c'est bien agréable de
demeurer ainsi dans la même maison.
MARIE. Oui, tous les matins on se
trouve, on jase.
GABRIEL. On fait un échange de petits
cadeaux.
MARIE. Et qui peut répondre des
événements? Tout en m'endormant hier

---

[1] *jockey*, here not a jockey, but a groom.
[2] *serin*, canary.
[3] *parti sortable*, an acceptable suitor.

au soir, je lisais, dans un des livres de ma maîtresse, que les plus petites causes peuvent amener les plus grands effets. La pluie qui tombe, un cheval qui bronche,[1] un lièvre manqué à la chasse, ont fait souvent échouer ou réussir des négociations, des conjurations, des batailles. Qu'est-ce que notre mariage auprès de choses si graves? Par exemple, une circonstance qui pourrait nous être bien favorable, Monsieur Sainville fait la cour à ma maîtresse.

GABRIEL. Qui? Ce jeune colonel, si vif, si pétulant et à qui mon maître fait la cour de son côté, depuis que le père du colonel a été nommé ministre?

MARIE. Si le colonel pouvait plaire à ma maîtresse, je vous ferais entrer valet de chambre à son service, et il n'y aurait pas de raison pour que le mariage des domestiques ne vînt à la suite de celui des maîtres.

GABRIEL. Et croyez-vous que le colonel plaira bientôt à votre maîtresse, Mademoiselle Marie?

MARIE. Je crois que oui; un jeune militaire, aimable, fils d'un ministre! Madame ne dépend que d'elle-même, et une veuve de vingt-deux ans est pressée de se remarier, quand ce ne serait que par prudence. Ce qu'il y a de fâcheux, c'est qu'elle a des moments de caprice . . . la meilleure femme du monde: c'est par accès; heureusement cela ne dure pas. En moins de dix mois, je l'ai vue tour à tour joueuse, botaniste et dévote. Elle en est maintenant à la manie des animaux. Elle m'a chargé de lui chercher un sapajou,[2] une perruche, et je jurerais qu'hier elle n'a été si aimable au bal que parce qu'elle était partie enchantée des gentillesses d'Azor, son petit chien.

GABRIEL. C'est unique de s'attacher de la sorte.

MARIE. Ils disent que ses caprices ne s'exercent que sur les choses légères; cela n'empêche pas qu'elle ne brusque ou n'accueille ses amis selon qu'elle a bien ou mal dormi, selon qu'elle est plus ou moins satisfaite de la bagatelle qui l'occupe. C'est la faute de ses parents; ils ont tellement été au-devant de tous ses désirs, qu'ils l'ont habituée à en changer plus que de robes et de bonnets.

GABRIEL. Il faut bien supporter les défauts de ses maîtres, mademoiselle.

MARIE. Aussi fais-je, Monsieur Gabriel. Ma pauvre maîtresse! elle a trop de qualités, je suis trop bien avec elle pour ne pas lui être attachée; je n'ai pas dix-sept ans; mais tout naïvement, sans qu'elle s'en doute, c'est moi qui gouverne, c'est elle qui obéit. C'est tout simple, une personne élevée dans les antichambres. . . .

LAFLEUR, en dehors. Eh! Gabriel.

GABRIEL. Ah! mon Dieu! c'est Monsieur de Lafleur qui m'appelle.

MARIE. Mon oncle! je m'enfuis.

GABRIEL. Voyez; à peine a-t-on le temps de se dire deux paroles.

MARIE. Un seul mot. Voulez-vous me plaire? Déclarez vos sentiments pour moi à mon oncle. Vous le devez par égard pour ma réputation, et s'il y consent, je vous épouse, quoique vous ne soyez encore que jockey. Je suis au-dessus des préjugés, moi. Sans adieu, Monsieur Gabriel. (Elle sort.)

GABRIEL. Eh bien! mademoiselle, j'essaierai, je me hasarderai. (Seul.) Oui, Monsieur de Lafleur ne peut pas blâmer une noble ambition dans un jeune homme; mais le voici.

SCÈNE III

GABRIEL, LAFLEUR, en robe de chambre

LAFLEUR. Gabriel. Ah! te voilà. Eh bien! qu'est-ce que vous faites donc, mon ami? Comment, il faut que je me fatigue la poitrine à vous appeler?

GABRIEL. Je vous demande bien pardon, Monsieur de Lafleur.

LAFLEUR. Qu'est-ce que c'est que Monsieur de Lafleur? Croyez-vous que je ne sache pas mon nom?

GABRIEL. Je voulais dire que c'est uniquement par la crainte d'importuner monsieur que j'ai tardé à lui présenter mes hommages.

LAFLEUR. C'est bon, j'aime à voir que tu te mettes à ta place.

GABRIEL. Monsieur veut-il passer son habit?

LAFLEUR. Eh bien! eh bien! as-tu perdu la tête? Tu te presses. Tu me permettras bien d'essuyer ma poudre? (Il s'assied près d'une toilette et essuie sa poudre.)

GABRIEL. C'est le zèle, c'est l'ardeur de servir.

LAFLEUR. Oui, à ton age, j'étais aussi

---

[1] bronche, stumbles.
[2] sapajou, a small monkey.

vif, mais pas si gauche. Tu dis donc
que. . . .

GABRIEL. Je dis que je suis enchanté
de voir à monsieur cet air de gaieté, de
bonté. . . .

LAFLEUR. Tu trouves? Il est gentil
ce petit bonhomme. Ma cravate?

GABRIEL, *donnant celle que Marie lui a
donnée.* La voilà. Non, je me trompe;
voici la vôtre.

LAFLEUR. Je te veux du bien, Gabriel.
Tu commences à te former; ta gaucherie
tient à ton zèle, et je crois que tu n'es pas
si sot que je l'avais pensé d'abord.

GABRIEL. Oh! monsieur est bien bon.

LAFLEUR. Mon habit? Monsieur Dorsay, ton maître et le mien, est un fort
galant homme, très riche, qui s'est avisé
d'avoir de l'ambition; petit génie, quoiqu'il se mêle de versifier. Attache-toi à
moi; de la conduite, des mœurs, et . . . .
La plume, l'écritoire? j'ai à écrire. Parle
toujours; je t'écoute.

GABRIEL, *servant* LAFLEUR. Les bontés
de monsieur m'encouragent à lui révéler
un secret.

LAFLEUR. Un secret! Tu as des secrets? (*Ecrivant.*) Oui, ma belle amie,
que je meure si je ne meurs d'amour. . . .
Eh bien! ton secret?

GABRIEL. Je vous dirai, monsieur, que
je suis aussi dévoré d'ambition.

LAFLEUR. Ah, ah! c'est fort bien. Il
faut en avoir. Et ton ambition, c'est.
. . . Allons ne sois pas timide; je suis
content de moi, le moment est propice,
tu feras bien d'en profiter.

GABRIEL. Monsieur a une nièce bien
jolie.

LAFLEUR. Plaît-il? tu as remarqué que
ma nièce était jolie?

GABRIEL. Quoique jockey, on a des
yeux, on a un cœur. . . . Ce n'est pas
que pour le moment j'aie l'impertinence
de prétendre à une alliance . . . vraiment
disproportionnée; mais par la suite, aidé
des conseils et de la protection de monsieur, je pourrais devenir valet de chambre.

LAFLEUR. Diable! c'est fort. Tu es
bien jeune encore.

GABRIEL. Enfin, que monsieur ne me
retire pas son appui, et je suis sûr de faire
mon chemin.

LAFLEUR. Fripon, tu cherches à m'at-
tendrir.

DORSAY, *en dehors.* Eh! Lafleur.

LAFLEUR. J'entends monsieur. Eh
vite, emporte ma robe de chambre, range
ce fauteuil. Ce billet à la soubrette de
cette petite danseuse des boulevards. A
ton retour, je te dirai . . . j'aurai réfléchi. . . .

GABRIEL. Monsieur ne m'en veut pas
de ma témérité?

LAFLEUR. Non, je ne t'en veux pas.
Sors.

GABRIEL. Bon, j'espère. (*Il sort.*)

SCÈNE IV

DORSAY, LAFLEUR

DORSAY, *en robe de chambre, un papier
et un bouquet à la main.* Où vous cachez-
vous donc? Je sonne, j'appelle. . . .

LAFLEUR. Me voilà, monsieur.

DORSAY. Eh! vite, qu'on m'habille, je
suis pressé. A-t-on passé chez le colonel
Sainville?

LAFLEUR. J'ai été moi-même lui annoncer la visite de monsieur. Monsieur
le colonel prie monsieur de ne pas se
déranger. Il doit venir ce matin dans la
maison, chez madame de Mircour.

DORSAY. Chez ma nièce! Raison de
plus pour que je me hâte. Je veux absolument le voir chez lui: c'est une attention dont les gens en place vous tiennent
toujours compte. Mon habit?

LAFLEUR, *habillant son maître.* Je reconnais bien le génie de monsieur. Il
n'oublie aucun détail.

DORSAY. Fruit de l'habitude, mon
pauvre Lafleur.

LAFLEUR. Oh! non, cela n'est pas
donné à tout le monde; moi, par exemple,
je ne pourrais pas: il faut une nature
particulière.

DORSAY. Ce bon Lafleur! il ne manque
pas d'esprit. Quel bonheur que ce colonel
se soit pris de passion pour ma nièce!
Un jeune homme plein de mérite, qui peut
tout pour ses amis, aimable pour tout le
monde quand il est heureux. C'est dommage qu'il soit bourru et presque méchant
dès qu'il est contrarié.

LAFLEUR. Comme monsieur s'entend
à faire le portrait de ses amis! Si monsieur n'était pas pressé, j'aurais une grâce
à lui demander.

DORSAY. Qu'est-ce que c'est? Dépêche-toi. Mon épée?

LAFLEUR. C'est pour un jeune homme
qui est parent d'une jeune artiste de
théâtre.

DORSAY. Ah! tu as des connaissances
dans les théâtres! C'est ma nièce qui
m'inquiète; c'est bien la petite personne

la plus vive, la plus fantasque . . . une enfant mal élevée. . . . Eh bien! ton jeune homme?

LAFLEUR. Comme monsieur va monter sa maison. . . .

DORSAY. Qu'est-ce qui t'a dit cela?

LAFLEUR. Personne; mais il est à présumer que monsieur ne tardera pas à être appelé, placé, comme il le mérite.

DORSAY. Oui, ils veulent absolument m'employer. C'est une chaîne que je vais prendre; mais enfin on se doit à son pays, à sa famille.

LAFLEUR. Alors il faut à monsieur maître d'hôtel, livrée, équipages. . . .

DORSAY. Parbleu! quand on nous donne des places à nous autres. . . .

LAFLEUR. Monsieur ne peut pas se passer d'un secrétaire: mon jeune homme a reçu la plus belle éducation. . . .

DORSAY. Combien vous a-t-on promis, Monsieur de Lafleur, pour placer le parent de la jeune artiste?

LAFLEUR. Fi donc! ce n'est pas par intérêt. Je marche sur les traces de monsieur: il m'a appris à trouver le bonheur dans celui qu'on procure aux autres.

DORSAY. Eh bien! tu n'es qu'un sot. . . . Mon chapeau? C'est une folie de donner ses services. Non pas que je vende les miens; mais un homme comme toi. . . . Ma tabatière? Qu'est-ce que c'est? j'entends une voiture. Vois donc: serait-ce le colonel?

LAFLEUR. Lui-même.

DORSAY. Ah! mon Dieu! tu me fais perdre mon temps. Cette chambre en ordre; ferme la toilette; ces lettres à leur adresse; ces vers et ce bouquet à la jeune veuve de la Chaussée-d'Antin.[1]

LAFLEUR. J'y cours. Prenez mon protégé, monsieur; il sera si heureux de travailler chez un homme aussi bon, aussi juste, aussi recommandable par son cœur et par son esprit.

DORSAY. Coquin! tu ne penses pas tout ce que tu dis; mais c'est égal, tu me fais plaisir. Apporte-moi de l'écriture du jeune homme, et si elle est passable. . . .

LAFLEUR. Admirable, monsieur. Voici le colonel. (*Il sort.*)

SCÈNE V

DORSAY, SAINVILLE

SAINVILLE. Bonjour, mon cher Dorsay.

DORSAY. Que je suis ravi, que je suis confus de l'honneur, du bonheur de recevoir monsieur le colonel! J'allais chez lui.

SAINVILLE. J'avais promis à Madame de Mircour de lui apporter ce matin ces couplets de l'opéra nouveau. En attendant qu'elle soit visible, causons.

DORSAY. Causons.

SAINVILLE. Quelle femme charmante que votre nièce! que de grâces! que d'esprit! J'aime jusqu'à ses caprices.

DORSAY. Hier, en sortant du bal, elle me parlait de monsieur le colonel avec un intérêt. . . .

SAINVILLE. Vraiment? Vous m'enchantez. Serais-je assez heureux pour pouvoir vous rendre service?

DORSAY. Ne parlons pas de ce qui me concerne, j'aurai l'honneur d'aller vous faire ma cour.

SAINVILLE. Parlez sur-le-champ, je vous en prie: trop heureux d'être utile à l'oncle de Madame de Mircour! Mais quand donc se décidera-t-elle à m'accorder sa main?

DORSAY. Elle est à vous. Les affaires de la succession de son mari sont le seul obstacle. Je vous sers de tout mon pouvoir; mais ce qui vous sert mieux que moi, mieux que votre grade, mieux que le rang même de monsieur votre père, ce sont vos qualités, votre mérite . . . oui . . . sans flatterie.

SAINVILLE. Oh! sans flatterie. . . . Que puis-je faire pour vous, mon cher Dorsay?

DORSAY. Eh bien! puisque vous l'exigez . . . le ministre votre père a la plus grande confiance en vous.

SAINVILLE. Je cherche à la mériter.

DORSAY. Monsieur le président de Blamon, qui est mon cousin germain, monsieur le colonel Dirlac, votre camarade, qui était allié[2] de ma femme, prennent à moi le plus vif intérêt.

SAINVILLE. Oui, je connais votre famille, vos alliances, votre fortune.

DORSAY. Loin de songer à l'augmenter, comme tant d'autres, je ne cherche qu'à m'en faire honneur, comme quelques autres. Il y a dans ce moment une place majeure, une place d'éclat à la nomination de monsieur votre père: j'ai la vanité d'y prétendre.

SAINVILLE. En avez-vous fait la demande?

---

[1] *Chaussée-d'Antin,* a street on the north side of the Seine, inhabited by the better bourgeoisie while the aristocracy lived chiefly in the St. Germain quarter.

[2] *allié,* distantly related.

DORSAY. Oui vraiment; mais un des premiers commis m'a dit que le premier secrétaire lui avait dit que le ministre se proposait de vous consulter.

SAINVILLE. Eh bien! mon cher Dorsay?

DORSAY. Soyez mon protecteur. J'aurai l'honneur de vous porter chez vous des lettres, des titres, des apostilles.[1] . . .

SAINVILLE. Pas du tout, voyons-les à l'instant: je passe avec vous dans votre cabinet.

MADAME DE MIRCOUR, *en dehors.* Mais c'est inconcevable! courez donc, cherchez donc; il est impossible qu'il soit perdu.

SAINVILLE. Attendez. . . . N'est-ce pas Madame de Mircour que j'entends?

DORSAY. Elle-même.

SAINVILLE. Allez me chercher vos papiers, mon cher Dorsay, je les attends; ce matin même, je les présente à mon père.

DORSAY. Un mot de vous, et je suis aussi sûr de réussir que vous l'êtes de plaire à ma nièce. Oui, mon cher neveu. . . . Pardon, mais je serai si glorieux d'une telle alliance. . . . Je cours chercher mes papiers. (*Il sort.*)

SCÈNE VI

SAINVILLE, MADAME DE MIRCOUR

SAINVILLE, *seul un moment.* Un très honnête homme, ce Monsieur Dorsay.

MADAME DE MIRCOUR, *en entrant.* Il faut absolument qu'on le retrouve, entendez-vous? Oh! les domestiques! Ils sont d'une négligence. . . . Ah! vous voilà, monsieur?

SAINVILLE. Oui, madame, et j'accours plein d'impatience. . . . Qu'il m'est doux de vous revoir encore plus belle!

MADAME DE MIRCOUR. Laissez-moi. J'ai de l'humeur; je suis au désespoir.

SAINVILLE. Eh! Mon Dieu! que vous est-il donc arrivé?

MADAME DE MIRCOUR. Azor, mon cher Azor, qui s'est échappé! on ne sait ce qu'il est devenu.

SAINVILLE. Et qu'est-ce que c'est donc que cet Azor?

MADAME DE MIRCOUR. Mon carlin.[2] Vous riez, je crois!

SAINVILLE. Moi? pas du tout. Je partage bien sincèrement votre désespoir.

MADAME DE MIRCOUR. Courage; moquez-vous; affligez-vous ironiquement. Les hommes veulent toujours montrer du caractère.

SAINVILLE. Calmez-vous. On le retrouvera, et je vous crois trop raisonnable. . . .

MADAME DE MIRCOUR. Raisonnable! Non, monsieur, je ne suis point raisonnable, et je n'aime point les gens raisonnables; ils sont froids, insensibles. Au fait, que me voulez-vous? Je suis fort étonnée qu'on ne vous ait pas dit que je ne voulais voir personne.

SAINVILLE. Eh! Mon Dieu! Comme vous me traitez, madame! Ces couplets que vous m'avez demandés hier? . . .

MADAME DE MIRCOUR. Ces couplets? Je n'en veux plus. Ils ne valent rien. En effet, je suis bien en disposition de chanter!

SAINVILLE. Mais vous êtes méchante, au moins.

MADAME DE MIRCOUR. Moi, méchante! C'est vous plutôt qui n'avez pas la moindre sensibilité. Je pleure, je souffre; monsieur plaisante, monsieur rit.

SAINVILLE. J'étais loin de m'attendre à un pareil accueil. Se peut-il que ce soit la même femme qui, hier, au bal, était si douce, si bonne. . . .

MADAME DE MIRCOUR. Hier, monsieur, vous étiez aimable. Tâchez donc de l'être aujourd'hui.

SAINVILLE. Ma foi, madame, je désespère de vous paraître tel, tant que vous conserverez cette humeur.

MADAME DE MIRCOUR. Fort bien; vous vous piquez,[3] vous vous fâchez. Oh! que voilà bien votre vivacité, votre pétulance.

SAINVILLE. Voilà bien le caprice le mieux conditionné.[4] . . .

MADAME DE MIRCOUR. Le caprice! . . . On a le malheur de sentir vivement, et l'on a des caprices. Ainsi vous seriez malheureux avec moi; n'est-ce pas là ce que vous voulez me faire entendre?

SAINVILLE. Allons, je ne peux pas dire un mot que vous ne l'interprétiez de la manière la plus odieuse. Adieu, madame.

MADAME DE MIRCOUR. Adieu, monsieur.

SAINVILLE, *revenant.* Ainsi, c'est la perte de Monsieur Azor qui nous brouillerait?

---

[1] *apostille,* a recommendation written on a petition or request.
[2] *carlin,* pug dog.
[3] *se piquer,* same as *se fâcher.*
[4] *le mieux conditionné,* the most complete.

MADAME DE MIRCOUR. Ce que vous dites là est affreux. Vous savez bien que je ne serais pas assez injuste. . . . Non, c'est le manque d'égards, de procédés, d'indulgence.

SAINVILLE. Et c'est donc là le prix de l'amour le plus tendre, le plus sincère?

MADAME DE MIRCOUR. Vous allez vous plaindre à présent. Je n'aime pas les doléances. Vous vouliez sortir; restez, monsieur. C'est moi qui vous cède la place. Oui, je vais m'enfermer pour pleurer toute seule.

SAINVILLE. Si vous sortez, comptez que vous m'aurez vu pour la dernière fois.

MADAME DE MIRCOUR. Eh bien! monsieur, tâchez de ne pas oublier cette promesse. (*Elle sort.*)

SCÈNE VII

SAINVILLE, *seul*

Non, certes, je ne l'oublierai pas. Il n'est que trop clair que c'est un prétexte que vous cherchez pour rompre avec moi. Tant mieux. Je serais très malheureux avec cette femme-là.

SCÈNE VIII

SAINVILLE; DORSAY, *des papiers à la main*

DORSAY. Eh! quoi! ma nièce vous a déjà quitté?

SAINVILLE. Oui, monsieur.

DORSAY. Eh bien! toujours de plus en plus épris? Oh! il faut être vrai, ma nièce mérite bien. . . .

SAINVILLE, *à part.* Allons, voilà l'oncle qui fait son éloge.

DORSAY. Comme je vous disais, un cœur excellent.

SAINVILLE. Une égalité d'humeur admirable.

DORSAY. Vraiment! Je suis bien aise que vous lui ayez découvert cette précieuse vertu: ainsi vous êtes enchanté?

SAINVILLE. Oui, enchanté! je vous souhaite bien le bonjour.

DORSAY. Un moment: vous m'avez fait espérer que vous voudriez bien vous charger de mes papiers?

SAINVILLE. Pardon, je ne puis pas me mêler de cette affaire.

DORSAY. Eh! mais, monsieur, vous m'avez promis. . . .

SAINVILLE. Oui; mais j'ai fait réflexion.

---

[1] *modelé*, specimen.

. . En général, je me fais un scrupule de chercher à exercer la moindre influence. Au surplus, rien ne presse, j'annoncerai votre visite à mon pere, et demain, après-demain. . . . (*A part.*) Oh! les femmes! Je les reconnais; dès qu'elles sont sûres de nous. . . . (*Haut.*) Je vous salue, Monsieur Dorsay. (*Il sort.*)

SCÈNE IX

DORSAY, *seul*

Eh bien! donc, il s'en va. C'est très injuste, très malhonnête. Oh! les gens en place! les voilà bien. De belles promesses, et puis des excuses, des défaites . . . et la mémoire la plus fugitive! Est-ce que je serai comme cela quand je serai placé?

SCÈNE X

DORSAY, LAFLEUR

LAFLEUR. Monsieur, la petite veuve vous attend ce soir à souper, elle a été enchantée des vers et du bouquet.

DORSAY. Va te promener avec ta veuve et ton bouquet. Comptez donc sur les amis! Mais ne suis-je pas bien dupe, avec ma fortune, quand je peux mener une vie libre, indépendante? . . .

LAFLEUR, *tirant un papier de sa poche.* Si monsieur daignait jeter les yeux sur l'écriture [1] de mon jeune homme, j'en ai un modelé [1] sur moi.

DORSAY. Je vous trouve bien impertinent d'oser vous mêler de donner des places chez moi. Je n'ai pas besoin de secrétaire. Ah! Monsieur Sainville, certainement si je voulais d'autre appui que le vôtre, je n'en manquerais pas.

LAFLEUR. Je supplie seulement monsieur de considérer l'écriture, il verra que c'est un cadeau que je lui fais. Quelle belle main!

DORSAY, *prenant le papier.* Drôle que vous êtes! . . . (*Il lit.*) "Extrait de divers ouvrages. La différence qui existe entre les gens de quelque chose et les gens de rien disparaît par échelons. Le laquais rend le devoir à monsieur le valet de chambre, le valet de chambre habille son maître souvent à la hâte pour qu'il aille faire sa cour à milord. . . ." Qu'est-ce que c'est que cela?

LAFLEUR. Hem! est-ce lisible? Voyez la suite.

DORSAY, *lisant.* "Tourmenter les inférieurs, c'est le moyen pour les subalternes de se dédommager de leur soumission pour leurs supérieurs." Comment donc? de la morale, je crois, de la philosophie; et quelle écriture affreuse! Point d'orthographe. Allez, allez, Monsieur de Lafleur, dites à votre protégé qu'avant de prétendre à une place il apprenne à écrire, à penser. (*Il jette le papier au nez de Lafleur.*) Voilà qui est arrêté, j'ai une autre personne en vue qui peut me servir; et si celle-là me manque, je me retire à la campagne, je me jette dans l'étude, et je ne vis que pour moi.

LAFLEUR. Mais, monsieur. . . .

DORSAY. Ne vous avisez plus de me parler pour qui que ce soit, ou je vous chasse. (*Il sort.*)

SCÈNE XI

LAFLEUR, *seul*

Pour le coup, je ne m'attendais pas à celui-là.[1] Voilà les maîtres! Attachez-vous donc à eux! Oh! je me vengerai.

SCÈNE XII

LAFLEUR, GABRIEL

GABRIEL. La danseuse a renvoyé sa femme de chambre. On ne sait ce que la pauvre fille est devenue.

LAFLEUR. Ah! vous voilà, Monsieur Gabriel. Je vous trouve bien impertinent d'oser lever les yeux sur une personne qui m'appartient. Un paresseux, un fainéant! et il se flatte d'être un jour valet de chambre. Je vous chasse.

GABRIEL. Comment! vous me chassez!

LAFLEUR. Monsieur est instruit de vos déportements, petit libertin! Ah! vous voulez séduire la femme de chambre de sa nièce! Il vous laisse huit jours pour chercher une autre condition. Ne me répliquez pas. Je vous donnerai un certificat de probité; c'est tout ce que vous pouvez attendre de moi. Mais où diable aussi mon protégé s'avise-t-il de copier de la morale pour montrer son écriture? (*Il déchire et jette le papier qu'il avait remis a son maître, et sort.*)

---

[1] *celui-là*, for *ce tour-là*·

SCÈNE XIII

GABRIEL, *seul*

Ah! mon Dieu! ah! mon Dieu! c'est une tuile qui me tombe sur la tête. D'où me vient-elle? je n'en sais rien.

SCÈNE XIV

GABRIEL, MARIE

MARIE. Eh bien! Monsieur Gabriel?

GABRIEL. Ah! mademoiselle, tout est perdu. Monsieur votre oncle, qui d'abord m'avait encouragé, est d'une fureur épouvantable. Il dit que monsieur me chasse de son service, que je suis un libertin. Vous le savez, mademoiselle Marie, si je suis un libertin.

MARIE. Que me dites-vous là, Monsieur Gabriel?

GABRIEL. La vérité; et j'ai beau faire mon examen de conscience, je n'ai rien fait qui puisse m'attirer. . . .

MARIE. Et le plus souvent, est-ce que ce n'est pas de leurs propres torts que nos maîtres nous punissent? Madame, qui vient de me gronder. . . . Qu'est-ce donc que ce papier?

GABRIEL, *ramassant les morceaux du papier que Lafleur a déchiré.* Je n'en sais rien. C'est Monsieur de Lafleur qui l'a déchiré.

MARIE. Voyons.

GABRIEL. C'est comme un exemple de maître ecrivain.

MARIE, *parcourant le papier.* "Le laquais habille le valet de chambre . . . qui va chez milord. . . . Les subalternes se dédommagent de leur soumission. . . ." Attendez donc; j'y suis; je devine, je crois.

GABRIEL. Eh! quoi donc?

MARIE. Je sais d'où provient l'humeur de mon oncle. Oui, quand ce papier eût été mis là exprès. . . . Il est arrivé de grands événements depuis notre conversation de ce matin.

GABRIEL. Eh! quoi donc?

MARIE. Ma maîtresse a perdu Azor.

GABRIEL. Qu'est-ce que c'est qu'Azor?

MARIE. Son petit chien.

GABRIEL. Et quel rapport. . . .

MARIE. Elle en est au désespoir. Le colonel est venu pour la voir, je ne sais ce qu'ils se sont dit; mais madame est rentrée tout en larmes dans son boudoir. J'ai vu le colonel sortir très irrité. Il prononçait le nom de madame et de Monsieur Dorsay. Il jurait de ne plus remettre les pieds dans cette maison . . . oui, c'est cela. Le colonel, maltraité par ma maîtresse, aura maltraité Monsieur Dorsay, qui a besoin de lui. Monsieur Dorsay s'en sera vengé sur mon oncle, mon oncle s'en est vengé sur vous.

GABRIEL. Vous croyez?

MARIE. Il vous en veut, parce qu'il a à se plaindre de son maître. Quand je vous disais que souvent les petites causes amenaient les grands effets.

GABRIEL, *cherchant son mouchoir, prenant la cravate que Marie lui a donnée et qu'il avait mise dans sa poche, et la déchirant sans y prendre garde.* Et moi je ne peux m'en venger sur personne. . . . Ah! qu'on est malheureux de se trouver le dernier de tous dans une maison.

MARIE. Qu'est-ce que vous déchirez donc là?

GABRIEL. Ah! ciel, c'est la cravate que vous m'avez donnée.

MARIE. Vous faites un grand cas de mon cadeau, à ce qu'il me paraît.

GABRIEL. Pardon, cent fois pardon, Mademoiselle Marie; mais je ne sais à qui m'en prendre. C'est ce que je possède de plus cher; et ma foi, dans mon chagrin. . . .

MARIE. Vous déchirez mon cadeau; vous m'apprenez ce que je dois faire du vôtre.

GABRIEL. Ah! mademoiselle, ne me forcez pas à le reprendre, je vous en prie. Gardez-le comme un souvenir du pauvre Gabriel.

MARIE. Calmez-vous: non, je ne vous forcerai pas à le reprendre. J'entends madame; laissez-moi. Non, revenez. La cage est en bas dans l'office. Eh! vite, allez me la chercher.

GABRIEL. Mais, mademoiselle. . . .

MARIE. Obéissez.

GABRIEL. Ah! mon Dieu! suis-je assez malheureux? (*Il sort.*)

SCÈNE XV

MADAME DE MIRCOUR, MARIE

MADAME DE MIRCOUR. Eh bien! mademoiselle, vous me laissez, vous m'abandonnez!

MARIE. Madame n'avait-elle pas défendu qu'on entrât sans son ordre?

MADAME DE MIRCOUR. C'est vrai. Eh bien, pas de nouvelles!

MARIE. Oh! Mon Dieu, non, madame. J'ai couru moi-même dans le quartier, chez tous les voisins; on ne l'a pas vu. Pauvre petit Azor! Que sera-t-il devenu? Je l'aimais aussi, moi, madame; et j'en pleurerais, je crois, si je ne me retenais.

MADAME DE MIRCOUR. Tu es bonne, tu es sensible, toi, ma pauvre Marie; mais conçois-tu ce Monsieur Sainville, qui se fâche, qui s'emporte, parce que j'ai de l'humeur?

MARIE. En vérité, je n'aurais pas cru cela de monsieur le colonel.

MADAME DE MIRCOUR. Il venait tout glorieux m'apporter je ne sais quels couplets. Je m'embarrasse bien de ses cadeaux. C'est moi qui les lui avais demandés ces couplets, c'est vrai; mais choisir le moment où je suis désolée! Mon pauvre Azor! Je n'en veux pas avoir d'autre; je ne veux plus m'attacher comme cela à des ingrats.

SCÈNE XVI

MADAME DE MIRCOUR, MARIE; GABRIEL,
portant la cage

GABRIEL. Mademoiselle Marie, voilà ce que vous m'avez demandé.

MADAME DE MIRCOUR. Qu'est-ce que c'est donc cela?

MARIE. Un petit serin qu'on m'a donné ce matin.

MADAME DE MIRCOUR. Oh! qu'il est joli! Comment! cet aimable petit oiseau est à toi, ma chère Marie?

MARIE. Oui, madame.

MADAME DE MIRCOUR. Tu es bien heureuse.

MARIE. S'il faisait envie à madame. . . .

MADAME DE MIRCOUR. Non, mon enfant; je ne veux pas t'en priver. Mais c'est qu'il est charmant, en vérité.

GABRIEL, *bas à* MARIE. Eh quoi! mademoiselle, vous donnez mon cadeau!

MARIE, *bas à* GABRIEL. Eh! vite, courez chercher le colonel de la part de madame.

GABRIEL. Il a juré de ne plus revenir.

MARIE. Raison de plus pour qu'il accoure.

GABRIEL. Mais, mademoiselle. . . .

MARIE. Obéissez.

GABRIEL. Allons, il faut faire tout ce qu'elle veut. (*Il sort.*)

SCÈNE XVII

Madame de Mircour, Marie

Madame de Mircour. Je n'en ai jamais vu d'aussi gentil.

Marie. En effet, il a les couleurs les plus vives. . . . S'il est à madame, n'est-ce pas comme s'il était à moi? Madame me ferait beaucoup de peine, si elle refusait: je croirais voir une espèce de dédain. . . .

Madame de Mircour. Ah! tu me connais bien mal. Je fais réflexion qu'il y a longtemps que je ne t'ai rien donné. Tu choisiras une de mes robes.

Marie. Comme madame est bonne!

Madame de Mircour. Allons, je ne veux pas t'affliger, Marie. J'accepte.

Marie. Ce n'est pas là un ingrat qui s'échappera comme votre Azor.

Madame de Mircour. Oh! non; j'y mettrai bon ordre. Or çà, Marie, où placerons-nous cette cage? Dans mon boudoir, n'est-ce pas?

Marie. Oui, tout près du piano de madame.

Madame de Mircour. Tu m'y fais songer. Le premier air à lui apprendre, c'est celui des couplets que le colonel m'apportait. Ce pauvre colonel! quand j'y pense, je l'ai bien maltraité!

Marie. Oh! il reviendra.

SCÈNE XVIII

Madame de Mircour, Marie, Gabriel

Gabriel, *annonçant*. Monsieur le colonel Sainville.

Marie. Là, quand je le disais à madame.

Gabriel, *à* Marie. Je l'ai rencontré comme il entrait dans la masion.

Marie. Vous voyez bien. Sortez. (Gabriel *sort.*)

SCÈNE XIX

Sainville, Madame de Mircour

Madame de Mircour. Ah! vous voilà, monsieur?

Sainville. Oui, madame, c'est encore moi.

Madame de Mircour. Vous ne deviez plus revenir.

Sainville. Ce n'est pas vous que je cherchais, madame. C'est monsieur votre oncle.

Madame de Mircour. Ah! mon oncle?

Sainville. Oui, madame, votre oncle.

Madame de Mircour. Je vous en remercie pour lui; mais savez-vous que ce que vous me dites n'est pas trop galant?

Sainville. Comme il paraît que mes visites n'ont pas le bonheur de vous plaire. . . .

Madame de Mircour. Fort bien. Vous me boudez?

Sainville. J'aurais tort, peut-être?

Madame de Mircour. Non; car je suis plus franche que vous, moi. Osez me dire que ce n'est pas pour moi que vous revenez, malgré vos serments.

Sainville. Je reviens. . . . Eh bien! oui, madame, je reviens pour vous; mais malgré moi, je vous en avertis.

Madame de Mircour. Et moi, je conviens que j'ai été méchante, injuste. Ecoutez, colonel; il faut être indulgent pour ses amis. J'ai beaucoup de défauts; mais vous voyez au moins que je n'ai pas celui de l'obstination.

Sainville, *en lui baisant la main.* Charmante! Et moi, n'ai-je pas été presque aussi enfant que vous, de m'emporter?

Madame de Mircour. Oh! il y avait sujet. Mais si je suis capricieuse, bizarre, inconséquente pour des bagatelles, je suis constante en amitié. Je brusque quelquefois mes amis; je reviens à eux. Avez-vous les couplets que vous m'apportiez ce matin?

Sainville. Hélas! non. Tremblant d'être aussi mal reçu. . . .

Madame de Mircour. Envoyez-les donc chercher bien vite. Mais vous avez des affaires avec mon oncle, je vous laisse; nous nous reverrons. Songez que j'attends vos couplets. Viens, Marie, emporte cette cage; il est charmant, ce petit serin; tu es une bonne fille, et le colonel est un fort honnête homme. (*Elle sort avec* Marie.)

Sainville. On n'est pas plus aimable que cette femme-là.

SCÈNE XX

Dorsay, Sainville

Dorsay, *entrant sans voir* Sainville. Allons, il ne faut plus compter sur personne; je prends mon parti; je quitte le monde, je me retire à la campagne.

SAINVILLE. Ah! mon cher Dorsay, vous voyez un homme enchanté, transporté; je viens de causer avec votre chère nièce. Ma foi, si elle a quelques moments désagréables, il faut convenir qu'elle s'en accuse avec une grâce, une franchise. . . . Eh bien! où en êtes-vous pour cette place?

DORSAY. Comment, monsieur! où j'en suis?

SAINVILLE. Ah! pardon; vous devez être bien en colère contre moi. Tantôt j'ai refusé de vous servir assez sèchement, il me semble; que voulez-vous? j'étais préoccupé.

DORSAY. C'est fâcheux; d'autant plus que je ne rencontre aujourd'hui que des gens préoccupés. L'un craint de se compromettre; l'autre a donné sa parole à un ami; celui-là sollicite pour son compte.

SAINVILLE. Oui, voilà les amis d'aujourd'hui; mais moi. . . . Avez-vous là vos papiers?

DORSAY, *tirant ses papiers de sa poche.* Oui, monsieur; mais comme vous vous feriez un scrupule de chercher à exercer la moindre influence. . . .

SAINVILLE. Oui; mais, pour un ami, pour un homme comme vous. . . . Donnez. (*Il prend les papiers.*)

DORSAY. Permettez que je les range et que je vous explique. . . .

SAINVILLE, *parcourant rapidement les papiers.* Eh! non, ils sont en ordre; excellentes recommandations, titres évidents. Je cours les présenter à mon père, à son secrétaire, à tous ceux de qui la chose dépend.

DORSAY. Mais, monsieur. . . .

SAINVILLE. J'emporte vos papiers. Je rapporte les couplets à votre nièce. Point de remercîments. Je cours. Je vole. Je me sers moi-même, en obligeant un galant homme. Soyez sans crainte, la place est à vous.

SCÈNE XXI

DORSAY, *seul.*

La place est à moi! Ah! voilà ce que c'est. Allons, je ne pars pas encore pour la campagne.

SCÈNE XXII

DORSAY, LAFLEUR

LAFLEUR. Gabriel m'a dit que monsieur me demandait.

DORSAY. Moi? non.

LAFLEUR. Encore un trait d'esprit de ce petit sot de Gabriel. Oh! je vais le gronder.

DORSAY. Ecoute donc, écoute donc, Lafleur. Pourquoi le gronder? Je ne t'appelais pas, mais je suis bien aise de te voir. Eh bien! mon ami, tes pressentiments ne te trompaient pas. Je vais être placé. J'ai la parole et l'appui du colonel.

LAFLEUR. J'en fais mon compliment à monsieur.

DORSAY. Or çà, mon enfant,[1] comme tu disais tantôt, il faut que je songe à monter ma maison. Vite, les petites-affiches,[2] que je cherche les chevaux à vendre, les hôtels à louer, les cuisiniers sans condition. C'est malheureux que ton protégé n'ait pas une plus belle main.

LAFLEUR. Mais je vous assure, monsieur, que je n'écris pas mieux, moi qui vous parle.

DORSAY. Je le sais parbleu bien. Voyons donc encore une fois cette écriture.

LAFLEUR. Ma foi, monsieur, le pauvre garçon, dans son chagrin, a déchiré l'exemple qu'il m'avait remis.

DORSAY. Tant pis.

LAFLEUR. J'ai eu toutes les peines du monde à lui en faire écrire un autre sous ma dictée, parce que moi, qui connais toute la bonté de monsieur. . . .

DORSAY. Voyons.

LAFLEUR, *lui remettant un papier.* Tenez.

DORSAY, *lisant.* "Devoir des valets envers leurs maîtres: soumission, zèle, intelligence." Eh bien! c'est cela, c'est écrit, c'est pensé, l'orthographe y est. Un caractère fort net, fort agréable. Où diable avait-il eu la tête d'écrire si mal ce que tu m'avais montré d'abord?

LAFLEUR. La crainte de ne pas réussir. La main lui tremblait.

DORSAY. Qu'il se rassure. Que j'aie ma place, il a la sienne. Oui, il suffit qu'il soit présenté par toi. . . . Attends donc; ne m'as-tu pas dit que ce gros financier se jetait dans la réforme?[3]

[1] *mon enfant*, implies pleasant relationships between older and younger men, officers and soldiers, etc.

[2] better: *Petites Affiches*, an advertising periodical.

[3] Was going to reduce his establishment.

LAFLEUR. Oui, monsieur, par le conseil de ses créanciers.

DORSAY. Il faut que je lui écrive sur-le-champ. Son hôtel est peu commode; mais un salon superbe. C'est ce qu'il me faut. Quant à toi, je t'aime; tu restes mon premier valet de chambre, mon confident. Demande, mon garçon, sollicite, et compte toujours sur ton bon maître. (*Il sort.*)

SCENE XXIII

LAFLEUR, *seul.*

Eh bien! à la bonne heure. Voilà ce qu'on appelle un maître raisonnable, reconnaissant.

SCENE XXIV

LAFLEUR; GABRIEL, *en redingote, un petit paquet au bout d'un bâton;* MARIE, *au fond.*

MARIE, à GABRIEL. Allons, avancez.

LAFLEUR. Ah! c'est toi, Gabriel? Eh bien! que signifie ce paquet, cet air triste?

GABRIEL. Je viens faire mes adieux à monsieur, et lui demander mon certificat.

LAFLEUR. Comment! tu veux me quitter sur-le-champ?

GABRIEL. Monsieur m'a dit qu'on me donnait huit jours pour trouver une condition; mais il me serait trop dur de rester dans une maison après avoir perdu les bonnes grâces de mon protecteur.

LAFLEUR. Allons, ne parlons plus de cela. J'ai plaidé ta cause auprès de monsieur; il te pardonne; tu peux rester.

GABRIEL. Vrai? Ah! monsieur, quel bonheur!

LAFLEUR. Eh bien! mon ami, nous sommes placés. Oui; Monsieur Dorsay a la parole du colonel. Cette maison-ci va devenir très-bonne. Nous aurons des clients, des créatures. Monsieur Gabriel, de la probité au moins, et le moins d'insolence qu'il vous sera possible.

GABRIEL. Ah! monsieur peut compter. . . . Et quant à l'objet dont je vous parlais tantôt. . . .

LAFLEUR. Ecoute, je ne suis pas un méchant homme, moi. J'ai été amoureux comme toi; ma nièce est sage, vertueuse; tu es rangé, soumis, complaisant; et comme je serai là pour vous surveiller. . . .

GABRIEL. Si monsieur voulait nous marier, il s'épargnerait la peine de la surveillance.

LAFLEUR. Approche un fauteuil. (GABRIEL *approche un fauteuil avec empressement.*) Fais venir ma nièce; je suis bien aise de vous faire un sermon à tous deux.

MARIE, *s'avançant.* Me voici, mon oncle.

LAFLEUR. Ah! tu étais là. Eh bien! sais-tu ce qui se passe? Sais-tu que ce mauvais sujet de Gabriel a l'impertinence d'être amoureux de toi?

MARIE. Je le sais, mon oncle.

LAFLEUR. Tu le sais. . . . Tu as peut-être la folie de n'en pas être fâchée, toi?

MARIE. Mon bon oncle, si vous vouliez. . . .

LAFLEUR. Ah! oui, mon bon oncle! vous me flattez, vous me cajolez, c'est fort bien: mais que diable, attendez donc que Gabriel ait fait son chemin.

MARIE. Il l'a fait, mon oncle; il est valet de chambre du colonel Sainville. Monsieur le colonel épouse madame; c'est moi qui ai arrangé tout cela.

LAFLEUR. Comment? c'est toi qui as arrangé. . . .

MARIE. Monsieur le colonel arrive à l'instant même; j'ai bien fait la leçon à madame; dans ce moment elle accorde sa main au colonel, et lui demande la place de valet de chambre pour mon Gabriel.

LAFLEUR. Pour ton Gabriel. Tu le regardes déjà comme à toi?

MARIE. Les voici.

SCENE XXV

LAFLEUR, GABRIEL, MARIE, MADAME DE MIRCOUR, SAINVILLE; DORSAY, *entrant d'un autre côté.*

MADAME DE MIRCOUR. Où est-il, où est-il, mon cher oncle? Ah! le voici. Félicitez-moi, félicitez-vous, remerciez ce digne ami; il vous a bien servi. Comment, après cela, pourrais-je lui refuser ma main?

SAINVILLE. Ah! madame, quel bonheur! (*A* DORSAY.) Vous êtes nommé, mon cher Dorsay. Demain vous recevrez votre brevet.

DORSAY. Ah! monsieur, quelle obligation! (*A* LAFLEUR.) Eh! vite, Lafleur, ton jeune homme. Il me faut un secrétaire dès ce soir.

LAFLEUR. Ah! monsieur, quelle reconnaissance! (*A* GABRIEL.) Je te donne ma nièce.

GABRIEL. Ah! Monsieur de Lafleur, Mademoiselle Marie, Monsieur Dorsay, monsieur le colonel, madame, et toi surtout, cher petit serin, que de remercîments je vous dois à tous!

MARIE. Oui; sans lui, pauvres petits que nous sommes, nous restions accablés sous le poids de la mauvaise humeur de tout le monde; grâce à lui, vous voilà tous contents; vous voilà tous bonnes gens, et nous nous marions.

MADAME DE MIRCOUR. Elle a raison; chaque protégé a recouvré les bonnes grâces de son protecteur, et voilà comme dans cette vie tout s'enchaîne, et tout marche par ricochets.

DELAVIGNE

Casimir Delavigne was born in 1793 at Le Havre, which was also the birthplace of Georges and Madeleine Scudéry, Bernardin de Saint-Pierre and Frédérick Lemaître. He died in 1843. His father was one of the leading merchants of the city and was able to give him the best education. At the lycée Napoléon, in Paris, he distinguished himself as a student of the classics, and gave evidences of a precocious literary talent. At the age of eighteen he achieved fame with his three *Messéniennes*, patriotic odes on *La Bataille de Waterloo, la Dévastation du Musée et des monuments* and *le Besoin de s'unir*. His first tragedy, *Polyxène*, was refused by the Théâtre Français and was never published. His famous *Vêpres Siciliennes*, a tragedy in five acts, refused by the same theatre, was produced in 1819 at the Odéon and had three hundred performances, the first hundred of which earned 400,000 francs for the theatre which was at that time managed by Picard. Three months later the same theatre produced Delavigne's *Comédiens*, an amusing and not ill-natured satire leveled at the national theatre whose refusal of *les Vêpres* rankled in the author's breast. His third important work was again a tragedy in five acts, *le Paria*, produced by the Odéon in December, 1821. The success was so great that the young poet was urged to offer himself as a candidate for the Academy. His first attempt failed; the bishop of Hermopolis was elected in his stead. A second attempt was no more successful; the seat was given to the archbishop of Paris. When urged to apply a third time shortly afterward, he demurred saying: "I am sure that if I did, they would put up the Pope against me." As a consolation for his disappointment and for the loss of his post as librarian to the Foreign Office, the duke of Orleans appointed him librarian at the Palais Royal. By this time the Théâtre-Français was anxious to number Delavigne among its purveyors, and *l'Ecole des vieillards*, a comedy in five acts in verse, produced in December, 1823, was the fruit of that reconciliation. The Academy now received him, on July 7, 1825.

Illness compelled him, soon afterward, to take a complete rest. He spent a month at Venice, where he gathered material for his *Marino Faliero* and composed seven of his *Messéniennes*. On his return to France, the Théâtre Français produced his five-act comedy in verse, *la Princesse Aurélie* (March, 1828), the least successful, but not the least charming of his lighter plays. In 1829 *Marino Faliero*, a historical tragedy in five acts, was accepted by the reading committee of the Théâtre Français, but owing to some disagreements as to the distribution of parts, the poet withdrew it and took it to the Porte Saint-Martin, where it was successfully produced in May, 1829.

For several years Delavigne had been interested in the character of Louis XI; he had written part of a tragedy with Louis as the hero and with Talma in mind for the principal rôle. But when the great actor died, in 1826, the poet abandoned his plan for the time being. After the revolution of 1830, he completed the play *Louis XI*, and on February 11, 1832, it was produced at the Théâtre

Français.   In the opinion of some critics, it is Delavigne's masterpiece.   The
year 1833 saw the production by the Théâtre Français of a tragedy in three
acts, *les Enfants d'Edouard*, inspired by an episode in Shakespeare and a well-
known painting by Delaroche.   In the midst of great physical suffering he
composed *Don Juan d'Autriche*, a five act prose comedy produced by the Théâtre
Français in October, 1835, and six months later a one act tragedy in verse, *Une
famille au temps de Luther* (1836); in 1838 he wrote *la Popularité*.   His last work
was *la Fille du Cid* (1840).   He collaborated with Scribe on a few comedies
(*la Somnambule, le Diplomate*), more for the sake of gain than for glory.   His
own comedies, like those of his predecessors, appeal to a social and intellectual
élite, rather than to the masses of Scribe's admirers.

By tradition, education and taste, Delavigne was a classicist.   Had he been
consistent, he would have been one of the foremost disciples of Racine, a worthy
rival of Voltaire.   But seeing the trend of events, he realized the futility of
wasting his talent on simple imitation.   Moderately good tragedies were being
produced in large numbers before a listless and uninterested audience at the
Théâtre Français.   Yet, he was thoroughly convinced of the greatness of the
classical drama.   *Les Vêpres Siciliennes*, the first of his tragedies, is the most
classical in composition and style.   The critics insist on the "beautés d'un style
pur, élégant, animé et constamment élevé."   The subject is the revolt of the
Sicilians against the tyranny of the French in 1282.   Actual fighting does not
occur on the stage, but Loredan, the son of the instigator of the massacre, stabs
himself in the sight of the audience.

In *le Paria*, his second tragedy, the scene is laid in a sacred wood at Benares,
India.   The son of one of the despised caste of pariahs rises in the disguise of a
general to great influence by his bravery, and leadership.   He marries the
daughter of a high-priest of the Brahmins when an old man appears on the scene
to embrace him as his long-lost son.   Death of the hero is the punishment for
his deception and for the dishonor brought on the community, but his wife leaves
her home to follow and care for the old pariah, thus making an outcast of herself.

The hero of the tragedy *Marino Faliero* is the doge of that name governing
Venice from 1354 to 1355.   It is the story of a conspiracy in which Faliero was the
moving spirit, his object being to murder the patricians and proclaim himself
king.   The alleged immediate cause of this conspiracy, an insult written on the
back of the Doge's chair in the council room by a young noble, Steno, is a legend
given as historical by Daru in his *Histoire de Venise*, and mentioned by Marin
Sanudo in his *Vite dei Dogi*, sources from which Delavigne drew his plot.   The
incident of the insult is not supported by contemporary evidence, any more than
the adultery motif.   The death of the lover, who is Faliero's favorite nephew and
who wishes to avenge the insult because his uncle, who is eighty years old, cannot
well do so, the remorse of the young wife and the gentle forgiveness of her loving
old husband shortly before dying, all add interest and pathos to what might
otherwise be a tedious story of political intrigue.   Psychologically the play is well
conceived; the characters are lifelike; the action is brisk, direct, with a variety of
incident.   The first act is laid in the Doge's apartment; the second in the palace of
Lioni, a member of the Council of Ten; the third represents the square of Saint
John and Paul, where the chief conspirators meet at midnight and where Fernando
is killed in a duel with Steno, a duel fought out before the audience in true Shake-

spearian style; the fourth act takes us back to Faliero's apartment, and the fifth unfolds in the Council room opening on an outside gallery in which Lioni appears with the ducal crown in one hand, a sword in the other and calling out to the public: "Justice est faite." Many of its picturesque scenes might recall *Henri III et sa cour*, or any other romantic play abounding in local color. If we add that the dialogue is lively, the longest speech having only thirty-two lines, we are justified in assuming that Dumas' play, produced three months before, was not without influence on *Marino*. Delavigne evidently wished to satisfy the new taste. In the preface, moreover, he tells us: "J'ai conçu l'espérance d'ouvrir une voie nouvelle où les auteurs qui suivront mon exemple pourront désormais marcher avec plus de hardiesse et de liberté. . . . Deux systèmes partagent la littérature. Dans lequel des deux cet ouvrage a-t-il été composé? C'est ce que je ne déciderai pas et ce qui d'ailleurs me paraît être de peu d'importance." Where he parts company with the innovators is in the matter of style. "Plein de respect pour les maîtres qui ont illustré notre scène par tant de chefs-d'œuvre, je regarde comme un dépôt sacré cette langue belle et flexible qu'ils nous ont léguée." His language is what stamps him still as a classicist. Inversions are numerous, the rhythm of his verses is conventional and monotonous, the caesura coming regularly after the sixth syllable: overflows are extremely few; there are no comic elements.

Still more concessions are made in *les Enfants d'Edouard*, a tragedy in three acts. Vinet calls it "un rameau détaché de la forêt de Shakespeare." The subject is borrowed from *Richard III*, and the chief character is the fearful Gloucester himself. Whereas Shakespeare's play embraces a period of fourteen years, places on the stage four kings and the funeral of a fifth, two armies, a battle and a large number of subsidiary characters, Delavigne's tragedy is simple and compact. The death of the two young princes and the circumstances immediately surrounding the event, constitute the whole drama. The characters are all drawn with much psychological insight and historical accuracy, not by description, but by their own words and deeds. There is a grim sort of humor in the recital of Tyrrel's dissipation, and this tirade compares favorably with one of Don César's in *Ruy Blas*. Romantic elements are not wanting. The opening scene is charming: Luci is dressing the young duke of York to meet his brother, for the latter is on his way to London for his coronation. The young duke escapes from old Luci's hands and races around the room while the queen looks on and upbraids him smilingly. A little later, when his uncle Gloucester is announced, the little fellow amusingly imitates the walk and manner of his deformed relative. When the duke of Buckingham relates his visit to the lord-mayor and the aldermen of London, he draws a grotesque picture of the vulgar and satisfied tradesmen whom he detests with aristocratic scorn:

> Ils ont crié pour vous, ils ont crié pour moi;
> Je ne sais plus pour qui leur poitrine s'exerce;
> Mais je suis confondu des poumons du commerce.

Louis XI was produced on February 11, 1832. *Hernani* and *Marion Delorme* had already been heralded by some as the best products of the literary revolution, by others as too bold a departure from the traditional stage habits. The same year *le Roi s'amuse* was also performed. A mere reading of *Louis XI* reveals the fact that at least Delavigne adhered more closely to historical truth than did Hugo. For *Louis XI*, in which the monarch is pictured during the last few days of his life, the poet drew mainly from the memoirs of Commines, and from Scott's *Quentin Durward*. A striking scene in the last act, the king's confession to François de Paule, was probably inspired by a play by Sébastien Mercier. Familiar scenes like those between Marie and the duke of Nemours, or between Marie and the dauphin; amusing and picturesque ones like the song and dance by the peasants, serve as a relief. The romantic elements are not more numerous in this play than in either *Marino Faliero* or *les Enfants d'Edouard*, the reason being, perhaps, that it was conceived, though not finished, before either of these two.

Delavigne is, as has often been said, a compromise poet. He attempted to rejuvenate the worn out tragedy by various means, by avoiding altogether Roman and Greek subjects, by increasing the number and variety of characters, by injecting picturesque, familiar and even comic elements, by attaching importance to local color in speech, customs, costume and decoration. But he remained faithful to the old prosody and vocabulary. "Sur des sujets nouveaux faisons des vers antiques," seems to have been his motto. The melodramatic elements so numerous in the dramas of Hugo and Dumas are much rarer in those of Delavigne. He still considered a tragedy as a psychological crisis and not as a series of loosely related and loosely motivated *coups de théâtre*. Compared to Gloucester, Marino and Louis XI, Hugo's characters seem like mere puppets. His three principal plays have remained for a hundred years on the repertory of the two principal Parisian theatres and they meet with much favor whenever performed. He knew stagecraft almost as well as Scribe, he knew how to pick a subject, how to introduce variety without ever losing sight of his main subject, with the result that interest seldom lags. Less brilliant than Dumas and Hugo, he has as good an appreciation of dramatic values as the former and better logic than the latter. It has been long, and still is, the fashion to treat him with disdain, but the present editor cannot share the unwarranted severity of René Doumic, who writes about Delavigne's tragedy: "On lui ferait trop d'honneur en disant qu'elle est morte: elle n'a jamais vécu."[1] Although he made concessions to the new tastes, he refused to follow the romanticists all the way; their system soon ceased to command interest, although some of the romantic plays by the sheer brilliancy of style still hold the stage and delight readers. Delavigne tried to save of the old tragedy what could be saved, and he sacrificed what seemed to him unessential; but his is the fate of all compromisers in matters artistic: they satisfy neither the conservatives nor the radicals. When all is said and done, Delavigne, in spite of his shortcomings, may be said to compare favorably with the best of his contemporaries and we can well subscribe to Sarcey's pronouncement about this writer: "On affecte de dédaigner Casimir de Delavigne comme poète de transition. . . . Ah! si l'on nous donnait aujourd'hui des œuvres qui, tout en répondant à notre goût, fussent intrinsèquement de la valeur de *Louis XI* et de *l'Ecole des vieillards*, quel cri de triomphe nous lancerions!"[2]

[1] Petit de Julleville, *Histoire de la langue et de la littérature française*, Vol. VIII.
[2] *Quarante ans de théâtre*, t. VI, p. 165.

Bibliography: *Works by C. Delavigne*, 4 vols., Didot, Paris, 1870. A. FAVROT, *Etude sur Casimir Delavigne*, Paris, 1894. R. WETZIG, *Studien über die Tragödie Casimir Delavigne's*, 1900. SAINTE-BEUVE, *Portraits Contemporains*, Vol. 5. JULES LEMAÎTRE, *Impressions de théâtre*, Vol. 3. MADAME FAUCHIER-DELAVIGNE, *Casimir Delavigne intime*, 1907.

MARINO FALIERO

Par CASIMIR DELAVIGNE

(1829)

MARINO FALIERO, *doge.*[1]
LIONI, *patricien, un des Dix.*
FERNANDO, *neveu du doge.*
STÉNO, *jeune patricien, un des Quarante.*
ISRAEL BERTUCCIO, *chef de l'Arsenal.*
BERTRAM, *sculpteur.*
BENETINDE, *chef des Dix.*
PIETRO, *gondolier.*
STROZZI, *condottieri.*[2]

VEREZZA, *affidé* [3] *du conseil des Dix.*
VICENZO, *officier du palais ducal.*
ÉLÉNA, *femme du doge.*
LES DIX; LA JUNTE.[4]
LES SEIGNEURS DE LA NUIT.
GONDOLIERS; CONDOTTIERI.
GARDES; PERSONNAGES PARÉS ET MASQUÉS.

La scène est à Venise, en 1355.

ACTE PREMIER

L'appartement du doge.

SCENE I

ÉLÉNA. *Elle est assise et brode une écharpe.*

Une écharpe de deuil, sans chiffre, sans
    devise!
Hélas, triste présent! mais je l'avais pro-
    mise,
Je devais l'achever. . . . Vaincu par ses
    remords,
Du moins après ma faute, il a quitté nos
    bords;
Il recevra ce prix de l'exil qu'il s'impose.
(*Elle se lève et s'approche de la fenêtre.*)

Le beau jour! que la mer où mon œil se
    repose,
Que le ciel radieux brillent d'un éclat pur,
Et que Venise est belle entre leur double
    azur!
Lui seul ne verra plus nos lagunes chéries:
Il n'est qu'une Venise! on n'a pas deux
    patries! . . .
Je pleure . . . oui, Fernando, sur mon
    crime et le tien.
Pourquoi pleurer? j'ai tort: les pleurs
    n'effacent rien.
Mon bon, mon noble époux aime à me
    voir sourire;
Eh bien! soyons heureuse, il le faut. . . .
    (*Elle s'assied et ouvre un livre.*)
                                Je veux lire.

---

[1] The city of Venice was governed by doges from 697 to 1797. The first doges were elected by the people and possessed almost absolute power during their incumbency. Because of their attempts to make their office hereditary, there were continual clashes between the chief magistrate and the nobles with the result that conditions became chaotic. In 1173, the patricians were victorious and constituted a council of eleven members charged with the power to elect a doge whose authority was then limited by a Council of State (la Signoria), and a Senate (Council of Forty). In 1335 a Council of Ten was appointed with almost unlimited power to control all departments of the government. The doge was henceforth a mere tool in the hands of the nobles, while the elimination of the people's voice in the affairs of the government had been completed as early as 1297.
    The Republic had many conflicts with her rival Genoa which was finally defeated in 1352 by Doge Andrea Dandolo, the immediate predecessor of Marino Faliero. The Faliero family had given more than one doge to Venice. Marino occupied the post from 1354 to 1355. In the latter year he was beheaded for high treason on the steps of the palace of the doges, still to-day one of the two principal landmarks of Venice. Byron wrote a tragedy on the subject, and a painting by Eugène Delacroix, *Exécution de Marino* (1829), is of great beauty.
    [2] Should be *condottiere*, commander of a troop of mercenaries.
    [3] *affidé*, secret agent.
    [4] *la Junte*, It. *Giunta*, assembly; a body of Senators appointed to strengthen the hands of the Council of Ten in certain emergencies. This Giunta was made a permanent part of the executive power in 1529. See Horatio F. Brown, *Venice, an historical Sketch.*

Le Dante, mon poète! essayons . . . je
ne puis.
Nous le lisions tous deux: je n'ai pas lu
depuis.
(*Elle reprend le livre qu'elle avait fermé.*)
Ses beaux vers calmeront le trouble qui
m'agite.
« C'est par moi qu'on descend au séjour
des douleurs;
« C'est par moi qu'on descend dans la cité
des pleurs;
« C'est par moi qu'on descend chez la race
proscrite.

« Le bras du Dieu vengeur posa mes fonde-
ments;
« La seule éternité précéda ma naissance,
« Et comme elle à jamais je dois survivre
au temps:
« Entrez, maudits! plus d'espérance! » [1]

Quel avenir, ô ciel, veux-tu me révéler?
Je tremble: est-ce pour moi que ces vers
font parler
La porte de l'abîme,[2] où Dieu dans sa
colère
Plonge l'amant coupable et l'épouse adul-
tère?
Où suis-je, et qu'ai-je vu? Fernando!

SCENE II

ÉLÉNA, FERNANDO

FERNANDO
                    Demeurez!
Le doge suit mes pas; c'est lui que vous
fuirez.
Près de vous, Éléna, son neveu doit l'attendre.

ÉLÉNA
Vous ne me direz rien que je ne puisse
entendre,
Fernando, je demeure.

FERNANDO
                    Eh quoi! vous détournez
Vos yeux qu'à me revoir j'ai trop tôt con-
damnés!
Qu'ils me laissent le soin d'abréger leur
supplice.
Quelques jours, et je pars, et je me fais
justice;
Faut-il vous le jurer?

ÉLÉNA
                    Ce serait vainement:
Lorsqu'on doit le trahir, que m'importe
un serment?

FERNANDO
Quel prix d'un an d'absence où j'ai langui
loin d'elle!

ÉLÉNA
Cette absence d'un an devait être éternelle;
Mais j'ai donné l'exemple, et ce n'est plus
de moi
Qu'un autre peut apprendre à respecter sa
foi.

FERNANDO
Ne vous accusez pas, quand je suis seul
parjure.

ÉLÉNA
Quelque reproche amer qui rouvre ma
blessure,
Pourquoi me l'épargner? Le plus cruel
de tous
N'est-il pas votre aspect, et me l'épargnez-
vous?
Où fuir? comment me vaincre? où trouver
du courage
Pour comprimer mon cœur, étouffer son
langage,
Pour me taire en voyant s'asseoir entre
nous deux
L'oncle par vous trahi, l'époux? . . . Mais
je le veux;
Je veux forcer mes traits [3] à braver sa
présence,
A sourire, à tromper, à feindre l'innocence;
Ils mentiront en vain: si ma voix, si mon
front,
Si mes yeux sont muets, ces marbres
parleront.

FERNANDO
Ah! craignez seulement de vous trahir
vous-même!
Vos remords sont les miens près d'un
vieillard qui m'aime.
Je me contrains pour lui, que la douleur
tuerait,
Pour vous, que son trépas au tombeau
conduirait.
Mais tout à l'heure encor quelle angoisse
mortelle
Me causait de ses bras l'étreinte paternelle!
Tout mon sang s'arrêtait, quand sa main
a pressé
Ce cœur qui le chérit et l'a tant offensé!

---

[1] Free translation of the opening lines of canto III of Dante's *Inferno*.
[2] *porte de l'abîme*, the gate of Hell over which Dante's words, just read by Éléna, were written.
[3] *mes traits*, the expression of my face.

Ses pleurs brûlaient mon front qui rou-
gissait de honte.

ÉLÉNA

Et le tourment qu'il souffre à plaisir il
l'affronte,
Il le cherche, et pourquoi?

FERNANDO

　　　　　　Pour suspendre un moment,
En changeant de douleurs, un plus affreux
tourment.
Ce n'est pas mon amour, n'en prenez point
d'ombrage,
Restez, ce n'est pas lui qui dompta mon
courage,
J'en aurais triomphé! mais c'est ce dé-
sespoir
Que n'ont pu, dans l'exil, sentir ni con-
cevoir
Tous ces heureux bannis de qui l'humeur
légère
A fait des étrangers sur la rive étrangère;
C'est de dégoût d'un sol que voudraient
fuir nos pas;
C'est ce vague besoin des lieux où l'on
n'est pas,
Ce souvenir qui tue; oui, cette fièvre lente,
Qui fait rêver le ciel de la patrie absente;
C'est ce mal du pays dont rien ne peut
guérir,
Dont tous les jours on meurt sans jamais
en mourir.
Venise! . . .

ÉLÉNA

Hélas!

FERNANDO

O bien, qu'aucun bien ne peut rendre!
O patrie! ô doux nom, que l'exil fait com-
prendre,
Que murmurait ma voix, qu'étouffaient
mes sanglots,
Quand Venise en fuyant disparut sous les
flots!
Pardonnez, Éléna; peut-on vivre loin
d'elle?
Si l'on a vu les feux dont son golfe étincelle,
Connu ses bords charmants, respiré son
air doux,
Le ciel sur d'autres bords n'est plus le ciel
pour nous.
Que la froide Allemagne et que ses noirs
orages

Tristement sur ma tête abaissaient leurs
nuages!
Que son pâle soleil irritait mes ennuis!
Ses beaux jours sont moins beaux que nos
plus sombres nuits.
Je disais, tourmenté d'une pensée unique:
Soufflez encor pour moi, vents de l'Adri-
atique!
J'ai cédé, j'ai senti frémir dans mes che-
veux
Leur brise qu'à ces mers redemandaient
mes vœux.
Dieu! quel air frais et pur inondait ma
poitrine!
Je riais, je pleurais; je voyais Palestrine,
Saint-Marc [1] que j'appelais, s'approcher à
ma voix,
Et tous mes sens émus s'enivraient à la
fois
De la splendeur du jour, des murmures
de l'onde,
Des trésors étalés dans ce bazar du monde,
Des jeux, des bruits du port, des chants
du gondolier! . . .
Ah! des fers [2] dans ces murs qu'on ne peut
oublier!
Un cachot, si l'on veut, sous leurs plombs [3]
redoutables,
Plutôt qu'un trône ailleurs, un tombeau
dans ces sables,
Un tombeau, qui parfois témoin de vos
douleurs,
Soit foulé par vos pieds et baigné de vos
pleurs!

ÉLÉNA

Que les vôtres déjà n'arrosent-ils ma cen-
dre!
Mais . . . ce ne fut pas moi, je me plais
à l'apprendre,
Qui ramenai vos pas vers votre sol natal.
Il n'est plus cet amour qui me fut si fatal.
Quand sa chaîne est coupable un noble
cœur la brise;
N'est-ce pas, Fernando? Je voudrais fuir
Venise,
Dont les bords désormais sont votre
unique amour,
Et pour vous y laisser, m'en bannir à mon
tour.

FERNANDO

Vous, Éléna?

---

[1] *Palestrine*, It. *Pellestrina*, small town by the sea near Venice. *Saint-Marc*, famous cathedral of
Venice adjoining the Doge's palace.
[2] *Ah! des fers*, Oh! give me chains.
[3] *plombs*, reference to the leaden roofs of the Venice prison called *Piombi* on the upper floor of the
Doge's palace.

ÉLÉNA

Qu'importe où couleraient mes larmes?
A ne plus les cacher je trouverais des
    charmes.
Oui, mon supplice, à moi, fut de les dé-
    vorer,
Lorsque, la mort dans l'âme, il fallait me
    parer,
Laisser là mes douleurs, en effacer l'em-
    preinte,
Pour animer un bal de ma gaîté con-
    trainte:
Heureuse, en leur parlant, d'échapper aux
    témoins,
Dans ces nuits de délire, où je pouvais du
    moins
Au profit de mes pleurs tourner un fol
    usage,
Et sous un masque enfin reposer mon
    visage.

FERNANDO

Je ne plaignais que moi!

ÉLÉNA

            Mon malheur fut plus grand:
J'ai tenu sur mon sein mon époux expirant;
Tremblante à son chevet, de remords
    poursuivie,
Je ranimais en vain les restes de sa vie;
Je croyais, quand sur lui mes yeux voyaient
    peser
Un sommeil convulsif qui semblait m'ac-
    cuser,
Qu'un avis du cercueil, qu'un rêve, que
    Dieu même
Lui dénonçait mon crime à son heure
    suprême;
Et que de fois alors je pris pour mon arrêt
Les accents étouffés que sa voix murmurait!
Comment peindre le doute où flottaient
    mes pensées,
Quand ma main, en passant sur ses lèvres
    glacées,
Interrogeait leur souffle, et que, dans mon
    effroi,
Tout, jusqu'à son repos, était sa mort
    pour moi?
Je fus coupable, ô Dieu! mais tu m'as bien
    punie:
La nuit où dans l'horreur d'une ardente
    insomnie,
Il se leva, sur moi pencha ses cheveux
    blancs,

Et pâle me bénit de ses bras défaillants;
Il me parla de vous!

FERNANDO
        De moi!

ÉLÉNA
            Nuit vengeresse!
Nuit horrible! et pourtant j'ai tenu ma
    promesse.
Jusqu'au pied des autels j'ai gardé mon
    secret.
L'offrande qu'à nos saints ma terreur con-
    sacrait,
Je la portais dans l'ombre au fond des
    basiliques;
Je priais, j'implorais de muettes reliques,
Et sans bruit, sous les nefs je fuyais, en
    passant
Devant le tribunal d'où le pardon de-
    scend.[1]

FERNANDO
Mais le ciel accueillit votre ardente prière.

ÉLÉNA
Celle des grands, du peuple et de Venise
    entière,
La mienne aussi peut-être; et vous, vous
    qu'aujourd'hui
Je trouve à mes chagrins moins sensible
    que lui,
Celle qui vous toucha quand vous m'avez
    quittée,
Pour l'oublier si tôt, l'avez-vous écoutée?

FERNANDO
Si je l'entends encor, c'est la dernière fois:
Je pars. L'Adriatique a revu les Génois[2];
Venise me rappelle, et sait que leur audace
A quelques beaux trépas va bientôt laisser
    place.
Vos vœux seront remplis, je reviens pour
    mourir.

ÉLÉNA
Pour mourir!

FERNANDO
        Mais ce sang que le fer va tarir,
Avant de se répandre où Venise l'envoie,
A battu dans mon sein d'espérance et de
    joie.
Il palpite d'amour! A quoi bon retenir
Ce tendre et dernier cri que la mort doit
    punir?

---

[1] Reference to the confessional. The kind of periphrasis so much derided by the romanticists.
[2] *L'Adriatique a revu les Génois*, the Genoese have been seen again in the Adriatic. Genoa, Pisa and Venice, the three maritime powers of Italy, all eager to profit by the conquests resulting from the Crusades, were constantly at war over supremacy in the Levant. A peace was signed between Genoa and Venice in 1355 under Giovanni Gradenigo, successor of Marino Faliero.

Je vous trompais; c'est vous, ce n'est pas
la patrie,
Vous, qui rendez la force à cette âme
flétrie;
Vous, vous que je cherchais sous ce climat
si doux,
Sur ce rivage heureux qui ne m'est rien
sans vous!
C'est votre souvenir qui charme et qui
dévore;
C'est ce mal dont je meurs, et je voulais
encore
Parler de ma souffrance aux lieux où vous
souffrez,
Respirer un seul jour l'air que vous re-
spirez,
Parcourir le Lido,[1] m'asseoir à cette place
Où les mers de nos pas ont effacé la trace,
Voir ces murs pleins de vous, ce balcon
d'où mes yeux
En vous les renvoyant recevaient vos
adieux. . . .

ÉLÉNA

Par pitié! . . .

FERNANDO

Cette fois l'absence est éternelle:
On revient de l'exil, mais la tombe est
fidèle.
Je pars. . . . Je mourrai donc, sûr que
mon souvenir
De mes tourments jamais ne vint l'entre-
tenir.
Ce prix qui m'était dû, qu'en vain je lui
rappelle,
Cette écharpe, jamais. . . . Dieu! qu'ai-
je vu? C'est elle!
La voilà! je la tiens. . . . Ah! tu pensais
à moi!
Elle est humide encore, et ces pleurs je
les crois.
Tu me trompais aussi; nos vœux étaient
les mêmes:
Allons! je puis mourir: tu m'as pleuré, tu
m'aimes!
ÉLÉNA, *qui veut reprendre l'écharpe.*
Fernando!

FERNANDO

Ton présent ne me doit plus quitter;
C'est mon bien, c'est ma vie! et pourquoi
me l'ôter?
Je le garderai peu; ce deuil[2] est un présage;
Mais d'un autre que moi tu recevras ce
gage,
Mais couvert de mon sang, pour toujours
séparé

De ce cœur, comme lui, sanglant et déchiré,
Qui, touché des remords où son amour te
livre,
Pour cesser de t'aimer, aura cessé de vivre.

ÉLÉNA

On vient!

FERNANDO, *cachant l'écharpe dans son sein.*

Veillez sur vous un jour, un seul moment,
Par pitié pour tous trois.

ÉLÉNA

Il le faut; mais comment
Contempler sans pâlir ces traits que je
révère?

FERNANDO

Quel nuage obscurcit leur majesté sévère!

SCÈNE III

ÉLÉNA, FERNANDO, FALIERO

FALIERO, *absorbé dans sa rêverie.*

Tous mes droits envahis! mon pouvoir
méprisé!
Que n'ai-je pas souffert, que n'ont-ils point
osé?
Mais après tant d'affronts dévorés sans
murmure,
Cette dernière insulte a comblé la mesure.

ÉLÉNA

Qu'entends-je?

FERNANDO

Que dit-il?

FALIERO, *les apercevant.*

Chère Éléna, pardon!
Fernando, mes enfants, dans quel triste
abandon
Je languirais sans vous! . . . Tu nous
restes, j'espère?

FERNANDO

Mais Votre Altesse oublie. . . .

FALIERO

Appelle-moi ton père,
Ton ami.

FERNANDO

Que l'État dispose de mon bras;
Qui peut prévoir mon sort?

FALIERO

Qui? moi. Tu reviendras.
La mort, plus qu'on ne pense, épargne le
courage.

---

[1] *Lido*, the seashore close to Venice, now a famous resort. A *lido* is really a dike.
[2] *deuil.* See first line of Sc. I.

Regarde-moi! j'ai vu plus d'un jour de
  carnage;
Sous le fanal [1] de Gêne et les murs des
  Pisans,
Plus d'un jour de victoire, et j'ai quatre-
  vingts ans.
Tu reviendras.   Ce sceptre envié du vul-
  gaire,
Moissonne, Fernando, plus de rois que la
  guerre. [2]

FERNANDO

Écartez vos ennuis!

FALIERO

                    Pour en guérir, j'attends
Ce terme de ma vie, attendu trop long-
  temps.
Tu portes sans te plaindre une part de
  ma chaîne,
Pauvre Éléna! Je crus mon heure plus
  prochaine,
Lorsqu'à mon vieil ami je demandai ta
  main.
C'est un jour à passer, me disais-je, et
  demain
Je lui laisse mon nom, de l'opulence, un
  titre;
Mais un pouvoir plus grand de nos vœux
  est l'arbitre.
La faute en est à lui!

ÉLÉNA

                    Qu'il prolonge vos jours,
Comme il les a sauvés!

FALIERO

                    Sans toi, sans ton secours,
Je succombais naguère, et t'aurais affran-
  chie.
Comme elle se courbait sur ma tête
  blanchie!

(A FERNANDO.)

Ah! si tu l'avais vue! ange compatissant,
Pour rajeunir le mien elle eût donné son
  sang!

FERNANDO

Nous l'aurions fait tous deux.

ÉLÉNA

                    Nous le devions.

FALIERO

                    Je pense
Qu'avant peu mes enfants auront leur
  récompense.

Qu'il vous soit cher ce don, bien qu'il
  vienne un peu tard.
Vivez, soyez heureux, et pensez au
  vieillard.

ÉLÉNA

Hélas! que dites-vous?

FALIERO

                    Éléna, je t'afflige.
Pour bannir cette idée, allons, sors, je
  l'exige.
Je veux à Fernando confier mon chagrin;
Mais toi, tu le connais. L'aspect d'un ciel
  serein
A pour des yeux en pleurs un charme qui
  console.

ÉLÉNA

Souffrez. . . .

FALIERO

  Crains la fatigue, et sors dans ma
    gondole.
Contre l'ardeur du jour prends un masque
  léger,
Qui, sans lasser ton front, puisse le pro-
  téger.
Va, ma fille.

ÉLÉNA

        O bonté!

        (Elle sort.)

SCÈNE IV

FALIERO, FERNANDO

FALIERO

        C'est elle qu'on outrage!

FERNANDO

Éléna!

FALIERO

  Moi; c'est moi.

FERNANDO

        Vous!

FALIERO

                    Écoute et partage
Un fardeau qu'à moi seul je ne puis sup-
  porter.
C'est mon nom, c'est le nôtre à qui vient
  d'insulter
Un de ceux dont nos lois sur les bancs des
  Quarante
Font siéger à vingt ans la jeunesse igno-
  rante.
Lois sages!

---

[1] *fanal*, harbor light.
[2] The cares of kingship kill more kings than does war.

FERNANDO

Qu'a-t-il fait?

FALIERO

Le dirai-je? Irrité
D'un reproche public, mais par lui mérité,
L'insolent sur mon trône eut l'audace
d'écrire. . . .
Je les ai lus comme elle et tous ont pu
les lire,
Ces mots . . . mon souvenir ne m'en
rappelle rien;
Mais ces mots flétrissaient mon honneur
et le sien.[1]

FERNANDO

Le lâche, quel est-il?

FALIERO

Cherche dans la jeunesse.
Qui profane le mieux dix siècles de no-
blesse,
Qui fait rougir le plus les aïeux dont il sort?
Tête folle, être nul, qu'un caprice du sort
Fit libre, mais en vain, car son âme est
servile;
Courageux, on le dit; courageux entre
mille,
Dont un duel heureux marque le premier
pas;
Du courage! à Venise, eh! qui donc n'en a
pas?
Un Sténo!

FERNANDO

Lui, Sténo!

FALIERO

Bien que brisé par l'âge,
Je n'aurais pas, crois-moi, laissé vieillir
l'outrage.
Près de Saint-Jean et Paul[2] il est un lieu
désert,
Où, pour lui rendre utile un de ces jours
qu'il perd,
Mon bras avec la sienne eût croisé cette
épée. . . .

FERNANDO

Il vit!

FALIERO

Pour peu de jours ma vengeance est
trompée.
Sans leur permission[3] puis-je exposer mon
sang?
Privilège admirable! il vit grâce à mon
rang.
(FERNANDO *fait un mouvement pour sortir.*)
Où vas-tu?

FERNANDO

Vous venger.

FALIERO

Bien! ce courroux t'honore.
Bien! c'est un Faliero; je me retrouve
encore:
C'est mon ardeur, c'est moi; c'est ainsi
que jadis
Mon père à son appel eût vu courir son fils.
Mais l'affront fut public, le châtiment doit
l'être.
Les Quarante déjà l'ont condamné peut-
être.

FERNANDO

Eh quoi! ce tribunal où lui-même. . . .

FALIERO

Tu vois
Comme Venise est juste et maintient tous
les droits!
Nos fiers avogadors[4] avaient reçu ma
plainte;
Aux droits d'un des Quarante oser porter
atteinte!
Quel crime! l'eût-on fait? mais leur prince
outragé,
Qu'importe? et par ses pairs Sténo sera
jugé.

FERNANDO

S'ils l'épargnaient?

FALIERO

Qui? lui! l'épargner! lui, ce traître!
Oui, traître à son serment, à Venise, à
son maître:
L'épargner! qu'as-tu dit? l'oseraient-ils?
sais-tu

---

[1] In *Le Vite dei Dogi* by Marin Sanudo it is related that at a party given by Marino Faliero in the ducal palace, ser Michele Steno, a young patrician, committed some impropriety before a group of ladies, and that the doge ordered him to retire at once. In revenge, the young man wrote on the doge's chair in the council room: *Marino Falierio, husband of the most beautiful woman; he keeps her but another enjoys her.*

[2] Santi Giovanni e Paolo, next to St. Mark's the most imposing church in Venice, contains the burial vaults of the doges. Built from 1240 to 1430.

[3] *leur permission*, the permission of the Council of Ten or of the Senate.

[4] *avogadors* (It. *avvogadori*), magistrates. Besides, the *avvogadori di comun* formed the Heralds' College and saw to it that only nobles and their descendants should have a share in the government. Their register formed the *Libro d'oro* or Golden Book of patrician families.

Qu'il faut que je le voie à mes pieds abattu?
Sais-tu que je le veux, que la hache est
  trop lente
A frapper cette main, cette tête insolente?

FERNANDO

O fureur!

FALIERO

De mon nom, toi l'unique héritier,
Toi, mon neveu, mon fils, connais-moi tout
  entier:
Lis, mon âme est ouverte et montre sa
  faiblesse.
C'est peu de l'infamie où s'éteint ma vieil-
  lesse:
Cet affront dans mon sein éveille des
  transports,
D'horribles mouvements inconnus jus-
  qu'alors.
J'en ai honte et je crains de sonder ma
  blessure:
Devine par pitié, comprends, je t'en con-
  jure,
Comprends ce qu'à mon âge un soldat
  tel que moi
Ne pourrait sans rougir confier, même à
  toi.
Éléna!... se peut-il? si ce qu'on ose
  écrire. . . .
Mais sur ses traits en vain je cherche le
  sourire.
D'où vient que mon aspect lui fait baisser
  les yeux?
Pourquoi loin des plaisirs se cacher dans
  ces lieux?
Pourquoi fuir cet asile,[1] où, par la péni-
  tence,
Le crime racheté redevient l'innocence?
Le sien est-il si grand, si terrible?...
Insensé!
Tout me devient suspect, le présent, le
  passé;
J'interroge la nuit, les yeux fixés sur elle,
Jusqu'aux pleurs, aux aveux d'un sommeil
  infidèle,
Et j'ai vu, réveillé par cet affreux soupçon,
Ses lèvres se mouvoir et murmurer un nom.

FERNANDO

Grand Dieu!

FALIERO

Ne me crois pas; va, je lui fais injure;
Sténo!... jamais, jamais! sa vie est en-
  core pure;
Jamais tant de vertu ne descendrait si bas;

Je n'ai rien soupçonné, rien dit; ne me
  crois pas!
Mais Sténo, mais celui dont le mensonge
  infâme
De cette défiance a pu troubler mon âme,
La déchirer ainsi, la briser, la flétrir,
Qu'on l'épargne! ah! pour lui c'est trop
  peu de mourir!
Il aurait, le cruel qui m'inspira ces doutes,
Plus d'une vie à perdre, elles me devraient
  toutes,
Oui toutes, sans suffire à mes ressentiments
Leur sang, leur dernier souffle et leurs
  derniers tourments.

(*Il tombe sur un siège.*)

(*Après une pause.*)

Homme faible, où m'emporte une aveugle
  colère?
A Zara,[2] quand j'appris la perte de mon
  frère,
Je domptai ma douleur et je livrai combat.
Prince, ferai-je moins que je n'ai fait
  soldat?

(*A* FERNANDO.)

L'État doit m'occuper: je vais dicter,
  prends place:

(FERNANDO *s'assied près d'une table.*)

« Moi, doge, aux Florentins. »   Écris!

FERNANDO

Ma main se glace.

FALIERO

Allons! calme ce trouble. . . . Ils re-
  cueillaient les voix;
Qu'ils sont lents!

FERNANDO

Poursuivez.

FALIERO

Qu'ai-je dit . . . aux Génois?

FERNANDO

Votre Altesse écrivait au sénat de Florence.

FALIERO

Ah! je voudrais en vain feindre l'indifférence!
Je ne le puis: je cède et me trouble à mon
  tour;
Mais on arrive enfin: je respire!

---

[1] *asile,* viz. church and the confessional.
[2] *Zara,* an ancient port on the eastern side of the Adriatic.   From 998 on it was under Venetian or Hungarian protection.   In 1346 Marino, by his skill as a commander of the Venetian land forces, cap-tured it from the Hungarians.

SCÈNE V

FERNANDO, FALIERO, LE SECRÉTAIRE DES
QUARANTE

LE SECRÉTAIRE

La Cour
Dépose son respect aux pieds de Votre
Altesse.

FALIERO

Leur respect est profond: jugeons de leur
sagesse.
La sentence! donnez.

LE SECRÉTAIRE

La voici.

FERNANDO, *à son oncle*

Vous tremblez.

FALIERO

Moi! non . . . je . . . non . . . pourquoi?
. . . Lis, mes yeux sont troublés,
Lis.

FERNANDO, *lisant*

« Il est décrété d'une voix unanime
« Que Sténo convaincu. . . .

FALIERO

Passe, je sais son crime.
Le châtiment?

FERNANDO

Un mois dans les prisons d'État.

FALIERO

Après?

FERNANDO

C'est tout.

FALIERO, *froidement*

Un mois!

FERNANDO

Pour ce lâche attentat!

LE SECRÉTAIRE, *au doge*

La Cour de Votre Altesse attend la signature.

FERNANDO, *à son oncle, qui s'approche de
la table.*

Et vous? . . .

FALIERO

C'est mon devoir.

FERNANDO

Quoi! d'approuver l'injure?

FALIERO. *Il laisse tomber la plume.*
Un mois! Dieu!

(*Au* SECRÉTAIRE, *en lui remettant le papier.*)
Laissez-nous.

LE SECRÉTAIRE

L'arrêt n'est pas signé.

FALIERO

Non? j'ai cru. . . .
(*Il signe rapidement.*)
Sortez donc.

SCENE VI

FALIERO, FERNANDO

FERNANDO

Et, sans être indigné,
Vous consacrez vous-même une telle indulgence?

FALIERO, *en souriant.*

Tu le vois.

FERNANDO

Quel sourire! il demande vengeance.

FALIERO

Nos très nobles seigneurs à l'affront qu'on
m'a fait
N'ont-ils pas aujourd'hui pleinement satis-
fait?
Le châtiment railleur dont la faute est
punie
Mêle à leur jugement le sel de l'ironie.
Ce soir chez un des Dix, où je suis invité,
Le vainqueur de Zara, par eux félicité,
Les verra s'applaudir d'avoir pu lui com-
plaire.
Ils auront les honneurs d'un arrêt popu-
laire.
Quoi! justice pour tous, hors pour le
souverain,
C'est de l'égalité! Les gondoliers demain,
Égayant de mon nom une octave à ma
gloire,
Chanteront sur le port ma dernière vic-
toire.
Eh bien! je ris comme eux.

FERNANDO

Plus triste que les pleurs,
Cette joie est amère; elle aigrit vos douleurs.

FALIERO, *qui se lève, avec violence.*

Où sont les Sarrasins, que je leur rende
hommage!
Sur l'autel de saint Marc et devant son
image,

Avec ce même bras qui leur fut si fatal,
Je leur veux à genoux jurer foi de vassal!

FERNANDO

Est-ce vous qui parlez?

FALIERO

Que [1] les vaisseaux de Gênes,
Du port, forcé par eux, n'ont-ils rompu les
chaînes!
Dans ses patriciens frappez Venise au
cœur!
Venez: qu'au doigt sanglant d'un Génois,
d'un vainqueur
Je passe l'anneau d'or, ce pitoyable gage,
Cet emblème imposteur d'un pouvoir
qu'on outrage.

FERNANDO

Est-ce au duc de Venise à former de tels
vœux?

FALIERO

Moi, duc! le suis-je encor? moi, le dernier
d'entre eux?
Moi, prince en interdit; [2] moi, vieillard
en tutelle,
Moi, que la loi dédaigne et trouve au-
dessous d'elle!

FERNANDO

Son glaive était levé, quand le mien s'est
offert:
Il s'offre encore.

FALIERO

Attends!

FERNANDO

Vous avez trop souffert,
Punissez.

FALIERO

Et comment?

FERNANDO

Je reviens vous l'apprendre.

FALIERO

Que pourrais-tu, toi seul?

FERNANDO

Ce que peut entreprendre
Un homme contre un homme.

FALIERO

Et contre tous?

FERNANDO

Plus bas!
Le courroux vous égare.

FALIERO

Il m'éclaire; à ton bras
Un coupable suffit; mais s'ils sont tous
coupables,
Que me font et l'un d'eux et ses jours
misérables?
Me venger à demi, c'est ne me pas venger.
L'offenseur n'osa rien, osant tout sans
danger.
Au-dessous de son crime un tel pardon le
place,
Et de son insolence il n'avait pas l'audace.
Il n'outragea que moi: l'arrêt qu'ils ont
rendu
Dans un commun outrage a seul tout con-
fondu,
Un tribunal sacré qu'au mépris il con-
damne,
La loi qu'il fait mentir, le trône qu'il
profane.
Si j'élève la voix, que [3] d'autres se plain-
dront!
Ils ont, pour s'enhardir à m'attaquer de
front,
Essayé sur le faible un pouvoir qui m'op-
prime,
Et monté jusqu'à moi de victime en vic-
time.
Un peuple entier gémit: doge, ce n'est plus
toi,
C'est lui que tu défends; c'est l'État,
c'est la loi,
C'est ce peuple enchaîné, c'est Venise qui
crie:
Arme-toi; Dieu t'appelle à sauver la patrie!

FERNANDO

Seigneur, au nom du ciel. . . .

FALIERO

Opprobre à ma maison,
Si de leurs oppresseurs je ne leur fais
raison!
Quels moyens? . . . je ne sais: les mal-
heurs de nos armes
A Venise ulcérée ont coûté bien des larmes.
On s'en souvient: je veux. . . . Si pour
briser leurs fers
J'essayais. . . . Il vaut mieux. . . . Non,
je puis. . . . Je m'y perds.
Je cherche et ne vois rien qu'à travers des
nuages.

---

[1] *Que* for *Pourquoi*. The harbor was defended against hostile vessels by means of chains.
[2] *en interdit*, under interdict with powers suspended.
[3] *que* for *combien*.

Mille desseins confus, mille horribles
images,
Se heurtent dans mon sein, passent devant
mes yeux;
Mais je sens qu'un projet vengeur, victorieux,
Au sortir du chaos où je l'enfante encore,
Pour les dévorer tous dans le sang doit
éclore.

FERNANDO

Ah! que méditez-vous? craignez. . . .

FALIERO

Tu m'écoutais!
J'ai parlé: qu'ai-je dit? pense au trouble
où j'étais:

(*A voix basse.*)

C'est un rêve insensé.　Ce que tu viens
d'entendre,
Il faut. . . .

FERNANDO

Quoi?

FALIERO

L'oublier, ou ne le pas comprendre.
(*A un officier du palais, qui entre.*)
Que veut-on?

SCÈNE VII

FALIERO, FERNANDO, VICENZO

VICENZO

La faveur d'un moment d'entretien;
Et celui qui l'attend. . . .

FALIERO

Fût-ce un patricien,
Non: s'il est offensé, qu'il s'adresse aux
Quarante.

VICENZO

Sa demande à l'État doit être indifférente;
C'est un homme du peuple, à ce que j'ai
pu voir,
Un patron de galère.

FALIERO

Un instant! mon devoir
Est d'écouter le peuple; il a droit qu'on
l'écoute,
Le peuple! il sert l'État.　Allez, quoi qu'il
m'en coûte,
Je recevrai cet homme.

(VICENZO *sort.*)

Implorer mon secours,
C'est avoir à se plaindre; on peut par ses
discours
Juger. . . .

FERNANDO

Je me retire?

FALIERO

Oui, laisse-nous.　Arrête!
Ne cherche pas Sténo; réserve-moi sa tête;
Il est sacré pour toi.

(FERNANDO *sort.*)

Cet homme a des amis,
Et par eux. . . . Après tout, l'écouter
m'est permis;
Je le dois: mais il vient.

SCÈNE VIII

FALIERO, ISRAEL BERTUCCIO

FALIERO, *assis*

Que voulez-vous?

ISRAEL

Justice!

FALIERO

Vain mot! pour l'obtenir l'instant n'est pas
propice.

ISRAEL

Il doit l'être toujours.

FALIERO

Avez-vous un appui?

ISRAEL

Plus d'un: mon droit d'abord, et le doge
après lui.

FALIERO

L'un sera méprisé; pour l'autre, il vient
de l'être.
Votre nom? . . .

ISRAEL

N'est pas noble, et c'est un tort.

FALIERO

Peut-être.

ISRAEL

Israël Bertuccio.

FALIERO

Ce nom m'est inconnu.

ISRAEL

Noble, jusqu'à mon prince il serait parvenu.

FALIERO

Auriez-vous donc servi?

ISRAEL

Dans plus d'une entreprise.

FALIERO

Sur mer?

ISRAEL

Partout.

FALIERO

En brave?

ISRAEL

En soldat de Venise.

FALIERO

Sous plus d'un général?

ISRAEL

Un seul, qui les vaut tous.

FALIERO

C'est trop dire d'un seul.

ISRAEL

Non.

FALIERO

Quel est-il?

ISRAEL

C'est vous.

FALIERO

Israël! . . . Oui, ce nom revient à ma
  mémoire;
C'est vrai, brave Israël, tu servis avec
  gloire:
Tu combattis sous moi.

ISRAEL

Mais dans des jours meilleurs,
On triomphait alors.

FALIERO, *avec joie.*

A Zara!

ISRAEL

Comme ailleurs;
Vous commandiez!

FALIERO

Allons: dis-moi ce qui t'amène;
(*Il se lève et s'approche d'*ISRAEL.)
Parle à ton général, et conte-lui ta peine;
Dis, mon vieux camarade!

ISRAEL

Eh bien donc, je me plains. . . .
M'insulter! on l'a fait! Par le ciel et les
  saints,
Israël sans vengeance, et réduit à se plaindre! . . .

Pardon, mon général, je ne puis me contraindre:
Qui souffre est excusé.

FALIERO

Je t'excuse et le dois:
Rappeler son affront, c'est le subir deux
  fois.

ISRAEL

Deux fois! subir deux fois l'affront que je
  rappelle!
Que maudit soit le jour où, pour prix de
  mon zèle,
Votre prédécesseur, mais non pas votre
  égal,
Me fit patron du port,[1] et chef de l'arsenal!

FALIERO

C'était juste.

ISRAEL

Et pourtant, sans cette récompense,
Viendrais-je en suppliant vous conter mon
  offense?
Chargé par le conseil de travaux impor-
  tants. . . .
Je tremble malgré moi, mais de fureur.

FALIERO

J'entends.

ISRAEL

Je veillais à mon poste: un noble vient,
  déclare
Qu'il faut quitter pour lui nos vaisseaux
  qu'on répare.
Il maltraite à mes yeux ceux qui me sont
  soumis:
Je cours les excuser; ils sont tous mes amis,
Tous libres, par saint Marc, gens de cœur,
  gens utiles.
Dois-je donc, pour un noble et ses travaux
  futiles,
Me priver d'un seul bras sur la flotte
  occupé?
Le dois-je? prononcez.

FALIERO

Non, certe.

ISRAEL

Il m'a frappé! . . .
Que n'est-ce avec le fer!

FALIERO

Du moins tu vis encore.

ISRAEL

Sans honneur: le fer tue et la main déshonore.

---

[1] *patron du port*, master of the harbour; Sanudo calls him admiral of the arsenal.

Un soufflet! Sur mon front, ce seul mot prononcé
Fait monter tout le sang que l'Etat m'a laissé.
Il a coulé, mon sang, dont la source est flétrie,
Mais sous la main d'un noble et non pour la patrie;
L'outrage est écrit là: sa bague en l'imprimant
A creusé sur ma joue un sillon infamant.
Montre donc maintenant, montre tes cicatrices,
Israël, la dernière a payé tes services.

FALIERO
Et l'affront qu'on t'a fait. . . .

ISRAEL
Je ne l'ai pas rendu:
Je respecte mes chefs. A prix d'or j'aurais dû
Me défaire de lui sous le stylet d'un brave.[1]
Mais j'ai dit: Je suis libre, on me traite en esclave;
Pour mon vieux général tous les droits sont sacrés,
Il me rendra justice; et vous me la rendrez.

FALIERO
On ne me la fait pas; comment puis-je la rendre?

ISRAEL
On ne vous la fait pas? à vous! pourquoi l'attendre?
Si j'étais doge. . . .

FALIERO
Eh bien?

ISRAEL
Je. . . .

FALIERO, vivement
Tu te vengerais!

ISRAEL
Demain.

FALIERO
Tu le peux donc?

ISRAEL
Non . . . mais je le pourrais,
Si j'étais doge.

FALIERO
Approche et parle sans mystère.

ISRAEL
On risque à trop parler ce qu'on gagne à se taire.

FALIERO
Tu sais qu'un mot de moi peut donner le trépas,
Tu le crains.

ISRAEL
Je le sais, mais je ne le crains pas.

FALIERO
Pourquoi?

ISRAEL
Notre intérêt nous unit l'un à l'autre;
J'ai ma cause à venger, mais vous avez la vôtre.

FALIERO
Ainsi donc, pour le faire, il existe un complot?
De quelle part viens-tu?

ISRAEL
De la mienne. En un mot,
Pour soutenir nos droits voulez-vous les confondre? [2]

FALIERO
Je veux t'interroger avant de te répondre.

ISRAEL
Qui m'interrogera, vous, ou le doge?

FALIERO
Moi.
Pour le doge, il n'est plus.

ISRAEL
C'est parler: je vous croi.

FALIERO
Parle donc à ton tour.

ISRAEL
Si le peuple murmure
Du joug dont on l'accable et des maux qu'il endure,
Est-ce moi qui l'opprime?

FALIERO
Il comprend donc ses droits?

ISRAEL
La solde que l'armée attend depuis deux mois,
Si d'autres,[3] la payant, tentent par ce salaire

---

[1] brave, with the meaning of bully, hired assassin.
[2] confondre, make your grievance and mine one.
[3] By d'autres are meant enemies of the Venetian government.

De nos condottieri la bande mercenaire,
Puis-je l'empêcher, moi?

FALIERO
Vous avez donc de l'or?

ISRAEL
Si de vrais citoyens, car il en est encor,
Des soldats du vieux temps, du vôtre, et
qu'on méprise,
Par la foi du serment sont liés dans Venise;
Aux glaives des tyrans, qu'ils veulent ren-
verser,
Suis-je un patricien, moi, pour les dé-
noncer?

FALIERO
Achève.

ISRAEL
J'ai tout dit.

FALIERO
Ce sont là des indices.
Le reste, ton projet, tes amis, tes com-
plices?

ISRAEL
Mon projet? c'est le vôtre.

FALIERO
En ai-je un?

ISRAEL
Mes moyens?
Mon courage, cette arme. . . .

FALIERO
Et les armes des tiens.
Tes complices? leurs noms?

ISRAEL
Je n'ai pas un complice.

FALIERO
Quoi! pas un?

ISRAEL
En a-t-on pour rendre la justice?

FALIERO
Tes amis, si tu veux.

ISRAEL
Quand vous serez le leur.

FALIERO
Moi! je. . . .

ISRAEL
Vous reculez!

FALIERO
Agir avec chaleur,
Concevoir froidement, c'est le secret du
maître.
Puis-je rien décider avant de tout con-
naître?
Mais le sénat m'appelle, un plus long
entretien
Pourrait mettre au hasard mon secret et
le tien.

ISRAEL
Vous revoir au palais serait risquer ma
tête. . . .
Le seigneur Lioni vous attend à sa fête;
J'irai.

FALIERO
Te reçoit-il?

ISRAEL
Mon bras sauva ses jours;
J'eus tort: c'est un de plus.

FALIERO
Affable en ses discours,
Dans ses actes cruel, esprit fin, âme dure.
Assistant du même air au bal qu'à la
torture,
Soupçonneux mais plus vain, et dans sa
vanité
Épris d'un fol amour de popularité,
Il doit te recevoir.

ISRAEL
Il en a le courage.
Du marin parvenu le rude et fier langage
Le trompe en l'amusant; et sans prendre
un soupçon
Dans la bouche de fer il trouverait mon
nom.[1]

FALIERO
Mais la torture est prête aussitôt qu'il
soupçonne.

ISRAEL
Je la supporterais de l'air dont il la donne.

FALIERO
Tu me gagnes le cœur.

ISRAEL
Vos ordres, général?

FALIERO
J'irais à leurs regards m'exposer dans un
bal,
Rendre en les acceptant leurs mépris légitimes,[2]

---

[1] *Dans la bouche de fer*, hard to explain. In the ducal place there was a lion's head in whose mouth anonymous denunciations were thrown for the attention of the Inquisitors. However, the lion's head was of marble, and not of iron, a circumstance the poet may not have known.

[2] *Rendre . . . leurs mépris légitimes*, justify their scorn.

Chercher mes ennemis!

ISRAEL
Non, compter vos victimes.

FALIERO, *vivement*
Je n'ai rien décidé.

ISRAEL
Voulez-vous me revoir?

FALIERO
Plus tard.

ISRAEL
Jamais.
(*Il fait un pas pour sortir.*)

FALIERO
Reviens.

ISRAEL
A ce soir?

FALIERO, *après une pause.*
A ce soir!
(ISRAEL *sort.*)

ACTE DEUXIÈME

Le palais de LIONI: *salon très riche, galerie au fond; une table où sont disposés des échecs.*

SCENE I

LIONI, VEREZZA, DEUX AUTRES AFFIDÉS DU CONSEIL DES DIX, *sur le devant de la scène;* SERVITEURS *occupés des apprêts d'un bal;* BERTRAM, *au fond, dans un coin.*

LIONI, *bas à* VEREZZA
On vous a de Sténo renvoyé la sentence;
Vous l'exécuterez, mais avec indulgence.
L'État veut le punir comme un noble est puni:
Des égards, du respect.

VEREZZA
Le seigneur Lioni
Me parle au nom des Dix?

LIONI
Leur volonté suprême
Laisse-t-elle un d'entre eux parler d'après lui-même?

Vous pouvez être doux, en voici l'ordre écrit.
(*Le prenant à part.*)
Cet autre ne l'est pas: il regarde un proscrit
Par jugement secret traité comme il doit l'être;
Le prisonnier des plombs: une gondole, un prêtre,
Au canal Orfano. Sortez.
(*A ses valets.*)
Partout des fleurs!
Que les feux suspendus et l'éclat des couleurs,
Que le parfum léger des roses de Byzance,
Les sons qui de la joie annoncent la présence,
Que cent plaisirs divers d'eux-mêmes renaissants
Amollissent les cœurs et charment tous les sens.
(*A* BERTRAM.) (*Aux valets.*)
Approchez-vous, Bertram. Laissez-nous.

SCENE II

LIONI, BERTRAM

LIONI
Ma colère
A cédé, quoique juste, aux pleurs de votre mère;
Le sein qui vous porta nous a nourris tous deux;
Je m'en suis souvenu.

BERTRAM
Monseigneur! . . .

LIONI
Malheureux!
Quel orgueil fanatique ou quel mauvais génie
De censurer les grands t'inspira la manie?

BERTRAM
Je leur dois tous mes maux.

LIONI
Bertram, sans mon appui,
Sur le pont des Soupirs [1] tu passais [2] aujourd'hui;
On t'oubliait demain.

BERTRAM
Je demeure immobile;
Quoi! le pont des Soupirs!

---

[1] The Famous Bridge of Sighs connecting the palace with the criminal prison, still in use today.

[2] *passais* and in the next line *oubliait,* imperfect indicative with sense of conditional.

LIONI

Sois un artiste habile,
Un sculpteur sans égal; mais pense à tes
    travaux,
Et, quand tu veux blâmer, parle de tes
    rivaux.
L'Etat doit aux beaux-arts laisser ce privi-
    lège,
C'est ton droit; plus hardi, tu deviens
    sacrilège.

BERTRAM

On ne l'est qu'envers Dieu.

LIONI

Mais ne comprends-tu pas
Que ceux qui peuvent tout sont les dieux
    d'ici-bas? . . .
On t'aime à Rialto,[1] dans le peuple on
    t'écoute,
Dis que je t'ai sauvé: tu le diras?

BERTRAM

Sans doute;
De raconter le bien le ciel nous fait la loi.

LIONI

Et d'oublier le mal; mais tes pareils et toi,
Les mains jointes, courbés sur vos pieux
    symboles,
Des pontifes divins vous croyez les paroles:
Du pouvoir qu'ils n'ont pas ils sont tou-
    jours jaloux,
Et vous ouvrant le ciel, ils le ferment pour
    nous.

BERTRAM

Non pour vous, mais pour ceux que leur
    Dieu doit maudire.

LIONI

Tu te crois saint, Bertram, et tu crains le
    martyre.
La torture. . . .

BERTRAM

Ah! pitié!

LIONI

Des grands parle à genoux.

BERTRAM

De ma haine contre eux je vous excepte,
    vous.

LIONI

Que leur reproches-tu?

BERTRAM

Ma misère.

LIONI

Sois sage,
Travaille, tu vivras.

BERTRAM

Promettre est leur usage:
Car l'ivoire ou l'ébène à leurs yeux est
    sans prix,
Quand il doit de mes mains passer sous
    leurs lambris.
Mais l'ont-ils, ce travail achevé pour leur
    plaire,
J'expire de besoin et j'attends mon salaire.

LIONI

A-t-on des monceaux d'or pour satisfaire
    à tout?
Je les verrai. Mais parle, on célèbre ton
    goût;
Quels marbres, quels tableaux, aux miens
    sont comparables?
Regarde ces apprêts: que t'en semble?

BERTRAM

Admirables!

LIONI

Voyons, j'aime les arts et prends tes in-
    térêts:

(*A voix basse.*)

Les Dix, pour tout savoir, ont des agents
    secrets,
Et nous payons fort cher leurs utiles ser-
    vices;
Tu nous pourrais comme eux rendre ces
    bons offices.
De nos patriciens plus d'un s'en fait hon-
    neur.

BERTRAM

Je préfère pourtant. . . .

LIONI

Quoi?

BERTRAM

Mourir, monseigneur.

LIONI

Insensé!

BERTRAM

Mais comptez sur ma reconnaissance.

LIONI

Me la prouver, je crois, n'est pas en ta
    puissance.

BERTRAM

Le dernier peut un jour devenir le premier.

[1] *Rialto,* a popular quarter of Venice with its famous bridge over the Grand Canal.

LIONI

Comment?

BERTRAM

Dieu nous l'a dit.

LIONI

Garde-toi d'oublier
Que des vertus ici l'humilité chrétienne
Est la plus nécessaire, et ce n'est pas la
tienne.
Sténo! . . . sors.

SCÈNE III

LIONI, BERTRAM, STÉNO

(*Il porte un domino ouvert qui laisse voir
un costume très élégant; il a son masque
à la main.*)

STÉNO, à BERTRAM

Gloire à toi, Phidias de nos jours;
J'ai reçu ton chef-d'œuvre, et te le dois
toujours,
Mais un mois de prison va régler mes
dépenses;
Je le paierai bientôt.

BERTRAM, à part, en s'inclinant.

Plus tôt que tu ne penses.

SCÈNE IV

LIONI, STÉNO

LIONI

Qui? vous, Sténo, chez moi!

STÉNO

C'est mal me recevoir.

LIONI

Condamné le matin, venir au bal le soir!

STÉNO

Ma journée est complète et la nuit la
couronne:
Je veux prendre congé de ceux que j'abandonne.
Demain je suis captif; à votre prisonnier
Laissez du moins ce jour, ce jour est le
dernier.

LIONI

Le doge vient ici; je reçois la duchesse,
Et . . . .

STÉNO

Sa beauté vaut mieux que son titre
d'altesse.

Que ne m'est-il permis de choisir mes liens!
Les fers de son époux sont moins doux que
les siens.

LIONI

Il ne faut pas plus loin pousser ce badinage.
Même en vous punissant croyez qu'on
vous ménage.

STÉNO

J'aime votre clémence et l'effort en est
beau:
M'ensevelir vivant dans la nuit du tom-
beau!
Et pourquoi? pour trois mots que j'eus le
tort d'écrire;
Mais le doge irrité, jaloux jusqu'au délire,
Prouva que d'un guerrier mille fois tri-
omphant
La vieillesse et l'hymen ne font plus qu'un
enfant.
Au reste il est ici l'idole qu'on encense,
Pour lui rendre en honneurs ce qu'il perd
en puissance.

LIONI

A ces honneurs, Sténo, gardez-vous d'at-
tenter.
Par égard pour nous tous, qu'il doit
représenter
Au timon de l'État, dont nous tenons les
rênes,[1]
Il faut baiser ses mains en leur donnant
des chaînes.
Ainsi donc pour ce soir, je le dis à regret,
Mais. . . .

STÉNO

Mon déguisement vous répond du secret.
Non: ne me privez pas du piquant avan-
tage
D'entendre, à son insu, l'auguste person-
nage.
Autour de la duchesse heureux de voltiger,
C'est en la regardant que je veux me
venger.
Je veux suivre ses pas, dans ses yeux je
veux lire,
Tout voir sans être vu, tout juger sans
rien dire,
Et de votre pouvoir invisible et présent
Offrir, au sein des jeux, l'image en m'amu-
sant.

LIONI

Veiller sur vous, Sténo, n'est pas votre
coutume.

STÉNO

Qui peut me deviner, caché sous mon
costume?

---

[1] Not a mixed metaphor as one might think; *timon* means "helm," but also "pole" of a carriage,
and the French speak of *le char de l'état*, where in English we speak of "the ship of state."

Sous ce masque trompeur, le peut-on?
regardez:
Noir comme le manteau d'un de vos affidés.

LIONI

Respectons les premiers ce qu'il faut qu'on
redoute.

STÉNO

Je ne ris plus de rien: je sais ce qu'il en
coûte,
Pas même des époux! N'est-il pas décrété
Que c'est un crime ici de lèse-majesté?

LIONI

Incorrigible!

STÉNO

Eh non! un mot vous épouvante;
Mais ne redoutez plus ma liberté mou-
rante:
C'est son dernier soupir; il devait s'exhaler
Contre un vieillard chagrin qui vient de
l'immoler.

LIONI

Vous abusez de tout.

STÉNO

Il le faut à notre âge:
Le seul abus d'un bien en fait aimer l'usage.
Quoi de plus ennuyeux que vos plaisirs
sensés?
Ils rappellent aux cœurs, trop doucement
bercés
Par un retour prévu d'émotions communes,
Ce fade mouvement qu'on sent sur les
lagunes.
En ôtez-vous l'excès, le plaisir perd son
goût.
Mais l'excès nous réveille, il donne un
charme à tout.
Un amour vous suffit; moi, le mien se
promène
De l'esclave de Smyrne à la noble Ro-
maine,
Et de la courtisane il remonte aux beautés
Que votre bal promet à mes yeux en-
chantés.
Le jeu du casino me pique et m'intéresse;
Mais j'y prodigue l'or, ou j'y meurs de
tristesse.
Si la liqueur de Chypre [1] est un heureux
poison,
C'est alors qu'affranchi d'un reste de rai-
son,
Mon esprit pétillant qui fermente comme
elle,
Des éclairs qu'il lui doit dans l'ivresse
étincelle.

[1] *liqueur de Chypre*, Cyprus wine.

Mes jours, je les dépense au hasard, sans
compter:
Qu'en faire, on en a tant, peut-on les
regretter?
Pour les renouveler, cette vie où je puise
Est un trésor sans fond qui jamais ne
s'épuise;
Ils passent pour renaître, et mon plus cher
désir
Serait d'en dire autant de l'or et du plaisir.
Je parle en philosophe.

LIONI

Et je réponds en sage:
Vous ne pouvez rester.

STÉNO

Quittez donc ce visage;
Dans la salle des Dix il vous irait au mieux,
Mais tout, excepté lui, me sourit en ces
lieux.

LIONI

Flatteur!

STÉNO

Chaque ornement, simple avec opulence,
Prouve le goût du maître et sa magnificence.

(*Plusieurs personnes parées ou masquées
traversent la galerie du fond.*)

LIONI

Soyez donc raisonnable: on vient de tous
côtés,
J'aurais tort de permettre. . . .

STÉNO

Oui: mais vous permettez.
Vous, de qui la raison plane au-dessus des
nôtres,
Ayez tort quelquefois par pitié pour les
autres.
Mes adieux au plaisir seront cruels et doux:
C'est vouloir le pleurer que le quitter chez
vous.

UN SERVITEUR DE LIONI, *annonçant*
Le doge.

LIONI

Fuyez donc: s'il vous voit. . . .

STÉNO

Impossible!
Je me perds dans la foule et deviens invisible.

SCÈNE V

FALIERO, ÉLÉNA, FERNANDO, BENETINDE, LIONI, ISRAEL, SÉNATEURS, COURTISANS, etc.

LIONI, au doge

Posséder Son Altesse est pour tous un bonheur;
Mais elle sait quel prix j'attache à tant d'honneur.

FALIERO

Je ne devais pas moins à ce respect fidèle
Dont chaque jour m'apporte une preuve nouvelle.

LIONI, à la duchesse

Madame, puissiez-vous ne pas trop regretter
Le palais que pour moi vous voulez bien quitter.

ÉLÉNA

Vous ne le craignez pas.

LIONI, à FERNANDO

                    Quelle surprise aimable!
Fernando de retour!

FERNANDO

                    Le sort m'est favorable,
Je reviens à propos.

LIONI, lui serrant la main

                    Et pour faire un heureux.
(A BENETINDE, qui cause avec le DOGE.)
Salut au chef des Dix. Le plus cher de mes vœux
Est que de ses travaux ma fête le repose.

BENETINDE

Occupé d'admirer, peut-on faire autre chose?
(Au DOGE, en reprenant sa conversation.)
Vous penchez pour la paix?

FERNANDO

                    J'ai vu plus d'une cour,
Et pourtant rien d'égal à ce brillant séjour.

ÉLÉNA

C'est un aveu flatteur après un long voyage.

LIONI

(Aux nobles VÉNITIENS.)   (A ISRAEL.)
Soyez les bienvenus! Je reçois ton hommage,

Mon brave!

ISRAEL, bas à LIONI

Sous le duc j'ai servi vaillamment;
Il peut me protéger, présentez-moi.

LIONI, le prenant par la main

                    Comment!
Viens.

ÉLÉNA

De qui ce tableau?

LIONI, qui se retourne en présentant ISRAEL

                    D'un maître de Florence,
Du Giotto.[1]

LE DOGE, à ISRAEL

Dès ce soir vous aurez audience.

BENETINDE, regardant le tableau tandis qu'ISRAEL cause avec le DOGE.

Où se passe la scène?

LIONI, qui se rapproche de lui

                    Eh, mais! à Rimini.
La belle Francesca, dont l'amour est puni,
Voit tomber sous le bras d'un époux trop sévère
Le trop heureux rival que son cœur lui préfère.[2]

ÉLÉNA, à part

Je tremble.

LIONI

Quel talent! regardez: le jaloux
Menace encor son frère expirant sous ses coups.

BENETINDE

Son frère ou son neveu?

FERNANDO

                    Dieu!

LIONI, à BENETINDE

                    Relisez le Dante.
(A la DUCHESSE.)
Son frère Paolo. Que la femme est touchante
N'est-ce pas?

ÉLÉNA

Oui, sublime.
(Ici les premières mesures d'une danse vénitienne.)

---

[1] Giotto, famous Florentine artist. Born 1266, died 1337.
[2] Reference to the famous Paolo and Francesca tragedy first related by Dante in canto V of the *Inferno*. The love of Éléna and Fernando has many elements in common with that of the lovers made immortal by Dante.

LIONI
Ah! j'entends le signal.

(*Au* DOGE.)
Monseigneur passe-t-il dans le salon de bal?

FALIERO
Ces divertissements ne sont plus de mon âge.

LIONI, *lui montrant les échecs.*
On connaît votre goût: voici le jeu du sage.

FERNANDO, *à* ÉLÉNA
Pour le premier quadrille acceptez-vous ma main?

ÉLÉNA
On vous a devancé.

LIONI, *offrant la main à* ÉLÉNA
Je montre le chemin.
(*A* ISRAEL, *en montrant le doge.*)
Fais ta cour.

BENETINDE, *à* FERNANDO
Donnez-moi quelques détails sincères.
Sur ce qu'on dit de nous dans les cours étrangères.
(*Tout le monde sort, excepté le* DOGE *et* ISRAEL.)

SCÈNE VI

FALIERO, ISRAEL

FALIERO
Enfin nous voilà seuls.

ISRAEL
Décidons de leurs jours.

FALIERO
Quel mépris dans leurs yeux!

ISRAEL
Fermons-les pour toujours.

FALIERO
Même en se parlant bas qu'ils montraient d'insolence!

ISRAEL
Nous allons pour toujours les réduire au silence.

FALIERO
De leur sourire amer j'aurais pu me lasser.

ISRAEL
La bouche d'un mourant sourit sans offenser.

FALIERO
Ne peut-on nous troubler?
(*La musique recommence.*)

ISRAEL
Le plaisir les enivre.
Ils pressentent leur sort et se hâtent de vivre.
De ce bruyant concert entendez-vous les sons?

FALIERO
Le temps vole pour eux.

ISRAEL
Et pour nous: agissons.

FALIERO
La liste de vos chefs?

ISRAEL, *qui lui remet un papier*
La voici.

FALIERO
Tu m'étonnes.
Tu te crois sûr de moi, puisque tu me la donnes.

ISRAEL
Je le puis.

FALIERO
Pas de noms!

ISRAEL
Mais des titres; voyez!

FALIERO
Qui sont peu rassurants.

ISRAEL
Plus que vous ne croyez.

FALIERO
Un pêcheur, un Dalmate, un artisan!

ISRAEL
Qu'importe?
Chacun a trente amis pour lui prêter main-forte.

FALIERO
Un gondolier!

ISRAEL
Trois cents; car je lui dois l'appui
De tous ses compagnons non moins braves que lui.

FALIERO
Que fais-tu d'un sculpteur?

ISRAEL

Le ciel, dit-on, l'inspire.
Homme utile! avec nous c'est saint Marc
qui conspire.

FALIERO

Des esclaves!

ISRAEL

Nombreux.

FALIERO

Mais qui vous ont coûté
Beaucoup d'or?

ISRAEL

Un seul mot.

FALIERO

Et lequel?

ISRAEL

Liberté.

FALIERO

Mille condottieri vous coûtent davantage.

ISRAEL

Rien.

FALIERO

Dis vrai.

ISRAEL

J'ai promis. . . .

FALIERO

Eh! quoi donc?

ISRAEL

Le pillage.

FALIERO

Je rachète Venise, et donne pour rançon. . . .

ISRAEL

Le trésor?

FALIERO

Tous mes biens.

ISRAEL

Que j'accepte en leur nom.

FALIERO

Deux mille! avec ce nombre il faut tout
entreprendre;
C'est peu pour attaquer!

ISRAEL

C'est beaucoup pour surprendre.

FALIERO

J'en conviens; mais sans moi pourquoi
n'agis-tu pas?

¹ The chess-men.

ISRAEL

C'est qu'il nous faut un chef, s'il vous faut
des soldats.

FALIERO

Et vous m'avez choisi?

ISRAEL

Pour vaincre.

FALIERO, écoutant

Le bruit cesse;
Occupons-nous tous deux.

ISRAEL

Comment?

FALIERO

Le temps nous presse:
Des échecs! . . . c'est pour moi qu'on les
a préparés.
(Lui faisant signe de s'asseoir.)
Qu'ils servent nos projets.

ISRAEL, assis

· Ces nouveaux conjurés ¹
Seront discrets du moins.

FALIERO

Silence!

SCÈNE VII

FALIERO, ISRAEL, LIONI

(Plusieurs personnes, pendant cette scène
et la suivante, traversent le salon, se
promènent dans la galerie, s'arrêtent à
des tables de jeu, jettent et ramassent de
l'or; enfin tout le mouvement d'une fête.)

LIONI, à FALIERO

Votre Altesse
Dédaigne nos plaisirs.

FALIERO

Non: mais j'en fuis l'ivresse.

LIONI

Mon heureux protégé joue avec monseigneur!

FALIERO, posant la main sur l'épaule
d'ISRAEL

J'honore un vieux soldat.

LIONI

Digne d'un tel honneur.

ISRAEL

C'est un beau jour pour moi.

LIONI, *à* FALIERO

Vous aurez l'avantage,
Puisque ce noble jeu de la guerre est
l'image.

ISRAEL

Je tente, je l'avoue, un combat inégal.

LIONI

Voyons si le marin vaincra son amiral.
(*Au* DOGE.)
Vous commencez?

FALIERO

J'espère achever avec gloire.

LIONI

Je ne puis décider où penche la victoire;
Le salon me réclame, et vous m'excuserez.

FALIERO

D'un maître de maison les devoirs sont
sacrés;
Remplissez-les.

LIONI, *se retirant*
Pardon!

SCÈNE VIIl

FALIERO, ISRAEL

(*On circule dans le salon; on joue dans la
galerie; de temps en temps on voit* STÉNO,
masqué, poursuivre la DUCHESSE.)

ISRAEL
(*Haut.*)   (*A voix basse.*)
Au roi! . . .[1] c'est un présage.
Voulez-vous être roi?

FALIERO

Pour sortir d'esclavage.

ISRAEL

Pour nous en délivrer.

FALIERO

Roi de sujets heureux.

ISRAEL

Qu'ils soient libres par vous, et soyez roi
par eux.
FALIERO
Je veux voir tes amis.

[2] *Au roi!* check to the king.

ISRAEL

Sur quel gage repose
Le salut incertain de leurs jours que j'expose?

FALIERO

Ma parole en est un qu'ils doivent accepter.

ISRAEL

Sur ce gage en leur nom je ne puis pas
traiter.

FALIERO

Il a suffi pour toi.

ISRAEL

Mais j'en demande un autre
Pour garant de leur vie.

FALIERO

Et quel est-il?

ISRAEL

La vôtre.

FALIERO

Tu veux que je me livre?

ISRAEL

Et je dois l'exiger.

FALIERO

Chez toi?

ISRAEL

Non; sous le ciel.   Quand je cours un
danger,
J'aime les lieux ouverts pour s'y perdre
dans l'ombre.

FALIERO

Quelle nuit choisis-tu?

ISRAEL

Cette nuit.

FALIERO

Elle est sombre.

ISRAEL

Belle d'obscurité pour un conspirateur,
Profonde, et dans le ciel pas un seul délateur.

FALIERO

Mais sur la terre?

ISRAEL

Aucun.   Comptez sur ma prudence.
N'admettez qu'un seul homme à cette
confidence.

FALIERO

Qui donc?

ISRAEL
Votre neveu.

FALIERO
Non, j'irai seul.

ISRAEL
Pourquoi?

FALIERO
Pour que ma race en lui vive encore après moi.
Le lieu?
(*La musique se fait entendre; tout le monde rentre dans la salle de bal.*)

ISRAEL
Saint Jean et Paul.

FALIERO
Conspirer sur la cendre
De mes nobles aïeux [1] ranimés pour m'entendre!

ISRAEL
Ils seront du complot.

FALIERO
Et le plus révéré,
Dont l'image est debout près du parvis sacré,
Me verra donc trahir ma gloire et mes ancêtres!

ISRAEL
Trahir! que dites-vous?

FALIERO
Oui, nous sommes des traîtres.

ISRAEL
Si le sort est pour eux; mais s'il nous tend la main,
Les traîtres d'aujourd'hui sont des héros demain.

FALIERO
Je doute. . . .

ISRAEL
Il est trop tard.

FALIERO
Avant que je prononce,
Je veux méditer; sors, mais attends ma réponse.

ISRAEL
C'est lui livrer des jours qu'elle peut m'arracher. . . .

FALIERO
Eh bien! l'attendras-tu?

ISRAEL
Je viendrai la chercher.

SCÈNE IX

FALIERO
Où tend le noir dessein dont je suis le ministre?
A ces accents joyeux se mêle un bruit sinistre,
Pour eux . . . pour moi, peut-être! Ah! le danger n'est rien.
L'acte lui seul m'occupe: est-ce un mal? est-ce un bien?
Je suis chef de l'État, j'en veux changer la face;
Élu par la noblesse, et mon bras la menace;
Les lois sont sous ma garde, et je détruis les lois.
De quel droit cependant? Les abus font mes droits.
Si le sort me trahit, de qui suis-je complice?
De qui suis-je l'égal, si le sort m'est propice?
De ceux dont nous heurtons la rame ou les filets,
Quand ils dorment à l'ombre au seuil de nos palais.
De pêcheurs, d'artisans une troupe grossière,
Va donc de ses lambeaux secouer la poussière,
Pour envahir nos bancs et gouverner l'État?
Voilà mes conseillers, ma cour et mon sénat! . . .
Mais de nos sénateurs les aïeux vénérables,
Qui sont-ils? des pêcheurs rassemblés sur des sables.
Mes obscurs conjurés sont-ils moins à mes yeux?
Des nobles à venir j'en ferai les aïeux,
Et si mon successeur reçoit d'eux un outrage,
Il suivra mon exemple en brisant mon ouvrage.
C'est donc moi que je venge? . . . Objet sacré, c'est toi!
Éléna, noble amie, as-tu reçu ma foi
Pour que ton protecteur te livre à qui t'offense?
Puisque leur lâcheté m'a remis ta défense,
Je punirai l'affront. . . . Et s'il est mérité?
Qui l'a dit? . . . Au transport dont je suis agité
Je sens qu'elle devient ma première victime;

---

[1] Because in that church the doges, two of whom were Faliero's ancestors, were buried.

Elle expire: elle est morte. . . . Ah! ce
doute est un crime.
La voici! qu'elle parle et dispose à son gré
Du sort et des projets de ce cœur déchiré!

SCÈNE X

FALIERO, ÉLÉNA

ÉLÉNA

Eh quoi! vous êtes seul? Venez: de cette
fête
Si le vain bruit vous pèse, à le fuir je suis
prête.

FALIERO

Je dois rester pour toi.

ÉLÉNA

Voudrais-je prolonger
Des plaisirs qu'avec vous je ne puis par-
tager?
J'en sens peu la douceur; ce devoir qui
m'ordonne
D'entendre tout le monde en n'écoutant
personne,
Ces flots de courtisans qui m'assiègent de
soins,
Et croiraient m'offenser, s'ils m'importu-
naient moins,
D'un tel délassement me font un esclavage.
Avec la liberté qu'autorise l'usage,
Un d'eux, couvert d'un masque et ne se
nommant pas,
Me lasse, me poursuit, s'attache à tous
mes pas.

FALIERO, vivement

Qu'a-t-il dit?

ÉLÉNA

Rien, pourtant, rien qu'il n'ait pu me
dire;
Mais je conçois l'ennui que ce bal vous
inspire,
Et prompte à le quitter, j'ai cependant,
je crois,
Moins de pitié pour vous que je n'en ai
pour moi.

FALIERO

Ce dégoût des plaisirs et m'attriste et
m'étonne:
A quelque noir chagrin ton âme s'abandonne.
Tu n'es donc plus heureuse, Éléna?

ÉLÉNA

Moi, seigneur!

FALIERO

Parle.

ÉLÉNA

Rien près de vous ne manque à mon bonheur.

FALIERO

Dis-moi ce qui le trouble? Est-ce la calomnie?
L'innocence la brave et n'en est pas ternie.
Doit-on s'en affliger quand on est sans
remords?

ÉLÉNA

Je suis heureuse.

FALIERO

Non: malgré tous vos efforts,
Vos pleurs mal étouffés démentent ce
langage:
Vous me trompez.

ÉLÉNA, à part

O ciel!

FALIERO

A ma voix prends courage:
Ne laisse pas ton cœur se trahir à demi;
Sois bonne et confiante avec ton vieil ami.
Il va t'interroger.

ÉLÉNA, à part

Je frémis!

FALIERO

Ma tendresse
Eût voulu te cacher le doute qui m'oppresse;
Mais pour m'en affranchir j'ai de puissants
motifs:
Un instant quelquefois, un mot, sont déci-
sifs.
Un mot peut disposer de mon sort, de ma
vie. . . .

ÉLÉNA

Qu'entends-je?

FALIERO

En me rendant la paix qui m'est ravie.
N'as-tu pas, réponds-moi, par un discours
léger,
Un abandon permis que tu crus sans
danger,
Un sourire, un regard, par quelque préfé-
rence,
Enhardi de Sténo la coupable espérance?

ÉLÉNA, vivement

Sténo!

FALIERO

Non, je le vois, ce dédain l'a prouvé;
Non, pas même un regret par l'honneur
réprouvé,

D'un penchant combattu pas même le
  murmure
Ne t'a parlé pour lui, non, jamais?

ÉLÉNA
                        Je le jure.
FALIERO
Assez, ma fille, assez. Ah! ne va pas plus
  loin:
Un serment! ton époux n'en avait pas
  besoin.

ÉLÉNA
Je dois. . . .

FALIERO
Lui pardonner un soupçon qui t'accable:
Il fût mort de douleur en te trouvant
  coupable.

ÉLÉNA, à part
Taisons-nous!

FALIERO
    Doux moment! mais je l'avais prévu,
Mon doute est éclairci.

SCÈNE XI

FALIERO, ÉLÉNA, FERNANDO, ISRAEL

ISRAEL, à FERNANDO
            Je vous dis qu'on l'a vu.

FERNANDO
Ici?

ISRAEL
  Lui-même.

FERNANDO
    En vain son masque le rassure.

FALIERO
Qui donc? parlez.

ISRAEL
    Sténo.

FALIERO
            Sténo!

ÉLÉNA, à part
                J'en étais sûre,
C'était lui.

FALIERO
    Voilà donc comme ils ont respecté
Ma présence et les droits de l'hospitalité!

FERNANDO
C'en est trop.

FALIERO
    Se peut-il? ton rapport est fidèle?

ISRAEL
J'affirme devant Dieu ce que je vous révèle.

FALIERO
Lioni le savait; c'était un jeu pour tous . . . .
J'y pense: un inconnu vous suivait malgré
  vous.

ÉLÉNA
J'ignore. . . .

FALIERO
    C'est Sténo.

FERNANDO
            Châtiez son audace.

FALIERO, faisant un pas vers le salon
Je veux qu'avec opprobre à mes yeux on
  le chasse.

ÉLÉNA
Arrêtez.

FALIERO, froidement
    Je vous crois: ne nous plaignons de rien;
Ce serait vainement; retirons-nous.

ISRAEL, bas au DOGE
                    Eh bien?

FALIERO, bas à ISRAEL
A minuit.

ISRAEL, en sortant
        J'y serai.

FALIERO
            Sortons: je sens renaître
Un courroux dont mon cœur ne pourrait
  rester maître.

ÉLÉNA
Vous ne nous suivez pas, Fernando?

FALIERO
                Non: plus tard.
Reste et donne un motif à mon brusque
  départ.
Que Lioni surtout en ignore la cause,
Il le faut; d'un tel soin sur toi je me repose.
Point de vengeance! adieu.

SCÈNE XII

FERNANDO
            Que j'épargne son sang!
Mais je vous trahirais en vous obéissant!
Mais je dois le punir, mais il tarde à ma
  rage
Que son masque arraché, brisé sur son
  visage . . . .

On vient. Dieu! si c'était. . . . Gardons
de nous tromper:
Observons en silence, il ne peut m'échapper.

SCÈNE XIII

FERNANDO, STÉNO

STÉNO, *qui est entré avec précaution, en
ôtant son masque*

Personne! ah, respirons! . . . Que la duchesse est belle!

(*Il s'assied.*)

Je la suivais partout. Point de grâce pour
elle.

(*Regardant son masque.*)

L'heureuse invention pour tromper un
jaloux!
Nuit d'ivresse! . . . un tumulte! Ah! le
désordre est doux;
Mais il a son excès: tant de plaisir m'accable.

FERNANDO, *à voix basse*

Je vous cherche, Sténo.

STÉNO
Moi!

FERNANDO
Je cherche un coupable.

STÉNO

Dites un condamné, surpris par trahison.

FERNANDO

Vous vous couvrez d'un masque, et vous
avez raison.

STÉNO, *qui se lève en souriant*

Je sais tout le respect qu'un doge a droit
d'attendre.

FERNANDO

Vous le savez si peu, que je veux vous
l'apprendre.

STÉNO

Mes juges, ce matin, l'ont fait impunément;
Mais une autre leçon aurait son châtiment.

FERNANDO

Ma justice pourtant vous en réserve une
autre.

STÉNO

C'est un duel?

FERNANDO

A mort: ou ma vie, ou la vôtre!

STÉNO

Dernier des Faliero, je suis sûr de mes
coups,
Et respecte un beau nom qui mourrait avec
vous.

FERNANDO

Insulter une femme est tout votre courage.

STÉNO

Qui la défend trop bien l'insulte davantage.

FERNANDO

Qu'avez-vous dit, Sténo?

STÉNO
La vérité, je crois.

FERNANDO

Vous aurez donc vécu sans la dire une fois.

STÉNO

Ce mot-là veut du sang.

FERNANDO
Mon injure en demande.

STÉNO

Où se répandra-t-il?

FERNANDO
Pourvu qu'il se répande,
N'importe.

STÉNO

Où d'ordinaire on se voit seul à seul,
Près de saint Jean et Paul?

FERNANDO
Oui, devant mon aïeul:
Je veux rendre à ses pieds votre chute
exemplaire.

STÉNO

Beaucoup me l'avaient dit, aucun n'a pu
le faire.

FERNANDO

Eh bien! ce qu'ils ont dit, j'ose le répéter,
Et ce qu'ils n'ont pas fait, je vais l'exécuter.

STÉNO

A minuit!

FERNANDO
A l'instant!

STÉNO
Le plaisir me rappelle;
Mais l'honneur à son tour me trouvera
fidèle.

FERNANDO

Distrait par le plaisir, on s'oublie au besoin.

STÉNO

Non: ma pitié pour vous ne s'étend pas si
loin.

FERNANDO

J'irai de cet oubli vous épargner la honte.

STÉNO

C'est un soin généreux dont je vous tiendrai compte.
Nos témoins?

FERNANDO

Dieu pour moi.

STÉNO

Pour tous deux.

FERNANDO

Aujourd'hui
Un de nous deux, Sténo, paraîtra devant
lui.

(FERNANDO sort; STÉNO rentre dans la salle
de bal.)

ACTE TROISIÈME

*La place de saint Jean et Paul: l'église d'un
côté, le canal de l'autre; une statue au
milieu du théâtre. Près du canal une
madone éclairée par une lampe.*

SCÈNE I

PIETRO, BERTRAM, STROZZI, *aiguisant un
stylet sur les degrés du piédestal.*

PIETRO

Bertram, tu parles trop.

BERTRAM

Quand mon zèle m'entraîne,
Je ne consulte pas votre prudence humaine.

PIETRO

J'ai droit d'en murmurer, puisqu'un de
tes aveux
Peut m'envoyer au ciel plus tôt que je ne
veux.

BERTRAM

Lioni. . . .

PIETRO

Je le crains, même lorsqu'il pardonne.

BERTRAM

Pietro le gondolier ne se fie à personne.

PIETRO

Pietro le gondolier ne prend pour confi-
dents,
Quand il parle tout haut, que les flots et
les vents.

BERTRAM

Muet comme un des Dix, hormis les jours
d'ivresse.

PIETRO

C'est vrai, pieux Bertram: chacun a sa
faiblesse;
Mais par le Dieu vivant! . . .

BERTRAM

Tu profanes ce nom.

PIETRO

Je veux jusqu'au succès veiller sur ma
raison.

STROZZI

Foi de condottiere! si tu tiens ta parole,
A toi le collier d'or du premier que j'immole.

PIETRO

Que fait Strozzi?

STROZZI

J'apprête, aux pieds d'un oppresseur,
Le stylet qui tuera son dernier successeur.

PIETRO

Le doge!

BERTRAM

Il insulta, dans un jour de colère,
Un pontife de Dieu durant le saint mys-
tère; [1]
Qu'il meure!

PIETRO

Je le plains.

STROZZI

Moi, je ne le hais pas;
Mais ses jours sont à prix: je frappe.

BERTRAM

Ainsi ton bras
S'enrichit par le meurtre, et tu vends ton
courage.

STROZZI

Comme Pietro ses chants en côtoyant la
plage;
Comme toi, les objets façonnés par ton art.
Ton ciseau te fait vivre et moi c'est mon
poignard.

[1] Marino Sanudo relates that when Marino Faliero was still podestà of Treviso, the bishop kept him
waiting on the day of a religious procession. Angry with impatience, Faliero struck the bishop a blow
in the face which nearly floored him.

L'intérêt est ma loi; l'or, mon but; ma
  patrie,
Celle où je suis payé; la mort, mon industrie.

BERTRAM

Strozzi, ton jour viendra.

PIETRO

Fais trêve à tes leçons,
Leurs palais sont à nous; j'en veux un:
  choisissons.

BERTRAM

Il en est qu'on épargne.

PIETRO

Aucun.   Bertram, écoute:
Si je te croyais faible. . . .

BERTRAM

On ne l'est pas sans doute,
En jugeant comme Dieu qui sauve l'innocent.

PIETRO

Pas un seul d'épargné!

STROZZI

Pas un!

PIETRO

Guerre au puissant!

STROZZI

A son or!

PIETRO

A ses vins de Grèce et d'Italie!

STROZZI

Respect aux lois!

PIETRO

Respect au serment qui nous lie!
Plus de patriciens! qu'ils tombent sans
  retour;
Et que dans mon palais on me serve à
  mon tour.

BERTRAM

Qui donc, Pietro?

STROZZI

Le peuple: il en faut un peut-être.

PIETRO

Je veux un peuple aussi; mais je n'en veux
  pas être.

BERTRAM

Si, pour leur succéder, vous renversez les
  grands,

Sur les tyrans détruits mort aux nouveaux
  tyrans!

PIETRO, *prenant son poignard*

Par ce fer!

BERTRAM, *levant le sien*

Par le ciel!

STROZZI, *qui se jette entre eux.*

Bertram, sois le plus sage.
Vous battre!   A la bonne heure au moment du partage.
Rejoignons notre chef qui vous mettra
  d'accord.

PIETRO

Plus bas! j'entends marcher: là, debout,
  près du bord,
(*Montrant le* DOGE, *couvert d'un manteau.*)
Je vois quelqu'un.

STROZZI, *à voix basse*

Veux-tu me payer son silence?
Le canal est voisin.

BERTRAM

Non, point de violence!

PIETRO

Bertram a peur du sang.

BERTRAM, *à* STROZZI

Viens.

STROZZI

Soit: mais nous verrons,
Si je le trouve ici quand nous y reviendrons.

(*Ils sortent.*)

SCÈNE II

FALIERO

(*Il s'avance à pas lents et s'arrête devant
  saint Jean et Paul.*)

Minuit! . . . personne encor! je croyais
  les surprendre;
Mais mon rôle commence, et c'est à moi
  d'attendre.
Mes amis vont venir. . . . Oui, doge, tes
  amis.
Ils presseront ta main.   Dans quels lieux?
  j'en frémis:
Deux princes dont je sors dorment dans
  ces murailles;
Ce qui n'est plus que cendre a gagné des
  batailles;
Ils m'entendront! . . . Eh bien! levez-
  vous à ma voix.

Regardez ces cheveux blanchis par tant
d'exploits,
Et, de vos doigts glacés comptant mes
cicatrices,
Aux crimes des ingrats mesurez leurs sup-
plices!
O toi, qu'on rapporta sur ton noble éten-
dard,
Vaincu par la fortune où j'ai vaincu plus
tard,
Vaillant Ordelafo,[1] dont je vois la statue,
Tends cette main de marbre à ta race
abattue;
Et toi, qui succombas, rongé par les
soucis,[2]
D'un trône où sans honneur je suis encore
assis;
Mânes de mes aïeux, quand ma tombe
royale
Entre vos deux tombeaux remplira l'in-
tervalle,
J'aurai vengé le nom de ceux dont j'héritai,
Et le rendrai sans tache à leur postérité!

SCÈNE III

FALIERO, ISRAEL, BERTRAM, PIETRO,
STROZZI; CONJURÉS

ISRAEL

Hâtons-nous: c'est ici; l'heure est déjà
passée.

STROZZI

Pietro, Bertram et moi, nous l'avions de-
vancée;
Mais tu ne venais pas.

ISRAEL

Tous sont présents?

STROZZI

Oui, tous,
Hors quelques-uns des miens qui veilleront
sur nous;
Braves dont je réponds.

PIETRO

Et trois de mes fidèles,
Couchés, sur le canal, au fond de leurs
nacelles;
Leur voix doit au besoin m'avertir du
danger.

ISRAEL

(A PIETRO.)   (Au DOGE, retiré dans un
coin de la scène.)
Bien! . . . Je comptais sur vous.

BERTRAM

Quel est cet étranger?

FALIERO

Un protecteur du peuple.

ISRAEL

Un soutien de sa cause,
Et celui que pour chef Israel vous propose.

PIETRO

Qui peut te remplacer?

ISRAEL

Un plus digne.

STROZZI

Son nom?

FALIERO, s'avançant et se découvrant

Faliero!

PIETRO

C'est le doge.

TOUS

Aux armes, trahison!

STROZZI

Frappons: meure avec lui le traître qui
nous livre!

ISRAEL

Qu'un de vous fasse un pas, il a cessé de
vivre.

BERTRAM

Attendons, pour frapper, le signal du
beffroi.

FALIERO

J'admire ce courage enfanté par l'effroi.
Tous, le glaive à la main, contre un vieillard
sans armes!
Leur père! . . . Pour qu'un glaive excite
ses alarmes,
Enfants, la mort et lui se sont vus de trop
près,
Et tous deux l'un pour l'autre ils n'ont
plus de secrets.

[1] Ordelafo Falier doge, killed at Zara where the Venetian army was routed by the Hungarians in 1118. This same Zara was conquered by Marino as stated above. p. 73.

[2] Vitale Falier, 1096. The cares referred to may have been caused by a great famine reigning in Venice at the time of his death: The populace threw wine and bread at his bier, cursing him for his cruelty and avarice. (Cf. *Le Vite dei Dogi* by Marin Sanudo in Muratori's *Rerum Italicarum Scriptores*, Vol. XXII.)

Elle aurait quelque peine à lui sembler
    nouvelle,
Depuis quatre-vingts ans qu'il se joue avec
    elle.
Je viens seul parmi vous, et c'est vous qui
    tremblez!
Ce sont là les grands cœurs par ton choix
    rassemblés,
Ces guerriers qui voulaient, dans leur zèle
    héroïque,
D'un ramas d'oppresseurs purger la ré-
    publique,
Destructeurs du sénat, l'écraser, l'abolir?
D'un vieux patricien le nom les fait pâlir.
Que les braves amis cherchent qui leur
    commande.
Pour mon sang, le voilà! qu'un de vous le
    répande:
Toi, qui le menaçais, toi, qui veux m'im-
    moler,
Vous tous. . . . Mais de terreur je les vois
    reculer.
Allons! pas un d'entre eux, je leur rends
    cet hommage,
N'est assez lâche, au moins, pour avoir ce
    courage.

STROZZI

Il nous fait honte, amis!

BERTRAM

             Nous l'avons mérité.
Avant qu'on le punisse il doit être écouté.

ISRAEL

Vos soldats, Faliero, sont prêts à vous
    entendre.

FALIERO

Eh bien! à leur parler je veux encor des-
    cendre.
Est-ce un tyran qu'en moi vous prétendez
    punir?
Ma vie est, jour par jour, dans plus d'un
    souvenir.
Déroulez d'un seul coup cette vaste car-
    rière.
Mes victoires, passons: je les laisse en
    arrière;
Mon règne devant vous, pour vous im-
    poser moins,
Récuse en sa faveur ces glorieux témoins.
Quand vous ai-je opprimés, qui de vous
    fut victime,
Qui peut me reprocher un acte illégitime?
Il est juge à son tour, celui qui fut martyr;
C'est avec son poignard qu'il doit me
    démentir.
Justes, puis-je vous craindre? ingrats, je
    vous défie.

Vous l'êtes: c'est pour vous que l'on me
    sacrifie;
C'est en vous défendant que sur moi
    j'amassai
Ce fardeau de douleurs dont le poids m'a
    lassé;
Pour vous faire innocents, je me suis fait
    coupable,
Et le plus grand de vous est le plus misé-
    rable.
Jugez-moi: le passé fut mon seul défenseur;
Êtes-vous des ingrats, ou suis-je un op-
    presseur?

BERTRAM

Si Dieu vous couronnait, vous le seriez
    peut-être.

FALIERO

Vous savez qui je fus; voici qui je veux
    être:
Votre vengeur d'abord.   Vous exposez vos
    jours;
Le succès à ce prix ne s'obtient pas tou-
    jours;
Toujours la liberté: qui périt avec gloire,
S'affranchit par la mort comme par la
    victoire.
Mais le succès suivra vos desseins généreux
Si je veux les servir: compagnons, je le
    veux.
La cloche de Saint-Marc à mon ordre est
    soumise;
Trois coups, et tout un peuple est debout
    dans Venise.
Ces trois coups sonneront.   Mes clients
    sont nombreux,
Mes vassaux plus encor; je m'engage pour
    eux.
Frappez donc! dans son sang noyez la
    tyrannie;
Venise en sortira, mais libre et rajeunie.
Votre vengeur alors redevient votre égal.
Des débris d'un corps faible à lui-même
    fatal,
D'un Etat incertain, république ou
    royaume,
Qui n'a ni roi ni peuple, et n'est plus qu'un
    fantôme,
Formons un Etat libre où règneront les
    lois,
Où les rangs mérités s'appuieront sur les
    droits,
Où les travaux, eux seuls, donneront la
    richesse;
Les talents, le pouvoir; les vertus, la no-
    blesse.
Ne soupçonnez donc pas que, dans la
    royauté,

L'attrait du despotisme aujourd'hui m'ait
tenté.
Se charge qui voudra de ce poids incom-
mode!
Mes vœux tendent plus haut: oui, je fus
prince à Rhode,
Général à Zara, doge à Venise; eh bien!
Je ne veux pas descendre, et me fais
citoyen.

PIETRO, *en frappant sur l'épaule du* DOGE
C'est parler dignement!
(LE DOGE *se recule avec un mouvement in-
volontaire de dédain.*)
                    D'où vient cette surprise?
Entre égaux! . . .

ISRAEL
            De ce titre en vain on s'autorise,
Pour sortir du respect qu'on doit à la vertu.
Vous, égaux! à quel siège as-tu donc com-
battu?
Sur quels bords? dans quels rangs? S'il
met bas sa naissance,
Sa gloire au moins lui reste, et maintient
la distance.
Jl reste grand pour nous, et doit l'être en
effet
Moins du nom qu'il reçut que du nom qu'il
s'est fait.
Sers soixante ans Venise ainsi qu'il l'a
servie;
Risque vingt fois pour elle et ton sang et
ta vie;
Mets vingt fois sous ses pieds un pavillon
rival,
Et tu pourras alors te nommer son égal!

PIETRO
Si par ma liberté j'excite sa colère,
Il est trop noble encor pour un chef popu-
laire.

FALIERO
Moi t'en vouloir! pourquoi? Tu n'avais
aucun tort,
Aucun. Ta main, mon brave, et soyons
tous d'accord!
Je me dépouille aussi de ce nom qui vous
gêne:
Pour l'emporter sur vous, mon titre c'est
ma haine.
Si ce titre par toi m'est encor disputé,
Dis-moi qui de nous deux fut le plus
insulté.

Compare nos affronts: autour du Bucen-
taure,[1]
Quand vos cris saluaient mon règne à son
aurore,
Je marchais sur des fleurs, je respirais
l'encens;
Ces fiers patriciens à mes pieds fléchissants,
Ils semblaient mes amis. . . . Hélas!
j'étais leur maître.
Leur politique alors fut de me méconnaître.
Captif de mes sujets, sur mon trône en-
chaîné,
Flétri, j'osai me plaindre et je fus con-
damné;
Je condamne à mon tour: mourant, je me
relève,
Et sans pitié comme eux, terrible, armé
du glaive,
Un pied dans le cercueil, je m'arrête, et
j'en sors
Pour envoyer les Dix m'annoncer chez les
morts.
Mais prince ou plébéien, que je règne ou
conspire,
Je ne puis échapper aux soupçons que
j'inspire.
Les vôtres m'ont blessé. Terminons ce
débat:
Qui me craignait pour chef me veut-il pour
soldat?
Je courbe devant lui ma tête octogénaire,
Et je viens dans vos rangs servir en volon-
taire.
Faites un meilleur choix, il me sera sacré;
Quel est celui de vous à qui j'obéirai?

ISRAEL
C'est à nous d'obéir.

BERTRAM
            Je donnerai l'exemple.
Un attentat[2] par vous fut commis dans le
temple;
Expiez votre faute en vengeant les autels.

FALIERO
Je serai l'instrument des décrets éternels.

STROZZI
Aux soldats étrangers on a fait des pro-
messes;
Les tiendrez-vous?

FALIERO, *lui jetant une bourse*
            Voici mes premières largesses.

---

[1] *Bucentaure* (It. *bucintoro*), a gala ship without masts propelled by forty oars, decorated with
sculpture and gold ornaments, used on Ascension day for the ceremony of the doge's symbolic wedding
to the Adriatic Sea.
[2] See note, page 92.

PIETRO

Mes gondoliers mourront pour leur libérateur.

FALIERO

Tel qui fut gondolier deviendra sénateur.

TOUS

Honneur à Faliero!

ISRAEL

Jurez-vous de le suivre?

TOUS

Nous le jurons!

ISRAEL

Eh bien! que son bras nous délivre!

(Au DOGE.)

Quand voulez-vous agir?

FALIERO

Au lever du soleil.

BERTRAM

Sitôt!

FALIERO

Toujours trop tard dans un projet pareil.
Bien choisir l'heure est tout pour le succès
des hommes.
Le hasard devient maître au point où nous
en sommes;
Qui sait s'il veut nous perdre ou s'il doit
nous servir?
Otez donc au hasard ce qu'on peut lui
ravir.

BERTRAM

Mais tous périront-ils?

PIETRO

Sous leurs palais en cendre.

ISRAEL

Il faut achever l'œuvre ou ne pas l'entreprendre.
Bertram, qu'un d'eux survive au désastre
commun,
En lui tous revivront; ainsi tous, ou pas un:
Le père avec l'époux, le frère avec le frère,
Tous, et jusqu'à l'enfant sur le corps de
son père!

BERTRAM

Faliero seul commande et doit seul décider.

ISRAEL, au DOGE

Prononcez!

FALIERO, après un moment de silence

Ah, cruels! qu'osez-vous demander?
Mes mains se résignaient à leur sanglant
office;

Mais prendre sur moi seul l'horreur du
sacrifice! . . .

(A ISRAEL.)

Tu peux l'ordonner, toi! tu ne fus qu'opprimé;
Mais moi, s'ils m'ont trahi, jadis ils m'ont
aimé.
Nous avons confondu notre joie et nos
larmes;
Les anciens du conseil sont mes compagnons d'armes,
Mes compagnons d'enfance. Au sortir de
nos jeux,
J'ai couché sous leur tente, et j'ai dit avec
eux,
A la table où pour moi leur coupe s'est
remplie,
Ces paroles du cœur que jamais on n'oublie.
Adieu, vivants récits de nos premiers
combats!
Je ne verrai donc plus, en lui tendant les
bras,
Sur le front d'un vieillard rajeuni par ma
vue,
Un siècle d'amitié m'offrir la bienvenue.
Je tue, en les frappant, le passé, l'avenir,
Et reste sans espoir comme sans souvenir.

ISRAEL, avec impatience

Eh quoi! vous balancez?

UN GONDOLIER

« Gondolier, la mer t'appelle;
« Pars et n'attends pas le jour.

PIETRO

C'est un avis: silence!

LE GONDOLIER

« Adieu, Venise, la belle;
« Adieu, pays, mon amour!

ISRAEL

Un importun s'approche; évitons sa présence.

LE GONDOLIER

« Quand le devoir l'ordonne,
« Venise, on t'abandonne,
« Mais c'est sans t'oublier.

FALIERO

Que chacun à ma voix revienne au rendez-vous,
Et sans nous éloigner, amis, séparons-nous.

LE GONDOLIER

« Que saint Marc et la madone
« Soient en aide au gondolier! »

(*Les conjurés sortent d'un côté: une gondole
s'arrête sur le canal; FERNANDO et STÉNO
en descendent.*)

SCÈNE IV

FERNANDO, STÉNO

FERNANDO. *Il tire son épée*

L'instant est favorable et la place est
déserte!

STÉNO

Du sang-froid, Fernando; vous cherchez
votre perte.

FERNANDO

Défends-toi.

STÉNO

Calmez-vous: je prévois votre sort.

FERNANDO

Le tien.

STÉNO

Je dois. . . .

FERNANDO

Mourir ou me donner la mort.

En garde!

STÉNO, *tirant son épée*

Il le faut donc; mais c'est pour ma
défense.

FERNANDO

Enfin ta calomnie aura sa récompense.

(*Ils combattent.*)

STÉNO

Vous êtes blessé.

FERNANDO

Non.

STÉNO

Votre sang coule.

FERNANDO

Eh bien!

Celui que j'ai perdu va se mêler au tien:
Meurs, lâche!

STÉNO

Vaine atteinte! et la mienne. . . .

FERNANDO

Ah! j'expire.

(*Il chancelle et tombe sur les degrés du
piédestal de la statue.*)

La fortune est pour vous.

STÉNO

Mais je dois la maudire,

Et je veux. . . .

FERNANDO

Laissez-moi, non; j'aurai des secours.

(*Avec force.*)

On vient. Non: rien de vous! Fuyez,
sauvez vos jours.

(STÉNO *s'éloigne, tandis que les conjurés
accourent.*)

SCÈNE V

FERNANDO, FALIERO, ISRAEL, BERTRAM,
PIETRO, STROZZI; CONJURÉS

ISRAEL

Un des deux est tombé.

FALIERO

Jusqu'à nous parvenue,

Cette voix . . . ah! courons! cette voix
m'est connue.

C'est Fernando, c'est lui!

FERNANDO

Le doge!

FALIERO

O désespoir!

O mon fils! qu'as-tu fait? mon fils!

FERNANDO

Moi, vous revoir,

Expirer à vos pieds! . . . Dieu juste!

FALIERO

Je devine

Par quel bras fut porté le coup qui t'as-
sassine:

Par eux, toujours par eux! Ils m'auront
tout ravi.

Du trépas de Sténo le tien sera suivi.

FERNANDO

Il s'est conduit en brave.

FALIERO

O trop chère victime,

Que de ce cœur brisé la chaleur te ranime!

N'écarte pas la main qui veut te secourir. . . .

Mon fils! si près de toi, je t'ai laissé périr!

Mon espoir! mon orgueil! . . . je n'ai pu
le défendre.

Au cercueil, avant moi, c'est lui qui va
descendre,

Et ma race avec lui!

FERNANDO

C'en est fait; je le sens. . . .
Ne me prodiguez plus des secours im-
puissants.
Une sueur glacée inonde mon visage. . . .

FALIERO

Que fais-tu?

FERNANDO, *essayant de se soulever*

Je voudrais. . . . Donnez-m'en le courage,
O Dieu!

FALIERO

D'où naît l'horreur qui semble te troubler?

FERNANDO

Je veux . . . c'est à genoux que je veux
vous parler.
Je ne puis. . . .

FALIERO, *le serrant dans ses bras*

Sur mon cœur! sur mon cœur!

FERNANDO

Ah! mon père,
Grâce! pardonnez-moi.

FALIERO

Quoi! ta juste colère?
C'est celle d'un bon fils!

FERNANDO

Grâce! Dieu vous entend:
Désarmez le courroux de ce Dieu qui
m'attend.

FALIERO

Comment punirait-il ta désobéissance?
L'arrêt qui doit t'absoudre est prononcé
d'avance.
Je te bénis. En paix de mon sein paternel
Va déposer ton âme au sein de l'Eternel.
Ne crains pas son courroux; fût-il inexo-
rable,
Il ne trouverait plus où frapper le coupable;
Je t'ai couvert, mon fils, de pardons et de
pleurs.

FERNANDO

Mon père, embrassez-moi. . . . Venise
. . . et toi . . . je meurs!

ISRAEL, à FALIERO *après un moment de
silence*

Balancez-vous encor?

FALIERO, *qui se relève en ramassant l'épée
de* FERNANDO

L'arme qui fut la sienne
De sa main défaillante a passé dans la
mienne.

Juge donc si ce fer, témoin de son trépas,
Au moment décisif doit reculer d'un pas.
Vengeance! . . . Au point du jour! . . .
Pour quitter sa demeure,
Que chacun soit debout dès la quatrième
heure.
Au portail de Saint-Marc, par différents
chemins,
Vous marcherez, le fer et le feu dans les
mains,
En criant: Trahison! Sauvons la répub-
lique!
Aux armes! Les Génois sont dans l'Adri-
atique!
Le beffroi sur la tour s'ébranle à ce signal;
Les nobles, convoqués par cet appel fatal,
Pour voler au conseil, en foule se répandent
Dans la place où déjà vos poignards les
attendent.
A l'œuvre! ils sont à nous! Courez, mois-
sonnez-les!
Qu'ils tombent par milliers sur le seuil du
palais.

(*A* STROZZI.)

Toi, si quelqu'un d'entre eux échappait au
carnage,
Du pont de Rialto ferme-lui le passage;

(*A* BERTRAM.) (*A* PIETRO.)

Toi, surprends l'arsenal; toi, veille sur le
port;
Israël, à Saint-Marc; moi, partout où la
mort
Demande un bras plus ferme et des coups
plus terribles.
Relevez de mon fils les restes insensibles:
Mais, par ces tristes jours dont il était
l'appui
Par ces pleurs menaçants, jurez-moi, jurez-
lui
Qu'au prochain rendez-vous où les attend
son ombre,
Pas un ne manquera, si grand que soit leur
nombre;
Qu'ils iront à sa suite unir en périssant
Le dernier de leur race au dernier de mon
sang.
Par vos maux, par les miens, par votre
délivrance,
Jurez tous avec moi: vengeance, amis!

TOUS, *excepté* BERTRAM, *en étendant leurs
épées sur le cadavre de* FERNANDO

Vengeance!

ACTE QUATRIÈME

Le palais du DOGE.

SCÈNE I

ÉLÉNA, FALIERO

(ÉLÉNA *est assise, le coude appuyé sur une table: elle dort.*)

FALIERO, *qui entre par le fond*

Qu'ils ramaient lentement dans ces canaux
    déserts!
Le vent du midi règne; il pèse sur les airs,
Il m'oppresse, il m'accable. . . . Expirer
    avant l'âge,
Lui, que je vis hier s'élancer sur la plage,
Franchir d'un pas léger le seuil de ce séjour!
Il arrivait joyeux: aujourd'hui quel retour!

(*Apercevant la duchesse.*)

Éléna m'attendait dans ses habits de fête:
Sa parure de bal couronne encor sa tête.
Le deuil est là, près d'elle; et le front sous
    des fleurs,
Elle a fermé ses yeux sans prévoir de
    malheurs.
Laissons-les du sommeil goûter en paix les
    charmes;
Ils ne se rouvriraient que pour verser des
    larmes.

ÉLÉNA, *endormie*

Hélas!

FALIERO

D'un rêve affreux son cœur est agité;
Moins affreux cependant que la réalité.
Bientôt. . . .

ÉLÉNA, *de même*

Mort de douleur . . . en te trouvant
    . . . coupable.

FALIERO

D'un soupçon qui l'outrage, ô suite inévi-
    table!
Jusque dans son repos, dont le calme est
    détruit,
De mon funeste aveu le souvenir la suit.
Chère Éléna!

ÉLÉNA, *s'éveillant*

Qu'entends-je? où suis-je? qui m'appelle?

FALIERO

Ton ami.

ÉLÉNA

Vous! c'est vous!

FALIERO

A mes désirs rebelle,
Par tendresse, il est vrai, pourquoi m'at-
    tendre ainsi?

ÉLÉNA

Que vous avez tardé!

FALIERO

Je l'ai dû.

ÉLÉNA

Vous voici!
C'est vous! . . . Dieu! quels tourments
    m'a causés votre absence!
Je marchais, j'écoutais: dans mon impa-
    tience,
Quand le bruit d'une rame éveillait mon
    espoir,
J'allais sur ce balcon me pencher pour vous
    voir.
La gondole en passant m'y laissait immo-
    bile;
Tout, excepté mon cœur, redevenait tran-
    quille.
J'ai vu les astres fuir et la nuit s'avancer,
Et des palais voisins les formes s'effacer,
Et leurs feux qui du ciel perçaient le voile
    sombre,
Éteints jusqu'au dernier, disparaître dans
    l'ombre.
Que l'attente et la nuit allongent les mo-
    ments!
Je ne pouvais bannir mes noirs pressenti-
    ments.
Je tressaillais de crainte, et pourquoi? je
    l'ignore.

FALIERO

Tu trembles sur mon sein.

ÉLÉNA

Quand donc viendra l'aurore?
Oh! qu'un rayon du jour serait doux pour
    mes yeux!
Funeste vision! . . . quelle nuit! quels
    adieux!
Il m'a semblé . . . j'ai cru . . . l'abîme
    était horrible,
Et mes bras, que poussait une force in-
    vincible,
Vous traînaient, vous plongeaient dans cet
    abîme ouvert,
Malgré moi, mais toujours, toujours! . . .
    Que j'ai souffert!
J'entends encor ce cri qui du tombeau
    s'élève,
Qui m'accuse. . . . O bonheur! je vous
    vois, c'est un rêve!

FALIERO

Ne crains plus.

ÉLÉNA

Loin de moi quel soin vous appelait?

FALIERO

Tu le sauras.

ÉLÉNA

Si tard, dans l'ombre! . . .

FALIERO

Il le fallait.

ÉLÉNA

Pour vous accompagner, pas un ami?

FALIERO

Personne.

ÉLÉNA

Pas même Fernando?

FALIERO

Lui, grand Dieu!

ÉLÉNA

Je frissonne.

Vous cachez dans vos mains votre front
abattu.
O ciel! du sang!

FALIERO

Déjà?

ÉLÉNA

Le vôtre?

FALIERO

Que dis-tu?

Que n'est-il vrai!

ÉLÉNA

Parlez!

FALIERO

Un autre. . . .

ÉLÉNA

Osez m'instruire.

Qui? j'aurai du courage et vous pouvez
tout dire:
Qui donc?

FALIERO

Il n'est plus temps de te cacher son sort;
Sous mes yeux Fernando. . . .

ÉLÉNA

Vous pleurez: il est mort.

FALIERO

Digne de ses aïeux, pour une juste cause;
La tienne!

ÉLÉNA

C'est pour moi!

FALIERO

Près de nous il repose,

Mais froid comme ce marbre, où penché
tristement,
Je pleurais, j'embrassais son corps sans
mouvement;
Pleurs qu'il ne sentait plus, douce et
cruelle étreinte
Qui n'a pu ranimer une existence éteinte!
J'ai trouvé sur son cœur réchauffé par ma
main,
Ce tissu malheureux qui le couvrait en vain:
Quelque gage d'amour!

ÉLÉNA, *qui reconnaît son écharpe*

La force m'abandonne.

Objet funeste, affreux!

FALIERO

Ah! qu'ai-je fait? pardonne.

J'aurais dû t'épargner. . . .

ÉLÉNA

Non! c'est mon châtiment.

Ne m'accusait-il pas à son dernier moment?
Lui qui mourait pour moi! . . . Fernando! . . .

FALIERO

Je l'atteste

Par son sang répandu, par celui qui me
reste,
Ceux qui causent nos maux gémiront à
leur tour.

ÉLÉNA

Nuit d'horreur!

FALIERO

Que doit suivre un plus horrible jour.

ÉLÉNA

Le deuil, à son lever, couvrira ces murailles.

FALIERO

Ce jour se lèvera sur d'autres funérailles.

ÉLÉNA

Quoi! . . .

FALIERO

La mort est ici, mais elle en va sortir.

ÉLÉNA

Quel projet formez-vous?

FALIERO

Prête à les engloutir,

Du sénat et des Dix la tombe est entr'ouverte.

ÉLÉNA

Par vous?

FALIERO

Pour te venger.

ÉLÉNA

Vous conspirez?

FALIERO

Leur perte.

ÉLÉNA

Vous!

FALIERO

Des bras généreux qui s'unissent au mien
Sont armés pour punir mes affronts et le
tien.

ÉLÉNA

Ciel! une trahison, et vous l'avez conçue!
Abjurez un dessein dont je prévois l'issue.
N'immolez pas Venise à vos ressentiments:
Venise, qui du doge a reçu les serments,
Est votre épouse [1] aussi, mais fidèle, mais
pure,
Mais digne encor de vous. . . .

FALIERO

Moins que toi!   Leur injure
Rend tes droits plus sacrés.

ÉLÉNA

Eh bien! si c'est pour moi
Que vos jours en péril, que votre honneur. . . .

FALIERO

Tais-toi!

ÉLÉNA, à part

Qu'allais-je faire, ô ciel!

FALIERO

Tais-toi: quelqu'un s'avance.

SCÈNE II

FALIERO, ÉLÉNA, VICENZO

VICENZO

Le seigneur Lioni demande avec instance
Une prompte entrevue. . . .

FALIERO

A cette heure?

VICENZO

A l'instant,
Pour révéler au doge un secret important.

FALIERO

Lioni!

VICENZO

Devant vous faut-il qu'on l'introduise?
Il y va, m'a-t-il dit, du salut de Venise.

FALIERO

Attendez; est-il seul?

VICENZO

Les seigneurs de la nuit
Entourent un captif que vers vous il
conduit.

FALIERO

L'a-t-on nommé?

VICENZO

Bertram.

FALIERO, bas.

Bertram!

ÉLÉNA, bas au DOGE

Ce nom vous trouble.

FALIERO

(A ÉLÉNA.)   (A VICENZO.)
Moi!   Qu'ils viennent tous deux.

SCÈNE III

ÉLÉNA, FALIERO

FALIERO, à ÉLÉNA

Sors!

ÉLÉNA

Ma frayeur redouble.

Ce Bertram! . . .

FALIERO

Ne crains rien.

ÉLÉNA

C'est un des conjurés.

FALIERO

Calme-toi.

ÉLÉNA

Je ne puis.

FALIERO

Mais vous me trahirez!

Sortez!

ÉLÉNA

Non, je suis calme.

[1] Reference to the symbolical wedding of the sea on Ascension day.

SCÈNE IV

FALIERO, ÉLÉNA, LIONI, BERTRAM

LIONI, *s'avançant vers le* DOGE

Un complot nous menace:
De ce noir attentat j'ai découvert la trace,
Et j'accours. . . .

(*Il aperçoit* ÉLÉNA.)
Mais, pardon!

FALIERO
Madame, laissez-nous.

ÉLÉNA
Affreuse incertitude!

SCÈNE V

FALIERO, LIONI, BERTRAM

FALIERO, *froidement à* LIONI
Eh bien, que savez-vous?
J'écoute.

LIONI
J'étais seul, en proie à la tristesse
Qui suit parfois d'un bal le tumulte et
l'ivresse,
De je ne sais quel trouble agité sans raison.
Un homme, c'était lui, client d₃ ma maison,
Que j'honorai longtemps d'une utile as-
sistance,
Et qui m'a dû tantôt quelque reconnais-
sance,
Réclame la faveur de me voir en secret.
Écarté par mes gens, il insiste: on l'admet.
« Devant Dieu, me dit-il, voulez-vous trou-
ver grâce?
« Ne sortez pas demain.» Je m'étonne; à
voix basse,
L'œil humide, il ajoute en me serrant la
main:
« Je suis quitte avec vous; ne sortez pas
demain.»
Et pourquoi? . . . Les regards inclinés
vers la terre,
Immobile, interdit, il s'obstine à se taire.
J'épiais sa pâleur de cet œil pénétrant
Dont je cherche un aveu sur le front d'un
mourant;
Je le presse; il reprend d'une voix solen-
nelle:
« Si la cloche d'alarme à Saint-Marc vous
appelle,
« N'y courez pas, adieu! » Je le retiens
alors:
On l'entoure à ma voix, on l'arrête; je sors.
Quatre rameurs choisis sautent dans ma
gondole,

Il y monte avec moi: je fais un signe, on
vole,
Et je l'amène ici, pour qu'au chef de l'État
Un aveu sans détour dénonce l'attentat.

FALIERO
Il n'a rien dit de plus?

LIONI
Mais il doit tout vous dire.
Je ne suis pas le seul contre qui l'on con-
spire.
Si j'en crois mes soupçons, Venise est en
danger:
Qu'il s'explique, il le faut.

FALIERO
Je vais l'interroger.
(*Il s'assied entre* BERTRAM *et* LIONI *qui est
appuyé sur le dos de son fauteuil.*)
(A BERTRAM.)
Approchez: votre nom?

BERTRAM
Bertram.

LIONI, *bas au* DOGE
On le révère;
On cite à Rialto sa piété sévère:
Parlez-lui du ciel.

FALIERO
(*A* LIONI.)
Oui. Bertram, regardez-moi.

BERTRAM
Seigneur. . . .

LIONI
Lève les yeux.

FALIERO
N'ayez aucun effroi.

LIONI
Si tu ne caches rien, ta grâce est assurée.

FALIERO
Je sauverai vos jours, ma parole est sacrée;
Vous savez à quel prix?

BERTRAM
Je le sais.

FALIERO
Descendez
Au fond de votre cœur, Bertram, et ré-
pondez,
Quand vous aurez senti si votre conscience
Vous fait ou non la loi de rompre le si-
lence. . . .

LIONI

Quels sont les intérêts dont tu vas disposer.

FALIERO

Et quels jours précieux vous pouvez exposer.

BERTRAM

J'ai parlé; mon devoir m'ordonnait de le faire.

LIONI

Achève.

FALIERO

Et maintenant il vous force à vous taire,
Si je vous comprends bien?

BERTRAM

Il est vrai.

LIONI

L'Éternel
Te défend de cacher un projet criminel.

FALIERO

Ce projet, quel est-il?

BERTRAM

Je n'ai rien à répondre.

LIONI

Mais ton premier aveu suffit pour te confondre.

BERTRAM

Une voix m'avait dit: Sauve ton bienfaiteur.

LIONI

Je suis donc menacé?

FALIERO

Lui seul?

LIONI

Quel est l'auteur,
Le chef de ce complot?

FALIERO

Parlez.

BERTRAM

Qu'il me pardonne;
J'ai voulu vous sauver, mais sans trahir personne.

LIONI

Serais-tu son complice?

FALIERO

Ou seulement un bruit,
Quelque vague rapport vous aurait-il instruit?

BERTRAM

Je ne mentirai pas.

LIONI

Alors que dois-je craindre?
Quel poignard me poursuit? où, quand doit-il m'atteindre,
Comment?

BERTRAM

De ce péril j'ai dû vous avertir;
C'est à vous désormais de vous en garantir.
Ma tâche est accomplie.

LIONI

Et la nôtre commence:
Les douleurs vont bientôt. . . .

BERTRAM, *faisant un pas vers le* DOGE

Quoi! vous? . . .

FALIERO

Notre clémence
Suspend encor l'emploi de ce dernier moyen.
(*Bas à* LIONI.)
Réduit au désespoir il ne vous dirait rien.

LIONI

(*Bas au* DOGE.)   (*A* BERTRAM.)
Il faiblit.   Tu l'entends, nous voulons tout connaître.
Songe que Dieu t'écoute.

FALIERO

Et qu'il punit le traître.

BERTRAM

Malheureux!

LIONI

Que tu peux mourir dans les tourments,
Sans qu'on te donne un prêtre à tes derniers moments.

BERTRAM

Dieu! qu'entends-je?

FALIERO

Oui, demain.

LIONI

N'accordons pas une heure,
Non, pas même un instant; qu'il s'explique ou qu'il meure.

BERTRAM

Je ne résiste plus.

LIONI

Parle donc.

BERTRAM

Eh bien! . . .

FALIERO, *se levant*

Quoi?

BERTRAM

Je vais tout dire.

LIONI

Enfin!

BERTRAM, *au* DOGE

A vous seul.

FALIERO

Suivez-moi.

(*Faisant un signe à* LIONI.)

Je reviens.

SCÈNE VI

LIONI

Il me sauve, et c'est moi qu'il redoute!
Le doge l'épargnait; mais par bonté sans
  doute.
Ses longs ménagements me semblaient
  superflus:
Pour un patricien qu'aurait-il fait de plus?
Il interrogeait mal; point d'art! aucune
  étude!
Mais a-t-il, comme nous, cette froide habi-
  tude
De marcher droit au but, sans pitié, sans
  courroux,
Et, si la mort d'un seul importe au bien
  de tous,
De voir dans la torture, à nos yeux fa-
  milière,
Le chemin le plus court qui mène à la
  lumière?
C'est étrange: Bertram frémit en l'abor-
  dant,
Et ne veut à la fin que lui pour confident.
On eût dit qu'en secret leurs yeux d'in-
  telligence. . . . [1]
Voilà de mes soupçons! J'ai tort: de l'in-
  dulgence!
Par l'âge et les travaux le doge est affai-
  bli. . . .
Mais au dernier moment d'où vient qu'il
  a pâli?
Réfléchissons: j'arrive, et, contre mon
  attente,
Il est debout; pourquoi? point d'affaire
  importante.
Quel soin l'occupait donc? Mon aspect
  l'a troublé;
Il s'est remis soudain, mais il avait tremblé.

Il nourrit contre nous une implacable
  haine.
S'il osait. . . . Lui; jamais! . . . Chancelante, incertaine,
La duchesse en partant semblait craindre
  mes yeux.
Son effroi la ramène; il faut l'observer
  mieux:
Je lirai dans son cœur.

SCÈNE VII

LIONI, ÉLÉNA

LIONI

Votre Altesse, j'espère,
D'une grave entrevue excuse le mystère.

ÉLÉNA

Il ne m'appartient pas d'en sonder les
  secrets.
Mais le doge est absent? . . .

LIONI

Pour de grands intérêts.
Puis-je sans trop d'orgueil penser qu'une
  soirée
Où d'hommages si vrais je vous vis entourée
Vous a laissé, madame, un heureux souvenir?

ÉLÉNA

Charmant; j'y pense encor. (*A part.*)
Qui peut le retenir?

(*A* LIONI.)

Ce prisonnier sans doute occupe Son Altesse?

LIONI

Lui-même. Qu'avez-vous?

ÉLÉNA

Rien.

LIONI

Il vous intéresse?

ÉLÉNA

Moi! . . . mais c'est la pitié qui m'intéresse à lui:
Je plains un malheureux. Et son sort
  aujourd'hui? . . .

LIONI, *avec indifférence*

Sera celui de tous.

ÉLÉNA, *à part*

Que dit-il?

---

[1] *leurs yeux d'intelligence*, their eyes having a secret understanding.

LIONI, *à part*
                    Elle tremble.
ÉLÉNA
D'autres sont accusés?

LIONI, *froidement*
                    Tous périront ensemble.
Il a fait tant d'aveux!

ÉLÉNA, *vivement*
                    A vous, seigneur?

LIONI
                              Du moins
Au doge qui l'écoute.

ÉLÉNA
                    Au doge, et sans témoins?

LIONI
Sans témoins.

ÉLÉNA, *à part*
O bonheur!

LIONI, *à part*
                    Ce mot l'a rassurée.
(*A* ÉLÉNA.)
Mais Votre Altesse hier s'est trop tôt
    retirée.
Ce bal semblait lui plaire, et le doge pour-
    tant
Ne l'a de sa présence honoré qu'un instant.

ÉLÉNA
Ses travaux lui rendaient le repos néces-
    saire.
LIONI
Il veille encor.

ÉLÉNA, *vivement*
                    C'est moi, je dois être sincère
C'est moi qui, fatiguée. . . .

LIONI
                    Et vous veillez aussi. . . .
Pour ne le pas quitter?

ÉLÉNA
                    Seule, inquiète ici,
J'attendais. . . .

LIONI, *vivement*
        Qu'il revînt?   Une affaire soudaine
L'a contraint de sortir?

ÉLÉNA
                    Non; mais sans quel-
                        que peine
Je ne pouvais penser que chez lui de retour

Un travail assidu l'occupât jusqu'au jour;
Et vous partagerez la crainte que m'inspire
Un tel excès de zèle.

LIONI
                    En effet.

ÉLÉNA, *à part*
                    Je respire.

LIONI, *à part*
J'avais raison.

ÉLÉNA
Il vient.

SCÈNE VIII

ÉLÉNA, LIONI, FALIERO

FALIERO, *qui prend* LIONI *à part*
                    Le coupable a parlé.

LIONI
Eh bien, seigneur?

FALIERO
                    Plus tard le conseil assemblé
Apprendra par mes soins tout ce qu'il doit
    apprendre.
Sous le pont des Soupirs Bertram vient
    de descendre.
Reposez-vous sur moi, sans vous troubler
    de rien;
Je ferai mon devoir.

LIONI, *à part*
                    Je vais faire le mien.

SCÈNE IX

ÉLÉNA, FALIERO

FALIERO
La victoire me reste!

ÉLÉNA
                    A quoi tient votre vie!

FALIERO
Qu'importe? elle est sauvée.

ÉLÉNA
                    Un mot vous l'eût ravie.

FALIERO
Du cachot de Bertram ce mot ne peut
    sortir:
Renais à l'espérance.

ÉLÉNA

Et comment la sentir?
Mon cœur s'est épuisé dans cette angoisse
affreuse;
Plaignez-moi: je n'ai pas la force d'être
heureuse.

FALIERO

Une heure encore d'attente!

ÉLÉNA

Un siècle de douleurs,
Quand je crains pour vos jours!

FALIERO

Qu'ils tremblent pour les leurs!
Adieu.

ÉLÉNA

Vous persistez?

FALIERO

Mourir, ou qu'ils succombent!

ÉLÉNA

Vous mourrez! . . . C'est sur vous que
vos projets retombent!
Ma terreur me le dit.   C'est Dieu, mon
cœur le sent,
C'est Dieu qui m'a parlé, la mort, la voix
du sang.
C'est Fernando, c'est lui dont le sort vous
menace,
Qui du doigt au cercueil m'a montré votre
place.
Voulez-vous me laisser seule entre deux
tombeaux?
Grâce! J'ai tant pleuré! ne comblez pas
mes maux.
Cédez; vous n'irez pas! non: grâce, il faut
me croire.
Grâce pour moi, pour vous, pour soixante
ans de gloire!

FALIERO

Mais ma gloire, c'est toi: ton époux, ton
soutien
Perdra-t-il son honneur en mourant pour
le tien?
Je ne venge que lui.[1]

ÉLÉNA

Que lui!

FALIERO

Pour le défendre
Ma confiance en toi m'a fait tout entreprendre.

Sur ton pieux respect, sur ta jeune raison
Si je me reposais avec moins d'abandon;
Pour lui[2] faire un tourment de ma terreur
jalouse,
Avili par mon choix, si j'aimais une épouse,
Qui, chargée à regret du fardeau de mes
ans,
Pourrait à leurs[3] dédains livrer mes che-
veux blancs;
Non, non, je n'irais pas, combattu par mes
doutes,
Affronter les périls que pour moi tu re-
doutes.

ÉLÉNA

Grand Dieu!

FALIERO

Je n'irais pas, follement irrité,
Pour venger de son nom l'opprobre mérité,
Pour elle, pour sa cause et ses jours mépri-
sables,
Ternir un siècle entier de jours irrépro-
chables.
Non, courbé sous sa honte et cachant ma
douleur,
Je n'aurais accusé que moi de mon mal-
heur.

ÉLÉNA

Qu'avez-vous dit?

FALIERO

Mais toi, toi qu'ils ont soupçonnée,
Digne appui du vieillard à qui tu t'es
donnée,
Modèle de vertu dans ce triste lien,
Ange consolateur, mon orgueil, mon seul
bien. . . .

ÉLÉNA

O tourment!

FALIERO

Tu verrais de ta vie exemplaire
L'outrage impunément devenir le salaire!
Ah! je cours. . . .

ÉLÉNA

Arrêtez!

FALIERO

Ne te souviens-tu pas
De l'heure où ton vieux père expira dans
nos bras?
A son dernier soupir il reçut ta promesse
De m'aimer, d'embellir, d'honorer ma
vieillesse:
Tu l'as fait.

[1] *lui*, viz. *ton honneur.*
[2] *lui* refers to *épouse* in next line.
[3] *leurs* refers to his enemies.

ÉLÉNA

C'en est trop!

FALIERO

Je promis à mon tour
De veiller sur ton sort jusqu'à mon dernier
jour.
Ton père me l'ordonne.

ÉLÉNA

Écartez cette image·

FALIERO

C'est lui. . . .

ÉLÉNA

Je parlerais!

FALIERO

C'est lui qui m'encourage
A remplir mon devoir, à tenir mon serment,
A défendre sa fille.

ÉLÉNA

A la punir.

FALIERO

Comment?

ÉLÉNA

Vengez-vous; punissez. Le sang qu'il vous
demande
C'est le mien. Punissez; votre honneur
le commande;
Mais n'immolez que moi, moi seule: cet
honneur
Pour qui vous exposez repos, gloire, bonheur,
Je l'ai perdu!

FALIERO

Qu'entends-je? où suis-je? que dit-elle?
Qui, vous?

ÉLÉNA

Fille parjure, épouse criminelle,
Mon père au lit de mort, vos bienfaits et
ma foi,
Tout, oui, j'ai tout trahi.

FALIERO

Point de pitié pour toi!
Mais il est un secret qu'il faut que tu
déclares:
Ton complice?

ÉLÉNA

Il n'est plus.

FALIERO

Éléna, tu t'égares.
Comprends-tu bien les mots qui te sont
échappés?
Sais-tu que, s'il est vrai, tu vas mourir?

ÉLÉNA

Frappez!

FALIERO, *levant son poignard.*

Reçois ton châtiment! . . . Mais non!
qu'allais-je faire?
Tu tremblais pour ma vie, et ta frayeur
m'éclaire.
Non, non; en t'accusant tu voulais me
sauver.

(*Le poignard tombe de ses mains.*)

A ce sublime aveu qui pouvait s'élever,[1]
De cette trahison ne fut jamais capable.
Dis que tu m'abusais, que tu n'es pas
coupable,
Parle, et dans mon dessein je ne persiste
pas,
J'y renonce, Éléna, parle . . . ou viens
dans mes bras,
Viens, et c'en est assez!

ÉLÉNA

Hélas! j'en suis indigne.
J'ai mérité la mort: frappez, je m'y résigne.
Ah! frappez!

FALIERO

Et le fer de mes mains est tombé!
A sa honte, à mes maux, je n'ai pas suc-
combé!
D'un tel excès d'amour redescendre pour
elle
Au mépris! . . . non, la haine eût été
moins cruelle.
Mais· on vient; mon devoir m'impose un
dernier soin:
Le danger me ranime. . . . Ah! j'en avais
besoin.
J'entends mes conjurés; ce sont eux; voici
l'heure.
Redevenons moi-même: il faut agir.

SCÈNE X

FALIERO, ÉLÉNA, VEREZZA, SEIGNEURS DE
LA NUIT, GARDES

VEREZZA

Demeure:
Envoyé par les Dix, je t'arrête en leur nom,
Doge, comme accusé de haute trahison.

---

[1] Inversion for: *Celle qui à ce sublime aveu pouvait s'élever.*

ÉLÉNA

Plus d'espoir!

FALIERO

M'arrêter, moi, ton prince!

VEREZZA

Toi-même:

Voici l'ordre émané de leur Conseil suprême.
Obéis.

(*Quatre heures sonnent.*)

FALIERO

Je commande, et votre heure a sonné.
Juge [1] des factieux qui m'auraient con-
damné,
J'attends que le beffroi les livre à ma
justice.
Écoute: il va donner le signal du supplice.
Je brave ton sénat, tes maîtres, leurs bour-
reaux,
Et l'ordre qu'à tes pieds ma main jette
en lambeaux.

VEREZZA

Ton espérance est vaine.

ÉLÉNA

Aucun bruit!

FALIERO

Quel silence!

VEREZZA

Tu n'as pas su des Dix tromper la vigilance;
Les cachots ont parlé: ne nous, résiste pas.

FALIERO

C'en est donc fait; marchons.

ÉLÉNA

Je m'attache à vos pas.

FALIERO, *à voix basse*

Vous! . . . et quels sont les droits de celle
qui m'implore?
Son titre?   Que veut-elle? ai-je une épouse
encore?
Je ne vous connais pas; je ne veux plus
vous voir.
Contre un arrêt mortel qu'il m'est doux
de prévoir,
Ma vie à son déclin sera peu défendue.
Pour que la liberté vous soit enfin rendue,
Éléna, je mourrai; c'est tout ce que je puis:
Vous pardonner, jamais!
(*A* ÉLÉNA, *qui le suit, les mains jointes.*)
Non, restez!

---

[1] *Juge*, refers to himself, *Moi, juge.* . . .
[2] Israël has been tortured.

(*A* VEREZZA.)

Je vous suis.

ACTE CINQUIÈME

*Une salle voisine de celle où les Dix sont
entrés pour délibérer.   Autour de la salle,
les portraits des doges; au fond, une
galerie ouverte qui donne sur la place; à
la porte deux soldats en sentinelle.*

SCÈNE I

FALIERO, ISRAEL

ISRAEL.   *Il est assis*

Un plan si bien conduit! ô fortune cruelle,
Attendre ce moment pour nous être infi-
dèle!
Quand je voyais crouler leur pouvoir
chancelant,
Quand nous touchions au but . . . mais
j'oublie en parlant
Que mon prince est debout.

FALIERO, *à* ISRAEL, *qui fait un effort pour
se lever*

Demeure: la souffrance
Vient de briser ton corps sans lasser ta
constance.[2]
Je voudrais par mes soins adoucir tes
douleurs;
Que puis-je?

ISRAEL

Dans vos yeux je vois rouler des pleurs.

FALIERO

Je pleure un brave.

ISRAEL

Et moi, tandis qu'on délibère,
Je fais des vœux pour vous, qui me traitez
en frère.

FALIERO

Comme autrefois.

ISRAEL

Toujours le frère du soldat,
Consolant le blessé qui survit au combat.

FALIERO

Ces temps-là ne sont plus.

ISRAEL

Mais alors quelle joie
Quand nous fendions les mers pour saisir
notre proie!

FALIERO

En maître sur les flots du golfe ensanglanté,
Que mon Lion vainqueur voguait avec
    fierté! [1]
Tu t'en souviens?

ISRAEL

            O jours d'éternelle mémoire!
Que Venise était belle après une victoire!

FALIERO

Et nous ne mourrons pas sous notre pa-
    villon!

ISRAEL

Misérable Bertram! parler dans sa prison,
Nous trahir, comme un lâche, à l'aspect
    des tortures!
Comptez donc sur la foi de ces âmes si
    pures,
Sur leur sainte ferveur! Et tremblant,
    indigné,
Le tenant seul à seul vous l'avez épargné?

FALIERO

Il pleurait.

ISRAEL

            D'un seul coup j'aurais séché
            ses larmes.

FALIERO

Peut-être.

ISRAEL

    Dans mes bras, si j'eusse été sans armes,
J'aurais, en l'étouffant, voulu m'en dé-
    livrer:
Mon général sait vaincre, et je sais con-
    spirer.

FALIERO

Pourquoi tous tes amis n'ont-ils pas ton
    courage?

ISRAEL

Ils viennent de partir pour leur dernier
    voyage.
Strozzi vend nos secrets qu'on lui paie à
    prix d'or;
Il vivra. Mais Pietro, je crois le voir encor:
L'œil fier, d'une main sûre et sans re-
    prendre haleine,
Il vide, en votre honneur, sa coupe trois
    fois pleine,
S'avance, et répétant son refrain familier:
« Que saint Marc soit, dit-il, en aide au
    gondolier! »
Il s'agenouille alors, il chante, et le fer
    tombe.

    [1] Lion, the Venetian lion on his banner.

FALIERO

Nous le suivrons tous deux.

ISRAEL

            Non: pour vous sur ma tombe
Le soleil de Zara doit encor se lever.

FALIERO

Qu'espères-tu? jamais.

ISRAEL

            Trop lâches pour braver
Le peuple furieux rassemblé dans la place,
De condamner leur père ils n'auront pas
    l'audace.
Moi, pendant tout un jour qu'ont rempli
    ces débats,
J'ai su me résigner. Que ferais-je ici-bas?
Je n'ai point de famille et n'ai plus de
    patrie;
Mais vous, votre Éléna, votre épouse
    chérie. . . .

FALIERO, avec douleur

Israël! . . .

ISRAEL

    Ah! pardon! ce nom doit vous troubler.
Un marin tel que moi ne sait pas consoler;
Son bon cœur qui l'entraîne a besoin d'in-
    dulgence.

FALIERO, après lui avoir serré la main
Ils reviennent.

ISRAEL, se relevant
    Debout j'entendrai ma sentence.

SCÈNE II

FALIERO, ISRAEL, BENETINDE, LIONI,
    STÉNO, LES DIX, LES MEMBRES
        DE LA JUNTE, GARDES

BENETINDE

Le crime reconnu, les témoins écoutés,
Tel est l'arrêt des Dix par la Junte assistés:
Israël Bertuccio, sois puni du supplice
Qu'on réserve au forfait dont tu fus le
    complice.
Meurs: c'est le châtiment contre toi pro-
    noncé.
Sur le balcon de marbre où le doge est
    placé,
Quand des jeux solennels il contemple la
    fête,
Le glaive de la loi fera rouler ta tête.

ISRAEL

Est-il prêt? je le suis.

LIONI

Tu n'as plus qu'un moment.
Un aveu peut encor changer ton châtiment.
Que cherches-tu?

ISRAEL

Ces mots ont droit de me confondre;
Je cherchais si Bertram était là pour répondre.

LIONI

Fidèle à son devoir, il a su le remplir.

ISRAEL

Oui, comme délateur: quand doit-on l'anoblir?

BENETINDE

Ainsi tu ne veux pas nommer d'autres
coupables?

ISRAEL

Et, si je dénonçais les traîtres véritables,
Périraient-ils?

BENETINDE

Ce soir.

ISRAEL

Je vous dénonce tous.
Finissons: vos bourreaux m'ont lassé moins
que vous.

(Il retombe assis.)

BENETINDE, à FALIERO

Le doge en sa faveur n'a-t-il plus rien à
dire?

FALIERO

Chef des Dix, quel que soit l'arrêt que tu
vas lire,
J'en appelle.

BENETINDE

A qui donc?

FALIERO

A mon peuple ici-bas,
Et dans le ciel à Dieu.

BENETINDE

Que Dieu t'ouvre ses bras,
C'est ton juge: après nous, tu n'en auras
pas d'autre.

FALIERO

Son tribunal un jour me vengera du vôtre;
(Montrant STÉNO.)
Il le doit.   Parmi vous je vois un assassin.

BENETINDE

En vertu de sa charge admis dans notre
sein,
A siéger malgré lui Sténo dut se résoudre.

STÉNO

Doge, un seul vœu dans l'urne est tombé
pour t'absoudre.

FALIERO

Lisez, j'attends.

BENETINDE, d'une voix émue

Puissé-je étouffer la pitié
Que réveille en mon cœur une ancienne
amitié!

(A FALIERO.)

« Toi, noble, ambassadeur, général de
Venise,
« Et gouverneur de Rhode à tes armes
soumise,
« Duc de Vald-Marino, prince, chef du
sénat,
« Toi doge, convaincu d'avoir trahi l'État.
(Passant la sentence à LIONI.)
Achevez, je ne puis.

LIONI

« Tu mourras comme traître.
« Maudit sera le jour où tu fus notre
maître.
« Tes palais et tes fiefs grossiront le trésor;
« Ton nom disparaîtra, rayé du livre d'or;
« Tu mourras où ton front ceignit le diadème;
« L'escalier des Géants, [1] à ton heure suprême,
« Verra le criminel, par ses pairs condamné,
« Périr où le héros fut par eux couronné.
(Montrant les portraits des doges.)
« Entre nos souverains, contre l'antique
usage,
« Tu ne revivras pas dans ta royale image.
« A la place où ton peuple aurait dû te
revoir,
« Le tableau sera vide, et sur le voile noir
« Dont la main des bourreaux recouvre
leurs victimes,
« On y lira ces mots: Mis à mort pour ses
crimes! » [2]

[1] The staircase of the ducal palace, the richly ornamented *Scala dei Giganti*, because of the colossal statues of Mars and Neptune at the top. This is an anachronism. The Giants' staircase did not yet exist and the statues were not there before 1566. See the edition of Silvio Pellico's *Le mie prigioni* by K. McKenzie, Chicago, 1924, p. 129.

[2] The actual words, still to be read today in the Sala del Maggior Consiglio on a tablet placed among portraits of doges, are: *Hic est locus Marini Falethri decapitati pro criminibus.*

FALIERO

Bords sacrés, ciel natal, palais que j'élevai,
Flots rougis de mon sang, où mon bras a
sauvé
Ces fiers patriciens qui, sans moi, dans les
chaînes,
Rameraient aujourd'hui sur les flottes de
Gênes,
De ma voix qui s'éteint recueillez les ac-
cents.
Si je fus criminel, sont-ils donc innocents?
Je ne les maudis pas: Dieu lui seul peut
maudire.
Mais voici les destins que je dois leur
prédire:
Faites pour quelques-uns, les lois sont des
fléaux;
Point d'appuis dans un peuple où l'on n'a
point d'égaux.
Seuls héritiers par vous des libertés pu-
bliques,
Vos fils succomberont sous vos lois des-
potiques.
Esclaves éternels de tous les conquérants,
Ces tyrans détrônés flatteront des tyrans.
Leurs trésors passeront, et les vices du père
Aux vices des enfants légueront la misère.
Nobles déshonorés, un jour on les verra,
Pour quelques pièces d'or qu'un juif leur
jettera,
Prostituer leur titre, et vendre les décombres
De ces palais déserts où dormiront vos
ombres.
D'un peuple sans vigueur mère sans di-
gnité,
Stérile en citoyens dans sa fécondité,
Lorsque Venise enfin de débauche affaiblie,
Ivre de sang royal, opprimée, avilie,
Morte, n'offrira plus que deuil, que dé-
sespoir,
Qu'opprobre aux étrangers, étonnés de la
voir;
En sondant ses cachots, en comptant ses
victimes,
Ils diront: « Elle aussi, mise à mort pour
ses crimes! »

BENETINDE

Par respect pour ton rang nous t'avons
écouté,
Et tant que tu vivras tu seras respecté.
Tu nous braves encor: le peuple te rassure;
Mais autour du palais vainement il mur-
mure.
N'attends rien que de nous; d'une part de
tes biens
Tu pourras disposer pour ta veuve et les
tiens.

Dis-nous quels sont tes vœux; car ton
heure est prochaine;
Parle.

FALIERO

Laissez-moi seul.

BENETINDE, *montrant* ISRAEL

Qu'au supplice on l'entraîne.

ISRAEL. *Il s'avance et tombe à genoux
devant le* DOGE

Soldat, je veux mourir béni par cette main
Qui de l'honneur jadis m'a montré le
chemin.

FALIERO

A revoir dans le ciel, mon vieux compagnon
d'armes!
Jusqu'à ton dernier jour, toi, qui fus sans
alarmes,
Sois sans remords!
　　　　　(*Il le relève.*)
　　　　　　　　Avant de subir ton arrêt,
Embrasse ton ami. . . .

ISRAEL

Mon prince daignerait. . . .

FALIERO

Titre vain! entre nous il n'est plus de distance:
Quand la mort est si près l'égalité commence.

(ISRAEL *se jette dans les bras du* DOGE.)

BENETINDE, *aux soldats qui entourent*
ISRAEL.

Allez!
　　　(*Aux membres de la Junte.*)
Retirons-nous.

SCÈNE III

FALIERO
　　　　　　Qui l'eût pensé jamais?
J'expire, abandonné par tous ceux que
j'aimais:
Lui seul ne me doit rien, il m'est resté
fidèle.
Mais quoi! de tant d'amis, qui me van-
taient leur zèle,
Dont j'ai par mes bienfaits mérité les
adieux,
Pas un qui devant moi ne dût baisser les
yeux!
Et même dans la tombe où je m'en vais
descendre,
Celui qui fut mon fils. . . . Ne troublons
pas sa cendre:

Je l'ai béni! . . . Des biens me sont laissés
  par eux;
Donnons-les. A qui donc? Pourquoi faire
  un heureux?
Puis-je y trouver encore une douceur
  secrète?
Je n'ai pas dans le monde un cœur qui me
  regrette.
  (*Il s'assied près de la table et écrit.*)
Qu'importe?

SCÈNE IV

Éléna, Faliero

Éléna
J'ai voulu vous parler sans témoins;
Enfin on l'a permis.   Puis-je approcher?
(Le Doge *ne tourne pas la tête, et reste
  immobile sans lui répondre.*)
                              Du moins
Répondez.
  (Le Doge *continue de garder le silence.*)
            Par pitié, daignez me le défendre;
J'entendrai votre voix.
          (*Même silence du* Doge.)
                M'éloigner sans l'entendre,
Il le faut donc!
(*Elle fait un pas pour sortir; revient, se
  traîne jusqu'auprès de* Faliero, *saisit
  une de ses mains, et la baise avec trans-
  port.*)

Faliero.   *Il se retourne, la prend dans ses
  bras, la couvre de baisers, et lui dit:*
          Ma fille a tardé bien longtemps!

Éléna
O ciel! c'est mon arrêt qu'à vos genoux
  j'attends.
Celle que vous voyez sous sa faute abattue,
Elle a causé vos maux, c'est elle qui vous
  tue,
Et vous lui pardonnez!

Faliero, *la relevant*
          Qui? moi! je ne sais rien.

Éléna
Quoi! vous oubliez tout!

Faliero
          Non: car je me souvien
Que tu m'as fait aimer une vie importune;
Tes soins l'ont prolongée, et dans mon
  infortune,
Tu m'adoucis la mort, je le sens.

Éléna
                              Espérez!
Partout de vos vengeurs ces murs sont
  entourés.

Faliero
Ils ne feront pourtant que hâter mon supplice.

Éléna
On n'accomplira pas cet affreux sacrifice:
Ils vont vous délivrer; entendez-vous leurs
  cris?

Faliero
Je voudrais te laisser l'espoir que tu
  nourris;
Mais la nuit qui s'approche est pour moi
  la dernière.
Ne repousse donc pas mon unique prière.

Éléna
Ordonnez: quels devoirs voulez-vous m'im-
  poser?
Je m'y soumets.

Faliero, *lui remettant un papier*
          Tiens, prends! tu ne peux refuser:
C'est le présent d'adieu d'un ami qui s'ab-
  sente,
Mais que tu reverras.

Éléna
          C'en est trop! . . . Innocente,
J'aurais pu l'accepter; coupable. . . .

Faliero
                    Que dis-tu?
Si c'est un sacrifice, accepte par vertu:
Supporter un bienfait peut avoir sa no-
  blesse.
Sois fière encor du nom qu'un condamné
  te laisse.
Des monuments humains que sert de le
  bannir?
De mes travaux passés l'éternel souvenir,
Sur les mers, dans les vents, planera d'âge
  en âge;
Et jamais nos neveux ne verront du rivage
Les vaisseaux sarrasins blanchir à l'hori-
  zon,
Sans parler de ma vie et murmurer mon
  nom.
Sois fière de tous deux.

Éléna
          Qu'avec vous je succombe:
Je n'ai plus d'autre espoir.

FALIERO

Et demain sur ma tombe
Qui donc, si tu n'es plus, jettera quelques
fleurs?
Car tu viendras, ma fille, y répandre des
pleurs,
N'est-ce pas?

ÉLÉNA

Moi! grand Dieu!

FALIERO

Toi, que j'ai tant aimée,
Que j'aime!

ÉLÉNA

Sans espoir, de remords consumée,
Je vivrai, si je puis, je vivrai pour souffrir.

FALIERO

Songe à ces malheureux qui viennent de
périr;
Veille sur leurs enfants dont je plains la
misère.

ÉLÉNA

Je prodiguerai l'or.

FALIERO

Qu'ils te nomment leur mère;
Fais-moi chérir encor par quelque infortuné.

ÉLÉNA

Mais je pourrai mourir quand j'aurai tout
donné? . . .

FALIERO

Digne de ton époux; et ton juge suprême,
Indulgent comme lui, pardonnera de même.
(*La lueur et le passage des torches qu'on
voit à travers les vitraux du fond indiquent
un mouvement dans la galerie.* VEREZZA
*paraît, accompagné de deux affidés qui
portent le manteau et la couronne du*
DOGE. FALIERO *leur fait signe qu'il va
les suivre, et se place entre eux et* ÉLÉNA,
*de manière qu'elle ne puisse les aperce-
voir.*)
J'ai besoin de courage, et j'en attends
de toi.
Épargne un cœur brisé.

ÉLÉNA

C'est un devoir pour moi:
Quand le moment viendra, je serai sans
faiblesse.

FALIERO

Eh bien! . . . il est venu.

ÉLÉNA, *avec désespoir*

Déjà!

FALIERO, *la serrant contre son sein*

Tiens ta promesse. . . .
Adieu!

ÉLÉNA

Jamais! jamais! Non, ne me quittez pas!
Non, non! je veux . . . j'irai . . . j'expire dans vos bras.

FALIERO

Elle ne m'entend plus: elle pâlit, chancelle.
L'abandonner ainsi! . . . Grand Dieu,
veillez sur elle!
(*Il la place dans un fauteuil.*)
Cette mort passagère a suspendu tes maux:
Adieu, mon Éléna! Froid comme les tom-
beaux,
Mon cœur ne battra plus quand le tien va
renaître;
Mais il meurt en t'aimant.

(*Il lui donne un dernier baiser; on le couvre
du manteau ducal; il place la couronne
sur sa tête, et suit* VEREZZA. *Le tumulte
s'accroît; on entend retentir avec plus de
force ces cris:* FALIERO! FALIERO! *Grâce!
grâce!*)

SCÈNE V

ÉLÉNA, *qui se ranime par degrés*

Je l'obtiendrai peut-être. . . .
Votre grâce . . . oui . . . marchons. . . .
Ciel! par eux immolé,
Il va périr. . . . Mais non . . . les cris
ont redoublé:
Le peuple au coup mortel peut l'arracher
encore.
Dieu clément! c'est leur père! O mon
Dieu, je t'implore!
Les portes vont s'ouvrir. Frappez tous;
brisez-les! . . .
La foule a pénétré dans la cour du palais;
On les force à laisser leur vengeance im-
parfaite!
Il est sauvé, sauvé! courons. . . .
LIONI, *suivi des Dix; il paraît dans la
galerie du fond, un glaive d'une main et
la couronne ducale de l'autre, et crie au
peuple:*

Justice est faite!
(ÉLÉNA *tombe privée de sentiment.*)

DUMAS (PÈRE)

The son of a general of the Republic, and grandson of a negress, Dumas was born at Villers-Cotteret in 1803 and died in Paris in 1871. Although he had earned immense sums of money with his books and plays, he died a poor man. He had come young to the capital with the purpose of making for himself a name in the world of letters, and in this he succeeded. He wrote, besides his innumerable novels, twenty-four volumes of plays which may be roughly divided into historical dramas, modern dramas, and comedies. Of the latter suffice it to say that nearly all are forgotten today, but that the best, *Mademoiselle de Belle-Isle*, has remained on the repertory of the Théâtre Français.

While still an obscure clerk in the offices of the Duke of Orleans, Dumas gained sudden fame with the historical prose drama *Henri III et sa cour*, given at the Théâtre Français on February 11, 1829. The fact that the first theatre of Paris, the home of classic tragedy and comedy, offered such a drama, that the Duke of Orleans and his family attended the performance, and that the success of the play was complete, was proof positive that the break with Classicism had occurred; it was a challenge to the Classicists in its romantic spirit and color, and it followed some of the precepts laid down by Victor Hugo in his *Préface de Cromwell;* but being in prose it did not arouse the full force of the opposition, which was reserved for *Hernani* a year later.

Although the author hailed Shakespeare as his master or his god, in reality he owed more to Schiller and Walter Scott. Of the former he had all the fire and violence in the depiction of passion; the latter gave him a love for the picturesque detail in the reconstruction of historical or pseudo-historical scenes and familiar language unhampered by consecrated stage conventions. To all those factors was in part due the immediate and decisive appeal this play held for a public which was no longer interested in psychological analyses but demanded above all life, movement and color. Yet, life, movement and color could not by themselves make a successful drama. They were only accessories of which the playwright made use to adorn his various scenes and characters. Where his genius shone was in the choice of period, subject and incident among the mass of available historical material, in the conduct of his plot and in his dialogue. Better than any of his contemporaries, with the exception of Scribe, he knew how to work up to a crisis, how to stir the emotions, how to keep the interest keyed up from scene to scene to the final catastrophe, all of which, summed up, amounts to saying that he possessed the art of putting a play on its feet.

The material for *Henri III et sa cour* Dumas found accidentally in a history by Anquetil. The subject is the assassination in 1578 of Saint-Mégrin, one of Henri III's minions, by order of the jealous Duc de Guise, whose wife loved Saint-Mégrin. The following passage from the *Mémoires* by l'Estoile formed the real basis of the plot:

"Saint-Mégrin, jeune gentilhomme bordelais, beau, riche, et de bonne part, l'un des mignons fraisés du roi sortant à onze heures du soir du Louvre où le roi était, en la même rue du Louvre, vers la rue Saint-Honoré, fut chargé de coups de pistolet, d'épée et de coutelas par vingt ou trente hommes inconnus qui le laissèrent sur le pavé pour mort; comme aussi mourut-il le jour en suivant, et fut merveille comme il put en vivre étant atteint de trente-quatre ou trente-cinq coups mortels. Le roi fit porter son corps mort au logis de Boisy, près la Bastille où était mort Quelus, son compagnon, et enterrer à Saint-Paul, avec semblable pompe et solennité qu'avaient été auparavant inhumés en ladite église Quelus et Maugiron, ses compagnons. De cet assassinat n'en fut faite aucune instance, Sa Majesté étant bien avertie que le duc de Guise l'avait fait pour le bruit qu'avait ce mignon d'aimer sa femme, et que celui qui avait fait le coup portait la barbe et la contenance du duc du Maine, son frère."

Some of the scenes are highly dramatic, as, for instance, the fifth scene of the third act, in which the duchess is accused by her husband of loving Saint-Mégrin, and compelled by brutal treatment to write him a note which will be the direct cause of his death; the third scene of the fourth act, so simple, yet so full of implication; and the final scene of the same act. The opening scene is melodramatic, to be sure, yet without any of the exaggerations and lengthy developments of the real melodrama. Swiftness, liveliness, compactness characterize the action of the whole drama. The local color is furnished in the form of costume, custom, language and allusion to contemporary events. It is not always a necessary, integral part of the action, but it does not harm or impede it.

As Dumas was the initiator of the romantic historical drama, so he was the inventor of the modern drama of passion. The picturesque doublet of velvet, silk and lace was discarded in *Antony* (1831) for the modern evening or day attire, and not only the costume but the whole setting, language and characterization are contemporary. Antony himself has all the traits of the typical romantic hero, the passion, the gloom, the exaggerated ego, the inability to adapt himself to normal human relationships, a descendant of Hamlet, Werther and René, a more prosaic brother of Hernani and Ruy Blas. He is a nameless foundling and hence under the ban of society, a victim of an unreasoned prejudice which debars him from loving in high places. This disability rankles in his breast. Since, in his mind, society's laws refuse to do him justice, to recognize his imagined superior merit, because he cannot produce a birth certificate, why should he recognize those laws? He will attain happiness in spite of them, and in spite of conventional morality. He will be happy or perish, even though the beloved should perish with him. Blind passion, adultery, violent death by dagger or pistol, those ingredients have henceforth obtained citizenship on the stage, and will flourish for a century, for this first authentic instance of the adultery play adorned with smashing of windows, breaking of doors, and murderous death has had a prolific offspring. From violent and external as the action is in *Antony*, and as it still is in *la Femme de Claude*, by the younger Dumas, it became gradually more subdued, more psychological, less wordy and perhaps less melodramatic. But the essentials are still to be found in many modern plays, and Dumas has once more been a pioneer.

The third most successful of his plays was the most popular melodrama of the nineteenth century: *la Tour de Nesle* (1832). In spite of its obvious absurdities it has held its sway over the public longer than any of his other dramatic productions. Lanson calls it "la plus joyeusement fantastique évocation du moyen âge qu'on ait jamais faite." Fifty-five years after its first performance, in 1877, Sarcey wrote: "L'effet est toujours puissant sur la foule, et nous avons tous écouté ce drame étrange avec un extraordinaire frémissement. Il a étonné, il a épouvanté comme au premier jour."

Dumas was romantic by nature, and a dramatist by instinct. Theories and rules neither interested nor hampered him. Early in his career he was still under the spell of the great classics and considered tragedy a genre of a superior order. When already on the highway to success, with *Henri III* and *Antony* to his credit, he thought that he would add to his fame by writing in verse, and with the praises of *Hernani* still ringing in his ears, he composed *Charles VII chez ses grands vassaux*, a *tragédie* in five acts in which the unities are scrupulously observed. But a good tragedy is a work in which reason, logic, dignity, and careful analysis of sentiment must prevail, things the somewhat erratic and over-fiery Dumas was incapable of. The result is that *Charles VII*, with all the externals of a tragedy, is a romantic historical drama of considerable merit and beauty, imagination, movement, and passion; but it is not a true tragedy.

Bibliography: H. BLAZE DE BURY, *A. Dumas, sa vie, son temps, son œuvre. Etudes et souvenirs*, Paris, 1885. H. PARIGOT, *Le Drame de Dumas*, étude dramatique, sociale et littéraire, Paris, 1898. H. PARIGOT, *A. Dumas père* (in *les Grands écrivains français*), Paris, 1902. CH. GLINEL, *Notes sur Alexandre Dumas* (*Revue hebdomadaire*, July 12 and 19, 1902). ANDRÉ LE BRETON, *Le Théâtre romantique*.

HENRI III ET SA COUR

PAR ALEXANDRE DUMAS (PÈRE)
(1829)

PERSONNAGES

HENRI III, *roi de France*
CATHERINE DE MÉDICIS, *reine mère*
HENRI DE LORRAINE, DUC DE GUISE
CATHERINE DE CLÈVES, DUCHESSE DE GUISE
PAUL ESTUERT, COMTE DE SAINT-MÉGRIN
NOGARET DE LA VALETTE, BARON D'ÉPERNON
ANNE D'ARQUES, VICOMTE DE JOYEUSE } *favoris du roi*
SAINT-LUC
BUSSY D'AMBOISE, *favori du duc d'Anjou*
BALZAC D'ENTRAGUES, *plus souvent appelé* ANTRAGUET
CÔME RUGGIERI, *astrologue*

SAINT-PAUL, *aide de camp du* DUC DE GUISE
ARTHUR, *page de* MADAME LA DUCHESSE DE GUISE
BRIGARD, *boutiquier*
BUSSY-LECLERC, *procureur*
LA CHAPELLE-MARTEAU, *maître des comptes* } *ligueurs*
CRUCÉ
DU HALDE
GEORGES, *domestique de* SAINT-MÉGRIN
MADAME DE COSSÉ } *femmes de* MADAME LA
MARIE } DUCHESSE DE GUISE
UN PAGE D'ANTRAGUET

ACTE PREMIER

Un grand cabinet de travail chez CÔME RUGGIERI;[1] *quelques instruments de physique et de chimie; une fenêtre entr'ouverte au fond de l'appartement, avec un télescope.*

SCÈNE I

RUGGIERI, *puis* CATHERINE DE MÉDICIS[2]

RUGGIERI, *appuyé sur son coude, un livre d'astrologie ouvert devant lui; il y mesure des figures avec un compas; une lampe posée sur une table, à droite, éclaire la scène.*

Oui! . . . cette conjuration me paraît plus puissante et plus sûre. (*Regardant un sablier.*) Neuf heures bientôt. . . .

Qu'il me tarde d'être à minuit pour en faire l'épreuve! Réussirai-je enfin? parviendrai-je à évoquer un de ces génies que l'homme, dit-on, peut contraindre à lui obéir, quoiqu'ils soient plus puissants que lui? . . . Mais, si la chaîne des êtres créés se brisait à l'homme! . . . (CATHERINE DE MÉDICIS *entre par une porte secrète; elle ôte son demi-masque noir, tandis que* RUGGIERI *ouvre un autre volume, paraît comparer, et s'écrie:*) Le doute partout! . . .

CATHERINE. Mon père. . . . (*Le touchant.*) Mon père! . . .

RUGGIERI. Qui? . . . Ah! Votre Majesté! . . . Comment, si tard, à neuf heures du soir, vous hasarder dans cette rue de Grenelle, si déserte et si dangereuse!

CATHERINE. Je ne viens point du Lou-

---

[1] Côme (It. Cosimo) Ruggieri, an Italian astrologer, a favorite of Catherine de Médicis; a clever charlatan implicated in conspiracies, sentenced to the galleys but afterward pardoned. He died in 1615. Belief in astrology, i.e. in the influence the heavenly bodies exercise on earthly events and especially on human destinies, was as general as the belief in witchcraft throughout the Middle Ages and into the XVIIth Century. Every court, large or small, had its official astrologer; and many princes had complete faith in the predictions of the stars as read by the astrologers. "The stars and comets," writes a friar to a Spanish ambassador in 1619, "have produced most remarkable results, for the empress, the Archduke Maximilian, the emperor, and the queen of England all have died."

[2] Catherine de Médicis (pron. *sis*), queen of France. wife of Henri II, mother of Francis II, Charles IX and Henri III. Astute, but unscrupulous political intriguer, she was in part responsible for the Saint Bartholomew massacre.

vre, mon père; je viens de l'hôtel de Soissons,[1] qui communique avec votre retraite par ce passage secret.

RUGGIERI. J'étais loin de m'attendre à l'honneur. . . .

CATHERINE. Pardon, Ruggieri, si j'interromps vos doctes travaux; en toute autre circonstance, je vous demanderais la permission d'y prendre part. . . . Mais ce soir. . . .

RUGGIERI. Quelque malheur?

CATHERINE. Non; tous les malheurs sont encore dans l'avenir. Vous-même avez tiré l'horoscope de ce mois de juillet, et le résultat de vos calculs a été qu'aucun malheur réel ne menaçait notre personne, ni celle de notre auguste fils, pendant sa durée. . . . Nous sommes aujourd'hui au 20, et rien n'a démenti votre prédiction. Avec l'aide de Dieu, elle s'accomplira tout entière.

RUGGIERI. C'est donc un nouvel horoscope que vous désirez, ma fille? Si vous voulez monter avec moi à la tour, vos connaissances en astronomie sont assez grandes pour que vous puissiez suivre mes opérations et les comprendre. Les constellations sont brillantes.

CATHERINE. Non, Ruggieri; c'est sur la terre que mes yeux sont fixés maintenant. Autour du soleil de la royauté se meuvent aussi des astres brillants et funestes; ce sont ceux-là qu'avec votre aide, mon père, je compte parvenir à conjurer.

RUGGIERI. Commandez, ma fille; je suis prêt à vous obéir.

CATHERINE. Oui, . . . vous m'êtes tout dévoué. . . . Mais aussi ma protection, quoique ignorée de tous, ne vous est pas inutile. . . . Votre réputation vous a fait bien des ennemis, mon père. . . .

RUGGIERI. Je le sais.

CATHERINE. La Mole,[2] en expirant, a avoué que les figures de cire à la ressemblance du roi, que l'on a trouvées sur l'autel, percées d'un poignard à la place

du cœur, avaient été fournies par vous; et peut-être les mêmes juges qui l'ont condamné trouveraient-ils, sous les cendres chaudes encore de son bûcher, assez de feu pour allumer celui de Côme Ruggieri.

RUGGIERI, avec crainte. Je le sais, . . . je le sais.

CATHERINE. Ne l'oubliez pas. . . . Restez-moi fidèle . . . et, tant que le ciel laissera à Catherine de Médicis existence et pouvoir, ne craignez rien. Aidez-la donc à conserver l'un et l'autre.

RUGGIERI. Que puis-je faire pour Votre Majesté?

CATHERINE. D'abord, mon père, avez-vous signé la Ligue,[3] comme je vous avais écrit de le faire?

RUGGIERI. Oui, ma fille; la première réunion des ligueurs doit même avoir lieu ici; car nul d'entre eux ne soupçonne la haute protection dont m'honore Votre Majesté. . . . Vous voyez que je vous ai comprise et que j'ai été au delà de vos ordres.

CATHERINE. Et vous avez compris aussi que l'écho de leurs paroles devait retentir dans mon cabinet, et non dans celui du roi?

RUGGIERI. Oui, oui. . . .

CATHERINE. Et maintenant, mon père, écoutez. . . . Votre profonde retraite, vos travaux scientifiques, vous laissent peu de temps pour suivre les intrigues de la cour. . . . Et, d'ailleurs, vos yeux, habitués à lire dans un ciel pur, perceraient mal l'atmosphère épaisse et trompeuse qui l'environne.

RUGGIERI. Pardon, ma fille! . . . les bruits du monde arrivent parfois jusqu'ici: je sais que le roi de Navarre et le duc d'Anjou ont fui la cour et se sont retirés, l'un dans son royaume, l'autre dans son gouvernement.

CATHERINE. Qu'ils y restent; ils m'inquiètent moins en province qu'à Paris. . . . Le caractère franc du Béarnais,[4] le

---

[1] *hôtel de Soissons;* built by Catherine. Situated close to the Louvre, it contained Catherine's astronomical observatory. It was later occupied by Charles de Soissons, from whom it took its name. In 1755 it was torn down to be replaced by the *Halle aux blés.* In 1887 it was remodeled and became the *Bourse de commerce.* The *rue de Grenelle* is today part of the rue Jean-Jacques Rousseau.

[2] La Mole, author of a plot in which RUGGIERI had dipped and for which the latter was sentenced (See page 118, note 1), while La Mole was executed.

[3] *la Ligue.* An organization of Catholics founded by Henri de Lorraine, duke of Guise, in 1576, ostensibly to defend the Church, but in reality aimed at Henri III. By abjuring Protestantism Henri IV put an end to the power of the League and won over most of its adherents.

[4] *Béarnais,* nickname for Henri IV who came from Béarn, a former province bordering on the Pyrenees. Henri was born at Pau, the capital, in 1553. He became King of Navarre at the death of Jeanne d'Albret, his mother, in 1572, and King of France in 1589. In 1572 also he married Marguerite de Valois, sister of Henri III, but this marriage was annulled and he later married Marie de Medicis, niece of Catherine.

caractère irrésolu du duc d'Anjou, ne nous menacent point de grands dangers; c'est plus près de nous que sont nos ennemis. . . . Vous avez entendu parler du duel sanglant qui a eu lieu, le 27 avril dernier, près la porte Saint-Antoine, entre six jeunes gens de la cour; parmi les quatre qui ont été tués, trois étaient les favoris du roi.

RUGGIERI. J'ai su sa douleur; j'ai vu les magnifiques tombeaux qu'il a fait élever à Quélus, Schomberg et Maugiron;[1] car il leur portait une grande amitié. . . . Il avait promis, assure-t-on, cent mille livres aux chirurgiens, en cas que Quélus vînt en convalescence. . . . Mais que pouvait la science de la terre contre les dix-neuf coups d'épée qu'il avait reçus? . . . Antraguet,[2] son meurtrier, a du moins été puni par l'exil. . . .

CATHERINE. Oui, mon père. . . . Mais cette douleur s'apaise d'autant plus vite, qu'elle a été exagérée. Quélus, Schomberg et Maugiron ont été remplacés par d'Épernon, Joyeuse et Saint-Mégrin.[3] Antraguet reparaîtra demain à la cour: le duc de Guise l'exige, et Henri n'a rien à refuser à son cousin de Guise. Saint-Mégrin et lui sont mes ennemis. Ce jeune gentilhomme bordelais m'inquiète. Plus instruit, moins frivole surtout que Joyeuse et d'Épernon, il a pris sur l'esprit de Henri un ascendant qui m'effraye. . . . Mon père, il en ferait un roi.

RUGGIERI. Et le duc de Guise?

CATHERINE. En ferait un moine, lui. . . . Je ne veux ni l'un ni l'autre. . . . Il me faut un peu plus qu'un enfant, un peu moins qu'un homme. . . . Aurais-je donc abâtardi son cœur à force de voluptés, éteint sa raison par des pratiques superstitieuses, pour qu'un autre que moi s'emparât de son esprit et le dirigeât à son gré? . . . Non; je lui ai donné un caractère factice, pour que ce caractère m'appartînt. . . . Tous les calculs de ma

politique, toutes les ressources de mon imagination ont tendu là. . . . Il fallait rester régente de la France, quoique la France eût un roi; il fallait qu'on pût dire un jour: « Henri III a régné sous Catherine de Médicis. . .» J'y ai réussi jusqu'à présent. . . . Mais ces deux hommes! . . .

RUGGIERI. Eh bien, René, votre valet de chambre, ne peut-il préparer pour eux des pommes de senteur,[4] pareilles à celles que vous envoyâtes à Jeanne d'Albret,[5] deux heures avant sa mort? . . .

CATHERINE. Non. . . . Ils me sont nécessaires: ils entretiennent dans l'âme du roi cette irrésolution qui fait ma force. Je n'ai besoin que de jeter d'autres passions au travers de leurs projets politiques, pour les en distraire un instant; alors je me fais jour[6] entre eux; j'arrive au roi, que j'aurai isolé avec sa faiblesse, et je ressaisis ma puissance. . . . J'ai trouvé un moyen. Le jeune Saint-Mégrin est amoureux de la duchesse de Guise.

RUGGIERI. Et celle-ci?

CATHERINE. L'aime aussi, mais sans se l'avouer encore à elle-même, peut-être. . . . Elle est esclave de sa réputation de vertu. . . . Ils en sont à ce point où il ne faut qu'une occasion, une rencontre, un tête-à-tête, pour que l'intrigue se noue; elle-même craint sa faiblesse, car elle le fuit. . . . Mon père, ils se verront aujourd'hui; ils se verront seuls.

RUGGIERI. Où se verront-ils?

CATHERINE. Ici. . . . Hier, au cercle, j'ai entendu Joyeuse et d'Épernon lier, avec Saint-Mégrin, la partie[7] de venir faire tirer leur horoscope par vous. Dites aux deux premiers ce que bon vous semblera sur leur fortune future, que le roi veut porter à son comble, puisqu'il compte en faire ses beaux-frères. . . . Mais trouvez le moyen d'éloigner ces jeunes fous. . . . Restez seul avec Saint-Mégrin; arrachez-lui l'aveu de son amour; exaltez sa passion; dites-lui qu'il est aimé,

---

[1] *Quélus* and *Maugiron* were favorites of Henri III and were killed in a fight with the Guise faction of which Schomberg was in reality a hanger-on.

[2] *Antraguet*, a pet name for Charles de Balzac d'Entragues from whom Honoré Balzac claimed descent. He was a prominent member of the Guise faction.

[3] *d'Épernon, Joyeuse, Saint-Mégrin*, all favorites or mignons of Henri III. Saint-Mégrin paid court to the duchesse of Guise, and was killed in 1578 by a troop led by Mayenne, the duke's brother, on leaving the Louvre, and not as Dumas describes his death in the play.

[4] *pommes de senteur*, apparently perfume sachets, in this case, containing poison.

[5] *Jeanne d'Albret*, 1528-1572, queen of Navarre and mother of Henri IV. While visiting the French court she died suddenly under suspicious circumstances. The autopsy performed on her body proved that she died from the effects of lung disease. (See P. Cayet, Collect. Univ. LV. pp. 312, 313.)

[6] *je me fais jour*, I pass through them.

[7] *lier la partie*, agree.

que, grâce à votre art, vous pouvez le servir; offrez-lui un tête-à-tête. (*Montrant une alcôve cachée dans la boiserie*.) La duchesse de Guise est déjà là, dans ce cabinet si bien caché dans la boiserie, que vous avez fait faire pour que je puisse voir et entendre au besoin, sans être vue. Par Notre-Dame! il nous a déjà été utile, à moi pour mes expériences politiques, et à vous pour vos magiques opérations.

RUGGIERI. Et comment l'avez-vous déterminée à venir? . . .

CATHERINE, *ouvrant la porte du passage secret*. Pensez-vous que j'aie consulté sa volonté?

RUGGIERI. Vous l'avez donc fait entrer par la porte qui donne dans le passage secret?

CATHERINE. Sans doute. . . .

RUGGIERI. Et vous avez songé aux périls auxquels vous exposiez Catherine de Clèves,[1] votre filleule! . . . L'amour de Saint-Mégrin, la jalousie du duc de Guise. . . .

CATHERINE. Et c'est justement de cet amour et de cette jalousie que j'ai besoin. . . . M. de Guise irait trop loin, si nous ne l'arrêtions pas. Donnons-lui de l'occupation. . . . D'ailleurs, vous connaissez ma maxime:

Il faut tout tenter et faire,
Pour son ennemi défaire.

RUGGIERI. Ainsi, ma fille, vous avez consenti à lui découvrir le secret de cette alcôve.

CATHERINE. Elle dort. Je l'ai invitée à prendre avec moi une tasse de cette liqueur que l'on tire des fèves arabes que vous avez rapportées de vos voyages, et j'y ai mêlé quelques gouttes du narcotique que je vous avais demandé pour cet usage.

RUGGIERI. Son sommeil a dû être profond; car la vertu de cette liqueur est souveraine.

CATHERINE. Oui. . . . Et vous pourrez la tirer de ce sommeil à votre volonté?

RUGGIERI. A l'instant, si vous le voulez.

CATHERINE. Gardez-vous en bien!

RUGGIERI. Je crois vous avoir dit aussi qu'à son réveil toutes ses idées seraient

quelque temps confuses, et que sa mémoire ne reviendrait qu'à mesure que les objets frapperaient ses yeux.

CATHERINE. Oui; . . . tant mieux! elle sera moins à même de se rendre compte de votre magie. . . . Quant à Saint-Mégrin, il est, comme tous ces jeunes gens, superstitieux et crédule: il aime, il croira. . . . D'ailleurs, vous ne lui laisserez pas le temps de se reconnaître. Vous devez avoir un moyen d'ouvrir cette alcôve, sans quitter cette chambre?

RUGGIERI. Il ne faut qu'appuyer sur un ressort caché dans les ornements de ce miroir magique.

(*Il appuie sur le ressort, et la porte de l'alcôve se lève à moitié.*)

CATHERINE. Votre adresse fera le reste, mon père, et je m'en rapporte à vous. . . . Quelle heure comptez-vous? . . .

RUGGIERI. Je ne puis vous le dire. . . . La présence de Votre Majesté m'a fait oublier de retourner ce sablier, et il faudrait appeler quelqu'un.

CATHERINE. C'est inutile; ils ne doivent pas tarder; voilà l'important. . . . Seulement, mon père, je ferai venir d'Italie une horloge;[2] je la ferai venir pour vous. . . . Ou plutôt, écrivez vous-même à Florence et demandez-la, quelque prix qu'elle coûte.

RUGGIERI. Votre Majesté comble tous mes désirs. . . . Depuis longtemps, j'en eusse acheté une, si le prix exorbitant qu'il faut y mettre. . . .

CATHERINE. Pourquoi ne pas vous adresser à moi, mon père? . . . Par Notre-Dame! il ferait beau voir que je laissasse manquer d'argent un savant tel que vous. . . . Non. . . . Venez demain, soit au Louvre, soit à notre hôtel de Soissons, et un bon[3] de notre royale main, sur le surintendant de nos finances, vous prouvera que nous ne sommes ni oublieuse ni ingrate. Dieu soit avec vous, mon père! (*Elle remet son masque et sort par la porte secrète.*)

SCÈNE II

RUGGRIEI, LA DUCHESSE DE GUISE, *endormie*.

RUGGIERI. Oui, j'irai te rappeler ta

---

[1] *Catherine de Clèves*, the wife of the duke of Guise.
[2] Mechanical time-pieces operated by means of weights, wheels and some form of escapement were already known in the 14th c., but it was not until the Dutchman Huygens applied the pendulum to clocks that much progress was made (about 1657). At the time of the action of our play, clocks were rare in France and the hour-glass (*sablier*) and sun-dial were still generally in use.
[3] *bon*, order to pay.

promesse. . . . Ce n'est qu'à prix d'or que je puis me procurer ces manuscrits précieux qui me sont si nécessaires. . . . (*Écoutant.*) On frappe. . . . Ce sont eux. (*Il va refermer la porte de l'alcôve.*)

D'ÉPERNON, *derrière le théâtre.* Holà! hé!

RUGGIERI. On y va, mes gentilshommes, on y va.

SCÈNE III

RUGGIERI, D'ÉPERNON, SAINT-MÉGRIN, JOYEUSE

D'ÉPERNON, *à* JOYEUSE, *qui entre appuyé sur une sarbacane*[1] *et sur le bras de* SAINT-MÉGRIN. Allons, allons, courage, Joyeuse! Voilà enfin notre sorcier. . . . Vive Dieu![2] mon père, il faut avoir des jambes de chamois et des yeux de chathuant pour arriver jusqu'à vous.

RUGGIERI. L'aigle bâtit son aire à la cime des rochers pour y voir de plus loin.

JOYEUSE, *s'étendant dans un fauteuil.* Oui; mais on voit clair pour y arriver, au moins.

SAINT-MÉGRIN. Allons, allons, messieurs, il est probable que le savant Ruggieri ne comptait pas sur notre visite. Sans cela, nous aurions trouvé l'antichambre mieux éclairée.

RUGGIERI. Vous vous trompez, comte de Saint-Mégrin. Je vous attendais.

D'ÉPERNON. Tu lui avais donc écrit?

SAINT-MÉGRIN. Non, sur mon âme; je n'en ai parlé à personne.

D'ÉPERNON, *à* JOYEUSE. Et toi?

JOYEUSE. Moi? Tu sais que je n'écris que quand j'y suis forcé. Cela me fatigue.

RUGGIERI. Je vous attendais, messieurs, et je m'occupais de vous.

SAINT-MÉGRIN. En ce cas, tu sais ce qui nous amène.

RUGGIERI. Oui. . . .

JOYEUSE. Un instant, tête-Dieu! . . . (*Tirant à lui* RUGGIERI.) Venez ici, mon père. On dit que vous êtes en commerce avec Satan. Si cela était, si cet entretien avec vous pouvait compromettre notre salut, j'espère que vous y regarderiez à deux fois, avant de damner trois gentilshommes des premières maisons de France?

D'ÉPERNON. Joyeuse a raison, et nous sommes trop bons chrétiens!

RUGGIERI. Rassurez-vous, messieurs, je suis aussi bon chrétien que vous.

D'ÉPERNON. Puisque tu nous assures que ta sorcellerie n'a rien de commun avec l'enfer, eh bien, voyons, que te faut-il, ma tête ou ma main?

RUGGIERI. Ni l'une ni l'autre; ces formalités sont bonnes pour le vulgaire; mais, toi, jeune homme, tu es placé assez audessus de lui pour que ce soit dans un astre brillant entre tous les astres que je lise ta destinée. . . . Nogaret de la Valette, baron d'Épernon. . . .

D'ÉPERNON. Comment! tu me connais aussi, moi? . . . Au fait, il n'y a rien là d'étonnant. Je suis devenu si populaire!

RUGGIERI, *reprenant.* Nogaret de la Valette, baron d'Épernon, ta faveur passée n'est rien auprès de ce que sera ta faveur future.

D'ÉPERNON. Vive Dieu![2] mon père, et comment irai-je plus loin? Le roi m'appelle son fils.

RUGGIERI. Ce titre, son amitié seule te le donne, et l'amitié des rois est inconstante. Il t'appellera son frère, et les liens du sang le lui commanderont.

D'ÉPERNON. Comment! tu connais le projet de mariage . . . ?

RUGGIERI. Elle est belle, la princesse Christine![3] Heureux sera celui qui la possédera!

D'ÉPERNON. Mais qui a pu t'apprendre? . . .

RUGGIERI. Ne t'ai-je pas dit, jeune homme, que ton astre était brillant entre tous les astres? Et maintenant à vous, Anne d'Arques, vicomte de Joyeuse; à vous que le roi appelle aussi son enfant.

JOYEUSE. Eh bien, mon père, puisque vous lisez si bien dans le ciel, vous devez y voir tout le désir que j'ai de rester dans cet excellent fauteuil, si toutefois cela ne nuit pas à mon horoscope. . . . Non? Eh bien, allez, je vous écoute.

---

[1] *sarbacane,* long tube used as a pea-shooter. This toy, and later the *bilboquet,* are introduced for the sake of local color.

[2] *Vive Dieu!* and elsewhere *tête-Dieu!* and other picturesque oaths were used by Dumas for local color. The use of them became quite fashionable among the young Romanticists of 1830.

[3] *Christine de Lorraine,* sister-in-law of Henri III who had married Louise de Lorraine.

RUGGIERI. Jeune homme, as-tu songé quelquefois, dans tes rêves d'ambition, que la vicomté [1] de Joyeuse pût être érigée en duché; . . . que le titre de pair qu'on y joindrait te donnerait le pas [2] sur tous les pairs de France, excepté les princes du sang royal, et ceux des maisons souveraines de Savoie, Lorraine et Clèves? . . . Oui. . . . Eh bien, tu n'as fait que pressentir la moitié de ta fortune. . . . Salut à l'époux de Marguerite de Vaudemont, [3] sœur de la reine! . . . Salut au grand amiral du royaume de France! . . .

JOYEUSE, *se levant vivement.* Avec l'aide de Dieu et de mon épée, mon père, nous y arriverons. (*Lui donnant sa bourse.*) Tenez, c'est bien mal récompenser la prédiction de si hautes destinées; mais c'est tout ce que j'ai sur moi.

D'ÉPERNON. De par Dieu! tu m'y fais penser, et moi qui oubliais. . . . (*Il fouille à son escarcelle.*) Eh bien, des dragées à sarbacane, [4] voilà tout. . . . Je ne pensais plus que j'avais perdu à la prime [5] jusqu'à mon dernier philippus. [6] . . . Je ne sais ce que devient ce maudit argent; il faut qu'il soit trépassé. . . . Vive Dieu! Saint-Mégrin, toi qui es ami de Ronsard, tu devrais bien le charger de faire son épitaphe. [7]

SAINT-MÉGRIN. Il est enterré dans les poches de ces coquins de ligueurs. . . . Je crois qu'il n'y a plus guère que là qu'on puisse trouver les écus à. la rose et les doublons [8] d'Espagne. . . . Cependant il m'en reste encore quelques-uns, et si tu veux. . . .

D'ÉPERNON, *riant.* Non, non, garde-les pour acheter de l'ellébore; [9] car il faut que vous sachiez, mon père, que, depuis quelque temps, notre camarade Saint-Mégrin est fou. . . . Seulement, sa folie n'est pas gaie. . . . Cependant, il vient de me donner une bonne idée. . . . Il faut que je vous fasse payer mon horoscope par un ligueur. . . . Voyons, sur lequel vais-je vous donner un bon? . . . Aide-moi, duc de Joyeuse. Ce titre sonne bien, n'est-ce pas? Voyons, cherche. . . .

JOYEUSE. Que dis-tu de notre maître des comptes, La Chapelle-Marteau? [10] . . .

D'ÉPERNON. Insolvable. . . . En huit jours, il épuiserait les trésors de Philippe II.

SAINT-MÉGRIN. Et le petit Brigard? [11]

D'ÉPERNON. Bah! . . . un prévôt de boutiquiers! il offrirait de s'acquitter en cannelle et en herbe à la reine. [12]

RUGGIERI. Thomas Crucé? [13] . . .

D'ÉPERNON. Si je vous prenais au mot, mon père, vos épaules pourraient garder pendant quelque temps rancune à votre langue. . . . Il n'est pas endurant.

JOYEUSE. Eh bien, Bussy Leclerc? [14]

D'ÉPERNON. Vive Dieu . . . un procureur. . . . Tu es de bon conseil, Joyeuse. . . . (*A* RUGGIERI.) Tiens, voilà un bon de dix écus noble rose. Fais bien attention que la noble rose n'est pas démonétisée comme l'écu sol et le ducat polonais, et qu'elle vaut douze livres. Va chez ce coquin de ligueur de la part de d'Épernon et fais-toi payer: s'il refuse, dis-lui que j'irai moi-même avec vingt-cinq gentilshommes et dix ou douze pages. . . .

SAINT-MÉGRIN. Allons, maintenant que ton compte est réglé, je te rappellerai

---

[1] *Comté* and *vicomté* were formerly feminine.

[2] *donnerait le pas*, would place you ahead.

[3] *Marguerite de Vaudemont*, another of the king's sisters-in-law. The marriage referred to actually took place in 1581. Later Joyeuse was raised to the rank of admiral.

[4] *dragées*, pellets for the pea-shooter. *escarcelle*, see page 130, note 1.

[5] *prime*, a game of cards.

[6] *philippus*, a Spanish coin. Named after Philip II, under whom Spain became rich in gold from the colonies.

[7] *Ronsard*, 1524–1585, the most famous poet of the 16th cent., leader of the Pléiade, a group which revolutionized French poetry by using a poetic language distinct from prose, by creating new rhythms, by introducing the Greek spirit and Greek literary types into French literature. He was court poet under Charles IX at whose death he withdrew into seclusion. His *Epitaphes* were much admired.

[8] *écus à la rose, doublons*, gold pieces. *écu à la rose*, better called, as further on, *noble à la rose*, was worth 102 sous. *Doublons*, Spanish coins worth 2, 4 or 8 *écus.*

[9] *ellébore*, hellebore, a medicinal plant supposed to cure madness.

[10] La Chapelle-Marteau, president of the Third Estate, magistrate of the city of Paris, and member of the League.

[11] Brigard, Parisian merchant, member of the League.

[12] *herbe à la reine*, former name of tobacco.

[13] Crucé, another member of the League.

[14] Bussy-Leclerc, a lawyer at the Paris parliament, governor of the Bastille and a League member.

qu'on doit nous attendre au Louvre. Il faut rentrer, messieurs; partons!

Joyeuse. Tu as raison; nous ne trouverions plus de chaises à porteurs.

Ruggieri, *arrêtant* Saint-Mégrin. Comment! jeune homme, tu t'éloignes sans me consulter!

Saint-Mégrin. Je ne suis pas ambitieux, mon père; que pourriez-vous me promettre?

Ruggieri. Tu n'es pas ambitieux! Ce n'est pas en amour du moins.

Saint-Mégrin. Que dites-vous, mon père! Parlez bas!

Ruggieri. Tu n'es pas ambitieux, jeune homme, et, pour devenir la dame de tes pensées, il a fallu qu'une femme réunît dans son blason les armes de deux maisons souveraines, surmontées d'une couronne ducale.

Saint-Mégrin. Plus bas, mon père, plus bas!

Ruggieri. Eh bien, doutes-tu encore de la science?

Saint-Mégrin. Non. . . .

Ruggieri. Veux-tu partir encore sans me consulter?

Saint-Mégrin. Je le devrais, peut-être.

Ruggieri. J'ai cependant bien des révélations à te faire.

Saint-Mégrin. Qu'elles viennent du ciel ou de l'enfer, je les entends. Joyeuse, d'Épernon, laissez-moi: je vous rejoindrai bientôt dans l'antichambre.

Joyeuse. Un instant, un instant! . . . ma sarbacane. . . . De par sainte Anne! si j'aperçois une maison de ligueur à cinquante pas à la ronde, je ne veux pas lui laisser un seul carreau.

D'Épernon, *à* Saint-Mégrin. Allons, dépêche-toi! . . . et nous te ferons bonne garde pendant ce temps. (*Ils sortent.*)

SCÈNE IV

Ruggieri, Saint-Mégrin, *puis* la Duchesse de Guise

Saint-Mégrin, *poussant la porte.* Bien, bien. . . . (*Revenant.*) Mon père, . . . un seul mot. . . . M'aime-t-elle? . . . Vous vous taisez, mon père. . . . Malédiction! . . . Oh! faites . . . faites qu'elle m'aime! On dit que votre art a des ressources inconnues et certaines, des breuvages, des philtres! Quels que soient vos moyens, je les accepte, dussent-ils compromettre ma vie en ce monde et mon

salut dans l'autre. . . . Je suis riche. Tout ce que j'ai est à vous. De l'or, des bijoux; ah! votre science peut-être méprise ces trésors du monde! Eh bien, écoutez-moi, mon père! On dit que les magiciens quelquefois ont besoin, pour leurs expériences cabalistiques, du sang d'un homme vivant encore. (*Lui présentant son bras nu.*) Tenez, mon père. . . . Engagez-vous seulement à me faire aimer d'elle. . . .

Ruggieri. Mais es-tu sûr qu'elle ne t'aime pas?

Saint-Mégrin. Que vous dirai-je, mon père? jusqu'à l'heure du désespoir, ne reste-t-il pas au fond du cœur une espérance sourde? . . . Oui, quelquefois j'ai cru lire dans ses yeux, lorsqu'ils ne se détournaient pas assez vite. . . . Mais je puis me tromper. . . . Elle me fuit, et jamais je ne suis parvenu à me trouver seul avec elle.

Ruggieri. Et si tu y réussissais enfin?

Saint-Mégrin. Cela étant, mon père! . . . son premier mot m'apprendrait ce que j'ai à craindre ou à espérer.

Ruggieri. Eh bien, viens et regarde dans cette glace. . . . On l'appelle le miroir de réflexion. . . . Quelle est la personne que tu désires y voir?

Saint-Mégrin. Elle, mon père! . . . (*Pendant qu'il regarde, l'alcôve s'ouvre derrière lui et laisse apercevoir* la Duchesse de Guise *endormie.*)

Ruggieri. Regarde!

Saint-Mégrin. Dieu! . . . vrai Dieu! . . . c'est elle! . . . elle, endormie! Ah! Catherine! (*L'alcôve se referme.*) Catherine. Rien. . . . (*Regardant derrière.*) Rien non plus par ici. . . . Tout a disparu: c'est un rêve, une illusion. . . . Mon père, que je la voie . . . que je la revoie encore! . . .

Ruggieri. Elle dormait, dis-tu?

Saint-Mégrin. Oui. . . .

Ruggieri. Écoute: c'est surtout pendant le sommeil que notre pouvoir est plus grand. . . . Je puis profiter du sien pour la transporter ici.

Saint-Mégrin. Ici, près de moi?

Ruggieri. Mais, dès qu'elle est réveillée, rappelle-toi que toute ma puissance ne peut rien contre sa volonté.

Saint-Mégrin. Bien; mais hâtez-vous, mon père! . . . hâtez-vous! . . .

Ruggieri. Prends ce flacon; il suffira de le lui faire respirer pour qu'elle revienne à elle.

Saint-Mégrin. Oui, oui; mais hâtez-vous.

RUGGIERI. T'engages-tu par serment à ne jamais révéler? . . .

SAINT-MÉGRIN. Sur la part que j'espère dans le paradis, je vous le jure.

RUGGIERI. Eh bien, lis. . . . (*Tandis que* SAINT-MÉGRIN *parcourt quelques lignes du livre ouvert par* RUGGIERI, *l'alcôve s'ouvre derrière lui; un ressort fait avancer le sofa dans la chambre, et la boiserie se referme.*) Regarde! (*Il sort.*)

SCÈNE V

SAINT-MÉGRIN, LA DUCHESSE DE GUISE

SAINT-MÉGRIN. Elle! . . . c'est elle! . . . la voilà. . . . (*Il s'élance vers elle, puis s'arrête tout à coup.*) Dieu! j'ai lu que parfois des magiciens enlevaient au tombeau des corps qui, par la force de leurs enchantements, prenaient la ressemblance d'une personne vivante. Si. . . . Que Dieu me protège! Ah! . . . rien ne change. . . . Ce n'est donc pas un prestige, un rêve du ciel. . . . Oh! son cœur bat à peine! . . . sa main . . . elle est glacée! . . . Catherine! réveille-toi: ce sommeil m'épouvante! Catherine! . . . Elle dort. . . . Que faire? . . . Ah! ce flacon, . . . j'oubliais. . . . Ma tête est perdue! . . . (*Il lui fait respirer le flacon.*)

LA DUCHESSE DE GUISE. Ah! . . .

SAINT-MÉGRIN. Oui, oui, . . . respire! . . . lève-toi! . . . parle, parle! . . . j'aime mieux entendre ta voix, dût-elle me bannir à jamais de ta présence, que de te voir dormir de ce sommeil froid.

LA DUCHESSE DE GUISE. Ah! que je suis faible! . . . (*Elle se lève en s'appuyant sur la tête de* SAINT-MÉGRIN, *qui est à ses pieds.*) J'ai dormi longtemps. . . . Mes femmes . . . comment s'appellent-elles? . . . (*Apercevant* SAINT-MÉGRIN.) Ah! c'est vous, comte? (*Elle lui tend la main.*)

SAINT-MÉGRIN. Oui . . . oui. . . .

LA DUCHESSE DE GUISE. Vous! . . . mais pourquoi vous? Ce n'était pas vous que j'étais habituée à voir à mon réveil. . . . Mon front est si lourd, que je ne puis y rassembler deux idées. . . .

SAINT-MÉGRIN. Oh! Catherine, qu'une seule s'y présente, qu'une seule y reste! . . . celle de mon amour pour toi. . . .

LA DUCHESSE DE GUISE. Oui, . . . oui, . . . vous m'aimez. . . . Oh! depuis longtemps, je m'en suis aperçue. . . . Et moi aussi, je vous aimais, et je vous le cachais. . . . Pourquoi donc? . . . Il me semble pourtant qu'il y a bien du bonheur à le dire! . . .

SAINT-MÉGRIN. Oh! redis-le donc encore! . . . redis-le, car il y a bien du bonheur à l'entendre! . . .

LA DUCHESSE DE GUISE. Mais j'avais un motif pour vous le cacher. . . . Quel était-il donc? . . . Ah! . . . ce n'était pas vous que je devais aimer. . . . (*Se levant, et oubliant son mouchoir sur le sofa.*) Sainte Mère de Dieu! aurais-je dit que je vous aimais? . . . Malheureuse que je suis! . . . mon amour s'est réveillé avant ma raison.

SAINT-MÉGRIN. Catherine! n'écoute que ton cœur. Tu m'aimes! tu m'aimes!

LA DUCHESSE DE GUISE. Moi? Je n'ai pas dit cela, monsieur le comte; cela n'est pas; ne croyez pas que cela soit. C'était un songe, . . . le sommeil, . . . le. . . . Mais comment se fait-il que je sois ici? . . . Quelle est cette chambre? . . . Marie! . . . Madame de Cossé! . . . Laissez-moi, monsieur de Saint-Mégrin, éloignez-vous. . . .

SAINT-MÉGRIN. M'éloigner! et pourquoi? . . .

LA DUCHESSE DE GUISE. O mon Dieu! mon Dieu! que m'arrive-t-il? . . .

SAINT-MÉGRIN. Madame, je me vois ici, je vous y trouve, je ne sais comment. . . . Il y a de l'enchantement, de la magie.

LA DUCHESSE DE GUISE. Je suis perdue! . . . moi qui jusqu'à présent vous ai fui, moi que déjà les soupçons de M. de Guise, mon seigneur et maître. . . .

SAINT-MÉGRIN. M. de Guise! . . . mille damnations! . . . M. de Guise, votre seigneur et maître! . . . Oh! puisse-t-il ne pas vous soupçonner à tort . . . et que tout son sang . . . tout le mien. . . .

LA DUCHESSE DE GUISE. Monsieur le comte, vous m'effrayez.

SAINT-MÉGRIN. Pardon! . . . mais quand je pense que je pouvais vous connaître libre, être aimé de vous, devenir aussi votre seigneur et maître. . . . Il me fait bien mal, M. de Guise; mais que mon bon ange me manque au jour du jugement si je ne le lui rends pas. . . .

LA DUCHESSE DE GUISE. Monsieur le comte! . . . Mais enfin . . . où suis-je? dites-le moi. . . . Aidez-moi à sortir d'ici, à me rendre à l'hôtel de Guise, et je vous pardonne. . . .

SAINT-MÉGRIN. Me pardonner! et quel est donc mon crime?

LA DUCHESSE DE GUISE. Je suis ici . . . et vous me le demandez. . . . Vous avez profité de son sommeil pour enlever une femme qui vous est étrangère, qui ne peut vous aimer, qui ne vous aime pas, monsieur le comte. . . .

SAINT-MÉGRIN. Qui ne m'aime pas! . . . Ah! madame, on n'aime pas comme j'aime, pour ne pas être aimé. J'en crois vos premières paroles, j'en crois. . . .

LA DUCHESSE DE GUISE. Silence!

SAINT-MÉGRIN. Ne craignez rien.

JOYEUSE, *dans l'antichambre.* Vive Dieu! . . . nous sommes en sentinelle, et on ne passe pas. . . .

LE DUC DE GUISE, *derrière le théâtre.* Tête-Dieu! messieurs, prenez garde, en croyant jouer avec un renard, d'éveiller un lion. . . .

LA DUCHESSE DE GUISE. Sainte Marie! . . . c'est la voix du duc de Guise! . . . Où fuir? où me cacher?

SAINT-MÉGRIN, *s'élancant vers la porte.* C'est le duc de Guise? . . . Eh bien. . . .

LA DUCHESSE DE GUISE. Arrêtez, monsieur, au nom du ciel! vous me perdez.

SAINT-MÉGRIN. C'est vrai. . . . (*Il court à la porte, passe entre les deux anneaux de fer la barre qui sert de verrou.*)

RUGGIERI, *entrant et prenant la duchesse par la main.* Silence, madame. . . . Suivez-moi. . . . (*Il ouvre la porte secrète:* LA DUCHESSE DE GUISE *s'y élance,* RUGGIERI *la suit; la porte se referme derrière eux.*)

LE DUC DE GUISE, *avec impatience.* Messieurs! . . .

D'ÉPERNON. Ne trouves-tu pas qu'il a un petit accent lorrain tout à fait agréable? . . .

SAINT-MÉGRIN, *se retournant.* Maintenant, madame, . . . nous pouvons. . . . Eh bien, où est-elle? . . . Tout cela ne serait-il pas l'œuvre du démon? Que croire? Oh! ma tête! ma tête! . . . Maintenant, qu'il entre. (*Il ouvre la porte.*)

LE DUC DE GUISE, *entrant.* J'aurais dû deviner, par ceux de l'antichambre, celui qui me ferait les honneurs de l'appartement. . . .

SAINT-MÉGRIN. Ne vous en prenez qu'à la circonstance, monsieur le duc, si je ne profite pas de ce moment pour vous rendre tous ceux dont je vous crois digne. Cela viendra, je l'espère. . . .

JOYEUSE. Comment, Saint-Mégrin, c'est le Balafré [1] lui-même?

SAINT-MÉGRIN. Oui, oui, messieurs, c'est lui. . . . Mais il se fait tard; partons! partons! (*Ils sortent.*)

SCÈNE VI

LE DUC DE GUISE, *puis* RUGGIERI

LE DUC DE GUISE. Quand donc une bonne arquebusade de favoris nous délivrera-t-elle de ces insolents petits muguets? M. le comte Caussade de Saint-Mégrin. . . . Le roi l'a fait comte; et qui sait où s'arrêtera ce champignon de fortune? Mayenne,[2] avant son départ, me l'avait recommandé. Je dois m'en défier, dit-il: il a cru s'apercevoir qu'il aimait la duchesse de Guise et m'en a fait prévenir par Bassompierre.[3] . . . Tête-Dieu! si je n'étais aussi sûr de la vertu de ma femme, M. de Saint-Mégrin payerait cher ce soupçon! (*Entre* RUGGIERI.) Ah! c'est toi, Ruggieri.

RUGGIERI. Oui, monseigneur duc. . . .

LE DUC DE GUISE. J'ai avancé d'un jour la réunion qui devait avoir lieu chez toi. . . . Dans quelques minutes, nos amis seront ici. . . . Je suis venu le premier, parce que je désirais te trouver seul. Nicolas Poulain [4] m'a dit que je pouvais compter sur toi.

RUGGIERI. Il a dit vrai. . . . Et mon art. . . .

LE DUC DE GUISE. Laissons là ton art. Que j'y croie ou que je n'y croie pas, je suis trop bon chrétien pour y avoir recours. Mais je sais que tu es savant, versé dans la connaissance des manuscrits et des archives. . . . C'est de cette science que j'ai besoin. Écoute-moi. L'avocat Jean David [5] n'a pu obtenir du saint-père qu'il ratifiât la Ligue; il est rentré en France.

RUGGIERI. Oui; les dernières lettres que j'ai reçues de lui étaient datées de Lyon.

LE DUC DE GUISE. Il y est mort; il était porteur de papiers importants. Ces papiers ont été soustraits. Parmi eux se trouvait une généalogie que le duc de Guise, mon père, de glorieuse mémoire, avait fait faire, en 1535, par François

---

[1] *le Balafré*, nickname because of a sword-scar (*balafre*, gash) which Henri de Guise had in his face.

[2] *Mayenne*, Charles de Lorraine, brother of the duke of Guise.

[3] *Bassompierre*, at first a friend of Henri III, later of the Guise faction.

[4] *Nicolas Poulain*, perhaps a fictitious name.

[5] *Jean David*, a lawyer who having gone on a mission to the Pope (*le saint-père*) was killed on his way back from Rome. Papers allegedly found on his body contained revelations of the League's intentions.

Rosières.[1] On y prouvait que les princes lorrains étaient la seule et vraie postérité de Charlemagne. Mon père, il faut me refaire un nouvel arbre généalogique qui prenne sa racine dans celui des Carlovingiens,[2] il faut l'appuyer de nouvelles preuves. C'est un travail pénible et difficile, qui veut être bien payé. Voici un acompte.

RUGGIERI. Vous serez content de moi, monseigneur.

LE DUC DE GUISE. Bien. . . . Et que venaient faire ici ces jeunes papillons de cour que j'y ai trouvés?

RUGGIERI. Me consulter sur l'avenir.

LE DUC DE GUISE. Sont-ils donc mécontents du présent? . . . Ils seraient bien difficiles. Ils se sont éloignés, n'est-ce pas?

RUGGIERI. Oui, monseigneur; ils sont au Louvre maintenant.

LE DUC DE GUISE. Que le Valois s'endorme au bruit de leur bourdonnement, pour ne s'éveiller qu'à celui de la cloche qui lui sonnera matines. . . . Mais il y a quelqu'un dans l'antichambre. . . . Ah! ah! c'est le père Crucé.

SCÈNE VII

LES MÊMES, CRUCÉ; *puis* BUSSY-LECLERC,
LA CHAPELLE-MARTEAU *et* BRIGARD

LE DUC DE GUISE. C'est vous, Crucé! quelles nouvelles?

CRUCÉ. Mauvaises, monseigneur, mauvaises! rien ne marche, . . . tout dégénère. Morbleu! nous sommes des conspirateurs à l'eau rose.

LE DUC DE GUISE. Comment cela?

CRUCÉ. Eh! oui. . . . Nous perdons le temps en fadaises politiques; nous courons de porte en porte pour faire signer l'Union.[3] Par saint Thomas! vous n'avez qu'à vous montrer, monsieur le duc; quand ils vous regardent, les huguenots sont de la Ligue. . . .

LE DUC DE GUISE. Est-ce que votre liste? . . .

CRUCÉ. Trois ou quatre cents zélés l'ont signée; cent cinquante politiques[4] y ont mis leur parafe; une trentaine de huguenots ont refusé en faisant la grimace. Quant à ceux-là, morbleu! j'ai fait une croix blanche sur leur porte, et, si jamais l'occasion se présente de décrocher ma pauvre arquebuse qui est au repos depuis six ans. . . . Mais je n'aurai pas ce bonheur-là, monseigneur; les bonnes traditions se perdent. Tête-Dieu! si j'étais à votre place. . . .

LE DUC DE GUISE. Et la liste? . . .

CRUCÉ. La voici. Faites-en des bourres,[5] monsieur le duc, et plus tôt que plus tard.

LE DUC DE GUISE. Cela viendra, mon brave, cela viendra.

CRUCÉ. Dieu le veuille! . . . Ah! ah! voilà les camarades.

(*Entrent* BUSSY-LECLERC, LA CHAPELLE-MARTEAU *et* BRIGARD.)

LE DUC DE GUISE. Eh bien, messieurs, la récolte a-t-elle été bonne?

BUSSY-LECLERC. Pas mauvaise: deux ou trois cents signatures, pour ma part; des avocats, des procureurs.

CRUCÉ. Et toi, mon petit Brigard, as-tu fait marcher les boutiquiers?

BRIGARD. Ils ont tous signé.

CRUCÉ, *lui frappant sur l'épaule.* Vive Dieu! monsieur le duc, voilà un zélé. Tous ceux de l'Union peuvent se présenter à sa boutique, au coin de la rue Aubry-le-Boucher; ils y auront un rabais de trente deniers par livre[6] sur tout ce qu'ils achèteront.

LE DUC DE GUISE. Et vous, monsieur Marteau?

LA CHAPELLE-MARTEAU. J'ai été moins heureux, monseigneur. . . . Les maîtres des comptes ont peur, et M. le président de Thou[7] n'a signé qu'avec restriction.

LE DUC DE GUISE. Il a donc ses fleurs de lis bien avant dans le cœur, votre président de Thou? . . . Est-ce qu'il n'a pas vu que l'on promet obéissance au roi et à sa famille?

---

[1] *Jean Rosières*, a priest and a genealogist. He had published a faked genealogy of the Guise family, was arrested by order of the king but pardoned.

[2] *Carlovingiens*, the dynasty succeeding the Merovingian Kings, and of which Charlemagne was the most illustrious representative.

[3] *l'Union*, the League.

[4] *politiques*, enemies of the League: they rallied around Henri IV.

[5] *bourres*, wads for the arquebuses.

[6] *denier*, twelfth part of a *sol* or *sou*; the latter was the 20th part of the *livre tournois* or the 25th part of the *livre parisis*. The *livre* is then about the equivalent of the franc.

[7] *de Thou*, 1553–1617, first president of the Paris parliament and famous historian. The reference to the *fleurs de lis* means: "he seems terribly devoted to the King."

LA CHAPELLE-MARTEAU. Oui; mais on se réunit sans sa permission.

LE DUC DE GUISE. Il a raison, M. de Thou. . . . Je me rendrai demain au lever de Sa Majesté, messieurs. . . . Mon premier soin aurait dû être d'obtenir la sanction du roi, il n'aurait pas osé me la refuser. . . . Mais, Dieu merci! il n'est point encore trop tard. Demain, je mettrai sous les yeux de Henri de Valois la situation de son royaume; je me ferai l'interprète de ses sujets mécontents. Il a déjà reconnu tacitement la Ligue; je veux qu'il lui nomme publiquement un chef.

LA CHAPELLE-MARTEAU. Prenez garde, monseigneur! il n'y a pas loin du bassinet à la mèche[1] d'un pistolet, et quelque nouveau Poltrot.[2] . . .

LE DUC DE GUISE. Il n'oserait! . . . D'ailleurs, j'irai armé.

CRUCÉ. Que Dieu soit pour vous et la bonne cause! . . . Cela fait, monseigneur, je crois qu'il sera temps de vous décider.

LE DUC DE GUISE. Oh! ma décision est prise depuis longtemps; ce que je ne décide pas en une heure, je ne le déciderai de ma vie.

CRUCÉ. Oui; . . . et, avec votre prudence, toute votre vie ne suffira peut-être pas à exécuter ce que vous aurez décidé en un quart d'heure. . . .

LE DUC DE GUISE. Monsieur Crucé, dans un projet comme le nôtre, le temps est l'allié le plus sûr.

CRUCÉ. Tête-Dieu! . . . vous avez le temps d'attendre, vous; mais, moi, je suis pressé; et puisque tout le monde signe. . . .

LE DUC DE GUISE. Oui. . . . Et les douze mille hommes, tant Suisses que reîtres,[3] que Sa Majesté vient de faire entrer dans sa bonne ville de Paris, . . . ont-ils signé? . . . Chacun d'eux porte une arquebuse ornée d'une belle et bonne mèche, monsieur Crucé; sans compter les fauconneaux[4] de la Bastille. . . . Fiez-

vous-en à moi pour marquer le jour; et, quand il sera venu. . . .

BUSSY-LECLERC. Eh bien, que ferons-nous au Valois?[5]

LE DUC DE GUISE. Ce que lui promettait hier madame de Montpensier,[6] en me montrant une paire de ciseaux: une troisième couronne.[7]

BUSSY-LECLERC. Ainsi soit-il! . . . n'est-ce pas, mon vieux sorcier? car je présume que tu es de notre avis, puisque tu ne dis rien. . . .

RUGGIERI. J'attendais l'occasion favorable de vous présenter une petite requête.

BUSSY-LECLERC. Laquelle?

RUGGIERI, *lui donnant le billet de* D'ÉPERNON. La voici. . . .

BUSSY-LECLERC. Comment! un bon du d'Épernon . . . sur moi? C'est une plaisanterie.

RUGGIERI. Il a dit que, si vous n'y faisiez pas honneur, il irait vous trouver, et le ferait acquitter lui-même. . . .

BUSSY-LECLERC. Qu'il vienne, morbleu! . . . a-t-il oublié qu'avant d'être procureur, j'ai été maître d'armes au régiment de Lorraine? . . . Je crois que le cher favori est jaloux des statues qui ornent les tombeaux de Quélus et de Maugiron? Eh bien, qu'à cela ne tienne nous le ferons tailler en marbre à son tour.

LE DUC DE GUISE. Gardez-vous-en bien, maître Bussy! Je ne voudrais pas, pour vingt-cinq de mes amis, ne pas avoir un tel ennemi. Son insolence recrute pour nous. Donne-moi ce billet, Ruggieri. Dix écus noble rose, c'est cent vingt livres tournois. . . . Les voici.

BUSSY-LECLERC. Que faites-vous donc, monseigneur?

LE DUC DE GUISE. Soyez tranquille; quand le moment de régler nos comptes sera arrivé, je m'arrangerai de manière qu'il ne reste pas mon débiteur. Mais il se fait tard. A demain soir, messieurs. Les portes de l'hôtel de Guise seront ouvertes à tous nos amis; madame de

---

[1] *bassinet*, powder pan; *mèche*, fuse.

[2] *Poltrot*, 1537–1563, a Protestant who in 1563 murdered Henri de Guise's father.

[3] *reîtres*, cavalry men, from German Reiter, horseman.

[4] *fauconneau*, small canon.

[5] *Valois*, Henri III, who was the last of the Valois Kings. His successor, Henri IV started the Bourbon line.

[6] *Mme de Montpensier*, sister of Henri de Guise, and active member of the League.

[7] *une troisième couronne*, viz. the tonsure of a monk. The two other crowns were those of Poland and France.

Montpensier en fera les honneurs; et seront doublement bien reçus par elle ceux qui viendront avec la double croix![1] Ruggieri, reconduis ces messieurs. Ainsi, c'est dit; à demain soir, à l'hôtel de Guise.

CRUCÉ. Oui, monseigneur. (*Ils sortent.*)

SCÈNE VIII

LE DUC DE GUISE, *seul*

Il s'assied sur le sofa où la duchesse a oublié son mouchoir.

Par saint Henri de Lorraine! c'est un rude métier que celui que j'ai entrepris. . . . Ces gens-là croient qu'on arrive au trône de France comme à un bénéfice de province. Le duc de Guise roi de France! c'est un beau rêve. . . . Cela sera pourtant; mais, auparavant, que de rivaux à combattre! Le duc d'Anjou,[2] d'abord; . . . c'est le moins à craindre; il est haï également du peuple et de la noblesse, et on le déclarerait facilement hérétique et inhabile à succéder. . . . Mais, à son défaut l'Espagnol[3] n'est-il pas là pour réclamer, à titre de beau-frère, l'héritage du Valois? Le duc de Savoie,[4] son oncle par alliance, voudra élever des prétentions. Un duc de Lorraine a épousé sa sœur. . . . Peut-être y aurait-il un moyen: ce serait de faire passer la couronne de France sur la tête du vieux cardinal de Bourbon,[5] et de le forcer à me reconnaître comme héritier. . . . J'y songerai. Que de peines! de tourments! pour qu'à la fin peut-être la balle d'un pistolet ou la lame d'un poignard.[6] . . . Ah! (*Il laisse tomber sa main avec découragement; elle se pose sur le mouchoir oublié par LA DUCHESSE.*) Qu'est cela? . . . Mille damnations! ce mouchoir appartient à la duchesse de Guise! voilà les armes réunies de Clèves et de Lorraine. Elle serait venue ici! . . . Saint-Mégrin! . . . O Mayenne! Mayenne! tu ne t'étais donc pas trompé! et lui . . . lui. . . . (*Appelant.*) Saint-Paul! (*Son écuyer entre.*)

Je vais . . . Saint-Paul! qu'on me cherche les mêmes hommes qui ont assassiné Dugast.[7]

ACTE DEUXIÈME

Une salle du Louvre.—A gauche, deux fauteuils et quelques tabourets préparés pour le roi, la reine mère et les courtisans. JOYEUSE est couché dans l'un de ces fauteuils, et SAINT-MÉGRIN, debout, appuyé sur le dossier de l'autre. Du côté opposé, D'ÉPERNON est assis à une table sur laquelle est posé un échiquier. Au fond, SAINT-LUC[8] *fait des armes avec du HALDE. Chacun d'eux a près de lui un page à ses couleurs.*

SCÈNE I

JOYEUSE, SAINT-MÉGRIN, D'ÉPERNON, SAINT-LUC, DU HALDE, PAGES

D'ÉPERNON. Messieurs, qui de vous fait ma partie d'échecs, en attendant le retour du roi? Saint-Mégrin, ta revanche?

SAINT-MÉGRIN. Non, je suis distrait aujourd'hui.

JOYEUSE. Oh! décidément, c'est la prédiction de l'astrologue. Vrai Dieu! c'est un véritable sorcier. Sais-tu bien qu'il avait prédit à Dugast qu'il n'avait plus que quelques jours à vivre, quand la reine Marguerite l'a fait assassiner? Je parie que c'est un horoscope du même genre qui occupe Saint-Mégrin, et que quelque grande dame dont il est amoureux. . . .

SAINT-MÉGRIN, *l'interrompant vivement.* Mais toi-même, Joyeuse, que ne fais-tu la partie de d'Épernon?

JOYEUSE. Non, merci.

D'ÉPERNON. Est-ce que tu veux réfléchir aussi, toi?

JOYEUSE. C'est, au contraire, pour ne pas être obligé de réfléchir.

SAINT-LUC. Eh bien, veux-tu faire des armes avec moi, vicomte?

JOYEUSE. C'est trop fatigant, et puis tu n'es pas de ma force. Fais une œuvre charitable, tire d'Épernon d'embarras. . . .

---

[1] *double croix*, the cross of Lorraine with two horizontal lines, the upper shorter than the lower.

[2] *duc d'Anjou*, François, the king's younger brother.

[3] *l'Espagnol* means Philip II of Spain who had married Elizabeth, Henri III's sister. Elizabeth, however, had died in 1568 and in 1570 Philip married Anne, daughter of Maximilian II.

[4] *duc de Savoie*, grandson of Francis I and first cousin to Henri III, claimed succession in case Henri III should die and his brother be declared unfit to succeed.

[5] *cardinal de Bourbon*, uncle of Henri of Navarre. He was old at the time of the assassination of Henri III, and incapable, yet he was proclaimed king of France until Henri IV took his place.

[6] He was, in fact, killed at the instigation of Henri III, at Blois in 1588.

[7] *Dugast* or *Duguast* was killed by order of Marguerite de Valois whose favorite he once was.

[8] *Saint-Luc*, a favorite of Henri III: *du Halde*, Henri's first valet de chambre.

SAINT-LUC. Soit.

JOYEUSE, *tirant un bilboquet de son escarcelle.*[1] Vive Dieu! messieurs, voilà un jeu. Celui-là ne fatigue ni le corps ni l'esprit. Sais-tu bien que cette nouvelle invention a eu un succès prodigieux chez la présidente? A propos, tu n'y étais pas, Saint-Luc; qu'es-tu donc devenu? . . .

SAINT-LUC. J'ai été voir les Gelosi;[2] tu sais, ces comédiens italiens qui ont obtenu la permission de représenter des mystères[3] à l'hôtel de Bourbon.[4]

JOYEUSE. Ah! oui, moyennant quatre sous par personne.

SAINT-LUC. Et puis, en passant. . . . Un instant, d'Épernon, je n'ai pas joué.

JOYEUSE. Et puis, en passant? . . .

SAINT-LUC. Où?

JOYEUSE. En passant, disais-tu? . . .

SAINT-LUC. Oui. . . . Je me suis arrêté en face de Nesle,[5] pour y voir poser la première pierre d'un pont qu'on appellera le pont Neuf.

D'ÉPERNON. C'est Ducerceau[6] qui l'a entrepris. . . . On dit que le roi va lui accorder des lettres de noblesse.

JOYEUSE. Et justice sera faite. . . . Sais-tu bien qu'il m'épargnera au moins six cents pas, toutes les fois que je voudrais aller à l'École Saint-Germain?[7] (*Il laisse tomber son bilboquet, et appelle son page, qui est à l'autre bout de la salle.*) Bertrand, mon bilboquet.

SAINT-LUC. Messieurs, grande réforme! Ce matin, madame de Sauve[8] m'a dit en confidence que le roi avait abandonné les fraises gaudronnées pour prendre les collets renversés à l'italienne.[9]

D'ÉPERNON. Eh! que ne nous disais-tu pas cela! Nous serons en retard d'un jour. Tiens, Saint-Mégrin le savait, lui.

(*A son page.*) Que je trouve demain un collet renversé au lieu de cette fraise.

SAINT-LUC, *riant.* Ah! ah! tu te souviens que le roi t'a exilé quinze jours, parce qu'il manquait un bouton à ton pourpoint.

JOYEUSE. Eh bien, moi, je vais te rendre nouvelle pour nouvelle. Antraguet rentre aujourd'hui en grâce.

SAINT-LUC. Vrai?

JOYEUSE. Oui, il est décidément guisard.[10] C'est le Balafré qui a exigé du roi qu'il lui rendît son commandement. Depuis quelque temps, le roi fait tout ce qu'il veut.

D'ÉPERNON. C'est qu'il a besoin de lui. Il paraît que le Béarnais est en campagne, le harnais sur le dos.

JOYEUSE. Vous verrez que ce damné d'hérétique nous fera battre pendant l'été. . . . Mettez-vous donc en campagne de cette chaleur-là, avec cent cinquante livres de fer sur le corps! pour revenir hâlé comme un Andalou. . . .

SAINT-LUC. Ce serait un mauvais tour à te faire, Joyeuse. . . .

JOYEUSE. Je l'avoue; j'ai plus peur d'un coup de soleil que d'un coup d'épée . . . et, si je le pouvais, je me battrais toujours, comme Bussy d'Amboise l'a fait dans son dernier duel, au clair de la lune.

SAINT-LUC. Quelqu'un a-t-il de ses nouvelles?

D'ÉPERNON. Il est toujours dans l'Anjou, près de Monsieur. . . . C'est encore un ennemi de moins pour le guisard.

JOYEUSE. A propos de guisard, Saint-Mégrin, sais-tu ce qu'en dit la maréchale de Retz? Elle dit qu'auprès du duc de Guise, tous les princes paraissent peuple.

SAINT-MÉGRIN. Guise! . . . toujours

---

[1] *bilboquet*, cup and ball game; *escarcelle*, a purse suspended from the belt.

[2] *les Gelosi*, a well known troop of Italian actors.

[3] *mystères*. The performance of mystery plays had been forbidden by act of parliament as early as 1548. The Gelosi introduced the *commedia dell'arte*, but the name *mystère* was still used popularly for any kind of drama.

[4] *Bourbon* or *petit Bourbon*, connected with the Louvre. It is in that hall that Molière presented his first plays after his years of wandering.

[5] *Nesle*, or *tour de Nesle*, opposite the Louvre and close to the Pont-Neuf. The tower formed part of the city wall.

[6] *Ducerceau* or *Du Cerceau*, a family of famous architects. Baptiste worked on the Louvre and built the Pont-Neuf, which is still one of the most frequented bridge over the Seine.

[7] *Saint-Germain* (*des Prés*, because it was outside the city walls), an important church which until the French Revolution had a monastery and a school.

[8] *Mme de Sauve*, a lady in waiting to Catherine de Médicis.

[9] *fraises gaudronnées*, plaited ruffs. *Collets renversés*, open-work or lace collars lying flat.

[10] *guisard*, belonging to the Guise party.

Guise!... Vive Dieu! que l'occasion s'en présente (*tirant son poignard et coupant son gant en morceaux*), et, de par saint Paul de Bordeaux! je veux hacher tous ces petits princes lorrains comme ce gant.

JOYEUSE. Bravo, Saint-Mégrin! Vrai-Dieu! je le hais autant que toi.

SAINT-MÉGRIN. Autant que moi! Malédiction! si cela est possible; je donnerais mon titre de comte pour sentir, cinq minutes seulement, son épée contre la mienne. Cela viendra peut-être.

DU HALDE. Messieurs, messieurs, voilà Bussy.

SAINT-MÉGRIN. Comment! Bussy d'Amboise?

SCÈNE II

LES MÊMES, BUSSY D'AMBOISE

BUSSY D'AMBOISE. Eh! oui, messieurs, lui-même, en personne. Aux amis, salut. Bonjour, Saint-Mégrin. . . .

SAINT-MÉGRIN. Et nous qui te croyions à cent lieues d'ici.

BUSSY D'AMBOISE. J'y étais, il y a trois jours. Aujourd'hui, me voilà.

JOYEUSE. Ah! ah!... vous êtes donc raccommodés? Il voulait te tuer avec Quélus. . . . Il n'y a pas de sa faute, si le coup n'a pas réussi.

BUSSY D'AMBOISE. Oui, pour la dame de Sauve. . . . Mais, depuis, nous avons mesuré nos épées, et elles se sont trouvées de la même longueur.

SAINT-LUC. A propos de la dame de Sauve, on dit que, pour qu'elle soit plus sûre de ta fidélité, tu lui écris avec ton sang, comme Henri III écrivait de Pologne à la belle Renée de Chateauneuf.[1] . . . Sans doute elle était prévenue de ton arrivée, elle. . . .

BUSSY D'AMBOISE. Non. Nous voyageons incognito. . . . Mais je n'ai pas voulu passer si près de vous, sans venir vous demander s'il n'y avait pas quelqu'un de vous qui eût besoin d'un second.

SAINT-MÉGRIN. Cela se pourra faire, si tu ne nous quittes pas trop tôt.

BUSSY D'AMBOISE. Tête-Dieu!... le cas échéant, je suis homme à retarder mon départ; ainsi ne te gêne pas. Il y a si longtemps que cela ne m'est arrivé . . . c'est tout au plus si, en province, on trouve à se battre une fois par semaine. . . . Heureusement que j'avais là, sous la main, mon ami Saint-Phal,[2] nous nous sommes battus trois fois, parce qu'il soutenait avoir vu des X sur les boutons d'un habit, où je crois qu'il y avait des Y.

SAINT-MÉGRIN. Bah! pas possible.

BUSSY D'AMBOISE. Parole d'honneur! Crillon[3] était mon second.

JOYEUSE. Et qui avait raison?

BUSSY D'AMBOISE. Nous n'en savons rien encore: la quatrième rencontre en décidera. Mais que vois-je donc là-bas? Les pages d'Antraguet! Je croyais que, depuis la mort de Quélus. . . .

SAINT-LUC. Le duc de Guise a sollicité sa grâce.

BUSSY D'AMBOISE. Ah! oui, sollicité,[4] . . . j'entends. . . . Il est donc toujours insolent, notre beau cousin de Guise?

SAINT-MÉGRIN. Pas encore assez.

D'ÉPERNON. Vrai-Dieu! tu es difficile. Je suis sûr qu'au fond du cœur, le roi n'est pas de ton avis.

SAINT-MÉGRIN. Qu'il dise donc un mot. . . .

D'ÉPERNON. Ah! vois-tu, c'est qu'il est trop occupé dans ce moment, il apprend le latin.

SAINT-MÉGRIN. Tête-Dieu! qu'a-t-il besoin de latin pour parler à des Français? Qu'il dise seulement: « A moi, ma brave noblesse! » et un millier d'épées qui coupent bien, sortiront des fourreaux où elles se rouillent. N'a-t-il plus dans la poitrine le même cœur qui battait à Jarnac et à Moncontour,[5] ou ses gants parfumés ont-ils amolli ses mains, au point qu'elles ne puissent plus serrer la garde d'une épée?

D'ÉPERNON. Silence, Saint-Mégrin! . . . le voilà. . . .

UN PAGE, *entrant.* Le roi!

BUSSY D'AMBOISE. Je vais me tenir un peu à l'écart. Je ne me montrerai que s'il est de bonne humeur.

UN SECOND PAGE. Le roi! (*Tout le monde se lève et se groupe.*)

UN TROISIÈME PAGE. Le roi!

---

[1] *Renée de Chateauneuf*, lady in waiting of Catherine de Médicis and one of Henri III's mistresses.

[2] *Saint Phal*, known only by this incident related by Anquetil in his *Histoire de France*, Dumas' prime source for this play.

[3] *Crillon*, friend of Henri IV.

[4] *sollicité.* Bussy understands this euphemism for *commandé*.

[5] *Jarnac* and *Moncontour*, small towns where Henri III, when only duke of Anjou, won two important victories over the Protestants in 1569.

SCÈNE III

Les Mêmes, Henri, *puis* Catherine

Henri. Salut, messieurs, salut. . . .
Villequier,[1] qu'on prévienne madame ma
mère de mon retour, et qu'on s'informe
si l'on a apporté mon nouvel habit d'ama-
zone.[2] . . . Ah! dites à la reine que je
passerai chez elle, afin de fixer le jour de
notre départ pour Chartres; car vous savez,
Messieurs, que la reine et moi faisons un
pèlerinage à Notre-Dame de Chartres, afin
d'obtenir du ciel ce qu'il nous a refusé
jusqu'à présent, un héritier de notre couronne. Ceux qui voudront nous suivre
seront les bienvenus.

Saint-Mégrin. Sire, si, au lieu d'un
pèlerinage à Notre-Dame de Chartres,
vous ordonniez une campagne dans l'Anjou; si vos gentilshommes étaient revêtus
de cuirasses au lieu de cilices et portaient
des épées en guise de cierges, Votre
Majesté ne manquerait pas de pénitents,
et vous me verriez au premier rang, sire,
dussé-je faire la moitié de la route pieds
nus sur des charbons ardents.

Henri. Chaque chose aura son tour,
mon enfant. Nous ne resterons pas en
arrière dès qu'il le faudra; mais, en ce
moment, grâce à Dieu, notre beau royaume
de France est en paix, et le temps ne nous
manque pas pour nous occuper de nos
dévotions. Mais que vois-je! vous à ma
cour, seigneur de Bussy? (A Catherine
de Médicis *qui entre*.) Venez, ma mère,
venez: vous allez avoir des nouvelles de
votre fils bien-aimé, qui, s'il eût été frère
soumis et sujet respectueux, n'aurait jamais dû quitter notre cour.

Catherine. Il y revient, peut-être,
mon fils.

Henri, *s'asseyant.* C'est ce que nous
allons savoir. Asseyez-vous, ma mère.
. . . Approchez, seigneur de Bussy. Où
avez-vous quitté notre frère?

Bussy d'Amboise. A Paris, sire.

Henri. A Paris! Serait-il dans notre
bonne ville de Paris?

Bussy d'Amboise. Non; mais il y est
passé cette nuit.

Henri. Et il se rend? . . .

Bussy d'Amboise. Dans la Flandre.

Henri. Vous l'entendez, ma mère.
Nous allons sans doute avoir dans notre
famille un duc de Brabant. Et pourquoi
a-t-il passé si près de nous, sans venir

nous présenter son hommage de fidélité,
comme à son aîné et à son roi?

Bussy d'Amboise. Sire, . . . il connaît la grande amitié que lui porte Votre
Majesté, et il a craint qu'une fois rentré
au Louvre, vous ne l'en laissiez plus sortir.

Henri. Et il a eu raison, monsieur;
mais, en ce moment, l'absence de son bon
serviteur et de sa fidèle épée doit lui faire
faute; car peut-être bientôt compte-t-il se
servir contre nous de l'un et de l'autre.
Arrangez-vous donc, seigneur de Bussy,
pour le rejoindre au plus vite, et pour nous
quitter au plus tôt. (*Un* Page *entre*.)
Eh bien, qu'y a-t-il?

Catherine. Mon fils, c'est sans doute
Antraguet qui profite de la permission
que vous lui avez volontairement accordée
de reparaître en votre royale présence.

Henri. Oui, oui, volontairement! . . .
Le meurtrier! . . . Ma mère, mon cousin
de Guise m'impose un grand sacrifice;
mais pour mes péchés, Dieu veut qu'il soit
complet. (*Au* Page.) Parlez.

Le Page. Charles Balzac d'Entragues,
baron de Dunes, comte de Graville, ex-
lieutenant général au gouvernement d'Orléans, demande à déposer aux pieds de
Votre Majesté l'hommage de sa fidélité
et de son respect.

Henri. Oui, oui; . . . tout à l'heure
nous recevrons notre sujet fidèle et respectueux; mais, auparavant, je veux me
séparer de tout ce qui pourrait me rappeler
cet affreux duel. Tiens, Joyeuse, tiens!
(*Il tire de sa poitrine une espèce de sachet.*)
Voilà les pendants d'oreilles de Quélus;
porte-les en mémoire de mon ami commun. D'Épernon, voici la chaîne d'or
de Maugiron. Saint-Mégrin, je te donnerai l'épée de Schomberg; elle était bien
pesante pour un bras de dix-huit ans!
qu'elle te défende mieux que lui, en pareille
circonstance. Et maintenant, messieurs,
faites comme moi, ne les oubliez pas dans
vos prières.

Que Dieu reçoive en son giron
Quélus, Schomberg et Maugiron.

Restez autour de moi, mes amis, et asseyez-vous. Faites entrer. . . . (*A la vue*
d'Antraguet, *il prend dans sa bourse un
flacon qu'il respire.*) Approchez ici, baron,
et fléchissez le genou. Charles Balzac
d'Entragues, nous vous avons accordé la
faveur de notre présence royale, au milieu
de notre cour, pour vous rendre, là où

---

[1] *Villequier, René de,* a favorite of Henri III, and an ignoble minister to the king's low passions.
[2] Generally only women's riding habits are called *amazones.*

nous vous les avions ôtés, vos dignités et vos titres. . . . Relevez-vous, baron de Dunes, comte de Graville, gouverneur général de notre province d'Orléans, et reprenez près de notre personne royale les fonctions que vous y remplissiez autrefois. Relevez-vous.

D'ENTRAGUES. Non, sire, je ne me relèverai pas, que Votre Majesté n'ait reconnu publiquement que ma conduite, dans ce funeste duel, a été celle d'un loyal et honorable cavalier.

HENRI. Oui, . . . nous le reconnaissons, car c'est la vérité. Mais vous avez porté des coups bien malheureux!

D'ENTRAGUES. Et maintenant, sire, votre main à baiser, comme gage de pardon et d'oubli.

HENRI. Non, non, monsieur, ne l'espérez pas.

CATHERINE. Mon fils, que faites-vous?

HENRI. Non, madame, non. J'ai pu lui pardonner, comme chrétien, le mal qu'il m'a fait; mais je ne l'oublierai de ma vie.

D'ENTRAGUES. Sire, j'appelle le temps à mon secours; peut-être ma fidélité et ma soumission finiront-elles par fléchir le courroux de Votre Majesté.

HENRI. C'est possible. Mais votre gouvernement doit avoir besoin de votre présence; il en est privé depuis longtemps, baron de Dunes, et le bien de nos fidèles sujets pourraient en souffrir. . . . Qui fait ce bruit?

D'ÉPERNON. Ce sont ceux de Guise.

HENRI. Notre beau cousin de Lorraine ne profite pas du privilège qu'ont les princes souverains de paraître devant nous sans être annoncés. Ses pages ont toujours soin de faire assez de bruit pour que son arrivée ne soit pas un mystère.

SAINT-MÉGRIN. Il traite, avec Votre Majesté, de puissance à puissance. Il a ses sujets comme vous avez les vôtres, et sans doute qu'il vient, armé de pied en cap, présenter en leur nom une humble requête à Votre Majesté.

SCÈNE IV

LES MÊMES, LE DUC DE GUISE

Il est couvert d'une armure complète, précédé de deux PAGES, *et suivi par quatre, dont l'un porte son casque.*

HENRI. Venez, monsieur le duc, venez. . . . Quelqu'un qui s'est retourné au bruit

que faisaient vos pages, et qui vous a aperçu de loin, offrait de parier que vous veniez encore nous supplier de réformer quelque abus, de supprimer quelque impôt. Mon peuple est un peuple bien heureux, mon beau cousin, d'avoir en vous un représentant si infatigable, et en moi un roi si patient!

LE DUC DE GUISE. Il est vrai que Votre Majesté m'a accordé bien des grâces, et je suis fier d'avoir si souvent servi d'intermédiaire entre elle et ses sujets.

SAINT-MÉGRIN, à part. Oui, comme le faucon entre le chasseur et le gibier.

LE DUC DE GUISE. Mais, aujourd'hui, sire, un motif plus puissant m'amène encore devant Votre Majesté, puisque c'est à la fois des intérêts de son peuple et des siens que j'ai à l'entretenir. . . .

HENRI. Si l'affaire est si sérieuse, monsieur le duc, ne pourriez-vous pas attendre nos prochains états de Blois?[1] Les trois ordres de la nation ont là des représentants qui, du moins, ont reçu de nous mission de me parler au nom de leurs mandataires.

LE DUC DE GUISE. Votre Majesté voudra-t-elle bien songer que les états de Blois viennent de se dissoudre, et ne se rassembleront qu'au mois de novembre? Lorsque le danger est pressant, il me semble qu'un conseil privé. . . .

HENRI. Lorsque le danger est pressant! . . . Mais vous nous effrayez, monsieur de Guise. Eh bien, toutes les personnes qui composent notre conseil privé sont ici. Parlez, monsieur le duc, parlez.

CATHERINE. Mon fils, permettez que je me retire.

HENRI. Non, madame, non; M. le duc sait bien que nous n'avons rien de caché pour notre auguste mère, et que, dans plus d'une affaire importante, ses conseils nous ont même été d'un utile secours.

LE DUC DE GUISE. Sire, la démarche que je fais près de vous est hardie, peut-être trop hardie. Mais hésiter plus longtemps ne serait pas d'un bon et loyal sujet.

HENRI. Au fait, monsieur le duc, au fait. . . .

LE DUC DE GUISE. Sire, des dépenses immenses, mais nécessaires, puisque Votre Majesté les a faites, ont épuisé le trésor de l'État. Jusqu'à présent, Votre Majesté, avec l'aide de ses fidèles sujets, a trouvé moyen de le remplir. Mais cela ne peut durer. L'approbation du saint-

---

[1] *états de Blois*, the meeting of the States general; that is, of representatives of the three estates (people, clergy, nobility). This particular meeting referred to was held in 1576. Since St. Mégrin was

père a permis d'aliéner pour deux cent mille livres de rente sur les biens du clergé.[1] Un emprunt a été fait aux membres du Parlement sous prétexte de faire sortir les gens de guerre étrangers. Les diamants de la couronne sont en gage pour la sureté des trois millions dus au duc Casimir.[2] . . . Les deniers destinés aux rentes de l'hôtel de ville[3] ont été détournés pour un autre usage, et les états généraux ont eu l'audace de répondre par un refus, lorsque Votre Majesté a proposé d'aliéner les domaines.[4]

HENRI. Oui, oui, monsieur le duc, je sais que nos finances sont en assez mauvais état. Nous prendrons un autre surintendant.

LE DUC DE GUISE. Cette mesure pourrait être suffisante en temps de paix, sire, mais Votre Majesté va se voir contrainte à la guerre. Les huguenots, que votre indulgence encourage, font des progrès effrayants. Favas[5] s'est emparé de la Réole; Montferrand,[6] de Périgueux; Condé de Dijon.[7] Le Navarrois[8] a été vu sous les murs d'Orléans; la Saintonge, l'Agénois et la Gascogne[9] sont en armes, et les Espagnols, profitant de nos troubles, ont pillé Anvers,[10] brûlé huit cents maisons, et passé sept mille habitants au fil de l'épée.

HENRI. Par la mort-Dieu! si ce que vous me dites là est vrai, il faut châtier les huguenots au dedans et les Espagnols au dehors. Nous ne craignons pas la guerre, mon beau cousin; et, s'il le fallait, nous irions nous-même sur le tombeau de notre aïeul Louis IX saisir l'oriflamme, et nous marcherions à la tête de notre brave armée, au cri de guerre de Jarnac et de Moncontour.

SAINT-MÉGRIN. Et, si l'argent vous manque, sire, votre brave noblesse est là pour rendre à Votre Majesté ce qu'elle a reçu d'elle. Nos maisons, nos terres, nos bijoux peuvent se monnayer, monsieur le duc; et, vive-Dieu! en fondant les seules broderies de nos manteaux et les chiffres[11] de nos dames, nous aurions de quoi envoyer à l'ennemi, pendant toute une campagne, des balles d'or et des boulets d'argent.

HENRI. Vous l'entendez, monsieur le duc?

LE DUC DE GUISE. Oui, sire. Mais, avant que cette idée vînt à M. le comte de Saint-Mégrin, trente mille de vos braves sujets l'avaient eue; ils s'étaient engagés par écrit à fournir de l'argent au trésor et des hommes à l'armée; ce fut le but de la sainte Ligue, sire, et elle le remplira, lorsque le moment en sera venu. Mais je ne puis cacher à Votre Majesté les craintes qu'éprouvent ses fidèles sujets, en ne la voyant pas reconnaître hautement cette grande association.

HENRI. Et que faudrait-il faire pour cela?

LE DUC DE GUISE. Lui nommer un chef, sire, d'une grande maison souveraine, digne de sa confiance et de son amour, par son courage et sa naissance, et qui surtout ait assez fait ses preuves comme bon catholique, pour rassurer les zélés sur la manière dont il agirait dans les circonstances difficiles.

HENRI. Par la mort-Dieu! monsieur le duc, je crois que votre zèle pour notre personne royale est tel, que vous seriez tout prêt à lui épargner l'embarras de chercher bien loin ce chef. Nous y

assassinated in 1578 the anachronisms are obvious, but do not seriously affect the interest of the play. Another meeting of the states general occurred at Blois in 1588, and it was on this occasion that the two Guise brothers were murdered.

[1] Meaning the pope has given us permission to pledge as collateral for a loan 200,000 francs income from ecclesiastical (or "church") property.

[2] *duc Casimir*, elector of the Palatinate who aided and abetted the French Protestants.

[3] Interest on bonds for a government debt contracted by Francis I (1521) and called *rentes de l'hôtel de ville*.

[4] *domaines*, crown lands.

[5] *Favas*, a commander in the Protestant armies.

[6] *Montferrand*, another Huguenot commander.

[7] *Condé*, Henri I de Bourbon, prince of Condé, commanded a Protestant army; mortally wounded at Coutras in 1587.

[8] *le Navarrois*, other nickname for Henri IV, king of Navarre.

[9] *Saintonge, Agénois, Gascogne*, old provinces in the south.

[10] Guise seems to impute the sack of Antwerp (1576) to the Protestants, but this crime was committed by the Catholic Spanish soldiers who mutinied because their commanders were unable to pay them, and who destroyed and looted the city completely although it had remained faithful in its allegiance to their Spanish ruler.

[11] *chiffres*, monograms.

penserons à loisir, mon beau cousin, nous y penserons à loisir.

LE DUC DE GUISE. Mais Votre Majesté devrait peut-être à l'instant. . . .

HENRI. Monsieur le duc, quand je voudrai entendre un prêche, je me ferai huguenot. Messieurs, c'est assez nous occuper des affaires de l'État, songeons un peu à nos plaisirs. J'espère que vous avez reçu nos invitations pour ce soir, et que madame de Guise, madame de Montpensier, et vous, mon cousin, voudrez bien embellir notre bal masqué.

SAINT-MÉGRIN, *montrant la cuirasse du duc.* Votre Majesté ne voit-elle pas que M. le duc est déjà en costume de chercheur d'aventures?

LE DUC DE GUISE. Et de redresseur de torts, monsieur le comte.

HENRI. En effet, mon beau cousin, cet habit me paraît bien chaud pour le temps qui court.

LE DUC DE GUISE. C'est que, pour le temps qui court, sire, mieux vaut une cuirasse d'acier qu'un justaucorps de satin.

SAINT-MÉGRIN. M. le duc croit toujours entendre la balle de Poltrot siffler à ses oreilles.

LE DUC DE GUISE. Quand les balles m'arrivent en face, monsieur le comte (*montrant sa blessure à la joue*), voilà qui fait foi que je ne détourne pas la tête pour les éviter.

JOYEUSE, *prenant sa sarbacane.* C'est ce que nous allons voir.

SAINT-MÉGRIN, *lui arrachant la sarbacane.* Attends! . . . il ne sera pas dit qu'un autre que moi en aura fait l'expérience. (*Lui envoyant une dragée au milieu de la poitrine.*) A vous, monsieur le duc.

TOUS. Bravo! bravo!

LE DUC DE GUISE, *portant la main à son poignard.* Malédiction! (*Saint-Paul l'arrête.*)

SAINT-PAUL. Qu'allez-vous faire!

HENRI. Par la mort-Dieu! mon cousin de Guise, j'aurais cru que cette belle et bonne cuirasse de Milan était à l'épreuve de la balle.

LE DUC DE GUISE. Et vous aussi, sire! Qu'ils rendent grâce à la présence de Votre Majesté.

HENRI. Oh! qu'à cela ne tienne, monsieur le duc, qu'à cela ne tienne; agissez comme si nous n'y étions pas.

LE DUC DE GUISE. Votre Majesté permet donc que je descende jusqu'à lui?

HENRI. Non, monsieur le duc; mais je puis l'élever jusqu'à vous. Nous trouverons bien, dans notre beau royaume de France, un fief vacant, pour en doter notre fidèle sujet le comte de Saint-Mégrin.

LE DUC DE GUISE. Vous en êtes le maître, sire. Mais d'ici là? . . .

HENRI. Eh bien, nous ne vous ferons pas attendre. Comte Paul Estuert, nous te faisons marquis de Caussade.

LE DUC DE GUISE. Je suis duc, sire.

HENRI. Comte Paul Estuert, marquis de Caussade, nous te faisons duc de Saint-Mégrin; et maintenant, monsieur de Guise, réponds-lui car il est votre égal.

SAINT-MÉGRIN. Merci, sire, merci; je n'ai pas besoin de cette nouvelle faveur; et, puisque Votre Majesté ne s'y oppose pas, je veux le défier de manière à ce qu'il s'ensuive combat ou déshonneur. Or, écoutez, messieurs: moi, Paul Estuert, seigneur de Caussade, comte de Saint-Mégrin, à toi, Henri de Lorraine, duc de Guise, prenons à témoin tous ceux ici présents, que nous te défions au combat à outrance, toi et tous les princes de ta maison, soit à l'épée seule, soit à la dague et au poignard, tant que le cœur battra au corps, tant que la lame tiendra à la poignée; renonçant d'avance à ta merci, comme tu dois renoncer à la mienne; et, sur ce, que Dieu et Saint Paul me soient en aide! (*Jetant son gant.*) A toi seul, ou à plusieurs!

D'ÉPERNON. Bravo, Saint-Mégrin! bien défié.

LE DUC DE GUISE, *montrant le gant.* Saint-Paul. . . .

BUSSY D'AMBOISE. Un instant, messieurs! . . . un instant! Moi, Louis de Clermont, seigneur de Bussy d'Amboise, me déclare ici parrain et second de Paul Estuert de Saint-Mégrin; offrant le combat à outrance à quiconque se déclarera parrain et second de Henri de Lorraine, duc de Guise; et, comme signe de défi et gage du combat, voici mon gant.

JOYEUSE. Vive-Dieu! Bussy, c'est un véritable vol que tu me fais; tu ne m'as pas donné le temps. Mais sois tranquille, si tu es tué. . . .

LE DUC DE GUISE. Saint-Paul! (*A part.*) Tu me provoques trop tard, ton sort est décidé. (*Haut.*) Antraguet, tu seras mon second. Vous le voyez, messieurs, je vous fais beau jeu: je vous offre un moyen de venger Quélus. Saint-

Paul, tu prépareras mon épée de bal; elle est juste de la même longueur que l'épée de combat de ces messieurs.

SAINT-MÉGRIN. Vous avez raison, monsieur le duc: cette épée serait bien faible pour entamer une cuirasse aussi prudemment solide que celle-ci. Mais nous pouvons en venir aux mains, nus jusqu'à la ceinture, monsieur le duc, et l'on verra celui dont le cœur battra.

HENRI. Assez, messieurs, assez! nous honorerons le combat de notre présence, et nous le fixons à demain. Maintenant, chacun de vous peut réclamer un don, et, s'il est en notre puissance royale de vous l'accorder, vous serez satisfaits à l'instant. Que veux-tu, Saint-Mégrin?

SAINT-MÉGRIN. Un égal partage du terrain et du soleil;[1] pour le reste, je m'en rapporte à Dieu et à mon épée.

HENRI. Et vous, monsieur le duc, que demandez-vous?

LE DUC DE GUISE. La promesse formelle qu'avant le combat Votre Majesté reconnaîtra la Ligue, et nommera son chef. J'ai dit.

HENRI. Quoique nous ne nous attendissions pas à cette demande, nous vous l'octroyons, mon beau cousin. Messieurs, puisque M. de Guise nous y force, au lieu du bal masqué de cette nuit, nous aurons un conseil d'État. Je vous y convoque tous, messieurs. Quant aux deux champions, nous les invitons à profiter de cet intervalle, pour bien songer au salut de leur âme. Allez, messieurs, allez.

SCÈNE V

HENRI, CATHERINE

HENRI. Eh bien, ma mère, vous devez être contente, vos deux grands ennemis vont se détruire eux-mêmes, et vous devez m'en remercier; car j'ai autorisé un combat que j'aurais pu empêcher.

CATHERINE. Auriez-vous agi ainsi, mon fils, si vous eussiez su qu'une des conditions de ce combat serait de nommer un chef à la Ligue?

HENRI. Non, sur mon âme, ma mère; je comptais sur une diversion.

CATHERINE. Et vous avez résolu?

HENRI. Rien encore, car les chances du combat sont incertaines. Si M. de Guise était tué, eh bien, on enterrerait la Ligue avec son chef; s'il ne l'était pas, . . . alors je prierais Dieu de m'éclairer. Mais, en tout cas, ma résolution une fois prise, je vous en avertis, rien ne m'en fera changer. La vue de mon trône me donne de temps en temps des envies d'être roi, ma mère, et je suis dans un de ces moments-là.

CATHERINE. Eh! mon fils, qui plus que moi désire vous voir une volonté ferme et puissante? Miron[2] me recommande le repos. Et, plus que jamais, je désire n'avoir aucune part du fardeau de l'État.

HENRI. Si je ne m'abuse, ma mère, j'ai vu s'étendre aujourd'hui vers mon trône un bras bardé de fer qui avait volonté de me débarrasser d'une partie, si ce n'est du tout.

CATHERINE. Et probablement vous lui accorderez ce qu'il demande, car ce chef que la Ligue exige par sa voix. . . .

HENRI. Oui, oui, j'ai bien vu qu'il plaidait pour lui-même; et peut-être, ma mère, m'épargnerais-je bien des tourments en m'abandonnant à lui . . . comme l'a fait mon frère François II, après la conjuration d'Amboise.[3] Et cependant, je n'aime pas qu'on vienne me prier armé comme l'était mon cousin de Guise; les genoux plient mal dans des cuissards[4] d'acier.

CATHERINE. Et jamais votre cousin de Guise n'a plié le genou devant vous, qu'il n'ait, en se relevant, emporté un morceau de votre manteau royal.

HENRI. Par la mort-Dieu! il n'a jamais forcé notre volonté, cependant. Ce que nous lui avons accordé a toujours été de notre plein gré . . . et, cette fois encore, si nous le nommons chef de la Ligue, ce sera un devoir que nous lui imposerons comme son maître.

CATHERINE. Tous ces devoirs le rapprochent du trône, mon fils! et malheur . . . malheur à vous, s'il met jamais le pied sur le velours de la première marche!

HENRI. Ce que vous dites là, ma mère, l'appuieriez-vous sur quelques raisons?

CATHERINE. Cette Ligue, que vous

---

[1] That is, of the ground on which the duel will be fought, and an equally favorable position in regard to the sun.

[2] *Miron*, court physician under Charles IX and Henri III.

[3] *Amboise*. This conspiracy formed by Condé and the Huguenots against Francis II and the Guises in 1560 failed.

[4] *cuissards*, pieces of armor that covered the thighs (cuisses).

allez autoriser, savez-vous quel est son but?

HENRI. De soutenir l'autel et le trône.

CATHERINE. C'est du moins ce que dit votre cousin de Guise; mais du moment qu'un sujet se constitue, de sa propre autorité, défenseur de son roi, mon fils, il n'est pas loin d'être un rebelle.

HENRI. M. le duc aurait-il de si coupables desseins?

CATHERINE. Les circonstances l'accusent, du moins. Hélas! mon fils, je ne puis plus veiller sur vous comme je le faisais autrefois, et cependant, peut-être aurai-je encore le bonheur de déjouer un grand complot.

HENRI. Un complot! on conspirerait contre moi? Dites, dites, ma mère. Quel est ce papier?

CATHERINE. Un agent du duc de Guise, l'avocat Jean David, est mort à Lyon. Son valet était un homme à moi; tous ses papiers m'ont été envoyés, celui-ci en faisait partie.

HENRI. Voyons, ma mère, voyons. (*Après avoir jeté un coup d'œil sur le papier.*) Comment! un traité entre don Juan d'Autriche [1] et le duc de Guise! un traité par lequel ils s'engagent à s'aider mutuellement à monter, l'un sur le trône des Pays-Bas, l'autre sur le trône de France! Sur le trône de France? que comptaient-ils donc faire de moi, ma mère?

CATHERINE. Voyez le dernier article de l'acte d'association des ligueurs, car le voici tel, non pas que vous le connaissez, mon cher Henri, mais tel qu'il a été présenté à la sanction du saint-père, qui a refusé de l'approuver.

HENRI, *lisant.* « Puis, quand le duc de Guise aura exterminé les huguenots, se sera rendu maître des principales villes du royaume, et que tout pliera sous la puissance de la Ligue, il fera faire le procès à Monsieur,[2] comme à un fauteur manifeste des hérétiques, et, après avoir rasé le roi et l'avoir confiné dans un couvent. . . .» Dans un couvent! . . . Ils veulent m'ensevelir dans un cloître! . . .

CATHERINE. Oui, mon fils; ils disent que c'est là que votre dernière couronne vous attend.

HENRI. Ma mère, est-ce que M. le duc l'oserait?

CATHERINE. Pépin [3] a fondé une dynastie, mon fils: et qu'a donné Pépin à Childéric, en échange de son manteau royal?

HENRI. Un cilice, ma mère; un cilice, je le sais; mais les temps sont changés; pour arriver au trône de France, il faut que la naissance y donne des droits.

CATHERINE. Ne peut-on en supposer? Voyez cette généalogie.

HENRI. La maison de Lorraine remonterait à Charlemagne? Cela n'est pas, vous savez bien que cela n'est pas.

CATHERINE. Vous voyez que les mesures sont prises pour qu'on croie que cela est.

HENRI. Ah! notre cousin de Guise, vous en voulez terriblement à notre belle couronne de France. Ma mère, ne pourrait-on pas le punir d'oser y prétendre sans notre permission?

CATHERINE. Je vous comprends, mon fils; mais ce n'est pas le tout de couper, il faut recoudre.

HENRI. Mais il se bat demain avec Saint-Mégrin. Saint-Mégrin est brave et adroit.

CATHERINE. Et croyez-vous que le duc de Guise soit moins brave et moins adroit que lui?

HENRI. Ma mère, si nous faisions bénir l'épée de Saint-Mégrin. . . .

CATHERINE. Mon fils, si le duc de Guise fait bénir la sienne.

HENRI. Vous avez raison. Mais qui m'empêche de nommer Saint-Mégrin chef de la Ligue?

CATHERINE. Et qui voudra le reconnaître? a-t-il un parti? Peut-être y aurait-il un moyen de tout conjurer, mon fils; mais il faudrait de la résolution.

HENRI, *hésitant.* De la résolution!

CATHERINE. Oui; soyez roi, M. de Guise deviendra sujet soumis, sinon respectueux. Je le connais mieux que vous, Henri; il n'est fort que parce que vous êtes faible; sous son énergie apparente, il cache un caractère irrésolu. C'est un roseau peint en fer. Appuyez, il pliera.

HENRI. Oui, oui, il pliera. Mais quel est ce moyen? Voyons! . . . faut-il les

---

[1] *Don Juan d'Autriche*, illegitimate son of Charles V and governor of the Netherlands under Spanish rule. Died at Namur in 1578.

[2] *Monsieur*, title of the king's brother.

[3] *Pépin (le Bref)*, chief minister of the do-nothing king Childéric whom he dethroned and put in a monastery, thus founding the Carolingian dynasty.—*un cilice*, a habit of sack cloth.

exiler tous deux? Je suis prêt à signer leur exil.

CATHERINE. Non; peut-être ai-je un autre moyen. Mais jurez-moi qu'à l'avenir vous me consulterez avant eux sur tout ce que vous voudrez faire.

HENRI. N'est-ce que cela, ma mère? Je vous le jure.

CATHERINE. Mon fils, les serments prononcés devant l'autel sont plus agréables à Dieu.

HENRI. Et lient mieux les hommes, n'est-ce pas? Eh bien, venez, ma mère, je m'abandonne entièrement à vous.

CATHERINE. Oui, mon fils, passons dans votre oratoire.

ACTE TROISIÈME

L'oratoire de la DUCHESSE DE GUISE

SCÈNE I

ARTHUR, MADAME DE COSSÉ, MARIE

MADAME DE COSSÉ, *déposant sur une table de toilette un domino noir.* Concevez-vous, Marie, madame la duchesse de Guise, qui veut aller au bal de la cour en simple domino?

MARIE, *déposant des fleurs sur la même table.* C'est que madame la duchesse n'est pas coquette.

MADAME DE COSSÉ. Mais, sans être coquette, on peut tirer parti de ses avantages. A quoi servira-t-il d'être jolie et bien faite, si l'on se couvre la figure de ce masque noir, et si l'on s'enveloppe la taille de ce domino large comme une robe d'ermite? pourquoi ne pas se mettre en Diane ou en Hébé?[1]

ARTHUR. C'est qu'elle veut vous laisser ce costume, madame de Cossé.

MADAME DE COSSÉ. Voyez donc ce petit muguet![2] Allez ramasser l'éventail de votre maîtresse, ou porter la queue de sa robe, et ne parlez pas toilette; vous n'y connaissez encore rien. Dans trois ou quatre ans, à la bonne heure!

ARTHUR. Tiens! Je vais avoir quinze ans.

MADAME DE COSSÉ. Quatorze ans, mon beau page, ne vous déplaise.

MARIE. Ce domino, d'ailleurs, n'est que pour entrer dans la salle de bal. Une partie des dames, vous le savez, ne se masquent que pour jouir du premier coup d'œil, et reviennent ensuite en costume de ville.

MADAME DE COSSÉ. Et voilà le tort. Autrefois, on conservait son déguisement toute la nuit. Par exemple, au fameux bal masqué qui eut lieu lors de l'avènement au trône de Henri II, il y a vingt-cinq ans. Je n'en avais que vingt.

ARTHUR. Il y a trente ans, madame de Cossé, ne vous en déplaise.

MADAME DE COSSÉ. Vingt-cinq ou trente, peu importe. Alors je n'en avais que quinze. Eh bien, tout le monde resta en costume, jusqu'au moment où l'astronome Lucas Gaudric[3] prédit au roi qu'il serait tué dans un combat singulier. Onze ans après Montgomery[4] accomplit la prédiction.

ARTHUR. C'est bien malheureux! depuis ce temps, il n'y a plus de tournois.

MADAME DE COSSÉ. C'est effectivement quelque chose de bien fâcheux. Il ferait beau voir jouter les jeunes gens de votre époque: voilà de plaisants damerets,[5] en comparaison des chevaliers de Henri II.

ARTHUR. Vous pourriez même dire, en comparaison des chevaliers du roi François I[r]. Vous les avez vus, madame de Cossé.

MADAME DE COSSÉ. J'étais un enfant. Je ne m'en souviens pas. Un enfant au berceau, entendez-vous?

MARIE. Mais il me semble, madame, que le baron-duc d'Épernon, le vicomte de Joyeuse, le seigneur de Bussy, le baron de Dunes. . . .

ARTHUR. Et le comte de Saint-Mégrin, donc!

MADAME DE COSSÉ. Ah! vous voilà encore avec votre petit Bordelais. J'aurais bien voulu le voir, avec une armure de deux cents livres, comme celle que portait M. de Cossé, mon noble époux, quand il me couronna dame de la beauté et des amours, et brisa en mon honneur

[1] *Hébé*, goddess of youth who poured wine for the gods.
[2] *muguet*, little dandy.
[3] *Lucas Gaudric*, an Italian astrologer, 1476–1558.
[4] *Montgomery* mortally wounded Henri II in a friendly tournament by running a lance through his eye. Afterward he fought on the side of the Protestants, was captured and executed in 1574.
[5] *damerets*, effeminate dandies.

cinq lances, dont M. de Saint-Mégrin ne pourrait pas remuer la plus petite avec les deux mains. C'était au fameux tournoi de Soissons.

MARIE. Au fameux tournoi de Soissons? . . .

ARTHUR. Eh! oui, . . . au fameux tournoi de Soissons, en 1546, un an avant la mort du roi François Ier, quand madame de Cossé était encore au berceau.

MADAME DE COSSÉ. Petit drôle! vous vous fiez bien à ce que vous êtes le parent de madame la duchesse de Guise.

SCÈNE II

LES MÊMES, LA DUCHESSE DE GUISE

ARTHUR, *courant à elle.* Oh! venez, ma belle cousine et maîtresse! et protégez-moi contre le courroux de votre première dame d'honneur.

LA DUCHESSE DE GUISE, *distraite.* Qu'avez-vous fait? encore quelque espièglerie?

ARTHUR. Chevalier discourtois, je me souviens des dates.

MADAME DE COSSÉ, *l'interrompant.* Madame la duchesse paraît préoccupée.

LA DUCHESSE DE GUISE. Moi? Non. . . . N'auriez-vous pas trouvé ici un mouchoir à mes armes?

MARIE. Non, madame.

ARTHUR. Je vais le chercher; et, si je le trouve, quelle sera ma récompense?

LA DUCHESSE DE GUISE. Ta récompense, enfant? Un mouchoir mérite-t-il donc une grande récompense? Eh bien, cherche-le, Arthur.

MARIE. Pendant que madame était retirée dans son appartement, où elle avait dit, en rentrant, qu'elle voulait rester seule, la reine Louise [1] est venue pour lui faire une visite; elle avait dans sa bourse le plus joli petit sapajou.[2] . . .

MADAME DE COSSÉ. Oui, elle désirait connaître le déguisement de madame. Elle est entrée chez madame de Montpensier; et, comme j'y étais, je connais tous les costumes des seigneurs et dames de la cour.

LA DUCHESSE DE GUISE, *à* ARTHUR, *qui revient s'asseoir à ses pieds.* Eh bien?

ARTHUR. Je n'ai rien trouvé.

MADAME DE COSSÉ. M. de Joyeuse est en Alcibiade. Il a un casque d'or massif. Son costume lui coûte, dit-on, dix mille livres tournois. M. d'Épernon est. . . .

ARTHUR. Et M. de Saint-Mégrin? (LA DUCHESSE *tressaille.*)

MADAME DE COSSÉ. Ah! . . . M. de Saint-Mégrin? Il avait aussi un costume très brillant; mais, aujourd'hui, il en a commandé un autre, tout simple, un costume d'astrologue, semblable à celui que porte Côme Ruggieri.

LA DUCHESSE DE GUISE. Ruggieri? Dites-moi, Ruggieri ne demeure-t-il pas rue de Grenelle, près l'hôtel de Soissons?

MARIE. Oui.

LA DUCHESSE DE GUISE, *à part.* Plus de doute! . . . c'était chez lui. . . . J'avais cru le reconnaître. . . . (*Haut.*) N'est-il venu aucune autre personne?

MADAME DE COSSÉ. Si, M. Brantôme,[3] pour vous offrir le volume de ses *Dames galantes.* Je l'ai déposé sur cette table. La reine de Navarre y joue un grand rôle. Et puis M. Ronsard [4] est aussi venu . . . il voulait absolument vous voir. Vous lui avez reproché, l'autre jour, chez madame de Montpensier, de ne pas assez soigner ses rimes, et il vous apportait une petite pièce de vers.

LA DUCHESSE DE GUISE, *avec distraction.* Sur la rime?

MADAME DE COSSÉ. Non, madame; mais mieux rimée qu'il n'a coutume de le faire. Madame la duchesse veut-elle les entendre?

LA DUCHESSE DE GUISE. Donnez à Arthur, il les lira.

ARTHUR, *lisant.*

Mignonne, allons voir si la rose
Qui, ce matin, avoit desclose [5]
Sa robe de pourpre au soleil,
N'a point perdu, cette vesprée,
Les plis de sa robe pourprée,
Et son teint au vostre pareil.

Las! voyez comme en peu d'espace,
Mignonne, elle a, dessus la place,
Las, las! ses beautés laissé choir.
O vrayment marastre nature!
Puisqu'une telle fleur ne dure
Que du matin jusques au soir!

---

[1] *Louise*, the queen, generally called *la reine Louise* to distinguish her from Catherine, *la reine mère*.
[2] *sapajou*, a small monkey.
[3] *Brantôme*, 1535–1614, great prose writer, author of *Vie des grands capitaines*, *Dames galantes*, *etc.*
[4] *Ronsard*, see p. 123, note 7. The poem quoted is one of his best known works.
[5] *avoit desclose*, avait ouvert.

Or donc, écoutez-moi, mignonne:
Tandis que votre âge fleuronne,
Dans sa plus verte nouveauté,
Cueillez, cueillez votre jeunesse;
Comme à cette fleur, la vieillesse
Fera ternir votre beauté.

La Duchesse de Guise, *toujours distraite*. Mais il me semble qu'ils sont bien, ces vers.

Arthur. Oh! M. de Saint-Mégrin en fait au moins d'aussi jolis.

La Duchesse de Guise. M. de Saint-Mégrin?

Madame de Cossé. Ce ne sont pas des vers amoureux, toujours.

Arthur. Et pourquoi cela?

Madame de Cossé. Il est probable qu'il n'a encore trouvé aucune femme digne de son amour, puisqu'il est le seul, parmi tous les jeunes gens de la cour, qui ne porte pas le chiffre de sa dame sur son manteau.

Arthur. Et s'il aimait quelqu'un dont il ne pût porter le chiffre? Cela peut être.

La Duchesse de Guise. Oui, . . . cela peut être.

Madame de Cossé, *à* Arthur. Mais qu'a donc de si remarquable ce petit comte de Saint-Mégrin, pour être l'objet de votre enthousiasme?

Arthur. Si remarquable? Ah! je ne demande rien que d'être digne de devenir son page, quand je ne pourrai plus être celui de ma belle cousine.

La Duchesse de Guise. Tu l'aimes donc bien?

Arthur. Si j'étais femme, je n'aurais pas d'autre chevalier.

La Duchesse de Guise, *vivement*. Mesdames, je puis achever seule ma toilette; je vous rappellerai, si j'ai besoin de vous. Reste, Arthur, reste; j'ai quelques commissions à te donner.

SCÈNE III

La Duchesse de Guise, Arthur

Arthur. J'attends vos ordres.

La Duchesse de Guise. Bien; mais je ne sais plus ce que j'avais à t'ordonner. Je suis distraite, préoccupée. . . . Que tu es bizarre, avec ton fanatisme pour ce jeune vicomte de Joyeuse!

Arthur. Joyeuse? . . . Non . . . Saint-Mégrin.

La Duchesse de Guise. Ah! oui, . . . c'est vrai; mais que trouves-tu de si extraordinaire en ce jeune homme? Moi, je cherche en vain.

Arthur. Vous ne l'avez donc pas vu courir la bague [1] avec le roi?

La Duchesse de Guise. Si.

Arthur. Et qui donc pourriez-vous lui comparer pour l'adresse? S'il monte à cheval, c'est toujours le cheval le plus fougueux qui est le sien; s'il se bat moins souvent que les autres, c'est que l'on connaît sa force, et qu'on hésite à lui chercher querelle. Le roi seul, peut-être, pourrait se défendre contre lui. Tous nos jeunes seigneurs de la cour lui portent envie, et cependant la coupe de leur pourpoint et de leur manteau est toujours reglée sur celle des siens.

La Duchesse de Guise. Oui, oui, c'est vrai. . . . Il est homme de bon goût; mais madame de Cossé parlait de sa froideur pour les dames, et tu ne voudrais pas prendre pour modèle un chevalier qui ne les aimât pas.

Arthur. La dame de Sauve est là pour témoigner du contraire.

La Duchesse de Guise, *vivement*. La dame de Sauve! On dit qu'il ne l'a jamais aimée.

Arthur. S'il ne l'aime plus, il en aime certainement une autre.

La Duchesse de Guise. T'aurait-il choisi pour son confident? Il ne ferait pas preuve de prudence, en le prenant si jeune.

Arthur. Si j'étais son confident, ma belle cousine, on me tuerait plutôt que de m'arracher son secret. Mais il ne m'a rien confié. J'ai vu.

La Duchesse de Guise. Tu as vu . . . quoi? . . . qu'as-tu vu?

Arthur. Vous vous rappelez le jour où le roi invita toute la cour à visiter les lions qu'il avait fait venir de Tunis, et qu'on avait placés au Louvre avec ceux qu'il y nourrit déjà?

La Duchesse de Guise. Oh! oui. Leur aspect seul m'a effrayée, quoique je les visse d'une galerie élevée de dix pieds au-dessus d'eux.

Arthur. Eh bien, à peine en étions-nous sortis que leur gardien poussa un cri; je rentrai: M. de Saint-Mégrin venait de s'élancer dans l'enceinte des animaux pour y ramasser un bouquet qu'y avait laissé tomber une dame.

[1] *la bague*, game in which galloping horsemen tried to dislodge with the point of the sword rings hanging from a wooden arm extending horizontally from a post.

La Duchesse de Guise. Le malheureux! ce bouquet était le mien.

Arthur. Le vôtre, ma belle cousine?

La Duchesse de Guise. Ai-je dit le mien? Oui, le mien, ou celui de madame de Sauve. Vous savez qu'il a éperdument aimé madame de Sauve. Le fou! Et que faisait-il de ce bouquet?

Arthur. Oh! il l'appuyait avec passion sur sa bouche, il le pressait contre son cœur. Le gardien ouvrit une porte, et le fit sortir presque de force. Il riait comme un insensé, lui jetait de l'argent; puis il m'aperçut, cacha le bouquet dans sa poitrine, s'élança sur un cheval qui l'attendait dans la cour du Louvre, et disparut.

La Duchesse de Guise. Est-ce tout? . . . est-ce tout? . . . Oh! encore, encore! . . . parle-moi encore de lui!

Arthur. Et depuis, je l'ai vu, il. . . .

La Duchesse de Guise. Silence, enfant! . . . M. le duc. . . . Reste près de moi, Arthur; ne me quitte pas que je ne te l'ordonne.

SCÈNE IV

Les Mêmes, le Duc de Guise

Le Duc de Guise. Vous étiez levée, madame. Alliez-vous rentrer dans votre appartement?

La Duchesse de Guise. Non, monsieur le duc, j'allais appeler mes femmes, pour ma toilette.

Le Duc de Guise. Elle est inutile, madame: le bal n'a pas lieu, et vous devez en être contente, vous paraissiez n'y aller qu'à contre-cœur?

La Duchesse de Guise. Je suivais vos ordres, et j'ai fait ce que j'ai pu pour que vous ne vissiez pas qu'ils m'étaient pénibles.

Le Duc de Guise. Que voulez-vous! . . . J'ai compris que cette reclusion à laquelle vous vous condamniez était ridicule à votre âge . . . et qu'il fallait, de temps en temps, vous montrer à la cour; certaines personnes, madame, pourraient y remarquer votre absence, et l'attribuer à des motifs. . . . Mais il s'agit d'autre chose, madame. . . . Arthur, laissez-moi.

La Duchesse de Guise. Et pourquoi éloigner cet enfant, monsieur le duc? est-ce donc un entretien secret que vous voudriez?

Le Duc de Guise. Et pourquoi le retenir, madame? Craindriez-vous de rester seule avec moi?

La Duchesse de Guise. Moi, monsieur! et pourquoi?

Le Duc de Guise. En ce cas, sortez, Arthur. Eh bien? . . .

Arthur. J'attends les ordres de ma maîtresse, monsieur le duc.

Le Duc de Guise. Vous l'entendez, madame?

La Duchesse de Guise. Arthur, éloignez-vous.

Arthur. J'obéis. (*Il sort.*)

SCÈNE V

La Duchesse de Guise, le Duc de Guise

Le Duc de Guise. Vrai-Dieu! madame, il est bizarre que les ordres donnés par ma bouche aient besoin d'être ratifiés par la vôtre.

La Duchesse de Guise. Ce jeune homme m'appartient, et il a cru devoir attendre de moi-même. . . .

Le Duc de Guise. Cette obstination n'est pas naturelle, madame; on connaît Henri de Lorraine, et l'on sait qu'il a toujours chargé son poignard de réitérer un ordre de sa bouche.

La Duchesse de Guise. Eh! monsieur, quelle conséquence pouvez-vous tirer de plus ou moins d'obéissance de cet enfant?

Le Duc de Guise. Moi? Aucune. Mais j'avais besoin de son absence pour vous exposer plus librement le motif qui m'amène. Voulez-vous bien me servir de secrétaire?

La Duchesse de Guise. Moi, monsieur! Et pour écrire à qui?

Le Duc de Guise. Que vous importe! c'est moi qui dicterai. (*En approchant une plume et du papier.*) Voilà ce qu'il vous faut.

La Duchesse de Guise. Je crains de ne pouvoir former un seul mot; ma main tremble; ne pourriez-vous par une autre personne? . . .

Le Duc de Guise. Non, madame, il est indispensable que ce soit vous.

La Duchesse de Guise. Mais, au moins, remettez à plus tard. . . .

Le Duc de Guise. Cela ne peut se remettre, madame; d'ailleurs, il suffira que votre écriture soit lisible. Écrivez donc.

La Duchesse de Guise. Je suis prête.

Le Duc de Guise, *dictant.* « Plusieurs membres de la Sainte-Union se rassemblent cette nuit à l'hôtel de Guise; les portes en resteront ouvertes jusqu'à une heure du matin; vous pouvez, à l'aide d'un costume de ligueur, passer sans être aperçu. L'appartement de madame la duchesse de Guise est au deuxième étage.»

La Duchesse de Guise. Je n'écrirai pas davantage, que je ne sache à qui est destiné ce billet. . . .

Le Duc de Guise. Vous le verrez, madame, en mettant l'adresse.

La Duchesse de Guise. Elle ne peut être pour vous, monsieur; et à tout autre, elle compromet mon honneur.

Le Duc de Guise. Votre honneur. Vive-Dieu! madame; et qui doit en être plus jaloux que moi? Laissez-m'en juge, et suivez mon désir.

La Duchesse de Guise. Votre désir? Je dois m'y refuser.

Le Duc de Guise. Obéissez à mes ordres, alors.

La Duchesse de Guise. A vos ordres? Peut-être ai-je le droit d'en demander la cause.

Le Duc de Guise. La cause, madame? Tous ces retardements me prouvent que vous la connaissez.

La Duchesse de Guise. Moi! et comment?

Le Duc de Guise. Peu importe! écrivez.

La Duchesse de Guise. Permettez que je me retire. . . .

Le Duc de Guise. Vous ne sortirez pas.

La Duchesse de Guise. Vous n'obtiendrez rien de moi en me contraignant à rester.

Le Duc de Guise, la forçant à s'asseoir. Peut-être vous réfléchirez, madame: mes ordres, méprisés par vous, ne le sont point encore par tout le monde et, d'un mot, je puis substituer à l'oratoire élégant de l'hôtel de Guise l'humble cellule d'un cloître.

La Duchesse de Guise. Désignez-moi le couvent où je dois me retirer, monsieur le duc; les biens que je vous ai apportés comme princesse de Porcian [1] y paieront la dot de la duchesse de Guise.

Le Duc de Guise. Oui, madame; sans doute, vous jugez en vous-même que ce ne serait qu'une faible expiation. D'ailleurs, l'espoir vous suivrait au delà de la grille; il n'est point de murs si élevés qu'on ne puisse franchir, surtout si on y

est aidé par un chevalier adroit, puissant et dévoué. Non, madame, non, je ne vous laisserai pas cette chance. Mais revenons à cette lettre; il faut qu'elle s'achève.

La Duchesse de Guise. Jamais, monsieur, jamais!

Le Duc de Guise. Ne me poussez pas à bout, madame; c'est déjà beaucoup que j'aie consenti à vous menacer deux fois.

La Duchesse de Guise. Eh bien, je préfère une reclusion éternelle.

Le Duc de Guise. Mort et damnation! croyez-vous donc que je n'aie que ce moyen?

La Duchesse de Guise. Et quel autre? . . . (Le Duc verse le contenu d'un flacon dans une petite coupe.) Ah! vous ne voudriez pas m'assassiner. . . . Que faites-vous, monsieur de Guise? que faites-vous?

Le Duc de Guise. Rien. J'espère seulement que la vue de ce breuvage aura une vertu que n'ont point mes paroles.

La Duchesse de Guise. Eh quoi! vous pourriez? . . . Ah!

Le Duc de Guise. Écrivez, madame, écrivez.

La Duchesse de Guise. Non, non. Oh! mon Dieu! mon Dieu!

Le Duc de Guise, saisissant la coupe. Eh bien? . . .

La Duchesse de Guise. Henri, au nom du ciel! Je suis innocente, je vous le jure. Que la mort d'une faible femme ne souille pas votre nom. Henri, ce serait un crime affreux, car je ne suis pas coupable; j'embrasse vos genoux; que voulez-vous de plus? Oui, oui, je crains la mort.

Le Duc de Guise. Il y a un moyen de vous y soustraire.

La Duchesse de Guise. Il est plus affreux qu'elle encore. Mais non, tout cela n'est qu'un jeu pour m'épouvanter. Vous n'avez pas pu avoir, vous n'avez pas eu cette exécrable idée.

Le Duc de Guise, riant. Un jeu, madame!

La Duchesse de Guise. Non. . . . Votre sourire m'a tout dit. . . . Laissez-moi un instant pour me recueillir. (Elle baisse la tête entre ses mains, et prie.)

Le Duc de Guise. Un instant, madame, rien qu'un instant.

La Duchesse de Guise, après s'être

---

[1] *Porcian;* The first husband of the Duchess, was Prince of Porcian.

recueillie. Et maintenant, O mon Dieu! aie pitié de moi!

LE DUC DE GUISE. Êtes-vous décidée?

LA DUCHESSE DE GUISE, *se relevant toute seule.* Je le suis.

LE DUC DE GUISE. A l'obéissance?

LA DUCHESSE DE GUISE, *prenant la coupe.* A la mort!

LE DUC DE GUISE, *lui arrachant la coupe et la jetant à terre.* Vous l'aimiez bien, madame! . . . Elle a préféré. . . . Malédiction! malédiction sur vous et sur lui! . . . sur lui surtout qui est tant aimé! Écrivez.

LA DUCHESSE DE GUISE. Malheur! malheur à moi!

LE DUC DE GUISE. Oui, malheur! car il est plus facile à une femme d'expirer que de souffrir. (*Lui saisissant le bras avec son gant de fer.*) Écrivez.

LA DUCHESSE DE GUISE. Oh! laissez-moi.

LE DUC DE GUISE. Écrivez.

LA DUCHESSE DE GUISE, *essayant de dégager son bras.* Vous me faites mal, Henri.

LE DUC DE GUISE. Écrivez, vous dis-je!

LA DUCHESSE DE GUISE. Vous me faites bien mal, Henri; vous me faites horriblement mal. . . . Grâce! grâce! ah!

LE DUC DE GUISE. Écrivez donc.

LA DUCHESSE DE GUISE. Le puis-je? Ma vue se trouble. . . . Une sueur froide. . . . O mon Dieu! mon Dieu! je te remercie, je vais mourir. (*Elle s'évanouit.*)

LE DUC DE GUISE. Eh! non, madame.

LA DUCHESSE DE GUISE. Qu'exigez-vous de moi?

LE DUC DE GUISE. Que vous m'obéissiez.

LA DUCHESSE DE GUISE, *accablée.* Oui! oui! j'obéis. Mon Dieu! tu le sais, j'ai bravé la mort . . . la douleur seule m'a vaincue . . . elle a été au delà de mes forces. Tu l'as permis, ô mon Dieu! le reste est entre tes mains.

LE DUC DE GUISE, *dictant.* « L'appartement de madame la duchesse de Guise est au deuxième étage, et cette clef en ouvre la porte.» L'adresse maintenant. (*Pendant qu'il plie la lettre,* MADAME DE GUISE *relève sa manche, et l'on voit sur son bras des traces bleuâtres.*)

LA DUCHESSE DE GUISE. Que dirait la noblesse de France, si elle savait que le duc de Guise a meurtri un bras de femme avec un gantelet de chevalier?

LE DUC DE GUISE. Le duc de Guise en rendra raison à quiconque viendra la lui demander. Achevez: « A Monsieur le comte de Saint-Mégrin.»

LA DUCHESSE DE GUISE. C'était donc bien à lui?

LE DUC DE GUISE. Ne l'aviez-vous pas deviné?

LA DUCHESSE DE GUISE. Monsieur le duc, ma conscience me permettait d'en douter, du moins.

LE DUC DE GUISE. Assez, assez. Appelez un de vos pages, et remettez-lui cette lettre (*allant à la porte du salon et ôtant la clef*) et cette clef.

LA DUCHESSE DE GUISE. Ah! monsieur de Guise! puisse-t-on avoir plus pitié de vous que vous n'avez eu pitié de moi!

LE DUC DE GUISE. Appelez un page.

LA DUCHESSE DE GUISE. Aucun n'est là. . . .

LE DUC DE GUISE. Arthur, votre page favori, ne doit pas être loin; appelez-le, je vous l'ordonne! appelez-le! . . . Mais, auparavant, madame, faites bien attention que je suis là, derrière cette portière. . . . Un seul signe, un seul mot, cet enfant est mort . . . et c'est vous qui l'aurez tué. . . . (*Il siffle.*) Songez-y, madame. . . .

LA DUCHESSE, *appelant.* Arthur!

SCÈNE VI

LES MÊMES, ARTHUR

ARTHUR. Me voilà, madame; Dieu! . . . grand Dieu! que vous êtes pâle! . . .

LA DUCHESSE DE GUISE. Moi, pâle? Non, non, . . . tu te trompes. . . . (*Lui tendant la lettre et la retirant.*) Ce n'est rien. . . . Éloigne-toi, Arthur, éloigne-toi. . . .

ARTHUR. Moi, vous quitter, quand vous souffrez! . . . Voulez-vous que j'appelle vos femmes?

LA DUCHESSE DE GUISE. Garde-t'en bien, Arthur! . . . Prends cette lettre, . . . cette clef, . . . et va-t'en. . . . Pars! . . . pars! . . .

ARTHUR, *lisant.* « A Monsieur le comte de Saint-Mégrin. . . .» Oh! qu'il sera heureux, madame! . . . Je cours. . . . (*Il sort.*)

LA DUCHESSE DE GUISE. Heureux? . . . Oh! non . . . non, reviens! . . . reviens, Arthur! . . . Arthur! . . .

LE DUC DE GUISE, *lui mettant la main sur la bouche.* Silence, madame!

LA DUCHESSE DE GUISE, *tombant dans ses bras.* Ah! . . .

Le Duc de Guise, *l'emportant dans le salon, et refermant la porte avec une double clef.* Et, maintenant, que cette porte ne se rouvre plus que pour lui!

ACTE QUATRIÈME

Même décoration qu'au deuxième acte

SCÈNE I

Arthur, *puis* Saint-Mégrin

Arthur. Dans la salle du conseil, l'appartement de M. de Saint-Mégrin, à gauche. . . . (Saint-Mégrin *sort de son appartement.*) Pour vous, comte.

Saint-Mégrin. Cette lettre et cette clef sont pour moi, dis-tu? Oui. . . . « A Monsieur le comte de Saint-Mégrin.» De qui les tiens-tu? . . .

Arthur. Quoique vous ne les attendissiez de personne, ne pouviez-vous les espérer de quelqu'un?

Saint-Mégrin. De quelqu'un? . . . Comment? . . . Et qui es-tu, toi-même?

Arthur. Êtes-vous si ignorant en blason, comte, que vous ne puissiez reconnaître les armes réunies de deux maisons souveraines? . . .

Saint-Mégrin. La duchesse de Guise! . . . (*Lui mettant la main sur la bouche.*) Tais-toi! . . . Je sais tout. . . . (*Il lit.*) Elle-même t'a remis cette lettre? . . .

Arthur. Elle-même.

Saint-Mégrin. Elle-même! . . . Jeune homme, ne cherche pas à m'abuser! . . . Je ne connais pas son écriture. . . . Avoue-le-moi, tu as voulu me tromper. . . .

Arthur. Moi, vous tromper? . . . Ah! . . .

Saint-Mégrin. Où t'a-t-elle remis cette lettre?

Arthur. Dans son oratoire.

Saint-Mégrin. Elle était seule?

Arthur. Seule.

Saint-Mégrin. Et que paraissait-elle éprouver?

Arthur. Je ne sais, mais elle était pâle, et tremblante.

Saint-Mégrin. Dans son oratoire! seule, pâle et tremblante! . . . Tout cela devait être, et cependant j'étais si loin de m'attendre. . . . Non, c'est impossible. (*Il relit.*) « Plusieurs membres de la Sainte-Union se rassemblent cette nuit à l'hôtel de Guise; les portes en resteront ouvertes jusqu'à une heure du matin. A l'aide d'un déguisement de ligueur, vous pouvez passer sans être aperçu. L'appartement de madame la duchesse de Guise est au deuxième étage, et cette clef en ouvre la porte.—A Monsieur le comte de Saint-Mégrin.» C'est bien à moi . . . pour moi; ce n'est point un songe, . . . ma tête ne s'égare pas. . . . Cette clef, . . . ce papier, . . . ces lignes tracées, tout est réel! . . . il n'y a point là d'illusion. . . . (*Il porte la lettre à ses lèvres.*) Je suis aimé! . . . aimé! . . .

Arthur. A votre tour, comte, silence! . . .

Saint-Mégrin. Oui, tu as raison, silence! et à toi aussi, jeune homme, silence! . . . Sois muet comme la tombe. . . . Oublie ce que tu as fait, ce que tu as vu, ne te rappelle plus mon nom, ne te rappelle plus celui de ta maîtresse. Elle a montré de la prudence en te chargeant de ce message. Ce n'est point parmi les enfants qu'on doit craindre les délateurs.

Arthur. Et moi, comte, je suis fier d'avoir un secret à nous deux.

Saint-Mégrin. Oui; . . . mais un secret terrible; un de ces secrets qui tuent. Ah! fais en sorte que ta physionomie ne le trahisse pas, que tes yeux ne le révèlent jamais. . . . Tu es jeune: conserve la gaieté et l'insouciance de ton âge. S'il arrive que nous nous rencontrions, passe sans me connaître, sans m'apercevoir; si tu avais encore dans l'avenir quelque chose à m'apprendre, ne l'exprime point par des paroles, ne le confie pas au papier; un signe, un regard me dira tout. . . . Je devinerai le moindre de tes gestes; je comprendrai ta plus secrète pensée. Je ne puis te récompenser du bonheur que je te dois. . . . Mais, si jamais tu avais besoin de mon aide ou de mon secours, viens à moi, parle . . . et ce que tu demanderas, tu l'auras, sur mon âme, fût-ce mon sang. Sors, sors, maintenant, et garde que personne ne te voie. . . . Adieu, adieu!

Arthur, *lui pressant la main.* Adieu, comte, adieu!

SCÈNE II

Saint-Mégrin, *puis* Georges

Saint-Mégrin. Va, jeune homme, et que le ciel veille sur toi! Ah! je suis aimé! . . . Mais il est dix heures; j'ai à peine le temps de me procurer le costume à l'aide duquel. . . . Georges! Georges! (*Son valet entre.*) Il me faut pour ce soir un costume de ligueur; occupe-toi à l'instant de te le procurer. Que je le trouve ici quand j'en aurai besoin; va. (GEORGES *sort.*) Mais qui vient ici? . . . Ah! c'est Côme Ruggieri.

SCÈNE III

SAINT-MÉGRIN, RUGGIERI

SAINT-MÉGRIN. Viens, oh! viens, mon père, que je te remercie. Eh bien, toutes tes prédictions se sont réalisées. Je te rends grâce, car je suis heureux; oh! oui, oui, plus heureux que tu ne peux le croire. . . . Tu ne me réponds pas, tu m'examines!

RUGGIERI, *le conduisant vers la lumière.* Jeune homme, avance avec moi.

SAINT-MÉGRIN. Oh! que peux-tu lire sur mon front, si ce n'est un avenir d'amour et de bonheur? . . .

RUGGIERI. La mort, peut-être.

SAINT-MÉGRIN. Que dites-vous, mon père! . . .

RUGGIERI. La mort! . . .

SAINT-MÉGRIN, *riant.* Ah! mon père, de grâce, laissez-moi vivre jusqu'à demain, c'est tout ce que je vous demande.

RUGGIERI. Mon fils, souviens-toi de Dugast.

SAINT-MÉGRIN. Dugast! . . . Il est vrai que je cours un danger; demain, je me bats avec le duc de Guise.

RUGGIERI. Demain! à quelle heure?

SAINT-MÉGRIN. A dix heures.

RUGGIERI. Ce n'est pas cela. Si demain, à dix heures, tu vois encore la lumière du ciel, compte alors sur des jours longs et heureux. (*Allant à la fenêtre.*) Vois-tu cette étoile?

SAINT-MÉGRIN. Qui brille près d'une autre plus brillante encore?

RUGGIERI. Oui; et, à l'occident, distingues-tu ce nuage sombre qui n'est encore qu'un point dans l'immensité?

SAINT-MÉGRIN. Oui; eh bien? . . .

RUGGIERI. Eh bien, dans une heure, cette étoile aura disparu sous ce nuage, et cette étoile, c'est la tienne. (*Il sort.*)

SCÈNE IV

SAINT-MÉGRIN, *puis* JOYEUSE

SAINT-MÉGRIN. Cette étoile, c'est la mienne! Ruggieri, arrête! . . . Il ne m'entend pas; il entre chez la reine mère.

Cette étoile, c'est la mienne; et ce nuage! . . . Vive-Dieu! je suis bien insensé de croire aux paroles de ce visionnaire. . . . Ces signes ne l'ont jamais trompé, dit-il. Dugast, Dugast! et toi aussi, tu volais comme moi à un rendez-vous d'amour, lorsque tu es tombé assassiné; et ton sang, en sortant de tes vingt-deux blessures, bouillait encore d'espérance et de bonheur. Ah! si je dois mourir aussi, mon Dieu! mon Dieu! que je ne meure du moins qu'au retour! (*Entre* JOYEUSE.)

JOYEUSE. Je te cherchais, Saint-Mégrin. Eh bien, que fais-tu là? Est-ce que tu lis dans les astres, toi?

SAINT-MÉGRIN. Moi? Non.

JOYEUSE. Je t'avais pris en entrant pour un astrologue. Quoi! encore? Mais qu'as-tu donc?

SAINT-MÉGRIN. Rien, rien: je regarde le ciel.

JOYEUSE. Il est superbe! les étoiles étincellent.

SAINT-MÉGRIN, *avec mélancolie.* Joyeuse, crois-tu qu'après notre mort, notre âme doive habiter un de ces globes brillants, sur lesquels notre vue s'est arrêtée tant de fois pendant notre vie?

JOYEUSE. Ces pensées ne me sont jamais venues, sur mon âme; elles sont trop tristes. . . . Tu connais ma devise: *Hilariter,* joyeusement! . . . voilà pour ce monde. . . . Quant à l'autre, peu m'importe ce qu'il sera, pourvu que je m'y trouve bien.

SAINT-MÉGRIN, *sans l'écouter.* Crois-tu que, là, nous serons réunis aux personnes que nous avons aimées ici-bas? . . . Dis; crois-tu que l'éternité puisse être le bonheur? . . .

JOYEUSE. Vrai-Dieu! tu deviens fou, Saint-Mégrin; quel diable de langage me parles-tu? Arrange-toi de manière que, demain, à pareille heure, M. de Guise puisse t'en donner des nouvelles sûres, et ne me demande pas cela, à moi. J'ai déjà le cou tout disloqué d'avoir regardé en l'air.

SAINT-MÉGRIN. Tu as raison; oui, je suis un insensé. . . .

JOYEUSE. Voici le roi. . . . Voyons, éloigne cet air soucieux. On dirait, sur mon âme, que ce duel t'inquiète. Est-ce que tu serais fâché? . . .

SAINT-MÉGRIN. Moi, fâché? . . . Vrai-Dieu! s'il me tue, Joyeuse, ce ne sera pas ma vie que je regretterai, ce sera de lui laisser la sienne.

SCÈNE V

Les Mêmes, Henri, d'Épernon, Saint-Luc, Bussy, du Halde, *Plusieurs* Pages *et* Seigneurs; *puis* Catherine de Médicis

Henri. Soyez tranquilles, messieurs, soyez tranquilles: toutes nos mesures sont prises. Seigneur de Bussy, nous vous rendons notre amitié, en récompense de la manière dont vous avez secondé notre brave sujet le comte de Saint-Mégrin.

Bussy d'Amboise. Sire!

Henri, *à* Saint-Mégrin. Te voilà, mon digne ami; pourquoi n'es-tu pas venu me voir? Messieurs, ma mère assistera à la séance; prévenez-la qu'elle va s'ouvrir. Ah! auparavant, sur la première marche, placez un tabouret pour M. le comte de Saint-Mégrin. (*A* Saint-Mégrin.) J'ai à te parler. . . . Par la mort-Dieu! nous voilà tous rassemblés, messieurs; il ne nous manque plus que notre beau cousin de Guise. . . .

Catherine, *entrant.* Il ne se fera pas attendre, mon fils; j'ai aperçu ses pages dans l'antichambre.

Henri. Ils seront les bienvenus, ma mère. Messieurs, prenez vos places. D'Épernon, la tienne est devant cette table; c'est toi qui seras notre secrétaire, en l'absence de Morvilliers. . . .[1]

Catherine. Surtout, sire. . . .

Henri. Soyez tranquille, ma mère, soyez tranquille, vous avez ma parole.

SCÈNE VI

Les Mêmes, le Duc de Guise

Henri. Entrez, mon beau cousin, entrez. Nous avions songé d'abord à faire dresser, nous-même, l'acte de reconnaissance que nous avions promis; mais nous avons pensé, depuis, que celui que M. d'Humières[2] a fait signer aux nobles de Péronne et de la Picardie serait ce qu'il y aurait de mieux. Quant à celui de nomination du chef, un article au bas du premier suffira, et déjà vous avez sans doute quelques idées pour sa rédaction?

Le Duc de Guise. Oui, sire, je m'en suis occupé. J'ai voulu épargner à Votre Majesté la peine . . . l'ennui.

Henri. Vous êtes bien aimable, mon cousin; veuillez donner cet acte à M. le baron d'Épernon: lisez-le-nous à haute et intelligible voix, baron. Or, écoutez, messieurs.

D'Épernon, *lisant.* « Association faite entre les princes, seigneurs, gentilshommes et autres, tant de l'état ecclésiastique que de la noblesse du pays de Picardie. Premièrement. . . .»

Henri. Attends, d'Épernon. Messieurs, nous connaissons tous cet acte, dont je vous ai montré copie; il est donc inutile de lire les dix-huit articles dont il se compose: passez à la fin; et vous, monsieur le duc, approchez et dictez vous-même. Réfléchissez qu'il s'agit de nommer un chef à une grande association! Il faut donc que ce chef ait de grands pouvoirs. . . . Enfin, mon beau cousin, faites comme pour vous.

Le Duc de Guise. Je vous remercie de votre confiance, sire, vous serez content.

Saint-Mégrin. Que faites-vous, sire?

Henri. Laisse-moi.

Le Duc de Guise, *dictant.* « 1° L'homme que Sa Majesté honorera de son choix devra être issu d'une maison souveraine, digne de l'amour et de la confiance des Français par sa conduite passée et sa foi à la religion catholique. 2° Le titre de lieutenant général du royaume de France lui sera octroyé, et les troupes seront mises à sa disposition. 3° Comme ses actions auront pour but le plus grand bien de la cause, il ne devra en rendre compte qu'à Dieu et à sa conscience.»

Henri. Très bien.

Saint-Mégrin. Bien! . . . Et vous pouvez approuver de semblables conditions, sire! . . . revêtir un homme d'une pareille puissance!

Henri. Silence!

Joyeuse. Mais, sire. . . .

Henri. Silence, messieurs! nous désirons, entendez-vous, nous désirons positivement que, quel que soit le choix que nous allons faire, il vous soit agréable. Mon cousin, donnez-leur donc, en bon et loyal sujet, un exemple de soumission. Vous êtes le premier de mon royaume après moi, mon beau cousin, et dans ce cas surtout, vous êtes intéressé à ce qu'on m'obéisse. . . .

Le Duc de Guise. Sire, je reconnais d'avance pour chef de la Sainte-Union celui que vous allez désigner, et je regarderai

---

[1] *Montvilliers*, bishop of Orleans, cabinet minister from 1569 to 1576 is doubtless the person meant.

[2] *Humières*, governor of Péronne, refused to give up the city to Condé and first organized the Catholics against the Huguenots.

comme rebelle quiconque osera braver ses ordres.

HENRI. C'est bien, monsieur le duc. Écris, d'Épernon. (*Se levant devant son trône.*) « Nous, Henri de Valois, par la grâce de Dieu, roi de France et de Pologne, approuvons, par le présent acte rédigé par notre féal et amé [1] cousin Henri de Lorraine, duc de Guise, l'association connue sous le nom de la Sainte-Union . . . et, de notre autorité, nous nous en déclarons le chef.»

LE DUC DE GUISE. Comment! . . .

HENRI. « En foi de quoi, nous l'avons fait revêtir de notre sceau royal (*descendant du trône et prenant la plume*), et l'avons signé de notre main. Henri de Valois.» (*Passant la plume au* DUC DE GUISE.) A vous, mon cousin; à vous qui êtes le premier du royaume, après moi. . . . Eh bien, vous hésitez? Croyez-vous que le nom de Henri de Valois et les trois fleurs de lis de France ne figurent pas aussi dignement au bas de cet acte que le nom de Henri de Guise et les trois merlettes [2] de Lorraine? Par la mort-Dieu! vous vouliez un homme qui possédât l'amour des Français. . . . Est-ce que nous ne sommes pas aimé, monsieur le duc? Répondez d'après votre cœur. Vous vouliez un homme d'une haute noblesse; je me crois aussi bon gentilhomme que qui que ce soit ici. Signez donc, monsieur le duc, signez; car vous avez dit vous-même que quiconque ne signerait pas, serait un rebelle.

LE DUC DE GUISE, *à* CATHERINE *à part.* O Catherine, Catherine!

HENRI, *indiquant la place où* GUISE *doit signer.* Là, monsieur le duc, au-dessous de moi.

JOYEUSE. Vive-Dieu! je ne m'attendais pas à celle-là. (*Tendant la main pour prendre la plume.*) Après vous, monsieur de Guise.

HENRI. Oui, messieurs, signez, signez tous. D'Épernon, tu veilleras à ce que des copies de cet acte soient envoyées dans toutes les provinces de notre royaume.

D'ÉPERNON. Oui, sire.

SAINT-PAUL, *à demi-voix, au* DUC DE GUISE. Nous n'avons pas été heureux, monsieur le duc, dans notre première entreprise.

LE DUC DE GUISE, *de même, à* SAINT-PAUL. La fortune nous doit un dédommagement; la seconde réussira. Mayenne est arrivé. Vous prendrez ses ordres.

HENRI. Messieurs, nous vous demandons bien pardon de cette longue séance; cela n'a pas été tout à fait aussi amusant qu'un bal masqué; mais prenez-vous-en à notre beau cousin de Guise; c'est lui qui nous y a forcé. Adieu, monsieur le duc, adieu. Veillez toujours sur les besoins de l'État, en bon et fidèle sujet, comme vous venez de le faire, et n'oubliez pas que quiconque n'obéira pas au chef que j'ai nommé sera déclaré coupable de haute trahison. Sur ce, je vous abandonne à la garde de Dieu, messieurs. Reste, Saint-Mégrin. . . . Êtes-vous contente de moi, ma mère?

CATHERINE. Oui, mon fils; mais n'oubliez pas que c'est moi. . . .

HENRI. Non, non, ma mère; d'ailleurs, vous vous chargeriez de m'en faire souvenir, n'est-ce pas?

SAINT-MÉGRIN, *à part.* Elle m'attend, et le roi m'a dit de rester. (*Tous sortent sauf* HENRI *et* SAINT-MÉGRIN.)

SCÈNE VII

HENRI, SAINT-MÉGRIN

HENRI. Eh bien, Saint-Mégrin, j'ai profité, je l'espère, de tes conseils; j'ai détrôné mon cousin de Guise, et me voilà roi des ligueurs, à sa place.

SAINT-MÉGRIN. Puissiez-vous ne pas vous en repentir, sire! mais cette idée n'est pas de vous. J'y ai reconnu. . . .

HENRI. Eh bien, quoi? . . . Parle. . . .

SAINT-MÉGRIN. La politique cauteleuse de votre mère. . . . Elle croit avoir tout gagné, lorsqu'elle a gagné du temps. Je me doutais qu'elle machinait quelque chose contre le duc de Guise. . . . Je l'avais entendue, en lui parlant, l'appeler son ami. Quant à vous, sire, c'est à regret que je vous ai vu signer cet acte. Vous étiez roi, vous n'êtes plus qu'un chef de parti.

HENRI. Et que fallait-il donc faire?

SAINT-MÉGRIN. Repousser la politique florentine, [3] et agir franchement.

HENRI. De quelle manière?

---

[1] *féal et amé*, old French forms for *fidèle et aimé.*

[2] *merlettes*, lit. small female blackbirds. In heraldry birds without feet or beak were depicted on the coat of arms of the house of Lorraine.

[3] *politique florentine*, Catherine's underhanded policy.

SAINT-MÉGRIN. En roi. . . . Vive-Dieu! les preuves de la rébellion de M. le duc de Guise ne vous auraient pas manqué.

HENRI. Je les avais.

SAINT-MÉGRIN. Il fallait donc vous en servir et le faire juger.

HENRI. Les parlements [1] sont pour lui.

SAINT-MÉGRIN. Il fallait imposer aux parlements la puissance de votre volonté. La Bastille a de bonnes murailles, de larges fossés, un gouverneur fidèle; et M. de Guise, en s'y rendant, n'aurait eu qu'à suivre les traces des maréchaux de Montmorency et de Cossé.

HENRI. Mon ami, il n'y a pas de murailles assez solides pour enfermer un tel prisonnier. . . . Je ne connais qu'un cercueil de plomb et un tombeau de marbre qui puissent m'en répondre. . . . Mets-le seulement en état d'y entrer, Saint-Mégrin, . . . et je me charge de faire fondre l'un et d'élever l'autre.

SAINT-MÉGRIN. Et, cela étant, sire, il sera puni, il est vrai, mais non pas comme il l'aura mérité.

HENRI. Peu m'importe la différence des moyens, quand le résultat est le même. . . . J'espère, Saint-Mégrin, que tu n'as rien négligé pour te préparer à ce combat.

SAINT-MÉGRIN. Non sire; mais je n'ai pas encore eu le temps d'accomplir mes devoirs religieux.

HENRI. Comment, tu n'en as pas eu le temps? . . . As-tu donc oublié le duel de Jarnac et de la Chataigneraie? [2] . . . Il avait été fixé à quinze jours de celui du défi. . . . Eh bien, ces quinze jours, Jarnac les a passés en prières, tandis que la Chataigneraie courait de plaisirs en plaisirs, sans penser autrement à Dieu. . . . Aussi, Dieu l'a puni, Saint-Mégrin.

SAINT-MÉGRIN. Sire, mon intention est d'accomplir tous mes devoirs de chrétien; mais, auparavant, il en est d'autres qui m'appellent. . . . Permettez. . . .

HENRI. Comment, d'autres?

SAINT-MÉGRIN. Sire, ma vie est entre les mains de Dieu . . . et, s'il a décidé ma mort, sa volonté soit faite!

HENRI. Eh! . . . que dites-vous là. . . . Votre existence vous appartient-elle, monsieur, pour en faire si peu de cas? . . .

Non, par la mort-Dieu! elle est à nous qui sommes votre roi et votre ami. Quand il s'agira de vos affaires, vous vous laisserez tuer, si tel est votre bon plaisir; mais, quand il s'agira des nôtres, monsieur le comte, nous vous prions d'y regarder à deux fois.

SAINT-MÉGRIN. Vrai-Dieu! sire, je ferai de mon mieux; soyez tranquille.

HENRI. Tu feras de ton mieux? . . . Ce n'est point assez: fais-lui jurer qu'il n'a ni plastron, ni talisman, ni armes cachées; et, quand il l'aura fait, alors rappelle toute ta force, tout ton courage; pousse vivement à lui.

SAINT-MÉGRIN. Oui, sire.

HENRI. Une fois délivré de lui, vois-tu, nous ne sommes plus deux en France, je suis vraiment roi, . . . vraiment libre. . . . Ma mère va être fière du conseil qu'elle m'a donné; car, tu avais raison, il vient d'elle, et il faudra que je le paye en obéissance. . . .

SAINT-MÉGRIN. Sire, Dieu et mon épée me seront en aide.

HENRI. Ton épée, je veux en juger par moi-même. . . . (Il appelle.) Du Halde! apporte des épées émoussées.

SAINT-MÉGRIN. Sire, est-ce à une pareille heure, quand Votre Majesté doit avoir besoin de repos? . . .

HENRI. Du repos! . . . du repos! . . . Ils sont tous à me parler de repos! . . . Crois-tu qu'il dorme, lui? . . . ou, s'il dort, que rêve-t-il? Qu'il commande insolemment sur le trône de France, et que moi . . . moi, son roi . . . je prie humblement dans un cloître. . . . Un roi ne dort pas, Saint-Mégrin. (Appelant.) Du Halde! donne-nous ces épées.

SAINT-MÉGRIN. L'heure s'envole; elle m'attend. (Haut.) Sire, il m'est impossible; vous m'avez rappelé des devoirs sacrés, il faut que je les accomplisse.

HENRI. Eh bien, écoute, demain. . . . (L'heure sonne.) Attends, c'est minuit je crois?

SAINT-MÉGRIN. Oui, sire, c'est minuit.

HENRI. Chaque fois que sonne cette heure, je prie Dieu de bénir le jour où je vais entrer. . . . Il faut que je te quitte; mais viens me trouver demain avant le

---

[1] *parlements*, highest courts of justice before the French Revolution. The provincial ones were under that of Paris by which all royal edicts had to be registered to have force of laws. Although those courts represented only a small, official class, their influence was considerable both in Paris and in the provinces.

[2] *Jarnac, Chataigneraie*. A historical duel. The rather treacherous stroke by which Jarnac disabled and then killed his opponent has given rise to the expression *coup de Jarnac*, meaning an unexpected and decisive blow.

combat. Du Halde, porte ces épées dans ma chambre.

SAINT-MÉGRIN. J'irai, sire, j'irai.

HENRI. Bien, je compte sur toi.

SAINT-MÉGRIN. Maintenant, je puis me retirer. Votre Majesté est satisfaite.

HENRI. Oui, le roi est si content, que l'ami veut faire quelque chose pour toi. . . . Tiens, voici un talisman sur lequel Ruggieri a prononcé des charmes; celui qui le porte ne peut mourir, ni par le fer, ni par le feu. Je te le prête; tu me le rendras, au moins, après le combat?

SAINT-MÉGRIN. Oui, sire. . . .

HENRI. Adieu, Saint-Mégrin.

SAINT-MÉGRIN. Adieu, sire, adieu! . . . (Le roi sort.)

SCÈNE VIII

SAINT-MÉGRIN, GEORGES

SAINT-MÉGRIN. Je suis seul, enfin. (Appelant.) Georges! . . . Ah! te voilà. . . Mon costume . . . Bien . . . Aide-moi! . . . Aide-moi! . . .

GEORGES. Vous allez sortir. . . . Voulez-vous que je fasse venir une chaise à porteurs?

SAINT-MÉGRIN. Non. . . .

GEORGFS. Le temps est à l'orage.

SAINT-MÉGRIN. Oui. (Allant à la fenêtre, avec un rire convulsif.) Il n'y aura bientôt plus une étoile au ciel. . . .

GEORGES. Et vous allez sortir à pied?

SAINT-MÉGRIN. Oui, à pied. . . .

GEORGES. Sans armes? . . .

SAINT-MÉGRIN. J'ai mon épée et mon poignard, cela suffit. . . . Cependant, donne-moi l'épée de Schomberg; elle est plus forte. (A part.) Je vais la voir; encore un instant et je suis à ses pieds.

GEORGES. La voici. . . . Voulez-vous que je vous accompagne?

SAINT-MÉGRIN. Non. Il faut que je sorte seul.

GEORGES. A minuit passé! . . . que dirait votre mère si elle savait? . . .

SAINT-MÉGRIN. Ma mère! . . . oui, oui, tu as raison. . . . L'orage s'étend. . . . Ma pauvre mère! . . . je voudrais bien la revoir, . . . ne fût-ce qu'un instant. Écoute: tu lui donneras cette chaîne (coupant une boucle de ses cheveux avec son poignard), ces cheveux, demain, si tu ne me vois pas, entends-tu?

GEORGES. Et pourquoi, pourquoi? . . .

SAINT-MÉGRIN. Tu ne sais pas, tu ne sais pas. . . . Donne-moi mon manteau.

GEORGES. Mon maître, . . . mon jeune maître, . . . ne sortez pas, au nom du ciel! . . . la nuit sera terrible.

SAINT-MÉGRIN. Oui, peut-être terrible. . . . (A part) n'importe, il le faut, elle m'attend; j'ai tardé beaucoup. . . . Malédiction! s'il était trop tard. . . .

GEORGES. Au nom du ciel, laissez-moi vous suivre.

SAINT-MÉGRIN, avec colère. Reste, je te l'ordonne.

GEORGES. Mon maître!

SAINT-MÉGRIN, lui tendant la main. Non! embrasse-moi. . . . Adieu. . . . N'oublie pas ma mère.

ACTE CINQUIÈME

Le salon dans lequel LA DUCHESSE DE GUISE *est enfermée.*

SCÈNE I

LA DUCHESSE DE GUISE, *seule*

Elle a encore sur la tête les fleurs dont elle était parée au troisième acte; elle écoute sonner l'heure.

Minuit et demi. . . . Avec quelle lenteur l'heure se traîne. . . . Oh! s'il pouvait m'aimer assez peu pour ne pas venir. . . . Jusqu'à une heure du matin, les portes de l'hôtel resteront ouvertes; déjà j'y ai vu entrer les ligueurs qui doivent s'y réunir. Sans doute, il n'était pas avec eux. Encore une demi-heure d'angoisses et de tourments . . . et, depuis deux heures que je suis enfermée dans cette chambre, je n'ai fait qu'écouter si je n'entendais point le bruit de ses pas. J'ai voulu prier; . . . prier! . . . (Écoutant en se rapprochant de la porte.) Ah! mon Dieu! Non . . . non . . . ce n'est pas encore lui. . . . (Allant à la fenêtre.) Si cette nuit était moins sombre, je pourrais l'apercevoir, et, par quelque signe, peut-être, l'avertir du danger; mais nul espoir! . . . La porte de l'hôtel se referme! . . . il est sauvé! pour cette nuit du moins. Quelque obstacle l'aura arrêté loin de moi. Arthur n'aura pu le trouver; et peut-être, demain, sera-t-il quelque moyen de lui faire connaître le piège où on voulait l'attirer. Oh! oui, j'en trouverai . . . je. (Écoutant.) J'ai cru entendre. (S'approchant de la porte.) Des pas, encore! Sont-ce ceux de M. de Guise? . . . Non, non, . . . On monte; on s'arrête. Ah! on se rapproche. . . . On vient! (*Avec effroi.*) N'entrez pas! n'entrez pas! fuyez! Fuir, et comment? C'était derrière lui que la porte s'était refermée. Ah! mon Dieu! plus d'espoir! (*La porte s'ouvre; elle recule à mesure que* Saint-Mégrin *s'avance.*)

SCÈNE II

La Duchesse de Guise, Saint-Mégrin

Saint-Mégrin. Je ne m'étais donc pas trompé; c'était votre voix que j'avais entendue; elle m'a guidé!

La Duchesse de Guise. Ma voix! ma voix! elle vous disait de fuir.

Saint-Mégrin. Que j'étais insensé! je ne pouvais croire à tant de bonheur!

La Duchesse de Guise. Cette porte est encore ouverte! fuyez, monsieur le comte, fuyez!

Saint-Mégrin. Ouverte! oui. . . . Imprudent que je suis! (*Il la referme.*)

La Duchesse de Guise. Monsieur le comte, écoutez-moi!

Saint-Mégrin. Oh! oui, oui! parle! j'ai besoin de t'entendre, pour croire à ma félicité.

La Duchesse de Guise. Fuyez, fuyez! la mort est là! . . . des assassins!

Saint-Mégrin. Que dites-vous! quels sont ces mots de mort et d'assassins?

La Duchesse de Guise. Oh! écoutez-moi, . . . écoutez-moi. . . . Au nom du ciel! sortez de ce délire insensé. . . . Il y va de la vie, vous dis-je! ils vous ont attiré dans un piège infernal; ils veulent vous assassiner.

Saint-Mégrin. M'assassiner! cette lettre n'était donc pas de vous?

La Duchesse de Guise. Elle était de moi; mais la violence, la torture. . . . Voyez! (*Elle lui montre son bras.*) Voyez.

Saint-Mégrin. Ah!

La Duchesse de Guise. C'est moi qui ai écrit ce billet; . . . mais c'est le duc qui l'a dicté.

Saint-Mégrin, *le déchirant.* Le duc! et j'ai pu croire? . . . Non, non, je ne l'ai pas cru un seul instant. Mon Dieu! mon Dieu! mon Dieu! elle ne m'aime pas!

La Duchesse de Guise. Maintenant que vous savez tout, fuyez, fuyez! je vous l'ai dit, il y va de la vie.

Saint-Mégrin. Elle ne m'aime pas. (*Il met sa main dans sa poitrine, et la meurtrit.*)

La Duchesse de Guise. Oh mon Dieu! mon Dieu!

Saint-Mégrin, *riant.* C'est ma vie, dites-vous, qu'ils veulent? Eh bien, je vais la leur porter, mais sans rien conserver de vous! tenez, voilà ce bouquet, que mon existence a failli payer. D'un mot, vous m'avez détaché de la vie, comme ces fleurs de leur tige. . . . Adieu! adieu! pour jamais! (*Il veut rouvrir la porte.*) Cette porte est refermée.

La Duchesse de Guise. C'est lui! il sait déjà que vous êtes ici.

Saint-Mégrin. Ah! qu'il vienne! qu'il vienne! Henri! n'auras-tu de courage que pour meurtrir le bras d'une femme? . . . Ah! viens, viens!

La Duchesse de Guise. Ne l'appelez pas! ne l'appelez pas! il doit venir! . . .

Saint-Mégrin. Que vous importe? je vous suis indifférent. Ah! la pitié! oui.

La Duchesse de Guise. Mais, si vous m'aidiez, peut-être pourriez-vous fuir.

Saint-Mégrin. Moi, fuir! et pourquoi? ma mort et ma vie ne sont-elles pas des événements également étrangers dans votre existence? . . . Fuir! et fuirais-je aussi votre indifférence, votre haine peut-être?

La Duchesse de Guise. Mon indifférence! ma haine! ah! plût au ciel! . . .

Saint-Mégrin. Plût au ciel! dis-tu? Un mot, un mot encore, et je t'obéirai aveuglément. . . . Dis; ma mort doit-elle être pour toi plus affreuse que l'assassinat d'un homme?

La Duchesse de Guise. Grand Dieu! il le demande. . . . Oh! oui, oui.

Saint-Mégrin. Tu ne me trompes pas! je te rends grâce! Tu parlais de fuir! de moyens! Quels sont-ils? Fuir, moi, fuir devant le duc de Guise? . . . Jamais! . . .

La Duchesse de Guise. Ce n'est pas devant le duc de Guise que vous fuiriez, c'est devant des assassins. Retenu dans une autre partie de l'hôtel, par cette réunion de ligueurs, il a voulu s'assurer qu'une fois ici, vous ne sauriez lui échapper. Si nous pouvions seulement fermer cette porte, nous aurions encore quelques instants; mais la barre en a été enlevée; une seconde clef est entre ses mains (*cherchant*), et l'autre. . . .

Saint-Mégrin. N'est-ce que cela? Attendez. (*Il brise la pointe de son poignard dans la serrure.*) Maintenant, cette porte ne s'ouvrira plus qu'on ne l'enfonce.

La Duchesse de Guise. Bien! bien!

cherchons un moyen, une issue. . . . Mes idées se heurtent! ma tête se brise! . . .

SAINT-MÉGRIN, *s'élançant vers la fenêtre.* Cette fenêtre. . . .

LA DUCHESSE DE GUISE. Gardez-vous-en bien! vous vous tueriez!

SAINT-MÉGRIN. Me tuer sans vengeance! Vous avez raison; je les attendrai.

LA DUCHESSE DE GUISE. O mon Dieu! mon Dieu! secourez-nous! Oh! toutes les mesures de vengeance ne sont que trop bien prises. . . . Et c'est moi, moi qui n'ai pas pu souffrir. . . . (*Tombant à genoux.*) Comte, au nom du ciel! votre pardon (*se relevant*), ou plutôt, non, non, ne me pardonnez pas . . . et, si vous mourez, je mourrai avec vous. (*Elle tombe dans un fauteuil.*)

SAINT-MÉGRIN, *à ses pieds.* Eh bien, rends-moi donc la mort plus douce. Dis, dis-moi que tu m'aimes. . . . C'est un pied dans la tombe que je t'en conjure. Je ne suis plus pour toi qu'un mourant. Les préjugés du monde disparaissent, les liens de la société se brisent devant l'agonie. Entoure mes derniers moments des félicités du ciel. . . . Ah! dis, dis-moi que je suis aimé.

LA DUCHESSE DE GUISE. Eh bien, oui, je vous aime! et depuis longtemps. Que de combats je me suis livrés pour fuir vos yeux, pour m'éloigner de votre voix! Vos regards, vos paroles me poursuivaient partout. Non! pour nous, la société n'a plus de liens, le monde n'a plus de préjugés. . . . Écoute-moi donc: oui, oui, je t'aime. . . . Ici, dans cette même chambre, que de fois j'ai fui un monde que ton absence dépeuplait pour moi! que de fois je suis venue m'isoler avec mon amour et mes pleurs! Et, alors, je revoyais tes yeux, j'entendais encore tes paroles, et je te répondais. Eh bien, ces moments, ils ont été les plus doux de ma vie.

SAINT-MÉGRIN. Oh! assez, assez! tu ne veux donc pas que je puisse mourir? . . . Malédiction! . . . Là, toutes les félicités de la terre, et là, la mort, l'enfer. . . . Oh! tais-toi, ne me dis plus que tu m'aimes. . . . Avec ta haine, j'aurais bravé leurs poignards; et, maintenant, ah! je crois que j'ai peur! Tais-toi! tais-toi!

LA DUCHESSE DE GUISE. Saint-Mégrin, Oh! ne me maudis pas.

SAINT-MÉGRIN. Si, si, je te maudis, pour ton amour qui me fait entrevoir le ciel et mourir! . . . mourir, jeune, aimé de toi! Est-ce que je puis mourir? . . .

Non, non; redis-moi que tout cela n'était qu'illusion et mensonge!

(*On entend du bruit.*)

LA DUCHESSE DE GUISE. Écoutez! . . . Ah! ce sont eux!

SAINT-MÉGRIN. Ce sont eux. (*Tirant son épée et s'appuyant dessus avec calme.*) Éloigne-toi; tu m'as vu faible, insensé; en face de la mort, je redeviens un homme. . . . Éloigne-toi!

LA DUCHESSE DE GUISE, *après un moment de réflexion.* Saint-Mégrin! écoutez, . . . écoutez. Cette fenêtre, oui, oui! je m'en souviens. . . . Il y a un balcon au premier étage; si vous l'atteignez une fois, . . . une ceinture, . . . une corde, vous pouvez descendre jusque-là, et alors vous êtes sauvé. (*Cherchant.*) Mon Dieu! rien, rien.

SAINT-MÉGRIN. Calme-toi! calme-toi! (*Allant à la fenêtre.*) Si je pouvais seulement distinguer ce balcon! . . . mais rien qu'un gouffre.

LA DUCHESSE DE GUISE. Écoute. . . . On entend du bruit dans la rue. (*Se précipitant vers la fenêtre.*) Qui que vous soyez, au secours! au secours!

SAINT-MÉGRIN, *l'arrachant de la fenêtre.* Que fais-tu? veux-tu les avertir? (*Un paquet de cordes tombe dans la chambre.*) Qu'est cela?

LA DUCHESSE DE GUISE. Ah! vous êtes sauvé! (*Elle prend la corde.*) D'où cela vient-il? Un billet. (*Elle lit.*) « Quelques mots que j'ai entendus m'ont tout appris. Je n'ai que ce moyen de vous sauver et je l'emploie. ARTHUR.» Arthur! O cher enfant! (*A SAINT-MÉGRIN.*) C'est Arthur; fuyez, fuyez vite!

SAINT-MÉGRIN, *attachant la corde.* En aurai-je le temps? Cette porte (*on l'agite violemment*), cette porte. . . .

LA DUCHESSE DE GUISE. Attendez. (*Elle passe son bras entres les deux anneaux de fer.*)

SAINT-MÉGRIN. Ah! Dieu! que faites-vous?

LA DUCHESSE DE GUISE. Laisse! Laisse! c'est le bras qu'il a déjà meurtri.

SAINT-MÉGRIN. J'aime mieux mourir.

LE DUC DE GUISE, *ébranlant la porte.* Ouvrez, madame, ouvrez.

LA DUCHESSE DE GUISE. Fuyez, fuyez! En fuyant, vous sauvez ma vie; si vous restez, je jure de mourir avec vous, et je mourrai déshonorée. . . . Fuyez, fuyez!

SAINT-MÉGRIN. Tu m'aimeras toujours?

LA DUCHESSE DE GUISE. Oui, oui.

Le Duc de Guise, *en dehors*. Des leviers, des haches, . . . que j'enfonce cette porte.

La Duchesse de Guise. Pars donc! oui . . . oui . . . adieu!

Saint-Mégrin. Adieu! Vengeance!

(*Il met son épée entre ses dents et descend par la fenêtre.*)

La Duchesse de Guise. Mon Dieu! mon Dieu! je te remercie, il est sauvé. (*Un moment de silence; puis tout à coup des cris, un cliquetis d'armes.*) Ah! (*Elle quitte la porte, court à la fenêtre.*) Arthur! Saint-Mégrin!

(*Elle pousse un second cri, et revient tomber au milieu de la scène.*)

SCÈNE III

La Duchesse de Guise, *presque évanouie;* le Duc de Guise, *suivi de* Saint-Paul, *et de* Plusieurs Hommes

Le Duc de Guise, *après un coup d'œil rapide.* Il sera descendu par cette fenêtre. . . . Mais Mayenne était dans la rue avec vingt hommes, et le bruit des armes. . . . Va, Saint-Paul; vous, suivez-le. Va, et tu me diras si tout est fini. (*Heurtant du pied* la Duchesse.) Ah! c'est vous, madame. Eh bien, je vous ai ménagé un tête-à-tête.

La Duchesse de Guise. Monsieur le duc, vous l'avez fait assassiner!

Le Duc de Guise. Laissez-moi, madame; laissez-moi.

La Duchesse de Guise, *à genoux, le* prenant à bras-le-corps. Non, je m'attache à vous.

Le Duc de Guise. Laissez-moi, vous dis-je! . . . ou bien, oui, oui. Venez! à la lueur des torches, vous pourrez le revoir encore une fois. (*Il la traîne jusqu'à la fenêtre.*) Eh bien, Saint-Paul?

Saint-Paul, *dans la rue.* Attendez; il n'est pas tombé seul. Ah! ah!

Le Duc de Guise. Est-ce lui?

Saint-Paul. Non, c'est le petit page.

La Duchesse de Guise. Arthur! Ah! pauvre enfant!

Le Duc de Guise. L'auraient-ils laissé fuir? . . . Les misérables! . . .

La Duchesse de Guise, *avec espoir.* Oh! . . .

Saint-Paul. Le voici.

Le Duc de Guise. Mort?

Saint-Paul. Non, couvert de blessures, mais respirant encore.

La Duchesse de Guise. Il respire! On peut le sauver. Monsieur le duc, au nom du ciel. . . .

Saint-Paul. Il faut qu'il ait quelque talisman contre le fer et contre le feu. . . .

Le Duc de Guise, *jetant par la croisée le mouchoir de* la Duchesse de Guise. Eh bien, serre-lui la gorge avec ce mouchoir; la mort lui sera plus douce; il est aux armes de la duchesse de Guise.

La Duchesse de Guise. Ah! (*Elle tombe.*)

Le Duc de Guise, *après avoir regardé un instant dans la rue.* Bien! et maintenant que nous avons fini avec le valet, occupons-nous du maître.

ANTONY

Par ALEXANDRE DUMAS (PÈRE)
(1831)

PERSONNAGES

ANTONY
ADÈLE D'HERVEY
EUGÈNE D'HERVILLY, *jeune poète*
OLIVIER DELAUNAY, *médecin*
LA VICOMTESSE DE LACY
LE BARON DE MARSANNE, *abonné du Constitutionnel*
FRÉDÉRIC DE LUSSAN
LE COLONEL D'HERVEY

MADAME DE CAMPS
CLARA, *sœur* D'ADÈLE
L'HÔTESSE *d'une petite auberge aux environs de Strasbourg*
LOUIS, *domestique* D'ANTONY
HENRY, *domestique chez* M. D'HERVEY
UN DOMESTIQUE DE LA VICOMTESSE DE LACY
LA FEMME DE CHAMBRE D'ADÈLE

ACTE PREMIER

Un salon du faubourg Saint-Honoré [1]

SCÈNE I

ADÈLE, CLARA, LA VICOMTESSE DE LACY, *debout et prenant congé de ces dames*

LA VICOMTESSE, *à* ADÈLE. Adieu, chère amie! soignez bien votre belle santé; nous avons besoin de vous cet hiver, et, pour cela, il faut être fraîche et gaie, entendez-vous?

ADÈLE. Soyez tranquille, je ferai de mon mieux pour cela; adieu! Clara, sonne un domestique; qu'il fasse avancer la voiture de madame la vicomtesse.

LA VICOMTESSE. Entendez-vous bien? la campagne, le lait d'ânesse et l'exercice du cheval, voilà mon ordonnance.—Adieu, Clara. (*Elle sort.*)

SCÈNE II

ADÈLE, CLARA, *puis* UN DOMESTIQUE

ADÈLE, *se rasseyant.* Sais-tu pourquoi la vicomtesse ne parle plus que de médecine?

CLARA. Sais-tu pourquoi, il y a un an, la vicomtesse ne parlait que de guerre?

ADÈLE. Méchante!

CLARA. Oui, le colonel Armand est parti, il y a un an, pour la guerre d'Alger.[2] M. le docteur Olivier Delaunay a été présenté en son absence à la vicomtesse. La guerre et la médecine se donnent la main. Et tu sais que notre chère vicomtesse est le reflet exact de la personne qui a le bonheur de lui plaire. Dans trois mois, vienne un jeune et bel avocat, et elle donnera des consultations, comme elle traçait des plans de bataille, comme elle vient de te prescrire un régime.

ADÈLE. Et qui vous a conté tout cela, belle provinciale arrivée depuis quinze jours?

CLARA. Est-ce que je ne la connaissais pas avant de quitter Paris? Et puis madame de Camps est venue hier pendant que tu n'y étais pas; elle m'a fait la biographie de la vicomtesse.

ADÈLE. Oh! que je suis aise de ne pas m'être trouvée chez moi! Cette femme me fait mal avec ses éternelles calomnies.

CLARA, *à un* DOMESTIQUE *qui entre.* Qu'y a-t-il?

LE DOMESTIQUE. Une lettre.

CLARA, *la prenant.* Pour moi, ou pour ma sœur?

LE DOMESTIQUE. Pour madame la baronne.

ADÈLE. Donne. . . . C'est sans doute de mon mari. (LE DOMESTIQUE *sort.*)

CLARA, *remettant la lettre à* ADÈLE. Ce n'est point son écriture; d'ailleurs, la lettre est timbrée de Paris, et le colonel est à Strasbourg.

---

[1] Once an aristocratic quarter of Paris, no longer a suburb even at the time of the play.

[2] A war resulting in the conquest of Algiers by the French, beginning in 1830.

Adèle, *regardant le cachet, puis l'écriture.* Dieu!

Clara. Qu'as-tu donc?

Adèle. J'espérais ne revoir jamais ni ce cachet ni cette écriture. (*Elle s'assied et froisse la lettre entre ses mains.*)

Clara. Adèle! . . . calme-toi. . . . Tu es toute tremblante! . . . Et de qui est donc cette lettre?

Adèle. Oh! c'est de lui! . . . c'est de lui! . . .

Clara, *cherchant.* De lui? . . .

Adèle. Voilà bien sa devise, que j'avais prise aussi pour la mienne. . . . *Adesso e sempre.* . . . « Maintenant et toujours.»

Clara. Antony!

Adèle. Oui, Antony de retour! et qui m'écrit, . . . qui ose m'écrire! . . .

Clara. Mais c'est à titre d'ancien ami, peut-être?

Adèle. Je ne crois pas à l'amitié qui suit l'amour.

Clara. Mais rappelle-toi, Adèle, la manière dont il est parti tout à coup, aussitôt que le colonel d'Hervey te demanda en mariage, lorsqu'il pouvait s'offrir à notre père, qui lui rendait justice. . . . Jeune, paraissant riche, . . . aimé de toi? . . . car tu l'aimais! . . . il pouvait espérer d'obtenir la préférence. . . . Mais point du tout, il part, te demandant quinze jours seulement. . . . Le délai expire . . . on n'entend plus parler de lui, et trois ans se passent sans qu'on sache en quel lieu de la terre l'a conduit son caractère inquiet et aventureux. . . . Si ce n'est une preuve d'indifférence, c'en est au moins une de légèreté.

Adèle. Antony n'était ni léger ni indifférent. . . . Il m'aimait autant qu'un cœur profond et fier peut aimer; et, s'il est parti, c'est qu'il y avait sans doute, pour qu'il restât, des obstacles qu'une volonté humaine ne pouvait surmonter. . . . Oh! si tu l'avais suivi comme moi au milieu du monde, où il semblait étranger, parce qu'il lui était supérieur; si tu l'avais vu triste et sévère au milieu de ces jeunes fous, élégants et nuls; . . . si, au milieu de ces regards qui, le soir, nous entourent, joyeux et pétillants, . . . tu avais vu ses yeux constamment arrêtés sur toi, fixes et sombres, tu aurais deviné que l'amour qu'ils exprimaient ne se laissait pas abattre par quelques difficultés. . . . Et, lorsqu'il serait parti, tu te serais dit la première: « C'est qu'il était impossible qu'il restât.»

Clara. Mais peut-être que cet amour, après trois ans d'absence. . . .

Adèle. Regarde comme sa main tremblait en écrivant cette adresse.

Clara. Oh! moi, je suis sûre que nous n'allons retrouver qu'un ami bien dévoué, bien sincère. . . .

Adèle. Eh bien, ouvre donc cette lettre, alors! . . . car moi, . . . je ne l'ose pas. . . .

Clara, *lisant.* « Madame. . . » Tu vois: *madame.* . . .

Adèle, *vivement.* Il n'a jamais eu le droit de me donner un autre nom.

Clara, *lisant.* « Madame, sera-t-il permis à un ancien ami, dont vous avez peut-être oublié jusqu'au nom, de déposer à vos pieds ses hommages respectueux? De retour à Paris, et devant repartir bientôt, souffrez qu'usant des droits d'une ancienne connaissance, il se présente chez vous ce matin.

» Daignez, etc.

                 » Antony.»

Adèle. Ce matin! . . . Il est onze heures. . . . Il va venir. . . .

Clara. Eh bien, je ne vois là qu'une lettre très froide, très mesurée. . . .

Adèle. Et cette devise? . . .

Clara. C'était la sienne avant qu'il te connût, peut-être; il l'a conservée. . . . Mais sais-tu qu'il y a vraiment de l'amour-propre . . . car qui te dit qu'il t'aime encore?

Adèle, *mettant la main sur son cœur.* Je le sens là. . . .

Clara. Il annonce son départ. . . .

Adèle. Si nous nous revoyons, il restera. . . . Écoute: je ne veux pas le revoir, je ne le veux pas. . . . Ce n'est point à toi, Clara, ma sœur, mon amie . . . à toi qui sais que je l'ai aimé . . . que j'essayerai de cacher un seul sentiment de mon cœur. . . . Oh! non, je crois bien que je ne l'aime plus. . . . D'Hervey est si bon, si digne d'être aimé, que je n'ai conservé aucun regret d'un autre temps. . . . Mais il ne faut pas que je revoie Antony. . . . Si je le revois, s'il me parle, s'il me regarde. . . . Oh! c'est qu'il y a dans ses yeux une fascination, dans sa voix un charme. . . . Oh! non, non. Tu allais sortir, c'est moi qui sortirai. Tu le recevras, toi, Clara; tu lui diras que j'ai conservé pour lui tous les sentiments d'une amie; . . . que, si le colonel d'Hervey était ici, il se ferait, comme moi, un vrai plaisir de le recevoir; mais qu'en l'absence de mon mari, . . . pour moi, ou plutôt pour le monde, je le supplie de ne pas essayer de me revoir. . . . Qu'il parte! . . . et tout ce qu'une amie peut faire de vœux accompagnera son départ. . . . Qu'il parte! ou, s'il reste, c'est moi qui partirai. . . . Montre-lui ma fille; dis-lui que je l'aime passionnément, que cette enfant est ma joie, mon bonheur, ma vie. Il te demandera si parfois j'ai parlé de lui avec toi. . . .

CLARA. Je lui dirai la vérité. . . . Jamais.

ADÈLE. Au contraire, dis-lui: « Oui quelquefois. . . .» Si tu lui disais non, il croirait que je l'aime encore, et que je crains jusqu'à son souvenir.

CLARA. Sois tranquille! . . . tu sais comme il m'écoutait. Je te promets d'obtenir de lui qu'il parte sans te revoir.

LE DOMESTIQUE, à CLARA. La voiture de madame est prête.

ADÈLE. C'est bien. Adieu, Clara. . . . Cependant sois bonne avec Antony; adoucis, par des paroles d'amitié, ce qu'il y a d'amer dans ce que j'exige de lui . . . et, s'il a pleuré, ne me le dis pas à mon retour. . . . Adieu. . . .

CLARA. Tu te trompes, ce chapeau est le mien.

ADÈLE. C'est juste! N'oublie rien de ce que je t'ai dit. (Elle sort.)

CLARA. Oh! non. (A elle-même.) Pauvre Adèle! je savais bien qu'elle n'était pas heureuse. Mais n'est-ce pas à tort que cette lettre l'inquiète? Enfin, mieux vaut qu'elle l'évite. (Elle va au balcon et parle à sa sœur.) Prends bien garde, Adèle! ces chevaux m'épouvantent. . . . A quelle heure rentreras-tu?

ADÈLE, de la rue. Mais peut-être pas avant le soir.

CLARA. Bien; adieu! (Appelant UN DOMESTIQUE.) Henri, défendez la porte pour tout le monde, excepté pour un étranger, M. Antony; allez. . . . (LE DOMESTIQUE sort.) Quel est ce bruit?

VOIX, dans la rue. Arrêtez! arrêtez!

CLARA, allant à la fenêtre. La voiture. . . . Ma sœur! . . . mon Dieu! . . . Oh! oui, arrêtez, arrêtez! Ah! je n'y vois plus. . . . Au nom du ciel, arrêtez! c'est ma sœur, ma sœur! (Bruit et cris dans la rue. CLARA jette un cri et vient retomber sur un fauteuil.) Oh! grâce, grâce, mon Dieu!

LE DOMESTIQUE, rentrant. Madame, ne craignez rien, les chevaux sont arrêtés; un jeune homme s'est jeté au-devant d'eux. . . .Il n'y a plus de danger.

CLARA. Oh! merci, mon Dieu! (Bruit dans la rue.)

PLUSIEURS VOIX. Il est tué. . . . Non! . . . Si. . . . Blessé! . . . Où le transporter?

ADÈLE, dans la rue. Chez moi! chez moi!

CLARA. C'est la voix de ma sœur! . . . Il ne lui est rien arrivé? . . . Mon Dieu! . . . mes genoux tremblent, je ne puis marcher. . . . Adèle! . . . (Elle va pour sortir.)

UN DOMESTIQUE. Qu'y a-t-il, madame?

CLARA. C'est ma sœur, ma sœur! une voiture!—Ah! c'est toi.

ADÈLE, entrant pâle. Clara! . . . ma sœur! . . . sois tranquille, je ne suis pas blessée. (Au DOMESTIQUE.) Courez chercher un médecin. . . . M. Olivier Delaunay, c'est le plus voisin. . . . Ou plutôt, passez d'abord chez la vicomtesse de Lacy, il y sera peut-être. . . . Faites déposer le blessé en bas, dans le vestibule; allez. (LE DOMESTIQUE sort.) Clara! Clara! . . . sais-tu que c'est lui . . . lui . . . Antony!

CLARA. Antony! . . . Dieu! . . .

ADÈLE. Et quel autre que lui aurait osé se jeter au-devant de deux chevaux emportés?

CLARA. Et comment?

ADÈLE. Ne comprends-tu pas? Il venait ici, le malheureux! il aura eu le front brisé.

CLARA. Mais es-tu sûr que ce soit lui?

ADÈLE. Oh! si j'en suis sûr! Et n'ai-je pas eu le temps de le voir tandis qu'ils l'entraînaient? n'ai-je pas eu le temps de le reconnaître tandis qu'ils le foulaient aux pieds?

CLARA. Oh! . . .

ADÈLE. Écoute: va près de lui, ou plutôt, envoie quelqu'un; et, si tu doutes encore, dis qu'on m'apporte les papiers qu'il a sur lui, afin que je sache qui il est; car il est évanoui, vois-tu, évanoui, peut-être mort! Mais va donc! va donc! et fais-moi donner de ses nouvelles. (CLARA sort.)

SCÈNE III

ADÈLE, puis UN DOMESTIQUE

ADÈLE. De ses nouvelles! oh! c'est moi qui devrais en aller chercher! . . . c'est moi qui devrais être là pour lire dans les yeux du médecin sa mort ou sa vie? Son cœur devrait recommencer à battre sous ma main, mes yeux devraient être les premiers qu'il rencontrât. N'est-ce pas pour moi? . . . n'est-ce pas en me sauvant la vie? . . . Oh! mon Dieu! . . . il y aurait là des étrangers, des indifférents, des gens au cœur froid qui épieraient! Oh! mon Dieu! ne viendra-t-on pas me dire s'il est mort ou vivant. (*A* UN DOMES-TIQUE *qui entre.*) Eh bien?

LE DOMESTIQUE, *lui remettant un porte-feuille et un petit poignard.* Pour madame.

ADÈLE. Donnez. Comment va-t-il? a-t-il ouvert les yeux?

LE DOMESTIQUE. Pas encore; mais M. Delaunay vient d'arriver, il est près de lui.

ADÈLE. Bien. Vous lui direz de mon-ter, que je sache de lui-même. . . . Allez.

SCÈNE IV

ADÈLE, *seule*

Si pourtant je m'étais trompée, si ce n'était pas lui . . . (*ouvrant le portefeuille*) Dieu! que j'ai bien fait! . . . mon por-trait! Si un autre que moi avait ouvert ce portefeuille! . . . Mon portrait qu'il a fait de souvenir. . . . Pauvre Antony, je ne suis plus si jolie que cela, va! . . . Dans ta pensée, j'étais belle, . . . j'étais heureuse; . . . tu me retrouveras bien changée. . . . J'ai tant souffert! (*continu-ant ses recherches*) Une lettre de moi! . . . la seule que je lui aie écrite. (*Li-sant.*) Je lui disais que je l'aimais. . . . Le malheureux! . . . l'imprudent! . . . Si je la reprenais? . . . C'est le seul té-moignage. . . . Il n'a qu'elle; sans doute il l'a relue mille fois; . . . c'est son bien, sa consolation. . . . Et je la lui ravirais! et quand, les yeux à peine rouverts, . . . mourant pour moi, . . . il portera la main à sa poitrine, . . . ce ne sera pas sa bles-sure qu'il cherchera, ce sera cette lettre: il ne la trouvera plus! . . . et c'est moi qui la lui aurai soustraite! Oh! ce serait affreux! . . . qu'il la garde. . . . D'ail-leurs, n'ai-je pas gardé les siennes, moi? . . . Son poignard, que je m'effrayais de lui voir porter toujours, . . . j'ignorais que ce fût son pommeau qui lui servît de cachet et de devise. . . . Je le reconnais bien à ces idées d'amour et de mort con-stamment mêlées. . . . Antony! . . . Je n'y puis résister, . . . il faut que j'aille, . . . que je voie moi-même. . . . Ah! monsieur Olivier, venez, venez! Eh bien?

SCÈNE V

ADÈLE, OLIVIER

OLIVIER. Rassurez-vous, madame: l'ac-cident, quoique grave, n'est point dan-gereux.

ADÈLE. Dites-vous vrai?

OLIVIER. Je réponds du blessé. . . . Vous en rapportez-vous à ma parole? . . . Mais vous-même, la frayeur, le saisisse-ment. . . .

ADÈLE. Est-il revenu à lui?

OLIVIER. Pas encore. Mais votre pâ-leur? . . .

ADÈLE. Pourquoi donc l'avez-vous quitté? . . .

OLIVIER. Un de mes amis est près de lui. . . . On m'a dit que vous désiriez avoir des nouvelles sûres. . . . Puis j'ai pensé que vous aviez peut-être besoin. . . .

ADÈLE. Moi? . . . moi? . . . Il s'agit bien de moi! . . . Mais qu'a-t-il enfin? . . . Qu'avez-vous fait?

OLIVIER. Les termes scientifiques vous effrayeront peut-être!

ADÈLE. Oh! non, non, pourvu que je sache. . . . Vous comprenez, il m'a sauvé la vie. . . . C'est tout simple. . . .

OLIVIER, *avec quelque étonnement.* Oui, sans doute, madame. . . . Eh bien, le timon, en l'atteignant, a causé une forte contusion au côté droit de la poitrine. La violence du coup a amené l'évanouisse-ment; j'ai opéré à l'instant une saignée abondante; . . . et maintenant, du repos et de la tranquillité feront le reste. . . . Mais il ne pouvait rester dans le vestibule, entouré de domestiques, de curieux; j'ai donné, en votre nom, l'ordre qu'on le transportât ici.

ADÈLE. Ici! . . . Était-il donc trop faible pour être conduit chez lui? . . .

OLIVIER. Il n'y aurait eu à cela aucun inconvénient, à moins que l'appareil [1] ne se dérangeât; mais j'ai pensé qu'une reconnaissance, que vous paraissiez si bien sentir, avait besoin de lui être expri-mée. . . .

ADÈLE. Oui, certes. (*Bas.*) Et s'il allait parler, si mon nom prononcé par lui . . . (*haut*) Oui, oui, sans doute, vous avez bien fait. . . . Mais il faut qu'il soit seul, n'est-ce pas? . . . tout à fait seul quand il rouvrira les yeux. . . . Vous-même passerez dans une autre chambre, car la vue d'un étranger. . . .

---

[1] *l'appareil*, the dressing.

OLIVIER. Cependant. . . .

ADÈLE. Ah! vous avez dit que la moindre émotion lui serait funeste. . . . Vous l'avez dit, ou, du moins, je le crois, n'est-ce pas?

OLIVIER, *la regardant.* Oui, madame, . . . je l'ai dit, . . . c'est nécessaire. . . . Mais cette précaution n'est pas pour moi . . . pour moi, médecin.

ADÈLE. Le voilà. . . . Écoutez, je vous prie. . . . Dites qu'il a besoin d'être seul; . . . que c'est vous qui ordonnez que personne ne reste près de lui. (CLARA *entre avec des* DOMESTIQUES *portant* ANTONY.) Déposez-le sur ce sofa . . . Clara, M. Olivier dit qu'il faut laisser le malade seul . . . que nous devons sortir tous. . . . Vous voyez, docteur, que je donne l'exemple. . . . Clara, tu tiendras compagnie à M. Olivier; moi, je vais donner quelques ordres. . . . (ADÈLE *sort.*)

OLIVIER, *à* CLARA. Pardon, je m'assurais. . . . Le pouls recommence à battre. . . . Me voici. (*Ils sortent.* ANTONY *reste seul un instant; puis une petite porte se rouvre, et* ADÈLE *entre avec précaution.*)

SCÈNE VI

ANTONY, ADÈLE

ADÈLE. Il est seul enfin! . . . Antony! . . . Voilà donc comme je devais le revoir . . . pâle, mourant. . . . La dernière fois que je le vis . . . il était aussi près de moi plein d'existence, calculant pour tous deux un même avenir. . . . « Quinze jours d'absence, disait-il, et une réunion éternelle! . . .» Et, en partant, il pressait ma main sur son cœur. « Vois comme il bat, disait-il; eh bien, c'est de joie, c'est d'espérance.» Il part, et trois ans, minute par minute, jour par jour, s'écoulent lentement, séparés. . . . Il est là près de moi . . . comme il y était alors; . . . c'est bien lui, . . . c'est bien moi; . . . rien n'est changé en apparence; seulement, son cœur bat à peine, et notre amour est un crime, Antony! . . . (*Elle cache sa tête entre ses mains.* ANTONY *rouvre les yeux, voit une femme, la regarde fixement et rassemble ses idées.*)

ANTONY. Adèle? . . .

ADÈLE, *laissant tomber ses mains.* Ah!

ANTONY. Adèle! (*Il fait un mouvement pour se lever.*)

ADÈLE. Oh! restez, restez. . . . Vous êtes blessé, et le moindre mouvement, la moindre tentative. . . .

ANTONY. Ah! oui, je le sens; en revenant à moi, en vous retrouvant près de moi, j'ai cru vous avoir quittée hier, et vous revoir aujourd'hui. Qu'ai-je donc fait des trois ans qui se sont passés? Trois ans, et pas un souvenir!

ADÈLE. Oh! ne parlez pas.

ANTONY. Je me rappelle maintenant: je vous ai revue pâle, effrayée. . . . J'ai entendu vos cris, une voiture, des chevaux. . . . Je me suis jeté au devant. . . . Puis tout a disparu dans un nuage de sang, et j'ai espéré être tué. . . .

ADÈLE. Vous n'êtes que peu dangereusement blessé, monsieur, et bientôt, j'espère. . . .

ANTONY. *Monsieur!* . . . Oh! malheur à moi, car ma mémoire revient . . . *Monsieur!* . . . Eh bien, moi aussi, je dirai *madame;* je désapprendrai le nom d'Adèle pour celui de d'Hervey . . . Madame d'Hervey! et que le malheur d'une vie tout entière soit dans ces deux mots! . . .

ADÈLE. Vous avez besoin de soins, Antony, et je vais appeler.

ANTONY. Antony, c'est mon nom, à moi, . . . toujours le même. . . . Mille souvenirs de bonheur sont dans ce nom. . . . Mais madame d'Hervey! . . .

ADÈLE. Antony!

ANTONY. Oh! redis mon nom ainsi, encore! . . . et j'oublierai tout. . . . Oh! ne t'éloigne pas, mon Dieu! . . . reviens, reviens, que je te revoie. . . . Je ne vous tutoierai plus, je vous appellerai madame. . . . Venez, venez, je vous supplie! Oui, c'est bien vous, toujours belle, . . . calme, . . . comme si, pour vous seule, la vie n'avait pas de souvenirs amers. . . . Vous êtes donc heureuse, madame? . . .

ADÈLE. Oui, heureuse. . . .

ANTONY. Moi aussi, Adèle, je suis heureux! . . .

ADÈLE. Vous? . . .

ANTONY. Pourquoi pas? . . . Douter, voilà le malheur; mais, lorsqu'on n'a plus rien à espérer ou à craindre de la vie, que notre jugement est prononcé ici-bas comme celui d'un damné, . . . le cœur cesse de saigner: il s'engourdit dans sa douleur; . . . et le désespoir a aussi son calme, qui, vu par les gens heureux, ressemble au bonheur. . . . Et puis, malheur, bonheur, désespoir, ne sont-ce pas de vains mots, un assemblage de lettres qui représente une idée dans notre imagination, et pas ailleurs; . . . que le temps détruit et recompose pour en former d'autres. . . .

Qui donc, en me regardant, en me voyant vous sourire comme je vous souris en ce moment, oserait dire: « Antony n'est pas heureux! . . . »

ADÈLE. Laissez-moi. . . .

ANTONY, *poursuivant son idée.* Car voilà les hommes. . . . Que j'aille au milieu d'eux, qu'écrasé de douleurs, je tombe sur une place publique, que je découvre à leurs yeux béants et avides la blessure de ma poitrine et les cicatrices de mon bras, ils diront: « Oh! le malheureux, il souffre! » car, là, pour leurs yeux vulgaires, tout sera visible, sang et blessures. . . . Et ils s'approcheront; . . . et, par pitié pour une souffrance qui demain peut être la leur, ils me secourront. . . . Mais que, trahi dans mes espérances les plus divines, . . . blasphémant Dieu, l'âme déchirée et le cœur saignant, j'aille me rouler au milieu de leur foule, en leur disant: « Oh! mes amis, pitié pour moi, pitié! je souffre bien! . . . je suis bien malheureux! . . . » ils diront: « C'est un fou, un insensé! » et ils passeront en riant. . . .

ADÈLE, *essayant de dégager sa main.* Permettez. . . .

ANTONY. Et c'est pour cela que Dieu a voulu que l'homme ne pût pas cacher le sang de son corps sous ses vêtements, mais a permis qu'il cachât les blessures de son âme sous un sourire. (*Lui écartant les mains.*) Regarde moi en face, Adèle. . . . Nous sommes heureux, n'est-ce pas?

ADÈLE. Oh! calmez-vous; agité comme vous l'êtes, comment vous transporter chez vous?

ANTONY. Chez moi, me transporter? . . . Vous allez donc . . . ? Ah! oui, je comprends. . . .

ADÈLE. Vous ne pouvez rester ici dès lors que votre état n'offre plus aucune inquiétude; tous mes amis qui vous connaissent savent que vous m'avez aimée; . . . et pour moi-même. . . .

ANTONY. Oh! dites pour le monde, . . . madame! . . . Il faudrait donc que je fusse mourant pour que je restasse ici. . . . Ce serait dans les convulsions de l'agonie seulement que ma main pourrait serrer la vôtre. Ah! mon Dieu! Adèle, Adèle!

ADÈLE. Oh! non; si le moindre danger existait, si le médecin n'avait pas répondu de vous, oui, je risquerais ma réputation, qui n'est plus à moi, pour vous garder. . . . J'aurais une excuse aux yeux de ce monde. . . . Mais. . . .

ANTONY, *déchirant l'appareil de sa bles-* sure et de sa saignée. Une excuse, ne faut-il que cela?

ADÈLE. Dieu! oh! le malheureux! il a déchiré l'appareil. . . . Du sang! mon Dieu! du sang! (*Elle sonne.*) Au secours! . . . Ce sang ne s'arrêtera-t-il pas? . . . Il pâlit! . . . ses yeux se ferment.

ANTONY, *retombant presque évanoui sur le sofa.* Et maintenant, je resterai, n'est-ce pas? . . .

ACTE DEUXIÈME

Même appartement qu'au premier acte

SCÈNE I

ADÈLE *la tête appuyée sur ses deux mains;* CLARA, *entrant*

CLARA. Adèle! . . .

ADÈLE. Eh bien?

CLARA. Je quitte Antony.

ADÈLE. Antony! toujours Antony! Eh bien, que me veut-il?

CLARA. Il va s'en aller aujourd'hui.

ADÈLE. Il est tout à fait rétabli?

CLARA. Oui; mais il est si triste. . . .

ADÈLE. Mon Dieu!

CLARA. Tu as été bien cruelle envers lui. Depuis cinq jours qu'il t'a sauvée, à peine si tu l'as revu, et toujours devant M. Olivier. . . . Tu as peut-être raison. Oui, c'est un devoir que t'imposent les titres d'épouse et de mère. . . . Mais, Adèle, ce malheureux souffre tant! . . . il a droit de se plaindre. Un étranger eût obtenu de toi plus d'égards, plus de soins. . . . Ne crains-tu pas que tant de réserve ne lui fasse soupçonner que c'est pour toi-même que tu crains de le revoir?

ADÈLE. Le revoir! oh! mon Dieu! où est donc la nécessité de le revoir? Oh! vous me perdrez tous deux; et alors, toi aussi, tu me diras comme les autres: « Pourquoi l'as-tu revu? . . . » Clara, toi qui es heureuse près d'un mari qui t'aime et que tu as épousé d'amour, toi qui craignais de le quitter quinze jours pour les venir passer près de moi, je conçois que mes craintes te paraissent exagérées. . . . Mais moi, seule avec ma fille, isolée avec mes souvenirs, parmi lesquels il en est un qui me poursuit comme un spectre. . . . Oh! tu ne sais pas ce que c'est que d'avoir aimé et de n'être pas à l'homme qu'on aimait! . . . Je le retrouve partout au milieu du monde. . . . Je le vois là, triste, pâle, regardant le bal. Je fuis cette vision, et j'entends à mon oreille une voix qui bourdonne. . . . C'est la sienne. Je rentre, et, jusqu'auprès du berceau de ma fille . . . mon cœur bondit et se serre . . . et je tremble de me retourner et de le voir. . . . Cependant, oui, en face de Dieu, je n'ai à me reprocher que ce souvenir. . . . Eh bien, il y a quelques jours encore, voilà ce qu'était ma vie. . . . Je le redoutais absent; maintenant qu'il est là, que ce ne sera plus une vision, que ce sera bien lui que je verrai, que ce sera sa voix que j'entendrai. . . . Oh! Clara, sauve-moi! dans tes bras, il n'osera pas me prendre. . . . S'il est permis à notre mauvais ange de se rendre visible, Antony est le mien.

CLARA. Écoute, et toutes tes craintes cesseront bientôt. Il quitte Paris; seulement je te le répète, il veut te revoir auparavant, te confier un secret duquel dépend son repos, son honneur. . . . Puis il s'éloignera pour toujours, il l'a juré sur sa parole. . . .

ADÈLE. Eh bien, non! non! ce n'est pas lui qui doit partir, c'est moi. . . . Ma place, à moi, est près de mon mari: c'est lui qui est mon défenseur et mon maître; . . . il me protégera, même contre moi; j'irai me jeter à ses pieds, dans ses bras. . . . Je lui dirai: « Un homme m'a aimée avant que je fusse à toi; . . . il me poursuit. . . . Je ne m'appartiens plus, je suis ton bien, je ne suis qu'une femme; peut-être seule n'aurais-je pas eu de force contre la séduction. . . . Me voilà, ami, défends-moi! défends-moi! »

CLARA. Adèle, réfléchis. Que dira ton mari? comprendra-t-il ces craintes exagérées? . . . Que risques-tu de rester encore quelque temps? . . . Eh bien, alors. . . .

ADÈLE. Et, si alors le courage de partir me manque; si, quand j'appellerai la force à mon aide, je ne trouve plus dans mon cœur que de l'amour, . . . la passion et ses sophismes éteindront un reste de raison, et puis. . . . Oh! non, ma résolution est prise; c'est la seule qui puisse me sauver. . . . Clara, prépare tout pour ce départ.

CLARA. Eh bien, laisse-moi t'accompagner; je ne veux pas que tu partes seule.

ADÈLE. Non, non, je te laisse ma fille; la route est longue et fatigante: je ne dois pas exposer cette enfant; reste près d'elle. Il est neuf heures et demie: qu'à onze heures ma voiture soit prête; surtout le plus grand secret. . . . Oui, je le recevrai,

maintenant, je ne le crains plus. . . . Ma sœur, mon amie, je me confie à toi; tu auras aidé à me sauver. . . . Oh! dis-moi donc que j'ai raison.

CLARA. Je ferai ce que tu voudras.

ADÈLE. Bien. . . . Laisse-moi seule à présent. . . . Rentre à onze heures. . . . Je saurai, en te voyant, que tout est prêt, et tu n'auras besoin de me rien dire: pas un signe, pas un mot qui puisse lui faire soupçonner. . . . Oh! tu ne le connais pas!

CLARA. Tout sera prêt.

ADÈLE. A onze heures?

CLARA. A onze heures.

ADÈLE. Je ne te demande plus maintenant que le temps d'écrire quelques lignes.

SCÈNE II

ADÈLE, *seule, écrivant*

« Monsieur, l'opiniâtreté que vous mettez à me poursuivre, quand tout me fait un devoir de vous éviter, me force à quitter Paris. . . . Je m'éloigne, emportant pour vous les seuls sentiments que le temps et l'absence ne peuvent altérer, ceux d'une véritable amitié.

» ADÈLE D'HERVEY. »

Oh! mon Dieu! que ce soit le dernier sacrifice; j'ai encore assez de force . . . mais qui sait? . . .

UN DOMESTIQUE. M. Antony.

ADÈLE, *cachetant la lettre*. Un instant. . . . Bien! faites entrer. . . .

SCÈNE III

ADÈLE, ANTONY

ADÈLE. Vous avez désiré me voir avant de vous éloigner; malgré le besoin que j'éprouvais de vous exprimer ma reconnaissance, j'ai hésité quelque temps à recevoir M. Antony. . . . Vous avez insisté, et je n'ai pas cru devoir refuser une si légère faveur à l'homme sans lequel je n'aurais jamais revu peut-être ni ma fille ni mon mari.

ANTONY. Oui, madame, je sais que c'est pour eux seuls que je vous ai conservée. . . . Quant à cette reconnaissance que vous éprouvez, dites-vous, le besoin de m'exprimer, ce que j'ai fait en mérite-t-il la peine? Un autre, le premier venu, l'eût fait à ma place. . . . Et, s'il ne s'était rencontré personne sur votre route, le cocher eût arrêté les chevaux, ou ils se seraient calmés d'eux-mêmes. . . . Le timon eût donné dans un mur tout aussi bien que dans ma poitrine, et le même effet était produit. . . . Qu'importent donc les causes! . . . c'est le hasard, le hasard seul dont vous devez vous plaindre, et qu'il faut que je remercie.

ADÈLE. Le hasard! . . . Et pourquoi m'ôter le seul sentiment que je puisse avoir pour vous? Est-ce généreux? . . . Je vous le demande!

ANTONY. Ah! c'est que le hasard semble, jusqu'à présent, avoir seul régi ma destinée. . . . Si vous saviez combien les évènements les plus importants de ma vie ont eu des causes futiles! . . . Un jeune homme, que je n'ai pas revu deux fois depuis, peut-être, me conduisit chez votre père. . . . J'y allai, je ne sais pourquoi, comme on va partout. Ce jeune homme, je l'avais rencontré au bois de Boulogne; nous nous croisions sans nous parler; un ami commun passe et nous fait faire connaissance. Eh bien, cet ami pouvait ne point passer, ou mon cheval prendre une autre allée, et je ne le rencontrais pas, il ne me conduisait pas chez votre père, les événements qui depuis trois ans ont tourmenté ma vie faisaient place à d'autres; je ne venais pas, il y a cinq jours, pour vous voir, je n'arrêtais pas vos chevaux, et, dans ce moment, ne m'ayant jamais connu, vous ne seriez pas obligée d'avoir pour moi un seul sentiment, celui de la reconnaissance. Si vous ne la nommez pas hasard, comment donc appellerez-vous cette suite d'infiniment petits événements qui, réunis, composent une vie de douleur ou de joie, et qui, isolés, ne valent ni une larme ni un sourire?

ADÈLE. Mais n'admettez-vous pas, Antony, qu'il existe des prévisions de l'âme, des pressentiments?

ANTONY. Des pressentiments! . . . Et ne vous est-il jamais arrivé d'apprendre tout à coup la mort d'une personne aimée, et de vous dire: « Que faisais-je au moment où cette partie de mon âme est morte? . . . Ah! je m'habillais pour un bal, ou je riais au milieu d'une fête. »

ADÈLE. Oui, c'est affreux à penser. . . . Aussi l'homme n'a-t-il pas eu le sentiment de cette faiblesse, lorsqu'en prenant congé d'un ami, il créa pour la première fois le mot *adieu*. N'a-t-il pas voulu dire à la personne aimée: « Je ne suis plus là pour veiller sur toi; mais je te recommande à Dieu, qui veille sur tous! » Voilà ce que j'éprouve chaque fois que je prononce ce mot en me séparant d'un ami; voilà les mille pensées qu'il éveille en moi. Direz-vous aussi qu'il a été créé par le hasard?

ANTONY. Eh bien, puisqu'un mot, un seul mot éveille en vous tant de pensées différentes, . . . lorsque vous entendiez autrefois prononcer le nom d'Antony . . . mon nom . . . au milieu des noms nobles, distingués, connus, ce nom isolé d'Antony n'éveillait-t-il pas pour celui qui le portait une idée d'isolement? ne vous êtes-vous point dit quelquefois que ce ne pouvait être le nom de mon père, celui de ma famille? n'avez-vous pas désiré savoir quelle était ma famille, quel était mon père?

ADÈLE. Jamais. . . . Je croyais votre père mort pendant votre enfance, et je vous plaignais. Je n'avais connu de votre famille que vous; toute votre famille pour moi était donc en vous. . . . Vous étiez là. . . . Je vous appelais Antony, vous me répondiez; qu'avais-je besoin de vous chercher d'autres noms?

ANTONY. Et, lorsqu'en jetant les yeux sur la société, vous voyez chaque homme s'appuyer, pour vivre, sur une industrie quelconque, et donner pour avoir le droit de recevoir, vous êtes-vous demandé pourquoi, seul, au milieu de tous, je n'avais ni rang qui me dispensât d'un état [1] ni état qui me dispensât d'un rang?

ADÈLE. Jamais. . . . Vous me paraissiez né pour tous les rangs, appelé à remplir tous les états; je n'osais rien spécialiser à l'homme qui me paraissait capable de parvenir à tout.

ANTONY. Eh bien, madame, le hasard, avant ma naissance, avant que je pusse rien pour ou contre moi, avait détruit la possibilité que cela fût; et, depuis le jour où je me suis connu, tout ce qui eût été pour un autre positif et réalité n'a été pour moi que rêve et déception. N'ayant point un monde à moi, j'ai été obligé de m'en créer un; il me faut, à moi, d'autres douleurs, d'autres plaisirs, et peut-être d'autres crimes!

ADÈLE. Et pourquoi donc? pourquoi cela?

ANTONY. Pourquoi cela! . . . vous voulez le savoir? . . . Et si ensuite, comme les autres, vous alliez. . . . Oh! non, non! vous êtes bonne. . . . Adèle, oh!

---

[1] *état*, profession.

ADÈLE. On sonne. . . . Silence! . . . une visite. . . . Ne vous en allez pas; demain, peut-être, il serait trop tard. . . .

ANTONY. Oh! malédiction sur le monde qui vient me chercher jusqu'ici!

UN DOMESTIQUE, *entrant.* Madame la vicomtesse de Lacy. . . . M. Olivier Delaunay. . . .

ADÈLE. Oh! calmez-vous par grâce! . . . qu'ils ne s'aperçoivent de rien.

ANTONY. Me calmer? . . . Je suis calme. . . . Ah! c'est la vicomtesse et le docteur. . . . Eh! de quoi voulez-vous que je leur parle? des modes nouvelles? de la pièce qui fait fureur? Eh bien, mais tout cela m'intéresse beaucoup.

SCÈNE IV

LES MÊMES, LA VICOMTESSE DE LACY, OLIVIER

LA VICOMTESSE. Bonjour, chère amie. . . . J'apprends par M. Olivier qu'à compter d'aujourd'hui vous recevez, et j'accours. . . . Mais savez-vous que j'en frémis encore? . . . Vous avez couru un véritable danger. . . .

ADÈLE. Oh! oui, et sans le courage de M. Antony. . . .

LA VICOMTESSE. Ah! voilà votre sauveur? . . . Vous vous rappelez, monsieur, que nous sommes d'anciennes connaissances. . . . J'ai eu le plaisir de vous voir chez Adèle avant son mariage; ainsi, à ce double titre, recevez l'expression de ma reconnaissance bien sincère. (*Elle tend la main à* ANTONY.) Voyez donc, docteur, monsieur est tout à fait bien, un peu pâle encore; mais le mouvement du pouls est bon. Savez-vous que vous avez fait là une cure dont je suis presque jalouse?

ADÈLE. Aussi monsieur me faisait-il sa visite d'adieu.

LA VICOMTESSE. Vous continuez vos voyages?

ANTONY. Oui, madame.

LA VICOMTESSE. Et où allez-vous? . . .

ANTONY. Oh! je n'en sais encore rien moi-même. . . . Dieu me garde d'avoir une idée arrêtée![1] j'aime trop, quand cela m'est possible, charger le hasard du soin de penser pour moi; une futilité me décide, un caprice me conduit, et, pourvu que je change de lieu, que je voie de nouveaux visages, que la rapidité de ma course me débarrasse de la fatigue d'aimer ou de

haïr, qu'aucun cœur ne se réjouisse quand j'arrive, qu'aucun lien ne se brise quand je pars, il est probable que j'arriverai comme les autres, après un certain nombre de pas, au terme d'un voyage dont j'ignore le but, sans avoir deviné si la vie est une plaisanterie bouffonne ou une création sublime. . . .

OLIVIER. Mais que dit votre famille de ces courses continuelles?

ANTONY. Ma famille? . . . Ah! c'est vrai. . . . Elle s'y est habituée. (*A* ADÈLE.) N'est-ce pas, madame? vous qui connaissez ma famille. . . .

LA VICOMTESSE, *à demi-voix.* Mais vraiment, Adèle, j'espère bien que ce n'est pas vous qui exigez qu'il parte; les traitements pathologiques laissent toujours une grande faiblesse, et ce serait l'exposer beaucoup. Oh! c'est qu'il m'est revenu des choses prodigieuses. . . . On m'a dit que vous n'aviez pas voulu le recevoir pendant tout le temps de sa convalescence, parce qu'il vous avait aimée autrefois.

ADÈLE. Oh! silence!

LA VICOMTESSE. Ne craignez rien, ils sont à cent lieues de la conversation, ils parlent littérature: moi, je déteste la littérature.

ADÈLE, *essayant de parler avec gaieté.* Mais que je vous gronde aussi! . . . je vous ai vue passer aujourd'hui sous mes fenêtres, et vous n'êtes pas entrée.

LA VICOMTESSE. J'étais trop pressée; en ma qualité de dame de charité, j'allais visiter l'hospice des Enfants-Trouvés. . . . Eh! mais, au fait, j'aurais dû vous prendre; cela vous aurait distraite un instant. . . .

ANTONY. Et moi, j'aurais demandé la permission de vous accompagner; j'aurais été bien aise d'étudier l'effet que produit sur des étrangers la vue de ces malheureux.

LA VICOMTESSE. Oh! cela fait bien peine! . . . mais ensuite on a le plus grand soin d'eux, ils sont traités comme d'autres enfants. . . .

ANTONY. C'est bien généreux à ceux qui en prennent soin.

ADÈLE. Comment y a-t-il des mères qui peuvent . . . ?

ANTONY. Il y en a, cependant; je le sais, moi.

ADÈLE. Vous?

LA VICOMTESSE. Puis, de temps en temps, des gens riches, qui n'ont pas d'enfants, vont en choisir un là . . . et le prennent pour eux.

---

[1] *idée arrêtée,* a definite purpose.

Antony. Oui, c'est un bazar comme un autre.

Adèle, *avec expression.* Oh! si je n'avais pas eu d'enfants, . . . j'aurais voulu adopter un de ces orphelins. . . .

Antony. Orphelins! . . . que vous êtes bonne! . . .

La Vicomtesse. Eh bien, vous auriez eu tort: là, ils passent leur vie avec des gens de leur espèce. . . .

Adèle. Oh! ne me parlez pas de ces malheureux, cela me fait mal. . . .

Antony. Eh! que vous importe, madame! . . . (*A* la Vicomtesse.) Parlez-en, au contraire. (*Changeant d'expression.*) Vous disiez donc qu'ils étaient là avec des gens de leur espèce, et que madame aurait eu tort?

La Vicomtesse. Sans doute! l'adoption n'aurait pas fait oublier la véritable naissance; et, malgré l'éducation que vous lui auriez donnée, si c'eût été un homme, quelle place pouvait-il occuper.

Antony. En effet, à quoi peut parvenir . . . ?

La Vicomtesse. Si c'est une femme, comment la marier?

Antony. Sans doute, qui voudrait épouser une orpheline? . . . Moi . . . peut-être, parce que je suis au-dessus des préjugés. . . . Ainsi, vous le voyez, l'anathème est prononcé. . . . Il faut que le malheureux reste malheureux; pour lui, Dieu n'a pas de regard, et les hommes de pitié. . . . Sans nom! . . . Savez-vous ce que c'est que d'être sans nom? . . . Vous lui auriez donné le vôtre? Eh bien, le vôtre, tout honorable qu'il est, ne lui aurait pas tenu lieu de père . . . et, en l'enlevant à son obscurité et à sa misère, vous n'auriez pu lui rendre ce que vous lui ôtiez.

Adèle. Ah! si je connaissais un malheureux qui fût ainsi, je voudrais, par tous les égards, toutes les prévenances, lui faire oublier ce que sa position a de pénible! . . . car maintenant, oh! maintenant, je la comprendrais!

La Vicomtesse. Oh! et moi aussi.

Antony. Vous aussi, madame? . . . Et si un de ces malheureux était assez hardi pour vous aimer? . . .

Adèle. Oh! si j'avais été libre! . . .

Antony. Ce n'est pas à vous, c'est à madame. . . .

La Vicomtesse. Il comprendrait, je l'espère, que sa position. . . .

Antony. Mais, s'il l'oubliait enfin? . . .

La Vicomtesse. Quelle est la femme qui consentirait à aimer . . . ?

Antony. Ainsi, dans cette situation, il reste . . . le suicide?

La Vicomtesse. Mais qu'avez-vous donc? . . . Vous êtes tout bizarre.

Antony. Moi? Rien. . . . J'ai la fièvre. . . .

La Vicomtesse. Allons, allons, n'allez-vous pas retomber dans vos accès de misanthropie! . . . Oh! je n'ai pas oublié votre haine pour les hommes. . . .

Antony. Eh bien, madame, je me corrige. Je les haïssais, dites-vous? . . . Je les ai beaucoup vus depuis, et je ne fais plus que les mépriser; et, pour me servir d'un terme familier à la profession que vous affectionnez maintenant, c'est une maladie aiguë qui est devenue chronique.

Adèle. Mais, avec ces idées, vous ne croyez donc ni à l'amitié, ni . . . ? (*Elle s'arrête.*)

La Vicomtesse. Eh bien, ni à l'amour.

Antony, *à* la Vicomtesse. A l'amour, oui; à l'amitié, non. . . . C'est un sentiment bâtard dont la nature n'a pas besoin, une convention de la société que le cœur a adoptée par égoïsme, où l'âme est constamment lésée par l'esprit, et que peut détruire du premier coup le regard d'une femme ou le sourire d'un prince.

Adèle. Oh! vous croyez?

Antony. Sans doute! l'ambition et l'amour sont des passions. . . . L'amitié n'est qu'un sentiment. . . .

La Vicomtesse. Et, avec ces principes-là, combien de fois avez-vous aimé?

Antony. Demandez à un cadavre combien de fois il a vécu. . . .

La Vicomtesse. Allons, je vois bien que je suis indiscrète. . . . Quand vous me connaîtrez davantage, vous me ferez vos confidences. . . . Je donne de temps en temps quelques soirées, mes flatteurs les disent jolies. . . . Si vous restez, le docteur vous amènera chez moi, ou plutôt, présentez-vous vous-même. . . . Je n'ai pas besoin de vous dire que, si votre mère ou votre sœur sont à Paris, ce sera avec le même plaisir que je les recevrai. . . . Adieu, chère Adèle. . . . Docteur, voulez-vous descendre, que je n'attende pas? . . . (*A* Adèle.) Eh bien, il est mieux vue lorsque je l'ai connu, . . . beaucoup plus gai! . . . Il doit vous amuser prodigieusement. Adieu, adieu. (*Elle fait un dernier signe de la main à* Antony *et sort.*)

ANTONY, *après lui avoir rendu son salut,* *à part.* Malheur! . . .

SCÈNE V

ADÈLE, ANTONY

ADÈLE, *revenant.* Antony!

ANTONY. Voulez-vous que je vous dise mon secret, maintenant? . . .

ADÈLE. Oh! je le sais, je le sais maintenant. . . . Que cette femme m'a fait souffrir!

ANTONY. Souffrir, bah! . . . c'est folie; tout cela n'est que préjugés; et puis je commence à me trouver bien ridicule.

ADÈLE. Vous?

ANTONY. Certes! quand je pourrais vivre avec des gens de mon espèce, avoir eu l'impudence de croire qu'avec une âme qui sent, une tête qui pense, un cœur qui bat, . . . on avait tout ce qu'il fallait pour réclamer sa place d'homme dans la société, son rang social dans le monde. . . . Vanité! . . .

ADÈLE. Oh! je comprends maintenant tout ce qui m'était demeuré obscur; . . . votre caractère sombre, que je croyais fantasque; . . . tout, tout . . . même votre départ, dont je ne me rendais pas compte! Pauvre Antony!

ANTONY, *abattu.* Oui, pauvre Antony! car qui vous dira, qui pourra peindre ce que je souffris lorsque je fus obligé de vous quitter? J'avais perdu mon malheur dans votre amour: les jours, les mois s'envolaient comme des instants, comme des songes; j'oubliais tout près de vous. . . . Un homme vint, et me fit souvenir de tout. . . . Il vous offrit un rang, un nom dans le monde . . . et me rappela, à moi, que je n'avais ni rang ni nom à offrir à celle à qui j'aurais offert mon sang.

ADÈLE. Et pourquoi . . . pourquoi alors ne dîtes-vous pas cela? . . . (*Elle regarde la pendule.*) Dix heures et demi; le malheureux! . . . le malheureux! . . .

ANTONY. Dire cela! . . . oui, peut-être vous qui, à cette époque, croyiez m'aimer, auriez-vous oublié un instant qui j'étais pour vous en souvenir plus tard? . . . Mais à vos parents il fallait un nom . . . et quelle probabilité qu'ils préférassent à l'honorable baron d'Hervey le pauvre Antony! . . . C'est alors que je vous demandai quinze jours; un dernier espoir me restait. Il existe un homme chargé, je ne sais par qui, de me jeter tous les ans de quoi vivre un an; je courus le trouver, je me jetai à ses pieds, des cris à la bouche, des larmes dans les yeux; je l'adjurai par tout ce qu'il avait de plus sacré, Dieu, son âme, sa mère . . . il avait une mère, lui! de me dire ce qu'étaient mes parents, ce que je pouvais attendre ou espérer d'eux! Malédiction sur lui! et que sa mère meure! je n'en pus rien tirer. . . . Je le quittai, je partis comme un fou, comme un désespéré, prêt à demander à chaque femme: « N'êtes-vous pas ma mère? . . . »

ADÈLE. Mon ami!

ANTONY. Les autres hommes, du moins, lorsqu'un événement brise leurs espérances, ils ont un frère, un père, une mère! . . . des bras qui s'ouvrent pour qu'ils viennent y gémir. Moi! moi! je n'ai pas même la pierre d'un tombeau où je puisse lire un nom et pleurer.

ADÈLE. Calmez-vous, au nom du ciel! calmez-vous!

ANTONY. Les autres hommes ont une patrie; moi seul, je n'en ai pas! . . . car qu'est-ce que la patrie? Le lieu où l'on est né, la famille qu'on y laisse, les amis qu'on y regrette. . . . Moi, je ne sais pas même où j'ai ouvert les yeux. . . . Je n'ai point de famille, je n'ai point de patrie, tout pour moi était dans un nom; ce nom, c'était le vôtre, et vous me défendez de le prononcer.

ADÈLE. Antony, le monde a ses lois, la société ses exigences; qu'elles soient des devoirs ou des préjugés, les hommes les ont faites telles, et, eussé-je le désir de——m'y soustraire, il faudrait encore que je les acceptasse.

ANTONY. Et pourquoi les accepterais-je, moi? . . . Pas un de ceux qui les ont faites ne peut se vanter de m'avoir épargné une peine ou rendu un service; non, grâce au ciel, je n'ai reçu d'eux qu'injustice, et ne leur dois que haine. . . . Je me détesterais du jour où un homme me forcerait à l'aimer. . . . Ceux à qui j'ai confié mon secret ont renversé sur mon front la faute de ma mère. . . . Pauvre mère! . . . Ils ont dit: « Malheur à toi qui n'as pas de parents! . . . » Ceux à qui je l'ai caché ont calomnié ma vie. . . . Ils ont dit: « Honte à toi qui ne peux pas avouer à la face de la société d'où te vient ta fortune! . . . » Ces deux mots, honte et malheur, se sont attachés à moi comme deux mauvais génies. . . . J'ai voulu forcer les préjugés à céder devant l'éducation. . . . Arts, langues, science, j'ai tout étudié, tout appris. . . . Insensé que j'étais d'élargir mon cœur pour que le désespoir pût y tenir! Dons naturels ou sciences acquises, tout s'effaça devant la tache de ma naissance: les carrières ouvertes aux hommes les plus médiocres se fermèrent devant moi; il fallait dire mon nom, et je n'avais pas de nom. Oh! que ne suis-je né pauvre et resté ignorant! perdu dans le peuple, je n'y aurais pas été poursuivi par les préjugés; plus ils se rapprochent de la terre, plus ils diminuent, jusqu'à ce que, trois pieds au-dessous, ils disparaissent tout à fait.

Adèle. Oui, oui, je comprends. . . . Oh! plaignez-vous! plaignez-vous! . . . car ce n'est qu'avec moi que vous pouvez vous plaindre!

Antony. Je vous vis, je vous aimai; le rêve de l'amour succéda à celui de l'ambition et de la science; je me cramponnai à la vie, je me jetai dans l'avenir, pressé que j'étais d'oublier le passé. . . . Je fus heureux . . . quelques jours . . . les seuls de ma vie! . . . Merci, ange! car c'est à vous que je dois cet éclair de bonheur, que je n'eusse pas connu sans vous. . . . C'est alors que le colonel d'Hervey. . . . Malédiction! . . . Oh! si vous saviez combien le malheur rend méchant! combien de fois, en pensant à cet homme, je me suis endormi la main sur mon poignard! . . . et j'ai rêvé de Grève [1] et d'échafaud!

Adèle. Antony! . . . vous me faites frémir. . . .

Antony. Je partis, je revins; il y a trois ans entre ces deux mots. . . . Ces trois ans se sont passés je ne sais où ni comment; je ne serais pas même sûr de les avoir vécus, si je n'avais le souvenir d'une douleur vague et continue. . . . Je ne craignais plus les injures ni les injustices des hommes; . . . je ne sentais plus qu'au cœur,[2] et il était tout entier à vous. . . . Je me disais: « Je la reverrai. . . . Il est impossible qu'elle m'ait oublié . . . je lui avouerai mon secret . . . et peut-être qu'alors elle me méprisera, me haïra. »

Adèle. Antony, oh! comment l'avez-vous pu penser.

Antony. Et moi, à mon tour, moi, je la haïrai aussi comme les autres; . . . ou bien, lorsqu'elle saura ce que j'ai souffert, ce que je souffre, . . . peut-être elle me permettra de rester près d'elle . . . de vivre dans la même ville qu'elle!

Adèle. Impossible.

Antony. Oh! il me faut pourtant haine ou amour, Adèle! je veux l'un ou l'autre. . . . J'ai cru un instant que je pourrais repartir; insensé! . . . je vous le dirais, qu'il ne faudrait pas le croire; Adèle, je vous aime, entendez-vous? . . . Si vous vouliez un amour ordinaire, il fallait vous faire aimer par un homme heureux! . . . Devoirs et vertu! . . . vains mots! . . . Un meurtre peut vous rendre veuve. . . . Je puis le prendre sur moi, ce meurtre; que mon sang coule sous ma main ou sous celle du bourreau, peu m'importe! . . . il ne rejaillira sur personne et ne tachera que le pavé. . . . Ah! vous avez cru que vous pouviez m'aimer, me le dire, me montrer le ciel . . . et puis tout briser avec quelques paroles dites par un prêtre. . . . Partez, fuyez, restez, vous êtes à moi, Adèle! . . . à moi, entendez-vous? je vous veux, je vous aurai. . . . Il y a un crime entre vous et moi? . . . Soit, je le commettrai. . . . Adèle, Adèle! je le jure par ce Dieu que je blasphème! par ma mère, que je ne connais pas! . . .

Adèle. Calmez-vous, malheureux! . . . vous me menacez! . . . vous menacez une femme. . . .

Antony, *se jetant à ses pieds.* Ah! ah! . . . grâce, grâce, pitié, secours. . . . Sais-je ce que je dis? Ma tête est perdue, mes paroles sont de vains mots qui n'ont pas de sens. . . . Oh! je suis si malheureux! . . . que je pleure . . . que je pleure comme une femme. . . . Oh! riez, riez! . . . un homme qui pleure, n'est-ce pas? . . . J'en ris moi-même . . . ah! ah!

Adèle. Vous êtes insensé et vous me rendez folle.

Antony. Adèle! Adèle! . . .

Adèle. Oh! regarde cette pendule; elle va sonner onze heures.

Antony. Qu'elle sonne un de mes jours à chacune de ses minutes, et que je les passe près de vous. . . .

Adèle. Oh! grâce! grâce! à mon tour, Antony. . . . Je n'ai plus de courage.

Antony. Un mot, un mot, un seul! . . . et je serai votre esclave, j'obéirai à votre geste, dût-il me chasser pour toujours. . . . Un mot, Adèle; des années se sont passées dans l'espoir de ce mot! . . . si vous ne laissez pas en ce moment tomber de votre cœur cette parole d'amour, . . . quand vous reverrai-je, quand serai-je aussi malheureux que je le suis? . . . Oh! si vous n'avez pas amour de moi ayez pitié de moi!

[1] On the *Place de Grève* criminals were formerly executed.
[2] My whole being was centered in my heart.

ADÈLE. Antony! Antony!

ANTONY. Ferme les yeux, oublie les trois ans qui se sont passés, ne te souviens que de ces moments de bonheur où j'étais près de toi, où je te disais: « Adèle! . . . mon ange! . . . ma vie! encore un mot d'amour! . . . » et où tu me répondais: « Antony! mon Antony! oui, oui! ».

ADÈLE, *égarée.* Antony! mon Antony, oui, oui, je t'aime. . . .

ANTONY. Oh! elle est à moi! . . . je l'ai reprise; je suis heureux. (*Onze heures sonnent.*)

ADÈLE. Heureux! . . . pauvre insensé! . . . Onze heures! . . . onze heures, et Clara qui vient! . . . il faut nous quitter. . . .

SCÈNE VI

LES MÊMES, CLARA

ANTONY. Oh! dans ce moment, j'aime mieux vous quitter que de vous voir devant quelqu'un.

ADÈLE. Sois la bienvenue, Clara.

ANTONY. Oh! je m'en vais! . . . Merci. . . . J'emporte là du bonheur pour une éternité. . . . Adieu, Clara . . . ma bonne Clara! . . . Adieu, madame. (*Bas.*) Quand vous reverrai-je?

ADÈLE. Le sais-je! . . .

ANTONY. Demain, n'est-ce pas? . . . Oh! que c'est loin, demain! . . .

ADÈLE. Oui, demain . . . bientôt . . . plus tard.

ANTONY. Toujours . . . adieu. . . . (ANTONY *sort.*)

ADÈLE, *le suivant des yeux et courant à la porte.* Antony. . . .

SCÈNE VII

ADÈLE, CLARA

CLARA. Que fais-tu? Du courage, du courage!

ADÈLE. Oh! j'en ai, ou plutôt, j'en ai eu; car il s'est usé dans mes dernières paroles. Oh! si tu savais comme il m'aime, l'insensé!

CLARA. As-tu préparé une lettre pour lui?

ADÈLE. Une lettre? Oui, la voici.

CLARA. Donne.

ADÈLE. Qu'elle est froide, cette lettre! . . . qu'elle est cruellement froide! Il m'accusera de fausseté. Eh! le monde ne veut-il pas que je sois fausse? C'est ce que la société appelle devoir, vertu. Elle est parfaite, cette lettre. Tu la lui remettras. . . .

CLARA. Viens, viens, tout est prêt; le domestique qui doit t'accompagner t'attend.

ADÈLE. Bien. Par où faut-il que j'aille? . . . Conduis-moi; tu vois bien que suis prête à tomber, que je n'ai pas de forces, que je n'y vois plus. (*Elle tombe sur une chaise.*)

CLARA. Oh! ma sœur! songe à ton mari.

ADÈLE. Je ne puis songer qu'à *lui.*

CLARA. Songe à ta fille.

ADÈLE. Ah! oui, ma fille! (*Elle entre dans le cabinet.*)

CLARA. Embrasse-la, pense à elle; et maintenant, maintenant, pars.

ADÈLE, *se jetant dans les bras de* CLARA Oh! Clara, Clara! que tu dois me mépriser! . . . Ne me reconduis pas; je te parlerais encore de lui. . . . Adieu, adieu; prends soin de ma fille.

CLARA. Le ciel te garde!

ACTE TROISIÈME

Une auberge à Ittenheim, à deux lieues en deçà de Strasbourg.

SCÈNE I

ANTONY, LOUIS, L'HÔTESSE

ANTONY *entre couvert de poussière et suivi de son* DOMESTIQUE.

ANTONY, *appelant.* La maîtresse de l'auberge?

L'HÔTESSE, *sortant de la pièce voisine.* Voilà, monsieur.

ANTONY. Vous êtes la maîtresse de cette auberge?

L'HÔTESSE. Oui, monsieur.

ANTONY. Bien. . . . Où sommes-nous? . . . le nom de ce village?

L'HÔTESSE. Ittenheim.

ANTONY. Combien de lieues d'ici à Strasbourg?

L'HÔTESSE. Deux.

ANTONY. Il ne reste, par conséquent, qu'une poste [1] d'ici à la ville?

L'HÔTESSE. Oui, monsieur.

ANTONY, *à part.* Il était temps. (*Haut.*) Combien de voitures ont relayé chez vous aujourd'hui?

---

[1] *poste,* a distance between two relay stations, about eight miles.

L'Hôtesse. Deux seulement.

Antony. Quels étaient les voyageurs?

L'Hôtesse. Dans la première, un homme âgé avec sa famille.

Antony. Dans l'autre?

L'Hôtesse. Un jeune homme avec sa femme ou sa sœur.

Antony. C'est tout?

L'Hôtesse. Oui, tout.

Antony, *à lui-même.* Alors, c'est bien elle que j'ai rejointe et dépassée à deux lieues de ce village, en sortant de Vasselonne. . . . Dans une demi-heure ou trois quarts d'heure, elle sera ici; c'est bon.

L'Hôtesse. Monsieur repart-il?

Antony. Non, je reste. Combien y a-t-il maintenant de chevaux de poste dans votre écurie?

L'Hôtesse. Quatre.

Antony. Et, quand vous en manquez, est-il possible de s'en procurer dans ce village?

L'Hôtesse. Non, monsieur.

Antony. J'ai aperçu sous la remise,[1] en entrant, une vieille berline;[2] est-elle à vous?

L'Hôtesse. Un voyageur nous a chargés de la vendre.

Antony. Combien?

L'Hôtesse. Mais. . . .

Antony. Faites vite, je n'ai pas le temps.

L'Hôtesse. Vingt louis.[3]

Antony. Les voici; rien n'y manque?

L'Hôtesse. Non.

Antony. Combien de chambres vacantes dans votre auberge?

L'Hôtesse. Deux au premier étage.

Antony. Celle-ci?

L'Hôtesse, *ouvrant la porte de communication.* Et celle-là.

Antony. Je les retiens.

L'Hôtesse. Toutes deux?

Antony. Oui. Si cependant un voyageur était obligé de rester ici cette nuit, vous me le diriez, et peut-être en céderais-je une.

L'Hôtesse. Monsieur a-t-il autre chose à commander?

Antony. Qu'on mette à l'instant même, vous entendez, à l'instant, les quatre chevaux à la berline que je viens d'acheter,

et que le postillon soit prêt dans cinq minutes.

L'Hôtesse. C'est tout?

Antony. Oui, pour le moment; d'ailleurs, j'ai mon domestique, et, si j'avais besoin de quelque chose, je vous ferais appeler. . . .

(L'Hôtesse *sort.*)

SCÈNE II

LOUIS, ANTONY

Antony. Louis!

Louis. Monsieur?

Antony. Tu me sers depuis dix ans?

Louis. Oui, monsieur.

Antony. As-tu jamais eu à te plaindre de moi?

Louis. Jamais.

Antony. Crois-tu que tu trouverais un meilleur maître?

Louis. Non, monsieur.

Antony. Alors tu m'es dévoué, n'est-ce pas?

Louis. Autant qu'on peut l'être.

Antony. Tu vas monter dans la berline qu'on attelle, et tu partiras pour Strasbourg.

Louis. Seul?

Antony. Seul. . . . Tu connais le colonel d'Hervey?

Louis. Oui.

Antony. Tu prendras un habit bourgeois. . . . Tu te logeras en face de lui. . . . Tu te lieras avec ses domestiques. . . . Si, dans un mois, deux mois, trois mois, n'importe à quelle époque, tu apprends qu'il va revenir à Paris, tu partiras à franc étrier[4] pour le dépasser. . . . Si tu apprends qu'il est parti, rejoins-le, dépasse-le pour m'en avertir; tu auras cent francs pour chaque heure que tu auras d'avance sur lui. . . . Voici ma bourse; quand tu n'auras plus d'argent, écris-moi.

Louis. Est-ce tout?

Antony. Non. . . . Tu retiendras le postillon en le faisant boire, de manière qu'il ne revienne avec les chevaux que demain matin, ou du moins fort avant dans la nuit. . . . Et maintenant, pas un instant de retard. . . . Sois vigilant, sois fidèle. . . . Pars! . . . (Louis *sort.*)

[1] *remise,* shed.
[2] *berline,* a four-wheeled closed carriage with top that can be opened.
[3] A *louis* is twenty francs, or, at the time of the play, about four dollars.
[4] *à franc étrier,* as fast as your horse will carry you.

SCÈNE III

ANTONY, *seul*

Ah! me voilà seul enfin! . . . Examinons. . . . Ces deux chambres communiquent entre elles. . . . Oui, mais de chaque côté la porte se ferme en dedans. . . . Enfer! . . . Ce cabinet? . . . Aucune issue! Si je démontais ce verrou? . . . On pourrait le voir. . . . Cette croisée? . . . Ah! le balcon sert pour les deux fenêtres. . . . Une véritable terrasse. (*Il rit.*) Ah! c'est bien. . . . Je suis écrasé. (*Il s'assied.*) Oh! comme elle m'a trompé! je ne la croyais pas si fausse. . . . Pauvre sot, qui te fiais à son sourire, à sa voix émue, et qui, un instant, comme un insensé, t'étais repris au bonheur, et qui avais pris un éclair pour le jour! . . . Pauvre sot, qui ne sais pas lire dans un sourire, qui ne sais rien deviner dans une voix, et qui, la tenant dans tes bras, ne l'as pas étouffée, afin qu'elle ne fût pas à un autre. . . . (*Il se lève.*) Et si elle allait arriver avant que Louis, qu'elle connaît, fût parti avec les chevaux. . . . Malheur! . . . Non, l'on n'aperçoit pas encore la voiture. (*Il s'assied.*) Elle vient, s'applaudissant de m'avoir trompé, et, dans les bras de son mari, elle lui racontera tout; . . . elle lui dira que j'étais à ses pieds . . . oubliant mon nom d'homme et rampant; elle lui dira qu'elle m'a repoussé; puis, entre deux baisers, ils riront de l'insensé Antony, d'Antony le bâtard! . . . Eux rire! . . . mille démons! (*Il frappe la table de son poignard, et le fer y disparaît presque entièrement. Riant.*) Elle est bonne, la lame de ce poignard! (*Se levant et courant à la fenêtre.*) Louis part enfin. . . . Qu'elle arrive maintenant. . . . Rassemblez donc toutes les facultés de votre être pour aimer; créez-vous un espoir de bonheur, qui dévore à jamais tous les autres; puis venez, l'âme torturée et les yeux en pleurs, vous agenouiller devant une femme! voilà tout ce que vous en obtiendrez. . . . Dérision et mépris. . . . Oh! si j'allais devenir fou avant qu'elle arrivât! . . . Mes pensées se heurtent, ma tête brûle. . . . Où y a-t-il du marbre pour poser mon front? . . . Et quand je pense qu'il ne faudrait, pour sortir de l'enfer de cette vie, que la résolution d'un moment, qu'à l'agitation de la frénésie peut succéder en une seconde le repos du néant, que rien ne peut, même la

puissance de Dieu, empêcher que cela ne soit, si je le veux. . . . Pourquoi donc ne le voudrais-je pas? . . . est-ce un mot qui m'arrête? . . . Suicide! . . . Certes, quand Dieu a fait des hommes une loterie au profit de la mort, et qu'il n'a donné à chacun d'eux que la force de supporter une certaine quantité de douleurs, il a dû penser que cet homme succomberait sous le fardeau, alors que le fardeau dépasserait ses forces. . . . Et d'où vient que les malheureux ne pourraient pas rendre malheur pour malheur? . . . Cela ne serait pas juste, et Dieu est juste! . . . Que cela soit donc; qu'elle souffre et pleure comme j'ai pleuré et souffert! . . . Elle, pleurer! . . . elle souffrir, ô mon Dieu! . . . elle, ma vie, mon âme! . . . c'est affreux! . . . Oh! si elle pleure, que ce soit ma mort du moins. . . . Antony pleuré par Adèle. . . . Oui, mais aux larmes succéderont la tristesse, la mélancolie, l'indifférence. . . . Son cœur se serrera encore de temps en temps, lorsque par hasard on prononcera mon nom devant elle; . . . puis on ne le prononcera plus . . . l'oubli viendra . . . l'oubli, ce second linceul des morts! . . . Enfin, elle sera heureuse. . . . Mais pas seule! . . . un autre partagera son bonheur. . . . Cet autre, dans deux heures, elle sera près de lui . . . pour la vie entière . . . et moi, pour la vie entière, je serai loin. . . . Ah! qu'il ne la revoie jamais! . . . N'ai-je pas entendu? Oui, oui . . . le roulement d'une voiture. . . . La nuit vient. . . . C'est heureux qu'il fasse nuit! . . . Cette voiture, . . . c'est la sienne. . . . Oh! cette fois encore, je me jetterai au-devant de toi, Adèle! . . . mais ce ne sera pas pour te sauver. . . . Cinq jours sans me voir, et elle me quitte le jour où elle me voit . . . et, si la voiture m'eût brisé le front contre la muraille, elle eût laissé le corps mutilé à la porte, de peur qu'en entrant chez elle, ce cadavre ne la compromît. Elle approche. . . . Viens, viens, Adèle! . . . car on t'aime . . . et on t'attend ici. . . . La voilà. . . . De cette fenêtre, je pourrais la voir. . . . Mais sais-je en la voyant ce que je ferais? . . . Oh! mon cœur, mon cœur. . . . Elle descend. . . . C'est sa voix, sa voix si douce qui disait hier: « A demain, demain, mon ami . . . » Demain est arrivé, et je suis au rendez-vous. . . . On monte. . . . C'est l'hôtesse. (*Il s'assied, avec une tranquillité apparente, sur un meuble près de la porte.*)

SCÈNE IV

L'Hôtesse, Antony

L'Hôtesse *entre, deux flambeaux à la main; elle en pose un sur la table.* Monsieur, une dame, forcée de s'arrêter ici, a besoin d'une chambre; vous avez eu la bonté de me dire que vous céderiez une de celles que vous avez retenues. Si monsieur est toujours dans les mêmes intentions, je le prierais de me dire de laquelle des deux il veut bien disposer en ma faveur. . . .

Antony, *d'un air d'indifférence.* Mais de celle-ci: c'est, je crois, la plus grande et la plus commode. . . . Je me contenterai de l'autre.

L'Hôtesse. Et quand, monsieur?

Antony. Tout de suite. . . . (L'Hôtesse *porte le second flambeau dans la pièce voisine et revient en scène tout de suite.*) La porte ferme en dedans. . . . Cette dame sera chez elle.

L'Hôtesse. Je vous remercie, monsieur. (*Elle va à la porte de l'escalier.*) Madame! . . . madame! . . . vous pouvez monter. . . . Par ici! . . . là! . . .

Antony, *entrant dans l'autre chambre.* La voilà. . . .
(*Il ferme la porte de communication au moment où* Adèle *paraît.*)

SCÈNE V

L'Hôtesse, Adèle

Adèle. Et vous dites qu'il est impossible de se procurer des chevaux?

L'Hôtesse. Madame, les quatre derniers sont partis il n'y a pas un quart d'heure.

Adèle. Et quand reviendront-ils?

L'Hôtesse. Cette nuit.

Adèle. Oh! mon Dieu! au moment d'arriver! . . . quand il n'y a plus, d'ici à Strasbourg, que deux lieues. Ah! cherchez, cherchez s'il n'y a pas quelque moyen.

L'Hôtesse. Je n'en connais pas. . . . Ah! cependant, si le postillon qui a amené madame était encore en bas, peut-être consentirait-il à doubler la poste.[1]

Adèle. Oui, oui, c'est un moyen. . . . Courez, dites-lui ce qu'il demandera, je le lui donnerai. . . . Allez, allez. (L'Hôtesse *sort.*) Oh! il y sera encore, . . . il consentira . . . et, dans une heure,

---

[1] *doubler la poste*, drive on without changing horses.

je serai près de mon mari. . . . Ah! mon Dieu! je n'entends rien, je ne vois rien. . . . Ce postillon sera reparti, peut-être. . . . (*A* L'Hôtesse, *qui rentre.*) Eh bien?

L'Hôtesse. Il n'y est déjà plus. . . . L'étranger qui vous a cédé cette chambre lui a dit quelques mots de sa fenêtre, et il est reparti à l'instant.

Adèle. Que je suis malheureuse!

L'Hôtesse. Madame paraît bien agitée?

Adèle. Oui. Encore une fois, il n'y a aucun moyen de partir avant le retour des chevaux?

L'Hôtesse. Aucun, madame.

Adèle. Laissez-moi alors, je vous prie.

L'Hôtesse. Si madame a besoin de quelque chose, elle sonnera.

SCÈNE VI

Adèle, *seule*

D'où vient que je suis presque contente de ce retard? Oh! c'est qu'à mesure que je me rapproche de mon mari, il me semble entendre sa voix, voir sa figure sévère. . . . Que lui dirai-je pour motiver ma fuite? . . . Que je craignais d'en aimer un autre . . . ? Cette crainte seule, aux yeux de la société, aux siens, est presque un crime. . . . Si je lui disais que le seul désir de le voir? . . . Ah! ce serait le tromper. . . . Peut-être suis-je partie trop tôt, et le danger n'était-il pas aussi grand que je le croyais. . . . Oh! avant de le revoir, lui, je n'étais pas heureuse, mais du moins j'étais calme; . . . chaque lendemain ressemblait à la veille. . . . Dieu! pourquoi cette agitation, ce trouble . . . quand je vois tant de femmes . . . ? Oh! c'est qu'elles ne sont point aimées par Antony. . . . L'amour banal de tout autre homme m'eût fait sourire de pitié. . . . Mais son amour à lui, son amour. . . . Ah! être aimée ainsi et pouvoir l'avouer à Dieu et au monde; . . . être la religion, l'idole, la vie d'un homme comme lui . . . si supérieur aux autres hommes; . . . lui rendre tout le bonheur que je lui devrais, et puis des jours nombreux qui passeraient comme des heures. . . . Ah! voilà pourtant ce qu'un préjugé m'a enlevé! . . . voilà cette société juste qui punit en nous une faute que ni l'un ni l'autre de nous n'a commise. . . . Et, en échange, que m'a-t-elle donné? Ah! c'est à faire douter de la bonté céleste! . . . Dieu! qu'ai-je entendu? Du bruit dans cette chambre. . . . C'est un étranger, un homme que je ne connais pas qui l'habite, . . . cette chambre. . . . (*Elle se précipite vers la porte, qu'elle ferme au verrou.*) Et j'avais oublié. . . . Cette chambre est sombre. . . . Pourquoi donc tremblé-je comme cela? . . . (*Elle sonne.*) Des chevaux! des chevaux! au nom du ciel! . . . Je meurs ici. . . . (*A la porte de l'escalier.*) Quelqu'un! madame! . . .

SCÈNE VII

L'Hôtesse, Adèle

L'Hôtesse, *en dehors.* Voilà! voilà! (*Entrant.*) Madame appelle?

Adèle. Je veux partir. . . . Les chevaux sont-ils revenus?

L'Hôtesse. Ils partaient à peine quand madame est arrivée, et je ne les attends que dans deux ou trois heures. . . . Madame devrait se reposer.

Adèle. Où?

L'Hôtesse. Dans ce cabinet, il y a un lit.

Adèle. Il ne ferme pas, ce cabinet.

L'Hôtesse. Les deux portes de cette chambre ferment en dedans.

Adèle. C'est juste. Je puis être sans crainte ici, n'est-ce pas?

L'Hôtesse, *portant le flambeau dans le cabinet.* Que pourrait craindre madame?

Adèle. Rien. . . . Je suis folle. (L'Hôtesse *sort du cabinet.*) Venez, au nom du ciel! me prévenir . . . aussitôt que les chevaux seront de retour.

L'Hôtesse. Aussitôt, madame.

Adèle, *entrant dans le cabinet.* Jamais il n'est arrivé d'accident dans cet hôtel?

L'Hôtesse. Jamais. . . . Si madame veut, je ferai veiller quelqu'un?

Adèle, *à l'entrée du cabinet.* Non, non, au fait. . . . Pardon! . . . laissez-moi. . . . (*Elle rentre dans le cabinet et ferme la porte.* Antony *paraît sur le balcon, derrière la fenêtre, casse un carreau, passe son bras, ouvre l'espagnolette, entre vivement, et va mettre au verrou à la porte par laquelle est sortie* L'Hôtesse.)

Adèle, *sortant du cabinet.* Du bruit. . . . Un homme! . . . Ah! . . .

Antony. Silence! . . . (*La prenant dans ses bras et lui mettant un mouchoir sur la bouche.*) C'est moi! . . . moi, Antony! . . . (*Il l'entraîne dans le cabinet.*)

ACTE QUATRIÈME

Un boudoir chez la Vicomtesse de Lacy; *au fond, une porte ouverte donnant sur un salon élégant préparé pour un bal; à gauche, une porte dans un coin.*

SCÈNE I

La Vicomtesse de Lacy, *puis* Eugène

La Vicomtesse, *à plusieurs* Domestiques. Allez, et n'oubliez rien de ce que j'ai dit. . . . L'ennuyeuse chose qu'une soirée pour une maîtresse de maison qui est seule! à peine ai-je eu le temps d'achever ma toilette, et, si cet excellent Eugène ne m'avait aidée dans mes invitations et mes préparatifs, je ne sais comment je m'en serais tirée. . . . Mais il avait promis d'être ici le premier.

Un Domestique, *annonçant.* M. Eugène d'Hervilly.

La Vicomtesse, *saluant.* Monsieur.

Eugène, *lui rendant son salut.* Madame. . . . (Le Domestique *sort.*)

La Vicomtesse, *changeant de manières.* Ah! vous voilà. . . . (*Se coiffant d'une main et donnant l'autre à baiser.*) Vous êtes charmant et d'une exactitude qui ferait honneur à un algébriste; c'est beau pour un poète.

Eugène. Il y a des circonstances où l'exactitude n'est pas une vertu bien surprenante.

La Vicomtesse. Vrai? . . . Tant mieux! . . . Ma toilette est-elle de votre goût?

Eugène. Charmante!

La Vicomtesse. Flatteur! . . . Reconnaissez-vous cette robe?

Eugène. Cette robe? . . .

La Vicomtesse. Oublieux! . . . c'est celle que j'avais la première fois que je vous vis. . . .

Eugène. Ah! oui, chez. . . . (*Il cherche.*)

La Vicomtesse, *avec impatience.* Chez madame Amédée de Vals. . . . Il n'y a que les femmes pour avoir ce genre de mémoire. . . . Ce devrait être le beau jour, le grand jour de votre existence. . . . Vous rappelez-vous cette dame qui ne nous a pas quittés des yeux?

Eugène. Oui, madame de Camps! . . . cette prude . . . dont on heurte toujours le pied, et qui, lorsqu'on lui fait des excuses, fait semblant de ne pas comprendre, et répond: « Oui, monsieur, pour la première contredanse. »

LA VICOMTESSE. A propos, je l'ai vue depuis que vous m'avez quittée, et je me suis disputée avec elle, oh! mais disputée à m'enrouer.

EUGÈNE. Ah! bon Dieu! et sur quoi donc?

LA VICOMTESSE. Sur la littérature. . . . Vous savez que je ne parle plus que littérature? . . . C'est vraiment à me compromettre. . . . C'est votre faute cependant. . . . Si vous me rendiez en amour ce que je risque pour vous, au moins. . . .

EUGÈNE. Comment! est-ce que je ne vous aimerais pas comme vous voulez être aimée?

LA VICOMTESSE. Il le demande! . . . Quand j'ai vu un poète s'occuper de moi, j'ai été enchantée; je me suis dit: « Oh! je vais trouver une âme ardente, une tête passionnée, des émotions nouvelles et profondes. » Pas du tout! vous m'avez aimée comme aurait fait un agent de change. . . . Voulez-vous me dire où vous prenez ces scènes de feu qui vous ont fait réussir au théâtre? car, vous avez beau dire, c'est là qu'est le succès de vos pièces, et non dans l'historique, les mœurs, la couleur locale . . . que sais-je, moi? Oh! je vous en veux mortellement de m'avoir trompée . . . et de rire encore.

EUGÈNE. Écoutez. . . . Moi aussi, madame, j'ai cherché partout cet amour délirant dont vous parlez; . . . moi aussi, je l'ai demandé à toutes les femmes. . . . Dix fois j'ai été sur le point de l'obtenir d'elles; . . . mais, pour les unes, je ne faisais pas assez bien le nœud de ma cravate; pour les autres, je sautais trop en dansant et pas assez en valsant. . . . Une dernière allait m'aimer à l'adoration, lorsqu'elle s'est aperçue que je ne dansais pas le galop. . . . Bref, il m'a toujours échappé au moment où je croyais être sûr de l'avoir inspiré. C'est le rêve de l'âme tant qu'elle est jeune et naïve. . . . Tout le monde a fait ce rêve . . . pour le voir s'évanouir lentement; j'ai commencé ainsi que les autres, et fini comme eux; j'ai accepté de la vie ce qu'elle donne, et l'ai tenue quitte de ce qu'elle promet; j'ai usé cinq ou six ans à chercher cet amour idéal au milieu de notre société élégante et rieuse, et j'ai terminé ma recherche par le mot *impossible*.

LA VICOMTESSE. Impossible! . . . Voyez comme aime Antony. . . . Voilà comme j'aurais voulu être aimée. . . .

EUGÈNE. Oh! c'est autre chose; prenez-y garde, madame: un amour comme celui d'Antony vous tuerait, du moment que vous ne le trouveriez pas ridicule; vous n'êtes pas, comme madame d'Hervey, une femme au teint pâle, aux yeux tristes, à la bouche sévère. . . . Votre teint est rosé, vos yeux sont pétillants, votre bouche est rieuse. . . . De violentes passions détruiraient tout cela, et ce serait dommage; vous, bâtie de fleurs et de gaze, vous voulez aimer et être aimée d'amour? Ah! prenez-y garde, madame!

LA VICOMTESSE. Mais vous m'effrayez! . . . Au fait, peut-être cela vaut-il mieux comme cela est.

EUGÈNE, *avec gaieté.* Oh! sans doute; vous commandez une robe, vous me dites que vous m'aimez, vous allez au bal, vous revenez avec la migraine; le temps se passe, votre cœur reste libre, votre tête est folle; et, si vous avez à vous plaindre d'une chose, c'est de ce que la vie est si courte et de ce que les jours sont si longs.

LA VICOMTESSE. Silence, fou que vous êtes! voilà du monde qui nous arrive.

LE DOMESTIQUE. Madame de Camps.

LA VICOMTESSE. Votre antipathie.

EUGÈNE. Je l'avoue: méchante et prude.

LA VICOMTESSE. Chut! . . . (*A* MADAME DE CAMPS.) Ah! venez donc. . . .

SCÈNE II

LES MÊMES, MADAME DE CAMPS

MADAME DE CAMPS. J'arrive de bonne heure, chère Marie; il est si embarrassant pour une veuve de se présenter seule au milieu d'un bal! on sent tous les regards se fixer sur vous.

LA VICOMTESSE. Mais il me semble que c'est un malheur que moins que tout autre vous devez craindre.

MADAME DE CAMPS. Vous me flattez; est-ce que vous m'en voulez encore de notre petite querelle littéraire? . . . (*A* EUGÈNE.) C'est vous qui la rendez romantique, monsieur; c'est un péché duquel vous répondrez au jour du jugement dernier.

EUGÈNE. Je ne sais trop, madame, par quelle influence je pourrais. . . .

MADAME DE CAMPS. Oh! ni moi non plus; mais le fait est qu'elle ne dit plus un mot de médecine, et que Bichat,

Broussais, Gall [1] et M. Delaunay sont complètement abandonnés pour Shakspeare, Schiller, Gœthe et vous.

LA VICOMTESSE. Mais, méchante que vous êtes, vous feriez croire à des choses.

MADAME DE CAMPS. Oh! ce n'est qu'une plaisanterie. . . . Et qui auronsnous à notre belle soirée? . . . tout Paris? [2] . . .

LA VICOMTESSE. D'abord. . . . Puis nos amis habituels, quelques présentations de jeunes gens qui dansent; c'est précieux, l'espèce en devient de jour en jour plus rare. . . . Ah! Adèle d'Hervey, qui rentre dans le monde.

MADAME DE CAMPS. Oui, qu'elle avait quitté sous prétexte de mauvaise santé, depuis trois mois, depuis son départ, depuis son aventure dans une auberge; . . . que sais-je, moi! . . . Comment, chère Marie, vous recevez cette femme? . . . Eh bien, vous avez tort. . . . Vous ne savez donc pas? . . .

LA VICOMTESSE. Je sais qu'on dit mille choses dont pas une n'est vraie peut-être. . . . Mais Adèle est une ancienne amie à moi.

MADAME DE CAMPS. Oh! ce n'est point non plus un reproche que je vous fais. . . . Vous êtes si bonne, vous n'aurez vu dans cette invitation qu'un moyen de la réhabiliter; mais ce serait à elle à comprendre qu'elle est déplacée dans un certain monde, et, si elle ne le comprend pas, ce serait charité que de le lui faire sentir. Si son aventure n'avait pas fait tant d'éclat encore. . . . Mais pourquoi sa sœur se presse-t-elle de dire qu'elle est partie pour rejoindre son mari? Puis, quelques jours après, on la voit revenir! M. Antony, absent avec elle, revient en même temps qu'elle. . . . Vous l'avez sans doute invité aussi, M. Antony?

LA VICOMTESSE. Certes!

MADAME DE CAMPS. Je serai enchantée de le voir, M. Antony; j'aime beaucoup les problèmes.

LA VICOMTESSE. Comment?

MADAME DE CAMPS. Sans doute; n'est-ce point un problème . . . vivant au milieu de la société, qu'un homme riche, dont on ne connaît ni la famille ni l'état? Quant à moi, je ne sais qu'un métier qui dispense d'un état et d'une famille.

EUGÈNE. Ah! madame!

MADAME DE CAMPS. Sans doute! rien n'est dramatique comme le mystérieux au théâtre ou dans un roman. . . . Mais dans le monde!

LE DOMESTIQUE, annonçant. M. le baron de Marsanne . . . M. Frédéric de Lussan . . . M. Darcey. (Entrent en même temps quelques autres personnes qu'on ne nomme pas.)

SCÈNE III

LES MÊMES, FRÉDÉRIC, LE BARON DE MARSANNE, INVITÉS

LA VICOMTESSE, à M. DE MARSANNE. Ah! c'est bien aimable à vous, monsieur le baron. (Avec familiarité, à FRÉDÉRIC.) Vous êtes un homme charmant; vous danserez, n'est-ce pas?

FRÉDÉRIC. Mais, madame, je serai à vos ordres, aujourd'hui comme toujours.

LA VICOMTESSE. Faites attention, j'ai des témoins. . . . Monsieur Darcey, je vous avais promis à ces dames. (A une JEUNE FILLE qui entre avec sa MÈRE.) Oh! comme vous êtes jolie! venez ici, mon bel ange! (A la MAMAN.) Vous nous la laisserez, n'est-ce pas? bien tard! bien tard!

LA MAMAN. Mais, madame la vicomtesse. . . .

LA VICOMTESSE. J'ai trois personnes pour faire votre partie de boston.[3]

LE DOMESTIQUE. M. Olivier Delaunay. (Les Dames sourient et regardent alternativement EUGÈNE et OLIVIER.)

SCÈNE IV

LES MÊMES, OLIVIER

OLIVIER. Madame. . . .

LA VICOMTESSE. Bonjour, monsieur Olivier; je suis enchantée de vous voir; vous trouverez ce soir, ici, M. Antony; j'ai présumé qu'il vous serait agréable de le rencontrer, voilà pourquoi mon invitation était si pressante.

FRÉDÉRIC, allant à OLIVIER. Mais je te cherchais partout en entrant ici; je m'attendais à ce que les honneurs de la maison me seraient faits par toi.

OLIVIER, apercevant EUGÈNE, qui vient à eux. Chut!

---

[1] *Bichat* and *Broussais*, famous French doctors and physiologists. *Gall*, the famous German exponent of phrenology.

[2] *tout Paris*, the Four Hundred of Paris.

[3] *boston*, a kind of whist.

FRÉDÉRIC.　Bah!

OLIVIER.　Parole d'honneur!

EUGÈNE.　Bonjour, docteur.

OLIVIER.　Eh bien, mon ami, les succès?

EUGÈNE.　Eh bien, mon cher, les malades?

OLIVIER.　Siffle-t-on toujours?

EUGÈNE.　Meurt-on quelquefois?

LE DOMESTIQUE.　Madame la baronne d'Hervey.

MADAME DE CAMPS, *à des* DAMES *qui l'entourent.*　L'héroïne de l'aventure que je vous racontais.

SCÈNE V

LES MÊMES, ADÈLE

LA VICOMTESSE.　Bonjour, chère Adèle. Eh bien, vous n'amenez pas votre sœur Clara?

ADÈLE.　Il y a quelques jours qu'elle est partie pour rejoindre son mari.

MADAME DE CAMPS.　Mais nous la reverrons probablement bientôt; ces voyages-là ne sont point ordinairement de longue durée.

LA VICOMTESSE, *vivement à* ADÈLE. Chère amie, permettez que je vous présente M. Eugène d'Hervilly, que vous connaissez sans doute de nom.

ADÈLE.　Oh! monsieur, je suis bien indigne; depuis trois mois, j'ai été souffrante, je suis sortie à peine, et, par conséquent, je n'ai pu voir votre dernier ouvrage.

LA VICOMTESSE.　Profane! allez-y donc, et bien vite; je vous enverrai ma loge, la première fois qu'on le jouera. (*A* EUGÈNE.) Vous m'en ferez souvenir.

LE DOMESTIQUE.　M. Antony.

(*Tout le monde se retourne; les yeux se fixent alternativement sur* ADÈLE *et sur* ANTONY *qui entre.* ANTONY *salue* LA VICOMTESSE, *puis* LES DAMES *en masse.* OLIVIER *va à lui; ils causent.* EUGÈNE *le regarde avec curiosité et intérêt.*)

SCÈNE VI

LES MÊMES, ANTONY

ADÈLE, *pour cacher son trouble, s'adressant vivement à* EUGÈNE.　Et vous achevez sans doute quelque chose, monsieur?

EUGÈNE.　Oui, madame.

MADAME DE CAMPS.　Toujours du moyen âge?

EUGÈNE.　Toujours.

ADÈLE.　Mais pourquoi ne pas attaquer un sujet au milieu de notre société moderne?

LA VICOMTESSE.　C'est ce que je lui répète à chaque instant: « Faites de l'actualité. » N'est-ce pas qu'on s'intéresse bien plus à des personnages de notre époque, habillés comme nous, parlant la même langue?

LE BARON DE MARSANNE.　Oh! c'est qu'il est bien plus facile de prendre dans les chroniques que dans son imagination. . . . On y trouve des pièces à peu près faites.

FRÉDÉRIC.　Oui, à peu près.

LE BARON DE MARSANNE.　Dame! voyez plutôt ce que *le Constitutionnel* [1] disait à propos de. . . .

EUGÈNE.　Plusieurs causes, beaucoup trop longues à développer, m'empêchent de le faire.

LA VICOMTESSE.　Déduisez vos raisons, et nous serons vos juges.

EUGÈNE.　Oh! mesdames, permettez-moi de vous dire que ce serait un cours beaucoup trop sérieux pour un auditoire en robe de bal et en parure de fête.

MADAME DE CAMPS.　Mais point du tout; vous voyez qu'on ne danse pas encore. . . . Et puis nous nous occupons toutes de littérature; n'est-ce pas, vicomtesse?

LE BARON DE MARSANNE.　De la patience, mesdames; monsieur consignera toutes ses idées dans la préface de son premier ouvrage.

LA VICOMTESSE.　Est-ce que vous faites une préface?

LE BARON DE MARSANNE.　Les romantiques font tous des préfaces [2]. . . . *Le Constitutionnel* les plaisantait l'autre jour là-dessus avec une grâce. . . .

ADÈLE.　Vous le voyez, monsieur, vous avez usé, à vous défendre, un temps qui aurait suffi à développer tout un système.

EUGÈNE.　Et vous aussi, madame, faites-y attention. . . . Vous l'exigez, je ne suis plus responsable de l'ennui. . . .

---

[1] Famous Paris daily paper.

[2] *Les romantiques font tous des préfaces.* Ironic reference to the mania for prefaces indulged in by many of the younger playwrights, translators, etc. Already in 1820 Gain-Montaignac added one to his *Théâtre* and condemned the classic tragedy; in 1822 Guizot wrote one for a new edition of Letourneur's translation of Shakespeare; in 1826 Ludovic Vitet one for his *Barricades;* in 1827 Victor Hugo wrote the most famous of all for his *Cromwell.* Dumas himself was not free from this propensity any more than A. de Vigny.

Voici mes motifs: la comédie est la peinture des mœurs; le drame, celle des passions. La Révolution, en passant sur notre France, a rendu les hommes égaux, confondu les rangs, généralisé les costumes. Rien n'indique la profession, nul cercle ne renferme telles mœurs ou telles habitudes; tout est fondu ensemble, les nuances ont remplacé les couleurs, et il faut des couleurs et non des nuances au peintre qui veut faire un tableau.

ADÈLE. C'est juste.

LE BARON DE MARSANNE. Cependant, monsieur, *le Constitutionnel.* . . .

EUGÈNE, *sans écouter.* Je disais donc que la comédie de mœurs devenait de cette manière, sinon impossible, du moins très difficile à exécuter. Reste le drame de passion, et ici une autre difficulté se présente. L'histoire nous lègue des faits, ils nous appartiennent par droit d'héritage, ils sont incontestables, ils sont au poète: il exhume les hommes d'autrefois, les revêt de leurs costumes, les agite de leurs passions, qu'il augmente ou diminue selon le point où il veut porter le dramatique. Mais, que nous essayions, nous, au milieu de notre société moderne, sous notre frac gauche [1] et écourté, de montrer à nu le cœur de l'homme, on ne le reconnaîtra pas. . . . La ressemblance entre le héros et le parterre sera trop grande, l'analogie trop intime; le spectateur qui suivra chez l'acteur le développement de la passion voudra l'arrêter là où elle se serait arrêtée chez lui; si elle dépasse sa faculté de sentir ou d'exprimer à lui, il ne la comprendra plus, il dira: « C'est faux; moi, je n'éprouve pas ainsi; quand la femme que j'aime me trompe, je souffre sans doute . . . oui . . . quelque temps . . . mais je ne la poignarde ni ne meurs, et la preuve, c'est que me voilà. » Puis les cris à l'exagération, au mélodrame, couvrant les applaudissements de ces quelques hommes qui, plus heureusement ou plus malheureusement organisés que les autres, sentent que les passions sont les mêmes au xve qu'au xixe siècle, et que le cœur bat d'un sang aussi chaud sous un frac de drap que sous un corselet d'acier. . . .

ADÈLE. Eh bien, monsieur, l'approbation de ces quelques hommes vous dédommagerait amplement de la froideur des autres.

MADAME DE CAMPS. Puis, s'ils doutaient, vous pourriez leur donner la preuve que ces passions existent véritablement dans la société. Il y a encore des amours profondes qu'une absence de trois ans ne peut éteindre, des chevaliers mystérieux qui sauvent la vie à la dame de leurs pensées, des femmes vertueuses qui fuient leur amant, et, comme le mélange du naturel et du sublime est à la mode, des scènes qui n'en sont que plus dramatiques pour s'être passées dans une chambre d'auberge. . . . Je peindrais une de ces femmes. . . .

ANTONY, *qui n'a rien dit pendant toute la discussion littéraire, mais dont le visage s'est progressivement animé, s'avance lentement, et s'appuie sur le dos du fauteuil de* MADAME DE CAMPS. Madame, auriez-vous par hasard ici un frère ou un mari?

MADAME DE CAMPS, *étonnée.* Que vous importe, monsieur?

ANTONY. Je veux le savoir, moi!

MADAME DE CAMPS. Non!

ANTONY. Eh bien, alors, honte au lieu de sang! (*A* EUGÈNE.) Oui, madame a raison, monsieur! et, puisqu'elle s'est chargée de vous tracer le fond du sujet, je me chargerai, moi, de vous indiquer les détails. . . . Oui, je prendrais cette femme innocente et pure entre toutes les femmes, je montrerais son cœur aimant et candide, méconnu par cette société fausse, au cœur usé et corrompu; je mettrais en opposition avec elle une de ces femmes dont toute la moralité serait l'adresse; qui ne fuirait pas le danger, parce qu'elle s'est depuis longtemps familiarisée avec lui; qui abuserait de sa faiblesse de femme pour tuer lâchement une réputation de femme, comme un spadassin abuse de sa force pour tuer une existence d'homme; je prouverais que la première des deux qui sera compromise sera la femme honnête, et cela, non point à défaut de vertu, mais par manque d'habitude. . . . Puis, à la face de la société, je demanderais justice entre elles ici-bas, en attendant que Dieu la leur rendît là-haut. (*Silence d'un instant.*) Allons, mesdames, c'est assez longtemps causer littérature; la musique vous appelle; en place pour la contredanse.

EUGÈNE, *présentant vivement la main à* ADÈLE. Madame, aurai-je l'honneur . . . ?

ADÈLE. Je vous rends grâce, monsieur, je ne danserai pas. (ANTONY *prend la main d'*EUGÈNE *et la lui serre.*)

---

[1] *frac gauche,* awkward evening dress for men.

MADAME DE CAMPS. Adieu, chère vicomtesse.

LA VICOMTESSE. Comment, vous vous en allez?

MADAME DE CAMPS, *s'éloignant.* Je ne resterai pas après la scène affreuse. . . .

LA VICOMTESSE, *s'éloignant avec elle.* Vous l'avez un peu provoquée, convenez-en.

(ADÈLE *reste seule;* ANTONY *la regarde pour savoir s'il doit rester ou sortir;* ADÈLE *lui fait signe de s'éloigner.*)

SCÈNE VII

ADÈLE, *puis* LA VICOMTESSE

ADÈLE. Ah! pourquoi suis-je venue, mon Dieu? Je doutais encore; tout est donc connu! tout, non pas, mais bientôt tout. . . . Perdue, perdue à jamais! Que faire? Sortir? . . . Tous les yeux se fixeront sur moi. . . . Rester? . . . Toutes les voix crieront à l'impudence. J'ai pourtant bien souffert depuis trois mois! ç'aurait dû être une expiation.

LA VICOMTESSE, *entrant.* Eh bien! . . . Ah! je vous cherchais, Adèle!

ADÈLE. Que vous êtes bonne!

LA VICOMTESSE. Et vous, que vous êtes folle! Bon Dieu! je crois que vous pleurez! . . .

ADÈLE. Oh! pensez-vous que ce soit sans motif?

LA VICOMTESSE. Pour un mot?

ADÈLE. Un mot qui tue.

LA VICOMTESSE. Mais cette femme perdrait vingt réputations par jour si on la croyait.

ADÈLE, *se levant vivement.* On ne la croira point, n'est-ce pas? Tu ne la crois pas, toi? Merci! merci!

LA VICOMTESSE. Mais vous-même, chère Adèle, il faudrait savoir aussi commander un peu à votre visage.

ADÈLE. Comment et pourquoi l'aurais-je appris? Oh! je ne le sais pas, je ne le saurai jamais.

LA VICOMTESSE. Mais si, enfant, je disais comme vous? . . . Au milieu de ce monde, on entend une foule de choses qui doivent glisser sans atteindre, ou, si elles atteignent, eh bien, un regard calme, un sourire indifférent. . . .

ADÈLE. Oh! voilà qui est affreux, Marie; c'est que vous-même pensiez déjà ceci de moi, qu'un jour viendra où j'accueillerai l'injure, où je ne reculerai pas devant le mépris, où je verrai devant moi, avec un regard calme, un sourire indifférent, ma réputation de femme et de mère, comme un jouet d'enfant, passer entre des mains qui la briseront. Oh! mon cœur! mon cœur! plutôt qu'on le torture, qu'on le déchire, et je resterai calme, indifférente; mais ma réputation, mon Dieu! . . . Marie, vous savez si jusqu'à présent elle était pure, si une voix dans le monde avait osé lui porter atteinte. . . .

LA VICOMTESSE. Eh bien, mais voilà justement ce qu'elles ne vous pardonneront pas, voilà ce qu'à tort ou à raison il faut que la femme expie un jour. . . . Mais que vous importe, si votre conscience vous reste?

ADÈLE. Oui, si la conscience reste.

LA VICOMTESSE. Si, en rentrant chez vous, seule avec vous-même, vous pouvez en souriant vous regarder dans votre glace et dire: « Calomnie! . . . » si vos amis continuent à vous voir. . . .

ADÈLE. Par égard pour mon rang, pour ma position sociale.

LA VICOMTESSE. S'ils vous tendent la main, vous embrassent. . . . Voyons!

ADÈLE. Par pitié, peut-être . . . par pitié; et c'est une femme qui, en se jouant, le sourire sur les lèvres, laisse tomber sur une autre femme un mot qui déshonore, l'accompagne d'un regard doux et affectueux pour savoir s'il entrera bien au cœur et si le sang rejaillira. . . . Infamie! . . . Mais je ne lui ai rien fait, à cette femme?

LA VICOMTESSE. Adèle!

ADÈLE. Elle va aller répéter cela partout. . . . Elle dira que je n'ai point osé la regarder en face, et qu'elle m'a fait rougir et pleurer. . . . Oh! cette fois, elle dira vrai, car je rougis et je pleure.

LA VICOMTESSE. Oh! mon Dieu! calmez-vous; et moi qui suis obligée de vous quitter.

ADÈLE. Oui, votre absence attristerait le bal; allez, Marie, allez.

LA VICOMTESSE. J'avais promis à Eugène de danser avec lui la première contredanse. . . . Mais, avec lui, je ne me gêne pas, la seconde commence. Écoutez, chère Adèle, mon amie, vous ne pouvez entrer maintenant; remettez-vous, et je reviendrai tout à l'heure vous chercher. Puis, après tout, songez que, tout le monde vous abandonnât-il, il vous restera toujours une bonne amie, un peu folle, mais au cœur franc, qui sait qu'elle vaut cent fois moins que vous, mais qui ne vous en aime que cent fois davantage. Allons, embrassez-moi, essuyez vos beaux yeux gonflés de larmes, et revenez vite faire mourir toutes ces femmes de jalousie. . . . Au revoir! . . . Je vais veiller à ce qu'on ne vienne pas vous troubler.

(*Elle sort.* ANTONY *est entré, pendant les derniers mots de* LA VICOMTESSE, *par la porte de côté, et s'est tenu au fond.*)

SCÈNE VIII

ANTONY, ADÈLE, *sans le voir*

ANTONY, *regardant s'éloigner* LA VICOMTESSE. Elle est bonne, cette femme! (*Il revient lentement se placer devant* ADÈLE *sans être aperçu. Avec angoisse.*) Oh! mon Dieu! mon Dieu!

ADÈLE, *avec douceur et relevant la tête.* Je ne vous en veux pas, Antony.

ANTONY. Oh! vous êtes un ange.

ADÈLE. Je vous l'avais bien dit, qu'on ne pouvait rien cacher à ce monde qui nous entoure de tous ses liens, nous épie de tous ses yeux. . . . Vous avez désiré que je vinsse, je suis venue.

ANTONY. Oui, et vous avez été insultée lâchement! . . . insultée! et moi j'étais là, et je ne pouvais rien pour vous, c'était une femme qui parlait. . . . Dix années de ma vie, dussent-elles se passer avec vous, je les aurais données pour que ce fût un homme qui dît ce qu'elle a dit.

ADÈLE. Mais je ne lui ai rien fait, à cette femme!

ANTONY. Elle s'est au moins rendu justice en se retirant.

ADÈLE. Oui; mais ses paroles empoisonnées étaient déjà entrées dans mon cœur et dans celui des personnes qui se trouvaient là. . . . Vous, vous n'entendez d'ici que le fracas de la musique et le froissement du parquet. . . . Moi, au milieu de tout cela, j'entends bruire mon nom, mon nom cent fois répété, mon nom qui est celui d'un autre, qui me l'a donné pur, et que je lui rends souillé. . . . Il me semble que toutes ces paroles qui bourdonnent ne sont qu'une seule phrase répétée par cent voix: « C'est sa maîtresse! »

ANTONY. Mon amie! . . . mon Adèle!

ADÈLE. Puis, quand je rentrerai . . . car je ne puis rester toujours ici, ils se parleront bas; . . . leurs yeux dévoreront ma rougeur; . . . ils verront la trace de mes larmes . . . et ils diront: « Ah! elle a pleuré. . . . Mais il la consolera, lui, c'est sa maîtresse! »

ANTONY. Ah!

ADÈLE. Les femmes s'éloigneront de moi, les mères diront à leur fille: « Vois-tu cette femme? . . . elle avait un mari honorable . . . qui l'aimait, qui la rendait heureuse. . . . Rien ne peut excuser sa faute! . . . c'est une femme qu'il ne faut pas voir, une femme perdue; c'est sa maîtresse! »

ANTONY. Oh! tais-toi, tais-toi! Et, parmi toutes ces femmes, quelle femme est plus pure et plus innocente que toi? . . . Tu as fui. . . . C'est moi qui t'ai poursuivie; j'ai été sans pitié à tes larmes, sans remords à tes gémissements; c'est moi qui t'ai perdue, moi qui suis un misérable, un lâche; je t'ai déshonorée, et je ne puis rien réparer. . . . Dis-moi, que faut-il faire pour toi? . . . Y a-t-il des paroles qui consolent? Demande ma vie, mon sang. . . . Par grâce, que veux-tu, qu'ordonnes-tu? . . .

ADÈLE. Rien. . . . Vois-tu, il m'est passé là souvent une idée affreuse . . . c'est que peut-être, une fois, une seule fois, tu as pu te dire dans ton cœur: « Elle m'a cédé; donc, elle pouvait céder à un autre. »

ANTONY. Que je meure si cela est!

ADÈLE. C'est qu'alors, pour toi aussi, je serais une femme perdue . . . toi aussi, tu dirais: « C'est ma maîtresse! »

ANTONY. Oh! non, non. . . . Tu es mon âme, ma vie, mon amour!

ADÈLE. Dis-moi, Antony, si demain j'étais libre, m'épouserais-tu toujours?

ANTONY. Oh! sur Dieu et l'honneur, oui.

ADÈLE. Sans crainte? . . . sans hésitation?

ANTONY. Avec ivresse.

ADÈLE. Merci! il me reste donc Dieu et toi; que m'importe le monde? . . . Dieu et toi savez qu'une femme ne pouvait résister à tant d'amour. . . . Ces femmes si vaines, si fières, eussent succombé comme moi, si mon Antony les eût aimées; mais il ne les eût pas aimées, n'est-ce pas? . . .

ANTONY. Oh! non, non. . . .

ADÈLE. Car quelle femme pourrait résister à mon Antony? Ah! . . . tout ce que j'ai dit est folie. . . . Je veux être heureuse encore, j'oublierai tout pour ne me souvenir que de toi. . . . Que m'importe ce que le monde dira? Je ne verrai plus personne, je m'isolerai avec notre amour, tu resteras près de moi; tu me répéteras à chaque instant que tu m'aimes, que tu es heureux, que nous le sommes; je te croirai, car je crois en ta voix, en tout ce que tu me dis; quand tu parles, tout en moi se tait pour écouter, mon cœur n'est plus serré, mon front n'est plus brûlant, mes larmes s'arrêtent, mes remords s'endorment. . . . J'oublie! . . .

ANTONY. Non, je ne te quitterai plus, je prends tout sur moi, et que Dieu m'en punisse, oui, nous serons heureux encore. . . . Calme-toi.

ADÈLE, *dans les bras d'*ANTONY. Je suis heureuse! . . . (*La porte du salon s'ouvre,* LA VICOMTESSE *paraît.*) Marie!

ANTONY. Malédiction!

(ADÈLE *jette un cri et se sauve par la porte de côté.*)

SCÈNE IX

ANTONY, LA VICOMTESSE DE LACY, *puis* LOUIS

LA VICOMTESSE. Monsieur, ce n'est qu'après vous avoir cherché partout que je suis entrée ici.

ANTONY, *avec amertume.* Et sans doute, madame, un motif bien important? . . .

LA VICOMTESSE. Oui, monsieur, un homme qui se dit votre domestique, vous demande, ne veut parler qu'à vous. . . . Il y va, dit-il, de la vie et de la mort.

ANTONY. Un domestique à moi . . . qui ne veut parler qu'à moi? . . . Oh! madame, permettez qu'il entre ici. . . . Pardon. . . . Si c'était? . . . Et puis, au nom du ciel! dites à Adèle . . . à la baronne . . . de venir. . . . Cherchez-la, madame, je vous en prie! . . . vous êtes sa seule amie. . . .

LA VICOMTESSE. J'y cours. (*Au Do-*MESTIQUE.) Entrez.

ANTONY. Louis! . . . Oh! qui te ramène?

LOUIS. Le colonel d'Hervey est parti hier matin de Strasbourg; il sera ici dans quelques heures.

ANTONY. Dans quelques heures? . . . (*Appelant.*) Adèle! . . . Adèle! . . .

LA VICOMTESSE, *rentrant.* Elle vient de partir.

ANTONY. Pour retourner chez elle? . . . Malheureux! arriverai-je à temps?

ACTE CINQUIÈME

Une chambre chez ADÈLE D'HERVEY

SCÈNE I

ADÈLE, UNE FEMME DE CHAMBRE

UN DOMESTIQUE *apporte deux flambeaux et sort.*

ADÈLE, *entrant, donnant son boa à sa femme de chambre qui la suit.* Vous pouvez vous retirer.

LA FEMME DE CHAMBRE. Mais madame va rester seule.

ADÈLE. Si j'ai besoin de vous, je sonnerai. . . . Allez. (LA FEMME *de chambre sort.*)

SCÈNE II

ADÈLE, *seule*

Ah! me voilà donc seule enfin! . . . je puis rougir et pleurer seule. . . . Mon Dieu! qu'est-ce que c'est donc que cette fatalité à laquelle vous permettez d'étendre le bras au milieu du monde, de saisir une femme qui toujours avait été vertueuse et qui voulait toujours l'être, de l'entraîner malgré ses efforts et ses cris, brisant tous les appuis auxquels elle se rattache, faisant sa perte, à elle, de ce qui ferait le salut d'un autre? Et vous consentez, ô mon Dieu! que cette femme soit vue des mêmes yeux, poursuivie des mêmes injures que celles qui se sont fait un jeu de leur déshonneur. . . . Oh! est-ce justice? . . . Une amie encore, une seule au monde, croyait à mon innocence et me consolait. . . . C'était trop de bonheur, pas assez de honte. . . . Elle me trouve dans ses bras! . . . Abandonnée! . . . Ah! Antony! Antony! me poursuivras-tu donc toujours! . . . Qui vient là?

SCÈNE III

ADÈLE, ANTONY

ANTONY, *entrant.* Adèle! (*Avec joie.*) Ah!

ADÈLE. Oh! c'est encore vous! . . . Vous ici! dans la maison de mon mari, dans la chambre de ma fille presque! . . . Ayez donc pitié de moi! . . . Mes domestiques me respectent et m'honorent encore; voulez-vous que, demain, je rougisse devant mes domestiques? . . .

ANTONY. Aucun ne m'a vu. . . . Puis il fallait que je te parlasse.

ADÈLE. Oui, vous avez voulu savoir comment j'avais supporté cette affreuse soirée. . . . Eh bien, je suis calme, je suis tranquille, ne craignez rien. . . . Retirez-vous.

ANTONY. Oh! ce n'est pas cela. . . . Ne t'alarme pas de ce que je vais te dire.

ADÈLE. Parle! parle! quoi donc?

ANTONY. Il faut me suivre.

ADÈLE. Vous! . . . et pourquoi?

ANTONY. Pourquoi? Oh! mon Dieu! Pauvre Adèle! . . . écoute, tu sais si ma vie est à toi, si je t'aime avec délire. Eh bien, par ma vie et mon amour, il faut me suivre . . . à l'instant.

ADÈLE. Oh! mon Dieu! mais qu'y a-t-il donc?

ANTONY. Si je te disais: « Adèle, la maison voisine est en proie aux flammes, les murs sont brûlants, l'escalier chancelle, il faut me suivre. . . . » Eh bien, tu aurais encore plus de temps à perdre. (*Il l'entraîne.*)

ADÈLE. Oh! vous ne m'entraînerez pas, Antony; c'est folie. . . . Grâce! grâce! . . . oh! j'appelle, je crie!

ANTONY, *la lâchant*. Il faut donc tout te dire, tu le veux: eh bien, du courage, Adèle! dans une heure, ton mari sera ici.

ADÈLE. Qu'est-ce que tu dis?

ANTONY. Le colonel est au bout de la rue, peut-être.

ADÈLE. Cela ne se peut pas. . . . Ce n'est pas l'époque de son retour.

ANTONY. Et si des soupçons le ramènent, si des lettres anonymes ont été écrites!

ADÈLE. Des soupçons! oui, oui, c'est cela. . . . Oh! mais je suis perdue, moi! . . . Sauvez-moi, vous. . . . Mais n'avez-vous rien résolu? . . . Vous le saviez avant moi, vous aviez le temps de chercher. . . . Moi, moi . . . vous voyez bien que j'ai la tête renversée.

ANTONY. Il faut te soustraire d'abord à une première entrevue.

ADÈLE. Et puis? . . .

ANTONY. Et puis nous prendrons conseil de tout, même du désespoir. . . . Si tu étais une de ces femmes vertueuses qui te raillaient ce soir, je te dirais: « Trompe-le. »

ADÈLE. Oh! fussé-je assez fausse pour cela, oublies-tu que je ne pourrais pas le tromper longtemps. Nous ne sommes pas malheureux à demi, nous!

ANTONY. Eh bien, tu le vois, plus d'espérance à attendre du ciel en restant ici. . . . Écoute, je suis libre, moi; partout où j'irai, ma fortune me suivra; puis, me manquât-elle, j'y suppléerai facilement. Une voiture est en bas. . . . Écoute, et réfléchis qu'il n'y a pas d'autre moyen: si un cœur dévoué, si une existence d'homme tout entière que je jette à tes pieds . . . te suffisent . . . dis oui; l'Italie, l'Angleterre, l'Allemagne, l'Allemagne. . . . Je t'arrache à ta famille, à ta patrie. . . . Eh bien, je serai pour toi et famille et patrie. . . . En changeant de nom, nul ne saura qui nous sommes pendant notre vie, nul ne saura qui nous avons été après notre mort. Nous vivrons isolés, tu seras mon bien, mon Dieu, ma vie; je n'aurai d'autre volonté que la tienne, d'autre bonheur que le tien. . . . Viens, viens, et nous oublierons les autres pour ne nous souvenir que de nous.

ADÈLE. Oui, oui. . . . Eh bien, un mot à Clara.

ANTONY. Nous n'avons pas une minute à perdre.

ADÈLE. Ma fille! . . . il faut que j'embrasse ma fille. . . . Vois-tu, c'est un dernier adieu, un adieu éternel.

ANTONY. Oui, oui, va, va. (*Il la pousse.*)

ADÈLE. Oh! mon Dieu!

ANTONY. Mais qu'as-tu donc?

ADÈLE. Ma fille! . . . quitter ma fille . . . à qui on demandera compte un jour de la faute de sa mère, qui vivra peut-être, mais qui ne vivra plus pour elle. . . . Ma fille! . . . Pauvre enfant! qui croira se présenter pure et innocente au monde, et qui se présentera déshonorée comme sa mère, et par sa mère!

ANTONY. Oh! mon Dieu!

ADÈLE. N'est-ce pas que c'est vrai? . . . Une tache tombée sur un nom ne s'efface pas; elle le creuse, elle le ronge, elle le dévore. . . . Oh! ma fille! ma fille!

ANTONY. Eh bien, emmenons-la, qu'elle vienne avec nous. . . . Hier encore, j'aurais cru ne pouvoir l'aimer, cette fille d'un autre . . . et de toi. . . . Eh bien, elle sera ma fille, mon enfant chéri; je l'aimerai comme celui. . . . Mais prends-la et partons. . . . Prends-la donc, chaque instant te perd. . . . A quoi songes-tu? Il va venir, il vient, il est là! . . .

ADÈLE. Oh! malheureuse! . . . où en suis-je venue? où m'as-tu conduite? Et il n'a fallu que trois mois pour cela! . . . Un homme me confie son nom, . . . met en moi son bonheur. . . . Sa fille! . . . il l'adore! . . . c'est son espoir de vieillesse, . . . l'être dans lequel il doit se survivre. . . . Tu viens, il y a trois mois; mon amour éteint se réveille, je souille le nom qu'il me confie, je brise tout le bonheur qui reposait sur moi. . . . Et ce n'est pas tout encore, non, car ce n'est point assez: je lui enlève l'enfant de son cœur, je déshérite ses vieux jours des caresses de sa fille . . . et, en échange de son amour, . . . je lui rends honte, malheur et abandon. . . . Sais-tu, Antony, que c'est infâme?

ANTONY. Que faire alors?

ADÈLE. Rester.

ANTONY. Et, lorsqu'il découvrira tout?

ADÈLE. Il me tuera.

ANTONY. Te tuer! . . . lui, te tuer? . . . toi, mourir? . . . moi, te perdre? . . . C'est impossible! . . . Tu ne crains donc pas la mort, toi?

Adèle. Oh! non! . . . elle réunit. . . .

Antony. Elle sépare. . . . Penses-tu que je croie à tes rêves, moi . . . et que sur eux j'aille risquer ce qu'il me reste de vie et de bonheur? . . . Tu veux mourir? Eh bien, écoute, moi aussi, je le veux. . . . Mais je ne veux pas mourir seul, vois-tu . . . et je ne veux pas que tu meures seule. . . . Je serais jaloux du tombeau qui te renfermerait. Béni soit Dieu qui m'a fait une vie isolée que je puis quitter sans coûter une larme à des yeux aimés! béni soit Dieu qui a permis qu'à l'âge de l'espoir j'eusse tout épuisé et fusse fatigué de tout! . . . Un seul lien m'attachait à ce monde: il se brise. . . . Et moi aussi, je veux mourir! . . . mais avec toi; je veux que les derniers battements de nos cœurs se répondent, que nos derniers soupirs se confondent. . . . Comprends-tu? . . . une mort douce comme un sommeil, une mort plus heureuse que toute notre vie. . . . Puis, qui sait? par pitié, peut-être jettera-t-on nos corps dans le même tombeau.

Adèle. Oh! oui, cette mort avec toi, l'éternité dans tes bras. . . . Oh! ce serait le ciel, si ma mémoire pouvait mourir avec moi. . . . Mais, comprends-tu, Antony? . . . cette mémoire, elle restera vivante au cœur de tous ceux qui nous ont connus. . . . On demandera compte à ma fille de ma vie et de ma mort. . . . On lui dira: « Ta mère! . . . elle a cru qu'un nom taché se lavait avec du sang. . . . Enfant, ta mère s'est trompée, son nom est à jamais déshonoré, flétri! et toi, toi! . . . tu portes le nom de ta mère . . . » On lui dira: « Elle a cru fuir la honte en mourant . . . et elle est morte dans les bras de l'homme à qui elle devait sa honte; » et, si elle veut nier, on lèvera la pierre de notre tombeau, et l'on dira: « Regarde, les voilà! »

Antony. Oh! nous sommes donc maudits? Ni vivre ni mourir enfin!

Adèle. Oui . . . oui, je dois mourir seule. . . . Tu le vois, tu me perds ici sans espoir de me sauver. . . . Tu ne peux plus qu'une chose pour moi. . . . Va-t'en, au nom du ciel, va-t'en!

Antony. M'en aller! . . . te quitter! . . . quand il va venir, lui? . . . T'avoir reprise et te reperdre? . . . Enfer! . . . et s'il ne te tuait pas? . . . s'il te pardonnait? . . . Avoir commis, pour te posséder, rapt, violence et adultère, et, pour te conserver, hésiter devant un nouveau crime? . . . perdre mon âme pour si peu? Satan en rirait; tu es folle. . . . Non . . . non, tu es à moi comme l'homme est au malheur. . . . (La prenant dans ses bras.) Il faut que tu vives pour moi. . . . Je t'emporte. . . . Malheur à qui m'arrête!

Adèle. Oh! oh!

Antony. Cris et pleurs, qu'importe!

Adèle. Ma fille! ma fille!

Antony. C'est un enfant. . . . Demain, elle rira.

(Ils sont près de sortir. On entend deux coups de marteau à la porte cochère.)

Adèle, s'échappant des bras d'Antony. Ah! c'est lui. . . . Oh! mon Dieu! mon Dieu! ayez pitié de moi, pardon, pardon!

Antony, la quittant. Allons, tout est fini!

Adèle. On monte l'escalier. . . . On sonne. . . . C'est lui. . . . Fuis, fuis!

Antony, fermant la porte. Eh! je ne veux pas fuir, moi. . . . Écoute. . . . Tu disais tout à l'heure que tu ne craignais pas la mort?

Adèle. Non, non. . . . Oh! tue-moi, par pitié!

Antony. Une mort qui sauverait ta réputation, celle de ta fille?

Adèle. Je la demanderais à genoux.

Une Voix, en dehors. Ouvrez! . . . ouvrez! . . . Enfoncez cette porte. . . .

Antony. Et, à ton dernier soupir, tu ne haïrais pas ton assassin?

Adèle. Je le bénirais. . . . Mais hâte-toi! . . . cette porte. . . .

Antony. Ne crains rien, la mort sera ici avant lui. . . . Mais, songes-y, la mort!

Adèle. Je la demande, je la veux, je l'implore! (Se jetant dans ses bras.) Je viens la chercher.

Antony, lui donnant un baiser. Eh bien meurs! (Il la poignarde.)

Adèle, tombant dans un fauteuil. Ah! (Au même moment, la porte du fond est enfoncée; le Colonel d'Hervey se précipite sur le théâtre.)

SCÈNE IV

Les Mêmes, le Colonel d'Hervey, Antony, plusieurs Domestiques

Le Colonel. Infâme! . . . Que vois-je? . . . Adèle! . . . morte! . . .

Antony. Oui! morte! Elle me résistait, je l'ai assassinée! . . .

(Il jette son poignard aux pieds du Colonel.)

HUGO

Victor Hugo was born at Besançon in 1802, the son of an officer who later became a general in Napoleon's army. He died in Paris, a national figure, in 1885. Before the age of twelve he had visited Italy and Spain where his father's military posts had brought the family. In Madrid he attended the Collège des Nobles, in Paris several schools in all of which he gave evidence of a keen intellect. By the time he was thirteen he wrote poetry, put Vergil, Horace, Lucan, Martial, into French verse, wrote fables and stories, and began two tragedies, *Artamène* and *Athalie*. At the age of fourteen he remarked "Je veux être Chateaubriand ou rien." At fifteen he obtained an honorable mention from the Academy for a poem. He founded the *Conservateur littéraire* which he and his two brothers Abel and Eugène edited from December 1819 to March 1821. At eighteen he gained the title of *Maître ès jeux floraux*, conferred upon him by the Academy of Toulouse. Chateaubriand called him "enfant sublime." In 1820, as a reward for an ode on the death of the Duke of Berri, Louis XVIII awarded him a gift of 500 francs. His *Odes et poésies diverses* appeared in 1822. A royal pension of 1000 francs and another one of 2000 francs in 1823 were his reward. He had already composed two novels, *Bug Jargal* and *Han d'Islande*. About the same time he wrote articles and poems in *la Muse française*, a publication reflecting the Romantic tendencies of the first *Cénacle* of which Charles Nodier was the soul. By the time he was twenty-five years old he was the most active and the most talented member of a new school. It was at that age that he published his drama *Cromwell* and the far more important preface that went with it. He had seen the English actors in Paris in 1827, and undoubtedly this had a great influence on the views expressed in the *Préface*, which became at once the point of attack and defense of Classicists and Romanticists.

When in 1829 Dumas obtained his triumph with *Henri III et sa cour*, Hugo congratulated the happy author and exclaimed: "Et maintenant à mon tour!" On June 1 of that year he selected the subject for a play in verse which was to be called *Un duel sous Richelieu*, later changed to *Marion Delorme*. By July 10 he had completed the five acts. It was read before a group of his friends, the most outstanding younger writers and artists of the day, Dumas, Balzac, Sainte-Beuve, Musset, Vigny, Mérimée, and the painters Deveria, Boulanger and Delacroix. Their enthusiasm was great, and soon the fame of the new masterpiece, composed according to the doctrine of the *Préface*, spread abroad. The Odéon, the Porte Saint-Martin and the Théâtre Français all vied for the privilege of producing it. It was promised to the Français; but because of the pitiful rôle played in it by Louis XIII, the censor forbade its production. A direct appeal by Hugo to Charles X was sympathetically received, but the prohibition was maintained.

A few weeks later, on October 1, *Hernani* was read to the committee of the Théâtre Français, and accepted. The first performance of that play decided the fate of pseudo-classicism. It took place on the evening of February 25,

1830. The young author refused the aid of the *claque*, the hired applauders, but all his friends and admirers were on hand many hours before the curtain was raised. The story of that epic evening has been related over and over again, but by none more vividly than by Dumas and Gautier. The scandalized Classicists hissed; the Romanticists howled their approval at every bold line, and won the victory. That memorable première is often referred to as *la bataille d'Hernani*.

After the revolution of 1830, *Marion Delorme* could be given. Hugo had taken it away from the Théâtre Français, and the Porte Saint-Martin, where Dumas was having full houses with *Antony*, staged it. It met with only moderate success. In 1832 Hugo wrote *le Roi s'amuse* in twenty days. Presented at the Théâtre Français amidst scenes not unlike those that marked the production of *Hernani*, it was forbidden by the authorities because of the despicable rôle assigned in it to Francis I.

Lucrèce Borgia was put on by the Porte Saint-Martin in 1833. Mademoiselle Georges took the part of Lucrèce and Frédérick Lemaître that of Gennaro. Although a prose drama, and therefore somewhat disappointing to the young writers and artists who considered Hugo as their leader, it won considerable applause. *Marie Tudor*, given by the same theatre the same year, lasted only a few evenings, but *Angelo*, staged by the Théâtre Français in 1835, obtained much success, thanks in large part to two great actresses, Mademoiselle Mars and Madame Dorval.

Victor Hugo was now at the summit of his glory and in full possession of his genius. *Ruy Blas*, one of his finest plays, was well received on November 8, 1838, at the newly opened Théâtre de la Renaissance with Frédérick Lemaître in the title rôle. The boisterous scenes that accompanied earlier plays were lacking because the Bohemian element was conspicuously absent. A more serious audience expressed in a decorous manner its approval of the beautiful lines.

The next drama, *les Burgraves*, given by the Théâtre Français on March 7, 1843, was a failure and was hissed off the stage. It marked the end of Hugo's career as a dramatist, for his *Torquemada* (1882) and his *Théâtre en liberté* (1886) need nothing more than a mention here. This failure also marked the end of the Romantic movement on the stage. A revival of interest in the classical drama followed.

It is easy to pick flaws in Victor Hugo's plays as plays. Even such an enthusiastic admirer as André Le Breton, who does not hesitate to proclaim him "plus grand poète de tous les temps," is bound to admit that "dans l'ensemble, le théâtre de Hugo est monotone et artificiel." The most superficial examination of his plots will show that all are lacking that modicum of truth, or even verisimilitude, without which no play can be convincing or keep interest alive. Contemporary critics were fully aware of this, and so, apparently, was the public. Balzac probably expresses the average theatre-goers' point of view when he writes about *Hernani* that "Les caractères ne sont pas créés selon le bon sens. . . . Don Ruy de Gomez est stupide et Don Carlos aurait pu être tout aussi bien Louis XIV ou Louis XV "; that *Ruy Blas* is "une énorme bêtise, une infamie en vers." Of *Lucrèce Borgia* he writes: "J'ai vu *Lucrèce;* il n'y a rien de plus enfant, de plus nul, de plus tragédie de collège," and about *les Burgraves:* "J'étais à la première représentation des *Burgraves*. Il y a de la magnifique poésie, mais Victor Hugo est décidément resté l'enfant sublime et ne sera que cela. C'est toujours les mêmes enfantillages de prison, de cercueil, d'invraisemblance de la dernière absurdité. Comme histoire, il n'en faut pas parler; comme invention, c'est de la dernière pauvreté." It is good to recall such judgments pronounced by one who was among Hugo's friends. But it is only just to point out that Balzac was temperamentally unable to appreciate the "magnificent poetry" which he mentions, the heroic spirit, the youthful charm and the glorious music of certain passages. *Les Burgraves* failed in spite of such beauties, because people go to the theatre to find a picture, realistic or idealistic, of life, rather than to hear fine recitation or declamation. And it is life, or rather the illusion of life, that was lacking in Hugo's plays. With equally improbable plots Dumas managed to hold the interest of an audience, but then Dumas had what Hugo had not, *le sens du théâtre*, that subtle instinct or art which may be possessed by far less distinguished minds than was Hugo's but without which there can be no successful playwright. Nevertheless, *Hernani* and *Ruy Blas* still hold their place on the stage on account of the splendor of their style.

Bibliography: VICTOR HUGO, *Œuvres*, édition ne varietur, vols. 1–4. THÉOPHILE GAUTIER, *Histoire du romantisme*. (The chapter on the first performance of *Hernani* is reprinted in *Selections from Théophile Gautier*, edited by Schaffer and Rhodes, Century Modern Language Series, 1928.) SOURIAU, *la Préface de Cromwell*, critical edition with introduction, text and notes. NEBOUT, *Le drame romantique*, Paris, 1897. STAPFER, *Victor Hugo*, Paris, 1887. MABILLEAU, *Victor Hugo*, in Grands Ecrivains. BIRÉ, *Victor Hugo*, Paris, 1891, 4 vols. ANDRÉ LE BRETON, *Le Théâtre romantique* (chaps. IV, V, VI). V. HUGO, *Hugo raconté par un témoin de sa vie*. P. et V. GLACHANT, *Essai sur le théâtre de V. Hugo*, Paris, 1902.

HERNANI

Par VICTOR HUGO

(1830)

PERSONNAGES

HERNANI
DON CARLOS
DON RUY GOMEZ DE SILVA
DOÑA SOL DE SILVA
LE DUC DE BAVIÈRE
LE DUC DE GOTHA
LE DUC DE LUTZELBOURG
DON SANCHO
DON MATIAS
DON RICARDO
DON GARCI SUAREZ
DON FRANCISCO

DON JUAN DE HARO
DON GIL TELLEZ GIRON
PREMIER CONJURÉ
UN MONTAGNARD
JAQUEZ
DOÑA JOSEFA DUARTE
UNE DAME
CONJURÉS DE LA LIGUE SACRO-SAINTE, ALLEMANDS ET ESPAGNOLS, MONTA-GNARDS, SEIGNEURS, SOLDATS, PAGES, PEUPLE, ETC.

(Espagne, 1519)

ACTE PREMIER

LE ROI

SARAGOSSE:[1] *Une chambre à coucher. La nuit. Une lampe sur une table.*

SCÈNE I

DOÑA JOSEFA DUARTE, *vieille, en noir, avec le corps de sa jupe cousu de jais, à la mode d'Isabelle la Catholique;*[2] DON CARLOS.

DOÑA JOSEFA, *seule*

Elle ferme les rideaux cramoisis de la fenêtre et met en ordre quelques fauteuils. On frappe à une petite porte dérobée à droite. Elle écoute. On frappe un second coup.
Serait-ce déjà lui?

Un nouveau coup.
        C'est bien à l'escalier
Dérobé.
        Un quatrième coup.
Vite, ouvrons.

Elle ouvre la petite porte masquée. Entre DON CARLOS, *le manteau sur le nez et le chapeau sur les yeux.*
                Bonjour, beau cavalier.

Elle l'introduit. Il écarte son manteau et laisse voir un riche costume de velours et de soie, à la mode castillane de 1519. Elle le regarde sous le nez et recule étonnée.
Quoi, seigneur Hernani, ce n'est pas vous!
                —Mainforte![3]
Au feu!

        DON CARLOS, *lui saisissant le bras*
        Deux mots de plus, duègne,[4] vous êtes morte!
Il la regarde fixement. Elle se tait, effrayée.
Suis-je chez doña Sol? fiancée au vieux duc
De Pastraña,[5] son oncle, un bon seigneur, caduc,
Vénérable et jaloux? dites?   La belle adore
Un cavalier sans barbe et sans moustache encore,

---

[1] *Saragosse*, Span. Zaragoza, Eng. Saragossa, important town, onetime capital of the kingdom of Aragon.

[2] *Isabelle la Catholique*, queen of Castile, married Ferdinand of Aragon in 1469.   She was the patroness of Columbus.

[3] *Mainforte!* Help!

[4] *duègne*, duenna, an elderly woman acting as maid and companion to a lady.

[5] *Pastraña*.   The tilde over the *n* in Spanish words indicates that the letter is pronounced as *-gne* in the French word *compagne*.   As a matter of fact, there should not be a tilde over the *n* of *Pastrana*.

Et reçoit tous les soirs, malgré les envieux,
Le jeune amant sans barbe à la barbe du
    vieux.
Suis-je bien informé?
    Elle se tait.   Il la secoue par le bras.
        Vous répondrez peut-être?

DOÑA JOSEFA
Vous m'avez défendu de dire deux mots,
    maître.

DON CARLOS
Aussi n'en veux-je qu'un.—Oui,—non.—
Ta dame est bien
Doña Sol de Silva? parle.

DOÑA JOSEFA
            Oui.—Pourquoi?

DON CARLOS
                Pour rien.
Le duc, son vieux futur, est absent à cette
    heure?

DOÑA JOSEFA
Oui.

DON CARLOS
Sans doute elle attend son jeune?

DOÑA JOSEFA
            Oui.

DON CARLOS
                Que je meure!

DOÑA JOSEFA
Oui.

DON CARLOS
Duègne, c'est ici qu'aura lieu l'entre-
    tien?

DOÑA JOSEFA
Oui.

DON CARLOS
Cache-moi céans.

DOÑA JOSEFA
            Vous!

DON CARLOS
                Moi.

DOÑA JOSEFA
                Pourquoi?

DON CARLOS
                Pour rien.

DOÑA JOSEFA
Moi, vous cacher!

DON CARLOS
            Ici.

DOÑA JOSEFA
            Jamais!

DON CARLOS, *tirant de sa ceinture un poi-
    gnard et une bourse*
            —Daignez, madame,
Choisir de cette bourse ou bien de cette
    lame.

DOÑA JOSEFA, *prenant la bourse*
Vous êtes donc le diable?

DON CARLOS
            Oui, Duègne.

DOÑA JOSEFA, *ouvrant une armoire étroite
    dans le mur*
                Entrez ici.

DON CARLOS, *examinant l'armoire*
Cette boîte?

DOÑA JOSEFA, *la refermant*
            Va-t'en, si tu n'en veux pas.

DON CARLOS, *rouvrant l'armoire*
                Si!
    L'examinant encore.
Serait-ce l'écurie où tu mets d'aventure
Le manche du balai qui te sert de mon-
    ture? [1]
    Il s'y blottit avec peine.
Ouf!

DOÑA JOSEFA, *joignant les mains et scan-
    dalisée*
    Un homme ici!

DON CARLOS, *dans l'armoire restée ouverte*
            C'est une femme, est-ce pas,
Qu'attendait ta maîtresse?

DOÑA JOSEFA
            O ciel! j'entends le pas
De doña Sol.—Seigneur, fermez vite la
    porte.
    *Elle pousse la porte de l'armoire qui se
    referme.*

DON CARLOS, *de l'intérieur de l'armoire*
Si vous dites un mot, duègne, vous êtes
    morte!

DOÑA JOSEFA, *seule*
Qu'est cet homme? Jésus mon Dieu! si
    j'appelais?
Qui? Hors madame et moi, tout dort
    dans le palais.

----
[1] *monture*, mount. Allusion to the broom-stick on which witches are supposed to ride.

Bah! l'autre va venir. La chose le re-
garde.
Il a sa bonne épée, et que le ciel nous garde
De l'enfer!

Pesant la bourse.

Après tout, ce n'est pas un voleur.

Entre Doña Sol, *en blanc.* Doña Josefa
cache la bourse.

SCÈNE II

Doña Josefa, Don Carlos *caché;* Doña
Sol, *puis* Hernani

Doña Sol

Josefa!

Doña Josefa

Madame?

Doña Sol

Ah! je crains quelque malheur.
Hernani devrait être ici.

Bruit de pas à la petite porte.

Voici qu'il monte.
Ouvre avant qu'il ne frappe, et fais vite,
et sois prompte.

Josefa *ouvre la petite porte. Entre* Hernani. *Grand manteau, grand chapeau.
Dessous, un costume de montagnard
d'Aragon, gris, avec une cuirasse de cuir,
une épée, un poignard, et un cor à la
ceinture.*

Doña Sol, *courant à lui*

Hernani!

Hernani

Doña Sol! Ah! c'est vous que je vois
Enfin! et cette voix qui parle est votre
voix!
Pourquoi le sort mit-il mes jours si loin des
vôtres?
J'ai tant besoin de vous pour oublier les
autres!

Doña Sol, *touchant ses vêtements*

Jésus! votre manteau ruisselle! il pleut
donc bien?

Hernani

Je ne sais.

Doña Sol

Vous devez avoir froid!

Hernani

Ce n'est rien.

Doña Sol

Otez donc ce manteau.

Hernani

Doña Sol, mon amie,
Dites-moi, quand la nuit vous êtes endormie,
Calme, innocente et pure, et qu'un sommeil joyeux
Entr'ouvre votre bouche et du doigt clôt
vos yeux,
Un ange vous dit-il combien vous êtes
douce
Au malheureux que tout abandonne et
repousse?

Doña Sol

Vous avez bien tardé, seigneur! Mais
dites-moi
Si vous avez froid.

Hernani

Moi! je brûle près de toi!
Ah! quand l'amour jaloux bouillonne dans
nos têtes,
Quand notre cœur se gonfle et s'emplit de
tempêtes,
Qu'importe ce que peut un nuage des
airs
Nous jeter en passant de tempête et
d'éclairs!

Doña Sol, *lui défaisant son manteau*

Allons! donnez la cape,—et l'épée avec elle.

Hernani, *la main sur son épée*

Non. C'est une autre amie, innocente et
fidèle.
—Doña Sol, le vieux duc, votre futur
époux,
Votre oncle, est donc absent?

Doña Sol

Oui, cette heure est à nous.

Hernani

Cette heure! et voilà tout. Pour nous,
plus rien qu'une heure!
Après, qu'importe? il faut qu'on oublie ou
qu'on meure.
Ange! une heure avec vous! une heure, en
vérité,
A qui voudrait la vie, et puis l'éternité!

Doña Sol

Hernani!

Hernani, *amèrement*

Que je suis heureux que le duc sorte!
Comme un larron qui tremble et qui force
une porte,
Vite, j'entre, et vous vois, et dérobe au
vieillard

Une heure de vos chants et de votre regard;
Et je suis bien heureux, et sans doute on m'envie
De lui voler une heure, et lui me prend ma vie!

DOÑA SOL

Calmez-vous.

Remettant le manteau à la duègne.

Josefa, fais sécher le manteau.

JOSEFA *sort.*

Elle s'assied et fait signe à HERNANI *de venir près d'elle.*

Venez là.

HERNANI, *sans l'entendre*

Donc le duc est absent du château?

DOÑA SOL, *souriant*

Comme vous êtes grand!

HERNANI

Il est absent.

DOÑA SOL

Chère âme,
Ne pensons plus au duc.

HERNANI

Ah! pensons-y, madame!
Ce vieillard! il vous aime, il va vous épouser!
Quoi donc! vous prit-il pas l'autre jour un baiser?
N'y plus penser!

DOÑA SOL, *riant*

C'est là ce qui vous désespère?
Un baiser d'oncle! au front! presque un baiser de père!

HERNANI

Non, un baiser d'amant, de mari, de jaloux.
Ah! vous serez à lui, madame! Y pensez-vous?
O l'insensé vieillard, qui, la tête inclinée
Pour achever sa route et finir sa journée,
A besoin d'une femme, et va, spectre glacé,
Prendre une jeune fille! ô vieillard insensé!

Pendant que d'une main il s'attache à la vôtre,
Ne voit-il pas la mort qui l'épouse de l'autre?
Il vient dans nos amours se jeter sans frayeur!
Vieillard! va-t'en donner mesure au fossoyeur!
—Qui fait ce mariage? on vous force, j'espère!

DOÑA SOL

Le roi, dit-on, le veut.

HERNANI

Le roi! le roi! mon père
Est mort sur l'échafaud, condamné par le sien.
Or, quoiqu'on ait vieilli depuis ce fait ancien,
Pour l'ombre du feu roi, pour son fils, pour sa veuve,
Pour tous les siens, ma haine est encor toute neuve!
Lui, mort, ne compte plus. Et, tout enfant, je fis
Le serment de venger mon père sur son fils.
Je te cherchais partout, Carlos, roi des Castilles![1]
Car la haine est vivace entre nos deux familles.
Les pères ont lutté sans pitié, sans remords,
Trente ans! Or, c'est en vain que les pères sont morts!
Leur haine vit. Pour eux la paix n'est point venue,
Car les fils sont debout, et le duel continue.
Ah! c'est donc toi qui veux cet exécrable hymen!
Tant mieux. Je te cherchais, tu viens dans mon chemin!

DOÑA SOL

Vous m'effrayez.

HERNANI

Chargé d'un mandat d'anathème,
Il faut que j'en arrive à m'effrayer moi-même!
Ecoutez. L'homme auquel, jeune, on vous destina,

---

[1] *Carlos*, Charles I, King of Spain, 1500–1558, son of Philip the Handsome (archduke of Austria as son of Maximilian I, and King of Castile and the Netherlands) and of Joanna, daughter of Ferdinand and Isabella. He became King of Spain in 1516, was elected emperor of Austria and of the Holy Roman Empire in 1519. Under his reign the Spaniards conquered Mexico and Peru. He died in the monastery of Yuste, Spain, where he had retired after his abdication in favor of his son Philip II (for Spain and the Netherlands) and of his brother Ferdinand (for Austria). As emperor he is known as Charles-Quint.

Ruy de Silva, votre oncle, est duc de Pastraña,
Riche-homme [1] d'Aragon, comte et grand de Castille.
A défaut de jeunesse, il peut, ô jeune fille,
Vous apporter tant d'or, de bijoux, de joyaux,
Que votre front reluise entre des fronts royaux,
Et pour le rang, l'orgueil, la gloire et la richesse,
Mainte reine peut-être envîra sa duchesse.
Voilà donc ce qu'il est. Moi, je suis pauvre, et n'eus,
Tout enfant, que les bois où je fuyais pieds nus.
Peut-être aurais-je aussi quelque blason illustre
Qu'une rouille de sang à cette heure délustre;
Peut-être ai-je des droits, dans l'ombre ensevelis,
Qu'un drap d'échafaud noir cache encor sous ses plis,
Et qui, si mon attente un jour n'est pas trompée,
Pourront de ce fourreau sortir avec l'épée.
En attendant, je n'ai reçu du ciel jaloux
Que l'air, le jour et l'eau, la dot qu'il donne à tous.
Ou du duc ou de moi, souffrez qu'on vous délivre.
Il faut choisir des deux, l'épouser, ou me suivre.

DOÑA SOL

Je vous suivrai.

HERNANI

Parmi mes rudes compagnons?
Proscrits dont le bourreau sait d'avance les noms,
Gens dont jamais le fer ni le cœur ne s'émousse,
Ayant tous quelque sang à venger qui les pousse?
Vous viendrez commander ma bande, comme on dit?
Car, vous ne savez pas, moi, je suis un bandit!
Quand tout me poursuivait dans toutes les Espagnes,[2]
Seule, dans ses forêts, dans ses hautes montagnes,
Dans ses rocs où l'on n'est que de l'aigle aperçu,

La vieille Catalogne [3] en mère m'a reçu.
Parmi ses montagnards, libres, pauvres, et graves,
Je grandis, et demain trois mille de ses braves,
Si ma voix dans leurs monts fait résonner ce cor,
Viendront. . . . Vous frissonnez. Réfléchissez encor.
Me suivre dans les bois, dans les monts, sur les grèves,
Chez des hommes pareils aux démons de vos rêves,
Soupçonner tout, les yeux, les voix, les pas, le bruit,
Dormir sur l'herbe, boire au torrent, et la nuit
Entendre, en allaitant quelque enfant qui s'éveille,
Les balles des mousquets siffler à votre oreille.
Etre errante avec moi, proscrite, et, s'il le faut,
Me suivre où je suivrai mon père,—à l'échafaud.

DOÑA SOL

Je vous suivrai.

HERNANI

Le duc est riche, grand, prospère.
Le duc n'a pas de tache au vieux nom de son père.
Le duc peut tout. Le duc vous offre avec sa main
Trésor, titres, bonheur. . . .

DOÑA SOL

Nous partirons demain.
Hernani, n'allez pas sur mon audace étrange
Me blâmer. Etes-vous mon démon ou mon ange?
Je ne sais, mais je suis votre esclave.
Écoutez.
Allez où vous voudrez, j'irai. Restez, partez,
Je suis à vous. Pourquoi fais-je ainsi? je l'ignore.
J'ai besoin de vous voir et de vous voir encore
Et de vous voir toujours. Quand le bruit de vos pas
S'efface, alors je crois que mon cœur ne bat pas,

---

[1] *riche-homme*, in Spanish *rico hombre*, a title.
[2] *les Espagnes*, namely Aragon, Leon, Castile and Navarre, four kingdoms forming Spain.
[3] *Catalogne*, Catalonia, now belonging to Spain, but for many centuries an independent principality

Vous me manquez, je suis absente de moi-
même;
Mais dès qu'enfin ce pas que j'attends et
que j'aime
Vient frapper mon oreille, alors il me souvient
Que je vis, et je sens mon âme qui revient!

HERNANI, *la serrant dans ses bras*
Ange!

DOÑA SOL
A minuit. Demain. Amenez votre
escorte,
Sous ma fenêtre. Allez, je serai brave et
forte.
Vous frapperez trois coups.

HERNANI
Savez-vous qui je suis,
Maintenant?

DOÑA SOL
Monseigneur, qu'importe? je vous suis.

HERNANI
Non, puisque vous voulez me suivre, faible
femme,
Il faut que vous sachiez quel nom, quel
rang, quelle âme,
Quel destin est caché dans le pâtre Hernani.
Vous vouliez d'un brigand, voulez-vous
d'un banni?

DON CARLOS, *ouvrant avec fracas la porte
de l'armoire*
Quand aurez-vous fini de conter votre histoire?
Croyez-vous donc qu'on soit à l'aise en
cette armoire?

HERNANI *recule étonné.* DOÑA SOL *pousse
un cri et se réfugie dans ses bras, en
fixant sur* DON CARLOS *des yeux effarés.*

HERNANI, *la main sur la garde de son épée*
Quel est cet homme?

DOÑA SOL
O ciel! Au secours!

HERNANI
Taisez-vous,
Doña Sol! vous donnez l'éveil aux yeux
jaloux.
Quand je suis près de vous, veuillez, quoi
qu'il advienne,
Ne réclamer jamais d'autre aide que la
mienne.
A DON CARLOS.
Que faisiez-vous là?

DON CARLOS
Moi? Mais, à ce qu'il paraît,
Je ne chevauchais pas à travers la forêt.

HERNANI
Qui raille après l'affront s'expose à faire
rire
Aussi son héritier.

DON CARLOS
Chacun son tour!—Messire,
Parlons franc. Vous aimez madame et
ses yeux noirs,
Vous y venez mirer les vôtres tous les soirs,
C'est fort bien. J'aime aussi madame, et
veux connaître
Qui j'ai vu tant de fois entrer par la fenêtre,
Tandis que je restais à la porte.

HERNANI
En honneur,
Je vous ferai sortir par où j'entre, sei-
gneur.

DON CARLOS
Nous verrons. J'offre donc mon amour
à madame.
Partageons. Voulez-vous? J'ai vu dans
sa belle âme
Tant d'amour, de bonté, de tendres senti-
ments,
Que madame à coup sûr en a pour deux
amants.
Or, ce soir, voulant mettre à fin mon en-
treprise,
Pris, je pense, pour vous, j'entre ici par
surprise,
Je me cache, j'écoute, à ne vous celer rien;
Mais j'entendais très mal et j'étouffais
très bien.
Et puis, je chiffonnais ma veste à la
française.
Ma foi, je sors!

HERNANI
Ma dague aussi n'est pas à l'aise
Et veut sortir.

DON CARLOS, *le saluant*
Monsieur, c'est comme il vous plaira.

HERNANI, *tirant son épée*
En garde!

DON CARLOS *tire son épée*

DOÑA SOL, *se jetant entre eux*
Hernani! Ciel!

DON CARLOS
Calmez-vous, señora.

HERNANI, *à* DON CARLOS

Dites-moi votre nom.

DON CARLOS

　　　Hé! dites-moi le vôtre!

HERNANI

Je le garde, secret et fatal, pour un autre
Qui doit un jour sentir, sous mon genou
　vainqueur,
Mon nom à son oreille, et ma dague à son
　cœur!

DON CARLOS

Alors, quel est le nom de l'autre?

HERNANI

　　　　　Que t'importe?
En garde! défends-toi!

Ils croisent leurs épées. DOÑA SOL *tombe*
tremblante sur un fauteuil. On entend
des coups à la porte.

DOÑA SOL, *se levant avec effroi*

　　　　　Ciel! on frappe à la porte!
Les champions s'arrêtent. Entre JOSEFA
par la petite porte et tout effarée.

HERNANI, *à* JOSEFA

Qui frappe ainsi?

DOÑA JOSEFA, *à* DOÑA SOL

　　　　　Madame! un coup inattendu!
C'est le duc qui revient!

DOÑA SOL, *joignant les mains*

　　　　　Le duc! tout est perdu!
Malheureuse!

DOÑA JOSEFA, *jetant les yeux autour d'elle*

　　　　　Jésus! l'inconnu! des épées!
On se battait.　Voilà de belles équipées!
Les deux combattants remettent leurs épées
dans le fourreau. DON CARLOS *s'en-*
veloppe dans son manteau et rabat son
chapeau sur ses yeux. On frappe.

HERNANI

Que faire?

On frappe.

UNE VOIX *au dehors*

Doña Sol, ouvrez-moi!

DOÑA JOSEFA *fait un pas vers la porte.*
HERNANI *l'arrête.*

HERNANI

　　　　　N'ouvrez pas.

DOÑA JOSEFA, *tirant son chapelet*

Saint Jacques [1]　monseigneur! tirez-nous
　de ce pas!

On frappe de nouveau.

HERNANI, *montrant l'armoire à* DON
CARLOS

Cachons-nous.

DON CARLOS

Dans l'armoire?

HERNANI, *montrant la porte*

　　　　　Entrez-y.　Je m'en charge.
Nous y tiendrons tous deux.

DON CARLOS

　　　　　Grand merci, c'est trop large.

HERNANI, *montrant la petite porte*

Fuyons par là.

DON CARLOS

　　　　　Bonsoir.　Pour moi, je reste ici.

HERNANI

Ah! tête et sang! monsieur, vous me paîrez
　ceci!

A DOÑA SOL.

Si je barricadais l'entrée?

DON CARLOS, *à* JOSEFA

　　　　　Ouvrez la porte.

HERNANI

Que dit-il?

DON CARLOS, *à* JOSEFA *interdite*

Ouvrez donc, vous dis-je!

On frappe toujours.

DOÑA JOSEFA *va ouvrir en tremblant.*

DOÑA SOL

　　　　　Je suis morte!

SCÈNE III

LES MÊMES, DON RUY GOMEZ DE SILVA,
barbe et cheveux blancs; en noir. VALETS
avec des flambeaux.

DON RUY GOMEZ

Des hommes chez ma nièce à cette heure
　de nuit!
Venez tous! cela vaut la lumière et le bruit.

A DOÑA SOL

Par saint Jean d'Avila,[2] je crois que, sur
　mon âme,

---

[1] *Saint Jacques,* Saint James of Compostella, patron saint of Spain.

[2] *Avila,* province of Spain, the capital of which is Avila, which contains many interesting churches and is the supposed birth place of St. Theresa. St. John of Avila, 1500–1569, was a famous missionary.

Nous sommes trois chez vous! C'est trop de deux, madame!

Aux deux jeunes gens.

Mes jeunes cavaliers, que faites-vous céans?—
Quand nous avions le Cid et Bernard,[1] ces géants
De l'Espagne et du monde allaient par les Castilles
Honorant les vieillards et protégeant les filles.
C'étaient des hommes forts et qui trouvaient moins lourds
Leur fer et leur acier que vous votre velours.
Ces hommes-là portaient respect aux barbes grises,
Faisaient agenouiller leur amour aux églises,
Ne trahissaient personne, et donnaient pour raison
Qu'ils avaient à garder l'honneur de leur maison.
S'ils voulaient une femme, ils la prenaient sans tache,
En plein jour, devant tous, et l'épée, ou la hache,
Ou la lance à la main.—Et quant à ces félons
Qui, le soir, et les yeux tournés vers leurs talons,
Ne fiant qu'à la nuit leurs manœuvres infâmes,
Par derrière aux maris volent l'honneur des femmes,
J'affirme que le Cid, cet aïeul de nous tous,
Les eût tenus pour vils et fait mettre à genoux,
Et qu'il eût, dégradant leur noblesse usurpée,
Souffleté leur blason [2] du plat de son épée!
Voilà ce que feraient, j'y songe avec ennui,
Les hommes d'autrefois aux hommes d'aujourd'hui.
—Qu'êtes-vous venus faire ici? C'est donc à dire
Que je ne suis qu'un vieux dont les jeunes vont rire?
On va rire de moi, soldat de Zamora? [3]
Et quand je passerai, tête blanche, on rira?
Ce n'est pas vous, du moins, qui rirez!

HERNANI

Duc. . . .

DON RUY GOMEZ

Silence!
Quoi! vous avez l'épée, et la dague, et la lance,
La chasse, les festins, les meutes, les faucons,
Les chansons à chanter le soir sous les balcons,
Les plumes au chapeau, les casaques de soie,
Les bals, les carrousels, la jeunesse, la joie,
Enfants, l'ennui vous gagne! A tout prix, au hasard,
Il vous faut un hochet. Vous prenez un vieillard!
Ah! vous l'avez brisé, le hochet! mais Dieu fasse
Qu'il vous puisse en éclats rejaillir à la face!
Suivez-moi!

HERNANI

Seigneur duc. . . .

DON RUY GOMEZ

Suivez-moi! suivez-moi!
Messieurs! avons-nous fait cela pour rire? Quoi!
Un trésor est chez moi. C'est l'honneur d'une fille,
D'une femme, l'honneur de toute une famille,
Cette fille, je l'aime, elle est ma nièce, et doit
Bientôt changer sa bague à l'anneau de mon doigt;
Je la crois chaste et pure, et sacrée à tout homme,
Or il faut que je sorte une heure, et moi qu'on nomme
Ruy Gomez de Silva, je ne puis l'essayer
Sans qu'un larron d'honneur se glisse à mon foyer!
Arrière! lavez donc vos mains, hommes sans âmes,
Car, rien qu'en y touchant, vous nous tachez nos femmes.
Non. C'est bien. Poursuivez. Ai-je autre chose encor?

---

[1] *Cid* and *Bernard* (*del Carpio*), two national heroes of Spain, the former historical, the latter legendary.

[2] *souffleté leur blason*, reference to the ceremony of degrading an unworthy knight by defacing his coat of arms.

[3] *Zamora*, a fortified town in the province of Leon, conquered by Ferdinand in 1476.

Il arrache son collier.

Tenez, foulez aux pieds, foulez ma toison-
　d'or![1]

Il jette son chapeau.

Arrachez mes cheveux, faites-en chose vile!
Et vous pourrez demain vous vanter par
　la ville
Que jamais débauchés, dans leurs jeux
　insolents,
N'ont sur plus noble front souillé cheveux
　plus blancs.

DOÑA SOL

Monseigneur. . . .

DON RUY GOMEZ, *à ses valets*

　　　　　Ecuyers! écuyers! à mon aide!
Ma hache, mon poignard, ma dague de
　Tolède![2]

Aux deux jeunes gens.

Et suivez-moi tous deux!

DON CARLOS, *faisant un pas*

　　　　　Duc, ce n'est pas d'abord
De cela qu'il s'agit. Il s'agit de la mort
De Maximilien, empereur d'Allemagne.[3]

*Il jette son manteau, et découvre son visage
caché par son chapeau.*

DON RUY GOMEZ

Raillez-vous? . . .—Dieu! le Roi!

DOÑA SOL

Le Roi!

HERNANI, *dont les yeux s'allument*

　　　　　Le Roi d'Espagne!

DON CARLOS, *gravement*

Oui, Carlos.—Seigneur duc, es-tu donc
　insensé?
Mon aïeul l'empereur est mort. Je ne le
　sai
Que de ce soir. Je viens, tout en hâte,
　et moi-même,
Dire la chose, à toi, féal sujet que j'aime,
Te demander conseil, incognito, la nuit,
Et l'affaire est bien simple, et voilà bien
　du bruit!

DON RUY GOMEZ *renvoie ses gens d'un
signe. Il s'approche de* DON CARLOS
que DOÑA SOL *examine avec crainte et
surprise, et sur lequel* HERNANI, *demeuré
dans un coin, fixe des yeux étincelants.*

DON RUY GOMEZ

Mais pourquoi tarder tant à m'ouvrir cette
　porte?

DON CARLOS

Belle raison! tu viens avec toute une
　escorte!
Quand un secret d'état m'amène en ton
　palais,
Duc, est-ce pour l'aller dire à tous tes
　valets?

DON RUY GOMEZ

Altesse, pardonnez! l'apparence. . . .

DON CARLOS

　　　　　　　Bon père,
Je t'ai fait gouverneur du château de
　Figuère,[4]
Mais qui dois-je à présent faire ton gou-
　verneur?

DON RUY GOMEZ

Pardonnez. . . .

DON CARLOS

Il suffit. N'en parlons plus, seigneur.
Donc l'empereur est mort.

DON RUY GOMEZ

　　　　　L'aïeul de votre altesse
Est mort?

DON CARLOS

Duc, tu m'en vois pénétré de tristesse.

DON RUY GOMEZ

Qui lui succède?

DON CARLOS

　　　　Un duc de Saxe[5] est sur les rangs.
François premier,[6] de France, est un des
　concurrents.

---

[1] *toison d'or*, the Golden Fleece, a knightly order instituted by Philip the Good, duke of Burgundy, in 1430. The insignia is a gold chain worn round the neck; at the end of the chain hangs the figure of a lamb.

[2] *Tolède*, Toledo, capital of the province of that name famous ever since the middle ages for its fine sword-blades.

[3] *Maximilien*, emperor of Austria, 1493–1519, grandfather of Don Carlos.

[4] *Figuère*, Span. *Figueras*, town in the northeast of Spain, near the French frontier; but there are other places bearing the same name.

[5] *un duc.* Reference to Frederick the Wise, 1486–1525, elector and duke of Saxony who refused the imperial crown in favor of Charles V.

[6] *François premier*, king of France, 1515–1547.

DON RUY GOMEZ
Où vont se rassembler les électeurs d'empire?

DON CARLOS
Ils ont choisi, je crois, Aix-la-Chapelle, ou Spire,
Ou Francfort.[1]

DON RUY GOMEZ
Notre Roi, dont Dieu garde les jours,
N'a-t-il pensé jamais à l'empire?

DON CARLOS
Toujours.

DON RUY GOMEZ
C'est à vous qu'il revient.

DON CARLOS
Je le sais.

DON RUY GOMEZ
Votre père
Fut archiduc d'Autriche, et l'empire, j'espère,
Aura ceci présent,[2] que c'était votre aïeul,
Celui qui vient de choir de la pourpre au linceul.

DON CARLOS
Et puis, on est bourgeois de Gand.[3]

DON RUY GOMEZ
Dans mon jeune âge
Je le vis, votre aïeul. Hélas! seul je surnage
D'un siècle tout entier. Tout est mort à présent.
C'était un empereur magnifique et puissant.

DON CARLOS
Rome est pour moi.[4]

DON RUY GOMEZ
Vaillant, ferme, point tyrannique,
Cette tête allait bien au vieux corps germanique!
Il s'incline sur les mains du roi, et les baise.
Que je vous plains! Si jeune, en un tel deuil plongé!

DON CARLOS
Le pape veut ravoir la Sicile, que j'ai,
Un empereur ne peut posséder la Sicile,
Il me fait empereur, alors, en fils docile,
Je lui rends Naple.[5] Ayons l'aigle, et puis nous verrons
Si je lui laisserai rogner les ailerons!

DON RUY GOMEZ
Qu'avec joie il verrait, ce vétéran du trône,
Votre front déjà large aller à sa couronne!
Ah! seigneur, avec vous nous le pleurerons bien,
Cet empereur très grand, très bon et très chrétien!

DON CARLOS
Le saint-père est adroit.—Qu'est-ce que la Sicile?
C'est une île qui pend à mon royaume, une île,
Une pièce, un haillon, qui, tout déchiqueté,
Tient à peine à l'Espagne et qui traîne à côté.
—Que ferez-vous, mon fils, de cette île bossue
Au monde impérial au bout d'un fil cousue?
Votre empire est mal fait; vite, venez ici,
Des ciseaux! et coupons!—Très saint-père, merci!
Car de ces pièces-là, si j'ai bonne fortune,
Je compte au saint-empire en recoudre plus d'une,
Et, si quelques lambeaux m'en étaient arrachés,
Rapiécer mes états d'îles et de duchés!

DON RUY GOMEZ
Consolez-vous! il est un empire des justes
Où l'on revoit les morts plus saints et plus augustes!

DON CARLOS
Ce roi François premier, c'est un ambitieux!
Le vieil empereur mort, vite il fait les doux yeux
A l'empire![6] A-t-il pas sa France très chrétienne?
Ah! la part est pourtant belle, et vaut qu'on s'y tienne!

---

[1] *Aix-la-Chapelle*, a city in Rhenish Prussia where the emperors were crowned until 1531. Burial place of Charlemagne. *Spire* (Ger. Speier or Speyer) and *Frankfort*, cities in Germany. It was at Frankfort that the elections of the emperor were held.

[2] *présent*, supply *à l'esprit*.

[3] *Gand*, Flemish *Ghent*, a city in Belgium where Charles was born, and which belonged to Spain as did the whole Netherlands.

[4] *Rome*, meaning Pope Leo X, 1513–1522.

[5] Both Sicily and Naples had long been in the possession of the Spanish Kings.

[6] *Francis I* of France claimed the imperial crown and his rivalry with Charles V led to a war which ended only with the treaty of Madrid in 1526.

L'empereur mon aïeul disait au roi Louis:[1]
—Si j'étais Dieu le Père, et si j'avais deux
  fils,
Je ferais l'aîné Dieu, le second roi de
  France.—

Au duc.

Crois-tu que François puisse avoir quelque
  espérance?

Don Ruy Gomez

C'est un victorieux.

Don Carlos

Il faudrait tout changer.
La bulle d'or[2] défend d'élire un étranger.

Don Ruy Gomez

A ce compte, seigneur, vous êtes roi d'Espagne!

Don Carlos

Je suis bourgeois de Gand.

Don Ruy Gomez

La dernière campagne
A fait monter bien haut le roi François
  premier.

Don Carlos

L'aigle qui va peut-être éclore à mon
  cimier
Peut aussi déployer ses ailes.

Don Ruy Gomez

Votre altesse
Sait-elle le latin?

Don Carlos

Mal.

Don Ruy Gomez

Tant pis.   La noblesse
D'Allemagne aime fort qu'on lui parle latin.

Don Carlos

Ils se contenteront d'un espagnol hautain;
Car il importe peu, croyez-en le roi Charle,
Quand la voix parle haut, quelle langue
  elle parle,
—Je vais en Flandre. Il faut que ton roi,
  cher Silva,
Te revienne empereur. Le roi de France
  va
Tout remuer. Je veux le gagner de vi-
  tesse.
Je partirai sous peu.

Don Ruy Gomez

Vous nous quittez, altesse,
Sans purger l'Aragon de ces nouveaux
  bandits
Qui partout dans nos monts lèvent leurs
  fronts hardis?

Don Carlos

J'ordonne au duc d'Arcos d'exterminer la
  bande.

Don Ruy Gomez

Donnez-vous aussi l'ordre au chef qui la
  commande
De se laisser faire?

Don Carlos

Eh! quel est ce chef? son nom?

Don Ruy Gomez

Je l'ignore.   On le dit un rude compagnon.

Don Carlos

Bah! je sais que pour l'heure il se cache
  en Galice,[3]
Et j'en aurai raison avec quelque milice.

Don Ruy Gomez

De faux avis alors le disaient près d'ici.

Don Carlos

Faux avis!—Cette nuit tu me loges.

Don Ruy Gomez, *s'inclinant jusqu'à terre*

Merci,
Altesse!

Il appelle ses valets.

Faites tous honneur au Roi mon hôte.

*Les valets rentrent avec des flambeaux. Le
duc les range sur deux haies jusqu'à la
porte du fond. Cependant* Doña Sol
*s'approche lentement d'*Hernani. *Le
Roi les épie tous deux.*

Doña Sol, *bas à* Hernani

Demain, sous ma fenêtre, à minuit, et sans
  faute.
Vous frapperez des mains trois fois.

Hernani, *bas*

Demain.

Don Carlos, *à part*

Demain!

Haut à Doña Sol *vers laquelle il fait un
pas avec galanterie.*

---

[1] *roi Louis*, King Louis XII of France, 1498–1515.
[2] *bulle d'or*, Golden Bull, issued in 1356 and establishing the mode of succession to the imperial
dignity. The successor was chosen by seven electors (See Act IV).
[3] *Galice*, Galicia, ancient province in the northwest of Spain.

Souffrez que pour rentrer je vous offre la main.

Il la reconduit à la porte. Elle sort.

HERNANI, *la main dans sa poitrine sur la poignée de sa dague*

Mon bon poignard!

DON CARLOS, *revenant, à part*

Notre homme a la mine attrapée.

Il prend à part HERNANI

Je vous ai fait l'honneur de toucher votre épée,
Monsieur. Vous me seriez suspect pour cent raisons.
Mais le roi don Carlos répugne aux trahisons.
Allez. Je daigne encor protéger votre fuite.

DON RUY GOMEZ, *revenant et montrant* HERNANI

Qu'est ce seigneur?

DON CARLOS

Il part. C'est quelqu'un de ma suite.

Ils sortent avec les valets et les flambeaux, le duc précédant le roi, une cire à la main.

SCÈNE IV

HERNANI, *seul*

Oui, de ta suite, ô roi! de ta suite!—J'en suis!
Nuit et jour, en effet, pas à pas, je te suis.
Un poignard à la main, l'œil fixé sur ta trace
Je vais. Ma race en moi poursuit en toi ta race.
Et puis, te voilà donc mon rival! Un instant
Entre aimer et haïr je suis resté flottant,
Mon cœur pour elle et toi n'était point assez large,
J'oubliais en l'aimant ta haine qui me charge;
Mais puisque tu le veux, puisque c'est toi qui viens
Me faire souvenir, c'est bon, je me souviens!
Mon amour fait pencher la balance incertaine
Et tombe tout entier du côté de ma haine.
Oui, je suis de ta suite, et c'est toi qui l'as dit!
Va! Jamais courtisan de ton lever maudit,
Jamais seigneur baisant ton ombre, ou majordome
Ayant à te servir abjuré son cœur d'homme,
Jamais chiens de palais dressés à suivre un roi
Ne seront sur tes pas plus assidus que moi!
Ce qu'ils veulent de toi, tous ces grands de Castille,
C'est quelque titre creux, quelque hochet qui brille,
C'est quelque mouton d'or[1] qu'on se va pendre au cou;
Moi, pour vouloir si peu je ne suis pas si fou!
Ce que je veux de toi, ce n'est point faveurs vaines,
C'est l'âme de ton corps, c'est le sang de tes veines,
C'est tout ce qu'un poignard, furieux et vainqueur,
En y fouillant longtemps peut prendre au fond d'un cœur.
Va devant! je te suis. Ma vengeance qui veille
Avec moi toujours marche et me parle à l'oreille.
Va! je suis là, j'épie et j'écoute, et sans bruit
Mon pas cherche ton pas et le presse et le suit.
Le jour tu ne pourras, ô roi, tourner la tête
Sans me voir immobile et sombre dans ta fête;
La nuit tu ne pourras tourner les yeux, ô roi,
Sans voir mes yeux ardents luire derrière toi!

Il sort par la petite porte.

ACTE DEUXIÈME

LE BANDIT

SARAGOSSE: *Un patio du palais de Silva.
A gauche, les grands murs du palais, avec une fenêtre à balcon. Au-dessous de la fenêtre une petite porte. A droite et au fond, des maisons et des rues.—Il est nuit.
On voit briller çà et là, aux façades des édifices, quelques fenêtres encore éclairées.*

SCÈNE I

DON CARLOS, DON SANCHO SANCHEZ DE ZUNIGA, COMTE DE MONTEREY, DON MATIAS CENTURION, MARQUIS D'ALMUÑAN, DON RICARDO DE ROXAS, SEIGNEUR DE CASAPALMA.

---

[1] *mouton d'or*, contemptuous allusion to the insignia of the Golden Fleece.

*Ils arrivent tous quatre, Don Carlos en
tête, chapeaux rabattus, enveloppés de
longs manteaux dont leurs épées soulèvent
le bord inférieur.*

Don Carlos, *examinant le balcon*

Voilà bien le balcon, la porte. . . . Mon
sang bout.

Montrant la fenêtre qui n'est pas éclairée.

Pas de lumière encor!

*Il promène ses yeux sur les autres croisées
éclairées.*

Des lumières partout

Où je n'en voudrais pas, hors à cette
fenêtre

Où j'en voudrais!

Don Sancho

Seigneur, reparlons de ce traître.

Et vous l'avez laissé partir!

Don Carlos

Comme tu dis.

Don Matias

Et peut-être c'était le major des bandits!

Don Carlos

Qu'il en soit le major ou bien le capitaine,

Jamais roi couronné n'eut mine plus hautaine.

Don Sancho

Son nom, seigneur?

Don Carlos, *les yeux fixés sur la fenêtre*

Muñoz. . . . Fernan. . . .

*Avec le geste d'un homme qui se rappelle
tout à coup.*

Un nom en i.

Don Sancho

Hernani, peut-être?

Don Carlos

Oui.

Don Sancho

C'est lui!

Don Matias

C'est Hernani?

Le chef!

Don Sancho, *au roi*

De ses propos vous reste-t-il mémoire?

Don Carlos, *qui ne quitte pas la fenêtre
des yeux*

Hé! je n'entendais rien dans leur maudite
armoire!

Don Sancho

Mais pourquoi le lâcher lorsque vous le
tenez?

Don Carlos *se tourne gravement et le regarde en face.*

Don Carlos

Comte de Monterey, vous me questionnez.

Les deux seigneurs reculent et se taisent.

Et d'ailleurs ce n'est pas le souci qui m'arrête.

J'en veux à sa maîtresse et non point à sa
tête.

J'en suis amoureux fou! Les yeux noirs
les plus beaux.

Mes amis! deux miroirs! deux rayons!
deux flambeaux!

Je n'ai rien entendu de toute leur histoire

Que ces trois mots:—Demain, venez à la
nuit noire!

Mais c'est l'essentiel. Est-ce pas excellent?

Pendant que ce bandit, à mine de galant,

S'attarde à quelque meurtre, à creuser
quelque tombe,

Je viens tout doucement dénicher sa colombe.

Don Ricardo

Altesse, il eût fallu, pour compléter le tour,

Dénicher la colombe en tuant le vautour.

Don Carlos, *à Don Ricardo*

Comte! un digne conseil! vous avez la
main prompte!

Don Ricardo, *s'inclinant profondément*

Sous quel titre plaît-il au roi que je sois
comte?

Don Sancho, *vivement*

C'est méprise!

Don Ricardo, *à Don Sancho*

Le roi m'a nommé comte.

Don Carlos

Assez!

Bien.

A Ricardo

J'ai laissé tomber ce titre. Ramassez.

Don Ricardo, *s'inclinant de nouveau*

Merci, seigneur!

Don Sancho, *à Don Matias*

Beau comte! un comte de surprise!

*Le roi se promène au fond, examinant avec
impatience les fenêtres éclairées. Les
deux seigneurs causent sur le devant.*

Don Matias, *à* Don Sancho
Mais que fera le roi, la belle une fois prise?

Don Sancho, *regardant* Ricardo *de travers*
Il la fera comtesse, et puis dame d'honneur.
Puis, qu'il en ait un fils, il sera roi.

Don Matias
                                    Seigneur,
Allons donc! un bâtard! Comte, fût-on altesse,
On ne saurait tirer un roi d'une comtesse!

Don Sancho
Il la fera marquise, alors, mon cher marquis.

Don Matias
On garde les bâtards pour les pays conquis.
On les fait vice-rois. C'est à cela qu'ils servent.

Don Carlos *revient*

Don Carlos, *regardant avec colère toutes les fenêtres éclairées*
Dirait-on pas des yeux jaloux qui nous observent?
Enfin! en voilà deux qui s'éteignent! allons!
Messieurs, que les instants de l'attente sont longs!
Qui fera marcher l'heure avec plus de vitesse?

Don Sancho
C'est ce que nous disons souvent chez votre altesse.

Don Carlos
Cependant que chez vous mon peuple le redit.
    La dernière fenêtre éclairée s'éteint.
—La dernière est éteinte!
Tourné vers le balcon de Doña Sol *toujours noir.*
                            O vitrage maudit!
Quand t'éclaireras-tu?—Cette nuit est bien sombre.
Doña Sol, viens briller comme un astre dans l'ombre!

A Don Ricardo
Est-il minuit?

Don Ricardo
    Minuit bientôt.

Don Carlos
                    Il faut finir
Pourtant! A tout moment l'autre peut survenir.

La fenêtre de Doña Sol *s'éclaire. On voit son ombre se dessiner sur les vitraux lumineux.*
Mes amis! un flambeau! son ombre à la fenêtre!
Jamais jour ne me fut plus charmant à voir naître.
Hâtons-nous! faisons-lui le signal qu'elle attend.
Il faut frapper des mains trois fois. Dans un instant,
Mes amis, vous allez la voir!—Mais notre nombre
Va l'effrayer peut-être. . . . Allez tous trois dans l'ombre
Là-bas, épier l'autre. Amis, partageons-nous
Les deux amants. Tenez, à moi la dame, à vous
Le brigand.

Don Ricardo
    Grand merci!

Don Carlos
                S'il vient, de l'embuscade
Sortez vite, et poussez au drôle une estocade.
Pendant qu'il reprendra ses esprits sur le grès,
J'emporterai la belle, et nous rirons après.
N'allez pas cependant le tuer! c'est un brave
Après tout, et la mort d'un homme est chose grave.
Les deux seigneurs s'inclinent et sortent.
Don Carlos *les laisse s'éloigner, puis frappe des mains à deux reprises. A la deuxième fois, la fenêtre s'ouvre, et* Doña Sol *paraît sur le balcon.*

SCÈNE II

Don Carlos, Doña Sol

Doña Sol, *au balcon*
Est-ce vous, Hernani?

Don Carlos, *à part*
                    Diable! ne parlons pas!
Il frappe de nouveau des mains.

Doña Sol
Je descends.
Elle referme la fenêtre, dont la lumière disparaît. Un moment après, la petite porte s'ouvre et Doña Sol *en sort, une lampe à la main, sa mante sur les épaules.*

DOÑA SOL
Hernani!

DON CARLOS *rabat son chapeau sur son visage, et s'avance précipitamment vers elle.*

DOÑA SOL, *laissant tomber sa lampe*
Dieu! ce n'est point son pas!

Elle veut rentrer. DON CARLOS *court à elle et la retient par le bras.*

DON CARLOS
Doña Sol!

DOÑA SOL
Ce n'est point sa voix! Ah! malheureuse!

DON CARLOS
Eh! quelle voix veux-tu qui soit plus
amoureuse?
C'est toujours un amant, et c'est un amant
roi!

DOÑA SOL
Le roi!

DON CARLOS
Souhaite, ordonne, un royaume est à toi!
Car celui dont tu veux briser la douce
entrave,
C'est le roi ton seigneur, c'est Carlos ton
esclave!

DOÑA SOL, *cherchant à se dégager de ses bras.*
Au secours, Hernani!

DON CARLOS
Le juste et digne effroi!
Ce n'est pas ton bandit qui te tient, c'est
le roi!

DOÑA SOL
Non. Le bandit, c'est vous! N'avez-
vous pas de honte?
Ah! pour vous à la face une rougeur me
monte.
Sont-ce là les exploits dont le roi fera
bruit?
Venir ravir de force une femme la nuit!
Que mon bandit vaut mieux cent fois!
Roi, je proclame
Que, si l'homme naissait où le place son
âme,
Si Dieu faisait le rang à la hauteur du
cœur,
Certe, il serait le roi, prince, et vous le
voleur!

DON CARLOS, *essayant de l'attirer*
Madame. . . .

DOÑA SOL
Oubliez-vous que mon père était comte?

DON CARLOS
Je vous ferai duchesse.

DOÑA SOL, *le repoussant.*
Allez! c'est une honte!

Elle recule de quelques pas.
Il ne peut être rien entre nous, don Carlos.
Mon vieux père a pour vous versé son sang
à flots.
Moi, je suis fille noble, et de ce sang ja-
louse.
Trop pour la concubine, et trop peu pour
l'épouse!

DON CARLOS
Princesse?

DOÑA SOL
Roi Carlos, à des filles de rien
Portez votre amourette, ou je pourrais fort
bien,
Si vous m'osez traiter d'une façon infâme,
Vous montrer que je suis dame, et que je
suis femme!

DON CARLOS
Eh bien! partagez donc et mon trône et
mon nom.
Venez, vous serez reine, impératrice!

DOÑA SOL
Non.
C'est un leurre. Et d'ailleurs, altesse,
avec franchise,
S'agit-il pas de vous,[1] s'il faut que je le
dise,
J'aime mieux avec lui, mon Hernani, mon
roi,
Vivre errante, en dehors du monde et de
la loi,
Ayant faim, ayant soif, fuyant toute l'an-
née,
Partageant jour à jour sa pauvre destinée,
Abandon, guerre, exil, deuil, misère et
terreur,
Que d'être impératrice avec un empereur!

DON CARLOS
Que cet homme est heureux!

DOÑA SOL
Quoi! pauvre, proscrit même! . . .

DON CARLOS
Qu'il fait bien d'être pauvre et proscrit,
puisqu'on l'aime!

---

[1] *S'agit-il pas de vous* for *même s'il ne s'agissait pas de vous.*

Moi, je suis seul! Un ange accompagne
ses pas!
—Donc vous me haïssez?

DOÑA SOL

Je ne vous aime pas.

DON CARLOS, *la saisissant avec violence*

Eh bien, que vous m'aimiez ou non, cela
n'importe!
Vous viendrez, et ma main plus que la
vôtre est forte.
Vous viendrez! je vous veux! Pardieu,
nous verrons bien
Si je suis roi d'Espagne et des Indes pour
rien!

DOÑA SOL, *se débattant*

Seigneur! oh! par pitié!—Quoi! vous êtes
altesse,
Vous êtes roi. Duchesse, ou marquise,
ou comtesse,
Vous n'avez qu'à choisir. Les femmes de
la cour
Ont toujours un amour tout prêt pour
votre amour.
Mais mon proscrit, qu'a-t-il reçu du ciel
avare?
Ah! vous avez Castille, Aragon et Na-
varre,[1]
Et Murcie, et Léon,[1] dix royaumes encor,
Et les Flamands, et l'Inde [2] avec les mines
d'or!
Vous avez un empire auquel nul roi ne
touche,
Si vaste que jamais le soleil ne s'y couche!
Et, quand vous avez tout, voudrez-vous,
vous le roi,
Me prendre, pauvre fille, à lui qui n'a que
moi?

*Elle se jette à ses genoux. Il cherche à
l'entraîner.*

DON CARLOS

Viens! Je n'écoute rien. Viens! Si tu
m'accompagnes,
Je te donne, choisis, quatre de mes Espagnes.
Dis, lesquelles veux-tu? Choisis!

Elle se débat dans ses bras.

DOÑA SOL

Pour mon honneur,
Je ne veux rien de vous que ce poignard,
seigneur!

*Elle lui arrache le poignard de sa ceinture.
Il la lâche et recule.*

Avancez maintenant! faites un pas!

DON CARLOS

La belle!
Je ne m'étonne plus si l'on aime un rebelle!

Il veut faire un pas. Elle lève le poignard.

DOÑA SOL

Pour un pas, je vous tue, et me tue.

*Il recule encore. Elle se détourne et crie
avec force.*

Hernani!

Hernani!

DON CARLOS

Taisez-vous!

DOÑA SOL, *le poignard levé.*

Un pas! tout est fini.

DON CARLOS

Madame! à cet excès ma douceur est réduite.
J'ai là pour vous forcer trois hommes de
ma suite. . . .

HERNANI, *surgissant tout à coup derrière
lui.*

Vous en oubliez un!

Le roi se retourne, et voit HERNANI *immobile
derrière lui dans l'ombre, les bras croisés
sous le long manteau qui l'enveloppe, et
le large bord de son chapeau relevé.*
DOÑA SOL *pousse un cri, court à* HER-
NANI *et l'entoure de ses bras.*

SCÈNE III

DON CARLOS, DOÑA SOL, HERNANI

HERNANI, *immobile, les bras toujours croisés,
et ses yeux étincelants fixés sur le roi*

Ah! le ciel m'est témoin
Que volontiers je l'eusse été chercher plus
loin!

DOÑA SOL

Hernani, sauvez-moi de lui!

HERNANI

Soyez tranquille,

Mon amour!

---

[1] *Castille*, etc. These onetime independent kingdoms with the exception of Navarre were united
into one by the marriage in 1469 of Ferdinand and Isabella. The southern part of Navarre was taken
by Ferdinand from Jean d'Albret in 1511, while Henri IV annexed the northern part to the Crown of
France in 1589.

[2] *Flamands*, etc. From 1506 to 1581 Flanders and Holland belonged to Spain; *l'Inde*, the Indies,
the possessions of Spain in America.

DON CARLOS

Que font donc mes amis par la ville?
Avoir laissé passer ce chef de bohémiens!

Appelant.

Monterey!

HERNANI

Vos amis sont au pouvoir des miens,
Et ne réclamez pas leur épée impuissante.
Pour trois qui vous viendraient, il m'en
viendrait soixante.
Soixante dont un seul vous vaut tous
quatre. Ainsi
Vidons entre nous deux notre querelle ici.
Quoi! vous portiez la main sur cette jeune
fille!
C'était d'un imprudent, seigneur roi de
Castille,
Et d'un lâche!

DON CARLOS, *souriant avec dédain.*

Seigneur bandit, de vous à moi,
Pas de reproche!

HERNANI

Il raille! Oh! je ne suis pas roi;
Mais quand un roi m'insulte et par sur-
croît me raille,
Ma colère va haut et me monte à sa taille,
Et, prenez garde, on craint, quand on me
fait affront,
Plus qu'un cimier de roi la rougeur de
mon front!
Vous êtes insensé si quelque espoir vous
leurre.

Il lui saisit le bras.

Savez-vous quelle main vous étreint à
cette heure?
Écoutez. Votre père a fait mourir le
mien,
Je vous hais. Vous avez pris mon titre
et mon bien,
Je vous hais. Nous aimons tous deux la
même femme,
Je vous hais, je vous hais,—oui, je te hais
dans l'âme!

DON CARLOS

C'est bien.

HERNANI

Ce soir pourtant ma haine était bien
loin.
Je n'avais qu'un désir, qu'une ardeur,
qu'un besoin,
Doña Sol!—Plein d'amour, j'accourais.
. . . Sur mon âme!
Je vous trouve essayant contre elle un
rapt infâme!

Quoi! vous que j'oubliais, sur ma route
placé!
Seigneur, je vous le dis, vous êtes insensé!
Don Carlos, te voilà pris dans ton propre
piège.
Ni fuite, ni secours! je te tiens et t'assiège!
Seul, entouré partout d'ennemis acharnés,
Que vas-tu faire?

DON CARLOS, *fièrement*

Allons! vous me questionnez!

HERNANI

Va, va, je ne veux pas qu'un bras obscur
te frappe.
Il ne sied pas qu'ainsi ma vengeance
m'échappe.
Tu ne seras touché par un autre que moi.
Défends-toi donc.

Il tire son épée.

DON CARLOS

Je suis votre seigneur le roi.
Frappez. Mais pas de duel.

HERNANI

Seigneur, qu'il te souvienne
Qu'hier encor ta dague a rencontré la
mienne.

DON CARLOS

Je le pouvais hier. J'ignorais votre nom,
Vous ignoriez mon titre. Aujourd'hui,
compagnon,
Vous savez qui je suis et je sais qui vous
êtes.

HERNANI

Peut-être.

DON CARLOS

Pas de duel. Assassinez-moi. Faites!

HERNANI

Crois-tu donc que les rois à moi me sont
sacrés?
Çà, te défendras-tu?

DON CARLOS

Vous m'assassinerez!

HERNANI *recule.* DON CARLOS *fixe des
yeux d'aigle sur lui.*

Ah! Vous croyez, bandits, que vos bri-
gades viles
Pourront impunément s'épandre dans les
villes?
Que teints de sang, chargés de meurtres,
malheureux!
Vous pourrez après tout faire les généreux,
Et que nous daignerons, nous, victimes
trompées,

Ennoblir vos poignards du choc de nos
  épées?
Non, le crime vous tient.   Partout vous
  le traînez.
Nous, des duels avec vous! arrière!
  assassinez.

HERNANI, *sombre et pensif, tourmente quel-*
  ques instants de la main la poignée de
  son épée, puis se retourne brusquement
  vers le roi, et brise la lame sur le pavé.

HERNANI
Va-t'en donc!

Le roi se retourne à demi vers lui et le regarde
  avec hauteur.

Nous aurons des rencontres meilleures.
Va-t'en.

DON CARLOS
C'est bien, monsieur.   Je vais
  dans quelques heures
Rentrer, moi votre roi, dans le palais ducal.
Mon premier soin sera de mander le
  fiscal,[1]
A-t-on fait mettre à prix votre tête?

HERNANI
Oui.

DON CARLOS
Mon maître,
Je vous tiens de ce jour sujet rebelle et
  traître,
Je vous en avertis, partout je vous pour-
  suis.
Je vous fais mettre au ban du royaume.

HERNANI
J'y suis
Déjà.

DON CARLOS
Bien.

HERNANI
Mais la France est auprès de l'Espagne.
C'est un port.

DON CARLOS
Je vais être empereur d'Allemagne.
Je vous fais mettre au ban de l'empire.

HERNANI
A ton gré.
J'ai le reste du monde où je te braverai.
Il est plus d'un asile où ta puissance tombe.

DON CARLOS
Et quand j'aurai le monde?

HERNANI
Alors j'aurai la tombe.

DON CARLOS
Je saurai déjouer vos complots insolents.

HERNANI
La vengeance est boiteuse, elle vient à pas
  lents,
Mais elle vient.

DON CARLOS, *riant à demi, avec dédain*
Toucher à la dame qu'adore
Ce bandit!

HERNANI, *dont les yeux se rallument*
Songes-tu que je te tiens encore?
Ne me rappelle pas, futur césar romain,[2]
Que je t'ai là, chétif et petit dans ma main,
Et que si je serrais cette main trop loyale,
J'écraserais dans l'œuf ton aigle impériale!

DON CARLOS
Faites.

HERNANI
Va-t'en! va-t'en!

Il ôte son manteau et le jette sur les épaules
  du roi.

Fuis, et prends ce manteau.
Car dans nos rangs pour toi je crains
  quelque couteau.

Le roi s'enveloppe du manteau.

Pars tranquille à présent.   Ma vengeance
  altérée
Pour tout autre que moi fait ta tête sacrée.

DON CARLOS
Monsieur, vous qui venez de me parler
  ainsi,
Ne demandez un jour ni grâce ni merci!

SCÈNE IV

HERNANI, DOÑA SOL

DOÑA SOL, *saisissant la main* D'HERNANI
Maintenant, fuyons vite.

HERNANI, *la repoussant avec une douceur*
  grave
Il vous sied, mon amie,
D'être dans mon malheur toujours plus
  raffermie.
De n'y point renoncer, et de vouloir toujours

---

[1] *fiscal*, a Spanish official, title corresponding somewhat to prosecuting attorney.
[2] *césar*, taken here in the sense of *empereur*. As future German emperor Carlos would also have the title of ruler of the Holy Roman Empire.

Jusqu'au fond, jusqu'au bout, accompagner mes jours.
C'est un noble dessein, digne d'un cœur fidèle!
Mais, tu le vois, mon Dieu, pour tant accepter d'elle,
Pour emporter joyeux dans mon antre avec moi
Ce trésor de beauté qui rend jaloux un roi,
Pour que ma doña Sol me suive et m'appartienne,
Pour lui prendre sa vie et la joindre à la mienne,
Pour l'entraîner sans honte encore et sans regrets,
Il n'est plus temps; je vois l'échafaud de trop près.

DOÑA SOL

Que dites-vous?

HERNANI

Ce roi que je bravais en face
Va me punir d'avoir osé lui faire grâce.
Il fuit; déjà peut-être il est dans son palais.
Il appelle ses gens, ses gardes, ses valets,
Ses seigneurs, ses bourreaux. . . .

DOÑA SOL

Hernani! Dieu! je tremble!
Eh bien, hâtons-nous donc alors! fuyons ensemble!

HERNANI

Ensemble! non, non. L'heure en est passée. Hélas!
Doña Sol, à mes yeux quand tu te révélas,
Bonne, et daignant m'aimer d'un amour secourable,
J'ai bien pu vous offrir, moi, pauvre misérable,
Ma montagne, mon bois, mon torrent,—ta pitié
M'enhardissait,—mon pain de proscrit, la moitié
Du lit vert et touffu que la forêt me donne;
Mais t'offrir la moitié de l'échafaud! pardonne,
Doña Sol! l'échafaud, c'est à moi seul!

DOÑA SOL

Pourtant
Vous me l'aviez promis!

HERNANI, *tombant à ses genoux*

Ange! ah! dans cet instant
Où la mort vient peut-être, où s'approche dans l'ombre
Un sombre dénoûment pour un destin bien sombre,

Je le déclare ici, proscrit, traînant au flanc
Un souci profond, né dans un berceau sanglant,
Si noir que soit le deuil qui s'épand sur ma vie,
Je suis un homme heureux et je veux qu'on m'envie;
Car vous m'avez aimé! car vous me l'avez dit!
Car vous avez tout bas béni mon front maudit!

DOÑA SOL, *penchée sur sa tête*

Hernani!

HERNANI

Loué soit le sort doux et propice
Qui me mit cette fleur au bord du précipice!

Il se relève.

Et ce n'est pas pour vous que je parle en ce lieu,
Je parle pour le ciel qui m'écoute, et pour Dieu.

DOÑA SOL

Souffre que je te suive.

HERNANI

Ah! ce serait un crime
Que d'arracher la fleur en tombant dans l'abîme.
Va, j'en ai respiré le parfum, c'est assez!
Renoue à d'autres jours tes jours par moi froissés.
Épouse ce vieillard. C'est moi qui te délie.
Je rentre dans ma nuit. Toi, sois heureuse, oublie!

DOÑA SOL

Non, je te suis! je veux ma part de ton linceul!
Je m'attache à tes pas.

HERNANI, *la serrant dans ses bras*

Oh! laisse-moi fuir seul.
Il la quitte avec un mouvement convulsif.

DOÑA SOL, *douloureusement et joignant les mains*

Hernani! tu me fuis! Ainsi donc, insensée,
Avoir donné sa vie, et se voir repoussée,
Et n'avoir, après tant d'amour et tant d'ennui,
Pas même le bonheur de mourir près de lui!

HERNANI

Je suis banni! je suis proscrit! je suis funeste!

DOÑA SOL

Ah! vous êtes ingrat!

HERNANI, *revenant sur ses pas*

Eh bien, non! non, je reste.
Tu le veux, me voici.   Viens, oh! viens
dans mes bras!
Je reste, et resterai tant que tu le voudras.
Oublions-les! restons.—

Il l'assied sur un banc.

Sieds-toi sur cette pierre.

Il se place à ses pieds.

Des flammes de tes yeux inonde ma pau-
pière,
Chante-moi quelque chant comme parfois
le soir
Tu m'en chantais, avec des pleurs dans
ton œil noir.
Soyons heureux! buvons, car la coupe est
remplie,
Car cette heure est à nous, et le reste est
folie.
Parle-moi, ravis-moi.   N'est-ce pas qu'il
est doux
D'aimer et de savoir qu'on vous aime à
genoux?
D'être deux? d'être seuls? et que c'est
douce chose
De se parler d'amour la nuit quand tout
repose?
Oh! laisse-moi dormir et rêver sur ton sein,
Doña Sol! mon amour! ma beauté!

Bruit de cloches au loin

DOÑA SOL, *se levant effarée*

Le tocsin!
Entends-tu? le tocsin!

HERNANI, *toujours à genoux*

Eh non! c'est notre noce
Qu'on sonne.
*Le bruit des cloches augmente.   Cris confus,
flambeaux et lumières à toutes les fenêtres,
sur tous les toits, dans toutes les rues.*

DOÑA SOL

Lève-toi! fuis!   Grand Dieu! Saragosse
S'allume!

HERNANI, *se soulevant à demi*

Nous aurons une noce aux flambeaux.

DOÑA SOL

C'est la noce des morts! la noce des tombeaux!

¹ *sbire*, policeman, *alcade*, local judge.

Bruit d'épées, Cris

HERNANI, *se recouchant sur le banc de
pierre*

Rendormons-nous!

UN MONTAGNARD, *l'épée à la main, accourant*

Seigneur, les sbires, les alcades,¹
Débouchent dans la place en longues ca-
valcades!
Alerte, monseigneur!

HERNANI *se lève.*

DOÑA SOL, *pâle*

Ah! tu l'avais bien dit!

LE MONTAGNARD

Au secours!

HERNANI, *au* MONTAGNARD

Me voici.   C'est bien.

Cris confus, au dehors

Mort au bandit!

HERNANI, *au* MONTAGNARD

Ton épée.

A DOÑA SOL

Adieu donc!

DOÑA SOL

C'est moi qui fais ta perte!
Où vas tu?

Lui montrant la petite porte

Viens!   Fuyons par cette porte
ouverte.

HERNANI

Dieu! laisser mes amis! que dis-tu?

Tumulte et cris.

DOÑA SOL

Ces clameurs
Me brisent.

Retenant HERNANI.

Souviens-toi que si tu meurs, je meurs!

HERNANI, *la tenant embrassée*

Un baiser!

DOÑA SOL

Mon époux! mon Hernani! mon maître!

HERNANI, *la baisant au front*

Hélas! c'est le premier.

DOÑA SOL

C'est le dernier peut-être.

Il part.   Elle tombe sur le banc.

ACTE TROISIÈME

LE VIEILLARD

LE CHATEAU DE SILVA: *Dans les montagnes d'Aragon.*

La galerie des portraits de la famille de Silva; grande salle, dont ces portraits, entourés de riches bordures, et surmontés de couronnes ducales et d'écussons dorés, font la décoration. Au fond une haute porte gothique. Entre chaque portrait une panoplie complète, toutes ces armures de siècles différents.

SCÈNE I

DOÑA SOL, *blanche, et debout près d'une table;* DON RUY GOMEZ DE SILVA, *assis dans son grand fauteuil ducal en bois de chêne.*

DON RUY GOMEZ

Enfin! c'est aujourd'hui! dans une heure on sera
Ma duchesse! plus d'oncle! et l'on m'embrassera!
Mais m'as-tu pardonné? j'avais tort, je l'avoue.
J'ai fait rougir ton front, j'ai fait pâlir ta joue.
J'ai soupçonné trop vite, et je n'aurais point dû
Te condamner ainsi sans avoir entendu.
Que l'apparence a tort! Injustes que nous sommes!
Certe, ils étaient bien là, les deux beaux jeunes hommes!
C'est égal. Je devais n'en pas croire mes yeux.
Mais que veux-tu, ma pauvre enfant? quand on est vieux!

DOÑA SOL, *immobile et grave*

Vous reparlez toujours de cela. Qui vous blâme?

DON RUY GOMEZ

Moi! J'eus tort. Je devais savoir qu'avec ton âme
On n'a point de galants lorsqu'on est doña Sol,
Et qu'on a dans le cœur de bon sang espagnol.

DOÑA SOL

Certe, il est bon et pur, monseigneur, et peut-être
On le verra bientôt.

DON RUY GOMEZ, *se levant et allant à elle*

                    Écoute, on n'est pas maître
De soi-même, amoureux comme je suis de toi,
Et vieux. On est jaloux, on est méchant, pourquoi?
Parce que l'on est vieux. Parce que beauté, grâce,
Jeunesse, dans autrui, tout fait peur, tout menace.
Parce qu'on est jaloux des autres, et honteux
De soi. Dérision! que cet amour boiteux,
Qui nous remet au cœur tant d'ivresse et de flamme,
Ait oublié le corps en rajeunissant l'âme!
—Quand passe un jeune pâtre—oui, c'en est là!—souvent,
Tandis que nous allons, lui chantant, moi rêvant,
Lui dans son pré vert, moi dans mes noires allées,
Souvent je dis tout bas:—O mes tours crénelées,
Mon vieux donjon ducal, que je vous donnerais,
Oh! que je donnerais mes blés et mes forêts,
Et les vastes troupeaux qui tondent mes collines,
Mon vieux nom, mon vieux titre, et toutes mes ruines,
Et tous mes vieux aïeux qui bientôt m'attendront,
Pour sa chaumière neuve et pour son jeune front!—
Car ses cheveux sont noirs, car son œil reluit comme
Le tien, tu peux le voir, et dire: Ce jeune homme!
Et puis penser à moi qui suis vieux. Je le sais!
Pourtant j'ai nom Silva, mais ce n'est plus assez!
Oui, je me dis cela. Vois à quel point je t'aime!
Le tout, pour être jeune et beau comme toi-même!
Mais à quoi vais-je ici rêver? Moi, jeune et beau!
Qui te dois de si loin devancer au tombeau!

DOÑA SOL

Qui sait?

Don Ruy Gomez

Mais va, crois-moi, ces cavaliers
frivoles
N'ont pas d'amour si grand qu'il ne s'use
en paroles.
Qu'une fille aime et croie un de ces jou-
venceaux,
Elle en meurt, il en rit. Tous ces jeunes
oiseaux,
A l'aile vive et peinte, au langoureux
ramage,
Ont un amour qui mue ainsi que leur
plumage.
Les vieux, dont l'âge éteint la voix et les
couleurs,
Ont l'aile plus fidèle, et, moins beaux, sont
meilleurs.
Nous aimons bien. Nos pas sont lourds?
nos yeux arides?
Nos fronts ridés? Au cœur on n'a jamais
de rides.
Hélas! quand un vieillard aime, il faut
l'épargner.
Le cœur est toujours jeune et peut tou-
jours saigner.
Oh! mon amour n'est point comme un
jouet de verre
Qui brille et tremble; oh! non, c'est un
amour sévère,
Profond, solide, sûr, paternel, amical,
De bois de chêne, ainsi que mon fauteuil
ducal!
Voilà comme je t'aime, et puis je t'aime
encore
De cent autres façons, comme on aime
l'aurore,
Comme on aime les fleurs, comme on aime
les cieux!
De te voir tous les jours, toi, ton pas
gracieux,
Ton front pur, le beau feu de ta fière
prunelle,
Je ris, et j'ai dans l'âme une fête éternelle!

Doña Sol

Hélas!

Don Ruy Gomez

Et puis, vois-tu, le monde trouve
beau,
Lorsqu'un homme s'éteint, et, lambeau par
lambeau,
S'en va, lorsqu'il trébuche au marbre de
la tombe,
Qu'une femme, ange pur, innocente colombe,
Veille sur lui, l'abrite, et daigne encor
souffrir
L'inutile vieillard qui n'est bon qu'à mourir.

C'est une œuvre sacrée et qu'à bon droit
on loue
Que ce suprême effort d'un cœur qui se
dévoue,
Qui console un mourant jusqu'à la fin du
jour,
Et, sans aimer peut-être, a des semblants
d'amour!
Ah! tu seras pour moi cet ange au cœur
de femme
Qui du pauvre vieillard réjouit encor l'âme,
Et de ses derniers ans lui porte la moitié,
Fille par le respect et sœur par la pitié.

Doña Sol

Loin de me précéder, vous pourrez bien
me suivre,
Monseigneur. Ce n'est pas une raison
pour vivre
Que d'être jeune. Hélas! je vous le dis,
souvent
Les vieillards sont tardifs, les jeunes vont
devant,
Et leurs yeux brusquement referment leur
paupière,
Comme un sépulcre ouvert dont retombe
la pierre.

Don Ruy Gomez

Oh! les sombres discours! Mais je vous
gronderai,
Enfant! un pareil jour est joyeux et sacré.
Comment, à ce propos, quand l'heure nous
appelle,
N'êtes-vous pas encor prête pour la cha-
pelle?
Mais, vite! habillez-vous. Je compte les
instants.
La parure de noce!

Doña Sol

Il sera toujours temps.

Don Ruy Gomez

Non pas.

Entre un page.
Que veut Iaquez?

Le Page

Monseigneur, à la porte
Un homme, un pèlerin, un mendiant, n'im-
porte,
Est là qui vous demande asile.

Don Ruy Gomez

Quel qu'il soit,
Le bonheur entre avec l'étranger qu'on
reçoit.
Qu'il vienne.—Du dehors a-t-on quelques
nouvelles?

Que dit-on de ce chef de bandits infidèles
Qui remplit nos forêts de sa rébellion?

LE PAGE

C'en est fait d'Hernani, c'en est fait du
    lion
De la montagne.

DOÑA SOL, à part
                Dieu!

DON RUY GOMEZ
                Quoi?

LE PAGE
                La bande est détruite.
Le roi, dit-on, s'est mis lui-même à leur
    poursuite.
La tête d'Hernani vaut mille écus du roi
Pour l'instant; mais on dit qu'il est mort.

DOÑA SOL, à part
                Quoi! sans moi,
Hernani?

DON RUY GOMEZ
    Grâce au ciel! il est mort, le
        rebelle!
On peut se réjouir maintenant, chère belle.
Allez donc vous parer, mon amour, mon
    orgueil!
Aujourd'hui, double fête!

DOÑA SOL, à part
            Oh! des habits de deuil!
    Elle sort.

DON RUY GOMEZ, au page
Fais-lui vite porter l'écrin que je lui donne,
    Il se rassied dans son fauteuil.

Je veux la voir parée ainsi qu'une madone,
Et grâce à ses doux yeux, et grâce à mon
    écrin,
Belle à faire à genoux tomber un pèlerin.
A propos, et celui qui nous demande un
    gîte?
Dis-lui d'entrer, fais-lui nos excuses, cours
    vite.
    Le page salue et sort.
Laisser son hôte attendre! ah! c'est mal!
La porte du fond s'ouvre. Paraît HERNANI
    déguisé en pèlerin. Le duc se lève et va à
    sa rencontre.

SCÈNE II

DON RUY GOMEZ, HERNANI

HERNANI s'arrête sur le seuil de la porte.

HERNANI
                Monseigneur,
Paix et bonheur à vous!

DON RUY GOMEZ, le saluant de la main
            A toi paix et bonheur,
Mon hôte!

    HERNANI entre. Le duc se rassied
            N'es-tu pas pèlerin?

    HERNANI, s'inclinant
                Oui.

DON RUY GOMEZ
                Sans doute
Tu viens d'Armillas? [1]

            HERNANI
            Non. J'ai pris une autre route:
On se battait par là.

DON RUY GOMEZ
            La troupe du banni,
N'est-ce pas?

        HERNANI
        Je ne sais.

DON RUY GOMEZ
            Le chef, le Hernani,[2]
Que devient-il? sais-tu?

        HERNANI
        Seigneur, quel est cet homme?

        DON RUY GOMEZ
Tu ne le connais pas? tant pis! la grosse
    somme
Ne sera point pour toi. Vois-tu, ce Her-
    nani,
C'est un rebelle au roi, trop longtemps
    impuni.
Si tu vas à Madrid, tu le pourras voir
    pendre.
        HERNANI
Je n'y vais pas.

    DON RUY GOMEZ
    Sa tête est à qui veut la prendre.

---

[1] Armillas, town near Saragossa.

[2] le Hernani, and three lines below ce Hernani. It is curious that Hernani should be used here
with the aspirate h. The Spanish village which suggested the name to the poet has no h. Metric
expediency cannot explain this curiosity because cet Hernani would have given the extra syllable equally
well. On the other hand, we find a few lines above: d'Hernani.

HERNANI, *à part*
Qu'on y vienne!

DON RUY GOMEZ
Où vas-tu, bon pèlerin?

HERNANI
Seigneur,
Je vais à Saragosse.

DON RUY GOMEZ
Un vœu fait en l'honneur
D'un saint? de Notre-Dame?

HERNANI
Oui, duc, de Notre-Dame.

DON RUY GOMEZ
Del Pilar? [1]

HERNANI
Del Pilar.

DON RUY GOMEZ
Il faut n'avoir point d'âme
Pour ne point acquitter les vœux qu'on
fait aux saints.
Mais, le tien accompli, n'as-tu d'autres
desseins?
Voir le Pilier, c'est là tout ce que tu dé-
sires?

HERNANI
Oui, je veux voir brûler les flambeaux et
les cires,
Voir Notre-Dame, au fond du sombre
corridor,
Luire en sa châsse ardente avec sa chape
d'or,
Et puis m'en retourner.

DON RUY GOMEZ
Fort bien.—Ton nom, mon frère?
Je suis Ruy de Silva.

HERNANI, *hésitant*
Mon nom? . . .

DON RUY GOMEZ
Tu peux le taire
Si tu veux. Nul n'a droit de le savoir ici.
Viens-tu pas demander asile?

HERNANI
Oui, duc.

DON RUY GOMEZ
Merci.
Sois le bienvenu. Reste, ami, ne te fais
faute

De rien.[2]   Quant à ton nom, tu te nommes
mon hôte.
Qui que tu sois, c'est bien! et, sans être
inquiet,
J'accueillerais Satan, si Dieu me l'en-
voyait.
*La porte du fond s'ouvre à deux battants.
Entre DOÑA SOL, en parure de mariée.
Derrière elle, pages, valets et deux femmes
portant sur un coussin de velours un
coffret d'argent ciselé, qu'elles vont déposer
sur une table, et qui renferme un riche
écrin, couronne de duchesse, bracelets,
colliers, perles et brillants pêle-mêle.*
HERNANI, *haletant et effaré, considère
DOÑA SOL avec des yeux ardents, sans
écouter le duc.*

SCÈNE III

LES MÊMES, DOÑA SOL, PAGES, VALETS,
FEMMES

DON RUY GOMEZ, *continuant*
Voici ma Notre-Dame, à moi. L'avoir
priée
Te portera bonheur.

*Il va présenter la main à DOÑA SOL, tou-
jours pâle et grave.*
Ma belle mariée,
Venez.—Quoi! pas d'anneau! pas de couronne encor!

HERNANI, *d'une voix tonnante*
Qui veut gagner ici mille carolus d'or? [3]
*Tous se retournent étonnés. Il déchire sa
robe de pèlerin, la foule aux pieds, et en
sort dans son costume de montagnard.*
Je suis Hernani.

DOÑA SOL, *à part, avec joie*
Ciel! vivant!

HERNANI, *aux valets*
Je suis cet homme
Qu'on cherche.
Au duc
Vous vouliez savoir si je me nomme
Perez ou Diego?—Non, je me nomme
Hernani.
C'est un bien plus beau nom, c'est un nom
de banni,

---

[1] *del Pilar*, Our Lady of the Pillar, venerated in one of the two cathedrals of Saragossa, built on the spot where the blessed Virgin once appeared on a pillar to the Apostle James (Santiago).

[2] *ne te fais faute de rien*, ask for anything you wish.

[3] *carolus d'or*, coin struck by Charles VIII of France at the end of the fifteenth century.

C'est un nom de proscrit! Vous voyez
cette tête?
Elle vaut assez d'or pour payer votre fête.
> *Aux* VALETS

Je vous la donne à tous.　　Vous serez bien
payés!
Prenez! liez mes mains, liez mes pieds, liez!
Mais non, c'est inutile, une chaîne me lie
Que je ne romprai point!

> DOÑA SOL, *à part*
> > Malheureuse!

> DON RUY GOMEZ
> > > Folie!
> Çà, mon hôte est un fou!

> HERNANI
> > Votre hôte est un bandit.

> DOÑA SOL
> Oh! ne l'écoutez pas!

> HERNANI
> > J'ai dit ce que j'ai dit.

> DON RUY GOMEZ
> Mille carolus d'or! monsieur, la somme est
> forte,
> Et je ne suis pas sûr de tous mes gens.

> HERNANI
> > > Qu'importe?
> Tant mieux si dans le nombre il s'en trouve
> un qui veut.
> > *Aux* VALETS
> Livrez-moi! vendez-moi!

> DON RUY GOMEZ, *s'efforçant de le faire
> taire*
> > > Taisez-vous donc! on peut
> Vous prendre au mot.

> HERNANI
> > Amis, l'occasion est belle!
> Je vous dis que je suis le proscrit, le rebelle,
> Hernani!

> DON RUY GOMEZ
> Taisez-vous!

> HERNANI
> > Hernani!

> DOÑA SOL, *d'une voix éteinte, à son oreille*
> > Oh! tais-toi!

> HERNANI, *se détournant à demi vers* DOÑA
> SOL
> On se marie ici!　Je veux en être, moi!
> Mon épousée aussi m'attend!

> *Au duc*
> > Elle est moins belle
> Que la vôtre, seigneur, mais n'est pas
> moins fidèle.
> C'est la mort!

> *Aux* VALETS
> > Nul de vous ne fait un pas encor?

> DOÑA SOL, *bas*
> Par pitié!

> HERNANI, *aux* VALETS
> > Hernani! mille carolus d'or!

> DON RUY GOMEZ
> C'est le démon!

> HERNANI, *à un jeune homme*
> > Viens, toi; tu gagneras la somme.
> Riche alors, de valet tu redeviendras
> homme.
> > *Aux* VALETS *qui restent immobiles*
> Vous aussi, vous tremblez! ai-je assez de
> malheur!

> DON RUY GOMEZ
> Frère, à toucher ta tête ils risqueraient la
> leur.
> Fusses-tu Hernani, fusses-tu cent fois pire,
> Pour ta vie au lieu d'or offrît-on un em-
> pire,
> Mon hôte, je te dois protéger en ce lieu,
> Même contre le roi, car je te tiens de Dieu.
> S'il tombe un seul cheveu de ton front,
> que je meure.

> *A* DOÑA SOL
> Ma nièce, vous serez ma femme dans une
> heure;
> Rentrez chez vous.　Je vais faire armer
> le château,
> J'en vais fermer la porte.

> *Il sort.　Les* VALETS *le suivent.*

> HERNANI, *regardant avec désespoir sa cein-
> ture dégarnie et désarmée*
> > Oh! pas même un couteau!

> DOÑA SOL, *après que le duc a disparu, fait
> quelques pas comme pour suivre ses
> femmes, puis s'arrête, et, dès qu'elles sont
> sorties, revient vers* HERNANI *avec anxiété.*

SCÈNE IV

HERNANI, DOÑA SOL

> HERNANI *considère avec un regard froid et
> comme inattentif l'écrin nuptial placé sur
> la table; puis il hoche la tête, et ses yeux
> s'allument.*

HERNANI

Je vous fais compliment! Plus que je ne
puis dire
La parure me charme, et m'enchante, et
j'admire!

Il s'approche de l'écrin.

La bague est de bon goût,—la couronne
me plaît,—
Le collier est d'un beau travail,—le bracelet
Est rare,—mais cent fois, cent fois moins
que la femme
Qui sous un front si pur cache ce cœur
infâme!

Examinant de nouveau le coffret.

Et qu'avez-vous donné pour tout cela?—
Fort bien!
Un peu de votre amour? mais, vraiment,
c'est pour rien!
Grand Dieu! trahir ainsi! n'avoir pas
honte, et vivre!

Examinant l'écrin.

Mais peut-être après tout c'est perle fausse
et cuivre
Au lieu d'or, verre et plomb, diamants
déloyaux,
Faux saphirs, faux bijoux, faux brillants,
faux joyaux!
Ah! s'il en est ainsi, comme cette parure,
Ton cœur est faux, duchesse, et tu n'es que
dorure!

Il revient au coffret.

—Mais non, non. Tout est vrai, tout est
bon, tout est beau!
Il n'oserait tromper, lui qui touche au
tombeau.
Rien n'y manque.

*Il prend l'une après l'autre toutes les pièces
de l'écrin.*

Collier, brillants, pen-
dants d'oreille,
Couronne de duchesse, anneau d'or. . . .
—A merveille!
Grand merci de l'amour sûr, fidèle et pro-
fond!
Le précieux écrin!

DOÑA SOL

*Elle va au coffret, y fouille, et en tire un
poignard.*

Vous n'allez pas au fond!
—C'est le poignard qu'avec l'aide de ma
patronne
Je pris au roi Carlos, lorsqu'il m'offrit un
trône
Et que je refusai, pour vous qui m'outragez!

HERNANI, *tombant à ses pieds*

Oh! laisse qu'à genoux dans tes yeux
affligés
J'efface tous ces pleurs amers et pleins de
charmes,
Et tu prendras après tout mon sang pour
tes larmes!

DOÑA SOL, *attendrie*

Hernani! je vous aime et vous pardonne,
et n'ai
Que de l'amour pour vous.

HERNANI

Elle m'a pardonné,
Et m'aime! Qui pourra faire aussi que
moi-même,
Après ce que j'ai dit, je me pardonne et
m'aime?
Oh! je voudrais savoir, ange au ciel ré-
servé,
Où vous avez marché, pour baiser le pavé!

DOÑA SOL

Ami!

HERNANI

Non, je dois t'être odieux! Mais,
écoute,
Dis-moi: Je t'aime! Hélas! rassure un
cœur qui doute,
Dis-le-moi! car souvent avec ce peu de
mots
La bouche d'une femme a guéri bien des
maux.

DOÑA SOL, *absorbée et sans l'entendre*

Croire que mon amour eût si peu de
mémoire!
Que jamais ils pourraient, tous ces hommes
sans gloire,
Jusqu'à d'autres amours, plus nobles à
leur gré,
Rapetisser un cœur où son nom est entré!

HERNANI

Hélas! j'ai blasphémé! Si j'étais à ta
place,
Doña Sol, j'en aurais assez, je serais lasse
De ce fou furieux, de ce sombre insensé
Qui ne sait caresser qu'après qu'il a blessé.
Je lui dirais: Va-t'en!—Repousse-moi, re-
pousse!
Et je te bénirai, car tu fus bonne et douce,
Car tu m'as supporté trop longtemps, car
je suis
Mauvais, je noircirais tes jours avec mes
nuits,
Car c'en est trop enfin, ton âme est belle
et haute

Et pure, et si je suis méchant, est-ce ta
　　faute?
Épouse le vieux duc! il est bon, noble, il a
Par sa mère Olmedo, par son père Alcala.
Encore un coup, sois riche avec lui, sois
　　heureuse!
Moi, sais-tu ce que peut cette main géné-
　　reuse
T'offrir de magnifique? une dot de dou-
　　leurs.
Tu pourras y choisir ou du sang ou des
　　pleurs.
L'exil, les fers, la mort, l'effroi qui m'en-
　　vironne,
C'est là ton collier d'or, c'est ta belle
　　couronne,
Et jamais à l'épouse un époux plein d'or-
　　gueil
N'offrit plus riche écrin de misère et de
　　deuil.
Épouse le vieillard, te dis-je; il te mérite!
Eh! qui jamais croira que ma tête proscrite
Aille avec ton front pur? qui, nous voyant
　　tous deux,
Toi calme et belle, moi violent, hasardeux;
Toi paisible et croissant comme une fleur
　　à l'ombre,
Moi heurté dans l'orage à des écueils sans
　　nombre,
Qui dira que nos sorts suivent la même loi?
Non. Dieu qui fait tout bien ne te fit
　　pas pour moi.
Je n'ai nul droit d'en haut sur toi, je me
　　résigne.
J'ai ton cœur, c'est un vol! je le rends au
　　plus digne.
Jamais à nos amours le ciel n'a consenti.
Si j'ai dit que c'était ton destin, j'ai menti.
D'ailleurs, vengeance, amour, adieu! mon
　　jour s'achève.
Je m'en vais, inutile, avec mon double rêve,
Honteux de n'avoir pu ni punir ni charmer,
Qu'on m'ait fait pour haïr, moi qui n'ai
　　su qu'aimer!
Pardonne-moi! fuis-moi! ce sont mes deux
　　prières;
Ne les rejette pas, car ce sont les dernières.
Tu vis et je suis mort. Je ne vois pas
　　pourquoi
Tu te ferais murer dans ma tombe avec
　　moi.

　　　　　　　DOÑA SOL

Ingrat!

　　　　　　　HERNANI

Monts d'Aragon! Galice! Estra-
　　madoure! [1]

—Oh! je porte malheur à tout ce qui
　　m'entoure!—
J'ai pris vos meilleurs fils, pour mes droits
　　sans remords
Je les ai fait combattre, et voilà qu'ils sont
　　morts!
C'étaient les plus vaillants de la vaillante
　　Espagne.
Ils sont morts! ils sont tous tombés dans
　　la montagne,
Tous sur le dos couchés, en braves, devant
　　Dieu,
Et, si leurs yeux s'ouvraient, ils verraient
　　le ciel bleu!
Voilà ce que je fais de tout ce qui m'épouse!
Est-ce une destinée à te rendre jalouse?
Doña Sol, prends le duc, prends l'enfer,
　　prends le roi!
C'est bien. Tout ce qui n'est pas moi
　　vaut mieux que moi!
Je n'ai plus un ami qui de moi se souvienne,
Tout me quitte, il est temps qu'à la fin
　　ton tour vienne,
Car je dois être seul. Fuis ma contagion.
Ne te fais pas d'aimer une religion!
Oh! par pitié pour toi, fuis!—Tu me crois
　　peut-être
Un homme comme sont tous les autres,
　　un être
Intelligent, qui court droit au but qu'il
　　rêva.
Détrompe-toi. Je suis une force qui va!
Agent aveugle et sourd de mystères funè-
　　bres!
Une âme de malheur faite avec des ténè-
　　bres!
Où vais-je? je ne sais. Mais je me sens
　　poussé
D'un souffle impétueux, d'un destin in-
　　sensé.
Je descends, je descends, et jamais ne
　　m'arrête.
Si parfois, haletant, j'ose tourner la tête,
Une voix me dit: Marche! et l'abîme est
　　profond,
Et de flamme ou de sang je le vois rouge
　　au fond!
Cependant, à l'entour de ma course fa-
　　rouche,
Tout se brise, tout meurt. Malheur à qui
　　me touche!
Oh! fuis! détourne-toi de mon chemin fatal,
Hélas! sans le vouloir, je te ferais du mal!

　　　　　　　DOÑA SOL

Grand Dieu!

---

[1] *Estramadoure,* Estremadura, former province corresponding to the modern provinces of Badajos
and Caceres.

HERNANI

C'est un démon redoutable,
te dis-je,
Que le mien.   Mon bonheur! voilà le seul
prodige
Qui lui soit impossible.   Et toi, c'est le
bonheur!
Tu n'es donc pas pour moi, cherche un
autre seigneur!
Va, si jamais le ciel à mon sort qu'il renie
Souriait . . . n'y crois pas! ce serait ironie!
Épouse le duc!

DOÑA SOL

Donc, ce n'était pas assez!
Vous aviez déchiré mon cœur, vous le
brisez!
Ah! vous ne m'aimez plus!

HERNANI

Oh! mon cœur et mon âme,
C'est toi! l'ardent foyer d'où me vient
toute flamme,
C'est toi! ne m'en veux pas de fuir, être
adoré!

DOÑA SOL

Je ne vous en veux pas.   Seulement, j'en
mourrai.

HERNANI

Mourir! pour qui? pour moi?   Se peut-il
que tu meures
Pour si peu?

DOÑA SOL, *laissant éclater ses larmes*
Voilà tout.
Elle tombe sur un fauteuil.

HERNANI, *s'asseyant près d'elle*
Oh? tu pleures! tu pleures!
Et c'est encor ma faute! et qui me punira?
Car tu pardonneras encor!   Qui te dira
Ce que je souffre au moins lorsqu'une
larme noie
La flamme de tes yeux dont l'éclair est ma
joie!
Oh! mes amis sont morts?   Oh! je suis
insensé!
Pardonne.   Je voudrais aimer, je ne le sai!
Hélas! j'aime pourtant d'une amour bien
profonde!—
Ne pleure pas! mourons plutôt!—Que n'ai-
je un monde?
Je te le donnerais!   Je suis bien malheu-
reux!

DOÑA SOL, *se jetant à son cou*
Vous êtes mon lion superbe et généreux!
Je vous aime.

HERNANI

Oh! l'amour serait un bien
suprême
Si l'on pouvait mourir de trop aimer!

DOÑA SOL

Je t'aime!
Monseigneur!   Je vous aime et je suis
toute à vous.

HERNANI, *laissant tomber sa tête sur son
épaule*
Oh! qu'un coup de poignard de toi me
serait doux!

DOÑA SOL, *suppliante*
Ah! ne craignez-vous pas que Dieu ne vous
punisse
De parler de la sorte?

HERNANI, *toujours appuyé sur son sein*
Eh bien! qu'il nous unisse!
Tu le veux.   Qu'il en soit ainsi!—J'ai ré-
sisté.

*Tous deux, dans les bras l'un de l'autre, se
regardent avec extase, sans voir, sans
entendre, et comme absorbés dans leur
regard.—Entre* DON RUY GOMEZ *par la
porte du fond. Il regarde et s'arrête
comme pétrifié sur le seuil.*

SCÈNE V

HERNANI, DOÑA SOL, DON RUY GOMEZ

DON RUY GOMEZ, *immobile et croisant les
bras sur le seuil de la porte*
Voilà donc le paîment de l'hospitalité!

DOÑA SOL

Dieu! le duc!
*Tous deux se retournent comme réveillés en
sursaut.*

DON RUY GOMEZ, *toujours immobile*
C'est donc là mon salaire,
mon hôte?
—Bon seigneur, va-t'en voir si ta muraille
est haute,
Si la porte est bien close et l'archer dans
sa tour,
De ton château pour nous fais et refais le
tour,
Cherche en ton arsenal une armure à ta
taille,
Ressaie à soixante ans ton harnois de
bataille!
Voici la loyauté dont nous paîrons ta foi!

Tu fais cela pour nous, et nous ceci pour
    toi!
Saints du ciel! j'ai vécu plus de soixante
    années,
J'ai vu bien des bandits aux âmes effrénées,
J'ai souvent, en tirant ma dague du four-
    reau,
Fait lever sur mes pas des gibiers de
    bourreau,
J'ai vu des assassins, des monnayeurs, des
    traîtres,
De faux valets à table empoisonnant leurs
    maîtres,
J'en ai vu qui mouraient sans croix et
    sans pater,
J'ai vu Sforce, j'ai vu Borgia, je vois
    Luther,[1]
Mais je n'ai jamais vu perversité si haute
Qui n'eût craint le tonnerre en trahissant
    son hôte!
Ce n'est pas de mon temps. Si noire
    trahison
Pétrifie un vieillard au seuil de sa maison,
Et fait que le vieux maître, en attendant
    qu'il tombe,
A l'air d'une statue à mettre sur sa tombe.
Maures et castillans! quel est cet homme-
    ci?

Il lève les yeux et les promène sur les por-
traits qui entourent la salle.

O vous, tous les Silva qui m'écoutez ici,
Pardon si devant vous, pardon si ma colère
Dit l'hospitalité mauvaise conseillère!

HERNANI, *se levant*

Duc. . . .

DON RUY GOMEZ

Tais-toi!

Il fait lentement trois pas dans la salle et
promène de nouveau ses regards sur les
portraits des Silva.

    Morts sacrés! aïeux! hommes de fer!
Qui voyez ce qui vient du ciel et de l'enfer,
Dites-moi, messeigneurs, dites, quel est cet
    homme!
Ce n'est pas Hernani, c'est Judas qu'on le
    nomme!
Oh! tâchez de parler pour me dire son nom!

Croisant les bras.

Avez-vous de vos jours vu rien de pareil?
Non!

HERNANI

Seigneur duc. . . .

DON RUY GOMEZ, *toujours aux portraits*

    Voyez-vous? il veut parler, l'infâme!
Mais, mieux encor que moi, vous lisez dans
    son âme.
Oh! ne l'écoutez pas! C'est un fourbe!
    Il prévoit
Que mon bras va sans doute ensanglanter
    mon toit,
Que peut-être mon cœur couve dans ses
    tempêtes
Quelque vengeance, sœur du festin des
    sept têtes,[2]
Il vous dira qu'il est proscrit, il vous dira
Qu'on va dire Silva comme l'on dit Lara,
Et puis qu'il est mon hôte, et puis qu'il
    est votre hôte. . . .
Mes aïeux, mes seigneurs, voyez, est-ce
    ma faute?
Jugez entre nous deux!

HERNANI

    Ruy Gomez de Silva,
Si jamais vers le ciel noble front s'éleva,
Si jamais cœur fut grand, si jamais âme
    haute,
C'est la vôtre, seigneur! c'est la tienne, ô
    mon hôte!
Moi qui te parle ici, je suis coupable, et n'ai
Rien à dire, sinon que je suis bien damné.
Oui, j'ai voulu te prendre et t'enlever ta
    femme,
Oui, j'ai voulu souiller ton lit, oui, c'est
    infâme!
J'ai du sang. Tu feras très bien de le
    verser,
D'essuyer ton épée, et de n'y plus penser!

DOÑA SOL

Seigneur, ce n'est pas lui! Ne frappez que
    moi-même!

HERNANI

Taisez-vous, doña Sol. Car cette heure
    est suprême.
Cette heure m'appartient. Je n'ai plus
    qu'elle. Ainsi
Laissez-moi m'expliquer avec le duc ici.
Duc, crois aux derniers mots de ma bouche;
    j'en jure,

---

[1] *Sforce* (for Sforza) and *Borgia*, Italian families of the fifteenth century, famous for their criminal
record. *Luther*, 1483–1546, the religious reformer counted by this staunch Roman Catholic among the
great criminals.
[2] *festin des sept têtes.* The reference is to the lords of Lara who according to legend were betrayed
by their uncle, also called Lara. Their heads were served at a banquet to which their father, a prisoner
of the Moors at Cordova, was invited in mockery. There is extant a collection of ballads called ballads
of the seven Lords of Lara.

Je suis coupable, mais sois tranquille,—
  elle est pure!
C'est là tout. Moi coupable, elle pure:
  ta foi
Pour elle, un coup d'épée ou de poignard
  pour moi.
Voilà.—Puis fais jeter le cadavre à la porte
Et laver le plancher, si tu veux, il n'importe!

Doña Sol

Ah! moi seule ai tout fait.   Car je l'aime.

Don Ruy *se détourne à ce mot en tressaillant
et fixe sur* Doña Sol *un regard terrible.
Elle se jette à ses genoux.*
Oui, pardon!
Je l'aime, monseigneur!

Don Ruy Gomez
Vous l'aimez!

A Hernani
Tremble donc!
*Bruit de trompettes au dehors.   Entre le
page.*

Au page
Qu'est ce bruit?

Le Page
C'est le roi, monseigneur,
en personne,
Avec un gros d'archers et son héraut qui
  sonne.

Doña Sol
Dieu! le roi!   Dernier coup!

Le Page, *au duc*
Il demande pourquoi
La porte est close, et veut qu'on ouvre.

Don Ruy Gomez
Ouvrez au roi.
Le page s'incline et sort.

Doña Sol
Il est perdu!

Don Ruy Gomez *va à l'un des tableaux,
qui est son propre portrait et le dernier à
gauche; il presse un ressort, le portrait
s'ouvre comme une porte, et laisse voir
une cachette pratiquée dans le mur.   Il
se tourne vers* Hernani.

Don Ruy Gomez
Monsieur, venez ici.

Hernani
Ma tête
Est à toi.   Livre-la, seigneur.   Je la tiens
  prête.
Je suis ton prisonnier.

Il entre dans la cachette.   Don Ruy *presse
de nouveau le ressort, tout se referme, et
le portrait revient à sa place.*

Doña Sol *au duc*
Seigneur, pitié pour lui!

Le Page, *entrant*
Son altesse le roi.

Doña Sol *baisse précipitamment son voile.
La porte s'ouvre à deux battants.   Entre*
Don Carlos *en habit de guerre, suivi
d'une foule de gentilshommes également
armés, de pertuisaniers, d'arquebusiers,
d'arbalétriers.*

SCÈNE VI

Don Ruy Gomez, Doña Sol *voilée;* Don
Carlos; suite

Don Carlos *s'avance à pas lents, la main
gauche sur le pommeau de son épée, la
droite dans sa poitrine, et fixe sur le vieux
duc un œil de défiance et de colère.   Le
duc va au-devant du roi et le salue profondément.—Silence.—Attente et terreur
alentour.   Enfin, le roi, arrivé en face
du duc, lève brusquement la tête.*

Don Carlos
D'où vient donc aujourd'hui,
Mon cousin, que ta porte est si bien ver-
  rouillée?
Par les saints! je croyais ta dague plus
  rouillée!
Et je ne savais pas qu'elle eût hâte à ce
  point,
Quand nous te venons voir, de reluire à
  ton poing!

Don Ruy Gomez *veut parler, le roi poursuit avec un geste impérieux.*

C'est s'y prendre un peu tard pour faire
  le jeune homme!
Avons-nous des turbans? serait-ce qu'on
  me nomme
Boabdil[1] ou Mahom, et non Carlos, répond!
Pour nous baisser la herse[2] et nous lever
  le pont?

---

[1] *Boabdil*, the last Moorish king of Grenada from 1481 to 1492, driven out by Ferdinand.   He
died in battle in Africa.   *Mahom*, Mohammed, founder of Mohammedanism (622) or Islamism.   In
medieval literature Mahom is frequently named among the pagan divinities.   He was popularly thought
of as the incarnation of evil.

[2] *herse*, portcullis.

DON RUY GOMEZ, *s'inclinant*
Seigneur. . . .

DON CARLOS, *à ses gentilshommes*
    Prenez les clefs! saisissez-vous des portes!

Deux officiers sortent. Plusieurs autres rangent les soldats en triple haie dans la salle, du roi à la grande porte. DON CARLOS *se retourne vers le duc.*
Ah! vous réveillez donc les rébellions mortes?
Pardieu! si vous prenez de ces airs avec moi,
Messieurs les ducs, le roi prendra des airs de roi,
Et j'irai par les monts, de mes mains aguerries,
Dans leurs nids crénelés tuer les seigneuries!

DON RUY GOMEZ, *se redressant*
Altesse, les Silva sont loyaux. . . .

DON CARLOS, *l'interrompant*
    Sans détours
Réponds, duc, ou je fais raser tes onze tours!
De l'incendie éteint il reste une étincelle,
Des bandits morts il reste un chef.—Qui le recèle?
C'est toi! Ce Hernani, rebelle empoisonneur,
Ici, dans ton château, tu le caches!

DON RUY GOMEZ
        Seigneur,
C'est vrai.

DON CARLOS
    Fort bien. Je veux sa tête,— ou bien la tienne.
Entends-tu, mon cousin?

DON RUY GOMEZ, *s'inclinant*
        Mais qu'à cela ne tienne!
Vous serez satisfait.
DOÑA SOL *cache sa tête dans ses mains et tombe sur le fauteuil.*

DON CARLOS, *radouci*
        Ah! tu t'amendes.—Va
Chercher mon prisonnier.

Le duc croise les bras, baisse la tête et reste quelques moments rêveur. Le roi et DOÑA SOL *l'observent en silence et agités d'émotions contraires. Enfin le duc relève son front, va au roi, lui prend la main, et le mène à pas lents devant le plus ancien des portraits, celui qui commence la galerie à droite.*

DON RUY GOMEZ, *montrant au roi le vieux portrait*
        Celui-ci des Silva
C'est l'aîné, c'est l'aïeul, l'ancêtre, le grand homme!
Don Silvius, qui fut trois fois consul de Rome.
        Passant au portrait suivant.
Voici don Galceran de Silva, l'autre Cid!
On lui garde à Toro,[1] près de Valladolid,
Une châsse dorée où brûlent mille cierges.
Il affranchit Léon du tribut des cent vierges.[2]
        Passant à un autre.
—Don Blas,—qui, de lui-même et dans sa bonne foi,
S'exila pour avoir mal conseillé le roi.
        A un autre.
—Christoval.—Au combat d'Escalona, don Sanche,
Le roi, fuyait à pied, et sur sa plume blanche
Tous les coups s'acharnaient, il cria: Christoval!
Christoval prit la plume et donna son cheval.
        A un autre.
—Don Jorge, qui paya la rançon de Ramire,
Roi d'Aragon.

DON CARLOS, *croisant les bras et le regardant de la tête aux pieds*
        Pardieu! don Ruy, je vous admire!
Continuez!

DON RUY GOMEZ, *passant à un autre*
        Voici Ruy Gomez de Silva,
Grand maître de Saint-Jacque et de Calatrava.[3]
Son armure géante irait mal à nos tailles.
Il prit trois cents drapeaux, gagna trente batailles,
Conquit au roi Motril, Antequera, Suez,
Nijar,[4] et mourut pauvre.—Altesse, saluez.

---

[1] *Torro* and *Valladolid.* Towns in the province of Leon.

[2] *cent vierges.* Reference to a legend according to which king Abderrahman of Cordova demanded of the king of the Asturias an annual tribute of a hundred maidens.

[3] *Saint-Jacque* and *Calatrava,* two orders of knighthood founded in the twelfth century for the purpose of defending Spain against the Moors.

[4] Names of towns.

Il s'incline, se découvre, et passe à un autre.
Le roi l'écoute avec une impatience et une
colère toujours croissantes.
Près de lui, Gil son fils, cher aux âmes
  loyales.
Sa main pour un serment valait les mains
  royales.

A un autre.

—Don Gaspard, de Mendoce [1] et de Silva
  l'honneur!
Toute noble maison tient à Silva, seigneur.
Sandoval tour à tour nous craint ou nous
  épouse.
Manrique nous envie et Lara nous jalouse.
Alencastre nous hait. Nous touchons à la
  fois
Du pied à tous les ducs, du front à tous
  les rois!

DON CARLOS
Vous raillez-vous?

DON RUY GOMEZ, *allant à d'autres portraits*
       Voilà donc Vasquez, dit le Sage,
Don Jayme, dit le Fort. Un jour, sur son
  passage,
Il arrêta Zamet et cent maures tout seul.
—J'en passe, et des meilleurs.—
Sur un geste de colère du roi, il passe un
grand nombre de tableaux, et vient tout
de suite aux trois derniers portraits à
gauche du spectateur.
       Voici mon noble aïeul.
Il vécut soixante ans, gardant la foi jurée,
Même aux juifs.

A l'avant-dernier.

       Ce vieillard, cette tête sacrée,
C'est mon père. Il fut grand, quoiqu'il
  vînt le dernier.
Les maures de Grenade avaient fait prison-
  nier
Le comte Alvar Giron, son ami. Mais
  mon père
Prit pour l'aller chercher six cents hommes
  de guerre;
Il fit tailler en pierre un comte Alvar Giron
Qu'à sa suite il traîna, jurant par son
  patron
De ne point reculer, que le comte de pierre
Ne tournât front lui-même et n'allât en
  arrière.
Il combattit, puis vint au comte, et le
  sauva. [2]

DON CARLOS
Mon prisonnier!

DON RUY GOMEZ
       C'était un Gomez de Silva.
Voilà donc ce qu'on dit quand dans cette
  demeure
On voit tous ces héros. . . .

DON CARLOS
       Mon prisonnier sur l'heure!

DON RUY GOMEZ
Il s'incline profondément devant le roi, lui
prend la main et le mène devant le dernier
portrait, celui qui sert de porte à la cachette
où il a fait entrer HERNANI. DOÑA SOL
le suit des yeux avec anxiété.—Attente et
silence dans l'assistance.
Ce portrait, c'est le mien.—Roi don Carlos, merci!
Car vous voulez qu'on dise en le voyant
  ici:
" Ce dernier, digne fils d'une race si haute,
Fut un traître et vendit la tête de son
  hôte! "
Joie de DOÑA SOL. *Mouvement de stupeur*
dans les assistants. Le roi, déconcerté,
s'éloigne avec colère, puis reste quelques
instants silencieux, les lèvres tremblantes
et l'œil enflammé.

DON CARLOS
Duc, ton château me gêne et je le mettrai
  bas!

DON RUY GOMEZ
Car vous me la paîriez, altesse, n'est-ce
  pas?

DON CARLOS
Duc, j'en ferai raser les tours pour tant
  d'audace,
Et je ferai semer du chanvre sur la place.

DON RUY GOMEZ
Mieux voir croître du chanvre où ma tour
  s'éleva
Qu'une tache ronger le vieux nom de Silva.
Aux portraits.
N'est-il pas vrai, vous tous?

DON CARLOS
       Duc, cette tête est nôtre,
Et tu m'avais promis. . . .

---

[1] *Mendoza, Sandoval, Manrique, Lara* and *Alencastre,* all names of historic families.
[2] This story is told of other characters in the *Romancero General* (collection of old Spanish ballads touching upon the most ancient traditions of the country).

DON RUY GOMEZ
J'ai promis l'une ou l'autre.
Aux portraits.
N'est-il pas vrai, vous tous?
Montrant sa tête.
Je donne celle-ci.
Au roi.
Prenez-la.

DON CARLOS
Duc, fort bien.　Mais j'y perds,
grand merci!
La tête qu'il me faut est jeune, il faut que
On la prenne aux cheveux.　La tienne!
que m'importe!
Le bourreau la prendrait par les cheveux
en vain.
Tu n'en as pas assez pour lui remplir la
main!

DON RUY GOMEZ
Altesse, pas d'affront! ma tête encore est
belle,
Et vaut bien, que je crois, la tête d'un
rebelle.
La tête d'un Silva, vous êtes dégoûté!

DON CARLOS
Livre-nous Hernani!

DON RUY GOMEZ
Seigneur, en vérité,
J'ai dit.

DON CARLOS, *à sa suite*
Fouillez partout! et qu'il ne soit
point d'aile,
De cave ni de tour. . . .

DON RUY GOMEZ
Mon donjon est fidèle
Comme moi.　Seul il sait le secret avec
moi.
Nous le garderons bien tous deux.

DON CARLOS
Je suis le roi!

DON RUY GOMEZ
Hors que de mon château démoli pierre à
pierre
On ne fasse ma tombe, on n'aura rien.

DON CARLOS
Prière,
Menace, tout est vain!—Livre-moi le ban-
dit,
Duc! ou tête et château, j'abattrai tout!

¹ *j'étais,* for *j'aurais été.*

DON RUY GOMEZ
J'ai dit.

DON CARLOS
Eh bien donc, au lieu d'une, alors j'aurai
deux têtes.

Au duc D'ALCALA.
Jorge, arrêtez le duc.

DOÑA SOL, *arrachant son voile et se jetant
entre le roi, le duc et les gardes*
Roi don Carlos, vous êtes
Un mauvais roi!

DON CARLOS
Grand Dieu! que vois-je? doña Sol!

DOÑA SOL
Altesse, tu n'as pas le cœur d'un espagnol!

DON CARLOS, *troublé*
Madame, pour le roi vous êtes bien sévère.

Il s'approche de DOÑA SOL
Bas.
C'est vous qui m'avez mis au cœur cette
colère.
Un homme devient ange ou monstre en
vous touchant.
Ah! quand on est haï, que vite on est
méchant!
Si vous aviez voulu, peut-être, ô jeune
fille,
J'étais¹ grand, j'eusse été le lion de Cas-
tille!
Vous m'en faites le tigre avec votre cour-
roux.
Le voilà qui rugit, madame, taisez-vous!

DOÑA SOL *lui jette un regard.　Il s'incline.*
Pourtant, j'obéirai.
Se tournant vers le duc.
Mon cousin, je t'estime.
Ton scrupule après tout peut sembler
légitime.
Sois fidèle à ton hôte, infidèle à ton roi,
C'est bien, je te fais grâce et suis meilleur
que toi.
—J'emmène seulement ta nièce comme
otage.

DON RUY GOMEZ
Seulement!

DOÑA SOL, *interdite*
Moi, seigneur?

DON CARLOS

Oui, vous!

DON RUY GOMEZ

Pas davantage!
O la grande clémence! ô généreux vain-
queur,
Qui ménage la tête et torture le cœur!
Belle grâce!

DON CARLOS

Choisis. Doña Sol ou le traître.
Il me faut l'un des deux.

DON RUY GOMEZ

Ah! vous êtes le maître!
DON CARLOS *s'approche de* DOÑA SOL *pour
l'emmener. Elle se réfugie vers* DON
RUY GOMEZ.

DOÑA SOL

Sauvez-moi, monseigneur!
Elle s'arrête.—A part.
Malheureuse, il le faut!
La tête de mon oncle ou l'autre! . . . Moi
plutôt!
Au roi.
Je vous suis.

DON CARLOS, *à part*

Par les saints! l'idée est triomphante!
Il faudra bien enfin s'adoucir, mon infante!
DOÑA SOL *va d'un pas grave et assuré au
coffret qui renferme l'écrin, l'ouvre, et y
prend le poignard, qu'elle cache dans son
sein.* DON CARLOS *vient à elle et lui
présente la main.*

DON CARLOS, *à* DOÑA SOL

Qu'emportez-vous là?

DOÑA SOL

Rien.

DON CARLOS

Un joyau précieux?

DOÑA SOL

Oui.

DON CARLOS, *souriant*

Voyons!

DOÑA SOL

Vous verrez.
*Elle lui donne la main et se dispose à le
suivre.* DON RUY GOMEZ, *qui est resté
immobile et profondément absorbé dans sa
pensee, se retourne et fait quelques pas en
criant.*

DON RUY GOMEZ

Doña Sol!—terre et cieux!
Doña Sol!—Puisque l'homme ici n'a point
d'entrailles,
A mon aide! croulez, armures et murailles!
Il court au roi.
Laisse-moi mon enfant! je n'ai qu'elle, ô
mon roi!

DON CARLOS, *lâchant la main de* DOÑA SOL

Alors, mon prisonnier!
*Le duc baisse la tête et semble en proie à une
horrible hésitation; puis il se relève et
regarde les portraits en joignant les mains
vers eux.*

DON RUY GOMEZ

Ayez pitié de moi,
Vous tous!
Il fait un pas vers la cachette; DOÑA SOL
*le suit des yeux avec anxiété. Il se re-
tourne vers les portraits.*
Oh! voilez-vous! votre regard
m'arrête.
*Il s'avance en chancelant jusqu'à son por-
trait, puis se retourne encore vers le roi.*
Tu le veux?

DON CARLOS

Oui.
*Le duc lève en tremblant la main vers le
ressort.*

DOÑA SOL

Dieu!

DON RUY GOMEZ

Non!
Il se jette aux genoux du roi.
Par pitié, prends ma tête!

DON CARLOS

Ta nièce!

DON RUY GOMEZ, *se relevant*

Prends-la donc! et laisse-moi
l'honneur!

DON CARLOS, *saisissant la main de* DOÑA
SOL *tremblante*

Adieu, duc.

DON RUY GOMEZ

Au revoir!
*Il suit de l'œil le roi, qui se retire lentement
avec* DOÑA SOL; *puis il met la main sur
son poignard.*
Dieu vous garde, seigneur!

*Il revient sur le devant, haletant, immobile,
sans plus rien voir ni entendre, l'œil fixe,
les bras croisés sur sa poitrine, qui les
soulève comme par des mouvements con-
vulsifs. Cependant le roi sort avec* DOÑA
SOL, *et toute la suite des seigneurs sort
après lui, deux à deux, gravement et
chacun à son rang. Ils se parlent à voix
basse entre eux.*

DON RUY GOMEZ, *à part*

Roi, pendant que tu sors joyeux de ma
    demeure,
Ma vieille loyauté sort de mon cœur qui
    pleure.

*Il lève les yeux, les promène autour de lui,
et voit qu'il est seul. Il court à la muraille, détache deux épées d'une panoplie,
les mesure toutes deux, puis les dépose
sur une table. Cela fait, il va au portrait, pousse le ressort, la porte cachée se
rouvre.*

SCÈNE VII

DON RUY GOMEZ, HERNANI

DON RUY GOMEZ

Sors.

HERNANI *paraît à la porte de la cachette.*
DON RUY *lui montre les deux épées sur
la table.*
    Choisis.—Don Carlos est hors de la
    maison.
Il s'agit maintenant de me rendre raison.
Choisis. Et faisons vite.—Allons donc!
    ta main tremble!

HERNANI

Un duel! Nous ne pouvons, vieillard,
    combattre ensemble.

DON RUY GOMEZ

Pourquoi donc? As-tu peur? N'es-tu
    point noble? Enfer!
Noble ou non, pour croiser le fer avec le
    fer,
Tout homme qui m'outrage est assez gen-
    tilhomme!

HERNANI

Vieillard. . . .

DON RUY GOMEZ

    Viens me tuer ou viens mourir,
    jeune homme.

HERNANI

Mourir, oui. Vous m'avez sauvé malgré
    mes vœux.
Donc, ma vie est à vous. Reprenez-la.

DON RUY GOMEZ

    Tu veux?
Aux portraits.
Vous voyez qu'il le veut.

    A HERNANI.
    C'est bon. Fais ta prière.

HERNANI

Oh! c'est à toi, seigneur, que je fais la
    dernière.

DON RUY GOMEZ

Parle à l'autre Seigneur.

HERNANI

    Non, non, à toi! Vieillard,
Frappe-moi. Tout m'est bon, dague, épée
    ou poignard.
Mais fais-moi, par pitié, cette suprême
    joie!
Duc, avant de mourir, permets que je la
    voie!

DON RUY GOMEZ

La voir!

HERNANI

    Au moins permets que j'entende
    sa voix
Une dernière fois! rien qu'une seule fois!

DON RUY GOMEZ

L'entendre!

HERNANI

    Oh! je comprends, seigneur, ta
    jalousie.
Mais déjà par la mort ma jeunesse est
    saisie,
Pardonne-moi. Veux-tu, dis-moi, que,
    sans la,
S'il le faut, je l'entende? et je mourrai ce
    soir.
L'entendre seulement! contente mon en-
    vie!
Mais, oh! qu'avec douceur j'exhalerais ma
    vie,
Si tu daignais vouloir qu'avant de fuir aux
    cieux
Mon âme allât revoir la sienne dans ses
    yeux!
—Je ne lui dirai rien. Tu seras là, mon
    père.
Tu me prendras après.

DON RUY GOMEZ, *montrant la cachette encore ouverte*

    Saints du ciel! ce repaire
Est-il donc si profond, si sourd et si perdu,
Qu'il n'ait entendu rien?

HERNANI
Je n'ai rien entendu.

DON RUY GOMEZ
Il a fallu livrer doña Sol ou toi-même.

HERNANI
A qui, livrée?

DON RUY GOMEZ
Au roi.

HERNANI
Vieillard stupide! il l'aime.

DON RUY GOMEZ
Il l'aime!

HERNANI
Il nous l'enlève! il est notre rival!

DON RUY GOMEZ
O malédiction!—Mes vassaux! A cheval!
A cheval! poursuivons le ravisseur!

HERNANI
Écoute.
La vengeance au pied sûr fait moins de
bruit en route.
Je t'appartiens. Tu peux me tuer. Mais
veux-tu
M'employer à venger ta nièce et sa vertu?
Ma part dans ta vengeance! oh! fais-moi
cette grâce,
Et, s'il faut embrasser tes pieds, je les
embrasse!
Suivons le roi tous deux. Viens, je serai
ton bras,
Je te vengerai, duc. Après, tu me tueras.

DON RUY GOMEZ
Alors, comme aujourd'hui, te laisseras-tu
faire?

HERNANI
Oui, duc.

DON RUY GOMEZ
Qu'en jures-tu?

HERNANI
La tête de mon père.

DON RUY GOMEZ
Voudras-tu de toi-même un jour t'en souvenir?

HERNANI, *lui présentant le cor qu'il détache
de sa ceinture*
Écoute. Prends ce cor.—Quoi qu'il puisse
advenir,
Quand tu voudras, seigneur, quel que soit
le lieu, l'heure,
S'il te passe à l'esprit qu'il est temps que
je meure,
Viens, sonne de ce cor, et ne prends d'autres soins.
Tout sera fait.

DON RUY GOMEZ, *lui tendant la main*
Ta main.

Ils se serrent la main.—Aux portraits.
Vous tous, soyez témoins!

ACTE QUATRIÈME
LE TOMBEAU
AIX-LA-CHAPELLE

*Les caveaux qui renferment le tombeau
de Charlemagne à Aix-la-Chapelle.[1] De
grandes voûtes d'architecture lombarde.
Gros piliers bas, pleins cintres, chapi-
teaux d'oiseaux et de fleurs.—A droite, le
tombeau de Charlemagne, avec une petite
porte de bronze, basse et cintrée. Une
seule lampe suspendue à une clef de voûte
en éclaire l'inscription:* KAROLUS MAG-
NUS.—*Il est nuit. On ne voit pas le
fond du souterrain; l'œil se perd dans les
arcades, les escaliers et les piliers qui
s'entrecroisent dans l'ombre.*

SCÈNE I

DON CARLOS, DON RICARDO DE ROXAS,
COMTE DE CASAPALMA, *une lanterne à
la main. Grands manteaux, chapeaux
rabattus.*

DON RICARDO, *son chapeau à la main*
C'est ici.

DON CARLOS
C'est ici que la ligue s'assemble!
Que je vais dans ma main les tenir tous
ensemble!

[1] City in Rhenish Prussia, close to the Dutch and Belgian frontiers. It was here that the crowning of German emperors took place. It has a cathedral, the oldest part of which was built by Charlemagne. In the centre of the church, under the dome, a flagstone bears the inscription *Carolo Magno,* and over it hangs a bronze chandelier donated by Frederick I (Barbarossa) who become emperor of the Holy Roman Empire in 1155. In 1255 the remains of Charlemagne were placed in a shrine on the altar of the Hungarian chapel where they are still supposed to be.

Ah! monsieur l'électeur de Trèves,[1] c'est
ici!
Vous leur prêtez ce lieu!   Certe, il est bien
choisi!
Un noir complot prospère à l'air des cata-
combes.
Il est bon d'aiguiser les stylets sur des
tombes.
Pourtant c'est jouer gros.   La tête est de
l'enjeu,
Messieurs les assassins! et nous verrons.—
Pardieu!
Ils font bien de choisir pour une telle
affaire
Un sépulcre,—ils auront moins de chemin
à faire.

A DON RICARDO

Ces caveaux sous le sol s'étendent-ils bien
loin?

DON RICARDO

Jusques au château fort.

DON CARLOS

C'est plus qu'il n'est besoin.

DON RICARDO

D'autres, de côté, vont jusqu'au monastère
D'Altenheim. . . .

DON CARLOS

Où Rodolphe extermina Lothaire.
Bien.—Une fois encor, comte, redites-moi
Les noms et les griefs, où, comment, et
pourquoi.

DON RICARDO

Gotha.[2]

DON CARLOS

Je sais pourquoi le brave duc conspire.
Il veut un allemand d'Allemagne à l'Empire.

DON RICARDO

Hohenbourg.

DON CARLOS

Hohenbourg aimerait mieux, je croi,
L'enfer avec François que le ciel avec moi.

DON RICARDO

Don Gil Tellez Giron.[3]

DON CARLOS

Castille et Notre-Dame!
Il se révolte donc contre son roi, l'infâme!

DON RICARDO

On dit qu'il vous trouva chez madame
Giron
Un soir que vous veniez de le faire baron.
Il veut venger l'honneur de sa tendre com-
pagne.

DON CARLOS

C'est donc qu'il se révolte alors contre
l'Espagne.
—Qui nomme-t-on encore?

DON RICARDO

On cite avec ceux-là
Le révérend Vasquez, évêque d'Avila.

DON CARLOS

Est-ce aussi pour venger la vertu de sa
femme?

DON RICARDO

Puis Guzman de Lara, mécontent, qui
réclame
Le collier de votre ordre.[4]

DON CARLOS

Ah! Guzman de Lara!
Si ce n'est qu'un collier qu'il lui faut, il
l'aura.

DON RICARDO

Le duc de Lutzelbourg.[5]   Quant aux plans
qu'on lui prête. . . .

DON CARLOS

Le duc de Lutzelbourg est trop grand de
la tête.

DON RICARDO

Juan de Haro,[6] qui veut Astorga.[7]

DON CARLOS

Ces Haro
Ont toujours fait doubler la solde du
bourreau.

DON RICARDO

C'est tout.

---

[1] *Trèves*, German *Trier*, city on the river Moselle, former capital of a powerful archbishopric and electorate.   In this election the Archbishop-elector was in favor of Francis I.

[2] *Gotha*, an independent German duchy.

[3] *Giron*, general at the head of an insurrection against Charles V, 1522.

[4] *collier de votre ordre*, the insignia of the Golden Fleece.

[5] *Lutzelbourg*, German *Lützelberg*, former name of Luxemburg which is to-day an independent grand-duchy, bordering on the southeast of Belgium.

[6] *Juan de Haro* commanded the loyal troops of Charles V in the insurrection of 1522.

[7] *Astorga*, one of the oldest cities of Spain in the province of Leon.

DON CARLOS

Ce ne sont pas toutes mes têtes.
Comte,
Cela ne fait que sept, et je n'ai pas mon
compte.

DON RICARDO

Ah! je ne nomme pas quelques bandits,
gagés
Par Trève ou par la France. . . .

DON CARLOS

Hommes sans préjugés
Dont le poignard, toujours prêt à jouer
son rôle,
Tourne aux plus gros écus, comme l'aiguille au pôle!

DON RICARDO

Pourtant j'ai distingué deux hardis compagnons,
Tous deux nouveaux venus. Un jeune,
un vieux.

DON CARLOS

Leurs noms?

DON RICARDO *lève les épaules en signe
d'ignorance.*
Leur âge?

DON RICARDO

Le plus jeune a vingt ans.

DON CARLOS

C'est dommage.

DON RICARDO

Le vieux, soixante au moins.

DON CARLOS

L'un n'a pas encor l'âge,
Et l'autre ne l'a plus. Tant pis. J'en
prendrai soin.
Le bourreau peut compter sur mon aide
au besoin.
Ah! loin que mon épée aux factions soit
douce,
Je la lui prêterai si sa hache s'émousse,
Comte, et pour l'élargir, je coudrai, s'il le
faut,
Ma pourpre impériale au drap de l'écha-
faud.

—Mais serai-je empereur seulement?

DON RICARDO

Le collège,[1]
A cette heure assemblé, délibère.

DON CARLOS

Que sais-je?
Ils nommeront François premier, ou leur
Saxon,
Leur Frédéric le Sage![2]—Ah! Luther a
raison,
Tout va mal!—Beaux faiseurs de majestés
sacrées!
N'acceptant pour raisons que les raisons
dorées!
Un Saxon hérétique! un comte palatin
Imbécile! un primat de Trèves libertin!
—Quant au roi de Bohême,[3] il est pour
moi.—Des princes
De Hesse, plus petits encor que leurs
provinces!
De jeunes idiots! des vieillards débauchés!
Des couronnes, fort bien! mais des têtes?
cherchez!
Des nains! que je pourrais, concile ridicule,
Dans ma peau de lion emporter comme
Hercule!
Et qui, démaillotés du manteau violet,
Auraient la tête encor de moins que Tri-
boulet![4]
—Il me manque trois voix, Ricardo! tout
me manque!
Oh! je donnerais Gand, Tolède et Sala-
manque,
Mon ami Ricardo, trois villes à leur choix,
Pour trois voix, s'ils voulaient! Vois-tu.
pour ces trois voix,
Oui, trois de mes cités de Castille ou de
Flandre,
Je les donnerais!—sauf, plus tard, à les
reprendre!

DON RICARDO *salue profondément le roi,
et met son chapeau sur sa tête.*
—Vous vous couvrez?

DON RICARDO

Seigneur, vous m'avez tutoyé,
Saluant de nouveau.
Me voilà grand d'Espagne.[5]

---

[1] *le collège,* the college of electors composed of prominent German princes and archbishops, who met in 1519 at Frankfort, namely, the king of Bohemia, the duke of Saxony, the archbishops of Treves, Mayence and Cologne, the margrave of Brandenburg, and the count Palatin of the Rhine or ruler of the Lower Palatinate of which Spire was the chief city.

[2] *Frédéric le Sage,* duke of Saxony, friend of Luther and founder of the university of Wittenberg.

[3] *roi de Bohême,* Louis II, king of Bohemia and Hungary, one of the electors.

[4] *Triboulet,* famous courtfool of Francis I. Principal character in Hugo's play *le Roi s'amuse.* The name was already known in the Middle Ages and is found in the *Roman de Renart.*

[5] *grand d'Espagne.* Grandees had the right of remaining covered before the King, of being addressed with " thou." and with " cousin."

DON CARLOS, *à part*

Ah! tu me fais pitié,
Ambitieux de rien!—Engeance intéressée!
Comme à travers la nôtre ils suivent leur
pensée!
Basse-cour où le roi, mendié sans pudeur,
A tous ces affamés émiette la grandeur!

Rêvant.

Dieu seul et l'empereur sont grands!—et
le saint-père!
Le reste, rois et ducs! qu'est cela?

DON RICARDO

Moi, j'espère
Qu'ils prendront votre altesse.

DON CARLOS, *à part*

Altesse! Altesse, moi!
J'ai du malheur en tout.—S'il fallait rester
roi!

DON RICARDO, *à part*

Baste! empereur ou non, me voilà grand
d'Espagne.

DON CARLOS

Sitôt qu'ils auront fait l'empereur d'Allemagne,
Quel signal à la ville annoncera son nom?

DON RICARDO

Si c'est le duc de Saxe, un seul coup de
canon.
Deux, si c'est le français.   Trois, si c'est
votre altesse.

DON CARLOS

Et cette doña Sol!   Tout m'irrite et me
blesse!
Comte, si je suis fait empereur, par hasard,
Cours la chercher.   Peut-être on voudra
d'un césar!

DON RICARDO, *souriant*

Votre altesse est bien bonne!

DON CARLOS, *l'interrompant avec hauteur*

Ah! là-dessus, silence!
Je n'ai point dit encor ce que je veux qu'on
pense.
—Quand saura-t-on le nom de l'élu?

DON RICARDO

Mais, je crois,
Dans une heure au plus tard.

DON CARLOS

Oh! trois voix! rien que trois!
—Mais écrasons d'abord ce ramas qui
conspire
Et nous verrons après à qui sera l'empire.

Il compte sur ses doigts et frappe du pied.

Toujours trois voix de moins!   Ah! ce sont
eux qui l'ont!
—Ce Corneille Agrippa pourtant en sait
bien long!
Dans l'océan céleste il a vu treize étoiles
Vers la mienne du nord venir à pleines
voiles.
J'aurai l'empire, allons!—Mais d'autre
part on dit
Que l'abbé Jean Trithème [1] à François l'a
prédit.
—J'aurais dû, pour mieux voir ma fortune
éclaircie,
Avec quelque armement aider la prophétie!
Toutes prédictions du sorcier le plus fin,
Viennent bien mieux à terme et font
meilleure fin
Quand une bonne armée, avec canons et
piques,
Gens de pied, de cheval, fanfares et mu-
siques,
Prête à montrer la route au sort qui veut
broncher,
Leur sert de sage-femme et les fait ac-
coucher.
Lequel vaut mieux, Corneille Agrippa?
Jean Trithème?
Celui dont une armée explique le système,
Qui met un fer de lance au bout de ce
qu'il dit,
Et compte maint soudard, lansquenet ou
bandit,
Dont l'estoc, refaisant la fortune impar-
faite,
Taille l'événement au plaisir du prophète.
—Pauvres fous! qui, l'œil fier, le front
haut, visent droit
A l'empire du monde et disent: J'ai mon
droit!
Ils ont force canons, rangés en longues files,
Dont le souffle embrasé ferait fondre des
villes,
Ils ont vaisseaux, soldats, chevaux, et vous
croyez
Qu'ils vont marcher au but sur les peuples
broyés. . . .
Baste! au grand carrefour de la fortune
humaine,
Qui mieux encor qu'au trône à l'abîme
nous mène,
A peine ils font trois pas, qu'indécis, in-
certains,

---

[1] *Corneille,* Cornelius Agrippa,—scholar, alchemist, philosopher, Charles Vth's historiographer,
1486–1535; *Jean Trithème,* Agrippa's teacher, 1462–1516.   Both were suspected of sorcery.

Tâchant en vain de lire au livre des
  destins,
Ils hésitent, peu sûrs d'eux-même,[1] et dans
  le doute
Au nécromant du coin vont demander
  leur route!

A DON RICARDO

—Va-t'en. C'est l'heure où vont venir les
  conjurés.
Ah! la clef du tombeau?

DON RICARDO, remettant une clef au roi.

Seigneur, vous songerez
Au comte de Limbourg, gardien capitulaire,[2]
Qui me l'a confiée et fait tout pour vous
  plaire.

DON CARLOS, le congédiant

Fais tout ce que j'ai dit! tout!

DON RICARDO, s'inclinant

J'y vais de ce pas,
Altesse!

DON CARLOS

Il faut trois coups de canon, n'est-
  ce pas?

DON RICARDO s'incline et sort.

DON CARLOS, resté seul, tombe dans une
  profonde rêverie. Ses bras se croisent, sa
  tête fléchit sur sa poitrine; puis il se relève
  et se tourne vers le tombeau.

SCÈNE II

DON CARLOS, seul[3]

Charlemagne, pardon! ces voûtes solitaires
Ne devraient répéter que paroles austères.
Tu t'indignes sans doute à ce bourdonne-
  ment
Que nos ambitions font sur ton monument.
—Charlemagne est ici! Comment, sépul-
  cre sombre,
Peux-tu sans éclater contenir si grande
  ombre?
Es-tu bien là, géant d'un monde créateur,

Et t'y peux-tu coucher de toute ta hau-
  teur?
—Ah! c'est un beau spectacle à ravir la
  pensée
Que l'Europe ainsi faite et comme il l'a
  laissée!
Un édifice, avec deux hommes au sommet,
Deux chefs élus auxquels tout roi né se
  soumet.
Presque tous les états, duchés, fiefs mili-
  taires,
Royaumes, marquisats, tous sont hérédi-
  taires;
Mais le peuple a parfois son pape ou son
  césar,
Tout marche, et le hasard corrige le hasard.
De là vient l'équilibre, et toujours l'ordre
  éclate.
Electeurs de drap d'or, cardinaux[4] d'écar-
  late,
Double sénat sacré dont la terre s'émeut,
Ne sont là qu'en parade, et Dieu veut ce
  qu'il veut.
Qu'une idée, au besoin des temps, un jour
  éclose,[5]
Elle grandit, va, court, se mêle à toute
  chose,
Se fait homme, saisit les cœurs, creuse un
  sillon;
Maint roi la foule aux pieds ou lui met un
  bâillon;
Mais qu'elle entre un matin à la diète, au
  conclave,
Et tous les rois soudain verront l'idée
  esclave,
Sur leurs têtes de rois que ses pieds cour-
  beront,
Surgir, le globe en main ou la tiare au
  front.[6]
Le pape, et l'empereur sont tout. Rien
  n'est sur terre
Que pour eux et par eux. Un suprême
  mystère
Vit en eux, et le ciel, dont ils ont tous les
  droits,
Leur fait un grand festin des peuples et
  des rois,

---

[1] d'eux-même, grammatical license for d'eux-mêmes.

[2] gardien capitulaire, guardian of Charlemagne's tomb appointed by the chapter of the cathedral.

[3] In this impressive monologue V. Hugo sums up the theory of feudal government. He represents the state as a pyramid borne on the shoulders of the people with the various secular and ecclesiastical dominions each at its rank, the whole structure topped by the emperor and the pope. But the
pyramid is branlante, and the thrones shake, as the people, like the restless waves of the sea, move and
threaten to engulf the edifice. Not all the ideas are clear and logical: the whole speech, brilliant and
picturesque, is a good instance of Hugo's virtuosity as a verbal artist.

[4] Electeurs . . . cardinaux, the former choosing the emperor in the diète, the latter the pope in the
conclave.

[5] Qu'une idée, au besoin des temps, un jour éclose. Only let an idea be born some day, according to the
needs of the time.

[6] globe . . . tiare, symbols of the empire and the papacy.

Et les tient sous sa nue, où son tonnerre gronde,
Seuls, assis à la table où Dieu leur sert le monde.
Tête à tête ils sont là, réglant et retranchant,
Arrangeant l'univers comme un faucheur son champ.
Tout se passe entre eux deux. Les rois sont à la porte,
Respirant la vapeur des mets que l'on apporte,
Regardant à la vitre, attentifs, ennuyés,
Et se haussant, pour voir, sur la pointe des pieds.
Le monde au-dessous d'eux s'échelonne et se groupe.
Ils font et défont. L'un délie et l'autre coupe.
L'un est la vérité, l'autre est la force. Ils ont
Leur raison en eux-mêmes, et sont parce qu'ils sont.
Quand ils sortent, tous deux égaux, du sanctuaire,
L'un dans sa pourpre, et l'autre avec son blanc suaire,[1]
L'univers ébloui contemple avec terreur
Ces deux moitiés de Dieu, le pape et l'empereur.
—L'empereur! l'empereur! être empereur!
—O rage,
Ne pas l'être! et sentir son cœur plein de courage!—
Qu'il fut heureux celui qui dort dans ce tombeau!
Qu'il fut grand! De son temps c'était encor plus beau.
Le pape et l'empereur! ce n'était plus deux hommes.
Pierre et César! en eux accouplant les deux Romes,[2]
Fécondant l'une et l'autre en un mystique hymen,
Redonnant une forme, une âme au genre humain,
Faisant refondre en bloc peuples et pêle-mêle
Royaumes, pour en faire une Europe nouvelle,

Et tous deux remettant au moule de leur main
Le bronze qui restait du vieux monde romain!
Oh! quel destin!—Pourtant cette tombe est la sienne!
Tout est-il donc si peu que ce soit là qu'on vienne?
Quoi donc! avoir été prince, empereur et roi!
Avoir été l'épée, avoir été la loi!
Géant, pour piédestal avoir eu l'Allemagne!
Quoi! pour titre César et pour nom Charlemagne!
Avoir été plus grand qu'Annibal, qu'Attila,[3]
Aussi grand que le monde! . . . et que tout tienne là!
Ah! briguez donc l'empire, et voyez la poussière
Que fait un empereur! Couvrez la terre entière
De bruit et de tumulte; élevez, bâtissez
Votre empire, et jamais ne dites: C'est assez!
Taillez à larges pans un édifice immense!
Savez-vous ce qu'un jour il en reste? ô démence!
Cette pierre! Et du titre et du nom triomphants?
Quelques lettres à faire épeler des enfants!
Si haut que soit le but où votre orgueil aspire,
Voilà le dernier terme! . . .—Oh! l'empire! l'empire!
Que m'importe! j'y touche, et le trouve à mon gré.
Quelque chose me dit: Tu l'auras!—Je l'aurai.
Si je l'avais! . . .—O ciel! être ce qui commence!
Seul, debout, au plus haut de la spirale immense!
D'une foule d'états l'un sur l'autre étagés
Etre la clef de voûte, et voir sous soi rangés
Les rois, et sur leur tête essuyer ses sandales;
Voir au-dessous des rois les maisons féodales,
Margraves, cardinaux, doges, ducs à fleurons;[4]

[1] *suaire*, shroud, but here robe, rather inappropriately, possibly for the sake of the rhyme.
[2] *Pierre et César . . . les deux Romes:* the papacy and the empire, Christian Rome and imperial Rome.
[3] *Annibal*, Hannibal, 247–183 B.C., Carthaginian general and foe of Rome in the second Punic War, came from Africa by way of Spain and Southern Gaul, crossed the Alps, beat the Romans in many encounters and was finally vanquished by Scipio the African in 202 B.C.—*Attila*, King of the Huns, overran a great part of Europe, devastating everything in his path. He was vanquished near Châlons-sur-Marne in A.D. 451 and died in 453.
[4] Perhaps reigning dukes are meant. As a matter of fact all ducal coronets have *fleurons*, flower-like ornaments topping the circlet.

Puis évêques, abbés, chefs de clans, hauts
  barons;
Puis clercs et soldats; puis, loin du faîte
  où nous sommes,
Dans l'ombre, tout au fond de l'abîme,—
  les hommes.
—Les hommes! c'est-à-dire une foule, une
  mer,
Un grand bruit, pleurs et cris, parfois un
  rire amer,
Plainte qui, réveillant la terre qui s'effare,
A travers tant d'échos nous arrive fanfare!
Les hommes!—Des cités, des tours, un
  vaste essaim,
De hauts clochers d'église à sonner le
  tocsin!—

Rêvant.

Base de nations portant sur leurs épaules
La pyramide énorme appuyée aux deux
  pôles,
Flots vivants, qui toujours l'étreignant de
  leurs plis,
La balancent, branlante, à leur vaste roulis,
Font tout changer de place et, sur ses
  hautes zones,
Comme des escabeaux font chanceler les
  trônes,
Si bien que tous les rois, cessant leurs vains
  débats,
Lèvent les yeux au ciel. . . . Rois! re-
  gardez en bas!
—Ah! le peuple!—océan!—onde sans cesse
  émue!
Où l'on ne jette rien sans que tout ne
  remue!
Vague qui broie un trône et qui berce un
  tombeau!
Miroir où rarement un roi se voit en beau!
Ah! si l'on regardait parfois dans ce flot
  sombre,
On y verrait au fond des empires sans
  nombre,
Grands vaisseaux naufragés, que son flux
  et reflux
Roule, et qui le gênaient, et qu'il ne con-
  naît plus!
—Gouverner tout cela!—Monter, si l'on
  vous nomme,
A ce faîte! Y monter, sachant qu'on n'est
  qu'un homme!
Avoir l'abîme là! . . .—Pourvu qu'en ce
  moment
Il n'aille pas me prendre un éblouissement!
Oh! d'états et de rois mouvante pyramide,
Ton faîte est bien étroit! Malheur au
  pied timide!
A qui me retiendrais-je? Oh! si j'allais
  faillir

En sentant sous mes pieds le monde tres-
  saillir!
En sentant vivre, sourdre et palpiter la
  terre!
—Puis, quand j'aurai ce globe entre mes
  mains, qu'en faire!
Le pourrai-je porter seulement? Qu'ai-je
  en moi?
Etre empereur, mon Dieu! j'avais trop
  d'être roi!
Certe, il n'est qu'un mortel de race peu
  commune
Dont puisse s'élargir l'âme avec la fortune.
Mais, moi! qui me fera grand? qui sera
  ma loi?
Qui me conseillera?

Il tombe à deux genoux devant le tombeau.

            Charlemagne! c'est toi!
Ah! puisque Dieu, pour qui tout obstacle
  s'efface,
Prend nos deux majestés et les met face
  à face,
Verse-moi dans le cœur, du fond de ce
  tombeau,
Quelque chose de grand, de sublime et de
  beau!
Oh! par tous ses côtés fais-moi voir toute
  chose.
Montre-moi que le monde est petit, car je
  n'ose
Y toucher. Montre-moi que sur cette
  Babel
Qui du pâtre à César va montant jusqu'au
  ciel,
Chacun en son degré se complaît et s'ad-
  mire,
Voit l'autre par-dessous et se retient d'en
  rire.
Apprends-moi tes secrets de vaincre et de
  régner,
Et dis-moi qu'il vaut mieux punir que
  pardonner!
—N'est-ce pas?—S'il est vrai qu'en son
  lit solitaire
Parfois une grande ombre au bruit que
  fait la terre
S'éveille, et que soudain son tombeau large
  et clair
S'entr'ouvre, et dans la nuit jette au
  monde un éclair,
Si cette chose est vraie, empereur d'Alle-
  magne,
Oh! dis-moi ce qu'on peut faire après
  Charlemagne!
Parle! dût en parlant ton souffle souverain
Me briser sur le front cette porte d'airain!
Ou plutôt, laisse-moi seul dans ton sanc-
  tuaire

Entrer, laisse-moi voir ta face mortuaire,
Ne me repousse pas d'un souffle d'aqui-
    lons,[1]
Sur ton chevet de pierre accoude-toi.
    Parlons.
Oui, dusses-tu me dire, avec ta voix fatale,
De ces choses qui font l'œil sombre et le
    front pâle!
Parle, et n'aveugle pas ton fils épouvanté,
Car ta tombe sans doute est pleine de
    clarté!
Ou, si tu ne dis rien, laisse en ta paix
    profonde
Carlos étudier ta tête comme un monde;
Laisse qu'il te mesure à loisir, ô géant.
Car rien n'est ici-bas si grand que ton
    néant!
Que la cendre, à défaut de l'ombre, me
    conseille!

Il approche la clef de la serrure.

Entrons.

Il recule.

        Dieu! s'il allait me parler à l'oreille!
S'il était là, debout et marchant à pas
    lents!
Si j'allais ressortir avec des cheveux blancs!
Entrons toujours!

Bruit de pas.

            On vient! Qui donc ose
                à cette heure,
Hors moi, d'un pareil mort éveiller la de-
    meure?
Qui donc?

Le bruit se rapproche.

            Ah! j'oubliais! ce sont mes as-
                sassins.

Entrons!

*Il ouvre la porte du tombeau, qu'il referme
sur lui.—Entrent plusieurs hommes, marchant à pas sourds, cachés sous leurs
manteaux et leurs chapeaux.*

SCÈNE III

LES CONJURÉS

*Ils vont les uns aux autres, en se prenant
la main et en échangeant quelques paroles
à voix basse.*

PREMIER CONJURÉ, *portant seul une torche
allumée.*

Ad augusta.

DEUXIÈME CONJURÉ
        Per angusta.[2]

PREMIER CONJURÉ
                Les saints
Nous protègent.

TROISIÈME CONJURÉ
        Les morts nous servent.

PREMIER CONJURÉ
                Dieu nous garde.

Bruit de pas dans l'ombre.

DEUXIÈME CONJURÉ
Qui vive?

VOIX DANS L'OMBRE
    Ad augusta.

DEUXIÈME CONJURÉ
        Per angusta.

*Entrent de nouveaux conjurés.—Bruit de
pas.*

PREMIER CONJURÉ, *au troisième.*
                Regarde;
Il vient encor quelqu'un.

TROISIÈME CONJURÉ
        Qui vive?

VOIX DANS L'OMBRE
        Ad augusta.

TROISIÈME CONJURÉ
Per angusta.

*Entrent de nouveaux conjurés, qui échangent
des signes de mains avec tous les autres.*

PREMIER CONJURÉ
    C'est bien, nous voilà tous.—Gotha,
Fais le rapport.—Amis, l'ombre attend la
    lumière.

*Tous les conjurés s'asseyent en demi-cercle
sur les tombeaux. Le premier conjuré
passe tour à tour devant tous, et chacun
allume à sa torche une cire qu'il tient à la
main. Puis le premier conjuré va s'asseoir
en silence sur une tombe au centre du cercle
et plus haute que les autres.*

LE DUC DE GOTHA, *se levant*
Amis, Charles d'Espagne, étranger par sa
    mère,
Prétend au saint-empire.

PREMIER CONJURÉ
        Il aura le tombeau.

---

[1] *souffle d'aquilons*, breath cold as the north wind.
[2] *ad augusta per angusta*, to greatness through hardship.

LE DUC DE GOTHA

Il jette sa torche à terre et l'écrase du pied.

Qu'il en soit de son front comme de ce
flambeau!

TOUS

Que ce soit!

PREMIER CONJURÉ

Mort à lui!

LE DUC DE GOTHA

Qu'il meure!

TOUS

Qu'on l'immole!

DON JUAN DE HARO

Son père est allemand.

LE DUC DE LUTZELBOURG

Sa mère est espagnole.

LE DUC DE GOTHA

Il n'est plus espagnol et n'est pas allemand.
Mort!

UN CONJURÉ

Si les électeurs allaient en ce moment
Le nommer empereur?

PREMIER CONJURÉ

Eux! lui! jamais!

DON GIL TELLEZ GIRON

Qu'importe?
Amis! frappons la tête et la couronne est
morte!

PREMIER CONJURÉ

S'il a le saint-empire, il devient, quel qu'il
soit,
Très auguste, et Dieu seul peut le toucher
du doigt.

LE DUC DE GOTHA

Le plus sûr, c'est qu'avant d'être auguste
il expire.

PREMIER CONJURÉ

On ne l'élira point!

TOUS

Il n'aura pas l'empire!

PREMIER CONJURÉ

Combien faut-il de bras pour le mettre au
linceul?

TOUS

Un seul.

PREMIER CONJURÉ

Combien faut-il de coups au cœur?

TOUS

Un seul.

PREMIER CONJURÉ

Qui frappera?

TOUS

Nous tous.

PREMIER CONJURÉ

La victime est un traître.
Ils font un empereur; nous, faisons un
grand prêtre.
Tirons au sort.

*Tous les conjurés écrivent leurs noms sur
leurs tablettes, déchirent la feuille, la
roulent, et vont l'un après l'autre la jeter
dans l'urne d'un tombeau.—Puis le premier conjuré dit:*

Prions.

*Tous s'agenouillent.   Le premier conjuré se
lève et dit:*

Que l'élu croie en Dieu,
Frappe comme un romain, meure comme
un hébreu!
Il faut qu'il brave roue et tenailles mor-
dantes,
Qu'il chante aux chevalets, rie aux lampes
ardentes,[1]
Enfin que pour tuer et mourir, résigné,
Il fasse tout!

Il tire un des parchemins de l'urne.

TOUS

Quel nom?

PREMIER CONJURÉ, *à haute voix*

Hernani.

HERNANI, *sortant de la foule des conjurés*

J'ai gagné!
—Je te tiens, toi que j'ai si longtemps
poursuivie,
Vengeance!

DON RUY GOMEZ, *perçant la foule et prenant* HERNANI *à part*

Oh! cède-moi ce coup!

HERNANI

Non, sur ma vie!
Oh! ne m'enviez pas ma fortune, seigneur!
C'est la première fois qu'il m'arrive bon-
heur.

---

[1] *roue, tenailles, chevalets, lampes ardentes,* wheel, tongs, wooden horse, burning lamps, all instruments of torture.

Don Ruy Gomez

Tu n'as rien. Eh bien, tout, fiefs, châteaux, vasselages,
Cent mille paysans dans mes trois cents
villages,
Pour ce coup à frapper je te les donne, ami!

Hernani

Non!

Le Duc de Gotha

Ton bras porterait un coup moins
affermi,
Vieillard!

Don Ruy Gomez

Arrière, vous! sinon le bras, j'ai l'âme.
Aux rouilles du fourreau ne jugez point la
lame.

A Hernani

Tu m'appartiens!

Hernani

Ma vie à vous! la sienne à moi.

Don Ruy Gomez, *tirant le cor de sa ceinture*

Eh bien, écoute, ami. Je te rends ce cor.

Hernani, *ébranlé*

Quoi!

La vie?—Eh! que m'importe? Ah! je
tiens ma vengeance!
Avec Dieu dans ceci je suis d'intelligence.
J'ai mon père à venger . . . peut-être plus
encor!
—Elle, me la rends-tu?

Don Ruy Gomez

Jamais! Je rends ce cor.

Hernani

Non!

Don Ruy Gomez

Réfléchis, enfant!

Hernani

Duc! laisse-moi ma proie.

Don Ruy Gomez

Eh bien! maudit sois-tu de m'ôter cette
joie!

Il remet le cor à sa ceinture.

Premier Conjuré, *à* Hernani

Frère! avant qu'on ait pu l'élire, il serait
bien
D'attendre dès ce soir Carlos. . . .

Hernani

Ne craignez rien!

Je sais comment on pousse un homme dans
la tombe.

Premier Conjuré

Que toute trahison sur le traître retombe,
Et Dieu soit avec vous!—Nous, comtes et
barons,
S'il périt sans tuer, continuons! Jurons
De frapper tour à tour et sans nous y
soustraire
Carlos qui doit mourir.

Tous, *tirant leurs épées*

Jurons!

Le Duc de Gotha, *au premier conjuré.*

Sur quoi, mon frère?

Don Ruy Gomez, *retourne son épée, la
prend par la pointe et l'élève au-dessus de
sa tête.*

Jurons sur cette croix!

Tous, *élevant leurs épées*

Qu'il meure impénitent!

*On entend un coup de canon éloigné. Tous
s'arrêtent en silence.—La porte du tombeau s'entr'ouvre.* Don Carlos *paraît
sur le seuil. Pâle, il écoute.—Un second
coup.—Un troisième coup.—Il ouvre tout
à fait la porte du tombeau, mais sans faire
un pas, debout et immobile sur le seuil.*

SCÈNE IV

Les Conjurés, Don Carlos; *puis* Don
Ricardo, Seigneurs, Gardes; Le Roi
de Bohême, Le Duc de Bavière; *puis*
Doña Sol

Don Carlos

Messieurs, allez plus loin! l'empereur vous
entend.

*Tous les flambeaux s'éteignent à la fois.—
Profond silence.—Il fait un pas dans les
ténèbres, si épaisses qu'on y distingue à
peine les conjurés muets et immobiles.*

Silence et nuit! l'essaim en sort et s'y
replonge.
Croyez-vous que ceci va passer comme un
songe,
Et que je vous prendrai, n'ayant plus vos
flambeaux,
Pour des hommes de pierre assis sur leurs
tombeaux?
Vous parliez tout à l'heure assez haut, mes
statues!
Allons! relevez donc vos têtes abattues,
Car voici Charles-Quint! Frappez, faites
un pas!
Voyons, oserez-vous?—Non, vous n'oserez
pas.

Vos torches flamboyaient sanglantes sous
ces voûtes.
Mon souffle a donc suffi pour les éteindre
toutes!
Mais voyez, et tournez vos yeux irrésolus,
Si j'en éteins beaucoup, j'en allume encore
plus.

*Il frappe de la clef de fer sur la porte de
bronze du tombeau. A ce bruit, toutes
les profondeurs du souterrain se remplissent de soldats portant des torches et des
pertuisanes. A leur tête, le* DUC D'AL-
CALA, *le* MARQUIS D'ALMUÑAN.[1]

Accourez, mes faucons, j'ai le nid, j'ai la
proie!
        Aux CONJURÉS
J'illumine à mon tour.   Le sépulcre flam-
boie,
Regardez!
        Aux SOLDATS
        Venez tous, car le crime est flagrant.

HERNANI, *regardant les soldats*
A la bonne heure!   Seul il me semblait
trop grand.
C'est bien.   J'ai cru d'abord que c'était
Charlemagne.
Ce n'est que Charles-Quint.

DON CARLOS, *au duc* D'ALCALA
        Connétable d'Espagne!

Au MARQUIS D'ALMUÑAN
Amiral de Castille, ici!—Désarmez-les.
On entoure les CONJURÉS *et on les désarme.*

DON RICARDO, *accourant et s'inclinant
        jusqu'à terre*
Majesté!
        DON CARLOS
        Je te fais alcade du palais.

DON RICARDO, *s'inclinant de nouveau*
Deux électeurs, au nom de la chambre
dorée,[2]
Viennent complimenter la majesté sacrée.

        DON CARLOS
Qu'ils entrent.
        Bas à RICARDO
        Doña Sol.

RICARDO *salue et sort.   Entrent, avec flambeaux et fanfares, le* ROI DE BOHÊME
et le DUC DE BAVIÈRE,[3] *tout en drap d'or,
couronnes en tête.—Nombreux cortège de*

seigneurs allemands, portant la bannière
de l'empire, l'aigle à deux têtes, avec
l'écusson d'Espagne au milieu.—Les soldats s'écartent, se rangent en haie, et font
passage aux deux électeurs, jusqu'à l'empereur, qu'ils saluent profondément, et
qui leur rend leur salut en soulevant son
chapeau.*

        LE DUC DE BAVIÈRE
        Charles! roi des romains,
Majesté très sacrée, empereur! dans vos
mains
Le monde est maintenant, car vous avez
l'empire.
Il est à vous, ce trône où tout monarque
aspire!
Frédéric, duc de Saxe, y fut d'abord élu,
Mais, vous jugeant plus digne, il n'en a
pas voulu.
Venez donc recevoir la couronne et le globe.
Le saint-empire, ô roi, vous revêt de la
robe,
Il vous arme du glaive, et vous êtes très
grand.

        DON CARLOS
J'irai remercier le collège en rentrant.
Allez, messieurs.   Merci, mon frère de
Bohême,
Mon cousin de Bavière.   Allez.   J'irai
moi-même.

        LE ROI DE BOHÊME
Charles, du nom d'amis nos aïeux se nom-
maient,
Mon père aimait ton père, et leurs pères
s'aimaient.
Charles, si jeune en butte aux fortunes
contraires,
Dis, veux-tu que je sois ton frère entre tes
frères?
Je t'ai vu tout enfant, et ne puis oublier. ...

        DON CARLOS, *l'interrompant*
Roi de Bohême! eh bien, vous êtes familier!
Il lui présente sa main à baiser, ainsi qu'au
DUC DE BAVIÈRE, *puis congédie les deux
électeurs, qui le saluent profondément.*
Allez!
Sortent les deux électeurs avec leur cortège.

        LA FOULE
        Vivat!
        DON CARLOS, *à part*
        J'y suis! et tout m'a fait passage!
Empereur! au refus de Frédéric le Sage!
Entre DOÑA SOL *conduite par* RICARDO

---

[1] This Marquis d'Almuñan is the Don Matias of the list of characters.
[2] *chambre dorée*, in the guild hall at Frankfort where the election took place.
[3] The duke of Bavaria was not an elector at this time.

DOÑA SOL

Des soldats! l'empereur! O ciel! coup
imprévu!
Hernani!

HERNANI

Doña Sol!

DON RUY GOMEZ, *à côté d'*HERNANI, *à part*

Elle ne m'a point vu!

DOÑA SOL *court à* HERNANI. *Il la fait
reculer d'un regard de défiance.*

HERNANI

Madame! . . .

DOÑA SOL, *tirant le poignard de son sein*

J'ai toujours son poignard!

HERNANI, *lui tendant les bras*

Mon amie!

DON CARLOS

Silence, tous!

Aux CONJURÉS

Votre âme est-elle raffermie?
Il convient que je donne au monde une
leçon.
Lara le castillan et Gotha le saxon,
Vous tous! que venait-on faire ici? parlez.

HERNANI, *faisant un pas*

Sire,
La chose est toute simple, et l'on peut vous
la dire.
Nous gravions la sentence au mur de
Balthazar.[1]

Il tire un poignard et l'agite.

Nous rendions à César ce qu'on doit à
César.

DON CARLOS

Paix!

A DON RUY GOMEZ

Vous traître, Silva!

DON RUY GOMEZ

Lequel de nous deux, sire?

HERNANI, *se retournant vers les* CONJURÉS

Nos têtes et l'empire! il a ce qu'il désire.

A l'empereur.

Le manteau bleu des rois pouvait gêner
vos pas.

La pourpre vous va mieux. Le sang n'y
paraît pas.

DON CARLOS, *à* DON RUY GOMEZ

Mon cousin de Silva, c'est une félonie
A faire du blason rayer ta baronnie!
C'est haute trahison, don Ruy, songez-y
bien.

DON RUY GOMEZ

Les rois Rodrigue font les comtes Julien.[2]

DON CARLOS, *au* DUC D'ALCALA

Ne prenez que ce qui peut être duc ou
comte.
Le reste. . . .

DON RUY GOMEZ, LE DUC DE LUTZEL-
BOURG, LE DUC DE GOTHA, DON JUAN
DE HARO, DON GUZMAN DE LARA, DON
TELLEZ GIRON, LE BARON DE HOHEN-
BOURG *se séparent du groupe des con-
jurés, parmi lesquels est resté* HERNANI.
—LE DUC D'ALCALA *les entoure étroite-
ment de gardes.*

DOÑA SOL, *à part*

Il est sauvé!

HERNANI, *sortant du groupe des conjurés*

Je prétends qu'on me compte!

A DON CARLOS

Puisqu'il s'agit de hache ici, que Hernani,
Pâtre obscur, sous tes pieds passerait im-
puni,
Puisque son front n'est plus au niveau de
ton glaive,
Puisqu'il faut être grand pour mourir, je
me lève.
Dieu qui donne le sceptre et qui te le
donna
M'a fait duc de Segorbe et duc de Car-
dona,
Marquis de Monroy, comte Albatera,
vicomte
De Gor, seigneur de lieux dont j'ignore le
compte.
Je suis Jean d'Aragon, grand maître
d'Avis,[3] né
Dans l'exil, fils proscrit d'un père assassiné
Par sentence du tien, roi Carlos de Castille!
Le meurtre est entre nous affaire de fa-
mille.

[1] *mur de Balthazar*, reference to the words *mane, thecel, phares* which Belshazzar saw written in letters of fire on the walls of his banquet hall.

[2] *Rodrigue . . . Julien.* Reference to the seduction of Florinda, sister or daughter of Julian, governor of the Gothic possessions in Africa, by Roderic, last king of the Goths, 709–711. In order to avenge himself Julian is said to have opened Spain to the Moors. The accusation here is that Carlos has acted the part of King Roderic.

[3] *Avis,* the military order of Saint Benedict of Aviz, founded in Portugal in the twelfth century.

Vous avez l'échafaud, nous avons le poignard.

Donc, le ciel m'a fait duc, et l'exil montagnard.

Mais puisque j'ai sans fruit aiguisé mon épée

Sur les monts et dans l'eau des torrents retrempée,

Il met son chapeau.

Aux autres conjurés.

Couvrons-nous, grands d'Espagne!

Tous les espagnols se couvrent.

A Don Carlos

            Oui, nos têtes, ô roi,

Ont le droit de tomber couvertes devant toi!

Aux prisonniers.

—Silva, Haro, Lara, gens de titre et de race,

Place à Jean d'Aragon! ducs et comtes, ma place!

Aux courtisans et aux gardes.

Je suis Jean d'Aragon, roi, bourreaux et valets!

Et si vos échafauds sont petits, changez-les!

Il vient se joindre au groupe des seigneurs prisonniers.

Doña Sol

Ciel!

Don Carlos

En effet, j'avais oublié cette histoire.

Hernani

Celui dont le flanc saigne a meilleure mémoire.

L'affront que l'offenseur oublie en insensé

Vit, et toujours remue au cœur de l'offensé!

Don Carlos

Donc je suis, c'est un titre à n'en point vouloir d'autres,

Fils de pères qui font choir la tête des vôtres!

Doña Sol, *se jetant à genoux devant l'empereur*

Sire, pardon! pitié! Sire, soyez clément!

Ou frappez-nous tous deux, car il est mon amant,

Mon époux! En lui seul je respire. Oh! je tremble.

Sire, ayez la pitié de nous tuer ensemble!

Majesté! je me traîne à vos sacrés genoux!

Je l'aime! Il est à moi, comme l'empire à vous!

Oh! grâce!

Don Carlos *la regarde immobile*

         Quel penser sinistre vous absorbe?

Don Carlos

Allons! relevez-vous, duchesse de Segorbe,

Comtesse Albatera, marquise de Monroy.

A Hernani

—Tes autres noms, don Juan?

Hernani

         Qui parle ainsi? le roi?

Don Carlos

Non, l'empereur.

Doña Sol, *se relevant*

         Grand Dieu!

Don Carlos, *la montrant à* Hernani

         Duc, voilà ton épouse.

Hernani, *les yeux au ciel, et* Doña Sol *dans ses bras*

Juste Dieu!

Don Carlos, *à* Don Ruy Gomez

      Mon cousin, ta noblesse est jalouse,

Je sais. Mais Aragon peut épouser Silva.

Don Ruy Gomez, *sombre*

Ce n'est pas ma noblesse.

Hernani, *regardant* Doña Sol *avec amour et la tenant embrassée*

         Oh! ma haine s'en va!

Il jette son poignard.

Don Ruy Gomez, *à part, les regardant tous deux*

Éclaterai-je? oh! non! Fol amour! douleur folle!

Tu leur ferais pitié, vieille tête espagnole!

Vieillard, brûle sans flamme, aime et souffre en secret,

Laisse ronger ton cœur! Pas un cri. L'on rirait.

Doña Sol, *dans les bras* d'Hernani

O mon duc!

Hernani

Je n'ai plus que de l'amour dans l'âme.

Doña Sol

O bonheur!

DON CARLOS, *à part, la main dans sa poitrine*
        Éteins-toi, cœur jeune et plein
        de flamme!
Laisse régner l'esprit, que longtemps tu
    troublas.
Tes amours désormais, tes maîtresses, hélas!
C'est l'Allemagne, c'est la Flandre, c'est
    l'Espagne.
        L'œil fixé sur sa bannière.
L'empereur est pareil à l'aigle, sa com-
    pagne.
A la place du cœur il n'a qu'un écusson.

                    HERNANI
Ah! vous êtes César!

        DON CARLOS, *à* HERNANI
            De ta noble maison,
Don Juan, ton cœur est digne.
        Montrant DOÑA SOL
            Il est digne aussi d'elle.
—A genoux, duc!

HERNANI *s'agenouille.* DON CARLOS *détache sa toison d'or et la lui passe au cou.*
        Reçois ce collier.

DON CARLOS *tire son épée et l'en frappe
trois fois sur l'épaule.*
                Sois fidèle!
Par saint Étienne, duc, je te fais chevalier.
        Il le relève et l'embrasse.
Mais tu l'as, le plus doux et le plus beau
    collier,
Celui que je n'ai pas, qui manque au rang
    suprême,
Les deux bras d'une femme aimée et qui
    vous aime!
Ah! tu vas être heureux; moi, je suis em-
    pereur.
                Aux CONJURÉS
Je ne sais plus vos noms, messieurs.   Haine
    et fureur,
Je veux tout oublier.   Allez, je vous par-
    donne!
C'est la leçon qu'au monde il convient que
    je donne.
Ce n'est pas vainement qu'à Charles pre-
    mier, roi,
L'empereur   Charles-Quint   succède,   et
    qu'une loi
Change, aux yeux de l'Europe, orpheline
    éplorée,

L'altesse catholique en majesté sacrée.
    Les CONJURÉS *tombent à genoux.*

                LES CONJURÉS
Gloire à Carlos!

        DON RUY GOMEZ, *à* DON CARLOS
            Moi seul je reste condamné.

                DON CARLOS
Et moi!
        DON RUY GOMEZ, *à part*
            Mais, comme lui, je n'ai point
            pardonné!

                    HERNANI
Qui donc nous change tous ainsi?
    TOUS, *soldats, conjurés, seigneurs*
                    Vive Allemagne!
Honneur à Charles-Quint!

    DON CARLOS, *se tournant vers le tombeau*
            Honneur à Charlemagne!
Laissez-nous seuls tous deux.
        Tous sortent.

                SCÈNE V
            DON CARLOS, *seul*
        Il s'incline devant le tombeau.
                Es-tu content de moi?
Ai-je bien dépouillé les misères du roi,
Charlemagne?   Empereur, suis-je bien un
    autre homme?
Puis-je accoupler mon casque à la mitre
    de Rome?
Aux fortunes du monde ai-je droit de
    toucher?
Ai-je un pied sûr et ferme, et qui puisse
    marcher
Dans ce sentier, semé des ruines vandales,[1]
Que tu nous as battu de tes larges sandales?
Ai-je bien à ta flamme allumé mon flam-
    beau?
Ai-je compris la voix qui parle en ton
    tombeau?
—Ah! j'étais seul, perdu, seul devant un
    empire,
Tout un monde qui hurle, et menace, et
    conspire,
Le Danois[2] à punir, le Saint-Père à payer,
Venise,[3] Soliman,[4] Luther, François pre-
    mier,

[1] *ruines vandales,* ruins left by the Vandals.
[2] *le Danois à punir,* to punish the Dane, probably Frederick of Holstein, who accepted the crown of Denmark from the nobles in 1522 after they had driven out Christian II.
[3] *Venise.*   The republic of Venice opposed the candidacy of Charles for the imperial crown and favored Francis I.
[4] *Soliman II,* emperor of Constantinople, 1520–1566.   He threatened Europe and besieged Vienna in 1529.

Mille poignards jaloux luisant déjà dans
l'ombre,
Des pièges, des écueils, des ennemis sans
nombre,
Vingt peuples dont un seul ferait peur à
vingt rois,
Tout pressé, tout pressant, tout à faire à
la fois,
Je t'ai crié:—Par où faut-il que je commence?
Et tu m'as répondu:—Mon fils, par la
clémence!

ACTE CINQUIÈME

La Noce

SARAGOSSE: *Une terrasse du palais d'Aragon. Au fond, la rampe d'un escalier
qui s'enfonce dans le jardin. A droite
et à gauche deux portes donnant sur une
terrasse, que ferme une balustrade sur-
montée de deux rangs d'arcades moresques,
au-dessus et au travers desquelles on voit
les jardins du palais, les jets d'eau dans
l'ombre, les bosquets avec les lumières qui
s'y promènent, et au fond les faîtes go-
thiques et arabes du palais illuminé. Il
est nuit. On entend des fanfares éloignées. Des masques, des dominos, épars,
isolés, ou groupés, traversent çà et là la
terrasse. Sur le devant, un groupe de
jeunes seigneurs, les masques à la main,
riant et causant à grand bruit.*

SCÈNE I

DON SANCHO SANCHEZ DE ZUNIGA, COMTE
DE MONTEREY, DON MATIAS CENTU-
RION, MARQUIS D'ALMUÑAN, DON RI-
CARDO DE ROXAS, COMTE DE CASA-
PALMA, DON FRANCISCO DE SOTOMAYOR,
COMTE DE VELALCAZAR, DON GARCI
SUAREZ DE CARBAJAL, COMTE DE PE-
ÑALVER

DON GARCI
Ma foi, vive la joie et vive l'épousée!

DON MATIAS, *regardant au balcon*
Saragosse ce soir se met à la croisée.

DON GARCI
Et fait bien! on ne vit jamais noce aux
flambeaux
Plus gaie, et nuit plus douce, et mariés
plus beaux!

DON MATIAS
Bon empereur!

DON SANCHO
Marquis, certain soir qu'à la brune
Nous allions avec lui tous deux cherchant
fortune,
Qui nous eût dit qu'un jour tout finirait
ainsi?

DON RICARDO, *l'interrompant*
J'en étais.

Aux autres.

Écoutez l'histoire que voici.
Trois galants, un bandit que l'échafaud
réclame,
Puis un duc, puis un roi, d'un même cœur
de femme
Font le siège à la fois. L'assaut donné,
qui l'a?
C'est le bandit.

DON FRANCISCO
Mais rien que de simple en cela.
L'amour et la fortune, ailleurs comme en
Espagne,
Sont jeux de dés pipés.[1]   C'est le voleur
qui gagne!

DON RICARDO
Moi, j'ai fait ma fortune à voir faire
l'amour.
D'abord comte, puis grand, puis alcade
de cour,
J'ai fort bien employé mon temps, sans
qu'on s'en doute.

DON SANCHO
Le secret de monsieur, c'est d'être sur la
route
Du roi. . . .

DON RICARDO
Faisant valoir mes droits, mes actions.

DON GARCI
Vous avez profité de ses distractions.[2]

DON MATIAS
Que devient le vieux duc?   Fait-il clouer
sa bière?

DON SANCHO
Marquis, ne riez pas! car c'est une âme
fière.
Il aimait doña Sol, ce vieillard.   Soixante
ans

---

[1] *dés pipés*, loaded dice.
[2] As when in Act IV, Sc. 1, the King addressed him with "thou" thus making Don Ricardo unin-
tentionally a grandee.

Ont fait ses cheveux gris, un jour les a fait
  blancs.

DON GARCI

Il n'a pas reparu, dit-on, à Saragosse.

DON SANCHO

Vouliez-vous pas qu'il mît son cercueil de
  la noce? [1]

DON FRANCISCO

Et que fait l'empereur?

DON SANCHO

                 L'empereur aujourd'hui
Est triste.   Le Luther lui donne de l'ennui.

DON RICARDO

Ce Luther, beau sujet de soucis et d'a-
  larmes!
Que j'en finirais vite avec quatre gen-
  darmes!

DON MATIAS

Le Soliman aussi lui fait ombre.

DON GARCI

                   Ah! Luther,
Soliman, Neptunus, le diable et Jupiter,
Que me font ces gens-là?   Les femmes sont
  jolies,
La mascarade est rare, et j'ai dit cent folies!

DON SANCHO

Voilà l'essentiel.

DON RICARDO

             Garci n'a point tort.   Moi,
Je ne suis plus le même un jour de fête,
  et croi
Qu'un masque que je mets me fait une
  autre tête,
En vérité!

DON SANCHO, *bas à* MATIAS

Que n'est-ce alors tous les jours fête?

DON FRANCISCO, *montrant la porte à droite*

Messeigneurs, n'est-ce pas la chambre des
  époux?

DON GARCI, *avec un signe de tête*

Nous les verrons venir dans l'instant.

DON FRANCISCO

                  Croyez-vous?

DON GARCI

Hé! sans doute!

DON FRANCISCO

  Tant mieux.   L'épousée est si belle!

DON RICARDO

Que l'empereur est bon!   Hernani, ce rebelle
Avoir la toison-d'or! marié! pardonné!
Loin de là, s'il m'eût cru, l'empereur eût
  donné
Lit de pierre [2] au galant, lit de plume à la
  dame.

DON SANCHO, *bas à* DON MATIAS

Que je le crèverais volontiers de ma lame,
Faux seigneur de clinquant recousu de
  gros fil! [3]
Pourpoint de comte, empli de conseils d'alguazil! [4]

DON RICARDO, *s'approchant*

Que dites-vous là?

DON MATIAS, *bas à* DON SANCHO

               Comte, ici pas de querelle!

A DON RICARDO

Il me chante un sonnet de Pétrarque à sa
  belle.

DON GARCI

Avez-vous remarqué, messieurs, parmi les
  fleurs,
Les femmes, les habits de toutes les couleurs,
Ce spectre, qui, debout contre une balustrade,
De son domino noir tachait la mascarade?

DON RICARDO

Oui, pardieu!

DON GARCI

           Qu'est-ce donc?

DON RICARDO

               Mais, sa taille, son air. . . .
C'est don Prancasio, général de la mer.

DON FRANCISCO

Non.

---

[1] *qu'il mît son cercueil de la noce,* that he bring his coffin to the wedding.

[2] *lit de pierre,* a stone tomb.

[3] *faux seigneur de clinquant,* tinsel lord; *recousu de gros fil,* lit. with tinsel coarsely basted on, i.e. obviously false.

[4] *pourpoint de comte empli de conseils d'alguazil,* the pockets of his nobleman's doublet full of police-man's advice.

Don Garci

Il n'a pas quitté son masque.

Don Francisco

Il n'avait garde.
C'est le duc de Soma qui veut qu'on le
  regarde.
Rien de plus.

Don Ricardo

Non.   Le duc m'a parlé.

Don Garci

Qu'est-ce alors
Que ce masque?—Tenez, le voilà!
*Entre un domino noir qui traverse lentement
la terrasse au fond.   Tous se retournent
et le suivent des yeux, sans qu'il paraisse
y prendre garde.*

Don Sancho

Si les morts
Marchent, voici leur pas.

Don Garci, *courant au domino noir*

Beau masque!...
*Le domino noir se retourne et s'arrête.
Garci recule.*

Sur mon âme,
Messeigneurs, dans ses yeux j'ai vu luire
une flamme!

Don Sancho

Si c'est le diable, il trouve à qui parler.
Il va au domino noir, toujours immobile.

Mauvais!
Nous viens-tu de l'enfer?

Le Masque

Je n'en viens pas, j'y vais.
*Il reprend sa marche et disparaît par la
rampe de l'escalier.   Tous le suivent des
yeux avec une sorte d'effroi.*

Don Matias

La voix est sépulcrale autant qu'on le peut
  dire.

Don Garci

Baste! ce qui fait peur ailleurs, au bal fait
  rire.

Don Sancho

Quelque mauvais plaisant!

Don Garci

Ou si c'est Lucifer
Qui vient nous voir danser, en attendant
  l'enfer,
Dansons!

Don Sancho

C'est à coup sûr quelque bouffonnerie.

Don Matias

Nous le saurons demain.

Don Sancho, *à Don Matias*

Regardez, je vous prie.
Que devient-il?

Don Matias, *à la balustrade de la terrasse*

Il a descendu l'escalier.
Plus rien.

Don Sancho

C'est un plaisant drôle!
Rêvant.

C'est singulier.

Don Garci, *à une dame qui passe*

Marquise, dansons-nous celle-ci?
Il la salue et lui présente la main.

La Dame

Mon cher comte,
Vous savez, avec vous, que mon mari les
  compte.

Don Garci

Raison de plus.   Cela l'amuse apparemment.
C'est son plaisir.   Il compte, et nous
  dansons.
La dame lui donne la main, et ils sortent.

Don Sancho, *pensif*

Vraiment,
C'est singulier!

Don Matias

Voici les mariés.   Silence!
*Entrent Hernani et Doña Sol se donnant
la main.   Doña Sol en magnifique habit
de mariée; Hernani tout en velours noir,
avec la toison d'or au cou.   Derrière eux
foule de masques, de dames et de seigneurs
qui leur font cortège.   Deux hallebardiers
en riche livrée les suivent, et quatre pages
les précèdent.   Tout le monde se range
et s'incline sur leur passage.   Fanfare.*

SCÈNE II

Les Mêmes, Hernani, Doña Sol, suite

Hernani, *saluant*

Chers amis!

Don Ricardo, *allant à lui et s'inclinant*

Ton bonheur fait le nôtre, excellence!

DON FRANCISCO, *contemplant* DOÑA SOL
Saint Jacques monseigneur! c'est Vénus
qu'il conduit!

DON MATIAS
D'honneur, on est heureux un pareil jour
la nuit!

DON FRANCISCO, *montrant à* DON MATIAS
la chambre nuptiale
Qu'il va se passer là de gracieuses choses!
Être fée, et tout voir, feux éteints, portes
closes,
Serait-ce pas charmant?

DON SANCHO, *à* DON MATIAS
Il est tard. Partons-nous?
*Tous vont saluer les mariés et sortent, les
uns par la porte, les autres par l'escalier
du fond.*

HERNANI, *les reconduisant*
Dieu vous garde!

DON SANCHO, *resté le dernier, lui serre la
main*
Soyez heureux!
Il sort.
HERNANI *et* DOÑA SOL *restent seuls. Bruit
de pas et de voix qui s'éloignent, puis
cessent tout à fait. Pendant tout le commencement de la scène qui suit, les fanfares et les lumières éloignées s'éteignent
par degrés. La nuit et le silence reviennent peu à peu.*

SCÈNE III

HERNANI, DOÑA SOL

DOÑA SOL
Ils s'en vont tous,
Enfin!

HERNANI, *cherchant à l'attirer dans ses bras*
Cher amour!

DOÑA SOL, *rougissant et reculant*
C'est . . . qu'il est tard, ce me semble.

HERNANI
Ange! il est toujours tard pour être seuls
ensemble.

DOÑA SOL
Ce bruit me fatiguait! N'est-ce pas, cher
seigneur,
Que toute cette joie étourdit le bonheur?

¹ *Vésuve*, Mount Vesuvius, a volcano near Naples.

HERNANI
Tu dis vrai. Le bonheur, amie, est chose
grave.
Il veut des cœurs de bronze et lentement
s'y grave.
Le plaisir l'effarouche en lui jetant des
fleurs.
Son sourire est moins près du rire que des
pleurs.

DOÑA SOL
Dans vos yeux, ce sourire est le jour.

HERNANI *cherche à l'entraîner vers la porte.
Elle rougit.*
Tout à l'heure.

HERNANI
Oh! je suis ton esclave! Oui, demeure,
demeure!
Fais ce que tu voudras. Je ne demande
rien.
Tu sais ce que tu fais! ce que tu fais est
bien!
Je rirai si tu veux, je chanterai. Mon âme
Brûle. Eh! dis au volcan qu'il étouffe sa
flamme,
Le volcan fermera ses gouffres entr'ouverts,
Et n'aura sur ses flancs que fleurs et gazons
verts.
Car le géant est pris, le Vésuve¹ est esclave,
Et que t'importe à toi son cœur rongé de
lave?
Tu veux des fleurs? c'est bien! Il faut
que de son mieux
Le volcan tout brûlé s'épanouisse aux yeux!

DOÑA SOL
Oh! que vous êtes bon pour une pauvre
femme,
Hernani de mon cœur!

HERNANI
Quel est ce nom, madame?
Ah! ne me nomme plus de ce nom, par
pitié!
Tu me fais souvenir que j'ai tout oublié!
Je sais qu'il existait autrefois, dans un rêve,
Un Hernani, dont l'œil avait l'éclair du
glaive,
Un homme de la nuit et des monts, un
proscrit
Sur qui le mot *vengeance* était partout écrit,
Un malheureux traînant après lui l'ana-
thème!
Mais je ne connais pas ce Hernani.—Moi,
j'aime
Les prés, les fleurs, les bois, le chant du
rossignol.

Je suis Jean d'Aragon, mari de doña Sol!
Je suis heureux!

DOÑA SOL

Je suis heureuse!

HERNANI

Que m'importe [1]
Les haillons qu'en entrant j'ai laissés à la
porte?
Voici que je reviens à mon palais en deuil.
Un ange du Seigneur m'attendait sur le
seuil.
J'entre, et remets debout les colonnes
brisées,
Je rallume le feu, je rouvre les croisées,
Je fais arracher l'herbe au pavé de la cour,
Je ne suis plus que joie, enchantement,
amour.
Qu'on me rende mes tours, mes donjons,
mes bastilles,
Mon panache, mon siège au conseil des
Castilles,
Vienne ma doña Sol rouge et le front baissé,
Qu'on nous laisse tous deux, et le reste est
passé!
Je n'ai rien vu, rien dit, rien fait. Je re-
commence,
J'efface tout, j'oublie! Ou sagesse ou dé-
mence,
Je vous ai, je vous aime, et vous êtes mon
bien!

DOÑA SOL, *examinant sa toison d'or*

Que sur ce velours noir ce collier d'or fait
bien!

HERNANI

Vous vîtes avant moi le roi mis de la sorte.

DOÑA SOL

Je n'ai pas remarqué. Tout autre, que
m'importe?
Puis, est-ce le velours ou le satin encor?
Non, mon duc, c'est ton cou qui sied au
collier d'or.
Vous êtes noble et fier, monseigneur.

Il veut l'entraîner.

Tout à l'heure!
Un moment!—Vois-tu bien, c'est la joie!
et je pleure!
Viens voir la belle nuit.

Elle va à la balustrade.

Mon duc, rien qu'un moment!
Le temps de respirer et de voir seulement.
Tout s'est éteint, flambeaux et musique de
fête.
Rien que la nuit et nous! Félicité parfaite!

Dis, ne le crois-tu pas? sur nous, tout en
dormant,
La nature à demi veille amoureusement.
Pas un nuage au ciel. Tout, comme nous,
repose.
Viens, respire avec moi l'air embaumé de
rose!
Regarde. Plus de feux, plus de bruit.
Tout se tait.
La lune tout à l'heure à l'horizon montait
Tandis que tu parlais, sa lumière qui
tremble
Et ta voix, toutes deux m'allaient au cœur
ensemble,
Je me sentais joyeuse et calme, ô mon
amant,
Et j'aurais bien voulu mourir en ce mo-
ment!

HERNANI

Ah! qui n'oublierait tout à cette voix
céleste?
Ta parole est un chant où rien d'humain
ne reste.
Et, comme un voyageur, sur un fleuve
emporté,
Qui glisse sur les eaux par un beau soir d'été
Et voit fuir sous ses yeux mille plaines
fleuries,
Ma pensée entraînée erre en tes rêveries!

DOÑA SOL

Ce silence est trop noir, ce calme est trop
profond.
Dis, ne voudrais-tu point voir une étoile
au fond?
Ou qu'une voix des nuits tendre et déli-
cieuse,
S'élevant tout à coup, chantât? . . .

HERNANI, *souriant*

Capricieuse!
Tout à l'heure on fuyait la lumière et les
chants!

DOÑA SOL

Le bal! mais un oiseau qui chanterait aux
champs!
Un rossignol perdu dans l'ombre et dans
la mousse,
Ou quelque flûte au loin! . . . Car la
musique est douce,
Fait l'âme harmonieuse, et, comme un
divin chœur,
Éveille mille voix qui chantent dans le
cœur!
Ah! ce serait charmant!

---

[1] *importe*, grammatical license for *important*, to rhyme with *porte*.

On entend le bruit lointain d'un cor dans l'ombre.

Dieu! je suis exaucée!

HERNANI, *tressaillant, à part*
Ah! malheureuse!

DOÑA SOL
Un ange a compris ma pensée,—
Ton bon ange sans doute!

HERNANI, *amèrement*
Oui, mon bon ange!
Le cor recommence.—A part.
Encor!

DOÑA SOL, *souriant*
Don Juan, je reconnais le son de votre cor!

HERNANI
N'est-ce pas?

DOÑA SOL
Seriez-vous dans cette sérénade
De moitié?

HERNANI
De moitié, tu l'as dit.

DOÑA SOL
Bal maussade!
Oh! que j'aime bien mieux le cor au fond
des bois!
Et puis, c'est votre cor, c'est comme votre
voix.
Le cor recommence.

HERNANI, *à part*
Ah! le tigre est en bas qui hurle, et veut
sa proie.

DOÑA SOL
Don Juan, cette harmonie emplit le cœur
de joie.

HERNANI, *se levant terrible*
Nommez-moi Hernani! nommez-moi Her-
nani!
Avec ce nom fatal je n'en ai pas fini!

DOÑA SOL, *tremblante*
Qu'avez-vous?

HERNANI
Le vieillard!

DOÑA SOL
Dieu! quels regards funèbres!
Qu'avez-vous?

HERNANI
Le vieillard, qui rit dans les ténèbres !
—Ne le voyez-vous pas?

DOÑA SOL
Où vous égarez-vous?
Qu'est-ce que ce vieillard?

HERNANI
Le vieillard!

DOÑA SOL, *tombant à genoux*
A genoux
Je t'en supplie, oh! dis, quel secret te
déchire?
Qu'as-tu?

HERNANI
Je l'ai juré!

DOÑA SOL
Juré?
*Elle suit tous ses mouvements avec anxiété.
Il s'arrête tout à coup et passe la main
sur son front.*

HERNANI, *à part*
Qu'allais-je dire?
Épargnons-la.
Haut.
Moi, rien.   De quoi t'ai-je parlé?

DOÑA SOL
Vous avez dit. . . .

HERNANI
Non.   Non.   J'avais l'esprit
troublé. . . .
Je souffre un peu, vois-tu.   N'en prends
pas d'épouvante.

DOÑA SOL
Te faut-il quelque chose? ordonne à ta
servante!
Le cor recommence.

HERNANI, *à part*
Il le veut! il le veut! il a mon serment.
*Cherchant à sa ceinture sans épée et sans
poignard.*
—Rien!
Ce devrait être fait!—Ah! . . .

DOÑA SOL
Tu souffres donc bien?

HERNANI
Une blessure ancienne, et qui semblait
fermée,
Se rouvre. . . .
A part
Éloignons-la.

Haut

Doña Sol, bien-aimée,
Écoute. Ce coffret qu'en des jours—
moins heureux—
Je portais avec moi. . . .

DOÑA SOL

Je sais ce que tu veux.
Eh bien, qu'en veux-tu faire?

HERNANI

Un flacon qu'il renferme
Contient un élixir qui pourra mettre un
terme
Au mal que je ressens.—Va!

DOÑA SOL

J'y vais, mon seigneur.
Elle sort par la porte de la chambre nuptiale.

SCÈNE IV

HERNANI, *seul*

Voilà donc ce qu'il vient faire de mon bon-
heur!
Voici le doigt fatal qui luit sur la muraille!
Oh! que la destinée amèrement me raille!
*Il tombe dans une profonde et convulsive
rêverie, puis se détourne brusquement.*
Eh bien? . . .—Mais tout se tait. Je
n'entends rien venir.
Si je m'étais trompé? . . .
*Le masque en domino noir paraît au haut
de la rampe.* HERNANI *s'arrête pétrifié.*

SCÈNE V

HERNANI, LE MASQUE

LE MASQUE

« Quoi qu'il puisse advenir
« Quand tu voudras, vieillard, quel que
soit le lieu, l'heure,
« S'il te passe à l'esprit qu'il est temps que
je meure,
« Viens, sonne de ce cor, et ne prends
d'autres soins.
« Tout sera fait. »—Ce pacte eut les morts
pour témoins.
Eh bien, tout est-il fait?

HERNANI, *à voix basse*
C'est lui!

LE MASQUE

Dans ta demeure
Je viens, et je te dis qu'il est temps. C'est
mon heure.
Je te trouve en retard.

HERNANI

Bien. Quel est ton plaisir?
Que feras-tu de moi? Parle.

LE MASQUE

Tu peux choisir
Du fer ou du poison. Ce qu'il faut, je
l'apporte.
Nous partirons tous deux.

HERNANI

Soit.

LE MASQUE

Prions-nous?

HERNANI

Qu'importe?

LE MASQUE
Que prends-tu?

HERNANI
Le poison.

LE MASQUE

Bien!—Donne-moi ta main.
Il présente une fiole à HERNANI, *qui la
reçoit en pâlissant.*
Bois, pour que je finisse.
HERNANI *approche la fiole de ses lèvres, puis
recule.*

HERNANI

Oh! par pitié! demain!
Oh! s'il te reste un cœur, duc, ou du moins
une âme,
Si tu n'es pas un spectre échappé de la
flamme,
Un mort damné, fantôme ou démon désormais,
Si Dieu n'a point encor mis sur ton front:
jamais!
Si tu sais ce que c'est que ce bonheur
suprême
D'aimer, d'avoir vingt ans, d'épouser
quand on aime,
Si jamais femme aimée a tremblé dans tes
bras,
Attends jusqu'à demain! Demain tu reviendras!

LE MASQUE

Simple qui parle ainsi! Demain! demain!
—Tu railles!
Ta cloche a ce matin sonné tes funérailles!
Et que ferais-je, moi, cette nuit? J'en
mourrais.
Et qui viendrait te prendre et t'emporter
après?
Seul descendre au tombeau! Jeune homme,
il faut me suivre.

HERNANI

Eh bien, non! et de toi, démon, je me
délivre!
Je n'obéirai pas.

LE MASQUE

Je m'en doutais.   Fort bien.
Sur quoi donc m'as-tu fait ce serment?—
Ah! sur rien.
Peu de chose, après tout!   La tête de ton
père!
Cela peut s'oublier.   La jeunesse est légère.

HERNANI

Mon père!   Mon père! . . .—Ah! j'en
perdrai la raison!

LE MASQUE

Non, ce n'est qu'un parjure et qu'une
trahison.

HERNANI

Duc!

LE MASQUE

Puisque les aînés des maisons espagnoles
Se font jeu maintenant de fausser leurs
paroles,
Adieu!

Il fait un pas pour sortir.

HERNANI

Ne t'en vas pas.

LE MASQUE

Alors. . . .

HERNANI

Vieillard cruel!

Il prend la fiole.

Revenir sur mes pas à la porte du ciel!

Rentre DOÑA SOL, *sans voir* LE MASQUE,
qui est debout, au fond.

SCÈNE VI

LES MÊMES, DOÑA SOL

DOÑA SOL

Je n'ai pu le trouver, ce coffret.

HERNANI, *à part*

Dieu! c'est elle!
Dans quel moment!

DOÑA SOL

Qu'a-t-il? je l'effraie, il chancelle
A ma voix!—Que tiens-tu dans ta main!
quel soupçon!
Que tiens-tu dans ta main! réponds.

*Le domino s'est approché et se démasque.
Elle pousse un cri, et reconnaît* DON RUY.

C'est du poison!

HERNANI

Grand Dieu!

DOÑA SOL, *à* HERNANI

Que t'ai-je fait? quel horrible mystère!
Vous me trompiez, don Juan!

HERNANI

Ah! j'ai dû te le taire.
J'ai promis de mourir au duc qui me sauva.
Aragon doit payer cette dette à Silva.

DOÑA SOL

Vous n'êtes pas à lui, mais à moi.   Que
m'importe ¹
Tous vos autres serments?

A DON RUY GOMEZ

Duc, l'amour me rend forte.
Contre vous, contre tous, duc, je le défendrai.

DON RUY GOMEZ, *immobile*

Défends-le, si tu peux, contre un serment
juré.

DOÑA SOL

Quel serment?

HERNANI

J'ai juré.

DOÑA SOL

Non, non, rien ne te lie!
Cela ne se peut pas!   Crime! attentat!
folie!

DON RUY GOMEZ

Allons, duc!

HERNANI *fait un geste pour obéir.*   DOÑA
SOL *cherche à l'entraîner.*

HERNANI

Laissez-moi, doña Sol.   Il le faut.
Le duc a ma parole, et mon père est là-
haut!

DOÑA SOL, *à* DON RUY GOMEZ

Il vaudrait mieux pour vous aller aux tigres
même
Arracher leurs petits qu'à moi celui que
j'aime!
Savez-vous ce que c'est que doña Sol?
Longtemps,
Par pitié pour votre âge et pour vos
soixante ans,

J'ai fait la fille douce, innocente et timide,
Mais voyez-vous cet œil de pleurs de rage
humide?
Elle tire un poignard de son sein.
Voyez-vous ce poignard?—Ah! vieillard
insensé,
Craignez-vous pas le fer quand l'œil a
menacé?
Prenez garde, don Ruy!—Je suis de la
famille,
Mon oncle! Écoutez-moi. Fussé-je votre
fille,
Malheur si vous portez la main sur mon
époux!
*Elle jette le poignard et tombe à genoux
devant le duc.*
Ah! je tombe à vos pieds! Ayez pitié de
nous!
Grâce! Hélas! monseigneur, je ne suis
qu'une femme,
Je suis faible, ma force avorte dans mon
âme,
Je me brise aisément. Je tombe à vos
genoux!
Ah! je vous en supplie, ayez pitié de nous!

DON RUY GOMEZ
Doña Sol!

DOÑA SOL
Pardonnez! Nous autres espagnoles,
Notre douleur s'emporte à de vives paroles,
Vous le savez. Hélas! vous n'étiez pas
méchant!
Pitié! vous me tuez, mon oncle, en le tou-
chant!
Pitié! je l'aime tant!

DON RUY GOMEZ, *sombre*
Vous l'aimez trop!

HERNANI
Tu pleures!

DOÑA SOL
Non, non, je ne veux pas, mon amour, que
tu meures!
Non! je ne le veux pas.

A DON RUY
Faites grâce aujourd'hui!
Je vous aimerai bien aussi, vous.

DON RUY GOMEZ
Après lui!
De ces restes d'amour, d'amitié,—moins
encore,
Croyez-vous apaiser la soif qui me dévore?
Montrant HERNANI
Il est seul! il est tout! Mais moi, belle
pitié!

Qu'est-ce que je peux faire avec votre
amitié?
O rage! il aurait, lui, le cœur, l'amour, le
trône,
Et d'un regard de vous il me ferait l'au-
mône!
Et s'il fallait un mot à mes vœux insensés,
C'est lui qui vous dirait:—Dis cela, c'est
assez!
En maudissant tout bas le mendiant avide
Auquel il faut jeter le fond du verre vide!
Honte! dérision! Non. Il faut en finir,
Bois.

HERNANI
Il a ma parole, et je dois la tenir.

DON RUY GOMEZ
Allons!

HERNANI *approche la fiole de ses lèvres.*
DOÑA SOL *se jette sur son bras.*

DOÑA SOL
Oh! pas encor! Daignez tous deux
m'entendre.

DON RUY GOMEZ
Le sépulcre est ouvert, et je ne puis attendre.

DOÑA SOL
Un instant!—Mon seigneur! Mon don
Juan!—Ah! tous deux
Vous êtes biens cruels! Qu'est-ce que je
veux d'eux?
Un instant! voilà tout, tout ce que je
réclame!—
Enfin, on laisse dire à cette pauvre femme
Ce qu'elle a dans le cœur! . . .—Oh!
laissez-moi parler!

DON RUY GOMEZ, *à* HERNANI
J'ai hâte.

DOÑA SOL
Messeigneurs, vous me faites trembler!
Que vous ai-je donc fait?

HERNANI
Ah! son cri me déchire.

DOÑA SOL, *lui retenant toujours le bras*
Vous voyez bien que j'ai mille choses à
dire!

DON RUY GOMEZ, *à* HERNANI
Il faut mourir.

DOÑA SOL, *toujours pendue au bras* D'HER-
NANI
Don Juan, lorsque j'aurai parlé,
Tout ce que tu voudras, tu le feras.

Elle lui arrache la fiole.

Je l'ai!

Elle élève la fiole aux yeux D'HERNANI *et
du vieillard étonné.*

DON RUY GOMEZ

Puisque je n'ai céans affaire qu'à deux
femmes,
Don Juan, il faut qu'ailleurs j'aille chercher des âmes.
Tu fais de beaux serments par le sang dont
tu sors,
Et je vais à ton père en parler chez les
morts!
—Adieu. . . .

Il fait quelques pas pour sortir. HERNANI
le retient.

HERNANI

Duc, arrêtez!

A DOÑA SOL

Hélas! je t'en conjure,
Veux-tu me voir faussaire, et félon, et
parjure?
Veux-tu que partout j'aille avec la trahison
Ecrite sur le front? Par pitié, ce poison,
Rends-le moi! Par l'amour, par notre
âme immortelle! . . .

DOÑA SOL, *sombre*

Tu veux?

Elle boit.

Tiens, maintenant!

DON RUY GOMEZ, *à part*

Ah! c'était donc pour elle?

DOÑA SOL, *rendant à* HERNANI *la fiole à
demi vidée*

Prends, te dis-je!

HERNANI, *à* DON RUY

Vois-tu, misérable vieillard?

DOÑA SOL

Ne te plains pas de moi, je t'ai gardé ta
part.

HERNANI, *prenant la fiole*

Dieu!

DOÑA SOL

Tu ne m'aürais pas ainsi laissé la
mienne,
Toi! tu n'as pas le cœur d'une épouse
chrétienne.
Tu ne sais pas aimer comme aime une Silva.
Mais j'ai bu la première et suis tranquille.
—Va!
Bois si tu veux!

HERNANI

Hélas! qu'as-tu fait, malheureuse?

DOÑA SOL

C'est toi qui l'as voulu.

HERNANI

C'est une mort affreuse!

DOÑA SOL

Non. Pourquoi donc?

HERNANI

Ce philtre au sépulcre conduit.

DOÑA SOL

Devions-nous pas dormir ensemble cette
nuit?
Qu'importe dans quel lit?

HERNANI

Mon père, tu te venges
Sur moi qui t'oubliais!

Il porte la fiole à sa bouche.

DOÑA SOL, *se jetant sur lui*

Ciel! des douleurs étranges! . . .
Ah! jette loin de toi ce philtre!—Ma raison
S'égare. Arrête! Hélas! mon don Juan,
ce poison
Est vivant! ce poison dans le cœur fait
éclore
Une hydre à mille dents qui ronge et qui
dévore!
Oh! je ne savais pas qu'on souffrît à ce
point!
Qu'est-ce donc que cela? c'est du feu! Ne
bois point!
Oh! tu souffrirais trop!

HERNANI, *à* DON RUY

Ah! ton âme est cruelle!
Pouvais-tu pas choisir d'autre poison pour
elle?

Il boit et jette la fiole.

DOÑA SOL

Que fais-tu?

HERNANI

Qu'as-tu fait?

DOÑA SOL

Viens, ô mon jeune amant,
Dans mes bras.

Ils s'asseyent l'un près de l'autre.

N'est-ce pas qu'on souffre horriblement?

HERNANI

Non.

DOÑA SOL

Voilà notre nuit de noces commencée!
Je suis bien pâle, dis, pour une fiancée?

HERNANI

Ah!

DON RUY GOMEZ

La fatalité s'accomplit.

HERNANI

Désespoir!
O tourment! doña Sol souffrir, et moi le
voir!

DOÑA SOL

Calme-toi. Je suis mieux.—Vers des
clartés nouvelles
Nous allons tout à l'heure ensemble ouvrir
nos ailes.
Partons d'un vol égal vers un monde
meilleur.
Un baiser seulement, un baiser!

Ils s'embrassent.

DON RUY GOMEZ

O douleur!

HERNANI, *d'une voix affaiblie*

Oh! béni soit le ciel qui m'a fait une vie
D'abîmes entourée et de spectres suivie,
Mais qui permet que, las d'un si rude
chemin,
Je puisse m'endormir ma bouche sur ta
main!

DON RUY GOMEZ·

Qu'ils sont heureux!

HERNANI, *d'une voix de plus en plus faible*

Viens, viens . . . doña Sol . . . tout
est sombre. . . .
Souffres-tu?

DOÑA SOL, *d'une voix également éteinte*

Rien, plus rien.

HERNANI

Vois-tu des feux dans l'ombre?

DOÑA SOL

Pas encor.

HERNANI, *avec un soupir*

Voici. . . .

Il tombe.

DON RUY GOMEZ, *soulevant sa tête, qui
retombe*

Mort!

DOÑA SOL, *échevelée, et se dressant à demi
sur son séant*

Mort! non pas! Nous dormons.
Il dort! C'est mon époux, vois-tu. Nous
nous aimons.
Nous sommes couchés là. C'est notre
nuit de noce.

D'une voix qui s'éteint.

Ne le réveillez pas, seigneur duc de Mendoce.
Il est las.

Elle retourne la figure D'HERNANI.

Mon amour, tiens-toi vers moi
tourné.
Plus près . . . plus près encor. . . .
Elle retombe.

DON RUY GOMEZ

Morte!—Oh! je suis damné
Il se tue.

VIGNY

Alfred de Vigny (1797–1863), the third star of the Romantic trio, was, like the others, a poet, novelist, and dramatist. He had started out as a soldier. Dazzled in his youth by the Napoleonic epic, he entered the army as a lieutenant, but came too late on the scene to realize his dream of glory, for he donned the uniform just in time to escort Louis XVIII to the Belgian frontier in his flight to Ghent at the beginning of the Hundred Days (1815). Thirteen years the poet spent in monotonous garrisons where the sole relief of his routine duties was found in reading and writing. In 1822 he published a volume of verse with the title *Poèmes*. This was reprinted with additions and one omission (*Helena*) at various periods (1826, 1829, 1837). In 1864 was published the posthumous volume *les Destinées*, containing a dozen philosophic poems, among them *la Mort du loup, le Mont des Oliviers, la Maison du berger* and *la Bouteille à la mer*. Among his prose works the outstanding ones are *Cinq-Mars* (1826), a historical novel; *Stello* (1832), containing stories dealing with the life and death of three poets of the eighteenth century, Gilbert, Chénier and Chatterton; *Servitude et grandeur militaires* (1835), being a number of fine short stories, and *Journal d'un poète*, published after his death in 1867.

His dramatic works include a translation in verse of *Romeo and Juliet* done in collaboration with Emile Deschamps (1828), which was never performed; *Othello ou le More de Venise*, a verse rendering of Shakespeare's *Othello*, was produced at the Théâtre Français October 24, 1829. From the same year dates his translation of *The Merchant of Venice*, published in 1839 but never produced until 1905. His original dramatic works are *la Maréchale d'Ancre*, first produced at the Odéon, June 25, 1831; *Quitte pour la peur*, a one-act comédie-proverbe, composed for Mme Dorval, as was also his masterpiece *Chatterton*, a prose drama in three acts, first performed at the Théâtre Français on February 12, 1835.

The presentation of *Othello* was important in the annals of Romanticism, although it was more in the nature of propaganda for the new school than a literary achievement. Considering, after the English performances of 1827 which he witnessed and greatly admired, that it was high time to make Shakespeare known to the French through faithful translation rather than through fanciful adaptations, Alfred de Vigny made the attempt with *Othello* which had sixteen creditable performances, after which it was put aside and forgotten while Ducis' adaptation remained in the repertory until 1850. The printed edition was accompanied by a *Lettre à Lord . . . sur la soirée du 24 octobre 1829*, which was another *Préface de Cromwell*, less brilliant than Hugo's high-colored pronouncement, but far more sensible. In it Vigny asked the question: " La scène française s'ouvrira-t-elle, ou non, à une tragédie moderne produisant dans sa conception, un tableau large de la vie, au lieu d'un tableau resserré d'une catastrophe; dans sa composition, des caractères, non des rôles, des scènes paisibles sans drame, mêlées à des scènes comiques et tragiques; dans son exécution, un style familier, comique, tragique et parfois épique? "

The chief merit of this translation was that it was fairly faithful to the original. But the style is still that of the pseudo-classics; it is lacking in brilliance, picturesqueness and originality.

La Maréchale d'Ancre was more according to Dumas' technique than according to Shakespeare's. A historical drama dealing with an episode of the reign of Louis XIII, it contains many inaccuracies in detail, of which the author was well aware, for in a note to act II, sc. vii he states that philosophy is more important than historical accuracy, and in the preface he says that what is needed is not so much authentic facts as the " truth according to human nature, the philosophic spectacle of man profoundly influenced by the passions of his nature and of his times." In 1840 this play had eight performances at the Théâtre Français.

Chatterton is one of the best plays, some say the best, of the whole Romantic period. It is the dramatization of one of the three stories that make up *Stello*. Of these stories, the first, entitled *Histoire d'une puce enragée*, tells of the death by starvation of the poet Gilbert; in conclusion the author says: " Il avait été poète . . . , dès lors, il appartenait à la race toujours maudite des puissances de la terre." The second story is called *Histoire de Kitty Bell* and it relates the self-inflicted death by poison of the eighteen-year old English poet Chatterton who, devoured by the fire of genius, could not adapt himself to the world around him. The third story paints the last days of the poet André Chénier, who inspired Vigny in his youth, and who died on the scaffold, a victim of the French Revolution. The implication in all three of these stories is that poets find no place in society as constituted. More than ordinary people they suffer from the injustice of a social system in which every man is expected to contribute something tangible and materially useful, to create wealth for himself and for others. Poets cannot, by their very nature, do the work which men of coarser grain can and ought to do. Poets should be wards of the nation; they should be provided with the necessities of life so as to enable them to create works of art, undisturbed by prosaic labors and cares. Such was the underlying idea of the drama based on the story of Kitty Bell, which is, in reality, more the story of Chatterton. The drama has helped to create the sophism of the superiority of the artist over the common mortal called contemptuously *bourgeois* or *épicier*, a sophism sedulously proclaimed by numberless writers of the Romantic and Post-Romantic period, and not yet entirely extinct.

The philosophic significance attaching to *Chatterton* is only one of the earmarks of its Romanticism. The hero himself is exclusively Romantic. He was a poet, one of those natures which Vigny calls " plus passionnée, plus pure et plus rare " than that of the common run of humanity. In him " l'émotion est née . . . si profonde et si intime qu'elle l'a plongé, dès l'enfance, dans des extases involontaires, dans des rêveries interminables, dans des inventions infinies." This nature puts him out of tune with mankind in general; but he should be left alone. " Il faut qu'il ne fasse rien d'utile et de journalier pour avoir le temps d'écouter les accords qui se forment lentement dans son âme." Such a hero had as yet not made his appearance on the French stage. Emotionally, he is, of course, related to Chateaubriand's René, to Dumas' Antony, and to Hugo's Hernani and Didier.

Romantic though *Chatterton* is in subject and ideas, it is almost a classic in the simplicity of the plot, the spiritual nature of the conflict, and the observance of the unities. There is no effort to create local color and no picturesque detail, because the dramatist's aim was to center the whole attention on the hero and his destiny, " le martyre perpétuel et la perpétuelle immolation du poète." A man writes a letter in the morning and awaits for the answer until evening; when the answer comes, it kills him. Such is the plot, simply stated by Vigny himself.[1]

The play created a tremendous sensation. The sheer pathos of the thing was so overwhelming that George Sand left the theatre in tears. Undoubtedly much of this success was due to Marie Dorval, who was marvelous especially in the final scene, Kitty's death. Strict moralists condemned the drama on the ground that it glorified suicide; but there was no doubt of its dramatic effectiveness.

Bibliography: THÉÂTRE, one volume of his *Œuvres*, Paris, 1870. PALÉO-LOGUE, *Alfred de Vigny* in Collection des grands écrivains, Paris, 1891. SAKEL-LARIDÈS, *Alfred de Vigny, auteur dramatique*, 1902. ANDRÉ LE BRETON, *Le Théâtre romantique*. A. DE VIGNY, *Lettre à Lord X . . . sur la soirée du 24 octobre 1829 et sur un système dramatique*, a preface to *Chatterton*. *Avant-propos* to the edition of *Othello* published in 1839. E. LAUVRIÈRE, annotated edition of *Chatterton*, Oxford, 1908.

[1] *Dernière nuit de travail, du 29 au 30 juin, 1834.*

CHATTERTON

PAR ALFRED DE VIGNY

(1835)

PERSONNAGES

CHATTERTON
UN QUAKER
KITTY BELL
JOHN BELL
LORD BECKFORD (lord-maire de Londres)
LORD TALBOT
LORD LAUDERDALE
LORD KINGSTON
UN GROOM
UN OUVRIER

RACHEL, *fille de* KITTY BELL, *âgée de six ans*
SON FRÈRE, *jeune garçon de quatre ans*
TROIS JEUNES LORDS
DOUZE OUVRIERS *de la fabrique de* JOHN BELL
DOMESTIQUES *du lord-maire*
DOMESTIQUES *de* JOHN BELL
UN GROOM

CARACTÈRES ET COSTUMES

DES RÔLES PRINCIPAUX

Époque: 1770

La Scène est à Londres

CHATTERTON [1]

CARACTÈRE: *Jeune homme de dix-huit ans, pâle, énergique de visage, faible de corps, épuisé de veilles et de pensée, simple et élégant à la fois dans ses manières, timide et tendre devant Kitty Bell, amical et bon avec le quaker, fier avec les autres, et sur la défensive avec tout le monde; grave et passionné dans l'accent et le langage.*

COSTUME: *Habit noir, veste noire, pantalon gris, bottes molles, cheveux bruns, sans poudre, tombant un peu en désordre; l'air à la fois militaire et ecclésiastique.*

KITTY BELL

CARACTÈRE: *Jeune femme de vingt-deux ans environ, mélancolique, gracieuse, élégante par nature plus que par éducation,* réservée, religieuse, timide dans ses manières, tremblante devant son mari, expansive et abandonnée seulement dans son amour maternel. Sa pitié pour Chatterton va devenir de l'amour, elle le sent, elle en frémit; la réserve qu'elle s'impose en devient plus grande; tout doit indiquer, dès qu'on la voit, qu'une douleur imprévue et une subite terreur peuvent la faire mourir tout à coup.

COSTUME: *Chapeau de velours noir, de ceux qu'on nomme à la Paméla[2]; robe longue, de soie grise; rubans noirs; longs cheveux bouclés dont les repentirs[3] flottent sur le sein.*

LE QUAKER

CARACTÈRE: *Vieillard de quatre-vingts ans, sain et robuste de corps et d'âme, énergique et chaleureux dans son accent, d'une bonté parternelle pour ceux qui l'entourent, les surveillant en silence et les dirigeant sans vouloir les heurter; humoriste et misanthropique lorsqu'il voit les vices de la société; irrité contre elle et indulgent pour*

NOTA. Les personnages sont placés sur le théâtre dans l'ordre de l'inscription de leurs noms en tête de chaque scène, et il est entendu que les termes de *droite* et de *gauche* s'appliquent au spectateur.

[1] Thomas Chatterton, born 1752 at Bristol, committed suicide in London in the year 1770. He was called the mad genius of Bristol. He was the author of the Rowley Poems, attributed by him to a mythical priest of the 15th century. His best known poems: "The Battle of Hastings" and "Bristowe Tragedie or the Dethe of Syr Charles Bawdin." His clever literary imposture did not meet with the success that Macpherson had obtained in 1760 with his "Poems of Ossian."

[2] The English novelist Richardson was as popular in France in the 18th century as was Walter Scott in the first half of the nineteenth, and Pamela was a heroine known to everyone still in Vigny's day.

[3] *repentirs*, long curls.

*chaque homme en particulier, il ne se sert
de son esprit mordant que lorsque l'indignation l'emporte; son regard est pénétrant, mais il feint de n'avoir rien vu pour
être maître de sa conduite; ami de la
maison et attentif à l'accomplissement de
tous les devoirs et au maintien de l'ordre
et de la paix, chacun en secret l'avoue
pour directeur de son âme et de sa vie.*

COSTUME: *Habit, veste, culotte, bas couleur
noisette, brun clair ou gris; grand chapeau
rond à larges bords; cheveux blancs aplatis
et tombants.*

JOHN BELL

CARACTÈRE: *Homme de quarante-cinq à
cinquante ans, vigoureux, rouge de visage,
gonflé d'ale, de porter et de roastbeef,
étalant dans sa démarche l'aplomb [1] de sa
richesse; le regard soupçonneux, domina-
teur; avare et jaloux, brusque dans ses
manières, et faisant sentir le maître à
chaque geste et à chaque mot.*

COSTUME: *Cheveux plats sans poudre, large
et simple habit brun.*

LORD BECKFORD

CARACTÈRE: *Vieillard riche, important;
figure de protecteur sot; les joues or-
gueilleuses, satisfaites, pendant sur une
cravate brodée; un pas ferme et imposant.
Rempli d'estime pour la richesse et de
mépris pour la pauvreté.*

COSTUME: *Collier de lord-maire au cou;
habit riche, veste de brocart, grande canne
à pomme d'or.*

LORD TALBOT

CARACTÈRE: *Fat et bon garçon [2] à la fois,
joyeux compagnon, étourdi et vif de manières, ennemi de toute application et heureux surtout d'être délivré de tout spectacle
triste et de toute affaire sérieuse.*

COSTUME: *Habit de chasse rouge, ceinture
de chamois, culotte de peau, cheveux à
grosse queue légèrement poudrés, casquette
noire vernie.*

ACTE PREMIER

*La scène représente un vaste appartement;
arrière-boutique opulente et confortable de
la maison de JOHN BELL. A gauche
du spectateur, une cheminée pleine de
charbon de terre allumé. A droite, la
porte de la chambre à coucher de KITTY
BELL. Au fond, une grande porte vitrée:
à travers les petits carreaux, on aperçoit
une riche boutique; un grand escalier tournant conduit à plusieurs portes étroites
et sombres, parmi lesquelles se trouve la
porte de la petite chambre de CHAT-
TERTON.*

*Le QUAKER lit dans un coin de la chambre,
à gauche du spectateur. A droite est assise
KITTY BELL; à ses pieds, un enfant assis
sur un tabouret; une jeune fille debout à
côté d'elle.*

SCÈNE PREMIÈRE

LE QUAKER, KITTY BELL, RACHEL

KITTY BELL, *à sa fille qui montre un livre
à son frère.* Il me semble que j'entends
parler monsieur; * ne faites pas de bruit,
enfants. (*Au* QUAKER.) Ne pensez-vous
pas qu'il arrive quelque chose? (*Le* QUA-
KER *hausse les épaules.*) Mon Dieu! votre
père est en colère! certainement, il est
fort en colère; je l'entends bien au son de
sa voix.—Ne jouez pas, je vous en prie,
Rachel. (*Elle laisse tomber son ouvrage et
écoute.*) Il me semble qu'il s'apaise, n'est-
ce pas, monsieur? (*Le* QUAKER *fait signe
que oui, et continue sa lecture.*) N'essayez
pas ce petit collier, Rachel; ce sont des
vanités du monde que nous ne devons pas
même toucher. . . . Mais qui donc vous
a donné ce livre-là? C'est une Bible; qui
vous l'a donnée, s'il vous plaît? Je suis
sûre que c'est le jeune monsieur qui demeure ici depuis trois mois.

RACHEL. Oui, maman.

KITTY BELL. Oh! mon Dieu! qu'a-t-
elle fait là! Je vous ai défendu de rien
accepter, ma fille, et rien surtout de ce
pauvre jeune homme. Quand donc l'avez-
vous vu, mon enfant? Je sais que vous
êtes allée, ce matin, avec votre frère,
l'embrasser dans sa chambre. Pourquoi
êtes-vous entrés chez lui, mes enfants?
C'est bien mal! (*Elle les embrasse.*) Je
suis certaine qu'il écrivait encore; car,
depuis hier au soir, sa lampe brûlait toujours.

RACHEL. Oui, et il pleurait.

KITTY BELL. Il pleurait! Allons, taisez-vous! ne parlez de cela à personne.
Vous irez rendre ce livre à M. Tom quand
il vous appellera; mais ne le dérangez ja-·

---

[1] *aplomb*, arrogant assurance; typical John Bull as seen by French eyes.
[2] *Fat et bon garçon*, self-satisfied and good-natured.
* Kitty désigne par ce mot son mari, John Bell.

mais, et ne recevez de lui aucun présent. Vous voyez que, depuis trois mois qu'il loge ici, je ne lui ai même pas parlé une fois, et vous avez accepté quelque chose, un livre. Ce n'est pas bien. Allez . . . allez embrasser le bon quaker. Allez, c'est bien le meilleur ami que Dieu nous ait donné.

Les enfants courent s'asseoir sur les genoux du QUAKER.

LE QUAKER. Venez sur mes genoux tous deux, et écoutez-moi bien. Vous allez dire à votre bonne petite mère que son cœur est simple, pur et véritablement chrétien, mais qu'elle est plus enfant que vous dans sa conduite, qu'elle n'a pas assez réfléchi à ce qu'elle vient de vous ordonner, et que je la prie de considérer que rendre à un malheureux le cadeau qu'il a fait, c'est l'humilier et lui faire mesurer toute sa misère.

KITTY BELL *s'élance de sa place.* Oh! il a raison! il a mille fois raison! Donnez, donnez-moi ce livre, Rachel. Il faut le garder, ma fille! le garder toute ta vie. Ta mère s'est trompée. Notre ami a toujours raison.

LE QUAKER, *ému et lui baisant la main.* Ah! Kitty Bell! Kitty Bell! âme simple et tourmentée! Ne dis point cela de moi. Il n'y a pas de sagesse humaine. Tu le vois bien, si j'avais raison au fond j'ai eu tort dans la forme. Devais-je avertir les enfants de l'erreur légère de leur mère? Il n'y a pas, ô Kitty Bell, il n'y a pas si belle pensée à laquelle ne soit supérieur un des élans de ton cœur chaleureux, un des soupirs de ton âme tendre et modeste.

On entend une voix tonnante.

KITTY BELL, *effrayée.* Oh! mon Dieu! encore en colère. La voix de leur père me répond là! (*Elle porte la main à son cœur.*) Je ne puis plus respirer. Cette voix me brise le cœur. Que lui a-t-on fait? Encore une colère comme hier au soir. . . . (*Elle tombe sur un fauteuil.*) J'ai besoin d'être assise. N'est-ce pas comme un orage qui vient? et tous les orages tombent sur mon pauvre cœur.

LE QUAKER. Ah! je sais ce qui monte à la tête de votre seigneur et maître: c'est une querelle avec les ouvriers de sa fabrique. Ils viennent de lui envoyer, de Norton à Londres, une députation pour demander la grâce d'un de leurs compagnons. Les pauvres gens ont fait bien vainement une lieue à pied. Retirez-vous tous les trois. . . . Vous êtes inutiles ici.

Cet homme-là vous tuera . . . c'est une espèce de vautour qui écrase sa couvée. KITTY BELL *sort, la main sur son cœur, en s'appuyant sur la tête de son fils, qu'elle emmène avec* RACHEL.

SCÈNE II

LE QUAKER, JOHN BELL, UN GROUPE D'OUVRIERS

LE QUAKER, *regardant arriver* JOHN BELL. Le voilà en fureur. . . . Voilà l'homme riche, le spéculateur heureux; voilà l'égoïste par excellence, le juste selon la loi.

JOHN BELL (*Vingt ouvriers le suivent en silence, et s'arrêtent devant la porte. Aux ouvriers, avec colère*). Non, non, non, non! Vous travaillerez davantage voilà tout.

UN OUVRIER, *à ses camarades.* Et vous gagnerez moins, voilà tout.

JOHN BELL. Si je savais qui a répondu cela, je le chasserais sur-le-champ comme l'autre.

LE QUAKER. Bien dit, John Bell! tu es beau précisément comme un monarque au milieu de ses sujets.

JOHN BELL. Comme vous êtes quaker, je ne vous écoute pas, vous; mais, si je savais lequel de ceux-là vient de parler! Ah! . . . l'homme sans foi que celui qui a dit cette parole! Ne m'avez-vous pas tous vu compagnon parmi vous? Comment suis-je arrivé au bien-être que l'on me voit? Ai-je acheté tout d'un coup toutes les maisons de Norton avec sa fabrique? Si j'en suis le seul maître à présent, n'ai-je pas donné l'exemple du travail et de l'économie? N'est-ce pas en plaçant les produits d'une journée que j'ai nourri mon année? Me suis-je montré paresseux ou prodigue dans ma conduite? Que chacun agisse ainsi, et il deviendra aussi riche que moi. Les machines diminuent votre salaire, mais elles augmentent le mien; j'en suis très fâché pour vous, mais très content pour moi. Si les machines vous appartenaient, je trouverais très bon que leur production vous appartînt; mais j'ai acheté les mécaniques avec l'argent que mes bras ont gagné: faites de même, soyez laborieux et surtout économes. Rappelez-vous bien ce sage proverbe de nos pères: *Gardons bien les sous, les schellings se gardent eux-mêmes.* Et à présent, qu'on ne me parle plus de Tobie; il est chassé pour toujours. Retirez-vous sans rien dire, parce que le

premier qui parlera sera chassé, comme
lui, de la fabrique et n'aura ni pain ni
logement ni travail dans le village. *Ils
sortent.*

LE QUAKER. Courage, ami! je n'ai jamais entendu au parlement un raisonne-
ment plus sain que le tien.

JOHN BELL *revient encore irrité et s'essuyant le visage.* Et vous, ne profitez pas de
ce que vous êtes quaker pour troubler
tout, partout où vous êtes. Vous parlez
rarement, mais vous devriez ne parler
jamais. Vous jetez au milieu des actions
des paroles qui sont comme des coups de
couteau.

LE QUAKER. Ce n'est que du bon sens,
maître John; et quand les hommes sont
fous, cela leur fait mal à la tête. Mais je
n'en ai pas de remords; l'impression d'un
mot vrai ne dure pas plus que le temps de
le dire; c'est l'affaire d'un moment.

JOHN BELL. Ce n'est pas là mon idée:
vous savez que j'aime assez à raisonner
avec vous sur la politique; mais vous
mesurez tout à votre toise,[1] et vous avez
tort. La secte de vos quakers est déjà
une exception dans la chrétienté, et vous
êtes vous-même une exception parmi les
quakers. Vous avez partagé tous vos
biens entre vos neveux; vous ne possédez
plus rien qu'une chétive subsistance, et
vous achevez votre vie dans l'immobilité
et la méditation. Cela vous convient, je
le veux; mais ce que je ne veux pas, c'est
que, dans ma maison, vous veniez, en
public, autoriser mes inférieurs à l'insolence.

LE QUAKER. Eh! que te fait, je te prie,
leur insolence? Le bêlement de tes mou-
tons t'a-t-il jamais empêché de les tondre
et de les manger? Y a-t-il un seul de ces
hommes dont tu ne puisses vendre le lit?
Y a-t-il dans le bourg de Norton une seule
famille où n'envoie ses petits garçons et
ses filles tousser et pâlir en travaillant tes
laines? Quelle maison ne t'appartient pas
et n'est chèrement louée par toi? Quelle
minute de leur existence ne t'est pas donnée? Quelle goutte de sueur ne te rapporte un schelling? La terre de Norton,
avec les maisons et les familles, est portée
dans ta main comme le globe dans la main
de Charlemagne. Tu es le baron absolu
de ta fabrication féodale.

JOHN BELL. C'est vrai, mais c'est juste.
La terre est à moi, parce que je l'ai ache-
tée; les maisons, parce que je les ai bâties;
les habitants, parce que je les loge; et leur
travail, parce que je le paye. Je suis juste
selon la loi.

LE QUAKER. Et ta loi, est-elle juste
selon Dieu?

JOHN BELL. Si vous n'étiez pas quaker,
vous seriez pendu pour parler ainsi.

LE QUAKER. Je me pendrais moi-même
plutôt que de parler autrement, car j'ai
pour toi une amitié véritable.

JOHN BELL. S'il n'était vrai, docteur,
que vous êtes mon ami depuis vingt ans
et que vous avez sauvé un de mes enfants,
je ne vous reverrais jamais.

LE QUAKER. Tant pis, car je ne te
sauverais plus toi-même, quand tu es plus
aveuglé par la folie jalouse des spéculateurs que les enfants par la faiblesse de
leur âge. Je désire que tu ne chasses pas
ce malheureux ouvrier. Je ne te le demande pas, parce que je n'ai jamais rien
demandé à personne, mais je te le conseille.

JOHN BELL. Ce qui est fait est fait.
Que n'agissent-ils tous comme moi! Que
tout travaille et serve dans leur famille.
Ne fais-je pas travailler ma femme, moi?
Jamais on ne la voit, mais elle est ici tout
le jour; et, tout en baissant les yeux, elle
s'en sert pour travailler beaucoup. Malgré mes ateliers et fabriques aux environs
de Londres, je veux qu'elle continue à
diriger du fond de ses appartements cette
maison de plaisance, où viennent les lords,
au retour du parlement, de la chasse ou
de Hyde-Park.[2] Cela me fait de bonnes
relations que j'utilise plus tard. Tobie
était un ouvrier habile, mais sans prévoyance. Un calculateur véritable ne
laisse rien subsister d'inutile autour de lui.
Tout doit rapporter, les choses animées et
inanimées. La terre est féconde, l'argent
est aussi fertile, et le temps rapporte
l'argent. Or, les femmes ont des années
comme nous; donc, c'est perdre un bon
revenu que de laisser passer ce temps sans
emploi. Tobie a laissé sa femme et ses
filles dans la paresse; c'est un malheur très
grand pour lui, je n'en suis pas responsable.

LE QUAKER. Il s'est rompu le bras
dans une de tes machines.

JOHN BELL. Oui, et même, il a rompu
la machine.

LE QUAKER. Et je suis sûr que dans
ton cœur tu regrettes plus le ressort de
fer que le ressort de chair et de sang: va,
ton cœur est d'acier comme tes méca-

---

[1] *à votre toise,* by your own standards (*toise,* fathom).
[2] *Hyde-Park,* principal park in London.

niques. La société deviendra comme ton cœur, elle aura pour dieu un lingot d'or et pour empereur un usurier juif. Mais ce n'est pas ta faute, tu agis fort bien selon ce que tu as trouvé autour de toi en venant sur la terre: je ne t'en veux pas du tout, tu as été conséquent, c'est une qualité rare. Seulement, si tu ne veux pas me laisser parler, laisse-moi lire. (*Il reprend son livre, et se retourne dans son fauteuil.*)

JOHN BELL, *ouvrant la porte de sa femme avec force.* Mistress Bell! venez ici.

SCÈNE III

LES MÊMES, KITTY BELL

KITTY BELL *avec effroi, tenant ses enfants par la main. Ils se cachent dans la robe de leur mère par crainte de leur père.* Me voici.

JOHN BELL. Les comptes de la journée d'hier, s'il vous plaît? Ce jeune homme qui loge là-haut n'a-t-il pas d'autre nom que Tom? ou Thomas? . . . J'espère qu'il en sortira bientôt.

KITTY BELL (*elle va prendre un registre sur une table, et le lui apporte*). Il n'a écrit que ce nom-là sur nos registres en louant cette petite chambre. Voici mes comptes du jour avec ceux des derniers mois.

JOHN BELL (*il les compte sur le registre*). Catherine! vous n'êtes plus aussi exacte. (*Il s'interrompt et la regarde en face avec un air de défiance.*) Il veille toute la nuit, ce Tom? C'est bien étrange. Il a l'air fort misérable. (*Revenant au registre, qu'il parcourt des yeux.*) Vous n'êtes plus aussi exacte.

KITTY BELL. Mon Dieu! pour quelle raison me dire cela?

JOHN BELL. Ne la soupçonnez-vous pas, mistress Bell?

KITTY BELL. Serait-ce parce que les chiffres sont mal disposés?

JOHN BELL. La plus sincère met de la finesse partout. Ne pouvez-vous pas répondre droit et regarder en face?

KITTY BELL. Mais enfin, que trouvez-vous là qui vous fâche?

JOHN BELL. C'est ce que je ne trouve pas qui me fâche, et dont l'absence m'étonne. . . .

KITTY BELL, *avec embarras.* Mais il n'y a qu'à voir, je ne sais pas bien.

JOHN BELL. Il manque là cinq ou six guinées; à la première vue, j'en suis sûr.

KITTY BELL. Voulez-vous m'expliquer comment?

JOHN BELL, *la prenant par le bras.* Passez dans votre chambre, s'il vous plaît, vous serez moins distraite. Les enfants sont désœuvrés, je n'aime pas cela. Ma maison n'est plus si bien tenue. Rachel est trop décolletée: je n'aime pas du tout cela. . . . (RACHEL *court se jeter entre les jambes du* QUAKER. JOHN BELL *poursuit en s'adressant à* KITTY BELL, *qui est entrée dans sa chambre à coucher avant lui.*) Me voici, me voici; recommencez cette colonne et multipliez par sept. *Il entre dans la chambre après* KITTY BELL.

SCÈNE IV

LE QUAKER, RACHEL

RACHEL. J'ai peur!

LE QUAKER. De frayeur en frayeur, tu passeras ta vie d'esclave. Peur de ton père, peur de ton mari un jour, jusqu'à la délivrance. (*Ici, on voit* CHATTERTON *sortir de sa chambre et descendre lentement l'escalier. Il s'arrête et regarde le vieillard et l'enfant.*) Joue, belle enfant, jusqu'à ce que tu sois femme; oublie jusque-là et, après, oublie encore si tu peux. Joue toujours et ne réfléchis jamais. Viens sur mon genou. Là! Tu pleures! tu caches ta tête dans ma poitrine. Regarde, regarde, voilà ton ami qui descend.

SCÈNE V

LE QUAKER, RACHEL, CHATTERTON

CHATTERTON, *après avoir embrassé* RACHEL, *qui court au-devant de lui, donne la main au* QUAKER. Bonjour, mon sévère ami.

LE QUAKER. Pas assez comme ami et pas assez comme médecin. Ton âme te ronge le corps. Tes mains sont brûlantes, et ton visage est pâle. Combien de temps espères-tu vivre ainsi?

CHATTERTON. Le moins possible. Mistress Bell n'est-elle pas ici?

LE QUAKER. Ta vie n'est-elle donc utile à personne?

CHATTERTON. Au contraire, ma vie est de trop à tout le monde.

LE QUAKER. Crois-tu fermement ce que tu dis?

CHATTERTON. Aussi fermement que vous croyez à la charité chrétienne. *Il sourit avec amertume.*

LE QUAKER. Quel âge as-tu donc? Ton cœur est pur et jeune comme celui de Rachel, et ton esprit expérimenté est vieux comme le mien.

CHATTERTON. J'aurai demain dix-huit ans.

LE QUAKER. Pauvre enfant!

CHATTERTON. Pauvre? oui. Enfant? non. . . . J'ai vécu mille ans!

LE QUAKER. Ce ne serait pas assez pour savoir la moitié de ce qu'il y a de mal parmi les hommes. Mais la science universelle, c'est l'infortune.

CHATTERTON. Je suis donc bien savant! . . . Mais j'ai cru que mistress Bell était ici. Je viens d'écrire une lettre qui m'a bien coûté.

LE QUAKER. Je crains que tu ne sois trop bon. Je t'ai bien dit de prendre garde à cela. Les hommes sont divisés en deux parts: martyrs et bourreaux. Tu seras toujours martyr de tous, comme la mère de cette enfant-là.

CHATTERTON, *avec un élan violent.* La bonté d'un homme ne le rend victime que jusqu'où il le veut bien, et l'affranchissement est dans sa main.

LE QUAKER. Qu'entends-tu par là?

CHATTERTON, *embrassant* RACHEL, *dit de la voix la plus tendre.* Voulons-nous faire peur à cette enfant? et si près de l'oreille de sa mère.

LE QUAKER. Sa mère a l'oreille frappée d'une voix moins douce que la tienne, elle n'entendrait pas. Voilà trois fois qu'il la demande!

CHATTERTON, *s'appuyant sur le fauteuil où le* QUAKER *est assis.* Vous me grondez toujours; mais dites-moi seulement pourquoi on ne se laisserait pas aller à la pente de son caractère, dès qu'on est sûr de quitter la partie quand la lassitude viendra? Pour moi, j'ai résolu de ne me point masquer et d'être moi-même jusqu'à la fin, d'écouter, en tout, mon cœur dans ses épanchements comme dans ses indignations, et de me résigner à bien accomplir ma loi. A quoi bon feindre le rigorisme, quand on est indulgent? On verrait un sourire de pitié sous ma sévérité factice, et je ne saurais trouver un voile qui ne fût transparent. On me trahit de tout côté, je le vois, et me laisse tromper par dédain de moi-même, par ennui de prendre ma défense. J'envie quelques hommes en voyant le plaisir qu'ils trouvent à triompher de moi par des ruses grossières; je les vois de loin en ourdir les fils,[1] et je ne me baisserais pas pour en rompre un seul, tant je suis devenu indifférent à ma vie. Je suis d'ailleurs assez vengé par leur abaissement, qui m'élève à mes yeux, et il me semble que la Providence ne peut laisser aller longtemps les choses de la sorte. N'avait-elle pas son but en me créant? Ai-je le droit de me roidir contre elle pour réformer la nature? Est-ce à moi de démentir Dieu?

LE QUAKER. En toi, la rêverie continuelle a tué l'action.

CHATTERTON. Eh! qu'importe, si une heure de cette rêverie produit plus d'œuvres que vingt jours de l'action des autres! Qui peut juger entre eux et moi? N'y a-t-il pour l'homme que le travail du corps? et le labeur de la tête n'est-il pas digne de quelque pitié? Eh! grand Dieu! la seule science de l'esprit, est-ce la science des nombres? Pythagore[2] est-il le Dieu du monde? Dois-je dire à l'inspiration ardente: « Ne viens pas, tu es inutile » ?

LE QUAKER. Elle t'a marqué au front de son caractère fatal. Je ne te blâme pas, mon enfant, mais je te pleure.

CHATTERTON (*Il s'assied*). Bon quaker, dans votre société fraternelle et spiritualiste, a-t-on pitié de ceux que tourmente la passion de la pensée? Je le crois; je vous vois indulgent pour moi, sévère pour tout le monde: cela me calme un peu. (*Ici* RACHEL *va s'asseoir sur les genoux de* CHATTERTON.) En vérité, depuis trois mois, je suis presque heureux ici: on n'y sait pas mon nom, on ne m'y parle pas de moi, et je vois de beaux enfants sur mes genoux.

LE QUAKER. Ami, je t'aime pour ton caractère sérieux. Tu serais digne de nos assemblées religieuses, où l'on ne voit pas l'agitation des papistes, adorateurs d'images, où l'on n'entend pas les chants puérils des protestants. Je t'aime, parce que je devine que tout le monde te hait. Une âme contemplative est à charge à tous les désœuvrés remuants qui couvrent la terre: l'imagination et le recueillement sont deux maladies dont personne n'a pitié! Tu ne sais pas seulement les noms des ennemis secrets qui rôdent autour de toi; mais j'en sais qui te haïssent d'autant plus qu'ils ne te connaissent pas.

CHATTERTON, *avec chaleur.* Et cependant n'ai-je pas quelque droit à l'amour de mes frères, moi qui travaille pour eux nuit et jour; moi qui cherche avec tant de fatigues dans les ruines nationales, quelques fleurs de poésie dont je puisse extraire un parfum durable; moi qui veux

---

[1] *ourdir les fils*, weave the threads into a plot.

[2] *Pythagore*, Pythagoras, Greek mathematician and philosopher, 6th century B.C.

ajouter une perle de plus à la couronne d'Angleterre, et qui plonge dans tant de mers et de fleuves pour la chercher? (*Ici* RACHEL *quitte* CHATTERTON; *elle va s'asseoir sur un tabouret aux pieds du* QUAKER, *et regarde des gravures.*) Si vous saviez mes travaux! . . . J'ai fait de ma chambre la cellule d'un cloître; j'ai béni et sanctifié ma vie et ma pensée; j'ai raccourci ma vue, et j'ai éteint devant mes yeux les lumières de notre âge; j'ai fait mon cœur plus simple: je me suis appris le parler enfantin du vieux temps; j'ai écrit, comme le roi Harold [1] au duc Guillaume, en vers à demi-saxons et francs; et ensuite, cette muse du dixième siècle, cette muse religieuse, je l'ai placée dans une châsse, comme une sainte. Ils l'auraient brisée s'ils l'avaient crue faite de ma main; ils l'ont adorée comme l'œuvre d'un moine qui n'a jamais existé, et que j'ai nommé Rowley.

LE QUAKER. Oui, ils aiment assez à faire vivre les morts et mourir les vivants.

CHATTERTON. Cependant on a su que ce livre était fait par moi. On ne pouvait plus le détruire, on l'a laissé vivre: mais il ne m'a donné qu'un peu de bruit,[2] et je ne puis faire d'autre métier que celui d'écrire. J'ai tenté de me ployer à tout, sans y parvenir. On m'a parlé de travaux exacts; je les ai abordés, sans pouvoir les accomplir. Puissent les hommes pardonner à Dieu de m'avoir ainsi créé! Est-ce excès de force, ou n'est-ce que faiblesse honteuse? Je n'en sais rien, mais jamais je ne pus enchaîner dans des canaux étroits et réguliers les débordements tumultueux de mon esprit, qui toujours inondait ses rives malgré moi. J'étais incapable de suivre les lentes opérations des calculs journaliers, j'y renonçai le premier. J'avouai mon esprit vaincu par le chiffre, et j'eus dessein d'exploiter mon corps. Hélas! mon ami! autre douleur! autre humiliation! Ce corps, dévoré dès l'enfance par les ardeurs de mes veilles, est trop faible pour les rudes travaux de la mer ou de l'armée, trop faible même pour la moins fatigante industrie. (*Il se lève avec une agitation involontaire.*) Et d'ailleurs, eussé-je les forces d'Hercule, je trouverais toujours entre moi et mon ouvrage l'ennemie fatale née avec moi, la fée malfaisante trouvée sans doute dans mon berceau, la Distraction, la Poésie! Elle se met partout; elle me donne et m'ôte tout; elle charme et détruit toute chose pour moi; elle m'a sauvé . . . elle m'a perdu!

LE QUAKER. Et à présent, que fais-tu donc?

CHATTERTON. Que sais-je? . . . J'écris. Pourquoi? Je n'en sais rien . . . parce qu'il le faut.

Il tombe assis, et n'écoute plus la réponse du QUAKER. *Il regarde* RACHEL *et l'appelle près de lui.*

LE QUAKER. La maladie est incurable!

CHATTERTON. La mienne?

LE QUAKER. Non, celle de l'humanité. Selon ton cœur, tu prends en bienveillante pitié ceux qui te disent: « Sois un autre homme que celui que tu es »; moi, selon ma tête, je les ai en mépris, parce qu'ils veulent dire: « Retire-toi de notre soleil; il n'y a pas de place pour toi.» Les guérira qui pourra. J'espère peu en moi; mais, du moins, je les poursuivrai.

CHATTERTON, *continuant de parler à* RACHEL, *à qui il a parlé bas pendant la réponse du* QUAKER. Et vous ne l'avez plus, votre Bible? Où est donc votre maman?

LE QUAKER, *se levant.* Veux-tu sortir avec moi?

CHATTERTON, *à* RACHEL. Qu'avez-vous fait de la Bible, miss Rachel?

LE QUAKER. N'entends-tu pas le maître qui gronde? Écoute!

JOHN BELL, *dans la coulisse.* Je ne le veux pas. Cela ne se peut pas ainsi. Non, non, madame.

LE QUAKER, *à* CHATTERTON, *en prenant son chapeau et sa canne à la hâte.* Tu as les yeux rouges, il faut prendre l'air. Viens, la fraîche matinée te guérira de ta nuit brûlante.

CHATTERTON, *regardant venir* KITTY BELL. Certainement cette jeune femme est fort malheureuse.

LE QUAKER. Cela ne regarde personne. Je voudrais que personne ne fût ici quand elle sortira. Donne la clef de ta chambre, donne. Elle la trouvera tout à l'heure. Il y a des choses d'intérieur [3] qu'il ne faut pas avoir l'air d'apercevoir. Sortons. La voilà.

CHATTERTON. Ah! comme elle pleure!

---

[1] *Harold*, King of England, overcome in battle at Hastings in 1066 by William (Guillaume) of Normandy. Chatterton's most famous epic poem is on the Battle of Hastings.

[2] *bruit*, fame.

[3] *choses d'intérieur*, domestic matters.

. . . Vous avez raison . . . je ne pourrais pas voir cela. . . . Sortons.

SCÈNE VI

KITTY BELL *entre en pleurant, suivie de* JOHN BELL

KITTY BELL, *à* RACHEL, *en la faisant entrer dans la chambre d'où elle sort.* Allez avec votre frère, Rachel, et laissez-moi ici. (*A son mari.*) Je vous le demande mille fois, n'exigez pas que je vous dise pourquoi ce peu d'argent vous manque; six guinées, est-ce quelque chose pour vous? Considérez bien, monsieur, que j'aurais pu vous le cacher dix fois en altérant mes calculs. Mais je ne ferais pas un mensonge, même pour sauver mes enfants, et j'ai préféré vous demander la permission de garder le silence là-dessus, ne pouvant ni vous dire la vérité, ni mentir, sans faire une méchante action.

JOHN BELL. Depuis que le ministre a mis votre main dans la mienne, vous ne m'avez pas résisté de cette manière.

KITTY BELL. Il faut donc que le motif en soit sacré.

JOHN BELL. Ou coupable, madame.

KITTY BELL, *avec indignation.* Vous ne le croyez pas!

JOHN BELL. Peut-être.

KITTY BELL. Ayez pitié de moi! vous me tuez par de telles scènes.

JOHN BELL. Bah! vous êtes plus forte que vous ne le croyez.

KITTY BELL. Ah! n'y comptez pas trop. . . . Au nom de nos pauvres enfants!

JOHN BELL. Où je vois un mystère, je vois une faute!

KITTY BELL. Et si vous n'y trouviez qu'une bonne action? quel regret pour vous!

JOHN BELL. Si c'est une bonne action, pourquoi vous être cachée?

KITTY BELL. Pourquoi, John Bell? Parce que votre cœur s'est endurci, et que vous m'auriez empêchée d'agir selon le mien. Et cependant, qui donne au pauvre prête au Seigneur.

JOHN BELL. Vous feriez mieux de prêter à intérêts sur de bons gages.

KITTY BELL. Dieu vous pardonne vos sentiments et vos paroles!

JOHN BELL, *marchant dans la chambre à grands pas.* Depuis quelque temps, vous lisez trop; je n'aime pas cette manie dans une femme. . . . Voulez-vous être une *bas bleu?*

KITTY BELL. Oh! mon ami, en viendrez-vous jusqu'à me dire des choses méchantes, parce que, pour la première fois, je ne vous obéis pas sans restrictions? . . . Je ne suis qu'une femme simple et faible; je ne sais rien que mes devoirs de chrétienne.

JOHN BELL. Les savoir pour ne pas les remplir, c'est une profanation.

KITTY BELL. Accordez-moi quelques semaines de silence seulement sur ces comptes, et le premier mot qui sortira de ma bouche sera le pardon que je vous demanderai pour avoir tardé à vous dire la vérité. Le second sera le récit exact de ce que j'ai fait.

JOHN BELL. Je désire que vous n'ayez rien à dissimuler.

KITTY BELL. Dieu le sait! il n'y a pas une minute de ma vie dont le souvenir puisse me faire rougir.

JOHN BELL. Et cependant jusqu'ici vous ne m'avez rien caché.

KITTY BELL. Souvent la terreur nous apprend à mentir.

JOHN BELL. Vous savez donc faire un mensonge?

KITTY BELL. Si je le savais, vous prierais-je de ne pas m'interroger? Vous êtes un juge impitoyable.

JOHN BELL. Impitoyable! Vous me rendrez compte de cet argent.

KITTY BELL. Eh bien, je vous demande jusqu'à demain pour cela.

JOHN BELL. Soit; jusqu'à demain je n'en parlerai plus.

KITTY BELL, *lui baisant la main.* Ah! je vous retrouve. Vous êtes bon. Soyez-le toujours.

JOHN BELL. C'est bien! c'est bien! songez à demain. *Il sort.*

KITTY BELL, *seule.* Pourquoi, lorsque j'ai touché la main de mon mari, me suis-je reproché d'avoir gardé ce livre?[1] La conscience ne peut avoir tort. (*Elle rêve.*) Je le rendrai. *Elle sort à pas lents.*

ACTE DEUXIÈME
Même décoration

SCÈNE PREMIÈRE

LE QUAKER, CHATTERTON

CHATTERTON *entre vite et comme en se sauvant.* Enfin, nous voilà au port!

---

[1] *ce livre*, the Bible mentioned before.

LE QUAKER. Ami, est-ce un accès de folie qui t'a pris?

CHATTERTON. Je sais très bien ce que je fais.

LE QUAKER. Mais pourquoi rentrer ainsi tout à coup?

CHATTERTON, *agité.* Croyez-vous qu'il m'ait vu?

LE QUAKER. Il n'a pas détourné son cheval, et je ne l'ai pas vu tourner la tête une fois. Ses deux grooms l'ont suivi au grand trot. Mais pourquoi l'éviter, ce jeune homme?

CHATTERTON. Vous êtes sûr qu'il ne m'a pas reconnu?

LE QUAKER. Si le serment n'était un usage simple, je pourrais le jurer.

CHATTERTON. Je respire. C'est que vous savez bien qu'il est de mes amis. C'est lord Talbot.

LE QUAKER. Eh bien, qu'importe? un ami n'est guère plus méchant qu'un autre homme.

CHATTERTON, *marchant à grands pas, avec humeur.* Il ne pouvait rien m'arriver de pis que de le voir. Mon asile était violé, ma paix était troublée, mon nom était connu ici.

LE QUAKER. Le grand malheur!

CHATTERTON. Le savez-vous, mon nom, pour en juger?

LE QUAKER. Il y a quelque chose de bien puéril dans ta crainte. Tu n'es que sauvage,[1] et tu seras pris pour un criminel, si tu continues.

CHATTERTON. O mon Dieu, pourquoi suis-je sorti avec vous? Je suis certain qu'il m'a vu.

LE QUAKER. Je l'ai vu souvent venir ici après ses parties de chasse.

CHATTERTON. Lui?

LE QUAKER. Oui, lui, avec de jeunes lords de ses amis.

CHATTERTON. Il est écrit que je ne pourrai poser ma tête nulle part. Toujours des amis!

LE QUAKER. Il faut être bien malheureux pour en venir à dire cela.

CHATTERTON, *avec humeur.* Vous n'avez jamais marché aussi lentement qu'aujourd'hui.

LE QUAKER. Prends-toi à moi[2] de ton désespoir. Pauvre enfant! rien n'a pu t'occuper dans cette promenade. La nature est morte devant tes yeux.

CHATTERTON. Croyez-vous que mistress Bell soit très pieuse? Il me semble lui avoir vu une Bible dans les mains.

LE QUAKER, *brusquement.* Je n'ai point vu cela. C'est une femme qui aime ses devoirs et qui craint Dieu. Mais je n'ai pas vu qu'elle eût aucun livre dans les mains. (*A part.*) Où va-t-il se prendre?[3] à quoi ose-t-il penser! J'aime mieux qu'il se noie que de s'attacher à cette branche. . . . (*Haut.*) C'est une jeune femme très froide, qui n'est émue que pour ses enfants, quand ils sont malades. Je la connais depuis sa naissance.

CHATTERTON. Je gagerais cent livres sterling que cette rencontre de lord Talbot me portera malheur.

LE QUAKER. Comment serait-ce possible?

CHATTERTON. Je ne sais comment cela se fera, mais vous verrez si cela manque. Si cette jeune femme aimait un homme, il ferait mieux de se faire sauter la cervelle que de la séduire. Ce serait affreux, n'est-ce pas?

LE QUAKER. N'y aura-t-il jamais une de tes idées qui ne tourne au désespoir?

CHATTERTON. Je sens autour de moi quelque malheur inévitable. J'y suis tout accoutumé. Je ne résiste plus. Vous verrez cela: c'est un curieux spectacle. Je me reposais ici, mais mon ennemie ne m'y laissera pas.

LE QUAKER. Quelle ennemie?

CHATTERTON. Nommez-la comme vous voudrez: la Fortune, la Destinée; que sais-je, moi?

LE QUAKER. Tu t'écartes de la religion.

CHATTERTON *va à lui et lui prend la main.* Vous avez peur que je ne fasse du mal ici? Ne craignez rien. Je suis inoffensif comme les enfants. Docteur, vous avez vu quelquefois des pestiférés ou des lépreux? Votre premier désir était de les écarter de l'habitation des hommes. Ecartez-moi, repoussez-moi, ou bien laissez-moi seul; je me séparerai moi-même plutôt que de donner à personne la contagion de mon infortune. (*Cris et coups de fouets d'une partie de chasse finie.*) Tenez, voilà comme on dépiste le sanglier solitaire!

SCÈNE II

CHATTERTON, LE QUAKER, JOHN BELL, KITTY BELL

JOHN BELL, *à sa femme.* Vous avez mal fait, Kitty, de ne pas dire que c'était un

---

[1] *sauvage*, shy.

[2] *prends-toi à moi*, blame me.

[3] *se prendre*, get caught in.

personnage de considération. (*Un Do-*
mestique apporte un thé.)

KITTY BELL. En est-il ainsi? En vérité, je ne le savais pas.

JOHN BELL. De très grande considération. Lord Talbot m'a fait dire que c'était
son ami, et un homme distingué qui ne
veut pas être connu.

KITTY BELL. Hélas! il n'est donc plus
malheureux? J'en suis bien aise. Mais
je ne lui parlerai pas, je m'en vais.

JOHN BELL. Restez, restez. Invitez-le
à prendre le thé avec le docteur en famille;
cela fera plaisir à lord Talbot.

Il va s'asseoir à droite, près de la table à thé.

LE QUAKER, *à* CHATTERTON *qui fait un
mouvement pour se retirer chez lui.* Non,
non, ne t'en va pas, on parle de toi.

KITTY BELL, *au* QUAKER. Mon ami,
voulez-vous avoir la bonté de lui demander
s'il veut déjeuner avec mon mari et mes
enfants.

LE QUAKER. Vous avez tort de l'inviter, il ne peut pas souffrir les invitations.

KITTY BELL. Mais c'est mon mari qui
le veut.

LE QUAKER. Sa volonté est souveraine.
(*A* CHATTERTON.) Madame invite son
hôte à déjeuner et désire qu'il prenne
le thé en famille ce matin. (*Bas.*) Il ne
faut pas accepter; c'est par ordre de son
mari qu'elle fait cette démarche; mais cela
lui déplaît.

JOHN BELL, *assis, lisant le journal,
s'adresse à* KITTY. L'a-t-on invité?

KITTY BELL. Le docteur lui en parle.

CHATTERTON, *au* QUAKER. Je suis forcé
de me retirer chez moi.

LE QUAKER, *à* KITTY. Il est forcé de
se retirer chez lui.

KITTY BELL, *à* JOHN BELL. Monsieur
est forcé de rentrer chez lui.

JOHN BELL. C'est de l'orgueil: il croit
nous honorer trop.

Il tourne le dos et se remet à lire.

CHATTERTON, *au* QUAKER. Je n'aurais
pas accepté: c'était par pitié qu'on m'in-
vitait.

Il va vers sa chambre, LE QUAKER *le suit
et le retient. Ici* UN DOMESTIQUE *amène
les enfants et les fait asseoir à table.* LE
QUAKER *s'assied au fond,* KITTY BELL
à droite, JOHN *à gauche, tournant le dos
à la chambre, les enfants près de leur
mère.*

SCÈNE III

LES MÊMES, LORD TALBOT, LORD LAU-
DERDALE, LORD KINGSTON, *et* TROIS
JEUNES LORDS, *en habits de chasse*

LORD TALBOT, *un peu ivre.* Où est-il?
où est-il? Le voilà, mon camarade! mon
ami! Que diable fais-tu ici? Tu nous as
quittés? Tu ne veux plus de nous? C'est
donc fini? Parce que tu es illustre à
présent, tu nous dédaignes. Moi, je n'ai
rien appris de bon à Oxford, si ce n'est à
boxer, j'en conviens; mais cela ne m'empêche pas d'être ton ami. Messieurs, voilà
mon bon ami. . . .

CHATTERTON, *voulant l'interrompre.* Milord. . . .

LORD TALBOT. Mon ami Chatterton.

CHATTERTON, *sérieusement lui pressant
la main.* George, George! toujours indiscret!

LORD TALBOT. Est-ce que cela te fait
de la peine? L'auteur des poèmes qui
font tant de bruit! le voilà! Messieurs,
j'ai été à l'Université avec lui.[1] Ma foi,
je ne me serais pas douté de ce talent-là.
Ah! le sournois, comme il m'a attrapé!
Mon cher, voilà lord Lauderdale et lord
Kingston, qui savent par cœur ton poème
d'*Harold.* Ah! si tu veux souper avec
nous, tu seras content d'eux, sur mon
honneur. Ils disent les vers comme Garrick.[2] La chasse au renard ne t'amuse
pas; sans cela je t'aurais prêté Rébecca,
que ton père m'a vendue. Mais tu sais
que nous venons tous souper ici après la
chasse. Ainsi, à ce soir. Ah! par Dieu!
nous nous amuserons. Mais tu es en
deuil! Ah! diable!

CHATTERTON, *avec tristesse.* Oui, de
mon père.

LORD TALBOT. Ah! il était bien vieux
aussi. Que veux-tu! te voilà héritier.

CHATTERTON, *amèrement.* Oui. De
tout ce qui lui restait.

LORD TALBOT. Ma foi, si tu dépenses
aussi noblement ton argent qu'à Oxford,
cela te fera honneur; cependant tu étais
déjà bien sauvage. Eh bien, je deviens
comme toi à présent, en vérité. J'ai le
spleen, mais ce n'est que pour une heure
ou deux. Ah! mistress Bell, vous êtes une
puritaine. Touchez-là, vous ne m'avez
pas donné la main aujourd'hui. Je dis
que vous êtes une puritaine; sans cela, je
vous recommanderais mon ami.

---

[1] Chatterton never did study at any university.
[2] *Garrick* (1717–1779), famous English actor.

John Bell. Répondez donc à milord, Kitty! Milord, Votre Seigneurie sait comme elle est timide. (*A* Kitty.) Montrez de bonnes dispositions pour son ami.

Kitty Bell. Votre Seigneurie ne doit pas douter de l'intérêt que mon mari prend aux personnes qui veulent bien loger chez lui.

John Bell. Elle est si sauvage, milord, qu'elle ne lui a pas adressé la parole une fois, le croiriez-vous? pas une fois depuis trois mois qu'il loge ici!

Lord Talbot. Oh! maître John Bell, c'est une timidité dont il faut la corriger. Ce n'est pas bien. Allons, Chatterton, que diable! corrige-la, toi aussi, corrige-la.

Le Quaker, *sans se lever.* Jeune homme, depuis cinq minutes que tu es ici, tu n'as pas dit un mot qui ne fût de trop.

Lord Talbot. Qu'est-ce que c'est que ça? Quel est cet animal sauvage?

John Bell. Pardon, milord, c'est un quaker.

Rires joyeux.

Lord Talbot. C'est vrai. Oh! quel bonheur, un quaker! (*Le lorgnant.*) Mes amis, c'est un gibier que nous n'avions pas fait lever encore.

Eclats de rire des lords.

Chatterton *va vite à* Lord Talbot. (*A demi-voix.*) George, tout cela est bien léger; mon caractère ne s'y prête pas. . . . Tu sais cela, souviens-toi de Primerose Hill![1] . . . J'aurai à te parler à ton retour de la chasse.

Lord Talbot, *consterné.* Ah! si tu veux jouer encore du pistolet . . . comme tu voudras! Mais je croyais t'avoir fait plaisir, moi. Est-ce que je t'ai affligé? Ma foi, nous avons bu un peu sec ce matin. Qu'est-ce que j'ai donc dit, moi? J'ai voulu te mettre bien avec eux tous. Tu viens ici pour la petite femme, hein? J'ai vu ça, moi.

Chatterton. Ciel et terre! Milord, pas un mot de plus.

Lord Talbot. Allons, il est de mauvaise humeur ce matin. Mistress Bell, ne lui donnez pas de thé vert; il me tuerait ce soir, en vérité.

Kitty Bell, *à part.* Mon Dieu, comme il me parle effrontément!

Lord Lauderdale *vient serrer la main à* Chatterton. Pardieu! je suis bien aise de vous connaître; vos vers m'ont fort diverti.

Chatterton. Diverti, milord?

Lord Lauderdale. Oui, vraiment, et je suis charmé de vous voir installé ici; vous avez été plus adroit que Talbot, vous me ferez gagner mon pari.

Lord Kingston. Oui, oui, il a beau jeter ses guinées chez le mari, il n'aura pas la petite Catherine, comment? . . . Kitty. . . .

Chatterton. Oui, milord, Kitty, c'est son nom abrégé.

Kitty Bell, *à part.* Encore! Ces jeunes gens me montrent au doigt, et devant lui!

Lord Kingston. Je crois bien qu'elle aurait eu un faible pour lui; mais vous l'avez, ma foi, supplanté. Au surplus, George est un bon garçon et ne vous en voudra pas. Vous me paraissez souffrant.

Chatterton. Surtout, en ce moment, milord.

Lord Talbot. Assez, messieurs, assez; n'allez pas trop loin.

Deux grooms entrent à la fois.

Un Groom. Les chevaux de milord sont prêts.

Lord Talbot, *frappant sur l'épaule de* John Bell. Mon bon John Bell, il n'y a de bons vins de France et d'Espagne que dans la maison de votre petite dévote de femme. Nous voulons les boire en rentrant, et tenez-moi pour un maladroit si je ne vous rapporte dix renards pour lui faire des fourrures. Venez donc nous voir partir. Passez, Lauderdale, passez donc. A ce soir tous, si Rébecca ne me casse pas le col.

John Bell. Monsieur Chatterton, je suis vraiment heureux de faire connaissance avec vous. (*Il lui serre la main à lui casser l'épaule.*) Toute ma maison est à votre service. (*A* Kitty, *qui allait se retirer.*) Mais, Catherine, causez donc un peu avec ce jeune homme. Il faut lui louer un appartement plus beau et plus cher.

Kitty Bell. Mes enfants m'attendent.

John Bell. Restez, restez; soyez polie; je le veux absolument.

Chatterton, *au* Quaker. Sortons d'ici. Voir sa dernière retraite envahie, son unique repos troublé, sa douce obscurité trahie; voir pénétrer dans sa nuit de si grossières clartés! O supplice! Sortons d'ici. Vous l'avais-je dit?

John Bell. J'ai besoin de vous, docteur; laissez monsieur avec ma femme; je

[1] *Primerose Hill.* Apparently an allusion to a duel between the two friends.

vous veux absolument, j'ai à vous parler. Je vous racommoderai avec Sa Seigneurie.

LE QUAKER. Je ne sors pas d'ici.

Tous sortent. Il reste assis au milieu de la scène. KITTY *et* CHATTERTON *debout, les yeux baissés et interdits.*

SCÈNE IV

CHATTERTON, LE QUAKER, KITTY BELL

LE QUAKER, à KITTY BELL. (*Il prend la main gauche de* CHATTERTON *et met sa main sur le cœur de ce jeune homme.*) Les cœurs jeunes, simples et primitifs ne savent pas encore étouffer les vives indignations que donne la vue des hommes. Mon enfant, mon pauvre enfant, la solitude devient un amour bien dangereux. A vivre dans cette atmosphère, on ne peut plus supporter le moindre souffle étranger. La vie est une tempête, mon ami; il faut s'accoutumer à tenir la mer. N'est-ce pas une pitié, mistress Bell, qu'à son âge il ait besoin du port? Je vais vous laisser lui parler et le gronder.

KITTY BELL, *troublée.* Non, mon ami restez, je vous prie. John Bell serait fâché de ne plus vous trouver. Et d'ailleurs, ne tarde-t-il pas à monsieur de rejoindre ses amis d'enfance? Je suis surprise qu'il ne les ait pas suivis.

LE QUAKER. Le bruit t'a importunée bien vivement, ma chère fille?

KITTY BELL. Ah! leur bruit et leurs intentions! Monsieur n'est-il pas dans leurs secrets?

CHATTERTON, *à part.* Elle les a entendus! elle est affligée! Ce n'est plus la même femme.

KITTY BELL, *au* QUAKER, *avec une émotion mal contenue.* Je n'ai pas vécu encore assez solitaire, mon ami; je le sens bien.

LE QUAKER, à KITTY BELL. Ne sois pas trop sensible à des folies.

KITTY BELL. Voici un livre que j'ai trouvé dans les mains de ma fille. Demandez à monsieur s'il ne lui appartient pas.

CHATTERTON. En effet, il était à moi; et, à présent, je serais bien aise qu'il revînt dans mes mains.

KITTY BELL, *à part.* Il a l'air d'y attacher du prix. O mon Dieu! je n'oserai plus le rendre à présent, ni le garder.

LE QUAKER, *à part.* Ah! la voilà bien embarrassée. (*Il met la Bible dans sa poche, après avoir examiné à droite et à gauche leur embarras. A* CHATTERTON.)

Tais-toi, je t'en prie; elle est prête à pleurer.

KITTY BELL, *se remettant.* Monsieur a des amis bien gais et sans doute aussi très bons.

LE QUAKER. Ah! ne les lui reprochons point; il ne les cherchait pas.

KITTY BELL. Je sais bien que monsieur Chatterton ne les attendait pas ici.

CHATTERTON. La présence d'un ennemi mortel ne m'eût pas fait tant de mal; croyez-le bien, madame.

KITTY BELL. Ils ont l'air de connaître si bien monsieur Chatterton! et nous, nous le connaissons si peu!

LE QUAKER, *à demi-voix à* CHATTERTON. Ah! les misérables! ils l'ont blessée au cœur.

CHATTERTON, *au* QUAKER. Et moi monsieur!

KITTY BELL. Monsieur Chatterton sait leur conduite comme ils savent ses projets. Mais sa retraite ici, comment l'ont-ils interprétée?

LE QUAKER, *se levant.* Que le ciel confonde à jamais cette race de sauterelles qui s'abat à travers champs, et qu'on appelle les hommes aimables! Voilà bien du mal en un moment.

CHATTERTON, *faisant asseoir le* QUAKER. Au nom de Dieu! ne sortez pas que je ne sache ce qu'elle a contre moi. Cela me trouble affreusement.

KITTY BELL. Monsieur Bell m'a chargée d'offrir à monsieur Chatterton une chambre plus convenable.

CHATTERTON. Ah! rien ne convient mieux que la mienne à mes projets.

KITTY BELL. Mais, quand on ne parle pas de ses projets, on peut inspirer, à la longue, plus de crainte que l'on n'inspirerait d'abord d'intérêt et je. . . .

CHATTERTON. Et?

KITTY BELL. Il me semble. . . .

LE QUAKER. Que veux-tu dire?

KITTY BELL. Que ces jeunes lords ont, en quelque sorte, le droit d'être surpris que leur ami le sait quittés pour cacher son nom et sa vie dans une famille aussi simple que la nôtre.

LE QUAKER, à CHATTERTON. Rassure-toi, ami; elle veut dire que tu n'avais pas l'air, en arrivant, d'être le riche compagnon de ces riches petits lords.

CHATTERTON, *avec gravité.* Si l'on m'avait demandé ici ma fortune, mon nom et l'histoire de ma vie, je n'y serais pas entré. . . . Si quelqu'un me les demandait aujourd'hui, j'en sortirais.

LE QUAKER. Un silence qui vient de l'orgueil peut être mal compris; tu le vois.

CHATTERTON *va pour répondre, puis y renonce et s'écrie.* Une torture de plus dans un martyre, qu'importe!

Il se retire en fuyant.

KITTY BELL, *effrayée.* Ah! mon Dieu! pourquoi s'est-il enfui de la sorte? Les premières paroles que je lui adresse lui causent du chagrin! . . . mais en suis-je responsable aussi? . . . Pourquoi est-il venu ici? . . . je n'y comprends plus rien! je veux le savoir! . . . Toute ma famille est troublée pour lui et par lui! Que leur ai-je fait à tous? Pourquoi l'avez-vous amené ici et non ailleurs, vous? Je n'aurais jamais dû me montrer, et je voudrais ne les avoir jamais vus.

LE QUAKER, *avec impatience et chagrin.* Mais c'était à moi seul qu'il fallait dire cela. Je ne m'offense ni ne me désole, moi. Mais à lui, quelle faute!

KITTY BELL. Mais, mon ami, les avez-vous entendus, ces jeunes gens? O mon Dieu, comment se fait-il qu'ils aient la puissance de troubler ainsi une vie que le Sauveur même eût bénie? Dites, vous qui n'êtes point de ces méchants désœuvrés, vous qui êtes grave et bon, vous qui pensez qu'il y a une âme et un Dieu; dites, mon ami, comment donc doit vivre une femme? Où donc faut-il se cacher? Je me taisais, je baissais les yeux, j'avais étendu sur moi la solitude comme un voile, et ils l'ont déchiré. Je me croyais ignorée, et j'étais connue comme une de leurs femmes; respectée, et j'étais l'objet d'un pari. A quoi donc m'ont servi mes deux enfants toujours à mes côtés comme des anges gardiens? A quoi m'a servi la gravité de ma retraite? Quelle femme sera honorée, grand Dieu! si je n'ai pu l'être, et s'il suffit aux jeunes gens de la voir passer dans la rue pour s'emparer de son nom et s'en jouer comme d'une balle qu'ils se jettent l'un à l'autre! (*La voix lui manque. Elle pleure.*) O mon ami, mon ami! obtenez qu'ils ne reviennent jamais dans ma maison.

LE QUAKER. Qui donc?

KITTY BELL. Mais eux . . . eux tous . . . tout le monde.

LE QUAKER. Comment?

KITTY BELL. Et lui aussi . . . oui, lui.

Elle fond en larmes.

LE QUAKER. Mais tu veux donc le tuer? Après tout, qu'a-t-il fait?

KITTY BELL, *avec agitation.* O mon Dieu! moi, le tuer!—moi qui voudrais. . . . O Seigneur, mon Dieu! vous que je prie sans cesse, vous savez si j'ai voulu le tuer! mais je vous parle et je ne sais si vous m'entendez. Je vous ouvre mon cœur, et vous ne me dites pas que vous y lisez. Et si votre regard y a lu, comment savoir si vous n'êtes pas mécontent! Ah! mon ami . . . j'ai là quelque chose que je voudrais dire. . . . Ah! si mon père vivait encore! (*Elle prend la main du* QUAKER.) Oui, il y a des moments où je voudrais être catholique, à cause de leur confession. Enfin! ce n'est autre chose que la confidence; mais la confidence divinisée . . . j'en aurais besoin!

LE QUAKER. Ma fille, si ta conscience et la contemplation ne te soutiennent pas assez, que ne viens-tu donc à moi?

KITTY BELL. Eh bien, expliquez-moi le trouble où me jette ce jeune homme! les pleurs que m'arrache malgré moi sa vue, oui, sa seule vue!

LE QUAKER. O femme! faible femme! au nom de Dieu, cache tes larmes, car le voilà.

KITTY BELL. O Dieu! son visage est renversé!

CHATTERTON *rentrant comme un fou sans chapeau. Il traverse la chambre et marche en parlant, sans voir personne.* . . . Et d'ailleurs, et d'ailleurs, ils ne possèdent pas plus leurs richesses que je ne possède cette chambre. Le monde n'est qu'un mot. On peut perdre ou gagner le monde sur parole, en un quart d'heure! Nous ne possédons tous que nos six pieds, c'est le vieux Will[1] qui l'a dit. Je vous rendrai votre chambre quand vous voudrez; j'en veux une encore plus petite. Pourtant je voulais encore attendre le succès d'une certaine lettre. Mais n'en parlons plus.

Il se jette dans un fauteuil.

LE QUAKER *se lève et va à lui, lui prenant la tête.* (*A demi-voix.*) Tais-toi, ami, tais-toi, arrête. Calme, calme la tête brûlante. Laisse passer en silence les emportements, et n'épouvante pas cette jeune femme qui t'est étrangère.

CHATTERTON *se lève vivement sur le mot étrangère, et dit avec une ironie frémissante. Il n'y a personne sur la terre à présent qui ne me soit étranger. Devant tout le monde je dois saluer et me taire. Quand je parle, c'est une hardiesse bien inconvenante, et dont je dois demander humble-*

---

[1] *le vieux Will,* viz. Shakespeare.

ment pardon. . . . Je ne voulais qu'un peu de repos dans cette maison, le temps d'achever de coudre l'une à l'autre quelques pages que je dois; à peu près comme un menuisier doit à l'ébéniste quelques planches péniblement passées au rabot. Je suis ouvrier en livres, voilà tout. Je n'ai pas besoin d'un plus grand atelier que le mien, et monsieur Bell est trop attendri de l'amitié de lord Talbot pour moi. Lord Talbot, on peut l'aimer ici, cela se conçoit. Mais son amitié pour moi, ce n'est rien. Cela repose sur une ancienne idée que je lui ôterai d'un mot; sur un vieux chiffre que je rayerai [1] de sa tête, et que mon père a emporté dans le pli de son linceul; un chiffre assez considérable, ma foi, et qui me valait beaucoup de révérences et de serrements de mains. Mais tout cela est fini, je suis ouvrier en livres. Adieu, madame; adieu, monsieur. Ha! Ha! Je perds bien du temps! A l'ouvrage! à l'ouvrage!

Il monte à grands pas l'escalier de sa chambre et s'y enferme.

SCÈNE V

Le Quaker, Kitty Bell, *consternée*

Le Quaker. Tu es remplie d'épouvante, Kitty!

Kitty Bell. C'est vrai.

Le Quaker. Et moi aussi.

Kitty Bell. Vous aussi? Vous si fort, vous que rien n'a jamais ému devant moi! Mon Dieu! qu'y-a-t-il donc ici que je ne puis comprendre? Ce jeune homme nous a tous trompés; il s'est glissé ici comme un pauvre et il est riche. Ces jeunes gens ne lui ont-ils pas parlé comme à leur égal? Qu'est-il venu faire ici? Qu'a-t-il voulu en se faisant plaindre? Pourtant, ce qu'il dit a l'air d'être vrai, et lui, il a l'air bien malheureux.

Le Quaker. Il serait bon que ce jeune homme mourût.

Kitty Bell. Mourir! pourquoi?

Le Quaker. Parce que mieux vaut la mort que la folie.

Kitty Bell. Et vous croyez . . . ? Ah! le cœur me manque. *Elle tombe assise.*

Le Quaker. Que la plus forte raison ne tiendrait pas à ce qu'il souffre. Je dois te dire toute ma pensée, Kitty Bell. Il n'y a pas d'ange au ciel qui soit plus pur que toi. La Vierge mère ne jette pas sur son enfant un regard plus chaste que le tien. Et, pourtant, tu as fait, sans le vouloir, beaucoup de mal autour de toi.

Kitty Bell. Puissances du ciel! est-il possible?

Le Quaker. Écoute, écoute, je t'en prie. Comment le mal sort du bien, et le désordre de l'ordre même, voilà ce que tu ne peux t'expliquer, n'est-ce pas? Eh bien, sache, ma chère fille, qu'il a suffi pour cela d'un regard de toi, inspiré par la plus belle vertu qui siège à la droite de Dieu, la pitié. Ce jeune homme, dont l'esprit a trop vite mûri sous les ardeurs de la poésie, comme dans une serre brûlante, a conservé le cœur naïf d'un enfant. Il n'a plus de famille et, sans se l'avouer, il en cherche une; il s'est accoutumé à te voir vivre près de lui, et peut-être s'est habitué à s'inspirer de ta vue et de ta grâce maternelle. La paix qui règne autour de toi a été aussi dangereuse pour cet esprit rêveur que le sommeil sous la blanche tubéreuse; ce n'est pas ta faute si, repoussé de tous côtés, il s'est cru heureux d'un accueil bienveillant; mais enfin cette existence de sympathie silencieuse et profonde est devenue la sienne. Te crois-tu donc le droit de la lui ôter?

Kitty Bell. Hélas! croyez-vous donc qu'il ne nous ait pas trompés?

Le Quaker. Lovelace [2] avait plus de dix-huit ans, Kitty. Et ne lis-tu pas sur le front de Chatterton la timidité de la misère? Moi, je l'ai sondée, elle est profonde.

Kitty Bell. O mon Dieu! quel mal a dû lui faire ce que j'ai dit tout à l'heure!

Le Quaker. Je le crois, madame.

Kitty Bell. Madame? Ah! ne vous fâchez pas. Si vous saviez ce que j'ai fait et ce que j'allais faire!

Le Quaker. Je veux bien le savoir.

Kitty Bell. Je me suis cachée de mon mari, pour quelques sommes que j'ai données pour monsieur Chatterton. Je n'osais pas les lui demander, et je ne les ai pas reçues encore. Mon mari s'en est aperçu. Dans ce moment même j'allais peut-être me déterminer à en parler à ce jeune homme. Oh! que je vous remercie de m'avoir épargné cette mauvaise action! Oui, c'eût été un crime assurément, n'est-ce pas?

---

[1] *que je rayerai*, which I shall obliterate. He refers to Talbot's notion that Chatterton's father left a fortune.

[2] *Lovelace*, the seducer in Richardson's novel *Clarissa Harlowe.*

LE QUAKER. Il en aurait fait un, lui, plutôt que de ne pas vous satisfaire. Fier comme je le connais, cela est certain. Mon amie, ménageons-le. Il est atteint d'une maladie toute morale et presque incurable, et quelquefois contagieuse; maladie terrible qui se saisit surtout des âmes jeunes, ardentes et toutes neuves à la vie, éprises de l'amour du juste et du beau, et venant dans le monde pour y rencontrer à chaque pas, toutes les iniquités et toutes les laideurs d'une société mal construite. Ce mal, c'est la haine de la vie et l'amour de la mort: c'est l'obstiné Suicide.

KITTY BELL. Oh! que le Seigneur lui pardonne! serait-ce vrai? *Elle se cache la tête pour pleurer.*

LE QUAKER. Je dis obstiné, parce qu'il est rare que ces malheureux renoncent à leur projet quand il est arrêté en eux-mêmes.

KITTY BELL. En est-il là? En êtes-vous sûr? Dites-moi vrai! Dites-moi tout. Je ne veux pas qu'il meure! Qu'a-t-il fait? que veut-il? Un homme si jeune! une âme céleste! la bonté des anges! la candeur des enfants! une âme tout éclatante de pureté, tomber ainsi dans le crime des crimes, celui que le Christ hésiterait lui-même à pardonner! Non, cela ne sera pas, il ne se tuera pas. Que lui faut-il? Est-ce de l'argent? Eh bien, j'en aurai. Nous en trouverons bien quelque part pour lui. Tenez, voilà des bijoux, que jamais je n'ai daigné porter, prenez-les, vendez tout. Se tuer! là, devant moi et mes enfants! Vendez, vendez, je dirai ce que je pourrai. Je recommencerai à me cacher; enfin je ferai mon crime aussi, moi; je mentirai: voilà tout.

LE QUAKER. Tes mains! tes mains, ma fille, que je les adore! (*Il baise ses deux mains réunies.*) Tes fautes sont innocentes, et, pour cacher ton mensonge miséricordieux, les saintes tes sœurs étendraient leurs voiles; mais garde tes bijoux, c'est un homme à mourir vingt fois devant un or qu'il n'aurait pas gagné ou tenu de sa famille. J'essayerais bien inutilement de lutter contre sa faute unique, vice presque vertueux, noble perfection, péché sublime: l'orgueil de la pauvreté.

KITTY BELL. Mais n'a-t-il pas parlé d'une lettre qu'il aurait écrite à quelqu'un dont il attendrait du secours?

LE QUAKER. Ah! c'est vrai! Cela était échappé à mon esprit, mais ton cœur avait entendu. Oui, voilà une ancre de miséricorde. Je m'y appuierai avec lui. *Il veut sortir.*

KITTY BELL. Mais, que voulait-il dire en parlant de lord Talbot: « On peut l'aimer ici, cela se conçoit! »

LE QUAKER. Ne songe point à ce mot-là! Un esprit absorbé comme le sien dans ses travaux et ses peines est inaccessible aux petitesses d'un dépit jaloux, et plus encore aux vaines fatuités de ces coureurs d'aventures. Que voudrait dire cela? Il faudrait donc supposer qu'il regarde ce Talbot comme essayant ses séductions près de Kitty Bell et avec succès, et supposer que Chatterton se croit le droit d'en être jaloux; supposer que ce charme d'intimité serait devenu en lui une passion? . . . Si cela était. . . .

KITTY BELL. Oh! ne me dites plus rien . . . laissez-moi m'enfuir. *Elle se sauve en fermant ses oreilles, et il la suit de sa voix.*

LE QUAKER. Si cela était, sur ma foi! j'aimerais mieux le laisser mourir!

ACTE TROISIÈME

La chambre de CHATTERTON, *sombre, petite, pauvre, sans feu, un lit misérable et en désordre.*

SCÈNE PREMIÈRE

CHATTERTON (*il est assis sur le pied de son lit et écrit sur ses genoux*). Il est certain qu'elle ne m'aime pas. Et moi . . . je n'y veux plus penser. Mes mains sont glacées, ma tête est brûlante. Me voilà seul en face de mon travail. Il ne s'agit plus de sourire et d'être bon! de saluer et de serrer la main! Toute cette comédie est jouée: j'en commence une autre avec moi-même. Il faut, à cette heure, que ma volonté soit assez puissante pour saisir mon âme, et l'emporter tour à tour dans le cadavre ressuscité des personnages que j'évoque, et dans le fantôme de ceux que j'invente! Ou bien il le faut que, devant Chatterton qui a froid, qui a faim, ma volonté fasse poser avec prétention un autre Chatterton, gracieusement paré pour l'amusement du public, et que celui-là soit décrit par l'autre: le troubadour par le mendiant. Voilà les deux poésies possibles, ça ne va pas plus loin que cela! Les divertir ou leur faire pitié; faire jouer des misérables poupées, ou l'être soi-même et faire trafic de cette singerie! Ouvrir son cœur pour le mettre en étalage sur un comptoir! S'il a des blessures, tant mieux!

il a plus de prix; tant soit peu mutilé, on l'achète plus cher! (*Il se lève.*) Lève-toi, créature de Dieu faite à son image, et admire-toi encore dans cette condition! (*Il rit et se rassied. Une vieille horloge sonne une demi-heure, deux coups.*) Non, non! L'heure t'avertit; assieds-toi, et travaille, malheureux. Tu perds ton temps en réfléchissant: tu n'as qu'une réflexion à faire, c'est que tu es un pauvre. Entends-tu bien? un pauvre! Chaque minute de recueillement est un vol que tu fais, c'est une minute stérile. Il s'agit bien de l'idée, grand Dieu! Ce qui rapporte, c'est le mot. Il y a tel mot qui peut aller jusqu'à un schelling; la pensée n'a pas cours sur la place.[1] Oh! loin de moi, loin de moi, je t'en supplie, découragement glacé! Mépris de moi-même, ne viens pas achever de me perdre! détourne-toi! détourne-toi! car, à présent, mon nom et ma demeure, tout est connu! et, si demain ce livre n'est pas achevé, je suis perdu! oui, perdu! sans espoir! Arrêté, jugé, condamné! jeté en prison! O dégradation! ô honteux travail! (*Il écrit.*) Il est certain que cette jeune femme ne m'aimera jamais. Eh bien, ne puis-je cesser d'avoir cette idée? (*Long silence.*) J'ai bien peu d'orgueil d'y penser encore. Mais qu'on me dise donc pourquoi j'aurais de l'orgueil! De l'orgueil de quoi? Je ne tiens aucune place dans aucun rang. Et il est certain que ce qui me soutient, c'est cette fierté naturelle. Elle me crie toujours à l'oreille de ne pas ployer et de ne pas avoir l'air malheureux. Et pour qui donc fait-on l'heureux quand on ne l'est pas? Je crois que c'est pour les femmes. Nous posons tous devant elles. Les pauvres créatures, elles te prennent pour un trône, ô Publicité, vile publicité! toi qui n'es qu'un pilori, où le profane passant peut nous souffleter. En général, les femmes aiment celui qui ne s'abaisse devant personne. Eh bien, par le ciel, elles ont raison. Du moins celle-ci qui a les yeux sur moi ne me verra pas baisser la tête. Oh! si elle m'eût aimé! (*Il s'abandonne à une longue rêverie, dont il sort violemment.*) Écris donc, malheureux, évoque donc ta volonté! Pourquoi est-elle si faible? N'avoir pu encore lancer en avant cet esprit rebelle qu'elle excite et qui s'arrête! Voilà une humiliation toute nouvelle pour moi! Jusqu'ici, je l'avais toujours vu partir avant son maître; il fallait un frein et, cette nuit, c'est l'éperon qu'il lui faut. Ah! ah! l'immortel! ah! ah! le rude maître du corps! Esprit superbe, seriez-vous paralysé par ce misérable brouillard qui pénètre dans une chambre délabrée? Suffit-il, orgueilleux, d'un peu de vapeur froide pour vous vaincre? (*Il jette sur ses épaules la couverture de son lit.*) L'épais brouillard! il est tendu au dehors de ma fenêtre comme un rideau blanc, ou comme un linceul. Il était tendu ainsi à la fenêtre de mon père, la nuit de sa mort. (*L'horloge sonne trois quarts.*) Encore! le temps me presse; et rien n'est écrit! (*Il lit.*) « Harold! Harold! . . . ô Christ! Harold . . . le duc Guillaume. . . . » Eh! que me fait cet Harold, je vous prie? Je ne puis comprendre comment j'ai écrit cela. (*Il déchire le manuscrit, en parlant. Un peu de délire le prend.*) J'ai fait le catholique; j'ai menti. Si j'étais catholique, je me ferais moine et trappiste. Un trappiste n'a pour lit qu'un cercueil, mais au moins il y dort. Tous les hommes ont un lit où ils dorment: moi, j'en ai un où je travaille pour de l'argent. (*Il porte la main à sa tête.*) Où vais-je? Le mot entraîne l'idée malgré elle. . . . O Ciel! la folie me marche-t-elle pas ainsi? Voilà qui peut épouvanter le plus brave. . . . Allons! calme-toi. Je relisais ceci. . . . Oui! . . . Ce poème-là n'est pas assez beau! . . . Écrit trop vite! Écrit pour vivre! O supplice! La bataille d'Hastings! . . . Les vieux Saxons! . . . Les jeunes Normands! Me suis-je intéressé à cela? Non. Et pourquoi donc en as-tu parlé? Quand j'avais tant à dire sur ce que je vois! (*Il se lève et marche à grands pas.*) Réveiller de froides cendres, quand tout frémit et souffre autour de moi; quand la Vertu appelle à son secours et se meurt à force de pleurer; quand le pâle Travail est dédaigné; quand l'Espérance a perdu son ancre; la Foi, son calice; la Charité, ses pauvres enfants; quand la Loi est athée et corrompue; lorsque la Terre crie et demande justice au Poète de ceux qui la fouillent sans cesse pour avoir son or, et lui disent qu'elle peut se passer du Ciel. Et moi! qui sens cela, je ne lui répondrais pas? Si! par le ciel! je lui répondrai. Je frapperai du pied les méchants et les hypocrites. Je dévoilerai Jérémiah-Miles et Warton.[2] Ah! misé-

---

[1] *n'a pas cours sur la place*, has no value on the market.
[2] *Jeremiah Miles* was the publisher of Chatterton's poems. *Warton* wrote in 1782 an **Inquiry** concerning the authenticity of a poem attributed to Thomas Rowley by Chatterton.

rable! Mais . . . c'est la Satire! Tu deviens méchant. (*Il pleure longtemps avec désolation.*) Écris plutôt sur ce brouillard qui s'est logé à ta fenêtre comme à celle de ton père. (*Il s'arrête. Il prend une tabatière sur sa table.*) Le voilà, mon père! Vous voilà! Bon vieux marin! franc capitaine de haut-bord,[1] vous dormiez la nuit, vous, et, le jour, vous vous battiez! vous n'étiez pas un paria intelligent comme l'est devenu votre pauvre enfant. Voyez-vous, voyez-vous ce papier blanc? S'il n'est pas rempli demain, j'irai en prison, mon père, et je n'ai pas dans la tête un mot pour noircir ce papier, parce que j'ai faim. J'ai vendu, pour manger, le diamant qui était là, sur cette boîte, comme une étoile sur votre beau front. Et, à présent, je ne l'ai plus, et j'ai toujours la faim. Et j'ai aussi votre orgueil, mon père, qui fait que je ne le dis pas. Mais, vous qui étiez vieux et qui saviez qu'il faut de l'argent pour vivre, et que vous n'en aviez pas à me laisser, pourquoi m'avez-vous créé? (*Il jette la boîte. Il court après, se met à genoux et pleure.*) Ah! pardon, pardon mon père! mon vieux père en cheveux blancs! Vous m'avez tant embrassé sur vos genoux! C'est ma faute! J'ai cru être poète. C'est ma faute; mais je vous assure que mon nom n'ira pas en prison! Je vous le jure, mon vieux père. Tenez, tenez, voilà de l'opium! Si j'ai par trop faim, je ne mangerai pas, je boirai. (*Il fond en larmes sur la tabatière où est le portrait.*) Quelqu'un monte lourdement mon escalier de bois. Cachons ce trésor. (*Cachant l'opium.*) Et pourquoi? Ne suis-je donc pas libre? plus libre que jamais? Caton[2] n'a pas caché son épée. Reste comme tu es, Romain, et regarde en face. *Il pose l'opium au milieu de sa table.*

SCÈNE II

Chatterton, Le Quaker

Le Quaker, *jetant les yeux sur la fiole.* Ah!

Chatterton.　Eh bien?

Le Quaker.　Je connais cette liqueur. Il y a là au moins soixante grains d'opium. Cela te donnerait une certaine exaltation qui te plairait d'abord assez comme poète et puis un peu de délire, et puis un bon sommeil bien lourd et sans réveil je t'assure. Tu es resté bien longtemps seul, Chatterton?

Le Quaker *pose le flacon sur la table,* Chatterton *le reprend à la dérobée.*

Chatterton.　Et si je veux rester seul pour toujours, n'en ai-je pas le droit?

Le Quaker.　(*Il s'assied sur le lit;* Chatterton *reste debout, les yeux fixes et hagards.*) Les païens disaient cela.

Chatterton.　Qu'on me donne une heure de bonheur, et je redeviendrai un excellent chrétien. Ce que . . . ce que vous craignez les stoïciens l'appelaient *sortie raisonnable.*

Le Quaker.　C'est vrai; et ils disaient même, que les causes qui nous retiennent à la vie n'étant guère fortes, on pouvait bien en sortir pour des causes légères. Mais il faut considérer, ami, que la Fortune change souvent et peut beaucoup, et que, si elle peut faire quelque chose pour quelqu'un, c'est pour un vivant.

Chatterton.　Mais aussi elle ne fait rien contre un mort. Moi, je dis qu'elle fait plus de mal que de bien, et qu'il n'est pas mauvais de la fuir.

Le Quaker.　Tu as bien raison; mais seulement c'est un peu poltron. S'aller cacher sous une grosse pierre, dans un grand trou, par frayeur d'elle, c'est de la lâcheté.

Chatterton.　Connaissez-vous beaucoup de lâches qui se soient tués?

Le Quaker.　Quand ce ne serait que Néron.[3]

Chatterton.　Aussi, sa lâcheté, je n'y crois pas. Les nations n'aiment pas les lâches, et c'est le seul nom d'empereur populaire en Italie.

Le Quaker.　Cela fait bien l'éloge de la popularité. Mais, du reste, je ne te contredis nullement. Tu fais bien de suivre ton projet parce que cela va faire la joie de tes rivaux. Il s'en trouvera d'assez impies pour égayer le public par d'agréables bouffonneries sur le récit de ta mort, et ce qu'ils n'auraient jamais pu accomplir, tu le fais pour eux; tu t'effaces. Tu fais bien de leur laisser ta part de cet os vide de gloire que vous rongez tous. C'est généreux.

Chatterton.　Vous me donnez plus d'importance que je n'en ai. Qui sait mon nom?

---

[1] *de haut-bord,* of an old-time warship with several decks.　As a matter of fact, Chatterton's father was a school teacher at Bristol.

[2] *Caton,* Cato of Utica who committed suicide in 46 B.C.

[3] *Quand ce ne serait que Néron.*　Well, suppose I know only one, Nero (the Roman emperor).

LE QUAKER, à *part*. Cette corde vibre encore. Voyons ce que j'en tirerai. (*A* CHATTERTON.) On sait d'autant mieux ton nom que tu l'as voulu cacher.

CHATTERTON. Vraiment? Je suis bien aise de savoir cela. Eh bien, on le prononcera plus librement après moi.

LE QUAKER, à *part*. Toutes les routes le ramènent à son idée fixe. (*Haut.*) Mais il m'a semblé, ce matin, que tu espérais quelque chose d'une lettre?

CHATTERTON. Oui, j'avais écrit au lord-maire, monsieur Beckford, qui a connu mon père assez intimement. On m'avait souvent offert sa protection, je l'avais toujours refusée, parce que je n'aime pas être protégé. Je comptais sur des idées pour vivre. Quelle folie! Hier, elles m'ont manqué toutes; il ne m'en est resté qu'une, celle d'essayer du protecteur.[1]

LE QUAKER. Monsieur Beckford passe pour le plus honnête homme et l'un des plus éclairés de Londres. Tu as bien fait. Pourquoi y as-tu renoncé depuis?

CHATTERTON. Il m'a suffi depuis de la vue d'un homme.

LE QUAKER. Essaye de la vue d'un sage après celle d'un fou. Que t'importe?

CHATTERTON. Eh! pourquoi ces retards? Les hommes d'imagination sont éternellement crucifiés; le sarcasme et la misère sont les clous de leur croix. Pourquoi voulez-vous qu'un autre soit enfoncé dans ma chair: le remords de s'être inutilement abaissé? Je veux *sortir raisonnablement*. J'y suis forcé.

LE QUAKER *se lève*. Que le Seigneur me pardonne ce que je vais faire. Écoute, Chatterton! je suis très vieux, je suis chrétien et de la secte la plus pure de la république universelle du Christ. J'ai passé tous mes jours avec mes frères dans la méditation, la charité et la prière. Je vais te dire, au nom de Dieu, une chose vraie, et, en la disant, je vais, pour te sauver, jeter une tache sur mes cheveux blancs. Chatterton! Chatterton! tu peux perdre ton âme, mais tu n'as pas le droit d'en perdre deux. Or, il y en a une qui s'est attachée à la tienne et que ton infortune vient d'attirer comme les Écossais disent que la paille attire le diamant radieux. Si tu t'en vas, elle s'en ira; et cela, comme toi, sans être en état de grâce, et indigne pour l'éternité de paraître devant Dieu. Chatterton! Chatterton! tu peux douter de l'éternité, mais elle n'en

doute pas; tu seras jugé selon tes malheurs et ton désespoir, et tu peux espérer miséricorde; mais non pas elle, qui était heureuse et toute chrétienne. Jeune homme, je te demande grâce pour elle, à genoux, parce qu'elle est pour moi sur la terre comme mon enfant.

CHATTERTON. Mon Dieu! mon ami, mon père, que voulez-vous dire? Serait-ce donc . . . ? Levez-vous! . . . vous me faites honte. . . . Serait-ce . . . ?

LE QUAKER. Grâce! car si tu meurs, elle mourra. . . .

CHATTERTON. Mais qui donc?

LE QUAKER. Parce qu'elle est faible de corps et d'âme, forte de cœur seulement.

CHATTERTON. Nommez-la! Aurais-je osé croire! . . .

LE QUAKER. (*Il se relève.*) Si jamais tu lui dis ce secret, malheureux! tu es un traître, et tu n'auras pas besoin de suicide; ce sera moi qui te tuerai.

CHATTERTON. Est-ce donc . . . ?

LE QUAKER. Oui, la femme de mon vieil ami, de ton hôte . . . la mère des beaux enfants.

CHATTERTON. Kitty Bell!

LE QUAKER. Elle t'aime, jeune homme. Veux-tu te tuer encore?

CHATTERTON, *tombant dans les bras du* QUAKER. Hélas! je ne puis donc plus vivre ni mourir?

LE QUAKER, *fortement*. Il faut vivre, te taire, et prier Dieu!

SCÈNE III

L'arrière-boutique.

KITTY BELL, LE QUAKER

KITTY BELL *sort seule de sa chambre, et regarde dans la salle*. Personne! Venez, mes enfants! Il ne faut jamais se cacher si ce n'est pour faire le bien. Allez vite chez lui! portez-lui. . . . (*Au* QUAKER.) Je reviens, mon ami, je reviens vous écouter. (*A ses enfants.*) Portez-lui tous vos fruits. Ne dites pas que je vous envoie, et montez sans faire de bruit. Bien! Bien! (*Les deux enfants, portant un panier, montent doucement l'escalier, et entrent dans la chambre de* CHATTERTON. *Quand ils sont en haut.*) Eh bien, mon ami, vous croyez donc que le bon lord-maire lui fera du bien? Oh! mon ami, je consentirai à tout ce que vous voudrez me conseiller!

LE QUAKER. Oui, il sera nécessaire

---

[1] *essayer du protecteur*, try the patron method, i.e. try to find a wealthy patron who will subsidize me.

que, dans peu de temps, il aille habiter une autre maison, peut-être même hors de Londres.

KITTY BELL. Soit à jamais bénie la maison où il sera heureux, puisqu'il ne peut l'être dans la mienne! mais qu'il vive, ce sera assez pour moi.

LE QUAKER. Je ne lui parlerai pas à présent de cette résolution; je l'y préparerai par degrés.

KITTY BELL *ayant peur que le* QUAKER *n'y consente.* Si vous voulez, je lui en parlerai, moi.

LE QUAKER. Pas encore; ce serait trop tôt.

KITTY BELL. Mais si, comme vous le dites, ce n'est pour lui qu'une habitude à rompre?

LE QUAKER. Sans doute . . . il est fort sauvage. Les auteurs n'aiment que leurs manuscrits. . . . Il ne tient à personne, il n'aime personne. Cependant ce serait trop tôt.

KITTY BELL. Pourquoi donc trop tôt, si vous pensez que sa présence soit si fatale?

LE QUAKER. Oui, je le pense, je ne me rétracte pas.

KITTY BELL. Cependant, si cela est nécessaire, je suis prête à le lui dire à présent ici.

LE QUAKER. Non, non, ce serait tout perdre.

KITTY BELL, *satisfaite.* Alors, mon ami, convenez-en, s'il reste ici, je ne puis pas le maltraiter; il faut bien que l'on tâche de le rendre moins malheureux. J'ai envoyé mes enfants pour le distraire; et ils ont voulu absolument lui porter leur goûter, leurs fruits, que sais-je? Est-ce un crime à moi, mon ami? en est-ce un à mes enfants?

LE QUAKER, *s'asseyant, se détourne pour essuyer une larme.*

KITTY BELL. On dit donc qu'il fait de bien beaux livres? Les avez-vous lus, ses livres?

LE QUAKER, *avec une insouciance affectée.* Oui, c'est un beau génie.

KITTY BELL. Et si jeune, est-ce possible? Ah! vous ne voulez pas me répondre, et vous avez tort, car jamais je n'oublie un mot de vous. Ce matin, par exemple, ici même, ne m'avez-vous pas dit que *rendre à un malheureux un cadeau qu'il a fait, c'est l'humilier et lui faire mesurer toute sa misère?* Aussi, je suis bien sûre que vous ne lui avez pas rendu sa Bible! N'est-il pas vrai? avouez-le.

LE QUAKER, *lui donnant sa Bible lentement en la lui faisant attendre.* Tiens, mon enfant, comme c'est moi qui te la donne, tu peux la garder.

KITTY BELL. (*Elle s'assied à ses pieds à la manière des enfants qui demandent grâce.*) Oh! mon ami, mon père, votre bonté a quelquefois un air méchant, mais c'est toujours la bonté la meilleure. Vous êtes au-dessus de nous tous par votre prudence; vous pourriez voir à vos pieds tous nos petits orages que vous méprisez, et cependant, sans être atteint, vous y prenez part; vous en souffrez par indulgence, et puis vous laissez tomber quelques mots et les nuages se dissipent, et nous vous rendons grâces, et les larmes s'effacent, et nous sourions, parce que vous l'avez permis.

LE QUAKER *l'embrasse sur le front.* Mon enfant! ma chère enfant! avec toi, du moins, je suis sûr de n'en avoir pas de regret. (*On parle.*) On vient! . . . Pourvu que ce ne soit pas un de ses amis! Ah! c'est ce Talbot . . . j'en étais sûr. *On entend le cor de chasse.*

SCÈNE IV

LES MÊMES, LORD TALBOT, JOHN BELL

LORD TALBOT. Oui, oui, je vais les aller joindre tous; qu'ils se réjouissent! Moi, je n'ai plus le cœur à leur joie. J'ai assez d'eux, laissez-les souper sans moi. Je me suis assez amusé à les voir se ruiner pour essayer de me suivre; à présent, ce jeu-là m'ennuie. Monsieur Bell, j'ai à vous parler. Vous ne m'aviez pas dit les chagrins et la pauvreté de mon ami, de Chatterton.

JOHN BELL, *à* KITTY BELL. Mistress Bell, votre absence est nécessaire . . . pour un instant. (KITTY BELL *se retire lentement dans sa chambre.*) Mais, milord, ses chagrins, je ne les vois pas; et, quant à sa pauvreté, je sais qu'il ne doit rien ici.

LORD TALBOT. O Ciel, comment fait-il? Oh! si vous saviez et vous aussi, bon quaker, si vous saviez ce que l'on vient de m'apprendre! D'abord ses beaux poèmes ne lui ont pas donné un morceau de pain. Ceci est tout simple; ce sont des poèmes, et ils sont beaux; c'est le cours naturel des choses. Ensuite, une espèce d'érudit, un misérable inconnu et méchant, vient de publier (Dieu fasse qu'il l'ignore) une atroce calomnie. Il a prétendu qu'*Harold* et tous ses poèmes n'étaient pas de lui. Mais, moi, j'attesterai le contraire, moi qui l'ai vu les inventer à mes côtés, là, encore enfant; je l'attesterai, je l'imprimerai, et je signerai Talbot.

LE QUAKER. C'est bien, jeune homme.

LORD TALBOT. Mais ce n'est pas tout. N'avez-vous pas vu rôder chez vous un nommé Skirner?

JOHN BELL. Oui, oui, je sais: un riche propriétaire de plusieurs maisons dans la Cité.

LORD TALBOT. C'est cela.

JOHN BELL. Il est venu hier.

LORD TALBOT. Eh bien, il le cherche pour le faire arrêter, lui, trois fois millionnaire, pour quelque pauvre loyer qu'il lui doit. Et Chatterton. . . . Oh! voilà qui est horrible à penser. Je voudrais, tant cela fait honte au pays, je voudrais pouvoir le dire si bas que l'air ne pût l'entendre. Approchez tous deux. Chatterton, pour sortir de chez lui, a promis par écrit et signé . . . oh! je l'ai lu . . . il a signé que, tel jour (et ce jour approche), il payerait sa dette, et que, s'il mourait dans l'intervalle, il vendait à l'École de chirurgie . . . on n'ose pas dire cela . . . son corps pour le payer; et le millionnaire a reçu l'écrit!

LE QUAKER. O misère! misère sublime!

LORD TALBOT. Il n'y faut pas songer; je donnerai tout à son insu; mais sa tranquillité, la comprenez-vous?

LE QUAKER. Et sa fierté, ne la comprends-tu pas, toi, ami?

LORD TALBOT. Eh! monsieur, je le connaissais avant vous, je le veux voir. Je sais comment il faut lui parler. Il faut le forcer à s'occuper de son avenir . . . et, d'ailleurs, j'ai quelque chose à réparer.

JOHN BELL. Diable! diable! voilà une méchante affaire; à le voir si bien avec vous, milord, j'ai cru que c'était un vrai gentleman, moi; mais tout cela pourra faire chez moi un esclandre. Tenez, franchement, je désire que ce jeune homme soit averti par vous qu'il ne peut demeurer plus d'un mois ici, milord.

LORD TALBOT, *avec un rire amer.* N'en parlons plus, monsieur; j'espère, s'il a la bonté d'y venir, que ma maison le dédommagera de la vôtre.

KITTY BELL *revient timidement.* Avant que Sa Seigneurie se retire, j'aurais voulu lui demander quelque chose, avec la permission de M. Bell.

JOHN BELL *se promenant brusquement au fond de la chambre.* Vous n'avez pas besoin de ma permission. Dites ce qu'il vous plaira.

KITTY BELL. Milord connaît-il monsieur Beckford, le lord-maire de Londres?

LORD TALBOT. Parbleu! madame, je crois même que nous sommes un peu parents; je le vois toutes les fois que je crois qu'il ne m'ennuiera pas, c'est-à-dire une fois par an. Il me dit toujours que j'ai des dettes, et pour mon usage je le trouve sot; mais en général on l'estime.

KITTY BELL. Monsieur le docteur m'a dit qu'il était plein de sagesse et de bienfaisance.

LORD TALBOT. A vrai dire et à parler sérieusement, c'est le plus honnête homme des trois royaumes. Si vous désirez de lui quelque chose . . . j'irai le voir ce soir même.

KITTY BELL. Il y a, je crois, ici quelqu'un qui aura affaire à lui, et. . . .

Ici CHATTERTON *descend de sa chambre avec les deux enfants.*

JOHN BELL. Que voulez-vous dire? Etes-vous folle?

KITTY BELL, *saluant.* Rien que ce qu'il vous plaira.

LORD TALBOT. Mais laissez-la parler, au moins.

LE QUAKER. La seule ressource qui reste à Chatterton, c'est cette protection.

LORD TALBOT. Est-ce pour lui? J'y cours.

JOHN BELL, *à sa femme.* Comment donc savez-vous si bien ses affaires?

LE QUAKER. Je les lui ai apprises, moi.

JOHN BELL, *à* KITTY. Si jamais! . . .

KITTY BELL. Oh! ne vous emportez pas, monsieur! nous ne sommes pas seuls.

JOHN BELL. Ne parlez plus de ce jeune homme.

Ici, CHATTERTON, *qui a remis les deux enfants entre les mains de leur mère, revient vers la cheminée.*

KITTY BELL. Comme vous l'ordonnerez.

JOHN BELL. Milord, voici votre ami, vous saurez de lui-même ses sentiments.

SCÈNE V

CHATTERTON, LORD TALBOT, LE QUAKER, JOHN BELL, KITTY BELL

CHATTERTON *a l'air calme et presque heureux. Il jette sur un fauteuil quelques manuscrits.*

LORD TALBOT. Tom, je reviens pour vous rendre un service; me le permettez-vous?

CHATTERTON, *avec la douceur d'un enfant dans la voix, et ne cessant de regarder*

Kitty Bell *pendant toute la scène.* Je suis résigné, George, à tout ce que l'on voudra, à presque tout.

Lord Talbot. Vous avez donc fait une mauvaise affaire avec ce fripon de Skirner? Il veut vous faire arrêter demain.

Chatterton. Je ne le savais pas, mais il a raison.

John Bell, *au* Quaker. Milord est trop bon pour lui; voyez son air de hauteur. . . .

Lord Talbot. A-t-il raison?

Chatterton. Il a raison selon la loi. C'était hier que je devais le payer, ce devait être avec le prix d'un manuscrit inachevé, j'avais signé cette promesse; si j'ai eu du chagrin, si l'inspiration ne s'est pas présentée à l'heure dite, cela ne le regarde pas.

Oui, je ne devais pas compter à ce point sur mes forces et dater l'arrivée d'une Muse et son départ comme on calcule la course d'un cheval. J'ai manqué de respect à mon âme immortelle, je l'ai louée à l'heure et vendue. C'est moi qui ai tort, je mérite ce qu'il en arrivera.

Le Quaker, *à* Kitty. Je gagerais qu'il leur semble fou! c'est trop beau pour eux.

Lord Talbot, *en riant, mais un peu piqué.* Ah çà! c'est de peur d'être de mon avis que vous le défendez.

John Bell. C'est bien vrai, c'est pour contredire.

Chatterton. Non. . . . Je pense à présent que tout le monde a raison, excepté les Poètes. La Poésie est une maladie du cerveau. Je ne parle plus de moi, je suis guéri.

Le Quaker, *à* Kitty. Je n'aime pas qu'il dise cela.

Chatterton. Je n'écrirai plus un vers de ma vie, je vous le jure; quelque chose qui arrive je n'en écrirai plus un seul.

Le Quaker, *ne le quittant pas des yeux.* Hum! il retombe.

Lord Talbot. Est-il vrai que vous comptiez sur monsieur Beckford, sur mon vieux cousin? Je suis surpris que vous n'ayez pas compté sur moi plutôt.

Chatterton. Le lord-maire est à mes yeux le gouvernement, et le gouvernement est l'Angleterre, milord; c'est sur l'Angleterre que je compte.

Lord Talbot. Malgré cela, je lui dirai ce que vous voudrez.

John Bell. Il ne le mérite guère.

Le Quaker. Bien! voilà une rivalité de protections. Le vieux lord voudra mieux protéger que le jeune. Nous y gagnerons peut-être.

On entend un roulement sur le pavé.

Kitty Bell. Il me semble que j'entends une voiture.

SCÈNE VI

Les Mêmes, le Lord-Maire

Les Jeunes Lords *descendent avec leurs serviettes à la main et en habit de chasse, pour voir le* Lord-Maire. *Six domestiques portant des torches entrent et se rangent en haie. On annonce le* Lord-Maire.

Kitty Bell. Il vient lui-même, le lord-maire, pour monsieur Chatterton! Rachel! mes enfants! quel bonheur! embrassez-moi. *Elle court à eux, et les baise avec transport.*

John Bell. Les femmes ont des accès de folie inexplicables!

Le Quaker, *à part.* La mère donne à ses enfants un baiser d'amante sans le savoir.

M. Beckford, *parlant haut, et s'établissant pesamment et pompeusement dans un grand fauteuil.* Ah! ah! voici, je crois, tous ceux que je cherchais réunis. Ah! John Bell, mon féal ami, il fait bon vivre chez vous, ce me semble! car j'y vois de joyeuses figures qui aiment le bruit et le désordre plus que de raison. Mais c'est de leur âge.

John Bell. Milord, Votre Seigneurie est trop bonne de me faire l'honneur de venir dans ma maison une seconde fois.

M. Beckford. Oui, pardieu! Bell, mon ami; c'est la seconde fois que j'y viens. . . . Ah! les jolis enfants que voilà! . . . Oui, c'est la seconde fois, car, la première, ce fut pour vous complimenter sur le bel établissement de vos manufactures; et aujourd'hui je trouve cette maison nouvelle plus belle que jamais; c'est votre petite femme qui l'administre, c'est très bien. Mon cousin Talbot, vous ne dites rien! Je vous ai dérangé, George; vous étiez en fête avec vos amis, n'est-ce pas? Talbot, mon cousin, vous ne serez jamais qu'un libertin; mais c'est de votre âge.

Lord Talbot. Ne vous occupez pas de moi, mon cher lord.

Lord Lauderdale. C'est ce que nous lui disons tous les jours, milord.

M. Beckford. Et vous aussi, Lauderdale, et vous Kingston? toujours avec lui? toujours des nuits passées à chanter, à jouer et à boire? Vous ferez tous une mauvaise fin; mais je ne vous en veux pas, chacun a le droit de dépenser sa fortune comme il l'entend. John Bell, n'avez-vous pas chez vous un jeune homme nommé Chatterton, pour qui j'ai voulu venir moi-même?

CHATTERTON. C'est moi, milord, qui vous ai écrit.

M. BECKFORD. Ah! c'est vous, mon cher! Venez donc ici un peu, que je vous voie en face. J'ai connu votre père, un digne homme s'il en fut; un pauvre soldat, mais qui avait bravement fait son chemin. Ah! c'est vous qui êtes Thomas Chatterton? Vous vous êtes amusé à faire des vers, mon petit ami; c'est bon pour une fois, mais il ne faut pas continuer. Il n'y a personne qui n'ait eu cette fantaisie. Hé! hé! j'ai fait comme vous dans mon printemps, et jamais Littleton, Swift et Wilkes [1] n'ont écrit pour les belles dames des vers plus galants et plus badins que les miens.

CHATTERTON. Je n'en doute pas, milord.

M. BECKFORD. Mais je ne donnais aux Muses que le temps perdu. Je savais bien ce qu'en dit Ben Johnson [2]: que la plus belle Muse du monde ne peut suffire à nourrir son homme, et qu'il faut avoir ces demoiselles-là pour maîtresses, mais jamais pour femmes.

LAUDERDALE, KINGSTON et les LORDS rient.

LAUDERDALE. Bravo! milord! c'est bien vrai!

LE QUAKER, à part. Il veut te tuer à petit feu.

CHATTERTON. Rien de plus vrai, je le vois aujourd'hui, milord.

M. BECKFORD. Votre histoire est celle de mille jeunes gens; vous n'avez rien pu faire que vos maudits vers, et à quoi sont-ils bons, je vous prie? Je vous parle en père, moi . . . à quoi sont-ils bons? Un bon Anglais doit être utile au pays. Voyons un peu, quelle idée vous faites-vous de nos devoirs à tous, tant que nous sommes?

CHATTERTON, à part. Pour elle! pour elle! je boirai le calice jusqu'à la lie. (Haut.) Je crois les comprendre, milord. L'Angleterre est un vaisseau. Notre île

en a la forme: la proue tournée au nord, elle est comme à l'ancre, au milieu des mers, surveillant le continent. Sans cesse elle tire de ses flancs d'autres vaisseaux faits à son image, et qui vont la représenter sur toutes les côtes du monde. Mais c'est à bord du grand navire qu'est notre ouvrage à tous. Le roi, les lords, les communes sont au pavillon, au gouvernail et à la boussole; nous autres, nous devons tous avoir les mains aux cordages, monter aux mâts, tendre les voiles et charger les canons; nous sommes tous de l'équipage et nul n'est inutile dans la manœuvre de notre glorieux navire.

M. BECKFORD. Pas mal! pas mal! quoiqu'il fasse encore de la poésie; mais, en admettant votre idée, vous voyez que j'ai encore raison. Que diable peut faire le Poète dans la manœuvre? Un moment d'attente.

CHATTERTON. Il lit les astres dans la route que nous montre le doigt du Seigneur. *le Bilote — le poeta*

LORD TALBOT. Qu'en dites vous, milord? lui donnez-vous tort? Le Pilote n'est pas inutile.

M. BECKFORD. Imagination, mon cher! ou folie, c'est la même chose; vous n'êtes bon à rien, et vous vous êtes rendu tel par ces billevesées. J'ai des renseignements sur vous . . . à vous parler franchement . . . et . . . .

LORD TALBOT. Milord, c'est un de mes amis, et vous m'obligerez en le traitant bien. . . .

M. BECKFORD. Oh! vous vous y intéressez, George? Eh bien, vous serez content; j'ai fait quelque chose pour votre protégé, malgré les recherches de Bale.[3] . . . Chatterton ne sait pas qu'on a découvert ses petites ruses de manuscrit; mais elles sont bien innocentes, et je les lui pardonne de bon cœur. Le *Magisterial* est un bien bon écrit; je vous l'apporte pour vous convertir, avec une lettre où vous trouverez mes propositions: il s'agit de cent livres sterling par an. Ne faites pas le dédaigneux, mon enfant: que diable! votre père n'était pas sorti de la côte d'Adam, il n'était pas frère du roi, votre père; et vous n'êtes bon à rien qu'à ce qu'on vous propose, en vérité. C'est un

---

[1] Lyttleton, 1709–1773, author of elegies and a *History of Henry II*; Swift, 1667–1745, author of *Gulliver's Travels*. John Wilkes, 1727–1797, writer of satires which often got him into troubles and caused him to be banished.

[2] Probably Ben Jonson is meant, the famous dramatist (1573–1637) who wrote, beside his plays, a number of poems of various nature.

[3] *Bale*, fictitious name, as is also three lines further *The Magisterial*.

commencement; vous ne me quitterez pas, et je vous surveillerai de près.

KITTY BELL *supplie* CHATTERTON, *par un regard, de ne pas refuser. Elle a deviné son hésitation.*

CHATTERTON *hésite un moment; puis, après avoir regardé* KITTY. Je consens à tout, milord.

LORD LAUDERDALE. Que milord est bon!

JOHN BELL. Voulez-vous accepter le premier toast, milord?

KITTY BELL, *à sa fille.* Allez lui baiser la main.

LE QUAKER, *serrant la main à* CHATTERTON. Bien, mon ami, tu as été courageux.

LORD TALBOT. J'étais sûr de mon gros cousin Tom. Allons, j'ai fait tant, qu'il est à bon port.

M. BECKFORD. John Bell, mon honorable Bell, conduisez-moi au souper de ces jeunes fous, que je les voie se mettre à table. Cela me rajeunira.

LORD TALBOT. Parbleu! tout ira, jusqu'au quaker. Ma foi, milord, que ce soit par vous ou par moi, voilà Chatterton tranquille; allons . . . n'y pensons plus.

JOHN BELL. Nous allons tous conduire milord. (*A* KITTY BELL.) Vous allez revenir faire les honneurs, je le veux.

Elle va vers sa chambre.

CHATTERTON, *au* QUAKER. N'ai-je pas fait tout ce que vous vouliez? (*Tout haut, à* M. BECKFORD.) Milord, je suis à vous tout à l'heure, j'ai quelques papiers à brûler.

M. BECKFORD. Bien, bien! . . . Il se corrige de la poésie, c'est bien.

Ils sortent.

JOHN BELL *revient à sa femme brusquement.* Mais rentrez donc chez vous et souvenez-vous que je vous attends.

KITTY BELL *s'arrête sur la porte un moment, et regarde* CHATTERTON *avec inquiétude.*

KITTY BELL, *à part.* Pourquoi veut-il rester seul, mon Dieu?

Elle sort avec ses enfants, et porte le plus jeune dans ses bras.

SCÈNE VII

CHATTERTON, *seul, se promenant.* Allez, mes bons amis. Il est bien étonnant que ma destinée change ainsi tout à coup. J'ai peine à m'y fier; pourtant les apparences y sont. Je tiens là ma fortune. Qu'a voulu dire cet homme en parlant de mes ruses? Ah! toujours ce qu'ils disent tous. Ils ont deviné ce que je leur avouais moi-même, que je suis l'auteur de mon livre. Finesse grossière! je les reconnais là! Que sera cette place? quelque emploi de commis? Tant mieux, cela est honorable! Je pourrai vivre sans écrire les choses communes qui font vivre. Le quaker rentrera dans la paix de son âme que j'ai troublée, et elle! Kitty Bell, je ne la tuerai pas, s'il est vrai que je l'eusse tuée. Dois-je le croire? J'en doute: ce que l'on renferme toujours ainsi est peu violent; et, pour être si aimante, son âme est bien maternelle. N'importe, cela vaut mieux, et je ne la verrai plus. C'est convenu . . . autant eût valu me tuer. Un corps est aisé à cacher. On ne le lui eût pas dit. Le quaker y eût veillé, il pense à tout. Et à présent, pourquoi vivre? pour qui? . . . Pour qu'elle vive, c'est assez. . . . Allons . . . arrêtez-vous, idées noires, ne revenez pas. . . . Lisons ceci. . . . (*Il lit le journal.*) « Chatterton n'est pas l'auteur de ses œuvres. . . . Voilà qui est bien prouvé. Ces poèmes admirables sont réellement d'un moine nommé Rowley, qui les avait traduits d'un autre moine du dixième siècle, nommé Turgot. . . . Cette imposture, pardonnable à un écolier, serait criminelle plus tard. . . . Signé. . . . *Bale.* . . . » Bale? Qu'est-ce que cela? Que lui ai-je fait? De quel égout sort ce serpent? Quoi! mon nom est étouffé! ma gloire éteinte! mon honneur perdu! Voilà le juge! . . . le bienfaiteur! Voyons, qu'offre-t-il (*il décachète la lettre, lit . . . et s'écrie avec indignation):* Une place de premier valet de chambre dans sa maison! . . . Ah! pays damné! terre du dédain! sois maudite à jamais! (*Prenant la fiole d'opium.*) O mon âme, je t'avais vendue! je te rachète avec ceci. (*Il boit l'opium.*) Skirner sera payé! Libre de tous! égal à tous, à présent! Salut, première heure de repos que j'aie goûtée! Dernière heure de ma vie, aurore du jour éternel, salut! Adieu, humiliations, haines, sarcasmes, travaux dégradants, incertitudes, angoisses, misères, tortures du cœur, adieu! Oh! quel bonheur, je vous dis adieu! Si l'on savait! si l'on savait ce bonheur que j'ai . . . on n'hésiterait pas si longtemps! (*Ici, après un instant de recueillement durant lequel son visage prend une expression de béatitude, il joint les mains et poursuit.*) O Mort, ange de délivrance, que ta paix est douce! j'avais bien raison de t'adorer, mais je n'avais pas la force de te conquérir. Je sais que tes pas seront lents et sûrs. Regarde-moi, ange sévère, leur ôter à tous la trace de mes pas sur la terre. (*Il jette au feu tous ses papiers.*) Allez, nobles pensées écrites pour tous ces ingrats dédaigneux, purifiez-vous dans la flamme et remontez au ciel avec moi!

Il lève les yeux au ciel, et déchire lentement ses poèmes, dans l'attitude grave et exaltée d'un homme qui fait un sacrifice solennel.

SCÈNE VIII

CHATTERTON, KITTY BELL

KITTY BELL *sort lentement de sa chambre, s'arrête, observe* CHATTERTON, *et va se placer entre la cheminée et lui. Il cesse tout à coup de déchirer ses papiers.*

KITTY BELL, *à part.* Que fait-il donc? Je n'oserai jamais lui parler. Que brûle-t-il? Cette flamme me fait peur, et son visage éclairé par elle est lugubre. (*A* CHATTERTON.) N'allez-vous pas rejoindre milord?

CHATTERTON *laisse tomber ses papiers; tout son corps frémit.* Déjà! Ah! c'est vous! Ah! madame! à genoux! par pitié! oubliez-moi.

KITTY BELL. Eh! mon Dieu! pourquoi cela? qu'avez-vous fait?

CHATTERTON. Je vais partir! Adieu! Tenez, madame, il ne faut pas que les femmes soient dupes de nous plus longtemps. Les passions des poètes n'existent qu'à peine. On ne doit pas. aimer ces gens-là; franchement, ils n'aiment rien: ce sont tous des égoïstes. Le cerveau se nourrit aux dépens du cœur. Ne les lisez jamais et ne les voyez pas; moi, j'ai été plus mauvais qu'eux tous.

KITTY BELL. Mon Dieu! pourquoi dites-vous: « J'ai été? »

CHATTERTON. Parce que je ne veux plus être poète; vous le voyez, j'ai déchiré tout. Ce que je serai ne vaudra guère mieux, mais nous verrons. Adieu! Écoutez-moi! Vous avez une fille charmante; aimez-vous vos enfants?

KITTY BELL. Plus que ma vie, assurément.

CHATTERTON. Aimez donc votre vie pour ceux à qui vous l'avez donnée.

KITTY BELL. Hélas! ce n'est que pour eux que je l'aime.

CHATTERTON. Eh! quoi de plus beau dans le monde, ô Kitty Bell! Avec ces anges sur vos genoux, vous ressemblez à la divine Charité.

KITTY BELL. Ils me quitteront un jour.

CHATTERTON. Rien ne vaut cela pour vous! C'est là le vrai dans la vie! Voilà un amour sans trouble et sans peur. En eux est le sang de votre sang, l'âme de votre âme: aimez-les, madame, uniquement et par-dessus tout. Promettez-le-moi!

KITTY BELL. Mon Dieu! vos yeux sont pleins de larmes, et vous souriez.

CHATTERTON. Puissent vos beaux yeux ne jamais pleurer et vos lèvres sourire sans cesse! O Kitty! ne laissez entrer en vous aucun chagrin étranger à votre paisible famille.

KITTY BELL. Hélas! cela dépend-il de nous?

CHATTERTON. Oui! oui! . . . Il y a des idées avec lesquelles on peut fermer son cœur. Demandez au quaker, il vous en donnera. Je n'ai pas le temps, moi; laissez-moi sortir.

Il marche vers sa chambre.

KITTY BELL. Mon Dieu! comme vous souffrez!

CHATTERTON. Au contraire. Je suis guéri. Seulement, j'ai la tête brûlante. Ah! bonté! bonté! tu me fais plus de mal que leurs noirceurs.

KITTY BELL. De quelle bonté parlez-vous? Est-ce de la vôtre?

CHATTERTON. Les femmes sont dupes de leur bonté. C'est par bonté que vous êtes venue. On vous attend là-haut! J'en suis certain. Que faites-vous ici?

KITTY BELL *émue profondément, et l'œil hagard.* A présent, quand toute la terre m'attendrait, j'y resterais.

CHATTERTON. Tout à l'heure je vous suivrai. Adieu! adieu!

KITTY BELL, *l'arrêtant.* Vous ne viendrez pas?

CHATTERTON. J'irai. J'irai.

KITTY BELL. Oh! vous ne voulez pas venir.

CHATTERTON. Madame, cette maison est à vous, mais cette heure m'appartient.

KITTY BELL. Qu'en voulez-vous faire?

CHATTERTON. Laissez-moi, Kitty. Les hommes ont des moments où ils ne peuvent plus se courber à votre taille et s'adoucir la voix pour vous. . . . Kitty Bell, laissez-moi.

KITTY BELL. Jamais je ne serai heureuse si je vous laisse ainsi, monsieur.

CHATTERTON. Venez-vous pour ma punition? Quel mauvais génie vous envoie?

KITTY BELL. Une épouvante inexplicable.

CHATTERTON. Vous serez épouvantée si vous restez.

KITTY BELL. Avez-vous de mauvais desseins, grand Dieu?

CHATTERTON. Ne vous en ai-je pas dit assez? Comment êtes-vous là?

KITTY BELL. Eh! comment n'y serais-je plus?

CHATTERTON. Parce que je vous aime, Kitty.

KITTY BELL. Ah! monsieur, si vous me le dites, c'est que vous voulez mourir.

CHATTERTON. J'en ai le droit, de mourir. Je le jure devant vous, et je le soutiendrai devant Dieu!

KITTY BELL. Et moi, je vous jure que c'est un crime: ne le commettez pas.

CHATTERTON. Il le faut, Kitty, je suis condamné.

KITTY BELL. Attendez seulement un jour pour penser à votre âme.

CHATTERTON. Il n'y a rien que je n'aie pensé, Kitty.

KITTY BELL. Une heure seulement pour prier.

CHATTERTON. Je ne peux plus prier.

KITTY BELL. Et moi, je vous prie pour moi-même. Cela me tuera.

CHATTERTON. Je vous ai avertie! il n'est plus temps.

KITTY BELL. Et si je vous aime, moi!

CHATTERTON. Je l'ai vu, et c'est pour cela que j'ai bien fait de mourir; c'est pour cela que Dieu peut me pardonner.

KITTY BELL. Qu'avez-vous donc fait?

CHATTERTON. Il n'est plus temps, Kitty; c'est un mort qui vous parle.

KITTY BELL, à genoux, les mains au ciel. Puissances du ciel! grâce pour lui!

CHATTERTON. Allez-vous-en.... Adieu!

KITTY BELL, tombant. Je ne le puis plus. . . .

CHATTERTON. Eh bien donc! prie pour moi sur la terre et dans le ciel.

Il la baise au front et remonte l'escalier en chancelant; il ouvre sa porte et tombe dans sa chambre.

KITTY BELL. Ah! Grand Dieu! (Elle trouve la fiole.) Qu'est-ce que cela? Mon Dieu! pardonnez-lui.

SCÈNE IX
KITTY BELL, LE QUAKER

LE QUAKER, accourant. Vous êtes perdu. . . . Que faites-vous ici?

KITTY BELL, renversée sur les marches de l'escalier. Montez vite! montez, monsieur, il va mourir; sauvez-le . . . s'il est temps.

Tandis que LE QUAKER s'achemine vers l'escalier, KITTY BELL cherche à voir, à travers les portes vitrées, s'il n'y a personne qui puisse donner du secours; puis, ne voyant rien, elle suit LE QUAKER avec terreur, en écoutant le bruit de la chambre de CHATTERTON.

LE QUAKER, en montant à grand pas, à KITTY BELL. Reste, reste, mon enfant, ne me suis pas.

Il entre chez CHATTERTON et s'enferme avec lui. On devine des soupirs de CHATTERTON et des paroles d'encouragement du QUAKER. KITTY BELL monte, à demi-évanouie, en s'accrochant à la rampe de chaque marche: elle fait un effort pour tirer à elle la porte, qui résiste et s'ouvre enfin. On voit CHATTERTON mourant et tombé sur le bras du QUAKER. Elle crie, glisse à demi-morte sur la rampe de l'escalier, et tombe sur la dernière marche. On entend JOHN BELL appeler de la salle voisine.

JOHN BELL. Mistress Bell!

KITTY se lève tout à coup comme par ressort.

JOHN BELL, une seconde fois. Mistress Bell!

Elle se met en marche et vient s'asseoir, lisant sa Bible et balbutiant tout bas des paroles qu'on n'entend pas. Ses enfants accourent et s'attachent à sa robe.

LE QUAKER, du haut de l'escalier. L'a-t-elle vu mourir? l'a-t-elle vu? (Il va près d'elle.) Ma fille! ma fille!

JOHN BELL, entrant violemment, et montant deux marches de l'escalier. Que fait-elle ici? Où est ce jeune homme? Ma volonté est qu'on l'emmène!

LE QUAKER. Dites qu'on l'emporte, il est mort.

JOHN BELL. Mort?

LE QUAKER. Oui, mort à dix-huit ans! Vous l'avez tous si bien reçu, étonnez-vous qu'il soit parti!

JOHN BELL. Mais. . . .

LE QUAKER. Arrêtez, monsieur, c'est assez d'effroi pour une femme. (Il regarde KITTY et la voit mourante.) Monsieur, emmenez ses enfants! Vite, qu'ils ne la voient pas.

Il arrache les enfants des pieds de KITTY, les passe à JOHN BELL, et prend leur mère dans ses bras. JOHN BELL les prend à part, et reste stupéfait. KITTY BELL meurt dans les bras du QUAKER.

JOHN BELL, avec épouvante. Eh bien! eh bien! Kitty! Kitty! qu'avez-vous?

Il s'arrête en voyant le QUAKER s'agenouiller.

LE QUAKER, à genoux. Oh! dans ton sein! dans ton sein, Seigneur, reçois ces deux martyrs.

LE QUAKER reste à genoux, les yeux tournés vers le ciel, jusqu'à ce que le rideau soit baissé.

MUSSET

Born in 1810 in Paris where he died in 1857, Alfred de Musset was the youngest of the group of writers and artists who met at the home of Charles Nodier and later at that of Victor Hugo to discuss the rejuvenation of literature and to have a good time as well (first and second *Cénacle*). At first a follower of the reformers, he soon tired of their solemn pretensions and struck out for himself, independent of all schools and doctrines. In his *Lettres de Dupuis et Cotonet* (1836) he wittily ridicules the whole romantic movement.

La Nuit vénitienne ou les Noces de Laurette, a one-act comedy in prose produced at the Odéon in 1830, was hissed; as a result the twenty-year-old author swore that he was through with the stage. " Je dis adieu à la ménagerie et pour longtemps," he wrote to a friend. To this decision, which he, however, reversed later, we owe a number of charming fantasies in dramatic form. His first published volume, *Contes d'Espagne et d'Italie* (1830) contained a drama, *les Marrons du feu*, composed in 1829. His next dramas were *André del Sarto*, three acts in prose, published in the *Revue des deux mondes* (1833); and *Lorenzaccio*, five acts in prose (1834), published by the *Librairie de la Revue des deux mondes*. We also have a fragment of a tragedy, *la Servante du roi*, which he intended for the tragédienne Rachel whom he greatly admired. It was left unfinished owing to the death of the actress.

Most of his so-called *Comédies et proverbes* were published in the *Revue des deux mondes*. They are *les Caprices de Marianne* (1833), *Fantasio* (1833), *On ne badine pas avec l'amour* (1834), *Barberine* (1835), *le Chandelier* (1835), *Il ne faut jurer de rien* (1836), *Un caprice* (1837). These were republished in a volume in 1840. Then there came an interruption of several years during which he wrote a few poems and short stories. In 1845 he composed *Il faut qu'une porte soit ouverte ou fermée;* in 1849 *Louison* and *On ne saurait penser à tout;* in 1850 *Carmosine* and in 1851 *Bettine;* in 1855, *l'Ane et le ruisseau*, published after his death. His plays in verse, besides *Louison* and the drama *les Marrons du feu*, are *la Coupe et les lèvres* and *A quoi rêvent les jeunes filles*, both found in the volume *Spectacle dans un fauteuil* (1832).

The return of Musset to the stage despite his vow was due to a coincidence. A French actress, Mme Allan-Despréaux, who was playing at St. Petersburg in 1847, admired a little play given in Russian, and asked for a translation of it. She was handed a copy of *Un caprice* by Alfred de Musset. She played the original with great success before the imperial court, and on her return to Paris she repeated it at the Théâtre Français. It was so well received that several of the poet's plays, suitably adapted, were produced. The next year *Il faut qu'une porte soit ouverte ou fermée*, *le Chandelier*, *Il ne faut jurer de rien* and *André del Sarto* were given. Musset then revised *Barberine*, *les Caprices de Marianne* and *André del Sarto*, and composed in view of the stage *Louison*, *On ne saurait penser à tout*, both produced in 1849, *Carmosine* and *Bettine*, the latter produced in. 1851, the former in 1865. *On ne badine pas avec l'amour* was given in 1861, *Fantasio* in 1866, *A quoi rêvent les jeunes filles*, a species of modern version of

Marivaux' *Jeu de l'amour et du hasard*, in 1880, *Barberine* in 1882, *Lorenzaccio* in 1896 at the Théâtre Sarah Bernhardt. In 1873 Paris applauded *Fantasio* once more, this time in the guise of a libretto for Offenbach's opera by that name.

The plots of his comedies are mostly airy trifles. Fantasio, a young man bored by life, takes the place of the court fool who has just died. He learns that the young princess of Bavaria must marry the stupid prince of Mantua to avert war, and that this marriage will make her unhappy. When the Mantuan prince arrives in the city, the improvised buffoon lifts the prince's wig from his bald head by means of a fishhook at the end of a string. This insult causes the marriage to be broken off. War will be the result, but the charming little princess will be saved from having to accept a ridiculous husband, which to the whimsical poet was of far greater importance than the fates of the two states. Besides, Fantasio in the rôle of the court fool offers Musset an opportunity for indulging in some delightful and poetic fancies in which subtle and discreet emotion predominate.

Several of the above plays have remained on the repertory of the Théâtre Français. None has ever enjoyed what might be called popularity, but all have always been sincerely appreciated by the élite. They possess a charm which is fully revealed only when read. Most of them, as we have seen, were not intended for the stage and because of this they do not conform to the stage traditions and customs. We shall therefore look in vain for the grandiloquent speeches and the mighty deeds of dominant and simplified characters such as are to be found in almost any classic or romantic drama, and around which all the minor characters revolve. We also miss the carefully worked-up crises and dénouements, the logical sequence of events, the unity of action which even the romanticists considered indispensable. Compared to a play by Scribe, Musset's comedies and dramas are badly composed. To produce them, considerable adapting had to be done on plays like *Fantasio, Lorenzaccio* and *André del Sarto*, in which one scene follows another in a disconnected manner. Thus in the first act of *Lorenzaccio* we find, after a first brief scene in a garden at Florence, a second in a street full of masked revelers, a third in the palace of the marquis de Cibo, a fourth in the court of the ducal palace, a fifth in front of the church of San Miniato, and a sixth on the banks of the Arno. In the second act there are seven different scenes. This is of course Shakespearean. There is no attempt at local color of an artificial kind to stimulate the interest, such as is too often found in Hugo's plays. Musset merely throws out a hint; a park with a fountain, a garden, a street, Florence, Naples, a drawing room, an inn. Sometimes no stage directions are given; the reader may supply them as he chooses: " la scène est où l'on voudra." Vagueness is what characterizes locality in most cases. The same vagueness is noticeable in his characterizations. In spite of that, his characters are never wooden; they are very much alive; they partake of the moods of the author, and in many cases it is himself that he portrays, as in *Fantasio*, and especially in *les Caprices de Marianne* in which Octave and Célio represent the better and the worse nature of the poet. In *Lorenzaccio*, a historic drama, we cannot help seeing the identification of Musset with the brooding, profligate and patriotic assassin of the evil duke of Florence. In the portraying of women, the playwright has been very successful. Some of his young women are among the most poetic and charming to be found in the whole range of drama and comedy.

These plays then cannot be grouped in the usual categories.   They stand by themselves.   They are not romantic, yet romance is never absent from them. They are full of poetic nonsense, yet the poet's good sense never allows him to fall into the absurd, or if he does, it is intentionally, with a quizzical smile, and the conviction that it is not to be taken seriously.   In his more serious moods he shows a keen feeling for dramatic values.   In *Lorenzaccio*, as in *André del Sarto*, the suspense is kept up in a remarkable manner and an atmosphere of impending tragedy is felt throughout.   These plays prove that Musset could have been a successful writer of dramas in the accepted romantic sense of the word had he so chosen.

Bibliography: *Œuvres*, Paris, Charpentier, 10 volumes, including *Comédies et proverbes*, 3 volumes, and *Spectacle dans un fauteuil* in the volume *Premières poésies*.   *Théâtre*, 4 volumes, Paris, Jouaust, 1889–91.   PAUL DE MUSSET, *Biographie d'A. de Musset*, 1877.   ARVÈDE BARINE, *A. de Musset*, Paris, 1900. LÉON LAFOSCADE, *Le théâtre d'Alfred de Musset*, Paris, 1901.   ANDRÉ LE BRETON, *Le théâtre romantique*.   SARCEY, *Quarante ans de théâtre*, vol. IV.   LENIENT, *la Comédie en France au XIXe siècle*.   BRUNETIÈRE, *les Époques du théâtre français*.

LES CAPRICES DE MARIANNE

Par ALFRED DE MUSSET

Published in 1833.   First performance 1851.

PERSONNAGES

CLAUDIO, *juge*
CÉLIO (in some editions spelled CŒLIO)
OCTAVE
TIBIA, *valet de* CLAUDIO
PIPPO, *valet de* CÉLIO
MALVOLIO, *intendant* D'HERMIA

UN GARÇON D'AUBERGE
MARIANNE, *femme de* CLAUDIO
HERMIA, *mère de* CÉLIO
CIUTA, *vieille femme*
DOMESTIQUES
La scène est à Naples.

ACTE PREMIER
SCÈNE PREMIÈRE

Une rue devant la maison de CLAUDIO. MARIANNE, *sortant de chez elle un livre de messe à la main,* CIUTA, *l'abordant.*

CIUTA.   Ma belle dame, puis-je vous dire un mot?

MARIANNE.   Que me voulez-vous?

CIUTA.   Un jeune homme de cette ville est éperdument amoureux de vous; depuis un mois entier, il cherche vainement l'occasion de vous l'apprendre; son nom est Célio; il est d'une noble famille et d'une figure distinguée.

MARIANNE.   En voilà assez. Dites à celui qui vous envoie qu'il perd son temps et sa peine, et que, s'il a l'audace de me faire entendre une seconde fois un pareil langage, j'en instruirai mon mari. (*Elle sort.*)

CÉLIO, *entrant.*   Eh bien! Ciuta, qu'a-t-elle dit?

CIUTA.   Plus dévote et plus orgueilleuse que jamais. Elle instruira son mari, dit-elle, si on la poursuit plus longtemps.

CÉLIO.   Ah! malheureux que je suis, je n'ai plus qu'à mourir. Ah! la plus cruelle de toutes les femmes! Et que me conseilles-tu, Ciuta? quelle ressource puis-je encore trouver?

CIUTA.   Je vous conseille d'abord de sortir d'ici, car voici son mari qui la suit. (*Ils sortent.   Entrent* CLAUDIO *et* TIBIA.)

SCÈNE II
CLAUDIO, TIBIA

CLAUDIO.   Es-tu mon fidèle serviteur, mon valet de chambre dévoué? Apprends que j'ai à me venger d'un outrage.

TIBIA.   Vous, monsieur?

CLAUDIO.   Moi-même, puisque ces impudentes guitares ne cessent de murmurer sous les fenêtres de ma femme. Mais patience! tout n'est pas fini. (*Il aperçoit* CÉLIO *et* PIPPO.) Écoute un peu de ce côté-ci: voilà du monde qui pourrait nous entendre. Tu m'iras chercher ce soir le spadassin que je t'ai dit.

TIBIA.   Pourquoi faire?

CLAUDIO.   Je crois que Marianne a des amants.

TIBIA.   Vous croyez, monsieur?

CLAUDIO.   Oui, il y a autour de ma maison une odeur d'amants; personne ne passe naturellement devant ma porte; il y pleut des guitares et des entremetteuses.

TIBIA.   Est-ce que vous pouvez empêcher qu'on donne des sérénades à votre femme?

CLAUDIO.   Non; mais je puis poster un homme derrière la poterne, et me débarrasser du premier qui entrera.

TIBIA.   Fi! Votre femme n'a pas d'amants.—C'est comme si vous disiez que j'ai des maîtresses.

CLAUDIO.   Pourquoi n'en aurais-tu pas, Tibia? Tu es fort laid, mais tu as beaucoup d'esprit.

TIBIA.   J'en conviens, j'en conviens.

CLAUDIO.   Regarde, Tibia, tu en conviens toi-même; il n'en faut plus douter, et mon déshonneur est public.

TIBIA.   Pourquoi public?

CLAUDIO.   Je te dis qu'il est public.

TIBIA.   Mais, monsieur, votre femme passe pour un dragon de vertu dans toute la ville; elle ne voit personne, elle ne sort de chez elle que pour aller à la messe.

CLAUDIO.   Laissez-moi faire. Je ne me

sens pas de colère.[1] Après tous les cadeaux qu'elle a reçus de moi!—Oui, Tibia, je machine en ce moment une épouvantable trame, et me sens prêt à mourir de douleur.

TIBIA. Oh, que non!

CLAUDIO. Quand je te dis quelque chose, tu me ferais plaisir de le croire. (*Ils sortent.*)

SCÈNE III

CÉLIO. Malheur à celui qui, au milieu de la jeunesse, s'abandonne à un amour sans espoir! Malheur à celui qui se livre à une douce rêverie, avant de savoir où sa chimère le mène, et s'il peut être payé de retour! Mollement couché dans une barque, il s'éloigne peu à peu de la rive; il aperçoit au loin des plaines enchantées, de vertes prairies et le mirage léger de son Eldorado. Les vents l'entraînent en silence, et quand la réalité le réveille, il est aussi loin du but où il aspire, que du rivage qu'il a quitté. Il ne peut plus ni poursuivre sa route, ni revenir sur ses pas. (*On entend un bruit d'instruments.*) Quelle est cette mascarade? N'est-ce pas Octave que j'aperçois?

SCÈNE IV

CÉLIO, OCTAVE, *qui a par-dessus son habit un long domino ouvert, un loup sur le visage et une batte d'Arlequin [2] à la main.*

OCTAVE, *s'adressant aux gens de la mascarade, qu'on ne voit pas.* Assez, mes amis, retournez au logis. Assez raclé pour aujourd'hui. (*A* CÉLIO, *en ôtant son masque.*) Comment se porte, mon bon monsieur, cette gracieuse mélancolie?

CÉLIO. Octave! O fou que tu es! Tu as un pied[3] de rouge sur les joues. D'où te vient cet accoutrement? N'as-tu pas de honte, en plein jour?

OCTAVE. O Célio! fou que tu es! tu as un pied de blanc sur les joues! D'où te vient ce large habit noir? N'as-tu pas de honte, en plein carnaval?[4]

CÉLIO. J'allais chez toi.

OCTAVE. Et moi aussi j'allais chez moi.

Comment se porte ma maison? Il y a huit jours que je ne l'ai vue.

CÉLIO. J'ai un service à te demander.

OCTAVE. Parle, Célio, mon cher enfant. Veux-tu de l'argent? je n'en ai plus. Veux-tu mon épée? voilà une batte d'Arlequin. Parle, parle, dispose de moi.

CÉLIO. Combien de temps cela durera-t-il? Huit jours hors de chez toi! Tu te tueras, Octave.

OCTAVE. Jamais de ma propre main, mon ami, jamais; j'aimerais mieux mourir que d'attenter à mes jours.

CÉLIO. Et n'est-ce pas un suicide comme un autre, cette vie que tu mènes?

OCTAVE. Figure-toi un danseur de corde, en brodequins d'argent, le balancier au poing, suspendu entre le ciel et la terre; à droite et à gauche, de vieilles petites figures racornies,[5] de maigres et pâles fantômes, des créanciers agiles, des parents et des courtisanes, toute une légion de monstres se suspendent à son manteau et le tiraillent de tous côtés pour lui faire perdre l'équilibre; des phrases redondantes, de grands mots enchâssés cavalcadent autour de lui; une nuée de prédictions sinistres l'aveugle de ses ailes noires. Il continue sa course légère de l'orient à l'occident. S'il regarde en bas, la tête lui tourne; s'il regarde en haut, le pied lui manque. Il va plus vite que le vent, et toutes les mains tendues autour de lui ne lui feront pas renverser une goutte de la coupe joyeuse qu'il porte à la sienne. Voilà ma vie, mon cher ami; c'est ma fidèle image que tu vois.

CÉLIO. Que tu es heureux d'être fou!

OCTAVE. Que tu es fou de ne pas être heureux! Dis-moi un peu, toi, qu'est-ce qui te manque?

CÉLIO. Il me manque le repos, la douce insouciance qui fait de la vie un miroir où tous les objets se peignent un instant et sur lequel tout glisse. Une dette, pour moi, est un remords. L'amour, dont vous autres faites un passe-temps, trouble ma vie entière. O mon ami, tu ignoreras toujours ce que c'est qu'aimer comme moi! Mon cabinet d'étude est désert; depuis un mois j'erre autour de cette maison la nuit

---

[1] *je ne . . . colère*, I am mad through and through.

[2] *batte d'Arlequin*, Harlequin's Wooden Sabre.   Harlequin (Italian Arlecchino) is the clown of the Italian *commedia dell'arte*, or improvised comedy.   To-day he is found mainly in puppet shows.

[3] *un pied*, a foot thick.

[4] *Carnaval*, Eng. "Carnival," the season of merry-making preceding Lent, represented in America by the New Orleans *mardi-gras* celebrations.   Rome, Venice and Florence had in old times the most elaborate carnivals, characterized by much license and masks, which men and women were allowed to wear.

[5] *racornies*, shriveled up.

et le jour. Quel charme j'éprouve, au lever de la lune, à conduire sous ces petits arbres, au fond de cette place, mon chœur modeste de musiciens, à marquer moi-même la mesure, à les entendre chanter la beauté de Marianne! Jamais elle n'a paru à sa fenêtre, jamais elle n'est venue appuyer son front charmant sur sa jalousie.[1]

OCTAVE. Qui est cette Marianne? Est-ce que c'est ma cousine?

CÉLIO. C'est elle-même; la femme du vieux Claudio.

OCTAVE. Je ne l'ai jamais vue; mais à coup sûr elle est ma cousine. Claudio est fait exprès.[2] Confie-moi tes intérêts, Célio.

CÉLIO. Tous les moyens que j'ai tentés pour lui faire connaître mon amour ont été inutiles. Elle sort du couvent; elle aime son mari et respecte ses devoirs. Sa porte est fermée à tous les jeunes gens de la ville, et personne ne peut l'approcher.

OCTAVE. Ouais! est-elle jolie?—Sot que je suis! tu l'aimes, cela n'importe guère. Que pourrions-nous imaginer?

CÉLIO. Faut-il te parler franchement? Ne te riras-tu pas de moi?

OCTAVE. Laisse-moi rire de toi, et parle franchement.

CÉLIO. En ta qualité de parent, tu dois être reçu dans la maison?

OCTAVE. Suis-je reçu? je n'en sais rien. Admettons que je suis reçu. A te dire vrai, il y a une grande différence entre mon auguste famille et une botte d'asperges. Nous ne formons pas un faisceau bien serré, et nous ne tenons guère les uns aux autres[3] que par écrit. Cependant Marianne connaît mon nom. Faut-il lui parler en ta faveur?

CÉLIO. Vingt fois j'ai tenté de l'aborder; vingt fois j'ai senti mes genoux fléchir en approchant d'elle. Quand je la vois, ma gorge se serre et j'étouffe, comme si mon cœur se soulevait jusqu'à mes lèvres.

OCTAVE. J'ai éprouvé cela. C'est ainsi qu'au fond des forêts, lorsqu'une biche avance à petits pas sur les feuilles sèches, et que le chasseur entend les bruyères glisser sur ses flancs inquiets, comme le frôlement d'une robe légère, les battements de cœur le prennent malgré lui; il soulève son arme en silence, sans faire un pas, sans respirer.

CÉLIO. Pourquoi donc suis-je ainsi? pourquoi ne saurais-je aimer cette femme comme toi, Octave, tu l'aimerais, ou comme j'en aimerais une autre? Qu'est-ce donc pourtant que tout cela? deux yeux bleus, deux lèvres vermeilles, une robe blanche et deux blanches mains. Pourquoi ce qui te rendrait joyeux et empressé, ce qui t'attirerait, toi, comme l'aiguille aimantée attire le fer, me rend-il triste et immobile? Qui pourrait dire: ceci est gai ou triste? La réalité n'est qu'une ombre. Appelle imagination ou folie ce qui la divinise. Alors la folie est la beauté elle-même. Chaque homme marche enveloppé d'un réseau transparent qui le couvre de la tête aux pieds; il croit voir des bois et des fleuves, des visages divins, et l'universelle nature se teint sous ses regards des nuances infinies du tissu magique. Octave! Octave! viens à mon secours!

OCTAVE. J'aime ton amour, Célio! il divague dans ta cervelle comme un flacon[4] syracusain. Donne-moi la main, je viens à ton secours; attends un peu. L'air me frappe au visage et les idées me reviennent. Je connais cette Marianne: elle me déteste fort, sans m'avoir jamais vu. C'est une mince poupée qui marmotte des *Ave*[5] sans fin.

CÉLIO. Fais ce que tu voudras, mais ne me trompe pas, je t'en conjure; il est aisé de me tromper; je ne sais pas me défier d'une action que je ne voudrais pas faire moi-même.

OCTAVE. Si tu escaladais les murs?

CÉLIO. Entre elle et moi est une muraille imaginaire que je n'ai pu escalader.

OCTAVE. Si tu lui écrivais?

CÉLIO. Elle déchire mes lettres ou me les renvoie.

OCTAVE. Si tu en aimais une autre? Viens avec moi chez Rosalinde.

CÉLIO. Le souffle de ma vie est à Marianne; elle peut d'un seul mot de ses lèvres l'anéantir ou l'embraser. Vivre pour une autre me serait plus difficile que de mourir pour elle. Silence! la voici qui détourne la rue.

OCTAVE. Retire-toi, je vais l'aborder.

CÉLIO. Y penses-tu? dans l'équipage où te voilà! Essuie-toi le visage; tu as l'air d'un fou.

OCTAVE, *ôtant son domino.* Voilà qui

[1] *jalousie*, Venetian blind.
[2] *fait exprès*, implied: pour être trompé.
[3] *nous ne . . . autres*, we have hardly any relations with each other.
[4] *flacon syracusain*, flask of wine of Syracuse.
[5] *Ave*, viz. *Ave Maria*, the Catholic "Hail Mary."

est fait. L'ivresse et moi, mon cher Célio, nous nous sommes trop chers l'un à l'autre pour nous jamais disputer; elle fait mes volontés comme je fais les siennes. N'aie aucune crainte là-dessus; c'est le fait d'un étudiant en vacances, qui se grise un jour de grand dîner, de perdre la tête et de lutter avec le vin; moi, mon caractère est d'être ivre; ma façon de penser est de me laisser faire, et je parlerais au roi, en ce moment, comme je vais parler à ta belle.

CÉLIO. Je ne sais ce que j'éprouve. —Non, ne lui parle pas.

OCTAVE. Pourquoi?

CÉLIO. Je ne puis dire pourquoi; il me semble que tu vas me tromper.

OCTAVE. Touche là. Depuis que je suis au monde, je n'ai encore trompé personne, et je ne commencerai pas par mon meilleur ami. (CÉLIO sort.)

SCÈNE V

OCTAVE, MARIANNE

OCTAVE. Ne vous détournez pas, princesse de beauté; laissez tomber un de vos regards sur le plus indigne de vos serviteurs.

MARIANNE. Qui êtes-vous?

OCTAVE. Mon nom est Octave; je suis cousin de votre mari.

MARIANNE. Venez-vous pour le voir? entrez au logis, il va revenir.

OCTAVE. Je ne viens pas pour le voir et n'entrerai point au logis, de peur que vous ne m'en chassiez tout à l'heure, quand je vous aurai dit ce qui m'amène.

MARIANNE. Dispensez-vous donc de me le dire et de m'arrêter plus longtemps.

OCTAVE. Je ne saurais m'en dispenser, et vous supplie de vous arrêter pour l'entendre. Cruelle Marianne! vos yeux ont causé bien du mal, et vos paroles ne sont pas faites pour les guérir. Que vous avait fait Célio?

MARIANNE. De qui parlez-vous et quel mal ai-je causé?

OCTAVE. Un mal le plus cruel de tous, car c'est un mal sans espérance; le plus terrible, car c'est un mal qui se chérit lui-même et repousse la coupe salutaire jusque dans la main de l'amitié; un mal qui fait pâlir les lèvres sous des poisons plus doux que l'ambroisie, et qui fond en une pluie de larmes le cœur le plus dur, comme la perle de Cléopâtre;[1] un mal que tous les aromates, toute la science humaine ne sauraient soulager, et qui se nourrit du vent qui passe, du parfum d'une rose fanée, du refrain d'une chanson, et qui suce l'éternel aliment de ses souf-frances dans tout ce qui l'entoure, comme une abeille son miel dans tous les buissons d'un jardin.

MARIANNE. Me direz-vous le nom de ce mal?

OCTAVE. Que celui qui est digne de le prononcer vous le dise; que les rêves de vos nuits, que ces orangers verts, cette fraîche cascade vous l'apprennent; que vous puissiez le chercher un beau soir, vous le trouverez sur vos lèvres; son nom n'existe pas sans lui.

MARIANNE. Est-il si dangereux à dire, si terrible dans sa contagion, qu'il effraye une langue qui plaide en sa faveur?

OCTAVE. Est-il si doux à entendre, cousine, que vous le demandiez? Vous l'avez appris à Célio.

MARIANNE. C'est donc sans le vouloir; je ne connais ni l'un ni l'autre.

OCTAVE. Que vous les connaissiez ensemble et que vous ne les sépariez jamais, voilà le souhait de mon cœur.

MARIANNE. En vérité!

OCTAVE. Célio est le meilleur de mes amis; si je voulais vous faire envie, je vous dirais qu'il est beau comme le jour, jeune, noble, et je ne mentirais pas; mais je ne veux que vous faire pitié, et je vous dirai qu'il est triste comme la mort depuis le jour où il vous a vue.

MARIANNE. Est-ce ma faute s'il est triste?

OCTAVE. Est-ce sa faute si vous êtes belle? Il ne pense qu'à vous; à toute heure il rôde autour de cette maison. N'avez-vous jamais entendu chanter sous vos fenêtres? n'avez-vous jamais soulevé à minuit cette jalousie et ce rideau?

MARIANNE. Tout le monde peut chanter le soir, et cette place appartient à tout le monde.

OCTAVE. Tout le monde peut aussi vous aimer, mais personne ne peut vous le dire. Quel âge avez-vous Marianne?

MARIANNE. Voilà une jolie question! Et si je n'avais que dix-neuf ans, que voudriez-vous que j'en pense?

OCTAVE. Vous avez donc encore cinq ou six ans pour être aimée, huit ou dix pour aimer vous-même, et le reste pour

---

[1] *perle de Cléopâtre.* A legend relates that in order to impress Mark Antony with her wealth, Cleopatra dissolved a pearl in vinegar at a banquet, and drank this beverage.

prier Dieu.

MARIANNE. Vraiment? Eh bien! pour mettre le temps à profit, j'aime Claudio, votre cousin et mon mari.

OCTAVE. Mon cousin et votre mari ne feront jamais à eux deux qu'un pédant de village; vous n'aimez point Claudio.

MARIANNE. Ni Célio; vous pouvez le lui dire.

OCTAVE. Pourquoi?

MARIANNE. Me direz-vous aussi pourquoi je vous écoute? Adieu, seigneur Octave; voilà une plaisanterie qui a duré assez longtemps. (*Elle sort.*)

SCÈNE VI

OCTAVE, *seul*

Ma foi! ma foi! elle a de beaux yeux. Ah! voici Claudio. Ce n'est pas tout à fait la même chose, et je ne me soucie guère de continuer la conversation avec lui.

SCÈNE VII

TIBIA, CLAUDIO, OCTAVE

CLAUDIO, *à* TIBIA. Tu as raison.

OCTAVE, *à* CLAUDIO. Bonsoir, cousin.

CLAUDIO. Bonsoir. (*A* TIBIA.) Tu as raison.

OCTAVE. Cousin, bonsoir.

CLAUDIO. Bonsoir, bonsoir.

SCÈNE VIII

TIBIA, CLAUDIO

CLAUDIO. Tu as raison, et ma femme est un trésor de pureté. Que te dirai-je de plus? c'est une vertu solide.

TIBIA. Vous croyez, monsieur?

CLAUDIO. Peut-elle empêcher qu'on ne chante sous ses croisées? Les signes d'impatience qu'elle peut donner dans son intérieur sont les suites de son caractère. As-tu remarqué que sa mère, lorsque j'ai touché cette corde, a été tout d'un coup du même avis que moi?

TIBIA. Relativement à quoi?

CLAUDIO. Relativement à ce qu'on chante sous ses croisées.

TIBIA. Chanter n'est pas un mal; je fredonne moi-même à tout moment.

CLAUDIO. Mais bien chanter est difficile.

TIBIA. Difficile pour vous et pour moi

qui, n'ayant pas reçu de voix de la nature, ne l'avons jamais cultivée; mais voyez comme ces acteurs de théâtre s'en tirent habilement.

CLAUDIO. Ces gens-là passent leur vie sur les planches.

TIBIA. Combien croyez-vous qu'on puisse donner par an?

CLAUDIO. A qui? à un juge de paix?

TIBIA. Non, à un chanteur.

CLAUDIO. Je n'en sais rien. On donne à un juge de paix le tiers de ce que vaut ma charge; les conseillers de justice ont le double.

TIBIA. Si j'étais podestat [1] chez nous, que je fusse marié et que ma femme eût des amants, je les condamnerais moi-même.

CLAUDIO. A combien d'années de galères?

TIBIA. A la peine de mort. Une sentence de mort est une chose superbe à lire à haute voix.

CLAUDIO. Ce n'est pas le podestat qui la lit; c'est le greffier.[2]

TIBIA. Le greffier de votre tribunal a une jolie femme.

CLAUDIO. Non, c'est le président qui a une jolie femme. J'ai soupé hier avec eux.

TIBIA. Le greffier aussi! Le spadassin qui va venir ce soir est l'amant de la femme du greffier.

CLAUDIO. Quel spadassin?

TIBIA. Celui que vous avez demandé.

CLAUDIO. Il est inutile qu'il vienne, après ce que je t'ai dit tout à l'heure.

TIBIA. A quel sujet?

CLAUDIO. Au sujet de ma femme.

TIBIA. La voici qui vient elle-même.

SCÈNE IX

TIBIA, MARIANNE, CLAUDIO

MARIANNE. Savez-vous ce qui m'arrive pendant que vous courez les champs? J'ai reçu la visite de votre cousin.

CLAUDIO. Qui cela peut-il être? Nommez-le par son nom.

MARIANNE. Octave, qui m'a fait une déclaration d'amour de la part de son ami Célio. Qui est ce Célio? Connaissez-vous cet homme? Trouvez bon [3] que ni lui ni Octave ne mettent les pieds dans notre maison.

CLAUDIO. Je le connais; c'est le fils

---

[1] *podestat*, magistrate (Italian podestà).

[2] *greffier*, clerk of the court.

[3] *Trouvez bon*, Be so good as to see to it.

d'Hermia, notre voisine. Qu'avez-vous répondu à cela?

MARIANNE. Il ne s'agit pas de ce que j'ai répondu. Comprenez-vous ce que je dis? Donnez ordre à vos gens qu'ils ne laissent entrer ni cet homme ni son ami. Je m'attends à quelque importunité de leur part, et je suis bien aise de l'éviter.

SCÈNE X

TIBIA, CLAUDIO

CLAUDIO. Que penses-tu de cette aventure, Tibia? Il y a quelque ruse là-dessous.

TIBIA. Vous croyez, monsieur?

CLAUDIO. Pourquoi n'a-t-elle pas voulu dire ce qu'elle a répondu? La déclaration est impertinente, il est vrai, mais la réponse méritait d'être connue. J'ai le soupçon que ce fils d'Hermia est l'ordonnateur de toutes ces guitares.

TIBIA. Défendre votre porte à ces deux hommes est un moyen excellent de les éloigner.

CLAUDIO. Rapporte-t'en à moi. Il faut que je fasse part de cette découverte à ma belle-mère.

TIBIA. Monsieur, la voici justement.

CLAUDIO. Qui? ma belle-mère?

TIBIA. Non, Hermia, notre voisine. Ne parliez-vous pas d'elle tout à l'heure?

CLAUDIO. Oui, comme étant la mère de ce Célio, et c'est la vérité, Tibia.

TIBIA. Eh bien! monsieur, elle vient de ce côté avec un, deux, trois laquais; c'est une femme respectable.

CLAUDIO. Oui, ses biens sont considérables.

TIBIA. J'entends aussi qu'elle a de bonnes mœurs. Si vous l'abordiez, monsieur?

CLAUDIO. Y penses-tu? La mère d'un jeune homme que je serai peut-être obligé de faire poignarder ce soir même! Sa propre mère, Tibia! Fi donc! je ne reconnais pas là ton habitude des convenances. Viens, Tibia, rentrons au logis.

SCÈNE XI

MALVOLIO, HERMIA, DEUX VALETS

HERMIA. A-t-on fait ce que j'ai ordonné? A-t-on dit aux musiciens de venir?

MALVOLIO. Oui, madame, ils seront ce soir à vos ordres, ou pour mieux parler. . . .

HERMIA. Qu'est-ce à dire? A-t-on tout préparé comme je l'ai dit pour le souper? Vous direz à mon fils que je regrette de ne pas l'avoir vu. A quelle heure est-il donc sorti?

MALVOLIO. Pour être sorti, il faudrait d'abord qu'il fût rentré. Il a passé la nuit dehors.

HERMIA. Vous ne savez ce que vous dites. Il a soupé hier avec moi, et m'a ramenée à la maison. A-t-on fait porter dans le cabinet d'étude le tableau que j'ai acheté ce matin?

MALVOLIO. Du vivant de son père, il n'en aurait pas été ainsi.

HERMIA. Mais du vivant de sa mère, il en est ainsi, Malvolio. Qui vous a chargé de veiller sur sa conduite? Songez-y: que Célio ne rencontre pas sur son passage un visage de mauvais augure; qu'il ne vous entende pas gronder ainsi entre vos dents, ou par le ciel! pas un de vous ne passera la nuit sous son toit.

MALVOLIO. Je ne gronde pas; ma figure n'est pas un mauvais présage. Vous me demandez à quelle heure est sorti mon maître, et je vous réponds qu'il n'est pas rentré. Depuis qu'il a l'amour en tête, on ne le voit pas quatre fois la semaine.

HERMIA. Pourquoi les livres de Célio sont-ils couverts de poussière? Pourquoi ses meubles sont-ils en désordre? Pourquoi faut-il que je mette la main à tout dans la maison de mon fils, si je veux obtenir quelque chose? Il vous appartient bien de lever les yeux sur ce qui ne vous regarde pas, lorsque votre ouvrage est à moitié fait, et que les soins dont on vous charge retombent sur les autres. Allez, et retenez votre langue.

SCÈNE XII

HERMIA, CÉLIO

HERMIA. Eh bien, mon cher enfant, quels seront vos plaisirs aujourd'hui?

CÉLIO. Les vôtres, ma mère.

HERMIA, *en lui prenant le bras*. Eh quoi! les plaisirs communs, et non les peines communes? C'est un partage injuste, Célio. Ayez des secrets pour moi, mon enfant, mais non pas de ceux qui vous rongent le cœur, et vous rendent insensible à tout ce qui vous entoure.

CÉLIO. Je n'ai point de secret, et plût à Dieu, si j'en avais, qu'ils fussent de nature à faire de moi une statue!

HERMIA. Quand vous aviez dix ou douze ans, toutes vos peines, tous vos petits chagrins se rattachaient à moi; [1]

----

[1] *se rattachaient à moi*, depended on me.

d'un regard sévère ou indulgent de ces yeux que voilà, dépendait la tristesse ou la joie des vôtres, et votre petite tête blonde tenait par un fil bien délié au cœur de votre mère. Maintenant, mon enfant, je ne suis plus que votre sœur, incapable peut-être de soulager vos ennuis, mais non pas de les partager.

CÉLIO. Ma mère! Et vous aussi, vous avez été belle! sous ce long voile qui vous entoure, l'œil reconnaît le port majestueux d'une reine. O ma mère! vous avez inspiré l'amour! sous vos fenêtres entr'ouvertes a murmuré le son de la guitare; sur ces places bruyantes, dans le tourbillon de ces fêtes, vous avez promené une insouciante et superbe jeunesse. Vous n'avez point aimé; un parent de mon père est mort d'amour pour vous.

HERMIA. Quel souvenir me rappelles-tu?

CÉLIO. Ah! si votre cœur peut en supporter la tristesse, si ce n'est pas vous demander des larmes, racontez-moi cette aventure, ma mère; faites-m'en connaître les détails.

HERMIA. Hélas! mon enfant, à quoi bon? Quelle triste fantaisie avez-vous?

CÉLIO. Je vous en supplie, et j'écoute.

HERMIA. Vous le voulez? Votre père ne m'avait jamais vue alors. Il se chargea, comme allié de ma famille, de faire agréer la demande du jeune Orsini, qui voulait m'épouser. Il fut reçu comme le méritait son rang, par votre grand-père, et admis dans notre intimité. Orsini était un excellent parti, et cependant je refusai. Votre père, en plaidant pour lui, avait tué dans mon cœur le peu d'amour qu'il m'avait inspiré pendant deux mois d'assiduités constantes. Je n'avais pas soupçonné la force de sa passion pour moi. Lorsqu'on lui apporta ma réponse, il tomba, privé de connaissance, dans les bras de votre père. Cependant une longue absence, un voyage qu'il entreprit alors et dans lequel il augmenta sa fortune, devaient avoir dissipé ses chagrins. Votre père changea de rôle et demanda pour lui ce qu'il n'avait pu obtenir pour Orsini. Je l'aimais d'un amour sincère, et l'estime qu'il avait inspirée à mes parents ne me permit pas d'hésiter. Le mariage fut décidé le jour même, et l'église s'ouvrit pour nous quelques semaines après. Orsini revint à cette époque. Il vint trouver votre père, l'accabla de reproches, l'accusa d'avoir trahi sa confiance et d'avoir causé le refus qu'il avait essuyé. Du reste, ajouta-t-il, si vous avez désiré ma perte, vous serez satisfait. Épouvanté de ces paroles, votre père accourut chez le mien et lui demanda son témoignage pour désabuser Orsini. Hélas! il n'était plus temps; on trouva dans sa chambre le pauvre jeune homme frappé d'un coup d'épée.

CÉLIO. Il a fini ainsi?

HERMIA. Oui, bien cruellement.

CÉLIO. Non, ma mère, elle n'est point cruelle, la mort qui vient en aide à l'amour sans espoir. La seule chose dont je le plaigne, c'est qu'il s'est cru trompé par son ami.

HERMIA. Qu'avez-vous, Célio? vous détournez la tête.

CÉLIO. Et vous, ma mère, vous êtes émue. Ah! ce récit, je le vois, vous a trop coûté. J'ai eu tort de vous le demander.

HERMIA. Ne songez point à mes chagrins, ce ne sont que des souvenirs. Les vôtres me touchent bien davantage. Si vous refusez de les combattre, ils ont longtemps à vivre dans votre jeune cœur. Je ne vous demande pas de me les dire, mais je les vois; et puisque vous prenez part aux miens, venez, tâchons de nous défendre. Il y a à la maison quelques bons amis, allons essayer de nous distraire. Tâchons de vivre, mon enfant, et de regarder gaiement ensemble, moi le passé, vous l'avenir. Venez, Célio, donnez-moi la main.

ACTE SECOND

SCÈNE PREMIÈRE

PIPPO, OCTAVE

OCTAVE. Il y renonce, dites-vous?

PIPPO. Hélas! pauvre jeune homme! il aime plus que jamais! je croirais presque qu'il se défie de vous, de moi, de tout ce qui l'entoure.

OCTAVE. Non, par le ciel! je n'y renoncerai pas. Je me sens moi-même une autre Marianne, et il y a du plaisir à être entêté. Ou Célio réussira, ou j'y perdrai ma langue.

PIPPO. Agirez-vous contre sa volonté?

OCTAVE. Oui, pour agir d'après la mienne, qui est sa sœur aînée, et pour envoyer aux enfers messer Claudio, le podestat, que je déteste, méprise et abhorre depuis les pieds jusqu'à la tête.

PIPPO. Faites-lui donc vous-même votre réponse, car le voici; et quant à moi, je cesse de m'en mêler.

SCÈNE II

OCTAVE, CÉLIO

OCTAVE. Comment, Célio, tu abandonnes la partie?

CÉLIO, *tenant un livre à la main.* Que veux-tu que je fasse?

OCTAVE. Te défies-tu de moi? Te voilà pâle comme la neige. D'où viens-tu?

CÉLIO. De chez ma mère.

OCTAVE. Pourquoi cette tristesse?

CÉLIO. Je ne sais. Pardonne, pardonne-moi, fais ce que tu voudras; va trouver Marianne, dis-lui que me tromper, c'est me donner la mort, et que ma vie est dans ses yeux.

OCTAVE. Eh! que diantre as-tu à faire de la mort? A propos de quoi y penses-tu?

CÉLIO. Mon ami, je l'ai devant les yeux.

OCTAVE. La Mort?

CÉLIO. Oui, l'amour et la mort.

OCTAVE. Qu'est-ce à dire?

CÉLIO. L'amour et la mort, Octave, se tiennent la main: celui-là est la source du plus grand bonheur que l'homme puisse rencontrer ici-bas; celle-ci met un terme à toutes les douleurs, à tous les maux.

OCTAVE. C'est un livre que tu as là?

CÉLIO. Oui, et que tu n'as probablement pas lu.

OCTAVE. Très probablement. Quand on en lit un, il n'y a pas de raison pour ne pas lire tous les autres.

CÉLIO, *lisant.* « Lorsque le cœur éprouve sincèrement un profond sentiment d'amour, il éprouve aussi comme une fatigue et une langueur qui lui font désirer de mourir. Pourquoi? je ne sais. »

OCTAVE. Ni moi non plus.

CÉLIO, *lisant.* « Peut-être est-ce l'effet d'un premier amour, peut-être que ce vaste désert où nous sommes effraye les regards de celui qui aime, peut-être que cette terre ne lui semble plus habitable, s'il n'y peut trouver ce bonheur nouveau, unique, infini, que son cœur lui représente. »

OCTAVE. Ah çà, mais, à qui en as-tu?

CÉLIO, *lisant.* « Le paysan, l'artisan grossier qui ne sait rien, la jeune fille timide, qui frémit d'ordinaire à la seule pensée de la mort, s'enhardit lorsqu'elle aime jusqu'à porter un regard sur un tombeau. »—Octave, la mort nous mène à Dieu, et mes genoux plient quand j'y pense. Bonsoir, mon cher ami.

OCTAVE. Où vas-tu?

CÉLIO. J'ai affaire en ville ce soir; adieu, fais ce que tu voudras.

OCTAVE. Tu as l'air d'aller te noyer. Mais cette mort dont tu parles, est-ce que tu en as peur, par hasard?

CÉLIO. Ah! que j'eusse pu me faire un nom dans les tournois et les batailles! qu'il m'eût été permis de porter les couleurs de Marianne et de les teindre de mon sang! qu'on m'eût donné un rival à combattre, une armée entière à défier! que le sacrifice de ma vie eût pu lui être utile! je sais agir, mais je ne sais pas parler. Ma langue ne sert point mon cœur, et je mourrai sans m'être fait comprendre, comme un muet dans une prison.

OCTAVE. Voyons, Célio, à quoi penses-tu? Il y a d'autres Mariannes sous le ciel; soupons ensemble, et moquons-nous de cette Marianne-là.

CÉLIO. Adieu, adieu, je ne puis m'arrêter plus longtemps. Je te verrai demain, mon ami.

SCÈNE III

OCTAVE, *seul.* Célio, écoute donc! nous te trouverons une Marianne bien gentille, douce comme un agneau. En vérité, voilà qui est étrange! N'importe, je ne céderai pas. Je suis comme un homme qui tient la banque d'un pharaon [1] pour le compte d'un autre et qui a la veine contre lui: il noierait plutôt son meilleur ami que de céder, et la colère de perdre avec l'argent d'autrui l'enflamme cent fois plus que ne le ferait sa propre ruine. Ah! voici Marianne qui sort. Elle va sans doute à vêpres. Elle approche lentement.

SCÈNE IV

OCTAVE, MARIANNE

OCTAVE. Belle Marianne, vous dormirez tranquille. Le cœur de Célio est à une autre, et ce n'est plus sous vos fenêtres qu'il donnera ses sérénades.

MARIANNE. Quel dommage! et quel grand malheur de n'avoir pu partager un amour comme celui-là. Voyez comme le hasard me contrarie! moi qui allais l'aimer.

OCTAVE. En vérité?

MARIANNE. Oui, sur mon âme, ce soir ou demain matin, dimanche au plus tard, je vous le jure. Qui pourrait ne pas réussir avec un ambassadeur tel que vous?

[1] *pharaon,* faro, card game

Il faut croire que sa passion pour moi était quelque chose comme du chinois ou de l'arabe, puisqu'il lui fallait un interprète, et qu'elle ne pouvait s'expliquer toute seule.

OCTAVE. Raillez, raillez! nous ne vous craignons plus.

MARIANNE. Ou peut-être que cet amour n'était encore qu'un pauvre enfant à la mamelle, et vous, comme une sage nourrice, en le menant à la lisière,[1] vous l'aurez laissé tomber la tête la première, en le promenant par la ville.

OCTAVE. La sage nourrice s'est contentée de lui faire boire d'un certain lait que la vôtre vous a versé sans doute, et généreusement; vous en avez encore sur vos lèvres une goutte qui se mêle à toutes vos paroles.

MARIANNE. Comment s'appelle ce lait merveilleux?

OCTAVE. L'indifférence. Vous ne savez ni aimer ni haïr, et vous êtes comme les roses du Bengale, Marianne, sans épine et sans parfum.

MARIANNE. Bien dit. Aviez-vous préparé d'avance cette comparaison? Si vous ne brûlez pas le brouillon de vos harangues, donnez-le-moi, de grâce, que je les apprenne à ma perruche.

OCTAVE. Qu'y trouvez-vous qui puisse vous blesser? Une fleur sans parfum n'en est pas moins belle; bien au contraire, ce sont les plus belles que Dieu a faites ainsi; et il me semble que sur ce point-là vous n'avez pas le droit de vous plaindre.

MARIANNE. Mon cher cousin, est-ce que vous ne plaignez pas le sort des femmes? Voyez un peu ce qui m'arrive: il est décrété par le sort que Célio m'aime, ou croit m'aimer, lequel Célio l'a dit à ses amis, lesquels amis décrètent à leur tour que, sous peine de mort, je l'aimerai. La jeunesse napolitaine daigne m'envoyer en votre personne un digne représentant, chargé de me faire savoir que j'aie à aimer ledit seigneur Célio d'ici à une huitaine de jours. Pesez cela, je vous en prie. N'est-ce pas une femme bien abjecte que celle qui obéit à point nommé, à l'heure convenue, à une pareille proposition? Ne va-t-on pas la déchirer à belles dents, la montrer au doigt et faire de son nom le refrain d'une chanson à boire? Si elle refuse, au contraire, est-il un monstre qui lui soit comparable? Est-il une statue plus froide qu'elle? Et l'homme qui lui parle, qui ose l'arrêter en place publique son livre de messe à la main, n'a-t-il pas le droit de lui dire: Vous êtes une rose de Bengale sans épine et sans parfum?

OCTAVE. Cousine, cousine, ne vous fâchez pas.

MARIANNE. N'est-ce pas une chose bien ridicule que l'honnêteté et la foi jurée? que l'éducation d'une fille, la fierté d'un cœur qui s'est figuré qu'il vaut quelque chose, et qui, pour mériter le respect des autres, commence par se respecter lui-même? Tout cela n'est-il pas un rêve, une bulle de savon, qui, au premier soupir d'un cavalier à la mode, doit s'évaporer dans les airs?

OCTAVE. Vous vous méprenez sur mon compte et sur celui de Célio.

MARIANNE. Qu'est-ce après tout qu'une femme? L'occupation d'un moment, une ombre vaine qu'on fait semblant d'aimer, pour le plaisir de dire qu'on aime. Une femme! c'est une distraction. Ne pourrait-on pas dire, quand on en rencontre une: Voilà une belle fantaisie qui passe! Et ne serait-ce pas un grand écolier en de telles matières, que celui qui baisserait les yeux devant elle, qui se dirait tout bas: « Voilà peut-être le bonheur d'une vie entière, » et qui la laisserait passer? (*Elle sort.*)

SCÈNE V

OCTAVE, *puis* UN GARÇON D'AUBERGE

OCTAVE. Tra, tra, poum! poum! tra déra la la! Quelle drôle de petite femme! (*Appelant à l'auberge.*) Hai! holà! (*A* UN GARÇON *qui sort de l'auberge.*) Apportez-moi ici, sous cette tonnelle, une bouteille de quelque chose.

LE GARÇON. Ce qui vous plaira, excellence. Voulez-vous du lacryma-christi?[2]

OCTAVE. Soit, soit. (*Il écrit quelques mots au crayon.*) Allez-vous-en un peu chercher dans les rues d'alentour le seigneur Célio, qui porte un manteau sombre et un pourpoint plus sombre encore. Vous lui direz qu'un de ses amis est là qui boit tout seul du lacryma-christi. Après quoi vous irez à la grande place, et vous remettrez ceci de ma part (*il lui donne un feuillet de ses tablettes*) à une certaine Rosalinde qui est rousse, et qui est toujours à sa fenêtre.

---

[1] *à la lisière*, on leading strings.

[2] *lacryma-christi* (lit. tear of Christ), an Italian wine made from grapes grown on the slopes of Vesuvius.

SCÈNE VI

Octave, *puis* Claudio, Tibia

Octave, *seul.* Je ne sais ce que j'ai dans la gorge; je suis triste comme un lendemain de fête. Je ferai aussi bien de dîner ici. Est-ce que j'ai envie de dormir? je me sens tout pétrifié. (Claudio *et* Tibia *entrent.*) Ah! cousin Claudio, vous êtes un beau juge; où allez-vous si vite?

Claudio. Qu'entendez-vous par là, seigneur Octave?

Octave. J'entends que vous êtes un podestat qui a de belles formes.

Claudio. De langage ou de complexion?

Octave. De langage, de langage. Votre robe est pleine d'éloquence, et vos bras sont deux charmantes parenthèses.

Claudio. Soit dit en passant, seigneur Octave, le marteau de ma porte m'a tout l'air de vous avoir brûlé les doigts.

Octave. En quelle façon, cousin plein de science?

Claudio. En y voulant frapper, cousin plein de finesse.

Octave. Ajoute hardiment plein de respect, Claudio, pour le marteau de ta porte; mais tu peux le faire peindre à neuf, sans que je craigne de m'y salir les doigts.

Claudio. En quelle façon, cousin plein de facéties?

Octave. En n'y frappant jamais, cousin plein de causticité.

Claudio. Cela vous est pourtant arrivé, puisque ma femme a enjoint à ses gens de vous fermer la porte au nez à la première occasion.

Octave. Tes lunettes sont myopes, juge plein de grâce; tu te trompes d'adresse dans ton compliment.

Claudio. Mes lunettes sont excellentes, cousin plein de riposte. N'as-tu pas fait à ma femme une déclaration amoureuse?

Octave. A quelle occasion, subtil magistrat?

Claudio. A l'occasion de ton ami Célio, messager complaisant; malheureusement j'ai tout entendu.

Octave. Par quelle oreille, sénateur incorruptible?

Claudio. Par celle de ma femme qui m'a tout raconté, godelureau chéri.

Octave. Tout absolument, époux ido-lâtré! Rien n'est resté dans cette charmante oreille?

Claudio. Il y est resté sa réponse, charmant pilier de cabaret, que je suis chargé de te faire.

Octave. Je ne suis pas chargé de l'entendre, cher procès-verbal.

Claudio. Ce sera donc ma porte en personne qui te la fera, aimable croupier de roulette, si tu t'avises de la consulter.

Octave. C'est ce dont je ne me soucie guère, chère sentence de mort; je vivrai heureux sans cela.

Claudio. Puisses-tu le faire en repos, cher cornet de passe-dix![1] je te souhaite mille prospérités. (*Il sort, suivi de* Tibia.)

Octave. Rassure-toi sur ce sujet, cher verrou de prison; et dors tranquille comme à l'audience.

SCÈNE VII

Octave, Le Garçon

Le Garçon. Monsieur, la demoiselle rousse n'est point à sa fenêtre; elle ne peut se rendre à votre invitation.

Octave. Que le diable l'emporte, et toi aussi!

Le Garçon. Et le monsieur au manteau sombre n'est pas dans les rues d'alentour; mais j'ai rencontré son laquais à qui j'ai dit d'aller le chercher. (*Il rentre à l'auberge.*)

Octave. La peste soit de tout l'univers! Est-il décidé que je souperai seul aujourd'hui? Que diable vais-je devenir? (Le Garçon *apporte un flacon de vin et une coupe, il les met sur la table et rentre à l'auberge.*) Bon! bon! ceci me convient. (*Il s'assied et se verse à boire.*) Je suis capable d'ensevelir ma tristesse dans ce vin, ou du moins ce vin dans ma tristesse. Ah! ah! les vêpres sont finies; voici Marianne qui revient.

SCÈNE VIII

Octave, *assis,* Marianne

Marianne. Encore ici, seigneur Octave, et déjà à table? C'est un peu triste de s'enivrer tout seul.

Octave. Le monde entier m'a abandonné. Je tâche d'y voir double, afin de me servir à moi-même de compagnie.

Marianne. Comment! pas un de vos

---

[1] *cornet de passe-dix,* dice box.

amis, personne qui vous soulage de ce fardeau terrible, la solitude?

Octave. Faut-il vous dire ma pensée? j'avais invité une certaine Rosalinde, qui est de mes amies; elle soupe en ville comme une personne de qualité.

Marianne. C'est une fâcheuse affaire, sans doute, et votre cœur en doit ressentir un vide effroyable.

Octave. Un vide que je ne saurais exprimer, et que je communique en vain à cette coupe. Le carillon des vêpres m'a fendu le crâne pour tout l'après-dîner.

Marianne. Dites-moi, cousin, est-ce du vin à quinze sous la bouteille que vous buvez?

Octave. N'en riez pas; c'est du lacryma-christi, ni plus ni moins, et délicieux.

Marianne. Cela m'étonne que vous ne buviez pas du vin à quinze sous; buvez-en, je vous en supplie.

Octave. Pourquoi en boirais-je, s'il vous plaît?

Marianne. Goûtez-en; je suis sûre qu'il n'y a aucune différence avec celui-là.

Octave. Il y en a une aussi grande qu'entre le soleil et une lanterne.

Marianne. Non, vous dis-je, c'est la même chose.

Octave. Dieu m'en préserve! vous moquez-vous de moi?

Marianne. Vous trouvez qu'il y a une grande différence?

Octave. Assurément.

Marianne. Je croyais qu'il en était du vin comme des femmes. Quel misérable cœur est-ce donc que le vôtre, pour que vos lèvres lui fassent la leçon? Vous ne boiriez pas le vin que boit le peuple; vous aimez les femmes qu'il aime. L'esprit généreux et poétique de ce flacon doré, ces sucs merveilleux que la lave du Vésuve a cuvés [1] sous son ardent soleil, vous conduiront à quelque banal semblant de plaisir; vous rougiriez de boire un vin grossier, votre gorge se soulèverait. Ah! vos lèvres sont délicates, mais votre cœur s'enivre à bon marché! Bonsoir, cousin; puisse Rosalinde venir consoler vos ennuis!

Octave. Deux mots, de grâce, belle Marianne, et ma réponse sera courte. Combien de temps pensez-vous qu'il faille faire la cour à la bouteille que vous voyez, pour obtenir d'elle un accueil favorable? Elle est, comme vous dites, toute pleine d'un esprit céleste, et le vin du peuple lui ressemble aussi peu qu'un paysan à son seigneur. Cependant, regardez comme elle est bonne personne! [2] Un mot a suffi pour la faire sortir du cellier; toute poudreuse encore, elle s'en est échappée pour me donner un quart d'heure d'oubli, et mourir! Sa couronne, empourprée de cire odorante, est aussitôt tombée en poussière, et je ne puis vous le cacher, elle a failli passer tout entière sur mes lèvres dans la chaleur de son premier baiser.

Marianne. Êtes-vous sûr qu'elle en vaut davantage? Et si vous êtes un de ses vrais amants, n'iriez-vous pas, si la recette en était perdue, en chercher la dernière goutte jusque dans la bouche du volcan?

Octave. Elle n'en vaut ni plus ni moins. Dieu n'en a pas caché la source au sommet d'un pic inabordable, au fond d'une caverne profonde; il l'a suspendue en grappes dorées sur nos brillants coteaux. Elle est, il est vrai, rare et précieuse, mais elle ne défend pas qu'on l'approche. Elle se laisse voir aux rayons du soleil, et toute une cour d'abeilles et de frelons murmure autour d'elle matin et soir. Le voyageur dévoré de soif peut se reposer sous ses rameaux verts; jamais elle ne l'a laissé languir, jamais elle ne lui a refusé les douces larmes dont son cœur est plein. Ah! Marianne! c'est un don fatal que la beauté! La sagesse dont elle se vante est sœur de l'avarice, et il y a parfois plus de miséricorde pour ses faiblesses que pour sa cruauté. Bonsoir, cousine; puisse Célio vous oublier! (Il entre dans l'auberge.)

SCÈNE IX

Claudio, Marianne

Claudio. Pensez-vous que je sois un mannequin, et que je me promène sur la terre pour servir d'épouvantail aux oiseaux?

Marianne. D'où vous vient cette gracieuse idée?

Claudio. Pensez-vous qu'un homme de mon poids ignore la valeur des mots, et qu'on puisse se jouer de sa crédulité comme de celle d'un danseur ambulant?

Marianne. A qui en avez-vous ce soir?

Claudio. Pensez-vous que je n'ai pas entendu vos propres paroles: Si cet homme ou son ami se présente à ma porte, qu'on la

---

[1] cuvés, fermented.
[2] bonne personne, accommodating.

lui fasse fermer! Et croyez-vous que je trouve convenable de vous voir converser librement avec lui sous une tonnelle?

MARIANNE. Vous m'avez vue sous une tonnelle?

CLAUDIO. Oui, oui, de ces yeux que voilà, sous la tonnelle de ce cabaret. La tonnelle d'un cabaret n'est point un lieu de conversation pour la femme d'un magistrat, et il est inutile de faire fermer sa porte quand on se renvoie le dé [1] en plein air avec si peu de retenue.

MARIANNE. Depuis quand m'est-il défendu de causer avec un de vos parents?

CLAUDIO. Quand un de mes parents est un de vos amants, il est fort bien fait de s'en abstenir.

MARIANNE. Octave, un de mes amants! Perdez-vous la tête? Il n'a de sa vie fait la cour à personne.

CLAUDIO. Son caractère est vicieux; c'est un coureur de tripots.

MARIANNE. Raison de plus pour qu'il ne soit pas, comme vous dites fort agréablement, *un de mes amants*. Il me plaît de causer avec Octave sous la tonnelle d'un cabaret.

CLAUDIO. Ne me poussez pas à quelque fâcheuse extrémité par vos extravagances, et réfléchissez à ce que vous faites.

MARIANNE. A quelle extrémité voulez-vous que je vous pousse? Je suis curieuse de savoir ce que vous feriez.

CLAUDIO. Je vous défendrais de le voir et d'échanger avec lui aucune parole, soit dans ma maison, soit dans une maison tierce, soit en plein air.

MARIANNE. Ah! ah! vraiment, voilà qui est nouveau! Octave est mon parent tout autant que le vôtre; je prétends lui parler quand bon me semblera, en plein air ou ailleurs, et dans notre maison, s'il lui plaît d'y venir.

CLAUDIO. Souvenez-vous de cette dernière phrase que vous venez de prononcer. Je vous ménage un châtiment exemplaire si vous allez contre ma volonté.

MARIANNE. Trouvez bon [2] que j'aille d'après la mienne, et ménagez-moi ce qui vous plaira; je m'en soucie comme de cela.

CLAUDIO. Marianne, brisons cet entretien. Ou vous sentirez l'inconvenance de s'arrêter sous une tonnelle, ou vous me réduirez à une violence qui répugne à mon habit. (*Il sort.*)

SCÈNE X

MARIANNE, *seule.* Holà! quelqu'un! (*A* UN DOMESTIQUE *qui entre.*) Voyez-vous là, dans cette maison, ce jeune homme assis devant une table? Allez lui dire que j'ai à lui parler et qu'il prenne la peine de venir ici. (LE DOMESTIQUE *entre dans l'auberge.*) Voilà qui est nouveau! Pour qui me prend-on? Quel mal y a-t-il donc? comment donc suis-je faite aujourd'hui? voilà une robe affreuse! Qu'est-ce que cela signifie? vous me réduirez à la violence! quelle violence? Je voudrais que ma mère fût là. Ah! bah! elle est de son avis dès qu'il dit un mot. J'ai une envie de battre quelqu'un. Je suis bien bonne, en vérité! Ah! c'est donc là le commencement? On me l'avait prédit, je le savais, je m'y attendais! Patience! patience! Il me ménage un châtiment, et lequel, par hasard? Je voudrais bien savoir ce qu'il veut dire.

SCÈNE XI

OCTAVE, MARIANNE

MARIANNE. Approchez, Octave, j'ai à vous parler. J'ai réfléchi à ce que vous m'avez dit sur le compte de votre ami Célio. Dites-moi, pourquoi ne s'explique-t-il pas lui-même?

OCTAVE. Par une raison assez simple: il vous a écrit, et vous avez déchiré ses lettres; il vous a envoyé quelqu'un, et vous lui avez fermé la bouche; il vous a donné des concerts, vous l'avez laissé dans la rue. Ma foi! il s'est donné au diable, et l'on s'y donnerait à moins.

MARIANNE. Cela veut dire qu'il a songé à vous?

OCTAVE. Oui.

MARIANNE. Eh bien! parlez-moi de lui.

OCTAVE. Sérieusement?

MARIANNE. Oui, oui, sérieusement; me voilà, j'écoute.

OCTAVE. Vous voulez rire.

MARIANNE. Quel pitoyable avocat êtes-vous donc? Parlez, que je veuille rire ou non.

OCTAVE. Que regardez-vous à droite et à gauche? En vérité, vous êtes en colère.

MARIANNE. Je veux me mettre à la mode, Octave, je veux prendre un cavalier servant. N'est-ce pas ainsi que cela

---

[1] *on se renvoie le dé*, one converses.

[2] *Trouvez bon*, you will, please, allow me.

s'appelle? Si je vous ai bien compris tout à l'heure, ne me reprochiez-vous pas, avec votre bouteille, de me montrer trop sévère et d'éloigner de moi ceux qui m'aiment? Soit, je consens à les entendre. Je suis menacée, je suis outragée, et, je vous le demande, l'ai-je mérité?

OCTAVE. Non, assurément, tant s'en faut!

MARIANNE. Je ne sais ni mentir ni tromper personne, et c'est justement par cette raison que je ne veux pas être contrainte; et, Sigisbé ou Patito,[1] quelle femme, en Italie, ne souffre auprès d'elle ceux qui essayent de lui parler d'amour, sans qu'on voie à cela ni crime ni mensonge? Vous dites qu'on me donne des concerts et que je laisse les gens dans la rue? eh bien, je les y laisserai encore, mais ma jalousie sera entr'ouverte, je serai là, j'écouterai.

OCTAVE. Puis-je répéter à Célio? . . .

MARIANNE. Célio ou tout autre, peu m'importe! Que me conseillez-vous, Octave? Voyez, je m'en rapporte à vous. Eh bien, vous ne parlez pas? Je vous dis que je le veux. Oui, ce soir même, j'ai envie qu'on me donne une sérénade, et il me plaira de l'entendre. Je suis curieuse de voir si on me le défendra. (Lui donnant un nœud de rubans de sa robe.) Tenez, voilà mes couleurs. Qui vous voudrez les portera.

OCTAVE. Marianne! quelle que soit la raison qui a pu vous inspirer une minute de complaisance, puisque vous m'avez appelé, puisque vous consentez à m'entendre, au nom du ciel, restez la même une minute encore; permettez-moi de vous parler.

MARIANNE. Que voulez-vous me dire?

OCTAVE. Si jamais homme au monde a été digne de vous comprendre, digne de vivre et de mourir pour vous, cet homme est Célio. Je n'ai jamais valu grand'chose, et je me rends cette justice que la passion dont je fais l'éloge trouve un misérable interprète. Vous, si belle, si jeune! si vous saviez quel trésor de bonheur repose en vous, en lui! dans cette fraîche aurore de jeunesse, dans cette rosée céleste de la vie, dans ce premier accord de deux âmes jumelles! je ne vous parle pas de sa souffrance, de cette douce et tendre mélancolie qui ne s'est jamais lassée de vos rigueurs, et qui en mourrait sans se plaindre! Oui, Marianne, il en mourra. Que puis-je vous

dire? Qu'inventerai-je pour donner à mes paroles la force qui leur manque? Je ne sais pas le langage de l'amour. Regardez dans votre âme; c'est elle qui peut vous parler de la sienne. Y a-t-il un pouvoir capable de vous toucher? Vous qui savez supplier Dieu, existe-t-il une prière qui puisse rendre ce dont mon cœur est plein? (Il se jette à genoux.)

MARIANNE. Relevez-vous, Octave. En vérité, si quelqu'un venait, ne croirait-on pas, à vous entendre, que c'est pour vous que vous plaidez?

OCTAVE. Marianne! Marianne! au nom du ciel, ne souriez pas! ne fermez pas votre cœur au premier éclair qui l'ait peut-être traversé!

MARIANNE. Êtes-vous sûr qu'il ne me soit pas permis de sourire?

OCTAVE, se relevant. Oui, vous avez raison, je sais tout le tort que mon amitié peut faire. Je sais qui je suis; je le sens: un pareil langage dans ma bouche a l'air d'une raillerie. Vous doutez de la sincérité de mes paroles; jamais peut-être je n'ai senti avec plus d'amertume qu'en ce moment le peu de confiance que je puis inspirer.

MARIANNE. Pourquoi cela? vous voyez que j'écoute. Célio me déplaît; je ne veux pas de lui. Parlez-moi de quelque autre, de qui vous voudrez.

OCTAVE. O femme trois fois femme! Célio vous déplaît—mais le premier venu vous plaira peut-être. L'homme qui vous aime, qui s'attache à vos pas, qui mourrait de bon cœur sur un mot de votre bouche, celui-là vous déplaît! Il est jeune, beau, riche et digne en tout point de vous; mais il vous déplaît! et le premier venu vous plaira.

MARIANNE. Faites ce que je vous dis, ou ne me revoyez jamais. (Elle entre dans la maison.)

SCÈNE XII

OCTAVE, seul. Vous êtes bien jolie, Marianne, et votre petit caprice de colère est un charmant traité de paix. Il ne me faudrait pas beaucoup d'orgueil pour le comprendre; un peu de perfidie suffirait. Ce sera pourtant Célio qui en profitera.

SCÈNE XIII

CÉLIO, OCTAVE

CÉLIO. Tu m'as fait demander, mon ami; eh bien, quelle nouvelle?

---

[1] Sigisbé, Patito, two Italian words with the same meaning as cavalier servant.

OCTAVE. Pique ce ruban à ton bonnet, Célio; prends ta guitare et ton épée; notre cause est à moitié gagnée.

CÉLIO. Au nom du ciel, ne te ris pas de moi.

OCTAVE. La nuit sera belle—la lune va paraître à l'horizon. Marianne sera seule ce soir derrière sa jalousie; elle consent à t'écouter.

CÉLIO. Est-ce vrai? est-ce vrai? ou tu es ma vie, Octave, ou tu es sans pitié.

OCTAVE. Je te dis que tout est convenu. Une chanson sous la fenêtre; un bon manteau bien long, un poignard dans la poche, un masque sur le nez.—As-tu un masque?

CÉLIO. Non.

OCTAVE. Point de masque? Amoureux, et en carnaval! Ce garçon-là ne pense à rien. Va donc t'équiper au plus vite.

CÉLIO. Ah! mon Dieu! le cœur me manque.

OCTAVE. Courage, mon ami! En route! tu m'embrasseras en revenant. En route! en route! la nuit s'avance. (CÉLIO sort.) Le cœur lui manque, dit-il! et à moi aussi, car je n'ai dîné qu'à moitié. Pour récompense de mes peines, je vais me donner à souper. (Appelant.) Hai! holà! Giovanni! Beppo!—(Il entre à l'auberge.)

SCÈNE XIV

TIBIA, CLAUDIO, MARIANNE, sur le balcon, DEUX SPADASSINS

CLAUDIO, aux SPADASSINS. Laissez-le entrer, et jetez-vous sur lui, dès qu'il sera parvenu à ce bosquet. (Un des SPADASSINS sort.)

MARIANNE, sur le balcon, à part. Que vois-je? mon mari et Tibia!

TIBIA, à CLAUDIO. Et s'il entre par l'autre côté?

CLAUDIO. Comment, Tibia, par l'autre côté! verrais-je ainsi échouer tout mon plan?

MARIANNE, à part. Que disent-ils?

TIBIA. Cette place étant un carrefour, on peut y venir à droite et à gauche.

CLAUDIO. Tu as raison, je n'y avais pas songé.

TIBIA. Que faire, monsieur, s'il arrive par la gauche?

CLAUDIO. Alors, attendez-le au coin du mur.

MARIANNE, à part. O ciel! qu'ai-je entendu?

TIBIA. Et s'il se présente par la droite?

CLAUDIO. Attendez un peu.—Vous ferez la même chose. (L'autre SPADASSIN sort.)

MARIANNE, à part. Comment avertir Octave?

TIBIA. Le voilà qui arrive. Tenez, monsieur, voyez comme son ombre est grande! c'est un homme d'une belle stature.

CLAUDIO. Retirons-nous à l'écart, et frappez quand il en sera temps.

SCÈNE XV

CÉLIO, masqué, MARIANNE, sur le balcon

CÉLIO, s'approchant du balcon. Marianne! Marianne! êtes-vous là?

MARIANNE. Fuyez, fuyez, Octave!

CÉLIO. Seigneur, mon Dieu! quel nom ai-je entendu?

MARIANNE. La maison est entourée d'assassins; mon mari a écouté notre conversation, et votre mort est certaine, si vous restez une minute encore.

CÉLIO. Est-ce un rêve? suis-je Célio?

MARIANNE. Octave, Octave, au nom du ciel, ne vous arrêtez pas! Puisse-t-il être encore temps de vous échapper! Demain, trouvez-vous à midi derrière le jardin, j'y serai. (Elle quitte le balcon.)

SCÈNE XVI

CÉLIO, TIBIA
TIBIA le suit et se cache.

CÉLIO, se démasquant et tirant son épée. O mort! puisque tu es là, viens donc à mon secours. Octave, traître Octave! puisse mon sang retomber sur toi! Dans quel but, dans quel intérêt tu m'as envoyé dans ce piège affreux, je ne le puis comprendre, mais je le saurai, puisque j'y suis venu; et fût-ce aux dépens de ma vie, j'apprendrai le mot de cette horrible énigme. (Il sort, TIBIA le suit.)

SCÈNE XVII

OCTAVE, seul, sortant de l'auberge. Ah! où vais-je aller à présent? j'ai fait quelque chose pour le bonheur d'autrui, qu'inventerai-je pour mon plaisir? Ma foi! voilà une belle nuit, et vraiment celle-ci doit m'être comptée! En vérité, cette femme était belle, et sa petite colère lui allait bien! D'où venait-elle? c'est ce que j'ignore.

Qu'importe comment la bille d'ivoire tombe sur le numéro que nous avons appelé![1] Souffler une maîtresse à un ami, c'est une rouerie trop commune pour moi. La véritable affaire était de souper! Il est clair que Célio est à jeun. Comme tu m'aurais détesté, Marianne, si je t'avais aimée! comme tu m'aurais fermé ta porte! comme ton bélître de mari t'aurait paru un Adonis, un Sylvain,[2] en comparaison de moi! Où est donc la raison de tout cela? La raison de tout c'est la fortune! Il n'y a qu'heur et malheur en ce monde. Célio n'était-il pas désolé ce matin, et maintenant. . . . (*On entend un bruit sourd et un cliquetis d'épées.*) Qu'ai-je entendu? quel est ce bruit?

CÉLIO, *d'une voix étouffée.* A moi! . . .

OCTAVE. Célio! c'est la voix de Célio. (*Courant à la grille.*) Ouvrez, ou j'enfonce la grille!

SCÈNE XVIII

OCTAVE, CLAUDIO

CLAUDIO, *paraissant.* Que voulez-vous?

OCTAVE. Où est Célio?

CLAUDIO. Je ne pense pas que son habitude soit de coucher dans cette maison.

OCTAVE. Si tu l'as assassiné, Claudio, prends garde à toi; je te tordrai le cou de ces mains que voilà.

CLAUDIO. Êtes-vous fou ou somnambule? Cherchez dans ce jardin, si bon vous semble; je n'y ai vu entrer personne; et si quelqu'un l'a voulu faire, il me semble que j'avais le droit de ne pas lui ouvrir. (OCTAVE *entre,* CLAUDIO *va au-devant de* TIBIA *et lui dit:*) Tout est-il fini comme je l'ai ordonné?

TIBIA. Oui, monsieur, soyez en repos; ils peuvent chercher tant qu'ils voudront.

CLAUDIO. Maintenant songeons à ma femme, et allons prévenir sa mère. (*Ils sortent.*)

SCÈNE XIX

MARIANNE, *seule.* Cela est certain; je ne me trompe pas—j'ai bien vu, j'ai bien entendu. Derrière la maison, à travers les arbres, j'ai vu des ombres dispersées çà et là, se joindre tout à coup et fondre sur lui. J'ai entendu le bruit des épées, puis un cri étouffé, le plus sinistre, le dernier appel! Pauvre Octave! tout brave qu'il est (car il est brave), ils l'ont surpris,

ils l'ont entraîné. Est-il possible, est-il croyable qu'une pareille faute soit payée si cher? Est-il possible que si peu de bon sens puisse donner tant de cruauté? Et moi qui ai agi si légèrement, si follement par pure plaisanterie, par pur caprice! Il faut que je le voie, il faut que je sache. . . .

SCÈNE XX

MARIANNE, OCTAVE

OCTAVE *entre l'épée à la main en regardant de tous côtés.*

MARIANNE. Octave, est-ce vous?

OCTAVE. C'est moi, Marianne. Célio n'est plus!

MARIANNE. Célio, dites-vous? Comment se peut-il?

OCTAVE. Il n'est plus!

MARIANNE. O ciel!

OCTAVE. Il n'est plus! N'allez pas par là.

MARIANNE. Où voulez-vous que j'aille? Je suis perdue! Il faut partir, Octave, il faut fuir! Claudio sûrement n'est pas dans la maison?

OCTAVE. Non; ils ont pris leurs précautions, et m'ont laissé prudemment seul.

MARIANNE. Je le connais, je suis perdue, et vous peut-être aussi. Partons! ils vont revenir tout à l'heure.

OCTAVE. Partez si vous voulez; je reste. S'ils doivent revenir ils me trouveront, et, quoi qu'il advienne, je les attendrai. Je veux veiller près de lui dans son dernier sommeil.

MARIANNE. Mais moi, m'abandonnerez-vous? Savez-vous à quel danger vous vous exposez, et jusqu'où peut aller leur vengeance?

OCTAVE. Regardez là-bas, derrière ces arbres, cette petite place sombre, au coin de la muraille; là est couché mon seul ami; quant au reste, je ne m'en soucie guère.

MARIANNE. Pas même de votre vie ni de la mienne?

OCTAVE. Pas même de cela. Regardez là-bas!—Moi seul au monde je l'ai connu. Posez sur sa tombe une urne d'albâtre couverte d'un long voile de deuil, ce sera sa parfaite image. C'est ainsi qu'une douce mélancolie voilait les perfections de cette âme tendre et délicate. . . . Elle eût été heureuse la femme qui l'eût aimé.

---

[1] Reference to the ivory ball spun in the game of roulette.

[2] *Sylvain*, a Roman forest god and god of fertility.

MARIANNE. L'aurait-il défendue si elle avait couru un danger?

OCTAVE. Oui, sans nul doute, il l'aurait fait!—Lui seul était capable d'un dévouement sans bornes; lui seul eût consacré sa vie entière à la femme qu'il aimait, aussi facilement qu'il a bravé la mort pour elle.

MARIANNE. Et vous, Octave, ne le feriez-vous pas?

OCTAVE. Moi? moi, je ne suis qu'un débauché sans cœur; je n'estime point les femmes. L'amour que j'inspire est comme celui que je ressens, l'ivresse passagère d'un songe. Ma gaieté n'est qu'un masque; mon cœur est plus vieux qu'elle! Ah! je ne suis qu'un lâche! sa mort n'est point vengée! (*Il jette à terre son épée.*)

MARIANNE. Comment aurait-elle pu l'être? Claudio est trop vieux pour accepter un duel, et trop puissant dans cette ville pour rien craindre de vous.

OCTAVE. Célio m'aurait vengé, si j'étais mort pour lui comme il est mort pour moi. Son tombeau m'appartient; c'est moi qu'ils ont étendu dans cette sombre allée; c'est pour moi qu'ils avaient aiguisé leurs épées; c'est moi qu'ils ont tué! Adieu la gaieté de ma jeunesse, l'insouciante folie, la vie libre et joyeuse au pied du Vésuve! Adieu les bruyants repas, les causeries du soir, les sérénades sous les balcons dorés! Adieu Naples et ses femmes, les mascarades à la lueur des torches, les longs soupers à l'ombre des forêts! Adieu l'amour et l'amitié! Ma place est vide sur la terre.

MARIANNE. En êtes-vous bien sûr, Octave? Pourquoi dites-vous: adieu l'amour?

OCTAVE. Je ne vous aime pas, Marianne; c'était Célio qui vous aimait.

SCRIBE

Eugène Scribe (1791–1861), the son of a Paris silk merchant, was one of the rare mortals who won fame, popularity, and a fabulous fortune with literature. More fortunate than Molière, Balzac or Zola, he was elected to a seat in the Academy.

His vogue as a dramatist began with *une Nuit de la garde nationale*, produced in 1815. The success of that play was no doubt due in great part to its clever and humorous exploitation of the patriotic vein. From that time on Scribe flooded the stage of the Théâtre Madame and later of the Comédie Française with dramas, comedies, and farces—over four hundred of them—in which phases of military life, politics, money, marriage, adultery, historical anecdotes and human vices and foibles are dealt with in a manner which has pleased several generations of the middle-class public. He is no creator of types, no student of character; he has no philosophic depth, and he knows none of the secrets of the heart. His style is without distinction. But he expresses in their outward manifestations the more common feelings and affections without analyzing them. He also depicts the society of his day, its likes, dislikes, and prejudices, with genuine understanding, rendering the serious as well as the humorous side of it. Success was his goal, success as gauged by the box-office, and for his success he was duly grateful. Over the entrance of his magnificent country home at Séricourt, he had this inscription:

Le théâtre a payé cet asyle champêtre:
Vous qui passez, merci! Je vous le dois peut-être.

On the other hand, Scribe was more than a mere entertainer. He had more solid merits, and in a way he was a classic, for he represents the classic of the well-built play. He was a master craftsman, and none knew better than he how to make the most dramatically of any incident, any amusing, piquant situation. He was the greatest improviser of the age, and his mind conceived with such rapidity that one man could not have carried out all his projects. Therefore, he had collaborators, to whom he gave generous credit. In the art of putting a play together, he was the teacher of Augier and Dumas; they had ideas which he lacked, but they learned from him how to incorporate them into well constructed plays and to put them across the footlights effectively. He was the teacher of many other playwrights, and his influence is by no means extinct. Dumas called him " un joueur de gobelets merveilleux . . . celui qui a le mieux su mouvoir des personnages qui ne vivaient pas . . . , le Shakespeare des ombres chinoises," and this statement should not be interpreted as being derogatory, for elsewhere he states that one who should know the stage as did Scribe and humanity as did Balzac would be a great dramatist. Over and over again critics advise aspiring playwrights to study Scribe, but not to imitate him; to learn how to apply the rules he had followed, for, as Sarcey said, " the rules of the well-made play are the rules of the theatre because they are the rules of logic." [1]   One tenet of Scribism was that there must be plenty of action; that

---

[1] *Quarante ans de théâtre*, Vol. VII, p. 227, à propos of *les Surprises du divorce* by Alexandre Bisson.

this was far more important than character study, psychology of sentiment or atmosphere; that a good play must have ingenious combinations resulting in *coups de théâtre*, surprises, interesting situations. To these Scribe and also the elder Dumas and other melodramatists sacrificed the more solid realities. By the use of such means Scribe's technique approaches that of the melodrama, but the melodrama transported to the drawing-room or the haunts of high society.

One of the best examples of Scribe's art is the comedy included in this volume. The underlying idea is that great events are often due to small causes. Pascal had already propounded this paradox, but it was not to Pascal that Scribe went, but to Voltaire. In his *Histoire du siècle de Louis XIV*, Voltaire relates that the end of the war of England and France and the peace of Utrecht in 1713 were due to the jealousy of the Duchess of Marlborough who saw her influence at the court of Queen Anne undermined by the new favorite, Lady Masham. " Quelques paires de gants d'une façon singulière qu'elle refusa à la Reine, une jatte d'eau qu'elle laissa tomber en sa présence, par une méprise affectée, sur la robe de Madame Masham, changèrent la face de l'Europe." And upon this slender theme Scribe built his play. The characters all belong to history, but Scribe was not the man to go to great lengths to document himself. The play was the thing with him, the romance, the piquant intrigues and the fine *coups de théâtre* to be worked up. Queen Anne, who was forty-five and a widow at the time of the action, and, besides, the mother of seventeen children, is represented as a young girl who refuses to marry without love; Abigail Churchill was in reality Abigail Hill, the daughter of a ruined business man. Placed as chambermaid in the service of the queen through the influence of the Duchess of Marlborough, Abigail had managed to gain the queen's favor, and had secretly married Samuel Masham, who became in time a general and a peer. The duchess, jealous of Lady Masham's growing influence, spoke harshly to the queen about the matter, and as a result had to leave the court. Shortly afterward the Whig cabinet was dismissed and the wily Bolingbroke returned to the governmental saddle. The Duke of Marlborough, who was in command of the English forces and had inflicted some serious defeats on the French, was accused of misapplying war funds, and dismissed. The peace of Utrecht was made, not on account of love intrigues, gloves or a glass of water, but because England had gained her objectives. The minister plenipotentiary, Marquis de Torcy, was indeed Louis XIV's representative at the peace negotiations, but he did not come to the court of England at the time of the events portrayed.

A reading of the play will show how cleverly Scribe made use of all these elements to concoct his comedy. The anachronisms and historical falsifications which he permitted himself in no wise detract from the merits of the comedy. The reader feels ready to subscribe to the words Villemain uttered on welcoming Scribe to the Academy, " Je puis remarquer l'art ingénieux et délicat de vos principaux ouvrages, le mouvement toujours vif et libre du drame, la vérité des impressions, lors même que le langage est parfois trop paré ou trop éphémère, l'habileté de l'auteur à suivre et à retourner en tous sens une donnée dramatique, sa manière heureuse qui a tour à tour de la grâce, de la simplicité, de l'émotion et de l'esprit toujours "; and to these words uttered by Octave Feuillet who succeeded to Scribe's seat in the Academy: " Un des arts les plus difficiles dans le domaine de l'invention littéraire, c'est celui de charmer l'imagination sans l'ébranler, de toucher le cœur sans le troubler, d'amuser les hommes sans les corrompre: ce fut l'art suprême de Scribe."

Among the author's other popular plays the following are outstanding and have retained some of their charm or interest: *Bertrand et Raton ou l'art de conspirer* (1833); *la Camaraderie ou la courte-échelle* (1837); *une Chaîne* (1841); *Adrienne Lecouvreur* (1849); *Bataille de dames* (1851), in collaboration with Legouvé; *les Doigts de fée* (1858), in collaboration with the same. The following are his best known opera libretti: *la Dame blanche* (music by Boieldieu); *la Muette de Portici* (music by Auber); *la Juive* (music by Halévy); *Robert le diable, le Prophète* and *les Huguenots* (music of all three by Meyerbeer.)

Bibliography: E. Scribe, *Œuvres complètes* in 76 volumes, Paris, 1874–1885. V. Moulin, *Scribe et son théâtre*, 1886. Contains resumés of 419 of his plays. E. Legouvé, *Eugène Scribe*, Paris, 1874. Sainte-Beuve, *Portraits contemporains*, Vol. III, 1846, and article in *Revue des deux mondes*, Vol. XXIV, 1840. N. C. Arvin, *Eugène Scribe and the French Theatre*, 1924. R. Doumic, *De Scribe à Ibsen*, 1893. J. J. Weiss, *Le théâtre et les mœurs*. H. Parigot, *Le théâtre d'hier*. E. Scribe, *Le verre d'eau*, in Bibliotheca Romanica; with a good introduction by W. von Wurzbach.

LE VERRE D'EAU

COMÉDIE

Par EUGÈNE SCRIBE

(1840)

PERSONNAGES

La Reine Anne.
La Duchesse de Marlborough, sa favo-
rite.
Henri de Saint-Jean, Vicomte de Bo-
lingbroke.
Masham, enseigne au régiment des gardes.
Abigail, cousine de la Duchesse de
Marlborough.

Le Marquis de Torcy, envoyé de Louis
XIV.
Thompson, huissier de la chambre de la
reine.
La scène se passe à Londres, au palais
Saint-James. Les quatre premiers actes
dans un salon de réception. Le dernier
dans la chambre de la reine.

HISTORICAL CHARACTERS OF THE PLAY

The scene is laid in the royal palace of St. James, London, in the year 1710. France and England were at war over the Spanish succession, the throne having gone to Philip V, a Bourbon. France had to fight Austria, Holland and England over this issue, and at first victorious, was disastrously defeated at Malplaquet, by the combined armies of Marlborough and Prince Eugene. The treaty of Utrecht in 1713 put an end to the war with the result that Philip retained the throne of Spain, but England gained Gibraltar, Acadia and Newfoundland. John Churchill, duke of Marlborough, commander in chief of the English troops in the Netherlands, fell from favor in 1712. The French call him Malbrouk. It was about him that the popular ditty, Malbrouk s'en va-t-en guerre, was composed.

Queen Anne, 1665–1714, daughter of James II, succeeded William of Orange in 1702. She joined Scotland to England. At the time set for the play she was 45 years old, but Scribe makes her younger.

The Duchess of Marlborough who before her marriage was Sarah Jennings, was a close friend and adviser of the queen. To her influence and the support of the Whig party her husband owed his elevation, as also to her domineering and jealous spirit his fall. Both she and the duke were very handsome.

Henry St. John, first viscount of Bolingbroke (1678–1751), entered Parliament in 1701 on the side of the Tories, was secretary of war from 1710 to 1714. Opposed to the accession of the house of Hanover and in favor of the Stuarts, he was compelled to leave England at the death of Queen Anne in 1714. He went to France where Voltaire gained his friendship and, incidentally, much information about English affairs.

Masham, Samuel, was created a baron in 1712 after having married Abigail Hill, not Churchill as in the play, who became lady of the queen's wardrobe, and supplanted the duchess of Marlborough in the sovereign's favor. In his *Dictionnaire philosophique* Voltaire says: " *Souvent la plus petite cause produit les plus grands effets. Milord Bolingbroke avoue que les petites querelles de Mme. Marlborough et de Mme. Masham lui firent naître l'occasion de faire le traité particulier de la reine Anne avec Louis XIV; ce traité amena la paix d'Utrecht: cette paix affermit Philippe V sur le trône d'Espagne, etc.*" Lady Masham died in 1734.

Torcy. Jean Baptiste-Colbert, marquis de Torcy, 1665–1746, French statesman and diplomatist. He was a nephew of the great Colbert, and had been active in the negotiations which brought about the war of the Spanish succession. He was present at the signing of the treaty of Utrecht, but was not at the court of St. James at the time of the action of the play.

The rivalry of the queen and the duchess for the love of Masham is of the playwright's invention.

ACTE PREMIER

Un riche salon du palais de Saint-James.
Porte au fond. Deux portes latérales.
A gauche une table; à droite, un guéridon.

SCÈNE I

LE MARQUIS DE TORCY, BOLINGBROKE,
entrant par la gauche; MASHAM, *dormant*
sur un fauteuil, près de la porte à droite.

BOLINGBROKE. Oui, monsieur le marquis, cette lettre parviendra à la reine . . .
j'en trouverai les moyens, je vous le jure
. . . et elle sera reçue avec les égards dus
à l'envoyé d'un grand roi.

DE TORCY. J'y compte, monsieur de
Saint-Jean. Je confie mon honneur et
celui de la France à votre loyauté, à votre
amitié.

BOLINGBROKE. Vous avez raison. . . .
Ils vous diront tous ici que Henri de Saint-
Jean est un libertin et un dissipateur;
esprit brouillon et capricieux, écrivain passionné, orateur turbulent . . . je le veux
bien . . . mais aucun d'eux ne vous dira
que Henri de Saint-Jean ait jamais vendu
sa plume, ou trahi un ami.

DE TORCY. Je le sais, et je mets en
vous mon seul espoir. (*Il sort.*)

SCÈNE II

BOLINGBROKE, MASHAM

BOLINGBROKE. O chances de la guerre
et destinée des rois conquérants! l'ambassadeur de Louis XIV ne pouvoir obtenir dans le palais de Saint-James une
audience de la reine Anne! . . . et, pour
lui faire parvenir une note diplomatique,
employer autant d'adresse et de mystère
que s'il s'agissait d'une galante missive.
. . . Pauvre marquis de Torcy . . . si sa
négociation ne réussit pas . . . il en
mourra! . . . tant il aime son vieux souverain . . . qui se flatte encore d'une
paix honorable et glorieuse. . . . La vieillesse est l'âge des mécomptes. . . .

MASHAM, *dormant.* Ah! qu'elle est
belle!

BOLINGBROKE. Et la jeunesse, l'âge
des illusions! Voilà un jeune officier à
qui le bien vient en dormant!

MASHAM, *de même.* Oui, je t'aime . . .
je t'aimerai toujours!

BOLINGBROKE. Il rêve, le pauvre jeune
homme! Eh! mais, c'est le petit Masham,
et je me trouve ici en pays de connaissance! . . .

MASHAM, *dormant toujours.* Quel bonheur! . . . quelle brillante fortune! . . .
c'est trop pour moi!

BOLINGBROKE, *lui frappant sur l'épaule.*
En ce cas, mon cher, partageons!

MASHAM, *se levant et se frottant les yeux.*
Hein! . . . qu'est-ce que c'est? . . . monsieur de Saint-Jean qui m'éveille!

BOLINGBROKE, *riant.* Et qui vous
ruine! . . .

MASHAM. Vous, à qui je dois tout! . . .
Pauvre écolier, pauvre gentilhomme de
province, perdu dans la ville de Londres,
je voulais, il y a deux ans, me jeter dans
la Tamise, faute de vingt-cinq guinées, et
vous m'en avez donné deux cents que je
vous dois toujours! . . .

BOLINGBROKE. Pardieu! mon cher, je
voudrais bien être à votre place, et je
changerais volontiers avec vous. . . .

MASHAM. Pourquoi cela?

BOLINGBROKE. Parce que j'en dois cent
fois davantage.

MASHAM. O ciel! vous êtes malheureux!

BOLINGBROKE. Non pas! . . . je suis
ruiné, voilà tout! . . . mais jamais je n'ai
été plus dispos, plus joyeux et plus libre.
. . . Pendant cinq années, les plus longues
de ma vie, riche et ennuyé de plaisirs, j'ai
mangé mon patrimoine. . . . Il fallait
bien s'occuper. . . . A vingt-six ans . . .
tout était fini! . . .

MASHAM. Est-il possible?

BOLINGBROKE. Je n'ai pas pu aller
plus vite! . . . Pour rétablir mes affaires,
on m'avait marié à une femme charmante
. . . impossible de vivre avec elle . . .
un million de dot . . . autant de défauts
et de caprices. . . . J'ai rendu la dot . . .
j'y gagne encore! . . . Ma femme brillait
à la cour, elle était du parti des Marlborough, elle était whig . . . vous comprenez que je devais être tory; je me suis
jeté dans l'opposition: je lui dois cela! . . .
je lui dois mon bonheur! car, depuis ce
jour, mon instinct et ma vocation se sont
révélés! c'était là l'aliment qu'il fallait à
mon âme ardente et inactive! Dans nos
tourments politiques, dans nos orages de
tribune, je respire, je suis à l'aise, et comme
le matelot anglais sur la mer, je suis chez
moi, dans mon élément, dans mon empire. . . . Le bonheur, c'est le mouvement! . . . le malheur, c'est le repos! . . .
Vingt fois, dans ma jeunesse inoccupée,
et surtout, dans mon ménage, j'avais eu
comme vous l'idée de me tuer.

MASHAM. Eh quoi!

BOLINGBROKE. Oui . . . les jours où il fallait conduire ma femme au bal! . . . Mais maintenant je tiens à rester! je serais désolé de partir! . . . je n'en ai pas le temps . . . je n'ai pas un moment à moi . . . membre de la Chambre des communes et grand seigneur journaliste . . . je parle le matin, et j'écris le soir. . . . En vain le ministère whig nous accable de ses triomphes, en vain il domine en ce moment l'Angleterre et l'Europe. . . . Seul avec quelques amis, je soutiens la lutte, et les vaincus ont souvent troublé le sommeil des vainqueurs. . . . Lord Marlborough, à la tête de son armée, tremble devant un discours de Henri de Saint-Jean, ou un article de notre journal *l'Examinateur*. Il a pour lui le prince Eugène,[1] la Hollande et cinq cent mille hommes. . . . J'ai pour moi Swift, Prior et Atterbury.[2] . . . A lui l'épée, à nous la presse! nous verrons un jour à qui la victoire. . . . L'illustre et avare maréchal veut la guerre qui épuise le trésor public et qui remplit le sien . . . moi, je veux la paix et l'industrie, qui, mieux que les conquêtes, doivent assurer la prospérité de l'Angleterre. Voilà ce qu'il s'agit de faire comprendre à la reine, au parlement et au pays.

MASHAM. Ce n'est pas facile.

BOLINGBROKE. Non . . . car la force brutale et matérielle, les succès emportés à coups de canon étourdissent tellement le vulgaire, qu'il ne lui vient jamais à l'idée qu'un général vainqueur puisse être un sot, un tyran ou un fripon . . . et lord Marlborough en est un! je le prouverai . . . je le montrerai glissant furtivement sa main victorieuse dans les coffres de l'État.

MASHAM. Ah! vous ne direz pas cela.

BOLINGBROKE. Je l'ai écrit . . . je l'ai signé . . . l'article est là . . . il paraîtra aujourd'hui . . . je le répéterai demain, après-demain . . . tous les jours . . . et il y a une voix qui finit toujours par se faire entendre, une voix qui parle encore plus haut que les clairons et les tambours . . . celle de la vérité! . . . Mais pardon . . . je me croyais au parlement, et je vous fais subir un cours de politique, à vous, mon jeune ami, qui avez bien d'autres rêves en tête . . . des rêves de fortune et d'amour.

MASHAM. Qui vous l'a dit?

BOLINGBROKE. Vous-même! . . . Je vous crois très discret quand vous êtes éveillé; mais je vous préviens qu'en dormant vous ne l'êtes pas.

MASHAM. Comment?

BOLINGBROKE. Je vous ai entendu vous féliciter en rêve de votre bonheur, de votre fortune, et vous pouvez me nommer sans crainte la grande dame à qui vous la devez.

MASHAM. Moi?

BOLINGBROKE. A moins que ce ne soit la mienne! . . . auquel cas je ne vous demande rien! . . . je comprendrai. . . .

MASHAM. Vous êtes dans l'erreur! je ne connais pas de grande dame! Il est quelqu'un, j'en conviens, qui, sans se faire connaître, m'a servi de protecteur . . . un ami de mon père . . . vous peut-être?

BOLINGBROKE. Non, vraiment.

MASHAM. Vous êtes le seul cependant que je puisse soupçonner. Orphelin et sans fortune, mais fils d'un brave gentilhomme tué sur le champ de bataille, j'avais eu l'idée de demander une place dans la maison de la reine: la difficulté était d'arriver à Sa Majesté, de lui présenter ma pétition; et un jour d'ouverture du parlement, je me lançai intrépidement dans la foule qui entourait sa voiture; j'y touchais presque lorsqu'un grand monsieur, heurté par moi, se retourne et, croyant avoir affaire à un écolier, me donne sur le nez une chiquenaude. . . .

BOLINGBROKE. Pas possible!

MASHAM. Oui, monsieur . . . je vois encore son air insolent et ricaneur . . . je le vois, je le reconnaîtrais entre mille, et si jamais je le rencontre. . . . Mais dans ce moment la foule, en nous séparant, m'avait jeté contre la voiture de la reine à qui je remis ma pétition . . . elle resta quinze jours sans réponse. Enfin je reçois une lettre d'audience de Sa Majesté! . . . Vous jugez si je me hâtai de me rendre au palais, paré de mon mieux, et à pied pour de bonnes raisons. . . . J'étais près d'arriver, lorsqu'à deux pas de Saint-

---

[1] *prince Eugène*, name by which Eugène de Savoie-Carignan, 1663–1736, was generally known. He was in the service of Austria. Although a Frenchman, the son of the count of Soissons and of Olympe Mancini, he fought in the ranks of his country's enemies out of spite because of Louis XIV's refusal to give him a suitable post in the French army. He was a great general and inflicted a grievous defeat on the French at Malplaquet, although Villars beat him later at Denain.

[2] *Swift*, Jonathan, 1667–1745, the English satirist, friend of Bolingbroke; *Prior*, Matthew, 1664–1721, poet, statesman and diplomatist; *Atterbury*, Francis, 1662–1732, bishop of Rochester and controversialist.

James, et vis-à-vis d'un balcon où se tenaient de belles dames de la cour, un équipage qui allait plus vite que moi m'éclabousse de la tête aux pieds, moi et mon pourpoint de satin, le seul dont je fusse propriétaire . . . et pour comble de fatalité, j'aperçois à la portière de la voiture . . . ce même individu, l'homme à la chiquenaude . . . qui riait encore. . . . Ah! dans ma rage, je m'élançai vers lui; mais l'équipage avait disparu, et furieux désespéré, je rentrai à mon modeste hôtel, ayant manqué mon audience.

BOLINGBROKE. Et votre fortune!

MASHAM. Au contraire! je reçus le lendemain, d'une personne inconnue, un riche habit de cour, et, quelques jours après, la place que je demandais dans la maison de la reine. J'y étais à peine depuis trois mois, que j'avais reçu ce que je désirais le plus au monde, un brevet d'enseigne [1] dans le régiment des gardes.

BOLINGBROKE. En vérité! Et vous n'avez aucun soupçon sur ce protecteur mystérieux?

MASHAM. Aucun! . . . il m'assure de sa constante faveur, si je continue à m'en rendre digne. . . . Je ne demande pas mieux. . . . Ce qui me paraît seulement gênant et ennuyeux . . . c'est qu'il me défend de me marier. . . .

BOLINGBROKE. Ah bah!

MASHAM. Craignant sans doute que cela ne nuise à mon avancement.

BOLINGBROKE, *riant*. C'est là la seule idée que cette défense ait fait naître en vous?

MASHAM. Oui, sans doute.

BOLINGBROKE, *de même*. Eh bien! mon cher ami, pour un ancien page de la reine et pour un nouvel officier dans les gardes, vous êtes d'une innocence biblique. . . .

MASHAM. Comment cela?

BOLINGBROKE, *de même*. Eh! oui: ce protecteur inconnu . . . est une protectrice. . . .

MASHAM. Quelle idée!

BOLINGBROKE. Quelque grande dame, qui vous porte intérêt. . . .

MASHAM. Non, monsieur . . . non, cela n'est pas possible!

BOLINGBROKE. Qu'y aurait-il d'étonnant? . . . La reine Anne, notre charmante souveraine, est une personne fort respectable et fort sage, qui s'ennuie royalement . . . je veux dire autant que possible . . . mais à sa cour, on s'amuse beaucoup! . . . toutes nos ladys ont leurs petits protégés, de jeunes officiers fort aimables, qui, sans quitter le palais de Saint-James, arrivent à des grades supérieurs.

MASHAM. Monsieur! . . .

BOLINGBROKE. Fortune d'autant plus flatteuse qu'elle n'est due qu'au mérite personnel.

MASHAM. Ah! c'est une indignité . . . et si je savais. . . .

BOLINGBROKE, *allant s'asseoir près de la table à gauche*. Après cela . . . je peux me tromper, et si réellement c'est quelque grand seigneur ami de votre père . . . laissez venir les événements . . . laissez-vous faire! Ah! si on vous ordonnait de vous marier . . . je ne dis pas . . . mais on vous le défend . . . il est clair que ce n'est pas un ennemi . . . au contraire . . . et lui obéir n'est pas si difficile.

MASHAM, *debout près du fauteuil où est assis* BOLINGBROKE. Mais si vraiment . . . quand on aime quelqu'un . . . quand on est aimé. . . .

BOLINGBROKE. J'y suis! . . . l'objet de vos rêves! la personne à qui vous pensiez tout à l'heure en dormant?

MASHAM. Oui, monsieur . . . la plus aimable, la plus jolie fille de Londres, qui n'a rien . . . ni moi non plus . . . et c'est pour elle que je désire les honneurs et la richesse . . . j'attends, pour l'épouser, que j'aie fait fortune. . . .

BOLINGBROKE. Vous n'êtes pas encore très avancé . . . et elle, de son côté?

MASHAM. Bien moins encore! . . . orpheline comme moi, demoiselle de boutique dans la Cité, chez un riche joaillier, maître Tomwood. . . .

BOLINGBROKE. Ah! mon Dieu!

MASHAM. Qui vient de faire banqueroute. . . . Elle se trouve sans place et sans ressource.

BOLINGBROKE, *se levant*. C'est la petite Abigaïl. . . .

MASHAM. Vous la connaissez?

BOLINGBROKE. Parbleu! du vivant de ma femme . . . je veux dire quand elle vivait près de moi . . . j'étais un abonné assidu des magasins de Tomwood . . . ma femme aimait beaucoup les diamants, et moi, la bijoutière. . . . Vous avez raison, Masham, une fille charmante, naïve, gracieuse, spirituelle. . . .

MASHAM. Eh! mais, à la manière dont vous en parlez . . . est-ce que vous en auriez été amoureux?

BOLINGBROKE. Pendant huit jours!

---

[1] *brevet d'enseigne*, commission as ensign.

. . . et peut-être plus! si je n'avais pas
vu que je perdais mon temps . . . et je
n'en ai pas à perdre . . . maintenant surtout . . . mais j'ai gardé à cette jeune
fille . . . une amitié véritable, et voici la
première fois que j'éprouve un regret . . .
non d'avoir perdu ma fortune, mais de
l'avoir si mal employée . . . je serais venu
à votre aide . . . je vous aurais mariés
. . . mais pour le présent des dettes, des
créanciers qui sortent de dessous terre . . .
et pour l'avenir pas même l'espérance
. . . les biens de ma famille reviennent
tous à Richard Bolingbroke, mon cousin,
qui n'a pas envie de me les laisser . . .
car, par malheur, il est jeune, et comme
tous les sots il se porte à merveille . . .
mais nous pourrions peut-être à la cour
. . . chercher pour Abigaïl. . . .

MASHAM. C'est ce que je disais . . .
une place de demoiselle de compagnie,
près de quelque grande dame qui ne soit
ni impérieuse ni hautaine. . . .

BOLINGBROKE, *secouant la tête.* Ce n'est
pas aisé à trouver.

MASHAM. J'avais pensé à la vieille
duchesse de Northumberland, qui, dit-on,
cherche une lectrice.

BOLINGBROKE. Cela vaut mieux . . .
elle n'est qu'ennuyeuse à périr.

MASHAM. Et j'avais conseillé à Abigaïl
de se présenter chez elle, ce matin; mais
l'idée seule de venir au palais de la reine
la rendait toute tremblante.

BOLINGBROKE. N'importe . . . l'espoir
de vous y trouver . . . elle y viendra . . .
et tenez . . . tenez . . . monsieur l'officier des gardes, que vous disais-je? . . .
la voici.

SCÈNE III

BOLINGBROKE, ABIGAIL, MASHAM

ABIGAIL. Monsieur de Saint-Jean!
(*Elle se retourne vers* MASHAM *à qui elle
tend la main.*)

BOLINGBROKE. Lui-même, ma chère
enfant; et il faut que vous soyez née sous
une heureuse étoile! . . . la première fois
que vous venez à la cour, y trouver deux
amis! . . . rencontre bien rare en ce
pays! . . .

ABIGAIL, *gaiement.* Oui, vous avez raison, j'ai du bonheur! . . . surtout aujourd'hui.

MASHAM. Vous voilà donc décidée à
vous présenter chez la duchesse de Northumberland?

ABIGAIL. Vous ne savez pas! j'ai appris
que la place était donnée. . . .

MASHAM. Et vous êtes si joyeuse?

ABIGAIL. C'est que j'en ai une autre!
. . . plus agréable, je crois . . . et que je
dois. . . .

MASHAM. A qui donc?

ABIGAIL. Au hasard.

BOLINGBROKE. Cela vaut mieux! . . .
c'est le plus commode et le moins exigeant
des protecteurs.

ABIGAIL. Imaginez-vous que parmi les
belles dames qui fréquentaient les magasins de M. Tomwood, il y en avait une
fort aimable, fort gracieuse, qui s'adressait
toujours à moi pour acheter . . . or, en
achetant des diamants . . . on cause.

BOLINGBROKE. Et miss Abigaïl cause
très bien. . . .

ABIGAIL. Il me semblait que cette
dame n'était pas très heureuse dans son
ménage . . . qu'elle était esclave dans
son intérieur, car elle me répétait souvent
avec un soupir: Ah! ma petite Abigaïl, que
vous êtes heureuse ici, vous faites ce que
vous voulez. . . . Si on peut dire cela
. . . moi qui, enchaînée à ce comptoir, ne
pouvais le quitter . . . et ne voyais M.
Masham que le dimanche après la messe,
quand il n'était pas de service à la cour.
. . . Enfin, un jour . . . il y a près d'un
mois, la belle dame eut la fantaisie d'une
toute petite bonbonnière en or, d'un travail exquis . . . presque rien . . . trente
guinées! . . . Mais elle avait oublié sa
bourse . . . et je dis: On enverra ce bijou
à l'hôtel de milady. Mais milady, que
cela semblait embarrasser, hésitait à nommer son hôtel, sans doute à cause de son
mari . . . à qui elle ne voulait pas dire
. . . il y a des grandes dames qui ne
disent pas à leur mari . . . et je m'écriai:
Gardez, gardez, milady, je prends tout
sur moi.—Vous daignez donc être ma caution? [1] répondit-elle, avec un sourire charmant. . . . C'est bien, je reviendrai! . . .
Mais pas du tout, c'est qu'elle ne revint
pas. . . .

BOLINGBROKE, *riant.* La grande dame
était une friponne.

ABIGAIL. J'en eus bien peur . . . car
un mois s'était écoulé. . . . M. Tomwood
était bien mal dans ses affaires, et les
trente guinées dont j'avais répondu, je
les devais à lui . . . ou à ses créanciers.
. . . C'était là ce qui me désolait, et ce
dont, pour rien au monde, je n'aurais osé
parler à personne . . . mais j'étais dé-

---

[1] *être ma caution,* answer for me.

cidée à vendre tout ce que je possédais . . . mes plus belles robes, même celle-ci qui me va bien, à ce qu'on dit.

BOLINGBROKE. Très bien.

MASHAM. Et qui vous rend encore plus jolie, si c'est possible.

ABIGAIL. Voilà pourquoi j'avais tant de peine à me décider. . . . Enfin j'étais résolue . . . lorsque hier au soir, une voiture s'arrête à la porte, une dame en descend, c'était milady. "Bien des affaires trop longues à m'expliquer l'avaient retenue . . . et puis elle ne pouvait sortir de chez elle à sa volonté . . . et elle tenait cependant à venir elle-même s'acquitter." Tout en parlant elle avait remarqué que j'avais encore des larmes dans les yeux, quoique je me fusse hâtée de les essuyer à son arrivée. Il fallut bien alors lui raconter et ma détresse, et ma position, et l'embarras où je me trouvais . . . elle avait tant de bonté . . . et moi tant de chagrin! . . . Enfin, je lui parlai de tout, excepté de M. Masham . . . et quand elle sut que je voulais, ce matin, me présenter chez la duchesse de Northumberland . . . c'est elle qui me dit: N'y allez pas, vous seriez trop malheureuse . . . d'ailleurs la place est donnée. . . . Mais moi, mon enfant, je tiens dans le monde et à la cour une maison assez considérable . . . où, par malheur, je ne suis pas toujours la maîtresse . . . n'importe, je vous y offre une place . . . voulez-vous l'accepter? . . . Et je me jetai dans ses bras en lui disant: Disposez de moi et de ma vie . . . je ne vous quitterai plus, je partagerai vos peines et vos chagrins. . . . C'est bien, me dit-elle avec émotion; présentez-vous demain au palais, et demandez la dame dont je vous donne le nom. Elle écrivit alors sur le comptoir deux mots que j'ai pris, que j'ai là . . . et me voici.

MASHAM. C'est très singulier. . . .

BOLINGBROKE. Et ce papier, peut-on le voir?

ABIGAIL, le lui donnant. Certainement! . . .

BOLINGBROKE, souriant. Ah! ah! rien qu'à sa bonté, je l'aurais devinée. (A ABIGAIL.) Ce mot a été écrit devant vous, par votre nouvelle protectrice? . . .

ABIGAIL. Oui vraiment. . . . Est-ce que, par hasard, vous connaîtriez cette écriture?

BOLINGBROKE, froidement. Oui, mon enfant . . . c'est celle de la reine.

ABIGAIL, avec joie. La reine! . . . est-il possible?

MASHAM, de même. La reine vous donne une place auprès d'elle . . . et sa protection! . . . et son amitié! . . . voilà votre fortune assurée à jamais!

BOLINGBROKE, passant entre eux deux. Attendez, mes amis, attendez . . . ne vous réjouissez pas trop d'avance!

ABIGAIL. C'est la reine qui l'a dit, et une reine est maîtresse chez elle!

BOLINGBROKE. Pas celle-là. . . . Douce et bonne par caractère, mais faible et indécise, n'osant adopter un parti sans prendre l'avis de ceux qui l'entourent, elle devait nécessairement se laisser subjuguer par ses conseillers et ses favoris, et il s'est trouvé près d'elle une femme à l'esprit ferme, résolu et audacieux, au coup d'œil juste et prompt, qui vise toujours droit et haut! . . . c'est lady Churchill, duchesse de Marlborough, plus grand général que son mari lui-même, plus adroite qu'il n'est vaillant, plus ambitieuse qu'il n'est avare, plus reine enfin que sa souveraine, qu'elle conduit et dirige par la main . . . la main qui tient le sceptre.

ABIGAIL. La reine aime donc beaucoup cette duchesse?

BOLINGBROKE. Elle la déteste! . . . en l'appelant sa meilleure amie! . . . et sa meilleure amie le lui rend bien.

ABIGAIL. Et pourquoi ne pas rompre avec elle . . . pourquoi ne pas se soustraire à une domination insupportable?

BOLINGBROKE. Cela, mon enfant, est plus difficile à vous expliquer. Dans notre pays . . . en Angleterre, Masham vous le dira, ce n'est pas la reine, c'est la majorité qui règne; et le parti whig, dont Marlborough est le chef, a non seulement pour lui l'armée, mais le parlement! . . . La majorité leur est acquise! et la reine Anne, dont on vante le règne glorieux, est forcée de subir des ministres qui lui déplaisent, une favorite qui la tyrannise et des amis qui ne l'aiment pas. Bien plus . . . ses intérêts de cœur, ses désirs les plus chers l'obligent presque à faire la cour à l'altière duchesse, car son frère, le dernier des Stuarts, que la nation a banni, ne peut être rappelé en Angleterre que par un bill du parlement, et ce bill, c'est encore la majorité, c'est le parti Marlborough qui peut seul l'appuyer et le faire réussir. . . . La duchesse l'a promis . . . aussi tout cède à son influence. Surintendante de la reine, elle ordonne, règle, décide, nomme à tous les emplois, et un choix fait sans son aveu excitera sa défiance, sa jalousie, son refus peut-être. Voilà pourquoi, mes amis, la reine me paraît aujourd'hui bien hardie, et la nomination d'Abigaïl bien douteuse encore!

ABIGAIL. Ah! s'il en est ainsi . . . si cela dépend seulement de la duchesse, rassurez-vous . . . j'ai quelque espoir!

MASHAM. Et lequel?

ABIGAIL. Je suis un peu sa parente.

BOLINGBROKE. Vous, Abigaïl?

ABIGAIL. Eh! oui vraiment . . . par mésalliance! un cousin à elle, un Churchill, s'était brouillé avec sa noble famille en épousant ma mère!

MASHAM. Est-il possible? . . . parente de la duchesse!

ABIGAIL. Parente bien éloignée . . . et jamais je ne m'étais présentée devant elle, parce qu'elle avait refusé autrefois de recevoir et de reconnaître ma mère . . . mais moi . . . pauvre fille . . . qui ne lui demanderai rien que de ne pas me nuire . . . que de ne pas s'opposer aux bontés de la reine. . . .

BOLINGBROKE. Ce n'est pas une raison . . . vous ne la connaissez pas. . . . Mais cette fois du moins je puis vous servir, et je le ferai . . . dussé-je m'attirer sa haine!

ABIGAIL. Ah! que de bontés!

MASHAM. Comment les reconnaître jamais?

BOLINGBROKE. Par votre amitié.

ABIGAIL. C'est bien peu!

BOLINGBROKE. C'est beaucoup! . . . pour moi homme d'État . . . qui n'y crois guère. . . . (Vivement.) Je crois à la vôtre et j'y compte! . . . (Leur prenant la main.) Entre nous désormais . . . alliance offensive et défensive!

ABIGAIL, souriant. Alliance redoutable!

BOLINGBROKE. Plus que vous ne croyez peut-être, et, grâce au ciel, la journée sera bonne! deux succès à emporter! . . . la place d'Abigaïl . . . et une autre affaire qui me tient au cœur . . . une lettre que je voudrais à tout prix faire arriver ce matin entre les mains de la reine . . . j'en attends et j'en cherche les moyens. . . . Ah! si Abigaïl était nommée! si elle était reçue parmi les femmes de Sa Majesté, tous mes messages parviendraient en dépit de la duchesse.

MASHAM, vivement. N'est-ce que cela? . . . je puis vous rendre ce service.

BOLINGBROKE. Est-il possible!

MASHAM. Tous les matins à dix heures, et les voici bientôt, je porte à Sa Majesté, pendant son déjeuner, (prenant le journal sur la table à droite) la Gazette du monde élégant et des gens à la mode, qu'elle parcourt en prenant son thé; elle regarde les gravures, et parfois me dit de lui lire les articles de bals et de raouts.[1]

BOLINGBROKE. A merveille! . . . quel bonheur que la royauté lise le journal des modes . . . c'est le seul qu'on lui permette. . . . (Glissant une lettre sous la couverture du journal.) La lettre du marquis au milieu des vertugadins et des falbalas.[2] Et pendant que nous y sommes. . . . (Tirant un journal de sa poche.)

ABIGAIL. Que faites-vous?

BOLINGBROKE. Un numéro du journal l'Examinateur que je glisse sous la couverture. Sa Majesté verra comment l'on traite le duc et la duchesse de Marlborough . . . elle et toute sa cour en seront indignées . . . mais ça lui donnera quelques instants de plaisir . . . et elle en a si peu! . . . Voilà dix heures, allez, Masham . . . allez!

MASHAM, sortant par la porte à droite. Comptez sur moi!

SCÈNE IV

ABIGAIL, BOLINGBROKE

BOLINGBROKE. Vous le voyez! le traité de la triple alliance produit déjà ses effets . . . c'est Masham qui nous protège et nous sert!

ABIGAIL. Lui! peut-être! . . . mais moi qui suis si peu de chose!

BOLINGBROKE. Il ne faut pas mépriser les petites choses, c'est par elles qu'on arrive aux grandes! . . . Vous croyez peut-être, comme tout le monde, que les catastrophes politiques, les révolutions, les chutes d'empire, viennent de causes graves, profondes, importantes. . . . Erreur! Les États sont subjugués ou conduits par des héros, par des grands hommes; mais ces grands hommes sont menés eux-mêmes par leurs passions, leurs caprices, leurs vanités; c'est-à-dire par ce qu'il y a de plus petit et de plus misérable au monde. Vous ne savez pas qu'une fenêtre du château de Trianon,[3] critiquée par Louis XIV et défendue par Louvois, a fait naître la

---

[1] raouts, from the English rout, a social gathering, reception, etc.

[2] vertugadins et falbalas, farthingales and furbelows.

[3] Trianon. The large and the little Trianon are two châteaux built under Louis XIV and Louis XV in the Park of Versailles. Louvois was Louis' minister of war.

guerre qui embrase l'Europe en ce moment! C'est à la vanité blessée d'un courtisan que le royaume a dû ses désastres; c'est à une cause plus futile encore qu'il devra peut-être son salut. Et sans aller plus loin . . . moi qui vous parle, moi, Henri de Saint-Jean, qui jusqu'à vingt-six ans fus regardé comme un élégant, un étourdi, un homme incapable d'occupations sérieuses . . . savez-vous comment tout d'un coup je devins un homme d'État, comment j'arrivai à la chambre, aux affaires, au ministère?

ABIGAIL. Non vraiment.

BOLINGBROKE. Eh bien! ma chère enfant, je devins ministre parce que je savais danser la sarabande; et je perdis le pouvoir parce que j'étais enrhumé.

ABIGAIL. Est-il possible?

BOLINGBROKE, regardant du côté de l'appartement de la reine. Je vous conterai cela un autre jour, quand nous aurons le temps. Et maintenant, sans me laisser abattre, je combats à mon poste, dans les rangs des vaincus! . . .

ABIGAIL. Et que pouvez-vous faire?

BOLINGBROKE. Attendre et espérer!

ABIGAIL. Quelque grande révolution?

BOLINGBROKE. Non pas . . . mais un hasard . . . un caprice du sort . . . un grain de sable qui renverse le char du triomphateur.

ABIGAIL. Ce grain de sable, vous ne pouvez le créer?

BOLINGBROKE. Non . . . mais si je le rencontre, je peux le pousser sous la roue. . . . Le talent n'est pas d'aller sur les brisées de la Providence, et d'inventer des événements, mais d'en profiter. Plus ils sont futiles en apparence, plus, selon moi, ils ont de portée . . . les grands effets produits par de petites causes! c'est mon système . . . j'y ai confiance, vous en verrez les preuves.

ABIGAIL, voyant la porte s'ouvrir. C'est Masham qui revient!

BOLINGBROKE. Non . . . c'est mieux encore! . . . c'est la triomphante et superbe duchesse. . . .

SCÈNE V

ABIGAIL, BOLINGBROKE, LA DUCHESSE

ABIGAIL, à demi-voix, et regardant du côté de la galerie, par laquelle LA DUCHESSE s'avance. Quoi! c'est là la duchesse de Marlborough? . . .

BOLINGBROKE, de même. Votre cousine . . . pas autre chose. . . .

ABIGAIL. Sans la connaître je l'avais déjà vue . . . au magasin. (A part et la regardant venir.) Eh oui . . . cette grande dame qui est venue dernièrement acheter des ferrets [1] en diamants.

LA DUCHESSE, qui s'est avancée en lisant un journal, lève les yeux et aperçoit BOLINGBROKE qu'elle salue. Monsieur de Saint-Jean!

BOLINGBROKE. Lui-même, madame la duchesse, qui s'occupait de vous en ce moment.

LA DUCHESSE. Vous me faites souvent cet honneur, et vos continuelles attaques. . . .

BOLINGBROKE. Je n'ai pas d'autre moyen de me rappeler à votre souvenir.

LA DUCHESSE, montrant le journal qu'elle tient à la main. Rassurez-vous, monsieur, je vous promets de ne pas oublier votre numéro d'aujourd'hui.

BOLINGBROKE. Vous avez daigné lire.

LA DUCHESSE. Chez la reine, d'où je sors à l'instant.

BOLINGBROKE, troublé. Ah! c'est là. . . .

LA DUCHESSE. Oui, monsieur! . . . l'officier des gardes de service venait d'apporter le Journal des gens à la mode.

BOLINGBROKE. Où je ne suis pour rien.

LA DUCHESSE, avec ironie. Je le sais! Depuis longtemps votre règne est passé! mais dans les feuilles de ce journal, et à côté du vôtre, était une lettre du marquis de Torcy. . . .

BOLINGBROKE. Adressée à la reine. . . .

LA DUCHESSE. C'est pour cela que je l'ai lue.

BOLINGBROKE, avec indignation. Madame! . . .

LA DUCHESSE. C'est du devoir de ma charge. Surintendante de la maison de Sa Majesté, c'est par mes mains que doivent passer d'abord toutes les lettres. Vous voilà averti, monsieur, et quand il y aura contre moi quelque épigramme, quelque bon mot que vous tiendrez à me faire connaître, vous n'aurez qu'à les adresser à la reine, c'est le seul moyen de me les faire lire.

BOLINGBROKE. Je me le rappellerai, madame; mais du moins, et c'est ce que je voulais, Sa Majesté connaît les propositions du marquis?

LA DUCHESSE. C'est ce qui vous

[1] ferrets, tags or points of aiguillettes or braided cord ornaments.

trompe . . . je les avais lues . . . cela suffisait . . . le feu en a fait justice.

BOLINGBROKE. Quoi, madame!

LA DUCHESSE, *lui faisant la révérence et s'apprêtant à sortir, aperçoit* ABIGAIL *qui est restée au fond du théâtre.* Quelle est cette belle enfant qui se tient là timide et à l'écart . . . quel est son nom?

ABIGAIL, *s'avançant et faisant la révérence.* Abigaïl.

LA DUCHESSE, *avec hauteur.* Ah! la jolie bijoutière! . . . C'est vrai . . . je la reconnais. . . . Elle n'est vraiment pas mal, cette petite. . . . Et c'est là cette personne dont m'a parlé la reine?

ABIGAIL, *vivement.* Ah! Sa Majesté a daigné vous parler. . . .

LA DUCHESSE. Me laissant maîtresse d'admettre ou de refuser. . . . Et, puisque cette nomination dépend de moi seule . . . je verrai . . . j'examinerai avec impartialité et justice.

BOLINGBROKE, *à part.* Nous sommes perdus!

LA DUCHESSE. Vous comprenez, mademoiselle, qu'il faut des titres.

BOLINGBROKE, *s'avançant.* Elle en a.

LA DUCHESSE, *étonnée.* Ah! monsieur s'intéresse à cette jeune personne! . . .

BOLINGBROKE. A l'accueil affectueux que vous daignez lui faire, j'ai cru que vous l'aviez deviné.

LA DUCHESSE. Aussi je l'aurais admise avec plaisir; mais pour entrer au service de la reine, il faut tenir à une famille distinguée.

BOLINGBROKE. C'est par là qu'elle brille!

LA DUCHESSE. C'est ce qu'il faudra voir . . . il y a tant de gens qui se disent nobles et qui ne le sont pas! . . .

BOLINGBROKE. Aussi mademoiselle, qui craint de se tromper, n'ose vous avouer qu'on l'appelle Abigaïl Churchill.

LA DUCHESSE, *à part.* O ciel!

BOLINGBROKE. Parente fort éloignée, sans doute . . . mais enfin, cousine de la duchesse de Marlborough, de la surintendante de la reine, qui, dans sa sévère impartialité, hésite et se demande si elle est d'assez bonne maison pour approcher de Sa Majesté. Vous comprenez, madame, que pour moi, qui suis un écrivain usé et passé de mode, il y aurait dans le récit de cette aventure de quoi me remettre en vogue auprès de mes lecteurs,

et que le journal l'Examinateur aurait beau jeu dès demain à s'égayer sur la noble duchesse, cousine de la demoiselle de boutique. . . . Mais rassurez-vous, madame, votre amitié est trop nécessaire à votre jeune parente pour que je veuille la lui faire perdre; et à la condition qu'elle sera aujourd'hui admise par vous dans la maison de Sa Majesté, je m'engage sur l'honneur à n'avoir jamais rien su de cette anecdote, quelque piquante qu'elle soit. . . . J'attends votre réponse.

LA DUCHESSE, *fièrement.* Je ne vous la ferai point attendre. Je devais présenter mon rapport à la reine sur l'admission de mademoiselle, et qu'elle soit ou non ma parente, cela ne changera rien à ma décision; je la ferai connaître à Sa Majesté . . . à elle seule! . . . Quant à vous, monsieur, il vous suffira de savoir que je n'ai jamais rien accordé à la menace, arme impuissante, du reste, que je dédaigne . . . et si j'y ai recours aujourd'hui, c'est que vous m'y aurez forcée. . . . Quand on est publiciste, monsieur de Saint-Jean, et surtout quand on est de l'opposition, avant de vouloir mettre de l'ordre dans les affaires de l'État, il faut en mettre dans les siennes. C'est ce que vous n'avez pas fait. . . . Vous avez des dettes énormes . . . près d'un million de France, que vos créanciers impatients et désespérés m'ont cédé pour un sixième payé comptant. J'ai tout racheté . . . moi si avide, si intéressée. . . . Vous ne m'accuserez pas cette fois de vouloir m'enrichir. . . . (*Souriant.*) car ces créances sont, dit-on, désastreuses . . . mais elles ont un avantage . . . celui d'emporter la contrainte par corps[1] . . . avantage dont je n'ai pu profiter encore avec un membre de la Chambre des communes . . . mais demain finit la session, et si la piquante anecdote dont vous parliez tout à l'heure paraît dans le journal du matin . . . le journal du soir annoncera que son spirituel auteur, M. de Saint-Jean, compose en ce moment, à Newgate,[2] un traité sur l'art de faire des dettes. . . . Mais je ne crains rien, monsieur, vous êtes trop nécessaire à vos amis et à l'opposition pour vouloir les priver de votre présence, et quelque pénible que soit le silence pour un orateur aussi éloquent, vous comprendrez mieux que moi encore la nécessité de vous taire. (*Elle fait la révérence et sort.*)

---

[1] *emporter la contrainte par corps*, can lead to arrest for debt.

[2] Newgate, famous London prison in Newgate street, demolished in 1904.

SCÈNE VI

Abigail, Bolingbroke

ABIGAIL. Eh bien! qu'en dites-vous?

BOLINGBROKE, *gaiement*. Bien joué, vrai Dieu! . . . très bien . . . c'est de bonne guerre.[1] . . . J'ai toujours dit que la duchesse était une femme de tête et surtout d'exécution. Elle ne menace pas; elle frappe. . . . Et cette idée de me tenir sous sa dépendance en acquittant mes dettes . . . c'est admirable! . . . surtout de sa part. . . . Ce que n'auraient pas fait mes meilleurs amis, elle l'a fait . . . elle a payé pour moi . . . il faut alors qu'elle ait une haine . . . qui excite mon émulation et mon courage. . . . Allons, Abigaïl, du cœur!

ABIGAIL. Non, non . . . je renonce à tout, il y va de votre liberté!

BOLINGBROKE, *gaiement*. C'est ce que nous verrons! et par tous les moyens possibles. . . . (*Regardant une pendule qui est sur un des panneaux à droite.*) Ah! mon Dieu! voici l'heure de la Chambre . . . je ne peux y manquer! . . . je dois parler contre le duc de Marlborough qui demande des subsides. Je prouverai à la duchesse que je m'entends en économie . . . je ne voterai pas un schelling. Adieu! je compte sur Masham, sur vous, et sur notre alliance! . . .

(*Il sort par la porte à gauche.*)

SCÈNE VII

Abigail, *puis* Masham

ABIGAIL, *prête à partir*. Belle alliance! . . . où tout va mal . . . excepté pour Arthur, cependant! . . .

MASHAM, *accourant pâle et effrayé par la porte du fond*. Ah! grâce au ciel, vous voilà! je vous cherchais.

ABIGAIL. Qu'y a-t-il donc?

MASHAM. Je suis perdu!

ABIGAIL. Et lui aussi! . . .

MASHAM. Dans le parc de Saint-James et au détour d'une allée solitaire . . . je viens tout à coup de me trouver face à face avec lui. . . .

ABIGAIL. Qui donc?

MASHAM. Mon mauvais génie, ma fatalité . . . vous savez . . . l'homme à la chiquenaude. Du premier coup d'œil, nous nous étions reconnus, car en me regardant il riait. . . . (*Avec rage.*) il riait encore!!! Et alors, sans lui dire un mot, sans même lui demander son nom . . . j'ai tiré mon épée . . . lui, la sienne . . . et . . . et . . . il ne rit plus.

ABIGAIL. Il est mort!

MASHAM. Oh! non . . . non . . . je ne crois pas . . . mais je l'ai vu chanceler. J'ai entendu du monde qui accourait, et me rappelant ce que j'entendais dire l'autre jour . . . ces lois si sévères sur le duel. . . .

ABIGAIL. Peine de mort!

MASHAM. Si on veut . . . cela dépend des personnes.

ABIGAIL. N'importe, il faut quitter Londres.

MASHAM. C'est ce que je ferai dès demain.

ABIGAIL. Dès ce soir.

MASHAM. Mais vous . . . mais M. de Saint-Jean? . . .

ABIGAIL. Il va être arrêté pour dettes, et je n'aurai pas ma place! . . . mais c'est égal. . . . Vous d'abord . . . vous avant tout . . . éloignez-vous! . . .

MASHAM. Oui; mais avant de partir, je voulais au moins vous dire que je n'aimerai jamais que vous . . . je voulais vous voir . . . vous embrasser. . . .

ABIGAIL, *vivement*. Alors dépêchez-vous donc! . . .

MASHAM, *se jetant dans ses bras*. Ah!

ABIGAIL, *se dégageant*. Adieu! . . . adieu! . . . et si vous m'aimez, qu'on ne vous revoie plus!

(*Tous deux se séparent et s'éloignent.*)

ACTE DEUXIÈME

SCÈNE I

La Reine, Thompson

LA REINE. Tu dis, Thompson, que ce sont des membres de la Chambre des communes?

THOMPSON. Oui, madame . . . qui demandaient audience à Votre Majesté.

LA REINE, *à part*. Encore des adresses et des discours . . . quand je suis seule, quand la duchesse est ce matin à Windsor.[2] . . . (*Haut.*) Tu as répondu que des affaires importantes . . . des dépêches arrivées à l'instant. . . .

THOMPSON. Oui, madame, c'est ce que je dis toujours.

LA REINE. Et que je ne recevais pas. . . .

---

[1] *c'est de bonne guerre*, that's fair play.

[2] Windsor, about 40 miles from London, where one of the principal royal castles is situated.

THOMPSON. Avant deux heures. . . . Ils m'ont alors remis ce papier, en ajoutant qu'ils viendront à deux heures présenter leurs hommages et leurs réclamations à Votre Majesté.

LA REINE, *posant le papier sur la table.* La duchesse y sera . . . cela la regarde; c'est bien le moins qu'elle m'épargne ce soin-là. . . . J'en ai tant d'autres. . . . (*A* THOMPSON.) Sais-tu quels étaient ces honorables?

THOMPSON. Ils étaient quatre, et je n'en connaissais que deux, pour les avoir vus ici quand ils étaient ministres, et qu'à leur tour ils faisaient attendre les autres.

LA REINE, *vivement.* Qui donc?

THOMPSON. Sir Harley[1] et M. de Saint-Jean.

LA REINE. Oh! . . . et ils sont partis?

THOMPSON. Oui, madame. . . .

LA REINE. Tant pis . . . je suis fâchée de ne pas les avoir reçus. . . . M. de Saint-Jean, surtout! . . . Quand il était au pouvoir . . . tout allait au mieux . . . mes matinées étaient moins longues . . . je ne m'ennuyais pas tant . . . et aujourd'hui, en l'absence de la duchesse, cela se rencontrait à merveille . . . c'était comme un fait exprès . . . un bon hasard. J'aurais pu causer avec lui, et l'avoir renvoyé c'est d'une maladresse. . . .

THOMPSON. Madame la duchesse me l'avait tant recommandé . . . règle générale: toutes les fois que M. de Saint-Jean se présentera. . . .

LA REINE. Oh! . . . c'est la duchesse! . . . c'est différent! Et M. de Saint-Jean n'a rien dit?

THOMPSON. C'est lui qui venait d'écrire, dans le salon d'attente, la lettre que j'ai remise à Votre Majesté.

LA REINE, *prenant vivement le papier sur la table.* C'est bien. Laisse-moi. (THOMPSON *sort.*)

LA REINE, *lisant.* « Madame, mes collègues et moi demandions audience à Votre Majesté! eux pour affaires d'État, et moi, pour jouir de la vue de ma souveraine, qui depuis si longtemps m'est interdite. » Pauvre sir Henri! « Que la duchesse éloigne de vous ses ennemis politiques, je le conçois; mais sa défiance va jusqu'à repousser une pauvre enfant dont la tendresse et les soins eussent adouci les ennuis dont on accable Votre Majesté. On lui refuse la place que vous vouliez lui donner près de vous, en alléguant qu'elle est sans famille; et je vous préviens, moi, qu'Abigaïl Churchill est cousine de la duchesse de Marlborough. » (*S'arrêtant.*) Est-il possible! . . . (*Lisant.*) « Ce seul fait vous donnera la mesure du reste . . . que Votre Majesté en profite et veuille bien en garder le secret à son fidèle serviteur et sujet. . . . » Oui . . . , oui, c'est la vérité. Henri de Saint-Jean est un de mes fidèles serviteurs . . . mais ceux-là, je ne suis pas libre de les accueillir . . . lui, surtout . . . ancien ministre, je ne puis le voir sans exciter la défiance et les plaintes des nouveaux! Ah! quand ne serai-je plus reine, pour être ma maîtresse! Dans le choix même de mes amis, demander avis et permission aux conseillers de la Couronne, aux Chambres, à la majorité . . . à tout le monde enfin . . . c'est à n'y pas tenir . . . c'est un esclavage odieux, insupportable, et ici du moins, je ne veux plus obéir à personne, je serai libre chez moi, dans mon palais. Oui, et quoi qu'il puisse arriver, j'y suis décidée. (*Elle sonne,* THOMPSON *paraît.*) Thompson, rendez-vous à l'instant dans la Cité, chez maître Tomwood, le joaillier . . . vous demanderez miss Abigaïl Churchill, et vous lui direz qu'elle vienne à l'instant même au palais. Je le veux, je l'ordonne, moi, la reine! . . . allez! . . .

THOMPSON. Oui, madame. (*Il sort.*)

LA REINE. L'on verra si quelqu'un ici a le droit d'avoir une autre volonté que la mienne, et d'abord la duchesse, dont l'amitié et les conseils continuels . . . commencent à me fatiguer. . . . Ah! c'est elle! . . .

(*Elle s'assied et serre dans son sein la lettre de* BOLINGBROKE.)

SCÈNE II

LA REINE, LA DUCHESSE, *entrant par la porte du fond*

LA DUCHESSE, *qui a remarqué ce mouvement, s'approche de* LA REINE *qui reste assise et lui tourne le dos.* Oserais-je demander à Sa Majesté de ses nouvelles?

LA REINE, *sèchement.* Mauvaises . . . je suis souffrante . . . indisposée. . . .

LA DUCHESSE. Sa Majesté aurait eu quelques contrariétés?

LA REINE, *de même.* Beaucoup!

---

[1] Sir Harley. Thompson should have said correctly Sir Robert Harley. A Tory statesman who started the Harley collection now in the British Museum.

La Duchesse. Mon absence peut être. . . .

La Reine, *de même*. Oui, sans doute . . . je ne vois pas la nécessité d'aller ce matin à Windsor . . . quand je suis ici accablée d'affaires, obligée d'écouter des réclamations et des adresses du parlement.

La Duchesse. Vous savez donc ce qui se passe?

La Reine. Non vraiment. . . .

La Duchesse. Une affaire très grave . . . très fâcheuse.

La Reine. Ah! mon Dieu!

La Duchesse. Qui excite déjà dans la ville une certaine fermentation. . . . Je ne serais pas étonnée qu'il y eût du bruit. . . .

La Reine. Mais c'est affreux. . . . On ne peut donc pas être tranquille! Nous avions projeté pour aujourd'hui, avec ces dames, une promenade sur la Tamise.[1] . . .

La Duchesse. Que Votre Majesté se rassure . . . nous veillerons à tout. . . . Nous avons fait arriver à Windsor un régiment de dragons, qui, au premier bruit, marcherait sur Londres. . . . Je viens de m'entendre avec les chefs, tous dévoués à mon mari et à Votre Majesté.

La Reine. Ah! c'est pour cela que vous étiez à Windsor? . . .

La Duchesse. Oui, madame . . . et vous m'accusiez. . . .

La Reine. Moi . . . duchesse! . . .

La Duchesse, *souriant.* Ah! vous m'avez fort mal accueillie . . . j'ai vu que j'étais en disgrâce.

La Reine. Ne m'en veuillez pas, duchesse, j'ai aujourd'hui les nerfs dans un état d'agacement. . . .

La Duchesse. Dont je devine la cause. . . . Votre Majesté aura reçu quelque fâcheuse nouvelle. . . .

La Reine. Non vraiment. . . .

La Duchesse. Qu'elle veut me laisser ignorer de peur de m'affliger ou de m'inquiéter. . . . Je connais sa bonté. . . .

La Reine. Vous êtes dans l'erreur.

La Duchesse. Je l'ai vu. . . . Car, à mon arrivée, vous avez caché un papier avec un empressement . . . et une émotion tels . . . qu'il m'a été facile de deviner que cela me concernait . . . moi! . . .

La Reine. Non, duchesse. . . . Je vous le jure. . . . Il s'agit tout uniment d'une jeune fille . . . (*tirant la lettre de son sein*) qui m'est recommandée par cette lettre . . . une jeune fille que je veux . . . que je désire placer auprès de moi. . . .

La Duchesse, *souriant.* En vérité! . . . rien de mieux alors . . . et si Votre Majesté veut permettre. . . .

La Reine, *serrant la lettre*. C'est inutile . . . je vous en ai déjà parlé . . . c'est la petite Abigaïl.

La Duchesse, *à part.* O ciel! . . . (*Haut.*) Et celui qui vous la recommande si vivement. . . .

La Reine. Peu importe . . . j'ai promis de ne pas le nommer . . . et de ne pas montrer sa lettre.

La Duchesse. A cela seul . . . je le devine! . . . c'est de M. de Saint-Jean.

La Reine, *troublée*. Je ne dis pas que. . . .

La Duchesse, *vivement*. C'est lui, madame, j'en suis sûre. . . .

La Reine. Eh bien! oui . . . c'est la vérité!

La Duchesse, *avec une colère qu'elle s'efforce de contenir*. Ah! je comprends que nos ennemis l'emportent, puisque notre reine nous livre à eux, au moment où nous combattons pour elle. . . . Oui, madame, aujourd'hui même, a été présenté au parlement le bill qui rappelle en Angleterre le prince Édouard votre frère, et qui le déclare après vous l'héritier du trône. Ce bill, qui déjà soulève la répugnance de la nation et les murmures du peuple, c'est nous qui le soutenons contre Henri de Saint-Jean et le parti de l'opposition, au risque d'y perdre notre popularité, et plus tard notre pouvoir. Voilà ce que nous faisons pour notre souveraine; et elle, loin de nous seconder entretient pendant ce temps des correspondances secrètes avec nos adversaires déclarés; et c'est pour eux enfin qu'elle nous abandonne et nous trahit. . . .

La Reine, *à part, avec impatience*. Encore une scène de plaintes et de jalousie . . . en voilà pour toute la journée. (*Haut.*) Eh! non, duchesse . . . tout cela n'existe que dans votre imagination, qui dénature et exagère tout. Cette correspondance n'a rien de politique, et ce qu'elle renferme est d'une nature telle. . . .

La Duchesse. Que Votre Majesté craint de me la montrer. . . .

La Reine, *avec impatience*. Par égard pour vous. (*La lui donnant.*) Car elle contient des faits que vous ne pouvez nier.

La Duchesse, *parcourant la lettre*. N'est-ce que cela? l'attaque est peu redoutable.

La Reine. Ne vous êtes-vous pas opposée à l'admission d'Abigaïl?

---

[1] *Tamise*, the river Thames, passing through London and Windsor.

La Duchesse. Et c'est ce que je ferai encore de tout mon crédit auprès de Votre Majesté.

La Reine. Il n'est donc pas vrai, comme on l'assure, qu'elle est votre cousine? . . .

La Duchesse. Si, madame . . . j'en conviens, je l'avoue hautement; c'est pour cela même que je n'ai point voulu la placer auprès de vous. On m'accuse depuis si longtemps, moi surintendante de votre maison, de donner tous les emplois à mes amis, à mes parents, à mes créatures; de n'entourer Votre Majesté que de ma famille ou de gens à ma dévotion! . . . Nommer Abigaïl serait donner contre moi un prétexte de plus à la calomnie; et Votre Majesté est trop juste et trop généreuse pour ne pas me comprendre.

La Reine, *avec embarras et à moitié convaincue.* Oui, certainement. . . . Je comprends bien . . . mais j'aurais voulu cependant que cette pauvre Abigaïl. . . .

La Duchesse. Ah! soyez tranquille sur son sort . . . je lui trouverai loin de vous, loin de Londres, une position brillante et honorable. C'est ma cousine, c'est ma parente.

La Reine. A la bonne heure. . . .

La Duchesse. Et puis, d'ailleurs, l'intérêt que Votre Majesté daigne lui porter. . . . Je suis si heureuse quand je puis prévenir ou deviner ses intentions. . . . C'est comme ce jeune homme . . . cet enseigne dans les gardes, que l'autre jour Votre Majesté avait eu l'air de me recommander.

La Reine. Moi? . . . qui donc?

La Duchesse. Le petit Masham, dont elle m'avait fait l'éloge.

La Reine, *avec un peu d'émotion.* Oui, c'est vrai, un jeune militaire, qui tous les matins me lit le Journal des modes.

La Duchesse. J'ai trouvé moyen de le faire passer officier aux gardes. Une occasion admirable, dont personne ne se doutait, pas même le maréchal . . . qui a signé presque sans le savoir . . . et ce matin le nouveau capitaine viendra remercier Votre Majesté.

La Reine, *avec joie.* Ah! . . . il viendra!

La Duchesse. Je l'ai mis sur la liste d'audience.

La Reine. C'est bien! je le recevrai. Mais si les journaux de l'opposition criaient à l'injustice, à la faveur. . . .

La Duchesse. C'est le maréchal . . . ça le regarde . . . ce n'est plus un emploi dans votre maison.

La Reine, *allant s'asseoir près de la table à gauche.* C'est juste!

La Duchesse. Vous voyez bien que, quand cela est possible, je suis la première à vous seconder.

La Reine, *assise, et se tournant vers elle.* Vous êtes si bonne!

La Duchesse, *debout près du fauteuil.* Mon Dieu non! au contraire . . . je le sens bien . . . mais j'aime tant Votre Majesté, je lui suis si dévouée. . . .

La Reine, *à part.* Après tout, c'est vrai!

La Duchesse. Et les rois ont si peu d'amis véritables! . . . d'amis qui ne craignent pas de les fâcher . . . de les heurter, de les contrarier. . . . Que voulez-vous? je ne sais ni flatter . . . ni tromper . . . je ne sais qu'aimer.

La Reine. Oui, vous avez raison, duchesse, l'amitié est une douce chose. . . .

La Duchesse. N'est-il pas vrai? Qu'importe le caractère? le cœur est tout. . . . (La Reine *lui tend la main que* La Duchesse *porte à ses lèvres.*) Votre Majesté me promet qu'il ne sera plus question de cette affaire . . . qui a pensé me faire perdre ses bonnes grâces . . . et m'a rendue si malheureuse. . . .

La Reine. Et moi aussi!

La Duchesse. Le souvenir en serait trop pénible. Qu'elle soit à jamais oubliée.

La Reine. Je vous le promets.

La Duchesse. Ainsi c'est convenu . . . vous ne reverrez plus cette petite Abigaïl? . . .

La Reine. Certainement.

SCÈNE III

Les Mêmes; Thompson, Abigail

Thompson. Miss Abigaïl Churchill! (Thompson *sort après avoir annoncé.*)

La Duchesse, *à part, et s'éloignant.* O ciel!

La Reine, *avec embarras.* Au moment même où nous en parlions . . . c'est un singulier hasard.

Abigail. Votre Majesté m'a ordonné de me rendre auprès d'elle.

La Reine. C'est-à-dire . . . ordonné . . . j'ai dit que je désirais. . . . J'ai dit: Voyez si cette jeune personne. . . .

La Duchesse. C'est juste . . . il faut bien que Votre Majesté la voie, pour lui annoncer que sa demande ne peut être admise.

ABIGAIL. Ma demande . . . je n'aurais jamais osé . . . c'est Sa Majesté qui d'elle-même . . . et dans sa bonté . . . a daigné me proposer. . . .

LA REINE. C'est vrai! . . . mais des raisons majeures . . . des considérations politiques. . . .

ABIGAIL, *souriant.* Pour moi! . . .

LA REINE. M'obligent à regret . . . à renoncer à un rêve que j'aurais été heureuse . . . de réaliser. . . . Ce n'est plus moi . . . c'est madame la duchesse, votre parente . . . qui désormais se charge de votre sort. . . . Elle m'a promis pour vous . . . loin de Londres . . . une position honorable. . . . (*Avec dignité, passant près de* LA DUCHESSE *et prenant le milieu du théâtre.*) et j'y compte. . . .

ABIGAIL, *à part.* O ciel!

LA DUCHESSE. Je m'en occuperai . . . dès aujourd'hui. . . . (*A* ABIGAIL.) Attendez-moi, je vous parlerai en sortant de chez la reine . . . à qui mon devoir est d'obéir en tout.

LA REINE, *à demi-voix, à* ABIGAIL. Remerciez-la donc! . . . (ABIGAIL *reste immobile; mais pendant que* LA DUCHESSE *remonte le théâtre, elle baise vivement la main de* LA REINE.)

ABIGAIL, *à part.* Pauvre femme!

(LA REINE *s'éloigne avec* LA DUCHESSE *par la porte à droite.*)

SCÈNE IV

ABIGAIL, *seule, et regardant sortir* LA REINE. Ah! que je la plains! . . . M. de Saint-Jean avait raison . . . il les connaît bien . . . ce n'est pas celle-là qui est reine . . . c'est l'autre! . . . et je me laisserais protéger, c'est-à-dire tyranniser par elle! . . . plutôt mourir! . . . Je refuserai. . . . Et cependant maintenant plus que jamais nous aurions besoin d'amis et de protecteurs . . . car depuis hier . . . depuis le départ d'Arthur . . . je n'ai pas vu monsieur de Saint-Jean. . . . Je ne sais ce qu'il devient . . . de sorte que j'ai peur toute seule. . . . (*Avec effroi.*) C'est ici, dans le palais de la reine, dans les jardins de Saint-James . . . avec un grand seigneur, sans doute, qu'il s'est battu. . . . Il n'y a pas de grâce à espérer . . . et s'il n'a pas déjà gagné le continent . . . c'en est fait de ses jours. . . . Ah! je ne demande plus rien pour moi, mon Dieu! . . . et j'avais tort de me plaindre. . . . L'abandon, la misère, j'accepte tout sans murmurer. Qu'il soit sauvé, qu'il vive!

et je renonce au bonheur . . . je renonce à mon mariage.

SCÈNE V

BOLINGBROKE, ABIGAIL

BOLINGBROKE, *qui est entré avant la fin de la scène précédente.* Eh! pourquoi donc, palsambleu! moi, je ne renonce à rien.

ABIGAIL. Ah! monsieur Henri, vous voilà . . . venez . . . venez . . . je suis bien malheureuse, tout est contre moi . . . tout m'abandonne.

BOLINGBROKE, *gaiement.* C'est dans ces moments-là que mes amis me voient arriver. Voyons, ma petite Abigaïl, qu'y a-t-il?

ABIGAIL. Il y a que cette fortune que vous nous aviez promise. . . .

BOLINGBROKE. Elle a tenu parole . . . elle est venue, exacte au rendez-vous.

ABIGAIL, *étonnée.* Comment cela?

BOLINGBROKE. Ne vous ai-je pas parlé de lord Richard Bolingbroke, mon cousin?

ABIGAIL. Non vraiment.

BOLINGBROKE. Le plus impitoyable de mes créanciers, quoiqu'il fût comme moi de l'opposition! C'est lui qui avait vendu mes dettes à la duchesse de Marlborough. Du reste, l'être le plus nul, le plus incapable.

ABIGAIL. Je ne croirai jamais qu'il fût de la famille.

BOLINGBROKE. Il en était le chef. A lui tous les biens . . . à lui l'immense fortune des Bolingbroke.

ABIGAIL. Eh bien! ce cousin. . . .

BOLINGBROKE, *riant.* Regardez-moi bien. N'ai-je pas l'air d'un héritier?

ABIGAIL. Vous, monsieur de Saint-Jean? . . .

BOLINGBROKE. Moi-même . . . maintenant lord Henri de Saint-Jean, vicomte de Bolingbroke, seul et dernier membre de cette illustre famille, et possesseur d'un superbe héritage, pour lequel je viens demander justice à la reine.

ABIGAIL. Comment cela?

BOLINGBROKE, *lui montrant la porte du fond qui s'ouvre.* Avec mes honorables collègues que voici . . . les principaux membres de l'opposition.

ABIGAIL. Et pourquoi donc?

BOLINGBROKE, *à demi-voix.* Outre l'héritage, mon cousin laisse encore des espérances . . . celles d'une émeute dont sa mort sera peut-être la cause; c'est le premier service qu'il rend à notre parti

. . . et jamais, à coup sûr, il n'aura fait autant de bruit de son vivant. . . . Silence! . . . c'est la reine.

SCÈNE VI

ABIGAIL, *à droite; plusieurs* SEIGNEURS *et* DAMES DE LA COUR *viennent se placer près d'elle.* SIR HARLEY *et les* MEMBRES DE L'OPPOSITION, *à gauche, se groupent autour de* BOLINGBROKE. LA REINE, LA DUCHESSE *et plusieurs* DAMES D'HONNEUR *sortent des appartements à droite et se placent au milieu du théâtre.*

BOLINGBROKE, *cherchant ses expressions, et s'efforçant de s'échauffer.* . . . Madame, c'est un sincère ami de son pays, et de plus un parent désolé, qui accourt au nom de la patrie en pleurs, demander justice et vengeance. Le défenseur de nos libertés, lord Richard, vicomte de Bolingbroke, mon noble cousin . . . hier, dans votre palais . . . et dans les jardins de Saint-James. . . .

ABIGAIL, *à part.* O ciel! . . .

BOLINGBROKE. A été frappé en duel . . . si l'on peut appeler duel . . . un combat sans témoins, où son adversaire, protégé dans sa fuite, a été soustrait à l'action des lois.

LA DUCHESSE. Permettez. . . .

BOLINGBROKE. Et comment ne pas croire alors que ceux qui l'ont fait évader sont ceux qui avaient armé son bras . . . comment ne pas croire que le ministère. . . . (*A* LA DUCHESSE *et aux* SEIGNEURS *qui témoignent leur impatience et haussent les épaules.*) Oui, madame, je l'accuse, et les cris du peuple irrité parlent encore plus haut que moi . . . j'accuse les ministres . . . j'accuse leurs partisans . . . leurs amis . . . je ne nomme personne, mais j'accuse tout le monde . . . d'avoir voulu se défaire, par trahison, d'un adversaire aussi redoutable que lord Richard Bolingbroke, et je viens déclarer à Sa Majesté que, si des troubles sérieux éclatent aujourd'hui dans sa capitale, ce n'est pas à nous, ses fidèles sujets, qu'elle doit s'en prendre . . . mais à ceux qui l'entourent, et dont l'opinion publique réclame depuis longtemps le renvoi!

LA DUCHESSE, *froidement.* Avez-vous terminé?

BOLINGBROKE. Oui, madame.

LA DUCHESSE. Maintenant voici la vérité . . . prouvée par les rapports authentiques que j'ai reçus ce matin.

ABIGAIL, *à part.* Je meurs d'effroi.

LA DUCHESSE. Il est malheureusement trop vrai . . . qu'hier, dans une allée du parc de Saint-James . . . lord Richard s'est battu en duel. . . .

BOLINGBROKE. Avec qui?

LA DUCHESSE. Avec un cavalier, dont il ignorait lui-même le nom . . . et la demeure. . . .

BOLINGBROKE. Je demande à Votre Majesté si cela est vraisemblable. . . .

LA DUCHESSE. Cela est cependant . . . ce sont les dernières paroles de lord Richard entendues par le peu de personnes qui étaient là . . . des employés du palais . . . que vous pouvez voir et interroger.

BOLINGBROKE. Je ne doute point de leur réponse! . . . les places honorables qu'ils occupent en sont un sûr garant. Mais enfin . . . si, comme madame la duchesse le prétend, le véritable coupable est échappé, sans qu'on l'aperçût, ce qui supposerait une grande connaissance des appartements et détours du palais, comment se fait-il qu'on n'ait pris aucune mesure pour le découvrir?

ABIGAIL, *à part.* C'est fait de nous.

BOLINGBROKE. Comment se fait-il que nous soyons obligés de stimuler le zèle, d'ordinaire si actif, de madame la surintendante, qui, par sa charge, a l'entière surveillance et la haute main dans la maison de la reine . . . comment les ordres les plus sévères ne sont-ils pas déjà donnés? . . .

LA DUCHESSE. Ils le sont!

ABIGAIL, *à part.* O ciel!

LA DUCHESSE. Sa Majesté vient de prescrire les mesures les plus rigoureuses dans cette ordonnance. . . .

LA REINE. Dont nous confions l'exécution à madame la duchesse (*la remettant à* BOLINGBROKE) et à vous, monsieur de Saint-Jean . . . je veux dire milord Bolingbroke, à qui ce titre, et les liens du sang qui vous unissaient au défunt, imposent plus qu'à tout autre le devoir de poursuivre et de punir le coupable.

LA DUCHESSE. On ne dira plus, je l'espère, que nous le protégeons et que nous voulons le soustraire à votre vengeance.

LA REINE. Milord et messieurs, êtes-vous satisfaits?

BOLINGBROKE. On l'est toujours, quand on a vu Votre Majesté et qu'on a pu s'en faire entendre.

(LA REINE *salue de la main* BOLINGBROKE *et ses collègues qui s'inclinent profondé-*

ment, et rentre avec La Duchesse *et ses femmes dans ses appartements à droite. Le reste de la foule s'écoule par les portes du fond.*)

SCÈNE VII

Abigail *suit un instant les membres de l'opposition qui se retirent par la porte du fond, puis elle redescend le théâtre à gauche;* Bolingbroke.

Bolingbroke. A merveille! . . . mais ils croient que c'est fini . . . ils se trompent bien . . . grâce à cette ordonnance, j'arrêterai plutôt toute l'Angleterre. . . . (*Se retournant vers* Abigail *qui, se soutenant à peine, s'appuie sur un fauteuil.*) Ah! mon Dieu! . . . qu'avez-vous donc?
Abigail. Ce que j'ai! . . . vous venez de nous perdre.
Bolingbroke. Comment cela?
Abigail. Ce coupable que vous avez dénoncé à la vengeance du peuple et de la cour . . . celui que vous êtes chargé de poursuivre . . . d'arrêter . . . de faire condamner. . . .
Bolingbroke. Eh bien? . . .
Abigail. Eh bien . . . c'est Arthur!
Bolingbroke. Quoi? ce duel! . . . cette rencontre? . . .
Abigail. C'était avec lord Bolingbroke votre cousin, qu'il ne connaissait pas . . . mais qui depuis longtemps l'avait insulté.
Bolingbroke, *poussant un cri.* J'y suis! . . . l'homme à la chiquenaude. . . . Oui, ma chère, une chiquenaude . . . c'est elle qui a été la cause de tout . . . d'un duel, d'une émeute . . . du superbe discours que je viens de prononcer . . . et plus encore, d'une ordonnance royale.
Abigail. Qui vous prescrit de l'arrêter.
Bolingbroke, *vivement.* L'arrêter! . . . Allons donc! Celui à qui je dois tout, un titre et des millions! non . . . non . . . je ne suis pas assez grand seigneur pour cela. (*Prenant l'ordonnance qu'il veut déchirer.*) Et plutôt, morbleu! . . . (*S'arrêtant.*) O ciel! . . . et tout un parti qui compte sur moi . . . et l'opposition entière que j'ai déchaînée contre ce malheureux duel . . . et puis enfin, aux yeux de tous . . . c'est mon parent . . . c'est mon cousin. . . .
Abigail. Que faire? mon Dieu! . . .
Bolingbroke, *gaiement.* Parbleu! . . . je ne ferai rien . . . que du bruit . . . des articles et des discours, jusqu'à ce que vous ayez la certitude qu'il est en sûreté,

et qu'il a quitté l'Angleterre. . . . Je me montre alors, et je le fais poursuivre dans tout le royaume avec une rage qui met à l'abri mes sentiments et ma responsabilité de cousin!
Abigail. Ah! que vous êtes bon! . . . que vous êtes aimable! . . . C'est bien, c'est à merveille. . . . Et comme, depuis hier qu'il nous a quittés, il doit être loin maintenant. . . . (*Poussant un cri en apercevant* Masham.) Ah! . . .

SCÈNE VIII

Abigail, Masham, Bolingbroke

Bolingbroke, *l'apercevant.* C'est fait de nous! . . . Malheureux! qui vous ramène? . . . pourquoi revenir sur vos pas?
Masham, *tranquillement.* Je ne suis jamais parti.
Abigail. Hier, cependant, vous m'avez fait vos adieux.
Masham. Je n'étais pas sorti de Londres, que j'ai entendu galoper sur mes traces . . . c'était un officier qui me poursuivait, et qui, mieux monté que moi, m'eut bientôt rattrapé. J'eus un instant l'idée de me défendre . . . mais déjà je venais de blesser un homme . . . et en tuer un second qui ne m'avait rien fait . . . vous comprenez . . . je m'arrêtai et lui dis: (*Portant la main à son épée.*) « Mon officier, je suis à vos ordres. Mes ordres, me dit-il, les voici: » et il me remit un paquet que j'ouvris en tremblant.
Abigail. Eh bien?
Masham. Eh bien! . . . c'est à confondre! . . . c'était ma nomination d'officier dans les gardes.
Bolingbroke. Est-il possible!
Abigail. Une pareille récompense! . . .
Masham. Après ce que je venais de faire! . . . « Demain matin, continue mon jeune officier, vous remercierez la reine; mais aujourd'hui nous avons un repas de corps . . . tous nos camarades du régiment; je me charge de vous présenter . . . venez . . . je vous emmène! . . . » Que répondre? . . . Je ne pouvais pas prendre la fuite . . . c'était donner des soupçons, me trahir . . . m'avouer coupable. . . .
Abigail. Et vous l'avez suivi?
Masham. A ce repas, qui a duré une partie de la nuit.
Abigail. Malheureux! . . .
Masham. Pourquoi cela?
Bolingbroke. Nous n'avons pas le temps de vous l'expliquer. Qu'il vous

suffise de savoir . . . que l'homme qui vous avait raillé et insulté était Richard Bolingbroke, mon parent.

MASHAM. Que dites-vous?

BOLINGBROKE. Que votre premier coup d'épée m'a valu soixante mille livres sterling de revenue; je désire que le second vous en rapporte autant. . . . Mais en attendant, c'est moi que l'on a chargé de vous arrêter.

MASHAM, *lui présentant son épée.* Je suis à vos ordres.

BOLINGBROKE. Eh! non . . . je n'ai pas de brevet d'officier à vous offrir . . . ni de repas de corps. . . .

ABIGAIL. Heureusement . . . car il vous suivrait.

BOLINGBROKE. Tout ce que je vous demande, c'est de ne pas vous trahir vous-même. . . . Moi, d'abord, je vous chercherai très peu, et si je vous trouve, ce sera votre faute et non la mienne.

ABIGAIL. Jusqu'ici, grâce au ciel, on n'a encore aucun soupçon, aucun indice.

BOLINGBROKE. Évitez d'en faire naître; restez tranquille, restez chez vous, ne vous montrez pas.

MASHAM. Ce matin il faut que j'aille chez la reine.

BOLINGBROKE. Tant pis! . . .

MASHAM. De plus . . . voici une lettre qui m'ordonne justement tout le contraire de ce que vous me recommandez.

ABIGAIL. Une lettre de qui?

MASHAM. De mon protecteur inconnu! celui sans doute à qui je dois mon nouveau grade. . . . On vient de remettre chez moi ce billet et cette boîte. . . .

L'HUISSIER, *paraissant à la porte des appartements de* LA REINE. Monsieur le capitaine Masham!

MASHAM. La reine qui m'attend. . . . (*Remettant à* ABIGAIL *la lettre et à* BOLINGBROKE *la boîte.*) Tenez . . . et voyez. . . . (*Il sort.*)

SCÈNE IX

ABIGAIL, BOLINGBROKE

ABIGAIL. Qu'est-ce que cela signifie?

BOLINGBROKE. Lisons!

ABIGAIL, *lisant la lettre.* « Vous êtes officier! j'ai tenu ma parole . . . tenez la vôtre en continuant à m'obéir; tous les matins montrez-vous à la chapelle, et tous les soirs au jeu de la reine. Bientôt viendra le moment où je me ferai connaître. . . . D'ici là, silence et obéissance à mes ordres; sinon, malheur à vous! . . . »

ABIGAIL. Et quels ordres, je vous le demande?

BOLINGBROKE. Celui de ne pas se marier.

ABIGAIL. Une protection à ce prix-là, c'est terrible.

BOLINGBROKE. Plus que vous ne croyez, peut-être!

ABIGAIL. Et pourquoi?

BOLINGBROKE, *souriant.* C'est que ce protecteur mystérieux. . . .

ABIGAIL. Un ami de son père! . . . un lord!

BOLINGBROKE, *de même.* Je parierais plutôt pour une lady!

ABIGAIL. Allons donc! lui, Arthur! un jeune homme si rangé, et surtout si fidèle!

BOLINGBROKE. Ce n'est pas sa faute, si on le protège malgré lui et incognito.

ABIGAIL. Ah! ce n'est pas possible, et ce post-scriptum nous dira peut-être. . . .

BOLINGBROKE, *gaiement.* Ah! il y a un post-scriptum!

ABIGAIL, *lisant avec émotion.* « J'envoie à M. le capitaine Masham les insignes de son nouveau grade. »

BOLINGBROKE, *ouvrant la boîte qu'il tient.* Des ferrets en diamants d'un goût et d'une magnificence . . . c'est bien cela.

ABIGAIL, *les regardant.* O ciel! . . . je sais qui! Ces diamants, je les reconnais! Ils ont été achetés dans les magasins de maître Tomwood et vendus par moi, la semaine dernière. . . .

BOLINGBROKE. A qui? . . . parlez!

ABIGAIL. Oh! je ne le puis! . . . je n'ose. . . . A une bien grande dame, et je suis perdue, si Arthur en est aimé.

BOLINGBROKE. Que vous importe! s'il ne l'aime point, s'il ne se doute même pas! . . .

ABIGAIL. Il le saura . . . je vais tout lui dire. . . .

BOLINGBROKE, *la tenant par la main.* Non . . . si vous m'en croyez . . . il l'ignorera toujours!

ABIGAIL. Pourquoi donc?

BOLINGBROKE. Ma pauvre enfant! . . . vous ne connaissez pas les hommes! Le plus modeste et le moins fat a tant de vanité! Il est si flatteur de se savoir aimé d'une grande dame! . . . Et s'il est vrai que celle-là soit si redoutable. . . .

ABIGAIL. Plus que je ne peux vous le dire.

BOLINGBROKE. Et quelle est-elle donc?

ABIGAIL, *montrant* LA DUCHESSE *qui entre par la galerie à droite.* La voici!

BOLINGBROKE, *vivement et lui prenant*

la lettre qu'elle tient. La duchesse! . . . (*A* ABIGAIL *qu'il renvoie.*) Laissez-nous . . . laissez-nous.

ABIGAIL. Elle m'avait dit de l'attendre. . . .

BOLINGBROKE, *la poussant par la porte à gauche.* Eh bien! c'est moi qu'elle trouvera! . . . (*A part.*) O fortune, tu me devais cette revanche. . . .

SCÈNE X

BOLINGBROKE, LA DUCHESSE. *Elle entre rêveuse.* BOLINGBROKE *s'approche et la salue respectueusement.*

LA DUCHESSE. Ah! c'est vous, milord . . . je cherchais cette jeune fille. . . .

BOLINGBROKE. Oserais-je vous demander un moment d'audience?

LA DUCHESSE. Parlez . . . auriez-vous quelque indice, quelque renseignement sur le coupable que nous sommes chargés de poursuivre?

BOLINGBROKE. Aucun encore! . . . et vous, madame?

LA DUCHESSE. Pas davantage. . . .

BOLINGBROKE, *à part.* Tant mieux.

LA DUCHESSE. Alors, que voulez-vous?

BOLINGBROKE. D'abord m'acquitter de tout ce que je vous dois! la reconnaissance m'en faisait un devoir! Et devenu riche, par hasard, mon premier soin a été de faire remettre chez votre banquier un million de France, pour payer les deux cent mille livres auxquelles vous aviez eu la confiance d'estimer mes dettes.

LA DUCHESSE. Monsieur. . . .

BOLINGBROKE. C'était beaucoup! . . . je n'en aurais pas donné cela, et pour bonnes raisons! . . . Par l'événement, et malgré vous, il se trouve que vous y aurez gagné trois cents pour cent [1] . . . j'en suis ravi . . . vous voyez, comme vous me faisiez l'honneur de me le dire, que l'affaire n'est pas si désastreuse. . . .

LA DUCHESSE, *souriant.* Mais si, vraiment! . . . pour vous!

BOLINGBROKE. Non, madame: vous m'avez appris que pour parvenir, la première qualité de l'homme d'État était l'ordre qui mène à la fortune, laquelle conduit à la liberté et au pouvoir, car grâce à elle on n'a plus besoin de se vendre, et souvent on achète les autres. . . .

Cette leçon vaut bien un million sans doute! [2]

Je ne le regrette pas et je mettrai désormais vos enseignements à profit.

LA DUCHESSE. Je comprends! n'ayant plus à craindre pour votre liberté . . . vous allez me faire une guerre plus violente encore.

BOLINGBROKE. Au contraire . . . je viens vous proposer la paix.

LA DUCHESSE. La paix entre nous! . . . c'est difficile.

BOLINGBROKE. Eh bien! une trêve . . . une trêve de vingt-quatre heures!

LA DUCHESSE. A quoi bon? . . . Vous pouvez quand vous voudrez commencer l'attaque dont vous m'avez menacée; j'ai dit moi-même à la reine et à toute la cour qu'Abigaïl était ma parente; mes bienfaits ont devancé vos calomnies, et je venais annoncer à cette jeune fille que je la plaçais à trente lieues de Londres, dans une maison royale, faveur recherchée par les plus nobles familles du royaume!

BOLINGBROKE. C'est fort généreux; mais je doute qu'elle accepte!

LA DUCHESSE. Pour quelle raison, s'il vous plaît?

BOLINGBROKE. Elle tient à rester à Londres.

LA DUCHESSE, *avec ironie.* A cause de vous peut-être?

BOLINGBROKE, *avec fatuité.* C'est possible!

LA DUCHESSE, *gaiement.* Eh! mais . . . je commence à le croire! . . . l'intérêt que vous lui portez . . . l'insistance, la chaleur que vous mettez à la défendre. . . . (*Souriant.*) Là, vraiment, milord, est-ce que vous aimeriez cette petite?

BOLINGBROKE. Quand ce serait? [3] . . .

LA DUCHESSE, *de même.* Je le voudrais.

BOLINGBROKE. Et pourquoi?

LA DUCHESSE, *de même.* Un homme d'État amoureux, il est perdu! . . . il n'est plus à craindre! . . .

BOLINGBROKE. Je ne vois pas cela! . . . Je connais de hautes capacités politiques qui mènent de front les amours et les affaires . . . qui se délassent des préoccupations sérieuses par de plus douces pensées et sortent parfois des détours de la diplomatie pour entrer dans de piquantes et mystérieuses intrigues. Je connais entr'autres une grande dame, que

---

[1] As a matter of fact it was 400% that she made on the deal.

[2] Parody of last line in the fable *le Corbeau et le renard:* Cette leçon vaut bien un fromage sans doute.

[3] *Quand ce serait,* Supposing I did.

vous connaissez aussi, qui, charmée de la jeunesse et de la naïveté d'un petit gentil-homme de province, a trouvé bizarre et amusant (je ne lui suppose pas d'autre intention) de devenir sa protectrice invisible . . . sa providence terrestre, et sans jamais se nommer, sans apparaître à ses yeux, elle s'est chargée de son avancement et de sa fortune. . . . (*Geste de* LA DUCHESSE.) C'est intéressant, n'est-ce pas, madame? . . . Eh bien! ce n'est rien encore! Dernièrement, et par son mari qui est un grand général, elle a fait nommer son protégé officier dans les gardes, et, ce matin même, l'a prévenu mystérieusement de son nouveau grade, en lui en envoyant les insignes . . . des ferrets en diamants que l'on dit magnifiques. . . .

LA DUCHESSE, *avec embarras.* Ce n'est guère vraisemblable . . . et à moins que vous ne soyez bien sûr. . . .

BOLINGBROKE. Les voici! . . . ainsi que la lettre qui les accompagnait. (*A demi-voix.*) Vous comprenez qu'à nous deux . . . car nous deux seulement connaissons ce secret, nous pourrions perdre cette grande dame! . . . Des places ainsi données sont sujettes aux contrôles des Chambres et de l'opposition. . . . Vous me direz qu'il faut des preuves . . . mais ce riche présent acheté par elle . . . cette lettre dont l'écriture, quoique déguisée, pourrait aisément être reconnue, tout cela donnerait lieu à une effroyable publicité que cette grande dame pourrait peut-être braver . . . mais elle a un mari . . . ce général dont je parlais . . . un caractère violent et emporté, dont un pareil scandale exciterait la fureur . . . car un grand homme, un héros tel que lui, devait penser que les lauriers préservaient de la foudre. . . .[1]

LA DUCHESSE, *avec colère.* Monsieur! . . .

BOLINGBROKE, *changeant de ton.* Madame la duchesse! . . . parlons sans métaphore. Vous comprenez que ces preuves ne peuvent rester entre mes mains, et que mon intention est de les rendre à qui elles appartiennent. . . .

LA DUCHESSE. Ah! s'il était vrai! . . .

BOLINGBROKE. Entre nous, point de promesses, ni de protestations. Des faits! Abigaïl sera admise aujourd'hui par vous dans la maison de la reine . . . et tout ceci vous sera remis.

LA DUCHESSE. A l'instant. . . .

BOLINGBROKE. Non . . . dès son en-trée en fonctions . . . et il dépend de vous que ce soit dès demain . . . dès ce soir.

LA DUCHESSE. Ah! vous vous méfiez de moi et de ma parole?

BOLINGBROKE. Ai-je tort?

LA DUCHESSE. La haine vous aveugle.

BOLINGBROKE, *galamment.* Non! car je vous trouve charmante! . . . et si au lieu d'être dans des camps opposés, le ciel nous eût réunis, nous aurions gouverné le monde!

LA DUCHESSE. Vous croyez. . . .

BOLINGBROKE. Rien de plus vrai! Livré à moi-même, je suis toujours la franchise personnifiée!

LA DUCHESSE. Eh bien! donnez-m'en une preuve . . . une seule, et je consens.

BOLINGBROKE. Laquelle?

LA DUCHESSE. Comment avez-vous découvert ce secret?

BOLINGBROKE. Je ne puis l'avouer sans compromettre une personne.

LA DUCHESSE. Que je devine! . . . Vous êtes riche maintenant, et comme vous me le disiez tout à l'heure . . . vous avez acheté à prix d'or . . . convenez-en, les aveux du vieux William, mon confident.

BOLINGBROKE, *souriant.* C'est possible.

LA DUCHESSE. Le seul de mes serviteurs en qui j'eusse confiance!

BOLINGBROKE. Mais, silence avec lui.

LA DUCHESSE. Avec tous!

BOLINGBROKE. Ce soir, la nomination d'Abigaïl. . . .

LA DUCHESSE. Ce soir, cette lettre. . . .

BOLINGBROKE. Je le promets,—trêve loyale et franche pour aujourd'hui! . . .

LA DUCHESSE. Soit! (*Elle lui tend la main que* BOLINGBROKE *porte à ses lèvres.*) (*A part.*) Et demain la guerre! . . . (*Elle sort par la porte à droite et* BOLINGBROKE *par la porte à gauche.*)

ACTE TROISIÈME

SCÈNE I

ABIGAIL, *tenant un livre, et* LA REINE, *ayant à ia main un ouvrage de tapisserie, entrent par la porte à droite.* ABIGAIL *reste debout près de* LA REINE, *qui va s'asseoir à droite, près du guéridon.*

ABIGAIL. Je ne puis revenir de mon bonheur, et quoique depuis deux jours je ne quitte plus Votre Majesté, je ne puis croire encore qu'il me soit permis, à moi, la pauvre Abigaïl, de vous consacrer ma vie.

---

[1] That laurels would protect his forehead against the dishonor of being deceived by his wife, in other words of wearing *des cornes.*

LA REINE. Ah! ce n'est pas sans peine!
. . . Tu as dû penser, lorsque je t'ai si froidement accueillie, que tout était perdu. Mais, vois-tu bien, ma fille, on ne me connaît pas. . . . J'ai l'air de céder . . . je cède même pendant quelque temps; mais je ne perds pas de vue mes projets, et, à la première occasion qui se présente de montrer du caractère. . . . C'est ce qui est arrivé!

ABIGAIL. Vous avez parlé à la duchesse en reine!

LA REINE, *naïvement*. Non, je ne lui ai rien dit; mais elle a bien vu à ma froideur que je n'étais pas satisfaite . . . et d'elle-même, quelques heures après, elle est venue, d'un air embarrassé, m'avouer qu'après tout, et quels que fussent les obstacles qui s'opposaient à ta nomination, elle devait faire céder les convenances à ma volonté . . . et, exprès pour la punir . . . j'ai encore hésité quelques instants . . . et puis j'ai dit que décidément . . . je voulais!

ABIGAIL. Que de bontés! (*Montrant le livre qu'elle tient à la main.*) Votre Majesté veut-elle? . . . (LA REINE *lui fait signe qu'elle est prête à l'entendre.* ABIGAIL *va chercher un tabouret, se place près de* LA REINE, *ouvre le livre et lit.*) Histoire du parlement! . . .

LA REINE, *avec un geste d'ennui et posant la main sur le livre.* Sais-tu que j'avais bien raison de te désirer . . . car, depuis que tu es avec moi, ma vie n'est plus la même! Je ne m'ennuie plus, je pense tout haut . . . je suis libre . . . je ne suis plus reine. . .

ABIGAIL, *toujours le livre à la main.* Les reines s'ennuient donc?

LA REINE, *lui prenant des mains le livre qu'elle jette sur le guéridon, qui est près d'elle.* A périr! . . . Moi surtout. . . . S'occuper toute la journée de choses qui ne disent rien au cœur ni à l'imagination. N'avoir affaire qu'à des gens si positifs, si égoïstes, si arides! Avec eux j'écoute . . . avec toi je cause: tu as des idées si jeunes et si riantes!

ABIGAIL. Pas toujours! . . . je suis si triste parfois!

LA REINE. Ah! il y a une tristesse qui ne me déplaît pas . . . comme hier, par exemple, quand nous parlions de mon pauvre frère, qu'ils ont exilé . . . et que je ne puis revoir ni embrasser, moi, la reine . . . que par un bill du parlement que je n'obtiendrai peut-être pas!

ABIGAIL. Ah! c'est affreux.

LA REINE. N'est-ce pas? . . . Et pendant que je parlais, je t'ai vue pleurer; et depuis ce moment-là, toi qui as su me comprendre, je t'aime comme une compagne, comme une amie.

ABIGAIL. Ah! qu'ils ont raison de vous appeler la bonne reine Anne!

LA REINE. Oui, je suis bonne. Ils le savent, et ils en abusent. . . . Ils me tourmentent, ils m'accablent d'embarras, d'affaires et de demandes; il leur faut des places; ils en veulent tous! et tous la même . . . tous la plus belle!

ABIGAIL. Eh bien! donnez-leur des honneurs et du pouvoir . . . moi, je ne veux que vos chagrins.

LA REINE, *se levant et jetant son ouvrage sur le guéridon.* Ah! c'est ma vie entière que tu me demandes, et que je te donnerai. Tu me tiendras lieu de ceux que je regrette, car nous sommes tous exilés . . . eux en France, et moi sur ce trône.

ABIGAIL. Et pourquoi rester isolée et sans famille, vous qui êtes jeune . . . qui êtes libre?

LA REINE. Tais-toi . . . tais-toi! . . . C'est ce qu'ils disent tous, et, à les en croire, il faudrait se donner à un époux que je n'aurais pas choisi; n'écouter que la raison d'État, accepter un mariage imposé par le parlement et la nation. . . . Non, non . . . j'ai préféré ma liberté . . . j'ai préféré à l'esclavage la solitude et l'abandon.

ABIGAIL. Je comprends . . . quand on est princesse, on ne peut donc pas choisir soi-même . . . ni aimer personne?

LA REINE. Non vraiment.

ABIGAIL. Comment! . . . en idée, en rêve, il n'est pas permis de penser à quelqu'un?

LA REINE, *souriant.* Le parlement le défend.

ABIGAIL. Et vous n'oseriez le braver? Vous n'auriez pas ce courage . . . vous, la reine?

LA REINE. Qui sait? je suis peut-être plus brave que tu ne le crois!

ABIGAIL, *vivement.* A la bonne heure.

LA REINE. Je plaisante! . . . C'est, comme tu le disais . . . un rêve! une idée . . . un avenir mystérieux, des projets chimériques où l'imagination se complaît et s'arrête! des songes que l'on fait, éveillée, et qu'on ne voudrait peut-être pas réaliser . . . même quand ce serait possible. En un mot, un roman à moi seule que je compose . . . et qui ne sera jamais lu.

ABIGAIL. Et pourquoi donc pas? une lecture à nous deux . . . à voix basse . . . que j'en connaisse seulement le héros.

LA REINE, *souriant.* Plus tard . . . je ne dis pas.

ABIGAIL. C'est quelque beau seigneur, j'en suis sûre.

LA REINE. Peut-être! Tout ce que je sais, c'est que depuis deux ou trois mois, à peine lui ai-je adressé la parole . . . et lui, jamais. . . . C'est tout simple . . . à la reine!

ABIGAIL. C'est vrai . . . c'est gênant d'être reine! Mais, avec moi, vous m'avez promis de ne pas l'être! . . . Alors, entre nous, à vos moments perdus, nous pourrons parler de l'inconnu . . . sans craindre le parlement.

LA REINE. Tu as raison! . . . ici il n'y a pas de dangers! et ce qu'il y a de charmant, Abigaïl, ce que j'aime en toi, c'est que tu n'es pas comme eux tous, qui me parlent toujours d'affaires d'État! . . . toi, jamais! . . .

ABIGAIL. Ah! mon Dieu! . . .

LA REINE. Qu'as-tu donc?

ABIGAIL. C'est que justement j'ai une demande à vous adresser, une demande très importante de la part. . . .

LA REINE. De qui? . . .

ABIGAIL. De lord Bolingbroke. . . . Ah! que c'est mal! . . . ses intérêts que j'oubliais! . . . et qu'il venait de nous confier, à moi . . . et à M. Masham.

LA REINE, *avec émotion.* Masham! . . .

ABIGAIL. L'officier qui est aujourd'hui de service au palais. . . . Imaginez-vous, madame, qu'autrefois Bolingbroke avait rencontré dans son voyage en France un digne gentilhomme . . . un ami . . . qui lui avait rendu les plus grands services . . . et il voudrait, à son tour, obtenir pour cet ami. . . .

LA REINE. Une place? . . . un titre?

ABIGAIL. Non . . . une audience de Votre Majesté, ou du moins une invitation pour ce soir au cercle de la cour.

LA REINE. C'est la duchesse qui, en qualité de surintendante, est chargée des invitations, je vais donner son nom. (*Passant près de la table à gauche et s'asseyant pour écrire.*) Quel est-il?

ABIGAIL. Le marquis de Torcy.

LA REINE, *vivement.* Tais-toi!

ABIGAIL. Et pourquoi donc?

LA REINE, *toujours assise.* Un seigneur que j'estime, que j'honore! . . . mais un envoyé de Louis XIV, et si l'on savait même que tu as parlé pour lui. . . .

ABIGAIL. Eh bien?

LA REINE. Eh bien! . . . il n'en faudrait pas davantage pour exciter des soupçons, des jalousies, des exigences . . . c'est l'amitié la plus fatigante . . . et si je voyais le marquis. . . .

ABIGAIL. Mais lord Bolingbroke y compte . . . il y attache une importance . . . il prétend que tout est perdu si vous refusez de le recevoir!

LA REINE. En vérité!

ABIGAIL. Et vous, qui êtes la maîtresse, qui êtes la reine . . . vous le voudrez, n'est-ce pas?

LA REINE, *avec embarras.* Certainement . . . je le voudrais. . . .

ABIGAIL, *vivement.* Vous promettez?

LA REINE. Mais c'est que . . . silence!

SCÈNE II

LA DUCHESSE, LA REINE, ABIGAIL

LA DUCHESSE, *entrant par la porte du fond.* Voici, madame, des dépêches du maréchal . . . et puis, malgré l'effet qu'a produit le discours de Bolingbroke. . . .

(*Elle s'arrête en apercevant* ABIGAIL.)

LA REINE. Eh bien! . . . achevez.

LA DUCHESSE, *montrant* ABIGAIL. J'attends que mademoiselle soit sortie.

ABIGAIL, *s'adressant à* LA REINE. Votre Majesté m'ordonne-t-elle de m'éloigner?

LA REINE, *avec embarras.* Non . . . car j'ai tout à l'heure des ordres à vous donner. . . . (*Avec une sécheresse affectée.*) Prenez un livre. (*A* LA DUCHESSE *d'un air gracieux.*) Eh bien! duchesse? . . .

LA DUCHESSE, *avec humeur.* Eh bien! malgré le discours de Bolingbroke, les subsides seront votés, et la majorité, jusqu'ici douteuse, se dessine pour nous, à la condition que la question sera nettement tranchée, et qu'on renoncera à toute négociation avec Louis XIV.

LA REINE. Certainement.

LA DUCHESSE. Voilà pourquoi l'arrivée à Londres et la présence du marquis de Torcy produisaient un si mauvais effet; et j'ai eu grandement raison, comme nous en étions convenues, de promettre en votre nom que vous ne le verriez pas, et qu'aujourd'hui même il recevrait ses passeports. . . .

ABIGAIL, *près du guéridon à droite où elle est assise et laissant tomber son livre.* O ciel!

LA DUCHESSE. Qu'avez-vous?

ABIGAIL, *regardant* LA REINE *d'un air*

suppliant. Ce livre . . . que j'ai laissé tomber!

LA REINE, *à* LA DUCHESSE. Il me semble, cependant . . . que sans rien préjuger, on pourrait peut-être entendre le marquis. . . .

LA DUCHESSE. L'entendre . . . le recevoir . . . pour que la majorité incertaine et flottante se tourne contre nous et donne gain de cause à Bolingbroke!

LA REINE. Vous croyez? . . .

LA DUCHESSE. Mieux vaudrait cent fois retirer le bill, ne pas le présenter; et si Votre Majesté veut en prendre sur elle les conséquences, et s'exposer au bouleversement général qui en sera la suite. . . .

LA REINE, *effrayée et avec humeur.* Eh! non, mon Dieu! qu'on ne m'en parle plus . . . qu'on est trop déjà!

(*Elle va s'asseoir près de la table à gauche.*)

LA DUCHESSE. A la bonne heure! . . . Je vais annoncer au maréchal ce qui se passe, et en même temps écrire, pour le marquis de Torcy, cette lettre que je soumettrai à l'approbation et à la signature de Votre Majesté.

LA REINE. C'est bien!

LA DUCHESSE. Ici . . . à trois heures, en venant la prendre pour aller à la chapelle!

LA REINE. A merveille . . . je vous remercie! . . .

LA DUCHESSE, *à part.* Enfin! (*Elle sort.*)

ABIGAIL, *qui pendant ce temps est toujours restée assise près du guéridon.* Pauvre marquis de Torcy . . . nous voilà bien! (*Elle se lève et va replacer près de la porte du fond le tabouret qu'elle y avait pris.*)

LA REINE, *à gauche et prenant les dépêches que* LA DUCHESSE *lui a remises.* Ah! quel ennui! Entendrai-je donc toujours parler de bill, de parlement, de discussions politiques? . . . et ces dépêches du maréchal . . . qu'il me faut lire, comme si je comprenais quelque chose à ces termes de guerre! (*Elle parcourt le rapport.*)

SCÈNE III

LA REINE, ABIGAIL, MASHAM, *paraissant à la porte du fond, près* D'ABIGAIL

ABIGAIL. Eh! mon Dieu, que voulez-vous?

MASHAM, *à voix basse.* Une lettre de notre ami!

ABIGAIL. De Bolingbroke! . . . (*Lisant vivement.*) « Ma chère enfant. . . . Puis-

que la fortune vous sourit, je conseille à vous et à Masham de parler au plus tôt de votre mariage à la reine. Mais pendant que vous êtes en faveur . . . moi, je suis perdu! . . . Venez à mon aide! . . . Je suis là . . . je vous attends! . . . il y va de notre salut à tous. » Ah! j'y cours. (*Elle sort par la porte du fond et* MASHAM *la suit.*)

SCÈNE IV

LA REINE, MASHAM

LA REINE, *toujours assise, se retournant au bruit de ses pas.* Qu'est-ce? (MASHAM *s'arrête.*) Ah! c'est l'officier de service. C'est vous, monsieur Masham!

MASHAM. Oui, madame. . . . (*A part.*) Si j'osais, comme Bolingbroke nous le conseille, lui parler de notre mariage. . . .

LA REINE. Que voulez-vous?

MASHAM. Une grâce de Votre Majesté.

LA REINE. A la bonne heure! . . . vous qui ne parlez jamais . . . qui ne demandez jamais rien! . . .

MASHAM. C'est vrai, madame, je n'osais pas . . . mais aujourd'hui. . . .

LA REINE. Qui vous rend plus hardi?

MASHAM. La position où je me trouve . . . et si Votre Majesté daigne m'accorder quelques instants d'audience. . . .

LA REINE. Dans ce moment, c'est difficile . . . des dépêches de la plus haute importance. . . .

MASHAM, *respectueusement.* Je me retire! . . .

LA REINE. Non! . . . je dois avant tout justice à mes sujets; je dois accueillir leurs réclamations et leurs demandes . . . et la vôtre a rapport sans doute à votre grade?

MASHAM. Non, madame!

LA REINE. A votre avancement? . . .

MASHAM. Oh! non, madame, je n'y pense pas!

LA REINE, *souriant.* Ah! . . . et à quoi pensez-vous donc?

MASHAM. Pardon . . . madame! . . . je crains que ce ne soit manquer de respect à la reine que d'oser ainsi lui parler de mes secrets. . . .

LA REINE, *gaiement.* Pourquoi donc? j'aime beaucoup les secrets! Continuez, je vous prie! (*lui tendant la main*) et comptez d'avance sur notre royale protection.

MASHAM, *portant la main à ses lèvres.* Ah! madame! . . .

LA REINE, *retirant sa main, avec émotion.* Eh bien? . . .

MASHAM. Eh bien! madame . . . j'avais déjà et sans m'en douter un protecteur puissant.

LA REINE, *faisant un geste de surprise.* Ah! bah!

MASHAM. Cela vous étonne? . . .

LA REINE, *le regardant avec bienveillance.* Non! . . . cela ne m'étonne pas. . . .

MASHAM. Ce protecteur . . . qui jamais ne s'est fait connaître . . . me défend sous peine de sa colère. . . .

LA REINE. Eh bien! . . . vous défend. . . .

MASHAM. De jamais me marier!

LA REINE, *riant.* Vous! . . . vous avez raison . . . c'est une aventure! . . . et des plus intéressantes. . . . (*Avec curiosité.*) Achevez, achevez. . . . (*Se retournant avec humeur vers* ABIGAIL *qui rentre.*) Qu'est-ce donc! . . . qui se permet d'entrer ainsi? . . .

SCÈNE V

LES MÊMES, ABIGAIL

LA REINE. Ah! c'est toi, Abigaïl! . . . plus tard je te parlerai.

ABIGAIL. Eh! non, madame, c'est sur-le-champ! Un ami qui vous est dévoué . . . et qui me demande avec instance de le faire arriver jusqu'à Votre Majesté!

LA REINE, *avec humeur.* Toujours interrompue et dérangée . . . pas un instant pour s'occuper d'affaires sérieuses! . . . Que me veut-on? . . . quelle est cette personne?

ABIGAIL. Lord Bolingbroke.

LA REINE, *avec effroi et se levant.* Bolingbroke!

ABIGAIL. Il s'agit, dit-il, de la question la plus grave, la plus importante!

LA REINE, *à part, avec impatience.* Encore des réclamations, des plaintes, des discussions. . . . (*Haut.*) C'est impossible . . . la duchesse va venir.

ABIGAIL. Eh bien! avant qu'elle revienne!

LA REINE. Je t'ai dit que je ne voulais plus être tourmentée, ni entendre parler d'affaires d'État. . . . D'ailleurs maintenant cette entrevue ne servirait à rien!

ABIGAIL. Alors, voyez-le toujours, ne fût-ce que pour le congédier . . . car j'ai dit qu'on le laissât monter.

LA REINE. Et la duchesse que j'attends et qui va se rencontrer avec lui? . . . Qu'avez-vous fait?

ABIGAIL. Punissez-moi, madame, car le *roiril*

LA REINE, *avec colère et traversant le théâtre.* Laissez-nous!

ABIGAIL, *à* BOLINGBROKE *qu'elle rencontre au fond du théâtre et à voix basse.* Elle est mal disposée!

MASHAM, *de même.* Et vous n'y pourrez rien!

BOLINGBROKE. Qui sait? . . . le talent . . . ou le hasard? . . . celui-là surtout! . . . (ABIGAIL *et* MASHAM *sortent.*)

SCÈNE VI

BOLINGBROKE, LA REINE, *qui a été s'asseoir sur le fauteuil, à droite, près du guéridon*

LA REINE, *à* BOLINGBROKE *qui s'approche d'elle et la salue respectueusement.* Dans tout autre moment, Bolingbroke, je vous recevrais avec plaisir, car, vous le savez, j'en ai toujours à vous voir . . . mais aujourd'hui et pour la première fois. . . .

BOLINGBROKE. Je viens pourtant vous parler des plus chers intérêts de l'Angleterre . . . et le départ du marquis de Torcy. . . .

LA REINE, *se levant.* Ah! je m'en doutais! . . . et c'est justement là ce que je craignais. Je sais, Bolingbroke, tout ce que vous allez me dire . . . j'apprécie vos motifs et vous en remercie. . . . Mais, voyez-vous, ce serait inutile; les passeports du marquis vont être signés. . . .

BOLINGBROKE. Ils ne le sont pas encore! et s'il part, c'est la guerre plus terrible que jamais, c'est une lutte qui n'aura pas de terme . . . et si vous daignez seulement m'écouter. . . .

LA REINE. Tout est arrangé et convenu . . . j'ai donné ma parole . . . s'il faut même vous le dire . . . j'attends la duchesse pour cette signature . . . elle va venir à trois heures, et si elle vous trouvait ici . . .

BOLINGBROKE. Je comprends. . . .

LA REINE. Ce seraient de nouvelles scènes! . . . de nouvelles discussions . . . que je ne serais pas en état de supporter. . . . Et vous, Bolingbroke, dont je connais le dévouement . . . vous qui êtes, pour moi, un ami véritable. . . .

BOLINGBROKE. Vous m'éloignez . . . vous me congédiez pour accueillir une ennemie. . . . Pardon, madame! je vais céder la place à la duchesse . . . mais l'heure où elle doit venir n'a pas encore sonné; accorderez-vous au moins à mon zèle et à ma franchise le peu de minutes qui nous restent? . . . Je ne vous impo-

serai pas la fatigue de me répondre . . .
vous n'aurez que celle de m'écouter. (LA
REINE, qui était près de son fauteuil, s'y
laisse tomber et s'assied. Regardant la pendule.) Un quart d'heure, madame, un
quart d'heure! . . . c'est tout ce qui m'est
laissé pour vous peindre la misère de ce
pays: son commerce anéanti, ses finances
détruites, sa dette augmentant chaque
jour, le présent dévorant l'avenir . . . et
tous ces maux provenant de la guerre . . .
d'une guerre inutile à notre honneur et à
nos intérêts. . . . Ruiner l'Angleterre pour
agrandir l'Autriche . . . payer des impôts
pour que l'empereur soit puissant et le
prince Eugène glorieux . . . continuer une
alliance dont ils profitent seuls. . . . Oui,
madame . . . si vous ne croyez pas à mes
paroles, s'il vous faut des faits positifs,
savez-vous que la prise de Bouchain,[1] dont
les alliés ont eu tout l'honneur, a coûté
sept millions de livres sterling à l'Angleterre?

LA REINE.   Permettez, milord! . . .

BOLINGBROKE, continuant.   Savez-vous
qu'à Malplaquet nous avons perdu trente
mille combattants, et que dans leur glorieuse défaite les vaincus n'en ont perdu
que huit mille?   Et si Louis XIV eût
résisté à l'influence de madame de Maintenon,[2] qui est sa duchesse de Marlborough à lui; si, au lieu de demander aux
salons de Versailles un duc de Villeroi[3]
pour commander ses armées. . . . Louis
XIV eût interrogé les champs de bataille
et choisi Vendôme ou Catinat[4] . . . savez-vous ce qui serait arrivé à nous et à
nos alliés? . . . Seule contre tous, la
France en armes tient tête à l'Europe,
et bien commandée elle lui commande.[5]
Nous l'avons vu et peut-être le verrions-
nous encore: ne l'y contraignons pas!

LA REINE.   Oui, Bolingbroke, oui, vous
qui voulez la paix . . . vous avez peut-
être raison. . . . Mais je ne suis qu'une
faible femme, et pour arriver à ce que vous
me proposez . . . il faut un courage que
je n'ai pas. . . . Il faut se décider entre
vous et des personnes qui, elles aussi, me
sont dévouées. . . .

BOLINGBROKE, s'animant.   Qui vous
trompent . . . je vous le jure . . . je
vous le prouverai.

LA REINE.   Non . . . non . . . laissez-
moi l'ignorer! . . . il faudrait encore s'irriter . . . en vouloir à quelqu'un . . . je
ne le puis.

BOLINGBROKE, à part.   Oh! qu'attendre
d'une reine qui ne sait pas même se mettre
en colère? (Haut.) Quoi! madame, s'il
vous était démontré d'une manière évi-
dente, irrécusable, qu'une partie de nos
subsides entre dans les coffres du duc de
Marlborough, et que c'est là le motif qui
lui fait continuer la guerre. . . .

LA REINE, écoutant et croyant entendre
LA DUCHESSE.   Silence . . . j'ai cru entendre. . . . Partez, Bolingbroke . . . on
vient. . . .

BOLINGBROKE.   Non, madame . . . (continuant avec chaleur.) Si j'ajoutais qu'un
intérêt non moins vif et plus tendre fait
redouter à la duchesse une paix fatale et
gênante, qui ramènerait le duc à Londres
et à la cour. . . .

LA REINE.   Voilà ce que je ne croirai
jamais. . . .

BOLINGBROKE.   Voilà cependant la vérité! . . . Et ce jeune officier qui tout à
l'heure était ici. . . . Arthur Masham
peut-être . . . pourrait vous donner de
plus exacts renseignements. . . .

LA REINE, avec émotion.   Masham . . .
que dites-vous?

BOLINGBROKE.   Qu'il est aimé de la
duchesse. . . .

LA REINE, tremblante.   Lui! . . . Masham! . . .

BOLINGBROKE, prêt à sortir.   Lui . . .
ou tout autre, qu'importe?

LA REINE, avec colère.   Ce qu'il importe,
dites-vous? . . . (Se levant vivement.) Si
l'on m'abuse, si l'on me trompe! . . . si
l'on met en avant les intérêts de l'État,
quand il s'agit de caprices, d'intrigues, ou
d'intérêts particuliers. . . . Non, non . . .
il faut que tout s'explique! Restez, milord, restez! moi, la reine, je veux . . .
je dois tout savoir!

---

[1] Bouchain, fortified town in the north of France, near the Belgian frontier.
[2] madame de Maintenon, wife of Louis XIV: is said to have dominated the aging monarch and
to have influenced his policies.
[3] duc de Villeroi, 1644–1730, a courtier and an incompetent general; was beaten in several battles
and especially at Ramillies in Belgium.
[4] Vendôme.   There were two brothers of this famous family engaged as generals in the war of the
Spanish succession. Both distinguished themselves and gained important victories. Catinat, 1637–
1712, one of the best of the French marshals in this war.
[5] Commande, for commanderait.

(Elle va regarder du côté de la galerie à droite et revient.)

BOLINGBROKE, *à part pendant ce temps.* Est-ce que par hasard . . . le petit Masham? . . . O destins de l'Angleterre, à quoi tenez-vous!

LA REINE, *avec émotion.* Eh bien! Bolingbroke, vous disiez donc que la duchesse. . . .

BOLINGBROKE, *observant* LA REINE. Désire la continuation de la guerre. . . .

LA REINE, *de même.* Pour tenir son mari éloigné de Londres. . . .

BOLINGBROKE, *de même.* Oui, madame.

LA REINE. Et par affection pour Masham. . . .

BOLINGBROKE. J'ai quelques raisons de le croire.

LA REINE. Lesquelles?

BOLINGBROKE, *vivement.* D'abord c'est la duchesse qui l'a fait entrer à la cour dans la maison de Sa Majesté.

LA REINE. C'est vrai!

BOLINGBROKE, *de même.* C'est par elle qu'il a obtenu le brevet d'enseigne.

LA REINE. C'est vrai!

BOLINGBROKE. Par elle enfin que, depuis quelques jours, il a été nommé officier dans les gardes.

LA REINE. Oui, oui, vous avez raison, sous prétexte que moi-même, je le voulais . . . je le désirais. . . . *(Vivement.)* Et j'y pense maintenant, ce protecteur inconnu . . . dont Masham me parlait. . . .

BOLINGBROKE. Ou plutôt cette protectrice. . . .

LA REINE. Qui lui défendait de se marier. . . .

BOLINGBROKE, *près de* LA REINE *et presque à son oreille.* C'était elle. . . . Aventure romanesque, qui souriait à sa vive imagination! C'est pour se livrer sans contrainte à de si doux loisirs, que la noble duchesse retient son mari à la tête des armées et fait voter des subsides pour continuer la guerre! . . . *(Avec intention.)* la guerre qui fait sa gloire, sa fortune . . . et son bonheur . . . bonheur d'autant plus grand qu'il est ignoré, et que, par un piquant hasard, dont elle rit au fond du cœur, les augustes personnes qui croient servir son ambition . . . servent en même temps ses amours! . . . *(Voyant le geste de colère de* LA REINE.) Oui, madame. . . .

LA REINE. Silence! . . . c'est elle! . . .

SCÈNE VII

BOLINGBROKE, LA REINE, LA DUCHESSE

LA DUCHESSE, *sortant de la porte à droite, s'avance fièrement. Elle aperçoit* BOLINGBROKE *près de* LA REINE *et reste stupéfaite.* Bolingbroke! . . . (BOLINGBROKE *s'incline et salue.*)

LA REINE, *qui pendant cette scène cherche toujours à cacher sa colère, s'adressant froidement à* LA DUCHESSE. Qu'est-ce, milady? . . . Que voulez-vous?

LA DUCHESSE, *lui tendant les papiers qu'elle tient à la main.* Les passeports du marquis de Torcy . . . et la lettre qui les accompagne!

LA REINE, *sèchement.* C'est bien! . . . *(Elle jette les papiers sur la table.)*

LA DUCHESSE. Je l'apporte à signer à Votre Majesté.

LA REINE, *de même et allant s'asseoir à la table à gauche.* Très bien! . . . Je lirai . . . j'examinerai.

LA DUCHESSE, *à part.* O ciel! . . . *(Haut.)* Votre Majesté avait cependant décidé que ce serait aujourd'hui même . . . et ce matin. . . .

LA REINE. Oui, sans doute. . . . Mais d'autres considérations m'obligent à différer. . . .

LA DUCHESSE, *avec colère et regardant* BOLINGBROKE. Ah! je devine sans peine! . . . et il m'est aisé de voir à quelle influence Votre Majesté cède en ce moment!

LA REINE, *cherchant à se contenir.* Que voulez-vous dire? . . . et quelle influence? Je n'en connais aucune . . . je ne cède qu'à la voix de la raison, de la justice et du bien public. . . .

BOLINGBROKE, *debout près de la table et à droite de* LA REINE. Nous le savons tous! . . .

LA REINE. On peut empêcher la vérité d'arriver jusqu'à moi . . . mais dès qu'elle m'est connue . . . dès qu'il s'agit des intérêts de l'État . . . je n'hésite plus.

BOLINGBROKE. C'est parler en reine. . . .

LA REINE, *s'animant.* Il est évident que la prise de Bouchain coûte sept millions de livres sterling à l'Angleterre. . . .

LA DUCHESSE. Madame! . . .

LA REINE, *s'animant de plus en plus.* Tout calculé . . . il est constant qu'à la bataille de Hochstett,[1] ou de Malplaquet, nous avons perdu trente mille combattants.

---

[1] *Hochstett*, German Hochstädt, small town in Bavaria where the French defeated the Imperialists in 1703 and 1704.

La Duchesse. Mais, permettez. . . .

La Reine, *se levant.* Et vous voulez que je signe une lettre pareille, que je prenne une mesure aussi importante, aussi grave . . . avant de connaître au juste . . . et de savoir par moi-même? . . . Non, madame la duchesse . . . je ne veux pas servir des desseins ambitieux . . . ou d'autres! et je ne leur sacrifierai pas les intérêts de l'État.

La Duchesse. Un mot seulement. . . .

La Reine. Je ne puis. . . . Voici l'heure de nous rendre à la chapelle. . . . (*A* Abigail *qui vient d'entrer par la porte à droite.*) Viens, partons!

Abigail. Comme Votre Majesté est émue!

La Reine, *à demi-voix et l'amenant sur le bord du théâtre.* Ce n'est pas sans raison! . . . Il est un mystère que je veux pénétrer . . . et cette personne dont nous parlions tantôt, il faut absolument la voir, l'interroger. . . .

Abigail, *gaiement.* Qui? . . . l'inconnu?

La Reine. Oui . . . tu me l'amèneras, cela te regarde!

Abigail, *de même.* Pour cela, il faut le connaître!

La Reine, *se retournant et apercevant* Masham *qui vient d'entrer par la porte du fond et lui présente ses gants et sa Bible, dit tout bas à* Abigail. Tiens, le voici!

Abigail, *immobile de surprise.* O ciel!

Bolingbroke, *qui est passé près d'elle.* La partie est superbe!

Abigail. Elle est perdue! . . .

Bolingbroke. Elle est gagnée!

(La Reine, *qui a pris des mains de* Masham *les gants et la Bible, fait signe à* Abigail *de la suivre. Toutes deux s'éloignent.* La Duchesse *reprend avec colère les papiers qui sont sur la table, et sort.* Bolingbroke *la regarde d'un air de triomphe.*)

ACTE QUATRIÈME

SCÈNE I

La Duchesse

La Duchesse. C'est inouï! . . . Pour la première fois de sa vie elle avait une volonté! . . . une volonté réelle! Faut-il l'attribuer aux talents de Bolingbroke? . . . Ou serait-ce déjà l'ascendant de cette petite fille? . . . (*D'un air de mépris.*) Allons donc! (*Après un instant de silence.*)

Je le saurai! . . . En attendant et tout à l'heure, en sortant de la chapelle où toutes deux, je crois, nous avons prié avec le même recueillement . . . elle était seule. . . . Bolingbroke et Abigaïl n'étaient plus là . . . et elle a résisté encore! . . . et il a fallu employer les grands moyens! . . . Ce bill pour le rappel des Stuarts. . . . J'ai promis qu'il passerait aujourd'hui même à la Chambre . . . si le marquis partait! . . . et j'ai ses passeports . . . je les ai . . . pour demain seulement. . . . Vingt-quatre heures de plus, peu importe! . . . Mais tout en signant, la reine qui ne tient à rien . . . pas même à sa mauvaise humeur . . . a conservé avec moi un ton d'aigreur et de sécheresse qui ne lui est pas ordinaire. . . . Il y avait de l'ironie, du dépit . . . une colère secrète et concentrée qu'elle n'osait laisser éclater. . . . (*En riant.*) Décidément elle déteste sa favorite! . . . je le sais et c'est ce qui fait ma force! . . . La faveur basée sur l'amour s'éteint bien vite! . . . mais quand elle l'est sur la haine . . . cela ne fait qu'augmenter . . . et voilà le secret de mon crédit. . . . Qui vient là? . . . Ah! notre jeune officier.

SCÈNE II

Masham, La Duchesse

Masham. C'est la redoutable duchesse, dont Abigaïl m'a tant recommandé de me défier. . . . J'ignore pourquoi? . . . N'importe . . . ayons-en toujours peur . . . de confiance! [1] (*Il la salue respectueusement.*)

La Duchesse. N'est-ce pas monsieur Masham, le dernier officier aux gardes nommé par le duc de Marlborough?

Masham. Oui, milady. (*A part.*) Ah! mon Dieu! elle va me faire destituer.

La Duchesse. Quels titres aviez-vous à cette nomination?

Masham. Fort peu, si l'on considère mon mérite; autant que qui que ce soit, si l'on compte le zèle et le courage.

La Duchesse. C'est bien! . . . j'aime cette réponse, et je vois que milord a eu raison de vous nommer. . . .

Masham. Je voudrais seulement qu'à cette faveur il en ajoutât une autre!

La Duchesse. Il vous l'accordera; parlez.

Masham. Est-il possible?

---

[1] *de confiance,* on general principle, from what I have heard about her.

La Duchesse. Quelle est cette faveur?

Masham. C'est de m'offrir l'occasion de justifier son choix en m'appelant près de lui sous nos drapeaux.

La Duchesse. Il le fera . . . croyez-en ma parole. . . .

Masham. Ah! madame . . . tant de bontés! . . . vous qu'on m'avait représentée . . . comme une ennemie. . . .

La Duchesse. Eh! qui donc?

Masham. Des personnes qui ne vous connaissaient pas, et qui désormais partageront pour vous mon dévouement.

La Duchesse. Ce dévouement, puis-je y compter . . . puis-je le réclamer?

Masham. Daignez me donner vos ordres.

La Duchesse, *le regardant avec bienveillance.* C'est bien! Masham, je suis contente de vous. (*Lui faisant signe d'avancer.*) Approchez.

Masham, *à part.* Quels regards pleins de bonté! je n'en reviens pas.

La Duchesse. Vous m'écoutez, n'est-ce pas?

Masham. Oui, milady. (*A part.*) Que peut-elle me vouloir?

La Duchesse. Il s'agit d'une mission importante dont la reine m'a chargée, et pour laquelle j'ai jeté les yeux sur vous. Vous viendrez me rendre compte chaque jour du résultat de vos démarches, vous entendre avec moi et prendre mes ordres pour arriver à la découverte du coupable.

Masham. Un coupable?

La Duchesse. Oui, un crime audacieux et qui ne mérite point de grâce, a été commis dans le palais même de Saint-James. Un membre de l'opposition, que du reste j'estimais fort peu, Richard Bolingbroke. . . .

Masham, *à part.* O ciel!

La Duchesse. A été assassiné!

Masham, *avec indignation.* Non, madame, il a été tué loyalement et l'épée à la main, par un gentilhomme, insulté dans son honneur.

La Duchesse. Eh bien! si vous connaissez son meurtrier . . . il faut nous le livrer, vous me l'avez promis, et nous avons juré de le poursuivre.

Masham. Ne poursuivez personne, madame, car c'est moi! . . .

La Duchesse. Vous, Masham!

Masham. Moi-même.

La Duchesse, *vivement et lui mettant la main sur la bouche.* Taisez-vous! . . . taisez-vous! . . . que tout le monde l'ignore! Quelles clameurs ne s'élève-raient pas contre vous, attaché à la cour et à la maison de la reine! . . . (*Vivement.*) Il n'y a rien à vous reprocher . . . rien, j'en suis sûre. . . . Tout s'est passé loyalement . . . vous me l'avez dit; et qui vous voit, Masham, ne peut en douter. . . . Mais la haine de nos ennemis et votre nomination d'officier aux gardes le jour même de ce combat . . . dont elle semble la récompense.

Masham. C'est vrai!

La Duchesse. Nous ne pourrions plus vous défendre.

Masham. Est-il possible! . . . un pareil intérêt! . . .

La Duchesse. Il n'y a qu'un moyen de vous sauver. . . . Ce que vous désiriez tout à l'heure si ardemment: il faut partir pour l'armée.

Masham. Ah! que je vous remercie!

La Duchesse, *avec émotion.* Pour peu de jours, Masham . . . le temps que cette affaire s'apaise et s'oublie. . . . Vous partirez dès demain, et je vous donnerai pour le maréchal des dépêches que vous viendrez prendre chez moi.

Masham. A quelle heure?

La Duchesse. Après le cercle de la reine . . . ce soir! . . . Et de peur qu'on ne soupçonne votre départ, prenez garde que personne ne vous voie.

Masham. Je vous le jure! Mais je ne puis en revenir encore . . . vous que je craignais . . . vous que je redoutais. . . . Ah! dans ma reconnaissance . . . je dois vous ouvrir mon âme tout entière. . . .

La Duchesse. Ce soir vous me direz cela. . . . Du silence! on vient.

SCÈNE III

LES MÊMES, ABIGAIL, *entrant tout émue par la porte à droite*

Abigail. Seul avec elle . . . un tête-à-tête! . . .

La Duchesse, *à part.* Encore cette Abigaïl que je rencontrerai sans cesse. (*Haut.*) Qui vous amène? . . . que voulez-vous? . . . que demandez-vous?

Abigail, *troublée et les regardant tous deux.* Rien . . . je ne sais pas . . . je craignais. . . . (*Rappelant ses idées.*) Ah! . . . si, vraiment . . . je me rappelle . . . la reine veut vous parler, madame. . . .

La Duchesse. C'est bien . . . je me rendrai chez elle plus tard. . . .

Abigail. A l'instant même, madame, car la reine vous attend!

La Duchesse, *avec colère.* Eh bien! dites à votre maîtresse. . . .

Abigail, *avec dignité.* Je n'ai rien à dire à personne . . . qu'à vous, madame la duchesse, à qui j'ai transmis les ordres de ma maîtresse et de la vôtre.

(La Duchesse *fait un geste de colère, puis elle se contient et sort.*)

SCÈNE IV

Masham, Abigail

Masham. Y pensez-vous, Abigaïl? lui parler ainsi!

Abigail. Pourquoi pas? . . . j'en ai le droit. Et vous, monsieur, qui vous a donné celui de prendre sa défense?

Masham. Tout ce qu'elle a fait pour nous. . . . Vous qui me l'aviez représentée si impérieuse, si terrible. . . .

Abigail. Si méchante! . . . je l'ai dit, et je le dis encore.

Masham. Eh bien! vous êtes dans l'erreur. . . . Vous ne savez pas tout ce que je dois à ses bontés . . . à sa protection.

Abigail. Sa protection! . . . Comment! qui vous a dit? . . .

Masham. Personne . . . c'est moi, au contraire, qui viens de lui avouer mon duel avec Richard Bolingbroke, et dans sa générosité elle a promis de me défendre . . . de me protéger.

Abigail, *sèchement.* A quoi bon? . . . M. de Saint-Jean n'est-il pas là? . . . Je ne vois pas alors qu'il y ait besoin de tant d'autres protections!

Masham, *étonné.* Abigaïl . . . je ne vous reconnais pas . . . d'où vient ce trouble . . . cette émotion? . . .

Abigail. Je n'en ai pas . . . je suis venue . . . j'ai couru . . . tant j'étais pressée d'obéir à la reine. . . . Il ne s'agit pas de moi . . . mais de la duchesse. . . . Que vous a-t-elle dit?

Masham. Elle veut, pour me soustraire au danger, que je parte demain pour l'armée. . . .

Abigail, *poussant un cri.* Vous faire tuer! pour vous soustraire au danger. . . . Et vous croyez que cette femme-là vous aime! . . . (*Se reprenant.*) non . . . je veux dire . . . vous porte intérêt . . . vous protège.

Masham. Oui, sans doute . . . je lui ai dit que j'irais prendre ses dépêches pour le maréchal . . . ce soir, chez elle.

Abigail. Vous avez dit cela, malheureux! . . .

Masham. Où est le mal?

Abigail. Et vous irez?

Masham. Oui, vraiment. . . . Et elle était pour moi si affable, si gracieuse, que lorsque vous êtes venue j'allais lui parler de nos projets et de notre mariage. . . .

Abigail, *avec joie.* En vérité! . . . (*A part.*) Et moi qui le soupçonnais. . . . (*Haut et avec émotion.*) Pardon, Arthur . . . ce que vous me dites là est bien. . . .

Masham. N'est-ce pas? . . . et ce soir chez elle . . . bien certainement je lui en parlerai.

Abigail. Non . . . non, je vous en conjure . . . ne vous rendez pas à ses ordres . . . trouvez un prétexte.

Masham. Y pensez-vous? c'est l'offenser . . . c'est nous perdre!

Abigail. N'importe! . . . cela vaut mieux. . . .

Masham. Et pour quelle raison? . . .

Abigail, *avec embarras.* C'est que . . . ce soir et à peu près à la même heure . . . la reine m'a chargée de vous dire qu'elle voulait vous voir, vous parler, et qu'elle vous attendrait peut-être! . . . ce n'est pas sûr!

Masham. Je comprends! . . . et alors j'irai chez la reine.

Abigail. Non, vous n'irez pas non plus!

Masham. Et pourquoi donc?

Abigail. Je ne puis vous l'apprendre. . . . Prenez pitié de moi! car je suis bien tourmentée, bien malheureuse. . . .

Masham. Qu'est-ce que cela veut dire?

Abigail. Écoutez-moi, Arthur . . . m'aimez-vous, comme je vous aime?

Masham. Plus que ma vie. . . .

Abigail. C'est ce que je voulais dire! . . . Eh bien! quand même j'aurais l'air de nuire à votre avancement ou à votre fortune, et quelque absurdes que vous semblent mes avis ou mes ordres, donnez-moi votre parole de les suivre sans m'en demander la raison.

Masham. Je vous le jure!

Abigail. Pour commencer, ne parlez jamais de notre mariage à la duchesse.

Masham. Vous avez raison, il vaut mieux en parler à la reine.

Abigail, *vivement.* Encore moins! . . .

Masham. C'est pour cela, cependant, que ce matin je lui ai demandé une audience . . . et je suis sûr qu'elle nous protégerait . . . car elle m'a accueilli avec un air si aimable et si bienveillant. . . .

Abigail, *à part.* Il appelle cela de la bienveillance.

MASHAM. Elle m'a tendu gracieusement sa belle main . . . que j'ai baisée. (*A* ABIGAIL.) Qu'avez-vous, la vôtre est glacée? . . .

ABIGAIL. Non. . . . (*A part.*) Elle ne m'avait pas dit cela! (*Haut.*) Et moi aussi, Masham, je suis déjà en grande faveur auprès de la reine . . . je suis comblée de ses bontés, de son amitié, et cependant, pour notre bonheur à tous deux, mieux eût valu rester pauvres et misérables et ne jamais venir ici, à la cour, au milieu de tout ce beau monde, où tant de dangers, tant de séductions nous environnent.

MASHAM, *avec colère.* Ah! je comprends . . . quelques-uns de ces lords . . . de ces grands seigneurs. . . . On veut nous séparer, nous désunir . . . vous ravir à mon amour. . . .

ABIGAIL. Oui, c'est à peu près cela. Silence, on frappe: c'est Bolingbroke, à qui j'ai écrit de venir! Lui seul peut me donner avis et conseil.

MASHAM. Vous croyez? . . .

ABIGAIL. Mais pour cela, il faut que vous nous laissiez!

MASHAM, *étonné.* Moi! . . .

ABIGAIL. Ah! vous m'avez promis obéissance. . . .

MASHAM. Et je tiendrai tous mes serments!

(*Il lui baise la main et sort par la porte du fond.*)

SCÈNE V

ABIGAIL, *pendant qu'il s'éloigne, le regardant avec amour*

Ah! Arthur! . . . que je t'aime! . . . plus qu'autrefois . . . plus que jamais! peut-être aussi parce qu'elles veulent toutes me l'enlever. . . . Oh! non, je l'aimerais sans cela! (*On frappe encore à la porte à gauche.*) Et milord que j'oubliais . . . je perds la tête. . . . (*Elle va ouvrir la porte à* BOLINGBROKE.)

SCÈNE VI

BOLINGBROKE, ABIGAIL

BOLINGBROKE, *entrant gaiement.* J'accours aux ordres de la nouvelle favorite, car vous le serez . . . je vous l'ai dit, et l'on en parle déjà. . . .

ABIGAIL, *sans l'écouter.* Oui . . . oui, la reine m'adore et ne peut plus se passer de moi! Mais venez, ou tout est perdu!

BOLINGBROKE. O ciel! . . . est-ce que le marquis de Torcy?

ABIGAIL, *se frappant la tête.* Ah! c'est vrai! . . . je n'y pensais plus! . . . la duchesse est venue dans le cabinet de la reine . . . et celle-ci a signé! . . .

BOLINGBROKE, *avec effroi.* Le départ de l'ambassadeur! . . .

ABIGAIL. Oh! ce n'est rien encore! . . . imaginez-vous que Masham. . . .

BOLINGBROKE. Le marquis s'éloigne de Londres. . . .

ABIGAIL, *sans l'écouter.* Dans vingt-quatre heures! (*Avec force.*) Mais si vous saviez. . . .

BOLINGBROKE, *avec colère.* Et la duchesse. . . .

ABIGAIL, *vivement.* La duchesse n'est pas la plus à craindre! . . . un autre obstacle plus redoutable encore. . . .

BOLINGBROKE. Pour qui?

ABIGAIL. Pour Masham!

BOLINGBROKE, *avec impatience.* Traitez donc d'affaires d'État avec des amoureux! . . . Je vous parle de la paix, de la guerre, de tous les intérêts de l'Europe.

ABIGAIL. Et moi, je vous parle des miens! l'Europe peut aller toute seule, et moi, si vous m'abandonnez, je n'ai plus qu'à mourir!

BOLINGBROKE. Pardon, mon enfant, pardon . . . vous d'abord. C'est que, voyez-vous, l'ambition est égoïste et commence toujours par elle!

ABIGAIL. Comme l'amour!

BOLINGBROKE. Eh bien! voyons! Vous dites donc que la reine a signé.

ABIGAIL, *avec impatience.* Oui, à cause d'un bill qu'on doit présenter.

BOLINGBROKE. Je sais! . . . Et la voilà au mieux avec la duchesse!

ABIGAIL, *de même.* Non . . . elle la déteste . . . elle lui en veut . . . j'ignore pourquoi . . . et elle n'ose rompre. . . .

BOLINGBROKE, *vivement.* Une explosion qui n'attend plus que l'étincelle . . . d'ici à vingt-quatre heures, c'est possible! . . . Et vous ne lui avez pas représenté que le marquis s'éloignant demain, on ne s'engageait à rien en le recevant aujourd'hui? que par égard pour un grand roi, et en bonne politique . . . la politique de l'avenir, il fallait accueillir avec faveur son envoyé. . . . Lui avez-vous dit cela?

ABIGAIL, *d'un air distrait.* Je crois que oui . . . je n'en suis pas sûre! . . . un autre sujet m'occupait.

BOLINGBROKE. C'est juste . . . voyons cet autre sujet.

ABIGAIL. Ce matin, vous m'avez vue effrayée, désespérée, en apprenant que la duchesse avait des idées . . . de . . . protection sur Arthur. . . . Eh bien! ce n'était rien! . . . une autre encore . . . une autre grande dame. . . . (*Avec embarras*) dont je ne puis dire le nom. . . .

BOLINGBROKE, *à part.* Pauvre enfant! . . . elle croit me l'apprendre. (*Haut.*) Comment le savez-vous?

ABIGAIL. C'est un secret que je ne puis trahir . . . ne me le demandez plus!

BOLINGBROKE, *avec intention.* J'approuve votre discrétion, et ne chercherai même pas à deviner. . . . Et cette personne . . . duchesse ou marquise, aime aussi Masham?

ABIGAIL. C'est bien mal, n'est-ce pas? c'est bien injuste! Elles ont toutes des princes, des ducs, des grands seigneurs qui les aiment . . . moi je n'avais que celui-là. . . . Et comment le défendre, moi, pauvre fille! comment le disputer à deux grandes dames?

BOLINGBROKE. Tant mieux! . . . c'est moins redoutable qu'une seule. . . .

ABIGAIL, *étonnée.* Si vous pouvez me prouver cela?

BOLINGBROKE. Très facilement. . . . Qu'un grand royaume veuille conquérir une petite province, il n'y a pas d'obstacles, elle est perdue! Mais qu'un autre grand empire ait aussi le même projet, c'est une chance de salut; les deux hautes puissances s'observent, se déjouent, se neutralisent, et la province menacée échappe au danger, grâce au nombre de ses ennemis. . . . Comprenez-vous?

ABIGAIL. A peu près. . . . Mais le danger, le voici! La duchesse a donné rendez-vous à Masham, ce soir, chez elle, après le cercle de la reine. . . .

BOLINGBROKE. Très bien. . . .

ABIGAIL, *avec impatience.* Eh! non, monsieur, c'est très mal!

BOLINGBROKE. C'est ce que je voulais dire!

ABIGAIL. Et en même temps, l'autre personne . . . l'autre grande dame, veut également le recevoir chez elle, à la même heure. . . .

BOLINGBROKE. Que vous disais-je? Elles se nuisent réciproquement. . . . Il ne peut pas aller aux deux rendez-vous!

ABIGAIL. A aucun, je l'espère! . . . Heureusement, cette grande dame ne sait pas encore, et ne saura que ce soir au moment même . . . si elle sera libre; car elle ne l'est pas toujours . . . pour des raisons que je ne puis expliquer. . . .

BOLINGBROKE, *froidement.* Son mari?

ABIGAIL, *vivement.* C'est cela même . . . et si elle peut réussir à lever tous les obstacles. . . .

BOLINGBROKE. Elle y réussira, j'en suis sûr.

ABIGAIL. Dans ce cas-là, pour prévenir moi et Arthur, elle doit, ce soir, et devant tout le monde, se plaindre de la chaleur et demander négligemment un verre d'eau

BOLINGBROKE. Ce qui voudra dire: Je vous attends, venez!

ABIGAIL. Mot pour mot.

BOLINGBROKE. C'est facile à comprendre.

ABIGAIL. Que trop! . . . Je n'ai rien dit de tout cela à Arthur . . . c'est inutile, n'est-ce pas? . . . Car je ne veux pas qu'il aille à ce rendez-vous . . . ni à l'autre! plutôt mourir! plutôt me perdre!

BOLINGBROKE. Y pensez-vous?

ABIGAIL. Oh! pour moi, peu m'importe! . . . mais pour lui! . . . plus j'y réfléchis! . . . Ai-je le droit de détruire son avenir, de l'exposer à des vengeances redoutables, à des haines puissantes, dans ce moment surtout, où à cause de ce duel . . . il peut être découvert et arrêté. . . . Que faut-il faire? Conseillez-moi. . . . Je ne sais que devenir et je n'ai d'espoir qu'en vous!

BOLINGBROKE, *qui pendant ce temps a réfléchi, lui prend vivement la main.* Et vous avez raison! oui, mon enfant . . . oui, ma petite Abigaïl, rassurez-vous! . . . Le marquis de Torcy aura ce soir son invitation, il parlera à la reine!

ABIGAIL, *avec impatience.* Eh! monsieur. . . .

BOLINGBROKE, *vivement.* Nous sommes sauvés! Masham, aussi . . . et sans le compromettre, sans vous perdre, j'empêcherai ces deux rendez-vous.

ABIGAIL. Ah! Bolingbroke! . . . si vous dites vrai . . . à vous mon dévouement, mon amitié, ma vie entière! . . . On ouvre chez la reine . . . partez! si l'on vous voyait!

BOLINGBROKE, *froidement, apercevant* LA DUCHESSE. Je puis rester, on m'a vu.

SCÈNE VII

LES MÊMES, LA DUCHESSE, *sortant de l'appartement à droite.* LA DUCHESSE, *apercevant* BOLINGBROKE *et* ABIGAIL, *fait à celle-ci une révérence ironique.* ABI-

GAIL *la lui rend et sort.* BOLINGBROKE *est resté placé entre les deux dames.*

BOLINGBROKE, *avec ironie.* Grâce au ciel! la voix du sang agit enfin! et vous voilà à merveille avec votre parente! ... cela me donne de l'espoir pour moi!

LA DUCHESSE, *de même.* En effet, vous m'avez prédit qu'un jour nous finirions par nous aimer.

BOLINGBROKE, *galamment.* J'ai déjà commencé! et vous, madame?

LA DUCHESSE. Je n'en suis encore qu'à l'admiration pour votre adresse et vos talents.

BOLINGBROKE. Vous pourriez ajouter pour ma loyauté ... j'ai tenu fidèlement toutes mes promesses de l'autre jour!

LA DUCHESSE. Et moi, les miennes! j'ai nommé la personne avec qui vous étiez tout à l'heure en tête-à-tête, et la voilà placée, par vous, près de la reine, pour épier mes desseins et servir les vôtres.

BOLINGBROKE. Comment vous rien cacher? vous avez tant d'esprit!

LA DUCHESSE. J'ai eu au moins celui de déjouer vos tentatives, et miss Abigaïl, qui, d'après vos ordres, a voulu faire inviter ce soir le marquis de Torcy. ...

BOLINGBROKE. J'ai eu tort ... ce n'était pas à elle ... c'est à vous, madame, que je devais m'adresser ... et je le fais. ... (*S'approchant de la table et y prenant une lettre imprimée.*) Voici les lettres d'invitation que vous, surintendante de la maison royale, avez seule le droit d'envoyer ... et je suis persuadé que vous me rendrez ce service. ...

LA DUCHESSE, *riant.* Vraiment, milord! ... un service ... à vous?

BOLINGBROKE. Bien entendu qu'en échange je vous en rendrai un autre plus grand encore ... c'est notre seule manière de traiter ensemble! Tout l'avantage pour vous ... trois cents pour cent de bénéfice ... comme pour mes dettes.

LA DUCHESSE. Milord aurait-il encore intercepté ou acheté quelque billet? ... Je le préviens que j'ai pris des mesures générales et définitives contre le retour d'un pareil moyen. J'ai plusieurs lettres charmantes de milady vicomtesse de Bolingbroke votre femme ... (*à demi-voix et en confidence*) je les ai obtenues de lord Evandale. ...

BOLINGBROKE, *de même et souriant.* Au prix coûtant, sans doute?

LA DUCHESSE, *avec colère.* Monsieur!

BOLINGBROKE. N'importe le moyen! ... vous les avez ... et je ne prétends pas vous les ravir ... ni vous menacer en aucune sorte! au contraire, quoique la trêve soit expirée ... je veux agir comme si elle durait encore, et vous donner, dans votre intérêt, un avis. ...

LA DUCHESSE, *avec ironie.* Qui me sera agréable?

BOLINGBROKE, *souriant.* Je ne le pense pas! et c'est peut-être pour cela que je vous le donne. (*A demi-voix.*) Vous avez une rivale!

LA DUCHESSE, *vivement.* Que voulez-vous dire?

BOLINGBROKE. Il y a une lady à la cour, une noble dame qui a des vues sur le petit Masham. Les preuves, je les ai. Je sais l'heure, le moment, le signal du rendez-vous.

LA DUCHESSE, *tremblante de colère.* Vous me trompez. ...

BOLINGBROKE, *froidement.* Je dis vrai ... aussi vrai que vous-même l'attendez ce soir chez vous après le cercle de la reine. ...

LA DUCHESSE. O ciel!

BOLINGBROKE. C'est là, sans doute, ce que l'on veut empêcher ... car on tient à vous le disputer ... à l'emporter sur vous. ... Adieu, madame. (*Il veut sortir par la porte à gauche.*)

LA DUCHESSE, *avec colère et le suivant jusque près de la table qui est à gauche.* Ce que vous disiez tout à l'heure ... le lieu ... du rendez-vous? ... le signal? ... parlez! ...

BOLINGBROKE, *lui présentant la plume qu'il prend sur la table.* Dès que vous aurez écrit cette invitation au marquis de Torcy. (LA DUCHESSE *se met vivement à la table.*) Invitation de forme et de convenance ... qui, en accordant au marquis les égards et les honneurs qui lui sont dus, vous permet de rejeter ses propositions et de continuer la guerre avec lui ... comme avec moi. ... (*Voyant que la lettre est cachetée, il sonne. Un valet de pied paraît. Il lui donne la lettre.*) Ce billet au marquis de Torcy ... hôtel de l'Ambassade, vis-à-vis du palais. ... (*Le valet de pied sort.*) Il l'aura dans cinq minutes.

LA DUCHESSE. Eh bien! milord ... cette personne. ...

BOLINGBROKE. Elle doit être ici ce soir, au cercle de la reine.

LA DUCHESSE. Lady Albemarle,[1] ou lady Elworth ... j'en suis sûre.

---

[1] *Lady Albemarle,* possibly the wife of Arnold Joost van Keppel, first earl of Albemarle. 1669–1718.

BOLINGBROKE, *avec intention.* J'ignore son nom; mais bientôt nous pourrons la connaître . . . car si elle peut échapper à ses surveillants, si elle est libre, si le rendez-vous avec Masham doit avoir lieu ce soir . . . voici le signal convenu entre eux. . . .

LA DUCHESSE, *avec impatience.* Achevez . . . achevez, de grâce!

BOLINGBROKE. Cette personne demandera tout haut à Masham un verre d'eau.

LA DUCHESSE. Ici même . . . ce soir.

BOLINGBROKE. Oui, vraiment . . . et vous pourrez voir par vous-même si mes renseignements sont exacts.

LA DUCHESSE, *avec colère.* Ah! malheur à eux . . . je ne ménagerai rien. . . .

BOLINGBROKE, *à part.* J'y compte bien!

LA DUCHESSE. Et quand, devant toute la cour, je devrais les démasquer. . . .

BOLINGBROKE. Modérez-vous . . . voici la reine et ses dames. . . .

SCÈNE VIII

LA REINE, LADY ALBEMARLE *et* LES DAMES DE LA SUITE *entrant par la porte à droite;* SEIGNEURS DE LA COUR *et* MEMBRES DU PARLEMENT *entrant par le fond.* LES DAMES *titrées vont se ranger en cercle, et s'aseoir à droite;* ABIGAIL *et* QUELQUES DEMOISELLES D'HONNEUR *se tiennent debout derrière elles. A gauche et sur le devant du théâtre,* BOLINGBROKE *et* QUELQUES MEMBRES DE L'OPPOSITION. *A droite,* LA DUCHESSE *observant toutes les dames. Du même côté,* MASHAM *et* QUELQUES OFFICIERS.

LA DUCHESSE, *à part, et regardant toutes les dames.* Laquelle? . . . Je ne puis deviner. . . . (*A* LA REINE *qui s'approche.*) Je vais faire préparer le jeu de la reine. . . .

LA REINE, *cherchant des yeux* MASHAM. A merveille. . . . (*A part.*) Je ne le vois pas.

LA DUCHESSE, *à voix haute.* Le tri [1] de la reine! (*S'approchant de* LA REINE, *et à voix basse.*) Les réclamations devenaient si fortes, qu'il a fallu, pour la forme seulement, envoyer une invitation au marquis de Torcy.

LA REINE, *sans l'écouter, et cherchant toujours.* Très bien! . . . (*Apercevant* MASHAM.) C'est lui! . . .

LA DUCHESSE. Cela contentera l'opposition.

LA REINE, *regardant* MASHAM. Ouï . . . et cela fera plaisir à Abigaïl. . . .

LA DUCHESSE, *avec ironie.* Vraiment? (LA DUCHESSE *donne des ordres pour le jeu de* LA REINE. *Pendant ce temps, un membre du parlement s'est approché, à gauche, du groupe où se tient* BOLINGBROKE.)

LE MEMBRE DU PARLEMENT. Oui, messieurs, je sais de bonne part que toutes les négociations sont rompues.

BOLINGBROKE. Vous croyez? . . .

LE MEMBRE DU PARLEMENT. Le crédit de la duchesse est tel, que l'ambassadeur n'a pas été admis.

BOLINGBROKE. C'est inouï! . . .

LE MEMBRE DU PARLEMENT. Et il part demain, sans avoir même pu voir la reine.

UN MAÎTRE DES CÉRÉMONIES, *annonçant.* Monsieur l'ambassadeur marquis de Torcy!

(*Étonnement général; tout le monde se lève et le salue.* BOLINGBROKE *va au-devant de lui, le prend par la main, et le présente à* LA REINE.)

LA REINE, *d'un air gracieux.* Monsieur l'ambassadeur, soyez le bienvenu, nous avons grand plaisir à vous recevoir.

LA DUCHESSE, *bas à* LA REINE. Rien de plus . . . de grâce, prenez garde!

LA REINE, *se tournant vers* BOLINGBROKE *qui est de l'autre côté, lui dit à demi-voix.* Je savais que cette invitation vous serait agréable, et vous voyez que quand je le peux. . . .

BOLINGBROKE, *s'inclinant avec respect.* Ah! madame . . . que de bontés! . . .

LE MARQUIS DE TORCY, *bas à* BOLINGBROKE. Je reçois à l'instant la lettre à mon hôtel.

BOLINGBROKE, *de même.* Je le sais. . . .

LE MARQUIS DE TORCY, *de même.* Cela va donc bien?

BOLINGBROKE, *de même.* Cela va mieux . . . mais bientôt, je l'espère. . . .

LE MARQUIS DE TORCY, *de même.* Quelque grand changement survenu dans la politique de la reine? . . .

BOLINGBROKE, *de même.* Cela dépendra pour nous. . . .

LE MARQUIS DE TORCY, *de même.* Du parlement ou des ministres?

BOLINGBROKE, *de même.* Non, d'un allié bien léger . . . et bien fragile. . . .

(*On vient d'apporter au milieu du théâtre une table de tri et l'on a disposé un fauteuil et deux chaises.*)

---

[1] *tri,* a game of cards.

La Duchesse, *de l'autre côté, et s'adressant à* La Reine. Quelles sont les personnes que Sa Majesté veut bien désigner pour ses partners?

La Reine. Qui vous voudrez . . . choisissez vous-même.

La Duchesse. Lady Abercrombie?

La Reine. Non. . . . (*Montrant une dame qui est près d'elle.*) Lady Albemarle.

Lady Albemarle. Je remercie Votre Majesté! . . .

La Duchesse, *à part.* Et moi aussi. (*Regardant* Lady Albemarle.) Par ce moyen elle ne lui [1] parlera pas. (*Haut.*) Et pour la troisième personne?

La Reine. La troisième? Eh! mais. . . . (*Apercevant* Le Marquis de Torcy *qui s'approche d'elle.*) Monsieur l'ambassadeur. . . .

(*Mouvement général d'étonnement et joie de* Bolingbroke.)

La Duchesse, *bas à* La Reine, *avec reproche.* Un pareil choix . . . une pareille préférence. . . .

La Reine, *de même.* Qu'importe!

La Duchesse, *de même.* Voyez l'effet que cela produit.

La Reine, *de même.* Il fallait choisir vous-même.

La Duchesse, *de même.* On va penser . . . on va croire. . . .

La Reine, *de même.* Tout ce qu'on voudra!

(Le Marquis de Torcy, *qui a remis son chapeau à un des gens de sa suite, présente sa main à* La Reine *qu'il conduit à la table du tri et s'assied entre elle et* Lady Albemarle. La Duchesse, *toujours observant, s'éloigne de la table avec humeur et passe du côté gauche.*)

Bolingbroke, *près d'elle et à voix basse.* C'est trop généreux, duchesse. . . . Vous faites trop bien les choses . . . le marquis admis au jeu de la reine, le marquis faisant la partie de Sa Majesté; c'est plus que je ne demandais. . . .

La Duchesse, *avec dépit.* Et plus que je n'aurais voulu. . . .

Bolingbroke. Ce qui ne m'empêche pas de vous en savoir le même gré! d'autant qu'il est homme à profiter de cette faveur . . . il a de l'esprit. . . . Et tenez, il a l'air de causer d'une manière fort aimable . . . avec Sa Majesté.

La Duchesse. En effet. . . . (*Elle veut faire un pas.*)

Bolingbroke, *la retenant.* Mais au lieu de les interrompre, nous ferons mieux d'observer et d'écouter . . . car voici, je crois le moment.

La Duchesse. Oui . . . mais aucune de ces dames. . . .

La Reine, *jouant toujours et ayant l'air de répondre au* Marquis. Vous avez raison, monsieur le marquis, il fait dans ce salon . . . une chaleur étouffante. . . . (*Avec émotion et s'adressant à* Masham.) Monsieur Masham! (Masham *s'incline.*) Je vous demanderai un verre d'eau!

La Duchesse, *poussant un cri et faisant un pas vers* La Reine. O ciel!

La Reine. Qu'avez-vous donc, duchesse?

La Duchesse, *furieuse et cherchant à se contenir.* Ce que j'ai . . . ce que j'ai . . . quoi! Votre Majesté . . . il serait possible. . . .

La Reine, *toujours assise et se retournant.* Que voulez-vous dire, et d'où vient cet emportement?

La Duchesse. Il serait possible que Votre Majesté oubliât à ce point. . . .

Bolingbroke *et* Le Marquis de Torcy, *voulant la calmer.* Madame la duchesse! . . .

Lady Albemarle. C'est manquer de respect à la reine.

La Reine, *avec dignité.* Quoi donc! . . . qu'ai-je oublié?

La Duchesse, *troublée et cherchant à se remettre.* Les droits . . . l'étiquette . . . les prérogatives des différentes charges du palais. . . . C'est à une de vos femmes qu'appartient le droit de présenter à Votre Majesté. . . .

La Reine, *étonnée.* Tant de bruit pour cela! . . . (*Se retournant vers la table de jeu.*) Eh bien! duchesse, donnez-le-moi vous-même. . . .

La Duchesse, *stupéfaite.* Moi!

Bolingbroke, *à* La Duchesse *à qui* Masham *présente en ce moment le plateau.* Je conviens, duchesse, qu'être obligée de présenter vous-même . . . là, devant eux . . . c'est encore plus piquant. . . .

La Duchesse, *se contenant à peine, et prenant le plateau que* Masham *lui présente.* Ah! . . .

La Reine, *avec impatience.* Eh bien, madame . . . m'avez-vous entendue? et ce droit réclamé avec tant d'insistance. . . . (La Duchesse, *d'une main tremblante de colère, lui présente le verre d'eau qui glisse sur le plateau et tombe sur la robe de* La Reine.)

La Reine, *se levant avec vivacité.* Ah! vous êtes d'une maladresse. . . .

---

[1] *lui* refers to Masham since the Duchess thought that Lady Albemarle was interested in him.

(*Tout le monde se lève, et* ABIGAIL *descend à droite près de* LA REINE.)

LA DUCHESSE. C'est la première fois que Sa Majesté me parle ainsi.

LA REINE, *avec aigreur.* Cela prouve mon indulgence!

LA DUCHESSE, *de même.* Après les services que je lui ai rendus.

LA REINE, *de même.* Et que je suis lasse de m'entendre reprocher.

LA DUCHESSE. Je ne les impose point à Votre Majesté, et s'ils lui sont importuns . . je lui offre ma démission.

LA REINE. Je l'accepte!

LA DUCHESSE, *à part.* O ciel! . . .

LA REINE. Je ne vous retiens plus . . . milords et mesdames, vous pouvez vous retirer. . . .

BOLINGBROKE, *bas à* LA DUCHESSE. Duchesse, il faut céder. . . .

LA DUCHESSE, *à part, avec colère.* Jamais! . . . Et Masham . . . et ce rendez-vous . . . non, il n'aura pas lieu! (*Haut à* LA REINE.) Encore un mot, madame! . . . En remettant à Votre Majesté ma place de surintendante . . . je lui dois compte des derniers ordres dont elle m'avait chargée.

BOLINGBROKE, *à part.* Que veut-elle faire?

LA DUCHESSE, *montrant* BOLINGBROKE. Sur la plainte de milord et de ses collègues de l'opposition, vous m'avez ordonné de découvrir l'adversaire de Richard Bolingbroke. . . .

BOLINGBROKE, *à part.* O ciel!

LA DUCHESSE, *à* BOLINGBROKE. C'est vous maintenant qui en répondez, car je vous le livre. Arrêtez donc et sur-le-champ M. Masham, que voici!

LA REINE, *avec douleur.* Masham! . . . il serait vrai! . . .

MASHAM, *baissant la tête.* Oui, madame! . . .

LA DUCHESSE, *contemplant la douleur de* LA REINE, *et bas à* BOLINGBROKE. Je suis vengée! . . .

BOLINGBROKE, *de même et avec joie.* Mais nous l'emportons! [1]

LA DUCHESSE, *fièrement.* Pas encore, messieurs!

(*Sur un geste de* LA REINE, BOLINGBROKE *reçoit l'épée que* MASHAM *lui présente.* LA REINE, *appuyée sur* ABIGAIL, *rentre dans ses appartements, et* LA DUCHESSE *sort par le fond. La toile tombe.*)

[1] we win.

ACTE CINQUIÈME

Le boudoir de LA REINE. *Deux portes au fond. A gauche, une fenêtre avec un balcon. A droite, la porte d'un cabinet conduisant aux petits appartements de* LA REINE. *A gauche, une table et un canapé.*

SCÈNE I

BOLINGBROKE, *entrant par la porte du fond à gauche*

BOLINGBROKE. «Après la séance du parlement, dans le boudoir de la reine,» m'a écrit Abigaïl! M'y voici! toutes les portes se sont ouvertes devant moi. . . . Est-ce Sa Majesté elle-même . . . est-ce ma gentille alliée qui désire me parler? . . . Peu importe. . . . La duchesse et la reine sont furieuses l'une contre l'autre, l'explosion habilement préparée a enfin eu lieu . . . ce devait être. Ces deux augustes amies, qui depuis si longtemps se détestaient, n'attendaient qu'une occasion pour se le dire. . . . Et connaissant le caractère orgueilleux et emporté de la duchesse . . . je me doutais bien que dans son premier mouvement. . . . Mais j'attendais mieux! je croyais qu'aux yeux de toute la cour, elle allait reprocher à la reine, et cette intrigue secrète . . . et ce rendez-vous. . . . Elle m'a trompé . . . elle s'est arrêtée à temps! . . . elle s'est modérée . . . mais les premiers coups sont portés. . . . La duchesse en disgrâce, les whigs furieux, le bill rejeté: bouleversement général. Je disais bien que de ce verre d'eau dépendait le destin de l'État. . . . (*Réfléchissant.*) Alors . . . et dès que je serai ministre. . . .

SCÈNE II

BOLINGBROKE, ABIGAIL, *entrant par la porte du fond à droite*

ABIGAIL. Ah! milord! vous voilà!

BOLINGBROKE. Oui . . . je m'occupais du ministère. . . .

ABIGAIL. Lequel?

BOLINGBROKE. Le mien . . . quand j'y serai . . . ce qui ne tardera pas.

ABIGAIL. Au contraire! . . . nous en sommes plus loin que jamais!

BOLINGBROKE. Que me dites-vous?

ABIGAIL. Laissez-moi me rappeler. . . . D'abord, pendant que j'étais dans le boudoir de la reine . . . à travailler avec elle et à parler de Masham . . . (*vivement*) qui ne risque rien . . . n'est-ce pas?

BOLINGBROKE. Prisonnier sur parole, chez moi, dans le plus bel appartement de l'hôtel.

ABIGAIL. Et pour la suite. . . .

BOLINGBROKE. Rien à craindre, si nous l'emportons. . . .

ABIGAIL, *naïvement*. Ah! vous me faites trembler!

BOLINGBROKE, *vivement*. Et moi aussi! . . . Achevez donc!

ABIGAIL. Eh bien! sont arrivés chez la reine . . . milady . . . milady, une grande dame qui est dévote. . . .

BOLINGBROKE. Lady Abercrombie?

ABIGAIL. C'est cela . . . avec lord Devonshire et Walpole.

BOLINGBROKE. Des amis de la duchesse. . . .

ABIGAIL. Qui venaient d'eux-mêmes.

BOLINGBROKE. C'est-à-dire envoyés par elle.

ABIGAIL. Annoncer à la reine que la disgrâce de la surintendante produirait les plus fâcheux effets . . . que le parti whig était furieux . . . et qu'à la séance de ce soir le bill pour les Stuarts serait rejeté.

BOLINGBROKE. Et la reine, qu'a-t-elle répondu?

ABIGAIL. Elle ne répondait rien . . . incertaine . . . indécise . . . cherchant autour d'elle un avis, et de temps en temps me regardant comme pour savoir le mien.

BOLINGBROKE. Qu'il fallait donner.

ABIGAIL. Est-ce que je m'y connais?

BOLINGBROKE. Qu'importe? . . . demandez à la moitié des conseillers de la couronne! . . . Enfin, qu'est-il arrivé?

ABIGAIL. La reine hésitait encore, lorsque lady Abercrombie lui a parlé à voix basse. . . .

BOLINGBROKE. Qu'a-t-elle pu lui dire?

ABIGAIL. Je l'ignore! . . . J'étais bien près cependant . . . et je n'ai rien entendu qu'un nom . . . celui de lord Evandale . . . et celui de Masham! . . . (*Vivement.*) Oh! celui-là, j'en suis sûre. . . . Et la reine jusque-là froide et sévère, a dit, d'un air de bonté: N'en parlons plus, qu'elle vienne! je la reverrai.

BOLINGBROKE, *avec colère*. La duchesse! rentrer dans ce palais dont je la croyais pour jamais bannie. . . .

ABIGAIL. Et dans mon trouble, tout ce qui m'est venu à l'idée a été de vous écrire sur-le-champ: Venez! pour vous apprendre ce qui se passait et ce qui a été convenu.

BOLINGBROKE. Avec qui?

ABIGAIL. Entre la reine et ces messieurs, au sujet de cette réconciliation.

BOLINGBROKE, *avec impatience*. Eh bien?

ABIGAIL. Eh bien! . . . il a été convenu que la duchesse, qui a donné hier sa démission de surintendante, viendra aujourd'hui remettre à la reine sa clef des petits appartements. (*Montrant la porte à droite.*) Cette clef qui lui permettait d'entrer chez la reine à toute heure, et sans être vue! . . .

BOLINGBROKE, *avec impatience*. Je le sais!

ABIGAIL. La reine refusera de la reprendre; la duchesse alors voudra tomber aux pieds de Sa Majesté, qui la relèvera . . . et elles s'embrasseront, et le bill passera, et le marquis de Torcy aujourd'hui même. . . .

BOLINGBROKE. O faiblesse de femme et de reine! . . . et au moment où nous tenions la victoire.

ABIGAIL. Y renoncer à jamais!

BOLINGBROKE. Non . . . non, la fortune et moi nous nous connaissons trop bien pour nous quitter ainsi! . . . je l'ai narguée si souvent, qu'elle me le rend parfois . . . mais elle me revient toujours! . . . Cette réconciliation . . . cette entrevue . . . à quel moment?

ABIGAIL. Dans une demi-heure!

BOLINGBROKE. Il faut que je parle à la reine! . . .

ABIGAIL. Elle est renfermée avec les ministres qui viennent d'arriver. . . . C'est pour cela qu'on m'a renvoyée.

BOLINGBROKE, *se frappant la tête*. Mon Dieu! . . . mon Dieu! que faire? . . . Il faut pourtant que je la voie, que je sache comment s'est tout à coup éteinte cette haine attisée par moi, et qu'à tout prix je rallumerai! Mais pour tout cela une demi-heure! . . .

ABIGAIL, *lui montrant la porte du fond, à gauche, qui s'ouvre*. Quel bonheur! . . . c'est la reine!

BOLINGBROKE, *respirant*. Je savais bien qu'entre la fortune et moi le dernier mot n'était pas dit. . . . Laissez-nous, Abigaïl, laissez-nous. . . . Veillez à l'arrivée de la duchesse, et quand elle paraîtra, venez nous avertir!

ABIGAIL. Oui, milord! . . . Que Dieu le protège! . . .

(ABIGAIL *sort par la porte du fond à droite.*)

SCÈNE III

La Reine, Bolingbroke

La Reine, *à part.* Oui, pourvu qu'à ce prix j'achète le repos, j'y suis décidée! . . . (*Levant les yeux, et gaiement.*) Ah! c'est vous, Bolingbroke, je suis heureuse de vous voir! je viens de passer la journée la plus ennuyeuse. . . .

Bolingbroke, *souriant, avec ironie.* J'apprends le nouveau trait de clémence de Votre Majesté! . . . c'est magnanime à elle d'oublier ainsi le scandale d'hier.

La Reine. L'oublier, dites-vous? . . . plût au ciel! Mais le moyen! . . . Il n'est question que de cela, et si vous saviez depuis ce matin . . . depuis hier . . . tout ce qui s'est passé au sujet de ce malheureux verre d'eau, tout ce qu'il m'a fallu entendre. . . . J'en ai mal aux nerfs . . . aussi je ne veux plus qu'on m'en parle.

Bolingbroke. Et l'on vous réconcilie?

La Reine. Bien malgré moi . . . mais il a fallu en finir. . . . Vous qui êtes pour la paix . . . vous ne vous étonnerez pas des sacrifices que j'ai faits pour l'obtenir. . . . Et puis cette pauvre duchesse. . . . (*Geste d'étonnement de* Bolingbroke.) Mon Dieu . . . je ne la défends pas . . . m'en préserve le ciel! mais on l'accuse parfois si injustement . . . vous tout le premier! (*Étourdiment.*) Je ne parle pas des derniers subsides et de la prise de Bouchain . . . je n'ai pas eu le temps de vérifier. . . . (*Gravement.*) Mais le petit Masham . . . ce que vous m'en aviez dit! . . .

Bolingbroke. Eh bien!

La Reine, *souriant avec contentement.* Erreur complète!

Bolingbroke, *à part.* C'est donc cela!

La Reine. Elle n'y pense seulement pas, au contraire.

Bolingbroke. Vous croyez?

La Reine, *souriant.* J'ai pour cela d'excellentes raisons, des preuves évidentes qu'on m'a données, et dont il ne faut pas parler? . . . c'est qu'elle est au mieux avec lord Evandale.

Bolingbroke, *souriant.* Votre Majesté appelle cela une raison!

La Reine, *d'un ton sévère.* Certainement. (*Riant.*) Et puis, réfléchissez . . . raisonnez, Bolingbroke, car cette pauvre duchesse que j'ai accusée aussi . . . je ne sais pas comment cela ne m'était pas venu à la pensée . . . si elle avait aimé Masham, est-ce qu'hier elle l'aurait ainsi dénoncé devant toute la cour et fait arrêter par vous?

Bolingbroke, *à demi-voix.* Et si elle n'avait cédé alors qu'à un mouvement de colère et de jalousie . . . dont elle se repent maintenant?

La Reine. Que voulez-vous dire?

Bolingbroke, *riant et toujours à demi-voix.* La duchesse avait soupçonné . . . ou cru deviner . . . qu'hier au soir, Masham devait avoir une entrevue mystérieuse. . . .

La Reine, *à part.* O ciel!

Bolingbroke. Avec qui? . . . on l'ignore! . . . Il est même douteux que ce soit vrai . . . mais, si Votre Majesté le désire . . . je saurai . . . je découvrirai.

La Reine, *vivement.* Non . . . non, c'est inutile. . . .

Bolingbroke. Ce qu'il y a de certain, c'est qu'hier au soir, à la même heure, après le cercle de Votre Majesté, la duchesse devait avoir, chez elle, un rendez-vous avec Masham.

La Reine. Un rendez-vous?

Bolingbroke, *vivement.* Oui, madame!

La Reine, *avec colère.* Hier! . . . avec lui! . . . ils s'entendaient . . . ils étaient donc d'intelligence?

Bolingbroke, *vivement et avec chaleur.* Et, jugez aujourd'hui de son désespoir et de son regret, d'avoir, dans un moment de dépit, renoncé à sa place de surintendante! Privée de son pouvoir et de son crédit, elle ne peut plus défendre Masham, qui est mon prisonnier; privée de ses entrées au palais et des moyens d'y pénétrer à toute heure, elle ne peut plus, comme autrefois, le voir ici, sous vos yeux, sans danger et sans soupçons . . . voilà pourquoi elle tenait à cette réconciliation qu'elle vous a fait demander; voilà pourquoi une fois rentrée ici . . . à la cour. . . .

La Reine, *à part.* Jamais!

SCÈNE IV

Bolingbroke, La Reine, Abigail, *accourant par la porte du fond à droite*

Abigail, *tout émue, accourant près de* Bolingbroke. Milord . . . milord. . . .

La Reine, *avec colère.* Qu'y a-t-il?

Abigail. Je venais annoncer que j'avais vu entrer dans la cour du palais la voiture de madame la duchesse.

La Reine. La duchesse! (*Passant au milieu du théâtre.*) Eh! qui lui a donné l'audace de se présenter devant moi?

Abigail. Elle venait . . . offrir à Sa

Majesté, au sujet de l'événement d'hier, des excuses.

LA REINE. Que je n'admets pas. . . . Je peux pardonner les injures qui me sont personnelles, jamais celles dirigées contre la dignité de ma couronne . . . et hier, à dessein, et non par hasard, la duchesse a eu, dans son orgueil, l'intention de manquer à sa souveraine et de l'outrager.

BOLINGBROKE. Intention manifeste.

THOMPSON, se présentant à la porte du fond. Milady duchesse de Marlborough attend dans la salle de réception les ordres de Sa Majesté.

LA REINE. Abigaïl, allez les lui porter. Dites-lui que nous ne pouvons la recevoir; que nous avons disposé de la place qu'elle occupait auprès de nous! . . . qu'elle ait, dès demain, à nous renvoyer son brevet de surintendante, et surtout les clefs de nos appartements, qui désormais lui sont interdits, ainsi que notre présence. . . . Allez! . . .

ABIGAIL, stupéfaite. Quoi, il serait possible? . . .

BOLINGBROKE, froidement. Allez donc, miss Abigaïl, obéissez à la reine.

ABIGAIL. Oui, milord. (A part.) Ah! ce Bolingbroke est un démon! (ABIGAIL sort par la porte du fond à gauche.)

SCÈNE V

BOLINGBROKE, LA REINE

BOLINGBROKE, s'approchant de LA REINE qui vient de se jeter dans son fauteuil, à droite du spectateur. Bien, ma souveraine, très bien!

LA REINE, avec exaltation, et comme fière de son courage. N'est-ce pas! Ils m'ont crue faible, et je ne le suis pas.

BOLINGBROKE. Nous le voyons bien!

LA REINE, avec colère. C'est aussi trop abuser de ma patience!

BOLINGBROKE. C'est un état de choses intolérable. . . .

LA REINE. Et qui ne peut durer.

BOLINGBROKE, vivement. C'est ce que nous disons depuis longtemps! . . . Parlez! . . . mes amis et moi, nous sommes prêts à exécuter vos ordres!

LA REINE, se levant. Mes ordres . . . certainement! . . . je vous les donnerai! et c'est à vous, Bolingbroke, à vous, que je me confie. . . . Mais, dites-moi . . . et Masham? . . .

BOLINGBROKE. Est toujours mon prisonnier, et nous nous occuperons de cette affaire dès que le nouveau ministère sera

formé, la Chambre dissoute, et le duc de Marlborough rappelé!

LA REINE, avec agitation. C'est bien! . . . je vais donner l'ordre de le mettre en jugement.

BOLINGBROKE, vivement. Le maréchal?

LA REINE. Eh! non . . . Masham! . . .

BOLINGBROKE, à part. Toujours Masham! . . .

LA REINE, de même. Et sa punition . . . car je veux qu'il soit puni . . . condamné . . . je le veux!

BOLINGBROKE, à part. O ciel!

LA REINE. Il vous a privé d'un parent que vous aimiez, et puis la duchesse sera furieuse!

BOLINGBROKE, vivement. Au contraire . . . elle sera enchantée! Ils sont brouillés . . . une guerre à mort.

LA REINE, dont la colère tombe tout à coup. Ah! . . . (D'un ton radouci.) Vous ne me disiez pas cela!

BOLINGBROKE, à demi-voix, et riant. Elle a découvert, à n'en pouvoir douter, que Masham ne l'aimait pas, qu'il ne l'avait jamais aimée . . . qu'il en aimait une autre!

LA REINE, vivement. En êtes-vous sûr? . . . qui vous l'a dit?

BOLINGBROKE, de même. Mon jeune prisonnier! . . . qui me l'a avoué à moi! un amour mystérieux . . . une personne de la cour qu'il adore en secret, et sans le lui dire . . . je n'ai pu en savoir davantage.

LA REINE, avec contentement. Voilà qui est bien différent. . . . (Se reprenant.) Je veux dire bien singulier . . . (en riant) et il faudra que nous causions de tout cela.

BOLINGBROKE. Oui, madame! . . . (Vivement.) Dès ce soir, Votre Majesté aura la liste de mes nouveaux collègues, avec lesquels, dès longtemps, je me suis entendu! . . . L'ordonnance de dissolution. . . .

LA REINE. C'est bien!

BOLINGBROKE, de même. Les préliminaires pour les conférences à ouvrir avec le marquis de Torcy.

LA REINE, de même. A merveille!

BOLINGBROKE. Et dès que Votre Majesté aura donné sa signature. . . .

LA REINE. Certainement! . . . Mais ne fût-ce que pour connaître et déjouer les projets de la duchesse, ne serait-il pas prudent d'interroger Masham?

BOLINGBROKE. Oui, vraiment . . . pourvu que ce soit en secret et sans que l'on puisse s'en douter!

LA REINE. Et pourquoi?

BOLINGBROKE. Parce que je réponds de lui! . . . parce que je ne dois le laisser communiquer avec qui que ce soit, et surtout avec des personnes de la cour . . . mais ce soir . . . quand tout le monde sera retiré . . . quand il n'y aura plus de danger d'être vu. . . .

LA REINE. Je comprends!

BOLINGBROKE, *remontant le théâtre, et s'approchant de la porte du fond.* Je délivrerai mon prisonnier que nous interrogerons . . . ou plutôt que Votre Majesté voudra bien interroger, car je n'en aurai pas le loisir. . . .

LA REINE, *avec joie.* C'est bien! . . . c'est bien!

(*En ce moment* LA DUCHESSE *entr'ouvre un instant la porte à droite.*)

LA DUCHESSE, *apercevant* BOLINGBROKE. Dieu! Bolingbroke! (*Elle referme vivement la porte.*)

LA REINE, *s'arrêtant à ce bruit.* Silence!

BOLINGBROKE. Qu'est-ce donc?

LA REINE, *montrant le cabinet à droite.* Rien . . . j'avais cru entendre de ce côté. . . . (*Revenant à lui gaiement.*) Non. . . . A ce soir! . . . à bientôt!

BOLINGBROKE, *s'éloignant.* Masham sera ici . . . avant onze heures. (BOLINGBROKE *est sorti par la porte du fond à gauche.*)

SCÈNE VI

LA REINE, *qui vient de le reconduire, aperçoit, en redescendant le théâtre,* ABIGAIL, *qui entre par la porte du fond à droite.*

LA REINE, *allant s'asseoir sur le canapé à gauche.* Ah! te voilà, petite! eh bien! . . . et la duchesse?

ABIGAIL. Ah! si vous saviez!

LA REINE, *s'asseyant.* Viens ici près de moi! . . . (*A* ABIGAIL, *qui hésite à s'asseoir près de* LA REINE.) Viens donc! Qu'a-t-elle dit?

ABIGAIL. Rien! . . . mais la colère et l'orgueil contractaient tous ses traits! . . .

LA REINE, *souriant.* Je le crois sans peine! car le message dont je t'ai chargée près d'elle lui désignait d'avance celle qui désormais allait la remplacer.

ABIGAIL, *étonnée.* Que dites-vous?

LA REINE. Oui, Abigaïl, oui, tu seras tout pour moi . . . ma confidente, mon amie. Oh! ce sera ainsi! car d'aujourd'hui je commande, je règne! . . . Achève ton récit. . . . Tu crois donc que la duchesse est furieuse?

ABIGAIL. J'en suis sûre! car en descendant le grand escalier, elle a dit à la duchesse de Norfolk qui lui donnait le bras. . . . (C'est miss Price qui l'a entendu, et miss Price est une personne en qui l'on peut avoir confiance.) Elle a dit: « Quand je devrais me perdre, je déshonorerai la reine! . . . »

LA REINE. O ciel! . . .

ABIGAIL. Et puis elle a ajouté: « Il vient de m'arriver d'importantes nouvelles dont je profiterai. . . . » Mais elles se sont éloignées, et miss Price n'a pu en entendre davantage!

LA REINE. De quelles nouvelles voulait-elle parler?

ABIGAIL. De nouvelles importantes!

LA REINE. Qu'elle vient d'apprendre?

ABIGAIL. Peut-être de nouvelles politiques. . . .

LA REINE. Ou plutôt de cette entrevue que nous avions projetée pour hier au soir. . . .

ABIGAIL. Où est le mal?

LA REINE. A coup sûr! . . . car hier si je désirais, et devant toi, interroger Masham . . . c'était pour une affaire grave et importante . . . pour savoir jusqu'à quel point on m'abusait . . . pour connaître enfin la vérité!

ABIGAIL. Ce qui est bien permis! surtout à une reine!

LA REINE. Tu crois?

ABIGAIL. C'est un devoir! (*Vivement.*) Et puis enfin qu'aurait-elle à dire? . . . Vous ne l'avez pas vu (*à part*) grâce au ciel! (*Avec satisfaction.*) Et maintenant qu'il est prisonnier . . . c'est impossible!

LA REINE, *avec embarras.* Et si cela ne l'était pas?

ABIGAIL, *effrayée.* Que voulez-vous dire?

LA REINE, *avec joie.* Tu ne sais pas, Abigaïl, il va venir, je l'attends!

ABIGAIL, *vivement.* Vous, madame!

LA REINE, *lui prenant la main.* Qu'as-tu donc?

ABIGAIL, *avec émotion.* Je tremble! . . . j'ai peur.

LA REINE, *avec reconnaissance et se levant.* Pour moi! . . . Rassure-toi! . . . aucun danger. . . .

ABIGAIL. Et si la duchesse le savait dans le palais . . . dans votre appartement! . . . à une pareille heure! . . . Mais non, Votre Majesté l'espère en vain. . . . Masham est confié à la garde de Bolingbroke, qui ne peut, sans s'exposer lui-même, lui rendre la liberté! . . . et c'est impossible. . . .

La Reine, *lui montrant la porte du fond à gauche qui vient de s'ouvrir.* Tais-toi! . . . le voici!

Abigail, *voulant courir à* Masham. O ciel!

La Reine, *la retenant.* Ne me quitte pas!

Abigail, *avec jalousie.* Oh! non, madame, non certainement!

SCÈNE VII

Masham, La Reine, Abigail

Masham *s'avance lentement, salue respectueusement* La Reine, *qui avec émotion et sans lui parler lui fait signe de la main d'avancer.*

La Reine, *bas à* Abigail. Ferme ces portes . . . et reviens! (Abigail *ferme la porte du cabinet à droite et celles du fond et revient vivement se placer près de* La Reine.)

Masham. Lord Bolingbroke m'envoie présenter à Votre Majesté ces papiers qu'il ne pouvait, dit-il, confier qu'à moi, et qui sont de la dernière importance! . . .

La Reine, *avec bonté et prenant les papiers.* C'est bien, je vous remercie!

Masham. Je dois les lui reporter avec la signature de Votre Majesté.

La Reine. C'est vrai! . . . je l'oubliais! . . . (*Elle passe près de la table à gauche et s'assied. Regardant les papiers.*) Ah! mon Dieu! comme en voilà! . . . (*Elle ôte ses gants, prend une plume et signe vivement et sans les lire les diverses ordonnances. Pendant ce temps,* Masham *s'est approché,* d'Abigail *qui est de l'autre côté, à l'extrémité à droite.*)

Masham. Eh! mon Dieu! miss Abigaïl, comme vous voilà pâle!

Abigail, *à demi-voix, avec émotion.* Écoutez-moi, Arthur . . . j'ai le crédit . . . le pouvoir de la duchesse. . . .

Masham, *avec joie.* Est-il possible?

Abigail, *de même.* La faveur de la reine! Et je suis décidée à repousser tous ces biens . . . à y renoncer. . . .

Masham, *étonné.* Eh! pourquoi? . . .

Abigail. Pour vous! . . . Quelque fortune qui vous puisse arriver, en feriez-vous autant?

Masham, *vivement.* Pouvez-vous le demander?

Abigail, *tremblante.* Eh bien! Arthur, vous êtes aimé d'une grande dame . . . la première de ce royaume. . . .

Masham. Que dites-vous?

Abigail. Silence! . . . (*Lui montrant* La Reine *qui a achevé de signer et qui s'avance vers lui.*) La reine vous parle.

La Reine. Voici les ordonnances que Bolingbroke vous avait chargé d'apporter à notre signature. . . .

Masham. Je remercie Votre Majesté, et vais annoncer à milord qu'il est ministre!

La Reine. C'est généreux à vous, car le premier usage qu'il fera du pouvoir sera, sans doute, de poursuivre l'adversaire de Richard Bolingbroke, son cousin.

Masham. Je ne crains rien! . . . il sait comment ce duel s'est passé!

La Reine. Et puis, vous avez pour vous de hautes protections . . . la nôtre d'abord, et, bien mieux, encore celle de la duchesse! (*Elle va s'asseoir sur le canapé à gauche du spectateur.* Masham *est debout devant elle, et* Abigail *debout derrière le canapé sur lequel elle s'appuie en regardant* Masham.) On m'a assuré, Masham, mais vous n'en conviendrez pas, car vous êtes discret, on m'a assuré que vous l'aimiez. . . .

Masham. Moi, madame? . . . jamais!

La Reine. Et pourquoi donc vous en défendre? la duchesse est fort belle, fort aimable, et le rang qu'elle occupe. . . .

Masham. Ah! qu'importe le rang et la puissance . . . on y songe peu quand on aime. (*Regardant* Abigail *qui est debout derrière* La Reine.) Et j'aime ailleurs! (Abigail *fait un geste d'effroi.*)

La Reine, *baissant les yeux.* Ah! c'est différent. . . . Et celle que vous aimez est donc bien belle!

Masham, *avec amour et regardant* Abigail. Plus que je ne peux vous dire. . . . (*Se reprenant.*) Je veux dire que je l'aime . . . que je suis heureux et fier de cet amour; et punissez-moi, madame, si même ici, devant vous et à vos pieds, j'ose l'avouer. . . .

La Reine, *se levant brusquement.* Taisez-vous! . . . N'entendez-vous pas?

Abigail, *montrant la porte du cabinet à droite.* On frappe à cette porte!

Masham, *montrant les portes du fond.* Ainsi qu'à celles-ci!

Abigail. Et ce bruit au dehors! . . . les appartements se remplissent de monde.

La Reine. Comment fuir maintenant? . . . (*A part, avec effroi.*) Et cette phrase de la duchesse! (*Haut.*) Si on le voit ici . . .

Abigail. Là, sur ce balcon. . . .

(Masham *s'élance sur le balcon à gauche;* Abigail *referme la fenêtre.*)

LA REINE. C'est bien . . . va leur ouvrir.

ABIGAIL. Oui, madame . . . mais du calme . . . du sang-froid!

LA REINE. Oh! j'en mourrai!

SCÈNE VIII

LES MÊMES; ABIGAIL *va ouvrir les portes du fond. Paraissent* LA DUCHESSE *et plusieurs* SEIGNEURS DE LA COUR; BO-LINGBROKE *entre après eux.* ABIGAIL *va également ouvrir la porte à droite, d'où sortent plusieurs demoiselles d'honneur.*

LA REINE. Qui ose ainsi, à cette heure . . . dans mes appartements. . . . Ciel! la duchesse. . . . Une pareille audace! . . .

LA DUCHESSE, *regardant autour d'elle dans l'appartement.* Me sera pardonnée par Votre Majesté, car il s'agit d'importantes nouvelles . . . d'où dépend le salut de l'État!

LA REINE, *avec impatience.* Lesquelles?

LA DUCHESSE, *examinant toujours l'appartement.* Des nouvelles qui mettent en rumeur . . . et agitent toute la ville. . . . *(A part, regardant le balcon.)* Il ne peut être que là. *(Haut.)* Lord Marlborough m'apprend que l'armée française vient d'attaquer à Denain [1] les lignes du prince Eugène, et a remporté une victoire complète.

BOLINGBROKE, *froidement.* ·C'est vrai!

LA DUCHESSE, *courant à la fenêtre.* ABIGAIL *fait quelques pas pour la retenir et se trouve ainsi placée entre* LA DUCHESSE *et* LA REINE. Tenez . . . entendez-vous les cris furieux de ce peuple? . . .

BOLINGBROKE. Qui demande la paix!

LA DUCHESSE, *qui vient d'ouvrir la fenêtre, et poussant un cri.* Ah! . . . monsieur Masham . . . dans l'appartement de la reine! . . .

LA REINE, *à part, et voyant paraître* MASHAM. C'est fait de moi!

ABIGAIL, *bas à* LA REINE. Non! . . . je l'espère! . . . *(Tombant à ses genoux.)* Grâce, madame! . . . grâce! . . . c'est moi qui à votre insu . . . l'avais reçu cette nuit. . . .

LA DUCHESSE, *avec colère.* Quelle audace! . . . Vous osez soutenir. . . .

ABIGAIL, *baissant les yeux.* La vérité!

MASHAM, *s'inclinant.* Que sa Majesté nous punisse tous deux!

LA REINE, *bas à* BOLINGBROKE. Bolingbroke, sauvez-nous!

BOLINGBROKE, *s'avançant vers les* SEI-GNEURS DE LA COUR *qui sont dans le fond et prenant le milieu du théâtre.* Permettez! . . . J'ai à vous dire. . . .

LA DUCHESSE, *s'adressant à* BOLING-BROKE. Et moi. . . . Je demanderai à milord, comment un prisonnier confié à sa garde est libre en ce moment, et par quel motif?

BOLINGBROKE, *se tournant vers l'assemblée.* Un motif auquel vous auriez tous cédé comme moi, milords! M. Masham m'a demandé, sur sa parole et sur son honneur de gentilhomme, la permission de faire ses adieux à Abigaïl Churchill, sa femme!

LA REINE *et* LA DUCHESSE, *poussant un cri.* O ciel! . . .

LA REINE, *avec agitation.* Messieurs! . . . messieurs! . . . *(Leur faisant signe de s'éloigner.)* Un instant . . . je vous prie! . . .

(Ils s'éloignent tous de quelques pas; LA REINE *reste seule sur le devant du théâtre avec* BOLINGBROKE.)

LA REINE, *à demi-voix.* Ah! qu'avez-vous fait? . . .

BOLINGBROKE, *de même.* Vous m'avez dit de vous sauver. . . . *(A* LA REINE *qui ne peut cacher son émotion.)* Allons, ma souveraine! . . . et puis, fallait-il laisser déshonorer cette jeune fille qui venait de se dévouer pour Votre Majesté?

LA REINE, *avec courage et comme ayant pris sa résolution.* Non! . . . *(à demi-voix)* dites-leur d'approcher.

*(*BOLINGBROKE *fait un signe;* ABIGAIL *et* MASHAM, *qui s'étaient tenus à l'écart, s'avancent timidement.)*

LA REINE, *avec émotion et à voix basse à* ABIGAIL. Abigaïl . . . ce que vous venez d'entendre . . . il faut que cela soit . . . ne le démentez pas. . . . Encore cette preuve de dévouement . . . et ma reconnaissance . . . mon amitié vous sont à jamais acquises. . . .

ABIGAIL, *à* LA REINE, *avec épanchement.* Ah! madame . . . si vous saviez. . . .

BOLINGBROKE, *lui coupant la parole.* Silence! . . .

(Il fait un signe à MASHAM, *qui à son tour s'avance près de* LA REINE.)

LA REINE. Quant à vous, Masham. . . .

BOLINGBROKE, *bas à* MASHAM. Refusez!

LA REINE. Je sais que d'autres idées, peut-être . . . mais, par le dévouement

---

[1] *Denain,* town in the north of France where Villars won a victory over Prince Eugene in 1712.

que vous lui portez . . . votre reine vous le demande. . . .

MASHAM. Moi, madame. . . .

LA REINE. Elle vous l'ordonne!

(*Tous deux s'inclinent et passent à droite du théâtre.*)

LA REINE, *s'adressant aux personnes de la cour et prenant le milieu du théâtre.* Milords et messieurs, les graves événements que madame la duchesse vient de nous apprendre vont hâter des mesures que nous méditons depuis longtemps. Sir Harley, comte d'Oxford, et lord Bolingbroke, mes nouveaux ministres, vous expliqueront demain nos intentions. Nous rappelons milord duc de Marlborough dont le talent et les services deviennent désormais inutiles, et, décidée à une paix honorable, nous entendons que, dans le plus bref délai, les conférences s'ouvrent à Utrecht, entre nos plénipotentiaires et ceux de la France.

BOLINGBROKE, *qui est placé à droite entre* MASHAM *et* ABIGAIL, *bas à* ABIGAIL. Eh bien, Abigaïl . . . mon système n'a-t-il pas raison? Lord Marlborough renversé . . . l'Europe pacifiée. . . .

MASHAM, *lui remettant les papiers que* LA REINE *a signés.* Bolingbroke, ministre! . . .

BOLINGBROKE. Et tout cela, grâce à un verre d'eau!

BALZAC

Honoré de Balzac was born in 1799 and died in 1850. His fame as a novelist was so overwhelming and so universal that his name is seldom connected with the stage. It is true that his dramatic productions are few in number and in themselves of small importance; yet he was all his life haunted by the idea that some day he would be a great playwright. We may recall that his first serious literary attempt was a tragedy, *Cromwell*, and that it was coldly received by his family and a few invited friends to whom he read it. As early as 1822, he realized the feebleness of this tragedy, for he writes: " Je vois aujourd'hui que *Cromwell* n'avait pas même le mérite d'être un embryon . . ." and again referring to it in *Peau de Chagrin* he says: " Vous avez vu dans ce chef-d'œuvre la première erreur d'un jeune homme qui sort de collège, une véritable niaiserie d'enfant."

Years later, when some of his greatest novels had been written and had brought him fame, his mind reverted to the theatre, not so much from an inner urge to create dramatic masterpieces, but mainly because he saw in the stage a means of gaining wealth rapidly. On March 11, 1835, he wrote to Mme Hanska: " Le théâtre me vaudrait cent mille francs. Je sais, à n'en point douter, que j'y ferais en peu de temps ma fortune." Again on August 23 of the same year and to the same correspondent: " Pour me liquider, cette effroyable production de livres . . . ne suffit pas. Il faut en venir au théâtre dont les revenus sont énormes comparés à ceux que nous font les livres." He counted on *Vautrin* to pay his debts and just before its production he wrote: " Jugez quelles seront mes angoisses pendant la soirée où *Vautrin* sera représenté. Dans cinq heures de temps, il sera décidé si je paie ou si je ne paie pas mes dettes." He planned a whole series of plays, a kind of second human comedy, but death cut short his career before he had time to carry out this plan. All he achieved was six plays; the titles, a few scenes and scenarios with lists of characters and actors that were to impersonate them are all that remains of the others. The published plays are:

Vautrin, a drama in five acts, first presented at the Porte Saint-Martin, March 14, 1840. It was forbidden by order of the Minister of the Interior after the first evening because Frédérick Lemaître in the title rôle had himself made up to look like Louis Philippe. An indemnity was offered the author, but as this was insignificant in comparison with the princely sums he expected to earn with the play, he refused the offer. Possibly his high expectations were not justified, for the critics were severe in their condemnation. " Tout manque, l'esprit, le style, le langage, l'invention, le sens commun," wrote Jules Janin, and we can hardly fail to agree with him. The Gaieté revived *Vautrin* without the author's permission ten years later, in 1850, and in the same year, April 1, Frédérick Lemaître once more played the part at the Ambigu Comique.

Les ressources de Quinola, a Spanish comedy in five acts and a prologue, first produced at the Odéon on March 17, 1842. It was revived in 1863 by the Théâtre du Vaudeville.

Paméla Giraud, in five acts, produced at the Théâtre de la Gaieté, September 26, 1843; again at the Gymnase in 1859.

La marâtre, a *drame intime* in five acts and eight tableaux, first given at the Théâtre Historique on May 25, 1848 and in 1859 at the Théâtre du Vaudeville.

L'école des ménages, a drama never performed nor published during his life time. In fact the manuscript got lost and was recovered accidentally by the great Balzac enthusiast and bibliographer, Vicomte Spoelberch de Lovenjoul. Balzac, who had had the play in mind as early as 1837, finished it in 1838 after sixteen nights and sixteen days of labor. It was rejected by the Renaissance and once again Balzac was disappointed in his hopes that this play would help him to liquidate his debts. The Odéon produced it in 1910.

Le faiseur, a comedy in five acts, the best of Balzac's plays, an interesting character study written in 1840. It was first published in 1851 in a newspaper, *le Pays,* under the title of *Mercadet,* and then in a volume in 1853 with the title of *le Faiseur.* It was not performed during Balzac's lifetime, but the Gymnase staged it the year after his death (August 24, 1851) under the name of *Mercadet,* a title which faintly resembles that of *Turcaret,* Le Sage's famous eighteenth century financial comedy. It was not, however, the original work that was staged, but a version made by Dennery, well-known melodramatist, author among others of *les Deux Orphelines,* who reduced the five long acts to three and made considerable changes in the arrangement of the scenes, omitting scenes and unessential details which retarded the action. With some further changes it was put on by the Théâtre Français in 1868 and had thirty performances that year.

Though far from being a great masterpiece, *Mercadet* was entitled to a place in this collection for historical reasons. It was the earliest example of a truly realistic play, making use of contemporary characters and situations, basing the plot on actual business or financial conditions, making the love motif subsidiary to them.

It is easy to point out its faults. It is prolix, certain scenes drag and are overemphasized though lacking in interest. Too many incidents are crowded together, and in the financial schemes and talk of Mercadet and his visitors there is some obscurity for all but those initiated into the secrets of the stock market. In outwitting his creditors, Mercadet seems too much the prestidigitator who by sleight-of-hand bewilders his spectators. They come, bent on getting their due and threatening revenge unless satisfied at once, and in the twinkling of an eye they are pacified and humble, all through the wiles of the brazen spell-binder. It does not seem clear, either, how the supposedly brilliant marriage of Mercadet's daughter could save him from bankruptcy and dishonor; nor does it seem likely that the absconding partner should turn up with a gold mine just at the critical moment, a highly artificial device used again by Dumas fils in *la Question d'argent.*

But granting these defects and others, it must be admitted that Mercadet and the secondary characters of the comedy are as lifelike as any in Balzac's novels; that the dialogue is natural, and that many of the scenes, among others the capital one of the unmasking of the pseudo-millionaire fiancé, are highly comical. Compared to *Antony* and *Chatterton,* the two most realistic plays of the Romantic period, and to the artificial productions of Scribe, *Mercadet* seems modern and substantial.

What is *Mercadet?* Balzac tells us himself in a letter to Mme Hanska: " Mercadet est le combat d'un homme contre ses créanciers et les ruses dont il se sert pour leur échapper." It is then primarily a comedy of character. That Balzac has been successful in the creation of a type is best proven by the circumstance that the name has remained in the language to designate a glib-tongued promoter of doubtful enterprises. But it is more than a character comedy; it is also one of manners and a satire on an epoch of frenzied speculation, when small business gave way to large combinations and stock-companies, when money, not honor, was the god of France.

In the simplicity of the means employed by the author; in the absence of any complication of plot; in the truthful portrayal of character and conditions, and in the realism of the dialogue, *Mercadet* is the earliest representative of naturalism on the stage. Whether it has influenced the younger Dumas, Augier or Becque is an open question, and some maintain that realism on the stage, such as is represented by Augier and Dumas fils, owes more to Balzac's novels than to his comedy or drama.

Bibliography: *Théâtre* in Volume XVIII of Balzac's *Œuvres*. ROYCE, *Balzac Bibliography*, Chicago, 1929. SPOELBERCH DE LOVENJOUL, *Histoire des œuvres de Honoré de Balzac*, 3rd ed., Paris, 1888. ANDRÉ LE BRETON, *Balzac, l'homme et l'œuvre*, Paris, 1905. E. BIRÉ, *Honoré de Balzac*, Paris, 1897. W. S. HASTINGS, *The Drama of Honoré de Balzac*, Baltimore, 1917.

MERCADET

Par H. DE BALZAC

(1851)

PERSONNAGES

MERCADET.
MME MERCADET, *sa femme.*
JULIE, *leur fille.*
MINARD, *commis de* MERCADET.
VERDELIN, *ami de* MERCADET.
GOULARD ⎫
PIERQUIN ⎬ *créanciers de* MERCADET.
VIOLETTE ⎭

JUSTIN ⎫ *Domestiques*
THÉRÈSE, *femme de chambre* ⎬ *de*
VIRGINIE, *cuisinière* ⎭ MERCADET.
MÉRICOURT, *ami de* MERCADET.
M. DE LA BRIVE.
CRÉANCIERS.
La scène est à Paris, chez MERCADET.

ACTE PREMIER

Un salon. Porte au fond. Portes latérales. Au premier plan, dans l'angle, à gauche une cheminée avec glace. A droite une fenêtre. A droite une petite table avec ce qu'il faut pour écrire. Fauteuils à droite, à gauche et au fond.

SCÈNE PREMIÈRE

JUSTIN, VIRGINIE, THÉRÈSE

JUSTIN, *achevant d'épousseter.* Oui, mes enfants, il a beau nager, il se noiera, ce pauvre monsieur Mercadet.

VIRGINIE, *son panier au bras.* Vous croyez?

JUSTIN. Il est brûlé![1] . . . et quoiqu'il y ait bien des profits chez les maîtres embarrassés, comme il nous doit une année de gages, il est temps de nous faire mettre à la porte.

THÉRÈSE. Ce n'est pas toujours facile . . . il y a des maîtres si entêtés! . . . J'ai déjà dit deux ou trois insolences à madame, elle n'a pas eu l'air de les entendre.

VIRGINIE. Ah! j'ai servi dans plusieurs maisons bourgeoises; mais je n'en ai pas encore vu de pareilles à celle-ci! . . . Je vais laisser les fourneaux et me présenter à un théâtre pour jouer la comédie.

JUSTIN. Nous ne faisons pas autre chose ici.

VIRGINIE. Tantôt il faut prendre un air étonné, comme si on tombait de la lune,

quand un créancier se présente:—Comment, monsieur, vous ne savez pas?—Non.—Monsieur Mercadet est parti pour Lyon.—Ah! . . . il est allé?—Oui, pour une affaire superbe, il a découvert des mines de charbon de terre.—Ah! tant mieux! . . . Quand revient-il?—Mais nous l'ignorons.—Tantôt je compose mon air comme si j'avais perdu ce que j'ai de plus cher au monde.

JUSTIN, *à part.* Son argent.

VIRGINIE, *feignant de pleurnicher.* « Monsieur et sa fille sont dans un bien grand chagrin. Madame Mercadet . . . pauvre dame! il paraît que nous allons la perdre. . . . Ils l'ont conduite aux eaux! . . .—Ah! »

THÉRÈSE. Et puis, il y a des créanciers qui sont d'un grossier! . . . ils vous parlent . . . comme si nous étions les maîtres!

VIRGINIE. C'est fini . . . je vais demander mon compte et faire régler mon livre de dépense . . . mais c'est que les fournisseurs ne veulent plus rien donner sans argent! eh donc, je ne prête pas le mien.

JUSTIN, *remontant.* Demandons nos gages.

VIRGINIE *et* THÉRÈSE. Demandons nos gages.

VIRGINIE. Est-ce que c'est là des bourgeois? . . . Les bourgeois, c'est des gens qui dépensent beaucoup pour leur cuisine.

JUSTIN, *revenant.* Qui s'attachent à leurs domestiques.

[1] *brûlé,* finished, ruined.

338

VIRGINIE. Et qui leur laissent un via-ger.[1] . . . Voilà ce que doivent être les bourgeois relativement aux domestiques.

THÉRÈSE. Bien dit, la Picarde. . . . Quoique ça,[2] moi, je plains mademoiselle et le petit Minard, son amoureux.

JUSTIN. Ce n'est pas à un petit teneur de livres qui ne gagne que dix-huit cents francs, que monsieur Mercadet donnera sa fille . . . il rêve mieux que ça pour elle.

THÉRÈSE et VIRGINIE. Qui donc?

JUSTIN. Hier, il est venu ici deux beaux jeunes gens en cabriolet, leur groom a dit au père Grumeau que l'un de ces messieurs allait épouser mademoiselle Mercadet.

VIRGINIE. Comment! ce seraient ces deux jeunes gens à gants jaunes, à beaux gilets à fleurs qui épouseraient mademoi-selle?

JUSTIN. Pas tous les deux, la Picarde.

VIRGINIE. Leur cabriolet reluisait comme du satin . . . leur cheval avait des roses là (elle montre son oreille), il était tenu par un enfant de huit ans, blond, frisé, des bottes à revers . . . un air de souris qui ronge des dentelles . . . un amour qui jurait comme un sapeur. . . . Et un beau jeune homme qui a tout cela, des gros diamants à sa cravate, serait le mari de mademoiselle Mercadet! . . . Allons donc! . . .

JUSTIN. Vous ne connaissez pas mon-sieur Mercadet! moi qui suis entré chez lui il y a six ans, et qui le vois depuis sa dégringolade, aux prises avec ses créan-ciers, je le crois capable de tout, même de devenir riche. . . . Tantôt je me disais: Le voilà perdu! . . . les affiches jaunes[3] fleurissaient à la porte! . . . Il recevait des rames de papier timbré . . . que j'en vendais à la livre sans qu'il s'en aperçût! . . . Brrr . . . il rebondissait! . . . il tri-omphait! . . . Et quelles inventions! C'était du nouveau tous les jours! . . . du bois en pavé![4] . . . des pavés filés en soie![5] . . . des duchés, des étangs, des moulins! . . . par exemple, je ne sais pas par où sa caisse est trouée . . . il a beau l'emplir, ça se vide comme un verre! . . . Et toujours des créanciers! . . . et il les promène! et il les retourne! quelquefois je les ai vus arrivant. . . . Ils vont tout emporter! Le faire mettre en prison! . . . Il leur parle, et ils finissent par vivre en-semble. Ils sortent les meilleurs amis du monde, en lui donnant des poignées de main! . . . Il y en a qui domptent les lions et les chacals, lui dompte les créan-ciers. . . . C'est sa partie! . . .

THÉRÈSE. Un qui n'est pas facile, c'est ce M. Pierquin.

JUSTIN. Un tigre qui se nourrit de billets de mille francs. . . . Et ce pauvre père Violette!

VIRGINIE. Un créancier mendiant. . . . J'ai toujours envie de lui donner un bouillon!

JUSTIN. Et le Goulard!

THÉRÈSE. Un escompteur qui vou-drait me . . . m'escompter.

VIRGINIE. J'entends madame.

JUSTIN. Soyons gentils, nous appren-drons quelque chose du mariage.

SCÈNE II

LES MÊMES, MME MERCADET

MME MERCADET, entrant de droite. Justin, êtes-vous allé faire les commissions que je vous avais données?

JUSTIN. Oui, madame, mais on refuse de livrer les robes, les chapeaux, toutes les commandes enfin. . . .

VIRGINIE. J'ai aussi à dire à madame que les fournisseurs de la maison ne veu-lent plus. . . .

MME MERCADET. Je comprends.

JUSTIN. C'est les créanciers qui sont la cause de tout le mal. . . . Ah! si je savais quelque bon tour à leur jouer!

MME MERCADET. Le meilleur serait de les payer.

JUSTIN. Ils seraient bien attrapés. . . .

MME MERCADET. Il est inutile de vous cacher l'inquiétude excessive que me cau-sent les affaires de mon mari . . . nous aurons sans doute besoin de votre discré-tion . . . car nous pouvons compter sur vous, n'est-ce pas?

TOUS. Ah! madame!

VIRGINIE. Nous disions tout à l'heure que nous avions de bien bons maîtres!

---

[1] viager, annuity for life.
[2] Quoique ça, popular and incorrect for malgré ça.
[3] affiches jaunes, yellow posters, placed by order of the court and advertising a sheriff's sale.
[4] du bois en pavé, wooden paving blocks.
[5] pavés filés en soie, silk-wound pavements.

Thérèse. Et que nous nous mettrions au feu pour vous. . . .

Justin. Nous le disions!

(Mercadet *paraît au fond.*)

Mme Mercadet. Merci, vous êtes de braves gens. . . . (Mercadet *hausse les épaules.*) Monsieur ne veut que gagner du temps, il a tant de ressources dans l'esprit. . . . Il se présente un riche parti pour mademoiselle Julie, et si. . . .

SCÈNE III

Les Mêmes, Mercadet

Mercadet, *interrompant sa femme.* Chère amie! . . . (*Tous les domestiques s'éloignent un peu. Bas.*) Voilà comment vous parlez à vos domestiques? . . . ils vous manqueront de respect demain. (*A* Justin.) Justin, allez à l'instant chez monsieur Verdelin, vous le prierez de venir me parler pour une affaire qui ne souffre aucun retard. . . . Soyez assez mystérieux, car il faut qu'il vienne. . . . Vous, Thérèse, retournez chez les fournisseurs de madame Mercadet, dites-leur sèchement d'apporter tout ce qui a été commandé par vos maîtresses. . . . Ils seront payés . . . oui . . . comptant . . . allez. . . . (Justin *et* Thérèse *vont pour sortir.*) Ah! . . . (*Ils s'arrêtent.*) Si . . . si ces messieurs se présentent, qu'on les laisse entrer.

(Madame Mercadet *s'assied à droite.*)

Justin. Ces . . . ces messieurs? . . .

Thérèse *et* Virginie. Ces messieurs?

Mercadet. Eh! oui, ces messieurs! ces messieurs mes créanciers. . . .

Mme Mercadet. Comment, mon ami?

Mercadet, *s'asseyant près de la table à droite.* La solitude m'ennuie . . . j'ai besoin de les voir. (*A* Justin *et à* Thérèse.) Allez. . . .

(*Ils sortent.*)

SCÈNE IV

Mercadet, Mme Mercadet, Virginie

Mercadet, *à* Virginie. Eh bien! madame vous a-t-elle donné ses ordres?

Virginie. Non, monsieur, d'ailleurs les fournisseurs. . . .

Mercadet. Il faut vous distinguer aujourd'hui. Nous avons à dîner quatre personnes. . . . Verdelin et sa femme,

monsieur de Méricourt et monsieur de la Brive. . . . Ainsi nous serons sept. . . . Ces dîners-là sont le triomphe des grandes cuisinières! . . . Ayez pour relevé de potage,[1] un beau poisson, puis quatre entrées; mais finement faites. . . .

Virginie. Mais, monsieur, les fournis. . . .

Mercadet. Au second service. . . . Ah! le second service doit être à la fois savoureux et brillant, délicat et solide . . . le second service. . . .

Virginie. Mais les fournisseurs! . . .

Mercadet. Hein! quoi? . . . Les fournisseurs! . . . Vous me parlez des fournisseurs le jour où se fait l'entrevue de ma fille et de son prétendu! . . .

Virginie. Ils ne veulent plus rien fournir.

Mercadet. Qu'est-ce que c'est que des fournisseurs qui ne fournissent pas? . . . on en prend d'autres. . . . Vous irez chez leurs concurrents, vous leur donnerez ma pratique, et ils vous donneront des étrennes.[2]

Virginie. Et ceux que je quitte, comment les payerai-je?

Mercadet. Ne vous inquiétez pas de cela, ça les regarde.

Virginie. Et s'ils me demandent leur payement à moi? . . . Oh! d'abord je ne réponds de rien.

Mercadet, *bas, se levant.* Cette fille a de l'argent. (*Haut.*) Virginie, aujourd'hui le crédit est toute la richesse des gouvernements, mes fournisseurs méconnaîtraient les lois de leur pays, ils seraient inconstitutionnels et radicaux . . . s'ils ne me laissaient pas tranquille. . . . Ne me rompez donc pas la tête pour des gens en insurrection contre le principe vital de tous les États . . . bien ordonnés! . . . occupez-vous du dîner, comme c'est votre devoir, mais montrez-vous ce que vous êtes, un vrai cordon bleu! . . . Et si madame Mercadet, en comptant avec vous le lendemain du mariage de ma fille, se trouve avoir déficit . . . c'est moi qui réponds de tout! . . .

Virginie, *hésitant.* Monsieur. . . .

Mercadet. Allez! . . . je vous ferai gagner de bons intérêts à dix francs pour cent francs tous les six mois! . . . C'est un peu mieux que la caisse d'épargne.

Virginie. Je crois bien, elle donne à peine cent sous par an!

---

[1] *relevé de potage*, following the soup.

[2] *étrennes*, a present received by servants when patronizing a dealer for the first time.

MERCADET, *bas à sa femme.* Quand je vous le disais! . . . (*A* VIRGINIE.) Comment, vous mettez votre argent entre des mains étrangères! . . . Vous avez bien assez d'esprit pour le faire valoir [1] vous-même, et ici votre petit magot ne vous quittera pas.

VIRGINIE. Dix francs tous les six mois! . . . Quant au second service, madame me le dira, je vais faire le déjeuner.

(*Elle sort.*)

SCÈNE V

MERCADET, MME MERCADET

MERCADET, *regardant* VIRGINIE *qui sort.* Cette fille a mille écus à la caisse d'épargne qu'elle nous a volés . . . aussi maintenant pouvons-nous être tranquilles de ce côté-là.

MME MERCADET. Ah! monsieur, jusqu'où descendez-vous?

MERCADET. Madame, il n'y a pas de petits détails. . . . Ne jugez pas les moyens dont je me sers. . . . Là tout à l'heure, vous vouliez prendre vos domestiques par la douceur! . . . Il fallait commander . . . comme Napoléon, brièvement.

MME MERCADET. Ordonner, quand on ne paye pas.

MERCADET. Précisément! on paye d'audace.[2]

MME MERCADET. On peut obtenir par l'affection des services qu'on refuse à. . . .

MERCADET. Par l'affection! ah! vous connaissez bien votre époque! . . . Aujourd'hui, madame, il n'y a plus que des intérêts, parce qu'il n'y a plus de famille, mais des individus! Voyez, l'avenir de chacun est dans une caisse publique! . . . Une fille, pour sa dot, ne s'adresse plus à une famille, mais à une tontine.[3] . . . La succession du roi d'Angleterre était chez une assurance. La femme compte, non sur son mari, mais sur la caisse d'épargne! . . . On paye sa dette à la patrie au moyen d'une agence qui fait la traite des blancs! [4] . . . Enfin tous nos devoirs sont en coupons. . . . Les domestiques dont

on change . . . comme de chartes,[5] ne s'attachent plus à leurs maîtres! . . . Ayez leur argent, ils vous sont dévoués.

MME MERCADET. Oh! monsieur, vous si honorable, si probe, vous dites quelquefois des choses qui me. . . .

MERCADET. Et qui arrive à dire, arrive à faire, n'est-ce pas? . . . Eh bien! je ferai tout ce qui pourra me sauver, car (*il tire une pièce de 5 fr.*) car voici l'honneur moderne. . . . Savez-vous pourquoi les drames dont les héros sont des scélérats ont tant de spectateurs? . . . c'est que tous les spectateurs s'en vont flattés en se disant: Allons, je vaux encore mieux que ces coquins-là!

MME MERCADET. Mon ami!

MERCADET. Mais moi, j'ai mon excuse, je porte le poids du crime de mon associé . . . de Godeau qui s'est enfui enlevant avec lui la caisse de notre maison! . . . D'ailleurs qu'y a-t-il de déshonorant à devoir? . . . Quel est l'homme qui ne meurt pas insolvable envers son père? Il lui doit la vie et ne peut la lui rendre. . . . La terre fait constamment faillite au soleil.[6] La vie, madame, est un emprunt perpétuel! . . . et n'emprunte pas qui veut! . . . Ne suis-je pas supérieur à mes créanciers? . . . J'ai leur argent, ils attendent le mien? . . . Je ne leur demande rien, et ils m'importunent. . . . Un homme qui ne doit rien! . . . mais personne ne songe à lui! tandis que mes créanciers s'intéressent à moi!

MME MERCADET. Un peu trop! devoir et payer . . . tout va bien . . . mais emprunter quand on se sait hors d'état de s'acquitter. . . .

MERCADET. Vous vous apitoyez sur mes créanciers, mais nous n'avons dû leur argent qu'à. . . .

MME MERCADET. Qu'à leur confiance, monsieur.

MERCADET. A leur avidité! . . . Le spéculateur et l'actionnaire se valent . . . tous les deux, ils veulent être riches en un instant. J'ai rendu service à tous mes créanciers, et tous croient encore tirer quelque chose de moi! Je serais perdu

---

[1] *faire valoir*, make it yield profit.

[2] *payer d'audace*, put on a bold front.   Mercadet here puns on the word *payer*.

[3] *tontine*, a mutual life insurance company paying annuities.

[4] *traite des blancs*.   He means: one buys a substitute for one's military service from an agency. *Traite des blancs* means white slave trade.

[5] *charte*, charter.   The French *Charte constitutionnelle* was granted in 1814 by Louis XVIII and liberalized in 1830 after the overthrow of Charles X.

[6] *La terre . . . soleil*, obscure sentence.   Literally it means: The earth fails to pay its debt to the sun.

sans la connaissance intime que j'ai de leurs intérêts et de leurs passions. . . . Aussi vous verrez tout à l'heure comme je vais jouer à chacun sa comédie!

(*Il s'assied à gauche.*)

MME MERCADET. En effet, vous venez de donner l'ordre. . . .

MERCADET. De les recevoir. . . . Il le faut! . . . (*Lui prenant la main.*) Je suis à bout de ressources, mon amie, le temps est venu de frapper un grand coup, c'est Julie qui nous y aidera.

MME MERCADET. Ma fille!

MERCADET. Mes créanciers me pressent, me harcellent . . . il faut que je fasse faire à Julie un brillant mariage qui les éblouisse . . . et ils me donneront du temps . . . mais pour que ce mariage ait lieu, il faut d'abord que ces messieurs me donnent de l'argent.

MME MERCADET. Eux . . . de l'argent!

MERCADET. Est-ce qu'il n'en faut pas pour payer les toilettes que l'on va vous apporter et le trousseau que je donne . . . à propos, pour une dot de deux cent mille francs, il faut bien un trousseau de quinze mille.

MME MERCADET. Mais vous ne pouvez pas donner cette dot.

MERCADET, *se levant*. Raison de plus pour donner le trousseau . . . voilà donc ce qu'il nous faut: douze ou quinze mille francs pour payer le trousseau, et un millier d'écus pour vos fournisseurs, et afin que la gêne ne se sente pas dans notre maison à l'arrivée de M. de la Brive!

MME MERCADET. Mais compter sur des créanciers pour cela!

MERCADET. Est-ce qu'ils ne sont pas de ma famille? . . . trouvez-moi un parent qui désire autant qu'eux me voir bien portant et riche. Les parents sont toujours un peu envieux du bonheur ou de la richesse qui nous vient; le créancier s'en réjouit sincèrement. . . . Si je mourais, j'aurais, pour me suivre, plus de créanciers que de parents, ceux-ci porteraient mon deuil dans le cœur et au chapeau, ceux-là le porteraient dans leurs livres et dans leur bourse . . . c'est là que ma perte laisserait un véritable vide! . . . le cœur oublie, le crêpe disparaît au bout d'un an . . . le chiffre non soldé [1] est ineffaçable et le vide reste toujours.

MME MERCADET. Mon ami, je connais ceux à qui vous devez . . . et je suis certaine que vous n'obtiendrez rien.

MERCADET. J'obtiendrai du temps et de l'argent, soyez-en sûre. . . . (*Mouvement de* MME MERCADET.) Voyez-vous, ma chère, quand une fois ils vous ont ouvert leur bourse, les créanciers sont comme les joueurs qui mettent toujours pour rattraper leur première mise. (*S'animant.*) Oui, ce sont des mines sans fin! . . . A défaut d'un père qui vous lègue une fortune, les créanciers sont des oncles! d'infatigables oncles!

JUSTIN, *entrant par le fond*. Monsieur Goulard fait demander à monsieur, s'il est bien vrai qu'il ait désiré le voir.

MERCADET, *à sa femme*. Ça l'étonne! . . . (*A* JUSTIN.) Priez-le d'entrer. (JUSTIN *sort*.) Goulard! le plus intraitable de tous! . . . ayant trois huissiers [2] à sa solde! . . . mais heureusement . . . spéculateur avide et poltron! qui tente les affaires les plus aventureuses et qui tremble dès qu'elles sont en train. . . .

JUSTIN, *annonçant*. Monsieur Goulard!

(*Il sort.*)

SCÈNE VI

LES MÊMES, GOULARD

GOULARD, *avec colère*. Ah! on vous trouve, monsieur, quand vous le voulez bien!

MME MERCADET. Il paraît furieux! Mon ami!

MERCADET, *lui faisant signe de se tranquilliser*. Monsieur est mon créancier, ma chère.

GOULARD. Et je ne sortirai d'ici que lorsque vous m'aurez payé.

MERCADET, *bas*. Tu ne sortiras pas d'ici que tu ne m'aies donné de l'argent. . . . (*Haut.*) Ah! vous m'avez rudement poursuivi, Goulard! moi, un homme avec qui vous faisiez des affaires considérables!

GOULARD. Des affaires où tout n'a pas été bénéfice.

MERCADET. Où serait le mérite? si elles ne donnaient que des bénéfices, tout le monde ferait des affaires.

GOULARD. Vous ne m'avez pas appelé, je pense, pour me donner des preuves de votre esprit! . . . Je sais que vous en avez

---

[1] *le chiffre non soldé*, an unpaid amount.

[2] *huissier*, court official who attends to the execution of the sentences, to the posting of sheriff's sales, etc.

plus que moi, car vous avez mon argent.

MERCADET. Il faut bien que l'argent soit quelque part. (*A sa femme.*) Oui, oui, tu vois en monsieur un homme qui m'a poursuivi comme un lièvre. . . . Allons! convenez-en, Goulard, vous vous êtes mal conduit . . . un autre que moi se vengerait en ce moment . . . car je puis vous faire perdre une bien grosse somme.

GOULARD. Si vous ne me payez pas, je le crois bien, mais vous me payerez . . . les pièces sont entre les mains du garde du commerce.[1]

MME MERCADET. Grand Dieu!

MERCADET. Du . . . du garde du commerce! . . . ah! perdez-vous l'esprit? . . . mais vous ne savez donc pas ce que vous faites, malheureux! . . . vous nous ruinez, vous et moi, d'un seul coup.

GOULARD, *ému.* Comment? . . . vous . . . c'est possible . . . mais . . . mais moi.

MERCADET. Tous les deux, vous dis-je! . . . vite, mettez-vous là . . . écrivez, écrivez. . . .

GOULARD, *prenant machinalement la plume.* Écrire . . . quoi? . . .

MERCADET. Un mot à Delannoy pour qu'il fasse suspendre, et qu'il me donne . . . les mille écus dont j'ai absolument besoin.

GOULARD, *jetant la plume.* Allons donc, plus souvent.[2]

MERCADET. Vous hésitez, et quand je marie ma fille à un homme puissamment riche . . . vous voulez que l'on m'arrête . . . vous tuez votre créance . . . vous!!!

GOULARD. Ah! vous . . . mariez. . .

MERCADET. A M. le comte de la Brive. . . . Autant de mille livres de rentes que d'années! . . .

GOULARD. Si c'est un homme mûr . . . c'est une raison pour vous donner un délai . . . mais les mille écus! . . . les mille écus jamais . . . décidément . . . rien . . . ni délai, ni . . . je m'en vais.

MERCADET, *avec force.* Eh bien! . . . partez donc, ingrat! . . . Mais souvenez-vous que j'ai voulu vous sauver. . . .

GOULARD, *revenant.* Me . . . me sauver. . . . De quoi?

MERCADET, *bas.* Allons donc! . . . (*Haut.*) De quoi? . . . de la ruine la plus complète.

GOULARD. De la ruine! c'est impossible.

MERCADET, *s'asseyant à droite.* Comment vous! . . . un homme intelligent, habile . . . un homme . . . fort enfin! . . . car il est très-fort! . . . vous faites de ces affaires. . . . La! tenez, j'étais furieux contre vous . . . ce n'est pas par amitié . . . ma foi . . . oui, je l'avoue, c'est par égoïsme. . . . J'avoue que je regardais votre fortune . . . un peu . . . comme la mienne. . . . Je me disais: Je lui dois trop pour qu'il ne m'aide pas encore dans les grands jours comme celui-ci par exemple! . . . et vous allez tout exposer . . . tout perdre dans une seule entreprise! . . . tout! . . . Ah! vous avez raison de me refuser mille écus . . . il vaut mieux les enfouir avec le reste, vous avez raison de m'envoyer à Clichy,[3] vous y retrouverez du moins un ami! . . .

GOULARD, *se rapprochant.* Mercadet! . . . mon cher Mercadet! . . . mais c'est donc vrai?

MERCADET, *se levant.* Si c'est vrai! . . . (*A sa femme.*) Tu ne le croirais jamais. . . . (*A* GOULARD.) Elle a fini par se connaître en spéculations. . . . (*A sa femme.*) Eh! bien, ma chère, Goulard est pour une somme . . . très considérable! . . . dans la grande affaire.

MME MERCADET, *honteuse.* Monsieur!

MERCADET. Quel malheur! . . . si on n'y paraît pas!

GOULARD. Mercadet! . . . C'est des mines de la Basse-Indre [4] que vous voulez parler?

MERCADET. Tiens! parbleu! . . . (*A part.*) Ah! tu as de la Basse-Indre!

GOULARD. Mais l'affaire me paraissait superbe.

MERCADET. Superbe! . . . Oui, pour ceux qui ont fait vendre hier.

GOULARD. On a vendu?

MERCADET. En secret dans la coulisse.

GOULARD. Adieu! merci, Mercadet, madame, mes hommages.

MERCADET, *l'arrêtant.* Goulard!

GOULARD. Hein?

MERCADET. Et ce mot pour Delannoy.

GOULARD. Je . . . lui parlerai pour le délai. . . .

MERCADET. Non, écrivez, et je pourrai pendant ce temps vous dire quelqu'un qui achètera vos titres.

---

[1] *garde du commerce,* constable in the service of the *tribunal du commerce.*

[2] *plus souvent,* "not often again," not again.

[3] *Clichy,* debtors' prison.

[4] *Basse-Indre,* not a department, but a region near the mouth of the river Indre, and here the name of a company.

GOULARD, *s'asseyant.* Toute ma Basse-Indre? . . . (*il reprend la plume*) et . . . qui? . . .

MERCADET, *bas.* Le voyez-vous, l'honnête homme, prêt à voler le prochain. (*Haut.*) Écrivez donc . . . trois mois de délai, hein?

GOULARD. Trois mois, ça y est.

MERCADET. Mon homme, qui achète en secret de peur de déterminer la hausse, cherche trois cents actions, vous en avez bien trois cents?

GOULARD. J'en ai trois cent cinquante.

MERCADET. Cinquante de plus! . . . bah! il les prendra. . . . (*Regardant ce qu'a écrit* GOULARD.) Avez-vous mis les mille écus. . . .

GOULARD. Et comment s'appelle-t-il?

MERCADET. Il s'appelle? vous n'avez pas mis. . . .

GOULARD. Son nom!

MERCADET. Les mille écus!

GOULARD. Diable d'homme. (*Il écrit.*) Ça y est.

MERCADET. Il s'appelle Pierquin.

GOULARD, *se levant.* Pierquin!

MERCADET. C'est lui du moins qu'on chargera de l'achat . . . rentrez chez vous . . . et je vous l'enverrai . . . il ne faut pas courir après l'acheteur.

GOULARD. Jamais! . . . vous me sauvez la vie. . . . Adieu, ami! . . . Madame, recevez mes vœux pour le bonheur de votre fille. . . .

(*Il sort.*)

MERCADET. Et d'un! . . . ils y passeront tous.

SCÈNE VII

MME MERCADET, MERCADET, *puis* JULIE

MME MERCADET. Est-ce vrai, ce que vous venez de lui apprendre là? . . . car je ne sais plus démêler le sens de ce que vous leur dites.

MERCADET. Il est dans l'intérêt de mon ami Verdelin d'organiser une panique sur les actions de la Basse-Indre; entreprise longtemps douteuse, et devenue excellente tout à coup, par les gisements de minerai [1] qu'on vient de découvrir. . . . Ah! si je pouvais acheter pour cent mille écus . . . ma fortune serait . . . mais c'est du mariage de Julie qu'il s'agit.

MME MERCADET. Vous connaissez bien ce M. de la Brive, n'est-ce pas, mon ami?

MERCADET. J'ai dîné chez lui! . . . charmant appartement, belle argenterie, un dessert en vermeil [2] à ses armes! donc ce n'était pas emprunté. . . . Oh! notre fille fait un beau mariage. . . . Et lui . . . bah! quand sur deux époux, il y en a un d'heureux, c'est déjà gentil!

(JULIE *entre à droite.*)

MME MERCADET. Voici ma fille, monsieur. . . . Julie, votre père et moi, nous avons à vous parler sur un sujet toujours agréable à une fille. . . .

JULIE. Monsieur Minard vous a donc parlé, mon père? . . .

MERCADET. Monsieur Minard! Vous attendiez-vous, madame, à trouver un monsieur Minard établi dans le cœur de votre fille! . . . Monsieur Minard, serait-ce par hasard ce petit employé. . . .

JULIE. Oui, papa.

MERCADET. Vous l'aimez?

JULIE. Oui, papa.

MERCADET. Il s'agit bien d'aimer! il faut être aimée.

MME MERCADET. Vous aime-t-il?

JULIE. Oui, maman!

MERCADET. Oui, papa, oui, maman, pourquoi pas nanan et dada? . . . Quand les filles sont ultra-majeures, elles parlent comme si elles sortaient de nourrice. . . . Faites à votre mère la politesse de l'appeler madame, afin qu'elle ait les bénéfices de sa fraîcheur et de sa beauté.

JULIE. Oui, monsieur. . . .

MERCADET. Oh! moi . . . appelez-moi: mon père, je ne m'en fâcherai pas. . . . Quelles preuves avez-vous d'être aimée?

JULIE. Mais la meilleure preuve, c'est qu'il veut m'épouser.

MERCADET. C'est vrai, ces filles ont, comme les petits enfants, des réponses à vous casser les bras. . . . Apprenez, mademoiselle, qu'un employé à dix-huit cents francs ne sait pas aimer. . . . Il n'en a pas le temps, il se doit au travail. . . .

MME MERCADET. Mais, malheureuse enfant. . . .

MERCADET. Ah! Quel bonheur! Laissez-moi lui parler. . . . Écoute, Julie, je te marie à ton Minard. . . . (*Mouvement de joie de* JULIE.) Attends . . . tu n'as pas le premier sou, tu le sais, que

[1] *gisements de minerai,* ore deposits.
[2] *dessert en vermeil,* gilded dessert service.

devenez-vous le lendemain de votre mariage? y as-tu songé?

JULIE. Oui, mon père. . . .

MME MERCADET, *avec bonté, à son mari.* Elle est folle.

MERCADET. Elle aime, la pauvre fille! . . . (*A* JULIE.) Parle, Julie, je ne suis plus ton père; mais ton confident, je t'écoute.

JULIE. Nous nous aimerons.

MERCADET. Mais l'amour vous enverra-t-il des coupons de rentes au bout de ses flèches?

JULIE. Mon père, nous logerons dans un petit appartement, au fond d'un faubourg, au quatrième étage, s'il le faut! . . . au besoin je serai sa servante. . . . Oh! je m'occuperai des soins du ménage avec un plaisir infini, en songeant qu'en toute chose il s'agira de lui. . . . Je travaillerai pour lui pendant qu'il travaillera pour moi . . . je lui épargnerai bien des ennuis, il ne s'apercevra jamais de notre gêne . . . notre ménage sera propre, élégant même. . . . Mon Dieu! l'élégance tient à si peu de chose; elle vient de l'âme, et le bonheur en est à la fois, la cause et l'effet. . . . Je puis gagner assez avec ma peinture pour ne rien lui coûter, et même contribuer aux charges de la vie. . . . D'ailleurs l'amour nous aidera à passer les jours difficiles. . . . Adolphe a de l'ambition comme tous les gens qui ont une âme élevée, et il est de ceux qui arrivent. . . .

MERCADET. On arrive garçon; mais marié l'on se tue à solder [1] un livre de dépense, à courir après mille francs comme les chiens après une voiture.

JULIE. Mon père, Adolphe a tant de volonté, unie à tant de moyens, que je suis sûre de le voir un jour . . . ministre peut-être.

MERCADET. Aujourd'hui qui est-ce qui ne se voit pas plus ou moins ministre? . . . en sortant du collège, on se croit un grand poète, un grand orateur! . . . Sais-tu ce qu'il serait, ton Adolphe? père de plusieurs enfants qui dérangeront tes plans de travail et d'économie, qui logeront son excellence [2] rue de Clichy et qui te plongeront dans une affreuse misère . . . tu m'as fait le roman et non l'histoire de la vie.

(*Il remonte.*)

MME MERCADET. Ma fille, cet amour n'a rien de sérieux.

JULIE. C'est un amour auquel, de part et d'autre, nous sacrifierions tout.

MERCADET, *revenant.* J'y pense . . . ton Adolphe nous croit riches?

JULIE. Il ne m'a jamais parlé d'argent.

MERCADET. C'est cela. . . . J'y suis. . . . (*A* JULIE.) Julie, vous allez lui écrire à l'instant de venir me parler.

JULIE. Ah! mon père! . . .

(*Elle l'embrasse.*)

MERCADET. Et tu épouseras monsieur de la Brive. . . . Au lieu d'un quatrième étage dans un faubourg, vous habiterez une belle maison dans la Chaussée d'Antin, et si vous n'êtes pas la femme d'un ministre, vous serez peut-être la femme d'un pair de France. Je suis fâché, ma fille, de n'avoir pas mieux à vous offrir. . . . D'ailleurs, vous n'aurez pas le choix, monsieur Minard renoncera de lui-même à vous.

JULIE. Oh! jamais, mon père, il vous gagnera le cœur. . . .

MME MERCADET. Mon ami, si elle était aimée? . . .

MERCADET. Elle est trompée. . . .

JULIE. Je demanderais à l'être toujours ainsi.

(*On entend sonner au dehors.*)

MME MERCADET. On sonne, et nous n'avons personne pour aller ouvrir.

MERCADET. Eh bien! laissez sonner.

MME MERCADET. Je m'imagine toujours que Godeau peut revenir.

MERCADET. Après huit ans sans nouvelles, vous espérez encore Godeau! . . . Vous me faites l'effet de ces vieux soldats qui attendent toujours Napoléon.

MME MERCADET. On sonne encore.

MERCADET. Va voir, Julie, dis que ta mère et moi sommes sortis. . . . Si l'on n'a pas la pudeur de croire une jeune fille . . . ce sera un créancier . . . laisse entrer.

(*Julie sort par le fond.*)

MME MERCADET. Cet amour, vrai, chez elle du moins, m'a émue.

MERCADET. Vous êtes toutes romanesques.

JULIE, *rentrant.* Mon père, c'est monsieur Pierquin.

MERCADET. Un créancier usurier . . . âme vile et rampante, qui me ménage parce qu'il me croit des ressources, bête féroce

---

[1] *solder*, balance.
[2] *son excellence*, his Excellency, the future minister.

à demi domptée que mon audace rend soumise. . . . Si j'avais l'air de le craindre, il me dévorerait. . . . (*Allant à la porte.*) Entrez, vous pouvez entrer, Pierquin.

SCÈNE VIII

LES MÊMES, PIERQUIN

PIERQUIN. Recevez mon compliment. . . . Je sais que vous faites un superbe mariage, mademoiselle épouse un millionnaire, le bruit s'en est déjà répandu.

MERCADET. Ah! millionnaire . . . non . . . neuf cent mille francs tout au plus.

PIERQUIN. Ce magnifique prospectus fera prendre patience à bien des gens. . . . Le retour de Godeau s'usait diablement . . . et moi-même. . . .

MERCADET. Vous pensiez à me faire arrêter.

JULIE. Arrêter. . . .

MME MERCADET, *à* PIERQUIN. Ah! monsieur!

PIERQUIN. Écoutez donc, vous avez deux ans, et je ne garde jamais un dossier si longtemps, mais ce mariage est une superbe invention, et. . . .

MME MERCADET. Une invention!

MERCADET. Mon gendre, monsieur, est monsieur de la Brive, un jeune homme. . . .

PIERQUIN. Il y a un vrai jeune homme? Combien payez-vous le jeune homme?

MME MERCADET. Oh!

MERCADET, *faisant un signe à sa femme.* Assez d'insolence! autrement, mon cher, je vous demanderais de régler nos comptes . . . et, mon cher monsieur Pierquin, vous y perdriez beaucoup au prix où vous me vendez l'argent. . . . Je vous rapporte autant qu'une ferme en Beauce.[1]

PIERQUIN. Monsieur. . . .

MERCADET, *avec hauteur.* Monsieur, je vais être assez riche pour ne plus souffrir la plaisanterie de personne . . . pas même d'un créancier. . . .

PIERQUIN. Mais. . . .

MERCADET. Pas un mot . . . ou je vous paye! . . . Entrez chez moi . . . nous réglerons l'affaire pour laquelle je vous ai fait venir. . . .

PIERQUIN. A vos ordres, monsieur. (*A part.*) Diable d'homme! . . .

(*Il entre à gauche chez* MERCADET, *et passe en saluant les dames.*)

MERCADET, *le suivant et parlant à sa femme.* La bête féroce est domptée . . . ça va marcher.

SCÈNE IX

MME MERCADET, JULIE, *puis* LES DOMESTIQUES

JULIE. Oh! maman! . . . je ne pourrai jamais épouser ce monsieur de la Brive.

MME MERCADET. Mais il est riche, lui.

JULIE. Mais j'aime mieux le bonheur et la pauvreté que le malheur et la richesse.

MME MERCADET. Mon enfant, il n'y a pas de bonheur possible dans la misère, il n'y a pas de malheur que la fortune n'adoucisse.

JULIE. C'est vous qui me dites de si tristes paroles.

MME MERCADET. L'expérience des parents doit être la leçon des enfants. . . . Nous faisons en ce moment une rude épreuve des choses de la vie. . . . Va, ma fille, marie-toi richement.

JUSTIN, *entrant par le fond suivi de* THÉRÈSE *et de* VIRGINIE. Madame, nous avons exécuté les ordres de monsieur.

VIRGINIE. Mon dîner sera prêt.

THÉRÈSE. Et les fournisseurs aussi.

JUSTIN. Quant à monsieur Verdelin. . . .

SCÈNE X

LES MÊMES, MERCADET, *des papiers à la main*

MERCADET. Qu'a dit mon ami Verdelin?

JUSTIN. Il va venir à l'instant, il a justement de l'argent à apporter à monsieur Brédif, le propriétaire de la maison.

MERCADET. Brédif est millionnaire! fais en sorte que Verdelin me parle avant de monter chez lui. . . . Eh bien! Thérèse, et les lingères, les modistes? . . .

THÉRÈSE. Ah! monsieur, dès que j'ai promis le paiement, tout le monde a eu des figures aimables.

MERCADET. Bien. . . . Et nous aurons un beau dîner, Virginie? . . .

VIRGINIE. Monsieur le mangera. . . .

MERCADET. Et les fournisseurs?

VIRGINIE. Bah! ils patienteront.

MERCADET. Je compterai avec toi demain, je compterai avec vous tous . . . allez. . . . (*Ils sortent.*) Avoir ses gens pour soi, c'est comme si un ministre avait la presse à lui! . . .

MME MERCADET. Et Pierquin?

MERCADET. Voilà tout ce que j'ai pu lui arracher . . . du temps, et ces paperasses en échange de quelques actions. . . .

---

[1] *Beauce*, name of a fertile farming region of which Chartres is the capital.

Une créance de quarante-sept mille francs sur un nommé Michonnin, un gentilhomme *rider* [1] très insolvable . . . un chevalier . . . fort industrieux, sans doute, mais qui a une vieille tante aux environs de Bordeaux; monsieur de la Brive est de ce pays-là, je saurai s'il y a quelque chose à en tirer.

MME MERCADET. Mais tous les fournisseurs vont venir.

MERCADET. Je serai là pour les recevoir . . . laissez-moi . . . allez, chère amie, allez.

(*Les deux femmes sortent.*)

SCÈNE XI

MERCADET, *puis* VIOLETTE

MERCADET, *se promenant*. Oui, ils vont venir! . . . Tout repose maintenant sur la douteuse amitié de Verdelin . . . un homme dont la fortune est mon ouvrage! . . . Ah! dès qu'un homme a quarante ans, il doit savoir que le monde est peuplé d'ingrats. . . . Par exemple, je ne sais pas où sont les bienfaiteurs! . . . Verdelin et moi, nous nous estimons très bien . . . lui me doit de la reconnaissance, moi, je lui dois de l'argent, et nous ne nous payons ni l'un ni l'autre. Allons, pour marier Julie, il s'agit de trouver encore mille écus dans une poche qui voudra être vide . . . crocheter [2] le cœur pour crocheter la caisse! quelle entreprise! . . . Il n'y a que les femmes aimées qui font de ces tours de force-là!

JUSTIN, *en dehors*. Oui, monsieur, il est là.

MERCADET. C'est lui! (*Il va vers le fond*, VIOLETTE *paraît*.) Mon ami! ah! c'est le père Violette! . . .

VIOLETTE. Je suis déjà venu onze fois depuis huit jours, mon cher monsieur Mercadet, et le besoin m'a obligé de vous attendre, hier, pendant trois heures dans la rue, j'ai vu qu'on m'avait dit vrai, en assurant que vous étiez à la campagne et je suis venu . . . aujourd'hui. . . .

MERCADET. Ah! nous sommes aussi malheureux l'un que l'autre, père Violette! . . .

VIOLETTE. Hum! . . . Nous avons engagé tout ce qui peut se mettre au Mont-de-Piété.

MERCADET. C'est comme ici.

VIOLETTE. Je ne vous ai jamais reproché ma ruine, car je crois que vous aviez l'intention de nous enrichir; mais enfin, parole ne paye pas farine et je viens vous supplier de me donner le plus petit acompte, sur les intérêts, vous sauverez la vie à toute une famille.

MERCADET. Père Violette, vous me navrez! . . . soyez raisonnable, je vais partager avec vous. . . . (*A voix basse.*) Nous avons à peine cent francs dans la maison . . . et encore c'est l'argent de ma fille! . . .

VIOLETTE. Est-ce possible! . . . vous, Mercadet, que j'ai vu si riche. . . .

MERCADET. Je n'ai rien de caché pour vous.

VIOLETTE. Entre malheureux on se doit la vérité.

MERCADET. Ah! si l'on ne se devait que cela! comme on se payerait promptement! mais gardez-moi le secret, je suis sur le point de marier ma fille.

VIOLETTE. J'ai deux filles, moi, monsieur, et ça travaille sans espoir de se marier! Dans les circonstances où vous êtes je ne vous importunerais pas, mais . . . ma femme et mes filles attendent mon retour dans des angoisses! . . .

MERCADET. Tenez . . . je vais vous donner soixante francs.

VIOLETTE. Ah! ma femme et mes filles vont vous bénir. (*A part, pendant que* MERCADET *sort un instant à gauche.*) Les autres, qui le tracassent, n'obtiennent rien de lui; mais en se plaignant comme ça, on touche peu à peu ses petits intérêts! Eh! eh! (*Il frappe sur son gousset.*)

MERCADET, *qui vient de rentrer et a vu.* (*A part.*) Hein? . . . Ah! vieil avare mendiant! . . . Dix acomptes à soixante francs, ça fait six cents francs. . . . Allons, j'ai assez semé, il me faut ma récolte . . . hum! hum! (*Haut.*) Tenez . . .

VIOLETTE. Soixante francs en or! il y a bien longtemps que je n'en ai vu! . . . Adieu! . . . nous prierons pour le mariage de mademoiselle Mercadet.

MERCADET. Adieu, père Violette. (*Le retenant par la main.*) Pauvre homme, quand je vous vois, je me trouve riche . . . votre malheur me touche à un point . . . et dire qu'hier je me suis vu au moment de vous rembourser non seulement tous vos intérêts; mais tout le capital!

---

[1] *gentilhomme rider*, gentleman-rider; an intended play on *chevalier . . . fort industrieux* which is itself a play on *chevalier d'industrie*, sharper.

[2] *crocheter*, pick (of a lock) by means of a little hook (*crochet*).

VIOLETTE, *redescendant.* Me rembourser! . . . tout, tout! . . .

MERCADET. Cela a tenu à bien peu de chose!

VIOLETTE. Contez-moi donc cela!

MERCADET. Figurez-vous, mon cher, l'invention la plus brillante, la spéculation la plus magnifique, la découverte la plus sublime . . . une affaire qui s'adressait à tous les intérêts, qui puisait dans toutes les bourses, et pour la réalisation de laquelle un banquier stupide m'a refusé une misérable somme de mille écus, lorsqu'il y a plus d'un million à gagner.

VIOLETTE. Un million!

MERCADET. Un million . . . d'abord, car personne ne peut calculer où s'arrêterait la vogue du . . . du pavé conservateur.[1] . . .

VIOLETTE. Du pavé. . . .

MERCADET. Conservateur! . . . Un pavé sur lequel et avec lequel toute barricade devient impossible.

VIOLETTE. En vérité!

MERCADET. Voyez-vous d'ici, tous les gouvernements intéressés au maintien de l'ordre, devenant nos premiers actionnaires. . . . Les ministres, les princes et les rois sont nos actionnaires fondateurs. . . . A leur suite viennent les dieux de la finance, les grands capitalistes, la banque, les rentiers, le commerce et les spéculateurs en démocratie; les marchands de socialisme eux-mêmes, voyant leur industrie ruinée, sont réduits pour vivre à me prendre des actions!

VIOLETTE. Oui, c'est beau! c'est grand!

MERCADET. C'est sublime et philanthropique! . . . et dire qu'on m'a refusé quatre mille francs pour répandre les annonces et lancer le prospectus!

VIOLETTE. Quatre mille francs . . . je croyais que ce n'était que. . . .

MERCADET. Quatre mille francs, pas plus! et je donnais la moitié de l'entreprise! . . . c'est-à-dire une fortune! dix fortunes! . . .

VIOLETTE. Ecoutez . . . je verrai . . . je parlerai à quelqu'un.

MERCADET. A personne! . . . gardez-vous-en bien! . . . on volerait l'idée . . . ou bien on ne la comprendrait pas comme vous l'avez comprise tout de suite. . . . Ces gens d'argent sont si bêtes . . . et puis . . . j'attends Verdelin. . . .

VIOLETTE. Verdelin . . . mais . . . on pourrait. . . .

MERCADET. Heureux Verdelin! . . . quelle fortune, s'il a l'esprit de risquer six mille francs.

VIOLETTE. Mais vous disiez quatre mille tout à l'heure!

MERCADET. C'est quatre mille qu'on m'a refusés; mais c'est six mille qu'il me faut! Six mille francs, et Verdelin que j'ai déjà fait une fois millionnaire, va le devenir trois, quatre, cinq fois encore! . . . après ça . . . c'est un bon garçon, Verdelin, bah! . . .

VIOLETTE. Mercadet! je vous trouverai la somme. . . .

MERCADET. Non, non, n'y pensez pas. D'ailleurs il va venir et pour que je le renvoie sans conclure l'affaire avec lui, il faudrait qu'elle fût finie avec un autre . . . et comme c'est impossible . . . adieu et bon espoir . . . vous rentrerez[2] dans vos trente mille francs.

VIOLETTE. Mais pourtant. . . .

MME MERCADET, *entrant.* Mon ami, voilà Verdelin qui vient.

MERCADET, *à part.* Bon! (*Haut.*) Retenez-le un instant. (MME MERCADET *sort.*) Au revoir, père Violette.

VIOLETTE, *tirant un portefeuille.* Eh bien, non . . . tenez, j'ai la somme sur moi et je la donne. . . .

MERCADET. Vous six . . . mille francs.

VIOLETTE. C'est . . . c'est un ami qui m'a chargé de lui trouver un bon placement et. . . .

MERCADET. Et vous n'en trouverez jamais un meilleur . . . tantôt nous signerons notre acte! (*Il prend les billets.*) Ma foi! . . . tant pis pour Verdelin, il manque le Potose![3] . . .

VIOLETTE. A tantôt.

MERCADET. A tantôt . . . sortez par mon cabinet! . . . (*Il le reconduit par la gauche.* MADAME MERCADET *entre.*)

MME MERCADET. Mercadet!

MERCADET, *reparaissant.* Ah! chère amie! je suis un malheureux! je devrais me brûler la cervelle!

MME MERCADET. Grand Dieu! qu'y a-t-il donc?

MERCADET. Il y a que là, tout à l'heure, j'ai demandé six mille francs à ce faux ruiné de père Violette. . . .

MME MERCADET. Il vous les a refusés.

---

[1] *pavé conservateur,* pavement for conservatives.

[2] *vous rentrerez dans,* you will be reimbursed.

[3] *le Potose.* Potosi is a city of Bolivia in South America; at one time it had rich silver mines. *Manquer le Potose* is about equivalent to manquer l'Eldorado.

MERCADET. Il me les a donnés au contraire.

MME MERCADET. Eh bien!

MERCADET. Je suis un malheureux, vous dis-je, car il me les a donnés si vite, que j'en aurais eu dix mille si j'avais su m'y prendre.

MME MERCADET. Quel homme! vous savez que Verdelin est chez moi.

MERCADET. Priez-le de venir. . . . Enfin! . . . J'ai le trousseau de Julie, il ne nous manque que l'argent nécessaire pour vos robes et pour la maison d'ici au mariage! . . . Envoyez-moi Verdelin.

MME MERCADET. Oui, c'est votre ami, celui-là . . . vous réussirez. . . . (Elle sort.)

MERCADET, seul. C'est mon ami! oui, mais il a tout l'orgueil de la fortune; car il n'a pas eu, comme moi, son Godeau! . . . (Regardant s'il est seul.) Après tout Godeau! . . . Godeau, je crois qu'il m'a déjà rapporté plus d'argent qu'il ne m'en a pris.

SCÈNE XII

MERCADET, VERDELIN

VERDELIN. Bonjour, Mercadet, de quoi s'agit-il? parle vite, on m'a arrêté au passage, je monte chez Brédif.

MERCADET. Un homme de cette espèce peut bien attendre. . . . Comment! toi, tu vas chez un Brédif. . . .

VERDELIN, riant. Mon cher . . . si on n'allait que chez des gens qu'on estime, on ne ferait jamais de visites.

MERCADET, riant, lui prenant la main. On ne rentrerait même pas chez soi.

VERDELIN. Voyons, que me veux-tu?

MERCADET. Ta question ne me laisse pas le temps de te dorer la pilule! . . . tu m'as deviné. . . .

VERDELIN. Oh! mon vieux camarade, je n'en ai pas, et je suis franc, j'en aurais que je ne pourrais pas t'en donner. . . . Écoute; je t'ai déjà prêté tout ce dont mes moyens me permettaient de disposer; je ne te l'ai jamais redemandé, je suis ton ami et ton créancier; eh bien, si je n'avais pas pour toi le cœur plein de reconnaissance, si j'étais un homme ordinaire, il y a longtemps que le créancier aurait tué l'ami . . . diantre, tout a ses limites dans ce monde!

MERCADET. L'amitié, oui! . . . mais non le malheur.

VERDELIN. Si j'étais assez riche pour te sauver tout à fait, pour éteindre entière-ment ta dette, je le ferais de grand cœur, car j'aime ton courage, mais tu dois succomber! . . . Tes dernières entreprises, quoique spirituellement conçues, ont croulé, tu t'es déconsidéré, tu es devenu dangereux. . . . Tu n'as pas su profiter de la vogue momentanée de tes opérations! . . . quand tu seras tombé, tu trouveras du pain chez moi; mais le devoir d'un ami est de nous dire de ces choses-là.

MERCADET. Que serait l'amitié sans le plaisir de se trouver sage et de voir son ami fou . . . de se trouver à l'aise et de voir son ami gêné, de se complimenter en lui disant des choses désagréables? Ainsi je suis au ban de l'opinion publique?

VERDELIN. Je ne dis pas tout à fait cela, non, tu passes encore pour un honnête homme, mais la nécessité te force à recourir à des moyens. . . .

MERCADET. Qui ne sont pas justifiés par le succès comme chez les heureux! Ah! le succès! de combien d'infamies se compose un succès! tu vas le savoir. . . . Moi, ce matin, j'ai déterminé la baisse que tu veux opérer sur les mines de la Basse-Indre, afin de t'emparer de l'affaire pendant que le compte-rendu des ingénieurs va rester dans l'ombre.

VERDELIN. Chut! Mercadet, est-ce vrai? . . . Je te reconnais bien là.

(Il lui prend la taille.)

MERCADET. Ceci est pour te faire comprendre que je n'ai pas besoin de conseils ni de morale, mais d'argent. . . . Hélas! je ne t'en demande pas pour moi, mon bon ami, mais je marie ma fille, et nous sommes arrivés ici secrètement à la misère. . . . Tu te trouves dans une maison où règne l'indigence sous les apparences du luxe. . . . Les promesses, le crédit tout est usé! et si je ne solde pas en argent quelques frais indispensables, ce mariage manquera. . . . Enfin il me faut ici quinze jours d'opulence, comme à toi vingt-quatre heures de mensonge à la Bourse. . . . Verdelin, cette demande ne se renouvellera pas; je n'ai pas deux filles. . . . Faut-il tout dire? ma femme et ma fille n'ont pas de toilette! . . . (A part.) Il hésite.

VERDELIN, à part. Il m'a joué tant de comédies que je ne sais pas si sa fille se marie . . . elle ne peut pas se marier!

MERCADET. Il faut donner aujourd'hui même, un dîner à mon futur gendre, qu'un ami commun nous présente, et je n'ai plus mon argenterie. Elle est . . . tu sais . . . non-seulement j'ai besoin d'un millier d'écus, mais encore j'espère que tu me prêteras ton service de table et que tu viendras dîner avec ta femme. . . .

VERDELIN. Mille écus! . . . Mercadet! mais personne n'a mille écus . . . à prêter . . . à peine les a-t-on pour soi, si on les prêtait toujours, on ne les aurait jamais. (*Il remonte à la cheminée.*)

MERCADET, *le suivant; à part.* Il y viendra. (*Haut.*) Voyons, Verdelin, j'aime ma femme et fille, ces sentiments-là, mon ami, sont ma seule consolation au milieu de mes récents désastres, ces femmes ont été si douces, si patientes! . . . je les voudrais voir à l'abri du malheur! . . . Oh! là sont mes vraies souffrances! (*Redescendant bras dessus bras dessous.*) J'ai, dans ces derniers temps, bu des calices bien amers, j'ai trébuché sur le pavé de bois, j'ai créé des monopoles, et l'on m'en a dépouillé! . . . Eh bien, ce ne serait rien auprès de la douleur de me voir refusé par toi dans cette circonstance suprême! Enfin je ne te dirai pas ce qui arriverait . . . car je ne veux rien devoir à la pitié!! . . .

VERDELIN, *s'asseyant à droite.* Mille écus! . . . mais à quoi veux-tu les employer?

MERCADET, *à part.* Je les aurai! (*Haut.*) Eh! mon cher, un gendre est un oiseau qu'un rien effarouche, une dentelle de moins sur une robe, c'est toute une révélation! . . . Les toilettes sont commandées, les marchandes vont les apporter. . . . Oui, j'ai eu l'imprudence de dire que je payerais tout, je comptais sur toi! Verdelin, un millier d'écus ne te tuera pas, toi qui as soixante mille francs de rentes, et ce sera la vie d'une pauvre enfant que tu aimes . . . car tu aimes Julie! . . . elle est folle de ta petite, elles jouent ensemble comme des bienheureuses. Laisseras-tu l'amie de ta fille sécher sur pied? [1] . . . c'est contagieux! ça porte malheur!

VERDELIN. Mon cher, je n'ai pas mille écus, je puis te prêter mon argenterie; mais je n'ai pas. . . .

MERCADET. Un bon sur la banque . . . c'est bientôt signé. . . .

VERDELIN, *se levant.* Je . . . non. . . .

MERCADET. Ah! ma pauvre enfant! . . . tout est dit! . . . (*Il tombe abattu dans un fauteuil près de la table.*) O mon Dieu! pardonnez-moi de terminer le rêve pénible de mon existence, et laissez-moi me réveiller dans votre sein! . . .

VERDELIN, *passant en silence.* Mais . . . as-tu vraiment trouvé un gendre? . . .

MERCADET, *se levant brusquement.* Si j'ai trouvé un gendre!! . . . Tu mets cela en doute! . . . Ah! refuse-moi durement les moyens de faire le bonheur de ma fille, mais ne m'insulte pas! . . . Je suis donc tombé bien bas, pour que. . . . Oh! Verdelin! je ne voudrais pas pour mille écus avoir eu cette idée sur toi! . . . tu ne peux être absous qu'en me les donnant.

VERDELIN, *voulant remonter.* Je vais aller voir si je puis. . . .

MERCADET. Non, ceci est une manière de me refuser! . . . Comment! toi, à qui je les ai vus dépenser pour une chose de vanité . . . pour une amourette, tu ne les mettrais pas à une bonne action! . . .

VERDELIN. En ce moment, il y a peu de . . . bonnes actions.[2] . . .

MERCADET. Ah! ah! ah! il [3] est joli! . . . Tu ris . . . il y a réaction!

VERDELIN. Ah! ah! ah!

(*Il laisse tomber son chapeau.*)

MERCADET, *ramassant le chapeau et le brossant avec sa manche.* Eh bien, mon vieux, deux amis qui ont tant roulé dans la vie! . . . qui l'ont commencée ensemble! . . . En avons-nous dit et fait! hein? . . . Tu ne te souviens donc pas de notre bon temps, où c'était à la vie, à la mort entre nous?

VERDELIN. Te rappelles-tu notre partie à Rambouillet, où je me suis battu pour toi avec cet officier de la garde?

MERCADET. Oh! je t'avais cédé Clarisse! Étions-nous gais! . . . étions-nous jeunes! . . . Et aujourd'hui nous avons des filles! . . . des filles à marier! . . . Ah! si Clarisse vivait, elle te reprocherait ton hésitation!

VERDELIN. Si elle avait vécu, je ne me serais jamais marié.

MERCADET. C'est que tu sais aimer, toi! . . . Ainsi, je puis compter sur toi pour dîner, et tu me donnes ta parole d'honneur de m'envoyer. . . .

VERDELIN. Le service?

MERCADET. Et les mille écus. . . .

VERDELIN. Ah! . . . tu y reviens encore! . . . Je t'ai dit que je ne le pouvais pas.

MERCADET, *à part.* Cet homme ne

---

[1] *sécher sur pied* (c'est à dire comme une fleur sur sa tige), remain an old maid.
[2] *bonnes actions*, a play on words: good stocks.
[3] *il*, c'est à dire *le mot*.

mourra certes pas d'un anévrisme. [1]
(*Haut.*) Mais je serai donc assassiné par
mon meilleur ami. . . . Ah! c'est toujours
ainsi! . . . insensible au souvenir de Clarisse! . . . et au désespoir d'un père! . . .
(*Criant vers la chambre de sa femme.*) Ah!
c'est fini! . . . je suis au désespoir! . . .
Tiens! je vais me brûler la cervelle! . . .

SCÈNE XIII

LES MÊMES, MME MERCADET, JULIE

MME MERCADET. Qu'as-tu donc, mon
ami?
JULIE. Mon père, ta voix nous a ef-
frayées!
MERCADET. Elles ont entendu! . . .
Tu vois, elles accourent comme deux anges
gardiens! . . . (*Il leur prend la main.*)
Ah! vous m'attendrissez! (*A* VERDELIN.)
Verdelin! . . . veux-tu tuer toute une famille? . . . Cette preuve de tendresse me
donne la force de tomber à tes genoux.
JULIE. Ah! monsieur! . . . (*Elle arrête
son père.*) C'est moi qui vous implorerai
pour lui . . . quelle que soit sa demande,
ne refusez pas mon père, il doit être dans
de cruelles angoisses pour vous supplier
ainsi! . . .
MERCADET, *descendant à droite.* Chère
enfant! . . . (*A part.*) Quels accents!
. . . Je n'étais pas nature [2] comme ça.
MME MERCADET. Monsieur Verdelin,
écoutez-nous. . . .
VERDELIN, *à* JULIE. Vous ne savez pas
ce qu'il me demande?
JULIE. Non.
VERDELIN. Mille écus, pour vous marier.
JULIE. Oh! monsieur, oubliez ce que
je vous ai dit. . . . Je ne veux pas d'un
mariage acheté par l'humiliation de mon
père!
MERCADET, *à part.* Elle est magnifique!
VERDELIN. Julie! . . . je vais vous
chercher l'argent. (*Il sort par le fond.*)

SCÈNE XIV

LES MÊMES, *moins* VERDELIN; *puis* LES
DOMESTIQUES

JULIE. Ah! mon père! pourquoi n'ai-je
pas su?
MERCADET, *l'embrassant.* Tu nous as
sauvés! . . . ah! quand serai-je riche et

puissant pour le faire repentir d'un pareil
bienfait!
MME MERCADET. Ne soyez pas injuste, Verdelin a cédé.
MERCADET. Au cri de Julie, non à mes
supplications. . . . Ah! ma chère, il m'a
arraché pour plus de mille écus de bas-
sesses! . . .
JUSTIN, *entrant avec* THÉRÈSE *et* VIR-
GINIE *par le fond.* Les fournisseurs de ces
dames.
VIRGINIE. Voilà la modiste, la couturière. . . .
THÉRÈSE. Et les marchands d'étoffes.
MERCADET. C'est bien! j'ai réussi! . . .
ma fille sera comtesse de la Brive. . . .
(*Aux* DOMESTIQUES.) Faites passer à
mon cabinet! . . . j'attends! . . . la caisse
est ouverte!!!
(*Il se dirige vers le cabinet, les* DOMESTIQUES
se regardent avec surprise.)

ACTE DEUXIÈME

Le cabinet de MERCADET. *Porte au fond.
Portes latérales. Croisées dans les angles.
Bibliothèques entre les fenêtres et la porte
du fond. A gauche, au premier plan,
un coffre-fort. A droite, au premier plan,
un bureau debout. A gauche, au fond,
le bureau de* MERCADET, *formant équerre
avec la bibliothèque, et un fauteuil dont
le dos est tourné vers la fenêtre. A gauche,
près du coffre-fort, un fauteuil. A droite,
près du bureau debout, un canapé.*

SCÈNE PREMIÈRE

MINARD, JUSTIN, *puis* JULIE

MINARD, *du fond.* Vous dites que c'est
monsieur Mercadet qui me fait appeler?
JUSTIN, *qui le suit.* Oui, Monsieur . . .
mais mademoiselle m'a bien recommandé
de vous dire d'attendre d'abord ici.
MINARD, *à part.* Son père demande à
me voir. . . . Elle veut me parler avant
cet entretien. . . . Il faut qu'il se soit
passé quelque chose d'étrange.
JUSTIN. Voilà mademoiselle.
MINARD, *allant à elle.* Mademoiselle
Julie! . . .
JULIE. Justin, prévenez mon père de
l'arrivée de monsieur. (JUSTIN *sort par
le fond.*) Si vous voulez, Adolphe, que
notre amour brille à tous les regards comme

---

[1] *anévrisme,* a heart attack, because he is not afflicted with strong emotions.
[2] *nature,* natural.

dans nos cœurs, ayez autant de courage que j'en ai eu déjà.

MINARD. Que s'est-il donc passé?

JULIE. Un jeune homme riche se présente, et mon père est sans pitié pour nous.

MINARD. Grand Dieu! un rival! . . . et vous me demandez si j'ai du courage! . . . Oh! dites-moi son nom, Julie? . . . et vous saurez bientôt. . . .

JULIE. Adolphe! . . . vous me faites frémir! . . . est-ce ainsi que vous espérez fléchir mon père?

MINARD, *apercevant* MERCADET. C'est lui!

SCÈNE II

LES MÊMES, MERCADET

MERCADET, *du fond.* Monsieur, vous aimez ma fille?

MINARD. Oui, monsieur.

MERCADET. Du moins elle le croit, vous avez eu le talent de la persuader. . . .

MINARD. Votre manière de vous exprimer annonce un doute qui, venant de tout autre que vous, m'offenserait. Comment n'aimerais-je pas mademoiselle? . . . Abandonné par mes parents, votre fille, monsieur, est la seule personne qui m'ait fait connaître les bonheurs de l'affection. Mademoiselle Julie est à la fois une sœur et une amie. Elle est toute ma famille. Elle seule m'a souri, m'a encouragé; aussi est-elle aimée au delà de toute expression! . . .

JULIE. Dois-je rester, mon père?

MERCADET, *à sa fille.* Gourmande! (*A* MINARD.) Monsieur, j'ai sur l'amour entre jeunes gens, les idées positives que l'on reproche aux vieillards. . . . Ma défiance est d'autant plus légitime, que je ne suis pas de ces pères aveuglés par la paternité. Je vois Julie comme elle est; sans être laide, elle ne possède pas cette beauté qui fait crier. . . . Ah! . . . Elle n'est ni bien ni mal.

MINARD. Vous vous trompez, monsieur, j'ose vous dire que vous ne connaissez pas votre fille.

MERCADET. Permettez! . . .

MINARD. Vous ne la connaissez pas, monsieur!

MERCADET. Mais si fait! Parfaitement! je la connais . . . comme si . . . enfin je la connais.

MINARD. Non, monsieur.

MERCADET. Ah! encore!

MINARD. Vous connaissez la Julie que tout le monde voit: mais l'amour l'a trans-

figurée! La tendresse, le dévouement lui communiquent une beauté ravissante, que moi seul ai créée.

JULIE. Mon père, je suis honteuse. . . .

MERCADET. Dis donc heureuse. . . . Et si vous lui répétez ces choses-là. . . .

MINARD. Cent fois, mille fois, et jamais assez! Il n'y a pas de crime à les dire devant un père!

MERCADET. Vous me flattez! je crie croyais son père; mais vous êtes le père d'une Julie avec laquelle je voudrais faire connaissance.

MINARD. Mais vous n'avez donc pas aimé?

MERCADET. Beaucoup! J'ai, comme tous les hommes, traîné ce boulet d'or!

MINARD. Autrefois, mais aujourd'hui nous aimons mieux.

MERCADET. Que faites-vous donc?

MINARD. Nous nous attachons à l'âme! à l'idéal!

MERCADET. C'est ce que nous appelions, sous l'empire, avoir le bandeau sur les yeux.

MINARD. C'est l'amour, le saint et pur amour, qui suffit pour charmer toutes les heures de la vie.

MERCADET. Oui, toutes! . . . excepté les heures des repas. . . .

JULIE. Mon père, ne vous moquez pas de deux enfants qui s'aiment d'une passion vraie, pure, parce qu'elle est appuyée sur la connaissance des caractères, sur la certitude d'une mutuelle ardeur à combattre les difficultés de la vie, enfin deux enfants qui vous aimeront bien.

MINARD, *à* MERCADET. Quel ange! . . . Monsieur!

MERCADET, *à part.* Je vais t'en donner de l'ange! . . . (*Les prenant sous les bras.*) Heureux enfants. . . . Vous vous aimez donc, quel joli roman. . . . (*A* MINARD.) Vous la voulez pour femme!

MINARD. Oui, monsieur.

MERCADET. Malgré tous les obstacles!

MINARD. Je suis venu pour les vaincre!

JULIE. Mon père, ne me saurez-vous pas gré d'un choix qui vous donne un fils plein de sentiments élevés, doué d'une âme forte et. . . .

MINARD. Mademoiselle. . . .

JULIE. Oui, monsieur, oui, je parlerai aussi, moi.

MERCADET. Ma fille, va voir ta mère, laisse-moi parler d'affaires beaucoup moins immatérielles.

JULIE. Au revoir, mon père. . . .

MERCADET. Va, mon enfant, va.

(*Il l'embrasse et la reconduit à gauche.*)

MINARD, *à part.* Allons, j'ai bon espoir!

MERCADET, *redescendant la scène.* Monsieur, je suis ruiné.

MINARD. Que signifie?

MERCADET. Totalement ruiné. . . . Et si vous voulez ma Julie, elle sera bien à vous. Elle sera mieux chez vous, quelque pauvre que vous soyez, que dans la maison paternelle. . . . Non-seulement elle est sans dot . . . mais elle est dotée de parents pauvres . . . plus que pauvres.

MINARD. Plus que pauvres! . . . mais il n'y a rien au delà!

MERCADET. Si, monsieur, nous avons des dettes, beaucoup de dettes . . . il y en a même de criardes.

MINARD. Non, non, c'est impossible!

MERCADET. Vous ne me croyez pas. . . . (*A part.*) Il est têtu! . . . (*Allant prendre une liasse sur son bureau.*) Tenez, mon gendre, voici des papiers de famille qui attesteront notre fortune. . . .

MINARD. Monsieur. . . .

MERCADET. Négative! . . . Lisez . . . voici copie du procès-verbal de la saisie de notre mobilier.

MINARD. Se peut-il? . . .

MERCADET. Parfaitement! . . . Voici des commandements [1] en masse! une signification de contrainte par corps [2] faite hier. . . . Vous voyez que cela devient pressant! . . . Enfin, voici toutes mes sommations, tous mes protêts, tous mes jugements classés par ordre . . . car, jeune homme, retenez bien ceci, c'est surtout dans le désordre qu'il faut avoir de l'ordre. Un désordre bien rangé, on s'y retrouve, on le domine. . . . Que peut dire un créancier qui voit sa dette inscrite à son numéro? . . . Je me suis modelé sur le gouvernement, tout suit l'ordre alphabétique. Je n'ai pas encore entamé la lettre A.

(*Il reprend le dossier.*)

MINARD. Vous n'avez encore rien payé?

MERCADET, *allant au bureau debout.* A peu près. . . . Vous connaissez l'état de mes charges,[3] vous savez la tenue des livres. . . . Tenez, total trois cent quatre-vingt mille!

(*Il va à son bureau.*)

MINARD. Oui, monsieur, la récapitulation est là!

MERCADET. Vous comprenez alors à quel point vous me faisiez frémir, quand vous vous enferriez devant ma fille avec vos belles protestations! . . . Car épouser une fille pauvre quand, comme vous, on n'a que dix-huit cents francs d'appointements, c'est marier le protêt avec la saisie.

MINARD, *absorbé.* Ruiné, ruiné sans ressource!

MERCADET, *à part.* J'en étais sûr! (*Haut.*) Eh bien! jeune homme?

MINARD. Je vous remercie, monsieur, de la franchise de cet aveu. . . .

MERCADET. Bon! . . . et . . . l'idéal . . . et votre amour pour ma fille.

MINARD. Julie. . . . Vous m'avez ouvert les yeux, monsieur.

MERCADET, *à part.* Allons donc.

MINARD. Je croyais l'aimer d'un amour sans égal, et voilà que je l'aime cent fois plus!

MERCADET. Hein! . . . Comment? . . . Plaît-il? . . .

MINARD. Ne venez-vous pas de m'apprendre qu'elle aura besoin de tout mon courage, de tout mon dévouement! Je la rendrai heureuse autrement que par ma tendresse, elle me sera reconnaissante de tous mes efforts, elle m'aimera pour mes veilles, pour mon travail.

MERCADET. Vous voulez donc toujours l'épouser?

MINARD. Si je le veux! mais quand je vous croyais riche, je ne vous la demandais qu'en tremblant et presque honteux de ma pauvreté, maintenant, monsieur, c'est avec assurance, c'est avec bonheur que je vous la demande!

MERCADET, *à lui-même.* Allons! c'est un amour bien vrai, bien sincère, bien noble! et comme je ne croyais pas qu'il y en eût dans le monde! (*A MINARD.*) Pardonnez-moi, jeune homme, l'opinion que j'ai eue de vous . . . pardonnez-moi surtout le chagrin que je vais vous faire.

MINARD. Comment?

MERCADET. Monsieur Minard . . . Julie . . . ne peut pas être votre femme. . . .

MINARD. Eh quoi! monsieur . . . malgré notre amour, malgré ce que vous m'avez confié!

MERCADET. A cause de ce que je vous ai confié; j'ai dépouillé pour vous Mercadet le richard, je vais dépouiller aussi l'homme d'affaires sceptique! je vous ai

---

[1] *commandements*, orders from the court to pay.

[2] *contrainte par corps*, arrest.

[3] *charges*, debits.

franchement ouvert mes livres, je vais vous ouvrir franchement mon cœur.

MINARD. Parlez, monsieur, mais rappelez-vous à quel point j'adore mademoiselle Julie. . . . Rappelez-vous que mon dévouement pourra seul égaler mon amour.

MERCADET. Soit! . . . A force de veilles et de travail vous ferez vivre Julie! . . . et qui nous fera vivre, sa mère et moi?

MINARD. Ah! . . . croyez, monsieur. . . .

MERCADET. Vous travaillerez pour quatre au lieu de travailler pour deux! . . . et vous succomberez à la tâche! . . . et le pain que vous nous donnerez, vous l'arracherez un jour des mains de vos enfants. . . .

MINARD. Que dites-vous?

MERCADET. Et moi, malgré vos généreux efforts, je tomberai écrasé sous une ruine honteuse . . . car les sommes énormes que je dois, un brillant mariage pour ma fille peut seul en éloigner l'échéance . . . avec du temps je retrouve la confiance, le crédit; avec l'aide d'un gendre riche, je reconquiers ma position, ma fortune! Le mariage de ma fille! Mais c'est notre dernière ancre de salut. . . . Ce mariage c'est notre espérance, notre richesse, c'est notre honneur, monsieur! . . . et puisque vous aimez ma fille, c'est à cet amour même que j'en appelle . . . mon ami . . . ne la condamnez pas à la misère, ne la condamnez pas au regret d'avoir causé la perte et la honte de son père!

MINARD, avec douleur. Mais que me demandez-vous? . . . que voulez-vous que je fasse?

MERCADET, lui prenant la main. Je veux que vous trouviez dans cette noble affection que vous avez pour elle, plus de courage que je n'en aurais moi-même.

MINARD. Ce courage, je l'aurai. . . .

MERCADET. Écoutez-moi bien. . . . Si je vous refusais Julie, Julie refuserait celui que je lui destine. . . . Il faut donc . . . que je vous accorde sa main . . . et que ce soit vous. . . .

MINARD. Moi! . . . elle ne le croira pas, monsieur. . . .

MERCADET. Elle vous croira, si vous dites que vous craignez la pauvreté pour elle.

MINARD. Elle m'accusera d'avoir spéculé sur sa fortune.

MERCADET. Elle vous devra le bonheur.

MINARD, avec douleur. Mais elle me méprisera, monsieur! . . .

MERCADET. C'est vrai! mais si j'ai bien lu dans votre cœur, vous l'aimez assez pour vous sacrifier tout entier au bonheur de sa vie. La voilà, monsieur, sa mère est avec elle. . . . C'est pour elles deux que je vous prie, monsieur, puis-je compter sur vous?

MINARD, avec effort. Vous . . . le pouvez.

MERCADET. Bien, bien . . . merci.

SCÈNE III

MERCADET, MINARD, JULIE, MME MERCADET

JULIE. Venez, ma mère, je suis sûre qu'Adolphe a triomphé de tous les obstacles.

MME MERCADET. Mon ami, monsieur vous a demandé la main de Julie, quelle réponse lui avez-vous faite?

MERCADET, il passe au bureau debout. C'est à monsieur de parler. . . .

MINARD, à part. Comment lui dire? . . . mon cœur se brise!

JULIE. Eh bien? Adolphe?

MINARD. Mademoiselle. . . .

JULIE. Mademoiselle! . . . Ne suis-je plus Julie. . . . Oh! parlez-moi vite . . . tout est arrangé avec mon père, n'est-ce pas?

MINARD. Votre père a eu confiance en moi . . . il m'a dévoilé sa position, il m'a dit. . . .

JULIE. Achevez, achevez donc. . . .

MERCADET. J'ai dit à monsieur que nous sommes ruinés.

JULIE. Et cet aveu n'a rien changé à vos desseins . . . à votre amour . . . n'est-ce pas, Adolphe. . . .

MINARD, avec feu. A mon amour! . . . (MERCADET, sans être vu, lui saisit la main.) Je vous tromperais . . . mademoiselle . . . (parlant avec effort) si je vous disais que mes desseins sont demeurés les mêmes.

JULIE. Oh! c'est impossible! ce n'est pas vous qui me parlez ainsi.

MME MERCADET. Julie. . . .

MINARD, s'animant. Il y a des hommes à qui la misère donne de l'énergie, des hommes qui seraient heureux d'un dévouement de chaque jour, d'un travail de chaque heure, et qui se croiraient mille fois payés par un sourire de joie d'une compagne chérie. . . . (Se contraignant.) Moi, mademoiselle . . . je ne suis pas de ceux-là . . . la pensée de la misère m'abat

. . . je . . . je ne soutiendrais pas la vue de votre malheur.

JULIE, *pleurant et se jetant dans les bras de sa mère.* Oh! ma mère! ma mère! . . .

MME MERCADET. Ma fille . . . ma pauvre Julie!

MINARD, *bas.* En est-ce assez, monsieur?

JULIE, *sans regarder* MINARD. J'aurais eu du courage pour deux . . . vous ne m'auriez jamais vue que souriante . . . j'aurais travaillé sans regret et le bonheur aurait toujours régné dans notre ménage . . . vous ne l'aurez pas voulu, Adolphe! . . . vous ne l'avez pas voulu. . . .

MINARD, *bas.* Laissez-moi . . . laissez-moi partir, monsieur.

MERCADET. Venez. . . .

Il remonte au fond à droite.

MINARD. Adieu . . . Julie . . . l'amour qui vous livre à la misère est insensé. J'ai préféré l'amour qui se sacrifie à votre bonheur. . . .

JULIE. Non . . . je ne vous crois plus. . . . (*Bas à sa mère.*) Mon seul bonheur était d'être à lui.

JUSTIN, *annonçant du fond.* Monsieur de la Brive! monsieur de Méricourt.

MERCADET, *redescendant.* Emmenez votre fille, madame. . . . Vous, monsieur, suivez-moi. . . . (*A* JUSTIN.) Faites attendre ici. (*A* MINARD.) Allons . . . je suis content de vous.

(MADAME MERCADET *sort par la gauche avec* JULIE, MERCADET *et* MINARD *sortent par la droite, tandis que* JUSTIN *remonte vers le fond pour faire entrer* MÉRICOURT *et de* LA BRIVE.)

SCÈNE IV

DE LA BRIVE, MÉRICOURT

JUSTIN. Monsieur prie ces messieurs de vouloir bien l'attendre ici.

(*Il sort.*)

MÉRICOURT. Enfin, mon cher, te voilà dans la place, et tu vas être bientôt officiellement le prétendu de mademoiselle Mercadet! conduis bien ta barque, le père est un finaud.

DE LA BRIVE. Et c'est ce qui m'effraye, il sera difficile!

MÉRICOURT. Je ne crois pas; Mercadet est un spéculateur, riche aujourd'hui, demain il peut se trouver pauvre. D'après

le peu que sa femme m'a dit de ses affaires, je crois qu'il est enchanté de mettre une portion de sa fortune sous le nom de sa fille, et d'avoir un gendre capable de l'aider dans ses conceptions.

DE LA BRIVE. C'est une idée! elle me va; mais s'il voulait prendre trop de renseignements?

MÉRICOURT. J'en ai donné d'excellents à monsieur Mercadet.

DE LA BRIVE. Ce qui m'arrive est tellement heureux! . . .

MÉRICOURT. Vas-tu perdre ton aplomb de dandy? Je comprends bien tout ce que ta situation a de périlleux. Il faut être arrivé au dernier degré de désespoir pour se marier. Le mariage est le suicide des dandys, après en avoir été la plus belle gloire. (*Bas.*) Voyons, peux-tu tenir encore?

DE LA BRIVE. Si je n'avais pas deux noms, un pour les huissiers, un autre pour le monde élégant, je serais banni du boulevard. Les femmes et moi, tu le sais, nous nous sommes ruinés réciproquement, et par les mœurs qui courent, rencontrer une Anglaise, une aimable douairière, un Potose amoureux! c'est comme les carlins, une espèce perdue!

MÉRICOURT. Le jeu?

DE LA BRIVE. Oh! le jeu n'est une ressource infaillible que pour certains chevaliers, et je ne suis pas assez fou pour risquer le déshonneur contre quelques gains, qui toujours ont leur terme. La publicité, mon cher, a perdu toutes les mauvaises carrières où jadis on faisait fortune. Donc, sur cent mille francs d'acceptations,[1] l'usure ne me donnerait pas dix mille francs! Pierquin m'a renvoyé à un sous-Pierquin, un petit père Violette, qui a dit à mon courtier que ce serait acheter des timbres trop cher. . . . Mon tailleur se refuse à comprendre mon avenir. Mon cheval vit à crédit. Quant à ce petit malheureux, si bien vêtu, mon tigre,[2] je ne sais pas comment il respire, ni où il se nourrit. Je n'ose pénétrer ce mystère. Or, comme nous ne sommes pas assez avancés en civilisation pour qu'on fasse une loi semblable à celle des Juifs qui supprimait toutes les dettes à chaque demi-siècle, il faut payer de sa personne. On dira de moi des horreurs. . . . Un jeune homme très compté parmi les élégants, assez heureux au jeu, de figure

---

[1] *d'acceptations,* which I would have to subscribe to.
[2] *tigre,* groom.

passable, qui n'a pas vingt-huit ans, se marier avec la fille d'un riche spéculateur.

MÉRICOURT. Qu'importe!

DE LA BRIVE. C'est un peu leste![1] mais je me lasse de la vie fainéante. Je le vois, le plus court chemin pour amasser du bien, c'est encore de travailler! mais . . . notre malheur, à nous autres, est de nous sentir aptes à tout, et de n'être, en définitive, bons à rien! Un homme comme moi, capable d'inspirer des passions et de les justifier, ne peut être ni commis ni soldat! La société n'a pas créé d'emploi pour nous. Eh bien! je ferai des affaires avec Mercadet; c'est un des plus faiseurs.[2] Tu es bien sûr qu'il ne peut pas donner moins de cent cinquante mille francs à sa fille?

MÉRICOURT. Mon cher, d'après la tenue de madame Mercadet; enfin, tu la vois à toutes les premières représentations: aux Bouffes, à l'Opéra, elle est d'une élégance. . . .

DE LA BRIVE. Mais je suis assez élégant, moi, et. . . .

MÉRICOURT. Vois . . . tout annonce ici l'opulence. . . . Oh! . . . ils sont très-bien!

DE LA BRIVE. C'est la splendeur bourgeoise . . . du cossu, ça promet.

MÉRICOURT. Puis, la mère a des principes . . . mœurs irréprochables. As-tu le temps de conclure?

DE LA BRIVE. Je me suis mis en mesure. J'ai gagné hier, au club, de quoi faire les choses très-bien; pour la corbeille,[3] je donnerai quelque chose, et je devrai le reste.

MÉRICOURT. Sans me compter, à quoi montent tes dettes?

DE LA BRIVE. Une bagatelle! cent cinquante mille francs, que mon beau-père fera réduire à cinquante mille; il me restera donc cent mille francs, et c'est de quoi lancer une première affaire. Je l'ai toujours dit, je ne deviendrai riche que lorsque je n'aurai plus le sou.

MÉRICOURT. Mercadet est un homme fin; il te questionnera sur ta fortune: es-tu préparé?

DE LA BRIVE. N'ai-je pas la terre de la Brive? trois mille arpents dans les landes, qui valent trente mille francs, hypothéquée de quarante-cinq mille francs, et qui peut se mettre en actions, pour en extraire n'importe quoi; au chiffre de cent mille écus? tu ne te figures pas ce qu'elle m'a rapporté cette terre! . . .

MÉRICOURT. Ton nom, ta terre et ton cheval sont à deux fins.

DE LA BRIVE. Pas si haut! . . .

MÉRICOURT. Ainsi, tu es bien décidé?

DE LA BRIVE. D'autant plus que je veux être un homme politique.

MÉRICOURT. Au fait . . . tu es bien assez habile pour ça!

DE LA BRIVE. Je serai d'abord journaliste!

MÉRICOURT. Toi, qui n'as pas écrit deux lignes!

DE LA BRIVE. Il y a les journalistes qui écrivent et ceux qui n'écrivent point. Les uns, les rédacteurs, sont les chevaux qui traînent la voiture; les autres, les propriétaires, sont les entrepreneurs: ils donnent aux uns de l'avoine et gardent les capitaux. Je serai propriétaire. On se pose fièrement . . . on dit: La question d'Orient . . . question très grave, question qui nous mènera loin, et dont on ne se doute pas! . . . On résume une discussion en s'écriant: L'Angleterre, monsieur, nous jouera[4] toujours; ou bien on répond à un monsieur qui a parlé longtemps et qu'on n'a pas écouté: Nous marchons à un abîme, nous n'avons pas encore accompli toutes les évolutions de la phase révolutionnaire! A un industriel: Monsieur, je pense que sur cette question il y a quelque chose à faire. On parle fort peu, on court, on se rend utile, on fait les démarches qu'un homme au pouvoir ne peut pas faire lui-même. . . . On passe pour donner le sens à des articles . . . remarqués! et puis, s'il le faut absolument, eh bien, on trouve à publier un volume jaune sur une utopie quelconque, si bien écrit, si fort, que personne ne l'ouvre, et que tout le monde dit l'avoir lu! On devient alors un homme sérieux, et l'on finit par se trouver quelqu'un au lieu de se trouver quelque chose.

MÉRICOURT. Hélas! ton programme a souvent raison de notre temps.

DE LA BRIVE. Mais nous en voyons d'éclatantes preuves! Pour vous appeler au partage du pouvoir, on ne vous demande pas aujourd'hui ce que vous pouvez faire de bien, mais ce que vous pouvez faire de mal. Il ne s'agit pas seulement

---

[1] leste, indecent.
[2] c'est un des plus faiseurs, he is one of the cleverest intriguers, manipulators.
[3] la corbeille, the groom's present (which is generally one tenth of the dowry).
[4] nous jouera, will trick us.

d'avoir des talents, mais d'inspirer la peur. On est très craintif en politique. Aussi, le lendemain de mon mariage, aurai-je un air grave, profond, et des principes! Je puis choisir, nous avons en France une carte de principes aussi variée que celle d'un restaurateur. Je serai . . . socialiste! . . . Le mot me plaît! A toutes les époques, mon cher, il y a des adjectifs qui sont le passe-partout des ambitions! Avant 1789, on se disait économiste; en 1815, on était libéral; le parti de demain s'appellera social! peut-être parce qu'il est insocial. Car en France, il faut toujours prendre l'envers du mot pour en trouver la vraie signification! . . .

MÉRICOURT. Mais, entre nous, tu n'as que le jargon du bal masqué, qui passe pour de l'esprit auprès de ceux qui ne le parlent pas. . . . Comment feras-tu? car il faut un peu de savoir.

DE LA BRIVE. Mon ami, dans toutes les parties, dans les sciences, dans les arts, dans les lettres, il faut une mise de fonds,[1] des connaissances spéciales, et prouver sa capacité: mais en politique, mon cher, on a tout et on est tout, avec un seul mot.

MÉRICOURT. Lequel?

DE LA BRIVE. Celui-ci: les principes de mes amis . . . l'opinion à laquelle j'appartiens . . . cherchez. . . .

MÉRICOURT. Chut! le beau père!

SCÈNE V

LES MÊMES, MERCADET

MERCADET, entrant de droite. Bonjour, mon cher Méricourt! (A DE LA BRIVE.) Ces dames vous font attendre, monsieur, ah! les toilettes . . . moi, j'étais en train de congédier . . . parbleu je puis vous le dire, un prétendant à la main de Julie. . . . Pauvre jeune homme! . . . j'ai peut-être été sévère, et je le plains. Il adore ma fille; . . . que voulez-vous? Il n'a que dix mille francs de rentes.

DE LA BRIVE. On ne va pas loin avec cela!

MERCADET. On végète!

DE LA BRIVE. Et vous n'êtes pas homme à donner une fille riche et spirituelle au premier venu. . . .

MÉRICOURT. Non certes. . . .

MERCADET. Monsieur, avant que ces dames ne viennent, nous pouvons traiter les affaires sérieuses.

DE LA BRIVE, à MÉRICOURT. Voici la crise!

(On s'assied.)
MERCADET, sur le canapé. Aimez-vous bien ma fille?

DE LA BRIVE. Passionnément! . . .

MERCADET. Passionnément! . . .

MÉRICOURT, bas. Tu vas trop loin. . . .

DE LA BRIVE, bas. Attends! (Haut.) Monsieur, je suis ambitieux . . . et j'ai vu en mademoiselle Julie une personne très distinguée, pleine d'esprit, douée de charmantes manières, qui ne sera jamais déplacée en quelque lieu que me porte ma fortune, et c'est une des conditions essentielles à un homme politique.

MERCADET. Je vous comprends! on trouve toujours une femme, mais il est très rare qu'un homme qui veut être ministre ou ambassadeur, rencontre (disons le mot, nous sommes entre hommes!) sa femelle. . . . Vous êtes un homme d'esprit, monsieur.

DE LA BRIVE. Monsieur, je suis socialiste.

MERCADET. Une nouvelle entreprise! mais parlons d'intérêts, maintenant.

MÉRICOURT. Il me semble que cela regarde les notaires.

DE LA BRIVE. Monsieur a raison, cela nous regarde bien davantage!

MERCADET. Monsieur a raison!

DE LA BRIVE. Monsieur, je possède pour toute fortune la terre de la Brive. Elle est dans ma famille depuis cent cinquante ans, et n'en sortira jamais, je l'espère.

MERCADET. Aujourd'hui, peut-être, vaut-il mieux avoir des capitaux. Les capitaux sont sous la main. S'il éclate une révolution, et nous en avons bien vu des révolutions, les capitaux nous suivent partout. La terre, au contraire, la terre paye pour tout le monde. Elle reste là, comme une sotte, à supporter les impôts, tandis que le capital s'esquive! Mais ce ne sera pas un obstacle. . . . Quelle est son importance?

DE LA BRIVE. Trois mille arpents, sans enclaves.[2]

MERCADET. Sans enclaves?

MÉRICOURT. Que vous ai-je dit?

MERCADET. Monsieur!

DE LA BRIVE. Un château. . . .

MERCADET. Monsieur!

DE LA BRIVE. Des marais salants[3]

---

[1] mise de fonds, capital.
[2] sans enclaves, all in one piece.
[3] marais salants, salt marshes.

qu'on pourrait exploiter dès que l'administration voudra le permettre, et qui donneraient des produits énormes!

MERCADET. Monsieur! . . . Pourquoi nous sommes-nous connus si tard! . . . Cette terre est donc au bord de la mer?

DE LA BRIVE. A une demi-lieue.

MERCADET. Elle est située?

DE LA BRIVE. Près de Bordeaux.

MERCADET. Vous avez des vignes?

DE LA BRIVE. Non, monsieur, non, heureusement! car on est très embarrassé de placer ses vins, et puis, la vigne veut tant de frais! . . . Ma terre fut plantée en pins par mon grand-père, homme de génie, qui eut l'esprit de se sacrifier à la fortune de ses enfants. . . . Ah! j'ai le mobilier que vous me connaissez. . . .

MERCADET. Monsieur, un moment, un homme d'affaires met les points sur les I. . . .

DE LA BRIVE, bas. Aïe, aïe! . . .

MERCADET. Vos terres, vos marais . . . car je vois tout le parti qu'on peut tirer de ces marais! . . . On peut former une société en commandite pour l'exploitation des marais salants de la Brive! . . . Il y a là plus d'un million! . . .

DE LA BRIVE. Je le sais bien, monsieur, il ne s'agit que de se le faire offrir.

MERCADET, à part. Voilà un mot qui révèle une certaine intelligence. (Haut.) Mais avez-vous des dettes? Est-ce hypothéqué?

MÉRICOURT. Vous n'estimeriez pas mon ami s'il n'avait pas de dettes. . . .

DE LA BRIVE. Je serai franc, monsieur, il y a pour quarante-cinq mille francs d'hypothèques sur la terre de la Brive.

MERCADET, à part. Innocent jeune homme! il pouvait. . . . (Se levant. Haut.) Vous avez mon agrément, vous serez mon gendre, vous êtes l'époux de mon choix. Vous ne connaissez pas votre fortune!!!

DE LA BRIVE, à MÉRICOURT. Mais cela va trop bien!

MÉRICOURT, à DE LA BRIVE. Il a vu une spéculation qui l'éblouit.

MERCADET, à part. Avec des protections, et on les achète, on peut faire des salines. Je suis sauvé. (Haut.) Permettez-moi de vous serrer la main à l'anglaise, vous réalisez tout ce que j'attendais de mon gendre. Je le vois, vous n'avez

pas l'esprit étroit des propriétaires de la province, nous nous entendrons.

DE LA BRIVE. Monsieur, vous ne trouverez pas mauvais que de mon côté je vous demande. . . .

MERCADET. Quelle sera la fortune de ma fille? Je me défierais de vous si vous ne le faisiez pas! . . . Ma fille se marie avec ses droits; sa mère lui fera l'abandon de ses biens, en une petite propriété, une petite ferme qui n'a que deux cents arpents, mais qui est en pleine Brie,[1] bien bâtie, ma foi! . . . Moi, je lui donne deux cent mille francs, dont je vous servirai la rente jusqu'à ce que vous ayez trouvé un placement sûr! . . . Car, jeune homme, il ne faut pas vous abuser, nous allons brasser des affaires; moi, je vous aime, vous me plaisez . . . vous avez de l'ambition! . . .

DE LA BRIVE. Oui, monsieur.

MERCADET. Vous aimez le luxe, la dépense, vous voulez briller à Paris. . . .

DE LA BRIVE. Oui, monsieur.

MERCADET. Y jouer un rôle. . . .

DE LA BRIVE. Oui, monsieur.

MERCADET. Eh bien! déjà vieux, obligé de reporter mon ambition sur un autre moi-même, je vous laisserai le rôle brillant.

DE LA BRIVE. Monsieur, j'aurais eu à choisir entre tous les beaux-pères de Paris, c'est à vous que j'aurais donné la préférence. Vous êtes selon mon cœur! Permettez que je vous serre la main à l'anglaise! . . .

(Autre poignée de main.)

MERCADET, à part. Mais ça va trop bien!

DE LA BRIVE, à part. Il donne dans mon étang la tête la première.

MERCADET, à part. Il accepte une rente!

(Il remonte à la porte de gauche.)

MÉRICOURT, à DE LA BRIVE. Tu es content?

DE LA BRIVE, bas. Je ne vois pas l'argent de mes dettes.

MÉRICOURT, bas. Attends. (A MERCADET.) Mon ami n'ose pas vous le dire, mais il est trop honnête homme pour vous le cacher, il a quelques petites dettes. . . .

MERCADET. Eh! parlez, je comprends parfaitement ces choses-là. . . . Voyons, une cinquantaine de mille?

MÉRICOURT. A peu près. . . .

---

[1] Brie, region east of Paris.

DE LA BRIVE. A peu près. . . .

MERCADET. Des misères.[1]

DE LA BRIVE, *riant.* Des misères!

MERCADET. Ce sera comme un petit vaudeville à jouer entre votre femme et vous, oui, laissez-lui le plaisir de . . . d'ailleurs nous les payerons. . . . (*A part.*) En actions des salines de la Brive. (*Haut.*) C'est si peu de chose. . . . (*A part.*) Nous évaluerons l'étang cent mille francs de plus. (*Haut.*) Affaire conclue, mon gendre!

DE LA BRIVE. Affaire conclue, beau-père!

MERCADET, *à part.* Je suis sauvé!

DE LA BRIVE, *à part.* Je suis sauvé! . . .

SCÈNE VI

LES MÊMES, MME MERCADET, JULIE, *entrant du fond*

MERCADET. Voici ma femme et ma fille.

MÉRICOURT. Madame, permettez-moi de vous présenter monsieur de la Brive, un jeune homme de mes amis, qui a pour mademoiselle votre fille une admiration. . . .

DE LA BRIVE. Passionnée.

MERCADET. Ma fille est tout à fait la femme qui convient à un homme politique.

DE LA BRIVE, *à* MÉRICOURT, *il lorgne* JULIE. Parfaitement bien. (*A* MADAME MERCADET.) Telle mère, telle fille, madame, je mets mes espérances sous votre protection. . . .

MME MERCADET. Présenté par monsieur Méricourt, monsieur ne peut être que bien venu.

JULIE, *à* SON PÈRE. Quel fat!

MERCADET, *à sa fille.* Puissamment riche! . . . nous serons tous millionnaires! . . . et un garçon excessivement spirituel, allons, soyez aimable, il le faut.

JULIE. Que voulez-vous que je dise à un dandy que je vois pour la première fois, et que vous me donnez pour mari? . . .

DE LA BRIVE. Mademoiselle veut-elle me permettre d'espérer qu'elle ne sera pas contraire. . . .

JULIE. Mon devoir est d'obéir à mon père.

DE LA BRIVE. Les jeunes personnes ne sont pas toujours dans le secret des sentiments qu'elles inspirent. . . . Voici deux mois que j'ambitionne le bonheur de vous offrir mes hommages.

JULIE. Qui, plus que moi, monsieur, peut se trouver flattée d'exciter l'attention? . . .

MME MERCADET, *à* MÉRICOURT. C'est fort bien. . . . (*Haut.*) Monsieur de la Brive nous fera sans doute, ainsi que son ami, le plaisir d'accepter à dîner sans cérémonie? . . .

MERCADET. La fortune du pot! . . . (*A* DE LA BRIVE.) Vous serez indulgent.

JUSTIN, *entrant du fond, bas à* MERCADET. Monsieur Pierquin demande à parler à monsieur.

MERCADET, *bas.* Pierquin?

JUSTIN. Il s'agit, dit-il, d'une affaire importante et pressée. . . .

MERCADET. Que peut-il me vouloir . . . qu'il vienne. . . . (JUSTIN *sort. Haut.*) Ma chère, ces messieurs doivent être fatigués. . . . Si vous les conduisiez au salon. . . . Monsieur de la Brive, offrez le bras à ma fille. . . .

(*Il ouvre à droite.*)

DE LA BRIVE. Mademoiselle. . . .

(*Il lui offre le bras.*)

JULIE, *à part.* Il est bien fait, il est riche, pourquoi me recherche-t-il?

MME MERCADET. Monsieur de Méricourt, venez-vous voir le tableau que nous devons mettre en loterie pour les pauvres orphelins?

MÉRICOURT. Je suis à vos ordres, madame.

MERCADET. Allez. . . . Je vous suis dans un instant.

(*Ils sortent tous par la droite, excepté* MERCADET.)

SCÈNE VII

MERCADET, *puis* PIERQUIN

MERCADET, *seul.* Allons, cette fois, je tiens réellement la fortune, le bonheur de Julie, notre bonheur à tous . . . car c'est une mine d'or qu'un gendre pareil! . . . trois mille arpents! un château! des marais!! . . .

(*Il s'assied à son bureau.*)

PIERQUIN, *entrant.* Bonjour, Mercadet. . . . J'arrive. . . .

MERCADET. Mal . . . que me voulez-vous?

PIERQUIN. Je serai bref. . . . Les titres que je vous ai cédés ce matin, sur un nommé Michonnin . . . c'est une valeur nulle . . . je vous ai prévenu. . . .

[1] *des misères,* trifles.

MERCADET. Je le sais. . . .

PIERQUIN. J'en offre mille écus. . . .

MERCADET. C'est trop pour que ce soit assez! . . . pour que vous donniez cette somme, il faut que cela vaille infiniment plus . . . on m'attend, au revoir. . . .

PIERQUIN. Quatre mille francs?

MERCADET. Non. . . .

PIERQUIN. Cinq . . . six mille!

MERCADET. Jouez donc cartes sur table . . . pourquoi voulez-vous ravoir ces titres?

PIERQUIN. Michonnin . . . Michonnin m'a insulté . . . je veux me venger de lui . . . l'envoyer à Clichy.

MERCADET, se levant. Six mille francs de vengeance! . . . vous n'êtes pas homme à vous passer ce luxe-là.

PIERQUIN. Je vous assure. . . .

MERCADET. Allons donc, mon cher, une bonne diffamation n'est cotée dans le Code qu'à cinq ou six cents livres, et le tarif d'un soufflet n'est que de cinquante francs. . . .

PIERQUIN. Je vous jure. . . .

MERCADET. Le Michonnin a hérité? . . . Les quarante-sept mille valent quarante-sept mille francs? . . . mettez-moi au courant . . . et partage égal!

PIERQUIN. Eh bien! . . . soit. . . . Michonnin se marie. . . .

MERCADET. Après . . . avec?

PIERQUIN. La fille de je ne sais quel nabab! un imbécile qui donne une dot énorme.

MERCADET. Où demeure Michonnin?

PIERQUIN. Pour exercer les poursuites? Il est sans demeure fixe à Paris . . . ses meubles sont sous le nom d'un ami; mais le domicile légal doit être aux environs de Bordeaux, dans un village d'Ermont.

MERCADET. Attendez donc, j'ai quelqu'un ici de ce pays-là . . . dans un instant j'aurai des renseignements exacts . . . nous nous mettrons en mesure.

PIERQUIN. Envoyez-moi les pièces et chargez-moi de l'affaire. . . .

MERCADET. Je le veux bien . . . on vous les remettra contre la convention du partage bien signée. . . . Je serai tout entier au mariage de ma fille.

PIERQUIN. Qui marche toujours bien?

MERCADET. A merveille . . . mon gendre est gentilhomme, riche malgré cela, et spirituel quoique gentilhomme et riche.

PIERQUIN. Mes compliments. . . .

MERCADET. Un mot encore. . . . Vous dites: Michonnin, au village d'Ermont, environs de Bordeaux? . . .

PIERQUIN. Il a par là une vieille tante! une bonne femme Bourdillac, qui grignotte six cents livres par an, qu'il a décorée marquise de Bourdillac et dotée d'une santé délicate avec quarante mille francs de rente.

MERCADET. C'est bien, au revoir. . . .

PIERQUIN. Au revoir. . . .

(Il sort par le fond.)

MERCADET, sonnant à son bureau. Justin!

JUSTIN. Monsieur a appelé?

MERCADET. Priez monsieur de la Brive de vouloir bien venir causer un instant avec moi.

(JUSTIN sort à droite.)

MERCADET. C'est vingt-trois mille francs tout trouvés . . . nous pourrons faire merveilleusement les choses pour le mariage de Julie.

SCÈNE VIII

MERCADET, DE LA BRIVE, JUSTIN

DE LA BRIVE, de droite, à JUSTIN, lui donne une lettre. Tenez, remettez ce mot . . . et prenez ceci pour vous. . . .

JUSTIN. Un louis! . . . mademoiselle sera heureuse en ménage. . . .

(Il sort par le fond.)

DE LA BRIVE. Vous désirez me parler, mon cher beau-père? . . .

MERCADET. Oui . . . vous voyez, j'agis déjà sans façons avec vous. . . . Asseyez-vous donc. . . .

DE LA BRIVE, s'asseyant sur le canapé. Et je vous en sais gré.

MERCADET. Je voudrais quelques renseignements sur un débiteur qui habite, comme vous, aux environs de Bordeaux.

DE LA BRIVE. Je connais tous ceux du pays.

MERCADET. Au besoin, vous auriez là-bas quelque parent pour nous renseigner?

DE LA BRIVE. Des parents! . . . Je n'ai qu'une vieille tante. . . .

MERCADET, levant la tête. Une . . . une vieille tante. . . .

DE LA BRIVE. D'une santé. . . .

MERCADET, tremblant. Dé . . . délicate? . . .

DE LA BRIVE. Et riche de quarante mille livres de rente. . . .

MERCADET, accablé. Ah! mon Dieu! c'est le chiffre!

DE LA BRIVE. C'est, comme vous voyez, une bonne femme à ménager que la marquise. . . .

Mercadet, *avec force, venant à lui.* De Bourdillac! . . . monsieur!

De la Brive. Tiens! vous savez son nom?

Mercadet. Et le vôtre!

De la Brive. Ah! diable!

Mercadet. Vous êtes criblé de dettes; vos meubles sont au nom d'un autre; votre vieille tante a six cents livres de rentes; Pierquin, un quart de vos créanciers, a quarante-sept mille francs de lettres de change sur vous. . . . Vous êtes Michonnin, et je suis le nabab imbécile!

De la Brive, *étendu sur le canapé.* Ma foi! . . . vous êtes aussi instruit que moi. . . .

Mercadet. Allons, le diable entre de nouveau dans mon jeu.

De la Brive, *à part, se levant.* La noce est faite! . . . Je ne suis plus socialiste; je deviens communiste.

Mercadet. Trompé comme à la bourse!

De la Brive. Soyons digne de nous-même!

Mercadet. Monsieur Michonnin, votre conduite est plus que blâmable!

De la Brive. En quoi? . . . ne vous ai-je pas dit que j'avais des dettes?

Mercadet. Soit, on peut avoir des dettes; mais où est située votre terre?

De la Brive. Dans les landes.

Mercadet. Elle consiste?

De la Brive. En sables, plantés de sapins.

Mercadet. De quoi faire des cure-dents.

De la Brive. A peu près.

Mercadet. Et cela vaut. . . .

De la Brive. Trente mille francs.

Mercadet. Et c'est hypothèqué de. . . .

De la Brive. Quarante-cinq mille.

Mercadet. Vous avez eu ce talent-là! . . .

De la Brive. Mais oui. . . .

Mercadet. Peste! . . . ce n'est pas maladroit! . . . et vos marais, monsieur?

De la Brive. Ils touchent à la mer.

Mercadet. C'est tout bonnement l'O-céan! . . .

De la Brive. Les gens du pays ont eu la méchanceté de le dire . . . et mes emprunts se sont arrêtés . . . net! . . .

Mercadet. Il eût été très-difficile de mettre la mer en actions! . . . Monsieur . . . entre nous, votre moralité me semble. . . .

De la Brive. Assez. . . .

Mercadet. Hasardée!

De la Brive, *se fâchant.* Monsieur! . . . (*Se calmant.*) Si ce n'est qu'entre nous!

Mercadet. Vous mettez votre mobilier sous le nom d'un ami, vous signez vos lettres de change du nom de Michonnin, et vous ne portez que le nom de la Brive.

De la Brive. Eh bien! monsieur, après? . . .

Mercadet. Après? . . . je pourrais vous faire un fort méchant parti. . . .

De la Brive. Monsieur, je suis votre hôte! . . . d'ailleurs, je pouvais tout nier. . . . Quelles preuves avez-vous?

Mercadet. Quelles preuves? . . . J'ai dans les mains vos quarante-sept mille francs de lettres de change.

De la Brive, *redescendant.* Souscrites, ordre Pierquin?

Mercadet. Précisément. . . .

De la Brive. Et vous les avez depuis ce matin?

Mercadet. Depuis ce matin.

De la Brive. En échange d'actions sans valeurs, de titres sans dividendes.

Mercadet. Monsieur!

De la Brive. Et pour cimenter le marché, Pierquin, l'un de vos moindres créanciers, vous a donné un délai de trois mois. . . .

Mercadet. Qui vous a dit cela?

De la Brive. Qui? . . . Pierquin lui-même quand j'ai voulu, tantôt, entrer en arrangement.

Mercadet. Diable!

De la Brive. Ah! vous donnez deux cent mille francs à votre fille, et vous avez cent mille écus de dettes! . . . Entre nous, vous vouliez escroquer un gendre, monsieur. . . .

Mercadet, *se fâchant.* Monsieur! . . . (*Se calmant.*) Si ce n'est qu'entre nous.

De la Brive. Vous abusiez de mon inexpérience!

Mercadet. L'inexpérience d'un homme qui emprunte sur des sables une somme de soixante pour cent au delà de leur valeur.

De la Brive. Avec des sables on fait du cristal!

Mercadet. C'est une idée!

De la Brive. Ainsi, monsieur. . . .

Mercadet. Silence! . . . Promettez-moi du moins le secret sur ce mariage rompu.

De la Brive. Je vous le jure. . . . Ah! excepté pour Pierquin. Je viens de lui écrire pour le tranquilliser.

Mercadet. La lettre que vous venez d'envoyer?

DE LA BRIVE. C'est cela même.

MERCADET. Et vous lui avez dit? . . .

DE LA BRIVE. Le nom de mon beau-père. Dame! . . . je vous croyais riche.

MERCADET, *désolé.* Vous avez écrit cela à Pierquin . . . tout est fini . . . ils vont tous savoir à la Bourse cette nouvelle déconfiture! . . . mais je suis perdu! . . . Si je m'adressais à lui . . . si je lui demandais. . . .

(*Il s'approche de la table pour écrire.*)

SCÈNE IX

LES MÊMES, MME MERCADET, JULIE, VERDELIN

MME MERCADET, *du fond.* Mon ami, monsieur Verdelin.

JULIE, *à* VERDELIN. Tenez, monsieur, voici mon père.

MERCADET. Ah! c'est . . . c'est toi, Verdelin, tu viens . . . tu viens dîner?

VERDELIN. Non, je ne dîne pas. . . .

MERCADET. Il sait tout . . . il est furieux!

VERDELIN. C'est monsieur qui est ton gendre? . . . (VERDELIN *salue.*) Voilà donc ce beau mariage.

MERCADET. Ce mariage, mon cher, n'a plus lieu.

JULIE. Quel bonheur! . . .

(DE LA BRIVE *la salue, elle baisse les yeux.*)

MME MERCADET, *la retenant.* Ma fille!

MERCADET. Je suis trompé par Méricourt.

VERDELIN. Et tu m'as joué ce matin une de tes comédies pour m'arracher mille écus, mais l'aventure est divulguée, tout le monde en rit à la Bourse. . . .

MERCADET. Ils ont appris. . . .

VERDELIN. Que tu as ton portefeuille plein de lettres de change sur monsieur ton gendre, et Pierquin m'a annoncé que tes créanciers exaspérés, se réunissent ce soir chez Goulard, pour agir tous demain, comme un seul homme!

MERCADET. Ce soir! demain! Ah! j'entends sonner le glas de la faillite!

VERDELIN. Oui, demain . . . ils l'ont dit: le fiacre et Clichy. . . .

MME MERCADET *et* JULIE. Grand Dieu!

MERCADET. Un fiacre! . . . le corbillard du spéculateur!

VERDELIN. On veut débarrasser la Bourse, autant qu'on le pourra, de tous les faiseurs!

MERCADET. Les imbéciles! . . . ils veulent donc en faire un désert! . . . et moi, perdu! chassé de la Bourse! . . . La ruine! la honte! . . . la misère! . . . Allons donc, c'est impossible! . . .

DE LA BRIVE. Croyez, monsieur, que je regrette d'avoir été pour quelque chose. . . .

MERCADET, *le regardant en face.* Vous! . . . (*A mi-voix.*) Écoutez, vous avez hâté ma perte . . . vous pouvez aider à me sauver.

DE LA BRIVE. Et les conditions? . . .

MERCADET. Je vous les ferai bonnes! (*Il descend à droite pendant que* DE LA BRIVE *remonte vers la porte du fond.*) Oui, c'est une idée hardie! . . . Mon plan est là! . . . Demain, la Bourse reconnaîtra dans Mercadet un de ses maîtres. . . .

VERDELIN. Que dit-il?

MERCADET. Demain, toutes mes dettes seront payées, et la maison Mercadet remuera des millions. . . . Je serai le Napoléon des affaires. . . .

VERDELIN. Quel homme!

MERCADET. Et sans Waterloo!

VERDELIN. Et des troupes?

MERCADET. Je payerai! . . . Que peut-on répondre à un négociant qui dit: Passez à la caisse! . . . Allons dîner. . . .

VERDELIN. Soit! je dîne alors, et je suis enchanté! . . .

MERCADET, *pendant qu'on se dirige vers la gauche. A part.* Ils l'ont voulu! . . . demain je trône sur des millions, ou je me couche dans les draps humides de la Seine! . . .

(*Tout le monde se dirige vers la gauche.*)

ACTE TROISIÈME

Au fond, cheminée, et au-dessus une glace sans tain.[1] *De chaque côté une porte; portes latérales. Au milieu du théâtre, un grand guéridon, chaises autour. Canapé près de la cheminée. Fauteuils à droite et à gauche.*

SCÈNE PREMIÈRE

JUSTIN, THÉRÈSE, VIRGINIE, *puis* MERCADET

JUSTIN *entre le premier et fait signe à* THÉRÈSE *d'arriver.* VIRGINIE, *munie de papiers, se campe fièrement sur le canapé.* JUSTIN *va regarder par le trou de la serrure et colle son oreille à la porte de gauche.*

---

[1] *glace sans tain*, window framed to represent a mirror.

THÉRÈSE. Est-ce qu'ils auraient, par hasard, la prétention de nous cacher leurs affaires?

VIRGINIE. Le père Grumeau dit que monsieur va-t-être arrêté. . . . Je veux que l'on compte ma dépense. . . . C'est qu'il m'en est dû de cet argent, outre mes gages! . . .

THÉRÈSE. Oh! soyez tranquille, nous allons tout perdre, monsieur fait faillite.

JUSTIN. Je n'entends rien! . . . Ils parlent trop bas! ces maîtres . . . ça se méfie pourtant de nous!

VIRGINIE. Quelle horreur! . . .

JUSTIN, *se collant l'oreille à la porte.* Attendez, je crois que j'entends. . . .

(*La porte s'ouvre,* MERCADET *paraît.*)

MERCADET, à JUSTIN. Ne vous dérangez pas!

JUSTIN. Monsieur . . . je . . . je rangeais. . . .

MERCADET. En vérité! . . . (*A* VIRGINIE *qui quitte vivement le canapé.*) Restez donc, mademoiselle Virginie! . . . et vous, monsieur Justin, pourquoi n'entriez-vous pas . . . nous aurions causé de mes affaires.

JUSTIN. Eh! eh! monsieur m'amuse.

MERCADET. J'en suis fort aise. . . .

JUSTIN. Monsieur a le malheur gai!

MERCADET, *sévèrement.* Sortez tous . . . et souvenez-vous que désormais je suis visible pour tout le monde. . . . Ne soyez ni insolents ni trop humbles avec personne, car ce ne sont plus que des créanciers payés que vous aurez à recevoir. . . .

JUSTIN. Ah! bah!

MERCADET. Allez. . . .

(*La porte du fond, à gauche, s'ouvre,* MADAME MERCADET, JULIE *et* MINARD, *paraissent; les* DOMESTIQUES *s'inclinent et sortent par le fond, à droite.*)

SCÈNE II

MERCADET, MME MERCADET, JULIE, MINARD

MERCADET, à *part.* Bon! voici ma femme et sa fille. . . . Dans les circonstances où je suis les femmes gâtent tout, elles ont des nerfs. . . . (*Haut.*) Que veux-tu, madame Mercadet?

MME MERCADET. Monsieur, vous comptiez sur le mariage de Julie pour raffermir votre crédit et calmer vos créanciers, mais l'événement d'hier vous met à leur merci. . . .

MERCADET. Vous croyez? . . . eh bien!

vous n'y êtes pas du tout . . . pardon, monsieur Minard, puis-je savoir ce qui vous amène. . . .

MINARD. Monsieur . . . je. . . .

JULIE. Mon père . . . c'est que. . . .

MERCADET. Venez-vous encore me demander ma fille?

MINARD. Oui, monsieur.

MERCADET. Mais on dit partout que je vais faire faillite. . . .

MINARD. Je le sais, monsieur.

MERCADET. Et vous épouseriez la fille d'un failli?

MINARD. Oui, car je travaillerais pour le réhabiliter. . . .

JULIE. C'est bien, Adolphe.

MERCADET. Brave jeune homme. . . . Je l'intéresserai dans ma première grande affaire!

MINARD. Monsieur, j'ai fait connaître mon amour à celui qui me sert de père . . . il m'a appris que j'ai . . . une petite fortune. . . .

MERCADET. Une fortune! . . .

MINARD. En me confiant à ses soins, on lui a remis une somme qu'il a fait valoir, et je possède maintenant trente mille francs.

MERCADET. Trente mille francs. . . .

MINARD. En apprenant le malheur qui vous arrive, j'ai réalisé cette somme, et je vous l'apporte, monsieur; car quelquefois avec des acomptes on arrange. . . .

MME MERCADET. Excellent cœur!

JULIE, *avec orgueil.* Eh bien! mon père! . . .

MERCADET. Trente mille francs. (*A part.*) On pourrait les tripler en achetant des actions du gaz Verdelin, puis ensuite doubler encore avec . . . non, non. (*A* MINARD.) Enfant, vous êtes dans l'âge du dévouement. . . . Si je pouvais payer deux cent mille francs avec trente mille, la fortune de la France, la mienne, celle de tout le monde serait faite . . . non, gardez votre argent.

MINARD. Comment, vous me refusez?

MERCADET, à *part.* Si avec cela, je les faisais patienter un mois. . . . Si, par quelque coup d'audace, je ravivais des valeurs éteintes! . . . Si . . . mais l'argent de ces pauvres enfants, ça me serrerait le cœur . . . on chiffre mal en larmoyant. . . . On ne joue bien que l'argent des actionnaires . . . non . . . non. . . . (*Haut.*) Adolphe, vous épouserez ma fille!

MINARD. Oh! monsieur! . . . Julie! . . . ma Julie!

MERCADET. Dès qu'elle aura trois cent mille francs de dot.

MME MERCADET. Mon ami!

JULIE. Mon père!

MINARD. Ah! monsieur . . . où me rejetez-vous?

MERCADET. Où je vous rejette? . . . Dans un mois! . . . peut-être plus tôt.

TOUS. Comment?

MERCADET. Oui, avec de la tête . . . un peu d'argent. . . . (MINARD *lui tend le portefeuille.*) Mais serrez donc ces billets! . . . Tenez, emmenez ma femme et ma fille . . . j'ai besoin d'être seul.

MME MERCADET, *à part.* Méditerait-il quelque chose contre ses créanciers? . . . Je le saurai. . . . Viens, Julie. . . .

JULIE. Mon père . . . vous êtes bon.

MERCADET. Parbleu!

JULIE. Et je vous aime bien. . . .

MERCADET. Parbleu!

JULIE. Adolphe! je ne vous remercie pas, j'aurai toute la vie pour cela.

MINARD. Chère Julie. . . .

MERCADET, *les conduisant au fond.* Voyons . . . voyons . . . allez exhaler vos idylles plus loin. . . .

(*Ils sortent à gauche.*)

SCÈNE III

MERCADET, *puis* DE LA BRIVE

MERCADET. J'ai résisté . . . c'est un bon mouvement! . . . j'ai eu tort de le suivre. . . . Enfin si je succombe, je leur ferai valoir ce petit capital . . . je leur manœuvrerai leurs fonds. . . . Ma pauvre fille est aimée! quels cœurs d'or! chers enfants! . . . (*Allant vers la porte à droite.*) Allons les enrichir. . . . De la Brive est là, il m'attend. . . . (*Regardant.*) Je crois qu'il dort . . . je l'ai un peu grisé pour le diriger à mon aise. . . . (*Criant.*) Michonnin! . . . le garde du commerce!

DE LA BRIVE, *sortant à moitié endormi.* Hein! . . . vous dites?

MERCADET. Rassurez-vous, c'était pour vous bien réveiller.

(*Il s'assied près du guéridon.*)

DE LA BRIVE, *de l'autre côté du guéridon.* Monsieur, l'orgie est pour mon intelligence ce qu'est un orage pour la campagne, ça

la rafraîchit . . . elle verdoie! . . . et les idées poussent, fleurissent! . . . *In vino varietas.*[1]

MERCADET. Hier nous avons été interrompus dans notre conversation d'affaires.

DE LA BRIVE. Beau-père, je me la rappelle parfaitement. . . . Nous avons reconnu que nos maisons ne peuvent plus tenir leurs engagements . . . nous allons, en style de coulisse,[2] être exécutés, vous avez le malheur d'être mon créancier, et moi, j'ai le bonheur d'être votre débiteur pour quarante-sept mille deux cent trente-trois francs et des centimes.

MERCADET. Vous n'avez pas la tête lourde.

DE LA BRIVE. Rien de lourd, ni dans les poches, ni dans la conscience. . . . Que peut-on me reprocher? . . . En mangeant ma fortune, j'ai fait gagner tous les commerces parisiens, même ceux qu'on ne connaît pas. . . . Nous inutiles! . . . Nous oisifs! . . . Allons donc! . . . nous animons la circulation de l'argent. . . .

MERCADET. Par l'argent de la circulation.[3] . . . Ah! vous avez bien toute votre intelligence.

DE LA BRIVE. Je n'ai plus que cela.

MERCADET. C'est notre Hôtel des Monnaies[4] à nous autres. . . . Eh bien! dans les dispositions où je vous vois, je serai bref.

DE LA BRIVE. Alors je m'assieds!

MERCADET. Écoutez-moi. . . . Je vous vois sur la pente dangereuse qui mène à cette audacieuse habileté que les sots reprochent aux faiseurs. Vous avez goûté aux fruits acides, enivrants du plaisir parisien . . . vous avez fait du luxe le compagnon inséparable de votre existence. Paris commence à l'Étoile[5] et finit au Jockey-Club.[6] . . . Paris, pour vous, c'est le monde des femmes dont on parle trop ou dont on ne parle pas. . . .

DE LA BRIVE. C'est vrai. . . .

MERCADET. C'est la captieuse atmosphère des gens d'esprit, du journal, du théâtre et des coulisses, du pouvoir. . . . Vaste mer où l'on pêche! . . . Ou, continuer cette existence, ou, vous faire sauter la cervelle! . . .

DE LA BRIVE. Non! la continuer sans me. . . .

---

[1] Adaptation of the proverb *in vino veritas.*
[2] *style de coulisse,* broker's jargon.
[3] *circulation,* here "public."
[4] *Hôtel des Monnaies,* mint.
[5] *l'Étoile,* the Étoile quarter, about the Arc de Triomphe.
[6] *Jockey-Club,* fashionable club, founded in 1833, still in existence today.

MERCADET. Vous sentez-vous le génie de vous soutenir en bottes vernies à la hauteur de vos vues! . . . de dominer les gens d'esprit par la puissance du capital . . . par la force de votre intelligence? Aurez-vous toujours le talent de louvoyer entre ces deux caps où sombre l'élégance: le restaurant à quarante sous et Clichy?

DE LA BRIVE. Mais vous entrez dans ma conscience comme un voleur . . . vous êtes ma pensée! . . . que voulez-vous de moi?

MERCADET. Je veux vous sauver en vous lançant dans le monde des affaires.

DE LA BRIVE. Par où?

MERCADET. Laissez-moi choisir la porte.

DE LA BRIVE. Diable!

MERCADET. Soyez l'homme qui se compromettra pour moi. . . .

DE LA BRIVE. Les hommes de paille [1] peuvent brûler.

MERCADET. Soyez incombustible.

DE LA BRIVE. Comment entendez-vous les parts?

MERCADET. Essayez. . . . Servez-moi dans la circonstance désespérée où je me trouve, et je vous rends vos quarante-sept mille deux cent trente-trois francs. . . . Entre nous, là, vraiment, il ne faut que de l'adresse.

DE LA BRIVE. Au pistolet ou à l'épée?

MERCADET. Il n'y a personne à tuer, au contraire.

DE LA BRIVE. Ça me va. . . .

MERCADET. Il faut faire revivre un homme. . . .

DE LA BRIVE. Ça ne me va plus . . . mon cher ami, le légataire,[2] la cassette d'Harpagon, le petit mulet de Scapin, enfin toutes les farces qui nous ont fait rire dans l'ancien théâtre sont aujourd'hui très-mal prises dans la vie réelle. . . . On y mêle des commissaires de police que depuis l'abolition des privilèges on ne rosse plus. . . .

MERCADET. Et cinq ans de Clichy, . . . hein? . . . quelle condamnation. . . .

DE LA BRIVE. Au fait . . . c'est selon ce que vous ferez faire au personnage . . . car mon honneur est intact et vaut la peine de. . . .

MERCADET. Vous voulez le bien placer . . . nous en aurons trop besoin pour n'en pas tirer tout ce qu'il vaut. . . . Aidez-moi à rester assis autour de cette table toujours servie de la Bourse et nous nous y donnerons une indigestion. . . . Car, voyez-vous, ceux qui cherchent des millions les trouvent très difficilement; mais ceux qui ne les cherchent pas n'en ont jamais trouvé.

DE LA BRIVE. On peut se mettre de la partie de monsieur. . . . Vous me rendrez mes quarante-sept mille livres?

MERCADET. Yes, sir.

DE LA BRIVE. Je ne serai que . . . très habile?

MERCADET. Hon! . . . hon! . . . léger . . . mais cette légèreté sera, comme disent les Anglais, du bon côté de la loi. . . .

DE LA BRIVE. De quoi s'agit-il?

MERCADET, *lui donnant un papier.* Voici vos instructions écrites, vous serez quelque chose comme un oncle d'Amérique . . . un associé qui revient des grandes Indes. . . .

DE LA BRIVE. Je comprends.

MERCADET. Allez aux Champs-Elysées, achetez une chaise de poste bien crottée, faites-y mettre des chevaux et arrivez ici le corps enveloppé dans une pelisse, la tête fourrée dans un grand bonnet, tout grelottant comme un homme qui trouve notre été de glace . . . je vous recevrai . . . je vous guiderai . . . vous parlerez à mes créanciers, pas un ne connaît Godeau, vous les ferez patienter. . . .

DE LA BRIVE. Longtemps!

MERCADET. Il ne me faut que deux jours . . . deux jours pour que Pierquin exécute les grands achats que nous aurons ordonnés; deux jours pour que les valeurs . . . que je sais comment relever, aient le temps d'atteindre la hausse . . . vous serez ma garantie, ma couverture . . . et comme personne ne vous reconnaîtra. . . .

DE LA BRIVE. Je cesserai d'ailleurs le personnage dès que je vous en aurai donné pour quarante-sept mille deux cent trente-trois francs et quelques centimes.

MERCADET. C'est cela . . . quelqu'un . . . ma femme. . . .

MME MERCADET, *entrant de gauche.* Mon ami, il y a des lettres pour vous, on demande des réponses. . . .

(*Elle va à la cheminée.*)

MERCADET. J'y vais . . . au revoir, mon cher de la Brive. (*Bas.*) Pas un mot à ma femme . . . elle ne compren-

---

[1] *hommes de paille*, a man who lends his name to an enterprise without being its moving spirit.

[2] *le légataire, la cassette d'Harpagon, le petit mulet de Scapin*, reference to *le Légataire universel* by Regnard (1708), *l'Avare* (1668) and *les Fourberies de Scapin* (1671) by Molière.

drait pas l'opération, et la convertirait. (*Haut.*) Allez vite et n'oubliez rien.

DE LA BRIVE. Soyez sans crainte.

(MERCADET *sort à gauche*, DE LA BRIVE *va pour en faire autant par le fond*, MADAME MERCADET *le retient.*)

SCÈNE IV

MME MERCADET, DE LA BRIVE

DE LA BRIVE. Madame? . . .

MME MERCADET. Pardon, monsieur. . . .

DE LA BRIVE. Veuillez m'excuser, madame, il faut que j'aille. . . .

MME MERCADET. Vous n'irez pas. . . .

DE LA BRIVE. Mais vous ignorez. . . .

MME MERCADET. Je sais tout. . . .

DE LA BRIVE. Comment?

MME MERCADET. Vous méditez, vous et mon mari, de vieux moyens de comédie, j'en ai employé un plus vieux encore . . . je sais tout, vous dis-je. . . .

DE LA BRIVE, *à part.* Elle écoutait. . . .

MME MERCADET, *descendant en scène.* Monsieur, le rôle qu'on veut vous faire jouer est un rôle blâmable, honteux, vous y renoncerez. . . .

DE LA BRIVE. Mais enfin, madame.

MME MERCADET. Oh! je sais à qui je parle, monsieur, il n'y a que quelques heures que je vous ai vu pour la première fois, et cependant . . . je crois vous connaître.

DE LA BRIVE. En vérité? . . . je ne sais plus trop alors quelle opinion vous avez de moi.

MME MERCADET. Un jour m'a suffi pour vous bien juger . . . et en même temps que mon mari cherchait peut-être ce qu'il y avait en vous de folie à exploiter ou de mauvaises passions à faire éclore, moi, je devinais votre cœur et tout ce qu'il renfermait encore de bons sentiments qui pussent vous sauver. . . .

DE LA BRIVE. Me sauver . . . permettez, madame.

MME MERCADET. Oui, monsieur, vous sauver, vous et mon mari . . . car vous allez vous perdre l'un par l'autre . . . mais vous comprendrez que des dettes ne déshonorent personne quand on les avoue, quand on travaille à les payer . . . vous avez devant vous toute votre vie, et vous avez trop d'esprit pour la vouloir flétrir à jamais par une entreprise que la justice punirait.

DE LA BRIVE. La justice! ah! vous avez raison, madame . . . et je ne me prêterais

certes pas à cette dangereuse comédie, si votre mari n'avait contre moi des titres. . . .

MME MERCADET. Qu'il vous rendra, monsieur, j'en prends l'engagement.

DE LA BRIVE. Mais, madame, je ne puis payer. . . .

MME MERCADET. Nous nous contenterons de votre parole, et vous vous acquitterez quand vous aurez fait loyalement votre fortune.

DE LA BRIVE. Loyalement! . . . ce sera peut-être un peu long.

MME MERCADET. Nous aurons de la patience. Allons, monsieur, prévenez mon mari, afin qu'il renonce à cette tentative pour laquelle il n'aura plus votre concours.

(*Elle va à la porte de gauche.*)

DE LA BRIVE. Je crains un peu de le voir . . . j'aimerais mieux lui écrire.

MME MERCADET, *lui montrant la porte par laquelle il est entré.* Là . . . vous trouverez tout ce qu'il faut . . . restez-y jusqu'à ce que je vienne prendre votre lettre . . . je la lui remettrai moi-même.

DE LA BRIVE. J'obéirai, madame. Allons! je vaux encore un peu mieux que je ne croyais. C'est vous qui me l'avez appris; vous avez droit à toute ma reconnaissance. (*Il lui baise la main avec respect.*) Merci, madame, merci!

(*Il sort.*)

MME MERCADET. J'ai réussi . . . puissé-je aussi maintenant décider Mercadet!

JUSTIN, *entrant du fond à droite.* Madame . . . madame . . . les voilà . . . les voilà tous.

MME MERCADET. Qui?

JUSTIN. Les créanciers de monsieur.

MME MERCADET. Déjà. . . .

JUSTIN. Il y en a beaucoup, madame.

MME MERCADET. Faites-les entrer ici. . . . Je vais prévenir mon mari. . . .

(*Elle sort par la gauche.* JUSTIN *ouvre la porte du fond à droite.*)

SCÈNE V

PIERQUIN, GOULARD, VIOLETTE *et* PLUSIEURS AUTRES CRÉANCIERS

GOULARD. Messieurs, nous sommes tous bien décidés, n'est-ce pas?

TOUS. Oui, oui. . . .

PIERQUIN. Plus de promesses qui puissent nous abuser.

GOULARD. Plus de prières, plus de supplications.

VIOLETTE. Plus de ces faux acomptes, à l'aide desquels il puisait jusqu'au fond de notre bourse.

SCÈNE VI

LES MÊMES, MERCADET

MERCADET, *entrant de gauche.* C'est-à-dire que ces messieurs viennent tout bonnement m'arracher mon bilan.[1]

GOULARD. A moins que ne trouviez moyen de tout payer aujourd'hui.

MERCADET. Aujourd'hui!

PIERQUIN. Aujourd'hui même.

MERCADET, *se mettant devant la cheminée.* Ah çà, vous croyez donc que je possède la planche[2] à billets de la banque de France!

VIOLETTE, *assis à droite.* Vous n'avez donc rien à nous offrir?

MERCADET. Absolument rien! et vous allez me coffrer.[3] . . . Gare à celui qui payera le fiacre, mon actif ne le remboursera pas.

GOULARD, *assis à gauche.* J'ajouterai cela, comme tout ce que vous me devez, à l'article profits et pertes. . . .

MERCADET. Merci. . . . Vous êtes donc tous bien décidés?

LES CRÉANCIERS. Oui!

MERCADET. Touchante unanimité. . . . (*Tirant sa montre.*) Deux heures! . . . (*A part.*) De la Brive a eu tout le temps nécessaire . . . il doit être en route. . . . (*Haut.*) Parbleu! messieurs, il faut avouer que vous êtes hommes d'inspiration et que vous choisissez bien votre temps!

PIERQUIN. Que signifie?

MERCADET. Pendant des mois, des années entières vous vous êtes laissé leurrer de belles promesses, tromper . . . oui, tromper par des contes impossibles, et c'est ce jour que vous choisissez pour vous montrer implacables! . . . Ma parole d'honneur! c'est amusant! Allons à Clichy.

GOULARD. Mais, monsieur. . . .

PIERQUIN. Il rit.

VIOLETTE, *se levant.* Il y a quelque chose . . . messieurs, il y a quelque chose!

PIERQUIN. Nous expliquerez-vous?

GOULARD. Nous désirons savoir. . . .

VIOLETTE, *se levant.* Monsieur Merca-det, s'il y a quelque chose . . . dites-nous-le.

MERCADET, *venant au guéridon.* Rien! je ne dirai rien, non . . . je veux être emballé![4] . . . je veux voir la mine que vous ferez tous demain ou ce soir en apprenant son retour. . . .

GOULARD, *se levant.* Son retour? . . .

PIERQUIN. Quel retour?

VIOLETTE. Le retour de qui?

MERCADET, *venant sur le devant.* Le retour de . . . de personne! . . . Allons à Clichy, messieurs. . . .

GOULARD. Mais enfin . . . si vous attendez quelque secours.

PIERQUIN. Si vous avez un espoir.

VIOLETTE. Ou seulement quelque gros héritage.

GOULARD. Voyons!

PIERQUIN. Répondez. . . .

VIOLETTE. Dites-nous. . . .

MERCADET. Mais prenez donc garde, vous fléchissez, vous fléchissez, messieurs, et si je voulais m'en donner la peine, je vous mettrais encore dedans. . . . Allons, soyez donc de véritables créanciers! . . . Moquez-vous du passé, oubliez les brillantes affaires que je vous procurais à tous, avant le départ subit de mon bon Godeau. . . .

GOULARD. Son bon Godeau.

PIERQUIN. Ah! si c'était. . . .

MERCADET. Oubliez tout ce beau passé, ne tenez aucun compte de ce que ramènerait un retour . . . trop longtemps attendu et. . . . Allons à Clichy, messieurs, allons à Clichy!

VIOLETTE. Mercadet! vous attendez Godeau!

MERCADET. Non.

VIOLETTE, *avec inspiration.* Messieurs! . . . il attend Godeau!

GOULARD. Serait-il vrai!

PIERQUIN. Parlez.

TOUS. Parlez, parlez.

MERCADET, *se défendant mal.* Mais non, mais non. . . . Je ne sais pas . . . je . . . certainement il se peut que, d'un jour à l'autre, il nous revienne des Indes avec quelque . . . grande fortune. . . . (*Avec assurance.*) Mais je vous donne ma parole d'honneur que je n'attends pas Godeau aujourd'hui.

---

[1] *m'arracher mon bilan,* make me go into bankruptcy. The *bilan* is the statement of liabilities and assets. *Déposer son bilan* means: " declare oneself a bankrupt."

[2] *planche à billets* plate from which bank notes are printed.

[3] *coffrer,* jail.

[4] *emballé,* jailed.

VIOLETTE. Alors c'est demain . . . messieurs, il l'attend demain!

GOULARD, *bas aux autres.* A moins que ce ne soit une nouvelle ruse pour gagner du temps et se moquer de nous. . . .

PIERQUIN, *plus haut.* Vous croyez?

GOULARD. C'est possible! . . .

VIOLETTE, *haut.* Messieurs, il se moque de nous.

MERCADET, *à part.* Diable! . . . (*Haut.*) Eh bien, messieurs, partons-nous?

GOULARD. Ma foi. . . .

(*On entend le roulement d'une voiture.*)

MERCADET, *à part.* Enfin! (*Haut.*) O ciel!

(*Il met la main sur son cœur.*)

UNE VOIX DE POSTILLON. Porte, s'il vous plaît!

MERCADET. Ah! . . .

(*Il tombe dans un fauteuil près du guéridon.*)

GOULARD, *courant à la glace sans tain.* Une voiture.

PIERQUIN, *de même.* De poste!

VIOLETTE, *de même.* Messieurs . . . c'est une voiture de poste!

MERCADET, *à part.* Il ne pouvait pas mieux arriver, ce cher de la Brive!

GOULARD. Voyez donc . . . couverte de poussière.

VIOLETTE. Et crottée jusqu'à la capote! . . . Il faut venir du fond de l'Inde pour être aussi crotté que ça. . . .

MERCADET, *avec douceur.* Vous ne savez ce que vous dites, Violette, on n'arrive pas de l'Inde par terre, mon bon.

GOULARD. Mais venez donc voir, Mercadet, un homme en descend. . . .

PIERQUIN. Enveloppé dans une large pelisse . . . venez donc.

MERCADET. Non . . . pardonnez-moi . . . la joie . . . l'émotion . . . je. . . .

VIOLETTE. Il porte une cassette. . . . Oh! la grosse cassette. . . . Messieurs, c'est Godeau! je le reconnais à la cassette.

MERCADET. Eh bien, oui . . . j'attendais Godeau.

GOULARD. Qui revient de Calcutta.

PIERQUIN. Avec une fortune.

MERCADET. Incalcuttable!

VIOLETTE. Qu'est-ce que je disais?

(*Il va donner silencieusement une poignée de main à* MERCADET. *Les deux autres l'imitent successivement, puis après tous les créanciers viennent l'entourer.*)

MERCADET. Oh! . . . messieurs . . . mes amis . . . mes chers . . . camarades . . . mes enfants! . . .

SCÈNE VII

LES MÊMES, MME MERCADET

MME MERCADET, *entrant du fond à gauche.* Mercadet! . . . mon ami!

MERCADET. Ma femme! . . . (*A part.*) Je la croyais sortie! Elle va tout renverser!

MME MERCADET. Ah! mon ami! . . . mais vous ne savez donc pas ce qui se passe?

MERCADET. Moi? . . . non . . . si . . . je. . . .

MME MERCADET. Godeau est de retour!

MERCADET. Hein! vous dites? (*A part.*) Comment! elle. . . .

MME MERCADET. Je l'ai vu . . . je lui ai parlé . . . c'est moi, moi qui l'ai reçu.

MERCADET. (*A part.*) De la Brive l'a convertie! . . . Quel homme! . . . bien, chère amie, bien . . . vous nous sauvez.

MME MERCADET. Moi, mais non, c'est lui, c'est. . . .

MERCADET. (*Bas.*) Chut! . . . (*Haut.*) Il faut . . . il faut que j'aille l'embrasser, Messieurs. . . .

MME MERCADET. Non . . . attendez, attendez un peu, mon ami, ce pauvre Godeau avait trop présumé de ses forces. . . . A peine était-il chez moi, que la fatigue . . . l'émotion . . . enfin une crise nerveuse s'est emparée de lui. . . .

MERCADET. En vérité! . . . (*A part.*) Comme elle va. . . .

VIOLETTE. Ce pauvre Godeau.

MME MERCADET. Madame, m'a-t-il dit, voyez votre mari, rapportez-moi son pardon, je ne veux me trouver en face de lui que lorsque j'aurai réparé le passé.

GOULARD. C'est beau.

PIERQUIN. C'est sublime.

VIOLETTE. J'en pleure, messieurs, j'en pleure.

MERCADET. (*A part.*) Ah çà, mais . . . c'est une femme de première force que j'avais là, sans m'en douter. . . . (*Lui prenant la main.*) Chère amie. . . . Bah! excusez-moi, messieurs. . . . (*Il l'embrasse sur les deux joues. Bas.*) Ça va très bien.

MME MERCADET. (*Bas.*) Quel bonheur! mon ami, cela vaut mieux que ce que vous méditiez!

MERCADET. Je crois bien. (*A part.*) C'est beaucoup plus fort. . . . (*Haut.*) Allez le retrouver, ma chère, et vous, messieurs, soyez assez bons pour passer

dans mon cabinet . . . (*il montre la gauche*), en attendant que nous réglions nos comptes.
(MADAME MERCADET *sort par le fond à droite.*)
GOULARD. A vos ordres, mon ami.
PIERQUIN. Notre excellent ami!
VIOLETTE. Notre ami . . . nous sommes à vos ordres.
MERCADET, *s'appuyant sur le guéridon avec fatuité.* Eh bien! . . . on disait que je n'étais qu'un faiseur!
GOULARD. Vous, un des hommes les plus capables de Paris!
PIERQUIN. Qui gagnera des millions . . . dès qu'il en aura un. . . .
VIOLETTE. Cher monsieur Mercadet, nous attendrons tant qu'il vous plaira. . . .
TOUS. Certainement.
MERCADET. Un mot du lendemain! . . . Allez, messieurs, je vous remercie comme si vous aviez dit cela hier matin . . . au revoir. . . . (*Bas à* GOULARD.) Avant une heure, je vous fais vendre vos actions. . . .
GOULARD. Bien. . . .
MERCADET, *bas à* PIERQUIN. Restez.
(*Tous les autres entrent à gauche.*)
PIERQUIN. Je reste. . . .

SCÈNE VIII

MERCADET, PIERQUIN

MERCADET. Nous voilà seuls . . . il n'y a pas de temps à perdre . . . il y a eu de la baisse hier sur les actions de la Basse-Indre; allez à la Bourse, achetez-en deux cents, trois cents, quatre cents . . . Goulard vous en livrera, à lui seul, plus de moitié. . . .
PIERQUIN. A quel terme, et comment me couvrirez-vous? [1]
MERCADET. Une couverture! fi donc . . . je traite ferme.[2] . . . Apportez-moi les actions aujourd'hui, et je paie demain.
PIERQUIN. Demain?
MERCADET, *à part.* Demain la hausse sera faite.
PIERQUIN. Dans la situation où vous êtes, vous achetez évidemment pour Godeau.
MERCADET. Vous croyez?

PIERQUIN. Il vous avait donné ces ordres dans la lettre qui annonçait son retour.
MERCADET. C'est possible . . . ah! maître Pierquin, nous allons reprendre les affaires . . . je vous vois,[3] d'ici la fin de l'année, cent mille francs de courtage chez nous.
PIERQUIN. Cent mille francs!!!
MERCADET. Poussez raide à la baisse à la petite bourse, achetez ensuite, et . . . (*lui donnant une lettre*) faites insérer cette lettre dans le journal du soir . . . ce soir à Tortoni,[4] il y aura déjà vingt pour cent de hausse . . . allez vite. . . .
PIERQUIN. J'y vole . . . adieu! . . .
(*Il sort par le fond.*)

SCÈNE IX

MERCADET, *puis* JUSTIN

MERCADET. Allons, ça marche, et à toute vapeur! Quand Mahomet a eu trois compères de bonne foi (les plus difficiles à trouver) il a eu le monde à lui! . . . J'ai déjà tous mes créanciers! . . . grâce à la prétendue arrivée de Godeau, je gagne huit jours, et qui dit huit jours, dit quinze en matière de paiement. . . . J'achète pour trois cent mille francs de Basse-Indre, avant Verdelin! . . . et alors, quand Verdelin en demandera, mon gaillard déterminera la hausse! . . . les actions vont s'élever bien au-dessus du cours. . . . J'aurai . . . six cent mille francs de bénéfice. Avec trois cent mille, je paye mes créanciers! et je deviens le roi de la place!
(*Il se promène majestueusement.*)
JUSTIN, *du fond à gauche.* Monsieur!
MERCADET. Qu'est-ce que c'est . . . que me veux-tu, Justin? . . .
JUSTIN. Monsieur . . . c'est. . . .
MERCADET. Allons, parle. . . .
JUSTIN. C'est monsieur Violette qui m'offre soixante francs si je lui fais parler à monsieur Godeau.
MERCADET. Soixante francs. (*A part.*) Il me les a volés.
JUSTIN. Monsieur ne veut pas que je perde ces profits-là.
MERCADET. Laisse-toi corrompre. . . .
JUSTIN. Ah! monsieur . . . c'est que

---

[1] *A quel . . . vous?* To be delivered when and with what guarantee?
[2] *je traite ferme*, I buy outright.
[3] *je vous vois . . . de courtage chez nous*, I see you collect a hundred thousand francs brokerage fee from us.
[4] *à Tortoni*, at the Café Tortoni on the Boulevard des Italiens where brokers continued private operations after closing hours of the exchange. It was closed in 1893.

. . . il y a aussi monsieur Goulard . . . et les autres. . . .

MERCADET. Laisse-toi faire . . . va, je te les livre, tonds-les.

JUSTIN. Et de près . . . merci, monsieur. . . .

MERCADET. Qu'ils voient tous Godeau. (*A part.*) De la Brive saura bien s'en tirer. (*Haut.*) Entendons-nous, tous excepté Pierquin. . . . (*A part.*) Il reconnaîtrait son Michonnin.

JUSTIN. C'est convenu, monsieur. . . . Ah! voilà monsieur Minard.

(JUSTIN *sort au fond à gauche.*)

SCÈNE X

MERCADET, MINARD

MINARD, *du fond à gauche.* Ah! monsieur.

MERCADET. Eh bien! monsieur Minard qu'est-ce qui vous amène?

MINARD. Le désespoir.

MERCADET. Le désespoir?

MINARD. Monsieur Godeau est de retour; on dit que vous redevenez millionnaire! . . .

MERCADET. Et c'est là ce qui vous désole?

MINARD. Oui, monsieur.

MERCADET. Ah çà, vous êtes un singulier garçon. . . . Je vous dévoile ma ruine, cela vous enchante . . . vous apprenez que la fortune me revient, cela vous désespère! . . . Et vous voulez entrer dans ma famille! . . . mais vous êtes mon ennemi.

MINARD. Mon Dieu! c'est précisément mon amour qui fait que cette fortune m'épouvante. J'ai peur que vous ne vouliez plus m'accorder la main. . . .

MERCADET. De Julie! . . . Adolphe, tous les hommes d'affaires ne placent pas leur cœur dans leur portefeuille. . . . Nos sentiments ne se traduisent pas toujours par doit et avoir. . . . Vous m'avez offert trente mille francs que vous aviez . . . je n'ai pas le droit de vous repousser à cause des millions . . . (*à part*) que je n'ai pas!

MINARD. Ah! vous me rendez la vie.

MERCADET. Vrai! . . . eh bien, tant mieux . . . car je vous aime . . . vous êtes simple, honnête, ça me touche, ça me fait plaisir, ça . . . ça me change. . . . Ah! que je tienne mes six cent mille francs et. . . . (*Voyant entrer* PIERQUIN.) Les voilà. . . .

SCÈNE XI

LES MÊMES, PIERQUIN, VERDELIN

MERCADET, *l'amenant sur le devant de la scène, sans voir* VERDELIN. Eh bien? . . .

PIERQUIN, *avec embarras.* Eh bien . . . l'affaire est terminée. . . .

MERCADET, *avec joie.* Bravo! . . .

VERDELIN, *allant à* MERCADET. Bonjour!

MERCADET. Verdelin! . . .

VERDELIN. Tu as fait acheter avant moi, je serai forcé maintenant de payer beaucoup plus cher; mais c'est égal, c'est bien joué! merci! A propos, salut au roi de la bourse, salut au Napoléon des affaires! . . . (*Riant.*) Ah! ah! ah!

MERCADET, *décontenancé.* Que signifie? . . .

VERDELIN. Ce sont tes paroles d'hier.

MERCADET. Mes paroles. . . .

PIERQUIN. C'est que . . . monsieur ne . . . croit pas au retour de Godeau. . . .

MINARD. Ah! monsieur!

MERCADET. Comment . . . on douterait. . . .

VERDELIN, *avec ironie.* Fi donc! plus maintenant. . . . Je me suis figuré d'abord que ce retour c'était le coup hardi que tu annonçais hier. . . .

MERCADET. Moi. . . . (*A part.*) Maladroit!

VERDELIN. Que fort de la présence d'un prétendu Godeau tu faisais acheter comptant pour payer sur la hausse de demain [1] et que tu n'avais pas un sou aujourd'hui. . . .

MERCADET. Ah! tu avais imaginé cela. . . .

VERDELIN, *allant à la cheminée.* Oui . . . mais en voyant en bas cette triomphante chaise de poste . . . ce modèle de la carrosserie indienne! j'ai bien vite pensé qu'on n'en trouverait pas de semblable aux Champs-Élysées, tous mes doutes ont disparu, et . . . mais remettez donc les titres, monsieur Pierquin. . . .

PIERQUIN. Les . . . titres. . . . C'est que. . . .

MERCADET, *à part.* De l'audace, ou je suis perdu! . . . (*Haut.*) Sans doute . . . voyons ces titres. . . .

PIERQUIN. Permettez . . . c'est que . . . si ce que monsieur disait était vrai!

MERCADET, *avec hauteur.* Monsieur Pierquin!

MINARD. Mais, messieurs . . . mon-

---

[1] *payer sur la hausse de demain,* pay (your creditors) out of the profits of to-morrow's rise of the stock.

sieur Godeau est ici, je l'ai vu moi . . . je lui ai parlé.

MERCADET, à PIERQUIN. Il lui a parlé, monsieur.

PIERQUIN, à VERDELIN. Le fait est que moi-même j'ai vu. . . .

VERDELIN. Mais je n'en doute pas. . . . A propos, par quel bâtiment t'annonçait-il son arrivée, ce cher Godeau?

MERCADET. Par quel bâtiment . . . mais par le . . . par le *Triton*. . . .

VERDELIN. Que ces journaux anglais sont négligents . . . il n'y a d'annoncé que le bâtiment-poste anglais *l'Alcyon*.

PIERQUIN. En vérité!

MERCADET. Finissons . . . monsieur Pierquin . . . ces titres. . . .

PIERQUIN. Permettez . . . à défaut de couverture . . . je voudrais . . . je veux parler à Godeau.

MERCADET. Vous ne lui parlerez pas, monsieur, ce serait vous permettre de douter de ma parole.

VERDELIN. Superbe! . . .

MERCADET. Monsieur Minard, allez auprès de Godeau . . . dites-lui que j'ai fait acheter les trois cent mille francs de valeurs en question . . . priez-le de m'envoyer (*avec intention*) trente mille francs pour couverture . . . dans sa position on a toujours une trentaine de mille francs sur soi . . . (*bas*) en tout cas, vous lui donneriez les vôtres.

MINARD. Oui, monsieur.

(*Il sort au fond à droite.*)

MERCADET. Cela vous suffira-t-il . . . (*avec hauteur*) monsieur Pierquin? . . .

PIERQUIN. Sans doute, sans doute. . . . (*A* VERDELIN.) C'est qu'alors . . . il serait revenu. . . .

VERDELIN, *se levant*. Attendez les trente mille francs!

MERCADET. Verdelin, j'aurais le droit de m'offenser d'un doute injurieux; mais je suis encore ton débiteur. . . .

VERDELIN, *venant en scène*. Bah! . . . tu as dans le portefeuille de Godeau de quoi t'acquitter, car la Basse-Indre aura demain dépassé le pair. . . . Ça monte, ça monte, on ne sait pas où cela peut aller . . . le feu y est. . . . Ta lettre fait des merveilles, nous sommes forcés de déclarer à la Bourse le résultat des opérations de sondage.[1] . . . Ces mines vaudront celles de Mons[2] . . . et . . . ta

fortune est faite . . . quand je croyais faire la mienne.

MERCADET. Je comprends ta colère. . . . (*A* PIERQUIN.) Et voilà d'où venaient ses doutes.

VERDELIN. Des doutes qui ne sauraient tenir devant l'argent de Godeau.

SCÈNE XII

LES MÊMES, VIOLETTE, GOULARD

GOULARD, *entrant du fond à droite*. Ah! mon ami!

VIOLETTE, *qui le suit*. Mon cher Mercadet!

GOULARD. Quel homme que ce Godeau!

MERCADET, *à part*. Bon!

VIOLETTE. Quelle délicatesse!

MERCADET, *à part*. Très bien!

GOULARD. Quelle grandeur d'âme!

MERCADET, *à part*. A merveille!

VERDELIN. Vous l'avez vu?

VIOLETTE. Tout entier!

PIERQUIN. Vous lui avez parlé?

GOULARD. Comme je vous parle; et je suis payé.

TOUS. Payé!

MERCADET. Hein! comment . . . comment, payé?

GOULARD. Intégralement . . . cinquante mille francs en traites.

MERCADET, *à part*. Je comprends. . . .

GOULARD. Et huit mille francs d'appoint[3] en billets.

MERCADET. En . . . billets . . . de banque?

GOULARD. De banque!

MERCADET, *à part*. Je ne comprends plus . . . ah! huit mille . . . c'est Minard qui les aura donnés, il n'en rapportera que vingt-deux. . . .

VIOLETTE. Et moi! . . . moi qui aurais consenti à subir quelque diminution . . . j'ai tout reçu . . . tout, rubis sur l'ongle. . . .[4]

MERCADET. Tout! . . . (*Bas.*) En traites aussi?

VIOLETTE. En excellentes traites . . . les dix-huit mille francs.

MERCADET, *à part*. Quel homme que ce de la Brive!

VIOLETTE. Et le reste, les douze mille autres.

[1] *sondage*, sounding; here *boring* to determine the extent of the coal deposits.
[2] *Mons*, a city of Belgium, situated in the heart of a rich coal region.
[3] *d'appoint*, in addition.
[4] *rubis sur l'ongle*, exactly.

VERDELIN. Eh bien . . . le reste?

VIOLETTE. En argent comptant . . . que voilà.

(*Il montre les billets.*)

MERCADET. Encore! . . . (*A part.*) Diable! Minard n'en rapportera plus que dix. . . .

GOULARD, *assis au guéridon.* Et dans ce moment, il paye de même tous vos créanciers.

MERCADET. De même?

VIOLETTE, *s'asseyant au guéridon.* Oui, des traites, de l'argent, et des billets de banque.

MERCADET, *s'oubliant.* Miséricorde! (*Bas.*) Minard ne rapportera rien du tout. . . .

VERDELIN. Qu'as-tu donc?

MERCADET. Moi . . . rien . . . je. . . .

SCÈNE XIII

LES MÊMES, MINARD

MINARD. J'ai fait votre commission.

MERCADET, *tremblant.* Ah! . . . vous rapportez . . . quelques . . . billets.

MINARD. Quelques . . . billets . . . allons donc. . . . Monsieur Godeau n'a pas même voulu entendre parler des trente mille francs.

(GOULARD *et* VIOLETTE *se lèvent,* MINARD *reste seul devant le guéridon entouré des* CRÉANCIERS.)

MERCADET. Je comprends.

MINARD. C'est cent mille écus, a-t-il dit, voilà cent mille écus. . . .

(*Il sort une liasse énorme de billets de banque qu'il pose sur le guéridon.*)

MERCADET, *courant au guéridon devant lequel il s'assied.* Hein! . . . (*Les regardant.*) Qu'est-ce que c'est que ça?

MINARD. Les trois cent mille francs.

PIERQUIN. Mes trois cent mille francs.

VERDELIN. C'est vrai!

MERCADET, *éperdu.* Trois cent mille francs! . . . Je les vois. . . . Je les touche! . . . Je les tiens . . . trois cent mille . . . où as-tu eu ça!! . .

MINARD. Mais c'est lui qui me les a remis.

MERCADET, *avec force.* Lui! . . . qui, lui?

MINARD. Mais monsieur Godeau. . . .

MERCADET, *criant.* Qui Godeau? . . . Quel Godeau!

GOULARD. Mais Godeau qui revient des Indes.

MERCADET. Des Indes!

VIOLETTE. Et qui paye toutes vos dettes.

MERCADET. Allons donc! . . . est-ce que je donne [1] dans ces Go . . . deau-là.

PIERQUIN. Il perd la tête!

(*Tous les* CRÉANCIERS *ont paru au fond.* VERDELIN *est remonté vers eux et leur a parlé bas.*)

VERDELIN. Les voilà tous! . . . tous soldés! . . . C'était bien vrai. . . .

MERCADET. Soldés! . . . tous! . . . (*Allant de l'un à l'autre et regardant les traites et les billets de banque qu'ils tiennent à la main.*) Oui, payés . . . intégralement payés! . . . Ah! je vois bleu! rose, violet! l'arc-en-ciel tourne autour de moi.

SCÈNE XIV

LES MÊMES, MME MERCADET, JULIE, *arrivant par le fond à gauche,* DE LA BRIVE, *par la droite*

MME MERCADET. Mon ami, monsieur Godeau se sent à présent en état de vous voir. . . .

MERCADET. Voyons, ma fille, ma femme, Adolphe, mes amis, entourez-moi, regardez-moi, vous ne voulez pas me tromper vous. . . .

JULIE. Mais, qu'as-tu donc, mon père?

MERCADET. Dites-moi. . . . (*Apercevant* DE LA BRIVE.) Michonnin . . . sans déguisement.

DE LA BRIVE. Bien m'en a pris, monsieur, de suivre les conseils de madame . . . vous auriez eu deux Godeau à la fois, puisque le ciel vous ramenait le véritable.

MERCADET. Mais . . . il est donc réellement revenu!

VERDELIN. Mais tu ne le savais donc pas?

MERCADET, *se redressant, allant se placer devant le guéridon et touchant les billets.* Moi! . . . par exemple! [2] . . . revenu! . . . Salut! reine des rois, archiduchesse des emprunts, princesse des actions et mère du crédit! . . . Salut, fortune tant

---

[1] *est-ce que je donne,* etc. Mercadet was probably going to say: ces *godichonneries,* popular synonym of *naïvetés,* but he cannot resist the temptation of making a poor play on words and he says ces *Godeau-là.*

[2] *par exemple!* who would have thought it!

cherchée ici et qui, pour la millième fois, arrives des Indes![1]— Oh! je l'avais toujours dit: Godeau est un cœur d'une énergie! et quelle probité!!! (*Venant à sa femme et à sa fille.*) Mais, embrassez-moi donc! . . .

MME MERCADET, *pleurant.* Ah! mon ami! . . . mon ami! . . .

MERCADET, *la soutenant.* Eh bien! toi si courageuse dans les adversités! . . .

MME MERCADET. Je suis sans force contre le plaisir de te voir sauvé . . . riche! . . .

MERCADET. Mais honnête! . . . Tiens, ma femme, mes enfants, je vous l'avoue . . . eh bien, je n'y pouvais plus tenir . . . je succombais à tant de fatigues . . . l'esprit toujours tendu . . . toujours sous les armes. . . . Un géant aurait péri . . . par moments je voulais fuir. . . . Oh! le repos . . . nous vivrons à la campagne.

MME MERCADET. Mais tu t'ennuieras. . . .

MERCADET. Non, je verrai leur bonheur. . . . (*Il montre* MINARD *et* JULIE.) Et puis . . . après les fonds publics, les fonds de terre.[2] . . . L'agriculture m'occupera. . . . Je ne serai pas fâché d'étudier l'agriculture. . . . (*Aux* CRÉANCIERS.) Messieurs, nous resterons toujours bons amis, nous ne ferons plus d'affaires ensemble. . . . (*A* DE LA BRIVE.) Monsieur de la Brive, je vous rends vos quarante-huit mille francs!

DE LA BRIVE. Ah! monsieur! . . .

MERCADET. Et je vous prête dix mille francs.

DE LA BRIVE. Dix mille francs à moi. . . . Mais je ne sais quand je pourrai. . . .

MERCADET. Pas de façons . . . acceptez . . . c'est une idée que j'ai.

DE LA BRIVE. J'accepte!

MERCADET. Ah! . . . je suis . . . créancier! . . . (*Aux* CRÉANCIERS *qui se sont rangés à droite.*) Je suis créancier! . . .

MME MERCADET, *montrant la porte du fond.* Mercadet . . . il attend.

MERCADET. Oui . . . allons . . . j'ai montré tant de fois Godeau . . . que j'ai bien le droit de le voir. . . . Allons voir Godeau!

[1] *pour . . . Indes.* Because *les Indes* has always been considered the land of fabulous wealth. However it was generally America that was meant by *les Indes.*

[2] The *fonds publics* are government bonds; *fonds de terre* means the soil.

DUMAS (FILS)

The younger Alexandre Dumas, son of the author of *The Three Musketeers*, himself the author of two novels, *la Dame aux camélias* (1848) and *l'Affaire Clémenceau* (1866), was born in 1824 and died in 1895. Both he and Augier are classed as realists because they depicted in a realistic way contemporary conditions and types, and because the language their characters speak, the sentiments they express, and the relations they occupy to society are such as the authors knew from observation, while the problems of which they treat are such as arise or might arise in actual life. The Romanticists in their dramas, like Scribe in his historical *comedies*, recreated characters often bearing historical names, and invented around them plots and incidents which were imaginary and often devoid of verisimilitude and logic. An elaborate display of local color obtained by an accumulation of picturesque detail (staging, costume, language) is relied upon to create the illusion of reality, while true psychology is replaced by the author's fancies and sometimes prejudices. Dumas fils was aware of all this and protested against it in the name of life and truth which the Romanticists themselves had been the first to invoke and which they so grossly misrepresented; " l'invention n'existe pas pour nous " he wrote in 1881. " Nous n'avons rien à inventer, nous n'avons qu'à voir, à nous souvenir, à coordonner et à restituer sous une forme spéciale . . . ce que tous les spectateurs doivent se rappeler immédiatement avoir senti ou vu. . . . Le réel dans le fond, le possible dans le fait, l'ingénieux dans le moyen, voilà ce qu'on peut exiger de nous." [1] For other similar pronouncements see prefaces to *le Demi-monde* and *Diane de Lys*, the Notes to *Francillon* and the preface to *la Question d'argent*. Augier and Dumas were primarily interested in ideas and morals. There is however a difference between these two authors, for while Augier was content to extol the virtues and traditions of the French race, and to chasten individuals inclined to rebel against them, Dumas wrote a series of problem plays, didactic plays, *pièces à thèse*, with the intention of bringing about a change of heart in his contemporaries or of remedying the evils he exposes by a change in the national institutions or laws. Practically all of those plays are answers to hypothetical questions, as for instance: What should a respectable family do when an unscrupulous speculator has succeeded in inveigling them into his dishonorable financial schemes? Answer: they should refuse to share in his ill-gotten profits and expel him from their midst. (*La question d'argent*.) What is the duty of society toward a woman of good breeding and instincts who has been seduced, either through poverty or ignorance, by a man who cannot make her his wife? Society should help her to rehabilitate herself and encourage and approve her marriage to a good man. (*Les idées de Mme Aubray*.) Should society visit upon a child the social sins of his father, in other words, ostracize an illegitimate offspring? It should not, but if the illegitimate son is worthy he should be placed on a footing of equality with the legitimate son (*Le fils naturel*, based on the author's own

[1] Preface to *Un père prodigue*.

experience as an illegitimate child). What should a man do if tied by marriage to a hopelessly vicious woman who will make him unhappy and interferes with his usefulness to society? Since society offers him no relief, he should have the right to secure justice for himself, to kill her (*La femme de Claude*, to be compared with Augier's *Mariage d'Olympe*, noting the difference between the social questions involved). There are other differences between Augier and Dumas. The former's interests are broader; his satires deal with a variety of vices or foibles, while the latter is mainly haunted by the evils resulting from love affairs outside of matrimony, evil women and their baneful influence on the family and society; and on the other hand, Dumas defends the innocent victims. Both then are moralists; but Dumas, not content with satirizing, also wishes to teach and to point the way to reform. His motto was expressed in these words: "L'action morale et sociale par la littérature dramatique." Many have criticized him for making this a function of the stage, the duty of which is, they maintain, to amuse and to interest, and not to preach. Yet, one might say that Dumas has not invented that type of play, that Molière, while proclaiming amusement and interest the chief function of the theatre, had nevertheless wished to teach a lesson in *Tartuffe*, and that therefore Dumas did nothing but follow the example of ancient and modern masters, whose motto was *castigat ridendo mores*. The reply to this argument is that what was incidental with those masters became the main object of Dumas, and that laughter is rare in his plays, one might say too rare. There is more of it in Augier's comedies.

Technically only, Dumas was a disciple of Scribe in the construction of his plots, probably because no one coming after that master of stagecraft could escape his influence. Dumas' plays are constructed carefully. Once the foundation of his plot laid, the action proceeds in a straight line to the solution of the problem derived logically from the premises. His processes are perhaps too geometrical, but not lifeless. " Théorèmes vivants et passionnés " Sarcey calls his plays.[1] He has, however, dispensed with much of Scribe's trickery and sleight-of-hand, he has filled his canvas with serious ideas, and he has an infinitely better style than Scribe, a style which has first-rate stage qualities: in turn dramatic, pathetic, witty, eloquent, frequently too good for everyday conversation. Too often one has the feeling that the author himself is speaking through the mouth of his characters who, therefore, produce the effect of being too clever to be genuine; yet, the charm of that style cannot be denied.

There are various reasons why Dumas' problem plays,—excellent though they are whenever the symbolic nature of the characters does not detract from their individuality,—are to-day neglected. One is that their purpose is too obviously didactic, and to-day less than ever does the public go to the theatre to be sermonized. Another is that once the evils which a dramatist exposes disappear or are considerably minimized, the play that censures them has no more than an antiquarian interest for the average theater-goer, unless it has unusual intrinsic qualities to keep it alive, and this is hardly true of Dumas. A third reason is that what may be outstanding and extensive evils in one country may be quite exceptional in another, in which case the plays that deal with them are lacking in universal appeal. Divorce is easy nowadays, illegitimate children are much less discriminated against, scarlet women have perhaps never had the impor-

---

[1] *Quarante ans de théâtre,* . . . vol. V, p. 175.

tance that Dumas attributes to them, and they certainly do not constitute the danger to the average family that Dumas would have us believe. One cannot escape the impression that he drew too extensively on his experiences in the circle in which he had been brought up by his bohemian father; and this being the case, one questions his qualifications for the rôle of preacher of morals which he assumes so sternly. His *cas de conscience* are exceptional and in many of his plays he appears too much to be tilting with windmills.

La Dame aux camélias and *les Idées de Mme Aubray*, reprinted here, are good examples of Dumas's early and later manners. The former was based on actual experience. Marguerite represents a young woman (Marie Duplessis) whom the author had known and loved; Armand Duval, the lover, is himself. Although somewhat idealized, they are none the less convincing. There is no attempt at being didactic. Stern moralists have condemned the play because they see in it an intention to uphold the theory that a bad woman can be rehabilitated by genuine love. But such an idea was probably far from Dumas's mind at the time the novel and the play were composed. He is satisfied with carefully recording events and emotional reactions. All the characters and all the scenes bear the stamp of truthful observation, and that sincerity of observation as well as the pathetic picture of Marguerite's love and death are sufficient to account for the immediate success with which the drama was received as well as the enduring favor which it enjoys.

Les Idées de Mme Aubray is a good example of the *pièce à thèse*. The characters are chosen to illustrate an idea (*théorème vivant*). There is less action and more argument. The speeches, especially those of the *raisonneur*, are longer; an air of artificiality pervades the whole. Yet such is the playwright's ability to communicate life to everything he touches, that interest never flags. This is no doubt due both to his earnestness and to his technical skill.

The following is a list of Dumas' dramatic works:

La dame aux camélias, 1852, based on the novel of that title.
Diane de Lys, written in 1852; produced in 1853.
Le bijou de la reine (verse comedy), written in 1845; produced in 1855.
Le demi-monde, 1855.
La question d'argent, 1857.
Le fils naturel, 1858.
Un père prodigue, 1859.
L'ami des femmes, 1864.
Les idées de Mme Aubray, **1867.**
Une visite de noces, 1871.
La princesse Georges, 1871.
La femme de Claude, 1873.
Monsieur Alphonse, 1873.
L'étrangère, 1876.
La princesse de Bagdad, **1881.**
Denise, 1885.
Francillon, 1887.

Théâtre complet, 7 volumes (Calmann-Lévy), 1882–1893.

Théâtre des autres, 2 volumes (Calmann-Lévy), containing plays written in collaboration, 1894.

Entr'actes, 3 volumes, 1878–1879.

Nouveaux entr'actes, 1890.

The last two items contain articles in which the author has expressed his ideas on the stage and on moral questions of the day.   They complete the prefaces accompanying his several plays.

Criticism:

J. CLARETIE, *A. Dumas fils*, 1883.

CARLOS M. NOËL, *Les idées sociales dans le théâtre d'A. Dumas fils*, 1912 (Thèse de doctorat).

E. SEILLÈRE, *La morale de Dumas fils*, 1921.

THÉRÈSE BONNEY, *Les idées morales dans le théâtre d'Alexandre Dumas fils*, 1921 (Thèse de doctorat).

PIERRE LAMY, *Le théâtre d'Alexandre Dumas fils*, 1928.

H. STANLEY SCHWARZ, *Alexandre Dumas Fils Dramatist*, The New York University Press, 1927.

F. GRIBBLE, *Dumas, father and son*, London, 1930.

In connection with *la Dame aux Camélias*, consult:

Alexandre Dumas fils et Marie Duplessis.   Documents inédits, 1922, and *Une page du romantisme galant, Alexandre Dumas et Marie Duplessis*, 1923, by Johannès Gros.

LA DAME AUX CAMÉLIAS

Par ALEXANDRE DUMAS (FILS)

(1852)

PERSONNAGES

ARMAND DUVAL
GEORGES DUVAL, *père d'Armand*
GASTON RIEUX
SAINT-GAUDENS
GUSTAVE
LE COMTE DE GIRAY
VARVILLE
ARTHUR
LE DOCTEUR
UN COMMISSIONNAIRE

DOMESTIQUES
MARGUERITE GAUTIER
NICHETTE
PRUDENCE
NANINE
OLYMPE
ANAÏS
INVITÉS

La scène se passe vers 1848.

ACTE PREMIER

Boudoir de MARGUERITE. *Paris*

SCÈNE PREMIÈRE

NANINE, *travaillant;* VARVILLE, *assis à la cheminée*
On entend un coup de sonnette

VARVILLE. On a sonné.
NANINE. Valentin ira ouvrir.
VARVILLE. C'est Marguerite sans doute.
NANINE. Pas encore; elle ne doit rentrer qu'à dix heures et demie, et il est à peine dix heures. (NICHETTE *entre.*) Tiens! c'est mademoiselle Nichette.

SCÈNE II

LES MÊMES, NICHETTE

NICHETTE. Marguerite n'est pas là?
NANINE. Non, mademoiselle. Vous auriez voulu la voir?
NICHETTE. Je passais devant sa porte, et je montais pour l'embrasser, mais, puisqu'elle n'y est pas, je m'en vais.
NANINE. Attendez-la un peu, elle va rentrer.
NICHETTE. Je n'ai pas le temps, Gustave est en bas. Elle va bien?
NANINE. Toujours de même.
NICHETTE. Vous lui direz que je viendrai la voir ces jours-ci. Adieu, Nanine. Adieu, monsieur. (*Elle salue et sort.*)

SCÈNE III

NANINE, VARVILLE

VARVILLE. Qu'est-ce que c'est que cette jeune fille?
NANINE. C'est mademoiselle Nichette.
VARVILLE. Nichette! C'est un nom de chatte, ce n'est pas un nom de femme.
NANINE. Aussi est-ce un surnom, et l'appelle-t-on ainsi parce qu'avec ses cheveux frisés elle a une petite tête de chatte. Elle a été camarade de madame, dans le magasin où madame travaillait autrefois.
VARVILLE. Marguerite a donc été dans un magasin?
NANINE. Elle a été lingère.[1]
VARVILLE. Bah!
NANINE. Vous l'ignoriez? Ce n'est pourtant pas un secret.
VARVILLE. Elle est jolie, cette petite Nichette.
NANINE. Et sage!
VARVILLE. Mais ce M. Gustave?
NANINE. Quel M. Gustave?
VARVILLE. Dont elle parlait et qui l'attendait en bas.
NANINE. C'est son mari.
VARVILLE. C'est M. Nichette?
NANINE. Il n'est pas encore son mari, mais il le sera.
VARVILLE. En un mot, c'est son amant. Bien, bien! Elle est sage, mais elle a un amant.
NANINE. Qui n'aime qu'elle, comme

379

elle n'aime et n'a jamais aimé que lui, et qui l'épousera, c'est moi qui vous le dis. Mademoiselle Nichette est une très honnête fille.

VARVILLE, *se levant et venant à* NANINE. Après tout, peu m'importe. . . . Décidément, mes affaires n'avancent pas ici.

NANINE. Pas le moins du monde.

VARVILLE. Il faut avouer que Marguerite. . . .

NANINE. Quoi?

VARVILLE. A une drôle d'idée de sacrifier tout le monde à M. de Mauriac, qui ne doit pas être amusant.

NANINE. Pauvre homme! C'est son seul bonheur. Il est son père, ou à peu près.

VARVILLE. Ah! oui. Il y a une histoire très pathétique là-dessus; malheureusement. . . .

NANINE. Malheureusement?

VARVILLE. Je n'y crois pas.

NANINE, *se levant.* Écoutez, monsieur de Varville, il y a bien des choses vraies à dire sur le compte de madame; c'est une raison de plus pour ne pas dire celles qui ne le sont pas. Or, voici ce que je puis vous affirmer, car je l'ai vu, de mes propres yeux vu, et Dieu sait que madame ne m'a pas donné le mot, puisqu'elle n'a aucune raison de vous tromper, et ne tient ni à être bien, ni à être mal avec vous. Je puis donc affirmer qu'il y a deux ans madame, après une longue maladie, est allée aux eaux pour achever de se rétablir. Je l'accompagnais. Parmi les malades de la maison des bains se trouvait une jeune fille à peu près de son âge, atteinte de la même maladie qu'elle, seulement atteinte au troisième degré, et lui ressemblant comme une sœur jumelle. Cette jeune fille, c'était mademoiselle de Mauriac, la fille du duc.

VARVILLE. Mademoiselle de Mauriac mourut.

NANINE. Oui.

VARVILLE. Et le duc, désespéré, retrouvant dans les traits, dans l'âge, et jusque dans la maladie de Marguerite, l'image de sa fille, la supplia de le recevoir et de lui permettre de l'aimer comme son enfant. Alors, Marguerite lui avoua sa position.

NANINE. Car madame ne ment jamais.

VARVILLE. Naturellement! Et, comme Marguerite ne ressemblait pas à mademoiselle de Mauriac autant au moral qu'au

physique, le duc lui promit tout ce qu'elle voudrait, si elle consentait à changer d'existence, ce à quoi s'engagea Marguerite, qui, naturellement encore, de retour à Paris, se garda bien de tenir sa parole; et le duc, comme elle ne lui rendait que la moitié de son bonheur, a retranché la moitié du revenu; si bien qu'aujourd'hui elle a cinquante mille francs de dettes.

NANINE. Que vous offrez de payer; mais on aime mieux devoir de l'argent à d'autres que de vous devoir de la reconnaissance, à vous.

VARVILLE. D'autant plus que M. le comte de Giray est là.

NANINE. Vous êtes insupportable! Tout ce que je puis vous dire c'est que l'histoire du duc est vraie, je vous en donne ma parole. Quant au comte, c'est un ami.

VARVILLE. Prononcez donc mieux.[1]

NANINE. Oui, un ami! Quelle mauvaise langue vous êtes!—Mais on sonne. C'est madame. Faut-il lui répéter tout ce que vous avez dit?

VARVILLE. Gardez-vous-en bien!

SCÈNE IV

Les Mêmes, Marguerite

MARGUERITE, *à* NANINE. Va dire qu'on nous prépare à souper; Olympe et Saint-Gaudens vont venir; je les ai rencontrés à l'Opéra. (*A* VARVILLE.) Vous voilà, vous! (*Elle va s'asseoir à la cheminée.*)

VARVILLE. Est-ce que ma destinée n'est pas de vous attendre?

MARGUERITE. Est-ce que ma destinée à moi est de vous voir?

VARVILLE. Jusqu'à ce que vous me défendiez votre porte, je viendrai.

MARGUERITE. En effet, je ne peux pas rentrer une fois sans vous trouver là. Qu'est-ce que vous avez encore à me dire?

VARVILLE. Vous le savez bien.

MARGUERITE. Toujours la même chose! Vous êtes monotone, Varville.

VARVILLE. Est-ce ma faute si je vous aime?

MARGUERITE. La bonne raison! Mon cher, s'il me fallait écouter tous ceux qui m'aiment, je n'aurais seulement pas le temps de dîner. Pour la centième fois, je vous le répète, vous perdez votre temps. Je vous laisse venir ici à toute heure, entrer quand je suis là, m'attendre quand

[1] Supply: et dites *amant.*

je suis sortie, je ne sais pas trop pourquoi; mais, si vous devez me parler sans cesse de votre amour, je vous consigne.

VARVILLE. Cependant, Marguerite, l'année passée, à Bagnères,[1] vous m'aviez donné quelque espoir.

MARGUERITE. Ah! mon cher, c'était à Bagnères, j'étais malade, je m'ennuyais. Ici, ce n'est pas la même chose; je me porte mieux, et je ne m'ennuie plus.

VARVILLE. Je conçois que, lorsqu'on est aimée du duc de Mauriac. . . .

MARGUERITE. Imbécile!

VARVILLE. Et qu'on aime M. de Giray. . . .

MARGUERITE. Je suis libre d'aimer qui je veux, cela ne regarde personne, vous moins que tout autre; et si vous n'avez pas autre chose à dire, je vous le répète, allez-vous-en. (VARVILLE se promène.) Vous ne voulez pas vous en aller?

VARVILLE. Non!

MARGUERITE. Alors, mettez-vous au piano: le piano, c'est votre seule qualité.

VARVILLE. Que faut-il jouer? (NANINE rentre pendant qu'il prélude.)

MARGUERITE. Ce que vous voudrez.

SCÈNE V

LES MÊMES, NANINE

MARGUERITE. Tu as commandé le souper?

NANINE. Oui, madame.

MARGUERITE, s'approchant de VARVILLE. Qu'est-ce que vous jouez là, Varville?

VARVILLE. Une rêverie de Rosellen.[2]

MARGUERITE. C'est très joli! . . .

VARVILLE. Écoutez, Marguerite, j'ai quatre-vingt mille francs de rente.

MARGUERITE. Et moi, j'en ai cent. (A NANINE.) As-tu vu Prudence?

NANINE. Oui, madame.

MARGUERITE. Elle viendra ce soir?

NANINE. Oui, madame, en rentrant. . . . Mademoiselle Nichette est venue aussi.

MARGUERITE. Pourquoi n'est-elle pas restée?

NANINE. M. Gustave l'attendait en bas.

MARGUERITE. Chère petite!

NANINE. Le docteur est venu.

MARGUERITE. Qu'a-t-il dit?

NANINE. Il a recommandé que madame se reposât.

MARGUERITE. Ce bon docteur! Est-ce tout?

NANINE. Non, madame; on a apporté un bouquet.

VARVILLE. De ma part.

MARGUERITE, prenant le bouquet. Roses et lilas blanc. Mets ce bouquet dans ta chambre, Nanine. (NANINE sort.)

VARVILLE, cessant de jouer du piano. Vous n'en voulez pas?

MARGUERITE. Comment m'appelle-t-on?

VARVILLE. Marguerite Gautier.

MARGUERITE. Quel surnom m'a-t-on donné?

VARVILLE. Celui de la Dame aux Camélias.

MARGUERITE. Pourquoi?

VARVILLE. Parce que vous ne portez jamais que ces fleurs.

MARGUERITE. Ce qui veut dire que je n'aime que celles-là, et qu'il est inutile de m'en envoyer d'autres. Si vous croyez que je ferai une exception pour vous, vous avez tort. Les parfums me rendent malade.

VARVILLE. Je n'ai pas de bonheur. Adieu, Marguerite.

MARGUERITE. Adieu!

SCÈNE VI

LES MÊMES, OLYMPE, SAINT-GAUDENS, NANINE

NANINE, rentrant. Madame, voici mademoiselle Olympe et M. Saint-Gaudens.

MARGUERITE. Arrive donc, Olympe! j'ai cru que tu ne viendrais plus.

OLYMPE. C'est la faute de Saint-Gaudens.

SAINT-GAUDENS. C'est toujours ma faute.—Bonjour, Varville.

VARVILLE. Bonjour, cher ami.

SAINT-GAUDENS. Vous soupez avec nous?

MARGUERITE. Non, non.

SAINT-GAUDENS, à MARGUERITE. Et vous, chère enfant, comment allez-vous?

MARGUERITE. Très bien.

SAINT-GAUDENS. Allons, tant mieux! Va-t-on s'amuser ici?

---

[1] *Bagnères*, name of two spas, Bagnères-de-Bigorre (Hautes-Pyrénées), and Bagnères-de-Luchon (Haute-Garonne).

[2] *Rosellen*, Henri, 1811–1876, composer for the piano.

OLYMPE. On s'amuse toujours où vous êtes.

SAINT-GAUDENS. Méchante!—Ah! ce cher Varville, qui ne soupe pas avec nous, cela me fait une peine affreuse. (*A* MARGUERITE.) En passant devant la Maison d'Or, j'ai dit qu'on apporte des huîtres et un certain vin de Champagne qu'on ne donne qu'à moi. Il est parfait! il est parfait!

OLYMPE, *bas à* MARGUERITE. Pourquoi n'as-tu pas invité Edmond?

MARGUERITE. Pourquoi ne l'as-tu pas amené?

OLYMPE. Et Saint-Gaudens?

MARGUERITE. Est-ce qu'il n'y est pas habitué?

OLYMPE. Pas encore, ma chère; à son âge, on prend si difficilement une habitude, et surtout une bonne.

MARGUERITE, *appelant* NANINE. Le souper doit être prêt.

NANINE. Dans cinq minutes, madame. Où faudra-t-il servir? Dans la salle à manger?

MARGUERITE. Non, ici; nous serons mieux.—Eh bien, Varville, vous n'êtes pas encore parti?

VARVILLE. Je pars.

MARGUERITE, *à la fenêtre, appelant.* Prudence!

OLYMPE. Prudence demeure donc en face?

MARGUERITE. Elle demeure même dans la maison, tu le sais bien, presque toutes nos fenêtres correspondent. Nous ne sommes séparées que par une petite cour; c'est très commode, quand j'ai besoin d'elle.

SAINT-GAUDENS. Ah çà! quelle est sa position, à Prudence?

OLYMPE. Elle est modiste.

MARGUERITE. Et il n'y a que moi qui lui achète des chapeaux.

OLYMPE. Que tu ne mets jamais.

MARGUERITE. Ils sont affreux! mais ce n'est pas une mauvaise femme, et elle a besoin d'argent. (*Appelant.*) Prudence!

PRUDENCE, *du dehors.* Voilà!

MARGUERITE. Pourquoi ne venez-vous pas, puisque vous êtes rentrée?

PRUDENCE. Je ne puis pas.

MARGUERITE. Qui vous en empêche?

PRUDENCE. J'ai deux jeunes gens chez moi; ils m'ont invitée à souper.

MARGUERITE. Eh bien, amenez-les souper ici, cela reviendra au même. Comment les nomme-t-on?

PRUDENCE. Il y en a un que vous connaissez, Gaston Rieux.

MARGUERITE. Si je le connais!—Et l'autre?

PRUDENCE. L'autre est son ami.

MARGUERITE. Cela suffit; alors, arrivez vite. . . . Il fait froid ce soir. . . . (*Elle tousse un peu.*) Varville, mettez donc du bois dans le feu, on gèle ici; rendez-vous utile, au moins, puisque vous ne pouvez pas être agréable. (VARVILLE *obéit.*)

SCÈNE VII

LES MÊMES, GASTON, ARMAND, PRUDENCE, UN DOMESTIQUE

LE DOMESTIQUE, *annonçant.* M. Gaston Rieux, M. Armand Duval, madame Duvernoy.

OLYMPE. Quel genre! Voilà comme on annonce ici?

PRUDENCE. Je croyais qu'il y avait du monde.

SAINT-GAUDENS. Madame Duvernoy commence ses politesses.

GASTON, *cérémonieusement à* MARGUERITE. Comment allez-vous, madame?

MARGUERITE, *même jeu.* Bien; et vous, monsieur?

PRUDENCE. Comme on se parle ici!

MARGUERITE. Gaston est devenu un homme du monde; et, d'ailleurs, Eugénie m'arracherait les yeux, si nous nous parlions autrement.

GASTON. Les mains d'Eugénie sont trop petites, et vos yeux sont trop grands.

PRUDENCE. Assez de marivaudage. Ma chère Marguerite, permettez-moi de vous présenter M. Armand Duval (ARMAND *et* MARGUERITE *se saluent*), l'homme de Paris qui est le plus amoureux de vous.

MARGUERITE, *à* PRUDENCE. Dites qu'on mette deux couverts de plus, alors; car je crois que cet amour-là n'empêchera pas monsieur de souper. (*Elle tend sa main à* ARMAND, *qui la lui baise.*)

SAINT-GAUDENS, *à* GASTON, *qui est venu au-devant de lui.* Ah! ce cher Gaston! que je suis aise de le voir!

GASTON. Toujours jeune, mon vieux Saint-Gaudens.

SAINT-GAUDENS. Mais oui.

GASTON. Et les amours?

SAINT-GAUDENS, *montrant* OLYMPE. Vous voyez.

GASTON. Je vous fais mon compliment.

SAINT-GAUDENS. Il faut que jeunesse se passe. Ce pauvre Varville qui ne soupe pas avec nous, cela me fait une peine affreuse.

GASTON, *se rapprochant de* MARGUERITE. Il est superbe!

MARGUERITE. Il n'y a que les vieux qui ne vieillissent plus.

SAINT-GAUDENS, *à* ARMAND, *qu'*OLYMPE *lui présente.* Est-ce que vous êtes parent, monsieur, de M. Duval, receveur général? [1]

ARMAND. Oui, monsieur, c'est mon père. Le connaîtriez-vous?

SAINT-GAUDENS. Je l'ai connu autrefois, chez la baronne de Nersay, ainsi que madame Duval, votre mère, qui était une bien belle et bien aimable personne.

ARMAND. Elle est morte, il y a trois ans.

SAINT-GAUDENS. Pardonnez-moi, monsieur, de vous avoir rappelé ce chagrin.

ARMAND. On peut toujours me rappeler ma mère. Les grandes et pures affections ont cela de beau, qu'après le bonheur de les avoir éprouvées, il reste le bonheur de s'en souvenir.

SAINT-GAUDENS. Vous êtes fils unique?

ARMAND. J'ai une sœur. . . .

(*Ils s'en vont causer en se promenant dans le fond du théâtre.*)

MARGUERITE, *bas, à* GASTON. Il est charmant, votre ami.

GASTON. Je le crois bien! Et, de plus, il a pour vous un amour extravagant; n'est-ce pas, Prudence?

PRUDENCE. Quoi?

GASTON. Je disais à Marguerite qu'-Armand est fou d'elle.

PRUDENCE. Il ne ment pas; vous ne pouvez pas vous douter de ce que c'est.

GASTON. Il vous aime, ma chère, à ne pas oser vous le dire.

MARGUERITE, *à* VARVILLE *qui joue toujours du piano.* Taisez-vous donc, Varville!

VARVILLE. Vous me dites toujours de jouer du piano.

MARGUERITE. Quand je suis seule avec vous; mais, quand il y a du monde, non!

OLYMPE. Qu'est-ce qu'on dit là, tout bas?

MARGUERITE. Écoute, et tu le sauras.

PRUDENCE, *bas.* Et cet amour dure depuis deux ans.

MARGUERITE. C'est déjà un vieillard que cet amour-là.

PRUDENCE. Armand passe sa vie chez Gustave et chez Nichette pour entendre parler de vous.

GASTON. Quand vous avez été malade, il y a un an, avant de partir pour Bagnères, pendant les trois mois que vous êtes restée au lit, on vous a dit que, tous les jours, un jeune homme venait savoir de vos nouvelles sans dire son nom.

MARGUERITE. Je me rappelle. . . .

GASTON. C'était lui.

MARGUERITE. C'est très gentil, cela. (*Appelant.*) Monsieur Duval!

ARMAND. Madame? . . .

MARGUERITE. Savez-vous ce qu'on me dit? On me dit que, pendant que j'étais malade, vous êtes venu tous les jours savoir de mes nouvelles.

ARMAND. C'est la vérité, madame.

MARGUERITE. C'est bien le moins que je vous remercie. Entendez-vous, Varville? Vous n'en avez pas fait autant, vous!

VARVILLE. Il n'y a pas un an que je vous connais.

MARGUERITE. Et monsieur qui ne me connaît que depuis cinq minutes. . . . Vous dites toujours des bêtises.

(NANINE *entre, précédant les* DOMESTIQUES *qui portent la table.*)

PRUDENCE. A table! Je meurs de faim.

VARVILLE. Au revoir, Marguerite.

MARGUERITE. Quand vous verra-t-on?

VARVILLE. Quand vous voudrez!

MARGUERITE. Adieu, alors.

VARVILLE, *saluant et sortant.* Messieurs. . . .

OLYMPE. Adieu, Varville! adieu, mon bon!

(*Pendant ce temps deux* DOMESTIQUES *ont placé la table toute servie, autour de laquelle les convives s'asseyent.*)

SCÈNE VIII

LES MÊMES, *hors* VARVILLE

PRUDENCE. Ma chère enfant, vous êtes vraiment trop dure avec le baron.

MARGUERITE. Il est assommant! Il vient toujours me proposer de me faire des rentes.

OLYMPE. Tu t'en plains? Je voudrais bien qu'il m'en proposât, à moi.

SAINT-GAUDENS, *à* OLYMPE. C'est agréable pour moi, ce que tu dis là.

OLYMPE. D'abord, mon cher, je vous prie de ne pas me tutoyer; je ne vous connais pas.

[1] *receveur général,* chief tax collector for a department. Since 1865, this official has had the title of *trésorier-payeur-général.*

MARGUERITE. Mes enfants, servez-vous, buvez, mangez, mais ne vous disputez que juste ce qu'il faut pour se raccommoder tout de suite.

OLYMPE, *à* MARGUERITE. Sais-tu ce qu'il m'a donné pour ma fête?

MARGUERITE. Qui?

OLYMPE. Saint-Gaudens.

MARGUERITE. Non.

OLYMPE. Il m'a donné un coupé!

SAINT-GAUDENS. De chez Binder.

OLYMPE. Oui; mais je n'ai pas pu parvenir à lui faire donner les chevaux.

PRUDENCE. C'est toujours un coupé.

SAINT-GAUDENS. Je suis ruiné, aimez-moi pour moi-même.

OLYMPE. La belle occupation!

PRUDENCE, *montrant un plat.* Quelles sont ces petites bêtes?

GASTON. Des perdreaux.

PRUDENCE. Donne-m'en un.

GASTON. Il ne lui faut qu'un perdreau à la fois. Quelle belle fourchette![1] C'est peut-être elle qui a ruiné Saint-Gaudens.

PRUDENCE. Elle! elle! Est-ce ainsi qu'on parle à une femme? De mon temps. . . .

GASTON. Ah! il va être question de Louis XV.—Marguerite, versez du vin à Armand; il est triste comme une chanson à boire.

MARGUERITE. Allons, monsieur Armand, à ma santé!

TOUS. A la santé de Marguerite!

PRUDENCE. A propos de chanson à boire, si l'on en chantait une en buvant?

GASTON. Toujours les vieilles traditions. Je suis sûr que Prudence a eu une passion dans le Caveau.[2]

PRUDENCE. C'est bon! c'est bon!

GASTON. Toujours chanter en soupant, c'est absurde.

PRUDENCE. Moi, j'aime ça; ça égaye. Allons, Marguerite, chantez-nous la chanson de Philogène; un poète qui fait des vers. . . .

GASTON. Qu'est-ce que tu veux qu'il fasse?

PRUDENCE. Mais qui fait des vers à Marguerite; c'est sa spécialité. Allons, la chanson!

GASTON. Je proteste au nom de toute notre génération.

PRUDENCE. Qu'on vote! (*Tous lèvent la main, excepté* GASTON.) La chanson est votée. Gaston, donne le bon exemple aux minorités.[3]

GASTON. Soit. Mais je n'aime pas les vers de Philogène, je les connais. J'aime mieux chanter, puisqu'il le faut. (*Chante.*)

I

Il est un ciel que Mahomet
Offre par ses apôtres.
Mais les plaisirs qu'il nous promet
Ne valent pas les nôtres.
    Ne croyons à rien
    Qu'à ce qu'on tient bien,
Et pour moi je préfère
    A ce ciel douteux
    L'éclair de deux yeux
Reflété dans mon verre.

II

Dieu fit l'amour et le vin bons,
    Car il aimait la terre.
On dit parfois que nous vivons
    D'une façon légère.
    On dit ce qu'on veut,
    On fait ce qu'on peut,
Fi du censeur sévère
    Pour qui tout serait
    Charmant, s'il voyait
A travers notre verre!

GASTON, *se rasseyant.* C'est pourtant vrai, que la vie est gaie et que Prudence est grasse.

OLYMPE. Il y a trente ans que c'est comme ça.

PRUDENCE. Il faut en finir avec cette plaisanterie. Quel âge crois-tu que j'ai?

OLYMPE. Je crois que tu as quarante ans bien sonnés.

PRUDENCE. Elle est bonne encore avec ses quarante ans! j'ai eu trente-cinq ans l'année dernière.

GASTON. Ce qui t'en fait déjà trente-six. Eh bien, tu n'en parais pas plus de quarante, parole d'honneur!

MARGUERITE. Dites donc, Saint-Gaudens, à propos d'âge, on m'a raconté une histoire sur votre compte.

OLYMPE. Et à moi aussi.

SAINT-GAUDENS. Quelle histoire?

MARGUERITE. Il est question d'un fiacre jaune.

OLYMPE. Elle est vraie, ma chère.

PRUDENCE. Voyons l'histoire du fiacre jaune!

---

[1] *Quelle belle fourchette!* Such an appetite.

[2] *le Caveau*, a literary café founded in 1729 by the elder Crébillon and resuscitated in 1837. Light poetry and drinking songs were its specialty.

[3] By yielding gracefully to the will of the majority.

GASTON. Oui, mais laissez-moi aller me mettre à côté de Marguerite; je m'ennuie à côté de Prudence.

PRUDENCE. Quel gaillard bien élevé!

MARGUERITE. Gaston, tâchez de rester tranquille.

SAINT-GAUDENS. Oh! l'excellent souper!

OLYMPE. Je le vois venir, il veut esquiver l'histoire du fiacre. . . .

MARGUERITE. Jaune!

SAINT-GAUDENS. Oh! cela m'est bien égal.

OLYMPE. Eh bien, figurez-vous que Saint-Gaudens était amoureux d'Amanda.

GASTON. Je suis trop ému, il faut que j'embrasse Marguerite.

OLYMPE. Mon cher, vous êtes insupportable!

GASTON. Olympe est furieuse, parce que je lui ai fait manquer son effet.

MARGUERITE. Olympe a raison. Gaston est aussi ennuyeux que Varville, on va le mettre à la petite table, comme les enfants qui ne sont pas sages.

OLYMPE. Oui, allez vous mettre là-bas.

GASTON. A la condition qu'à la fin les dames m'embrasseront.

MARGUERITE. Prudence fera la quête[1] et vous embrassera pour nous toutes.

GASTON. Non pas, non pas, je veux que vous m'embrassiez vous-mêmes.

OLYMPE. C'est bon, on vous embrassera; allez vous asseoir et ne dites rien. Un jour, ou plutôt un soir. . . .

GASTON, *jouant Malbrouck* [2] *sur le piano.* Il se met le piano.

MARGUERITE. Ne lui répondons plus.

GASTON. Elle m'ennuie, cette histoire-là.

SAINT-GAUDENS. Gaston a raison.

GASTON. Et puis qu'est-ce qu'elle prouve, votre histoire, que je connais et qui est vieille comme Prudence? Elle prouve que Saint-Gaudens a suivi à pied un fiacre jaune dont il a vu descendre Agénor à la porte d'Amanda; elle prouve qu'Amanda trompait Saint-Gaudens. Comme c'est neuf! Qui est-ce qui n'a pas été trompé? On sait bien qu'on est toujours trompé par ses amis et ses maîtresses; et ça finit sur l'air du *Carillon de Dunkerque.* (*Il joue le carillon sur le piano.*)

SAINT-GAUDENS. Et je savais aussi bien qu'Amanda me trompait avec Agénor que je sais qu'Olympe me trompe avec Edmond.

MARGUERITE. Bravo, Saint-Gaudens! Mais Saint-Gaudens est un héros! Nous allons être toutes folles de Saint-Gaudens! Que celles qui sont folles de Saint-Gaudens lèvent la main. (*Tout le monde lève la main.*) Quelle unanimité! Vive Saint-Gaudens! Gaston, jouez-nous de quoi faire danser Saint-Gaudens.

GASTON. Je ne sais qu'une polka.

MARGUERITE. Eh bien, va pour une polka! Allons, Saint-Gaudens et Armand, rangez la table.

PRUDENCE. Je n'ai pas fini, moi.

OLYMPE. Messieurs, Marguerite a dit Armand tout court.

GASTON, *jouant.* Dépêchez-vous; voilà le passage où je m'embrouille.

OLYMPE. Est-ce que je vais danser avec Saint-Gaudens, moi?

MARGUERITE. Non; moi, je danserai avec lui. Venez, mon petit Saint-Gaudens, venez!

OLYMPE. Allons, Armand, allons!

(MARGUERITE *polke* [3] *un moment et s'arrête tout à coup.*)

SAINT-GAUDENS. Qu'est-ce que vous avez?

MARGUERITE. Rien. J'étouffe un peu.

ARMAND, *s'approchant d'elle.* Vous souffrez, madame?

MARGUERITE. Oh! ce n'est rien; continuons.

(GASTON *joue de toutes ses forces,* MARGUERITE *essaye de nouveau et s'arrête encore.*)

ARMAND. Tais-toi donc, Gaston.

PRUDENCE. Marguerite est malade.

MARGUERITE, *suffoquée.* Donnez-moi un verre d'eau.

PRUDENCE. Qu'avez-vous?

MARGUERITE. Toujours la même chose. Mais ce n'est rien, je vous le répète. Passez de l'autre côté, allumez un cigare; dans un instant, je suis à vous.

PRUDENCE. Laissons-la; elle aime mieux être seule quand ça lui arrive.

MARGUERITE. Allez, je vous rejoins.

PRUDENCE. Venez! (*A part.*) Il n'y a pas moyen de s'amuser une minute ici.

ARMAND. Pauvre fille! (*Il sort avec les autres.*)

---

[1] *fera la quête,* will take up the collection (of our kisses).

[2] *Malbrouck,* generally called *Malbrouck s'en va-t-en guerre,* satire on the duke of Marlborough. See *le Verre d'eau.*

[3] *polke,* from *polker,* dance the polka.

SCÈNE IX

MARGUERITE, *seule, essayant de reprendre sa respiration*

Ah!... (*Elle se regarde dans la glace.*) Comme je suis pâle!... Ah!... (*Elle met sa tête dans ses mains et appuie ses coudes sur la cheminée.*)

SCÈNE X

MARGUERITE, ARMAND

ARMAND, *rentrant.* Eh bien, comment allez-vous, madame?

MARGUERITE. Vous, monsieur Armand! Merci, je vais mieux.... D'ailleurs, je suis accoutumée....

ARMAND. Vous vous tuez! Je voudrais être votre ami, votre parent, pour vous empêcher de vous faire mal ainsi.

MARGUERITE. Vous n'y arriveriez pas. Voyons, venez! Mais qu'avez-vous?

ARMAND. Ce que je vois....

MARGUERITE. Ah! vous êtes bien bon! Regardez les autres, s'ils s'occupent de moi.

ARMAND. Les autres ne vous aiment pas comme je vous aime.

MARGUERITE. C'est juste; j'avais oublié ce grand amour.

ARMAND. Vous en riez!

MARGUERITE. Dieu m'en garde! j'entends tous les jours la même chose; je n'en ris plus.

ARMAND. Soit; mais cet amour vaut bien une promesse de votre part.

MARGUERITE. Laquelle?

ARMAND. Celle de vous soigner.

MARGUERITE. Me soigner! Est-ce que c'est possible?

ARMAND. Pourquoi pas?

MARGUERITE. Mais, si je me soignais, je mourrais, mon cher. Ce qui me soutient, c'est la vie fiévreuse que je mène. Puis, se soigner, c'est bon pour les femmes du monde qui ont une famille et des amis; mais, nous, dès que nous ne pouvons plus servir au plaisir ou à la vanité de personne, on nous abandonne, et les longues soirées succèdent aux longs jours; je le sais bien, allez; j'ai été deux mois dans mon lit: au bout de trois semaines, personne ne venait plus me voir.

ARMAND. Il est vrai que je ne vous suis rien, mais, si vous le vouliez, Marguerite, je vous soignerais comme un frère, je ne vous quitterais pas et je vous guérirais. Alors, quand vous en auriez la force, vous reprendriez la vie que vous menez, si bon vous semble; mais, j'en suis sûr, vous aimeriez mieux alors une existence tranquille.

MARGUERITE. Vous avez le vin triste.

ARMAND. Vous n'avez donc pas de cœur, Marguerite?

MARGUERITE. Le cœur! C'est la seule chose qui fasse faire naufrage dans la traversée que je fais. (*Un temps.*) C'est donc sérieux?

ARMAND. Très sérieux.

MARGUERITE. Prudence ne m'a pas trompée alors, quand elle m'a dit que vous étiez sentimental. Ainsi, vous me soigneriez?

ARMAND. Oui!

MARGUERITE. Vous resteriez tous les jours auprès de moi?

ARMAND. Tout le temps que je ne vous ennuierais pas.

MARGUERITE. Et vous appelez cela?

ARMAND. Du dévouement.

MARGUERITE. Et d'où vient ce dévouement?

ARMAND. D'une sympathie irrésistible que j'ai pour vous.

MARGUERITE. Depuis?

ARMAND. Depuis deux ans, depuis un jour où je vous ai vue passer devant moi, belle, fière, souriante. Depuis ce jour, j'ai suivi de loin et silencieusement votre existence.

MARGUERITE. Comment se fait-il que vous ne me disiez cela qu'aujourd'hui?

ARMAND. Je ne vous connaissais pas, Marguerite.

MARGUERITE. Il fallait faire connaissance. Pourquoi, lorsque j'ai été malade et que vous êtes si assidûment venu savoir de mes nouvelles, pourquoi n'avez-vous pas monté ici?

ARMAND. De quel droit aurais-je monté chez vous?

MARGUERITE. Est-ce qu'on se gêne avec une femme comme moi?

ARMAND. On se gêne toujours avec une femme.... Et puis....

MARGUERITE. Et puis?...

ARMAND. J'avais peur de l'influence que vous pouviez prendre sur ma vie.

MARGUERITE. Ainsi vous êtes amoureux de moi!

ARMAND, *la regardant et la voyant rire.* Si je dois vous le dire, ce n'est pas aujourd'hui.

MARGUERITE. Ne me le dites jamais.

ARMAND. Pourquoi?

MARGUERITE. Parce qu'il ne peut résulter que deux choses de cet aveu: ou que je n'y croie pas, alors vous m'en voudrez; ou que j'y croie, alors vous aurez une triste société, celle d'une femme nerveuse, malade, triste, ou gaie d'une gaieté plus triste que le chagrin. Une femme qui dépense cent mille francs par an, c'est bon pour un vieux richard comme le duc, mais c'est bien ennuyeux pour un jeune homme comme vous. Allons, nous disons là des enfantillages! Donnez-moi la main et rentrons dans la salle à manger; on ne doit pas savoir ce que notre absence veut dire.

ARMAND. Rentrez si bon vous semble: moi, je vous demande la permission de rester ici.

MARGUERITE. Parce que?

ARMAND. Parce que votre gaieté me fait mal.

MARGUERITE. Voulez-vous que je vous donne un conseil?

ARMAND. Donnez.

MARGUERITE. Prenez la poste et sauvez-vous, si ce que vous me dites est vrai; ou bien aimez-moi comme un bon ami, mais pas autrement. Venez me voir, nous rirons, nous causerons; mais ne vous exagérez pas ce que je vaux, car je ne vaux pas grand'chose. Vous avez un bon cœur, vous avez besoin d'être aimé; vous êtes trop jeune et trop sensible pour vivre dans notre monde; aimez une autre femme, ou mariez-vous. Vous voyez que je suis bonne fille, et que je vous parle franchement.

SCÈNE XI

LES MÊMES, PRUDENCE

PRUDENCE, *entr'ouvrant la porte.* Ah çà! que diable faites-vous là?

MARGUERITE. Nous parlons raison; laissez-nous un peu; nous vous rejoindrons tout à l'heure.

PRUDENCE. Bien, bien; causez, mes enfants.

SCÈNE XII

MARGUERITE, ARMAND

MARGUERITE. Ainsi, c'est convenu, vous ne m'aimez plus?

ARMAND. Je suivrai votre conseil, je partirai.

MARGUERITE. C'est à ce point-là?

ARMAND. Oui.

MARGUERITE. Que de gens m'en ont dit autant, qui ne sont pas partis.

ARMAND. C'est que vous les avez retenus.

MARGUERITE. Ma foi, non!

ARMAND. Vous n'avez donc jamais aimé personne?

MARGUERITE. Jamais, grâce à Dieu!

ARMAND. Oh! je vous remercie!

MARGUERITE. De quoi?

ARMAND. De ce que vous venez de me dire, rien ne pouvant me rendre plus heureux.

MARGUERITE. Quel original!

ARMAND. Si je vous disais, Marguerite, que j'ai passé des nuits entières sous vos fenêtres, que je garde depuis six mois un bouton tombé de votre gant.

MARGUERITE. Je ne vous croirais pas.

ARMAND. Vous avez raison, je suis un fou; riez de moi, c'est ce qu'il y a de mieux à faire. . . . Adieu.

MARGUERITE. Armand!

ARMAND. Vous me rappelez?

MARGUERITE. Je ne veux pas vous voir partir fâché.

ARMAND. Fâché contre vous, est-ce possible?

MARGUERITE. Voyons, dans tout ce que vous me dites, y a-t-il un peu de vrai?

ARMAND. Vous me le demandez!

MARGUERITE. Eh bien, donnez-moi une poignée de main, venez me voir quelquefois, souvent; nous en reparlerons.

ARMAND. C'est trop, et ce n'est pas assez.

MARGUERITE. Alors, faites votre carte vous-même, demandez ce que vous voudrez, puisque, à ce qu'il paraît, je vous dois quelque chose.

ARMAND. Ne parlez pas ainsi. Je ne veux plus vous voir rire avec les choses sérieuses.

MARGUERITE. Je ne ris plus.

ARMAND. Répondez-moi.

MARGUERITE. Voyons.

ARMAND. Voulez-vous être aimée?

MARGUERITE. C'est selon. Par qui?

ARMAND. Par moi.

MARGUERITE. Après?

ARMAND. Être aimée d'un amour profond, éternel?

MARGUERITE. Éternel? . . .

ARMAND. Oui.

MARGUERITE. Et, si je vous crois tout de suite, que direz-vous de moi?

ARMAND, *avec passion.* Je dirai. . . .

MARGUERITE. Vous direz de moi ce que tout le monde en dit. Qu'importe! puisque j'ai à vivre moins longtemps que les autres, il faut bien que je vive plus vite. Mais tranquillisez-vous, si éternel que soit votre amour et si peu de temps que j'aie à vivre, je vivrai encore plus longtemps que vous ne m'aimerez.

ARMAND. Marguerite! . . .

MARGUERITE. En attendant, vous êtes ému, votre voix est sincère, vous êtes convaincu de ce que vous dites; tout cela mérite quelque chose. . . . Prenez cette fleur. (*Elle lui donne un camélia.*)

ARMAND. Qu'en ferai-je?

MARGUERITE. Vous me la rapporterez.

ARMAND. Quand?

MARGUERITE. Quand elle sera fanée.

ARMAND. Et combien de temps lui faudra-t-il pour cela?

MARGUERITE. Mais ce qu'il faut à toute fleur pour se faner, l'espace d'un soir ou d'un matin.

ARMAND. Ah! Marguerite, que je suis heureux!

MARGUERITE. Eh bien, dites-moi encore que vous m'aimez.

ARMAND. Oui, je vous aime!

MARGUERITE. Et maintenant, partez.

ARMAND, *s'éloignant à reculons.* Je pars. (*Il revient sur ses pas, lui baise une dernière fois la main et sort. Rires et chants dans la coulisse.*)

SCÈNE XIII

MARGUERITE, *puis* GASTON, SAINT-GAU-DENS, OLYMPE, PRUDENCE

MARGUERITE, *seule et regardant la porte refermée.* Pourquoi pas?—A quoi bon?—Ma vie va et s'use de l'un à l'autre de ces deux mots.

GASTON, *entr'ouvrant la porte.* Chœur des villageois! (*Il chante.*)

C'est une heureuse journée!
Unissons, dans ce beau jour,
Les flambeaux de l'hyménée
Avec les fleurs. . . .

SAINT-GAUDENS. Vivent M. et madame Duval!

OLYMPE. En avant le bal de noces!

MARGUERITE. C'est moi qui vais vous faire danser.

SAINT-GAUDENS. Mais comme je prends du plaisir!

(PRUDENCE *se coiffe d'un chapeau d'homme;* GASTON, *d'un chapeau de femme, etc., etc.—Danse.*)

ACTE DEUXIÈME

Cabinet de toilette chez MARGUERITE, *Paris*

SCÈNE PREMIÈRE

MARGUERITE, PRUDENCE, NANINE

MARGUERITE, *devant sa toilette, à* PRUDENCE *qui entre.* Bonsoir, chère amie; avez-vous vu le duc?

PRUDENCE. Oui.

MARGUERITE. Il vous a donné?

PRUDENCE, *remettant à* MARGUERITE *des billets de banque.* Voici.—Pouvez-vous me prêter trois ou quatre cents francs?

MARGUERITE. Prenez. . . . Vous avez dit au duc que j'ai l'intention d'aller à la campagne.

PRUDENCE. Oui.

MARGUERITE. Qu'a-t-il répondu?

PRUDENCE. Que vous avez raison, que cela ne peut vous faire que du bien. Et vous irez?

MARGUERITE. Je l'espère; j'ai encore visité la maison aujourd'hui.

PRUDENCE. Combien veut-on la louer?

MARGUERITE. Quatre mille francs.

PRUDENCE. Ah çà! c'est de l'amour, ma chère.

MARGUERITE. J'en ai peur! c'est peut-être une passion; ce n'est peut-être qu'un caprice; tout ce que je sais, c'est que c'est quelque chose.

PRUDENCE. Il est venu hier?

MARGUERITE. Vous le demandez?

PRUDENCE. Et il revient ce soir.

MARGUERITE. Il va venir.

PRUDENCE. Je le sais! il est resté trois ou quatre heures à la maison.

MARGUERITE. Il vous a parlé de moi?

PRUDENCE. De quoi voulez-vous qu'il me parle?

MARGUERITE. Que vous a-t-il dit?

PRUDENCE. Qu'il vous aime, parbleu!

MARGUERITE. Il y a longtemps que vous le connaissez!

PRUDENCE. Oui.

MARGUERITE. L'avez-vous vu amoureux quelquefois?

PRUDENCE. Jamais.

MARGUERITE. Votre parole!

PRUDENCE. Sérieusement.

MARGUERITE. Si vous saviez quel bon cœur il a, comme il parle de sa mère et de sa sœur!

PRUDENCE. Quel malheur que des gens comme ceux-là n'aient pas cent mille livres de rente!

MARGUERITE. Quel bonheur, au contraire! au moins, ils sont sûrs que c'est eux seuls qu'on aime. (*Prenant la main de* PRUDENCE *et la mettant sur sa poitrine.*) Tenez!

PRUDENCE. Quoi!

MARGUERITE. Le cœur me bat, vous ne sentez pas?

PRUDENCE. Pourquoi le cœur vous bat-il?

MARGUERITE. Parce qu'il est dix heures et qu'il va venir.

PRUDENCE. C'est à ce point? Je me sauve. Dites donc! si ça se gagnait![1]

MARGUERITE, à NANINE, qui va et vient en rangeant. Va ouvrir, Nanine.

NANINE. On n'a pas sonné.

MARGUERITE. Je te dis que si.

SCÈNE II

PRUDENCE, MARGUERITE

PRUDENCE. Ma chère, je vais prier pour vous.

MARGUERITE. Parce que?

PRUDENCE. Parce que vous êtes en danger.

MARGUERITE. Peut-être.

SCÈNE III

LES MÊMES, ARMAND

ARMAND. Marguerite! (Il court à MARGUERITE.)

PRUDENCE. Vous ne me dites pas bonsoir, ingrat?

ARMAND. Pardon, ma chère Prudence; vous allez bien?

PRUDENCE. Il est temps! . . . Mes enfants, je vous laisse; j'ai quelqu'un qui m'attend chez moi.—Adieu. (Elle sort.)

SCÈNE IV

ARMAND, MARGUERITE

MARGUERITE. Allons, venez vous mettre là, monsieur.

ARMAND, se mettant à ses genoux. Après?

MARGUERITE. Vous m'aimez toujours autant?

ARMAND. Non!

MARGUERITE. Comment?

ARMAND. Je vous aime mille fois plus, madame!

MARGUERITE. Qu'avez-vous fait, aujourd'hui? . . .

ARMAND. J'ai été voir Prudence, Gustave et Nichette, j'ai été partout où l'on pouvait parler de Marguerite.

MARGUERITE. Et ce soir?

ARMAND. Mon père m'avait écrit qu'il m'attendait à Tours, je lui ai répondu qu'il peut cesser de m'attendre. Est-ce que je suis en train d'aller à Tours! . . .

MARGUERITE. Cependant, il ne faut pas vous brouiller avec votre père.

ARMAND. Il n'y a pas de danger. Et vous, qu'avez-vous fait, dites? . . .

MARGUERITE. Moi, j'ai pensé à vous.

ARMAND. Bien vrai.

MARGUERITE. Bien vrai! j'ai formé de beaux projets.

ARMAND. Vraiment?

MARGUERITE. Oui.

ARMAND. Conte-les-moi!

MARGUERITE. Plus tard.

ARMAND. Pourquoi pas tout de suite?

MARGUERITE. Tu ne m'aimes peut-être pas encore assez; quand ils seront réalisables, il sera temps de te les dire; sache seulement que c'est de toi que je m'occupe.

ARMAND. De moi?

MARGUERITE. Oui, de toi que j'aime trop.

ARMAND. Voyons, qu'est-ce que c'est?

MARGUERITE. A quoi bon?

ARMAND. Je t'en supplie!

MARGUERITE, après une courte hésitation. Est-ce que je puis te cacher quelque chose?

ARMAND. J'écoute.

MARGUERITE. J'ai trouvé une combinaison.

ARMAND. Quelle combinaison?

MARGUERITE. Je ne puis te dire que les résultats qu'elle doit avoir.

ARMAND. Et quels résultats aura-t-elle?

MARGUERITE. Serais-tu heureux de passer l'été à la campagne avec moi?

ARMAND. Tu le demandes?

MARGUERITE. Eh bien, si ma combinaison réussit, et elle réussira, dans quinze jours d'ici je serai libre; je ne devrai plus rien, et nous irons ensemble passer l'été à la campagne.

ARMAND. Et tu ne peux pas me dire par quel moyen? . . .

MARGUERITE. Non.

ARMAND. Et c'est toi seule qui as trouvé cette combinaison, Marguerite?

MARGUERITE. Comme tu me dis ça!

ARMAND. Réponds-moi.

MARGUERITE. Eh bien, oui, c'est moi seule.

ARMAND. Et c'est toi seule qui l'exécuteras?

MARGUERITE, hésitant encore. Moi seule.

[1] si ça se gagnait! supposing it were contagious.

ARMAND, *se levant.* Avez-vous lu *Manon Lescaut,*[1] Marguerite?

MARGUERITE. Oui, le volume est là dans le salon.

ARMAND. Estimez-vous Des Grieux?[2]

MARGUERITE. Pourquoi cette question?

ARMAND. C'est qu'il y a un moment où Manon, elle aussi, a trouvé une combinaison, qui est de se faire donner de l'argent par M. de B . . . , et de le dépenser avec Des Grieux. Marguerite, vous avez plus de cœur qu'elle, et, moi, j'ai plus de loyauté que lui!

MARGUERITE. Ce qui veut dire?

ARMAND. Que, si votre combinaison est dans le genre de celle-là, je ne l'accepte pas.

MARGUERITE. C'est bien, mon ami, n'en parlons plus. . . . (*Un temps.*) Il fait très beau aujourd'hui, n'est-ce pas?

ARMAND. Oui, très beau.

MARGUERITE. Il y avait beaucoup de monde aux Champs-Élysées?

ARMAND. Beaucoup.

MARGUERITE. Ce sera ainsi jusqu'à la fin de la lune?

ARMAND, *avec emportement.* Eh! que m'importe la lune!

MARGUERITE. De quoi voulez-vous que je vous parle? Quand je vous dis que je vous aime, quand je vous en donne la preuve, vous devenez maussade; alors, je vous parle de la lune.

ARMAND. Que veux-tu, Marguerite? je suis jaloux de la moindre de tes pensées! Ce que tu m'as proposé tout à l'heure. . . .

MARGUERITE. Nous y revenons?

ARMAND. Mon Dieu, oui, nous y revenons. . . . Eh bien, ce que tu m'as proposé me rendrait fou de joie; mais le mystère qui précède l'exécution de ce projet. . . .

MARGUERITE. Voyons, raisonnons un peu. Tu m'aimes et tu voudrais passer quelque temps avec moi, dans un coin qui ne fût pas cet affreux Paris.

ARMAND. Oui, je le voudrais.

MARGUERITE. Moi aussi, je t'aime et j'en désire autant; mais, pour cela, il faut ce que je n'ai pas. Tu n'es pas jaloux du duc, tu sais quels sentiments purs l'unissent à moi, laisse-moi donc faire.

ARMAND. Cependant. . . .

MARGUERITE. Je t'aime. Voyons, est-ce convenu?

ARMAND. Mais. . . .

MARGUERITE, *très câline.* Est-ce convenu, voyons? . . .

ARMAND. Pas encore.

MARGUERITE. Alors, tu reviendras me voir demain; nous en reparlerons.

ARMAND. Comment, je reviendrai te voir demain? Tu me renvoies déjà?

MARGUERITE. Je ne te renvoie pas. Tu peux rester encore un peu.

ARMAND. Encore un peu! Tu attends quelqu'un?

MARGUERITE. Tu vas recommencer?

ARMAND. Marguerite, tu me trompes!

MARGUERITE. Combien y a-t-il de temps que je te connais?

ARMAND. Quatre jours.

MARGUERITE. Qu'est-ce qui me forçait à te recevoir?

ARMAND. Rien.

MARGUERITE. Si je ne t'aimais pas, aurais-je le droit de te mettre à la porte, comme j'y mets Varville et tant d'autres?

ARMAND. Certainement.

MARGUERITE. Alors, mon ami, laisse-toi aimer, et ne te plains pas.

ARMAND. Pardon, mille fois pardon!

MARGUERITE. Si cela continue, je passerai ma vie à te pardonner.

ARMAND. Non; c'est la dernière fois. Tiens! je m'en vais.

MARGUERITE. A la bonne heure. Viens demain, à midi; nous déjeunerons ensemble.

ARMAND. A demain, alors.

MARGUERITE. A demain.

ARMAND. A midi?

MARGUERITE. A midi.

ARMAND. Tu me jures. . . .

MARGUERITE. Quoi?

ARMAND. Que tu n'attends personne?

MARGUERITE. Encore! Je te jure que je t'aime, et que je n'aime que toi seul dans le monde!

ARMAND. Adieu!

MARGUERITE. Adieu, grand enfant! (*Il hésite un moment et sort.*)

SCÈNE V

MARGUERITE, *seule, à la même place.* Qui m'eût dit, il y a huit jours, que cet homme, dont je ne soupçonnais pas l'existence, occuperait à ce point, et si vite, mon cœur et ma pensée? M'aime-t-il d'ailleurs? sais-je seulement si je l'aime, moi qui n'ai jamais aimé? Mais pourquoi sacrifier une joie? Pourquoi ne pas

---

[1] *Manon Lescaut,* famous 18th century novel by Prévost (1697–1763).

[2] *Des Grieux,* the hero of *Manon Lescaut;* the heroine is Manon.

se laisser aller aux caprices de son cœur?
Que suis-je? Une créature du hasard!
Laissons donc le hasard faire de moi ce
qu'il voudra. C'est égal, il me semble que
je suis plus heureuse que je ne l'ai encore
été. C'est peut-être d'un mauvais augure.
Nous autres femmes, nous prévoyons toujours qu'on nous aimera, jamais que nous
aimerons, si bien qu'aux premières at-
teintes de ce mal imprévu nous ne savons
plus où nous en sommes.

SCÈNE VI

MARGUERITE, NANINE, LE COMTE DE
GIRAY

NANINE, *annonçant* LE COMTE *qui la
suit.* M. le comte!

MARGUERITE, *sans se déranger.* Bonsoir, comte. . . .

LE COMTE, *allant lui baiser la main.*
Bonsoir, chère amie. Comment va-t-on
ce soir?

MARGUERITE. Parfaitement.

LE COMTE, *allant s'asseoir à la cheminée.*
Il fait un froid du diable! Vous m'avez
écrit de venir à dix heures et demie. Vous
voyez que je suis exact.

MARGUERITE. Merci. Nous avons à
causer, mon cher comte.

LE COMTE. Avez-vous soupé? . . .

MARGUERITE. Pourquoi? . . .

LE COMTE. Parce que nous aurions été
souper, et nous aurions causé en soupant.

MARGUERITE. Vous avez faim?

LE COMTE. On a toujours assez faim
pour souper. J'ai si mal dîné au club!

MARGUERITE. Qu'est-ce qu'on y faisait?

LE COMTE. On jouait quand je suis
parti.

MARGUERITE. Saint-Gaudens perdait-
il?

LE COMTE. Il perdait vingt-cinq louis;
il criait pour mille écus.

MARGUERITE. Il a soupé l'autre soir
ici avec Olympe.

LE COMTE. Et qui encore?

MARGUERITE. Gaston Rieux. Vous le
connaissez?

LE COMTE. Oui.

MARGUERITE. M. Armand Duval.

LE COMTE. Qu'est-ce que c'est que M.
Armand Duval?

MARGUERITE. C'est un ami de Gaston.
Prudence et moi, voilà le souper. . . . On
a beaucoup ri.

LE COMTE. Si j'avais su, je serais venu.

A propos, est-ce qu'il sortait quelqu'un
d'ici tout à l'heure, un peu avant que
j'entrasse?

MARGUERITE. Non, personne.

LE COMTE. C'est qu'au moment où je
descendais de voiture, quelqu'un a couru
vers moi, comme pour voir qui j'étais, et,
après m'avoir vu, s'est éloigné.

MARGUERITE, *à part.* Serait-ce Armand? (*Elle sonne.*)

LE COMTE. Vous avez besoin de quelque chose?

MARGUERITE. Oui, il faut que je dise
un mot à Nanine. (*A* NANINE, *bas.*)
Descends. Une fois dans la rue, sans faire
semblant de rien, regarde si M. Armand
Duval y est, et reviens me le dire.

NANINE. Oui, madame. (*Elle sort.*)

LE COMTE. Il y a une nouvelle.

MARGUERITE. Laquelle?

LE COMTE. Gagouki se marie.

MARGUERITE. Notre prince polonais?

LE COMTE. Lui-même.

MARGUERITE. Qui épouse-t-il?

LE COMTE. Devinez.

MARGUERITE. Est-ce que je sais?

LE COMTE. Il épouse la petite Adèle.

MARGUERITE. Elle a bien tort!

LE COMTE. C'est lui, au contraire. . . .

MARGUERITE. Mon cher, quand un
homme du monde épouse une fille comme
Adèle, ce n'est pas lui qui fait une sottise,
c'est elle qui fait une mauvaise affaire.
Votre Polonais est ruiné, il a une détestable
réputation, et, s'il épouse Adèle, c'est pour
les douze ou quinze mille livres de rente
que vous lui avez faites les uns après les
autres.

NANINE, *rentrant, et bas à* MARGUERITE.
Non, madame, il n'y a personne.

MARGUERITE. Maintenant, parlons de
choses sérieuses, mon cher comte. . . .

LE COMTE. De choses sérieuses! J'aimerais mieux parler de choses gaies.

MARGUERITE. Nous verrons plus tard
si vous prenez les choses gaiement.

LE COMTE. J'écoute.

MARGUERITE. Avez-vous de l'argent
comptant?

LE COMTE. Moi? Jamais.

MARGUERITE. Alors, il faut souscrire.

LE COMTE. On a donc besoin d'argent
ici?

MARGUERITE. Hélas! il faut quinze
mille francs!

LE COMTE. Diable! c'est un joli denier. Et pourquoi juste quinze mille
francs?

MARGUERITE. Parce que je les dois.

Le Comte. Vous payez donc vos créanciers?

Marguerite. C'est eux qui le veulent.

Le Comte. Il le faut absolument? . . .

Marguerite. Oui.

Le Comte. Alors . . . c'est dit, je souscrirai.

SCÈNE VII

Les Mêmes, Nanine

Nanine, *entrant.* Madame, on vient d'apporter cette lettre pour vous être remise tout de suite.

Marguerite. Qui peut m'écrire à cette heure? (*Ouvrant la lettre.*) Armand! Qu'est-ce que cela signifie? (*Lisant.*) « Il ne me convient pas de jouer un rôle ridicule, même auprès de la femme que j'aime. Au moment où je sortais de chez vous, M. le comte de Giray y entrait. Je n'ai ni l'âge ni le caractère de Saint-Gaudens; pardonnez-moi le seul tort que j'aie, celui de ne pas être millionnaire, et oublions tous deux que nous nous sommes connus, et qu'un instant nous avons cru nous aimer. Quand vous recevrez cette lettre, j'aurai déjà quitté Paris. Armand.»

Nanine. Madame répondra?

Marguerite. Non; dis que c'est bien. (Nanine *sort.*)

SCÈNE VIII

Le Comte, Marguerite

Marguerite, *à elle-même.* Allons, voilà un rêve évanoui! C'est dommage!

Le Comte. Qu'est-ce que c'est que cette lettre?

Marguerite. Ce que c'est, mon cher ami? C'est une bonne nouvelle pour vous.

Le Comte. Comment?

Marguerite. Vous gagnez quinze mille francs, par cette lettre-là!

Le Comte. C'est la première qui m'en rapporte autant.

Marguerite. Je n'ai plus besoin de ce que je vous demandais.

Le Comte. Vous créanciers vous renvoient leurs notes acquittées? Ah! c'est gentil de leur part!

Marguerite. Non, j'étais amoureuse, mon cher.

Le Comte. Vous?

Marguerite. Moi-même.

Le Comte. Et de qui, bon Dieu?

Marguerite. D'un homme qui ne m'aimait pas, comme cela arrive souvent; d'un homme sans fortune, comme cela arrive toujours.

Le Comte. Ah! oui, c'est avec ces amours-là que vous croyez vous relever des autres.

Marguerite. Et voici ce qu'il m'écrit. (*Elle donne la lettre au* Comte.)

Le Comte, *lisant.* « Ma chère Marguerite. . . .» Tiens, tiens, c'est de M. Duval. Il est très jaloux, ce monsieur. Ah! je comprends maintenant l'utilité des lettres de change. C'était joli, ce que vous faisiez là! (*Il lui rend la lettre.*)

Marguerite, *sonnant et jetant la lettre sur sa table.* Vous m'avez offert à souper.

Le Comte. Et je vous l'offre encore. Vous ne mangerez jamais pour quinze mille francs. C'est toujours une économie que je ferai.

Marguerite. Eh bien, allons souper; j'ai besoin de prendre l'air.

Le Comte. Il paraît que c'était grave; vous êtes tout agitée, ma chère.

Marguerite. Ça ne sera rien. (*A* Nanine *qui entre.*) Donne-moi un châle et un chapeau!

Nanine. Lequel, madame?

Marguerite. Le chapeau que tu voudras et un châle léger. (*Au* Comte.) Il faut nous prendre comme nous sommes, mon pauvre ami.

Le Comte. Oh! je suis habitué à tout ça.

Nanine, *donnant le châle.* Madame aura froid!

Marguerite. Non.

Nanine. Faudra-t-il attendre madame? . . .

Marguerite. Non, couche-toi; peut-être ne rentrerai-je que tard. . . . Venez-vous, comte? (*Ils sortent.*)

SCÈNE IX

Nanine, *seule.* Il se passe quelque chose; madame est tout émue; c'est cette lettre de tout à l'heure qui la trouble, sans doute. (*Prenant la lettre.*) La voilà, cette lettre. (*Elle la lit.*) Diable! M. Armand mène rondement les choses. Nommé il y a deux jours, démissionnaire aujourd'hui, il a vécu ce que vivent les roses [1] et les hommes d'État. . . . Tiens! (Prudence *entre.*) Madame Duvernoy.

---

[1] *il a . . . roses*, quotation from Malherbe's *Consolation à M. du Périer.*

SCÈNE X

Nanine, Prudence, *puis* un Domestique

PRUDENCE. Marguerite est sortie?
NANINE. A l'instant.
PRUDENCE. Où est-elle allée?
NANINE. Elle est allée souper.
PRUDENCE. Avec M. de Giray?
NANINE. Oui.
PRUDENCE. Elle a reçu une lettre, tout à l'heure? . . .
NANINE. De M. Armand.
PRUDENCE. Qu'est-ce qu'elle a dit?
NANINE. Rien.
PRUDENCE. Et elle va rentrer?
NANINE. Tard, sans doute. Je vous croyais couchée depuis longtemps.
PRUDENCE. Je l'étais et je dormais, quand j'ai été réveillée par des coups de sonnette redoublés; j'ai été ouvrir. . . . (*On frappe.*)
NANINE. Entrez!
UN DOMESTIQUE. Madame fait demander une pelisse; elle a froid.
PRUDENCE. Madame est en bas?
LE DOMESTIQUE. Oui, madame est en voiture.
PRUDENCE. Priez-la de monter, dites-lui que c'est moi qui la demande.
LE DOMESTIQUE. Mais madame n'est pas seule dans la voiture.
PRUDENCE. Ça ne fait rien, allez! (LE DOMESTIQUE *sort.*)
ARMAND, *du dehors.* Prudence!
PRUDENCE, *ouvrant la fenêtre.* Allons, bon! voilà l'autre qui s'impatiente! Oh! les amoureux jaloux, ils sont tous les mêmes.
ARMAND, *du dehors.* Eh bien?
PRUDENCE. Attendez un peu, que diable! tout à l'heure je vous appellerai.

SCÈNE XI

Les Mêmes, Marguerite, *puis* Nanine

MARGUERITE. Que me voulez-vous, ma chère Prudence?
PRUDENCE. Armand est chez moi.
MARGUERITE. Que m'importe?
PRUDENCE. Il veut vous parler.
MARGUERITE. Et moi, je ne veux pas le recevoir; d'ailleurs, je ne le puis, on m'attend en bas. Dites-le-lui.
PRUDENCE. Je me garderai bien de faire une pareille commission. Il irait provoquer le comte.
MARGUERITE. Ah çà! que veut-il?
PRUDENCE. Est-ce que je sais? Est-ce qu'il le sait lui-même? Mais nous savons bien ce que c'est qu'un homme amoureux.
NANINE, *la pelisse à la main.* Madame désire-t-elle sa pelisse?
MARGUERITE. Non, pas encore.
PRUDENCE. Eh bien, que décidez-vous?
MARGUERITE. Ce garçon-là me rendra malheureuse.
PRUDENCE. Alors, ne le revoyez plus, ma chère.—Il vaut même mieux que les choses en restent où elles sont.
MARGUERITE. C'est votre avis, n'est-ce pas?
PRUDENCE. Certainement!
MARGUERITE, *après un temps.* Qu'est-ce qu'il vous a dit encore?
PRUDENCE. Allons, vous voulez qu'il vienne. Je vais le chercher. Et le comte?
MARGUERITE. Le comte! Il attendra.
PRUDENCE. Il vaudrait peut-être mieux le congédier tout à fait.
MARGUERITE. Vous avez raison. Nanine, descends dire à M. de Giray que, décidément, je suis malade, et que je n'irai pas souper; qu'il m'excuse.
NANINE. Oui, madame.
PRUDENCE, *à la fenêtre.* Armand! Venez! Oh! il ne se le fera pas dire deux fois.
MARGUERITE. Vous resterez ici pendant qu'il y sera.
PRUDENCE. Non pas. Comme il viendrait un moment où vous me diriez de m'en aller, j'aime autant m'en aller tout de suite.
NANINE, *rentrant.* M. le comte est parti, madame.
MARGUERITE. Il n'a rien dit?
NANINE. Non. (*Elle sort.*)

SCÈNE XII

Marguerite, Armand, Prudence

ARMAND, *entrant.* Marguerite! enfin!
PRUDENCE. Mes enfants, je vous laisse. (*Elle sort.*)

SCÈNE XIII

Marguerite, Armand

ARMAND, *allant se mettre à genoux aux pieds de* Marguerite. Marguerite. . . .
MARGUERITE. Que voulez-vous?
ARMAND. Je veux que vous me pardonniez.
MARGUERITE. Vous ne le méritez pas! (*Mouvement* d'Armand.) J'admets que vous soyez jaloux et que vous m'écriviez

une lettre irritée, mais non une lettre ironique et impertinente. Vous m'avez fait beaucoup de peine et beaucoup de mal.

ARMAND. Et vous, Marguerite, ne m'en avez-vous pas fait?

MARGUERITE. Si je vous en ai fait, c'est malgré moi.

ARMAND. Quand j'ai vu arriver le comte, quand je me suis dit que c'était pour lui que vous me renvoyiez, j'ai été comme un fou, j'ai perdu la tête, je vous ai écrit. Mais, quand, au lieu de faire à ma lettre la réponse que j'espérais, quand, au lieu de vous disculper, vous avez dit à Nanine que cela était bien, je me suis demandé ce que j'allais devenir, si je ne vous revoyais plus. Le vide s'est fait instantanément autour de moi. N'oubliez pas, Marguerite, que, si je ne vous connais que depuis quelques jours, je vous aime depuis deux ans!

MARGUERITE. Eh bien, mon ami, vous avez pris une sage résolution.

ARMAND. Laquelle?

MARGUERITE. Celle de partir. Ne me l'avez-vous pas écrit?

ARMAND. Est-ce que je le pourrais?

MARGUERITE. Il le faut pourtant.

ARMAND. Il le faut?

MARGUERITE. Oui; non seulement pour vous, mais pour moi. Ma position m'oblige à ne plus vous revoir, et tout me défend de vous aimer.

ARMAND. Vous m'aimez donc un peu, Marguerite?

MARGUERITE. Je vous aimais.

ARMAND. Et maintenant?

MARGUERITE. Maintenant, j'ai réfléchi, et ce que j'avais espéré est impossible.

ARMAND. Si vous m'aviez aimé, d'ailleurs, vous n'auriez pas reçu le comte, surtout ce soir.

MARGUERITE. Aussi, est-ce pour cela qu'il vaut mieux que nous n'allions pas plus loin. Je suis jeune, je suis jolie, je vous plaisais, je suis une bonne fille, vous êtes un garçon d'esprit, il fallait prendre de moi ce qui est bon, laisser ce qui est mauvais, et ne pas vous occuper du reste.

ARMAND. Ce n'est pas ainsi que vous me parliez tantôt, Marguerite, quand vous me faisiez entrevoir quelques mois à passer avec vous, seule, loin de Paris, loin du monde; c'est en tombant de cette espérance dans la réalité que je me suis fait tant de mal.

MARGUERITE, avec mélancolie. C'est vrai: je m'étais dit: « Un peu de repos me

ferait du bien; il prend intérêt à ma santé; s'il y avait moyen de passer tranquillement l'été avec lui, dans quelque campagne, au fond de quelque bois, ce serait toujours cela de pris sur les mauvais jours.» Au bout de trois ou quatre mois, nous serions revenus à Paris, nous nous serions donné une bonne poignée de main, et nous nous serions fait une amitié des restes de notre amour; c'était encore beaucoup, car l'amour qu'on peut avoir pour moi, si violent qu'on le dise, n'a même pas toujours en lui de quoi faire une amitié plus tard. Tu ne l'as pas voulu; ton cœur est un grand seigneur qui ne veut rien accepter! N'en parlons plus. Tu viens ici depuis quatre jours, tu as soupé chez moi: envoie-moi un bijou avec ta carte, nous serons quittes.

ARMAND. Marguerite, tu es folle! Je t'aime! Cela ne veut pas dire que tu es jolie et que tu me plairas trois ou quatre mois. Tu es toute mon espérance, toute ma pensée, toute ma vie; je t'aime, enfin! que puis-je te dire de plus?

MARGUERITE. Alors, tu as raison, il vaut mieux cesser de nous voir dès à présent!

ARMAND. Naturellement, parce que tu ne m'aimes pas, toi!

MARGUERITE. Parce que. . . . Tu ne sais pas ce que tu dis!

ARMAND. Pourquoi, alors?

MARGUERITE. Pourquoi? Tu veux le savoir? Parce qu'il y a des heures où ce rêve commencé, je le fais jusqu'au bout; parce qu'il y a des jours où je suis lasse de la vie que je mène et que j'en entrevois une autre; parce qu'au milieu de notre existence turbulente, notre tête, notre orgueil, nos sens vivent, mais que notre cœur se gonfle, ne trouvant pas à s'épancher, et nous étouffe. Nous paraissons heureuses, et l'on nous envie. En effet, nous avons des amants qui se ruinent, non pas pour nous, comme ils le disent, mais pour leur vanité; nous sommes les premières dans leur amour-propre, les dernières dans leur estime. Nous avons des amis, des amis comme Prudence, dont l'amitié va jusqu'à la servitude, jamais jusqu'au désintéressement. Peu leur importe ce que nous faisons, pourvu qu'on les voie dans nos loges, ou qu'elles se carrent dans nos voitures. Ainsi, tout autour de nous, ruine, honte et mensonge. Je rêvais donc, par moments, sans oser le dire à personne, de rencontrer un homme assez élevé pour ne me demander compte de rien, et pour vouloir bien être l'amant de mes impressions. Cet homme, je l'avais trouvé dans le duc; mais la vieillesse ne protège ni ne console, et mon âme a d'autres exigences. Alors, je t'ai rencontré, toi, jeune, ardent, heureux; les larmes que je t'ai vu répandre pour moi, l'intérêt que tu as pris à ma santé, tes visites mystérieuses pendant ma maladie, ta franchise, ton enthousiasme, tout me permettait de voir en toi celui que j'appelais du fond de ma bruyante solitude. En une minute, comme une folle, j'ai bâti tout un avenir sur ton amour, j'ai rêvé campagne, pureté; je me suis souvenue de mon enfance,—on a toujours eu une enfance, quoi que l'on soit devenue;—c'était souhaiter l'impossible; un mot de toi me l'a prouvé. . . . Tu as voulu tout savoir, tu sais tout?

ARMAND. Et tu crois qu'après ces paroles-là je vais te quitter? Quand le bonheur vient à nous, nous nous sauverions devant lui? Non, Marguerite, non; ton rêve s'accomplira, je te le jure. Ne raisonnons rien, nous sommes jeunes, nous nous aimons, marchons en suivant notre amour.

MARGUERITE. Ne me trompe pas, Armand, songe qu'une émotion violente peut me tuer; rappelle-toi bien qui je suis, et ce que je suis.

ARMAND. Tu es un ange, et je t'aime!

NANINE, *du dehors, frappant à la porte.* Madame. . . .

MARGUERITE. Quoi?

NANINE. On vient d'apporter une lettre!

MARGUERITE, *riant.* Ah çà! c'est donc la nuit aux lettres? . . . De qui est-elle?

NANINE. De M. le comte.

MARGUERITE. Demande-t-il une réponse?

NANINE. Oui, madame.

MARGUERITE, *se pendant au cou* D'ARMAND. Eh bien, dis qu'il n'y en a pas.

ACTE TROISIÈME

Auteuil.[1] *Salon de campagne. Cheminée au fond avec glace sans tain. Porte de chaque côté de la cheminée. Vue sur le jardin.*

SCÈNE PREMIÈRE

NANINE, *emportant un plateau à thé après le déjeuner;* PRUDENCE, *puis* ARMAND

PRUDENCE, *entrant.* Où est Marguerite?

[1] *Auteuil,* suburb of Paris.

NANINE. Madame est au jardin avec mademoiselle Nichette et M. Gustave, qui viennent de déjeuner avec elle et qui passent la journée ici.

PRUDENCE. Je vais les rejoindre.

ARMAND, *entrant pendant que* NANINE *sort.* Prudence, j'ai à vous parler. Il y a quinze jours, vous êtes partie d'ici dans la voiture de Marguerite?

PRUDENCE. C'est vrai.

ARMAND. Depuis ce temps, nous n'avons revu ni la voiture ni les chevaux. Il y a huit jours, en nous quittant, vous avez paru craindre d'avoir froid, et Marguerite vous a prêté un cachemire que vous n'avez pas rapporté. Enfin, hier, elle vous a remis des bracelets et des diamants pour les faire remonter, disait-elle. Où sont les chevaux, la voiture, le cachemire et les diamants?

PRUDENCE. Vous voulez que je sois franche?

ARMAND. Je vous en supplie.

PRUDENCE. Les chevaux sont rendus au marchand, qui les reprend pour moitié.

ARMAND. Le cachemire?

PRUDENCE. Vendu.

ARMAND. Les diamants?

PRUDENCE. Engagés de ce matin. Je rapporte les reconnaissances.

ARMAND. Et pourquoi ne m'avoir pas tout dit?

PRUDENCE. Marguerite ne le voulait pas.

ARMAND. Et pourquoi ces ventes et ces engagements?

PRUDENCE. Pour payer!—Ah! vous croyez, mon cher, qu'il suffit de s'aimer et d'aller vivre, hors de Paris, d'une vie pastorale et éthérée? Pas du tout! A côté de la vie poétique il y a la vie réelle. Le duc, que je viens de voir, car je voulais, s'il était possible, éviter tant de sacrifices, le duc ne veut plus rien donner à Marguerite, à moins qu'elle ne vous quitte, et Dieu sait qu'elle n'en a pas envie!

ARMAND. Bonne Marguerite!

PRUDENCE. Oui, bonne Marguerite; trop bonne Marguerite, car qui sait comment tout cela finira? Sans compter que, pour payer ce qu'elle reste devoir, elle veut abandonner tout ce qu'elle possède encore. J'ai dans ma poche un projet de vente que vient de me remettre son homme d'affaires.

ARMAND. Combien faudrait-il?

PRUDENCE. Cinquante mille francs, au moins.

ARMAND. Demandez quinze jours aux créanciers; dans quinze jours, je payerai tout.

PRUDENCE. Vous allez emprunter? . . .

ARMAND. Oui.

PRUDENCE. Ça va être joli! Vous brouiller avec votre père, embarrasser l'avenir.

ARMAND. Je me doutais de ce qui arrive; j'ai écrit à mon notaire que je voulais faire à quelqu'un une délégation du bien que je tiens de ma mère, et je viens de recevoir la réponse; l'acte est tout préparé, il n'y a plus que quelques formalités à remplir, et, dans la journée, je dois aller à Paris pour signer. En attendant, empêchez que Marguerite. . . .

PRUDENCE. Mais les papiers que je rapporte?

ARMAND. Quand je serai parti, vous les lui remettrez, comme si je ne vous avais rien dit, car il faut qu'elle ignore notre conversation. C'est elle; silence!

SCÈNE II

MARGUERITE, NICHETTE, GUSTAVE, ARMAND, PRUDENCE

MARGUERITE, *en entrant, met un doigt sur sa bouche pour faire signe à* PRUDENCE *de se taire.*

ARMAND, *à* MARGUERITE. Chère enfant! gronde Prudence.

MARGUERITE. Pourquoi?

ARMAND. Je la prie hier de passer chez moi et de m'apporter des lettres s'il y en a, car il y a quinze jours que je ne suis allé à Paris; la première chose qu'elle fait, c'est de l'oublier; si bien que, maintenant, il faut que je te quitte pour une heure ou deux. Depuis un mois, je n'ai pas écrit à mon père. Personne ne sait où je suis, pas même mon domestique, car je voulais éviter les importuns. Il fait beau, Nichette et Gustave sont là pour te tenir compagnie; je saute dans une voiture, je passe chez moi, et je reviens.

MARGUERITE. Va, mon ami, va; mais, si tu n'as pas écrit à ton père, ce n'est pas ma faute. Assez de fois je t'ai dit de lui écrire. Reviens vite. Tu nous retrouveras causant et travaillant ici, Gustave, Nichette et moi.

ARMAND. Dans une heure, je suis de retour. (MARGUERITE *l'accompagne jusqu'à la porte; en revenant elle dit à* PRUDENCE.) Tout est-il arrangé?

PRUDENCE. Oui.

MARGUERITE. Les papiers?

PRUDENCE. Les voici. L'homme d'affaires viendra tantôt s'entendre avec vous; moi, je vais déjeuner, car je meurs de faim.

MARGUERITE. Allez; Nanine vous donnera tout ce que vous voudrez.

SCÈNE III

LES MÊMES, *hors* ARMAND *et* PRUDENCE

MARGUERITE, *à* NICHETTE *et à* GUSTAVE. Vous voyez: voilà comme nous vivons depuis trois mois.

NICHETTE. Tu es heureuse?

MARGUERITE. Si je le suis!

NICHETTE. Je te le disais bien, Marguerite, que le bonheur véritable est dans le repos et dans les habitudes du cœur. . . . Que de fois, Gustave et moi, nous nous sommes dit: « Quand donc Marguerite aimera-t-elle quelqu'un et mènera-t-elle une existence plus tranquille? »

MARGUERITE. Eh bien, votre souhait a été accompli: j'aime et je suis heureuse; c'est votre amour à tous deux et votre bonheur qui m'ont fait envie.

GUSTAVE. Le fait est que nous sommes heureux, nous, n'est-ce pas, Nichette?

NICHETTE. Je crois bien, et ça ne coûte pas cher. Tu es une grande dame, toi, et tu ne viens jamais nous voir; sans cela, tu voudrais vivre tout à fait comme nous vivons. Tu crois vivre simplement ici; que dirais-tu donc si tu voyais mes deux petites chambres de la rue Blanche, au cinquième étage, et dont les fenêtres donnent sur des jardins, dans lesquels ceux à qui ils appartiennent ne se promènent jamais!—Comment y a-t-il des gens qui, ayant des jardins, ne se promènent pas dedans?

GUSTAVE. Nous avons l'air d'un roman allemand ou d'une idylle de Gœthe, avec de la musique de Schubert.

NICHETTE. Oh! je te conseille de plaisanter, parce que Marguerite est là. Quand nous sommes seuls, tu ne plaisantes pas, et tu es doux comme un mouton, et tu es tendre comme un tourtereau. Tu ne sais pas qu'il voulait me faire déménager? Il trouve notre existence trop simple.

GUSTAVE. Non, je trouve seulement notre logement trop haut.

NICHETTE. Tu n'as qu'à ne pas en sortir, tu ne sauras pas à quel étage il est.

MARGUERITE. Vous êtes charmants tous les deux.

NICHETTE. Sous prétexte qu'il a six

mille livres de rente, il ne veut plus que je travaille; un de ces jours, il voudra m'acheter une voiture.

GUSTAVE.   Cela viendra peut-être.

NICHETTE.   Nous avons le temps; il faut d'abord que ton oncle me regarde d'une autre façon et nous fasse, toi, son héritier, moi, sa nièce.

GUSTAVE.   Il commence à revenir sur ton compte.[1]

MARGUERITE.   Il ne te connaît donc pas? S'il te connaissait, il serait fou de toi.

NICHETTE.   Non, monsieur son oncle n'a jamais voulu me voir.   Il est encore de la race des oncles qui croient que les grisettes sont faites pour ruiner les neveux; il voudrait lui faire épouser une femme du monde.   Est-ce que je ne suis pas du monde, moi?

GUSTAVE.   Il s'humanisera; depuis que je suis avocat, du reste, il est plus indulgent.

NICHETTE.   Ah! oui, j'oubliais de te le dire: Gustave est avocat.

MARGUERITE.   Je lui confierai ma dernière cause.

NICHETTE.   Il a plaidé! J'étais à l'audience.

MARGUERITE.   A-t-il gagné?

GUSTAVE.   J'ai perdu, net.   Mon accusé a été condamné à dix ans de travaux forcés.

NICHETTE.   Heureusement!

MARGUERITE.   Pourquoi heureusement?

NICHETTE.   L'homme qu'il défendait était un gueux achevé.   Quel drôle de métier que ce métier d'avocat! Ainsi, un avocat est un grand homme quand il peut se dire: « J'avais entre les mains un scélérat, qui avait tué son père, sa mère et ses enfants; eh bien, j'ai tant de talent que je l'ai fait acquitter, et que j'ai rendu à la société cet ornement qui lui manquait.»

MARGUERITE.   Puisque le voilà avocat, nous irons bientôt à la noce?

GUSTAVE.   Si je me marie.

NICHETTE.   Comment, si vous vous mariez, monsieur?   Mais je l'espère bien que vous vous marierez, et avec moi encore!   Vous n'épouserez jamais une meilleure femme et qui vous aime davantage.

MARGUERITE.   A quand, alors?

NICHETTE.   A bientôt.

MARGUERITE.   Tu es bien heureuse!

NICHETTE.   Est-ce que tu ne finiras pas comme nous? . . .

MARGUERITE.   Qui veux-tu que j'épouse?

NICHETTE.   Armand.

MARGUERITE.   Armand?   Il a le droit de m'aimer, mais non de m'épouser; je veux bien lui prendre son cœur, je ne lui prendrai jamais son nom.   Il y a des choses qu'une femme n'efface pas de sa vie, vois-tu, Nichette, et qu'elle ne doit pas donner à son mari le droit de lui reprocher. Si je voulais qu'Armand m'épousât, il m'épouserait demain: mais je l'aime trop pour lui demander un pareil sacrifice! Monsieur Gustave, ai-je raison?

GUSTAVE.   Vous êtes une honnête fille, Marguerite.

MARGUERITE.   Non, mais je pense comme un honnête homme.   C'est toujours ça.   Je suis heureuse d'un bonheur que je n'eusse jamais osé espérer, j'en remercie Dieu et ne veux pas tenter la Providence.

NICHETTE.   Gustave fait des grands mots, et il t'épouserait, lui, s'il était à la place d'Armand; n'est-ce pas, Gustave?

GUSTAVE.   Peut-être.

NICHETTE, à MARGUERITE.   Enfin pourvu que tu sois heureuse, peu importe le reste!

MARGUERITE.   Je le suis.   Qui m'eût dit cependant qu'un jour, moi, Marguerite Gautier, je vivrais tout entière dans l'amour d'un homme, que je passerais des journées assise à côté de lui, à travailler, à lire, à l'entendre?

NICHETTE.   Comme nous.

MARGUERITE.   Je puis vous parler franchement, à vous deux qui me croirez, parce que c'est votre cœur qui écoute: par moments, j'oublie ce que j'ai été, et le moi d'autrefois se sépare tellement du moi d'aujourd'hui, qu'il en résulte deux femmes distinctes, et que la seconde se souvient à peine de la première.   Quand, vêtue d'une robe blanche, couverte d'un grand chapeau de paille, portant sur mon bras la pelisse qui doit me garantir de la fraîcheur du soir, je monte avec Armand dans le bateau que nous laissons aller à la dérive, et qui s'arrête tout seul sous les saules de l'île prochaine, nul ne se doute, pas même moi, que cette ombre blanche est Marguerite Gautier.   J'ai fait dépenser en bouquets plus d'argent qu'il n'en faudrait pour nourrir pendant un an une honnête famille; eh bien, une fleur comme celle-ci qu'Armand m'a donnée ce matin

---

[1] *revenir sur ton compte*, change his mind about you.

suffit maintenant à parfumer ma journée. D'ailleurs, vous savez bien ce que c'est qu'aimer: comment les heures s'abrègent toutes seules, et comme elles nous portent à la fin des semaines et des mois, sans secousse et sans fatigue. Oui, je suis bien heureuse, mais je veux l'être davantage encore; car vous ne savez pas tout. . . .

NICHETTE. Quoi donc?

MARGUERITE. Vous me disiez tout à l'heure que je ne vivais pas comme vous; vous ne me le direz pas longtemps.

NICHETTE. Comment?

MARGUERITE. Sans qu'Armand se doute de rien, je vais vendre tout ce qui compose, à Paris, mon appartement, où je ne veux même plus retourner. Je payerai toutes mes dettes; je louerai un petit logement près du vôtre; je le meublerai bien simplement, et nous vivrons ainsi, oubliant, oubliés. L'été nous reviendrons à la campagne, mais dans une maison plus modeste que celle-ci. Où sont les gens qui demandent ce que c'est que le bonheur? Vous me l'avez appris, et maintenant je pourrai le leur apprendre quand ils voudront.

NANINE. Madame, voici un monsieur qui demande à vous parler. . . .

MARGUERITE, à NICHETTE et à GUSTAVE. L'homme d'affaires que j'attends, sans doute; allez m'attendre au jardin; je vous rejoins. Je partirai avec vous pour Paris; . . . nous terminerons tout ensemble. (À NANINE.) Fais entrer.

(*Après un dernier signe à* NICHETTE *et à* GUSTAVE, *qui sortent, elle se dirige vers la porte par laquelle entre le personnage annoncé.*)

SCÈNE IV

MONSIEUR DUVAL, MARGUERITE, *puis* NANINE

M. DUVAL, *sur le seuil de la porte.* Mademoiselle Marguerite Gautier?

MARGUERITE. C'est moi, monsieur. A qui ai-je l'honneur de parler?

M. DUVAL. A M. Duval.

MARGUERITE. A M. Duval!

M. DUVAL. Oui, mademoiselle, au père d'Armand.

MARGUERITE, *troublée.* Armand n'est pas ici, monsieur.

M. DUVAL. Je le sais, mademoiselle! . . . et c'est avec vous que je désire avoir une explication. Veuillez m'écouter. Mon fils, mademoiselle, se compromet et se ruine pour vous.

MARGUERITE. Vous vous trompez, monsieur. Grâce à Dieu, personne ne parle plus de moi, et je n'accepte rien d'Armand.

M. DUVAL. Ce qui veut dire, car votre luxe et vos dépenses sont choses connues, ce qui veut dire que mon fils est assez misérable pour dissiper avec vous ce que vous acceptez des autres.

MARGUERITE. Pardonnez-moi, monsieur; mais je suis femme et je suis chez moi, deux raisons qui devraient plaider en ma faveur auprès de votre courtoisie; le ton dont vous me parlez n'est pas celui que je devais attendre d'un homme du monde que j'ai l'honneur de voir pour la première fois, et. . . .

M. DUVAL. Et? . . .

MARGUERITE. Je vous prie de permettre que je me retire, encore plus pour vous que pour moi-même.

M. DUVAL. En vérité, quand on entend ce langage, quand on voit ces façons, on a peine à se dire que ce langage est d'emprunt, que ces façons sont acquises. On me l'avait bien dit, que vous étiez une dangereuse personne.

MARGUERITE. Oui, monsieur, dangereuse, mais pour moi, et non pour les autres.

M. DUVAL. Dangereuse ou non, il n'en est pas moins vrai, mademoiselle, qu'Armand se ruine pour vous.

MARGUERITE. Je vous répète, monsieur, avec tout le respect que je dois au père d'Armand, je vous répète que vous vous trompez.

M. DUVAL. Alors, que signifie cette lettre de mon notaire qui m'avertit qu'Armand veut vous faire l'abandon d'une rente?

MARGUERITE. Je vous assure, monsieur, que, si Armand a fait cela, il l'a fait à mon insu; car il savait bien que ce qu'il m'eût offert, je l'eusse refusé.

M. DUVAL. Cependant, vous n'avez pas toujours parlé ainsi.

MARGUERITE. C'est vrai, monsieur; mais alors je n'aimais pas.

M. DUVAL. Et maintenant?

MARGUERITE. Maintenant, j'aime avec tout ce qu'une femme peut retrouver de pur dans le fond de son cœur, quand Dieu prend pitié d'elle et lui envoie le repentir.

M. DUVAL. Voilà les grandes phrases qui arrivent.

MARGUERITE. Écoutez-moi, monsieur. . . . Mon Dieu, je sais qu'on croit peu aux serments des femmes comme moi;

mais, par ce que j'ai de plus cher au monde, par mon amour pour Armand, je vous jure que j'ignorais cette donation.

M. Duval. Cependant, mademoiselle, il faut que vous viviez de quelque chose.

Marguerite. Vous me forcez de vous dire ce que j'aurais voulu vous taire, monsieur; mais, comme je tiens avant tout à l'estime du père d'Armand, je parlerai. Depuis que je connais votre fils, pour que mon amour ne ressemble pas un instant à tout ce qui a pris ce nom près de moi, j'ai engagé ou vendu cachemires, diamants, bijoux, voitures; et quand tout à l'heure, on m'a dit que quelqu'un me demandait, j'ai cru recevoir un homme d'affaires, à qui je vends les meubles, les tableaux, les tentures, le reste de ce luxe que vous me reprochez. Enfin, si vous doutez de mes paroles, tenez, je ne vous attendais pas, monsieur, et, par conséquent, vous ne pourrez croire que cet acte a été préparé pour vous, si vous doutez, lisez cet acte. (*Elle lui donne l'acte de vente que* Prudence *lui a remis.*)

M. Duval. Une vente de votre mobilier, à la charge, par l'acquéreur,[1] de payer vos créanciers et de vous remettre le surplus. (*La regardant avec étonnement.*) Me serais-je trompé?

Marguerite. Oui, monsieur, vous vous êtes trompé, ou plutôt vous avez été trompé. Oui, j'ai été folle; oui, j'ai un triste passé; mais, pour l'effacer, depuis que j'aime, je donnerais jusqu'à la dernière goutte de mon sang. Oh! quoi qu'on vous ait dit, j'ai du cœur, allez! je suis bonne; vous verrez quand vous me connaîtrez mieux. . . . C'est Armand qui m'a transformée!—Il m'a aimée, il m'aime Vous êtes son père, vous devez être bon comme lui; je vous en supplie, ne lui dites pas de mal de moi, il vous croirait, car il vous aime; et, moi, je vous respecte et je vous aime, parce que vous êtes son père.

M. Duval. Pardon, madame, je me suis mal présenté tout à l'heure; je ne vous connaissais pas, je ne pouvais prévoir tout ce que je découvre en vous. J'arrivais irrité du silence de mon fils et de son ingratitude, dont je vous accusais; pardon, madame.

Marguerite. Je vous remercie de vos bonnes paroles, monsieur.

M. Duval. Aussi, est-ce au nom de vos nobles sentiments que je vais vous demander de donner à Armand la plus grande preuve d'amour que vous puissiez lui donner.

Marguerite. Oh! monsieur, taisez-vous, je vous en supplie; vous allez me demander quelque chose de terrible, d'autant plus terrible, que je l'ai toujours prévu: vous deviez arriver; j'étais trop heureuse.

M. Duval. Je ne suis plus irrité, nous causons comme deux cœurs honnêtes, ayant la même affection dans des sens différents, et jaloux tous les deux, n'est-ce pas, de prouver cette affection à celui qui nous est cher.

Marguerite. Oui, monsieur, oui.

M. Duval. Votre âme a des générosités inaccessibles à bien des femmes; aussi est-ce comme un père que je vous parle, Marguerite, comme un père qui vient vous demander le bonheur de ses deux enfants.

Marguerite. De ses deux enfants?

M. Duval. Oui, Marguerite, de ses deux enfants. J'ai une fille, jeune, belle, pure comme un ange. Elle aime un jeune homme, et, elle aussi, elle a fait de cet amour l'espoir de sa vie; mais elle a droit à cet amour. Je vais la marier; je l'avais écrit à Armand, mais Armand, tout à vous, n'a pas même reçu mes lettres; j'aurais pu mourir sans qu'il le sût. Eh bien, ma fille, ma Blanche bien-aimée épouse un honnête homme; elle entre dans une famille honorable, qui veut que tout soit honorable dans la mienne. Le monde a ses exigences, et surtout le monde de province. Si purifiée que vous soyez aux yeux d'Armand, aux miens, par le sentiment que vous éprouvez, vous ne l'êtes pas aux yeux d'un monde qui ne verra jamais en vous que votre passé, et qui vous fermera impitoyablement ses portes. La famille de l'homme qui va devenir mon gendre a appris la manière dont vit Armand; elle m'a déclaré reprendre sa parole, si Armand continuait cette vie. L'avenir d'une jeune fille qui ne vous a fait aucun mal peut donc être brisé par vous. Marguerite, au nom de votre amour, accordez-moi le bonheur de ma fille.

Marguerite. Que vous êtes bon, monsieur, de daigner me parler ainsi, et que puis-je refuser à de si bonnes paroles? Oui, je vous comprends; vous avez raison. Je partirai de Paris; je m'éloignerai d'Armand pendant quelque temps. Ce me

---

[1] *à la charge, par l'acquéreur,* with order to the buyer.

sera douloureux; mais je veux faire cela pour vous, afin que vous n'ayez rien à me reprocher. . . . D'ailleurs, la joie du retour fera oublier le chagrin de la séparation. Vous permettez qu'il m'écrive quelquefois, et, quand sa sœur sera mariée. . . .

M. DUVAL. Merci, Marguerite, merci; mais c'est autre chose que je vous demande.

MARGUERITE. Autre chose! et que pouvez-vous donc me demander de plus?

M. DUVAL. Écoutez-moi bien, mon enfant, et faisons franchement ce que nous avons à faire; une absence momentanée ne suffit pas.

MARGUERITE. Vous voulez que je quitte Armand tout à fait?

M. DUVAL. Il le faut!

MARGUERITE. Jamais! . . . Vous ne savez donc pas comme nous nous aimons? Vous ne savez donc pas que je n'ai ni amis, ni parents, ni famille; qu'en me pardonnant il m'a juré d'être tout cela pour moi, et que j'ai enfermé ma vie dans la sienne? Vous ne savez donc pas, enfin, que je suis atteinte d'une maladie mortelle, que je n'ai que quelques années à vivre? Quitter Armand, monsieur, autant me tuer tout de suite.

M. DUVAL. Voyons, voyons, du calme et n'exagérons rien. . . . Vous êtes jeune, vous êtes belle, et vous prenez pour une maladie la fatigue d'une vie un peu agitée; vous ne mourrez certainement pas avant l'âge où l'on est heureux de mourir. Je vous demande un sacrifice énorme, je le sais, mais que vous êtes fatalement forcée de me faire. Écoutez-moi; vous connaissez Armand depuis trois mois, et vous l'aimez! mais un amour si jeune a-t-il le droit de briser tout un avenir? et c'est tout l'avenir de mon fils que vous brisez en restant avec lui! Êtes-vous sûre de l'éternité de cet amour? Ne vous êtes-vous pas déjà trompée ainsi? Et si tout à coup, —trop tard,—vous alliez vous apercevoir que vous n'aimez pas mon fils, si vous alliez en aimer un autre? Pardon, Marguerite, mais le passé donne droit à ces suppositions.

MARGUERITE. Jamais, monsieur, jamais je n'ai aimé et je n'aimerai comme j'aime.

M. DUVAL. Soit! mais, si ce n'est vous qui vous trompez, c'est lui qui se trompe, peut-être. A son âge, le cœur peut-il prendre un engagement définitif? Le cœur ne change-t-il pas perpétuellement d'affections? C'est le même cœur qui, fils, aime ses parents au delà de tout, qui, époux, aime sa femme plus que ses parents, qui père plus tard, aime ses enfants plus que parents, femme et maîtresses. La nature est exigeante, parce qu'elle est prodigue. Il se peut donc que vous vous trompiez, l'un comme l'autre, voilà les probabilités. Maintenant, voulez-vous voir les réalités et les certitudes? Vous m'écoutez, n'est-ce pas?

MARGUERITE. Si je vous écoute, mon Dieu!

M. DUVAL. Vous êtes prête à sacrifier tout à mon fils; mais quel sacrifice égal, s'il acceptait le vôtre, pourrait-il vous faire en échange? Il prendra vos belles années, et, plus tard, quand la satiété sera venue, car elle viendra, qu'arrivera-t-il? Ou il sera un homme ordinaire, et, vous jetant votre passé au visage, il vous quittera, en disant qu'il ne fait qu'agir comme les autres; ou il sera un honnête homme, et vous épousera ou tout au moins vous gardera auprès de lui. Cette liaison, ou ce mariage qui n'aura eu ni la chasteté pour base, ni la religion pour appui, ni la famille pour résultat, cette chose excusable peut-être chez le jeune homme, le sera-t-elle chez l'homme mûr? Quelle ambition lui sera permise? Quelle carrière lui sera ouverte? Quelle consolation tirerai-je de mon fils, après m'être consacré vingt ans à son bonheur? Votre rapprochement n'est pas le fruit de deux sympathies pures, l'union de deux affections innocentes; c'est la passion dans ce qu'elle a de plus terrestre et de plus humain, née du caprice de l'un et de la fantaisie de l'autre. Qu'en restera-t-il quand vous aurez vieilli tous deux? Qui vous dit que les premières rides de votre front ne détacheront pas le voile de ses yeux, et que son illusion ne s'évanouira pas avec votre jeunesse?

MARGUERITE. Oh! la réalité!

M. DUVAL. Voyez-vous d'ici votre double vieillesse, doublement déserte, doublement isolée, doublement inutile? Quel souvenir laisserez-vous? Quel bien aurez-vous accompli? Vous et mon fils avez à suivre deux routes complètement opposées, que le hasard a réunies un instant, mais que la raison sépare à tout jamais. Dans la vie que vous vous êtes faite volontairement, vous ne pouviez prévoir ce qui arrive. Vous avez été heureuse trois mois, ne tachez pas ce bonheur dont la continuité est impossible; gardez-en le souvenir dans votre cœur; qu'il vous rende forte, c'est tout ce que vous avez le droit de lui demander. Un jour, vous serez fière de ce que vous aurez fait, et, toute votre vie vous aurez l'estime de vous-même. C'est un homme qui connaît la vie qui vous parle, c'est un père qui vous implore. Allons, Marguerite! prouvez-moi que vous aimez véritablement mon fils, et du courage!

MARGUERITE, *à elle-même.* Ainsi, quoi qu'elle fasse, la créature tombée ne se relèvera jamais! Dieu lui pardonnera peut-être, mais le monde sera inflexible! Au fait, de quel droit veux-tu prendre dans le cœur des familles une place que la vertu seule doit y occuper? . . . Tu aimes! qu'importe? et la belle raison! Quelques preuves que tu donnes de cet amour, on n'y croira pas, et c'est justice. Que viens-tu nous parler d'amour et d'avenir? Quels sont ces mots nouveaux? Regarde donc la fange de ton passé! Quel homme voudrait t'appeler sa femme? Quel enfant voudrait t'appeler sa mère? Vous avez raison, monsieur, tout ce que vous me dites, je me le suis dit bien des fois avec terreur; mais, comme j'étais seule à me le dire, je parvenais à ne pas m'entendre jusqu'au bout. Vous me le répétez, c'est donc bien réel; il faut obéir. Vous me parlez au nom de votre fils, au nom de votre fille, c'est encore bien bon à vous d'invoquer de pareils noms. Eh bien, monsieur, vous direz un jour à cette belle et pure jeune fille, car c'est à elle que je veux sacrifier mon bonheur, vous lui direz qu'il y avait quelque part une femme qui n'avait plus qu'une espérance, qu'une pensée, qu'un rêve dans ce monde, et qu'à l'invocation de son nom cette femme a renoncé à tout cela, a broyé son cœur entre ses mains et en est morte, car j'en mourrai, et peut-être, alors, Dieu me pardonnera-t-il.

M. DUVAL, *ému malgré lui.* Pauvre femme!

MARGUERITE. Vous me plaignez, monsieur, et vous pleurez, je crois; merci pour ces larmes; elles me feront aussi forte que vous le voulez. Vous demandez que je me sépare de votre fils pour son repos, pour son honneur, pour son avenir; que faut-il faire? Ordonnez, je suis prête.

M. DUVAL. Il faut lui dire que vous ne l'aimez plus.

MARGUERITE, *souriant avec tristesse.* Il ne me croira pas.

M. DUVAL. Il faut partir.

MARGUERITE. Il me suivra.

M. DUVAL. Alors. . . .

MARGUERITE. Voyons, monsieur, croy-ez-vous que j'aime Armand, que je l'aime d'un amour désintéressé?

M. DUVAL. Oui, Marguerite.

MARGUERITE. Croyez-vous que j'avais mis dans cet amour la joie et le pardon de ma vie?

M. DUVAL. Je le crois.

MARGUERITE. Eh bien, monsieur, em-brassez-moi une fois comme vous embras-seriez votre fille, et je vous jure que ce baiser, le seul vraiment pur que j'aurai reçu, me fera triompher de mon amour, et qu'avant huit jours votre fils sera re-tourné auprès de vous, peut-être malheu-reux pour quelque temps, mais guéri pour jamais; je vous jure aussi qu'il ignorera toujours ce qui vient de se passer entre nous.

M. DUVAL, *embrassant* MARGUERITE. Vous êtes une noble fille, Marguerite, mais je crains bien. . . .

MARGUERITE. Oh! ne craignez rien, monsieur; il me haïra. (*Elle sonne,* NA-NINE *paraît.*) Prie madame Duvernoy de venir.

NANINE. Oui, madame. (*Elle sort.*)

MARGUERITE, *à* M. DUVAL. Une der-nière grâce, monsieur!

M. DUVAL. Parlez, madame, parlez!

MARGUERITE. Dans quelques heures, Armand va avoir une des plus grandes douleurs qu'il ait eues et que peut-être il aura de sa vie. Il aura donc besoin d'un cœur qui l'aime; trouvez-vous là, monsieur, soyez près de lui. Et mainte-nant séparons-nous; il peut rentrer d'un moment à l'autre; tout serait perdu, s'il vous voyait.

M. DUVAL. Mais qu'allez-vous faire?

MARGUERITE. Si je vous le disais, mon-sieur, ce serait votre devoir de me le dé-fendre.

M. DUVAL. Alors, que puis-je pour vous, en échange de ce que je vais vous devoir?

MARGUERITE. Vous pourrez, quand je serai morte et qu'Armand maudira ma mémoire, vous pourrez lui avouer que je l'aimais bien et que je l'ai bien prouvé. J'entends du bruit: adieu, monsieur; nous ne nous reverrons jamais sans doute, soyez heureux! (M. DUVAL *sort.*)

SCÈNE V

MARGUERITE, *seule; puis* PRUDENCE

MARGUERITE, *à part.* Mon Dieu! don-nez-moi la force. (*Elle écrit une lettre.*)

PRUDENCE. Vous m'avez fait appeler, ma chère Marguerite?

MARGUERITE. Oui, je veux vous charger de quelque chose.

PRUDENCE. De quoi?

MARGUERITE. De cette lettre.

PRUDENCE. Pour qui?

MARGUERITE. Regardez! (*Étonnement de* PRUDENCE *en lisant l'adresse.*) Silence! partez tout de suite.

SCÈNE VI

MARGUERITE, *puis* ARMAND

MARGUERITE, *seule et continuant à écrire.* Et maintenant une lettre à Armand. Que vais-je lui dire? Je deviens folle ou je rêve. Il est impossible que cela soit! Jamais je n'aurai le courage. . . . On ne peut pas demander à la créature humaine plus qu'elle ne peut faire!

ARMAND, *qui pendant ce temps est entré et s'est approché de* MARGUERITE. Que fais-tu donc là, Marguerite?

MARGUERITE, *se levant et froissant la lettre.* Armand! . . . Rien, mon ami!

ARMAND. Tu écrivais?

MARGUERITE. Non, . . . oui.

ARMAND. Pourquoi ce trouble, cette pâleur? A qui écrivais-tu, Marguerite? Donne-moi cette lettre.

MARGUERITE. Cette lettre était pour toi, Armand; mais je te demande, au nom du ciel, de ne pas te la donner.

ARMAND. Je croyais que nous en avions fini avec les secrets et les mystères?

MARGUERITE. Pas plus qu'avec les soupçons, à ce qu'il paraît.

ARMAND. Pardon! mais je suis moi-même préoccupé.

MARGUERITE. De quoi?

ARMAND. Mon père est arrivé!

MARGUERITE. Tu l'as vu?

ARMAND. Non; mais il a laissé chez moi une lettre sévère. Il a appris ma retraite ici, ma vie avec toi. Il doit venir ce soir. Ce sera une longue explication, car Dieu sait ce qu'on lui aura dit et de quoi j'aurai à le dissuader; mais il te verra, et, quand il t'aura vue, il t'aimera! Puis, qu'importe! Je dépends de lui, soit; mais, s'il le faut, je travaillerai.

MARGUERITE, *à part.* Comme il m'aime! (*Haut.*) Mais il ne faut pas te brouiller avec ton père, mon ami. Il va venir, m'as-tu dit? Eh bien, je vais m'éloigner pour qu'il ne me voie pas tout d'abord; mais je reviendrai, je serai là, près de toi.

Je me jetterai à ses pieds, je l'implorerai tant, qu'il ne nous séparera pas.

ARMAND. Comme tu dis cela, Marguerite! Il se passe quelque chose. Ce n'est pas la nouvelle que je t'annonce qui t'agite ainsi. C'est à peine si tu te soutiens. Il y a un malheur ici. . . . Cette lettre. . . . (*Il étend la main.*)

MARGUERITE, *l'arrêtant.* Cette lettre renferme une chose que je ne puis te dire; tu sais, il y a des choses qu'on ne peut ni dire soi-même, ni laisser lire devant soi. Cette lettre est une preuve d'amour que je te donnais, mon Armand, je te le jure par notre amour; ne m'en demande pas davantage.

ARMAND. Garde cette lettre, Marguerite, je sais tout. Prudence m'a tout dit ce matin, et c'est pour cela que je suis allé à Paris. Je sais le sacrifice que tu voulais me faire. Tandis que tu t'occupais de notre bonheur, je m'en occupais aussi. Tout est arrangé maintenant. Et c'est là le secret que tu ne voulais pas me confier! Comment reconnaîtrai-je jamais tant d'amour, bonne et chère Marguerite?

MARGUERITE. Eh bien, maintenant que tu sais tout, laisse-moi partir.

ARMAND. Partir!

MARGUERITE. M'éloigner, du moins! Ton père ne peut-il pas arriver d'un moment à l'autre? Mais je serai là à deux pas de toi, dans le jardin, avec Gustave et Nichette; tu n'auras qu'à m'appeler pour que je revienne. Comment pourrais-je me séparer de toi? Tu calmeras ton père, s'il est irrité, et puis notre projet s'accomplira, n'est-ce pas? Nous vivrons ensemble tous les deux, et nous nous aimerons comme auparavant, et nous serons heureux comme nous le sommes depuis trois mois! Car tu es heureux, n'est-ce pas? car tu n'as rien à me reprocher? Dis-le-moi, cela me fera du bien. Mais, si je t'ai causé jamais quelque peine, pardonne-moi, ce n'était pas ma faute, car je t'aime plus que tout au monde. Et toi aussi, tu m'aimes, n'est-ce pas? Et, quelque preuve d'amour que je t'eusse donnée, tu ne m'aurais ni méprisée ni maudite. . . .

ARMAND. Mais pourquoi ces larmes?

MARGUERITE. J'avais besoin de pleurer un peu; maintenant, tu vois, je suis calme. Je vais rejoindre Nichette et Gustave. Je suis là, toujours à toi, toujours prête à te rejoindre, t'aimant toujours. Tiens, je souris; à bientôt, pour toujours! (*Elle sort en lui envoyant des baisers.*)

SCÈNE VII

ARMAND, *puis* NANINE

ARMAND. Chère Marguerite! comme elle s'effraye à l'idée d'une séparation! (*Il sonne.*) Comme elle m'aime! (*A* NANINE *qui paraît.*) Nanine, s'il vient un monsieur me demander, mon père, vous le ferez entrer tout de suite ici.

NANINE. Bien, monsieur! (*Elle sort.*)

ARMAND. Je m'alarmais à tort. Mon père me comprendra. Le passé est mort. D'ailleurs, quelle différence entre Marguerite et les autres femmes! J'ai rencontré cette Olympe, toujours occupée de fêtes et de plaisirs; il faut bien que celles qui n'aiment pas emplissent de bruit la solitude de leur cœur. Elle donne un bal dans quelques jours; elle m'a invité, moi et Marguerite, comme si, Marguerite et moi, nous devions jamais retourner dans ce monde! Ah! que le temps me semble long, quand elle n'est pas là! . . . Quel est ce livre? *Manon Lescaut!* La femme qui aime ne fait pas ce que tu faisais, Manon! . . . Comment ce livre se trouve-t-il ici? (NANINE *rentre avec une lampe et sort.—Lisant au hasard.*) « Je te jure, mon cher chevalier, que tu es l'idole de mon cœur, et qu'il n'y a que toi au monde que je puisse aimer de la façon dont je t'aime; mais ne vois-tu pas, ma pauvre chère âme, que dans l'état où nous sommes réduits, c'est une sotte vertu que la fidélité? Crois-tu que l'on puisse être bien tendre lorsqu'on manque de pain? La faim me causerait quelque méprise fatale, je rendrais quelque jour le dernier soupir en croyant pousser un soupir d'amour. Je t'adore, compte là-dessus, mais laisse-moi quelque temps le ménagement de notre fortune; malheur à qui va tomber dans mes filets! je travaille pour rendre mon chevalier riche et heureux. Mon frère t'apprendra des nouvelles de ta Manon, il te dira qu'elle a pleuré de la nécessité de te quitter. . . .» (ARMAND *repousse le livre avec tristesse et reste quelques instants soucieux.*) Elle avait raison, mais elle n'aimait pas, car l'amour ne sait pas raisonner. . . . (*Il va à la fenêtre.*) Cette lecture m'a fait mal; ce livre n'est pas vrai! . . . (*Il sonne.*) Sept heures. Mon père ne viendra pas ce soir. (*A* NANINE *qui entre.*) Dites à madame de rentrer.

NANINE, *embarrassée.* Madame n'est pas ici, monsieur.

ARMAND. Où est-elle donc?

NANINE. Sur la route; elle m'a chargée de dire à monsieur qu'elle allait rentrer tout de suite.

ARMAND. Madame Duvernoy est sortie avec elle?

NANINE. Madame Duvernoy est partie un peu avant madame.

ARMAND. C'est bien. . . . (*Seul.*) Elle est capable d'être allée à Paris pour s'occuper de cette vente! Heureusement, Prudence qui est prévenue, trouvera moyen de l'en empêcher! . . . (*Il regarde par la fenêtre.*) Il me semble voir une ombre dans le jardin. C'est elle sans doute. (*Il appelle.*) Marguerite! Marguerite! Marguerite! Personne! . . . (*Il sort et appelle.*) Nanine! Nanine! . . . (*Il rentre et sonne.*) Nanine, non plus, ne répond pas. Qu'est-ce que cela veut dire? Ce vide me fait froid. Il y a un malheur dans ce silence. Pourquoi ai-je laissé sortir Marguerite? Elle me cachait quelque chose. Elle pleurait! Me tromperait-elle? . . . Elle, me tromper! A l'heure où elle pensait à me sacrifier tout. . . . Mais il lui est peut-être arrivé quelque chose! . . . elle est peut-être blessée! . . . peut-être morte! Il faut que je sache. . . . (*Il se dirige vers le jardin. Un* COMMISSIONNAIRE *se trouve face à face avec lui à la porte.*)

SCÈNE VIII

ARMAND, UN COMMISSIONNAIRE

LE COMMISSIONNAIRE. M. Armand Duval?

ARMAND. C'est moi.

LE COMMISSIONNAIRE. Voici une lettre pour vous.

ARMAND. D'où vient-elle?

LE COMMISSIONNAIRE. De Paris.

ARMAND. Qui vous l'a donnée?

LE COMMISSIONNAIRE. Une dame.

ARMAND. Et comment êtes-vous arrivé jusqu'à ce pavillon?

LE COMMISSIONNAIRE. La grille du jardin était ouverte, je n'ai rencontré personne, j'ai vu de la lumière dans ce pavillon, j'ai pensé. . . .

ARMAND. C'est bien; laissez-moi! (LE COMMISSIONNAIRE *se retire.*)

SCÈNE IX

ARMAND, *puis* M. DUVAL

ARMAND. Cette lettre est de Marguerite. . . . Pourquoi suis-je si ému? Sans

doute elle m'attend quelque part, et m'é-
crit d'aller la retrouver. . . . (*Il va pour
ouvrir la lettre.*) Je tremble. Allons, que
je suis enfant! (*Pendant ce temps*, M.
Duval *est entré et se tient derrière son fils.*
Armand *lit.*) « A l'heure où vous recevrez cette lettre, Armand. . . .» (*Il pousse
un cri de colère. Il se retourne et voit son
père. Il se jette dans ses bras en sanglotant.*) Ah! mon père! mon père!

ACTE QUATRIÈME

Un salon très élégant chez Olympe.—*Bruit
d'orchestre; danse; mouvement, lumières.*

SCÈNE PREMIÈRE

Gaston, Arthur, le Docteur, Prudence, Anaïs, Invités; *puis* Saint-
Gaudens *et* Olympe.

Gaston, *taillant une banque de baccara.*[1]
Allons, vos jeux, messieurs!

Arthur. Combien y a-t-il en banque?

Gaston. Il y a cent louis.

Arthur. Je mets cinq francs à droite.

Gaston. C'était bien la peine de demander ce qu'il y avait pour mettre cinq
francs!

Arthur. Aimes-tu mieux que je joue
dix louis sur parole?

Gaston. Non, non, non. (*Au* Docteur.) Et vous, docteur, vous ne jouez
pas?

Le Docteur. Non.

Gaston. Qu'est-ce que vous faites
donc là-bas?

Le Docteur. Je cause avec des femmes charmantes; je me fais connaître.

Gaston. Vous gagnez tant à être
connu!

Le Docteur. Je ne gagne même qu'à
cela. (*On cause, on rit autour de la table.*)

Gaston. Si c'est ainsi qu'on joue, je
passe la main.

Prudence. Attends, je joue dix francs.

Gaston. Où sont-ils?

Prudence. Dans ma poche.

Gaston, *riant.* Je donnerais quinze
francs pour les voir.

Prudence. Allons, bon! j'ai oublié ma
bourse.

Gaston. Voilà une bourse qui sait son
métier. Tiens, prends ces vingt francs.

Prudence. Je te les rendrai.

Gaston. Ne dis donc pas de bêtises.
(*Donnant les cartes.*) J'ai neuf. (*Il ramasse l'argent.*)

Prudence. Il gagne toujours.

Arthur. Voilà cinquante louis que je
perds.

Anaïs. Docteur, guérissez donc Arthur de la maladie de faire de l'embarras.

Le Docteur. C'est une maladie de
jeunesse qui passera avec l'âge.

Anaïs. Il prétend avoir perdu mille
francs; il avait deux louis dans sa poche
quand il est arrivé.

Arthur. Comment le savez-vous?

Anaïs. Avec ça qu'il faut regarder
longtemps une poche, pour savoir ce qu'il
y a dedans.

Arthur. Qu'est-ce que ça prouve?
Ça prouve que je dois neuf cent soixante
francs.

Anaïs. Je plains celui à qui vous les
devez.

Arthur. Vous avez tort, ma chère:
je paye toutes mes dettes, vous le savez
bien.

Gaston. Allons, messieurs, à vos jeux,
nous ne sommes pas ici pour nous amuser.

Olympe, *entrant avec* Saint-Gaudens.
On joue donc toujours?

Arthur. Toujours.

Olympe. Donnez-moi dix louis, Saint-
Gaudens, que je joue un peu.

Gaston. Olympe, votre soirée est charmante.

Arthur. Saint-Gaudens sait ce qu'elle
lui coûte.

Olympe. Ce n'est pas lui qui le sait,
c'est sa femme!

Saint-Gaudens. Le mot est joli! Ah!
vous voilà, docteur. (*Bas.*) Il faut que
je vous consulte; j'ai quelquefois des étourdissements.

Le Docteur. Dame!

Olympe. Qu'est-ce qu'il demande?

Le Docteur. Il croit avoir une maladie du cerveau.

Olympe. Le fat! J'ai perdu, Saint-
Gaudens, jouez pour moi, et tâchez de
gagner.

Prudence. Saint-Gaudens, prêtez-moi
trois louis. . . . (*Il les donne.*)

Anaïs. Saint-Gaudens, allez me chercher une glace!

Saint-Gaudens. Tout à l'heure!

[1] Olympe has arranged a table of baccarat for her guests. Baccarat is a gambling game played with
cards. One of the players is the banker and plays against all the others, matching their bets up to the
limit of the stake he has offered for the privilege of being the banker.

ANAÏS. Alors, racontez-nous l'histoire du fiacre jaune.

SAINT-GAUDENS. J'y vais! j'y vais! (*Il sort.*)

PRUDENCE, *à* GASTON. Te rappelles-tu l'histoire du fiacre jaune?

GASTON. Si je me la rappelle! Je le crois bien; c'est chez Marguerite qu'O-lympe a voulu nous conter ça. A propos, est-ce qu'elle est ici, Marguerite?

OLYMPE. Elle doit venir.

GASTON. Et Armand?

PRUDENCE. Armand n'est pas à Paris. ... Vous ne savez donc pas ce qui est arrivé?

GASTON. Non.

PRUDENCE. Ils sont séparés.

ANAÏS. Bah!

PRUDENCE. Oui, Marguerite l'a quitté!

GASTON. Quand donc?

ANAÏS. Il y a un mois, et qu'elle a bien fait!

GASTON. Pourquoi cela?

ANAÏS. On doit toujours quitter les hommes avant qu'ils vous quittent.

ARTHUR. Voyons, messieurs, joue-t-on, ou ne joue-t-on pas?

GASTON. Oh! que tu es assommant, toi! Crois-tu pas que je vais m'user les doigts à te retourner des cartes pour cent sous que tu joues? Tous les Arthurs[1] sont les mêmes. Heureusement, tu es le dernier Arthur.

SAINT-GAUDENS, *rentrant.* Anaïs, voici la glace demandée.

ANAÏS. Vous avez été bien long, mon pauvre vieux; après ça, à votre âge. . . .

GASTON, *se levant.* Messieurs, la banque a sauté.[2]—Quand on pense que si l'on me disait: « Gaston, mon ami, on va te donner cinq cents francs, à condition que tu retourneras des cartes pendant toute une nuit,» je ne le voudrais pas, certainement. Eh bien, voilà deux heures que j'en retourne pour perdre deux mille francs! Ah! le jeu est un joli métier.

(*Un autre* INVITÉ *prend la banque.*)

SAINT-GAUDENS. Vous ne jouez plus?

GASTON. Non.

SAINT-GAUDENS, *montrant deux joueurs d'écarté au fond.* Parions-nous dans le jeu de ces messieurs?

GASTON. Pas de confiance. Est-ce que c'est vous qui les avez invités?

SAINT-GAUDENS. Ce sont des amis d'Olympe. Elle les a connus à l'étranger.

GASTON. Ils sont jolis.

[1] *Arthurs*, stock name for a sentimental lover.
[2] *a sauté*, is broken.

PRUDENCE. Tiens! voilà Armand!

SCÈNE II

LES MÊMES, ARMAND

GASTON, *à* ARMAND. Nous parlions de toi tout à l'heure.

ARMAND. Et que disiez-vous?

PRUDENCE. Nous disions que vous étiez à Tours, et que vous ne viendriez pas.

ARMAND. Vous vous trompiez.

GASTON. Quand es-tu arrivé?

ARMAND. Il y a une heure.

PRUDENCE. Eh bien, mon cher Armand, qu'est-ce que vous me conterez de neuf?

ARMAND. Mais rien, chère amie; et vous?

PRUDENCE. Avez-vous vu Marguerite?

ARMAND. Non.

PRUDENCE. Elle va venir.

ARMAND, *froidement.* Ah! je la verrai, alors.

PRUDENCE. Comme vous dites cela!

ARMAND. Comment voulez-vous que je le dise?

PRUDENCE. Le cœur est donc guéri?

ARMAND. Tout à fait.

PRUDENCE. Ainsi, vous ne pensez plus à elle?

ARMAND. Vous dire que je n'y pense plus du tout serait mentir: mais Marguerite m'a donné mon congé d'une si verte façon que je me suis trouvé bien sot d'en avoir été amoureux comme je l'ai été; car j'ai été vraiment fort amoureux d'elle.

PRUDENCE. Elle vous aimait bien aussi, et elle vous aime toujours un peu, mais il était temps qu'elle vous quittât. On allait vendre chez elle.

ARMAND. Et maintenant, c'est payé.

PRUDENCE. Entièrement.

ARMAND. Et c'est M. de Varville qui a fait les fonds?

PRUDENCE. Oui.

ARMAND. Tout est pour le mieux, alors.

PRUDENCE. Il y a des hommes faits exprès pour ça. Bref, il en est arrivé à ses fins, il lui a rendu ses chevaux ses bijoux,—tout son luxe d'autrefois! . . . Pour heureuse, elle est heureuse.

ARMAND. Et elle est revenue à Paris?

PRUDENCE. Naturellement. Elle n'a jamais voulu retourner à Auteuil, mon cher, depuis que vous en êtes parti. C'est moi qui suis allée y chercher toutes ses affaires, et même les vôtres. Cela me fait penser que j'ai des objets à vous remettre; vous les ferez prendre chez moi. Il n'y a qu'un petit portefeuille avec votre chiffre, que Marguerite a voulu garder; si vous y tenez, je le lui redemanderai.

ARMAND, *avec émotion.* Qu'elle le garde!

PRUDENCE. Du reste, je ne l'ai jamais vue comme elle est maintenant; elle ne dort presque plus; elle court les bals, elle passe les nuits. Dernièrement, après un souper, elle est restée trois jours au lit, et, quand le médecin lui a permis de se lever, elle a recommencé, au risque d'en mourir. Si elle continue, elle n'ira pas loin. Comptez-vous aller la voir?

ARMAND. Non, je compte même éviter toute espèce d'explications. Le passé est mort d'apoplexie, que Dieu ait son âme, s'il en avait une!

PRUDENCE. Allons! vous êtes raisonnable, j'en suis enchantée.

ARMAND, *apercevant* GUSTAVE. Ma chère Prudence, voici un de mes amis, à qui j'ai quelque chose à dire; vous permettez?

PRUDENCE. Comment donc! (*Elle va au jeu.*) Je fais dix francs!

SCÈNE III

LES MÊMES, GUSTAVE

ARMAND. Enfin! Tu as reçu ma lettre?

GUSTAVE. Oui, puisque me voilà.

ARMAND. Tu t'es demandé pourquoi je te priais de venir à une de ces fêtes qui sont si peu dans tes habitudes?

GUSTAVE. Je l'avoue.

ARMAND. Tu n'as pas vu Marguerite depuis longtemps?

GUSTAVE. Non; pas depuis que je l'ai vue avec toi.

ARMAND. Ainsi tu ne sais rien?

GUSTAVE. Rien; instruis-moi.

ARMAND. Tu croyais que Marguerite m'aimait, n'est-ce pas?

GUSTAVE. Je le crois encore.

ARMAND, *lui remettant la lettre de* MARGUERITE. Lis!

GUSTAVE, *après avoir lu.* C'est Marguerite qui a écrit cela?

ARMAND. C'est elle.

GUSTAVE. Quand?

ARMAND. Il y a un mois.

GUSTAVE. Qu'as-tu répondu à cette lettre?

ARMAND. Que voulais-tu que je répondisse? Le coup était si inattendu, que

j'ai cru que j'allais devenir fou. Comprends-tu? elle, Marguerite! me tromper! moi qui l'aimais tant! Ces filles n'ont décidément pas d'âme. J'avais besoin d'une affection réelle pour m'aider à vivre après ce qui venait de se passer. Je me laissai conduire par mon père, comme une chose inerte. Nous arrivâmes à Tours. Je crus d'abord que j'allais pouvoir y vivre, c'était impossible; je ne dormais plus, j'étouffais. J'avais trop aimé cette femme pour qu'elle pût me devenir indifférente tout à coup; il fallait ou que je l'aimasse, ou que je la haïsse! Enfin, je ne pouvais plus y tenir; il me semblait que j'allais mourir, si je ne la revoyais pas, si je ne l'entendais pas me dire elle-même ce qu'elle m'avait écrit. Je suis venu ici, car elle y viendra. Ce qui va se passer, je n'en sais rien, mais il va évidemment se passer quelque chose, et je puis avoir besoin d'un ami.

GUSTAVE. Je suis tout à toi, mon cher Armand; mais, au nom du ciel, réfléchis, tu as affaire à une femme; le mal qu'on fait à une femme ressemble fort à une lâcheté.

ARMAND. Soit! elle a un amant; il m'en demandera raison. Si je fais une lâcheté, j'ai assez de sang pour la payer!

UN DOMESTIQUE, *annonçant.* Mademoiselle Marguerite Gautier! M. le baron de Varville!

ARMAND. Les voilà!

SCÈNE IV

LES MÊMES, VARVILLE, MARGUERITE

OLYMPE, *allant au-devant de* MARGUERITE. Comme tu arrives tard!

VARVILLE. Nous sortons de l'Opéra. (VARVILLE *donne des poignées de main aux hommes qui sont là.*)

PRUDENCE, *à* MARGUERITE. Ça va bien?

MARGUERITE. Très bien!

PRUDENCE, *bas.* Armand est ici.

MARGUERITE, *troublée.* Armand?

PRUDENCE. Oui!

(*En ce moment,* ARMAND, *qui s'est approché de la table de jeu, regarde* MARGUERITE; *elle lui sourit timidement; il la salue avec froideur.*)

MARGUERITE. J'ai eu tort de venir à ce bal.

PRUDENCE. Au contraire; il faut qu'un jour ou l'autre vous vous retrouviez avec Armand, mieux vaut plus tôt que plus tard.

MARGUERITE. Il vous a parlé?
PRUDENCE. Oui.
MARGUERITE. De moi?
PRUDENCE. Naturellement.
MARGUERITE. Et il vous a dit? . . .
PRUDENCE. Qu'il ne vous en veut pas,
que vous avez eu raison.
MARGUERITE. Tant mieux, si cela est;
mais il est impossible que cela soit; il m'a
saluée trop froidement, et il est trop pâle.
VARVILLE, *bas, à* MARGUERITE. M.
Duval est là, Marguerite.
MARGUERITE. Je le sais.
VARVILLE. Vous me jurez que vous
ignoriez sa présence ici quand vous y êtes
venue?
MARGUERITE. Je vous le jure.
VARVILLE. Et vous me promettez de ne
pas lui parler?
MARGUERITE. Je vous le promets; mais
je ne puis pas vous promettre de ne pas
lui répondre, s'il me parle. Prudence,
restez auprès de moi.
LE DOCTEUR, *à* MARGUERITE. Bonsoir, madame.
MARGUERITE. Ah! c'est vous, docteur.
Comme vous me regardez!
LE DOCTEUR. Je crois que c'est ce que
j'ai de mieux à faire, quand je suis en face
de vous.
MARGUERITE. Vous me trouvez changée, n'est-ce pas?
LE DOCTEUR. Soignez-vous, soignez-
vous, je vous en prie. J'irai vous voir
demain, pour vous gronder à mon aise.
MARGUERITE. C'est cela! grondez-moi,
je vous aimerai bien. Est-ce que vous
vous en allez déjà?
LE DOCTEUR. Non, mais cela ne tardera pas; j'ai le même malade à voir tous
les jours à la même heure, depuis six mois.
MARGUERITE. Quelle fidélité! (*Il lui
serre la main et s'éloigne.*)
GUSTAVE, *s'approchant de* MARGUERITE.
Bonsoir, Marguerite.
MARGUERITE. Oh! que je suis heureuse
de vous voir, mon bon Gustave! Est-ce
que Nichette est là?
GUSTAVE. Non.
MARGUERITE. Pardon! Nichette ne
doit pas venir ici.—Aimez-la bien. Gustave; c'est si bon d'être aimé! (*Elle
essuie ses yeux.*)
GUSTAVE. Qu'avez-vous?
MARGUERITE. Je suis bien malheu-
reuse, allez!
GUSTAVE. Voyons, ne pleurez pas!
Pourquoi êtes-vous venue?

MARGUERITE. Est-ce que je suis ma
maîtresse? et, d'ailleurs, est-ce qu'il ne
faut pas que je m'étourdisse?
GUSTAVE. Eh bien, si vous m'en croyez,
quittez ce bal bientôt.
MARGUERITE. Pourquoi?
GUSTAVE. Parce qu'on ne sait pas ce
qui peut arriver. . . . Armand. . . .
MARGUERITE. Armand me hait et me
méprise, n'est-ce pas?
GUSTAVE. Non, Armand vous aime.
Voyez comme il est fiévreux! il n'est pas
maître de lui. Il pourrait y avoir une
affaire entre lui et M. de Varville. Pré-
textez une indisposition, et partez.
MARGUERITE. Un duel pour moi, entre
Varville et Armand! C'est juste, il faut
que je parte. (*Elle se lève.*)
VARVILLE, *s'approchant d'elle.* Où allez-
vous?
MARGUERITE. Mon ami, je suis souffrante, et désire me retirer.
VARVILLE. Non, vous n'êtes pas souffrante, Marguerite: vous voulez vous retirer parce que M. Duval est là, et qu'il
ne paraît pas faire attention à vous; mais
vous comprenez que, moi, je ne veux ni
ne dois quitter l'endroit où je suis parce
qu'il y est. Nous sommes à ce bal,
restons-y.
OLYMPE, *haut.* Qu'est-ce qu'on jouait
ce soir à l'Opéra?
VARVILLE. *La Favorite.*[1]
ARMAND. L'histoire d'une femme qui
trompe son amant.
PRUDENCE. Fi! que c'est commun!
ANAÏS. C'est-à-dire que ce n'est pas
vrai; il n'y a pas de femme qui trompe
son amant.
ARMAND. Je vous réponds qu'il y en a,
moi.
ANAÏS. Où donc?
ARMAND. Partout.
OLYMPE. Oui, mais il y a amant et
amant.
ARMAND. Comme il y a femme et
femme.
GASTON. Ah çà! mon cher Armand, tu
joues un jeu d'enfer.
ARMAND. C'est pour voir si le proverbe
est vrai: « Malheureux en amour, heureux
au jeu.»
GASTON. Ah! tu dois être crânement
malheureux en amour, car tu es crânement
heureux au jeu.
ARMAND. Mon cher, je compte faire
ma fortune ce soir, et, quand j'aurai gagné

[1] *La Favorite*, opera by Donizetti, produced in 1840.

beaucoup d'argent, je m'en irai vivre à la campagne.

OLYMPE. Seul?

ARMAND. Non, avec quelqu'un qui m'y a déjà accompagné une fois, et qui m'a quitté. Peut-être quand je serai plus riche. . . . (*A part.*) Elle ne répondra donc rien!

GUSTAVE. Tais-toi, Armand! vois dans quel état est cette pauvre fille!

ARMAND. C'est une bonne histoire; il faut que je vous la raconte. Il y a là dedans un monsieur qui apparaît à la fin, une espèce de *Deus ex machina*, qui est un type adorable.

VARVILLE. Monsieur!

MARGUERITE, *bas, à* VARVILLE. Si vous provoquez M. Duval vous ne me revoyez de votre vie.

ARMAND, *à* VARVILLE. Ne me parlez-vous pas, monsieur?

VARVILLE. En effet, monsieur; vous êtes si heureux au jeu que votre veine me tente, et je comprends si bien l'emploi que vous voulez faire de votre gain, que j'ai hâte de vous voir gagner davantage et vous propose une partie.

ARMAND, *le regardant en face.* Que j'accepte de grand cœur, monsieur.

VARVILLE, *passant devant* ARMAND. Je tiens cent louis, monsieur.

ARMAND, *étonné et dédaigneux.* Va pour cent louis! De quel côté, monsieur?

VARVILLE. Du côté que vous ne prendrez pas.

ARMAND. Cent louis à gauche.

VARVILLE. Cent louis à droite.[1]

GASTON. A droite, quatre; à gauche, neuf. Armand a gagné!

VARVILLE. Deux cents louis, alors.

ARMAND. Va pour deux cents louis; mais prenez garde, monsieur, si le proverbe dit: « Malheureux en amour, heureux au jeu,» il dit aussi: « Heureux en amour, malheureux au jeu.»

GASTON. Six! huit! c'est encore Armand qui gagne.

OLYMPE. Allons! c'est le baron qui payera la campagne de M. Duval.

MARGUERITE, *à* OLYMPE. Mon Dieu, que va-t-il se passer?

OLYMPE, *pour faire diversion.* Allons, messieurs; à table, le souper est servi.

ARMAND. Continuons-nous la partie, monsieur?

VARVILLE. Non; pas en ce moment.

ARMAND. Je vous dois une revanche; je vous la promets au jeu que vous choisirez.

VARVILLE. Soyez tranquille, monsieur, je profiterai de votre bonne volonté!

OLYMPE, *prenant le bras d*'ARMAND. Tu as une rude veine, toi.

ARMAND. Ah! tu me tutoies quand je gagne.

VARVILLE. Venez-vous, Marguerite?

MARGUERITE. Pas encore, j'ai quelques mots à dire à Prudence.

VARVILLE. Si, dans dix minutes, vous n'êtes pas venue nous rejoindre, je reviens vous chercher ici, Marguerite, je vous en préviens.

MARGUERITE. C'est bien, allez!

SCÈNE V

PRUDENCE, MARGUERITE

MARGUERITE. Allez trouver Armand, et, au nom de ce qu'il a de plus sacré, priez-le de venir m'entendre; il faut que je lui parle.

PRUDENCE. Et s'il refuse?

MARGUERITE. Il ne refusera pas. Il me déteste trop pour ne pas saisir l'occasion de me le dire. Allez!

SCÈNE VI

MARGUERITE, *seule.* Tâchons d'être calme; il faut qu'il continue de croire ce qu'il croit. Aurai-je la force de tenir la promesse que j'ai faite à son père? Mon Dieu! faites qu'il me méprise et me haïsse, puisque c'est le seul moyen d'empêcher un malheur. . . . Le voici!

SCÈNE VII

MARGUERITE, ARMAND

ARMAND. Vous m'avez fait demander, madame?

MARGUERITE. Oui, Armand, j'ai à vous parler.

ARMAND. Parlez, je vous écoute. Vous allez vous disculper?

MARGUERITE. Non, Armand, il ne sera pas question de cela. Je vous supplierai même de ne plus revenir sur le passé.

ARMAND. Vous avez raison; il y a trop de honte pour vous.

MARGUERITE. Ne m'accablez pas, Armand. Écoutez-moi sans haine, sans co-

---

[1] In baccarat the banker deals cards to the player on his right and to the one on his left. The other players place their bets on either one of the two sides. Varville and Armand having agreed to bet on opposite sides, it is the same as though they played against each other.

lère, sans mépris! Voyons, Armand, donnez-moi votre main.

ARMAND. Jamais, madame! Si c'est là tout ce que vous avez à me dire. . . . (*Il fait mine de se retirer.*)

MARGUERITE. Qui aurait cru que vous repousseriez un jour la main que je vous tendrais? Mais ce n'est pas de cela qu'il s'agit, Armand, il faut que vous repartiez.

ARMAND. Que je reparte?

MARGUERITE. Oui! que vous retourniez auprès de votre père, et cela tout de suite.

ARMAND. Et pourquoi, madame?

MARGUERITE. Parce que M. de Varville va vous provoquer, et que je ne veux pas qu'il arrive un malheur pour moi. Je veux être seule à souffrir.

ARMAND. Ainsi vous me conseillez de fuir une provocation! Vous me conseillez une lâcheté! Quel autre conseil, en effet, pourrait donner une femme comme vous?

MARGUERITE. Armand, je vous jure que, depuis un mois, j'ai tant souffert, que c'est à peine si j'ai la force de le dire; je sens bien le mal qui augmente et me brûle. Au nom de notre amour passé, au nom de ce que je souffrirai encore, Armand, au nom de votre mère et de votre sœur, fuyez-moi, retournez auprès de votre père et oubliez jusqu'à mon nom, si vous pouvez.

ARMAND. Je comprends, madame: vous tremblez pour votre amant qui représente votre fortune. Je puis vous ruiner d'un coup de pistolet ou d'un coup d'épée. Ce serait là, en effet, un grand malheur.

MARGUERITE. Vous pouvez être tué, Armand, voilà le malheur véritable!

ARMAND. Que vous importe que je vive ou que je meure! Quand vous m'avez écrit: « Armand, oubliez-moi, je suis la maîtresse d'un autre! » vous êtes-vous souciée de ma vie? Si je ne suis pas mort, après cette lettre, c'est qu'il me restait à me venger. Ah! vous avez cru que cela se passerait ainsi, que vous me briseriez le cœur, et que je ne m'en prendrais ni à vous ni à votre complice? Non, madame, non. Je suis revenu à Paris, c'est entre M. de Varville et moi une question de sang! Dussiez-vous en mourir aussi, je le tuerai! je vous le jure.

MARGUERITE. M. de Varville est innocent de tout ce qui se passe.

ARMAND. Vous l'aimez, madame! c'est assez pour que je le haïsse.

MARGUERITE. Vous savez bien que je n'aime pas, que je ne puis aimer cet homme!

ARMAND. Alors, pourquoi vous êtes-vous donnée à lui?

MARGUERITE. Ne me le demandez pas, Armand! je ne puis vous le dire.

ARMAND. Je vais vous le dire, moi. Vous vous êtes donnée à lui, parce que vous êtes une fille sans cœur et sans loyauté, parce que votre amour appartient à qui le paye, et que vous avez fait une marchandise de votre cœur; parce qu'en vous trouvant en face du sacrifice que vous alliez me faire, le courage vous a manqué, et que vos instincts ont repris le dessus; parce qu'enfin cet homme qui vous dévouait sa vie, qui vous livrait son honneur, ne valait pas pour vous les chevaux de votre voiture et les diamants de votre cou.

MARGUERITE. Eh bien, oui, j'ai fait tout cela. Oui, je suis une infâme et misérable créature, qui ne t'aimait pas; je t'ai trompé. Mais plus je suis infâme, moins tu dois te souvenir de moi, moins tu dois exposer pour moi ta vie et la vie de ceux qui t'aiment. Armand, à genoux, je t'en supplie, pars, quitte Paris et ne regarde pas en arrière!

ARMAND. Je le veux bien, mais à une condition.

MARGUERITE. Quelle qu'elle soit, je l'accepte.

ARMAND. Tu partiras avec moi.

MARGUERITE, *reculant.* Jamais!

ARMAND. Jamais!

MARGUERITE. Oh! mon Dieu! donnez-moi le courage.

ARMAND, *courant à la porte et revenant.* Écoute, Marguerite; je suis fou, j'ai la fièvre, mon sang brûle, mon cerveau bout, je suis dans cet état de passion où l'homme est capable de tout, même d'une infamie. J'ai cru un moment que c'était la haine qui me poussait vers toi; c'était l'amour, amour invincible, irritant, haineux, augmenté de remords, de mépris et de honte, car je me méprise de le ressentir encore, après ce qui s'est passé. Eh bien, dis-moi un mot de repentir, rejette ta faute sur le hasard, sur la fatalité, sur ta faiblesse, et j'oublie tout. Que m'importe cet homme? Je ne le hais que si tu l'aimes. Dis-moi seulement que tu m'aimes encore, je te pardonnerai, Marguerite, nous fuirons Paris, c'est-à-dire le passé, nous irons au bout de la terre s'il le faut, jusqu'à ce que nous ne rencontrions plus un visage humain, et que nous soyons seuls dans le monde avec notre amour.

Marguerite, *épuisée*. Je donnerais ma vie pour une heure du bonheur que tu me proposes, mais ce bonheur est impossible.

Armand. Encore!

Marguerite. Un abîme nous sépare; nous serions trop malheureux ensemble. Nous ne pouvons plus nous aimer; pars, oublie-moi, il le faut, je l'ai juré.

Armand. A qui?

Marguerite. A qui avait le droit de demander ce serment.

Armand, *dont la colère va croissant*. A M. de Varville, n'est-ce pas?

Marguerite. Oui.

Armand, *saisissant le bras de* Marguerite. A M. de Varville que vous aimez; dites-moi que vous l'aimez, et je pars.

Marguerite. Eh bien, oui, j'aime M. de Varville.

Armand *la jette à terre et lève les deux mains sur elle, puis il se précipite vers la porte, et, voyant les invités qui sont dans l'autre salon, il crie*. Entrez tous!

Marguerite. Que faites-vous?

Armand. Vous voyez cette femme?

Tous. Marguerite Gautier! . . .

Armand. Oui! Marguerite Gautier. Savez-vous ce qu'elle a fait? Elle a vendu tout ce qu'elle possédait pour vivre avec moi, tant elle m'aimait. Cela est beau, n'est-ce pas? Savez-vous ce que j'ai fait, moi? Je me suis conduit comme un misérable. J'ai accepté le sacrifice sans lui rien donner en échange. Mais il n'est pas trop tard, je me repens et je reviens pour réparer tout cela. Vous êtes tous témoins que je ne dois plus rien à cette femme. (*Il lui jette des billets de banque.*)

Marguerite, *poussant un cri et tombant à la renverse*. Ah!

Varville, *à* Armand *avec mépris, en lui jetant ses gants au visage*. Décidément, monsieur, vous êtes un lâche! (*On se précipite entre eux.*)

ACTE CINQUIÈME

Chambre à coucher de Marguerite. *Lit au fond; rideaux à moitié fermés. Cheminée à droite; devant la cheminée, un canapé sur lequel est étendu* Gaston. *Pas d'autre lumière qu'une veilleuse.*

SCÈNE PREMIÈRE

Marguerite, *couchée et endormie;* Gaston

Gaston, *relevant la tête et écoutant*. Je me suis assoupi un instant. . . . Pourvu qu'elle n'ait pas eu besoin de moi pendant ce temps-là! Non, elle dort. . . . Quelle heure est-il? Sept heures. . . . Il ne fait pas encore jour. . . . Je vais rallumer le feu. (*Il tisonne.*)

Marguerite, *s'éveillant*. Nanine, donne-moi à boire.

Gaston. Voilà, chère enfant.

Marguerite, *soulevant la tête*. Qui donc est là?

Gaston, *préparant une tasse de tisane*. C'est moi, Gaston.

Marguerite. Comment vous trouvez-vous dans ma chambre?

Gaston, *lui donnant la tasse*. Bois d'abord, tu le sauras après. Est-ce assez sucré?

Marguerite. Oui.

Gaston. J'étais né pour être garde-malade.

Marguerite. Où est donc Nanine?

Gaston. Elle dort. Quand je suis venu sur les onze heures du soir, pour savoir de tes nouvelles, la pauvre fille tombait de fatigue; moi, au contraire, j'étais tout éveillé. Tu dormais déjà. . . . Je lui ai dit d'aller se coucher. Je me suis mis là, sur le canapé, près du feu, et j'ai fort bien passé la nuit. Cela me faisait du bien, de t'entendre dormir; il me semblait que je dormais moi-même. Comment te sens-tu ce matin?

Marguerite. Bien, mon brave Gaston; mais à quoi bon vous fatiguer ainsi? . . .

Gaston. Je passe assez de nuits au bal! quand j'en passerais quelques-unes à veiller une malade! Et puis j'avais quelque chose à te dire.

Marguerite. Que voulez-vous me dire?

Gaston. Tu es gênée?

Marguerite. Comment gênée?

Gaston. Oui, tu as besoin d'argent. Quand je suis venu hier, j'ai vu un huissier dans le salon. Je l'ai mis à la porte, en le payant. Mais ce n'est pas tout; il n'y a pas d'argent ici, et il faut qu'il y en ait. Moi, je n'en ai pas beaucoup. J'ai perdu pas mal au jeu, et j'ai fait un tas d'emplettes inutiles pour le premier jour de l'année. (*Il l'embrasse.*) Et je te réponds que je te la souhaite bonne et heureuse. . . . Mais enfin voilà toujours vingt-cinq louis que je vais mettre dans le tiroir là-bas. Quand il n'y en aura plus, il y en aura encore.

Marguerite, *émue*. Quel cœur! Et dire que c'est vous, un écervelé, comme on vous appelle, vous qui n'avez jamais été

que mon ami, qui me veillez et prenez soin
de moi. . . .

GASTON. C'est toujours comme ça. . . .
Maintenant, sais-tu ce que nous allons
faire?

MARGUERITE. Dites.

GASTON. Il fait un temps superbe! Tu
as dormi huit bonnes heures; tu vas dormir
encore un peu. D'une heure à trois
heures, il fera un beau soleil; je viendrai
te prendre; tu t'envelopperas bien; nous
irons nous promener en voiture; et qui
dormira bien la nuit prochaine? ce sera
Marguerite. Jusque-là, je vais aller voir
ma mère, qui va me recevoir Dieu sait
comment; il y a plus de quinze jours que
je ne l'ai vue! Je déjeune avec elle, et à
une heure je suis ici. Cela te va-t-il?

MARGUERITE. Je tâcherai d'avoir la
force. . . .

GASTON. Tu l'auras, tu l'auras! (NA-
NINE *entre.*) Entre! Marguerite est réveillée.

SCÈNE II

LES MÊMES, NANINE

MARGUERITE. Tu étais donc bien fatiguée, ma pauvre Nanine?

NANINE. Un peu, madame.

MARGUERITE. Ouvre la fenêtre et donne
un peu de jour. Je veux me lever.

NANINE, *ouvrant la fenêtre et regardant
dans la rue.* Madame, voici le docteur.

MARGUERITE. Bon docteur! sa première visite est toujours pour moi. Gaston, ouvrez la porte en vous en allant.
Nanine, aide-moi à me lever.

NANINE. Mais, madame. . . .

MARGUERITE. Je le veux.

GASTON. A tantôt. (*Il sort.*)

MARGUERITE. A tantôt. (*Elle se lève
et retombe; enfin, soulevée par* NANINE, *elle
marche vers le canapé,* LE DOCTEUR *entre
à temps pour l'aider à s'y asseoir.*)

SCÈNE III

MARGUERITE, NANINE, LE DOCTEUR

MARGUERITE. Bonjour, mon cher docteur; que vous êtes aimable de penser à
moi dès le matin! Nanine, va voir s'il y
a des lettres.

LE DOCTEUR. Donnez-moi votre main.
(*Il la prend.*) Comment vous sentez-
vous?

MARGUERITE. Mal et mieux! Mal de
corps, mieux d'esprit. Hier au soir j'ai
eu tellement peur de mourir, que j'ai envoyé chercher un prêtre. J'étais triste,
désespérée, j'avais peur de la mort; cet
homme est entré, il a causé une heure avec
moi, et désespoir, terreur, remords, il a
tout emporté avec lui. Alors, je me suis
endormie, et je viens de me réveiller.

LE DOCTEUR. Tout va bien, madame,
et je vous promets une entière guérison
pour les premiers jours du printemps.

MARGUERITE. Merci, docteur. . . .
C'est votre devoir de me parler ainsi.
Quand Dieu a dit que le mensonge serait
un péché, il a fait une exception pour les
médecins, et il leur a permis de mentir
autant de fois par jour qu'ils verraient de
malades. (*A* NANINE, *qui rentre.*) Qu'est-
ce que tu apportes là?

NANINE. Ce sont des cadeaux, madame.

MARGUERITE. Ah! oui, c'est aujour-
d'hui le Ier janvier! . . . Que de choses
depuis l'année dernière! Il y a un an, à
cette heure, nous étions à table, nous
chantions, nous donnions à l'année qui
naissait le même sourire que nous venions
de donner à l'année morte. Où est le
temps, mon bon docteur, où nous riions
encore? (*Ouvrant les paquets.*) Une bague
avec la carte de Saint-Gaudens. Brave
cœur! Un bracelet, avec la carte du
comte de Giray, qui m'envoie cela de Londres. Quel cri il pousserait s'il me voyait
dans l'état où je suis! . . . et puis des
bonbons. . . . Allons, les hommes ne sont
pas aussi oublieux que je le croyais! Vous
avez une petite nièce, docteur!

LE DOCTEUR. Oui, madame.

MARGUERITE. Portez-lui tous ces bonbons, à cette chère enfant; il y a longtemps
que je n'en mange plus, moi! (*A* NA-
NINE.) Voilà tout ce que tu as?

NANINE. J'ai une lettre.

MARGUERITE. Qui peut m'écrire?
(*Prenant la lettre et l'ouvrant.*) Descends
ce paquet dans la voiture du docteur.
(*Lisant.*) « Ma bonne Marguerite, je suis
allée vingt fois pour te voir, et je n'ai
jamais été reçue; cependant, je ne veux
pas que tu manques au fait le plus heureux
de ma vie; je me marie le Ier janvier: c'est
le présent de nouvelle année que Gustave
me gardait; j'espère que tu ne seras pas la
dernière à assister à la cérémonie, cérémonie bien simple, bien humble, et qui
aura lieu à neuf heures du matin, dans la
chapelle de Sainte-Thérèse, à l'église de la
Madeleine. Je t'embrasse de toute la
force d'un cœur heureux. NICHETTE.» Il
y aura donc du bonheur pour tout le

monde, excepté pour moi! Allons, je suis une ingrate. Docteur, fermez cette fenêtre, j'ai froid, et donnez-moi de quoi écrire. (*Elle laisse tomber sa tête dans ses mains;* LE DOCTEUR *prend l'encrier sur la cheminée et donne le buvard à* MARGUERITE.)

NANINE, *bas,* AU DOCTEUR, *quand il s'est éloigné.* Eh bien, docteur? . . .

LE DOCTEUR, *secouant la tête.* Elle est bien mal!

MARGUERITE, *à part.* Ils croient que je ne les entends pas. . . . (*Haut.*) Docteur, rendez-moi le service, en vous en allant, de déposer cette lettre à l'église où se marie Nichette, et recommander qu'on ne la lui remette qu'après la cérémonie. (*Elle écrit, plie la lettre et la cachette.*) Tenez, et merci. (*Elle lui serre la main.*) N'oubliez pas, et revenez tantôt si vous pouvez. . . . (LE DOCTEUR *sort.*)

SCÈNE IV

MARGUERITE, NANINE

MARGUERITE. Maintenant, mets un peu d'ordre dans cette chambre. (*On sonne.*) On a sonné, va ouvrir. (NANINE *sort.*)

NANINE, *rentrant.* C'est madame Duvernoy qui voudrait voir madame.

MARGUERITE. Qu'elle entre!

SCÈNE V

LES MÊMES, PRUDENCE

PRUDENCE. Eh bien, ma chère Marguerite, comment allez-vous, ce matin?

MARGUERITE. Mieux, ma chère Prudence, je vous remercie.

PRUDENCE. Renvoyez donc Nanine un instant; j'ai à vous parler, à vous seule.

MARGUERITE. Nanine, va ranger de l'autre côté; je t'appellerai quand j'aurai besoin de toi. . . . (NANINE *sort.*)

PRUDENCE. J'ai un service à vous demander, ma chère Marguerite.

MARGUERITE. Dites.

PRUDENCE. Êtes-vous en fonds? . . .

MARGUERITE. Vous savez que je suis gênée depuis quelque temps; mais, enfin, dites toujours.

PRUDENCE. C'est aujourd'hui le premier de l'an; j'ai des cadeaux à faire, il me faudrait absolument deux cents francs; pouvez-vous me les prêter jusqu'à la fin du mois?

MARGUERITE, *levant les yeux au ciel.* La fin du mois!

PRUDENCE. Si cela vous gêne. . . .

MARGUERITE. J'avais un peu besoin de l'argent qui reste là. . . .

PRUDENCE. Alors, n'en parlons plus.

MARGUERITE. Qu'importe! ouvrez ce tiroir. . . .

PRUDENCE. Lequel? (*Elle ouvre plusieurs tiroirs.*) Ah! celui du milieu.

MARGUERITE. Combien y a-t-il?

PRUDENCE. Cinq cents francs.

MARGUERITE. Eh bien, prenez les deux cents francs dont vous avez besoin.

PRUDENCE. Et vous aurez assez du reste?

MARGUERITE. J'ai ce qu'il me faut; ne vous inquiétez pas de moi.

PRUDENCE, *prenant l'argent.* Vous me rendez un véritable service.

MARGUERITE. Tant mieux, ma chère Prudence!

PRUDENCE. Je vous laisse; je reviendrai vous voir. Vous avez meilleure mine.

MARGUERITE. En effet, je vais mieux.

PRUDENCE. Les beaux jours vont venir vite, l'air de la campagne achèvera votre guérison.

MARGUERITE. C'est cela.

PRUDENCE, *sortant.* Merci encore une fois!

MARGUERITE. Renvoyez-moi Nanine.

PRUDENCE. Oui. (*Elle sort.*)

NANINE, *rentrant.* Elle est encore venue vous demander de l'argent?

MARGUERITE. Oui.

NANINE. Et vous le lui avez donné?

MARGUERITE. C'est si peu de chose que l'argent, et elle en avait un si grand besoin, disait-elle. Il nous en faut cependant; il y a des étrennes à donner. Prends ce bracelet qu'on vient de m'envoyer, va le vendre et reviens vite.

NANINE. Mais pendant ce temps. . . .

MARGUERITE. Je puis rester seule, je n'aurai besoin de rien; d'ailleurs, tu ne seras pas longtemps, tu connais le chemin du marchand; il m'a assez acheté depuis trois mois. (NANINE *sort.*)

SCÈNE VI

MARGUERITE, *lisant une lettre qu'elle prend dans son sein.* « Madame, j'ai appris le duel d'Armand et de M. de Varville, non par mon fils, car il est parti sans même venir m'embrasser. Le croiriez-vous, madame? je vous accusais de ce duel et de ce départ. Grâce à Dieu, M. de Varville est déjà hors de danger, et je sais tout. Vous avez tenu votre serment au delà même de vos forces, et toutes ces secousses ont ébranlé votre santé. J'écris toute la vérité à Armand. Il est loin, mais il reviendra vous demander non seulement son pardon, mais le mien, car j'ai été forcé de vous faire du mal et je veux le réparer. Soignez-vous bien, espérez; votre courage et votre abnégation méritent un meilleur avenir; vous l'aurez, c'est moi qui vous le promets. En attendant, recevez l'assurance de mes sentiments de sympathie, d'estime et de dévouement. GEORGES DUVAL.—15 novembre.)» Voilà six semaines que j'ai reçu cette lettre et que je la relis sans cesse pour me rendre un peu de courage. Si je recevais seulement un mot d'Armand, si je pouvais atteindre au printemps! (*Elle se lève et se regarde dans la glace.*) Comme je suis changée! Cependant, le docteur m'a promis de me guérir. J'aurai patience. Mais, tout à l'heure, avec Nanine ne me condamnait-il pas? Je l'ai entendu, il disait que j'étais bien mal. Bien mal! c'est encore de l'espoir, c'est encore quelques mois à vivre, et, si, pendant ce temps, Armand revenait, je serais sauvée. Le premier jour de l'année, c'est bien le moins qu'on espère. D'ailleurs, j'ai tout raison. Si j'étais en danger réel, Gaston n'aurait pas le courage de rire à mon chevet, comme il faisait tout à l'heure. Le médecin ne me quitterait pas. (*A la fenêtre.*) Quelle joie dans les familles! Oh! le bel enfant, qui rit et gambade en tenant ses jouets, je voudrais embrasser cet enfant.

SCÈNE VII

NANINE, MARGUERITE

NANINE, *venant à* MARGUERITE, *après avoir déposé sur la cheminée l'argent qu'elle apporte.* Madame. . . .

MARGUERITE. Qu'as-tu, Nanine?

NANINE. Vous vous sentez mieux aujourd'hui, n'est-ce pas?

MARGUERITE. Oui; pourquoi?

NANINE. Promettez-moi d'être calme.

MARGUERITE. Qu'arrive-t-il?

NANINE. J'ai voulu vous prévenir . . . une joie trop brusque est si difficile à porter!

MARGUERITE. Une joie, dis-tu?

NANINE. Oui, madame.

MARGUERITE. Armand! Tu as vu Armand? . . . Armand vient me voir! . . . (NANINE *fait signe que oui.—Courant à la porte.*) Armand! (*Il paraît pâle; elle se jette à son cou, elle se cramponne à lui.*) Oh! ce n'est pas toi, il est impossible que Dieu soit si bon!

SCÈNE VIII

MARGUERITE, ARMAND

ARMAND. C'est moi, Marguerite, moi, si repentant, si inquiet, si coupable, que je n'osais franchir le seuil de cette porte. Si je n'eusse rencontré Nanine, je serais resté dans la rue à prier et à pleurer. Marguerite, ne me maudis pas! Mon père m'a tout écrit! j'étais bien loin de toi, je ne savais où aller pour fuir mon amour et mes remords. . . . Je suis parti comme un fou, voyageant nuit et jour, sans repos, sans trêve, sans sommeil, poursuivi de pressentiments sinistres, voyant de loin la maison tendue de noir. Oh! si je ne t'avais pas trouvée, je serais mort, car c'est moi qui t'aurais tuée! Je n'ai pas encore vu mon père. Marguerite, dis-moi que tu nous pardonnes à tous deux. Ah! que c'est bon, de te revoir!

MARGUERITE. Te pardonner, mon ami? Moi seule étais coupable! Mais, pouvais-je faire autrement? Je voulais ton bonheur, même aux dépens du mien. Mais maintenant, ton père ne nous séparera plus, n'est-ce pas? Ce n'est plus ta Marguerite d'autrefois que tu retrouves; cependant, je suis jeune encore, je redeviendrai belle, puisque je suis heureuse. Tu oublieras tout. Nous commencerons à vivre à partir d'aujourd'hui.

ARMAND. Je ne te quitte plus. Écoure, Marguerite, nous allons à l'instant même quitter cette maison. Nous ne reverrons jamais Paris. Mon père sait qui tu es. Il t'aimera comme le bon génie de son fils. Ma sœur est mariée. L'avenir est à nous.

MARGUERITE. Oh! parle-moi! parle-moi! Je sens mon âme qui revient avec tes paroles, la santé qui renaît sous ton souffle. Je le disais ce matin, qu'une seule chose pouvait me sauver. Je ne l'espérais plus, et te voilà! Nous n'allons pas perdre de temps, va, car, puisque la vie passe devant moi, je vais l'arrêter au passage. Tu ne sais pas? Nichette se marie. Elle épouse Gustave ce matin. Nous la verrons. Cela nous fera du bien d'entrer dans une église, de prier Dieu et d'assister au bonheur des autres. Quelle surprise la Providence me gardait pour le premier jour de l'année! Mais dis-moi donc encore que tu m'aimes!

ARMAND. Oui, je t'aime, Marguerite, toute ma vie est à toi.

MARGUERITE, à NANINE *qui est rentrée.* Nanine, donne-moi tout ce qu'il faut pour sortir.

ARMAND. Bonne Nanine! Vous avez eu bien soin d'elle; merci!

MARGUERITE. Tous les jours, nous parlions de toi toutes les deux; car personne n'osait plus prononcer ton nom. C'est elle qui me consolait, qui me disait que nous nous reverrions! Elle ne mentait pas. Tu as vu de beaux pays. Tu m'y conduiras. (*Elle chancelle.*)

ARMAND. Qu'as-tu, Marguerite? Tu pâlis! . . .

MARGUERITE, *avec effort.* Rien, mon ami, rien! Tu comprends que le bonheur ne rentre pas aussi brusquement dans un cœur désolé depuis longtemps, sans l'oppresser un peu. (*Elle s'assied et rejette sa tête en arrière.*)

ARMAND. Marguerite, parle-moi! Marguerite, je t'en supplie!

MARGUERITE, *revenant à elle.* Ne crains rien, mon ami; tu sais, j'ai toujours été sujette à ces faiblesses instantanées. Mais elles passent vite; regarde, je souris, je suis forte, va! C'est l'étonnement de vivre qui m'oppresse!

ARMAND, *lui prenant la main.* Tu trembles!

MARGUERITE. Ce n'est rien! Voyons, Nanine, donne-moi donc un châle; un chapeau. . . .

ARMAND, *avec effroi.* Mon Dieu! mon Dieu!

MARGUERITE, *ôtant son châle avec colère, après avoir essayé de marcher.* Je ne peux pas! (*Elle tombe sur le canapé.*)

ARMAND. Nanine, courez chercher le médecin!

MARGUERITE. Oui, oui; dis-lui qu'Armand est revenu, que je veux vivre, qu'il faut que je vive. . . . (NANINE *sort.*) Mais si ce retour ne m'a pas sauvée, rien ne me sauvera. Tôt ou tard, la créature humaine doit mourir de ce qui l'a fait vivre. J'ai vécu de l'amour, j'en meurs.

ARMAND. Tais-toi, Marguerite; tu vivras, il le faut!

MARGUERITE. Assieds-toi près de moi, le plus près possible, mon Armand, et écoute-moi bien. J'ai eu tout à l'heure un moment de colère contre la mort; je m'en repens; elle est nécessaire, et je l'aime, puisqu'elle t'a attendu pour me frapper. Si ma mort n'eût été certaine, ton père ne t'eût pas écrit de revenir. . . .

ARMAND. Écoute, Marguerite, ne me parle plus ainsi, tu me rendrais fou. Ne me dis plus que tu vas mourir, dis-moi que tu ne le crois pas, que cela ne peut être, que tu ne le veux pas!

MARGUERITE. Quand je ne le voudrais pas, mon ami, il faudrait bien que je cédasse, puisque Dieu le veut. Si j'étais une sainte fille, si tout était chaste en moi, peut-être pleurerais-je à l'idée de quitter un monde où tu restes, parce que l'avenir serait plein de promesses, et que tout mon passé m'y donnerait droit. Moi morte, tout ce que tu garderas de moi sera pur; moi vivante, il y aura toujours des taches sur mon amour. . . . Crois-moi, Dieu fait bien ce qu'il fait. . . .

ARMAND, *se levant.* Ah! j'étouffe.

MARGUERITE, *le retenant.* Comment! c'est moi qui suis forcée de te donner du courage? Voyons, obéis-moi. Ouvre ce tiroir, prends-y un médaillon . . . c'est mon portrait, du temps que j'étais jolie! Je l'avais fait faire pour toi; garde-le, il aidera ton souvenir plus tard. Mais, si, un jour, une belle jeune fille t'aime et que tu l'épouses, comme cela doit être, comme je veux que cela soit, et qu'elle trouve ce portrait, dis-lui que c'est celui d'une amie qui, si Dieu lui permet de se tenir dans le coin le plus obscur du ciel, prie Dieu tous les jours pour elle et pour toi. Si elle est jalouse du passé, comme nous le sommes souvent, nous autres femmes, si elle te demande le sacrifice de ce portrait, fais-le-lui sans crainte, sans remords; ce sera justice, et je te pardonne d'avance.—La femme qui aime souffre trop quand elle ne se sent pas aimée. . . . Entends-tu, mon Armand, tu as bien compris?

SCÈNE IX

LES MÊMES, NANINE, *puis* NICHETTE, GUSTAVE *et* GASTON

NICHETTE *entre avec effroi et devient plus hardie, à mesure qu'elle voit* MARGUERITE *lui sourire et* ARMAND *à ses pieds.*

NICHETTE. Ma bonne Marguerite, tu m'avais écrit que tu étais mourante, et je te retrouve souriante et levée.

ARMAND, *bas.* Oh! Gustave, je suis bien malheureux!

MARGUERITE. Je suis mourante, mais je suis heureuse aussi, et mon bonheur cache ma mort. Vous voilà donc mariés! Quelle chose étrange que cette première vie, et que va donc être la seconde? . . . Vous serez encore plus heureux qu'auparavant. Parlez de moi quelquefois, n'est-ce pas? Armand, donne-moi ta main. . . . Je t'assure que ce n'est pas difficile de mourir. (GASTON *entre.*) Voilà Gaston qui vient me chercher. . . . Je suis aise de vous voir encore, mon bon Gaston. Le bonheur est ingrat: je vous avais oublié. . . . (*A* ARMAND.) Il a été bien bon pour moi. . . . Ah! c'est étrange. (*Elle se lève.*)

ARMAND. Quoi donc? . . .

MARGUERITE. Je ne souffre plus. On dirait que la vie rentre en moi . . . j'éprouve un bien-être que je n'ai jamais éprouvé. . . . Mais je vais vivre! . . Ah! que je me sens bien! (*Elle s'assied et paraît s'assoupir.*)

GASTON. Elle dort!

ARMAND, *avec inquiétude, puis avec terreur.* Marguerite! Marguerite! Marguerite! (*Un grand cri.—Il est forcé de faire un effort pour arracher sa main de celle de* MARGUERITE.) Ah! (*Il recule épouvanté.*) Morte! (*Courant à* GUSTAVE.) Mon Dieu! mon Dieu! que vais-je devenir? . . .

GUSTAVE, *à* ARMAND. Elle t'aimait bien, la pauvre fille!

NICHETTE, *qui s'est agenouillée.* Dors en paix, Marguerite! il te sera beaucoup pardonné, parce que tu as beaucoup aimé!

LES IDÉES DE MADAME AUBRAY

Par ALEXANDRE DUMAS (FILS)

(1867)

PERSONNAGES

BARANTIN
CAMILLE —fils de Mme A - médecin
VALMOREAU
TELLIER - père de G
UN DOMESTIQUE
JEANNINE

MADAME AUBRAY
LUCIENNE —la fille de B
GASTON—fils de J
MARGUERITE
A Saint-Valery-en-Caux,[1] *de nos jours.*

ACTE PREMIER

Salon de musique, dans un casino de bains de mer.

SCÈNE PREMIÈRE

BARANTIN, VALMOREAU

VALMOREAU, *gaiement.* Je ne me trompe pas, comme on dit dans les comédies, c'est bien à M. Barantin que j'ai l'honneur de parler.

BARANTIN. A lui-même, mauvais sujet.

VALMOREAU. Vous arrivez?

BARANTIN. Et vous?

VALMOREAU. Moi, je suis ici depuis trois jours.

BARANTIN. Moi, depuis quinze.

VALMOREAU. Comment ne vous ai-je pas rencontré une seule fois?

BARANTIN. J'habite sur la hauteur, à côté d'Étennemare, en pleine campagne, auprès d'un petit bois ravissant, et je ne suis presque pas sorti depuis mon arrivée. Je travaille beaucoup.

VALMOREAU. Vous venez aux bains de mer pour travailler?

BARANTIN. Non, mais je travaille partout où je vais.

VALMOREAU. Il faut bien se reposer, cependant.

BARANTIN. Si je me repose maintenant, qu'est-ce que je ferai quand je serai mort?

VALMOREAU. Toujours des livres sé-rieux concernant l'industrie, le travail, le progrès, l'économie politique?

BARANTIN. Toujours.

VALMOREAU. Je vois ça de temps en temps sur les murs. De grandes affiches bleues: « Chez Didier, quai des Augustins, un gros volume; sept francs; » c'est raide. Et vous êtes seul ici?

BARANTIN. Je suis avec des amis et avec ma fille.

VALMOREAU. Vous avez une fille?

BARANTIN. De quinze ans.

VALMOREAU. Tiens, tiens, tiens! je vous croyais garçon.

BARANTIN. Je suis père, ne vous déplaise.

VALMOREAU. Vous êtes père! j'en suis fort aise! Madame Barantin est avec vous?

BARANTIN. Madame Barantin est morte depuis plusieurs années déjà. Ma fille est ici avec une excellente amie qui a bien voulu se charger de l'élever et qui l'élève bien.

VALMOREAU, *d'un air indifférent.* Ah!

BARANTIN. Pourquoi ce *ah?*

VALMOREAU. Je dis: « Ah! » tout bonnement.

BARANTIN. Et vous, coureur de coulisses,[2] de clubs, de courses, lion, dandy?

VALMOREAU. Cocodès![3] c'est comme ça que les gens qui s'ennuient appellent maintenant les gens qui s'amusent.

BARANTIN. Eh bien, cocodès, qu'est-ce que vous êtes devenu, depuis la mort de votre tante?

---

[1] *Saint-Valery-en-Caux,* a fishing town on the French shore of the English channel.

[2] *coulisses,* the wings of a stage. *Coureur de coulisses,* one who habitually associates with actors and especially actresses.

[3] *Cocodès,* fop, dude.

VALMOREAU. Je suis devenu plus riche.

BARANTIN. Voilà tout?

VALMOREAU. Malheureusement, c'était ma dernière parente.

BARANTIN. Ainsi, vous êtes seul au monde?

VALMOREAU. Tout seul.

BARANTIN. Et vous ne faites rien?

VALMOREAU. Rien.

BARANTIN. Votre père travaillait, cependant.

VALMOREAU. Justement, pour que je ne travaille pas; sans ça à quoi servirait l'héritage?

BARANTIN. C'est juste. Et aucune idée de mariage?

VALMOREAU. Aucune! aucune! aucune! j'en suis même bien loin. Tel que vous me voyez, je suis amoureux.

BARANTIN. D'une personne qui est ici?

VALMOREAU. D'une personne qui est ici.

BARANTIN. Soyez tranquille, je n'aurai pas l'air de vous voir quand je vous rencontrerai avec elle.

VALMOREAU. Mais vous ne nous rencontrerez pas ensemble, je ne la connais que de vue. Tiens! je vais même compter sur vous maintenant pour me renseigner.

BARANTIN. Sur moi?

VALMOREAU. Ou sur vos amis; mais ce sont des gens sérieux, vos amis?

BARANTIN. Je leur ai confié ma fille.

VALMOREAU. Ils ne doivent pas connaître cela. On appelle les gens sérieux, n'est-ce pas, les gens qui ne comprennent rien à l'amour?

BARANTIN. Tandis que vous. . . .

VALMOREAU. Tandis que, moi, je suis toujours amoureux, c'est mon unique occupation.

BARANTIN. Et depuis quand avez-vous embrassé cette carrière?

VALMOREAU. Depuis que j'ai l'âge de raison.

BARANTIN. Il n'y a pas longtemps, alors?

VALMOREAU. J'ai commencé à dix-huit ans et j'en ai vingt-huit.

BARANTIN. Et ça vous amuse encore?

VALMOREAU. Plus que jamais! Franchement, connaissez-vous une plus noble occupation que l'amour, et plus digne de la grande destinée de l'homme? Qu'y a-t-il de mieux à faire de vingt à trente ans, et de trente ans à cinquante, et . . . ?

BARANTIN. Et de cinquante à cent, et ainsi de suite.

VALMOREAU. Je me soucie de l'ambition et de la gloire comme de ce que pense le Grand Turc [1] quand il est tout seul; mais une belle personne, jeune, souriante, blonde. . . .

BARANTIN. Blonde?

VALMOREAU. C'est indispensable; dans cette musique de l'amour une blonde vaut deux noires; une belle personne dont on ne soupçonnait pas l'existence, la veille, qu'on rencontre tout à coup, qu'on aime spontanément, parce que vous savez ou vous ne savez pas que l'amour est spontané; les gens qui croient qu'il vient peu à peu, comme la goutte ou la calvitie, sont dans une erreur profonde. On voit, on aime. Eh bien, rencontrer cette femme, lui dire qu'on l'adore, la convaincre, la voir sourire, et entendre enfin ces mots: « Trouvez-vous tel jour, à telle heure, à tel endroit; » ce jour, qui est ordinairement le soir même, la voir venir, cachée au fond d'une voiture, avec deux voiles sur le visage, et se dire: « Là est une sensation nouvelle; » ce n'est donc pas intéressant? Ça ne vaut donc pas mieux que la guerre, la politique ou le whist avec un mort?

BARANTIN. Et vous appelez ça l'amour?

VALMOREAU. Le vrai, le seul, l'unique amour; celui qui ne laisse ni regret ni remords.

BARANTIN. Et après?

VALMOREAU. Après? on recommence avec une autre. Du nouveau, du nouveau, et toujours du nouveau!

BARANTIN. Et quand on est vieux, malade, tout seul?

VALMOREAU. On geint et on se repent. Moi, je suis sûr que je me repentirai, c'est si commode!

BARANTIN. Et enfin?

VALMOREAU. Et enfin, on meurt après une vie gaie, au lieu de mourir après une vie triste comme font ceux qui donnent à ce monde plus d'importance qu'il n'en a.

BARANTIN. Et quand on est mort?

VALMOREAU. C'est pour longtemps, dit la chanson.

BARANTIN. En attendant, vous voilà amoureux pour la cinq cent vingtième fois, à une fois par semaine depuis dix ans.

VALMOREAU. Oh! il y a des mortes-saisons, et puis il y a des non-valeurs.

BARANTIN. Et vous avez le doux espoir

---

[1] le Grand Turc, the emperor of Constantinople in the language of the middle ages. S'en soucier comme du Grand Turc means not to care a fig.

que la personne dont il s'agit est de celles à qui on peut dire, au bout de huit jours . . . ?

VALMOREAU. J'ai ce doux espoir.

BARANTIN. Et il vous vient . . . ?

VALMOREAU. De certaines indications auxquelles un Parisien se trompe rarement.

BARANTIN. Et qui sont?

VALMOREAU. Cela vous intéresse, homme sérieux?

BARANTIN. Vous verrez pourquoi, plus tard.

VALMOREAU. Eh bien, voici mon histoire avec miss Capulet.

BARANTIN. Miss Capulet! est-ce qu'elle descend de la bien-aimée de Roméo?

VALMOREAU. Par le balcon peut-être. . . . Non, je l'appelle ainsi, ne connaissant pas son nom véritable, à cause d'un petit capulet [1] bleu qu'elle porte presque toujours, et qui fait d'elle la plus gentille personne qu'on puisse imaginer. D'abord, elle a la ligne.

BARANTIN. Vous dites?

VALMOREAU. Je dis: elle a la ligne. Vous ne savez pas ce que c'est que la ligne? Vous n'avez donc jamais aimé, à votre âge?

BARANTIN. Quel âge me donnez-vous?

VALMOREAU. Soixante ans.

BARANTIN. J'en ai quarante-neuf. Un homme de quarante-neuf ans qui en paraît soixante a plus aimé que vous n'aimerez jamais, jeune homme; seulement, il n'a aimé qu'une fois.

VALMOREAU. Juste punition d'une fausse théorie.

BARANTIN. Qu'est-ce que c'est que la ligne?

VALMOREAU. Quand, même sans être peintre, en voyant passer une femme, il vous semble que, d'un seul coup de crayon, vous pourriez tracer sa silhouette, depuis le pompon de son chapeau jusqu'à la queue de sa robe, cette femme a la ligne. Qu'elle marche, qu'elle s'arrête, qu'elle rie, qu'elle pleure, qu'elle mange, qu'elle dorme, elle est toujours, sans y tâcher, dans les exigences du dessin. Surgit-il un coup de vent violent comme nous en avons ici sur la plage, tandis que les autres femmes se sauvent, s'assoient, se serrent les unes contre les autres, mettent leurs mains tout autour d'elles avec des mouvements ridicules et dans des attitudes grotesques,

—elle—continue son chemin sans faire un pas plus vite qu'un autre. Le vent furieux l'enveloppe, l'enlace, fait flotter sa jupe en avant, en arrière, à droite, à gauche, elle va toujours, elle se connaît, elle n'a rien à craindre. Ce qui est choc pour les autres est caresse pour elle, ce qui était plat devient rond, ce qui était douteux devient positif; on est certain que les pieds sont petits et que les jambes sont belles, voilà tout; ce sont des femmes dont on peut devenir amoureux fou à cent pas de distance, d'un bout à l'autre d'une rue, sans avoir vu leur visage. Terribles créatures pour le commun des hommes, car elles savent leur puissance, et, si vous laissez tomber votre cœur sur leur chemin, elles marchent tranquillement dessus, pour ne pas déranger la ligne.

BARANTIN. Alors, cette fois, vous êtes en danger?

VALMOREAU. Presque! Si elle résiste, j'en ai pour quinze jours. [2]

BARANTIN. Une non-valeur! Et depuis quand êtes-vous amoureux?

VALMOREAU. Amoureux sérieusement?

BARANTIN. Oui.

VALMOREAU. Depuis avant-hier, dix heures trois quarts.

BARANTIN. Du matin?

VALMOREAU. Du matin; et voici comment la chose est arrivée. Il faut vous dire que les chemins de fer entrent pour beaucoup dans mes combinaisons. Quand le printemps est venu, je prends mon sac de nuit ou ma malle, selon la distance à parcourir, et je me rends à la gare à l'heure du train express, tantôt à la gare de l'Ouest, tantôt à celle du Nord, tantôt à celle de l'Est. . . .

BARANTIN. Tantôt à celle du Midi? [3]

VALMOREAU. Non, je garde le Midi pour l'hiver.

BARANTIN. C'est juste, pardon.

VALMOREAU. Je ne sais jamais en sortant de chez moi où je serai le soir, cela dépend d'une voyageuse que je ne connais pas. Au milieu de toutes ces femmes qui s'envolent vers une autre patrie, j'en avise une; les jeunes filles exceptées bien entendu, elles sont sacrées, celles-là!

BARANTIN. Il faut les épouser.

VALMOREAU. Comme vous dites. Si mon inconnue est seule, c'est rare mais cela n'en vaut que mieux; si elle a un mari,

---

[1] *capulet*, bonnet.

[2] *j'en ai pour quinze jours*, It will take me a fortnight to get over it.

[3] *Ouest, Nord, Est, Midi* are the names of four of the principal railways entering Paris.

j'étudie le mari. La destinée d'une femme est dans les traits de son mari. Si le mari me va, je la regarde, tranchons le mot, je lui fais l'œil, vieux moyen, éternellement bon pour commencer. Elle voit bien vite l'impression qu'elle me cause, et où va la belle, je vais. Dès que je puis lui parler, je lui apprends que sa seule vue m'a détourné de ma route, que ma famille ne va pas savoir ce que je suis devenu, que ma vie . . . C'est bête comme un tour de cartes, mais ça réussit dix-neuf fois sur vingt, et ça me fournit d'avance un prétexte pour m'en aller après.

BARANTIN. C'est ingénieux, très ingénieux.

VALMOREAU. Or, l'autre jour, à la gare de l'Ouest, j'aperçois une dame toute seule, avec une femme de chambre et un enfant.

BARANTIN. Oh! un enfant!

VALMOREAU, *continuant.* J'adore les enfants en ces circonstances: ça jase, ça fait les commissions, ça va se coucher de bonne heure. Les femmes disent que ça garantit; les maris croient que ça surveille; c'est excellent.

BARANTIN. C'est excellent, les enfants!

VALMOREAU. Je vois mon inconnue qui prend ses billets au guichet du Havre: je prends ma première pour le Havre, vingt-cinq francs.

BARANTIN. C'est raide.

VALMOREAU. Oui, tout cela est assez cher comme mise de fonds.

BARANTIN Sans compter les faux frais.

VALMOREAU. Elle monte dans le compartiment des dames, je monte dans le compartiment à côté, me voilà bien tranquille. J'arrive au Havre. . . .

BARANTIN. Nous allons rentrer dans nos petits débours.

VALMOREAU. Personne! elle était descendue à je ne sais quelle station, comprenez-vous? Alors, me voilà faisant tout le littoral.

BARANTIN. Autre non-valeur.

VALMOREAU. Autre non-valeur. Enfin j'arrive ici, et, avant-hier, à dix heures trois quarts, je vois mon inconnue qui sort de cette salle où nous sommes, où elle vient tous les jours jouer du piano, pas très bien, pendant que les autres baigneurs déjeunent.

BARANTIN. Et où en êtes-vous?

VALMOREAU. Je ne puis pas dire que je sois très avancé; elle n'a même pas eu l'air de me voir. L'aborder devant tout le monde, c'est difficile et un peu trop commis voyageur. Je me suis adressé à l'enfant pendant qu'il jouait avec d'autres bambins, et je lui ai demandé comment on l'appelle. Il m'a répondu: « Le prince Bleu.—Et votre maman?—La princesse Blanche.—Et le mari de votre maman?—Le prince Noir. »

BARANTIN. L'enfant s'est moqué de vous.

VALMOREAU. Galamment; ce sont des réponses faites d'avance à des questions prévues. Alors, j'ai interrogé la femme de chambre.

BARANTIN. C'est tout neuf, ça.

VALMOREAU. La femme de chambre m'a dit:—*Ich verstehe nicht. Sprechen sie Deutsch?*

BARANTIN. Traduction: « Je ne comprends pas. Parlez-vous allemand? »

VALMOREAU. Je lui ai répondu: *Ja.*

BARANTIN. Voilà la conversation engagée.

VALMOREAU. Attendez; elle s'est levée et elle m'a dit: « Vous êtes bien heureux, monsieur, de parler allemand; moi, je n'en comprends pas une syllabe; » et elle m'a planté là.

BARANTIN. Et de deux! Restait le propriétaire de la maison qu'elle habite.

VALMOREAU. C'est Roussel, le baigneur. Elle est déjà descendue chez lui l'année dernière; elle le paye d'avance, il ne lui demande pas autre chose. On l'appelle ici la dame de chez Roussel, elle ne reçoit pas de lettres et elle ne parle à personne. Mystère! mystère!

BARANTIN. C'est là toute votre histoire?

VALMOREAU. Jusqu'à présent.

BARANTIN. Vous n'avez plus rien à me conter?

VALMOREAU. Non.

BARANTIN. Avez-vous cent francs sur vous?

VALMOREAU. Cent francs, oui.

BARANTIN. Donnez-les-moi.

VALMOREAU, *lui donnant les cent francs.* Tenez.

BARANTIN. Cela ne vous gêne pas?

VALMOREAU. Non. . . . Mais vous n'avez pas besoin de cent francs.

BARANTIN. Aussi n'est-ce pas pour moi que je vous les demande; voici ce que c'est. Nous fondons en ce moment des écoles pour les enfants pauvres, orphelins ou abandonnés, et nous avons besoin de souscripteurs. Où les trouverons-nous, si ce n'est parmi les gaillards comme vous, qui s'amusent tant et à qui l'argent vient tout seul, pendant qu'ils suivent les femmes dans les gares? Elle est charmante, votre histoire! Ce n'est pas pour en dire du mal, mais elle vaut bien cent francs, surtout pour des pauvres diables qui n'en auront jamais de pareilles à conter.

VALMOREAU. On souscrit une fois pour toutes?

BARANTIN. Oui, rassurez-vous.

VALMOREAU. Alors, ce n'est pas assez, mon maître; inscrivez-moi pour cinq cents francs.

BARANTIN. Pardieu! voilà qui est bien parlé. Décidément, il est rare qu'un homme d'esprit ne soit pas un homme de cœur. Et dire que, si les hommes dépensaient pour faire du bien aux autres le quart de ce qu'ils dépensent pour se faire du mal à eux-mêmes, la misère disparaîtrait du monde!

VALMOREAU. Où demeurez-vous ici, que je vous porte le reste de ma souscription?

BARANTIN, *voyant entrer* MADAME AUBRAY. Vous remettrez ce reste à madame.

SCÈNE II

LES MEMES, MADAME AUBRAY

BARANTIN. Chère amie, je vous présente un de nos nouveaux souscripteurs, M. Valmoreau, un souscripteur de cinq cents francs.

MADAME AUBRAY. Voilà qui est magnifique, monsieur.
Elle lui tend la main.

VALMOREAU. Madame, c'est moi qui maintenant suis votre débiteur.

BARANTIN. J'oubliais de vous prévenir qu'il va vous faire la cour.

MADAME AUBRAY. Je ne demande pas mieux; il y a si longtemps qu'on ne me la fait plus.

BARANTIN. Mais je dois le prévenir aussi des dangers qu'il va courir. Mon cher garçon, vous avez devant les yeux madame Aubray.

VALMOREAU, *s'inclinant.* Ah!

BARANTIN. Ça ne vous apprend pas grand'chose. Madame Aubray est une honnête femme dans la plus grande et la plus noble acception du mot.

VALMOREAU. Ah! madame, laissez-moi vous regarder, vous contempler, vous admirer. J'adore les honnêtes femmes, parce que. . . .

MADAME AUBRAY. Il y a une raison?

VALMOREAU. Il y en a même deux. La première, c'est qu'on doit les adorer, et la seconde, c'est qu'on peut dire tout ce qu'on

veut devant elles, elles rougissent bien moins que les autres.

MADAME AUBRAY. C'est qu'elles ne comprennent peut-être pas tout ce qu'on dit.

BARANTIN. Il y a douze ans, je sortais d'une grande épreuve; je ne rêvais que vengeance, meurtre, suicide. J'ai rencontré madame; elle m'a appris la patience, le courage, le travail quand même. De ma fille, qui n'avait plus de mère et que son père détestait par moments, elle a fait sa fille à elle. Si je suis bon à quelque chose, si je suis utile à quelqu'un, si je ris encore de temps en temps, si j'ai pu plaisanter tout à l'heure avec vous, c'est à elle que je le dois. Ce n'est pas une femme, c'est un ange.

MADAME AUBRAY. Voyez comme Barantin résume simplement les choses! . . . Quelle définition claire! Un ange! Ce n'est qu'un mot et ça dit tout.

BARANTIN. Oui, un ange . . . dont vous avez les qualités et les défauts.

VALMOREAU. Quels sont les défauts des anges?

BARANTIN. De ne pas être assez de ce monde. Madame Aubray croit trop au bien.

VALMOREAU. C'est abominable!

MADAME AUBRAY. Vous déjeunez avec nous, monsieur; je veux vous expliquer ce que vos cinq cents francs vont devenir.

VALMOREAU. Je suis à vos ordres, madame.

BARANTIN. Du reste, il est dans un bon moment pour exploiter sa bienfaisance, il est amoureux.

MADAME AUBRAY. Bravo!

BARANTIN. Et il compte sur vous pour avoir des renseignements.

MADAME AUBRAY. Sur moi?

VALMOREAU. Oh! madame.

MADAME AUBRAY. Est-ce que je connais la personne?

BARANTIN. Elle habite Saint-Valery. Il faut vous dire que ce garçon, qui est un charmant garçon, du reste, est un des plus mauvais sujets qui existent. Il aime toutes les femmes.

MADAME AUBRAY. Tant mieux! il faut aimer n'importe qui, n'importe quoi, n'importe comment, pourvu qu'on aime.

VALMOREAU. Parfait! Alors, madame, connaissez-vous une petite dame blonde, qui a un enfant, une femme de chambre et un capulet bleu?

MADAME AUBRAY. Et qui vient jouer du piano ici tous les jours?

BARANTIN. Pas très bien.

MADAME AUBRAY. Entre dix et onze heures.

VALMOREAU. Justement.

MADAME AUBRAY. Je vais la connaître probablement aujourd'hui; j'ai à la remercier d'une gracieuseté qu'elle vient de me faire. Elle jouait hier un air tout à fait original, mon fils désirait avoir cet air, j'ai prié le directeur du Casino de demander à cette dame où je pourrais me le procurer; elle lui a répondu qu'il n'était pas gravé, et elle vient de m'en faire remettre le manuscrit à l'instant. Je vais causer avec elle quand elle va venir, je me renseignerai, et, si vous l'aimez. . . .

VALMOREAU. J'en suis fou.

BARANTIN. Depuis hier, onze heures moins le quart.

MADAME AUBRAY. L'heure n'y fait rien; n'est-ce pas, monsieur?

VALMOREAU. Rien du tout.

MADAME AUBRAY. Eh bien, puisque vous l'aimez, si elle est veuve, je vous présenterai à elle, et, si elle veut se remarier, vous l'épouserez.

VALMOREAU. Oh! c'est beaucoup, tout ça.

MADAME AUBRAY. Je ne puis pourtant pas faire moins. (A CAMILLE et à LUCIENNE qui entrent.) D'où venez-vous?

SCÈNE III

LES MÊMES, CAMILLE, LUCIENNE

CAMILLE, embrassant MADAME AUBRAY d'un côté pendant que LUCIENNE embrasse BARANTIN. Nous venons de nous baigner.

LUCIENNE, à son père. J'ai été jusqu'au radeau.

BARANTIN, présentant LUCIENNE à VALMOREAU. Mademoiselle ma fille.

LUCIENNE, saluant. Monsieur!—Bon! j'ai oublié mon bouvreuil dans ma cabine.

CAMILLE. Tu le feras mourir, ton oiseau, à le promener toujours avec toi.

LUCIENNE. Il faut bien qu'il prenne l'air de la mer, ce pauvre mignon. Il est très bien dans sa petite cage.

Elle sort.

SCÈNE IV

LES MÊMES, hors LUCIENNE

MADAME AUBRAY, présentant CAMILLE à VALMOREAU. Mon fils, monsieur.

VALMOREAU. Votre fils . . . d'adoption, madame?

MADAME AUBRAY. Non pas: mon fils à moi, mon vrai fils. . . . Cela vous étonne?

VALMOREAU. Mais oui, madame; monsieur a au moins vingt ans.

CAMILLE. Vingt-quatre.

VALMOREAU. Mais alors . . . vous, madame?

MADAME AUBRAY. Moi, j'en ai quarante-deux.

VALMOREAU. Vous en paraissez bien vingt-cinq.

BARANTIN. Voilà comme nous sommes ici, personne ne paraît son âge.

CAMILLE. C'est que les âmes toujours pures font les visages toujours jeunes; c'est que la vertu triomphe même du temps. J'aime à entendre ce que vous venez de dire, monsieur, et je l'entends souvent; je suis si fier de cette mère-là! On nous prend partout pour le frère et la sœur, et, si ça continue, dans quelques années on nous prendra pour le père et la fille. J'ai déjà l'air plus vieux que toi. (Il lui baise les mains.) Tu vas bientôt me devoir le respect.

MADAME AUBRAY. Mais je te respecte. N'es-tu pas le chef de la famille?

CAMILLE. Et elle a si grand'peur d'être accusée de coquetterie, qu'elle fait tout ce qu'elle peut pour paraître vieille, cette vilaine maman. Comme elle se coiffe! Est-ce qu'une femme se coiffe ainsi, même quand ses cheveux sont à elle? (Il lui ébouriffe les cheveux.) Quelle différence tout de suite! Quand on nous rencontre bras dessus, bras dessous dans la rue, on dit: « Oh! le joli petit ménage! »—Oh! l'adorable maman!

Il l'embrasse.

VALMOREAU. En voilà une famille!

BARANTIN. Vous n'y êtes pas encore, vous en verrez bien d'autres.

VALMOREAU, à BARANTIN. La voici.

BARANTIN. Qui?

VALMOREAU. Miss Capulet.

SCÈNE V

LES MÊMES, JEANNINE, GASTON

JEANNINE, à la porte se penchant vers son fils et l'embrassant. Tu aimes mieux aller jouer sur le galet avec Marguerite?

GASTON. Oui, maman.

JEANNINE, lui donnant ses joujoux. Eh bien, va. Attends que je t'arrange un peu, et prends garde de tomber. Ne cours pas.—Marguerite, ne le quittez pas surtout.

Elle se retourne, et, voyant du monde, elle se dispose à s'éloigner.

MADAME AUBRAY. Ne vous éloignez pas à cause de nous, madame. C'est l'heure où d'ordinaire cette salle est déserte et où vous pouvez étudier à votre aise: nous allons nous retirer; mais je vous attendais pour vous remercier de ce manuscrit que vous m'avez si gracieusement fait remettre. J'en prendrai copie, si vous le permettez.

JEANNINE. Certainement, madame.

MADAME AUBRAY. Et j'irai vous le reporter.

JEANNINE. Ne prenez pas cette peine, madame. Quand vous n'en aurez plus besoin, remettez-le tout simplement au directeur du Casino, qui me le rendra à la première occasion. Du reste, madame, si ces airs vous plaisent, j'en ai plusieurs, complètement inconnus en France, que je vous prêterai avec le plus grand plaisir.

MADAME AUBRAY. Ce sont des airs espagnols?

JEANNINE. Ce sont des airs basques.

VALMOREAU. En connaissez-vous l'auteur, madame?

JEANNINE. Non, monsieur.

VALMOREAU. Ce n'est pas le prince Noir?

JEANNINE. Non, monsieur; le prince Noir n'aime pas la musique.

MADAME AUBRAY. Qu'est-ce que le prince Noir, sans indiscrétion?

JEANNINE. C'est une plaisanterie de mon petit garçon, à qui l'on demande quelquefois, sans raison, comment nous nous appelons, lui, son père et moi, et qui nous a baptisés, moi la princesse Blanche, lui le prince Bleu, et son père le prince Noir.

VALMOREAU. Il a de l'esprit pour son âge.

JEANNINE. On l'aide un peu.

MADAME AUBRAY. Il a cinq ans.

JEANNINE. A peine.

MADAME AUBRAY. Vous n'avez que cet enfant?

JEANNINE. Oui, madame.

MADAME AUBRAY. Vous l'avez eu bien jeune?

JEANNINE. A dix-sept ans.

CAMILLE *s'éloigne.*

MADAME AUBRAY. Comment vos parents vous ont-ils mariée si tôt?

JEANNINF. Nous n'avions pas de fortune.

MADAME AUBRAY. Vous avez fait ce qu'on appelle un beau mariage?

JEANNINE. Oui, madame, justement.

MADAME AUBRAY. Le petit commence-t-il à travailler

JEANNINE. Il lit un peu.

MADAME AUBRAY. C'est son père qui fera son éducation.

JEANNINE. Il n'a plus son père.

MADAME AUBRAY. Vous êtes veuve?

JEANNINE. Oui, madame.

BARANTIN, *sortant avec* VALMOREAU. Elle a la ligne.

MADAME AUBRAY. Veuve! Pas depuis longtemps?

JEANNINE. Depuis deux ans.

MADAME AUBRAY. Comme moi.

JEANNINE. Comme vous, madame?

MADAME AUBRAY. Je veux dire comme je l'ai été moi-même. Je suis restée veuve à l'âge que vous avez, dans les mêmes conditions que vous, avec un fils. Cette similitude dans nos situations vous expliquerait ma sympathie et ma curiosité, si cette sympathie et cette curiosité n'avaient pour excuse l'intérêt que les enfants doivent toujours inspirer à toute femme qui est mère. La maternité est une mission si difficile, surtout quand le père n'est plus là, que nous nous devons appui et conseil les unes aux autres. Avez-vous de la famille, au moins?

JEANNINE. Non, madame, mes parents sont morts.

MADAME AUBRAY. Et du côté de votre mari?

JEANNINE. Personne.

MADAME AUBRAY. Toute seule, alors?

JEANNINE. Toute seule.

MADAME AUBRAY. C'est triste.

JEANNINE. Mon enfant m'occupe beaucoup.

MADAME AUBRAY. Vous ne songez pas à vous remarier?

JEANNINE. Non, madame.

MADAME AUBRAY. Vous vous consacrerez entièrement à votre fils?

JEANNINE. C'est mon intention.

MADAME AUBRAY. Voilà qui est bien.

JEANNINE. Vous ne vous êtes pas remariée non plus, vous, madame?

MADAME AUBRAY. Non; mais, moi, j'ai à ce sujet des idées un peu absolues et que je n'impose à personne. A mon sens, il n'y a pas de place dans la vie d'une femme pour deux amours. Ce qu'une femme qui se respecte a dit à un homme qu'elle aimait, dans l'intimité de son cœur, elle ne doit plus jamais le dire à un autre.

Si l'homme qu'elle aimait, et qu'elle avait juré d'aimer toujours, meurt, elle doit tenir son serment encore, en partageant cet amour à tous ceux qui souffrent et qui ont besoin d'être aimés; ceux-là ne manquent pas et les morts n'en sont pas jaloux.

JEANNINE. Remplacer l'amour par la charité?

MADAME AUBRAY. Oui.

JEANNINE. Être une sainte, autrement dit. Ce n'est facile qu'à vous, madame, que tout le monde admire, aime et vénère.

MADAME AUBRAY. Qui vous a parlé de moi ainsi?

JEANNINE. Tout le monde. Aussi, je suis très heureuse et très fière de l'intérêt que vous voulez bien prendre à moi.

MADAME AUBRAY. Et que vous méritez, j'en suis convaincue. Acceptez-le donc, comme je vous l'offre. D'abord, je serais votre mère, puisque j'ai un fils de deux ans plus âgé que vous. Ensuite, la situation où vous vous trouvez et qui est identique à celle où je me trouvais il y a vingt ans; enfin l'expérience que m'a donnée l'éducation de mon fils, faite par moi seule, tout cela me met en droit, me fait un devoir de vous questionner et de vous conseiller, puisque le hasard nous rapproche. Oh! je sais quels dangers, quelles luttes, quelles défaillances, quelles suppositions attendent une jeune femme, restée seule au milieu de notre société moderne. Aussi me suis-je promis de faire, en toute circonstance, profiter notre pauvre sexe de ce que la vie m'a appris, de ce que m'a révélé le meilleur et le plus juste des hommes, qui avait mille fois plus que moi l'amour du bien et l'intelligence pour l'accomplir.

JEANNINE. Sa mort a dû être pour vous, madame, une bien grande douleur!

MADAME AUBRAY. Très grande; mais le malheur, en doublant les devoirs, double les forces. Et puis nous nous étions souvent entretenus de la mort comme du fait le plus probable, le plus certain de la vie. Il m'avait fortifiée d'avance contre ce fait qu'il pressentait devoir être prochain, et il m'avait là-dessus, comme sur toute chose, fait partager ses idées. Il y a, dans les légendes et les contes de fées, des personnages, invisibles pour tout le monde, visibles pour une seule personne qui possède un certain talisman. Rien de surnaturel dans ces légendes, ou plutôt dans ces symboles. Ce talisman, c'est l'amour, sur lequel la mort elle-même n'a pas de prise. Oui, matériellement, mon époux a

disparu de ce monde; je ne puis plus voir son visage, je ne puis plus toucher sa main, mais son âme a passé dans tout ce qui m'entoure, dans tout ce que j'aime, dans tout ce qui est bien. Il assiste à toutes mes actions, il commande à toutes mes pensées. C'est lui qui vous parle en ce moment, il est assis à côté de moi, je le vois, je l'entends, je le sens, et, si jamais mon esprit venait à douter de cette présence incessante, je n'aurais besoin pour y croire que de regarder son fils, sa vivante image.

JEANNINE. Oh! madame, vous ne sauriez croire comme c'est doux et facile de causer avec vous! (Après un petit temps.) Alors, monsieur votre fils ressemble à son père?

MADAME AUBRAY. C'est lui-même.

JEANNINE. Vous devez bien vous aimer tous les deux?

MADAME AUBRAY. Il croit aveuglément en moi, je crois aveuglément en lui, nous n'avons pas de secrets l'un pour l'autre.

JEANNINE. Les jeunes gens ne sont-ils pas forcés d'avoir certains secrets pour leur mère?

MADAME AUBRAY. C'est selon comment ils ont été élevés. C'est de l'amour que vous voulez parler; il entend sérieusement l'amour. Il ne donnera son cœur qu'une fois et ne le reprendra plus.

JEANNINE. Vous êtes une mère bien heureuse.

MADAME AUBRAY. Oui, mais toutes les mères pourraient être aussi heureuses que moi. C'est bien simple; vous verrez. Vous me plaisez beaucoup, je vous ai observée souvent sur la plage sans que vous pussiez soupçonner que je vous regardais; vous contempliez la mer pendant des heures, suivant une même pensée que le flot berçait pour ainsi dire sous vos yeux; puis vous embrassiez tout à coup votre enfant, et vous vous mettiez à courir avec lui, comme si vous étiez une enfant vous-même, ou comme si vous vouliez vous étourdir, oublier un chagrin.

JEANNINE. C'est vrai.

MADAME AUBRAY. Êtes-vous encore pour longtemps aux bains de mer?

JEANNINE. Tant qu'il fera beau.

MADAME AUBRAY. Nous nous reverrons, alors.—Qu'est-ce que vous faites ce soir?

JEANNINE. Rien, madame.

MADAME AUBRAY. Le temps est superbe, venez passer la soirée avec nous, au pavillon d'Étennemare, là, sur la hauteur. J'aurai quelques personnes, on fera de la musique, vous ne vous ennuierez pas trop.

JEANNINE. Chez vous, madame? Mais je craindrais. . . .

MADAME AUBRAY. Quoi?

JEANNINE. De laisser mon petit garçon aux soins d'une femme de chambre.

MADAME AUBRAY. Amenez-le, il jouera avec Lucienne; elle a quinze ans, mais elle joue volontiers à la poupée.

JEANNINE. Il s'endort de très bonne heure. . . .

MADAME AUBRAY. Nous le laisserons s'endormir, et quelqu'un de ces messieurs vous le rapportera tout endormi.

JEANNINE. Merci, madame.

MADAME AUBRAY. Merci oui?

JEANNINE. Merci oui.

MADAME AUBRAY, *voyant entrer* GASTON *qui court à sa mère.* Voici notre petit invité.

SCÈNE VI

LES MÊMES, GASTON

MADAME AUBRAY. N'est-ce pas, monsieur, que vous voulez bien venir passer la soirée chez moi, avec votre maman?

JEANNINE. Dis « Oui, madame ».

GASTON. Oui, madame.

JEANNINE. Embrasse madame.

GASTON *embrasse* MADAME AUBRAY *sans cesser de regarder sa mère, à laquelle il revient tout de suite.*

MADAME AUBRAY. A huit heures.

GASTON. Est-ce qu'il y aura des enfants?

MADAME AUBRAY. Oui.

GASTON. Des petits garçons ou des petites filles?

MADAME AUBRAY. Des petites filles.

GASTON. Tant mieux! je n'aime pas les petits garçons.

MADAME AUBRAY. Il est charmant.

Elle sort.

SCÈNE VII

JEANNINE, GASTON

GASTON, *à* JEANNINE, *qui se dirige vers le piano.* C'est ça, jouons du piano.

JEANNINE. Ça t'amuse?

GASTON. Beaucoup.

JEANNINE *commence à jouer du piano.*

SCÈNE VIII

LES MÊMES, CAMILLE

CAMILLE. Pardon, madame, je viens chercher la musique que vous avez bien voulu prêter à ma mère et qu'elle a oubliée ici.

JEANNINE, *retrouvant la musique sur le piano.* La voici, monsieur.

CAMILLE. Ma mère m'a dit que vous nous feriez l'honneur de venir passer la soirée avec nous.

JEANNINE. En effet.

CAMILLE. Votre maison est un peu éloignée de la nôtre, les jours commencent à diminuer, voulez-vous me permettre de venir vous chercher, madame?

JEANNINE. Merci, monsieur, je ne suis pas peureuse de si bonne heure.

CAMILLE. Alors, madame, laissez-moi embrasser cet enfant; car je suis si content, que j'ai besoin d'embrasser quelqu'un.

JEANNINE. Et pourquoi êtes-vous si content, monsieur?

CAMILLE, *tenant* GASTON *dans ses bras.* Parce que je viens d'apprendre une bonne nouvelle de la bouche de ma mère, qui ne saurait mentir, et à qui on ne ment pas; parce que, depuis un an, j'avais un secret que je ne pouvais dire à personne, et que, grâce à cette nouvelle, je vais pouvoir le dire.

JEANNINE. Prenez garde, monsieur, il ne faut pas trop se hâter de dire ses secrets.

CAMILLE. C'est selon à qui. (*Il dépose l'enfant à terre.*) A ce soir, madame.

JEANNINE. A ce soir, monsieur.

CAMILLE *sort.*

SCÈNE IX

GASTON, JEANNINE

JEANNINE, *en jouant du piano.* « Il donnera son cœur et ne le reprendra plus. —Il n'a pas de secrets pour moi. . . . » Toutes les mères sont les mêmes. « J'ai un secret depuis un an. . . . » Si elle avait entendu! . . . On le connaît, votre secret, monsieur Camille.—Il est revenu. Moi aussi! Qu'est-ce que je veux? Tout cela est absurde, mais c'est charmant, et cela ne fait de mal à personne.—Ah! que cette femme m'a émue! A ce soir! . . . Non, madame, je n'irai pas chez vous. Ah!

Elle secoue la tête et joue un air gai.

GASTON. Veux-tu que nous dansions, maman?

SCÈNE X

Les Mêmes, Tellier

TELLIER, *adossé extérieurement à la fenêtre ouverte et cachant son visage derrière le journal qu'il fait semblant de lire.* Jeannine!

JEANNINE, *se levant.* Vous ici!

TELLIER. Ne bougez pas. Il ne faut pas qu'on me voie vous parler, je suis connu de madame Aubray et de son fils. Attendez-moi de huit à neuf heures.

JEANNINE. C'est bien, je vous attendrai.

TELLIER *s'éloigne.*

GASTON, *qui se rapproche de sa mère.* Maman, qu'est-ce que c'est que ce monsieur?

JEANNINE, *avec tristesse.* C'est le prince Noir, mon enfant.

ACTE DEUXIÈME

Chez MADAME AUBRAY, *à la campagne. Salon, portes vitrées au fond, table, fauteuils.*

SCÈNE PREMIÈRE

Camille, Lucienne

LUCIENNE. Je te cherchais.

CAMILLE. Qu'est-ce que tu me veux?

LUCIENNE. Tu es de mauvaise humeur.

CAMILLE. Avec toi? es-tu folle? Seulement, je pensais à mon travail.

LUCIENNE. Je voulais te montrer mon bouvreuil.

CAMILLE. Qu'est-ce qui lui arrive?

LUCIENNE. Il ne va pas bien. . . . Vois comme il ferme les yeux, et puis il tremble.

CAMILLE. Dame! tu le portes partout avec toi et tu le secoues tant que tu peux. Il fallait d'abord le laisser tranquille. Et puis, qu'est-ce que tu lui donnes à manger?

LUCIENNE. Du jaune d'œuf battu avec du lait.

CAMILLE. Ce n'est pas ça du tout.

LUCIENNE. Quoi, alors?

CAMILLE. Donne-lui du cœur de bœuf et, dans quelque temps, du chènevis et des baies d'aubier.

LUCIENNE. Il ne mourra pas, tu es sûr?

CAMILLE. Il vivra parfaitement. Il chantera, il sifflera, il parlera. C'est le plus amusant de tous les oiseaux; seulement il est de cette année et il faut des précautions.

LUCIENNE. Aura-t-il des petits?

CAMILLE. Certainement.

LUCIENNE. Quand ça?

CAMILLE. L'année prochaine.

LUCIENNE. Ce pauvre chéri, comme il me regarde!

CAMILLE. Il te connaît déjà?

LUCIENNE. Certainement, il me connaît.

CAMILLE. Et il t'aime?

LUCIENNE. Il m'aimera parce que je l'aimerai bien.

CAMILLE. Comment l'aimeras-tu?

LUCIENNE. Comme on aime. Il n'y a pas deux manières d'aimer.

CAMILLE. Tu n'aimes pourtant pas ton bouvreuil comme tu aimes ton père, ma mère ou moi.

LUCIENNE. Je ne l'aime pas autant, voilà tout.

CAMILLE. Pourquoi?

LUCIENNE. Parce que je pourrais avoir beaucoup d'autres oiseaux comme lui, et je ne peux avoir qu'un père comme le mien, une tutrice comme ta mère et un mari comme toi, puisque tu dois être mon mari. Cependant il me semble que le sentiment que j'éprouve pour vous quatre est de la même nature. Seulement j'ai besoin de vous et il a besoin de moi, je l'aime un peu comme vous m'aimez. Tu vois que c'est toujours la même chose.

CAMILLE. Mais, s'il fallait le tuer pour nous sauver la vie, à ton père, à maman ou à moi, qu'est-ce que tu ferais?

LUCIENNE. Ça ne peut pas arriver.

CAMILLE. Supposons! . . . s'il le fallait?

LUCIENNE. Ce serait affreux, pauvre petite bête! Je l'embrasserais bien, je lui demanderais pardon, je pleurerais beaucoup, et puis je le tuerais tout doucement, tout doucement. Il saurait bien après que ce n'était pas pour lui faire du mal.

CAMILLE. Après, il ne le saurait pas, puisqu'il serait mort et qu'il ne resterait rien de lui.

LUCIENNE. Et son âme?

CAMILLE. Les oiseaux n'en ont pas, tu le sais bien.

LUCIENNE. Ils ne chanteraient pas s'ils n'avaient pas d'âme.

CAMILLE. Tu es un bijou, va soigner ton oiseau.

LUCIENNE. Où est donc maman?

CAMILLE. Elle est allée savoir des nouvelles de cette dame qui devait venir hier au soir et qui n'est pas venue. Elle craint qu'elle ne soit indisposée.

LUCIENNE, *courant à son père qui entre.* Monsieur mon petit père, j'ai l'honneur de vous dire que je vous adore.

Elle l'embrasse et sort.

SCÈNE II

BARANTIN, CAMILLE

BARANTIN. Toujours la même.

CAMILLE. Toujours. Elle a six ans.

BARANTIN. Tant mieux.

CAMILLE. Peut-être.

BARANTIN. Tu aimerais mieux qu'elle en eût trente.

CAMILLE. Trente, non, mais vingt.

BARANTIN. Autrement dit, tu commences à trouver le temps un peu long, ou à ne plus voir en Lucienne la femme que tu dois épouser un jour. Tu sais que, malgré nos projets, tu restes toujours maître de ton cœur comme de ta pensée et que tu t'appartiens toujours. Ce n'est pas moi qui conseillerai jamais un mariage qui ne sera pas absolument l'union de deux sympathies bien déterminées. Mieux vaut rester garçon et mourir dans un coin, entre sa bonne et son portier, que d'avoir à traîner toute sa vie la chaîne de l'incompatibilité des caractères. C'est ta mère qui a élevé Lucienne et qui l'a élevée dans l'idée d'en faire ta femme. Tant pis pour Lucienne et pour moi si cela ne se réalise pas, mais la liberté avant tout. Tu n'es engagé à rien. Du reste, tu as encore trois ou quatre ans devant toi, à moins que tu n'aimes quelqu'un. . . .

CAMILLE. Qui sait?

BARANTIN. Moi, je le sais. Tu es amoureux.

CAMILLE. Vous en êtes sûr?

BARANTIN. Tu es amoureux depuis un an, depuis que tu es venu seul ici.

CAMILLE. Et vous connaissez la personne que j'aime? . . .

BARANTIN. Non; seulement, aux agitations, aux distractions, aux inégalités d'humeur auxquelles tu es soumis depuis l'été dernier, je suppose et je parierais que cet amour n'est pas filé d'or et de soie, et qu'il y a un peu de coton [1] dedans.

CAMILLE. Vous vous moquez.

BARANTIN. Dieu me garde de me moquer de l'amour. Ça rit, ça mord et ça tue! Heureusement, à ton âge, ce n'est pas une grosse affaire.

CAMILLE. Vous vous trompez.

BARANTIN. Alors, comment ta mère n'est-elle pas au courant de tout, elle qui prétend que tu ne lui caches rien?

CAMILLE. Je ne savais pas encore s'il était nécessaire de lui apprendre. . . .

BARANTIN. Et puis c'est peut-être un de ces amours qui ne regardent pas les mères.

CAMILLE. C'est l'amour le plus involontaire et le plus chaste en même temps. Si ma mère n'a pas reçu ma confidence, c'est que j'ignore si je suis aimé et qu'hier encore j'ignorais si la personne que j'aime était libre.

BARANTIN. Et aujourd'hui?

CAMILLE. Je sais qu'elle l'est; mais je doute qu'elle m'aime, car elle pouvait me donner, sinon une preuve d'amour, du moins un témoignage de sympathie, et elle ne l'a pas fait.

BARANTIN. Elle est donc ici?

CAMILLE. Oui.

BARANTIN. Tu caches bien ton jeu; on ne te voit parler à aucune femme.

CAMILLE. Je ne lui ai adressé la parole que deux fois: une fois l'année dernière, le 11 septembre. . . .

BARANTIN. Le 11 septembre. . . . Quel bel âge! [2]

CAMILLE. Et une fois cette année.

BARANTIN. A quelle date?

CAMILLE. Hier.

BARANTIN. Et tu ne lui as pas encore dit que tu l'aimes?

CAMILLE. Tant que j'ai cru qu'elle n'était pas libre, je n'ai pas voulu; quand j'ai su qu'elle l'était, je n'ai pas osé.

BARANTIN. Alors, elle ne se doute de rien?

CAMILLE. Oh! elle a deviné!

BARANTIN. C'est de l'amour platonique.

CAMILLE. C'est mon amour à moi.

BARANTIN. Prends garde!

CAMILLE. A qui?

BARANTIN. A toi. En amour, le plus grand ennemi qu'on puisse avoir, c'est soi-même. L'éducation que ta mère t'a donnée poétise tout dans ton esprit et ne te fait plus voir qu'à travers ton cœur bien des choses qui ne sont rien moins que poétiques. Ne prends pas les lanternes pour des étoiles, et ce qui s'éteint le matin pour ce qui brûle toujours. Sans être tout à fait un M. Valmoreau, qui a peut-être un peu

---

[1] *coton.* Perhaps a reference to the expression *filer un mauvais coton,* to be in a bad fix, in danger.

[2] *Quel bel âge!* The beautiful age which remembers the date of a first meeting with the beloved.

trop simplifié l'amour, il ne faut pas non plus livrer à l'amour toute sa pensée et toute sa vie. Il ne faut pas surtout exiger de lui plus qu'il ne peut donner. C'est le printemps, ce n'est pas l'année tout entière; c'est la fleur, ce n'est pas le fruit. Rappelle-toi qu'il y a des jouissances supérieures à celles-là, et donne ou plutôt conserve la première place au travail qui crée définitivement, qui ne trompe jamais, lui, et qui sert à tout le monde. Voilà pourquoi j'aurais voulu et je voudrais encore te voir épouser Lucienne. Elle sera de ces femmes qui laissent à leur mari l'intelligence nette et l'imagination calme. Là est toute la vérité dans le mariage, du moins pour des hommes comme toi.

CAMILLE. Est-ce ainsi que vous avez aimé?

BARANTIN. Non; mais raison de plus pour que tu profites de mon expérience.

CAMILLE. Et qui vous dit que, dans ma pensée, je n'associe pas le travail et la famille à la personne que j'aime? Me croyez-vous capable d'être préoccupé, pendant un an, d'un sentiment qui ne doive pas être éternel? Jusqu'ici, le travail a été mon maître, et par lui seul et pour lui seul j'ai contenu ma jeunesse. Mais enfin j'ai vingt-quatre ans, je suis un homme, je suis dans toute ma force et dans toute ma virilité, j'aspire à des sensations nouvelles, j'ai besoin de me retrouver dans un autre que moi; j'aime enfin. Si je ne suis pas aimé, comme je commence à le croire, je souffrirai, je me débattrai, je crierai, mais aussi je vivrai, et il sera temps alors de revenir demander au travail la réparation du mal qu'il n'aura pas su prévenir.

BARANTIN. Veux-tu que je te le dise? tu as parfaitement raison; va, mon garçon, rêve un idéal, fais des sonnets à la lune, passe les nuits à regarder une fenêtre et les jours à suivre une jupe, chante, ris, pleure, frappe-toi la tête contre les murs, maudis le sort et Dieu; déchire-toi la poitrine pour un mot et tombe à genoux pour un regard, c'est de ton âge, et je donnerais toute mon expérience et bien autre chose encore pour pouvoir en faire autant. As-tu terminé ton rapport pour la commission?

CAMILLE. J'ai travaillé toute la nuit.

BARANTIN. Tu ne t'es pas couché?

CAMILLE. Non.

BARANTIN. C'est sérieux, décidément. Tâche d'avoir fini aujourd'hui.

CAMILLE. J'en ai pour deux heures.

. . . Tout ce que je vous ai dit reste entre nous.

BARANTIN. Sois tranquille.

SCÈNE III

LES MÊMES, MADAME AUBRAY

CAMILLE, *à sa mère.* Eh bien, cette dame?

MADAME AUBRAY. Elle était sortie; on m'a dit chez elle qu'elle n'avait pu venir parce qu'elle avait eu du monde hier, mais qu'elle viendra s'excuser aujourd'hui. . . .

CAMILLE. Je vais me remettre à l'ouvrage.

BARANTIN. Et moi. . . .

MADAME AUBRAY. Et vous, vous allez rester là un moment, j'ai à vous parler.

CAMILLE *a débarrassé sa mère de son châle et de son chapeau.—Il sort.*

SCÈNE IV

BARANTIN, MADAME AUBRAY

BARANTIN. Qu'est-ce qu'il y a?

MADAME AUBRAY. J'ai vu votre femme.

BARANTIN, *étonné.* Ma femme! quand cela?

MADAME AUBRAY. Aujourd'hui. Elle est arrivée dans la nuit, exprès pour me parler.

BARANTIN. Et elle est repartie, j'espère bien?

MADAME AUBRAY. Immédiatement après notre conversation.

BARANTIN. Elle voulait?

MADAME AUBRAY. Me demander d'être son interprète.

BARANTIN. Auprès de qui?

MADAME AUBRAY. Auprès de vous.

BARANTIN. A quel propos?

MADAME AUBRAY. Elle est très malheureuse.

BARANTIN. Et après?

MADAME AUBRAY. Elle implore votre pardon.

BARANTIN. Après?

MADAME AUBRAY. Elle demande que vous la repreniez.

BARANTIN. C'est tout?

MADAME AUBRAY. C'est tout.

BARANTIN. Et vous lui avez répondu?

MADAME AUBRAY. Que j'obtiendrais ce qu'elle demande.

BARANTIN. De moi?

MADAME AUBRAY. Naturellement.

BARANTIN. Je suis curieux de voir comment vous allez vous y prendre.

MADAME AUBRAY. Très simplement. Ne m'avez-vous pas dit cent fois, ne me disiez-vous pas encore hier que vous me devez beaucoup et que vous seriez heureux de me donner une preuve de votre gratitude et de votre amitié? Eh bien, cette preuve, donnez-la-moi en pardonnant à madame Barantin.

BARANTIN. Vous savez aussi bien que moi ce qu'elle a fait, cette femme.

MADAME AUBRAY. Je sais qu'elle souffre, qu'elle se repent, que vous êtes un homme, que vous avez pour vous le droit, la justice et la force; que vous valez mieux qu'elle, et que votre devoir est de pardonner.

BARANTIN. Je l'ai prise sans fortune.

MADAME AUBRAY. Vous avez eu raison.

BARANTIN. Je l'ai aimée, respectée, élevée autant que j'ai pu.

MADAME AUBRAY. C'était votre devoir.

BARANTIN. J'ai travaillé pour la faire riche et heureuse.

MADAME AUBRAY. Travailler pour ceux qu'on aime, ce n'est pas travailler.

BARANTIN. Elle m'a trompé lâchement.

MADAME AUBRAY. Quand on trompe, on trompe toujours comme ça. . . . Après?

BARANTIN. Après? Je l'ai chassée comme elle méritait de l'être, et vous avez vu dans quel état j'étais; car je l'adorais, cette misérable! . . . Sans vous, je ne sais pas ce que je serais devenu. . . . Je me serais tué, ou j'aurais commis un crime plus grand peut-être.

MADAME AUBRAY. Il n'y en a pas de plus grand. C'est donc moi qui vous ai sauvé. J'ai donc su ce qu'il vous fallait alors. Pourquoi ne le saurais-je pas encore aujourd'hui?

BARANTIN. Aujourd'hui, je n'ai plus besoin de rien.

MADAME AUBRAY. C'est-à-dire qu'alors c'était vous qui souffriez, et qu'aujourd'hui c'est un autre; que, pour vous guérir, il ne fallait que de la volonté, et que, pour faire ce que je vous demande, il faut de l'abnégation. Jadis, vous n'aviez à vaincre que votre douleur; aujourd'hui, il vous faudrait vaincre votre orgueil; c'est plus difficile, j'en conviens.

BARANTIN. Donnez-moi une raison.

MADAME AUBRAY. Elle est la mère de votre fille.

BARANTIN. Elle a perdu ce titre le jour où elle a abandonné Lucienne. Je suis

très doux, ma chère amie, vous le savez; mais, au fond, je suis très ferme. Bonhomme, mais homme! Eh bien, qu'on pardonne à la femme qui trahit son époux, —passe encore; qu'on pardonne à la mère qui abandonne son enfant, non! Jusqu'à ce qu'elle soit mère, la femme peut errer, elle peut ignorer où réside le véritable amour et le chercher à tort et à travers; à partir de l'heure où elle a un enfant, elle sait à quoi s'en tenir. Si elle se soustrait à cet amour-là, elle est décidément sans cœur; car c'est le plus grand, le plus pur,— le plus facile des amours humains. Je m'étonne donc qu'une mère comme vous prenne la défense d'une mère comme elle; mais les femmes, même les plus irréprochables, trouvent toujours une excuse à ces poétiques lâchetés de l'amour. C'est si intéressant, une femme qui aime! elle a de si bonnes raisons! Que voulez-vous! son mari n'était pas ce qu'elle avait rêvé; et, pendant que ce pauvre honnête homme, qui a le tort de n'être pas assez blond ou assez brun, qui a les pieds trop gros ou le nez trop long, travaille pour nourrir et pour parer cette dame, elle va se jeter dans les bras de son idéal, quelque bellâtre bien mis, qui veut aimer gratis et qui la plante là quand elle vieillit. Alors, la femme délaissée, compromise, solitaire, se souvient qu'elle avait un mari, un enfant, une famille, que tout ça doit être quelque part, et elle revient en disant: « A propos, je me repens, vous savez; pardonnez-moi! » Trop tard, madame, je ne vous connais plus; si la solitude vous pèse, prenez un autre amant et laissez-moi la paix.

MADAME AUBRAY. Et si elle prend un autre amant?

BARANTIN. Ça lui en fera deux, et, si elle en prend encore un, ça lui en fera trois. Celui qu'il ne faut pas prendre, c'est le premier; les autres ne signifient plus rien. Pas de premier, pas de second.

MADAME AUBRAY. Ce sont là les raisonnements d'un homme, et non ceux d'un chrétien.

BARANTIN. Je suis un mauvais chrétien, voilà tout.

MADAME AUBRAY. Barantin! pourquoi faites-vous le bien, alors?

BARANTIN. Par raison. Je vois des innocents qui souffrent, cela me paraît injuste et je leur tends la main. Quant aux coupables, aux méchants, aux ingrats, qu'ils se tirent d'affaire comme ils pourront, ça ne me regarde pas.

MADAME AUBRAY. D'abord, il n'y a

pas de coupables, il n'y a pas de méchants, il n'y a pas d'ingrats; il y a des malades, des aveugles et des fous. Quand on fait le mal, ce n'est pas par préméditation, c'est par entraînement. On croit que la route est plus agréable à gauche qu'à droite; on prend à gauche, et, quand on est dans les ronces ou dans la fange, on appelle au secours, et le devoir de celui qui est dans le bon chemin est de se dévouer pour sauver l'autre.

BARANTIN. Disons ces choses-là, ça fait très bien; mais contentons-nous de les dire.

MADAME AUBRAY. Pardon, mon cher Barantin, mais, jusqu'à ce jour, j'ai fait comme j'ai dit.

BARANTIN. Chère amie, vous êtes le plus admirable exemple de vertu et de charité qu'on puisse offrir aux hommes et surtout aux femmes; personne ne le sait mieux que moi, et je proclame que vous êtes une sainte quand je ne crie pas que vous êtes un ange; mais avec tout cela vous êtes dans le faux. Savez-vous quels résultats vous obtenez, entre autres? . . .

MADAME AUBRAY. Dites.

BARANTIN. On vous exploite, on vous ridiculise, on vous trahit, ceci n'est rien. Savez-vous de quoi vous accusent certaines femmes qui ne seraient pas dignes de dénouer les lacets de vos bottines, mais qui n'en ont pas moins autorité dans le monde?

MADAME AUBRAY. Et de quoi m'accusent-elles?

BARANTIN. D'avoir un amant.

MADAME AUBRAY. Un amant . . . qui est?

BARANTIN. Qui est. . . . Devinez.

MADAME AUBRAY. Comment voulez-vous? . . .

BARANTIN. Qui est moi.

MADAME AUBRAY. Quelle bêtise!

BARANTIN. C'est vrai. On ne l'en dit pas moins et c'est tout naturel, parce que le monde n'accepte et n'admet que ce qu'il comprend, et qu'entre une femme veuve et belle et un homme séparé de sa femme, fût-il vieux et laid, qui se voient tous les jours comme nous le faisons, on aime mieux croire à de l'amour qu'à de l'amitié.

MADAME AUBRAY. Que m'importe ce qu'on dit?

BARANTIN. Et à moi donc! Mais c'est pour en arriver à ceci: la société a ses mœurs, ses traditions, ses habitudes que le temps a constituées en lois. Elle a une morale moyenne dont elle ne veut pas qu'on la sorte et qui suffit à ses besoins. Elle n'aime donc pas ces vertus singulières

qui lui sont un reproche indirect, et elle s'en venge comme elle peut, par la calomnie même, si elle n'a pas autre chose sous la main. Comment! je peux, moi, société, me tirer d'affaire avec ma religion et la religion de mes voisins en observant certaines petites pratiques extérieures, en donnant un peu de mon superflu à ceux qui n'ont rien du tout, en quêtant, en dansant, en chantant pour les pauvres, en mangeant de temps à autre du turbot au lieu de manger de la bécasse; ça va bien comme ça, et vous venez, vous, simple femme du monde, vous jeter à travers ce petit train-train des consciences bien élevées; vous dites: « Ce n'est pas assez, il faut faire ceci, il faut défaire cela, il faut tout donner et tout pardonner. . . . » Et vous voulez que cette société ne pousse pas des cris, vous voulez qu'elle vous laisse faire sans plaisanter, sans calomnier, sans se venger enfin de ce grand exemple qu'elle ne veut ni ne peut suivre? Vous lui en demandez trop.

MADAME AUBRAY. Je vis comme bon me semble et ne force personne à vivre comme moi.

BARANTIN Pardon! pardon! C'est tout le contraire, puisque vous voudriez rejeter dans ma vie une créature que je n'ai nulle envie d'y revoir, ma parole d'honneur! Oh! les femmes! toujours les mêmes! ni patience, ni mesure, mettant de la passion dans tout, même dans la vertu! . . . Non seulement vous croyez que l'humanité doit devenir parfaite, mais vous voulez qu'elle le devienne tout de suite, du jour au lendemain. « Hier, vous haïssiez: aimez aujourd'hui. Ce matin, vous étiez heureux: sachez souffrir ce soir. Vous étiez coupable, soyez repentant, et moi, madame Aubray, je vous pardonne! » Tout cela en une heure. Oh! oh! laissez-moi respirer!

MADAME AUBRAY. On ne fait jamais le bien assez vite. Est-ce qu'il a le temps d'attendre?

BARANTIN. Vous êtes dans le faux, et vous le reconnaîtrez un jour.

MADAME AUBRAY. Quand cela?

BARANTIN. Quand vous vous sentirez prise entre vos doctrines et l'impossibilité de les mettre en pratique, ce qui ne peut manquer d'arriver. Jusqu'à présent, chère amie, vous n'avez eu que des exemples à donner, et vous les avez donnés aussi grands que possible comme fille, comme épouse, comme mère; mais vous n'avez pas eu de luttes à soutenir. Vous êtes pour le pardon; moi aussi, je suis pour le pardon, celui qui ne coûte rien. Moi aussi, je pardonne à toutes les femmes adultères, —excepté à la mienne. Tout le monde en est là. Qu'est-ce que ça nous fait, les autres? Mais, s'il s'agit de nous . . . un instant! c'est une autre affaire. Le pardon, savez-vous ce que c'est? C'est l'indifférence pour ce qui ne nous touche pas.

MADAME AUBRAY. Et cependant, vous m'avez donné votre fille à élever, au risque de lui voir un jour les mêmes idées qu'à moi.

BARANTIN. Oui, je vous ai donné ma fille. Si j'avais eu un fils, je ne vous l'aurais pas donné.

MADAME AUBRAY. Pourquoi?

BARANTIN. Parce qu'avec vos idées, on rend une femme virile, mais on efféminé un homme.

MADAME AUBRAY. Alors, j'ai mal élevé mon fils. Il n'est ni noble, ni généreux, ni utile, ni loyal, ni brave?

BARANTIN. Il est tout cela, il est brave; eh bien, qu'il entende tenir demain sur sa mère le ridicule propos que je vous répétais tout à l'heure, que fera-t-il?

MADAME AUBRAY. Il le méprisera.

BARANTIN. Erreur! Il sautera au visage de celui qui aura tenu ce propos, et il fera bien. Où sera le chrétien, alors? Ce sera l'état social et le sentiment naturel qui reprendront leurs droits. Dieu veuille que vous n'ayez pas un jour à demander à Camille une concession du genre de celle que vous me demandez et qu'il ne pourra vous faire. . . . Rêves que toutes ces idées!

MADAME AUBRAY. Aveugle que vous êtes! Vous ne voyez donc pas qu'elle ne suffit plus, cette morale courante de la société, et qu'il va falloir en venir ouvertement et franchement à celle de la miséricorde et de la réconciliation? Que jamais celle-ci n'a été plus nécessaire qu'à présent? Que la conscience humaine traverse à cette heure une de ses plus grandes crises, et que tous ceux qui croient en Dieu doivent ramener à lui, par les grands moyens qu'il nous a donnés lui-même, tous les malheureux qui s'égarent? La colère, la vengeance ont fait leur temps. Le pardon et la pitié doivent se mettre à l'œuvre. Quant à moi, rien ne troublera mes convictions, rien ne modifiera mes idées. Non, ces voix intérieures que j'entends depuis mon enfance, ces principes évangéliques qui ont fait la base, la dignité, la consolation et le but de ma vie, ne sont pas des hallucina-

tions de mon esprit; non, ce n'est pas une duperie que le pardon! ce n'est pas une folie que la charité. Non, non, mille fois non! Ma mère ne m'a pas menti, mon époux ne m'a pas menti, mon Dieu ne m'a pas menti. Je n'ai jamais lutté, dites-vous? Eh bien, vienne la lutte, je l'attends, je l'appelle, et, quels que soient les preuves, les exemples, les sacrifices, que me commandent mes idées folles, je donnerai les uns et j'accomplirai les autres.

BARANTIN. Je le souhaite.

MADAME AUBRAY. Et moi, je l'affirme.

BARANTIN. Amen!

SCÈNE V

LES MÊMES, LE DOMESTIQUE, *puis* JEANNINE.

LE DOMESTIQUE. Il y a là une dame qui demande à parler à madame.

MADAME AUBRAY. Faites entrer cette dame. (*A* BARANTIN.) Et vous, fanfaron d'égoïsme, allez vous occuper du bonheur des autres.

JEANNINE *entre.*

BARANTIN. Est-ce que vous avez été souffrante, madame?

JEANNINE. Non, monsieur, mais il m'a été impossible d'avoir l'honneur de venir hier voir madame Aubray.

BARANTIN. Je sais quelqu'un, sans parler de nous, qui vous a fort regrettée.

JEANNINE. Qui donc?

BARANTIN. M. Valmoreau, l'ami de votre petit garçon.

JEANNINE. Oui, je sais.

BARANTIN *sort.*

SCÈNE VI

JEANNINE, MADAME AUBRAY

JEANNINE. Je viens m'excuser, madame, de ne pas m'être rendue hier au soir à votre bien aimable invitation, et vous exprimer mes regrets de ne pas m'être trouvée chez moi quand vous avez pris la peine d'y venir ce matin.

MADAME AUBRAY. Je craignais que vous ne fussiez malade, vous ou l'enfant, et, comme je vous savais seule. . . .

JEANNINE. Que de bontés!

MADAME AUBRAY. Ce sera pour une autre fois.

JEANNINE. Malheureusement, madame, je pars aujourd'hui et je viens, en même temps que mes excuses, vous apporter mes adieux.

MADAME AUBRAY. Une mauvaise nouvelle?

JEANNINE. Non, madame.

MADAME AUBRAY. Vous retournez à Paris?

JEANNINE. Oui.

MADAME AUBRAY. Donnez-moi votre adresse. Ne faut-il pas d'abord que je vous reporte cette musique que vous m'avez prêtée?

JEANNINE. Je n'en ai pas besoin, madame, je la sais par cœur. Voulez-vous bien la garder en souvenir de moi? car je crains que nous ne nous revoyions jamais.

MADAME AUBRAY. Vous quittez la France?

JEANNINE. Probablement.

MADAME AUBRAY. Que d'événements depuis hier! Vous ne soupçonniez pas ce voyage quand nous parlions de l'avenir.

JEANNINE. C'est vrai, madame; mais on ne fait que bien rarement ce que l'on voudrait faire. . . . Adieu, madame.

MADAME AUBRAY. Comme vous êtes pressée!

JEANNINE. Je craindrais d'abuser de vos instants.

MADAME AUBRAY. Vous paraissez triste, émue, embarrassée. Auriez-vous quelque chose contre moi?

JEANNINE. Contre vous? . . . Oh! madame!

MADAME AUBRAY. Alors, puis-je vous servir en quoi que ce soit?

JEANNINE. En rien, merci.

MADAME AUBRAY. Gardez votre secret, mon enfant; je suis une amie trop nouvelle pour avoir le droit de vous le demander.

JEANNINE. Mon secret, mon Dieu, madame, je vais vous l'apprendre; car, après les bonnes paroles que vous m'avez dites et l'intérêt que vous me témoignez encore, je serais une ingrate si je manquais de confiance avec vous. Je quitte ce pays, madame, pour ne pas vous mettre dans une position difficile vis-à-vis de moi, et un peu aussi pour ne pas me trouver dans une position fausse vis-à-vis de vous.

MADAME AUBRAY. Je ne comprends pas.

JEANNINE. Vous m'avez prise pour une autre, madame, ou plutôt je me suis donnée pour une autre, n'ayant pas alors le courage de vous initier, non pas au secret, mais aux événements de ma vie. Je pourrais vous laisser dans votre erreur, du moins pendant tout le temps que je passerai ici; mais ce serait indigne de vous, peut-être de moi, car je ne suis pas menteuse.

MADAME AUBRAY. Je vous crois.

JEANNINE. Je ne suis pas veuve, madame, et je n'ai jamais été mariée. Vous pourriez l'apprendre d'un autre, j'aime mieux que vous l'appreniez de moi-même. Il est donc inutile que j'entame des relations que vous seriez forcée de rompre un jour, et je préfère ne pas entrer dans votre maison plutôt que d'attendre le moment où vous m'en fermeriez la porte.

MADAME AUBRAY. Alors, ce petit enfant? . . .

JEANNINE. N'a pas d'autre nom que celui de Gaston.

MADAME AUBRAY. Pauvre petit! Son père?

JEANNINE. N'était pas mon mari.

MADAME AUBRAY. Ce père est mort?

JEANNINE. Il vit, madame.

MADAME AUBRAY. Il vous épousera plus tard?

JEANNINE. Jamais!

MADAME AUBRAY. C'est donc un malhonnête homme?

JEANNINE. Non, madame.

MADAME AUBRAY. Alors? . . .

JEANNINE. Alors, c'est moi qui suis une malhonnête femme, voilà ce que vous pensez, madame.

MADAME AUBRAY. Non; seulement. . . .

JEANNINE. Je ne suis ni d'une famille, ni d'un monde où les hommes comme lui prennent leur femme. Il n'a donc jamais eu l'idée et il ne m'a jamais promis de me donner son nom. Il le voudrait maintenant qu'il ne le pourrait plus.

MADAME AUBRAY. Parce que? . . .

JEANNINE. Parce qu'il l'a donné à une autre.

MADAME AUBRAY. Il s'est marié?

JEANNINE. Il y a deux ans.

MADAME AUBRAY. Quelles sont vos ressources, alors?

JEANNINE. Celles qu'il me fait.

MADAME AUBRAY. Il a soin de son enfant?

JEANNINE. Oui, madame, et de moi.

MADAME AUBRAY. Cependant, vous ne le voyez plus?

JEANNINE. Nous ne devions plus nous revoir, et je ne l'avais pas revu depuis son mariage, quand justement hier, après la conversation que j'avais eu l'honneur d'avoir avec vous, je l'ai vu apparaître. C'est sa visite qui m'a retenue chez moi.

MADAME AUBRAY. Et qui vous a empêchée de venir ici?

JEANNINE. Cette visite n'aurait pas eu lieu, que je ne serais pas venue davantage.

J'avais accepté hier ou paru accepter, mais j'avais trop le sentiment du respect qui vous est dû pour pénétrer chez vous à l'abri d'un mensonge.

MADAME AUBRAY. Je vous sais gré de votre franchise; elle prouve, ainsi que votre langage, une âme et une nature peu communes. Permettez-moi donc de vous questionner de nouveau. Je vous assure que c'est dans votre intérêt seul.

JEANNINE. Interrogez, madame.

MADAME AUBRAY. En venant vous trouver hier, le père de votre enfant venait-il voir son fils et la mère de son fils, ou venait-il revoir la femme d'autrefois?

JEANNINE. Il est venu par hasard, m'a-t-il dit. . . . De son fils, il ne m'a pas plus parlé qu'à l'ordinaire! il n'en parle jamais.—D'amour, il n'a pas été question.

MADAME AUBRAY. Et cependant, cet homme vous l'aimez?

JEANNINE. Non, madame.

MADAME AUBRAY. Vous l'avez aimé?

JEANNINE. Non.

MADAME AUBRAY. Voyons, voyons, mon enfant, je ne comprends plus très bien. Si une faute comme celle que vous avez commise peut avoir une excuse, cette excuse est dans l'entraînement de l'amour. Il est aussi naturel que vous ayez aimé cet homme jadis, qu'il serait naturel que vous le haïssiez aujourd'hui.

JEANNINE. Mon Dieu, madame, je n'ai pas eu l'occasion de raisonner grand'chose dans ma vie, ni de m'expliquer mes sensations, car je ne suis qu'une créature d'instinct; mais ce que je sais, c'est que je n'ai jamais eu d'amour et que je n'ai pas de haine pour le père de mon enfant. Il ne manquait pas à mon cœur avant que je le connusse, il ne lui manque pas davantage aujourd'hui. Je n'éprouve pour lui que de la reconnaissance.

MADAME AUBRAY. De la reconnaissance! . . . Voilà une parole étrange et qui me ferait douter de votre bon sens, s'il n'y avait dans votre regard et dans votre voix je ne sais quelle naïveté, quelle candeur, qui sembleraient indiquer que vous n'avez pas la notion exacte des étrangetés que vous dites. Comment avez-vous pu commettre si facilement la plus grande faute qui puisse trouver place dans la vie d'une femme; comment, cette faute commise, paraissez-vous en avoir si peu de remords; comment, au lieu de maudire cette faute et de vous en prendre à celui qui vous a abusée, parlez-vous pour lui de reconnaissance?

JEANNINE. Parce qu'en réalité, madame, je lui dois tout. C'est lui qui m'a faite libre et heureuse. Mon père et ma mère étaient de pauvres gens. Au lieu de leur apporter une joie en arrivant dans ce monde, comme font les enfants qui naissent dans les maisons riches, je ne devais qu'augmenter leur misère et leurs chagrins. J'étais déjà mal venue avant de venir, et, par un incident imprévu, ma servitude devait commencer avant ma naissance. Une grande dame étrangère, qui allait devenir mère, était atteinte d'une maladie dangereuse, mortelle, disait-on, qui pouvait être conjurée si elle nourrissait; mais elle craignait, en nourrissant son propre enfant, de lui léguer ce mal; elle chercha donc un enfant inconnu à nourrir. . . . Mes parents me donnèrent à elle pour une somme d'argent qu'ils n'avaient jamais entrevue dans leurs plus beaux rêves, une dizaine de mille francs, je crois. Voilà comment je suis entrée dans la vie. Telle que vous me voyez, madame, j'ai été allaitée par une duchesse; je n'en suis pas plus fière pour cela. Cette dame a guéri, heureusement. Est-ce à moi qu'elle le doit? Peu importe. En tout cas, elle s'était attachée à moi. De là un commencement d'éducation, d'instruction et de bien-être, car elle m'a gardée auprès d'elle jusqu'à ma septième année. Mes parents, ignorants et besogneux, se crurent en droit d'utiliser cette opulente protection. Cette dame finit par se lasser de leurs exigences qui ressemblaient quelquefois à des menaces. Elle repartit pour son pays, et me rendit à ma famille, enveloppée dans quelques billets de mille francs qui furent les derniers, et que mon père et ma mère eurent bientôt dépensés sans la moindre prévoyance. Ils se séparèrent, la misère étant revenue. Mon père disparut et s'en alla mourir au loin. Moi, je restai seule avec ma mère. Elle me fit travailler; je commençai à gagner ma vie et la sienne. Cela me parut dur. Vous êtes une personne charitable, madame; vous avez vu de près toutes les misères, je n'ai rien à vous apprendre à ce sujet. Ma jeunesse suppléait à la fatigue et je vivais encore un peu sur le bon temps passé, comme sur des économies de bonheur; ma mère était vieille, elle souffrait. Elle s'en prenait à moi dans le présent, et elle redoutait l'avenir. Le propriétaire de la maison où nous habitions une mansarde était un riche commerçant. Il avait un fils que je rencontrais souvent en revenant du magasin. Ce jeune homme possédait toutes les éloquences de la jeunesse et de la fortune; c'était lui qui nous venait en aide quand nous étions en retard pour notre loyer. Il se trouva insensiblement mêlé à notre existence sans que je m'en aperçusse autrement que par un peu plus de bien-être. Ai-je été trompée, séduite? Non. Tout était disposé autour de moi pour le mal; je l'ai fait naturellement, et je n'accuse personne. Ma mère a vécu sa dernière année à l'abri de cette misère qui l'avait tant effrayée et elle est morte en croyant avoir fait pour moi ce qu'elle devait faire. Pour l'homme près de qui je restais, je n'éprouvais rien. Je lui ai toujours dit « vous »; je l'ai toujours appelé « monsieur ». Tout à coup un sentiment inconnu s'empara de moi; j'étais mère! j'appartenais tout entière à l'amour maternel qui demandait une revanche. Je chantais, je riais, je dansais, et la preuve vivante de ma faute devenait, tant j'étais dans l'erreur, un sujet de gloire pour moi. Je parais mon enfant, je le promenais, je le montrais, je souriais à ceux qui le trouvaient joli. Je pris des maîtres, je lus, j'étudiai la musique, je voulais tout savoir pour l'apprendre plus tard à mon fils. Un jour, son père me dit qu'il allait se marier et que cet enfant, dont la naissance l'avait contrarié (c'est le mot dont il s'était servi alors), je pourrais le garder toujours, et qu'il aurait toujours soin de nous deux, si je ne parlais jamais de lui à personne. J'avais l'indépendance, j'avais un enfant, je me considérai comme la plus heureuse femme de la terre. Il se maria, et je l'ai revu hier pour la première fois depuis ce mariage.—Voilà toute mon histoire, madame.

MADAME AUBRAY. Et vous vivez ainsi au jour le jour?

JEANNINE. Oui.

MADAME AUBRAY. Et quand votre enfant sera grand, que ferez-vous de lui?

JEANNINE. Je n'en sais rien.

MADAME AUBRAY. Et si son père mourait?

JEANNINE. Il m'a promis d'assurer son sort.

MADAME AUBRAY. Et s'il vous a trompée?

JEANNINE. Je ne crois pas; c'est un honnête homme.

MADAME AUBRAY. Et si vous mouriez, vous?

JEANNINE. Il s'en chargerait peut-être. Une fois que la mère est morte, ce n'est plus la même chose. Il n'a pas eu d'enfants de sa femme.

MADAME AUBRAY. Et si sa femme s'opposait à cette adoption, ou à cette reconnaissance; si votre enfant restait tout seul, enfin?

JEANNINE. Il y aurait encore quelqu'un pour se charger de lui.

MADAME AUBRAY. Qui cela?

JEANNINE. Vous, madame.

MADAME AUBRAY. Moi!

JEANNINE. Oui, madame, et j'en suis tellement sûre, qu'en rentrant, je vais écrire ce testament bien simple: « Si je viens à mourir, conduire tout de suite mon fils chez madame Aubray et la prier de l'élever comme elle a élevé le sien. »

MADAME AUBRAY, joyeuse. Et vous ne doutez pas que je n'accepte la mission?

JEANNINE. Je n'en doute pas.

MADAME AUBRAY, l'embrassant. Ah! mon enfant! vous ne pouvez pas savoir le plaisir que vous me faites en me jugeant ainsi. Eh bien, je signe le traité,—à une condition! . . .

JEANNINE. Dites, madame.

MADAME AUBRAY. Au point de vue de la morale, et de la vraie et de la seule morale, ce que vous venez de me raconter est monstrueux, ma pauvre enfant, et cependant cela vous paraît simple. Vous êtes donc une inconsciente; et ce n'est pas absolument votre faute, les autres y sont bien pour moitié, sinon pour tout, mais vous êtes une bonne mère cela est certain et cela est d'un grand poids devant toutes les justices, humaine et divine.—Parlez-moi donc en toute sincérité. Depuis que vous êtes séparée du père de votre enfant, vous n'avez rien à vous reprocher?

JEANNINE. Oh! rien.

MADAME AUBRAY. Vous me l'affirmez?

JEANNINE. Je le jure.

MADAME AUBRAY. Ne jurez pas, affirmez. Ainsi, vous n'aimez personne?

JEANNINE. Ah! je n'ai pas dit cela, madame. Seulement, je n'ai parlé d'amour avec personne.

MADAME AUBRAY. Et ce nouvel amour?

JEANNINE. Ce premier amour!

MADAME AUBRAY. Prenez garde, vous êtes subtile.

JEANNINE. Je suis sincère.

MADAME AUBRAY. Soit; celui qui inspire ce premier amour, vous en a-t-il parlé, lui?

JEANNINE. Il s'est contenté de me le laisser voir. Il ne me l'a exprimé que par son estime et son respect. La première fois que je lui ai parlé, je lui ai dit que je n'étais pas libre, et depuis ce jour, chaque fois que je suis sortie, je l'ai trouvé sur ma route, il m'a saluée et il a passé son chemin. Et moi, j'ai pris l'habitude de sortir tous les jours, à la même heure, avec mon enfant. Hélas! il me croit une honnête femme.

MADAME AUBRAY. Il ne se trompe pas, puisque vous pouvez le redevenir.

JEANNINE. Ce n'est pas la même chose.

MADAME AUBRAY. N'a-t-il pas été dit: —« Il y aura plus de joie pour un pécheur qui se repentira que pour cent justes qui n'auront jamais péché? »

JEANNINE, avec un soupir. Au ciel!

MADAME AUBRAY. Vous doutez?

JEANNINE. J'aime mieux me servir de mon amour pour devenir meilleure, et ne jamais le laisser voir à celui qui l'inspire.

MADAME AUBRAY. Rendez-vous digne de cet amour, soyez franche et loyale au jour des aveux, et, si cet homme vous aime réellement, il pardonnera.

JEANNINE. Vous croyez, madame?

MADAME AUBRAY. J'en réponds. Seulement, il faut dès aujourd'hui commencer votre régénération.

JEANNINE. Ordonnez, madame.

MADAME AUBRAY. D'abord, il faut ne plus revoir le père de votre enfant, puisqu'il est marié.

JEANNINE. Bien, madame.

MADAME AUBRAY. Il ne faut plus rien accepter de lui.

JEANNINE. Comment ferai-je, alors? ou plutôt, comment ferons-nous?

MADAME AUBRAY. Vous travaillerez. Il faut que votre fils vous doive tout, pour n'avoir rien à vous reprocher plus tard.

JEANNINE. Mais un travail suffisant, qui me le procurera?

MADAME AUBRAY. Moi.

JEANNINE. Je n'accepterai plus rien, madame, et je travaillerai.

MADAME AUBRAY. Il vous faudra du courage.

JEANNINE. Ce ne sera qu'une habitude à reprendre.

MADAME AUBRAY. A ces conditions, vous pourrez compter sur moi en toutes circonstances.

JEANNINE. Vous me permettrez de vous voir?

MADAME AUBRAY. Quand vous voudrez. Du moment que vous serez vaillante, laborieuse et sévère pour vous-même, ma maison vous sera ouverte, à vous et à votre enfant.

JEANNINE. Que dira le monde, en me voyant chez vous?

MADAME AUBRAY. Ce qu'on appelle le monde, je ne le connais pas. Sa doctrine n'est pas toujours la mienne; ma conscience est ma règle unique, et ma conscience me dit de faire ce que je fais. Quant aux gens que vous rencontrerez habituellement chez moi, ce sont tous gens sérieux, honnêtes et bons; tous ont eu plus ou moins à lutter avec la vie, et tous vous tendront la main, quand ils connaîtront votre secret.

JEANNINE. Est-il indispensable de le leur dire tout de suite?

MADAME AUBRAY. Comme il vous plaira.

JEANNINE. Faites ce que vous croirez devoir faire, madame.

MADAME AUBRAY. Courage, patience et volonté, avec cela tout est possible. Je vais m'occuper de vous dès aujourd'hui.

JEANNINE. Oh! madame, que vous devez être heureuse d'avoir le droit d'être aussi indulgente et de l'être aussi simplement!

MADAME AUBRAY. Ma chère enfant, quand on n'a jamais connu ni la misère, ni les tentations, quand on a eu le bonheur d'avoir une bonne famille, et de ne recevoir que de bons exemples, il faut être indulgent à ceux qui ont succombé dans la lutte que l'on n'a pas connue. On ne sait pas ce qu'on aurait fait à leur place. Le jour où vous serez ce que je suis, vous serez plus que moi.

LE DOMESTIQUE, entrant. M. Tellier.

Mouvement de JEANNINE que MADAME AUBRAY ne voit pas.

MADAME AUBRAY. Faites entrer. (TELLIER entre.) Comment! vous êtes ici, cher monsieur?

TELLIER. Oui, madame, depuis hier, et, quand j'ai su. . . .

Il aperçoit JEANNINE et s'arrête étonné. Il la salue sans avoir l'air de la connaître; elle fait de même pour lui.

JEANNINE. Adieu, madame.

MADAME AUBRAY. A bientôt, vous voulez dire.

JEANNINE. A bientôt, puisque vous le permettez.

Elle sort.

SCÈNE VII

MADAME AUBRAY, TELLIER

MADAME AUBRAY. Est-ce que vous êtes ici avec madame Tellier?

TELLIER. Non, madame; elle est allée passer quelques jours chez son père, mais elle viendra probablement me rejoindre avec lui. Elle est d'ailleurs toujours un peu souffrante. Dès que j'ai su que vous étiez dans ce pays, je me suis permis de venir vous présenter mes hommages.

MADAME AUBRAY. Je vous en suis toute reconnaissante.

TELLIER. M. Camille?

MADAME AUBRAY. Mon fils se porte à merveille.

TELLIER, *après un temps.* Pardon, madame, voulez-vous m'autoriser à vous faire une question?

MADAME AUBRAY. Faites, monsieur.

TELLIER. Quelle est cette dame avec qui je viens de me rencontrer?

MADAME AUBRAY. C'est une de mes amies.

TELLIER. De vos amies? Elle n'en est pas depuis longtemps, car je ne l'ai jamais vue chez vous.

MADAME AUBRAY. Pas depuis longtemps, en effet.

TELLIER. Elle est mariée?

MADAME AUBRAY. Non.

TELLIER. Elle est veuve, alors?

MADAME AUBRAY. Pardon, à mon tour, cher monsieur, mais voulez-vous me permettre de vous demander pourquoi toutes ces questions?

TELLIER. Mon Dieu, madame, c'est que je crains que votre bonne foi n'ait été surprise, et que vous ne donniez un peu facilement ce titre d'amie.

MADAME AUBRAY. Cela m'étonnerait; je suis très avare de ce titre, et, quand je le donne, ce n'est qu'à bon escient. Les personnes qui me sont indifférentes, je les appelle « chère madame », ou « cher monsieur ».

TELLIER. Comme moi, par exemple. . . . Je n'ai pas, madame, le droit de faire commerce d'amitié avec une personne de votre mérite, et cependant, je considère comme un devoir de faire acte d'ami et, en tout cas, de galant homme, dans la circonstance qui se présente. Si cette dame ne vous eût fait qu'une visite de hasard, qu'une rencontre aux bains de mer pourrait motiver, je me serais abstenu de toute réflexion; mais les termes dont vous vous servez à son égard m'obligent, bien malgré moi, à vous renseigner sur son compte. J'ai tout lieu de croire que, pour devenir votre amie, cette dame vous a . . . abusée.

MADAME AUBRAY. Voilà une accusation grave.

TELLIER. A laquelle vous ne croyez pas?

MADAME AUBRAY. Dont je doute un peu.

TELLIER. Ainsi, vous tenez cette dame pour une personne . . . qu'on peut recevoir?

MADAME AUBRAY. Apparemment.

TELLIER. Depuis?

MADAME AUBRAY. Depuis que je la reçois.

TELLIER. Ce n'est pas vieux, alors, mais, moi qui la connais depuis plus longtemps, je puis et je dois vous dire qui elle est. . . .

MADAME AUBRAY. Dites.

TELLIER. C'est une ancienne ouvrière, fille d'ouvriers d'une moralité faible. Elle n'a jamais été mariée; elle a un enfant. . . .

MADAME AUBRAY. Dont vous connaissez le père, peut-être?

TELLIER. Dont je connais le père, qui a l'honneur d'être de vos amis.

MADAME AUBRAY. Ce n'est pas sûr.

TELLIER, *blessé.* Madame, cet ami. . . .

MADAME AUBRAY. Ne le nommez pas; il est peut-être marié. Inutile de le compromettre, inutile surtout qu'il se compromette lui-même, en me faisant, si je le questionnais, ou un mensonge, ou un aveu plus blâmable encore qu'un mensonge.

TELLIER. Cependant, madame, vous ne pouvez forcer cet ami à se trouver, et surtout à faire trouver sa femme, même chez vous, avec une personne. . . .

MADAME AUBRAY. Je ne force qui que soit à venir me voir, mais je reçois qui bon me semble. Je ne veux pas juger mon ami dont je ne saurai jamais le nom, mais vous pouvez lui répéter notre conversation, et, s'il est dans les mêmes principes que vous, j'aurai perdu l'honneur de ses visites et de celles de sa femme, ce dont je me consolerai en pensant que nous ne nous entendons pas sur les questions de morale, ni même sur les questions de convenances.

TELLIER. Je ferai votre commission, madame, et il se le tiendra pour dit. Au revoir, madame.

MADAME AUBRAY. Adieu, monsieur.

ACTE TROISIÈME

Même décor qu'au premier acte.

SCÈNE PREMIÈRE

CAMILLE, *puis* VALMOREAU [1]

CAMILLE, *seul, au piano.   Il débite les vers suivants en les accompagnant de musique.*

O Muse! que m'importe ou la mort ou la vie?
J'aime, et je veux pâlir; j'aime, et je veux souffrir.
J'aime, et pour un baiser je donne mon génie;
J'aime, et je veux sentir sur ma joue amaigrie
Ruisseler une source impossible à tarir.

J'aime, et je veux chanter la joie et la paresse,
Ma folle expérience et mes soucis d'un jour;
Et je veux raconter et répéter sans cesse
Qu'après avoir juré de vivre sans maîtresse,
J'ai fait serment de vivre et de mourir d'amour.

Dépouille devant tous l'orgueil qui te dévore,
Cœur gonflé d'amertume et qui t'es cru fermé!
Aime, et tu renaîtras.   Fais-toi fleur pour éclore!
Après avoir souffert, il faut souffrir encore!
Il faut aimer sans cesse après avoir aimé!

VALMOREAU, *qui est entré tout doucement entre la seconde et la troisième strophe, et qui a écouté sans être vu.*
Continuez, continuez.
CAMILLE, *se levant.* C'est fini.   Avez-vous entendu?
VALMOREAU.   Les derniers vers seulement, mais j'y applaudis des deux mains:

Après avoir souffert, il faut souffrir encore!
Il faut aimer sans cesse, après avoir aimé!

C'est absolument dans mes idées, sauf la souffrance.   Il vaut bien mieux aimer sans souffrir.   C'est de vous, ces vers-là?
CAMILLE.   Comment! vous ne les connaissez pas?
VALMOREAU.   Non.
CAMILLE.   C'est du poète des poètes, de celui qui a le mieux chanté la jeunesse et l'amour, d'Alfred de Musset!

VALMOREAU.   Ah! c'est de lui!

Il fredonne.

Avez-vous vu dans Barcelone
Une Andalouse. . . .

Ah! de Musset, je l'adore.   Vous aimez donc les vers?
CAMILLE.   A quel âge les aimerai-je si je ne les aime pas maintenant?   Hélas! la poésie s'en va.   Tant pis.   Elle nous rendait meilleurs.   Elle traduisait, dans une langue difficile à parler et facile à comprendre, les rêves, les aspirations et les secrets de notre cœur.   Quelques vers d'un grand poète, murmurés à voix basse à l'oreille de la personne aimée, disaient pour nous ce que nous n'osions pas dire.
VALMOREAU.   Aujourd'hui, il faut s'expliquer plus clairement, argent comptant.   On accepte encore les vers, mais il faut qu'il y ait du chocolat avec.   Et alors, voyant que personne n'en veut plus, vous venez comme ça vous dire à vous-même des vers que vous savez déjà.   Vous mangez votre fonds tout seul.
CAMILLE.   Oui, c'est une de mes grandes distractions.   Je fais courir sous cette musique parlée une mélodie de Mozart, de Beethoven ou de Rossini, et je mêle ensemble les deux inspirations; ou bien, je pars à l'aventure, et, à travers la campagne, sur les plateaux des falaises, tout seul, je jette dans le bourdonnement des insectes, dans le murmure lointain des flots, dans ces mille bruits qui composent le silence de la nature, je jette au hasard les vers des poètes qui répondent le mieux à mes sensations présentes que je suis incapable de traduire moi-même.   Je m'écoute, je m'excite, je m'enivre jusqu'à ce que, le visage baigné de larmes, je ne puisse plus faire un pas, ni articuler un mot.
VALMOREAU.   Voilà un drôle de plaisir.
CAMILLE.   C'est le mien.   Qui me verrait me prendrait pour un fou, évidemment, car il n'est pas un enthousiasme qui ne soit appelé folie par quelqu'un.   Mais c'est si bon d'admirer ce qui est beau, d'aimer ce qui est vrai, de chanter, de pleurer, de se répandre!
VALMOREAU.   Ainsi, aujourd'hui? . . .
CAMILLE.   Je suis dans un de mes beaux jours.   Je me sens jeune, abondant, heureux, prodigue.   Que quelqu'un ait besoin de moi, et il verra.   Je trouve tout ce que Dieu a fait superbe et merveilleux.   Je

[1] This whole scene between Camille and Valmoreau sums up the author's ideas on the evils resulting from a wrong relationship between the sexes.

voudrais prendre l'immensité dans mes bras.

VALMOREAU. En bon français, elle vous a dit ou laissé voir que vous êtes aimé.

CAMILLE. Qui, elle?

VALMOREAU. L'inconnue, celle qui nous rend joyeux ou triste à son gré quand nous avons vingt ans, que nous jurons d'aimer toujours, pour qui nous devons vivre et mourir, et qui n'est heureusement qu'une de celles que nous devons oublier.

CAMILLE, *après une pause.* Je comptais passer chez vous tout à l'heure pour vous remettre un reçu.

VALMOREAU. Quel reçu?

CAMILLE. Le reçu de vos cinq cents francs et vos bulletins d'inscription parmi les fondateurs de l'œuvre.

VALMOREAU. Ainsi, me voilà fondateur de bonnes œuvres. Qui aurait jamais cru cela? Est-ce que j'aurai quelque chose à faire?

CAMILLE. Naturellement. Vous ferez partie du comité, et vous nous aiderez de vos conseils.

VALMOREAU. Mes conseils? Qu'est-ce que ça va être, mon Dieu!

CAMILLE. Ça va être excellent, si vous voulez vous mettre au courant tout de suite; c'est M. Barantin qui est rapporteur, c'est moi qui suis secrétaire.

VALMOREAU. Vous vous êtes consacré exclusivement à ce travail?

CAMILLE. Non. Je suis médecin.

VALMOREAU. Vous êtes riche, cependant.

CAMILLE. Oui, mais il faut bien travailler. D'abord, parce que l'homme n'a que ça à faire, et puis notre fortune n'est pas à nous.

VALMOREAU. A qui est-elle donc?

CAMILLE. A ceux qui en ont besoin. Nous avons des amis pauvres ou imprévoyants qui, s'ils mouraient tout à coup, laisseraient des enfants sans ressources; il faut que nous soyons toujours en mesure de leur venir en aide.

VALMOREAU. Est-ce que vous payez vos malades aussi?

CAMILLE. Quelquefois; mais je n'ai pas encore de clientèle. Je suis interne à la Maternité.

VALMOREAU. Vous aidez les petits pauvres à venir au monde. Joli service que vous leur rendez là!

CAMILLE, *lui montrant le reçu.* Vous allez bien les aider à y rester, vous.

VALMOREAU. C'est vrai. Vous êtes en vacances en ce moment?

CAMILLE. Parce que j'ai pris les fièvres dans la dernière épidémie, et que l'on m'a ordonné un mois de repos et de grand air. Pendant ce temps-là, je m'occupe de nos pensionnaires.

VALMOREAU. Qui sont?

CAMILLE. Des enfants.

VALMOREAU. Filles ou garçons?

CAMILLE. Filles. Notre but est de protéger la femme, dans le présent et dans l'avenir, contre les dangers de l'ignorance, de la misère et de l'oisiveté, contre cet envahissement de l'amour vénal qui tue le travail, l'honneur, tout, hélas! chez les plus belles filles. Nous voulons armer ces malheureuses d'un métier, d'un art, d'une instruction, d'une morale simple et compréhensible qui les garantisse contre les mauvais exemples, bien tentants, il faut le dire, et nous voulons en faire des épouses, des compagnes et des mères.

VALMOREAU. Pour qui?

CAMILLE. Pour ceux qui en seront dignes. Le rêve de ma mère, elle le croit réalisable, c'est de reconstituer l'amour en France. Il le faut, du reste, ou nous sommes perdus.

VALMOREAU. Mais l'amour ne se reconstitue pas comme une société de chemin de fer. L'amour est une passion.

CAMILLE. Et, par conséquent, une force que, comme toutes les autres forces de la nature, l'homme peut diriger et rendre utile. L'amour est le plus grand moyen de bonheur, de civilisation, de perfectibilité, que l'humanité ait à son service, et le détruire, ce serait détruire Dieu lui-même, ce qui est impossible. En attendant, il y a des courants matérialistes qui emportent tout à coup les sociétés vers les intérêts palpables et les jouissances immédiates. Ces courants n'ont jamais été si rapides et si larges. De temps en temps, la femme qui se sent entraînée, qui se voit perdue, qui ne sait plus où elle va, pousse au milieu des flots un cri de révolte ou d'appel; quelques âmes généreuses poussent un cri d'indignation ou de pitié, mais la masse continue son chemin en riant et en disant: « Encore une qui se noie, tant pis pour elle! » En traitant la femme ainsi, l'homme ne sait évidemment pas ce qu'il fait. Il s'énerve, il s'amoindrit, il se stérilise et perd en réalité, même pour son progrès matériel, un de ses plus puissants moyens d'action. Il se prive d'un auxiliaire en réduisant la femme à l'élégance, au vice, à l'immobilité, enfin. C'est le travail, c'est l'industrie, c'est la science, c'est le génie qui donnent une vie aux sociétés, mais c'est l'amour qui leur donne une âme!

VALMOREAU. Oh! poète!

CAMILLE. Je sais ce que je dis. J'ai toute ma raison et toute ma foi. J'ai pour mère une femme simple, juste et bonne; elle m'a nourri de son lait, de son esprit et de son cœur. Je n'ai pas encore une mauvaise passion, pas une mauvaise pensée même à me reprocher, je le dis sans orgueil, mais avec joie; je sais plus de choses que n'en savent d'ordinaire les hommes de mon âge. Eh bien, je l'affirme, il y a mieux à faire de la femme que ce que l'homme en fait aujourd'hui. Toutes les fautes qu'elle commet, c'est lui qui en est responsable. Il croit en profiter et c'est lui qui les paye et qui les payera plus cher encore dans l'avenir. Quand un peuple qui se fait appeler le peuple le plus franc, le plus chevaleresque, le plus spirituel de tous les peuples, permet que des milliers de jeunes filles, dont il pourrait faire des compagnes intelligentes, des mères respectées, ne soient bonnes qu'à faire des courtisanes aviles et dangereuses, ce peuple mérite que la femme qu'il a inventée le dévore tôt ou tard. C'est ce qu'elle commence à faire, —et c'est ce qu'elle fera tout à fait.

VALMOREAU. Comment s'y prendra-t-elle?

CAMILLE. Comme elle s'y prend. Elle fait ce que font tous les désespérés, elle fait son insurrection, dans l'ombre, avec les armes qu'elle a. Elle jette dans le fossé la poésie, la pudeur, l'amour, bagage devenu inutile et embarrassant. Elle monte comme l'homme à l'assaut des jouissances matérielles, elle proclame le droit au plaisir, elle retourne l'autel pour en faire une alcôve, elle remplace le Dieu par je ne sais quelle guillotine dorée, et elle exécute l'homme au milieu des danses et des rires. Aveugle qui ne voit pas cela! Eh bien, tous ces jeunes débauchés, tous ces imbéciles. . . . (*Mouvement de* VALMOREAU.) Vous dites?

VALMOREAU. Ne faites pas attention, je salue un de mes amis qui passe. Allez, allez, ne vous gênez pas.

CAMILLE. Eh bien, tous ces jeunes gens, tous ces désœuvrés. . . .

VALMOREAU. J'aime mieux ça.

CAMILLE. Tous ces fils de famille qui n'ont pas eu l'idée de donner à ces femmes un morceau de pain quand elles étaient jeunes, vaillantes, vierges, se laissent prendre plus tard les diamants de leur mère et quelquefois le nom de leurs aïeux, quand

elles sont méprisables et déchues. La femme se venge, elle a raison. Et cependant, qu'il le sache, c'est encore l'amour que l'homme cherche malgré lui dans ce commerce honteux, car l'amour est immortel; c'est encore l'amour qui le porte vers ces malheureuses qui auraient pu être si honnêtes, et qui pourraient encore le redevenir si l'on avait le courage de le vouloir. . . . Tout jeune que je suis, j'ai reçu des confidences de femmes, et dans des moments solennels, quand la douleur et la mort étaient assises avec moi au chevet de leur lit d'hôpital. J'en ai vu souffrir, j'en ai vu mourir, de ces créatures tombées, auxquelles pas un de ceux qui avaient aidé à leur chute ne faisait l'aumône d'une visite ou d'un souvenir. La nuit, dans un long dortoir blanc, semblable à un cimetière éclairé par la lune, au milieu de souffrances abominables, avec une prière muette qu'on ne leur avait jamais apprise, j'en ai vu, de ces filles, qui mettaient au monde un petit être sans nom, et j'ai entendu le premier cri maternel répondant au premier cri de l'enfant. Je sais ce qu'il y avait d'amour, d'innocence, de vertu dans ce cri poussé par l'âme tout entière, redevenue divine pendant un moment, à qui la vérité apparaissait tout à coup, tandis que le père inconnu se dérobait à ces cris et à cette vérité au fond d'un cabaret ou de quelque autre mauvais lieu. C'est alors que j'ai rougi de l'homme, et que je l'ai trouvé inférieur à cette fille méprisée; c'est alors que j'ai remercié Dieu de m'avoir donné, à moi, une mère comme la mienne, et que je me suis promis de ne voir qu'avec mes yeux et de ne juger qu'avec ma conscience.

VALMOREAU, *ému*. Le monde est sauvé, il y a encore un jeune homme!

SCÈNE II

LES MÊMES, MADAME AUBRAY

VALMOREAU, *allant à* MADAME AUBRAY *et lui donnant la main.* Madame!

MADAME AUBRAY. Qu'est-ce qu'il y a?

VALMOREAU. Vous avez donné le jour à un poète, à un orateur, à un homme de bien! Il vient de me dire des choses que je n'avais jamais entendues. Tel que vous me voyez, il y a dix ans que j'emploie mon temps, mon intelligence et mon argent à prouver que je suis un imbécile. J'ai commencé par tirer mes manchettes comme ça (*Il fait le geste.*) sur les boulevards; j'ai porté une raie au milieu du front comme les rchanges et jusque dans le dos comme les nulets; je me suis occupé une bonne heure tous les jours de mes favoris et de mes moustaches, qui embaument, du reste (je fais venir ça de Londres: quarante francs le flacon; j'en ai encore mis ce matin); j'ai passé des mois à jouer et des semaines à dormir; j'ai payé des asperges cent francs la botte pour me faire appeler M. le comte par des garçons de restaurant; je n'ai pas lu un livre de ma vie, et mon seul talent, celui qui m'a fait un véritable renom, c'est de sauter moi-même la rivière de la Marche, comme si j'avais quatre jambes; je fais ça très bien: je ne suis encore tombé qu'une fois dans l'eau; voilà mon passé. Mais je n'ai que vingt-huit ans; il me reste vingt-cinq mille livres de rente; je digère très bien cinq ou six fois par semaine; je ne suis pas méchant au fond, j'ai été mal élevé, voilà tout; nous sommes beaucoup comme ça dans le même quartier. Aujourd'hui, je sens que la grâce me touche et je ne demande plus qu'à être saint Paul ou saint Augustin. Indiquez-moi seulement ce qu'il y a à faire.

CAMILLE. Bravo!

MADAME AUBRAY. Il faut vous marier d'abord.

VALMOREAU. Je pensais bien que ça allait commencer par là.

MADAME AUBRAY. Vous reculez déjà?

VALMOREAU. Non, non, je suis décidé à tout; mais je croyais que pendant quelque temps, il y avait ce qu'on appelle un petit noviciat et qu'on n'entrait pas tout de suite dans les ordres.

MADAME AUBRAY. Il faut épouser une femme qui vous aime.

VALMOREAU. Voilà qui me donne un délai.

MADAME AUBRAY. Il faut épouser une fille pauvre.

VALMOREAU. Une fille pauvre! Ah! faut-il aussi qu'elle soit laide?

MADAME AUBRAY. Ça n'en vaudrait que mieux.

VALMOREAU. Avouez-le, madame, vous en avez une qui réunit ces deux qualités?

MADAME AUBRAY. J'en ai une . . . mais elle n'est pas laide.

VALMOREAU. Oui, ça dépend des goûts, n'est-ce pas?

MADAME AUBRAY. Elle est charmante.

VALMOREAU. Voilà le mot que je craignais. (A CAMILLE.) Ne vous en allez pas, j'ai besoin d'une galerie pour me donner du courage.

CAMILLE. Soyez tranquille, je suis là avec tout ce qu'il faut pour vous secourir.

VALMOREAU. Reprenons: jeune?

MADAME AUBRAY. Vingt-deux ou vingt-trois ans.

VALMOREAU. Ah! elle m'a attendu. Le père ou la mère?

MADAME AUBRAY. Morts tous deux.

VALMOREAU. C'est quelque chose. Est-ce tout?

MADAME AUBRAY. Non, cette jeune femme. . . .

VALMOREAU. Cette jeune fille. . . .

MADAME AUBRAY. Cette jeune femme. . . .

VALMOREAU. Elle est veuve?

MADAME AUBRAY. Peut-être.

VALMOREAU. Ah! ici, madame, je ne comprends plus du tout.

MADAME AUBRAY. Voyons, monsieur Valmoreau, soyons sérieux. Ce que vous venez de nous dire tout à l'heure sous une forme plaisante qui convient encore à votre âge, à votre caractère, à vos habitudes passées, n'était-ce qu'une plaisanterie ou bien était-ce sincère?

VALMOREAU. C'était et c'est sincère.

MADAME AUBRAY. Vous regrettez franchement d'avoir mené jusqu'à présent une vie inutile, dangereuse par conséquent pour vous et pour les autres, car elle était en même temps pleine de vilaines actions et de vilains exemples, votre vie de jeune homme?

VALMOREAU. Certainement, je le regrette.

MADAME AUBRAY. Comprenez-vous que vous avez fait le mal, un mal positif, et que celui qui s'en est rendu coupable, s'il veut réparer ses torts, doit mettre dans sa conduite nouvelle autant de délicatesse, de surveillance et d'abnégation qu'il a mis d'étourderie, d'entraînement et d'insouciance dans sa conduite première?

VALMOREAU. C'est vrai!

MADAME AUBRAY. S'il veut qu'on croie à son repentir, il faut qu'il en donne une preuve éclatante. Une jeune fille pure, riche, belle, qu'il aimera, dont il sera aimé, qui lui apportera la famille, la considération, le bonheur, ce n'est pas une punition, c'est une récompense. Quelle lutte aura-t-il à soutenir avec les autres et avec lui-même? Quels préjugés aura-t-il à vaincre? Quel bon exemple aura-t-il donné à ceux qui en ont reçu de lui tant de mauvais? Aucun! Et maintenant, s'il se trouve une femme que cette fausse morale de la société, ou la misère, ou la faiblesse, ou les mauvais exemples aient entraînée momentanément dans le mal, mais pour laquelle, puisqu'elle est femme, on appelle crime ce que pour vous on appelle légèreté, si elle a déjà même trouvé en elle, en elle seule, les forces nécessaires pour se relever, si elle a fourni les preuves de son repentir, si elle vous aime, si vous l'aimez, et si votre amour, votre indulgence, votre nom à vous, honnête homme plus coupable qu'elle au fond, peuvent la sauver définitivement, de quel droit les lui refuserez-vous? Ah! je sais bien, il y a le monde, il y a la faute connue, il y a dans le passé un fait qui humilie, un homme qui gêne, un souvenir qui brûle. Et vous, n'êtes-vous pas ce même fait, ce même homme, ce même souvenir pour d'autres coupables? Combien de femmes vous retrouvent dans leur passé, qui seraient peut-être heureuses et respectées si vous n'y étiez pas! Eh bien, le moment est venu de la réparation. Tendez la main droite à cette créature faible, relevez-la tout à fait, et, si l'on s'étonne, si l'on sourit, au lieu d'en appeler à la colère, aux armes et au sang, dites-vous dans votre conscience: « Oui, cette femme a été coupable; mais, moi aussi, je l'ai été. J'ai brisé dix, vingt existences de femmes peut-être, j'en sauve une, je ne suis pas encore quitte avec Dieu. » Ayez le courage du bien, comme vous avez eu le courage du mal, et, c'est moi qui vous le dis, les honnêtes gens seront avec vous. Ce n'est pas tout le monde, mais c'est quelqu'un!

CAMILLE, *embrassant sa mère.* Oh! chère mère.

VALMOREAU. Oui, oui, oui. . . . C'est égal . . . c'est raide. Ainsi vous avez une . . . jeune fille qui? . . .

MADAME AUBRAY. Qui a commis une faute.

VALMOREAU. Publiquement?

MADAME AUBRAY. Elle ne s'est pas cachée.

VALMOREAU. L'homme . . . est mort?

MADAME AUBRAY. Il vit.

VALMOREAU. Qu'il l'épouse alors, lui!

MADAME AUBRAY. Il est marié.

VALMOREAU. Une vraie . . . faute?

MADAME AUBRAY. Une vraie faute . . . il y a un enfant.

VALMOREAU, *bondissant.* Jour de Dieu! madame, mais c'est une épreuve de franc-maçonnerie [1] à laquelle vous me soumettez là. Dites-moi bien vite que les cadavres

sont en carton, et qu'il n'y a rien dans les pistolets.

MADAME AUBRAY. Je suis on ne peut plus sérieuse.

VALMOREAU. Vous me conseillez d'épouser . . . cette dame?

MADAME AUBRAY. Je vous le conseille.

VALMOREAU, *allant à* CAMILLE. Et vous?

CAMILLE, *simplement.* Moi aussi, bien entendu.

VALMOREAU. Vous l'épouseriez, vous?

CAMILLE. A l'instant, les yeux fermés, si ma mère me disait de le faire.

VALMOREAU. Mais à vous, elle ne le dirait pas.

MADAME AUBRAY. Comme à vous-même, si je croyais la chose juste et bonne.

VALMOREAU, *à* CAMILLE. De qui est-il question?

CAMILLE. Je n'en sais rien du tout.

VALMOREAU, *à part.* Ces gens-là sont fous, ils n'en ont pourtant pas l'air. (*Haut, à* MADAME AUBRAY.) Et moi, je connais la personne?

MADAME AUBRAY. Vous la connaissez, et elle vous plaît.

VALMOREAU. Elle me plaît, ce n'est pas un renseignement. Et je lui plais aussi?

MADAME AUBRAY. Elle vous aime.

VALMOREAU. Vous en êtes bien sûre, madame?

MADAME AUBRAY. Elle me l'a dit.

VALMOREAU. Elle m'a nommé?

MADAME AUBRAY. Non, mais. . . .

VALMOREAU, *avec joie.* Mais ce n'est peut-être pas moi.

MADAME AUBRAY. Ce ne peut être que vous, d'après les indications que vous avez données vous-même.

VALMOREAU. Je n'y suis plus du tout.

JEANNINE *entre en ce moment et pousse* GASTON *vers* MADAME AUBRAY, *pendant que* CAMILLE, *qui l'a vue entrer, la salue respectueusement.*

VALMOREAU, *les voyant et se frappant le front.* Miss Capulet! (A MADAME AUBRAY.) C'est elle?

MADAME AUBRAY. Je n'ai nommé personne.

VALMOREAU, *sortant, bas.* Je vais faire ma malle, c'est plus sûr.

SCÈNE III

LES MÊMES, JEANNINE, GASTON

MADAME AUBRAY, *à* JEANNINE. Rien de nouveau?

---

[1] *épreuve de franc-maçonnerie*, initiation test.

JEANNINE. Je viens de recevoir une lettre qui me demande un entretien.

MADAME AUBRAY. Que vous avez accordé?

JEANNINE. Ici.

MADAME AUBRAY. Vous savez bien ce que vous avez à dire.

JEANNINE. Oui, madame. Et rien n'est changé dans vos bienveillantes dispositions à mon égard?

MADAME AUBRAY. Rien. Pourquoi cette vilaine question?

JEANNINE. Je craignais que quelqu'un, depuis ma visite, ne vous eût mal parlé de moi.

MADAME AUBRAY. Vous n'auriez fait qu'y gagner, car la seule personne qui aurait pu dire du mal de vous est la seule qui n'ait pas le droit d'en dire. A tantôt!

SCÈNE IV

JEANNINE, GASTON

JEANNINE. Est-ce que je ne rêve pas? Est-ce que cette femme excellente ne se trompe pas elle-même? A-t-elle deviné et voudrait-elle? . . . Oh! non, c'est impossible!

GASTON. A quoi penses-tu, maman?

JEANNINE. A toi, mon cher petit.

TELLIER *entre.*

GASTON. Maman, le prince Noir!

SCÈNE V

LES MÊMES, TELLIER

JEANNINE, *à* GASTON, *voyant* TELLIER. Va jouer.

Il va jouer dans un coin du salon.

TELLIER. C'est ici que vous recevez maintenant?

JEANNINE. On aurait pu vous voir entrer chez moi en plein jour.

TELLIER. Et vous craignez d'être compromise?

JEANNINE. Ou de vous compromettre. Ne m'avez-vous pas dit vingt fois, et hier encore, qu'il ne fallait pas que j'eusse l'air d'être connue de vous?

TELLIER. Je ne savais pas, alors, que vous fussiez l'amie des personnes auxquelles je faisais allusion en parlant ainsi. Recevez mes compliments, ma chère: vous avez de belles connaissances. Comment diable vous y êtes-vous prise pour vous introduire dans l'intimité d'une personne comme madame Aubray,—qui ne tient pas sa porte ouverte au premier venu et qui la ferme même assez violemment au nez des gens les plus charitables? C'est malin, ce que vous avez fait là!

JEANNINE. Le hasard nous a mises en rapport, cette dame et moi; elle s'est intéressée à moi; j'ai commencé par lui dire que j'étais veuve; puis il m'a répugné de lui mentir, et, comme elle insistait pour continuer nos relations, je lui ai avoué la vérité. A ma grande surprise et à ma grande joie, elle m'a tendu la main, et m'a promis, à de certaines conditions que j'ai acceptées, sa protection, son amitié même. Telle est mon histoire avec madame Aubray.

TELLIER. Et dans votre récit, vous ne m'avez pas nommé?

JEANNINE. Non. Vous avez bien vu, du reste, qu'en vous rencontrant chez elle, je n'ai pas eu l'air de savoir qui vous étiez. C'est plutôt vous qui lui avez parlé de moi.

TELLIER. Je lui ai dit. . . .

JEANNINE. Ce que vous deviez lui dire.

TELLIER. Vous savez que vous êtes très amusante.

JEANNINE. Parce que? . . .

TELLIER. Dieu me pardonne, vous vous prenez au sérieux.

JEANNINE. En quoi?

TELLIER. Vous parlez comme une dame.

JEANNINE. Je parle comme je pense.

TELLIER. Alors, vous vous figurez que, parce qu'une honnête femme, un peu hallucinée par ses idées de régénération sociale, vous a accueillie et vous pardonne, vous vous figurez que vous voilà devenue une femme du monde?

JEANNINE. Je ne me figure rien du tout, sinon que, si je puis apprendre de cette dame à mieux penser et à mieux vivre, si mon enfant peut profiter de cette transformation, je serais bien coupable de ne pas la tenter.

TELLIER. Tu es adorable. (*Mouvement de* JEANNINE.) C'est moi qui suis un maladroit et un imbécile d'avoir dit à madame Aubray ce que je lui ai dit; j'aurais dû me taire. Nous serions rencontrés de temps en temps chez elle, ç'aurait été bien plus commode; car tu . . . (*Autre mouvement.*) car vous me manquiez, le diable m'emporte! Je suis amoureux, et je le deviendrais, si je ne l'étais pas, en vous trouvant telle que je vous trouve.

JEANNINE. Ce n'est pas ainsi que vous m'avez parlé hier.

TELLIER. Il fallait d'abord renouer

connaissance. Maintenant, voici ce que nous pourrions faire. Comme la présence de madame Aubray nous gênerait fort ici et que je ne peux pas la renvoyer, partez ce soir pour Dieppe. Là où il y a beaucoup de monde, on est toujours mieux caché. Descendez à l'hôtel Royal, comme une vraie dame, puisque ça vous amuse d'en avoir l'air, qui vous va très bien du reste; moi, j'y arriverai de mon côté. Nous aurons l'air de ne pas nous connaître. . . .

JEANNINE, *l'interrompant.* Je ne puis aller à Dieppe.

TELLIER. Parce que?

JEANNINE. Parce que je préfère rester ici.

TELLIER. Qu'est-ce que cela veut dire?

JEANNINE. Cela veut dire que nous ne devons plus nous revoir, ni ici, ni à Dieppe, ni autre part.

TELLIER. Et la raison?

JEANNINE. Et la raison est que vous êtes marié.

TELLIER. Cette raison ne regarde que moi, et, s'il me plaît de l'oublier. . . .

JEANNINE. Il me plaît, à moi, de m'en souvenir.

TELLIER. Me feriez-vous l'honneur d'être jalouse?

JEANNINE. Oh! non.

TELLIER. Alors, l'amour est mort?

JEANNINE. L'amour! Vous étiez riche et désœuvré, j'étais pauvre et ignorante. J'ai été pour vous un passe-temps. Vous avez été pour moi. . . .

TELLIER. Une affaire?

JEANNINE. J'allais dire un bienfait. Il eût été plus noble et plus généreux à vous de me venir en aide sans me rien demander. Cependant, la plupart des hommes eussent agi comme vous. C'était à moi de préférer alors la misère à la honte, comme je la préférerais aujourd'hui.

TELLIER. Vous avez fait un serment?

JEANNINE. Oui.

TELLIER. A votre amant nouveau?

JEANNINE. Voyons, monsieur, vous ne comptez pas, je pense, me dire des choses désagréables; vous savez bien que je ne vous en répondrais pas. Je désire garder de vous le meilleur souvenir possible. Je n'ai qu'un regret, c'est de ne pouvoir vous rendre tout ce que j'ai reçu de votre générosité; mais je puis du moins, à partir de ce moment ne plus rien accepter de vous. Ne vous occupez donc plus de moi, je n'ai plus besoin de personne.

TELLIER. Comment ferez-vous?

JEANNINE. Cela me regarde.

TELLIER. Et votre enfant?

JEANNINE. Ne manquera de rien, même si je viens à mourir.

TELLIER. C'est votre dernier mot?

JEANNINE. Oui, sur ce sujet.

TELLIER. Et vous voulez me faire croire? . . .

JEANNINE. Je ne veux rien vous faire croire du tout. Je suis dans un état nouveau que je n'essayerai même pas de vous expliquer. Vous êtes un homme, vous ne comprendriez pas ces choses-là. Il faut être une femme pour les comprendre. Dois-je tout vous dire? Je n'ai plus aucun souvenir de ce qui s'est passé jadis. Je vous regarde, et les traits de votre visage me semblent ceux d'un inconnu. Vous êtes le père de mon enfant, oui, c'est vrai. Je suis tout aussi prête à croire que vous êtes mon frère, si vous voulez, ou un étranger, si vous continuez à me parler durement. Il n'a fallu qu'un mot pour opérer ce miracle, pour faire de moi une honnête femme tout à coup et à tout jamais. Voilà comme nous sommes. Nous ne le disons pas, parce que c'est difficile à croire; mais je vous assure que c'est la vérité, et que le bien est en nous au moment où nous nous y attendons le moins.

TELLIER. Alors, vous ne voulez plus me revoir?

JEANNINE. Non.

TELLIER. Vous ne voulez plus même me permettre de voir cet enfant?

JEANNINE. Cela ne vous privera guère, je pense. Je ne sais pas si vous l'avez embrassé depuis qu'il est au monde.

TELLIER. Mais vous devez savoir, depuis que vous connaissez madame Aubray, qu'il est toujours temps de se repentir, et, grâce à vous, je comprends des devoirs que j'ignorais. Comme le mal, le bien est contagieux. Faites-moi ma part dans cette rénovation générale. S'il ne m'est plus permis de m'occuper de vous, je puis m'occuper de votre enfant.

JEANNINE. De quelle manière?

TELLIER. Je vais le reconnaître.

JEANNINE. Vrai! vous feriez cela?

TELLIER. Pourquoi non?

JEANNINE. Mais madame Tellier ne consentira jamais.

TELLIER. Ma femme fera tout ce que je voudrai, elle m'aime.

JEANNINE. Faites alors. L'enfant le mérite. Si vous saviez comme il a de l'intelligence et du cœur! Vous ne le connaissez pas, c'est malheureux. Il a des réflexions au-dessus de son âge. Tous les gens qui le voient l'adorent. Quelle bonne pensée vous avez là! Un nom! (*Elle appelle* GASTON.) Vous permettez qu'il vous embrasse? (GASTON *entre.*) Embrasse monsieur.—Puis-je lui dire de vous appeler son père?

TELLIER. Certes.

JEANNINE. Appelle monsieur « papa ».

GASTON. Papa! Qu'est-ce que ça veut dire?

JEANNINE. Dis-le toujours, tu comprendras peu à peu. (*Il va vers* TELLIER, *qui le tient contre lui sans l'embrasser.*) Alors, il pourra vous aller voir de temps en temps?

TELLIER. Mais il ne me quittera même plus.

JEANNINE. Comment, il ne vous quittera plus?

TELLIER. Naturellement, ma chère. Vous comprenez bien que, si je donne mon nom à cet enfant, ce n'est pas pour vous le laisser élever.

JEANNINE. Vous voulez me prendre mon fils?

TELLIER. Oui.

JEANNINE. Tout à fait?

TELLIER. Tout à fait.

JEANNINE. Vous plaisantez.

TELLIER. Je ne plaisante pas, c'est mon droit.

JEANNINE. Votre droit?

TELLIER. Faites ce que je veux, ou je l'emmène.

JEANNINE. Ah! je comprends.—Gaston, viens ici.

TELLIER, *entraînant l'enfant.* Vous ne l'aurez pas.

GASTON. Maman!

TELLIER *fait mine de sortir.*

JEANNINE, *sautant à la gorge de* TELLIER. Mais laissez cet enfant, ou je vous arrache le visage! (*Il la repousse.*) Au secours!

TELLIER, *repoussant l'enfant, qui tombe sur le canapé.* Mais taisez-vous donc!

Il se sauve.

SCÈNE VI

CAMILLE, JEANNINE, GASTON, *puis* VALMOREAU

CAMILLE, *entrant.* Qu'y a-t-il?

JEANNINE, *qui s'est précipitée sur son enfant, à* CAMILLE. Sauvez mon enfant, monsieur Camille, je vous en supplie.— Gaston, qu'est-ce que tu as? Tu es

blessé. Ce n'est rien, je te le promets. Mon pauvre petit!

CAMILLE. Oh! je vous en prie, ne pleurez pas, il n'y a aucun danger. Une chute, sans doute.

JEANNINE. Il ne bouge plus.

CAMILLE. Voilà ses yeux qui s'ouvrent. Tenez, il sourit.

JEANNINE. Gaston, c'est moi.

GASTON, *prenant la tête de* JEANNINE *dans ses bras.* Maman! (*Regardant* CAMILLE *et lui prenant la tête à son tour.*) Papa!

CAMILLE. Oh! tu as bien dit, cher petit ange. Ce mot n'est pas un souvenir, mais c'est un pressentiment, et je n'attendais que ce mot pour dire à ta mère. . . .

JEANNINE. Ne dites pas!

CAMILLE. Je vous offense. Mais ce que j'ai à vous dire, je vous le dirais devant le monde entier. Si vous saviez. . . .

JEANNINE. Quelqu'un!

CAMILLE, *se levant et voyant* VALMOREAU. Quelqu'un? Tant mieux! car, devant quelqu'un, j'aurai le droit de vous découvrir toute mon âme. (*Allant à* VALMOREAU *et lui prenant les mains.*) Tout à l'heure, vous me demandiez pourquoi j'étais si enthousiaste et si gai. Je n'ai pas voulu alors vous faire, loin de la bien-aimée de mon cœur, une confidence qui eût pu la compromettre, pas plus que je ne veux lui faire sans témoin un aveu qui pourrait la blesser. Je puis parler maintenant: J'aime, et j'aime depuis un an. Pendant toute cette année, il ne s'est point écoulé un jour, une heure, sans que cet amour fût présent à ma pensée. Je lui dois toutes mes joies et tous mes chagrins, car je croyais que celle qui me l'inspirait était la femme d'un autre et qu'elle n'avait pas plus le droit de m'aimer que je n'avais le droit de lui parler de mon amour. Elle a dit à ma mère qu'elle était veuve, libre par conséquent. Je pouvais donc lui avouer que je l'aimais et le lui avouer à la face de tous. Voilà pourquoi je chantais tout à l'heure, voilà pourquoi je jetais à tous les vents les vers de mon poète chéri. Voilà pourquoi je viens de courir sur les falaises, tout seul entre les nuages et les flots, parce que j'avais besoin d'espace, de liberté, d'infini, parce que mon cœur déborde, parce que j'ai vingt ans, parce que j'aime enfin, que c'est le premier amour de ma vie, que ce sera mon seul amour jusqu'à ma mort et que je voudrais le dire à la nature entière! (*S'approchant de* JEANNINE *qui est agenouillée auprès de son enfant.*) C'est de vous qu'il s'agit, madame, vous le savez bien.

Voulez-vous être ma femme? (JEANNINE, *sans changer d'attitude, remue la tête avec un signe négatif.*) Vous ne m'aimez pas? (*Elle reste immobile.*) Vous en aimez un autre?

JEANNINE, *relevant la tête et montrant ses yeux baignés de larmes, d'une voix étouffée.* Non!

CAMILLE. Pourquoi, alors?

JEANNINE, *du même ton.* Demandez à votre mère.

CAMILLE. Alors, si ma mère consent, vous consentirez?

JEANNINE. Je ferai tout ce qu'elle voudra que je fasse.

CAMILLE, *à* VALMOREAU. Ah! mon ami! que j'ai hâte de voir ma mère!

VALMOREAU, *à lui-même.* Voilà un gaillard qui va souffrir, mais je voudrais bien souffrir comme ça.

ACTE QUATRIÈME

Même décor qu'au deuxième acte.

SCÈNE PREMIÈRE

LUCIENNE, MADAME AUBRAY, *puis* BARANTIN

MADAME AUBRAY, *à* LUCIENNE *qui entre.* D'où viens-tu donc, chère enfant? Il y a deux heures que tu es sortie.

LUCIENNE, *très sérieuse.* J'avais une course très importante à faire.

MADAME AUBRAY. Ah! mon Dieu! Et avec qui as-tu fait cette course?

LUCIENNE. Avec la cuisinière. Maintenant, je puis tout dire.

MADAME AUBRAY. Il fut donc un temps où tu ne l'aurais pas pu?

LUCIENNE. C'était un mystère. Il s'agit de Victoire, la fille de ferme de chez madame Bertrand, qui était malade quand nous sommes arrivés, et que nous avons été voir ensemble.

MADAME AUBRAY. Je sais.

LUCIENNE. C'est ma malade, à moi, c'est ma pauvre. Je suis allée la voir tous les deux jours depuis notre première visite, malgré ce que me disait madame Bertrand, qui prétendait que j'avais bien tort de m'intéresser à cette fille et qu'elle ne méritait pas cet intérêt. J'avais beau lui demander pourquoi, elle ne voulait pas me le dire. Alors, j'ai interrogé Victoire et je lui ai déclaré tout net que je voulais connaître ses torts. Elle ne voulait pas me les

dire non plus. (*A* BARANTIN, *qui est entré depuis un moment et qui a écouté* LUCIENNE *sans qu'elle l'ait vu jusqu'alors.*) Tiens, tu es là, papa?

BARANTIN. Oui. Continue ton histoire.

LUCIENNE. Tu as entendu le commencement, alors?

BARANTIN. Oui, oui, va!

LUCIENNE. J'ai donc dit à Victoire: « Vous allez tout me raconter ou je ne viendrai plus vous voir, et je ne m'occuperai plus de vous, ni petite mère non plus. » Elle a bien vu que je ne plaisantais pas. Alors, elle m'a dit la vérité. Elle avait un amant.

MADAME AUBRAY, *du ton le plus naturel.* Ah!

BARANTIN, *sur un autre ton.* Ah!

LUCIENNE. Et, au lieu de travailler, elle aimait mieux aller se promener dans les champs avec Bénédict. . . . Il s'appelle Bénédict.

MADAME AUBRAY. C'était très mal.

LUCIENNE. Certainement, c'était très mal, je le lui ai dit. Elle pouvait bien attendre, pour aller se promener, que sa besogne fût terminée. Après, on ne lui aurait plus rien dit; en puis ça le dérangeait, lui aussi.

MADAME AUBRAY. Qu'est-ce qu'il fait?

LUCIENNE. Il est jardinier chez M. Montagnan, le propriétaire du château qui est à mi-côte. Et, un beau jour, Bénédict a déclaré à Victoire qu'il ne voulait plus aller se promener avec elle, et que décidément il ne l'épouserait pas. Alors, tu penses quel chagrin a eu Victoire à cette nouvelle-là. Elle n'a plus dormi, et puis elle n'a plus mangé, et puis elle n'a plus travaillé. La fermière l'a mise dehors, et voilà comment elle est tombée malade. Qu'est-ce que j'ai fait aujourd'hui, quand j'ai su tout ça? Je suis allée trouver Bénédict. Il ne comprenait pas ce que je lui voulais, et, quand il l'a compris, ne m'a-t-il pas dit que je devrais être honteuse de m'occuper de pareilles choses, que ce n'était pas de mon âge!

BARANTIN. Ce n'était pas bête, ce qu'il disait, ce Bénédict.

LUCIENNE. Tu dis, papa?

BARANTIN. Va toujours, va!

LUCIENNE. Je lui ai répondu que je me mêlais de ce qui me regardait, que je savais bien ce que j'avais à faire, *et cœtera* . . . *et cœtera*, tu peux te fier à moi, et il s'est tu. La vérité, c'est qu'il aimait mieux épouser une autre fille qui a de l'argent. Alors, je suis allée chez M. Montagnan, et je lui ai tout raconté.

MADAME AUBRAY. Quel âge a-t-il, ce M. Montagnan?

LUCIENNE. Je ne sais pas, mais il n'a plus beaucoup de cheveux, et ceux qu'il a sont gris.

BARANTIN. Qu'est-ce que tu lui as dit, à ce monsieur?

LUCIENNE. Il n'était pas seul; mais ça ne m'a pas embarrassée. J'étais si indignée! Il y avait avec lui un autre monsieur qui devait être son fils; un grand jeune homme brun, avec des moustaches. Je lui ai dit, au père: « Monsieur, vous avez un jardinier qui a promis à une pauvre fille nommée Victoire, employée à la ferme d'Étennemare, de l'épouser. Il allait même souvent se promener avec elle, en attendant. Maintenant, il refuse d'exécuter sa promesse, et il préfère en épouser une autre qui est plus riche. C'est très laid, et je viens de lui en dire ma façon de penser. Mais je n'ai rien obtenu que des paroles aussi méchantes que ses actions. Alors, je m'adresse à vous pour que vous le forciez de tenir ses serments. »

MADAME AUBRAY. Qu'est-ce qu'ils ont dit, ces messieurs?

LUCIENNE. Ils ont tant ri, tant ri, quand j'ai eu fini, que je ne me rappelle pas avoir jamais entendu tant rire. Mais, tout à coup, M. Montagnan est devenu très sérieux. Il s'est levé, il m'a demandé la permission de me baiser le bout des doigts, et il m'a dit: « Mademoiselle, je sais qui vous êtes, et je vous remercie du plaisir et de l'honneur que vous venez de me faire. Bénédict épousera Victoire, c'est moi qui vous le promets. Dites-le de ma part à madame Aubray et assurez-la en même temps de tout mon respect. Du reste, j'aurai l'honneur de lui rendre visite pour la mettre au courant de tout ce qui se passera. » Puis il s'est tourné vers son fils et lui a dit en anglais: « Voilà une femme comme il t'en faudrait une. » C'est moi, alors, qui ai eu envie de rire; mais je n'ai pas ri, car je ne voulais pas laisser voir que je comprenais l'anglais. Il m'a reconduite jusqu'à la grille, je lui ai fait ma plus belle révérence, la troisième, et me voilà!

BARANTIN, à MADAME AUBRAY. Elle a eu du bonheur d'en être quitte à si bon marché!

MADAME AUBRAY. Si les anges ont des ailes, mon cher, c'est pour passer au-dessus de ces choses-là.

BARANTIN. C'est très bien, chère enfant; mais, une autre fois, tu n'iras plus faire de ces visites sans madame Aubray.

LUCIENNE. Pourquoi?

BARANTIN. Parce que c'est elle qui t'a appris à faire le bien, et qu'il ne faut pas le faire toute seule; ce serait de l'égoïsme.

MADAME AUBRAY. Et puis, un petit détail de la langue française. Quand on parle d'un homme qui a promis à une jeune fille de l'épouser, il ne faut pas l'appeler son « amant », mais son fiancé.

LUCIENNE. Victoire a dit « amant ».

MADAME AUBRAY. Parce que Victoire est une campagnarde qui ne parle pas bien.

BARANTIN. Oui, « amant », c'est du patois. . . .

CAMILLE, entrant. Lucienne!

LUCIENNE. Qu'est-ce que tu me veux?

CAMILLE. J'ai à te parler. Tu permets, ma chère mère?

LUCIENNE. Dis.

CAMILLE, bas à LUCIENNE. Nous avons été élevés ensemble depuis dix ans, et depuis dix ans, on nous a dit et nous nous sommes dit que nous nous marierions un jour.

LUCIENNE. Eh bien, est-ce que tu as changé d'avis?

CAMILLE. J'aime une autre personne que toi.

LUCIENNE. Il y a donc décidément plusieurs manières d'aimer?

CAMILLE. Oui.

LUCIENNE. Pourquoi me parles-tu de cela?

CAMILLE. Parce que je ne veux pas me marier sans ton consentement.

LUCIENNE. N'es-tu pas ton maître? As-tu dit à cette personne que tu l'aimais?

CAMILLE. Je viens de le lui dire.

LUCIENNE. Tu es son fiancé, alors?

CAMILLE. Oui.

LUCIENNE. Eh bien, mon ami, il faut l'épouser.

CAMILLE. Embrasse-moi.

LUCIENNE. De grand cœur. (Pendant qu'ils s'embrassent, LUCIENNE essuie une larme, sans que CAMILLE le voie.) Et tu vas annoncer cette nouvelle à ta mère?

CAMILLE. Oui.

LUCIENNE. Je te laisse. Veux-tu que j'emmène papa?

CAMILLE. Non. Il n'est pas de trop.

BARANTIN. Encore un secret?

LUCIENNE. Oui, mais, celui-là, je ne puis pas le dire.

Elle sort.

SCÈNE II

Madame Aubray, Camille,
Barantin

Camille. Assieds-toi là, chère maman, et reçois ma confession, dont Barantin connaît déjà la moitié. Je viens te demander ton consentement.

Madame Aubray. A quoi?

Camille. A mon mariage.

Madame Aubray. A ton mariage?

Camille. Et je te demande, en même temps, de me pardonner si je ne t'en ai pas parlé plus tôt.

Madame Aubray. Parle, mon enfant, parle!

Camille. J'aime.

Madame Aubray. Et Lucienne?

Camille. Sera toujours ma sœur, car elle n'a elle-même pour moi qu'une affection toute fraternelle, la seule qu'elle puisse connaître à son âge.

Madame Aubray. Et la personne que tu aimes, je la connais sans doute?

Camille. Oui.

Madame Aubray. Et tu l'aimes depuis? . . .

Camille. Depuis un an.

Madame Aubray. Alors, tu sais bien ce que tu fais?

Camille. Oui.

Madame Aubray. Permets-moi de te demander, mon cher enfant, comment, dans les termes où nous sommes ensemble, tu ne m'as pas fait la confidence avant la confession?

Camille. Je croyais cette personne mariée.

Madame Aubray. Et aujourd'hui?

Camille. Je sais qu'elle est veuve.

Madame Aubray. C'est une veuve que tu veux épouser?

Camille. Oui.

Madame Aubray. Cela est grave, mon enfant.

Camille. Quel homme n'eût été heureux et fier de devenir l'époux d'une veuve comme toi!

Madame Aubray. Mais, moi, j'étais de ces veuves qui ne se remarient pas.

Camille. Tout le monde n'a pas ta force.

Madame Aubray. Et puis, à ton âge?

Camille. Elle est plus jeune que moi. Elle a l'air d'une enfant.

Madame Aubray. Et elle t'aime?

Camille. Oui.

Madame Aubray. Comment le sais-tu?

Camille. Elle m'a autorisé à te demander ton consentement. Cela suffit.

Madame Aubray. Ce consentement, tu l'auras; car tu es un homme déjà trop sérieux pour ne pas bien savoir ce que tu veux et ce que tu fais. Le nom de cette dame?

Camille. Tu la connais depuis longtemps. C'est cette dame que tu m'as fait si souvent remarquer sur la plage, que tu n'avais pu voir sans t'intéresser à elle et que tu as si bien accueillie.

Madame Aubray. La mère du petit Gaston?

Camille. Oui.

Madame Aubray. C'est celle que tu veux épouser?

Camille. Oui.

Barantin *est très attentif.*

Madame Aubray. Et elle t'a dit de venir me demander mon consentement?

Camille. Elle m'a dit qu'elle ferait ce que tu voudrais qu'elle fît.

Madame Aubray. Alors, cet homme qu'elle m'a dit aimer, c'était toi?

Camille, *avec joie.* Elle te l'a dit?

Barantin. Mais ta mère, qui m'a raconté toute cette histoire, avait cru qu'il s'agissait d'un autre.

Camille. Eh bien, ma mère, que répondrai-je?

Madame Aubray. Je refuse.

Camille, *étonné.* Aujourd'hui, mais plus tard?

Madame Aubray. Plus tard comme aujourd'hui.

Camille. Pourquoi?

Madame Aubray. Demande à Barantin si c'est possible.

Barantin. Ta mère a raison, mon ami, tu ne peux pas épouser cette femme.

Camille. Cette femme! Qu'a-t-elle donc fait?

Madame Aubray. C'est celle dont je parlais il y a deux heures à M. Valmoreau, pendant que tu étais là.

Camille. Cette jeune fille qui a commis une faute?

Madame Aubray. C'est elle.

Camille, *après une violente secousse.* Tu trouvais très bien qu'un autre l'épousât. Cet autre n'est pas toi.

Barantin, *à part.* Allons donc! nous y voilà![1]

Madame Aubray. Et tu as vu com-

---

[1] *Nous y voila!* Barantin thinks of his discussion with Madame Aubray in the second act.

bien ce jeune homme se révoltait à cette proposition?

CAMILLE. Et tu as vu, ma mère, que je la trouvais toute simple, moi qui ai été élevé dans d'autres idées que lui; et, quand il m'a demandé si je ferais, moi, ce que tu lui conseillais de faire, tu te rappelles ce que j'ai répondu. Et toi-même. . . .

BARANTIN, à part. Sortez de là, maintenant.

CAMILLE. Quels sont les ordres de ma mère? car, si mes sentiments ne dépendent que de moi seul, mes actes, en cette matière, dépendent de toi.

MADAME AUBRAY. Je n'ai pas d'ordres à te donner, mais des conseils seulement.

CAMILLE. Des conseils, des exemples, des principes, il y a vingt ans que tu m'en donnes; ce que je suis, ce que je suis fier d'être, c'est toi qui l'as fait. Je n'ai plus à discuter ce que tu m'as appris, je n'ai plus qu'à le démentir ou à te le prouver. Laisse-moi seulement t'adresser une question.

MADAME AUBRAY. Parle.

CAMILLE. Cette faute, qui t'en a fait la confidence?

MADAME AUBRAY. La coupable elle-même.

CAMILLE. Sachant que tu étais ma mère?

MADAME AUBRAY. Sachant que j'étais ta mère.

CAMILLE. Et rien ne l'y forçait?

MADAME AUBRAY. Rien.

CAMILLE. C'est la seule faute qu'elle ait commise?

MADAME AUBRAY. Elle me l'a dit, du moins.

CAMILLE. La crois-tu?

MADAME AUBRAY. Je la crois.

CAMILLE. Cette faute avait pour excuse? . . .

MADAME AUBRAY. La pauvreté, . . . la solitude, l'ignorance.

CAMILLE. Tu connais cet homme?

MADAME AUBRAY. Non.

CAMILLE. C'est un misérable!

MADAME AUBRAY. C'est un oisif.

CAMILLE. Et cependant, depuis cet aveu, tu consentais à recevoir cette femme. Tu l'absolvais donc. Tu l'estimais donc. Quand elle t'a appris qu'elle aimait quelqu'un, lui as-tu conseillé de renoncer à cet amour? Lui as-tu dit que le cœur de l'homme doit être impitoyable, que le repentir est vrai peut-être, mais que le pardon ne l'est pas? Lui as-tu dit de désespérer, de douter de tout enfin? Non,

n'est-ce pas? Tu ne serais pas celle que tu es si tu disais de pareilles choses aux malheureux et aux repentants. Alors, tu l'as donc trompée en l'encourageant à aimer encore, et voilà pourquoi elle pleurait tout à l'heure, car elle avait compris que tu l'avais trompée ou plutôt que tu t'étais trompée toi-même, et voilà pourquoi, moi, je pleure à mon tour.

MADAME AUBRAY. Comme il l'aime!

CAMILLE, essuyant ses yeux. Eh bien, ma mère, pour la dernière fois, je te demande ton consentement. J'aime cette femme et je suis prêt à être son époux.

MADAME AUBRAY. Tu me demandes une chose impossible. J'en appelle à toutes les mères!

CAMILLE. Ainsi, j'ai donné le conseil, et je ne donnerai pas l'exemple. C'est bien.

Il va pour partir.

MADAME AUBRAY. Où vas-tu?

CAMILLE. Je vais travailler. Que veux-tu que je fasse?

MADAME AUBRAY. Dans un an, tu auras vingt-cinq ans et tu seras libre.

CAMILLE. Oh! ma mère, pourquoi veux-tu me faire encore plus de peine que je n'en ai? Tu sais bien que je n'épouserai jamais une femme dont tu ne feras pas ta fille, et, d'ailleurs, je ne me marierai jamais. Des grandes idées que j'ai reçues de toi, il me restera une compassion générale pour les misères d'autrui, et le droit de me dépenser pour tout le monde sans me sacrifier tout à fait pour personne. Je saurai au fond que la vertu a des bornes, que le bien a des limites, et je glorifierai les sentiments en ajournant toujours la preuve, pour n'avoir pas à discuter avec ma conscience. J'arriverai ainsi à la fin de la vie, peut-être avec quelque hâte d'atteindre au dernier moment, et d'aller savoir, de l'autre côté de la terre, si la vérité est dans la parole divine ou dans les interprétations de l'homme. Puissé-je ne pas trouver alors la grande déception que je subis aujourd'hui et ne pas être forcé de reconnaître, au delà comme en deçà de la vie, l'impuissance de l'âme humaine. Quoi qu'il en soit, si je n'ai pas donné l'exemple des grands sacrifices que je me croyais et me sentais le devoir et le droit de donner, c'est que j'aurai dû les soumettre au respect filial. En attendant, je souffre beaucoup dans mon cœur et dans mes convictions. Je ne ferai pourtant rien pour revoir cette femme, comme on l'appelle ici, puisqu'elle a accepté d'avance ton jugement; mais, si tu la vois, dis-lui, comme tu sais dire ces choses-là, qu'il faut décidément dans ce monde, immoler certains principes éternels à certains devoirs sociaux, et que, ne pouvant prouver mon amour pour elle que par ma désobéissance envers toi, il ne m'était pas permis d'hésiter.

Il sort.

SCÈNE III

Madame Aubray, Barantin

Madame Aubray *regarde la porte par laquelle est sorti son fils, puis elle se promène avec agitation.* Barantin *se tait et met des papiers en ordre. Elle le regarde un moment. On sent qu'elle voudrait l'interroger. Il n'a pas l'air de la voir d'abord, puis il la regarde avec un mouvement de la tête et des bras qui doit signifier: Cela devait arriver! Enfin, scène muette où les personnages ne se disent rien, parce que le public et eux-mêmes savent trop bien ce qu'ils pourraient se dire.*

Barantin, *voyant entrer* Valmoreau, *et montrant la porte de droite.* Je suis là.

Il sort.

SCÈNE IV

Madame Aubray, Valmoreau

Valmoreau. Vous êtes émue, madame?

Madame Aubray. En effet, monsieur.

Valmoreau. Je le suis aussi, et sans doute pour la même cause, car, tandis que vous aviez une explication avec M. Camille, moi, j'accompagnais cette jeune dame chez elle, et je recevais ses confidences. Elle n'a en rien provoqué les événements, je puis en témoigner. Ce n'est pas une personne ordinaire et vous aviez raison, madame, de vous intéresser à elle. Cependant, elle ne se fait aucune illusion. Elle sait bien que les rêves de M. Camille sont irréalisables.

Madame Aubray. N'est-ce pas, monsieur?

Valmoreau. Oui et non. Ils sont irréalisables pour M. Camille, à son âge et dans sa position. Ils ne le seraient peut-être pas pour un autre homme, d'un autre âge et dans une position différente, et la preuve, madame, c'est que, ce matin même,

vous m'avez conseillé ce mariage que vous déclarez impossible.

Madame Aubray. Est-ce un reproche, monsieur?

Valmoreau. Dieu me garde de me le permettre, madame! Je suis très sérieux, plus sérieux même que je n'aurais cru pouvoir le devenir. Toutes ces idées que j'entends développer, les larmes, le repentir, la résignation de cette jeune femme, ces luttes nouvelles pour moi, ces grandes questions de morale et de responsabilité, tout cela m'a remué, transformé même. J'ai pour ainsi dire le vertige du bien. Tout tourne autour de moi, et je me sens prêt à accomplir un acte sublime et insensé. Tenez, madame, dites-moi encore d'épouser votre protégée, et je l'épouse.

Madame Aubray. Y consent-elle déjà?

Valmoreau. Elle ne soupçonne pas un mot de ce que je vous dis; mais elle va être très malheureuse. Elle n'a plus d'appui, elle n'a plus de ressources. Elle a dit qu'elle ferait tout ce que vous ordonneriez. Ordonnez-lui d'être ma femme, cela conciliera tout.

Madame Aubray, *à part.* Cet homme vaut mieux que moi. (*Haut.*) Ce conseil que je vous donnais ce matin, je n'ai plus le droit de vous le donner maintenant. J'ai même à vous demander pardon, monsieur, d'avoir voulu disposer si facilement de votre cœur et de votre nom, et de n'avoir pas trouvé, lorsqu'il s'agissait de vous, les arguments indiscutables qui se sont présentés lorsqu'il s'est agi de mon fils. C'est en toute humilité que je vous fais mes excuses.

Valmoreau. Madame!

Madame Aubray. Je suis très troublée, monsieur, je ne vous le cacherai pas. Je suis plus que troublée, je suis honteuse, humiliée de ce qui se passe. Je me croyais plus forte, ou je devrais être plus faible. Cependant, monsieur, dites-moi si, à ma place, vous feriez ce que je fais?

Valmoreau. Moi, madame, je ne saurais être ni juge, ni même arbitre dans les questions de conscience d'une personne comme vous. Ayant vécu comme je l'ai fait, et devenu père, je ferais ce que vous faites; mais, à votre place, je ne sais pas, je ne puis pas savoir ce que je devrais faire.

Madame Aubray. Vous avez raison, monsieur. Je suis coupable. Je me suis trompée en quelque chose, et, pour la première fois de ma vie, je ne m'entends plus avec moi-même. Si j'étais vraiment la chrétienne que je croyais être, à cette heure, mon fils serait l'époux de cette malheureuse enfant; je ne le suis pas. Voyons, monsieur, aidez-moi par un moyen quelconque, qui ne soit pas à votre détriment, à calmer mes scrupules. Cherchons ensemble ce que je puis faire pour Jeannine; quoi que ce soit, je le ferai.

VALMOREAU. Nous le trouverons peut-être quand elle sera là. Elle l'a peut-être trouvé elle-même. Elle va venir.

MADAME AUBRAY. Elle va venir?

VALMOREAU. Elle m'a dit qu'elle voulait vous voir une dernière fois.

MADAME AUBRAY, *troublée.* La voici.

SCÈNE V

LES MÊMES, JEANNINE

JEANNINE, *s'approchant de* MADAME AUBRAY *et s'agenouillant à demi en lui prenant la main.* Pardonnez-moi, madame, les émotions que je vous ai données depuis une heure et le chagrin que je vous cause en échange des bontés que vous avez eues pour moi. Je vous affirme que ma volonté n'y est pour rien. Les événements nous ont entraînés, votre fils et moi; mais, en lui conseillant la démarche qu'il a faite, je prévoyais votre réponse.

MADAME AUBRAY. Ma réponse a modifié les projets de Camille, mais non ses sentiments. Il ne peut être votre époux, mais j'espère qu'un jour il pourra être votre ami. En attendant, il est très malheureux.

JEANNINE. Moi, je ne me plaindrai pas. Je n'ai pas le droit de me plaindre, bien que mon malheur me vienne de vous, madame, bien plus que son malheur ne lui vient de moi.

MADAME AUBRAY. Comment cela?

JEANNINE. Je ne vous connaissais pas, madame, et je ne me serais jamais permis d'essayer de vous connaître. C'est vous qui êtes venue la première à moi. Vous ai-je menti ou vous ai-je dit tout de suite qui j'étais et ce que j'étais? Vous m'avez ouvert votre maison, vous m'avez promis le pardon de Dieu et l'amour de celui que j'aimais!—J'aurais dû vous dire que celui-là était votre fils. A quoi bon, puisque je ne voulais jamais lui révéler mes sentiments, puisque je voulais me les cacher à moi-même, puisque je me contentais du bonheur de le voir passer dans ma route et de me sentir aimée, tout en ne méritant pas de l'être? Permettez-moi de vous le dire, madame, avec tout le respect que je vous dois, c'était à vous de prévoir ce qui arrive. C'était hier qu'il fallait me fermer votre porte.

MADAME AUBRAY. Vous m'accusez?

JEANNINE. Non, madame; mais pourquoi m'avez-vous inspiré l'idée du bien, j'étais si tranquille dans le mal! Enfin, ce n'est plus de cela qu'il s'agit. Il faut à tout prix rendre la sécurité à votre famille, et le repos à votre conscience maternelle. Que voulez-vous que je fasse? Voulez-vous que je meure pour que votre fils m'oublie? La mort, c'est ce qui sépare le mieux, et puis, quand on a déjà rompu avec l'honneur, il y a bien moins à faire pour rompre avec la vie. Dites-moi seulement, de vous à moi, que cela sera utile au bonheur de M. Camille, personne n'en saura rien, et je vous promets de mourir en souriant.

MADAME AUBRAY. Qu'osez-vous me proposer?

JEANNINE. Je vous propose les moyens de la terre, vous les repoussez. Vous voulez que je vive? Eh bien, rassurez-vous, madame, malgré la solitude à laquelle vous me rendez, comme cela est votre droit, je vivrai en vous vénérant et vous aimant. Une femme comme moi n'aura pas impunément passé dans la vie lumineuse d'une femme comme vous, sans en emporter un rayon qui l'éclaire à jamais. Soyez bénie pour le jour nouveau que vous avez fait lever en moi, pour les bonnes paroles que vous m'avez dites, pour les vérités que vous m'avez apprises! Je les reconnais absolues; je les sens éternelles, quoi qu'il arrive; et c'est au nom de toutes ces vérités que j'immolerai mon bonheur au vôtre et que je deviendrai ou plutôt que je resterai une honnête femme. Je vous le jure sur la tête de mon petit enfant. C'est impie, de jurer, je le sais; mais les coupables ont besoin d'une formule qui les engage aux yeux de ceux qui sont en droit de douter de leurs paroles.—Monsieur Valmoreau, voulez-vous appeler M. Camille? (VALMOREAU *sort.*) Oui, madame, avant de quitter cette maison, je veux vous rendre votre fils, et vous le rendre pour toujours. Dieu pardonnera le moyen en faveur de la cause et surtout du résultat.

CAMILLE *paraît avec* VALMOREAU. BARANTIN *est entré depuis quelques instants et a entendu la fin de la scène précédente.*

SCÈNE VI

Les Mêmes, Camille, Barantin,
puis Lucienne

JEANNINE. Monsieur Camille, devant votre mère et devant vos amis, je veux vous donner une explication devenue indispensable. Madame Aubray vient de me dire que, malgré les révélations qu'elle vous a faites sur moi, vous m'aimez encore et que vous êtes encore prêt à me donner votre nom, sans reproches, sans regrets, sans honte. Est-ce vrai?

CAMILLE. C'est vrai.

JEANNINE. Il faut donc que vous connaissiez toute la vérité; elle vous permettra de me mépriser, ou de m'oublier simplement, si vous avez encore un peu de pitié pour moi. La faute que vous me pardonnez, parce que vous la croyez unique dans ma vie, n'est pas la seule que j'aie commise.

MADAME AUBRAY. Que dit-elle?

JEANNINE, *à* MADAME AUBRAY. Du courage! (*Haut.*) A côté de cette faute qui a une excuse dans la misère, il y en a d'autres qui n'ont pour cause que la fantaisie et le désordre. Certaines femmes en arrivent à ne plus rougir des faits et a ne plus se souvenir des noms. J'ai été

une de ces femmes. Je vous l'avoue et je vous quitte.

MADAME AUBRAY, *ne pouvant plus retenir le cri de sa conscience.* Elle ment! . . . Épouse-la!

JEANNINE, *se jetant dans les bras de* MADAME AUBRAY, *avec un cri déchirant.* Ah!

MADAME AUBRAY, *la tenant dans ses bras.* Me faire complice du mensonge, même pour sauver mon fils! était-ce possible? Quel châtiment de mes hésitations Dieu m'a infligé là!—Vous êtes ma fille!

LUCIENNE, *entrant sur ces derniers mots.* Je vous aimerai bien.

MADAME AUBRAY, *à* BARANTIN. Eh bien, elle est venue, la lutte; je l'ai accompli, le sacrifice; et je remercie Dieu d'avoir été choisie pour tenter la réhabilitation de la femme. J'aurai la joie d'avoir été la première.

BARANTIN. Et le chagrin d'avoir été la seule.

MADAME AUBRAY. Homme de peu de foi!

VALMOREAU, *à* BARANTIN. Ce que vient de faire madame Aubray est admirable.

BARANTIN. Oui! . . . mais, comme vous dites, vous autres, c'est raide!

AUGIER

Émile Augier (1820–1889) was born at Valence of good middle-class stock. He and Dumas the younger, his contemporary, enjoyed public favor and universal reputation for more than a generation. Both were dissenters from the romantic school, because both believed in the utilitarian theater, while the romanticists were exponents of art for art's sake. Alfred de Vigny alone among the romanticists made an attempt at defending a "thesis" with *Chatterton*. Augier and Dumas made ideas the mainspring of their plays. They are the creators of the modern comedy of manners and in point of time Augier preceded Dumas in that direction, since *l'Aventurière* in 1848 and *Gabrielle* in 1849 showed already the danger of glorifying passion, and the happiness to be found in legitimate love. Later on, and already in 1855 with *le Mariage d'Olympe*, he was influenced by Dumas, for this play may be considered a reply to *la Dame aux camélias*. In *Mariage d'Olympe* he strips the courtesan of all the romantic glamor with which Marguerite Gautier was surrounded, and he shows that once a scarlet woman, always a scarlet woman. Sin begets a craving for mire which nothing can quench. If such a creature, by stealth or deceit, gains a foothold in a respectable family and threatens its honor, he believed she should be prevented at any cost. From now on Augier devoted his talent to exposing and scourging the evils and foibles of his day. In 1854 he had, in *le Gendre de M. Poirier*, held up to ridicule the parvenu tradesmen who sacrifice their daughters and their money to their vanity in having worthless, titled sons-in-law. The curse of unequal marriages is again satirized in *Un beau mariage* (1859). From the courtesan seeking respectability through marriage, he turns, in the *Lionnes pauvres* (1858), to the half-courtesans, or the middle-class wives, who, not satisfied with what comforts their hard-working husbands give them, sell their honor to gratify their taste for luxury. Speculation and venal journalism combined are lashed mercilessly in *les Effrontés* (1861), and, what was already foreshadowed in that play, the underground burrowings of politico-clerical intrigues set on foot and aided by journalists of the type of Louis Veuillot are exposed in *le Fils de Giboyer* (1862), and later in *Lions et renards* (1869). *Maître Guérin* (1864) is a fine study of the shyster lawyer whose shady business dealings are barely within the bounds of literal legality. In *la Contagion* (1866) and in *Jean de Thommeray* (1873) he places himself on an even higher plane by showing how words loosely used, affectation of corruption, flippancy—*la blague*—on the part of young men, in regard to the nobler sentiments, respectability, honor, love for country, tend to lower the traditional standards and lead to the disintegration of all standards. His interests are broader than those of Dumas fils, and also more human. The evils he denounces are not imaginary, but are to be found all around him, in the so-called better society, in politics, in finance, in journalism, and in business. His characters are drawn in broad and vigorous lines. His weakest are the virtuous ones, but scoundrels he shows up in a most vivid and individual manner. Each speaks the language we should expect of him, without exaggeration or theatricality. Consider the impertinent persiflage of the elegant Gaston de Presles, the manly simplicity of Hector de Montmeyran, the amusing vulgarity and naïve vanity of Poirier, the common sense of Verdelet, and the modest simplicity of Antoinette. Those characters are no lifeless abstractions. Less a creator of types than Balzac, Augier has nevertheless left us a series of character sketches which are fully as truthful in their summary treatment as those far more elaborately analyzed of the great novelist. His standards of morality are high but not unattainable. He loves his country, its moral soundness, its traditions of honor and honesty, in a word, its ideals. Any individual who would rebel against those standards, he pillories, either with ridicule or with indignant and stinging sarcasm. Because he felt that romanticism with its amoral glorification of passion and free love, its ridicule of middle-class respectability, threatened to undermine the social health, he turned against romanticism, and exalted all it affected to despise, the home, the family, marriage; and because he felt that an inordinate love for wealth, for political power, and for high places was dulling the sense of right and wrong of his contemporaries, he held up to scorn the dishonest and the corrupt. He has not tackled any of the higher problems that confront humanity. Philosophically he represents the middle class to which he belongs by birth and by feeling. He is a typical nineteenth century *honnête homme*, endowed with a good dose of common sense and of keen humor. Neither in his style, which is prosaic in his verse plays, nor by his ideas, is he a reformer. He aims rather at the preservation of the ideals of the better bourgeoisie.

From a technical point of view, Augier is an exponent of Scribism in spite of the younger Dumas' words à propos of *Gabrielle* to the effect that this play was " the first revolt against Scribe's theatre." Dumas must have meant by this that there was a serious purpose in this play, quite alien to Scribe's entertaining comedies and vaudevilles, in which adultery was treated as an amusing peccadillo. Augier's plays are constructed, as a rule, with great care. The perfect symmetry of some of them smacks even of artificiality. Note, for instance, the symmetrical opposition in the characters of Poirier and Verdelet, Gaston and Hector, Antoinette and Mme. de Montjay. Note also how perfectly each one fits his part, says exactly the right thing at the right moment without a false note or a slip. No wonder Sarcey could write: " Il ne s'y rencontre pas une scène ou un mot que l'on voulût retrancher." [1] But there his indebtedness to Scribe ends, for his plays always have an underlying seriousness which Scribe's lack. Augier was doubtless the greatest writer of comedy of manners the nineteenth century has produced.

Bibliography:

La ciguë, 1844
L'homme de bien, 1845
L'aventurière, 1848
Gabrielle, 1849
L'habit vert, 1849 (with MUSSET)
Le joueur de flûte, 1850
La chasse du roman, 1850

[1] Quarante ans de théâtre, t. V, p. 20 ff.

Sapho, 1851
Diane, 1852
Pierre de touche, 1853
Philiberte, 1853

The above plays, nearly all in verse, constitute a kind of preparation for his more important plays, which are:

Le Gendre de M. Poirier, 1854 (with SANDEAU)
Le mariage d'Olympe, 1855
Ceinture dorée, 1855
La jeunesse (verse), 1858
Les lionnes pauvres, 1858
Un beau mariage, 1859 (with FOUSSIER)
Les effrontés, 1861
Le fils de Giboyer, 1862
Maître Guérin, 1864
La contagion, 1866
Paul Forestier (verse), 1868
Le postscriptum, one-act comedy, 1869
Lions et renards, 1869
Jean de Thommeray, 1873 (with SANDEAU)
Madame Caverlet, 1876
Le prix Martin, 1876 (with LABICHE)
Les Fourchambault, 1878

E. PAILLERON, *Emile Augier*, 1889
H. PARIGOT, *Emile Augier*, 1890
P. MORILLOT, *Emile Augier*, 1901
H. GAILLARD, *Emile Augier et la comédie sociale*, 1910
E. BRIEUX, *Emile Augier, chevalier de la bourgeoisie,* in *Revue des deux mondes,* January, 1921
R. DOUMIC, *Emile Augier* in *Portraits d'écrivains*

LE GENDRE DE M. POIRIER

PAR AUGIER ET SANDEAU

(1854)

PERSONNAGES.

POIRIER.
GASTON, *marquis de Presles.*
HECTOR, *duc de Montmeyran.*
VERDELET.
ANTOINETTE.
SALOMON, }*Créanciers.*
CHAVASSUS,

COGNE, *Créancier.*
VATEL.
LE PORTIER.
UN DOMESTIQUE.

La scène se passe à Paris, dans l'hôtel de M. Poirier.

ACTE PREMIER

Un salon très riche. Portes latérales, fenêtres au fond, donnant sur un jardin. Cheminée avec feu.

SCÈNE I

UN DOMESTIQUE, LE DUC

LE DOMESTIQUE. Je vous répète, brigadier,[1] que monsieur le marquis ne peut pas vous recevoir; il n'est pas encore levé.
LE DUC. A neuf heures! (*A part.*) Au fait, le soleil se lève tard pendant la lune de miel. (*Haut.*) A quelle heure déjeune-t-on ici?
LE DOMESTIQUE. A onze heures. . . . Mais qu'est-ce que ça vous fait?
LE DUC. Vous mettrez un couvert de plus.
LE DOMESTIQUE. Pour votre colonel?
LE DUC. Oui, pour mon colonel. C'est le journal d'aujourd'hui?
LE DOMESTIQUE. Oui, 15 février 1846.
LE DUC. Donnez!
LE DOMESTIQUE. Je ne l'ai pas encore lu.
LE DUC. Vous ne voulez pas me donner le journal? Alors vous voyez bien que je ne peux pas attendre. Annonce-moi.
LE DOMESTIQUE. Qui, vous?
LE DUC. Le duc de Montmeyran.
LE DOMESTIQUE. Farceur!

SCÈNE II

LES MÊMES, GASTON

GASTON. Tiens, c'est toi? . . . (*Ils s'embrassent.*)
LE DOMESTIQUE, *à part.* Fichtre[2] . . . j'ai dit une bêtise. . . .
LE DUC. Cher Gaston!
GASTON. Cher Hector! parbleu! je suis content de te voir!
LE DUC. Et moi donc!
GASTON. Tu ne pouvais arriver plus à propos!
LE DUC. A propos?
GASTON. Je te conterai cela. . . . Mais, mon pauvre garçon, comme te voilà fait! Qui reconnaîtrait, sous cette casaque,[3] un des princes de la jeunesse, l'exemple et le parfait modèle des enfants prodigues?
LE DUC. Après toi, mon bon. Nous nous sommes rangés tous les deux: toi, tu t'es marié; moi, je me suis fait soldat, et quoi que tu penses de mon uniforme, j'aime mieux mon régiment que le tien.
GASTON, *regardant l'uniforme du* DUC. Bien obligé!
LE DUC. Oui, regarde-la, cette casaque. C'est le seul habit où l'ennui ne soit pas entré avec moi. Et ce petit ornement que tu feins de ne pas voir. . . . (*Il montre ses galons.*)
GASTON. Un galon de laine.[4]

[1] *brigadier,* a corporal in a cavalry regiment.
[2] *Fichtre,* gosh!
[3] *casaque,* coat.
[4] *Un galon de laine:* a woolen stripe indicates the rank of Corporal (*corporal* in infantry, *brigadier* in cavalry regiments).

Le Duc. Que j'ai ramassé dans la plaine d'Isly,[1] mon bon.

Gaston. Et quand auras-tu l'étoile des braves?

Le Duc. Ah! mon cher, ne plaisantons plus là-dessus: c'était bon autrefois; aujourd'hui, la croix est ma seule ambition, et pour l'avoir je donnerais gaiement une pinte de mon sang.

Gaston. Ah çà! tu es donc un troupier fini?

Le Duc. Hé! ma foi, oui! j'aime mon métier. C'est le seul qui convienne à un gentilhomme ruiné, et je n'ai qu'un regret, c'est de ne pas l'avoir pris plus tôt. C'est amusant, vois-tu, cette existence active et aventureuse; il n'y a pas jusqu'à la discipline qui n'ait son charme; c'est sain, cela repose l'esprit d'avoir sa vie réglée d'avance, sans discussion possible et par conséquent sans irrésolution et sans regret. C'est de là que viennent l'insouciance et la gaieté. On sait ce qu'on doit faire, on le fait, et on est content.

Gaston. A peu de frais.

Le Duc. Et puis, mon cher, ces idées patriotiques dont nous nous moquions au café de Paris et que nous traitions de chauvinisme nous gonflent diablement le cœur en face de l'ennemi. Le premier coup de canon défonce les blagues, et le drapeau n'est plus un chiffon au bout d'une perche, c'est la robe même de la patrie.

Gaston. Soit; mais ton enthousiasme pour un drapeau qui n'est pas le tien.[2] . . .

Le Duc. Bah! on n'en voit plus la couleur au milieu de la fumée de la poudre.

Gaston. Enfin, tu es content, c'est l'essentiel. Es-tu à Paris pour longtemps?

Le Duc. Pour un mois, pas plus. Tu sais comment j'ai arrangé ma vie?

Gaston. Non, comment?

Le Duc. Je ne t'ai pas dit? . . . C'est très ingénieux: avant de partir, j'ai placé chez un banquier les bribes de mon patrimoine. Cent mille francs environ, dont le revenu doit me procurer tous les ans trente jours de mon ancienne existence, en sorte que j'ai soixante mille livres de rente pendant un mois de l'année et six

sous par jour pendant les onze autres. J'ai naturellement choisi le carnaval pour mes prodigalités: il a commencé hier, j'arrive aujourd'hui et ma première visite est pour toi.

Gaston. Merci! Ah çà! je n'entends pas que tu loges ailleurs que chez moi.

Le Duc. Oh! je ne veux pas te donner d'embarras. . . .

Gaston. Tu ne m'en donneras aucun, il y a justement dans l'hôtel un petit pavillon, au fond du jardin.

Le Duc. Tiens, franchement, ce n'est pas toi que je crains de gêner, c'est moi. Tu comprends . . . tu vis en famille . . . ta femme, ton beau-père. . . .

Gaston. Ah! oui, tu te figures, parce que j'ai épousé la fille d'un ancien marchand de draps, que ma maison est devenue le temple de l'ennui, que ma femme a apporté dans ses nippes une horde farouche de vertus bourgeoises, et qu'il ne reste plus qu'à écrire sur ma porte: Ci-gît Gaston, marquis de Presles! Détrompe-toi, je mène un train de prince, je fais courir,[3] je joue un jeu d'enfer, j'achète des tableaux, j'ai le premier cuisinier de Paris, un drôle qui prétend descendre de Vatel[4] et qui prend son art au grand sérieux; je tiens table ouverte (entre parenthèses, tu dîneras demain avec tous nos amis et tu verras comment je traite); bref, le mariage n'a rien supprimé de mes habitudes, rien . . . que les créanciers.

Le Duc. Ta femme, ton beau-père, te laissent ainsi la bride sur le cou?

Gaston. Parfaitement. Ma femme est une petite pensionnaire, assez jolie, un peu gauche, un peu timide, encore tout ébaubie[5] de sa métamorphose, et qui, j'en jurerais, passe son temps à regarder dans son miroir la marquise de Presles. Quant à monsieur Poirier, mon beau-père, il est digne de son nom. Modeste et nourrissant comme tous les arbres à fruit, il était né pour vivre en espalier.[6] Toute son ambition était de fournir aux desserts d'un gentilhomme: ses vœux sont exaucés.

Le Duc. Bah! il y a encore des bourgeois de cette pâte-là?

Gaston. Pour te le peindre en un mot, c'est George Dandin[7] à l'état de beau-

---

[1] *Isly*, river in Africa, scene of a battle.

[2] *le tien.* Louis Philippe, who was king in 1846, was not recognized by the old aristocracy.

[3] *je fais courir*, I keep race horses.

[4] *Vatel*, famous chef of the prince of Condé in the 17th century. He committed suicide because the sea-food arrived too late for a dinner given in honor of King Louis XIV.

[5] *ébaubie*, bewildered.

[6] *en espalier*, spread out on a trellis or against a wall.

[7] *George Dandin*, hero of Molière's play by that name; he married an aristocratic woman and was ridiculed by her and her relatives.

père. . . . Sérieusement, j'ai fait un mariage magnifique.

LE DUC. Je pense bien que tu ne t'es mésallié qu'à bon escient.[1]

GASTON. Je t'en fais juge: tu sais dans quelle position je me trouvais? Orphelin à quinze ans, maître de ma fortune à vingt, j'avais promptement exterminé mon patrimoine et m'étais mis en devoir d'amasser un capital de dettes, digne du neveu de mon oncle. Or, au moment où, grâce à mon activité, ce capital atteignait le chiffre de cinq cent mille francs, mon septuagénaire d'oncle n'épousait-il pas tout à coup une jeune personne romanesque dont il se voyait adoré? J'avais compté sans mes cousins; il me fallut décompter.[2]

LE DUC. Tu passais à l'état de neveu honoraire.

GASTON. Je songeai à reprendre du service actif dans le corps des gendres; c'est alors que le ciel mit monsieur Poirier sur mon chemin.

LE DUC. Où l'as-tu rencontré?

GASTON. Il avait des fonds à placer et cherchait un emprunteur; c'était une chance de nous rencontrer: nous nous rencontrâmes. Je ne lui offrais pas assez de garanties pour qu'il fît de moi son débiteur; je lui en offrais assez pour qu'il fît de moi son gendre. Je pris des renseignements sur sa moralité; je m'assurai que sa fortune venait d'une source honnête, et, ma foi, j'acceptai la main de sa fille.

LE DUC. Avec quels appointements?

GASTON. Le bonhomme avait quatre millions, il n'en a plus que trois.

LE DUC. Un million de dot!

GASTON. Mieux que cela: tu vas voir. Il s'est engagé à payer mes dettes, et je crois même que c'est aujourd'hui que ce phénomène sera visible: ci, cinq cent mille francs. Il m'a remis, le jour du contrat, un coupon de rentes de vingt-cinq mille francs: ci, cinq cent autres mille francs.

LE DUC. Voilà le million; après?

GASTON. Après? Il a tenu à ne pas se séparer de sa fille et à nous défrayer de tout dans son hôtel; en sorte que, logé, nourri, chauffé, voituré, servi, il me reste vingt-cinq mille livres de rentes pour l'entretien de ma femme et le mien.

LE DUC. C'est très joli.

GASTON. Attends donc!

LE DUC. Il y a encore quelque chose?

GASTON. Il a racheté le château de Presles, et je m'attends, d'un jour à l'autre, à trouver les titres de propriété sous ma serviette.

LE DUC. C'est un homme délicieux!

GASTON. Attends donc!

LE DUC. Encore?

GASTON. Après la signature du contrat, il est venu à moi, il m'a pris les mains, et, avec une bonhomie touchante, il s'est confondu en excuses de n'avoir que soixante ans; mais il m'a donné à entendre qu'il se dépêcherait d'en avoir quatre-vingts. Au surplus, je ne le presse pas . . . il n'est pas gênant, le pauvre homme. Il se tient à sa place, se couche comme les poules, se lève comme les coqs, règle les comptes, veille à l'exécution de mes moindres désirs; c'est un intendant qui ne me vole pas; je le remplacerais difficilement.

LE DUC. Décidément, tu es le plus heureux des hommes.

GASTON. Attends donc! Tu pourrais croire qu'aux yeux du monde, mon mariage m'a délustré, m'a décati,[3] comme dirait M. Poirier: rassure-toi, je suis toujours à la mode; c'est moi qui donne le ton. Les femmes m'ont pardonné, et, enfin, comme j'avais l'honneur de te le dire, tu ne pouvais arriver plus à propos.

LE DUC. Pourquoi?

GASTON. Tu ne me comprends pas, toi, mon témoin naturel, mon second obligé?

LE DUC. Un duel!

GASTON. Oui, mon cher, un joli petit duel, comme dans le bon temps. . . . Eh bien! qu'en dis-tu? Est-il mort, ce marquis de Presles, et faut-il songer à le porter en terre?

LE DUC. Avec qui te bats-tu, et à quel propos?

GASTON. Avec le vicomte de Pontgrimaud, à propos d'une querelle de jeu.

LE DUC. Une querelle de jeu? alors cela peut s'arranger.

GASTON. Est-ce au régiment que l'on apprend à arranger les affaires d'honneur?

LE DUC. Tu l'as dit, c'est au régiment. C'est là qu'on apprend l'emploi du sang; tu ne me persuaderas pas qu'il en faille pour terminer une querelle de jeu?

GASTON. Et si cette querelle de jeu n'était qu'un prétexte? s'il y avait autre chose derrière?

LE DUC. Une femme?

GASTON. Voilà!

---

[1] *à bon escient*, with your eyes open.
[2] *décompter*, discount.
[3] *délustré*, *décati*, robbed of my social standing.

LE DUC.   Une intrigue! déjà! ce n'est pas bien.

GASTON.   Que veux-tu! . . . une passion de l'an dernier que je croyais morte de froid, et qui, après mon mariage, a eu son été de la Saint-Martin.[1]   Tu vois que ce n'est ni bien sérieux ni bien inquiétant.

LE DUC.   Et peut-on savoir?

GASTON.   Je n'ai pas de secrets pour toi. . . . C'est la comtesse de Montjay.

LE DUC.   Je t'en fais mon compliment; mais c'est furieusement grave.   Et tu as repris une pareille chaîne?

GASTON.   L'habitude, un reste d'amour, le plaisir de couper l'herbe sous le pied à ce petit drôle de Pontgrimaud, que je déteste. . . .

LE DUC.   Tu lui fais bien de l'honneur!

GASTON.   Que veux-tu? il m'agace les nerfs, ce petit monsieur, qui se croit de noblesse d'épée parce que monsieur Grimaud, son grand-père, était fournisseur aux armées.   C'est vicomte, on ne sait comment ni pourquoi, et ça veut être plus légitimiste que nous; ça se porte à tout propos champion de la noblesse, pour avoir l'air de la représenter. . . . Si on fait une égratignure à un Montmorency, ça crie comme si on l'écorchait lui-même. . . . Bref, il y avait entre nous deux une querelle dans l'air; elle a crevé hier soir à une table de lansquenet.   Il en sera quitte pour un coup d'épée . . . ce sera le premier qu'on aura reçu dans sa famille.

LE DUC.   T'a-t-il envoyé ses témoins?

GASTON.   Je les attends. . . . Tu m'assisteras avec Grandlieu?

LE DUC.   C'est entendu.

GASTON.   Tu t'installes chez moi, c'est entendu aussi?

LE DUC.   Eh bien, soit.

GASTON.   Ah çà! quoique en carnaval, tu ne comptes pas rester déguisé en héros?

LE DUC.   Non.   J'ai écrit de là-bas à mon tailleur. . . .

GASTON.   Tiens, j'entends des voix. . . . C'est mon beau-père; tu vas le voir au complet, avec son ami Verdelet, son ancien associé. . . . Parbleu . . . tu as de la chance.

SCÈNE III

LES MÊMES, POIRIER, VERDELET

GASTON.   Bonjour, monsieur Verdelet, bonjour.

VERDELET.   Votre serviteur, messieurs.

GASTON.   Un de mes bons amis, mon cher monsieur Poirier, le duc de Montmeyran.

LE DUC.   Brigadier aux chasseurs d'Afrique.

VERDELET, à part.   A la bonne heure!

POIRIER.   Très honoré, monsieur le duc!

GASTON.   Plus honoré que vous ne pensez, cher monsieur Poirier: monsieur le duc veut bien accepter ici l'hospitalité que je me suis empressé de lui offrir.

VERDELET, à part.   Un rat de plus dans le fromage.

LE DUC.   Pardonnez-moi, monsieur, d'avoir accepté une invitation que mon ami Gaston m'a faite un peu étourdiment peut-être.

POIRIER.   Monsieur . . . le marquis, mon gendre, n'a pas besoin de me consulter pour installer ses amis ici; les amis de nos amis.[2] . . .

GASTON.   Très bien, monsieur Poirier. Hector occupera le pavillon du jardin. Est-il en état?

POIRIER.   J'y veillerai.

LE DUC.   Je suis confus, monsieur, de l'embarras. . . .

GASTON.   Pas du tout! monsieur Poirier sera trop heureux. . . .

POIRIER.   Trop heureux! . . .

GASTON.   Vous aurez soin, n'est-ce pas, qu'on tienne aux ordres d'Hector le petit coupé bleu? . . .

POIRIER.   Celui dont je me sers habituellement.

LE DUC.   Alors je m'oppose. . . .

POIRIER.   Oh! il y a une place de fiacres au bout de la rue.

VERDELET, à part.   Cassandre! ganache![3]

GASTON, au DUC.   Et maintenant, allons visiter mes écuries. . . . J'ai reçu hier un arabe dont tu me diras des nouvelles. . . . Viens.

LE DUC, à POIRIER.   Vous permettez, monsieur. . . . Gaston est impatient de me montrer son luxe, et je le conçois: c'est une façon pour lui de me parler de vous.

POIRIER.   Monsieur le duc comprend toutes les délicatesses de mon gendre.

GASTON, bas au DUC.   Tu vas me gâter mon beau-père. (Fausse sortie, sur la porte.) A propos, monsieur Poirier, vous savez que j'ai demain un grand dîner; est-ce que vous nous ferez le plaisir d'être des nôtres?

---

[1] été de la Saint-Martin, Indian summer.

[2] The complete saying is: Les amis de nos amis sont nos amis.

[3] Cassandre, ganache, silly old fool.

Poirier. Non, merci . . . je dînerai chez Verdelet.

Gaston. Ah! monsieur Verdelet! je vous en veux de m'enlever mon beau-père chaque fois que j'ai du monde ici. . . .

Verdelet, *à part.* Impertinent.

Poirier. A mon âge, on gêne la jeunesse.

Verdelet, *à part.* Géronte,[1] va!

Gaston. A votre aise, mon cher monsieur Poirier. (*Il sort avec* Le Duc.)

SCÈNE IV

Poirier, Verdelet

Verdelet. Je trouve ton gendre obséquieux avec toi. Tu me l'avais bien dit que tu saurais te faire respecter.

Poirier. Je fais ce qui me plaît. J'aime mieux être aimé que craint.

Verdelet. Ça n'a pas toujours été ton principe. Du reste, tu as réussi: ton gendre a pour toi des bontés familières qu'il ne doit pas avoir pour les autres domestiques.

Poirier. Au lieu de faire de l'esprit, mêle-toi de tes affaires.

Verdelet. Je m'en mêle, parbleu! Nous sommes solidaires ici, nous ressemblons un peu aux jumeaux siamois, et, quand tu te mets à plat ventre devant ce marquis, j'ai de la peine à me tenir debout.

Poirier. A plat ventre! Ne dirait-on pas? . . . ce marquis! Crois-tu donc que son titre me jette de la poudre aux yeux? J'ai toujours été plus libéral que toi, tu le sais bien, je le suis encore. Je me moque de la noblesse comme de ça! Le talent et la vertu sont les seules distinctions sociales que je reconnaisse et devant lesquelles je m'incline.

Verdelet. Diable! ton gendre est donc bien vertueux?

Poirier. Tu m'ennuies. Ne veux-tu pas que je lui fasse sentir qu'il me doit tout?

Verdelet. Oh! oh! il te prend sur le tard des délicatesses exquises. C'est le fruit de tes économies. Tiens, Poirier, je n'ai jamais approuvé ce mariage, tu le sais; j'aurais voulu que ma chère filleule épousât un brave garçon de notre bord; mais puisque tu ne m'as pas écouté. . . .

Poirier. Ah! ah! écouter monsieur! il ne manquerait plus que cela!

Verdelet. Pourquoi donc pas?

Poirier. Oh! monsieur Verdelet! vous êtes un homme de bel esprit et de beaux sentiments. . . . Vous avez lu des livres amusants . . . vous avez sur toutes choses des opinions particulières; mais en matière de sens commun, je vous rendrais des points.

Verdelet. En matière de sens commun . . . tu veux dire en matière commerciale. Je ne conteste pas: tu as gagné quatre millions tandis que j'amassais à peine quarante mille livres de rentes.

Poirier. Et encore, grâce à moi.

Verdelet. D'accord! Cette fortune me vient par toi, elle retournera à ta fille, quand ton gendre t'aura ruiné.

Poirier. Quand mon gendre m'aura ruiné?

Verdelet. Oui, dans une dizaine d'années.

Poirier. Tu es fou!

Verdelet. Au train dont il y va, tu sais trop bien compter pour ne pas voir que cela ne peut pas durer longtemps.

Poirier. Bien, bien, c'est mon affaire.

Verdelet. S'il ne s'agissait que de toi, je ne soufflerais mot.

Poirier. Et pourquoi ne souffleriez-vous mot? vous ne me portez donc aucun intérêt? cela vous est égal qu'on me ruine? moi qui ai fait votre fortune!

Verdelet. Qu'est-ce qui te prend?

Poirier. Je n'aime pas les ingrats!

Verdelet. Diantre! tu te rattrapes sur moi des familiarités de ton gendre. Je te disais donc que, s'il ne s'agissait que de toi, je prendrais ton mal en patience, n'étant pas ton parrain; mais je suis celui de ta fille.

Poirier. Et j'ai fait un beau pas de clerc[2] en vous donnant ce droit sur elle.

Verdelet. Ma foi! tu pouvais lui choisir un parrain qui l'aurait moins aimée!

Poirier. Oui . . . je sais . . . vous l'aimez plus que je ne fais moi-même. . . . C'est votre prétention . . . et vous le lui avez persuadé, à elle. . . .

Verdelet. Nous retombons dans cette litanie? Va ton train.

Poirier. Oui, j'irai mon train. Croyez-vous qu'il me soit agréable de me voir expulsé, par un étranger, du cœur de mon enfant?

Verdelet. Elle a pour toi toute l'affection. . . .

---

[1] *Géronte,* about the same as Cassandre. Both were characters of ridiculous old men in the old farces and comedies.

[2] *pas de clerc,* blunder.

POIRIER. Ce n'est pas vrai, tu me supplantes! elle n'a de confiance et de câlineries que pour toi.

VERDELET. C'est que je ne lui fais pas peur, moi. Comment veux-tu que cette petite ait de l'épanchement pour un hérisson comme toi? Elle ne sait par où te dorloter, tu es toujours en boule.[1]

POIRIER. C'est toi qui m'as réduit au rôle de père rabat-joie, en prenant celui de papa-gâteau. Ça n'est pas bien malin de se faire aimer des enfants quand on obéit à toutes leurs fantaisies, sans se soucier de leurs véritables intérêts. C'est les aimer pour soi, et non pour eux.

VERDELET. Doucement, Poirier; quand les vrais intérêts de ta fille ont été en jeu, ses fantaisies n'ont rencontré de résistance que chez moi. Je l'ai assez contrariée, la pauvre Toinon, à l'occasion de son mariage, tandis que tu l'y poussais bêtement.

POIRIER. Elle aimait le marquis. Laisse-moi lire mon journal. (*Il s'assied et parcourt le Constitutionnel.*)

VERDELET. Tu as beau dire que l'enfant avait le cœur pris, c'est toi qui le lui as fait prendre. Tu as attiré monsieur de Presles chez toi.

POIRIER, *se levant.* Encore un d'arrivé! monsieur Michaud, le propriétaire de forges, est nommé pair de France.[2]

VERDELET. Qu'est-ce que ça me fait?

POIRIER. Comment! ce que ça te fait? Il t'est indifférent de voir un des nôtres parvenir, de voir que le gouvernement honore l'industrie en appelant à lui ses représentants! N'est-ce pas admirable, un pays et un temps où le travail ouvre toutes les portes? Tu peux aspirer à la pairie, et tu demandes ce que cela te fait?

VERDELET. Dieu me garde d'aspirer à la pairie! Dieu garde surtout mon pays que j'y arrive!

POIRIER. Pourquoi donc? Monsieur Michaud y est bien!

VERDELET. Monsieur Michaud n'est pas seulement un industriel, c'est un homme du premier mérite. Le père de Molière était tapissier: ce n'est pas une raison pour que tous les fils de tapissier se croient poètes.

POIRIER. Je te dis, moi, que le commerce est la véritable école des hommes d'État. Qui mettra la main au gouvernail, sinon ceux qui ont prouvé qu'ils savaient mener leur barque!

VERDELET. Une barque n'est pas un vaisseau, un batelier n'est pas un pilote, et la France n'est pas une maison de commerce. . . . J'enrage quand je vois cette manie qui s'empare de toutes les cervelles! On dirait, ma parole, que dans ce pays-ci le gouvernement est le passe-temps naturel des gens qui n'ont plus rien à faire. . . Un bonhomme comme toi et moi s'occupe pendant trente ans de sa petite besogne; il y arrondit sa pelote,[3] et un beau jour il ferme boutique et s'établit homme d'État. . . . Ce n'est pas plus difficile que cela! il n'y a pas d'autre recette! Morbleu, messieurs, que ne vous dites-vous aussi bien: J'ai tant auné de drap que je dois savoir jouer du violon.

POIRIER. Je ne saisis pas le rapport. . . .

VERDELET. Au lieu de songer à gouverner la France, gouvernez votre maison. Ne mariez pas vos filles à des marquis ruinés qui croient vous faire honneur en payant leurs dettes avec vos écus. . . .

POIRIER. Est-ce pour moi que tu dis cela?

VERDELET. Non, c'est pour moi.

SCÈNE V

LES MÊMES, ANTOINETTE

ANTOINETTE. Bonjour, mon père; comment allez-vous? Bonjour, parrain. Tu viens déjeuner avec nous? tu es bien gentil!

POIRIER. Il est gentil! . . . Qu'est-ce que je suis donc alors, moi qui l'ai invité?

ANTOINETTE. Vous êtes charmant!

POIRIER. Je ne suis charmant que quand j'invite Verdelet. C'est agréable pour moi!

ANTOINETTE. Où est mon mari?

POIRIER. A l'écurie. Où veux-tu qu'il soit?

ANTOINETTE. Est-ce que vous blâmez son goût pour les chevaux? . . . Il sied bien à un gentilhomme d'aimer les chevaux et les armes.

POIRIER. Soit; mais je voudrais qu'il aimât autre chose.

ANTOINETTE. Il aime les arts, la peinture, la poésie, la musique.

POIRIER. Peuh! ce sont des arts d'agrément.[4]

---

[1] *en boule,* rolled up like a hedge-hog, with bristles out.
[2] *pair de France,* member of the upper chamber from 1814 to 1848.
[3] *arrondit sa pelote,* makes his pile.
[4] *arts d'agrément,* arts for *dilettanti.*

VERDELET. Tu voudrais qu'il aimât des arts de désagrément peut-être: qu'il jouât du piano?

POIRIER. C'est cela; prends son parti devant Toinon, pour te faire aimer d'elle. (*A* ANTOINETTE.) Il me disait encore tout à l'heure que ton mari me ruine. . . . Le disais-tu?

VERDELET. Oui, mais tu n'as qu'à serrer les cordons de ta bourse.

POIRIER. Il est beaucoup plus simple que ce jeune homme s'occupe.

VERDELET. Il me semble qu'il s'occupe beaucoup.

POIRIER. Oui, à dépenser de l'argent du matin au soir. Je lui voudrais une occupation plus lucrative.

ANTOINETTE. Laquelle? . . . Il ne peut pourtant pas vendre du drap ou de la flanelle.

POIRIER. Il en est incapable. On ne lui demande pas tant de choses: qu'il prenne tout simplement une position conforme à son rang; une ambassade, par exemple.

VERDELET. Prendre une ambassade! Ça ne se prend pas comme un rhume.

POIRER. Quand on s'appelle le marquis de Presles, on peut prétendre à tout.

ANTOINETTE. Mais on est obligé de ne prétendre à rien, mon père.

VERDELET. C'est vrai: ton gendre a des opinions. . . .

POIRIER. Il n'en a qu'une, c'est la paresse.

ANTOINETTE. Vous êtes injuste, mon père, mon mari a ses convictions.

VERDELET. A défaut de conviction, il a l'entêtement chevaleresque de son parti. Crois-tu que ton gendre renoncera aux traditions de sa famille, pour le seul plaisir de renoncer à sa paresse?

POIRIER. Tu ne connais pas mon gendre, Verdelet; moi, je l'ai étudié à fond, avant de lui donner ma fille. C'est un étourneau;[1] la légèreté de son caractère le met à l'abri de toute espèce d'entêtement. Quant à ses traditions de famille, s'il y tenait beaucoup, il n'eût pas épousé mademoiselle Poirier.

VERDELET. C'est égal, il eût été prudent de le sonder à ce sujet avant le mariage.

POIRIER. Que tu es bête! j'aurais eu l'air de lui proposer un marché; il aurait refusé tout net. On n'obtient de pareilles concessions que par les bons procédés, par une obsession lente et insensible. . . . Depuis trois mois il est ici comme un coq en pâte.

VERDELET. Je comprends! tu as voulu graisser la girouette avant de souffler dessus.

POIRIER. Tu l'as dit, Verdelet. (*A* ANTOINETTE.) On est bien faible pour sa femme, pendant la lune de miel. Si tu lui demandais ça gentiment . . . le soir . . . tout en déroulant tes cheveux. . . .

ANTOINETTE. Oh! mon père!

POIRIER. Dame! c'est comme cela que madame Poirier m'a demandé de la mener à l'Opéra, et je l'y ai menée le lendemain. . . . Tu vois!

ANTOINETTE. Je n'oserai jamais parler à mon mari d'une chose si grave.

POIRIER. Ta dot peut cependant bien te donner voix au chapitre.

ANTOINETTE. Il lèverait les épaules, il ne me répondrait pas.

VERDELET. Il lève les épaules quand tu lui parles?

ANTOINETTE. Non, mais. . . .

VERDELET. Oh! oh! tu baisses les yeux. . . . Il paraît que ton mari te traite un peu légèrement. C'est ce que j'ai toujours craint.

POIRIER. Est-ce que tu as à te plaindre de lui?

ANTOINETTE. Non, mon père.

POIRIER. Est-ce qu'il ne t'aime pas?

ANTOINETTE. Je ne dis pas cela.

POIRIER. Qu'est-ce que tu dis, alors?

ANTOINETTE. Rien.

VERDELET. Voyons, ma fille, explique-toi franchement avec tes vieux amis. Nous ne sommes créés et mis au monde que pour veiller sur ton bonheur; à qui te confieras-tu, si tu te caches de ton père et de ton parrain? Tu as du chagrin?

ANTOINETTE. Je n'ai pas le droit d'en avoir, mon mari est très doux et très bon.

POIRIER. Eh bien, alors?

VERDELET. Est-ce que cela suffit? Il est doux et bon, mais il ne fait guère plus attention à toi qu'à une jolie poupée, n'est-ce pas?

ANTOINETTE. C'est ma faute. Je suis timide avec lui; je n'ose lui ouvrir ni mon esprit ni mon cœur. Je suis sûre qu'il me prend pour une pensionnaire qui a voulu être marquise.

POIRIER. Cet imbécile.

VERDELET. Que ne t'expliques-tu à lui?

ANTOINETTE. J'ai essayé plusieurs fois;

---

[1] *étourneau*, starling, giddy young man.

mais le ton de sa première réponse était toujours en tel désaccord avec ma pensée que je n'osais plus continuer. Il y a des confidences qui veulent être encouragées, l'âme a sa pudeur. Tu dois comprendre cela, mon bon Tony?

POIRIER. Eh bien! et moi, est-ce que je ne le comprends pas?

ANTOINETTE. Vous aussi, mon père. Comment dire à Gaston que ce n'est pas son titre qui m'a plu, mais la grâce de ses manières et de son esprit, son humeur chevaleresque, son dédain des mesquineries de la vie? comment lui dire enfin qu'il est l'homme de mes rêveries, si, au premier mot, il m'arrête par une plaisanterie?

POIRIER. S'il plaisante, c'est qu'il est gai, ce garçon.

VERDELET. Non, c'est que sa femme l'ennuie.

POIRIER, à ANTOINETTE. Tu ennuies ton mari?

ANTOINETTE. Hélas! j'en ai peur.

POIRIER. Parbleu! ce n'est pas toi qui l'ennuies, c'est son oisiveté. Un mari n'aime pas longtemps sa femme quand il n'a pas autre chose à faire que de l'aimer.

ANTOINETTE. Est-ce vrai, Tony?

POIRIER. Puisque je te le dis, tu n'as pas besoin de consulter Verdelet.

VERDELET. Je crois, en effet, que la passion s'épuise vite et qu'il faut l'administrer comme la fortune, avec économie.

POIRIER. Un homme a des besoins d'activité qui veulent être satisfaits à tout prix et qui s'égarent quand on leur barre le chemin.

VERDELET. Une femme doit être la préoccupation et non l'occupation de son mari.

POIRIER. Pourquoi ai-je toujours adoré ta mère? c'est que je n'avais jamais le temps de penser à elle.

VERDELET. Ton mari a vingt-quatre heures par jour pour t'aimer. . . .

POIRIER. C'est trop de douze.

ANTOINETTE. Vous m'ouvrez les yeux.

POIRIER. Qu'il prenne un emploi et les choses rentreront dans l'ordre.

ANTOINETTE. Qu'en dis-tu, Tony?

VERDELET. C'est possible! La difficulté est de le faire consentir.

POIRIER. J'attacherai le grelot.[1] Soutenez-moi tous les deux.

VERDELET. Est-ce que tu comptes aborder la question tout de suite?

POIRIER. Non, après déjeuner. J'ai observé que monsieur le marquis a la digestion gaie.

SCÈNE VI

LES MÊMES, GASTON, LE DUC

GASTON, *présentant* LE DUC *à sa femme.* Ma chère Antoinette, monsieur de Montmeyran; ce n'est pas un inconnu pour vous.

ANTOINETTE. En effet, monsieur, Gaston m'a tant de fois parlé de vous, que je crois tendre la main à un ancien ami.

LE DUC. Vous ne vous trompez pas, madame; vous me faites comprendre qu'un instant peut suffire pour improviser une vieille amitié. (*Bas au* MARQUIS.) Elle est charmante, ta femme.

GASTON, *bas au* DUC. Oui, elle est gentille. (*A* ANTOINETTE.) J'ai une bonne nouvelle à vous annoncer, ma chère: Hector veut bien demeurer avec nous pendant tout son congé.

ANTOINETTE. Que c'est aimable à vous, monsieur! J'espère que votre congé est long?

LE DUC. Un mois, et je retourne en Afrique.

VERDELET. Vous donnez là un noble exemple, monsieur le duc; c'est bien à vous de n'avoir pas considéré l'oisiveté comme un héritage de famille.

GASTON, *à part.* Une pierre dans mon jardin! Il finira par le paver, ce bon monsieur Verdelet. (*Entre un* DOMESTIQUE *apportant un tableau.*)

LE DOMESTIQUE. On vient d'apporter ce tableau pour monsieur le marquis.

GASTON. Mettez-le sur cette chaise, près de la fenêtre . . . là! c'est bien! (*Le* DOMESTIQUE *sort.*) Viens voir cela, Montmeyran.

LE DUC. C'est charmant! le joli effet de soir! Ne trouvez-vous pas, madame?

ANTOINETTE. Oui, charmant! . . . et comme c'est vrai! . . . que tout cela est calme, recueilli! On aimerait à se promener dans ce paysage silencieux.

POIRIER, à VERDELET. Pair de France.

GASTON. Regarde-moi donc cette bande de lumière verte, qui court entre les tons orangés de l'horizon et de bleu froid du reste du ciel! comme c'est rendu!

LE DUC. Et le premier plan! . . . quelle pâte,[2] quelle solidité!

GASTON. Et le miroitement presque

---

[1] *J'attacherai le grelot,* I will bell the cat. Reference to La Fontaine's fable: *Conseil tenu par les rats.*

[2] *pâte,* mass of color.

imperceptible de cette flaque d'eau sous le feuillage . . . est-ce joli!

Poirier. Voyons ça, Verdelet. . . . (*S'approchant tous deux.*) Eh bien! qu'est-ce que ça représente?

Verdelet. Parbleu! ça représente neuf heures du soir, en été, dans les champs.

Poirier. Ça n'est pas intéressant, ce sujet-là, ça ne dit rien! J'ai dans ma chambre une gravure qui représente un chien au bord de la mer, aboyant devant un chapeau de matelot . . . à la bonne heure! ça se comprend, c'est ingénieux, c'est simple et touchant.

Gaston. Eh bien, monsieur Poirier . . . puisque vous aimez les tableaux touchants, je vous en ferai faire un d'après un sujet que j'ai pris moi-même sur nature. Il y avait sur une table un petit oignon coupé en quatre, un pauvre petit oignon blanc! le couteau était à côté. . . . Ce n'était rien et ça tirait les larmes des yeux.

Verdelet, *bas à* Poirier. Il se moque de toi.

Poirier, *bas à* Verdelet. Laisse-le faire.

Le Duc. De qui est ce paysage?

Gaston. D'un pauvre diable plein de talent, qui n'a pas le sou.

Poirier. Et combien avez-vous payé ça?

Gaston. Cinquante louis.

Poirier. Cinquante louis! le tableau d'un inconnu qui meurt de faim! A l'heure du dîner, vous l'auriez eu pour vingt-cinq francs.

Antoinette. Oh! mon père!

Poirier. Voilà une générosité bien placée!

Gaston. Comment, monsieur Poirier, trouveriez-vous mauvais qu'on protège les arts?

Poirier. Qu'on protège les arts, bien! mais les artistes, non . . . ce sont tous des fainéants et des débauchés. On raconte d'eux des choses qui donnent la chair de poule.

Verdelet, *bas à* Poirier. Quoi donc?

Poirier, *bas.* On dit, mon cher. . . . (*Il le prend à part et lui parle dans le tuyau de l'oreille.*)

Verdelet. Tu crois ces choses-là, toi?

Poirier. Je l'ai entendu dire à des gens qui le savaient.

Un Domestique, *entrant.* Madame la marquise est servie.

Poirier, *au* Domestique. Vous monterez une fiole de mon Pomard de 1811 . . . (*au* Duc) année de la comète . . . monsieur le duc! . . . quinze francs la bouteille! Le roi n'en boit pas de meilleur. (*Bas à* Verdelet.) Tu n'en boiras pas . . . ni moi non plus.

Gaston, *au* Duc. Quinze francs la bouteille, en rendant le verre,[1] mon bon.

Verdelet, *bas à* Poirier. Il se moque toujours de toi, et tu le souffres?

Poirier, *bas.* Il faut être coulant[2] en affaires.

(*Ils sortent.*)

ACTE DEUXIÈME

Même décor.

SCÈNE I

Tous les Personnages
(*On sort de la salle à manger.*)

Gaston. Eh bien, Hector, qu'en dis-tu? Voilà la maison! c'est ainsi tous les jours que Dieu fait. Crois-tu qu'il y ait au monde un homme plus heureux que moi?

Le Duc. Ma foi! j'avoue que je te porte envie, tu me réconcilies avec le mariage.

Antoinette, *bas à* Verdelet. Quel charmant jeune homme, monsieur de Montmeyran!

Verdelet, *bas.* Il me plaît beaucoup.

Gaston. Monsieur Poirier, il faut je vous le dise une bonne fois, vous êtes un homme excellent, croyez bien que vous n'avez pas affaire à un ingrat.

Poirier. Oh! monsieur le marquis!

Gaston. Appelez-moi Gaston, que diable! Et vous, mon cher monsieur Verdelet, savez-vous bien que j'ai plaisir à vous voir?

Antoinette. Il est de la famille, mon ami.

Gaston. Touchez donc là, mon oncle!

Verdelet, *lui donnant la main.* (*A part.*) Il n'est pas méchant.

Gaston. Conviens, Hector, que j'ai eu de la chance! Tenez, monsieur Poirier, j'ai un poids sur la conscience. Vous ne songez qu'à faire de ma vie une fête de tous les instants; ne m'offrirez-vous jamais une occasion de m'acquitter? Tâchez

[1] *en rendant le verre*, if you return the bottle.
[2] *coulant*, smooth.

donc une fois de désirer quelque chose qui soit en mon pouvoir.

POIRIER. Eh bien, puisque vous êtes en si bonnes dispositions, accordez-moi un quart d'heure d'entretien; je veux avoir avec vous une conversation sérieuse.

LE DUC. Je me retire.

POIRIER. Au contraire, monsieur, faites-nous l'amitié de rester. Nous allons tenir en quelque sorte un conseil de famille; vous n'êtes pas de trop, non plus que Verdelet.

GASTON. Diantre, cher beau-père, un conseil de famille! voudriez-vous me faire interdire, par hasard?

POIRIER. Dieu m'en garde, mon cher Gaston, asseyons-nous. (*On s'assied.*)

GASTON. La parole est à monsieur Poirier.

POIRIER. Vous êtes heureux, mon cher Gaston, vous le dites, et c'est ma plus douce récompense.

GASTON. Je ne demande qu'à doubler la gratification.

POIRIER. Mais, voilà trois mois donnés aux douceurs de la lune de miel, la part du roman me semble suffisante, et je crois l'instant venu de penser à l'histoire.

GASTON. Palsambleu! vous parlez comme un livre; pensons à l'histoire, je le veux bien.

POIRIER. Que comptez-vous faire?

GASTON. Aujourd'hui?

POIRIER. Et demain, et à l'avenir . . . vous devez avoir une idée.

GASTON. Sans doute, mon plan est arrêté, je compte faire aujourd'hui ce que j'ai fait hier, et demain ce que j'aurai fait aujourd'hui, je ne suis pas un esprit versatile malgré mon air léger, et pourvu que l'avenir ressemble au présent, je me tiens satisfait.

POIRIER. Vous êtes cependant trop raisonnable pour croire à l'éternité de la lune de miel.

GASTON. Trop raisonnable, vous l'avez dit, et trop ferré sur l'astronomie. Mais vous n'êtes pas sans avoir lu Henri Heine.

POIRIER. Tu dois avoir lu ça, Verdelet?

VERDELET. Je l'ai lu, j'en conviens.

POIRIER. Cet être-là a passé sa vie à faire l'école buissonnière.

GASTON. Eh bien! Henri Heine, interrogé sur le sort des vieilles pleines lunes, répond qu'on les casse pour en faire des étoiles.

POIRIER. Je ne saisis pas. . . .

GASTON. Quand notre lune de miel sera vieille, nous la casserons, et il y aura de quoi faire toute une voie lactée.

POIRIER. L'idée est sans doute fort gracieuse.

LE DUC. Elle n'a de mérite que son extrême simplicité.

POIRIER. Mais sérieusement, mon gendre, la vie un peu oisive que vous menez ne vous semble-t-elle pas funeste au bonheur d'un jeune ménage?

GASTON. Nullement.

VERDELET. Un homme de votre valeur ne peut pas se condamner au désœuvrement à perpétuité.

GASTON. Avec de la résignation. . . .

ANTOINETTE. Ne craignez-vous pas, mon ami, que l'ennui ne vous gagne?

GASTON. Vous vous calomniez, ma chère.

ANTOINETTE. Je n'ai pas la vanité de croire que je puisse remplir votre existence tout entière, et, je vous l'avoue, je serais heureuse de vous voir suivre l'exemple de monsieur de Montmeyran.

GASTON. Me conseillez-vous de m'engager, par hasard?

ANTOINETTE. Non, certes.

GASTON. Mais pourquoi donc alors?

POIRIER. Nous voudrions que vous prissiez une position digne de votre nom.

GASTON. Il n'y a que trois positions que mon nom me permette: soldat, évêque ou laboureur. Choisissez.

POIRIER. Nous nous devons tous à la France: la France est notre mère.

VERDELET. Je comprends le chagrin d'un fils qui voit sa mère se remarier; je comprends qu'il n'assiste pas à la noce; mais, s'il a du cœur, il ne boudera pas sa mère; et si le second mari la rend heureuse, il lui tendra bientôt la main.

POIRIER. L'abstention de la noblesse ne peut durer éternellement; elle commence elle-même à le reconnaître, et déjà plus d'un grand nom a donné l'exemple: monsieur de Valchevrière, monsieur de Chazerolles, monsieur de Mont-Louis.

GASTON. Ces messieurs ont fait ce qu'il leur a convenu de faire; je ne les juge pas, mais il ne m'est pas permis de les imiter.

ANTOINETTE. Pourquoi donc, mon ami?

GASTON. Demandez à Montmeyran.

VERDELET. L'uniforme de monsieur le duc répond pour lui.

LE DUC. Permettez, monsieur: le soldat n'a qu'une opinion, le devoir, . . . qu'un adversaire, l'ennemi.

POIRIER. Cependant, monsieur, on pourrait vous répondre. . . .

GASTON. Brisons là, monsieur Poirier;

il n'est pas question ici de politique. Les opinions se discutent, les sentiments ne se discutent pas. Je suis lié par la reconnaissance: ma fidélité est celle d'un serviteur et d'un ami. . . . Plus un mot là-dessus. (*Au* Duc.) Je te demande pardon, mon cher; c'est la première fois qu'on parle politique ici, je te promets que ce sera la dernière.

Le Duc, *bas à* Antoinette. On vous a fait faire une maladresse, madame.

Antoinette. Ah! monsieur, je le sens trop tard!

Gaston. Sans rancune, monsieur Poirier; je me suis exprimé un peu vertement, mais j'ai l'épiderme délicat à cet endroit, et sans le vouloir, j'en suis certain, vous m'aviez égratigné. Je ne vous en veux pas, touchez là.

Poirier. Vous êtes trop bon.

Verdelet, *bas à* Poirier. Te voilà dans de beaux draps!

Poirier, *de même.* Le premier assaut a été repoussé, mais je ne lève pas le siège.

Un Domestique. Il y a dans le petit salon des gens qui prétendent avoir rendez-vous avec monsieur Poirier.

Poirier. Très bien, priez-les de m'attendre un instant, je suis à eux. (*Le* Domestique *sort.*) Vos créanciers, mon gendre.

Gaston. Les vôtres, cher beau-père, je vous les ai donnés.

Le Duc. En cadeau de noces.

Verdelet. Adieu, monsieur le marquis.

Gaston. Vous nous quittez déjà!

Verdelet. Le mot est aimable. Antoinette m'a donné une petite commission.

Poirier. Tiens! laquelle?

Verdelet. C'est un secret entre elle et moi.

Gaston. Savez-vous bien que si j'étais jaloux. . . .

Antoinette. Mais vous ne l'êtes pas.

Gaston. Est-ce un reproche? Eh! bien, je veux être jaloux. Monsieur Verdelet, au nom de la loi, je vous enjoins de me dévoiler ce mystère.

Verdelet. A vous moins qu'à personne.

Gaston. Et pourquoi, s'il vous plaît?

Verdelet. Vous êtes la main droite d'Antoinette, et la main droite doit ignorer. . . .

Gaston. Ce que donne la main gauche.

Vous avez raison, j'ai été indiscret, et je me mets à l'amende. (*Donnant sa bourse à* Antoinette.) Joignez mon offrande à la vôtre, ma chère enfant.

Antoinette. Merci pour mes pauvres.

Poirier, *à part.* Comme il y va!

Le Duc. Me permettez-vous, madame, de vous voler aussi un peu de bénédictions. (*Lui donnant sa bourse.*) Elle est bien légère, mais c'est l'obole du brigadier.

Antoinette. Offerte par le cœur d'un duc.

Poirier, *à part.* Ça n'a pas le sou, et ça fait l'aumône!

Verdelet. Et toi, Poirier, n'ajouteras-tu rien à ma récolte?

Poirier. Moi, j'ai donné mille francs au bureau de bienfaisance.

Verdelet. A la bonne heure. Adieu, messieurs. Votre charité ne figurera pas sur les listes du bureau, mais elle n'en est pas plus mauvaise. (*Il sort avec* Antoinette.)

SCÈNE II

Les Mêmes *moins* Verdelet

Poirier. A bientôt, monsieur le marquis; je vais payer vos créanciers.

Gaston. Ah çà! monsieur Poirier, parce que ces gens-là m'ont prêté de l'argent, ne vous croyez pas tenu d'être poli avec eux.—Ce sont d'abominables coquins. . . . Tu as dû les connaître, Hector? le père Salomon, monsieur Chavassus, monsieur Cogne.

Le Duc. Si je les ai connus! . . . Ce sont les premiers arabes[1] auxquels je me sois frotté. Ils me prêtaient à cinquante pour cent, au denier deux comme disaient nos pères.

Poirier. Quel brigandage! Et vous aviez la sottise. . . . Pardon, monsieur le duc . . . pardon.

Le Duc. Que voulez-vous? Dix mille francs au denier deux font encore plus d'usage que rien du tout à cinq pour cent.

Poirier. Mais, monsieur, il y a des lois contre l'usure.

Le Duc. Les usuriers les respectent et les observent, ils ne prennent que l'intérêt légal; seulement on leur fait un billet et on ne touche que moitié en espèces.

Poirier. Et le reste?

Le Duc. On le touche en lézards empaillés,[2] comme du temps de Molière . . .

[1] *arabes,* usurers; the other *arabes* (Arabs) he has met on the battlefield in Africa.
[2] *lézards empaillés,* stuffed lizards (see *l'Avare* by Molière, in which the borrower received only part of the amount in cash and part in more or less worthless objects including a stuffed lizard).

car les usuriers ne progressent plus, sans doute, pour avoir atteint la perfection tout d'abord.

GASTON. Comme les Chinois.

POIRIER. J'aime à croire, mon gendre, que vous n'avez pas emprunté à ce taux.

GASTON. J'aimerais à le croire aussi, beau-père.

POIRIER. A cinquante pour cent!

GASTON. Ni plus ni moins.

POIRIER. Et vous avez touché des lézards empaillés?

GASTON. Beaucoup.

POIRIER. Que ne m'avez-vous dit cela plus tôt? Avant votre mariage, j'aurais obtenu une transaction.

GASTON. C'est justement ce que je ne voulais pas. Il ferait beau voir que le marquis de Presles rachetât sa parole au rabais, et fît lui-même cette insulte à son nom.

POIRIER. Cependant, si vous ne devez que moitié. . . .

GASTON. Je n'ai reçu que moitié, mais je dois le tout; ce n'est pas à ces voleurs que je le dois, mais à ma signature.

POIRIER. Permettez, monsieur le marquis, je me crois honnête homme; je n'ai jamais fait tort d'un sou à personne, et je suis incapable de vous donner un conseil indélicat; mais il me semble qu'en remboursant ces drôles de leurs déboursés réels, et en y ajoutant les intérêts composés à six pour cent, vous auriez satisfait à la plus scrupuleuse probité.

GASTON. Il ne s'agit pas ici de probité, c'est une question d'honneur.

POIRIER. Quelle différence faites-vous donc entre les deux?

GASTON. L'honneur est la probité du gentilhomme.

POIRIER. Ainsi, nos vertus changent de nom quand vous voulez bien les pratiquer? Vous les décrassez pour vous en servir? Je m'étonne d'une chose, c'est que le nez d'un noble daigne s'appeler comme le nez d'un bourgeois.

GASTON. C'est que tous les nez sont égaux.

LE DUC. A six pouces près.

POIRIER. Croyez-vous donc que les hommes ne le soient pas?

GASTON. La question est grave.

POIRIER. Elle est résolue depuis longtemps, monsieur le marquis.

LE DUC. Nos droits sont abolis, mais non pas nos devoirs. De tous nos privilèges il ne nous reste que deux mots, mais deux mots que nulle main humaine ne peut rayer: *Noblesse oblige.* Et quoi qu'il arrive, nous resterons toujours soumis à un code plus sévère que la loi, à ce code mystérieux que nous appelons l'honneur.

POIRIER. Eh bien, monsieur le marquis, il est heureux pour votre honneur que ma probité paie vos dettes. Seulement, comme je ne suis pas gentilhomme, je vous préviens que je vais tâcher de m'en tirer au meilleur marché possible.

GASTON. Ah! vous serez bien fin, si vous faites lâcher prise à ces bandits, ils sont maîtres de la situation. (ANTOINETTE *rentre.*)

POIRIER. Nous verrons, nous verrons. (*A part.*) J'ai mon idée, je vais leur jouer une petite comédie de ma façon. (*Haut.*) Je ne veux pas les irriter en les faisant attendre plus longtemps.

LE DUC. Non, diable, ils vous dévoreraient.

(POIRIER *sort.*)

SCÈNE III

GASTON, LE DUC, ANTOINETTE

GASTON. Pauvre monsieur Poirier! j'en suis fâché pour lui . . . cette révélation lui gâte tout le plaisir qu'il se faisait de payer mes dettes.

LE DUC. Écoute donc: ils sont rares les gens qui savent se laisser voler. C'est un art de grand seigneur.

UN DOMESTIQUE. Messieurs de Ligny et de Chazerolles demandent à parler à monsieur le marquis de la part de monsieur de Pontgrimaud.

GASTON. C'est bien. (LE DOMESTIQUE *sort.*) Va recevoir ces messieurs, Hector. Tu n'as pas besoin de moi pour arranger la partie.

ANTOINETTE. Une partie?

GASTON. Oui, j'ai gagné une grosse somme à Pontgrimaud et je lui ai promis sa revanche. (*A* HECTOR.) Que ce soit demain, dans l'après-midi.

LE DUC, *bas à* GASTON. Quand te reverrai-je?

GASTON. Madame de Montjay m'attend à trois heures. Eh bien, à trois heures, ici. (LE DUC *sort.*)

SCÈNE IV

GASTON, ANTOINETTE

GASTON, *s'assied sur un canapé, ouvre une revue, bâille, et dit à sa femme:* Viendrez-vous ce soir aux Italiens?

ANTOINETTE.   Oui, si vous y allez.

GASTON.   J'y vais. . . . Quelle robe mettrez-vous?

ANTOINETTE.   Celle qui vous plaira.

GASTON.   Oh? cela m'est égal . . . je veux dire que vous êtes jolie avec toutes.

ANTOINETTE.   Vous qui avez si bien le sentiment de l'élégance, mon ami, vous devriez me donner des conseils.

GASTON.   Je ne suis pas un journal de modes, ma chère enfant; au surplus, vous n'avez qu'à regarder les grandes dames et à prendre modèle. . . . Voyez madame de Nohan, madame de Villepreux. . . .

ANTOINETTE.   Madame de Montjay.

GASTON.   Pourquoi madame de Montjay plus qu'une autre?

ANTOINETTE.   Parce qu'elle vous plaît plus qu'une autre.

GASTON.   Où prenez-vous cela?

ANTOINETTE.   L'autre soir, à l'Opéra, vous lui avez fait une longue visite dans sa loge. Elle est très jolie. . . . A-t-elle de l'esprit?

GASTON.   Beaucoup. (*Un silence.*)

ANTOINETTE.   Pourquoi ne m'avertissez-vous pas, quand je fais quelque chose qui vous déplaît?

GASTON.   Je n'y ai jamais manqué.

ANTOINETTE.   Oh! vous ne m'avez jamais adressé une remontrance.

GASTON.   C'est donc que vous ne m'avez jamais rien fait qui m'ait déplu.

ANTOINETTE.   Sans aller bien loin, tout à l'heure, en insistant pour que vous prissiez un emploi, je vous ai froissé.

GASTON.   Je n'y pensais déjà plus.

ANTOINETTE.   Croyez bien que, si j'avais su à quel sentiment respectable je me heurtais. . . .

GASTON.   En vérité, ma chère enfant, on dirait que vous me faites des excuses.

ANTOINETTE.   C'est que j'ai peur que vous n'attribuiez à une vanité puérile. . . .

GASTON.   Et quand vous auriez un peu de vanité, le grand crime!

ANTOINETTE.   Je n'en ai pas, je vous jure.

GASTON, *se levant.* Alors, ma chère, vous êtes sans défauts; car je ne vous en voyais pas d'autres. . . . Savez-vous bien que vous avez fait la conquête de Montmeyran? Il y a là de quoi être fière. Hector est difficile.

ANTOINETTE.   Moins que vous.

GASTON.   Vous me croyez difficile?

Vous voyez bien que vous avez de la vanité, je vous y prends.

ANTOINETTE.   Je ne me fais pas d'illusion sur moi-même, je sais tout ce qui me manque pour être digne de vous . . . mais si vous vouliez prendre la peine de diriger mon esprit, de l'initier aux idées de votre monde, je vous aime assez pour me métamorphoser.

GASTON, *lui baisant la main.*   Je ne pourrais que perdre à la métamorphose, madame; je serais d'ailleurs un mauvais instituteur. Il n'y a qu'une école où l'on apprenne ce que vous croyez ignorer: c'est le monde. Étudiez-le.

ANTOINETTE.   Oui, je prendrai modèle sur madame de Montjay.

GASTON.   Encore ce nom! . . . me feriez-vous l'honneur d'être jalouse? Prenez garde, ma chère, ce sentiment est du dernier bourgeois. Apprenez, puisque vous me permettez de faire le pédagogue, apprenez que dans notre monde le mariage n'est pas le ménage; nous ne mettons en commun que les choses nobles et élégantes de la vie. Ainsi, quand je suis loin de vous, ne vous inquiétez pas de ce que je fais; dites-vous, seulement: il fatigue ses défauts pour m'apporter une heure de perfection ou à peu près.

ANTOINETTE.   Je trouve que votre plus grand défaut, c'est votre absence.

GASTON.   Le madrigal est joli, et je vous en remercie. Qui vient là? mes créanciers.

SCÈNE V

LES MÊMES, LES CRÉANCIERS

GASTON.   Vous ici, messieurs? vous vous êtes trompés de porte. L'escalier de service est de l'autre côté.

SALOMON.   Nous n'avons pas voulu sortir sans vous voir, monsieur le marquis.

GASTON.   Je vous tiens quitte de vos remerciements.

COGNE.   Nous venons chercher les vôtres.

CHAVASSUS.   Vous nous avez assez longtemps traités de Gobseck.[1]

COGNE.   De grippe-sous.

SALOMON.   De fesse-Mathieu.[2]

CHAVASSUS.   Nous sommes bien aises de vous dire que nous sommes d'honnêtes gens.

GASTON.   Quelle est cette plaisanterie?

---

[1] *Gobseck*, the usurer in Balzac's novel by that name.

[2] *fesse-Mathieu, grippe-sous*, loan sharks.

Cogne. Ce n'est pas une plaisanterie, monsieur, nous vous avons prêté notre argent à six pour cent.

Gaston. Mes billets n'ont-ils pas été acquittés intégralement?

Salomon. Il s'en manque d'une bagatelle, comme qui dirait deux cent dix-huit mille francs.

Gaston. Comment?

Chavassus. Il a bien fallu en passer par là.

Salomon. Votre beau-père voulait absolument qu'on vous mît à Clichy.

Gaston. Mon beau-père voulait. . . .

Cogne. Oui, oui, il paraît que vous lui en faites voir de grises à ce pauvre homme.

Salomon. C'est bien fait, ça lui apprendra.

Cogne. En attendant, ça nous coûte cher.

Gaston, à Antoinette. Votre père, madame, a joué là une comédie indigne. (Aux Créanciers.) Je reste votre débiteur, messieurs, j'ai vingt-cinq mille livres de rentes.

Salomon. Vous savez bien que vous ne pouvez pas y toucher sans le consentement de votre épouse, nous avons vu votre contrat.

Cogne. Et vous ne rendez pas votre épouse assez heureuse. . . .

Gaston. Sortez!

Salomon. On ne chasse pas comme des chiens d'honnêtes gens qui vous ont rendu service (Antoinette écrit), qui ont cru que la signature du marquis de Presles valait quelque chose.

Cogne. Et qui se sont trompés.

Les Créanciers. Oui, qui se sont trompés.

Antoinette donnant à Salomon le billet qu'elle vient d'écrire. Vous ne vous êtes pas trompés, messieurs, vous êtes payés.

Gaston prend le billet, le parcourt des yeux, et après l'avoir rendu aux Créanciers: Maintenant que vous êtes des voleurs . . . sortez, canailles, avant qu'on vous balaie.

Les Créanciers. Trop bon, monsieur le marquis! mille fois trop bon!

SCÈNE VI

Antoinette, Gaston

Gaston. Tiens, toi, je t'adore! (Il la prend dans ses bras et l'embrasse avec véhémence.)

Antoinette. Cher Gaston!

Gaston. Où diable monsieur ton père a-t-il pris le cœur qu'il t'a donné?

Antoinette. Ne jugez pas mon père trop sévèrement, mon ami! . . . Il est bon et généreux, mais il a des idées étroites et ne connaît que son droit. C'est la faute de son esprit, et non celle de son cœur. Enfin, mon ami, si vous trouvez que j'ai fait mon devoir à propos, pardonnez à mon père le moment d'angoisses. . . .

Gaston. J'aurais mauvaise grâce à vous rien refuser.

Antoinette. Vous ne lui ferez pas mauvais visage? bien sûr?

Gaston. Non, puisque c'est votre bon plaisir, chère marquise . . . marquise, entendez-vous? . . .

Antoinette. Appelez-moi votre femme . . . c'est le seul titre dont je puisse être fière!

Gaston. Vous m'aimez donc un peu?

Antoinette. Vous ne vous en étiez pas aperçu, ingrat!

Gaston. Si fait . . . mais j'aime à vous l'entendre dire . . . surtout dans ce moment-ci. (La pendule sonne trois heures.) Trois heures! (A part.) Diable! . . . madame de Montjay qui m'attend chez elle.

Antoinette. A quoi pensez-vous en souriant?

Gaston. Voulez-vous faire un tour de promenade au bois avec moi?

Antoinette. Mais . . . je ne suis pas habillée.

Gaston. Vous jetterez un châle sur vos épaules. . . . Sonnez votre femme de chambre. (Antoinette sonne.)

SCÈNE VII

Les Mêmes, Poirier

Poirier. Eh bien! mon gendre, vous avez vu vos créanciers?

Gaston, avec mauvaise humeur. Oui, monsieur. . . .

Antoinette, bas à Gaston, lui prenant le bras. Rappelez-vous votre promesse.

Gaston, d'un air aimable. Oui, cher beau-père, je les ai vus. (Entre la femme de chambre.)

Antoinette, à la femme de chambre. Apportez-moi un châle et un chapeau, et dites qu'on attelle.

Gaston, à Poirier. Permettez-moi de vous témoigner mon admiration pour votre habileté . . . vous avez joué ces drôles-

là sous jambe.[1] (*Bas à* ANTOINETTE.)
Je suis gentil?

POIRIER. Vous prenez la chose mieux
que je n'espérais . . . j'étais préparé à de
fières ruades de votre honneur.

GASTON. Je suis raisonnable, cher beau-
père. . . . Vous avez agi selon vos idées:
je le trouve d'autant moins mauvais, que
cela ne nous a pas empêchés d'agir selon
les nôtres.

POIRIER. Hein?

GASTON. Vous n'avez soldé à ces fa-
quins que leur créance réelle; nous avons
payé le reste.

POIRIER, *à sa fille.* Comment, tu as
signé! (ANTOINETTE *fait signe que oui.*)
Ah! qu'as-tu fait là?

ANTOINETTE. Je vous demande pardon, mon père. . . .

POIRIER. Je me mets la cervelle à l'envers pour te gagner une somme rondelette,
et tu la jettes par la fenêtre! Deux cent
dix-huit mille francs!

GASTON. Ne pleurez pas, monsieur
Poirier, c'est nous qui les perdons, et c'est
vous qui les gagnez. (*La femme de chambre entre tenant un châle et un chapeau.*)

ANTOINETTE. Adieu, mon père, nous
allons au bois.

GASTON. Donnez-moi le bras, ma
femme. (*Ils sortent.*)

SCÈNE VIII

POIRIER, *seul.* Ah! mais il m'ennuie,
mon gendre. Je vois bien qu'il n'y a rien
à tirer de lui. . . . Ce garçon-là mourra
dans la gentilhommerie finale.[2] Il ne veut
rien faire, il n'est bon à rien . . . il me
coûte les yeux de la tête . . il est maître
chez moi. . . . Il faut que ça finisse.
(*Il sonne. Entre* UN DOMESTIQUE.) Faites
monter le portier et le cuisinier. (LE
DOMESTIQUE *sort.*) Nous allons voir,
mon gendre! . . . J'ai assez fait le gros
dos et la patte de velours. Vous ne voulez pas faire de concessions, mon bel ami?
A votre aise! je n'en ferai pas plus que
vous: restez marquis, je redeviens bourgeois. J'aurai du moins le contentement
de vivre à ma guise.

SCÈNE IX

POIRIER, LE PORTIER

LE PORTIER. Monsieur m'a fait demander?

POIRIER. Oui, François, monsieur vous
a fait demander. Vous allez mettre sur-
le-champ l'écriteau sur la porte.

LE PORTIER. L'écriteau?

POIRIER. A louer présentement un
magnifique appartement au premier étage,
avec écuries et remises.

LE PORTIER. L'appartement de monsieur le marquis?

POIRIER. Vous l'avez dit, François.

LE PORTIER. Mais, monsieur le marquis ne m'a pas donné d'ordres.

POIRIER. Qui est le maître ici, imbécile? à qui est l'hôtel?

LE PORTIER. A vous, monsieur?

POIRIER. Faites donc ce que je vous
dis, sans réflexion.

LE PORTIER. Oui, monsieur. (*Entre*
VATEL.)

POIRIER. Allez, François. (LE POR-
TIER *sort.*) Approchez, monsieur Vatel;
vous préparez un grand dîner pour demain?

VATEL. Oui, monsieur, et j'ose dire
que le menu ne serait pas désavoué par
mon illustre aïeul. Ce sera véritablement
un objet d'art, et monsieur Poirier sera
étonné.

POIRIER. Avez-vous le menu sur vous?

VATEL. Non, monsieur, il est à la
copie; mais je le sais par cœur.

POIRIER. Veuillez me le réciter.

VATEL. Le potage aux ravioles à
l'Italienne et le potage à l'orge à la Marie
Stuart.

POIRIER. Vous remplacerez ces deux
potages inconnus par la bonne soupe grasse
avec des légumes sur une assiette.

VATEL. Comment, monsieur?

POIRIER. Je le veux. Continuez!

VATEL. Relevé. La carpe du Rhin
à la Lithuanienne, les poulardes à la Go-
dard . . . le filet de bœuf braisé aux
raisins, à la Napolitaine, le jambon de
Westphalie, rôti au madère.

POIRIER. Voici un relevé plus simple
et plus sain: la barbue sauce aux câpres
. . . le jambon de Bayonne aux épinards,
le fricandeau à l'oseille, le lapin sauté.

VATEL. Mais, monsieur Poirier . . .
je ne consentirai jamais. . . .

POIRIER. Je suis le maître ici . . . entendez-vous? continuez!

VATEL. Entrées. Les filets de volaille
à la concordat . . . les croustades de
truffes garnies de foie à la royale, le faisan
étoffé à la Montpensier, les perdreaux
rouges, farcis à la bohémienne.

---

[1] *vous avez . . . jambes,* you tricked those rascals.

[2] *dans la gentilhommerie finale,* an unregenerate or hardened aristocrat.

POIRIER. A la place de ces entrées, nous ne mettrons rien du tout, et nous passerons tout de suite au rôti, c'est l'essentiel.

VATEL. C'est contre tous les préceptes de l'art.

POIRIER. Je prends ça sur moi: voyons vos rôtis.

VATEL. C'est inutile, monsieur, mon aïeul s'est passé son épée au travers du corps pour un moindre affront; je vous donne ma démission.

POIRIER. J'allais vous la demander, mon bon ami: mais comme on a huit jours pour remplacer un domestique. . . .

VATEL. Un domestique! monsieur, je suis un cuisinier.

POIRIER. Je vous remplacerai par une cuisinière. En attendant, vous êtes pour huit jours encore à mon service, et vous voudrez bien exécuter le menu.

VATEL. Je me brûlerais la cervelle plutôt que de manquer à mon nom.

POIRIER, à part. Encore un qui tient à son nom! (Haut.) Brûlez-vous la cervelle, monsieur Vatel, mais ne brûlez pas vos sauces. . . . Bien le bonjour. (VATEL sort.) Et, maintenant, allons écrire quelques invitations à mes vieux camarades de la rue des Bourdonnais.[1] Monsieur le marquis de Presles, on va vous couper vos talons rouges![2] (Il sort en fredonnant le premier couplet de Monsieur et Madame Denis.[3])

ACTE TROISIÈME
Même décor.

SCÈNE I

GASTON, ANTOINETTE

GASTON. La bonne promenade, la bonne bouffée de printemps! on se croirait en avril.

ANTOINETTE. Vous ne vous êtes pas trop ennuyé, vraiment?

GASTON. Avec vous, ma chère? Vous êtes tout simplement la plus charmante femme que je connaisse.

ANTOINETTE. Des compliments, monsieur?

GASTON. Non pas! la vérité sous sa forme la plus brutale. Quelle jolie excursion j'ai faite dans votre esprit! que

de points de vue inattendus! que de découvertes! je vivais auprès de vous sans vous connaître, comme un Parisien dans Paris.

ANTOINETTE. Je ne vous déplais pas trop?

GASTON. C'est à moi de vous faire cette question. Je ressemble à un campagnard qui a hébergé une reine déguisée; tout à coup la reine met sa couronne et le rustre confus s'inquiète de ne pas lui avoir fait plus de fête.

ANTOINETTE. Rassurez-vous, bon villageois, votre reine n'accusait que son incognito.

GASTON. Pourquoi l'avoir si longtemps gardé, méchante? Est-ce par coquetterie et pour faire nouvelle lune? Vous avez réussi; je n'étais que votre mari, je veux être votre amant.

ANTOINETTE. Non, cher Gaston, restez mon mari; il me semble qu'on peut cesser d'aimer son amant, mais non pas d'aimer son mari.

GASTON. A la bonne heure, vous n'êtes pas romanesque.

ANTOINETTE. Je le suis à ma manière; j'ai, là-dessus, des idées qui ne sont peut-être plus de mode, mais qui sont enracinées en moi comme toutes les impressions d'enfance; quand j'étais petite fille, je ne comprenais pas que mon père et ma mère ne fussent pas parents; et le mariage m'est resté dans l'esprit comme la plus tendre et la plus étroite des parentés. L'amour pour un autre homme que mon mari, pour un étranger, me paraît un sentiment contre nature.

GASTON. Voilà des idées de matrone romaine, ma chère Antoinette; conservez-les toujours pour mon honneur et mon bonheur.

ANTOINETTE. Prenez garde! il y a le revers de la médaille! je suis jalouse! je vous en avertis. Comme il n'y a pour moi qu'un homme au monde, il me faut toute son affection. Le jour où je découvrirais qu'il la porte ailleurs, je ne ferais ni plainte ni reproche, mais le lien serait rompu; mon mari redeviendrait tout à coup un étranger pour moi . . . je me croirais veuve.

GASTON, à part. Diable! (Haut.) Ne craignez rien à ce sujet, chère Antoinette

[1] rue des Bourdonnais, an inconspicuous street between the rue de Rivoli and the Seine, inhabited by tradespeople.

[2] talons rouges, worn by the nobility under the old régime.

[3] Monsieur et Madame Denis, famous popular song by Desaugiers.

. . . nous allons vivre comme deux tourtereaux, comme Philémon et Baucis, sauf la chaumière. . . . Vous ne tenez pas à la chaumière?

ANTOINETTE. Pas le moins du monde.

GASTON. Je veux donner une fête splendide pour célébrer notre mariage, je veux que vous éclipsiez toutes les femmes et que tous les hommes me portent envie.

ANTOINETTE. Faut-il tant de bruit autour du bonheur?

GASTON. Est-ce que vous n'aimez pas les fêtes?

ANTOINETTE. J'aime tout ce qui vous plaît: avons-nous du monde à dîner aujourd'hui?

GASTON. Non, c'est demain; aujourd'hui nous n'avons que Montmeyran. Pourquoi cette question?

ANTOINETTE. Dois-je faire une toilette?

GASTON. Parbleu, je veux qu'en te voyant Hector ait envie de se marier. Va, chère enfant, cette journée te sera comptée dans mon cœur.

ANTOINETTE. Oh! je suis bien heureuse! (*Elle sort.*)

SCÈNE II

LE MARQUIS *seul, puis* POIRIER

GASTON. Il n'y a pas à dire, elle est plus jolie que madame de Montjay. . . . Que le diable m'emporte si je ne suis pas en train de devenir amoureux de ma femme! . . . L'amour est comme la fortune: pendant que nous le cherchons bien loin, il nous attend chez nous, les pieds sur les chenets. (*Entre* POIRIER.) Eh bien! cher beau-père, comment gouvernez-vous ce petit désespoir? Êtes-vous toujours furieux contre votre panier percé[1] de gendre? Avez-vous pris votre parti?

POIRIER. Non, monsieur; mais j'ai pris un parti!

GASTON. Violent?

POIRIER. Nécessaire!

GASTON. Y a-t-il de l'indiscrétion à vous demander? . . .

POIRIER. Au contraire, monsieur, c'est une explication que je vous dois. . . . En vous donnant ma fille et un million, je m'imaginais que vous consentiriez à prendre une position.

GASTON. Ne revenons pas là-dessus, je vous prie.

POIRIER. Je n'y reviens que pour mémoire. . . . Je reconnais que j'ai eu tort d'imaginer qu'un gentilhomme consentirait à s'occuper comme un homme, et je passe condamnation;[2] mais, dans mon erreur, je vous ai laissé mettre ma maison sur un ton que je ne peux pas soutenir à moi seul, et puisqu'il est bien convenu que nous n'avons à nous deux que ma fortune, il me paraît juste, raisonnable et nécessaire de supprimer de mon train ce qu'il me faut rabattre de mes espérances. J'ai donc songé à quelques réformes que vous approuverez sans doute.

GASTON. Allez, Sully! allez, Turgot![3] . . . coupez, taillez, j'y consens! Vous me trouvez en belle humeur, profitez-en!

POIRIER. Je suis ravi de votre condescendance. J'ai donc décidé, arrêté, ordonné. . . .

GASTON. Permettez, beau-père: si vous avez décidé, arrêté, ordonné, il me paraît superflu que vous me consultiez.

POIRIER. Aussi ne vous consulté-je pas; je vous mets au courant, voilà tout.

GASTON. Ah! vous ne me consultez pas?

POIRIER. Cela vous étonne?

GASTON. Un peu, mais je vous l'ai dit, je suis en belle humeur.

POIRIER. Ma première réforme, mon cher garçon. . . .

GASTON. Vous voulez dire mon cher Gaston, je pense? La langue vous a fourché.

POIRIER. Cher Gaston, cher garçon . . . c'est tout un. . . . De beau-père à gendre, la familiarité est permise.

GASTON. Et de votre part, monsieur Poirier, elle me flatte et m'honore. . . . Vous disiez donc que votre première réforme? . . .

POIRIER. C'est, monsieur, que vous me fassiez le plaisir de ne plus me gouailler. Je suis las de vous servir de plastron.[4]

GASTON. Là, là, monsieur Poirier, ne vous fâchez pas!

POIRIER. Je sais très bien que vous me tenez pour un très petit personnage et pour un très petit esprit . . . mais. . . .

GASTON. Où prenez-vous cela?

---

[1] *panier percé*, spendthrift.
[2] *je passe condamnation*, I admit I was wrong.
[3] *Sully . . . Turgot*, ministers of finance under Henri IV and Louis XIV.
[4] *plastron*, target, butt.

POIRIER. Mais vous saurez qu'il y a plus de cervelle dans ma pantoufle que sous votre chapeau.

GASTON. Ah! fi! voilà qui est trivial . . . vous parlez comme un homme du commun.

POIRIER. Je ne suis pas un marquis, moi!

GASTON. Ne le dites pas si haut, on finirait par le croire.

POIRIER. Qu'on le croie ou non, c'est le cadet de mes soucis. Je n'ai aucune prétention à la gentilhommerie, Dieu merci! je n'en fais pas assez de cas pour cela.

GASTON. Vous n'en faites pas de cas?

POIRIER. Non, monsieur, non! Je suis un vieux libéral, tel que vous me voyez; je juge les hommes sur leur mérite, et non sur leurs titres; je me ris des hasards de la naissance; la noblesse ne m'éblouit pas, et je m'en moque comme de l'an quarante: je suis bien aise de vous l'apprendre.

GASTON. Me trouveriez-vous du mérite, par hasard?

POIRIER. Non, monsieur, je ne vous en trouve pas.

GASTON. Non! Ah! Alors, pourquoi m'avez-vous donné votre fille?

POIRIER. Pourquoi je vous ai donné. . . .

GASTON. Vous aviez donc une arrière-pensée?

POIRIER, *embarrassé.* Une arrière-pensée?

GASTON. Permettez! Votre fille ne m'aimait pas quand vous m'avez attiré chez vous; ce n'étaient pas mes dettes qui m'avaient valu l'honneur de votre choix; puisque ce n'est pas non plus mon titre, je suis bien obligé de croire que vous aviez une arrière-pensée.

POIRIER. Quand même, monsieur! . . . quand j'aurais tâché de concilier mes intérêts avec le bonheur de mon enfant? quel mal y verriez-vous? qui me reprochera, à moi qui donne un million de ma poche, qui me reprochera de choisir un gendre en état de me dédommager de mon sacrifice, quand d'ailleurs il est aimé de ma fille? j'ai pensé à elle d'abord, c'était mon devoir, à moi, ensuite, c'était mon droit.

GASTON. Je ne conteste pas, Monsieur Poirier, vous n'avez eu qu'un tort, c'est d'avoir manqué de confiance en moi.

POIRIER. C'est que vous n'êtes pas encourageant.

GASTON. Me gardez-vous rancune de quelques plaisanteries? Je ne suis peut-être pas le plus respectueux des gendres, et je m'en accuse, mais dans les choses sérieuses je suis sérieux. Il est très juste que vous cherchiez en moi l'appui que j'ai trouvé en vous.

POIRIER, *à part.* Comprendrait-il la situation?

GASTON. Voyons, cher beau-père, à quoi puis-je vous être bon? si tant est que je puisse être bon à quelque chose.

POIRIER. Eh bien, j'avais rêvé que vous iriez aux Tuileries.

GASTON. Encore! c'est donc votre marotte de danser à la cour?

POIRIER. Il ne s'agit pas de danser. Faites-moi l'honneur de me prêter des idées moins frivoles. Je ne suis ni vain ni futile.

GASTON. Qu'êtes-vous donc! expliquez-vous.

POIRIER, *piteusement.* Je suis ambitieux!

GASTON. On dirait que vous en rougissez; pourquoi donc? Avec l'expérience que vous avez acquise dans les affaires, vous pouvez prétendre à tout. Le commerce est la véritable école des hommes d'État.

POIRIER. C'est ce que Verdelet me disait ce matin.

GASTON. C'est là qu'on puise cette hauteur de vues, cette élévation de sentiments, ce détachement des petits intérêts qui font les Richelieu et les Colbert.[1]

POIRIER. Oh! je ne prétends pas. . . .

GASTON. Mais qu'est-ce qui pourrait donc bien lui convenir à ce bon monsieur Poirier? Une préfecture? fi donc! Le conseil d'État,[2] non! Un poste diplomatique? Ah! justement l'ambassade de Constantinople est à prendre. . . .

POIRIER. J'ai des goûts sédentaires: je n'entends pas le turc.

GASTON. Attendez! (*Lui frappant sur l'épaule.*) Je crois que la pairie vous irait comme un gant.

POIRIER. Oh! croyez-vous?

GASTON. Mais, voilà le diable! vous ne faites partie d'aucune catégorie . . . vous n'êtes pas encore de l'Institut.

POIRIER. Soyez donc tranquille! je paierai, quand il le faudra, trois mille francs

---

[1] *Richelieu*, 1585–1642, and *Colbert*, 1619–1683, the two greatest statesmen and administrators of the old régime.

[2] *conseil d'État*, privy Council.

de contributions directes.[1] J'ai à la banque trois millions qui n'attendent qu'un mot de vous pour s'abattre sur de bonnes terres.

GASTON. Ah! Machiavel! Sixte-Quint![2] vous les roulerez tous!

POIRIER. Je crois que oui.

GASTON. Mais j'aime à penser que votre ambition ne s'arrête pas en si bon chemin. Il vous faut un titre.

POIRIER. Oh! oh! je ne tiens pas à ces hochets de la vanité: je suis, comme je vous le disais, un vieux libéral.

GASTON. Raison de plus. Un libéral n'est tenu de mépriser que l'ancienne noblesse; mais la nouvelle, celle qui n'a pas d'aïeux. . . .

POIRIER. Celle qu'on ne doit qu'à soi-même!

GASTON. Vous serez comte.

POIRIER. Non. Il faut être raisonnable. Baron, seulement.

GASTON. Le Baron Poirier! . . . cela sonne bien à l'oreille.

POIRIER. Oui, le baron Poirier!

GASTON. *Il le regarde et part d'un éclat de rire.* Je vous demande pardon; mais là, vrai! c'est trop drôle! Baron! monsieur Poirier! . . . baron de Catillard![3]

POIRIER, *à part.* Je suis joué! . . .

SCÈNE III

LES MÊMES, LE DUC

GASTON. Arrive donc, Hector! arrive donc! Sais-tu pourquoi Jean Gaston de Presles a reçu trois coups d'arquebuse à la bataille d'Ivry? Sais-tu pourquoi François Gaston de Presles est monté le premier à l'assaut de La Rochelle?[4] Pourquoi Louis Gaston de Presles s'est fait sauter à La Hogue? Pourquoi Philippe Gaston de Presles a pris deux drapeaux à Fontenoy? Pourquoi mon grand-père est mort à Quiberon? C'était pour que monsieur Poirier fût un jour pair de France et baron.

LE DUC. Que veux-tu dire?

GASTON. Voilà le secret du petit assaut qu'on m'a livré ce matin.

LE DUC, *à part.* Je comprends!

POIRIER. Savez-vous, monsieur le duc, pourquoi j'ai travaillé quatorze heures par jour pendant trente ans? pourquoi j'ai amassé, sou par sou, quatre millions, en me privant de tout? C'est afin que monsieur le marquis Gaston de Presles, qui n'est mort ni à Quiberon, ni à Fontenoy, ni à La Hogue, ni ailleurs, puisse mourir de vieillesse sur un lit de plume, après avoir passé sa vie à ne rien faire.

LE DUC. Bien répliqué, monsieur!

GASTON. Voilà qui promet pour la tribune!

LE DOMESTIQUE. Il y a là des messieurs qui demandent à voir l'appartement.

GASTON. Quel appartement?

LE DOMESTIQUE. Celui de monsieur le marquis.

GASTON. Le prend-on pour un muséum d'histoire naturelle?

POIRIER, *au* DOMESTIQUE. Priez ces messieurs de repasser. (LE DOMESTIQUE *sort.*) Excusez-moi, mon gendre; entraîné par la gaieté de votre entretien, je n'ai pas pu vous dire que je loue le premier étage de mon hôtel.

GASTON. Hein?

POIRIER. C'est une des petites réformes dont je vous parlais.

GASTON. Et où comptez-vous me loger?

POIRIER. Au deuxième; l'appartement est assez vaste pour nous contenir tous.

GASTON. L'arche de Noé!

POIRIER. Il va sans dire que je loue les écuries et les remises.

GASTON. Et mes chevaux? vous les logerez au deuxième aussi?

POIRIER. Vous les vendrez.

GASTON. J'irai donc à pied?

LE DUC. Ça te fera du bien. Tu ne marches pas assez.

POIRIER. D'ailleurs, je garde mon coupé bleu. Je vous le prêterai.

LE DUC. Quand il fera beau.

GASTON. Ah çà! monsieur Poirier! . . .

LE DOMESTIQUE, *rentrant.* Monsieur Vatel demande à parler à monsieur le marquis.

GASTON. Qu'il entre! (*Entre* VATEL *en habit noir.*) Quelle est cette tenue,

---

[1] To be appointed a member of the house of peers one had to pay a certain minimum of taxes, be a member of certain learned societies or else occupy a high post in church or state.

[2] *Machiavel*, Machiavelli, 1469–1527; *Sixte-Quint*, Pope Sixtus V, 1521–1590, two Italian statesmen, known for their shrewdness and ruthless application of their principles of government.

[3] *Catillard*, a kind of pear, a play on the word *poirier*, peartree.

[4] *Ivry, La Rochelle*, like *La Hogue, Fontenoy, Quiberon*, all names of places where famous battles were fought in the 16th, 17th and 18th centuries.

monsieur Vatel? êtes-vous d'enterrement, ou la marée [1] manque-t-elle?

VATEL. Je viens donner ma démission à monsieur le marquis.

GASTON. Votre démission? la veille d'une bataille!

VATEL. Telle est l'étrange position qui m'est faite; je dois déserter pour ne pas me déshonorer; que monsieur le marquis daigne jeter les yeux sur le menu que m'impose monsieur Poirier.

GASTON. Que vous impose monsieur Poirier? Voyons cela. (*Lisant.*) Le lapin sauté!

POIRIER. C'est le plat de mon vieil ami Ducaillou.

GASTON. La dinde aux marrons.

POIRIER. C'est le régal de mon camarade Groschenet.

GASTON. Vous traitez la rue des Bourdonnais?

POIRIER. En même temps que le faubourg Saint-Germain.

GASTON. J'accepte votre démission, Monsieur Vatel. (VATEL *sort.*) Ainsi demain mes amis auront l'honneur d'être présentés aux vôtres?

POIRIER. Vous l'avez dit, ils auront cet honneur. . . . Monsieur le duc sera-t-il humilié de manger ma soupe entre monsieur et madame Pincebourde?

LE DUC. Nullement. Cette petite débauche ne me déplaira pas. Madame Pincebourde doit chanter au dessert?

GASTON. Aprés dîner nous ferons un cent de piquet.

LE DUC. Ou un loto.

POIRIER. Ou un nain-jaune.[2]

GASTON. Et de temps en temps, j'espère, nous renouvellerons cette bamboche.

POIRIER. Mon salon sera ouvert tous les soirs et vos amis seront toujours les bienvenus.

GASTON. Décidément, monsieur Poirier, votre maison va devenir un lieu de délices, une petite Capoue.[3] Je craindrais de m'y amollir, j'en sortirai pas plus tard que demain.

POIRIER. J'en serai au regret . . . mais mon hôtel n'est pas une prison. Quelle carrière embrasserez-vous? la médecine ou le barreau?

GASTON. Qui parle de cela?

POIRIER. Les ponts et chaussées peut-être? ou le professorat? car vous ne pensez

pas tenir votre rang avec neuf mille francs de rente?

LE DUC. Neuf mille francs de rente?

POIRIER, *à* GASTON. Dame! le bilan est facile à établir: vous avez reçu cinq cent mille francs de la dot de ma fille. La corbeille de noces et les frais d'installation en ont absorbé cent mille. Vous venez d'en donner deux cent dix-huit mille à vos créanciers, il vous en reste donc cent quatre-vingt-deux mille, qui, placés au taux légal, représentent neuf mille livres de rente. . . . Est-ce clair? Est-ce avec ce revenu que vous nourrirez vos amis de carpes à la Lithuanienne et de volailles à la concordat? Croyez-moi, mon cher Gaston, restez chez moi, vous y serez encore mieux que chez vous. Pensez à vos enfants . . . qui ne seront pas fâchés de trouver un jour dans la poche du marquis de Presles les économies du bonhomme Poirier. Au revoir, mon gendre, je vais régler le compte de monsieur Vatel. (*Il sort.*)

SCÈNE IV

LE DUC, LE MARQUIS

(*Ils se regardent un instant.* LE DUC *éclate de rire.*)

GASTON. Tu trouves cela drôle, toi?

LE DUC. Ma foi, oui! Voilà donc ce beau-père modeste et nourrissant comme les arbres à fruit? ce George Dandin? Tu as trouvé ton maître, mon fils; mais, au nom du ciel, ne fais pas cette piteuse mine. Regarde-toi, tu as l'air d'un paladin qui partait pour la croisade et que la pluie a fait rentrer! Ris donc un peu; l'aventure n'est pas tragique.

GASTON. Tu as raison! . . . Parbleu! Monsieur Poirier, mon beau-père, vous me rendez là un service dont vous ne vous doutez pas.

LE DUC. Un service?

GASTON. Oui, mon cher, oui, j'allais tout simplement me couvrir de ridicule; j'étais en chemin de devenir amoureux de ma femme. . . . Heureusement monsieur Poirier m'arrête à la première station.

LE DUC. Ta femme n'est pas responsable des sottises de monsieur Poirier. Elle est charmante.

GASTON. Laisse-moi donc tranquille! Elle ressemble à son père.

---

[1] *êtes-vous d'enterrement?* are you going to a funeral?   *marée,* sea food; allusion to the suicide of Vatel see p. 455, n. 4.

[2] *nain-jaune,* a game for children.

[3] *Capoue,* Capua, where the troops of Hannibal were demoralized by excesses and luxury.

Le Duc. Pas le moins du monde.

Gaston. Je te dis qu'elle a un air de famille . . . je ne pourrais plus l'embrasser sans penser à ce vieux crocodile. Et puis, je voulais bien rester au coin du feu . . . mais du moment qu'on y met la marmite. . . . (*Il tire sa montre.*) Bonsoir!

Le Duc. Où vas-tu?

Gaston. Chez madame de Montjay: voilà deux heures qu'elle m'attend.

Le Duc. Non, Gaston, n'y va pas.

Gaston. Ah! on veut me rendre la vie dure, ici; on veut me mettre en pénitence. . . .

Le Duc. Écoute-moi donc!

Gaston. Tu n'as rien à me dire.

Le Duc. Et ton duel?

Gaston. Tiens! c'est vrai . . . je n'y pensais plus.

Le Duc. Tu te bats demain à deux heures, au bois de Vincennes.

Gaston. Très bien! De l'humeur dont je suis, Pontgrimaud passera demain un joli quart d'heure.

SCÈNE V

Les Mêmes, Verdelet, Antoinette

Antoinette. Vous sortez, mon ami?

Gaston. Oui, madame, je sors. (*Il sort.*)

Verdelet. Dis donc, Toinon? il ne paraît pas d'humeur aussi charmante que tu le disais.

Antoinette. Je n'y comprends rien.

Le Duc. Il se passe ici des choses graves, madame.

Antoinette. Quoi donc? . . .

Le Duc. Votre père est ambitieux.

Verdelet. Ambitieux! . . . Poirier?

Le Duc. Il avait compté sur le nom de son gendre pour arriver. . . .

Verdelet. A la pairie, comme monsieur Michaud! (*A part.*) Vieux fou!

Le Duc. Irrité du refus de Gaston, il cherche à se venger à coups d'épingle, et je crains bien que ce ne soit vous qui payiez les frais de la guerre.

Antoinette. Comment cela?

Verdelet. C'est bien simple . . . si ton père rend la maison odieuse à ton mari, il cherchera des distractions dehors.

Antoinette. Des distractions dehors?

Le Duc. Monsieur Verdelet a mis le doigt sur le danger, et vous seule pouvez le prévenir. Si votre père vous aime, mettez-vous entre lui et Gaston. Obtenez la cessation immédiate des hostilités: rien n'est encore perdu . . . tout peut se réparer.

Antoinette. Rien n'est encore perdu! tout peut se réparer! Vous me faites trembler! Contre qui donc ai-je à me défendre?

Le Duc. Contre votre père.

Antoinette. Non, vous ne me dites pas tout. . . . Les torts de mon père ne m'enlèveraient pas mon mari en un jour. . . . Il fait la cour à une femme, n'est-ce pas?

Le Duc. Non, madame, mais. . . .

Antoinette. Pas de ménagements, monsieur le duc . . . j'ai une rivale.

Le Duc. Calmez-vous, madame.

Antoinette. Je le devine, je le sens, je le vois. . . . Il est auprès d'elle.

Le Duc. Non, madame, il vous aime.

Antoinette. Il ne me connaît que depuis une heure! Ce n'est pas à moi qu'il a senti le besoin de raconter sa colère. . . . Il a été se plaindre ailleurs.

Verdelet. Ne te bouleverse pas comme ça, Toinon; il a été prendre l'air, voilà tout. C'était mon remède quand Poirier m'exaspérait. (*Entre un* Domestique *avec une lettre sur un plat d'argent.*)

Le Domestique. Une lettre pour monsieur le marquis.

Antoinette. Il est sorti; mettez-la là. (*Elle regarde la lettre. A part.*) Une écriture de femme. (*Haut.*) De quelle part?

Le Domestique. C'est le valet de pied de madame de Montjay qui l'a apportée. (*Il sort.*)

Antoinette, *à part.* De madame de Montjay!

Le Duc. Je verrai Gaston avant vous, madame; si vous voulez, je lui remettrai cette lettre?

Antoinette. Craignez-vous que je ne l'ouvre?

Le Duc. Oh! madame!

Antoinette. Elle se sera croisée avec Gaston.

Verdelet. Qu'est-ce que tu vas supposer là?

Antoinette. Je dis qu'il lui fait la cour. Je le dis parce que j'en suis sûre.

Le Duc. Je vous jure, madame. . . .

Antoinette. L'oseriez-vous jurer sérieusement, monsieur le duc?

Le Duc. Mon serment ne vous prouverait rien, car un galant homme a le droit de mentir en pareil cas. Quoiqu'il en soit, madame, je vous ai prévenue du danger; je vous ai indiqué le moyen d'y échapper, j'ai rempli mon devoir d'ami et d'honnête homme, ne m'en demandez pas plus. (*Il sort.*)

SCÈNE VI

ANTOINETTE, VERDELET

ANTOINETTE. Ah! je viens de perdre tout ce que j'avais gagné dans le cœur de Gaston. . . . Il m'appelait marquise, il y a une heure . . . mon père lui a rappelé brutalement que je suis mademoiselle Poirier.

VERDELET. Eh bien! est-ce qu'on ne peut pas aimer mademoiselle Poirier?

ANTOINETTE. Mon dévouement aurait fini par le toucher peut-être, ma tendresse par attirer la sienne. Il ne m'a pas épousée avec la certitude qu'il ne m'aimerait jamais. . . . Il était déjà sur la pente insensible qui le conduisait à moi! mon père lui fait rebrousser chemin! . . . Il n'a pas dû[1] me condamner si vite.

VERDELET. Non sans doute.

ANTOINETTE. Mais, pourquoi lui écrit-elle?

VERDELET. Pour l'inviter à quelque soirée, tout simplement.

ANTOINETTE. Une soirée bien pressée, puisqu'elle envoie l'invitation par un domestique.—Oh! quand je pense que le secret de ma destinée est enfermée sous ce pli . . . allons-nous-en . . . cette lettre m'attire . . . je suis tentée. (*Elle la remet sur la table et reste immobile à la regarder.*)

VERDELET. Viens, tu as raison. (*Elle ne bouge pas.*)

SCÈNE VII

LES MÊMES, POIRIER

POIRIER. Dis donc, fifille[2] . . . Antoinette. . . . (*A* VERDELET.) Qu'est-ce qu'elle regarde là, une lettre? (*Il la prend.*)

ANTOINETTE. Laissez, mon père, c'est une lettre pour monsieur de Presles.

POIRIER, *regardant l'adresse.* Jolie écriture! (*Il la sent.*) Ça ne sent pas le tabac. C'est une lettre de femme.

ANTOINETTE. Oui, de madame de Montjay, je sais ce que c'est.

POIRIER. Comme tu as l'air agité. . . .

Est-ce que tu as la fièvre? (*Il lui prend la main.*) Tu as la fièvre?

ANTOINETTE. Non, mon père.

POIRIER. Si fait! Il y a quelque chose. Voyons, parle.

ANTOINETTE. Il n'y a rien, je vous assure. . . .

VERDELET, *bas à* POIRIER. Laisse-la donc tranquille . . . elle est jalouse.

POIRIER. Tu es jalouse? Est-ce que le marquis te ferait des traits, par hasard? Nom de nom! si je le savais!

ANTOINETTE. Si vous m'aimez, mon père. . . .

POIRIER. Si je t'aime!

ANTOINETTE. Ne tourmentez plus Gaston.

POIRIER. Est-ce que je le tourmente? je fais des économies, voilà tout.

VERDELET. Tu fais des taquineries, et elles retombent sur ta fille.

POIRIER. Mêle-toi de ce qui te regarde. (*A* ANTOINETTE.) Voyons, qu'est-ce qu'il t'a fait, ce monsieur? je veux le savoir.

ANTOINETTE, *effrayée.* Rien . . . rien . . . n'allez pas le quereller, au nom du ciel!

POIRIER. Pourquoi es-tu jalouse? Pourquoi mangeais-tu des yeux cette lettre? (*Il la prend.*) Est-ce que tu crois que madame de Montjay? . . .

ANTOINETTE. Non, non.

POIRIER. Elle le croit, n'est-ce pas, Verdelet?

VERDELET. Elle suppose. . . .

POIRIER. Il est facile de s'en assurer. (*Il rompt le cachet.*)

ANTOINETTE. Mon père! . . . le secret d'une lettre est sacré!

POIRIER. Il n'y a de sacré pour moi que ton bonheur.

VERDELET. Prends garde, Poirier! . . . Que dira ton gendre?

POIRIER. Je me soucie bien de mon gendre! (*Il ouvre la lettre.*)

ANTOINETTE. Ne lisez pas, au nom du ciel!

POIRIER. Je lirai. . . . Si ce n'est pas mon droit, c'est mon devoir. (*Lisant.*) " Cher Gaston. . . ." Ah! le scélérat! (*Il laisse tomber la lettre.*)

ANTOINETTE. Oh! mon Dieu! . . . (*Elle tombe dans un fauteuil.*)

POIRIER, *prenant* VERDELET *au collet.* C'est toi qui m'as laissé faire ce mariage-là.

VERDELET. C'est trop fort!

---

[1] *Il n'a pas dû,* he cannot have.
[2] *fifille,* girlie.

POIRIER. Quand je t'ai consulté, pourquoi ne t'es-tu pas mis en travers? Pourquoi ne m'as-tu pas dit ce qui devait arriver?

VERDELET. Je te l'ai dit vingt fois! . . . mais monsieur était ambitieux!

POIRIER. Ça m'a bien réussi!

VERDELET. Elle perd connaissance.

POIRIER. Ah! mon dieu!

VERDELET, *à genoux devant* ANTOINETTE. Toinon, mon enfant, reviens à toi. . . .

POIRIER. Ote-toi de là. . . . Est-ce que tu sais ce qu'il faut lui dire! (*A genoux devant* ANTOINETTE.) Toinon, mon enfant, reviens à toi.

ANTOINETTE. Ça n'est rien, mon père.

POIRIER. Sois tranquille . . . je te débarrasserai de ce monstre.

ANTOINETTE. Qu'ai-je donc fait au bon Dieu pour être éprouvée de la sorte! Après trois mois de mariage! Il n'avait donc pas senti battre mon cœur? il n'avait donc pas compris que je me donnais à lui tout entière? Le malheureux! j'en mourrai!

POIRIER. Tu en mourras? . . . je te le défends! Qu'est-ce que je deviendrais, moi! Ah! le brigand! . . . Où vas-tu?

ANTOINETTE. Chez moi.

POIRIER. Veux-tu que je t'accompagne?

ANTOINETTE. Merci, mon père.

VERDELET, *à* POIRIER. Laissons-la pleurer seule . . . les larmes la soulageront.

SCÈNE VIII

POIRIER, VERDELET

POIRIER. Quel mariage! quel mariage! (*Il se promène en se donnant des coups de poing.*)

VERDELET. Calme-toi, Poirier . . . tout peut se réparer. Notre devoir, maintenant, c'est de rapprocher ces deux cœurs.

POIRIER. Mon devoir, je le connais, et je le ferai. (*Il ramasse la lettre.*)

VERDELET. Je t'en supplie, pas de coup de tête!

SCÈNE IX

LES MÊMES, GASTON

POIRIER. Vous cherchez quelque chose, monsieur?

GASTON. Oui, une lettre.

POIRIER. De madame de Montjay. Ne cherchez pas, elle est dans ma poche.

GASTON. L'auriez-vous ouverte par hasard?

POIRIER. Oui, monsieur, je l'ai ouverte.

GASTON. Vous l'avez ouverte? Savez-vous bien, monsieur, que c'est une indignité? que c'est l'action d'un malhonnête homme.

VERDELET. Monsieur le marquis! . . . Poirier!

POIRIER. Il n'y a qu'un malhonnête homme ici, c'est vous!

GASTON. Pas de reproches! En me volant le secret de mes fautes, vous avez perdu le droit de les juger! Il y a quelque chose de plus inviolable que la serrure d'un coffre-fort, monsieur, c'est le cachet d'une lettre, car il ne se défend pas.

VERDELET, *à* POIRIER. Qu'est-ce que je te disais?

POIRIER. C'est trop fort. Un père n'aurait pas le droit! . . . Mais je suis bien bon de répondre! Vous vous expliquerez devant les tribunaux, monsieur le marquis.

VERDELET. Les tribunaux!

POIRIER. Ah! vous croyez qu'on peut impunément apporter dans nos familles le désespoir? Un bon procès, monsieur! un procès en séparation de corps!

GASTON. Un procès? où cette lettre sera lue?

POIRIER. En public, oui, monsieur, en public.

VERDELET. Es-tu fou, Poirier? un pareil scandale!

GASTON. Mais, vous ne songez pas que vous perdez une femme!

POIRIER. Vous allez me parler de son honneur peut-être?

GASTON. Oui, de son honneur, et si ce n'est pas assez pour vous, sachez qu'il y va de sa ruine. . . .

POIRIER. Tant mieux, morbleu, j'en suis ravi! Elle ne sera jamais trop punie, celle-là!

GASTON. Monsieur. . . .

POIRIER. En voilà une, par exemple, qui n'intéressera personne! Prendre le mari d'une pauvre jeune femme après trois mois de mariage!

GASTON. Elle est moins coupable que moi, n'accusez que moi. . . .

POIRIER. Si vous croyez que je ne vous méprise pas comme le dernier des derniers. . . . N'êtes-vous pas honteux? sacrifier une femme charmante. . . . Que lui reprochez-vous? Trouvez-lui un défaut, un seul, pour vous excuser! Un cœur d'or! des yeux superbes! Et une éducation! Tu sais ce qu'elle m'a coûté, Verdelet?

VERDELET. Modère-toi, de grâce. . . .

POIRIER. Crois-tu que je ne me modère pas? Si je m'écoutais! . . . mais non . . . il y a des tribunaux . . . je vais chez mon avoué.

GASTON. Attendez jusqu'à demain, monsieur, je vous en supplie . . . donnez-vous le temps de la réflexion.

POIRIER. C'est tout réfléchi.

GASTON, à VERDELET. Aidez-moi à prévenir un malheur irréparable, monsieur.

VERDELET. Ah! vous ne le connaissez pas!

GASTON, à POIRIER. Prenez garde, monsieur. Je dois sauver cette femme, je dois la sauver à tout prix. . . . Comprenez donc que je suis responsable de tout!

POIRIER. Je l'entends bien ainsi.

GASTON. Vous ne savez pas jusqu' où le désespoir pourrait m'emporter!

POIRIER. Des menaces?

GASTON. Oui! des menaces; rendez-moi cette lettre, vous ne sortirez pas!

POIRIER. De la violence! faut-il que je sonne mes gens?

GASTON. C'est vrai! ma tête se perd. Écoutez-moi, du moins. Vous n'êtes pas méchant, c'est la colère, c'est la douleur qui vous égare.

POIRIER. Colère légitime, douleur respectable!

GASTON. Oui, monsieur, je reconnais mes fautes, je les déplore . . . mais si je vous jurais de ne plus revoir madame de Montjay, si je vous jurais de consacrer ma vie au bonheur de votre fille?

POIRIER. Ce serait la seconde fois que vous le jureriez. . . . Finissons!

GASTON. Arrêtez! vous aviez raison ce matin, c'est le désœuvrement qui m'a perdu.

POIRIER. Ah! vous le reconnaissez, maintenant!

GASTON. Eh bien, si je prenais un emploi? . . .

POIRIER. Un emploi? vous?

GASTON. Vous avez le droit de douter de ma parole, je le sais; mais gardez cette lettre, et si je manque à mes engagements, vous serez toujours à temps. . . .

VERDELET. Voyons, Poirier, c'est une garantie, cela.

POIRIER. Une garantie de quoi?

VERDELET. De sa fidélité à ses promesses: il ne verra plus cette dame; il prendra un emploi; il se consacrera au bonheur de ta fille. Que peux-tu lui demander de plus?

POIRIER. J'entends bien . . . mais qui me répondrait? . . .

VERDELET. La lettre! parbleu, la lettre!

POIRIER. C'est vrai, oui, c'est vrai.

VERDELET. Eh bien! tu acceptes? Tout vaut mieux qu'une séparation.

POIRIER. Ce n'est pas tout à fait mon avis. . . . Cependant puisque tu l'exiges. . . . (Au MARQUIS.) Je souscris pour ma part, monsieur, au traité que vous m'offrez. . . . Il ne reste plus qu'à le soumettre à ma fille.

VERDELET. Oh! ce n'est pas ta fille qui demandera du scandale.

POIRIER. Allons la trouver. (A GASTON.) Croyez bien, monsieur, qu'en tout ceci je ne consulte que le bonheur de mon enfant. Pour que vous n'ayez pas le droit d'en douter, je vous déclare d'avance que je n'attends plus rien de vous, que je n'accepterai rien, et resterai Gros-Jean[1] comme devant.

VERDELET. C'est bien, Poirier.

POIRIER, à VERDELET. A moins pourtant qu'il ne rende ma fille si heureuse . . . si heureuse! . . . (Ils sortent.)

SCÈNE X

GASTON, seul. Tu l'as voulu, marquis de Presles! Est-ce assez d'humiliations! Ah! madame de Montjay! . . . En ce moment mon sort se décide. Que vont-ils me rapporter? Ma condamnation ou celle de cette infortunée? la honte ou le remords? Et tout cela pour une fantaisie d'un jour! Tu l'as voulu, marquis de Presles . . . n'accuse que toi. (Il reste absorbé.)

SCÈNE XI

GASTON, LE DUC

LE DUC, entrant, et frappant sur l'épaule de GASTON. Qu'as-tu donc?

GASTON. Tu sais ce que mon beau-père me demandait ce matin?

LE DUC. Eh bien?

GASTON. Si on te disait que j'y consens?

LE DUC. Je répondrais que c'est impossible.

GASTON. C'est pourtant la vérité.

LE DUC. Es-tu fou? Tu le disais toi-même, s'il est un homme qui n'ait pas le droit. . . .

GASTON. Il le faut. . . . Mon beau-

---

[1] *Gros-Jean*, a commoner. Reference to *la Laitière et le pot au lait* by La Fontaine.

père a ouvert une lettre de madame de Montjay; dans sa colère, il voulait la porter chez son avoué, et, pour l'arrêter, j'ai dû me mettre à sa discrétion.

Le Duc. Pauvre ami! dans quel abîme as-tu roulé!

Gaston. Ah! si Pontgrimaud me tuait demain, quel service il me rendrait!

Le Duc. Voyons, voyons, pas de ces idées-là!

Gaston. Cela arrangerait tout.

Le Duc. Tu n'as que vingt-cinq ans, ta vie peut être belle encore.

Gaston. Ma vie? . . . Regarde où j'en suis: ruiné, esclave d'un beau-père dont le despotisme s'autorisera de mes fautes, mari d'une femme que j'ai blessée au cœur et qui ne l'oubliera jamais! . . . Tu dis que ma vie peut être belle encore! . . . Mais je suis dégoûté de tout et de moi-même! . . . Mes étourderies, mes sottises, mes égarements m'ont amené à ce point que tout me manque à la fois: la liberté, le bonheur domestique, l'estime du monde et la mienne propre! . . . Quelle pitié! . . .

Le Duc. Du courage, mon ami; ne te laisse pas abattre!

Gaston, se levant. Oui, je suis un lâche! Un gentilhomme a le droit de tout perdre, fors[1] l'honneur.

Le Duc. Que veux-tu faire?

Gaston. Ce que tu ferais à ma place.

Le Duc. Non, je ne me tuerais pas!

Gaston. Tu vois bien que si, puisque tu m'as compris. . . . Tais-toi! . . . je n'ai plus que mon nom, et je veux le garder intact. . . . On vient.

SCÈNE XII

Les Mêmes, Poirier, Antoinette, et Verdelet

Antoinette. Non, mon père, non, c'est impossible. . . . Tout est fini entre monsieur de Presles et moi!

Verdelet. Je ne te reconnais plus là, mon enfant.

Poirier. Mais puisque je te dis qu'il prendra une occupation! qu'il ne reverra jamais cette femme! qu'il te rendra heureuse!

Antoinette. Il n'y a plus de bonheur pour moi! Si monsieur de Presles ne m'a pas aimée librement, croyez vous qu'il m'aimera par contrainte?

Poirier, au Marquis. Parlez-donc, monsieur!

Antoinette. Monsieur de Presles se tait; il sait que je ne croirais pas à ses protestations. Il sait aussi que tout lien est rompu entre nous, et qu'il ne peut plus être qu'un étranger pour moi. . . . Reprenons donc tous les deux ce que la loi peut nous rendre de liberté. . . . Je veux une séparation, mon père. Donnez-moi cette lettre: c'est à moi, à moi seule, qu'il appartient d'en faire usage! Donnez-la moi!

Poirier. Je t'en supplie, mon enfant, pense au scandale qui va nous éclabousser tous.

Antoinette. Il ne salira que les coupables!

Verdelet. Pense à cette femme que tu vas perdre à jamais. . . .

Antoinette. A-t-elle eu pitié de moi? . . . Mon père, donnez-moi cette lettre. Ce n'est pas votre fille qui vous la demande, c'est la marquise de Presles outragée.

Poirier. La voilà. . . . Mais puisqu'il prendrait une occupation. . . .

Antoinette. Donnez. (Au Marquis.) Je tiens ma vengeance, monsieur, elle ne saurait m'échapper. Vous aviez engagé votre honneur, je le dégage et vous le rends. (Elle déchire la lettre et la jette au feu.)

Poirier. Eh bien! qu'est-ce qu'elle fait?

Antoinette. Mon devoir!

Verdelet. Brave enfant! (Il l'embrasse.)

Le Duc. Noble cœur!

Gaston. Oh! madame, comment vous exprimer? . . . Orgueilleux que j'étais! je croyais m'être mésallié . . . vous portez mon nom mieux que moi! Ce ne sera pas trop de toute ma vie pour réparer le mal que j'ai fait.

Antoinette. Je suis veuve, monsieur. . . . (Elle prend le bras de Verdelet pour sortir. La toile tombe.)

ACTE QUATRIÈME

Même décor.

SCÈNE I

Verdelet, Antoinette, Poirier

(Antoinette *est assise entre* Verdelet *et* Poirier.)

---

[1] *fors*, archaic for *hors*, except. From Pavia in Italy, where he was beaten in 1525 by the armies of Charles V of Spain, Francis I is said to have written to his mother: "Madame, tout est perdu, fors l'honneur."

VERDELET. Je te dis que tu l'aimes encore.

POIRIER. Et moi, je te dis que tu le hais.

VERDELET. Mais non, Poirier. . . .

POIRIER. Mais si! . . . Ce qui s'est passé hier ne te suffit pas, tu voudrais que ce vaurien m'enlevât ma fille à présent?

VERDELET. Je voudrais que l'existence d'Antoinette ne fût pas à jamais perdue, et à la façon dont tu t'y prends. . . .

POIRIER. Je m'y prends comme il me plaît, Verdelet. . . . Ça t'est facile de faire le bon apôtre, tu n'es pas à couteau tiré avec le marquis, toi! une fois qu'il aurait emmené sa femme, tu serais toujours fourré chez elle, et pendant ce temps, je vivrais dans mon trou, seul, comme un chat-huant . . . voilà ton rêve! Oh! je te connais, va! Égoïste comme tous les vieux garçons! . . .

VERDELET. Prends garde, Poirier! Es-tu sûr qu'en poussant les choses à l'extrême, tu n'obéisses pas toi-même à un sentiment d'égoïsme? . . .

POIRIER. Nous y voilà! C'est moi qui suis l'égoïste ici! parce que je défends le bonheur de ma fille! parce que je ne veux pas que mon gueux de gendre m'arrache mon enfant pour la torturer! (A sa fille.) Mais dis donc quelque chose! . . . ça te regarde plus que moi.

ANTOINETTE. Je ne l'aime plus, Tony. Il a tué dans mon cœur tout ce qui fait l'amour.

POIRIER. Ah!

ANTOINETTE. Je ne le hais pas, mon père; il m'est indifférent, je ne le connais plus.

POIRIER. Ça me suffit.

VERDELET. Mais, ma pauvre Toinon, tu commences la vie à peine. As-tu jamais réfléchi sur la destinée d'une femme séparée de son mari? T'es-tu jamais demandé? . . .

POIRIER. Ah! Verdelet, fais-nous grâce de tes sermons! Elle sera bien à plaindre avec son bonhomme de père qui n'aura plus d'autre ambition que de l'aimer et de la dorloter! Tu verras, fifille, quelle bonne petite existence nous mènerons à nous deux. . . . (Montrant VERDELET.) A nous trois! car je vaux mieux que toi, gros égoïste! . . . Tu verras comme nous t'aimerons, comme nous te câlinerons! Ce n'est pas nous qui te planterons là pour courir après des comtesses! . . . Allons, faites tout de suite une risette à ce père . . . dites que vous serez heureuse avec lui.

ANTOINETTE. Oui, mon père, bien heureuse.

POIRIER. Tu l'entends, Verdelet?

VERDELET. Oui, oui.

POIRIER. Quant à ton garnement de mari . . . tu as été trop bonne pour lui, ma fille . . . nous le tenions! . . . Enfin! . . . Je lui servirai une pension de mille écus, et il ira se faire pendre ailleurs.

ANTOINETTE. Ah! qu'il prenne tout, qu'il emporte tout ce que je possède.

POIRIER. Non pas!

ANTOINETTE. Je ne demande qu'une chose, c'est de ne jamais le revoir.

POIRIER. Il entendra parler de moi sous peu. . . . Je viens de lui décocher un dernier trait.

ANTOINETTE. Qu'avez-vous fait?

POIRIER. Hier, en te quittant, je suis allé avec Verdelet chez mon notaire.

ANTOINETTE. Eh bien?

POIRIER. J'ai mis en vente le château de Presles, le château de messieurs ses pères.

ANTOINETTE. Vous avez fait cela? Et toi, Tony, tu l'as laissé faire?

VERDELET, bas à ANTOINETTE. Sois tranquille.

POIRIER. Oui, oui. La bande noire[1] a bon nez, et j'espère qu'avant un mois, ce vestige de la féodalité ne souillera plus le sol d'un peuple libre. Sur son emplacement, on plantera des betteraves. Avec ses matériaux, on bâtira des chaumières pour l'homme utile, pour le laboureur, pour le vigneron. Le parc de ses pères, on le rasera, on le sciera en petits morceaux, on le brûlera dans la cheminée des bons bourgeois qui ont gagné de quoi acheter du bois. J'en ferai venir quelques stères pour ma consommation personnelle.

ANTOINETTE. Mais il croira que c'est une vengeance. . . .

POIRIER. Il aura raison.

ANTOINETTE. Il croira que c'est moi.

VERDELET. Sois donc tranquille, mon enfant.

POIRIER. Je vais voir si les affiches sont prêtes, des affiches énormes dont nous couvrirons les murs de Paris.—A vendre, le château de Presles!

VERDELET. Il est peut-être déjà vendu.

---

[1] bande noire, real estate speculators who bought estates of the nobles during the French Revolution. Later, any group of speculators of the same type.

POIRIER. Depuis hier au soir? Allons donc! je vais chez l'imprimeur.

SCÈNE II

VERDELET, ANTOINETTE, *puis* GASTON

VERDELET. Ton père est absurde! si on le laissait faire, il rendrait tout rapprochement impossible entre ton mari et toi.

ANTOINETTE. Qu'espères-tu donc, mon pauvre Tony? Mon amour est tombé de trop haut pour pouvoir se relever jamais. Tu ne sais pas ce que monsieur de Presles était pour moi. . . .

VERDELET. Mais si, mais si, je le sais.

ANTOINETTE. Ce n'était pas seulement un mari, c'était un maître dont j'aurais été fière d'être la servante. Je ne l'aimais pas seulement, je l'admirais comme le représentant d'un autre âge. Ah! Tony, quel réveil!

UN DOMESTIQUE, *entrant.* Monsieur le marquis demande si madame peut le recevoir?

ANTOINETTE. Non.

VERDELET. Reçois-le, mon enfant. (*Au* DOMESTIQUE.) Monsieur le marquis peut entrer. (LE DOMESTIQUE *sort.*)

ANTOINETTE. A quoi bon? (LE MARQUIS *entre.*)

GASTON. Rassurez-vous, madame, vous n'aurez pas longtemps l'ennui de ma présence. Vous l'avez dit hier, vous êtes veuve, et je suis trop coupable pour ne pas sentir que votre arrêt est irrévocable. Je viens vous dire adieu.

VERDELET. Comment, monsieur?

GASTON. Oui, monsieur, je prends le seul parti honorable qui me reste, et vous êtes homme à le comprendre.

VERDELET. Mais, monsieur. . . .

GASTON. Je vous entends. . . . Ne craignez rien de l'avenir, et rassurez monsieur Poirier. J'ai un état, celui de mon père: soldat. Je pars demain pour l'Afrique avec monsieur de Montmeyran, qui me sacrifie son congé.

VERDELET, *bas à* ANTOINETTE. C'est un homme de cœur.

ANTOINETTE, *de même.* Je n'ai jamais dit qu'il fût lâche.

VERDELET. Voyons, mes enfants . . . ne prenez pas de résolutions extrêmes. . . . Vos torts sont bien grands, monsieur le marquis, mais vous ne demandez qu'à les réparer, j'en suis sûr.

GASTON. Ah! s'il était une expiation! (*Un silence.*) Il n'en est pas, monsieur. (*A* ANTOINETTE.) Je vous laisse mon nom, madame, vous le garderez sans tache. J'emporte le remords d'avoir troublé votre vie, mais vous êtes jeune, vous êtes belle, et la guerre a d'heureux hasards.

SCÈNE III

LES MÊMES, LE DUC

LE DUC. Je viens te chercher.

GASTON. Allons! (*Tendant la main à* VERDELET.) Adieu, monsieur Verdelet. (*Ils s'embrassent.*) Adieu, madame, adieu pour toujours.

LE DUC. Pour toujours! Il vous aime, madame.

GASTON. Tais-toi!

LE DUC. Il vous aime éperdument. . . . En sortant de l'abîme dont vous l'avez tiré, ses yeux se sont ouverts, il vous a vue telle que vous êtes.

ANTOINETTE. Mademoiselle Poirier l'emporte sur madame de Montjay! . . . quel triomphe! . . .

VERDELET. Ah! tu es cruelle!

GASTON. C'est justice, monsieur. Elle était digne de l'amour le plus pur, et je l'ai épousée pour son argent. J'ai fait un marché! un marché que je n'ai pas même eu la probité de tenir. (*A* ANTOINETTE.) C'était trop peu de votre jeunesse, de votre grâce, de votre pureté: pour éclairer ce cœur aveugle, il vous a fallu en un jour me sauver deux fois l'honneur. Quelle âme assez basse pour résister à tant de dévouement, et que prouve mon amour, qui puisse me relever à vos yeux! En vous aimant, je fais ce que tout homme ferait à ma place; en vous méconnaissant, je fais ce que n'eût fait personne. Vous avez raison, madame, méprisez un cœur indigne de vous; j'ai tout perdu, jusqu'au droit de me plaindre, et je ne me plains pas. . . . Viens, Hector.

LE DUC. Attends. . . . Savez-vous, où il va, madame? Sur le terrain.[1]

VERDELET *et* ANTOINETTE. Sur le terrain?

GASTON. Que fais-tu?

LE DUC. Puisque ta femme ne t'aime plus, on peut bien lui dire. . . . Oui, madame, il va se battre.

ANTOINETTE. Ah! Tony, sa vie est en danger. . . .

---

[1] *Sur le terrain*, to the duelling ground.

Le Duc. Que vous importe, madame? Tout n'est-il pas rompu entre vous?

Antoinette. Oui, oui, je le sais, tout est rompu. . . . Monsieur de Presles peut disposer de sa vie . . . il ne me doit plus rien. . . .

Le Duc, à Gaston. Allons, viens. . . . (*Ils vont jusqu'à la porte.*)

Antoinette. Gaston!

Le Duc. Tu vois bien qu'elle t'aime encore!

Gaston, *se jetant à ses pieds*. Ah! madame, s'il est vrai, si je ne suis pas sorti tout à fait de votre cœur, dites un mot . . . donnez-moi le désir de vivre.

(*Entre* Poirier.)

SCÈNE IV

Les Mêmes, Poirier

Poirier. Qu'est-ce que vous faites donc là, monsieur le marquis?

Antoinette. Il va se battre!

Poirier. Un duel! cela t'étonne? Qui a terre a guerre.[1]

Antoinette. Que voulez-vous dire, mon père? . . . Supposeriez-vous? . . .

Poirier. J'en mettrais ma main au feu.

Antoinette. Ce n'est pas vrai, n'est-ce pas, monsieur? Vous ne répondez pas?

Poirier. Crois-tu qu'il aura la franchise de l'avouer?

Gaston. Je ne sais pas mentir, madame. Ce duel est tout ce qui reste d'un passé odieux.

Poirier. Il a l'impudence d'en convenir! Quel cynisme!

Antoinette. Et on me dit que vous m'aimez! . . . Et j'étais prête à vous pardonner au moment où vous alliez vous battre pour une autre! . . . On faisait de cette dernière offense un piège à ma faiblesse. . . . Ah! monsieur le duc!

Le Duc. Il vous l'a dit, madame, ce duel est le reliquat d'un passé qu'il déteste et qu'il voudrait anéantir.

Verdelet, *au* Marquis. Eh bien, monsieur, c'est bien simple; si vous n'aimez plus madame de Montjay, ne vous battez pas pour elle.

Gaston. Quoi! monsieur, faire des excuses!

Verdelet. Il s'agit de donner à Antoinette une preuve de votre sincérité; c'est la seule que vous puissiez lui offrir.

D'ailleurs, ne lui demandiez-vous pas tout à l'heure, comme une grâce, de vous imposer une expiation? Le temps était la seule épreuve à laquelle on pût vous soumettre. Ne devez-vous pas être heureux d'un sacrifice qui vous acquitte en un instant? Celui qu'on vous demande est très grand, je le sais; mais, s'il l'était moins, pourrait-il racheter vos torts?

Poirier, *à part*. Voilà cet imbécile qui va les raccommoder, maintenant!

Gaston. Je ferais avec joie le sacrifice de ma vie pour réparer mes fautes, mais celui de mon honneur, la marquise de Presles ne l'accepterait pas.

Antoinette. Et si vous vous trompiez, monsieur? si je vous le demandais?

Gaston. Quoi, madame, vous exigeriez! . . .

Antoinette. Que vous fassiez pour moi presque autant que pour madame de Montjay? Oui, monsieur. Vous consentiez pour elle à renier le passé de votre famille, et vous ne renonceriez pas pour moi à un duel . . . à un duel qui m'offense? Comment croirai-je à votre amour, s'il est moins fort que votre vanité?

Poirier. D'ailleurs, vous serez bien avancé quand vous aurez attrapé un mauvais coup! Croyez-moi, prudence est mère de sûreté.

Verdelet, *à part*. Vieux serpent!

Gaston. Voilà ce qu'on dirait, madame.

Antoinette. Qui oserait douter de votre courage? N'avez-vous pas fait vos preuves?

Poirier. Et que vous importe l'opinion d'un tas de godelureaux? Vous aurez l'estime de mes amis, cela doit vous suffire.

Gaston. Vous le voyez, madame, on rirait de moi, vous n'aimeriez pas longtemps un homme ridicule.

Le Duc. Personne ne rira de toi. C'est moi qui porterai tes excuses sur le terrain, et je te promets qu'elles n'auront rien de plaisant.

Gaston. Comment, tu es aussi d'avis?

Le Duc. Oui, mon ami; ton duel n'est pas de ceux qu'il ne faut pas arranger, et le sacrifice dont se contente ta femme ne touche qu'à ton amour-propre.

Gaston. Des excuses, sur le terrain!

Poirier. J'en ferais, moi. . . .

Verdelet. Décidément, Poirier, tu veux forcer ton gendre à se battre?

---

[1] *Qui a terre a guerre*, old saying, but meaning here: he who has mistresses must expect to fight duels.

POIRIER. Moi, je fais tout ce que je peux pour l'en empêcher.

LE DUC. Allons, Gaston, tu n'as pas le droit de refuser cette marque d'amour à ta femme.

GASTON. Eh bien! . . . Non! . . . c'est impossible.

ANTOINETTE. Mon pardon est à ce prix.

GASTON. Reprenez-le donc, madame, je ne porterai pas loin mon désespoir.

POIRIER. Ta, ra, ta, ta. Ne l'écoute pas, fifille; quand il aura l'épée à la main, il se défendra malgré lui. C'est comme un maître nageur qui veut se noyer: une fois dans l'eau, le diable ne l'empêcherait pas de tirer sa coupe.[1]

ANTOINETTE. Si madame de Montjay vous défendait de vous battre, vous lui obéiriez. Adieu.

GASTON. Antoinette . . . au nom du ciel! . . .

LE DUC. Elle a mille fois raison.

GASTON. Des excuses! moi!

ANTOINETTE. Ah! vous n'avez que de l'orgueil!

LE DUC. Voyons, Gaston, fais-toi violence. Je te jure que moi, à ta place, je n'hésiterais pas.

GASTON. Eh bien. . . . A un Pontgrimaud! . . . Va sans moi.

LE DUC, à ANTOINETTE. Eh bien! madame, êtes-vous contente de lui?

ANTOINETTE. Oui, Gaston, tout est réparé. Je n'ai plus rien à vous pardonner, je vous crois, je suis heureuse, je vous aime. (LE MARQUIS reste immobile, la tête basse. ANTOINETTE va à son mari, lui prend la tête dans ses mains et l'embrasse au front.) Et, maintenant, va te battre, va! . . .

GASTON. Oh! chère femme, tu as le cœur de ma mère!

ANTOINETTE. Celui de la mienne, monsieur. . . .

POIRIER, à part. Que les femmes sont bêtes, mon dieu!

GASTON, au DUC. Allons! vite! nous arriverons les derniers.

ANTOINETTE. Vous tirez bien l'épée, n'est-ce pas?

LE DUC. Comme Saint-George, madame, et un poignet d'acier! Monsieur Poirier, priez pour Pontgrimaud.

ANTOINETTE, à GASTON. N'allez pas tuer ce pauvre jeune homme, au moins.

GASTON. Il en sera quitte pour une égratignure, puisque tu m'aimes. Partons, Hector. (Entre un DOMESTIQUE avec une lettre sur un plat d'argent.)

ANTOINETTE. Encore une lettre?

GASTON. Ouvrez-la vous-même.

ANTOINETTE. C'est la première, monsieur.

GASTON. Oh! j'en suis sûr.

ANTOINETTE, ouvre la lettre. C'est de monsieur de Pontgrimaud.

GASTON. Bah!

ANTOINETTE, lisant. " Mon cher marquis."

GASTON. Faquin!

ANTOINETTE. " Nous avons fait tous les deux nos preuves."

GASTON. Dans un genre différent.

ANTOINETTE. " Je n'hésite donc pas à vous dire que je regrette un moment de vivacité."

GASTON. Oui, de vivacité de ma part.

ANTOINETTE. " Vous êtes le seul homme du monde à qui je consentisse à faire des excuses."

GASTON. Vous me flattez, monsieur.

ANTOINETTE. " Et je ne doute pas que vous les acceptiez aussi galamment qu'elles vous sont faites."

GASTON. Ni plus ni moins.

ANTOINETTE. " Tout à vous de cœur. " VICOMTE DE PONTGRIMAUD."

LE DUC. Il n'est pas vicomte, il n'a pas de cœur, il n'a pas de Pont; mais il est Grimaud,[2] sa lettre finit bien.

VERDELET, à GASTON. Tout s'arrange pour le mieux, mon cher enfant: j'espère que vous voilà corrigé?

GASTON. A tout jamais, cher monsieur Verdelet. A partir d'aujourd'hui, j'entre dans la vie sérieuse et calme; et, pour rompre irrévocablement avec les folies de mon passé, je vous demande une place dans vos bureaux.

VERDELET. Dans mes bureaux! vous! un gentilhomme!

GASTON. Ne dois-je pas nourrir ma femme?

LE DUC. Tu feras comme les nobles bretons qui déposaient leur épée au parlement avant d'entrer dans le commerce, et qui venaient la reprendre après avoir rétabli leur maison.

VERDELET. C'est bien, monsieur le marquis.

POIRIER, à part. Exécutons-nous. (Haut.) C'est très bien, mon gendre, voilà des sentiments véritablement libé-

---

[1] tirer sa coupe, start swimming.
[2] Grimaud, pedant, bad scribbler.

raux. Vous étiez digne d'être un bourgeois. Nous pouvons nous entendre:
faisons la paix et restez chez moi.

GASTON. Faisons la paix, je le veux
bien, monsieur. Quant à rester ici, c'est
autre chose. Vous m'avez fait comprendre le bonheur du charbonnier qui est
maître chez lui.[1] Je ne vous en veux pas,
mais je m'en souviendrai. . . .

POIRIER. Et vous emmenez ma fille?
vous me laissez seul dans mon coin?

ANTOINETTE. J'irai vous voir, mon père.

GASTON. Et vous serez toujours le
bienvenu chez moi.

POIRIER. Ma fille va être la femme
d'un commis marchand!

VERDELET. Non, Poirier; ta fille sera
châtelaine de Presles. Le château est
vendu depuis ce matin, et, avec la permission de ton mari, Toinon, ce sera mon
cadeau de noces.

ANTOINETTE. Bon Tony! . . . Vous
me permettez d'accepter, Gaston?

GASTON. Monsieur Verdelet est de
ceux envers qui la reconnaissance est
douce.

VERDELET. Je quitte le commerce, je
me retire chez vous, monsieur le marquis,
si vous le trouvez bon, et nous cultiverons
vos terres ensemble: c'est un métier de
gentilhomme.

POIRIER. Eh bien, et moi? on ne m'invite pas? . . . Tous les enfants sont des
ingrats, mon pauvre père avait raison.

VERDELET. Achète une propriété, et
viens vivre auprès de nous.

POIRIER. Tiens, c'est une idée.

VERDELET. Pardieu! tu n'as que cela
à faire, car tu es guéri de ton ambition
. . . je pense.

POIRIER. Oui, oui. (A part.) Nous
sommes en quarante-six. Je serai député
de l'arrondissement de Presles en quarante-sept . . . et pair de France en
quarante-huit.

---

[1] *chez lui.* The old saying is: *charbonnier est maître en sa maison*, meaning, even the poorest can
do as he pleases in his home.

LE MARIAGE D'OLYMPE

PAR ÉMILE AUGIER

(1855)

PERSONNAGES

LE MARQUIS DE PUYGIRON *oncle d'Henri*
HENRI DE PUYGIRON
LE BARON DE MONTRICHARD
BAUDEL DE BEAUSÉJOUR
ADOLPHE
LA MARQUISE DE PUYGIRON
GENEVIÈVE DE WURZEN

PAULINE
IRMA

Le premier acte aux eaux de Pilnitz.
Les deuxième et troisième actes chez le MAR-
QUIS DE PUYGIRON, à Vienne.

ACTE PREMIER

Le salon de conversation aux eaux de Pil-
nitz.[1] Trois grandes portes cintrées au
fond donnant sur un jardin; au milieu,
un divan rond; à droite, une table cou-
verte de journaux; à gauche, un tête-à-
tête.

SCÈNE PREMIÈRE

LE MARQUIS DE PUYGIRON, *lisant un jour-*
nal, à gauche, près de la table; MONTRI-
CHARD, *assis sur le divan en face du*
public; BAUDEL DE BEAUSÉJOUR, *sur le*
divan, de façon que le public ne voie que
ses jambes.

MONTRICHARD, *lisant le Guide du Voya-*
geur. « Pilnitz, à neuf kilomètres sud-est
de Dresde, résidence de la cour pendant
l'été. Château royal; eaux thermales;
magnifique établissement de bains; maison
de jeux publics. . . .» (*Il jette le livre.*)
Ce petit ouvrage est palpitant d'intérêt!
LE MARQUIS. Dites-moi donc, monsieur de Montrichard, vous qui êtes au
courant de la France moderne, qu'est-ce
que c'est que mademoiselle Olympe Taverny? Une actrice?
MONTRICHARD. Non, monsieur le marquis; c'est tout simplement une des femmes
le mieux et le plus entretenues de Paris.

Comment son nom arrive-t-il jusqu'aux
eaux de Pilnitz?
LE MARQUIS. Le *Constitutionnel* annonce sa mort.
MONTRICHARD. Est-il possible? Une
fille de vingt-cinq ans? Pauvre Olympe!
BAUDEL, *se levant derrière le divan.*
Olympe est morte?
MONTRICHARD, *après avoir cherché d'où*
sort la voix, se lève et salue. Monsieur l'a
connue?
BAUDEL, *très fat.* Comme tout le
monde . . . beaucoup.
MONTRICHARD. Comment est-elle
morte, monsieur le marquis?
LE MARQUIS. Voici la nouvelle: (*Li-*
sant.) « On écrit de Californie: La fièvre
jaune vient d'enlever à la fleur de l'âge
une de nos plus charmantes compatriotes,
mademoiselle Olympe Taverny, huit jours
après son arrivée à San Francisco.»
MONTRICHARD. Que diable allait-elle
faire en Californie? Elle avait dix mille
livres de rente.
BAUDEL. Elle les aura perdues à la
Bourse.
MONTRICHARD, *au* MARQUIS. Cela m'a
toujours paru un contresens énorme que
ces joyeuses créatures fussent sujettes à
un accident aussi sérieux que la mort, ni
plus ni moins que les honnêtes femmes.
LE MARQUIS. C'est la seule façon

[1] *Pilnitz*, usual spelling *Pillnitz*, a village in Saxony, near Dresden.

qu'elles aient de régulariser leur position. Mais ce qui m'étonne, c'est que les journaux leur accordent des articles nécrologiques.

MONTRICHARD, *s'asseyant à droite de la table.* Voilà longtemps que vous avez quitté la France, monsieur le marquis?

LE MARQUIS. Depuis la Vendée de 1832.[1]

MONTRICHARD. Il y a eu du changement en vingt-deux ans.

LE MARQUIS. Cela devait être, et les choses marchaient déjà vers une confusion générale. Mais, que diable! il y avait une pudeur publique.

MONTRICHARD. Eh! que peut la pudeur publique contre un fait reconnu? Or, l'existence de ces demoiselles en est un. Elles ont passé des régions occultes de la société dans les régions avouées. Elles composent tout un petit monde folâtre qui a pris son rang dans la gravitation universelle. Elles se voient entre elles; elles reçoivent et donnent des bals; elles vivent en famille, elles mettent de l'argent de côté et jouent à la Bourse. On ne les salue pas encore quand on a sa mère ou sa sœur à son bras; mais on les mène au Bois en calèche découverte et au spectacle en première loge . . . et cela sans passer pour un cynique.

BAUDEL. Voilà.

LE MARQUIS. C'est très curieux. De mon temps, les plus affronteurs n'auraient pas osé s'afficher ainsi.

MONTRICHARD. Parbleu! de votre temps ce nouveau monde était encore un marais; il s'est desséché, sinon assaini. Vous y chassiez bottés jusqu'à la ceinture; nous nous y promenons en escarpins. Il s'y est bâti des rues, des places, tout un quartier; et la société a fait comme Paris, qui, tous les cinquante ans, s'agrège[2] ses faubourgs: elle s'est agrégé ce treizième[3] arrondissement. Pour vous montrer d'un mot à quel point ces demoiselles ont pris droit de cité dans les mœurs publiques, le théâtre a pu les mettre en scène.[4]

LE MARQUIS. Comment! en plein théâtre, des femmes qui . . . ? Et le parterre supporte cela?

MONTRICHARD. Très bien; ce qui vous prouve qu'elles sont du domaine de la comédie, et par conséquent du monde.

LE MARQUIS. Je tombe des nues.

MONTRICHARD. D'où tomberiez-vous donc si je vous disais que ces dames trouvent à se marier?

LE MARQUIS. Avec des chevaliers d'industrie?[5]

MONTRICHARD. Non pas! avec des fils de bonne maison.

LE MARQUIS. Des idiots de bonne maison.

MONTRICHARD. Mon Dieu, non. La turlutaine[6] de notre temps, c'est la réhabilitation de la femme perdue . . . déchue, comme on dit; nos poètes, nos romanciers, nos dramaturges remplissent les jeunes têtes d'idées fiévreuses de rédemption par l'amour, de virginité de l'âme, et autres paradoxes de philosophie transcendante . . . que ces demoiselles exploitent habilement pour devenir dames, et grandes dames.

LE MARQUIS. Grandes dames?

MONTRICHARD. Parbleu! L'hyménée est leur dernier coup de filet; il faut que le poisson en vaille la peine.

LE MARQUIS, *se levant.* Vertubleu![7] monsieur de Montrichard, leur beau-père ne leur tord pas le cou?

MONTRICHARD, *se levant.* Et le Code pénal, monsieur le marquis?

BAUDEL *se lève et descend peu à peu à gauche.*

LE MARQUIS. Je me moquerais bien du Code pénal en pareille circonstance! Si vos lois ont une lacune par où la honte puisse impunément s'introduire dans les maisons, s'il est permis à une fille perdue de voler l'honneur de toute une famille sur le dos d'un jeune homme ivre, c'est le devoir du père, sinon son droit, d'arracher son nom au voleur, fût-il collé à sa peau comme la tunique de Nessus.[8]

---

[1] *Vendée,* department. During the Revolution the royalists of that department gave the new government lots of trouble. In 1815 the Vendéens rose up against Napoleon after his return from Elba and in 1832 the duchess of Berry caused another rising.

[2] *s'agrège,* annexes.

[3] *treizième.* At the time of the play Paris had only twelve arrondissements; it now has twenty.

[4] Reference to Dumas' *Dame aux camélias* produced in 1852.

[5] *chevaliers d'industrie,* sharpers.

[6] *turlutaine,* same as *marotte,* hobby.

[7] *Vertubleu!* mild oath for *Vertu-Dieu.*

[8] *la tunique de Nessus,* the coat which the dying centaur Nessus sent to the wife of Hercules who in turn received it from her, put it on and burned to death.

MONTRICHARD. C'est de la justice un peu savage pour notre temps, monsieur le marquis.

LE MARQUIS. C'est possible; aussi ne suis-je pas un homme de ce temps-ci!

BAUDEL. Cependant, monsieur le marquis, supposez que cette fille ne laisse pas traîner dans le ruisseau cette robe volée, comme vous dites. . . .

LE MARQUIS. Supposition inadmissible, monsieur.

BAUDEL. Ne se peut-il pas que, lasse de son dévergondage, heureuse d'une vie calme et pure. . . .

LE MARQUIS. Mettez un canard sur un lac au milieu des cygnes, vous verrez qu'il regrettera sa mare [1] et finira par y retourner.

MONTRICHARD. La nostalgie de la boue!

BAUDEL. Vous n'admettez donc pas de Madeleines repentantes?

LE MARQUIS. Si fait, mais au désert seulement.

SCÈNE II

LES MÊMES, LA MARQUISE, GENEVIÈVE, *entrant par le fond à droite*

LE MARQUIS. Chut, messieurs! Voici des oreilles chastes.

MONTRICHARD. Comment se portent madame la marquise et mademoiselle Geneviève?

LA MARQUISE. Mieux, monsieur, je vous remercie. . . . Avez-vous lu les journaux, mon ami?

LE MARQUIS. Oui, ma chère, et je suis à vos ordres.

GENEVIÈVE. Il n'y a pas de nouvelles de Turquie,[2] grand-père?

LE MARQUIS. Non, mon enfant.

MONTRICHARD. Vous vous intéressez à la guerre, mademoiselle?

GENEVIÈVE. Oh! je voudrais être un homme pour y aller.

LA MARQUISE. Taisez-vous, petite folle.

GENEVIÈVE. Je ne suis pas poltronne; je tiens cela de vous, grand'maman; vous ne pouvez pas m'en vouloir.

LA MARQUISE, *lui donnant une petite tape sur la joue et se retournant vers son mari.* Voulez-vous venir à la source, Tancrède? C'est l'heure.

LE MARQUIS. Allons. (*Aux jeunes gens.*) Nous sommes ici pour les eaux, nous autres invalides. . . . Prenez mon bras, marquise; marchez devant, petite-fille. (*Bas, à* LA MARQUISE.) As-tu mieux dormi?

LA MARQUISE, *de même.* Presque bien; et toi?

LE MARQUIS. Moi aussi.

Ils sortent. MONTRICHARD *les accompagne et se dirige vers le fond.*

SCÈNE III

MONTRICHARD, BAUDEL

BAUDEL, *à* MONTRICHARD. Je suis ravi, monsieur, d'avoir eu l'honneur de faire votre connaissance.

MONTRICHARD, *se retournant.* Quand donc ai-je eu cet honneur, monsieur?

BAUDEL. Mais . . . là . . . tout à l'heure.

MONTRICHARD. Pour quelques mots échangés? Diantre! vous êtes prompt connaisseur.

BAUDEL. Voilà longtemps que je vous connais de réputation, et que j'ai un ardent désir d'être de vos amis.

MONTRICHARD. Vous êtes bien bon; mais, quoique mon amitié ne soit pas le temple de l'étiquette, encore n'y entre-t-on pas sans se faire annoncer! (*A part.*) Quel est cet olibrius? [3]

BAUDEL, *saluant.* Anatole de Beauséjour. . . .

MONTRICHARD. Chevalier de Malte? [4]

BAUDEL. Je l'avoue.

MONTRICHARD. La croix de Malte coûte quinze cents francs . . . le nom de Beauséjour coûte combien?

BAUDEL. Deux cent mille francs en terres. . . .

MONTRICHARD. C'est cher. Vous devez en avoir un autre . . . meilleur marché.

BAUDEL. Ah! ah! ah! très joli! En effet, monsieur, je m'appelle Baudel de mon nom patronymique.

MONTRICHARD. Baudel? Comme les Montmorency s'appelaient Bouchard. Il me semble, monsieur, que j'ai déjà entendu parler de vous. . . . Ne vous êtes-vous pas présenté au Jockey [5] l'an dernier?

BAUDEL. Effectivement.

MONTRICHARD. Et vous n'avez pas été

---

[1] *mare*, mud puddle.
[2] *Turquie.* From 1854 to 1855 Russia was at war with Turkey, England, France and Piedmont.
[3] *olibrius*, character of a braggart, conceited person in old French mystery plays.
[4] The Order of Malta was at one time a semi-religious, semi-military order.
[5] *Jockey*, the *Jockey Club*, fashionable Parisian club.

admis parce que . . . attendez donc . . . parce que monsieur votre père était marchand de modes.

BAUDEL. C'est-à-dire qu'il était le bailleur de fonds,[1] le commanditaire de mademoiselle Aglaé.

MONTRICHARD. Son associé, en un mot. Eh bien, monsieur, si j'étais le fils de votre père, je m'appellerais Baudel tout court; il n'y a pas de mal à être chauve: le ridicule commence à la perruque, monsieur de Beauséjour. Sur ce, je suis votre serviteur.

Fausse sortie.

BAUDEL, *l'arrêtant.* Monsieur, la terre de Beauséjour est située sur la route d'Orléans, à trente-trois kilomètres de Paris; pourriez-vous me dire où est située la terre de Montrichard?

MONTRICHARD, *revenant en scène.* Trois curieux m'ont déjà fait cette question imprudente. Au premier j'ai répondu qu'elle était située dans le bois de Boulogne; au second, dans le bois de Vincennes, et au troisième, dans la forêt de Saint-Germain.[2] J'ai conduit ces trois sceptiques sur ma terre, et ils sont revenus convaincus . . . très grièvement; si bien que personne ne s'est plus avisé de m'interroger, et je crois, monsieur, que vous n'avez pas besoin vous-même de plus amples renseignements.

BAUDEL. Vous ne parlez là que des parties d'agrément de votre propriété; vous oubliez les fermes qui en dépendent et qui sont situées à Spa, à Hombourg, à Bade[3] et à Pilnitz.

MONTRICHARD. Monsieur tient absolument à un coup d'épée?

BAUDEL. Oui, monsieur, j'en ai besoin; j'ai même une petite affaire à vous proposer à ce sujet.

Ils s'asseyent à droite sur le tête-à-tête.

MONTRICHARD. Très bien, mon cher monsieur Baudel. Je vous avertis que vous avez déjà un pouce de fer dans le bras; prenez garde de grossir la carte.

BAUDEL. Oh! je sais que vous êtes la meilleure lame de Paris. Votre épée vous tient lieu de tout, même de généalogie.

MONTRICHARD. Deux pouces.

BAUDEL. De noblesse ambiguë, sans autre ressource connue que le jeu, vous êtes parvenu par votre bravoure et votre esprit à vous faire accepter par le monde des viveurs élégants; vous êtes même un des coryphées[4] de ce monde . . . où vous vous conduisez d'ailleurs en parfait gentilhomme: dépensant beaucoup, n'empruntant jamais, beau joueur, beau convive, fin tireur[5] et vert galant.[6]

MONTRICHARD. Trois pouces!

BAUDEL. Malheureusement, votre déveine a commencé. Vous êtes à sec, vous cherchez cinquante mille francs pour tenter encore la fortune, et vous ne les trouvez pas.

MONTRICHARD. Cinq pouces.

BAUDEL. Eh bien, moi, je vous les prête.

MONTRICHARD. Bah!

BAUDEL. Combien de pouces, maintenant?

MONTRICHARD. Cela dépend des conditions du prêt . . . car il doit y avoir des conditions?

BAUDEL. Sans doute.

MONTRICHARD. Parlez, monsieur de Beauséjour.

BAUDEL. Oh! c'est fort simple; je voudrais. . . .

MONTRICHARD. Quoi?

BAUDEL. Diable! ce n'est pas aussi simple qu'il me semblait 'abord.

MONTRICHARD. Je suis très intelligent.

BAUDEL. Monsieur, j'ai cent vingt-trois mille livres de rente.

MONTRICHARD. Vous êtes bien heureux!

BAUDEL. Eh bien, non; j'ai reçu une éducation de gentleman, j'ai tous les instincts aristocratiques; ma fortune, mon éducation m'appellent dans les sphères brillantes du monde. . . .

MONTRICHARD. Et votre naissance vous en repousse.

BAUDEL. Précisément. Chaque fois que je frappe à la porte, on me la ferme au nez. Pour entrer et pour me maintenir, il faudrait me battre une dizaine de fois. Or, je ne suis pas plus couard qu'un autre, mais j'ai, comme je vous le disais, cent vingt-trois mille raisons de tenir à la vie, et mon adversaire n'en aurait, la plu-

---

[1] *bailleur de fonds*, financial backer.

[2] *bois de Boulogne, bois de Vincennes, forêt de Saint-Germain*, three parks not far from Paris often chosen for duels.

[3] *Spa*, (in Belgium) *Hombourg, Bade, Pilnitz*, (in Germany) famous health resorts and gambling places.

[4] *coryphée*, leader of a ballet, leader of any organization or sect.

[5] *fin tireur*, expert swordsman.

[6] *vert galant*, dashing ladies' man.

part du temps, que trente ou quarante mille tout au plus; la partie ne saurait donc être égale.

MONTRICHARD. Je comprends; vous voulez faire vos preuves une fois pour toutes, et vous vous adressez à moi.

BAUDEL. Vous y êtes.

MONTRICHARD. Mais, mon cher monsieur, quand je vous aurai fourré un pouce de fer dans le bras, cela ne prouvera pas que vous tiriez bien l'épée.

BAUDEL. Aussi n'est-ce pas là ce que. ...

MONTRICHARD. Quoi donc alors?

BAUDEL. C'est très délicat à expliquer.

MONTRICHARD. Dites la chose brutalement, parbleu! nous avons un compte ouvert.

BAUDEL. Vous avez raison . . . c'est un échange que je voudrais vous proposer.

MONTRICHARD. Un échange de quoi contre quoi? Sapristi! vous ressemblez à ces bouteilles de champagne qui font semblant de partir pendant un quart d'heure! . . . Demandez le tire-bouchon, morbleu!

BAUDEL. Eh bien, monsieur . . . n'avez-vous pas pris pour devise *Cruore dives*?

MONTRICHARD. Oui, monsieur, oui, *Cruore dives*, enrichi par son sang. Seulement, je n'ai pas pris cette devise; elle fut donnée par Louis XIV, avec la terre de Montrichard, à mon quadrisaïeul, qui avait reçu huit blessures à la bataille de Senef.[1]

BAUDEL. Combien valait alors la terre de Montrichard?

MONTRICHARD. Un million.

BAUDEL, *les yeux baissés.* Cela fait cent vingt-cinq mille francs par blessure. Je ne suis pas aussi riche que Louis XIV, monsieur; mais il y a blessure et blessure. . . . Une égratignure au bras, par exemple, ne vous semblerait-elle pas bien payée à cinquante mille francs?

MONTRICHARD, *sévèrement.* Vous voulez m'acheter un coup d'épée? Vous êtes fou.

BAUDEL. Remarquez bien que j'ai plus intérêt que vous à tenir notre marché secret. . . . Ce marché en lui-même n'a rien de répréhensible: le prix du sang a toujours été honorable, votre devise le prouve ainsi que le remplacement militaire.[2]

MONTRICHARD, *après une hésitation.*

Ma foi, mon cher, vous me plaisez . . . je serais bien embarrassé de dire pourquoi, mais vous me plaisez, et je veux m'amuser à faire de vous un homme à la mode. Je recevrai votre coup d'épée, mais gratis, entendez-vous?

BAUDEL, *à part.* Ce sera plus cher, n'importe!

MONTRICHARD. Envoyez-moi vos témoins.

BAUDEL. Mais la cause de la querelle?

MONTRICHARD. Vous vous appelez Baudel: j'ai dit qu'il faudrait barrer l'*l*.[3]

BAUDEL. Très bien! Montrichard, c'est entre nous à la vie, à la mort!

MONTRICHARD. Après l'affaire, nous pendrons la crémaillère de notre amitié à l'hôtel du Grand Scanderberg. Allez, j'attends vos témoins ici, mon cher monsieur Baudel.

BAUDEL. De Beauséjour.

MONTRICHARD. Oui, oui . . . de Beauséjour.

BAUDEL *sort.*

SCÈNE IV

MONTRICHARD, *seul*

MONTRICHARD. Voilà un fier original![4] J'en ferai quelque chose. . . . J'en ferai mon ami d'abord . . . un ami fidèle et attaché . . . par la patte.[5] Ma foi! j'avais grand besoin de cette rencontre pour me remettre à flot. Ah! Montrichard, mon brave, il faut faire une fin; l'heure du mariage a sonné pour toi!

Il descend vers la porte de gauche, se croise avec PAULINE, *la salue, puis s'arrête.*

SCÈNE V

MONTRICHARD, PAULINE

MONTRICHARD. Tiens! c'est toi? tu n'es donc pas morte? Les journaux n'en font jamais d'autres!

PAULINE. Il y a méprise, sans doute.

MONTRICHARD. Comment, n'est-ce pas à Olympe Taverny que . . . ?

PAULINE. J'aurais dû m'en douter! Ce n'est pas la première fois qu'on me fait l'honneur de me prendre pour cette

---

[1] *Senef* or *Seneffe*, a town in Belgium where the prince of Condé won a great victory over the prince of Orange in 1674.

[2] *remplacement*, the system of buying substitutes for military duty.

[3] *barrer l'*, put a horizontal line through the *l*, making *Baudet*, "donkey".

[4] *un fier original*, a decidedly original fellow.

[5] *par la patte*, by the (extended) hand, by generosity, by a chain of gold, etc.

personne. Je suis la comtesse de Puygiron, monsieur.

MONTRICHARD. Ah! madame, que de
pardons! Mais cette ressemblance est si
miraculeuse. . . . Il n'y a pas jusqu'à la
voix. . . . Vous m'excuserez d'avoir pu
m'y tromper . . . d'autant que nous sommes sur un terrain vague[1] aussi accessible
à Olympe Taverny qu'à la comtesse de
Puygiron. Pardon, madame.

PAULINE, *descendant à droite.* Vous
êtes tout excusé, monsieur. Je croyais
trouver mon oncle et ma tante dans ce
salon.

MONTRICHARD. Ils sont à la source.[2]
M. le marquis ne m'avait pas dit que son
neveu fût marié.

PAULINE. Pour une bonne raison, c'est
qu'il ne le sait pas encore.

MONTRICHARD. Ah!

PAULINE. C'est une surprise que mon
mari et moi lui avons ménagée. Ainsi
veuillez ne pas l'avertir de notre arrivée,
si vous le voyez avant nous . . . ou plutôt
indiquez-moi le chemin de la source.

MONTRICHARD. Faites-moi la grâce
d'accepter mon bras, madame. J'ai l'honneur de connaître un peu votre famille.
. . . (*S'inclinant.*) Baron de Montrichard
. . . et je suis heureux du hasard qui . . .
que. . . . Que c'est bête de faire poser un
vieil ami!

PAULINE. Monsieur. . . .

MONTRICHARD. As-tu peur que je ne
te vende? Tu sais bien que je suis toujours du parti des femmes. D'ailleurs,
nous pouvons nous servir mutuellement:
mon intérêt te répond de ma discrétion.

PAULINE. Comment serais-je assez heureuse pour vous rendre service, monsieur
le baron . . . de Montrichard, je crois?

MONTRICHARD. C'est de la défiance?
Vous voulez des arrhes?[3] volontiers. Je
songe à me marier: votre grand oncle, le
marquis de Puygiron, a une petite-fille
charmante; j'ai ébauché un commencement de connaissance avec lui, mais je ne
suis pas encore admis dans la famille; vous
m'y ferez entrer et vous servirez mes projets, moyennant quoi, quiconque aurait
l'impertinence de vous reconnaître, aura
affaire à moi. Voilà.

Il lui tend la main. PAULINE *jette un coup
d'œil pour s'assurer qu'ils sont seuls.*

PAULINE, *mettant sa main dans celle de*
MONTRICHARD. A quoi m'avez-vous reconnue?

MONTRICHARD. A ta figure d'abord.
. . . Ensuite au petit signe rose de ta
nuque d'ivoire, ce petit signe que j'adorais.

PAULINE. Tu t'en souviens encore?

MONTRICHARD. Parbleu! tu as été mon
seul amour.

PAULINE. Et toi le mien, mon cher
Édouard.

MONTRICHARD. Non, Alfred, tu con-
fonds; mais je ne t'en veux pas. Ton seul
amour a eu tant de petits noms! Comment diable t'est venue l'idée saugrenue
de te marier? Tu étais heureuse comme
une poule en pâte.[4]

PAULINE. Ne vous êtes-vous jamais
aperçu en arrivant au boulevard que vous
aviez oublié votre canne dans un cabinet
de restaurant?

MONTRICHARD. Cela s'est vu.

PAULINE. Vous êtes retourné la chercher. Vous avez trouvé toute l'orgie rangée dans un coin, les candélabres éteints,
la nappe enlevée; un bout de bougie sur
la table tachée de graisse et de vin; dans
cette salle tout à l'heure éclatante de lumières, de rires et de parfums savoureux,
la solitude, le silence et une odeur fade.
Des meubles dorés qui ont l'air de ne
connaître personne et de ne pas même se
connaître entre eux; pas un de ces objets
familiers qui retiennent autour d'eux quelque chose de la vie du maître absent et
semblent attendre son retour; en un mot,
l'abandon.

MONTRICHARD. C'est exact.

PAULINE. Eh bien, mon cher, notre
existence ressemble à celle de ce cabinet
de restaurant: des fêtes ou l'abandon, pas
de milieu. Vous étonnerez-vous que l'hô-
tellerie aspire à devenir la maison?

MONTRICHARD. Sans parler d'un certain appétit de vertu que vous avez dû
contracter à la longue?

PAULINE. Vous croyez rire?

MONTRICHARD. Non pas! La vertu,
pour vous, c'est du fruit nouveau, je
dirais presque du fruit défendu. Mais je

---

[1] *Terrain vague.* Watering places are known for their mixed Society, adventurers and adventuresses being almost as numerous as respectable people.

[2] *Source,* "spring" the place where the patients go to drink the mineral water. The word is also applied to the building erected around the spring.

[3] *des arrhes,* a deposit, earnest-money.

[4] *comme une poule en pâte,* comfortably. The usual expression is: *Comme un coq en pâte.*

vous préviens qu'il vous agacera les dents.

PAULINE. Nous verrons.

MONTRICHARD. C'est un rude labeur, ma chère, que la vie d'une honnête femme!

PAULINE. Ce n'est qu'un jeu au prix de la nôtre. Si l'on savait ce qu'il nous faut d'énergie pour ruiner un homme!

MONTRICHARD. Enfin, n'importe, vous voilà comtesse de Puygiron. Que signifie la nouvelle de votre mort que donne le *Constitutionnel?*

PAULINE. C'est une note que ma mère a fait mettre dans tous les journaux.

MONTRICHARD. Comment va-t-elle, cette bonne Irma?

PAULINE. Très bien. Elle est heureuse. En me mariant, je lui ai donné tout ce que je possédais, meubles, bijoux, rentes.

MONTRICHARD. Ça l'a consolée de vous perdre. . . . Mais pourquoi cette mort supposée?

PAULINE. Ne fallait-il pas dépister les gens? Grâce à mon trépas, personne n'osera reconnaître Olympe Taverny dans la comtesse de Puygiron. Toi-même, mon cher, tu m'aurais encore fait tes excuses si j'avais voulu nier mordicus,[1] et je l'aurais fait si tu n'avais pas donné des arrhes.

MONTRICHARD. Suppose pourtant que tu sois rencontrée par un de tes amis qui ait connu ta liaison avec le comte?

PAULINE. Personne ne l'a connue.

MONTRICHARD. Bah?

PAULINE. Henri m'a prise tout de suite au sérieux; il faisait de la discrétion à mon endroit. . . . Didier et Marion Delorme,[2] quoi! Tu comprends: j'ai pris la balle au bond, j'ai joué mon jeu. J'ai parlé d'entrer au couvent, il m'a demandé ma main et je la lui ai accordée. J'ai feint un départ pour la Californie, et j'ai été rejoindre Henri en Bretagne, où je l'ai épousé, il y a un an, sous mon vrai nom de Pauline Morin.

MONTRICHARD. C'est donc un pur imbécile?

PAULINE. Insolent! C'est un jeune homme très instruit et charmant.

MONTRICHARD. Alors, comment se fait-il . . . ?

PAULINE. Il n'avait jamais eu de maîtresse; son père le tenait très sévèrement; à sa majorité, il était aussi naïf que. . . .

MONTRICHARD. Que toi . . . à quatre ans. Pauvre garçon!

PAULINE. Il est bien à plaindre! je le rends complètement heureux.

MONTRICHARD. Est-ce que vous l'aimez?

PAULINE. Ce n'est pas la question. Je sème sa vie de fleurs . . . artificielles, si vous voulez; mais ce sont les plus belles et les plus solides.

MONTRICHARD. Voyons, ma chère, la main sur la conscience, trouvez-vous que le jeu en vaille la chandelle?

PAULINE. Jusqu'à présent, non! Nous avons passé dix mois en Bretagne dans le tête-à-tête le plus complet; nous voyageons depuis deux mois dans le plus complet tête-à-tête . . . je ne peux pas dire que ce soit d'une gaieté folle. Je vis en recluse nomade, transférée d'auberge en auberge, comtesse pour mes domestiques, les servantes et les postillons. J'aurais fait un triste rêve s'il n'y avait que cela dans mon rêve . . . mais il y a autre chose! Maintenant qu'Olympe Taverny (Dieu ait son âme!) a eu le temps d'aller en Californie, d'y mourir, et d'être pleurée à Paris, je peux entrer hardiment dans le monde par la grande porte, et c'est le marquis de Puygiron qui me l'ouvrira.

MONTRICHARD. Votre mari va vous présenter à son oncle?

PAULINE. Ah bien, oui! il ne s'attend seulement pas à la rencontre que je lui ai ménagée.

MONTRICHARD. Eh bien, voilà un brave garçon pris dans un joli piège.

PAULINE. Bah! c'est pour son bonheur! je lui rends une famille. D'ailleurs, en me présentant comme une honnête femme, je ne mentirai pas. Depuis un an, je suis la vertu même. J'ai fait peau neuve.

MONTRICHARD. Vous n'avez pu qu'y perdre, comtesse.

PAULINE. Vous êtes un impertinent. Voilà mon mari.

MONTRICHARD *remonte un peu en faisant un grand salut à* PAULINE.

SCÈNE VI

LES MÊMES, HENRI

MONTRICHARD. Faites-moi la grâce, madame, de me présenter à M. le comte.

PAULINE. M. le baron de Montrichard, mon ami.

HENRI, *saluant.* Monsieur. . . .

PAULINE. Nous venons de faire con-

[1] *mordicus*, tenaciously.
[2] *Didier et Marion Delorme*, the two lovers in Hugo's play *Marion Delorme.*

naissance d'une façon assez étrange. M. de Montrichard, en me voyant entrer, m'a prise pour cette personne . . . vous savez . . . à qui on prétend que je ressemble. . . .

MONTRICHARD. La méprise était d'autant plus inexcusable que cette personne est morte en Californie, et que je ne crois pas aux revenants.

PAULINE. Elle est morte, la pauvre fille? Ma foi, je n'ai pas le courage de la pleurer; il faut espérer que désormais on ne me confondra plus avec elle.

HENRI. Prenez garde, madame; M. de Montrichard est peut-être plus sensible que vous à cette perte.

MONTRICHARD. J'en conviens, monsieur; c'était une femme dont je faisais le plus grand cas. Elle avait le cœur fort au-dessus de sa destinée.

HENRI. Ah! . . . Sans doute monsieur a été en position de l'apprécier mieux que personne?

MONTRICHARD. Non, monsieur, non. Je n'ai jamais eu avec elle que des relations très courtes et très amicales.

HENRI, *lui serrant la main avec effusion.* Je suis ravi, monsieur, de vous avoir rencontré. . . . Il ne tiendra qu'à vous que nous devenions amis.

MONTRICHARD. Monsieur! (*A part.*) Il me fait de la peine.

SCÈNE VII

LES MÊMES, UN DOMESTIQUE

LE DOMESTIQUE, *entrant.* Il y a là deux messieurs qui demandent M. de Montrichard.

MONTRICHARD, *à part.* Ah! ah! les témoins du jeune Baudel. (*Haut.*) C'est bien, j'y vais. (*A* HENRI.) J'espère, monsieur le comte, que nous reprendrons bientôt cette conversation.—Madame. . . .

HENRI, *à part, voyant entrer* LE MARQUIS. Mon oncle!

MONTRICHARD, *rencontrant* LE MARQUIS *à la porte.* Monsieur le marquis, vous allez vous trouver en famille.

Il sort.

SCÈNE VIII

PAULINE, HENRI, LE MARQUIS, LA MARQUISE

LE MARQUIS. C'est Henri! Ah! cher enfant de mon cœur, la bonne surprise! (*Il lui tend les bras,* HENRI *l'embrasse et baise la main de* LA MARQUISE.) Trois ans sans venir voir les exilés! dont un sans leur écrire, ingrat!

LA MARQUISE. Qu'importe! les affections de famille ne s'éteignent pas comme les autres par l'absence et le silence. A deux cents lieues d'intervalle, nous avons été frappés du même malheur, nous avons porté le même deuil.

LE MARQUIS. Nous t'attendions presque après la mort de ton pauvre père. Il nous semblait que tu devais avoir besoin de te serrer contre nous.

PAULINE *est remontée au fond sans perdre de vue les personnages; elle se débarrasse de son chapeau et de son mantelet, qu'elle place sur un fauteuil; puis elle descend à gauche.*

HENRI. Je me suis trouvé bien seul en effet, et j'ai songé à vous; mais des affaires importantes. . . .

LE MARQUIS. Oui, je comprends . . . une succession à recueillir. . . . C'est le côté le plus triste des douleurs humaines, qu'elles ne puissent s'abstraire des intérêts matériels. Enfin, te voilà, sois le bienvenu.

LA MARQUISE. Comment avez-vous su que nous étions ici?

HENRI. Mais . . . j'avoue que je l'ignorais. . . . Je comptais vous trouver à Vienne en achevant mon tour d'Allemagne.

LE MARQUIS. Eh bien, vive le hasard si c'est lui qui nous réunit; nous te tenons, nous ne te lâchons pas.

HENRI. Je serais heureux de passer quelques jours auprès de vous . . . mais je ne fais que traverser Pilnitz . . . et je repars dans une heure. . . .

LE MARQUIS. Allons donc!

HENRI. Une affaire impérieuse. . . .

LE MARQUIS. Tu me la donnes belle! Il n'y a pas d'affaire qui puisse t'empêcher. . . .

HENRI. Pardonnez-moi.

Il regarde PAULINE, *qui est près de la table.* LE MARQUIS *surprend ce regard.*

LE MARQUIS. Ah! c'est autre chose! (*Bas, à* HENRI.) Tu voyages en compagnie? . . . Bien! bien! c'est de ton âge. (*Haut.*) Puisque tu n'as qu'une heure à nous donner, passons-la du moins ensemble, chez nous. Notre hôtel est à deux pas. Offre le bras à ta tante.

Il prend son chapeau. HENRI *donne le bras à* LA MARQUISE; *ils font quelques pas vers la porte.*

PAULINE. Henri, je t'attends ici.

Le Marquis, *se retournant.* Vous manquez de tact, mademoiselle.

Henri, *traversant la scène et prenant la main de* Pauline. La comtesse de Puygiron, mon oncle.

La Marquise. La comtesse de Puygiron?

Le Marquis. Vous êtes marié?

Henri. Oui, mon oncle.

Le Marquis, *sévèrement.* Comment se fait-il, monsieur, que je n'en aie rien su, moi, le chef de la maison?

Henri. Permettez-moi de ne pas aborder une explication qui mettrait mon respect aux prises avec ma dignité. Je ne vous cherchais pas à Pilnitz, et je n'ai pas l'intention de vous y braver par ma présence; mais, en vous cédant la place, je crois faire tout ce que vous pouvez attendre de ma déférence.

Le Marquis. Il ne s'agit pas ici de déférence, monsieur! Il y a dans les familles une solidarité d'honneur dont on ne s'affranchit pas à son caprice. Demandez-moi ce que j'ai fait de notre nom: je vous répondrai que je l'ai toujours porté avec respect et que je ne l'ai taché que de mon sang. A mon tour, j'exige de vous le même compte.

Henri. Vous exigez? . . . En épousant Pauline, j'ai rompu le pacte de famille, et j'ai le droit d'en rejeter les servitudes puisque je n'en réclame pas les privilèges.

La Marquise. Henri, mon enfant, ne trouvez-vous pas de paroles plus conciliantes?

Le Marquis. Eh! madame, croyez-vous que ce soit lui qui parle? Ne voyez-vous pas qu'on lui a soufflé un esprit de révolte contre tout ce qu'il respectait?

Henri. Vous vous trompez, monsieur: je respecte toujours ce qui est véritablement respectable. Mais les préjugés du monde, ses conventions absurdes, ses hypocrisies, ses tyrannies, non, rien ne m'empêchera de les mépriser et de les haïr!

Le Marquis. Qui donc avez-vous épousé pour haïr la société?

Henri. Permettez-moi de ne pas répondre.

Pauline. Pourquoi ne pas le dire, mon ami? voulez-vous laisser croire à votre oncle que votre mariage est pis qu'une mésalliance? cette pensée le tuerait. Je vais, si vous le voulez bien, rassurer son honneur inquiet . . . après quoi, nous partirons.

Henri. A la bonne heure!

Il remonte un peu.

Pauline. Je m'appelle Pauline Morin, monsieur le marquis; je suis fille d'un honnête fermier.

Le Marquis. Vous, fille d'un fermier? avec ce langage, cette élégance?

Pauline. La tendresse aveugle de ma mère m'a donné, pour mon malheur, une éducation au-dessus de ma naissance.

Le Marquis. C'est possible. Venez, marquise.

Il donne le bras à sa femme et remonte vers le fond.

Pauline. Restez. . . . C'est à moi de me retirer puisque ma présence vous est odieuse.

Le Marquis. Vous ne prétendez pas sans doute être accueillie par une famille où vous êtes entrée à la dérobée?

*Mouvement d'*Henri.

Pauline. Pourquoi pas furtivement? Dites toute votre pensée, monsieur le marquis! mon mariage doit vous sembler un miracle d'astuce et de rouerie.

Le Marquis. Il n'y a pas eu besoin de miracle contre l'inexpérience d'un enfant.

Henri. Mais elle voulait me fuir dans un couvent!

Pauline. C'était une comédie et une comédie grossière. . . . Qui espérez-vous persuader de ma sincérité? Qui admettra qu'une fille du peuple, rencontrant chez vous les élégances d'esprit et les délicatesses de cœur qu'elle avait rêvées, vous ait donné toute son âme? Vous avez été bien naïf de le croire; demandez à votre oncle. Si je vous avais véritablement aimé, j'aurais refusé d'être votre femme. . . . N'est-ce pas, monsieur le marquis?

Le Marquis. C'est vrai.

Henri. Croyez-vous qu'elle n'ait pas refusé? Tout ce que vous auriez pu me dire contre ce mariage, elle me l'a dit.

Pauline. Ce n'était pas votre bonheur seulement que je défendais, c'était aussi le mien. (Henri *s'assied à droite de la table.*) Vous croyez que j'ai fait un beau rêve, monsieur le marquis? Si vous saviez ce que je souffre! Mais je n'ai pas le droit de me plaindre, j'avais prévu ce qui arrive. (A Henri.) J'avais demandé à Dieu un an de ton amour en échange du bonheur de toute ma vie . . . il a tenu le marché, et il m'a fait la bonne mesure puisque tu m'aimes encore.

Henri, *lui tendant les mains.* Je t'aime encore? . . . je t'aime comme au premier jour!

Pauline. Pauvre ami! vous ne vous

rendez pas compte de ce qui se passe en vous! j'ai peut-être tort de vous le dire . . . mais je n'avance votre clairvoyance que d'une heure. Votre amour s'est fatigué dans la lutte impossible que vous avez entreprise contre les lois du monde; vos traditions de famille, que vous avez foulées aux pieds, et que vous appelez encore des préjugés, se redressent peu à peu. . . .

La Marquise, *bas, au* Marquis. Ce doit être vrai.

Pauline. Vous résistez, vous vous indignez de trouver votre bonheur inégal à votre sacrifice; mais chaque jour le bonheur diminue et le sacrifice augmente. En sortant d'ici, vous sentirez nettement le poids de la solitude qui vous entoure; vous regarderez avec d'autres yeux la femme qui doit vous tenir lieu pour toujours de famille, d'amis, de société . . . et bientôt le regret des biens que vous m'avez sacrifiés se changera en remords.

La Marquise, *bas, au* Marquis. Ce n'est pas le langage d'une intrigante.

Pauline. Mais sois tranquille, ami; ce jour-là, je te rendrai tout ce que tu as perdu pour moi, et ton amour aura été ma vie entière.

Henri. Qui peut t'entendre et ne pas t'adorer?

La Marquise, *bas, au* Marquis. Pauvre femme!

Pauline. Adieu, monsieur le marquis; pardonnez-moi l'honneur que j'ai de porter votre nom . . . je le paye assez cher.

La Marquise, *bas, au* Marquis. Dites-lui une parole moins dure.

Le Marquis. Le principe inflexible qui a régi ma vie entière nous sépare, madame, et je le regrette.

Pauline. Merci! je pars bien fière, j'emporte l'estime du Grand Marquis!

Le Marquis. Vous connaissez mon nom de guerre?

Pauline. Ne suis-je pas fille d'un Vendéen?

Henri, *à part.* Que dit-elle?

La Marquise. Fille d'un Vendéen?

Pauline. Mort au champ d'honneur.

Le Marquis. Dans quelle rencontre?

Pauline. A Chanay.

Le Marquis. Je n'y étais pas, mais les nôtres s'y sont comportés héroïquement! . . . Comment dites-vous que s'appelait votre père?

Pauline. Yvon Morin.

Le Marquis. Je ne me souviens pas.

Pauline. Je le crois . . . c'est le plus

humble soldat de la cause que vous défendiez.

Le Marquis. Nous étions tous égaux, tous anoblis par la fidélité, et, s'il y a eu des distinctions, c'est la mort qui les a faites. (*A* Henri.) Pourquoi ne m'as-tu pas dit que tu as épousé la fille d'un Vendéen? ce n'est pas une mésalliance, cela! . . . Votre père a déjà mêlé son sang au nôtre, comtesse.

Pauline. Oh! monsieur le marquis!

Le Marquis. Votre oncle!

Il lui ouvre les bras, elle s'y jette.

La Marquise, *tendant la main à* Pauline, *qui la baise.* Je savais bien qu'Henri ne pouvait avoir fait un mariage indigne de lui.

Le Marquis, *à* Henri. Il ne s'agit plus de départ, j'espère?

Henri. Mon oncle. . . .

Le Marquis. Pars si tu veux, nous gardons ta femme. . . . Venez à notre auberge, comtesse; je veux vous présenter à ma petite-fille. . . . Il faudra bien que ce fier gentilhomme vous suive.

Henri. Eh bien, oui! nous vous rejoignons, mon oncle.

Le Marquis. Ne nous fais pas trop attendre . . . nous ne nous mettrons pas à table sans toi. . . . (*Il leur serre les mains et remonte vers la porte.*) C'est au Lion d'Or.

Il sort avec La Marquise.

SCÈNE IX

Pauline, Henri

Henri. Jure-moi que tu ignorais la présence de mon oncle à Pilnitz, jure-le-moi sur ta vie!

Pauline. Sur ma vie, sur la tête de ma mère! Quelle mauvaise pensée t'a traversé l'esprit?

Henri. Pardonne-moi! mais, tu l'as deviné, je souffre, je vais quelquefois jusqu'à douter de toi; et ce roman que tu as si vite imaginé. . . .

Pauline. Tu crois qu'il était préparé?

Henri. Je l'ai craint et mon cœur s'est serré.

Pauline. Pauvre enfant! tu as pensé que je voulais entrer dans ta famille, que je voulais être comtesse pour tout de bon?

Henri. Oui.

Pauline. Je ne t'aurais donc épousé que par ambition? O Henri! à quoi tient ton estime pour moi?

Henri. Pardonne-moi, j'ai l'esprit malade.

PAULINE. Je le sais, et c'est pourquoi j'ai voulu te rendre ta famille; car je sens bien que mon amour ne te suffit plus. . . . Mais, plutôt que d'encourir un soupçon de toi, je vais dire toute la vérité à ton oncle.

HENRI. Elle le tuerait . . . elle le tuerait! . . .

Il tombe assis sur le divan.

PAULINE, *s'asseyant près de lui.* D'ailleurs, nous partirons après-demain . . . demain, si ce mensonge te pèse. . . .

HENRI. Oui! Tu l'as fait dans une intention pieuse, et je t'en remercie; mais je n'ai pas le droit de violer les préjugés de mon oncle, et surtout de les violer à l'abri d'une supercherie. Chaque serrement de main, chaque mot que tu échangerais avec ma famille serait un abus de confiance dont je rougirais.

PAULINE, *l'entourant de ses bras.* Nous partirons ce soir. . . . Chassez les nuages de votre beau front, mon enfant adoré! je ne demande pas mieux que de ne vous partager avec personne. Allons, venez! venez rejoindre ces pauvres gens à qui vous enviez la joie que je leur procure.

HENRI. Tu es un ange!

PAULINE. C'est toi qui m'as donné des ailes! (*Elle lui donne mignardement le bras;* HENRI *l'embrasse au front.—A part.*) Me voilà comtesse!

ACTE DEUXIÈME

A Vienne, chez LE MARQUIS.

Le salon de famille.—Vaste pièce dans le style du temps de Louis XIII, à pans coupés, lambrissée du haut en bas de chêne sculpté.—Porte au fond; portes latérales; au second plan dans le pan coupé, à gauche, une grande cheminée, au-dessus de laquelle est le portrait en pied de LA MARQUISE; *de chaque côté du portrait, une torchère à cinq bougies.—Dans le pan coupé, à droite, une fenêtre à embrasure profonde; sur le premier plan, un miroir de Venise.*

SCÈNE PREMIÈRE

LA MARQUISE *et* GENEVIÈVE, *assises sur le devant de la scène, à gauche, et travaillant à des ouvrages de femme;* LE MARQUIS, *debout, au fond, devant la cheminée;* PAULINE, *à demi étendue sur une causeuse à droite.*

LA MARQUISE. N'oubliez pas, Tancrède, que nous dînons ce soir chez madame de Ransberg.

LE MARQUIS, *se levant.* Je n'aurais garde. Vous savez que madame de Ransberg est ma passion.

LA MARQUISE. Et je crois que vous êtes payé de retour. Si elle avait seulement une trentaine d'années de plus, je serais jalouse.

GENEVIÈVE. Au contraire, grand'maman! c'est parce qu'elle a vingt ans, il me semble. . . .

LA MARQUISE. Qu'elle ne peut pas lutter avec moi, qui en ai soixante.

GENEVIÈVE. Vous croyez que la victoire est du côté des gros bataillons?

LA MARQUISE. En fait d'amitié, oui.

LE MARQUIS. Je lui sais bon gré, à cette chère petite baronne, de l'accueil qu'elle a fait à notre Pauline.

GENEVIÈVE. A ce compte, vous pourriez étendre votre reconnaissance à toute la société de Vienne.

LE MARQUIS. Je ne dis pas non. J'ai été touché et flatté, je n'en disconviens pas, des honneurs qu'on a rendus à mon pavillon.[1]

GENEVIÈVE. Dirait-on pas qu'il couvrait de la contrebande?

LE MARQUIS. Tu as raison. . . . La fatuité m'emporte, je fais comme l'âne chargé de reliques.[2]

GENEVIÈVE, *se levant.* Vous entendez, Pauline?

PAULINE, *sortant de sa rêverie.* Quoi donc?

GENEVIÈVE, *allant à* PAULINE. Tant pis pour vous! vous perdez un beau madrigal. . . . Cela vous apprendra à ne jamais être à la conversation.

PAULINE. Je suis souffrante.

LA MARQUISE. Encore!

GENEVIÈVE. Vous êtes toujours souffrante!

PAULINE. Ce n'est rien. . . . (*A part.*) L'ennui!

LE MARQUIS, *s'asseyant près de* LA MARQUISE. Nous vous avons fait coucher trop tard hier. Vous n'avez pas l'habitude de veiller.

---

[1] *pavillon,* flag.

[2] *l'âne chargé de reliques,* reference to a fable of La Fontaine (V. 14) applied to a man who attributes to his personal merit the honors done to his name or function.

PAULINE. C'est vrai.

GENEVIÈVE. La soirée était si amusante!

PAULINE, *à part.* Comme la pluie.

GENEVIÈVE. Madame de Rosenthal est si gaie! Il semble qu'elle souffle sa gaieté à tout le monde. Nous avons fait la partie de vingt et un[1] la plus bruyante! Le whist des anciens a dû s'en émouvoir.

LA MARQUISE. Le chevalier de Falkenstheim, mon partenaire, coupait mes rois à tout bout de champ. . . .

LE MARQUIS. Et il s'en excusait sur les éclats de rire de Pauline, qui le troublaient.

GENEVIÈVE. C'est bien d'un sourd qui fait la fine oreille![2] Pauline n'a pas desserré les dents . . . ce qui ne l'a pas empêchée de gagner des sommes folles.

LA MARQUISE. Vraiment?

PAULINE. Folles! . . . cent francs au moins.

LE MARQUIS. C'est joli, dans une partie à vingt sous le jeton. Mais je soupçonne que vous n'aimez pas le jeu.

PAULINE. J'en conviens, monsieur le marquis, je n'aime pas le jeu. . . . (*A part.*) A vingt sous.

GENEVIÈVE. Pauline est une personne grave qui s'ennuie dans le monde, n'est-ce pas?

LA MARQUISE. Cependant, vous vous faisiez une fête[3] d'y aller.

PAULINE. Je me le figurais autrement qu'il n'est.

LE MARQUIS. Vous avez un caractère trop sérieux pour votre âge, ma chère nièce.

PAULINE. Peut-être.

LA MARQUISE. Mais le monde ne se compose pas uniquement de frivolités. Pourquoi, si vous vous ennuyez dans le camp de la jeunesse, ne venez-vous pas dans celui des gens mûrs? vous trouveriez là une conversation solide et intéressante.

PAULINE. Mon Dieu, madame, je l'avoue à ma honte, la plupart des choses dont on parle dans le monde ne m'intéressent pas. Je suis une sauvage, j'ai trop vécu dans notre rude Bretagne.

LE MARQUIS. Nous vous civiliserons, chère enfant.—Quel temps fait-il?

GENEVIÈVE, *allant à la croisée.* Superbe!

LA MARQUISE. Cela ne durera pas.

LE MARQUIS. Est-ce que votre blessure vous fait souffrir?

LA MARQUISE. Un peu.

PAULINE. Quelle blessure?

GENEVIÈVE, *redescendant en scène.* Vous ne savez donc pas que grand'maman est un ancien militaire?

LE MARQUIS. Geneviève, vous perdez le respect.

GENEVIÈVE, *allant à* LA MARQUISE. Je vous ai déplu, bonne maman?

LA MARQUISE. Non, ma fille.

LE MARQUIS. Vous lui passez tout, ma chère; elle devient trop familière.

LA MARQUISE. Eh! mon ami, la familiarité est la menue monnaie de la tendresse. Nous sommes trop vieux pour thésauriser.

LE MARQUIS. Soit! mais cette enfant vous parle comme je n'oserais pas le faire, moi.

GENEVIÈVE. C'est entre bonne maman et moi, grand-papa; cela ne vous regarde pas.

LA MARQUISE. Geneviève, vous vous oubliez. . . .

GENEVIÈVE. Ah! vous voyez bien que vous êtes aussi sévère que grand-papa. Vous ai-je fâché, grand-papa?

LE MARQUIS. Non, ma fille! je te permets avec moi certaines choses. . . .

GENEVIÈVE. Ah! vous voyez bien que vous êtes aussi indulgent que bonne maman.

Elle l'embrasse.

LE MARQUIS. L'enfant se joue de nous, marquise.

GENEVIÈVE, *leur prenant la main.* Pardonnez-moi ma petite ruse; j'ai voulu expérimenter ce que m'a dit Henri, du respect que vous avez l'un pour l'autre.

LE MARQUIS. Cela t'étonne, que je respecte ta grand'mère?

GENEVIÈVE. Oh! non; mais je n'avais pas encore pris garde à quel point. . . . C'est Henri qui me l'a fait remarquer. « Comme c'est beau, me disait-il, ces deux existences qui se sont appartenu tout entières l'une à l'autre! Ces deux vieillesses sans tache! ces deux cœurs qui ont traversé la vie ensemble et dans lesquels la vie n'a déposé qu'une vénération mutuelle! Le chef et la sainte de la famille! »

PAULINE, *à part.* Philémon et Baucis.[4]

---

[1] *vingt et un*, a game of cards.

[2] *C'est . . . oreille*, That's just like a deaf man who pretends to have a fine hearing.

[3] *vous vous faisiez une fête*, you looked eagerly forward.

[4] *Philémon et Baucis*, the symbols of conjugal love. Jupiter granted them the favor to die together and changed Philemon into an oak and Baucis into a linden-tree.

GENEVIÈVE. Et une larme est venue dans ses yeux . . . une larme d'attendrissement et d'admiration.

LA MARQUISE. Cher Henri!

LE MARQUIS. Il a dit vrai, ma fille: ta grand'mère est une sainte.

LA MARQUISE, *souriant.* Tancrède, ce n'est pas à vous de me canoniser.

LE MARQUIS. Vous demandiez l'histoire de cette blessure, Pauline? La voici: La marquise m'avait suivi au château de la Péniscière. . . . Vous savez les circonstances de ce siège terrible. Quand l'incendie nous força d'abandonner le château, nous fîmes notre retraite en combattant jusqu'à la lisière d'un bois où nous nous dispersâmes après avoir essuyé une dernière décharge. J'arrivai avec la marquise à une ferme où j'étais sûr de trouver un asile. En frappant à la porte, elle s'évanouit, et je m'aperçus alors qu'elle avait le bras cassé d'un coup de feu. Tant que nous avions été en danger, elle n'avait pas poussé une plainte, de peur de retarder ma fuite. (*Lui tendant la main.*) O chère femme! cette balle reçue sans un soupir te sera comptée dans le ciel!

LA MARQUISE. Je ne l'espère pas, mon ami: vous me l'avez payée sur la terre.

PAULINE. Admirable héroïsme! (*A part.*) Posent-ils tous les deux!

GENEVIÈVE. Je voudrais avoir votre âge et avoir fait cela!

LA MARQUISE. Tu le ferais dans l'occasion, j'en suis sûre.

GENEVIÈVE. Oui, je vous le jure! . . . et Pauline aussi.

LA MARQUISE. Sans doute. . . . Elle est Bretonne.

PAULINE, *à part.* Ils finissent par croire que c'est arrivé.

UN DOMESTIQUE. La voiture est attelée.

LE MARQUIS, à LA MARQUISE. Venez, ma chère. . . . (*A* GENEVIÈVE *et à* PAULINE.) Nous reviendrons vous prendre pour dîner. . . . Habillez-vous, mesdames.

GENEVIÈVE. Oh! nous avons le temps.

PAULINE. Est-ce que je ne peux pas me dispenser de ce dîner?

LE MARQUIS. Impossible, mon enfant: c'est en votre honneur qu'on le donne.

LE MARQUIS *et* LA MARQUISE *sortent par le fond.*

PAULINE, *à part.* Quel ennui!

---

¹ *à tâtons*, in the dark.

SCÈNE II

PAULINE, GENEVIÈVE

PAULINE. Où vont-ils donc tous les jours, à la même heure, en tête à tête?

GENEVIÈVE. Ils vont soi-disant à la promenade, mais personne ne les y rencontre.

PAULINE. Quel mystère!

GENEVIÈVE. Oh! j'en sais le fin mot, mais je ne fais pas semblant de le savoir. . . . Ils vont visiter les pauvres.

PAULINE. Allons donc! est-ce que l'on se cache pour cela?

GENEVIÈVE. La charité ne doit-elle pas être pudique?

PAULINE. Sans doute . . . sans doute. . . . (*A part.*) Ma parole, je vis à tâtons ¹ avec ces gens-là. . . . Je me casse le nez à chaque instant.

GENEVIÈVE. Où donc est Henri?

PAULINE. Je n'en sais rien. . . . Chez les pauvres, probablement.

GENEVIÈVE. Il a l'air triste depuis quelque temps.

PAULINE. Il n'a jamais été gai. . . . C'est un jeune homme mélancolique.

GENEVIÈVE. Vous ne lui connaissez pas de chagrin?

PAULINE. Ma chère, la mélancolie vient de l'estomac. Voyez si les gens bien portants sont tristes. . . . M. de Montrichard, par exemple. . . .

Elle s'assied.

GENEVIÈVE, *souriant.* Il doit avoir un bien bon estomac.

PAULINE. Quelle verve! quelle gaieté!

GENEVIÈVE. Il est amusant.

PAULINE. Et brave comme son épée. . . . En voilà un qui rendra sa femme heureuse!

GENEVIÈVE. Vous dites cela comme si vous n'étiez pas heureuse avec Henri.

PAULINE. Très heureuse! Henri est charmant. Mais madame de Montrichard n'aura rien à m'envier . . . et je voudrais que ce fût vous.

GENEVIÈVE. Moi?

PAULINE. N'avez-vous pas remarqué que M. de Montrichard vous regarde beaucoup?

GENEVIÈVE. Non. Est-ce qu'il vous l'a dit?

PAULINE. Quoi?

GENEVIÈVE. Qu'il me regarde beaucoup?

PAULINE. Je m'en suis bien aperçue.
. . . Il est manifeste qu'il est amoureux de vous.

GENEVIÈVE. Vous intéressez-vous à lui?

PAULINE. Oui, parce que je vous aime.

GENEVIÈVE. Eh bien, chargez-vous de le décourager.

PAULINE. Pourquoi? . . . Vous déplaît-il?

GENEVIÈVE, *étourdiment.* Non, pas plus qu'un autre; mais je veux rester fille.

PAULINE, *se levant.* Vous m'étonnez.
. . . Je ne vous croyais pas d'une dévotion incompatible avec le mariage.

GENEVIÈVE. Ce n'est pas dévotion . . . c'est une idée comme cela.

PAULINE. Vous aimez donc quelqu'un que vous ne pouvez pas épouser?

GENEVIÈVE. Je n'aime personne. . . .

PAULINE. Vous rougissez. . . . (*L'attirant vers elle.*) Voyons, Geneviève, ayez confiance en moi; ne suis-je pas votre amie?

GENEVIÈVE. Je n'aime personne, je vous le jure.

PAULINE. Alors, vous avez aimé quelqu'un?

GENEVIÈVE. Laissons cela. (*Se dégageant des bras de* PAULINE.) Je ne dois pas me marier, voilà tout.

Elle s'approche du canapé à droite.

PAULINE. Ah! je comprends. (*A part.*) Bonne affaire pour Montrichard. (*Haut.*) Eh bien, ma chère, M. de Montrichard n'est pas de ces esprits étroits qui ne pardonnent pas un enfantillage à une jeune fille.

Elle vient près d'elle.

GENEVIÈVE. Un enfantillage?

PAULINE. C'est l'homme qu'il vous faut. Il ne vous fera jamais un reproche, et, si quelqu'un s'avise de la moindre allusion. . . .

GENEVIÈVE. A quoi?

PAULINE. A ce que vous n'osez pas me dire. . . . Ne rougissez pas, ma toute belle. (*Elle la fait asseoir.*) Quelle est la jeune fille qui n'a pas été imprudente une fois dans sa vie? On rencontre un beau jeune homme au bal; on se laisse serrer le bout des doigts, on répond peut-être à un billet. . . . (GENEVIÈVE *fait un mouvement pour se lever,* PAULINE *la retient.*) Tout cela, le plus innocemment du monde, et on se trouve compromise sans avoir fait de mal.

GENEVIÈVE. Un billet? compromise? moi?

PAULINE. Que signifie alors que vous ne devez pas vous marier?

GENEVIÈVE, *se levant, avec hauteur.* Cela signifie, madame, qu'il y a de par le monde un homme que j'ai été élevée à regarder de loin comme mon mari, et. . . . Mais vous ne me comprendriez pas, puisque vous êtes capable d'un pareil soupçon.

Elle lui tourne le dos.

PAULINE. Pardonnez-moi si je vous ai offensée, mon enfant; mais vos réticences ne laissaient de place qu'à cette conjecture, et vous avez vu que mon amitié cherchait encore à l'atténuer.

GENEVIÈVE, *lui tendant la main.* C'est vrai . . . j'ai tort.

PAULINE. Voyons, du courage. Il y a donc de par le monde un homme que vous avez été élevée à regarder de loin comme votre mari. . . .

GENEVIÈVE. Je lui ai donné tout ce qu'on peut donner de son âme à un fiancé inconnu, mon respect et ma soumission. C'est à lui qu'à son insu j'ai toujours rapporté mes actions et mes sentiments; j'ai été sa compagne dans le secret de mes pensées; enfin, que vous dirai-je? Il me semble que je suis veuve.

PAULINE. Il est donc mort?

GENEVIÈVE. Il est mort pour moi: il est marié.

PAULINE. Oh! les hommes!

GENEVIÈVE. Il me connaissait à peine; il a rencontré une femme digne de lui; il l'a épousée, il a bien fait.

PAULINE. Eh bien, faites comme lui.

GENEVIÈVE. Oh! moi, c'est différent.

PAULINE. Vous l'aimez donc encore?

GENEVIÈVE. Si j'avais jamais eu de l'amour pour lui, je n'en aurais plus depuis qu'il est le mari d'une autre.

PAULINE. Alors, par quelle subtilité de sentiments . . . ?

GENEVIÈVE. C'est une simple question de clef. (*Elles se lèvent.*) Un mari doit ouvrir tous les tiroirs de sa femme, n'est-ce pas?

PAULINE. Sans doute!

GENEVIÈVE. Eh bien, voici une petite clef dorée que je serais obligée de refuser à mon seigneur et maître.

PAULINE. Qu'ouvre-t-elle donc?

GENEVIÈVE. Un coffret d'ébène qui renferme mon journal.

PAULINE. Votre journal?

GENEVIÈVE. Oui; ma grand'mère m'a habituée dès mon enfance à écrire tous les soirs ce que j'ai fait et pensé dans la journée.

PAULINE. Quelle drôle d'idée!

GENEVIÈVE. C'est bien sain, allez, de faire tous les jours l'inspection de son cœur. S'il y pousse une mauvaise herbe, on l'arrache avant qu'elle ait pris racine.

PAULINE. La guerre au chiendent, je comprends. Et vous avez écrit jour par jour l'histoire de votre roman? En sorte que cette petite clef est, sans métaphore, la clef de votre cœur?

GENEVIÈVE. Précisément.

PAULINE. Eh bien, soyez sûre que quelqu'un vous la volera.

GENEVIÈVE. En tout cas, ce ne sera pas M. de Montrichard.

PAULINE. Tant pis pour lui et pour vous.

UN DOMESTIQUE, *annonçant.* M. de Beauséjour!

GENEVIÈVE. Ce sera encore moins celui-là. Il me déplaît outre mesure, ce spadassin doucereux. . . . Je vais m'habiller.

Elle sort.

SCÈNE III

PAULINE, BAUDEL

BAUDEL. Je mets quelqu'un en fuite?

PAULINE. Ma cousine.

BAUDEL. Je le regretterais si l'on pouvait regretter quelque chose auprès de vous, comtesse.

PAULINE, *allant chercher un petit miroir à main placé sur la console à droite et faisant signe à* BAUDEL *de s'asseoir.* Très galant!

BAUDEL, *à part.* Elle est seule! à merveille! . . . profitons des conseils de Montrichard, et que Buckingham [1] me protège.

Il avance sa chaise près de PAULINE.

PAULINE, *s'asseyant sur le canapé.* Est-ce que M. de Montrichard est malade, que nous voyons Pylade [2] tout seul?

BAUDEL, *s'asseyant.* Non, madame, non; il doit venir vous présenter ses hommages.

PAULINE. Savez-vous que votre amitié est digne des temps de la chevalerie?

BAUDEL. Cimentée dans notre sang. . . . Mais je dois une revanche à Montrichard et je crois que je la lui donnerai bientôt.

PAULINE. Comment! deux inséparables?

BAUDEL. Que voulez-vous! il est absurde! il m'exaspère! Croiriez-vous qu'il s'obstine à trouver une ressemblance impertinente entre vous. . . .

PAULINE, *se regardant dans le miroir.* Et cette pauvre fille qui est morte en Californie, je sais cela.—Est-ce que vous n'êtes pas de son avis?

BAUDEL. Il y a quelque chose, j'en conviens. . . . Elle vous ressemblait comme l'oie au cygne.

PAULINE. Merci pour elle!

BAUDEL. Elle n'avait pas cette grâce, cette distinction, ce cachet aristocratique!

PAULINE. Montrichard prétend qu'on l'aurait prise pour ma sœur. . . .

BAUDEL. Votre sœur de laid [3] . . . l, a, i, d.

Il rit.

PAULINE. Le mot est charmant. . . . Mais vous n'êtes pas poli pour les femmes que vous avez aimées . . . car vous avez aimé cette Olympe, je crois?

BAUDEL. Pas du tout! c'est elle qui s'était monté la tête pour moi.

PAULINE. Vraiment?

BAUDEL. J'ai eu toutes les peines du monde à lui faire entendre raison: ne parlait-elle pas de s'asphyxier!

PAULINE. Est-il possible! C'est peut-être le chagrin de vous perdre qui l'a poussée en Californie?

BAUDEL, *se levant.* J'en ai peur. Mais voilà comme va le monde: nous n'aimons pas celles qui nous aiment, et nous aimons celles qui ne nous aiment pas. Vous vengez cette pauvre créature, madame la comtesse.

PAULINE. Je croyais vous avoir interdit ce sujet de conversation.

BAUDEL. Hélas! de quoi voulez-vous que je vous parle?

PAULINE, *posant le miroir sur le canapé.* De tout le reste, du raout [4] d'hier, si vous voulez.

BAUDEL. Il était charmant.

PAULINE. Prenez garde! . . . c'est un piège que je vous tends; je vais juger de votre goût. Comment avez-vous trouvé ma voisine?

BAUDEL. Laquelle?

PAULINE. Ma voisine de droite, la mai-

---

[1] *Buckingham*, English duke; while ambassador to the Court of Louis XIII of France his conduct toward the queen gave rise to malicious gossip. Popularly he is believed to have gained the queen's favor.

[2] *Pylade*, Pylades, the faithful friend of Orestes.

[3] *sœur de laid*, a wretched play on *sœur de lait*, foster-sister.

[4] *raout*, for the English "rout," reception.

gre, celle qui avait sur la tête toute une autruche . . . dont les pieds passaient sous sa robe.

BAUDEL. Ah! ah! vous êtes méchante. Eh bien, je trouve qu'il faut être un naturaliste endiablé pour la classer parmi les mammifères.

PAULINE. Pas mal. Et la maîtresse de la maison, avec tous ses diamants?

BAUDEL. J'ai trouvé ses diamants superbes.

PAULINE. Ils ressemblent à ses dents, il y en a la moitié de faux.

Elle se lève.

BAUDEL, *à part.* Quelle transition! (*Haut.*) Vous vous y connaissez donc, comtesse?

PAULINE. Toutes les femmes sont des joailliers en chambre.[1]

BAUDEL. Voulez-vous me dire votre avis sur ce colifichet?
Il tire un écrin de sa poche et l'ouvre.

PAULINE. C'est très beau! la perle du fermoir est magnifique. Mais qu'avez-vous donc à faire d'une rivière?

BAUDEL. J'ai à la faire couler aux pieds de . . . à des pieds.

PAULINE. De danseuse, je parie?

BAUDEL. En fait de pieds, ce sont les plus méritants.

PAULINE. Ces filles-là sont bien heureuses!

Elle fait miroiter la rivière.

BAUDEL, *à part.* C'est vrai qu'elle ressemble à Olympe!

PAULINE. Vous êtes un mauvais sujet.[2]

BAUDEL. N'en accusez que vous, madame; ce sont les mauvais souverains qui font les mauvais sujets. (*A part.*) Allez donc!

PAULINE. Vous avez trop d'esprit.— Votre collier me semble un peu étroit.

BAUDEL. Croyez-vous?

PAULINE. Tenez, vous allez voir. (*Elle le retire de l'écrin, va chercher le petit miroir.* BAUDEL *qui a pris l'écrin, le pose sur la table et revient près de* PAULINE, *qui lui fait tenir le miroir.—Elle met le collier à son cou.*) Non, il est bien. (*A part, se mirant dans la glace.*) Comme cela relève le teint!

BAUDEL, *à part.* Montrichard avait raison: les grandes dames sont aussi friandes de bijoux que les petites! Comme il connaît les femmes, cet être-là! Amant

d'une comtesse, moi! quel rêve! voilà qui achèverait de me poser dans le monde!

PAULINE, *ôtant le collier.* Allez porter ces diamants à votre danseuse.

BAUDEL. Après qu'ils ont touché votre cou? ce serait une profanation.

PAULINE. Qu'en ferez-vous donc?

BAUDEL. Je les conserverai comme un souvenir. . . .

PAULINE. Mais, je n'entends pas cela, je vous le défends!

BAUDEL. Alors, comtesse, il n'y a qu'un moyen: c'est de garder ces diamants vous-même et de vous résigner à avoir un souvenir de moi, puisque vous ne voulez pas que j'aie un souvenir de vous.

PAULINE. Vous êtes fou. Est-ce que ces choses-là sont possibles?

BAUDEL. Pourquoi pas? C'est tout simple. N'accepteriez-vous pas un bouquet? Des diamants sont des fleurs . . . qui durent plus longtemps, voilà tout.

PAULINE. Croyez-vous que mon mari fût de votre avis?

BAUDEL, *déposant la boîte sur le guéridon à gauche.* Vous lui diriez que c'est du strass.[3]

PAULINE, *à part.* Tiens, je n'y pensais pas! Ah! je suis folle! j'oublie que j'ai cent mille livres de rente. (*Haut.*) Finissons cet enfantillage, monsieur. Rendez cette rivière au bijoutier qui vous l'a vendue. . . . Voilà qui arrangera tout.

Elle lui met la rivière dans la main.

SCÈNE IV

LES MÊMES, HENRI

BAUDEL, *à part.* Le mari . . . quelle idée! (*Haut.*) Bonjour, monsieur le comte; vous arrivez à propos pour mettre fin à une mystification dont je suis victime.

HENRI. Laquelle, monsieur?

BAUDEL. Madame ne veut-elle pas me persuader que ces diamants sont du strass?
Il remet à HENRI *le collier.*

PAULINE, *à part.* Qui aurait cru cela de lui?

HENRI. Je ne m'y connais pas. (*A LA COMTESSE.*) Vous avez acheté cela, madame?

PAULINE. Oui . . . pour la monture, qui est ancienne. . . . C'est une fantaisie à bon marché.

BAUDEL. Je me tiens pour battu, ma-

---

[1] *en chambre,* working at home instead of in a shop.
[2] *mauvais sujet,* bad boy; but note the play on the word in Baudel's reply.
[3] *strass,* imitation diamonds.

dame, et je promets de garder le secret le plus inviolable à ce strass merveilleux. ... Il est de mon honneur qu'il fasse d'autres dupes que moi. Le porterez-vous ce soir, chez madame de Ransberg?

HENRI. Est-ce que vous y dînez, monsieur?

BAUDEL. Non, monsieur le comte; mais Montrichard doit me présenter à la soirée. J'espère me dédommager là du contre-temps de votre absence ici: car je suis forcé de vous quitter. ... (*Saluant.*) Madame la comtesse! ... Monsieur le comte! ... (*A part.*) Mes affaires sont en bon chemin!

Il sort.

SCÈNE V

HENRI, PAULINE

HENRI. Vous avez un grand défaut, Pauline: c'est l'adresse; vous en mettez partout.

PAULINE. Je ne vois pas. ...

HENRI. Ne pouviez-vous pas me déclarer tout franchement que vous désiriez des diamants?

PAULINE, *à part.* L'eau va à la rivière ... c'est le cas de le dire.[1]

HENRI. Je ne vous ai jamais rien refusé de raisonnable; puisque vous allez dans le monde, je comprends qu'il vous faut des parures, et, si je ne vous en ai pas donné plus tôt, c'est qu'en vérité je n'y ai pas songé. Mais, encore une fois, je n'aime pas les détours.

Il lui rend le collier.

PAULINE, *le prenant.* Je vous demande pardon, mon ami; cette exigence de notre position est si futile, que j'étais honteuse de vous en parler.

HENRI. Combien vous faut-il pour cette dépense?

PAULINE. Votre mère n'avait-elle pas un écrin?

HENRI. Oui.

PAULINE. Eh bien?

HENRI. Ses diamants sont devenus des choses saintes par sa mort; ce ne sont plus des bijoux, ce sont des reliques. (*Il descend à gauche.*) Je mets cinquante mille francs à votre disposition; est-ce assez?

PAULINE. Merci.

Un silence.

HENRI, *remontant vers la croisée.* Ma tante est sortie?

PAULINE. Avec votre oncle. Puis-je vous demander d'où vous venez vous-même?

HENRI. J'ai été me promener dans la campagne.

PAULINE. Dans ce costume?

HENRI. J'en ai changé en rentrant.

PAULINE, *le rejoignant.* Pourquoi ne m'avez-vous pas emmenée?

HENRI. Vous n'aimez que la promenade en voiture et dans les endroits à la mode.

PAULINE. La campagne doit être bien belle.

HENRI. Oui.

PAULINE. Toutes les splendeurs mélancoliques de l'automne.

HENRI. Quelle robe mettez-vous ce soir?

Il descend près de la cheminée.

PAULINE. Henri, qu'avez-vous contre moi?

HENRI. Que puis-je avoir contre vous?

PAULINE. Je vous le demande ... car évidemment vous avez quelque chose. Ma conduite n'est-elle pas irréprochable? Vous ai-je donné un sujet de mécontentement?

HENRI. Vous aurais-je moi-même manqué d'égards à mon insu?

PAULINE. Vous me parlez d'égards!

HENRI. De grâce, madame, laissons les scènes de ménage aux petites gens; vous êtes trop grande dame pour aller sur leurs brisées.

PAULINE. Je le vois, vos méchants soupçons vous sont revenus.

HENRI. Je n'ai pas de soupçons.

PAULINE. C'est une certitude, voulez-vous dire? Parlez, Henri; je suis forte de ma conscience, et j'appelle une explication.

HENRI. Elle est inutile, madame; vous n'aurez jamais à vous plaindre de mes procédés.

PAULINE. Mais c'est un refroidissement complet! Et vous avez cru que je l'accepterais?

HENRI. Que vous importe?

PAULINE. Voyons, Henri, au nom du ciel! C'est tout notre bonheur qui se joue là! Soyons de bonne foi tous les deux. Je vais vous donner l'exemple.—Oui, en vous conduisant à Pilnitz, je savais que nous y trouverions votre oncle.

[1] Pauline foresees that her husband is going to give her money for more jewels and says: "good things come to those that have much," or "water runs to the river," but there is a play on *rivière*, necklace.

HENRI. Son intendant m'a, en effet, parlé d'une lettre que vous lui auriez écrite. . . .

PAULINE, *à part.* Je m'en doutais!

HENRI. Mais je n'ai rien cru; vous m'avez juré le contraire sur la tête de votre mère.

PAULINE. Je l'aurais juré sur la tête de mon enfant, si j'en avais un; car vous m'êtes plus cher que le monde entier, et mon premier devoir, c'est votre bonheur! . . . J'ai voulu vous faire rentrer malgré vous dans votre milieu naturel, vous rendre votre air respirable, voilà mon crime.

HENRI. Je vous en suis très reconnaissant.

PAULINE. Comme vous dites cela! Vous figurez-vous, par hasard, que j'ai obéi à un instinct de vanité personnelle? que j'ai voulu figurer dans le monde et jouer à la grande dame? Triste jeu, mon ami; je ne demande pas mieux que d'en être dispensée.

HENRI. Je le crois.

PAULINE. Cette vie factice m'ennuie!

HENRI, *s'asseyant.* Je le sais.

PAULINE. Alors, de quoi m'accusez-vous?

HENRI. De rien.

Il s'assied à droite de la table.

PAULINE, *s'asseyant près de lui sur un tabouret.* Voyons, monsieur, ne froncez plus le sourcil, embrassez votre femme, qui n'aime que vous. . . . (*Elle lui tend son front;* HENRI *l'effleure de ses lèvres.*) Tu m'en voulais d'avoir pris un détour pour te demander des diamants? Ne m'en donne pas; je n'en ai pas besoin; je n'irai plus dans le monde.—Quant à l'écrin de ta mère, pardonne-moi mon étourderie . . . mon manque de tact. J'aurais dû comprendre que les reliques d'une sainte ne peuvent appartenir qu'à un ange. Garde-les religieusement; et, si le ciel nous accorde une fille. . . .

HENRI, *se levant, avec violence.* Une fille de vous? elle n'aurait qu'à vous ressembler! . . .

PAULINE. Henri! . . .

Elle veut se lever, HENRI *la rejette sur son tabouret.*

HENRI. Silence! assez de comédie! Je vous connais trop! Les vertus dont vous vous pariez, le désintéressement, l'amour, le repentir, tout ce fard est tombé de vos joues dans l'atmosphère pénétrante de la famille! J'ai vu clair! je ne suis plus l'enfant que vous avez séduit.

PAULINE, *se levant.* Vous vous rajeunissez, mon cher; vous aviez l'âge de discernement!

HENRI, *douloureusement.* J'avais vingt-deux ans! Je venais de perdre un père dont la sévérité avait prolongé mon enfance jusque dans ma jeunesse; vous étiez ma première maîtresse, et je ne savais rien de la vie, sinon ce que vous m'en appreniez. Il vous a été facile de vous emparer de moi, de me prendre pour marchepied de votre ambition!

PAULINE. Mon ambition? montrez-m'en donc les résultats! . . . Je vous admire! on dirait que j'ai mené une vie de plaisirs avec vous! un an de tête à tête. . . .

HENRI. Oui, vous devez regretter amèrement les ennuis de la route après les déceptions du but! Le monde et la famille n'ont pas tenu ce que vous en attendiez, je le sais, et le spectacle de votre déconvenue n'a pas peu contribué à m'ouvrir les yeux. Le monde, votre vanité y reste en souffrance, vous vous y sentez hors de votre élément, vous y êtes gauche, décontenancée; vous ne pardonnez pas aux véritables grandes dames la supériorité de leurs manières et de leur éducation. . . . (*Mouvement de* PAULINE.) Votre amertume se trahit dans toutes vos paroles! . . . La famille, vous n'en comprenez ni la grandeur ni la sainteté; vous vous y ennuyez comme l'impie dans une église! . . .

PAULINE, *d'un ton bref.* Assez, mon cher! Puisque vous ne m'aimez plus, car toute votre diatribe revient à cela, nous n'avons qu'un parti à prendre: c'est de nous séparer à l'amiable.

HENRI. Nous séparer? Jamais!

PAULINE. Me feriez-vous l'honneur de tenir à ma compagnie?

HENRI. Vous portez mon nom, madame, et je ne le laisserai pas courir les champs. (*Un silence.*) Croyez-moi, acceptons tous les deux sans murmurer la destinée que nous nous sommes faite. Nous sommes compagnons de chaîne: marchons côte à côte, et tâchons de ne pas nous haïr.

PAULINE. Cela vous sera difficile.

HENRI. Soyez tranquille; si je ne puis oublier par quels moyens vous êtes comtesse de Puygiron, je n'oublierai pas non plus que vous l'êtes; et, passé cette explication où le trop plein de mon cœur a débordé malgré moi, nous vivrons selon toutes les bienséances.

PAULINE. Jolie perspective, en vérité!

SCÈNE VI

Les Mêmes, Geneviève, *en toilette*

Geneviève. Eh bien, Pauline, vous ne pensez donc pas à vous habiller? on va venir nous prendre.

Pauline. Je causais avec Henri, et je me suis oubliée. J'aurai bientôt réparé le temps perdu. (*Fausse sortie.*) Grondez un peu votre cousine, mon cher; ne veut-elle pas rester fille!

Geneviève. Pauline!

Pauline. Henri est un autre moi-même. . . . Ne veut-elle pas rester fille par fidélité à un petit mari d'enfance qui l'a laissée veuve avec trois poupées sur les bras?

Henri, *troublé.* Quoi! Geneviève?

Geneviève. Je ne sais ce qu'elle veut dire.

Pauline, *à part.* Comme ils sont troublés!

Henri, *à* Pauline. Vous ne serez jamais prête.

Pauline, *à part.* Il rompt les chiens.[1] Le petit mari, serait-ce lui? Je le saurai. . . . (*Mouvement d'*Henri. *Haut.*) Je m'en vais. . . . Faites-lui entendre raison, n'est-ce pas?

Elle sort.

SCÈNE VII

Henri, Geneviève

Geneviève. Cette Pauline est folle! . . . elle ne peut pas croire qu'on veuille rester fille sans qu'il y ait quelque mystère sous roche.

Henri. C'est donc vrai, que vous ne voulez pas vous marier?

Geneviève. Je n'en sais rien, je n'ai pas de parti pris; mais je trouve que le mariage est une domesticité, à moins d'être une religion, et je suis trop fière pour accepter un maître dont je ne pourrais pas faire mon dieu.

Henri. Vous avez raison, Geneviève; attendez un homme digne de vous.

Geneviève. L'exemple de mon grand-père et de ma grand'mère m'a donné une si haute idée du mariage, que j'aime cent fois mieux coiffer sainte Catherine [2] que de me marier par bienséance, selon l'usage, avec le premier venu. . . .

Henri. Le plus affreux malheur qui puisse tomber sur une créature humaine, c'est une . . . c'est une union mal assortie.

Geneviève. D'ailleurs, je suis si heureuse ici . . . mes parents sont si bons! L'homme pour qui je quitterais leur maison me semblerait toujours un étranger, je croirais changer un temple contre une auberge.

Henri, *à part.* Mon bonheur était là, insensé! . . . Je n'avais qu'à étendre la main.

Il se détourne et porte la main à ses yeux.

Geneviève. A quoi pensez-vous donc?

Henri. A rien; je regardais ce portrait.

Il montre le portrait de la Marquise *sur la cheminee.*

Geneviève. Comme il est tutélaire! quelle douce présence! Il semble que la maison tout entière soit sous son invocation.

Henri, *à part, regardant le portrait.* Voilà celle qui devait être ma mère! (*On annonce* Madame Morin.—*A part.*) Madame Morin?

SCÈNE VIII

Les Mêmes, Irma

Irma. Où est-elle? où est ma fille? . . . Bonjour, mon gendre!

Geneviève. Oh! que Pauline va être heureuse!

Irma. Où est-elle?

Geneviève. A sa toilette.—Ne l'avertissons pas, nous jouirons de sa surprise.

Irma. Vous devez être la petite cousine, mademoiselle. Quel joli physique! Voulez-vous m'embrasser, mon petit ange?

Geneviève. Bien volontiers, madame.

Elle s'avance vers Irma, Henri *passe vivement entre les deux.*

Henri. A quoi dois-je le plaisir de vous voir, madame?

Irma. A ma sensibilité.

On entend une voiture.

Geneviève. Voilà grand-papa qui rentre; je vais l'avertir de votre arrivée.

Elle sort.

---

[1] *rompre les chiens,* interrupt a conversation or change its course. (Hunting term meaning literally: call off the dogs.)

[2] *coiffer sainte Catherine,* remain an old maid.

SCÈNE XI

Irma, Henri

Henri. Que venez-vous faire ici?
Irma. Tiens donc! on a une fille ou on n'en a pas!
Henri. Vous n'en avez plus. Elle est morte pour vous: vous avez hérité d'elle.
Irma. Oh! mon cher, l'héritage est loin! J'ai joué à la Bourse.
Henri. Je comprends. Combien vous faut-il pour partir?
Irma. Dieu du ciel! il veut acheter l'amour d'une mère!
Henri. Quinze cents francs de pension.
Irma. Ce qu'il me faut, c'est mon enfant!
Henri. Trois mille?
Irma. Le malheureux!
Henri. Dépêchons, madame, on va entrer; dites votre chiffre.
Irma. Cinq mille.
Henri. Vous les aurez, mais vous partirez demain matin.
Irma. C'est convenu.
Henri. Chut! voici mon oncle!

SCÈNE X

Les Mêmes, Le Marquis

Le Marquis. Madame Morin, je suis enchanté de vous voir.
Irma. Monsieur le marquis, j'ai l'honneur d'être.[1]
Le Marquis. D'être la mère d'une aimable fille, c'est vrai.
Irma. Excusez mon négligé de voyage; j'aurais dû faire un bout de toilette; mais ça me démangeait d'embrasser ma fille.
Le Marquis. C'est trop naturel. Mais votre costume breton aurait été le bienvenu chez un vieux chouan;[2] vous avez eu tort de le quitter.
Henri, bas, à Irma. Ayez l'air de comprendre.
Irma. Que voulez-vous! en voyage, il ne faut pas s'habiller comme une bête curieuse.
Le Marquis, bas, à Henri. Elle a l'air d'une revendeuse à la toilette;[3] mais ta femme l'arrangera. (Haut.) Tu feras préparer une chambre à madame Morin.
Irma. Mille et un remerciements, monsieur le marquis; je ne fais que passer.

Il faut que je parte demain matin pour Dantzig.
Le Marquis. Et qui vous presse tant d'aller à Dantzig?
Irma. Il s'agit d'une créance de cent mille francs qui m'échappe si je ne pars pas demain. Demandez plutôt à mon gendre.
Henri. En effet.
Le Marquis. Je n'ai plus rien à dire; mais vous nous dédommagerez au retour.
Irma. Vous êtes trop honnête, monsieur le marquis.
Le Marquis. Je veux faire connaissance avec vous. Nous causerons de la Bretagne et nous parlerons breton.
Irma, à part. Fichtre!
Henri. Je crois, mon oncle, qu'il est temps d'aller chez madame de Ransberg. Pauline restera avec sa mère, dont l'arrivée est une excellente excuse.
Le Marquis. C'est juste.

SCÈNE XI

Les Mêmes, La Marquise, Geneviève, puis Pauline

La Marquise. Soyez la bienvenue, madame.
Le Marquis. Ma femme, madame Morin.
Irma, balbutiant. Madame . . . je . . . j'ai . . . l'honneur. . . .
La Marquise. Vous ne trouverez ici, madame, que des gens tout prêts à aimer la mère de votre fille.
Irma. Oh! si . . . je . . . mais . . . madame est bien bonne.
Entre Pauline en toilette, la rivière au cou.
Pauline. Partons-nous?
Le Marquis. Vous êtes dispensée de cette corvée, mon enfant.
Pauline. Comment cela? (Geneviève la prend par la main et la conduit devant Irma.) Ma mère!
Elle recule et regarde Le Marquis avec inquiétude.
Irma. Oui, Minette.
Le Marquis, à la Marquise. Nous gênons les épanchements de ces dames. Nous sommes obligés de vous quitter, madame Morin; nous dînons en ville.
La Marquise. Nous le regretterions,

[1] This incomplete sentence is a vulgar equivalent to "I am honored to meet you."
[2] chouan, a fighter in the Vendée rebel army.
[3] revendeuse à la toilette, dealer in second hand women's clothes.

madame, si nous ne vous laissions pas un tête-à-tête dont votre cœur doit avoir un grand besoin.

IRMA. Oh! je crois . . . je vous en prie. . . .

GENEVIÈVE, à PAULINE. Ah! les beaux diamants!

LE MARQUIS. Malepeste![1] Henri est galant.

PAULINE. C'est du strass, un caprice ridicule que je me suis passé.

LA MARQUISE. C'est merveilleux d'imitation, la perle surtout; mais, mon enfant, la comtesse de Puygiron ne doit pas porter de bijoux faux.—Au revoir, madame Morin.

*Elle prend le bras d'*HENRI, GENEVIÈVE *celui du* MARQUIS, *et ils sortent. La nuit commence à venir.*

SCÈNE XII

PAULINE, IRMA

PAULINE, *après avoir écouté les pas s'éloigner.* Ah! ma bonne mère! quel bonheur de te voir! (*Elle l'embrasse.*) Que fait-on à Paris? Comment va Céleste? et Clémence? et Taffetas? et Ernest? Jules? Gontran? et le bal de l'Opéra? et la Maison d'Or? et le mont-de-piété?

IRMA. Si on t'entendait!

PAULINE. Ah! j'étouffe depuis un an! . . . laisse-moi ôter mon corset! . . . Dieu! que c'est bon de causer un peu avec sa mère!

IRMA. Je retrouve ton cœur! je savais bien que les grandeurs ne te changeraient pas; tu es toujours la même!

PAULINE. Plus que jamais! . . . La nouvelle de ma mort a-t-elle fait de l'effet dans Paris?

IRMA. Je t'en réponds, et il y avait du monde à ton service funèbre! c'était pis qu'au convoi de La Fayette . . . j'étais bien fière d'être ta mère, je t'en donne mon billet![2]

PAULINE. Pauvre chérie! . . . mais je suis là à te questionner, je ne pense pas que tu as peut-être besoin de te rafraîchir. . . .

IRMA. Je prendrais bien un fruit . . . un peu saignant: il est six heures.

PAULINE. Je l'avais oublié. . . . La joie de te voir.

Elle sonne.

IRMA. Moi, les émotions me creusent.[3]

Entre UN DOMESTIQUE.—IRMA *ôte son chapeau et son châle.*

PAULINE. Vous mettrez deux couverts. (*A* IRMA.) Veux-tu que nous dînions ici?

IRMA. Le local me plaît.

PAULINE, *durement au* DOMESTIQUE. Vous entendez? Tâchez de ne pas nous faire attendre une heure!

LE DOMESTIQUE, *à part.* Elle croit toujours parler à des chiens.

Il sort.

PAULINE, *revenant à* IRMA. Comment mes petites amies ont-elles pris mon trépas?

IRMA. Le luxe de tes obsèques les a joliment vexées! Clémence s'est jetée dans mes bras en s'écriant: « Quel genre! Excusez! »

PAULINE. Pauvre biche! Avec qui est-elle?

IRMA. Ne m'en parle pas! elle a plus de chance qu'une honnête femme. Elle a trouvé un excellent général qui lui a fait quinze mille de viager.

PAULINE. Elle n'a pas été si bête que moi!

On apporte la table qu'on place sur le devant de la scène, à droite.

IRMA. Est-ce que tu n'es pas heureuse?

PAULINE. Nous parlerons de cela plus tard. (*Bas.*) Comment Henri t'a-t-il reçue?

IRMA, *de même.* Très bien; il m'a flanquée à la porte avec cinq mille francs de pension.

PAULINE. Ah! voilà ce que tu venais chercher?

IRMA. Subsidiairement,[4] comme dit la *Gazette des Tribunaux.* Que veux-tu! j'ai fait des pertes à la Bourse!

On annonce M. DE MONTRICHARD.

SCÈNE XIII

LES MÊMES, MONTRICHARD

MONTRICHARD. J'ai appris en bas, comtesse, que madame votre mère était arrivée, et je m'empresse. . . . (*Les* DOMESTIQUES *sortent.*) Bonjour, Irma.

IRMA, *à* PAULINE. Il sait donc . . . ?

PAULINE. Oui, c'est un ami. (*Entrent deux* DOMESTIQUES *avec deux candélabres allumés.*) Avez-vous dîné, monsieur de Montrichard?

---

[1] *Malepeste!* Egad!
[2] *je t'en donne mon billet,* vulgar for *je t'assure.*
[3] *me creusent,* give me a hollow stomach.
[4] *Subsidiairement* may be translated here by " incidentally."

MONTRICHARD. Non, madame.

PAULINE. Vous dînerez avec nous. (*A* UN DOMESTIQUE.) Ajoutez un couvert.

IRMA, *bas, à* PAULINE. Est-ce que la valetaille [1] va nous tenir compagnie?

PAULINE, *aux* DOMESTIQUES. Approchez ce guéridon, et laissez-nous.

LES DOMESTIQUES *sortent.*

MONTRICHARD. Qui est-ce qui nous servira?

IRMA. Moi, parbleu!

MONTRICHARD. Diantre? servis par Hébé! [2]

IRMA. Hébé vous-même! Voilà qu'il va recommencer à m'ennuyer en latin!

MONTRICHARD. Ne vous fâchez pas, ô Irma! Hébé était une jeune personne très adroite de ses mains.

PAULINE. A table!

On s'assied.

IRMA. Qui est-ce qui meurt de faim? Moi!

MONTRICHARD. Quelle belle nature!

IRMA. Tiens! je ne fais que deux bons repas par jour!

MONTRICHARD. Savez-vous que vous êtes toujours belle, Irma?

IRMA. Farceur!

MONTRICHARD. Non, parole! vous avez gagné depuis trois ans. Il vous est venu un peu de barbe qui donne à votre beauté un air viril.

IRMA. Vous êtes un malhonnête!

PAULINE. Voyons, sois gentille.

IRMA. Ce n'est pas de la barbe, c'est un grain de beauté.

PAULINE. Laisse-nous rire un peu . . . il y a si longtemps que ça ne m'est arrivé!

IRMA. Tu t'ennuies donc!

PAULINE. Demande à Montrichard, et enlève les assiettes.

IRMA *se lève et prend les assiettes.*

IRMA. Est-ce qu'elle s'ennuie, Montrichard?

MONTRICHARD, *servant du poulet.* Parbleu!

IRMA. Ce n'est pas Dieu possible! une comtesse!

PAULINE. Je ne sais pas comment les grandes dames peuvent s'habituer à la vie qu'elles mènent.

MONTRICHARD. On les prend toutes petites.

IRMA, *à* PAULINE. Du cresson, sans te commander.—Est-ce que ton mari n'est pas bon pour toi?

PAULINE. Je n'ai pas à m'en plaindre, le pauvre garçon! mais il ne m'aime plus.

MONTRICHARD. Alors, il doit vous détester. Est-ce qu'il y a eu explication?

PAULINE. Aujourd'hui même.

MONTRICHARD, *à part.* Bon!

PAULINE. Ah! j'ai fait un sot mariage.

IRMA. Pauvre chatte! tu me coupes l'appétit!

MONTRICHARD. Avec les sots mariages, on fait des séparations bien spirituelles.

IRMA. Il a raison, Montrichard, il me rouvre l'appétit. . . . Il faut te séparer. (*Elle se verse à boire.*) Tu gardes ton titre de comtesse, vingt-cinq mille livres de rente, et tu t'amuses!

PAULINE. Henri ne veut pas entendre parler de séparation.

IRMA. Puisqu'il ne t'aime plus!

PAULINE. Il a peur que je ne galvaude [3] son nom.

MONTRICHARD. L'impertinent!

IRMA. Il faut le mettre dans son tort . . . sévices,[4] injures graves, article 231. . . . On aposte des témoins et on se fait souffleter.

PAULINE. Il est trop niais pour battre une femme.

MONTRICHARD. Faites-vous enlever; Baudel est là.

IRMA. Vous êtes bon, vous! Séparation pour cause d'adultère, ça rapporte de trois mois à deux ans de prison . . . article 308.

PAULINE. C'est tout ce qu'il désire!

MONTRICHARD. Moi?

PAULINE. Croyez-vous que je ne lis pas dans votre jeu? Vous attendez pour démasquer vos prétentions conjugales le jour où cette illustre famille aura l'oreille basse,[5] et vous me poussez à une escapade, sans vous soucier de ce qu'il m'en coûterait.

MONTRICHARD. Vous voilà bien malade pour trois mois de prison, que vous passeriez dans une maison de santé! Vous y retrouveriez vos bonnes joues d'autrefois, et votre procès serait une réclame superbe.

PAULINE. Et les donations matrimoniales?

---

[1] *la valetaille,* contemptuous for *les domestiques.*

[2] *Hébé,* daughter of Jupiter and Juno, and cup-bearer to the gods.

[3] *galvaude,* drag in the mud.

[4] *sévices,* cruelty, assault.

[5] *aura l'oreille basse,* will be humiliated. Pauline means that when the noble family is sufficiently disgraced, Montrichard will be welcomed as a suitor by Geneviève.

IRMA. Annulées par l'adultère, mon bon.

MONTRICHARD, *à part*. Elles connaissent le code comme des voleurs.

PAULINE. Henri m'a donné cinq cent mille francs par contrat de mariage, je n'ai pas envie de les perdre.

MONTRICHARD. Oui, vous ne voulez pas sortir de la souricière sans emporter le lard.

PAULINE. J'espère bien arriver à une séparation amiable. Il s'agit d'avoir barres sur [1] la famille, et d'être en posture de faire mes conditions. . . . Je trouverai bien moyen d'y parvenir. . . . J'ai déjà entrevu quelque chose.

IRMA. Quoi donc?

PAULINE. Je ne suis pas encore sûre de mon fait, mais je m'en assurerai. En attendant, buvons du champagne, et tâchons de rire un bon coup pendant que nous sommes seuls.

IRMA. Ça me va.

MONTRICHARD. A moi aussi! . . . A votre santé, Irma!

UN DOMESTIQUE, *apportant une carte sur un plat d'argent*. On demande à parler à madame la comtesse.

PAULINE, *lisant la carte*. « Adolphe, premier comique au théâtre de Vienne.» Je ne connais pas.

IRMA. Un comique? Dis donc, toi qui n'as pas ri depuis longtemps!

PAULINE. L'avez-vous vu jouer, Montrichard?

MONTRICHARD. Oui, il imite les acteurs de Paris.

IRMA. Faites entrer. . . . Des imitations, ça t'amusera, Minette.

PAULINE, *au* DOMESTIQUE. Faites entrer et donnez-nous le dessert.

SCÈNE XIV

LES MEMES, ADOLPHE, *habit noir, cravate blanche*

ADOLPHE. Mille pardons, madame la comtesse, de la liberté que je prends et du dérangement. . . .

PAULINE. Asseyez-vous, monsieur.

LE DOMESTIQUE *met le dessert sur la table*.

ADOLPHE. Le théâtre donne après-demain une représentation à mon bénéfice, et j'ai cru pouvoir me permettre, en qua-lité de compatriote, madame, de vous offrir une loge.

Il présente le coupon à MONTRICHARD, *qui le passe à* PAULINE.

PAULINE. Je vous remercie, monsieur. On me dit que vous faites des imitations?

ADOLPHE. Oui, madame; c'est par là que je réussis à l'étranger.

PAULINE. Si votre soirée est libre, vous seriez bien aimable de nous donner une séance.

ADOLPHE. Très volontiers, madame.

IRMA, *au* DOMESTIQUE. Un verre, et allez-vous-en. . . . Tenez, monsieur Adolphe, buvez-moi ça.

ADOLPHE. Mille grâces, madame; le champagne me fait mal.

IRMA, *toujours assise et se tournant vers lui*. C'est du cliquot,[2] mon cher; ça ne grise pas. A votre santé!

ADOLPHE, *après avoir bu*. Il est bon.

IRMA, *lui versant*. Dites donc, mon petit, vous avez un tic [3] dans l'œil. . . .

ADOLPHE. Oui, madame . . . c'est même ce tic qui a déterminé ma vocation pour les comiques.

MONTRICHARD. Et qui va nous procurer le plaisir de vous entendre.

ADOLPHE *boit*.

PAULINE. Chantez-nous donc une chanson, monsieur Adolphe.

ADOLPHE. *Le Petit Cochon de Barbarie*.

IRMA *lui remplit son verre*.

PAULINE. Non, une chanson d'étudiant.

ADOLPHE. Je n'en sais pas.

MONTRICHARD. Vous avez pourtant l'air d'avoir été clerc de notaire.

ADOLPHE. En effet, monsieur.

PAULINE. Vous l'avez été?

ADOLPHE. Je suis de bonne famille, madame: mon père, un des premiers quin-cailliers [4] de Paris, me destinait au bar-reau; mais une vocation irrésistible m'en-traînait au théâtre.

Il boit.

MONTRICHARD. Monsieur votre père a dû vous maudire?

ADOLPHE. Hélas! il m'a défendu de prostituer son nom sur des affiches de spectacle.

PAULINE. Comment s'appelle-t-il?

ADOLPHE. Mathieu.

---

[1] *avoir barres sur*, have the advantage over.
[2] *cliquot*, better *Veuve Cliquot*, a well known brand of champagne.
[3] *tic*, nervous twitching.
[4] *quincaillier*, hardware dealer.

MONTRICHARD. Le fait est que c'eût été un sacrilège.

IRMA. Eh bien, à ta santé, fils Mathieu! Tu me plais! tu es laid, tu es bête, mais tu es naïf!

ADOLPHE, *vexé.* Madame!

IRMA. Ne te fâche pas, mon petit! c'est pour rire. (*Elle se lève tenant la bouteille d'une main et son verre de l'autre.*) Tu es joli, joli . . . dans les intervalles de ton tic.

PAULINE. A la bonne heure! mettons les coudes sur la table et disons des bêtises! on va se croire aux *Provençaux.* . . .[1] Je me sens renaître.

MONTRICHARD, *à part.* La nostalgie de la boue.[2]

IRMA. On ne voit pas clair ici! Moi, je n'aime pas dire des bêtises dans l'obscurité.

Elle donne la bouteille à ADOLPHE.

MONTRICHARD. On pourrait se blesser.

PAULINE, *prenant une bougie au candélabre de la table.* Allumons toutes les chandelles! . . . Aidez-moi, Montrichard.

MONTRICHARD. Je ne sais pas combien il y en a; mais tout à l'heure Irma en verra trente-six.

ADOLPHE. J'en vois déjà quinze pour ma part.

PAULINE *et* MONTRICHARD *montent sur les fauteuils aux coins de la cheminée et allument les torchères de chaque côté du portrait.*

IRMA. Tiens, une peinture! Qu'est-ce que c'est?

PAULINE. C'est un baromètre.

IRMA. Il ressemble à la vieille dame, ce baromètre.

MONTRICHARD, *à* PAULINE. Hem! . . . si elle rentrait dans ce moment-ci!

PAULINE. Qu'ils rentrent tous! qu'ils me donnent leur malédiction avec mes cinq cent mille francs, et je les tiens quittes du reste.

ADOLPHE, *qui a pris la place de* MONTRICHARD. Je demande la permission de porter un toast.

IRMA, *descendant à droite.* Vous l'avez, mais tâchez d'être convenable.

MONTRICHARD. Attendez-nous. (*Arrivé près de la table.*) Nous vous écoutons.

ADOLPHE. Au sexe enchanteur qui fait le charme et le tourment de l'existence, en un mot aux dames!

MONTRICHARD. Vous allez un peu loin, monsieur Adolphe.

IRMA. Oui, c'est risqué.

PAULINE. Cela sent son homme à bonnes fortunes.[3]

ADOLPHE. Oh! madame. . . .

MONTRICHARD. Vous devez en avoir furieusement! Un homme est si exposé au théâtre!

ADOLPHE, *fat.* Ce ne sont pas les occasions qui me manquent, je l'avoue.

MONTRICHARD. Qu'est-ce qui vous manque donc, mon Dieu?

ADOLPHE. J'ai toujours eu des mœurs: je suis marié.

PAULINE. C'est un défaut, mon cher; tâchez de vous en corriger.

IRMA. Et surveille ta femme, je ne te dis que ça!

ADOLPHE. Je vous prie de respecter la mère de mes enfants.

MONTRICHARD. Vous avez des enfants, ô Adolphe?

ADOLPHE. Trois, qui sont tout mon portrait.

PAULINE. Je plains le plus jeune.

ADOLPHE. Pourquoi?

PAULINE. C'est celui qui a le plus longtemps à vous ressembler.

MONTRICHARD. Bah! tous les enfants commencent par ressembler à leur papa et finissent pas ressembler à leur père!

IRMA. La voix du sang est un préjugé!

PAULINE, *levant son verre.* A l'extinction des préjugés! à bas la famille! à bas le mariage! à bas les marquis!

MONTRICHARD. A bas les quincailliers!

ADOLPHE. A bas les quincailliers!

IRMA. Vive nous!

PAULINE, *chantant*

Quand on n'a plus d'argent,
On écrit à son père,
Qui vous répond: « Brigand,
Tu n'es pas là pour faire
L'amour (*ter*) [4]
La nuit comme le jour.»

---

[1] *Provençaux*, name of some Parisian café.

[2] *La nostalgie de la boue*, the longing for the mire. This, the most striking expression of the play, coined by Augier, is frequently used when referring to the futility of humanitarian attempts to reform women of Pauline's type.

[3] *Cela sent . . . fortunes*, it smacks of successes with the ladies.

[4] (*ter*), three times

Tous reprennent le refrain en l'accompagnant des couteaux contre les verres.— ADOLPHE *tombe sur son siège, et* IRMA *peu à peu s'endort.*

MONTRICHARD, *à part.* Quand on songe à tout ce qu'elle a fait pour être comtesse!

PAULINE, *rêveuse.* Oh! les douces chansons de la jeunesse! le beau temps des robes de guingamp [1] et des châles de barège! [2] les bals de la *Chaumière*, les dîners du *Moulin-Rouge*,[3] ce premier moulin pardessus lequel on jette son bonnet! Figurez-vous une jeune fille qui a passé toute sa vie dans une soupente, et qui s'échappe un jour à travers champs pour faire connaissance avec le plaisir, le soleil et la fainéantise! . . . Cordon, s'il vous plaît! [4]

IRMA, *à moitié endormie.* Voilà!

MONTRICHARD, *à part.* Eh bien, je m'en étais toujours douté!

ADOLPHE, *complètement gris, se levant.* Je vous assure que je ne suis pas laid.

PAULINE. Alors, tu n'es qu'un vil imposteur! Ote ton nez de carton et tes yeux de faïence.

MONTRICHARD. Qu'il ôte sa tête, pendant qu'il y est.

ADOLPHE. Ma femme me trouve l'air distingué.

PAULINE. Elle te trompe.

ADOLPHE. Ah! si je le croyais!

MONTRICHARD. Soyez-en sûr, mon bon ami; il ne faut jamais douter de sa femme.

ADOLPHE. Oseriez-vous le jurer sur la tête de cette respectable dame?

MONTRICHARD. Prêtez-moi votre tête, Irma, que je satisfasse monsieur.

ADOLPHE, *sanglotant.* Malheureux que je suis! ma femme me trompe! . . .

PAULINE. Sur ta beauté, imbécile!

IRMA. En voilà un comique affligeant!

ADOLPHE, *se jetant dans les bras d'*IRMA. O vous qui êtes mère, vous me comprenez!

IRMA, *le repoussant.* Voyons donc, farceur! Racontez-nous quelque chose de drôle: vous êtes ici pour nous faire rire.

ADOLPHE. C'est vrai. . . . Voilà. . . . C'est une chanson de baptême.

Il chante.

Petit Léon, dans le sein de ta mère,
Tu n'as jamais connu l'adversité. . . .

Il s'arrête en sanglotant.

Mes pauvres enfants, à moi! ils la connaissent, l'adversité.

PAULINE. Comment! vos enfants?

ADOLPHE. [5] J'ai acheté hier une palatine [5] à ma femme, et je n'ai pas payé le boulanger.

Il retombe sur sa chaise.

MONTRICHARD, *à part.* Pauvre diable!

IRMA. Dis donc, Minette . . . il a bon cœur! Il se ruine pour les femmes.

PAULINE. Ne pleure pas, grand niais . . . tu ne rentreras pas chez toi les mains vides. . . . Montrichard, donne-lui ta bourse.

MONTRICHARD, *à* PAULINE. La charité te ruinera, toi. (*Donnant sa bourse à* ADOLPHE.) Tenez, mon ami.

ADOLPHE, *repoussant la bourse.* Non, monsieur . . . non . . . je ne reçois de l'argent que de mon directeur . . . quand il m'en donne: ce serait une aumône. . . . Merci . . . je suis de bonne famille. . . .

PAULINE. Il me fait mal! Je n'aime pas à voir la misère de près.

IRMA. S'il est fier, tant pis pour lui.

PAULINE. Que pourrais-je donc lui faire accepter? . . . (*Elle arrache vivement la perle de son collier et la donne à* ADOLPHE.) Tiens, grand imbécile; voilà un petit bijou pour ta femme . . . cela ne se refuse pas.

MONTRICHARD, *à part.* C'est fantastique!

ADOLPHE. Vous êtes bien bonne, madame la comtesse.

Il lui baise la main.

PAULINE. Il est tard, rentrez chez vous; reconduisez-le, Montrichard.

IRMA *fourre les restes du dessert dans les poches d'*ADOLPHE.

MONTRICHARD. Prenez mon bras, monsieur Adolphe. (*A part.*) Olympe est lancée, elle va faire des siennes!

ADOLPHE, *à* PAULINE. Vous êtes un ange. (*A* IRMA.) Vous êtes deux anges!

MONTRICHARD. Ne leur dites pas cela, elles ne vous croiront pas.

ADOLPHE, *à* MONTRICHARD. Et vous aussi!

MONTRICHARD. Et moi aussi, c'est entendu. Vous aussi, vous êtes un ange . . . insupportable. . . . Allons, fils Mathieu!

Ils sortent.

---

[1] *guingamp*, gingham.

[2] *barège*, light woolen material.

[3] *Chaumière* and *Moulin-Rouge*, two places of amusement.

[4] *Cordon, s'il vous plaît*, call to the concierges of apartment houses or small hotels to pull the rope and open the door.

[5] *palatine*, a piece of fur covering neck and shoulders.

SCÈNE XV

IRMA, PAULINE

IRMA, *bâillant et se détirant.* Quelle drôle d'idée de lui donner une perle fausse?

PAULINE. Fausse? Elle vaut au moins mille francs.

IRMA, *bondissant.* Mille francs! Es-tu folle?

PAULINE. Que veux-tu! je n'avais pas autre chose sous la main. (*Mélancoliquement.*) Et puis cela me portera bonheur! ma séparation réussira.

IRMA. As-tu des cartes, ici?

PAULINE, *prenant un flambeau et se dirigeant vers sa chambre.* Non, mais j'en ai dans ma chambre, Pourquoi?

IRMA, *la suivant.* Pour faire une réussite.[1]

PAULINE. Tu crois donc toujours aux cartes?

IRMA. Si j'y crois! Il n'y a que cela de certain.

PAULINE. Allons donc!

IRMA. Tais-toi! on finit toujours mal quand on ne croit à rien.

PAULINE. Je ne compte que sur moi.

Elle prend un candélabre.

IRMA. Tu as raison. . . . Il ne faut pas non plus s'abandonner. Aide-toi, le ciel t'aidera.

PAULINE. Ah! oui, le ciel!

IRMA. C'est une façon de parler. Allons tirer les cartes.

PAULINE. A ma séparation!

Elles sortent par la gauche; IRMA, *en passant devant le portrait de* LA MARQUISE, *fait la révérence.*

ACTE TROISIÈME

Même décor.

SCÈNE PREMIÈRE

MONTRICHARD, UN DOMESTIQUE, *puis* PAULINE

LE DOMESTIQUE. Madame le comtesse prie M. le baron de l'attendre un instant. Voici les journaux.

Il sort.

MONTRICHARD. Arriverais-je en pleine crise? Ce ne serait pas adroit. Après tout, que m'importe? Si ce mariage-là m'échappe, j'en retrouverai un autre . . . je suis un parti maintenant! Tiens, mais alors pourquoi me marier?

PAULINE, *entrant.* Hé! bonjour, monsieur du Corbeau![2]

MONTRICHARD. Je vous semble donc beau?

PAULINE. Comme tout ce qu'on a craint de perdre!

MONTRICHARD. Bah! j'ai été assez heureux pour vous donner des inquiétudes, madame la comtesse?

PAULINE. Voire même des insomnies, ou plutôt des cauchemars. Rester une semaine à Hombourg sans écrire à vos amis, ingrat! Vous m'êtes apparu en costume de décavé,[3] la tête enveloppée de linges sanglants!

MONTRICHARD. Et vous avez versé une larme? Pleuré d'Olympe, quelle occasion pour mourir! Mais j'ai toujours manqué d'à-propos. Loin de me faire sauter la cervelle, j'ai fait sauter la banque.

PAULINE. Vraiment?

MONTRICHARD. Comme j'ai l'honneur de vous le dire.

PAULINE, *avec enthousiasme.* Quel homme! quelle veine! Et on s'étonne que les femmes l'aiment et l'admirent! Ah! si tu voulais, Alfred, ce n'est pas cet imbécile de Baudel qui m'enlèverait. . . .

MONTRICHARD. Ce serait cet imbécile de Montrichard. . . . Mais tu serais encore plus bête que lui.

PAULINE, *riant.* C'est bien vrai.

MONTRICHARD. Mais quelle est cette plaisanterie d'enlèvement?

PAULINE. C'est très sérieux. Je suis enfin résolue à rompre mon ban, et j'ai choisi le sire de Beauséjour pour complice de mon évasion.

MONTRICHARD. Mais on m'a dit ce matin chez lui qu'il était parti hier soir.

PAULINE. Oui, pour Nice.

MONTRICHARD. Pourquoi sans vous?

PAULINE. Moi, je reste pour négocier avec la noble famille une séparation amiable.

MONTRICHARD. Et vous espérez l'obtenir?

PAULINE. J'en suis sûre. Il y aura un peu de tirage, parce que je prétends dicter mes conditions; mais j'ai barres sur eux depuis hier, et tout s'arrangera, je vous en réponds. Ah! on trouve que j'ai

---

[1] *faire une réussite,* consult the cards.

[2] *monsieur du Corbeau,* as in La Fontaine's fable: *le Corbeau et le renard.*

[3] *décavé,* a "cleaned out" gambler.

déshonoré la famille en y entrant. . . . On verra ma sortie!

MONTRICHARD. Et pourquoi Baudel ne vous a-t-il pas attendue?

PAULINE. D'abord et avant tout, j'avais à mettre hors d'atteinte certains objets précieux qu'il emporte.

MONTRICHARD. Vos diamants?

PAULINE. Et autre chose encore. Ensuite ne faut-il pas qu'il me prépare une installation digne de moi? Croyez-vous que je veuille descendre à l'hôtel? J'en ai assez de la piteuse existence que je mène depuis dix-huit mois! Je vais me rattraper, je vous en avertis.

MONTRICHARD. Pauvre Baudel! Soyez bonne fille, comtesse; ne le mettez pas sur la paille.

PAULINE. Il n'aurait que ce qu'il mérite; c'est un maître fat.

MONTRICHARD. Lui? une violette!

PAULINE. Vous croyez ça? Ne m'at-il pas soutenu, à moi, qu'il avait été l'amant d'Olympe Taverny!

MONTRICHARD. Tandis qu'au contraire il est de ceux qui ne l'ont pas été?

PAULINE. Ah! mais, dites donc, vous!

MONTRICHARD. Pardon, comtesse . . . si de ce nom j'ose encore vous nommer.

PAULINE. Osez, mon cher . . . je ne songe pas à le quitter.

MONTRICHARD. Les Puygiron y songeront peut-être pour vous.

PAULINE. Je renoncerais plutôt à mes donations matrimoniales. Leur nom est une mine d'or, mon cher.

MONTRICHARD. Mais s'ils faisaient de ce renoncement une condition?

PAULINE. Des conditions, eux? Pauvres gens! Je ne leur conseille pas de broncher. Je vous répète que je les tiens.

MONTRICHARD. A ce point-là?

PAULINE. A ce point-là. Je n'ai pas perdu mon temps en votre absence; je me livre depuis huit jours à un petit travail. . . .

MONTRICHARD. Oh! ne me le racontez pas!

PAULINE. Vous craignez la complicité?

MONTRICHARD. Je ne veux tremper dans vos diableries qu'en qualité de bon génie . . . et encore!

PAULINE. Et encore! Que voulez-vous dire?

MONTRICHARD. Que ce mariage . . . je n'y tiens plus qu'à moitié.

PAULINE. Comment?

MONTRICHARD. Je ne songe à faire des bêtises, moi, que quand je n'ai pas de quoi faire des folies. Or, j'ai de l'argent frais! . . . En second lieu, la jeune personne ne me paraît pas très sensible à mes agréments; si elle était réduite à me prendre comme pis aller,[1] je craindrais qu'elle ne me le fît payer cher; et, ma foi, j'aime mieux qu'elle coiffe sainte Catherine que moi![2]

PAULINE. Je n'insiste pas, puisque vous prenez les choses de ce côté-là. . . . Je dois reconnaître que, non seulement, la petite n'a pas de disposition à vous aimer, mais qu'elle en aime un autre.

MONTRICHARD. Je m'en doutais.

PAULINE. Et cet autre, savez-vous qui c'est? Je vous le donne en mille! C'est mon mari.

MONTRICHARD. Bah! qui vous l'a dit? Elle?

PAULINE. Elle ne soupçonne même pas que j'ai découvert son secret.

MONTRICHARD. Comment a pu lui pousser cet amour sans espoir?

PAULINE. Pas sans espoir . . . et c'est là le plus joli de l'affaire. . . . Elle s'est mis en tête que je suis poitrinaire, que je n'en ai pas pour six mois. . . . Je ne sais pas où elle a pris cela. . . .

MONTRICHARD, à part. Je m'en doute, moi.

PAULINE. Et elle attend mon décès avec une sérénité angélique. Les voilà, les anges de ces marchands de morale! Ma parole, nous valons mieux que ça; qu'en pensez-vous?

MONTRICHARD. Ma foi, entre celle qui a tendu ce piège et celle qui s'y laisse prendre, je donnerais le choix pour une épingle. Je l'échappe belle! Merci de l'avertissement. . . .

PAULINE. Et maintenant que vous êtes au courant, faites-moi l'amitié de vous en aller. Je suis attendue chez ma couturière avec qui je dois avoir une conférence sérieuse; car vous pensez bien que je ne compte pas étaler sur la promenade des Anglais[3] les costumes monastiques dont je régalais la naïveté d'Henri.

MONTRICHARD. Vous reverrai-je?

PAULINE. Dans ce monde-ci, non; mais

---

[1] *comme pis aller*, as a last resort.

[2] *j'aime mieux qu'elle coiffe sainte Catherine que moi*, I would rather see her an old maid than see myself made a cuckold.

[3] *promenade des Anglais*, the sea wall promenade at Nice.

vous viendrez bien à Nice un jour où vous aurez besoin qu'on vous remette à flot? [1]

MONTRICHARD. Parbleu! vous m'y faites songer! (*Tirant son portefeuille.*) Rendez-moi donc le service de porter à Baudel ce bon sur la Banque de France . . . que je comptais lui offrir ce matin à son réveil.

PAULINE. Un bon de cinquante mille francs? à quel propos?

MONTRICHARD. Un prêt qu'il m'a fait.

PAULINE. Tu payeras donc toujours tes dettes, grand enfant?

MONTRICHARD. On n'est pas parfait.

PAULINE. A votre place, baron, je garderais à mon ami . . . cette poire pour la soif.

MONTRICHARD. Non pas . . . j'aurai peut-être soif avant lui et je serais capable de boire. Sauvons l'honneur!

PAULINE. Reprenez ça. Je n'aime pas à porter sur moi des petits papiers qui valent tant d'argent.

MONTRICHARD. Soit. J'enverrai par mon banquier. Au revoir, *contessina.*[2]

Il lui baise la main.

PAULINE. Au revoir, *baronino.*

Il sort.

SCÈNE II

PAULINE, *seule; puis* GENEVIÈVE

PAULINE, *seule.* Quel singulier mélange! Je le croyais plus fort. . . . Décidément il n'y a pas d'homme complet. . . . (*Entre* GENEVIÈVE *qui semble chercher quelque chose.*) Bonjour, Geneviève.

GENEVIÈVE. Pardon, je ne vous voyais pas. . . . Comment êtes-vous ce matin?

PAULINE. Très bien, comme toujours.

GENEVIÈVE. Comme toujours!

PAULINE. Vous cherchiez quelque chose?

GENEVIÈVE. Une petite clef d'or que j'ai perdue hier.

PAULINE. La clef du fameux coffret, celle que vous appelez la clef de votre cœur?

GENEVIÈVE. Justement.

PAULINE. Je vous avais bien dit qu'on vous la volerait.

GENEVIÈVE. Oh! je la retrouverai!

PAULINE, *mettant son chapeau.* Tout se retrouve, excepté le temps perdu.

GENEVIÈVE. Vous sortez?

PAULINE. Ma couturière m'attend.

GENEVIÈVE. Ah! vous pensez à la toilette?

PAULINE. Oui, je suis dans un jour de gaieté.

GENEVIÈVE. C'est que vous allez mieux.

PAULINE. Mais je me porte comme le Pont-Neuf,[3] petite obstinée que vous êtes.

GENEVIÈVE. Ce n'est pas ce que vous disiez l'autre jour.

PAULINE. Quoi qu'il en soit, n'oubliez pas que vous m'avez juré de ne pas répéter un mot de ce que j'ai pu vous dire.

GENEVIÈVE. C'est un serment surpris . . . je vous supplie de m'en relever!

PAULINE. Dieu m'en garde! Vous mettriez martel en tête [4] aux grands-parents qui me persécuteraient de leur sollicitude. . . . La place ne serait plus tenable. N'en parlons plus.

GENEVIÈVE. J'aurai du moins fait mon possible.

PAULINE. Oui, vous avez mis votre conscience en règle. A tout à l'heure, petit ange.

Elle sort.

SCÈNE III

GENEVIÈVE, *seule; puis* LE MARQUIS *et la* MARQUISE

GENEVIÈVE, *seule.* J'ai mon idée. . . . Mais par quel détour attaquer la question avec grand-papa et grand'maman? (*Elle s'assied et reste rêveuse le menton dans la main.*) O Henri! mon cher Henri!

Entrent LE MARQUIS *et* LA MARQUISE.

LE MARQUIS, *montrant* GENEVIÈVE *à* LA MARQUISE. A quoi pense-t-elle donc? On dirait la statue de la Méditation.

LA MARQUISE. Elle a l'air triste!

LE MARQUIS. Bah! . . . Oui, très triste. . . . Qu'as-tu, mon enfant?

GENEVIÈVE, *tressaillant.* Vous étiez là?

LA MARQUISE. Tu ne nous as pas entendus entrer? . . . Quelle grave pensée t'absorbait donc?

LE MARQUIS. Est-ce qu'on t'a contrariée?

GENEVIÈVE. Pas du tout!

LA MARQUISE. Désires-tu quelque chose?

---

[1] *vous aurez besoin qu'on vous remette à flot,* you will need money.
[2] *contessina, baronino,* Italian for young countess, young baron.
[3] *je me porte comme le Pont-Neuf,* familiar for I feel first rate
[4] *Vous mettriez martel en tête,* You would worry.

GENEVIÈVE. Non. . . . (*Se reprenant.*) C'est-à-dire. . . .

LE MARQUIS. C'est-à-dire, oui. . . . Voyons, petite sournoise, dites-nous sur-le-champ ce que c'est.

GENEVIÈVE. Je voudrais voir l'Italie!

LE MARQUIS. Voir l'Italie? . . . comme ça, au pied levé? [1]

GENEVIÈVE. J'ai le *spleen*. . . . Vienne me déplaît . . . j'y tomberai malade.

LA MARQUISE. Mais depuis quand as-tu cette fantaisie?

GENEVIÈVE. Depuis longtemps; je ne voulais pas vous en parler; j'espérais qu'elle me passerait. . . . Elle ne fait que grandir! Je vous en supplie . . . emmenez-moi à Rome!

LE MARQUIS. Mais cela n'a pas le sens commun.

LA MARQUISE. C'est un caprice d'enfant gâté.

GENEVIÈVE. Non, je vous le jure! J'ai besoin de faire ce voyage! Je n'ai pas coutume d'abuser de votre bonté, n'est-ce pas? Il m'en coûte de vous demander le sacrifice de votre tranquillité, de vos habitudes. . . .

LE MARQUIS. Oh! nos habitudes . . . la principale est de te voir contente, et je commence à croire qu'elle nous manquerait ici.—Qu'en dites-vous, marquise?

LA MARQUISE. Nous sommes chez nous partout où Geneviève est heureuse.

GENEVIÈVE. Eh bien, si vous me conduisez à Rome, je vous promets de chanter du matin au soir; vous m'aurez toute la journée autour de vous; il n'y aura pas de bals qui vous prendront votre petite-fille; nous serons bien plus ensemble!

LE MARQUIS. C'est vrai! nous serions bien plus ensemble.

GENEVIÈVE. Vous nous apprendrez le whist, à Pauline et à moi.

LE MARQUIS. Pauline serait donc du voyage?

GENEVIÈVE. Sans doute, c'est un voyage de famille! Tous les soirs vous aurez votre partie comme ici, et même plus agréable; car je serai votre partenaire, et vous pourrez me gronder quand je couperai vos rois, tandis que vous n'osez pas gronder bonne maman.

LE MARQUIS. Eh bien, je ne dis pas non. . . . Si la marquise y consent, nous reparlerons de cela.

GENEVIÈVE. Comment, nous en reparlerons?

LE MARQUIS. Donne-nous le temps de nous faire à cette idée, que diable!

GENEVIÈVE. Vous me montrerez Rome vous-même, grand-papa. . . . Toutes les jeunes femmes y vont avec leur mari, qui leur explique les monuments. . . . Moi, j'aime bien mieux que ce soit vous.

LA MARQUISE. Elle a raison, mon ami; profitons du temps où elle est à nous seuls.

LE MARQUIS. Si on m'avait dit, il y a une heure, que je passerais l'hiver à Rome, on m'aurait bien étonné.

GENEVIÈVE. Vous consentez! Oh! que je vous remercie!

LA MARQUISE. Ses couleurs lui sont déjà revenues.

GENEVIÈVE. Quand partons-nous?

LE MARQUIS, *riant.* Donne-moi ma canne et mon chapeau.

LA MARQUISE. Quels délais nous accordes-tu pour nos préparatifs?

GENEVIÈVE. Je les ferai; vous n'aurez qu'à monter en voiture.

LE MARQUIS. Voyons, donne-nous huit jours.

GENEVIÈVE. Non, c'est trop! vous auriez le temps de changer d'avis.

LA MARQUISE. Eh bien, quatre!

GENEVIÈVE. Trois.

LE MARQUIS. Mais tu chanteras du matin au soir?

GENEVIÈVE. Et je ferai votre whist . . . je vous lirai le journal . . . enfin, tout ce que vous voudrez. . . . Je vous adore!

Elle lui saute au cou.

LE MARQUIS. Décidément, ce voyage me sourit. . . . Si nous partions demain?

GENEVIÈVE. Je vous ai donné trois jours . . . je suis raisonnable! Il nous faut le temps de décider Pauline et Henri.

LA MARQUISE. Je ne pense pas qu'ils fassent de difficultés.

GENEVIÈVE. S'ils en faisaient . . . vous êtes le chef de la famille, grand-papa; vous emploieriez votre autorité.

LE MARQUIS. Il me semble que le chef de la famille, c'est toi.

GENEVIÈVE. D'abord je vous préviens que, si Pauline ne vient pas avec nous, je ne pars pas. Si vous tenez à ce voyage, arrangez-vous.

LE MARQUIS. C'est bien, mademoiselle; j'emploierai mon autorité. (*A* LA MARQUISE.) Quand nous aurons des arrière-petits-enfants, ils nous feront marcher à quatre pattes.

[1] *au pied levé*, at once.

Un Domestique, *entrant.* Un monsieur dont voici la carte demande à voir M. le marquis.

Le Marquis, *prenant la carte.* Mathieu, dit Adolphe. Je ne connais pas. A quoi ressemble-t-il, ce monsieur?

Le Domestique. A un acteur que j'ai entendu souvent au petit théâtre. . . . Je crois même que c'est lui.

Le Marquis. Que peut-il me vouloir? Un artiste, un Français! . . . Faites entrer.

La Marquise, *à* Geneviève. Va dans ta chambre.

Geneviève *sort.*

SCÈNE IV

Le Marquis, La Marquise, Adolphe

Adolphe. Je vous demande pardon de vous déranger, madame et monsieur; c'est à madame la comtesse que j'eusse désiré parler, mais elle est sortie, et j'ai pris la liberté. . . .

Le Marquis. Enchanté de vous voir, mon cher, j'ai toujours aimé les artistes.

Adolphe. Pardon, monsieur le marquis . . . ce n'est pas l'artiste qui se présente à vous, c'est l'homme du monde. Vous voyez un fils de famille égaré sur les planches par une vocation irrésistible, mais qui retrouve en les quittant ses manières originelles.

Le Marquis, *sèchement.* Alors, c'est différent. Que puis-je pour votre service?

Adolphe. Reprenons de plus haut, si vous permettez. J'ai eu tout dernièrement l'honneur de m'asseoir à votre table.

Le Marquis. A ma table? Vous rêvez, monsieur!

Adolphe. Pas le moins du monde. La scène (c'est le mot) se passait même dans cette salle, témoin ce tableau, dont nous avions allumé tout le luminaire. (*Regardant* la Marquise.) Très ressemblant, madame, et, par conséquent, très noble; mes compliments. C'est si rare un bon portrait! J'ai voulu avoir celui de madame Mathieu. . . .

Le Marquis. Au fait, monsieur.

La Marquise. Quel jour cela se passait-il?

Adolphe. Samedi dernier.

La Marquise, *à son mari.* Le jour de l'arrivée de madame Morin. Nous dînions en ville, vous et moi.

Adolphe. Vous étiez absents, en effet. . . . Nous n'étions que quatre convives: votre charmante nièce, une dame âgée, de la plus haute distinction, un gentilhomme fort gai, et enfin votre serviteur qui se trouvait là par occasion.

Le Marquis. Quelle occasion.

Adolphe. J'étais venu proposer une loge pour ma représentation à bénéfice.

Le Marquis. Dites-le donc tout de suite, monsieur. Je ne vais plus au spectacle, mais, en ma qualité de compatriote, je suis prêt à souscrire.

Adolphe. Vous êtes trop bon. La représentation a eu lieu hier.

Le Marquis. A-t-elle été brillante?

Adolphe. Elle n'a pas couvert les frais.

Le Marquis. Je comprends. Veuillez me dire le prix de ma loge?

Adolphe. Mais je ne demande pas l'aumône, monsieur. Je sors d'un père qui, sans être gentilhomme, est un des bons quincailliers de Paris.

Le Marquis, *souriant.* C'est une noblesse qui en vaut bien une autre. Je n'avais pas dessein de vous offenser, monsieur.

La Marquise. Nous vous faisons toutes nos excuses.

Adolphe. Je n'en demande pas tant, madame.

Le Marquis, *lui offrant une chaise.* Asseyez-vous donc. (*Lui présentant sa tabatière.*) Prenez-vous du tabac?

Adolphe. Par boutade.[1]

Le Marquis. Comment trouvez-vous celui-là?

Adolphe. Délicieux. Mais où en étais-je?

Le Marquis. Vous étiez à table. . . .

Adolphe. Parfaitement. A la fin du dîner, on me demanda quelques chansonnettes. . . . Naturellement je ne voulus pas entendre parler d'honoraires, puisque j'avais chanté comme homme du monde. . . . Alors, madame la comtesse me força d'accepter cette perle pour ma femme. (*Il tire une perle de sa poche.*)

La Marquise, *vivement.* Voyons, monsieur. . . . (*Il la lui donne.*) N'est-ce pas une perle qui faisait partie d'un collier de diamants?

Adolphe. Oui, madame.

Le Marquis, *à part.* Voilà un trait de mauvais goût.

Adolphe. Je voulais conserver ce souvenir; mais j'avais compté sur cette mau-

---

[1] *Par boutade,* once in a while, as a whim.

dite représentation d'hier pour payer quelques dettes.

LE MARQUIS. Vous avez des dettes?

ADOLPHE. Dettes de jeu. . . . (*A part.*) chez le boulanger . . . (*Haut.*) exigibles dans les vingt-quatre heures, comme bien vous savez, et je me suis résigné à porter ce bijou chez le joaillier.

LE MARQUIS. Qui vous a édifié sur sa valeur.

ADOLPHE. Oui, monsieur. Or, je ne puis croire que madame la comtesse ait eu l'intention de me faire un cadeau de cette importance.

LE MARQUIS. De quelle importance?

ADOLPHE. Le joaillier m'en offre mille florins.

LA MARQUISE. Elle est donc fine? (*Frappant la perle contre la table.*) Oui bien!

LE MARQUIS. Qu'est-ce que cela signifie?

ADOLPHE. Que supposiez-vous donc? Que je venais réclamer de l'argent, quand, au contraire. . . .

LE MARQUIS. Vous en rapportez! . . . Touchez là, monsieur, vous êtes un galant homme. Quant à cette perle, ma nièce savait ce qu'elle faisait en vous la donnant; elle est bien à vous. Mais permettez-moi de vous la racheter pour la lui rendre.

Il tire des billets de banque de son portefeuille.

ADOLPHE. Ah! monsieur le marquis!

LE MARQUIS. Je vous demande la préférence sur votre joaillier!

LA MARQUISE, *bas, au* MARQUIS. Pauvre garçon! il est tout décontenancé!

LE MARQUIS. Et, puisque mon tabac vous paraît bon, faites-moi l'amitié d'accepter ma tabatière en souvenir de moi.

Il lui donne sa boîte.

ADOLPHE. Ah! monsieur le marquis, je vous jure qu'elle ne me quittera plus.

LE MARQUIS. Au revoir, mon bon ami.

ADOLPHE. Quoi! . . . vous me permettez de revenir de temps en temps?

LE MARQUIS. Les honnêtes gens comme vous sont toujours les bienvenus chez les honnêtes gens comme moi.

ADOLPHE. Ah! monsieur le marquis, vous m'avez décoré!

LE MARQUIS, *riant.* L'ordre de la Tabatière!

ADOLPHE *sort.*

SCÈNE V

LE MARQUIS, LA MARQUISE, *puis* HENRI

LE MARQUIS. Voilà un brave garçon qui emporte un de mes préjugés! (HENRI *entre.*) Tiens, mon neveu, tu rendras cette perle à ta femme et tu la prieras de ne plus nous donner des lanternes pour des vessies;[1] en d'autres termes, de ne plus nous donner du diamant pour du strass.

HENRI, *allant à* LA MARQUISE. Comment cela?

LA MARQUISE. Cette perle est fine, comme le reste probablement.

HENRI. Mais alors, pourquoi ce mensonge qu'elle nous a fait?

LA MARQUISE. Elle aura craint que vous ne la grondiez de s'être passé un caprice aussi cher.

HENRI. Mais j'ai mis cinquante mille francs à sa disposition pour acheter des diamants; elle m'aurait avoué qu'elle avait pris les devants.

LA MARQUISE. Un peu de mauvaise honte, peut-être.

HENRI. C'est possible.

LE MARQUIS. La voici! Parbleu! je veux me donner le plaisir de l'embarrasser là-dessus.

HENRI, *après l'entrée de* PAULINE, *descend à gauche et ne cesse de l'observer.*

SCÈNE VI

LES MÊMES, PAULINE, *en chapeau, entrant par le fond*

LE MARQUIS. Vous arrivez bien, ma nièce: nous parlions de votre strass et nous nous étonnions des progrès de la chimie.

PAULINE, *ôtant son chapeau et son châle au fond de la scène.* Le fait est qu'on imite le diamant à s'y méprendre.

LE MARQUIS. Montrez-nous donc cette rivière?

PAULINE. Je ne l'ai plus . . . je l'ai renvoyée au marchand.

LE MARQUIS. Pourquoi donc?

PAULINE. Madame m'a fait compren-

---

[1] *donner des lanternes pour des vessies.* The usual expression, *prendre des vessies pour des lanternes,* found already in Rabelais (Book V. chap. 20) means " deceive oneself or others as to the value of things, make absurd confusions, etc." Note that the marquis puts *lanternes* first because in this case a thing of great worth is passed off as one of little worth, *vessies* (bladders).

dre que la comtesse de Puygiron ne pouvait pas porter de bijoux faux.

LA MARQUISE. On vous tend un piège, mon enfant.

HENRI. Ma tante!

LA MARQUISE. Non, je ne veux pas qu'on la pousse plus avant dans son petit mensonge. Nous savons que vos diamants sont vrais.

PAULINE. Ah! . . . eh bien, j'avoue.

LE MARQUIS. Que vous ne les avez pas renvoyés au marchand?

PAULINE. Mon Dieu, si! j'ai craint que ma ruse ne se découvrît . . . et j'ai mis fin à cet enfantillage ridicule.

HENRI. Combien le marchand vous a-t-il pris?

PAULINE. Rien du tout.

HENRI. Rien du tout?

PAULINE. Sans doute.

HENRI. Pas même la valeur de cette perle!

Il la lui montre.

PAULINE, *à part.* Diable! (*Haut.*) Je voulais vous cacher . . . je comptais payer sur mes économies. . . .

HENRI. Où demeure-t-il?

PAULINE. Ne vous en occupez pas; je m'en charge.

HENRI. Où demeure-t-il?

PAULINE. Mais, monsieur . . . cette insistance. . . .

HENRI. Répondez sans chercher de subterfuges!

PAULINE. Que soupçonnez-vous donc?

HENRI, *avec éclat.* Je soupçonne que ces diamants vous ont été donnés par M. de Beauséjour.

PAULINE. Oh! Henri!

LA MARQUISE. Vous outragez votre femme!

HENRI. Si je me trompe, qu'elle me dise l'adresse du marchand, et je vais m'assurer sur l'heure. . . .

PAULINE. Non, monsieur, je ne descendrai pas à me justifier. Vos soupçons ne méritent pas que je les dissipe. Croyez tout ce qu'il vous plaira.

HENRI. Vous oubliez que vous n'avez pas le droit de le prendre de si haut.

PAULINE. Pourquoi, s'il vous plaît? Je vous défie de le dire.

HENRI. Vous m'en défiez?

LE MARQUIS. Tu es fou, mon ami. Ta femme a tort de s'obstiner dans une cachotterie puérile, j'en conviens; mais, que diable! pense donc à l'infamie dont tu l'accuses.

LA MARQUISE, *à* PAULINE. Pauline, ayez pitié de cet insensé! . . . Otez-lui cet horrible soupçon!

PAULINE. Non . . . madame . . . non, je ne dirai pas un mot.

HENRI. Misérable! elle s'est vendue!

LE MARQUIS. Henri! votre conduite est indigne d'un gentilhomme! Demandez pardon à votre femme.

HENRI. Ah! c'est à vous que je dois demander pardon. . . . Cette femme, c'est Olympe Taverny! (LE MARQUIS *reste atterré, immobile,* LA MARQUISE *près de lui,* PAULINE *à droite de la scène,* HENRI *à gauche.*—HENRI, *s'approchant de son oncle et mettant un genou à terre.*) Pardonnez-moi, mon père! pardonnez-moi d'avoir déshonoré le nom que vous portez! d'avoir consenti aux impostures de cette femme, d'avoir souillé de sa présence votre chaste maison!

LE MARQUIS. Je ne vous connais plus!

LA MARQUISE. Il l'aimait alors! il la croyait digne de nous, puisqu'il la croyait digne de lui. . . . Ce mariage a été la faute de son enfance et non le crime de son honneur. . . . Ne le repoussez pas, mon ami, il est bien malheureux!

LE MARQUIS, *après un silence, tend la main à* HENRI, *et le relève sans le regarder.* HENRI *prend les mains de sa tante et les baise avec effusion.*

HENRI. Je vais souffleter M. de Beauséjour. Un duel à mort, au pistolet, à dix pas!

LE MARQUIS. Va! je serai ton témoin.

HENRI *sort.*

SCÈNE VII

LES MÊMES, *moins* HENRI

LE MARQUIS *ouvre un meuble et en tire une boîte de pistolets qu'il pose sur la table en silence.*

PAULINE. Ne prenez pas la peine de préparer les armes, monsieur le marquis. Votre neveu ne soufflettera pas M. de Beauséjour, par l'excellente raison que M. de Beauséjour a quitté Vienne depuis hier au soir. Si je n'ai pas retenu Henri, c'est que la présence de ce fougueux jeune homme aurait gêné l'explication que nous allons avoir ensemble.

LE MARQUIS. Une explication entre nous, mademoiselle? Vous vous expliquerez devant les tribunaux.

PAULINE. Je pense bien que vous voulez m'y traîner, et c'est justement à ce propos que nous avons à causer. Il y a une pièce du procès que vous ne connaissez pas et que je tiens à vous communiquer.

Le Marquis. Votre avoué s'en chargera. Laissez-nous.

Pauline. Soit. (*A la* Marquise.) Voulez-vous bien, madame, remettre à mademoiselle Geneviève cette petite clef d'or qu'elle cherche depuis hier?

La Marquise. La clef du coffret. . . .

Pauline. Qui renferme le journal de son cœur.

La Marquise. Comment se trouve-t-elle entre vos mains?

Pauline. Très simplement: je l'ai dérobée. C'est peut-être indélicat; mais j'ai été si mal élevée! Je pressentais que je trouverais dans cet écrin des armes dont j'aurais un jour besoin; je ne me trompais pas. Si madame la marquise daignait prendre connaissance de quelques extraits seulement?

Elle présente un papier à la Marquise.

Le Marquis. Une nouvelle infamie, sans doute?

Pauline. Le mot est dur, mais ce n'est pas à moi de défendre votre petite-fille.

La Marquise, *ouvrant le papier.* Ce n'est pas son écriture!

Pauline. Parbleu! me croyez-vous assez simple pour vous livrer l'original? Il est en mains sûres, à Paris. Lisez donc.

La Marquise, *lisant.* « 17 avril. Que se passe-t-il en moi? Henri n'aime plus Pauline; c'est moi qu'il aime. . . .»

Le Marquis, *à sa femme.* Henri aurait-il eu l'indignité. . . .

Pauline, *à gauche.* De faire une déclaration à sa cousine? . . . On le dirait, n'est-ce pas? Mais rassurez-vous, c'est moi.[1]

Marquis, *passant au milieu.* Vous, madame!

Pauline. Je n'ai dit d'ailleurs que la pure vérité.

Le Marquis, *à sa femme.* Henri aime sa cousine?

La Marquise, *lisant.* « C'est moi qu'il aime. Ah! je sens maintenant que je n'ai jamais cessé de l'aimer. . . .» (*Parlé.*) Pauvre enfant! (*Lisant.*) « Ayez pitié de moi, mon Dieu! Cet amour est un crime. Donnez-moi la force de l'arracher de mon cœur. Je le croyais si bien mort. Pourquoi l'a-t-on ranimé? »

Le Marquis, *à* Pauline. Oui, pourquoi?

Pauline. Continuez, vous allez voir!

La Marquise, *lisant.* « 20 avril. Je suis troublée jusqu'au fond de l'âme. Où puiser à présent la force de combattre un amour qui peut devenir légitime? Hélas! il ne sera jamais sans remords. Il est déshonoré par l'horrible espoir qu'il accueille malgré moi. Est-ce ma faute pourtant si Pauline ne veut pas guérir du mal qui la tue? . . .»

Le Marquis. Toujours vous, n'est-ce pas?

Pauline *s'incline.*

La Marquise. Voilà pourquoi elle voulait nous conduire en Italie!

Le Marquis, *à* Pauline. Un homme capable d'une pareille infamie, on le tuerait comme un chien! Mais une femme, tous les attentats lui sont permis.

Pauline, *tournant la tête vers lui en souriant.* C'est bien le moins que nous ayons les privilèges de notre faiblesse, vous en conviendrez. Pour en revenir à votre petite-fille, je crois que la lecture de son petit roman lui attirerait plus d'admirateurs que de maris. Mais rassurez-vous, je ne publierai ce document précieux que si vous m'y réduisez, et vous ne m'y réduirez pas, j'en suis sûre.

Le Marquis. Faites vos conditions, madame.

Pauline. A la bonne heure, vous voilà raisonnable. Je le serai aussi. Je ne demande qu'une séparation amiable avec mes donations matrimoniales.

Le Marquis. Mais vous quitterez notre nom?

Pauline. Ah! monsieur le marquis! . . . je sais trop ce qu'il vaut.

Le Marquis. Nous vous le payerons!

Pauline. Vous n'êtes pas assez riche. Et puis que penseriez-vous de moi si je vous le vendais? Non, je l'ai, je le garde. Une séparation amiable ne peut pas m'ôter ce que ne m'ôterait pas une séparation judiciaire, soyez juste.

La Marquise, *à son mari.* Elle nous tient sous ses pieds!

Le Marquis. Soit!

Pauline. Ainsi voilà qui est convenu. . . . Vous vous chargez d'arranger les choses avec Henri. Moi, j'ai hâte de vous délivrer de ma présence.

Elle fait quelques pas.

Le Marquis. Permettez; il nous faut d'abord le journal de Geneviève.

---

[1] *c'est moi.* Pauline means that it is she who has told Geneviève that Henri loved his cousin.

PAULINE. Ne vous ai-je pas dit qu'il est à Paris?

LE MARQUIS. Écrivez au receleur qu'il vous le renvoie courrier par courrier.

PAULINE. Rien de plus simple, en effet. Mais, si je me dessaisis de mon gage, quelle sera ma garantie?

LE MARQUIS. Ma parole de gentilhomme.

PAULINE. C'est juste. Entre gens d'honneur une parole suffit. Eh bien, je vous donne la mienne que je n'abuserai pas du précieux dépôt. . . . Quel intérêt y aurais-je d'ailleurs?

LE MARQUIS. Le plaisir de vous venger de nous. Vous devez nous haïr, car vous sentez que nous vous méprisons.

PAULINE. Si c'est ainsi que vous espérez m'amadouer!

LA MARQUISE. Le marquis est violent, il a tort. . . . Laissez-vous toucher, madame! Accordez-nous la grâce de notre enfant! Ayez pitié de nos cheveux blancs. . . . Je prierai Dieu pour vous!

PAULINE, souriant. A charge de revanche,[1] madame.

LE MARQUIS. Assez, marquise! (*Il passe devant* PAULINE *sans la regarder et présente sa main à* LA MARQUISE.) Laissez-moi avec elle.

LA MARQUISE. Mon ami. . . .

LE MARQUIS, *la conduisant vers la porte.* Laisse-nous! (LA MARQUISE *sort.* LE MARQUIS *lui envoie des deux mains un long baiser et revient en scène.*)

SCÈNE VIII

LE MARQUIS, PAULINE

PAULINE. Vous êtes pâle, monsieur le marquis.

LE MARQUIS, *les bras croisés et immobile.* Vous le seriez plus que moi si vous saviez à quoi je pense.

PAULINE. Des menaces?

LE MARQUIS, *lentement.* N'avons-nous pas épuisé les supplications? Ma sainte femme n'a-t-elle pas en vain courbé le front devant vous?

PAULINE. Eh bien, après?

LE MARQUIS, *s'élançant sur elle.* Après, misérable? (*Il s'arrête.*) Nous n'avons plus de salut à attendre que de nous-mêmes, comprends-tu?

PAULINE. Vous ne me faites pas peur, j'en ai muselé de plus féroces que vous.

LE MARQUIS, *d'une voix brève.* Écrivez la lettre que je vous ai dite.

PAULINE, *haussant les épaules.* Vous rabâchez,[2] marquis.

LE MARQUIS. Écrivez-la tout de suite, entendez-vous? Demain serait trop tard!

PAULINE. Parce que?

LE MARQUIS. Parce que le secret de ma petite-fille une fois ébruité, il n'y aurait plus pour elle d'autre réparation possible que d'épouser votre mari. . . . Et elle l'épouserait, je vous le jure!

PAULINE, *souriant.* Voulez-vous dire par là que vous me supprimeriez! Ah çà! mon cher monsieur, me prenez-vous pour une enfant?

Elle fait quelques pas.

LE MARQUIS, *mettant la main sur la boîte de pistolets.* Prenez garde!

PAULINE. A quoi? Ne taquinez donc pas vos pistolets, ils ne sont pas chargés. Finissons cette petite comédie; elle ne vous réussira pas.

LE MARQUIS, *se contenant.* Écrivez, et je vous donne cinq cent mille francs.

PAULINE. Vous m'offrez de m'acheter mes canons le jour de la bataille? . . . Je suis votre servante; adieu, cher oncle. . . .

Elle se dirige vers la porte de gauche.

LE MARQUIS, *prenant un pistolet.* Si vous passez le seuil de cette porte, je vous tue.

PAULINE, *sur le seuil, fredonnant l'air des Étudiants*

Quand on a compromis
Une petite fille. . . .

LE MARQUIS *fait feu;* PAULINE *jette un cri et tombe dans la coulisse.*—LE MARQUIS *prend le second pistolet, l'arme et dit:* Dieu me jugera.

---

[1] *A charge de revanche,* And I will do the same for you.

[2] *Vous rabâchez,* You keep repeating.

PAILLERON

Edouard Pailleron was born and died in Paris (1834–1899). He was in turn lawyer, soldier, and writer. Like so many French men of letters, he started his literary career with a volume of verses, *les Parasites*, in which he satirizes some of the evils characteristic of Parisian life, and which mark him already as a keen observer and a moralist. In 1868, after having written several verse plays which did not bring him much fame, he scored considerable success with his first prose play, *le Monde où l'on s'amuse*, but that success owed much to the staging, the beautiful costumes, and the beautiful women making up the cast. His real triumph came in 1881 with *le Monde où l'on s'ennuie*, often spoken of as a worthy sequel of Molière's *Femmes savantes*. It is a humorous satire on the snobbery of society women making a display of their culture and learning, a satire also on the " arrivistes," scholars, writers, and politicians who without genuine merit hoist themselves to well-paid places in political literary and academic spheres thanks to intrigues of female society leaders. As Paul, one of the characters, says: " c'est bien ici que se font, défont et surfont les réputations, les situations et les élections, où, sous couleur de littérature et beaux-arts, les malins font leur affaire; c'est ici la petite porte des ministères, l'antichambre des académies, le laboratoire du succès," and he adds: " c'est un hôtel de Rambouillet en 1881." There is in this comedy wit, humor and a thorough understanding of human nature and especially of human vanity. Those who were familiar with the life of the French capital around the year 1880 recognized several characters in the play, and it was generally admitted that the handsome Bellac is a mild caricature of Caro, a spiritualist philosopher and popular lecturer, although Pailleron denies having indulged in personalities. At any rate, it is hardly doubtful that the author has painted a world he knew through frequentation and with whose foibles and ridicules he was perfectly familiar. He has a remarkable knowledge of stagecraft, worthy of Scribe. His numerous characters presented each with its individual traits, are quite life-like. We may also add that the comedy is clean, free from vulgarity and pessimism. Tremendously popular at the time of its appearance not only in France but throughout Europe, it has lost none of its charm and freshness after the lapse of half a century, and we may assume that it will retain its rank, not only as Pailleron's masterpiece, but as one of the best comedies of the nineteenth century. The fact that no great moral question is involved does not detract from its value which lies primarily in its qualities as a work of art and in its picture of social customs.

Pailleron was elected to the French Academy in 1884.

Bibliography: The following are Pailleron's plays in verse:
Le parasite, 1860
Le mur mitoyen, 1861
Le dernier quartier, 1862
Le second mouvement, 1865

Les faux ménages, 1869
Hélène, 1872
Pendant le bal, 1881
Le narcotique, 1882

(Several of the verse plays were collected in 1881 in *Le théâtre chez Madame*).
Prose plays:

Le monde où l'on s'amuse, 1868
L'autre motif, 1872
Petite pluie, 1875
L'âge ingrat, 1878
L'étincelle, 1879
Le chevalier Trumeau, 1880
Le monde où l'on s'ennuie, 1881
La souris, 1887
Cabotins, 1894

Jules Claretie, *Edouard Pailleron*, in the series *Célébrités contemporaines* (1883). L. Lacour, *Le théâtre de M. Pailleron*, in *Nouvelle Revue*, December 1, 1881. L. d'Almeida, *L'œuvre littéraire de Pailleron*, 1888. Weiss, *Le théâtre et les mœurs*, 1889.

LE MONDE OÙ L'ON S'ENNUIE

Par ÉDOUARD PAILLERON

(1881)

PERSONNAGES.

BELLAC.
ROGER DE CÉRAN.
PAUL RAYMOND.
TOULONNIER.
LE GÉNÉRAL DE BRIAIS.
VIROT.
FRANÇOIS.
DE SAINT-RÉAULT.
GAÏAC.
MELCHIOR DE BOINES.
DES MILLETS.
LA DUCHESSE DE RÉVILLE.

MADAME DE LOUDAN.
JEANNE RAYMOND.
LUCY WATSON.
SUZANNE DE VILLIERS.
LA COMTESSE DE CÉRAN.
MADAME ARRIÉGO.
MADAME DE BOINES.
MADAME DE SAINT-RÉAULT.

Au château de MADAME DE CÉRAN, *à Saint-Germain.*[1]

ACTE PREMIER

Un salon carré avec porte au fond, ouvrant sur un autre grand salon. Portes aux premier et troisième plans. A gauche, entre les deux portes, un piano. Porte à droite au premier plan; du même côté, plus haut, une grande baie avec vestibule vitré donnant sur le jardin; à gauche, une table avec siège de chaque côté; à droite, petite table et canapé, fauteuils, chaises, etc.

SCÈNE PREMIÈRE

FRANÇOIS, *seul, puis* LUCY

FRANÇOIS, *cherchant au milieu des papiers qui encombrent la table.* Ça ne peut pas être là-dessus non plus; ni là-dedans: *Revue Matérialiste.* . . . *Revue des Cours.* . . . *Journal des Savants.* . . . (*Entre* LUCY.)

LUCY. Eh bien, François, avez-vous trouvé cette lettre?

FRANÇOIS. Non, miss Lucy, pas encore.

LUCY. Ouverte, sans enveloppe, un papier rose?

FRANÇOIS. Est-ce que le nom de miss Watson est dessus?

LUCY. Vous ai-je dit qu'elle était à moi?

FRANÇOIS. Mais. . . .

LUCY. Enfin vous n'avez rien trouvé?

FRANÇOIS. Pas encore, mais je chercherai, je demanderai. . . .

LUCY. Non, ne demandez pas, c'est inutile! Seulement, comme je tiens à l'avoir, cherchez toujours. De l'endroit où vous nous avez remis les lettres ce matin jusqu'à ce salon. Elle ne peut pas être tombée autre part. . . . Cherchez! . . . Cherchez!

SCÈNE II

FRANÇOIS, *puis* JEANNE *et* PAUL RAYMOND

FRANÇOIS, *seul, revenant à la table.* Cherchez! Cherchez! . . . *Revue Coloniale! Revue Diplomatique! Revue Archéologique.* . . .

JEANNE, *entrant et gaiement.* Ah! voilà quelqu'un! (*A* FRANÇOIS.) Madame de Céran. . . .

PAUL, *lui prenant la main et bas.* Chut! . . . (*A* FRANÇOIS, *gravement.*) Madame la comtesse de Céran est-elle en ce moment au château?

[1] *Saint-Germain,* not the aristocratic quarter of Paris, but probably Saint-Germain-en-Laye, a town eight miles northwest of the capital.

FRANÇOIS. Oui, monsieur!

JEANNE, *gaiement.* Eh bien, allez lui dire que M. et madame Paul. . . .

PAUL, *même jeu, froidement.* Veuillez la prévenir que M. Raymond, sous-préfet [1] d'Agenis, et madame Raymond arrivent de Paris et l'attendent au salon.

JEANNE. Et que. . . .

PAUL, *de même.* Chut! (*A* FRANÇOIS.) Allez, mon ami. . . .

FRANÇOIS. Oui, monsieur le sous-préfet. (*A part.*) C'est les nouveaux mariés. . . . (*Haut.*) Monsieur le sous-préfet veut-il se débarrasser? . . . (*Il prend les sacs et couvertures des arrivants et sort.*)

JEANNE. Ah çà! mais, Paul. . . .

PAUL. Pas de Paul, ici: M. Raymond.

JEANNE. Comment? tu veux? . . .

PAUL. Pas de *tu,* ici: *vous,* je t'ai dit.

JEANNE. (*Elle rit.*) Ah! cette figure.

PAUL. Pas de rire ici, je vous en prie.

JEANNE. Eh bien, monsieur, vous me grondez? (*Elle se jette à son cou; il se dégage avec effroi.*)

PAUL. Malheureuse! il ne manquerait plus que cela!

JEANNE. Ah! tu m'ennuies. . . .

PAUL. Précisément! cette fois, tu tiens la note! Ah çà! tu as donc oublié tout ce que je t'ai dit en chemin de fer?

JEANNE. Je croyais que tu plaisantais, moi.

PAUL. Plaisanter! ici? Voyons, veux-tu être préfète, oui ou non?

JEANNE. Oui, si ça te fait plaisir.

PAUL. Eh bien! observe-toi, je t'en prie, observe-toi. Je te dis encore *toi* parce que nous sommes seuls, mais tout à l'heure, devant le monde, ce sera: *vous,* tout le temps: *vous!* La comtesse de Céran m'a fait l'honneur de m'inviter à lui présenter ma jeune femme et à passer quelques jours à son château de Saint-Germain. Or, le salon de madame de Céran est un des trois ou quatre salons les plus influents de Paris. Nous ne sommes pas ici pour nous amuser. Nous y entrons sous-préfet, il faut en sortir

préfet. Tout dépend d'elle, de nous, de toi!

JEANNE. De moi? . . . Comment, de moi?

PAUL. Certainement. Le monde juge de l'homme par la femme. Et il a raison. Et c'est pourquoi sois sur tes gardes! De la gravité sans hauteur, un sourire plein de pensées; regarde bien, écoute beaucoup, parle peu! Oh! des compliments, par exemple, tant que tu voudras, et des citations aussi, cela fait bien, mais courtes, alors, et profondes: en philosophie, Hegel; en littérature, Jean-Paul; [2] en politique. . . .

JEANNE. Mais je ne parle pas politique.

PAUL. Ici, toutes les femmes parlent politique.

JEANNE. Je n'y entends goutte.

PAUL. Elles non plus, cela ne fait rien, va toujours! Cite Pufendorff [3] et Machiavel, [4] comme si c'etaient des parents à toi, et le Concile de Trente, [5] comme si tu l'avais présidé. Quant à tes distractions: la musique de chambre, un tour de jardin et le whist, voilà tout ce que je te permets. Avec cela, des robes montantes et les quelques mots de latin que je t'ai soufflés, et je veux qu'avant huit jours on dise de toi: « Eh! eh! cette petite madame Raymond, ce serait une femme de ministre.» Et dans ce monde-ci, vois-tu, quand on dit d'une femme, c'est une femme de ministre, le mari est bien près de l'être.

JEANNE. Comment, tu veux être ministre?

PAUL. Dame! pour ne pas me faire remarquer.

JEANNE. Mais puisque madame de Céran est de l'opposition, quelle place peux-tu en attendre?

PAUL. Candeur, va! [6] En ce qui concerne les places, mon enfant, il n'y a entre les conservateurs et les opposants qu'une nuance: c'est que les conservateurs les demandent et que les opposants les acceptent. Non, non, va! c'est bien ici que se font, défont et surfont les réputations,

---

[1] *sous-préfet,* sub-prefect. The prefect is the chief executive of a department; the sub-prefect administers arrondissement or subdivision of a department. Both are appointed by the central government in Paris.

[2] *Jean-Paul Richter,* known as *Jean-Paul,* 1763–1825, a German writer, very popular in France during the first part of the nineteenth century. *Hegel,* 1770–1831, German philosopher.

[3] *Pufendorff,* 1632–1694, a German writer on legal matters.

[4] *Machiarel* (Italian: Machiavelli), 1469–1527, a Florentine statesman and historian, author of *The Prince.*

[5] *concile de Trente,* the Council held at Trento, Italy, from 1545 to 1563 where many important church matters were considered.

[6] *Candeur va!* What simplicity!

les situations et les élections, où, sous couleur de littérature et beaux-arts, les malins font leur affaire: c'est ici la petite porte des ministères, l'antichambre des académies, le laboratoire du succès!

JEANNE. Miséricorde! Qu'est-ce que ce monde-là?

PAUL. Ce monde-là, mon enfant, c'est un hôtel de Rambouillet[1] en 1881: un monde où l'on cause et où l'on pose, où le pédantisme tient lieu de science, la sentimentalité de sentiment et la préciosité de délicatesse; où l'on ne dit jamais ce que l'on pense, et où l'on ne pense jamais ce que l'on dit; où l'assiduité est une politique, l'amitié un calcul, et la galanterie même un moyen; le monde où l'on avale sa canne[2] dans l'antichambre et sa langue dans le salon, le monde sérieux, enfin!

JEANNE. Mais c'est le monde où l'on s'ennuie, cela.

PAUL. Précisément!

JEANNE. Mais, si l'on s'y ennuie, quelle influence peut-il avoir?

PAUL. Quelle influence! . . . candeur! candeur! quelle influence, l'ennui, chez nous? mais énorme! . . . mais considérable! Le Français, vois-tu, a pour l'ennui une horreur poussée jusqu'à la vénération. Pour lui, l'ennui est un dieu terrible qui a pour culte la tenue. Il ne comprend le sérieux que sous cette forme. Je ne dis pas qu'il pratique, par exemple, mais il n'en croit que plus fermement, aimant mieux croire . . . que d'y aller voir. Oui, ce peuple gai, au fond, se méprise de l'être; il a perdu sa foi dans le bon sens de son vieux rire; ce peuple sceptique et bavard croit aux silencieux, ce peuple expansif et aimable s'en laisse imposer par la morgue pédante et la nullité prétentieuse des pontifes de la cravate blanche: en politique, comme en science, comme en art, comme en littérature, comme en tout! Il les raille, il les hait, il les fuit comme peste, mais ils ont seuls son admiration secrète et sa confiance absolue! Quelle influence, l'ennui? Ah! ma chère enfant! mais c'est-à-dire qu'il n'y a que deux sortes de gens au monde: ceux qui ne savent pas s'ennuyer et qui ne sont rien, et ceux qui savent s'ennuyer et qui sont tout . . . après ceux qui savent ennuyer les autres!

JEANNE. Et voilà où tu m'amènes, misérable!

PAUL. Veux-tu être préfète, oui ou non?

JEANNE. Oh! d'abord, je ne pourrai jamais. . . .

PAUL. Laisse donc! ce n'est que huit jours à passer.

JEANNE. Huit jours! sans parler, sans rire, sans t'embrasser.

PAUL. Devant le monde, mais quand nous serons seuls . . . et puis dans les coins . . . tais-toi donc! . . . ce sera charmant, au contraire: je te donnerai des rendez-vous . . . au jardin . . . partout . . . comme avant notre mariage . . . chez ton père, tu sais?

JEANNE. Ah! c'est égal! c'est égal! . . . *Elle ouvre le piano et joue un air de la Fille de madame Angot.*[3]

PAUL, *effrayé.* Eh bien! eh bien! qu'est-ce que tu fais là?

JEANNE. C'est dans l'opérette d'hier.

PAUL. Malheureuse! voilà comme tu profites. . . .

JEANNE. En baignoire, tous les deux, ah! Paul, c'était si gentil!

PAUL. Jeanne. . . . Mais Jeanne! . . . si on venait . . . veux-tu bien? . . . (FRANÇOIS *paraît au fond.*) Trop tard! (JEANNE *change son air d'opérette en symphonie de Beethoven; à part.*) Beethoven! Bravo! (*Il suit la mesure d'un air profond.*) Ah! il n'y a décidément de musique qu'au Conservatoire.

SCÈNE III

JEANNE, PAUL, FRANÇOIS

FRANÇOIS. Madame la comtesse prie monsieur le sous-préfet de l'attendre cinq minutes, elle est en conférence avec monsieur le baron Ériel de Saint-Réault.

PAUL. L'orientaliste?

FRANÇOIS. Je ne sais pas, monsieur; c'est le savant dont le père avait tant de talent. . . .

PAUL, *à part.* Et qui a tant de places. C'est bien cela. (*Haut.*) Ah! monsieur de Saint-Réault est au château et madame de Saint-Réault aussi, sans doute?

FRANÇOIS. Oui, monsieur le sous-préfet, ainsi que la marquise de Loudan et

---

[1] *Rambouillet.* The Hôtel Rambouillet was in the seventeenth century the rendez-vous of the social and intellectual *élite* of Paris. Over-refinement and affectation of manners and speech, characteristic of the habitués of this salon, was called *préciosité.*

[2] *avale sa canne,* in order to stand stiff and dignified.—*avaler sa langue,* keep one's tongue.

[3] *la Fille de madame Angot,* a comic opera by Lecocq, 1872.

madame Arriégo; mais ces dames sont en ce moment à Paris, au cours de monsieur Bellac, avec mademoiselle Suzanne de Villiers.

PAUL. Et il n'y a pas d'autres personnes en résidence ici?

FRANÇOIS. Il y a madame la duchesse de Réville, la tante de madame.

PAUL. Oh! je ne parle ni de la duchesse, ni de miss Watson, ni de mademoiselle de Villiers qui sont de la maison, mais des étrangers comme nous.

FRANÇOIS. Non, monsieur le sous-préfet, c'est tout.

PAUL. Et on n'attend personne?

FRANÇOIS. Personne? . . . si, monsieur le sous-préfet: monsieur Roger, le fils de madame la comtesse, arrive aujourd'hui même de sa mission scientifique en Orient; on l'attend d'un moment à l'autre. . . . Ah! et puis monsieur Bellac, le professeur, qui, après son cours, va venir s'installer ici pour quelque temps; du moins on l'espère.

PAUL, à part. C'est donc pour cela qu'il y a tant de dames. (Haut.) C'est bien, merci.

FRANÇOIS. Alors, monsieur le sous-préfet veut bien attendre?

PAUL. Oui, et dites à madame la comtesse de ne pas se presser.

SCÈNE IV

PAUL, JEANNE

PAUL. Ouf! quelle peur tu m'as faite avec ta musique! . . . mais tu t'en es bien tirée. Bravo! changer Lecocq en Beethoven, ça c'est très fort!

JEANNE. Je suis si bête, n'est-ce pas?

PAUL. Oh! que je sais bien que non! Ah çà! puis que nous avons encore cinq minutes, un mot sur les gens d'ici; c'est prudent!

JEANNE. Ah! bien, non!

PAUL. Voyons, Jeanne, cinq minutes! ces renseignements sont indispensables.

JEANNE. Alors, après chaque renseignement, tu m'embrasseras.

PAUL. Eh bien, oui, voyons! quelle enfant! Ah! ça ne sera pas long, va! . . . la mère, le fils, l'ami et les invités,—ni hommes, ni femmes, tous gens sérieux.

JEANNE. Eh bien, cela va être gai.

PAUL. Rassure-toi! il y en a deux qui ne le sont pas, sérieux, je te les ai gardés pour la fin.

JEANNE. Attends, paie-moi d'abord! (Elle compte sur ses doigts.) Madame de Céran, une; son fils Roger, deux; miss Lucy, trois; deux Saint-Réault; un Bellac; une Loudan et une Arriégo, cela fait huit. (Elle tend la joue.)

PAUL. Huit quoi?

JEANNE. Huit renseignements, donc; allons, paie. . . . (Elle tend la joue.)

PAUL. Quelle enfant! . . . tiens! tiens! tiens! (Il l'embrasse coup sur coup.)

JEANNE. Ah! pas si vite; détaille! détaille!

PAUL, après l'avoir embrassée plus lentement. Là! es-tu contente?

JEANNE. Je peux attendre. Voyons les deux pas sérieux, maintenant.

PAUL. D'abord la duchesse de Réville, la tante à succession,[1] une jolie vieille qui a été une jolie femme. . . .

JEANNE, d'un air interrogateur. Hem?

PAUL. On le dit. Un peu hurluberlu et forte en . . . propos,[2] mais excellente, avec du bon sens, tu verras. . . . Et enfin, pour le bouquet, Suzanne de Villiers. Oh! celle-là pas sérieuse du tout, par exemple; pas assez.

JEANNE. Enfin!

PAUL. Une gamine de dix-huit ans, étourdie, bavarde, emballée, avec des audaces de tenue et de langage . . . oh! mais . . . et dont l'histoire est tout un roman.

JEANNE. A la bonne heure! nanan,[3] cela! Voyons!

PAUL. C'est la fille d'une certaine veuve. . . .

JEANNE, même jeu que plus haut. Hem?

PAUL. Dame! une veuve! . . . et de ce fou de Georges de Villiers, un autre neveu de la duchesse qu'elle adorait. Une fille naturelle, par conséquent.

JEANNE. Naturelle? oh! mais c'est délicieux!

PAUL. La mère est morte, le père est mort. La petite est restée seule à douze ans avec un héritage de viveur et une éducation toute pareille. Georges lui apprenait le javanais. La duchesse, qui en est folle, l'a amenée chez madame de Céran qui la déteste, et elle lui a donné Roger pour tuteur. On a bien essayé de la

---

[1] tante à succession, rich old aunt.

[2] propos. He was going to say forte en gueule, but checked himself to use the less vulgar propos.

[3] nanan, lovely (in child's language).

mettre au couvent, mais elle s'en est sauvée deux fois; on l'en a renvoyée une troisième fois, et la voilà ici! Juge de l'effet dans la maison! Un feu d'artifice dans la lune.—Ah! j'ai bien fini, j'espère; c'est gentil, ça?

JEANNE. Si gentil que je te fais grâce des deux baisers que tu me dois. . . .

PAUL, *désappointé.* Ah!

JEANNE. Et que c'est moi qui te les donne. (*Elle l'embrasse.*)

PAUL. Folle! (*La porte du fond s'ouvre.*) Oh! Saint-Réault et madame de Céran. Souffle-moi dans l'œil! . . . Non! . . . elle ne nous a pas vus! Tiens-toi! hum! tenez-vous! . . .

SCÈNE V

PAUL, JEANNE, MADAME DE CÉRAN et SAINT-RÉAULT, *sur la porte, causant sans les voir.*

MADAME DE CÉRAN. Mais non, mon ami! pas au premier tour![1] comprenez donc! 15-8-15, au premier tour. . . . Il y a ballottage au premier tour, par conséquent second tour; c'est pourtant simple.

SAINT-RÉAULT. Simple! simple! Au second tour, puisque je n'ai que quatre voix de second tour, avec nos neuf voix du premier tour, cela ne nous fait que treize au second tour.

MADAME DE CÉRAN. Et nos sept de premier tour, cela fait vingt au second tour; comprenez donc!

SAINT-RÉAULT, *éclairé.* Ah!

PAUL, *à* JEANNE. C'est si simple.

MADAME DE CÉRAN. Mais! . . . je vous le répète, soignez Dalibert et ses libéraux. L'Académie est libérale dans ce moment-ci . . . (*insistant*) dans ce moment-ci. (*Ils descendent en scène en causant.*)

SAINT-RÉAULT. Revel n'est-il pas aussi directeur de la Jeune École?

MADAME DE CÉRAN, *le regardant.* Ah çà! Revel n'est pas mort, que je sache?

SAINT-RÉAULT. Mais non.

MADAME DE CÉRAN, *de même.* Ni malade? hein?

SAINT-RÉAULT, *un peu embarrassé.* Oh! malade . . . il l'est toujours.

MADAME DE CÉRAN. Eh bien, alors?

SAINT-RÉAULT. Enfin, il faut être prêt, qui sait? . . . Je vais m'en occuper.

MADAME DE CÉRAN, *à part.* Il y a quelque chose. (*Apercevant* RAYMOND *et allant à lui.*) Ah! mon cher monsieur Raymond, je vous oubliais, pardonnez-moi.

PAUL. Oh! Comtesse. . . . (*Lui présentant* JEANNE.) Madame Paul Raymond.

MADAME DE CÉRAN. Soyez la bienvenue dans ma maison, madame. Vous êtes ici chez une amie. (*Les présentant à* SAINT-RÉAULT *et le leur présentant.*) M. Paul Raymond, sous-préfet d'Agenis; madame Paul Raymond; monsieur le baron Ériel de Saint-Réault.

PAUL. Je suis d'autant plus heureux de vous être présenté, monsieur le baron, que, bien jeune, j'ai eu l'honneur de connaître votre illustre père. (*A part.*) Il m'a collé à mon baccalauréat.[2]

SAINT-RÉAULT, *saluant.* Fort heureux, monsieur le préfet, de cette coïncidence.

PAUL. Moins que moi, monsieur le baron; en tous cas, moins fier. (SAINT-RÉAULT *va à la table et écrit.*)

MADAME DE CÉRAN, *à* JEANNE. Vous trouverez ma maison peut-être un peu austère pour votre jeunesse; ne vous en prenez qu'à votre mari si votre séjour ici comporte quelque monotonie, et dites-vous pour vous consoler que se résigner c'est obéir, et qu'en venant vous n'étiez pas libre.

JEANNE, *gravement.* En quoi donc, madame la comtesse? Être libre, ce n'est pas faire ce que l'on veut, mais ce que l'on juge meilleur . . . a dit le philosophe Joubert.[3]

MADAME DE CÉRAN, *après avoir regardé* PAUL, *approbativement.* Voilà un mot qui me rassure, mon enfant. Du reste, pour purement intellectuel que soit le mouvement de mon salon, il n'est pas sans attrait pour les esprits élevés. Et tenez, aujourd'hui, précisément, la soirée sera particulièrement intéressante. M. de Saint-Réault veut bien nous lire un extrait de son travail inédit sur Rama-Ravana[4] et les légendes sanscrites.

PAUL. Vraiment! Oh! Jeanne! . . .

JEANNE. Quel bonheur!

MADAME DE CÉRAN. Après quoi, je

---

[1] *tour,* for *tour du scrutin,* ballot. There being 38 votes for the vacant seat in the Academy, 20 votes are necessary for an election.

[2] *Il m'a collé à mon baccalauréat,* he flunked me at my exam for the bachelor's degree.

[3] *Joubert,* 1754–1824, a French moralist whose *Pensées* are often quoted.

[4] *Rama-Ravana,* a Sanscrit epic poem.

crois pouvoir vous promettre quelque chose de M. Bellac.

JEANNE. Le professeur?

MADAME DE CÉRAN. Vous le connaissez?

JEANNE. Quelle dame ne le connaît pas? Oh! mais cela va être charmant.

MADAME DE CÉRAN. Une causerie intime, *ad usum mundi*,[1] quelques mots seulement, mais du fruit rare, et enfin, pour terminer, la lecture d'une pièce inédite.

PAUL. Oh! en vers peut-être?

MADAME DE CÉRAN. Oui, le premier ouvrage d'un jeune poète inconnu qu'on me présente ce soir et dont l'œuvre vient d'être admise au Théâtre-Français.

PAUL. Voilà de ces bonnes fortunes que les délicats ne rencontrent que chez vous, comtesse.

MADAME DE CÉRAN. Toute cette littérature ne vous effraie pas un peu, madame? . . . Car enfin une soirée comme celle-là, c'est autant de perdu pour votre beauté.

JEANNE, *gravement*. Ce que le vulgaire appelle temps perdu est bien souvent du temps gagné, comme a dit M. de Tocqueville![2]

MADAME DE CÉRAN, *la regardant étonnée, bas à* PAUL. Elle est charmante! (SAINT-RÉAULT *se lève et va vers la porte.*) Et bien, Saint-Réault, où allez-vous donc?

SAINT-RÉAULT, *sortant*. Au chemin de fer; excusez-moi. Un télégramme. . . . Je reviens dans dix minutes. (*Il sort.*)

MADAME DE CÉRAN. Décidément, il y a quelque chose. . . . (*Elle cherche sur la table.*) (*A* JEANNE *et à* PAUL.) Pardon! (*Elle sonne,* FRANÇOIS *paraît.*) Les journaux?

FRANÇOIS. M. de Saint-Réault les a pris ce matin, madame la comtesse. Ils sont dans sa chambre.

PAUL, *tirant le Journal Amusant de sa poche*. Si vous voulez, comtesse! . . .[3] (JEANNE *l'arrête brusquement, tire le Journal des Débats de la sienne et le remet à* MADAME DE CÉRAN.)

JEANNE. Il est d'aujourd'hui.

MADAME DE CÉRAN. Volontiers. . . . Je suis curieuse. . . . Encore pardon. (*Elle ouvre le journal et lit.*)

PAUL, *bas à sa femme*. Bravo! très bien! continue! Exquis le Joubert! et le Tocqueville! . . . Ah! ça. . . .

JEANNE, *bas*. Ce n'est pas de Tocqueville, c'est de moi.

PAUL. Oh!

MADAME DE CÉRAN, *lisant*. Revel très malade. . . . Allons donc! j'étais bien sûre! . . . Il ne perd pas de temps, Saint-Réault. (*Rendant le journal à* PAUL.) Je sais ce que je voulais savoir, merci! Je ne veux pas vous retenir, on va vous indiquer vos chambres. Nous dînons à six heures très précises; la duchesse est fort exacte, vous le savez. A quatre heures, le consommé; à cinq, la promenade; à six, le dîner. (*Quatre heures sonnent.*) Et tenez, quatre heures, la voici.

SCÈNE VI

LES MÊMES, LA DUCHESSE *entre suivie de* FRANÇOIS *qui dispose son fauteuil et son panier à tapisserie, et d'une femme de chambre qui porte le consommé. Elle va s'asseoir dans le fauteuil préparé pour elle.*

MADAME DE CÉRAN. Ma chère tante, voulez-vous me permettre de vous présenter. . . .

LA DUCHESSE, *s'installant*. Attends un peu. . . . Attends un peu. . . . Là! Me présenter qui donc? . . . (*Elle regarde avec son binocle.*) Ce n'est pas Raymond, j'imagine? . . . Il y a beau jour que je le connais.

PAUL, *s'avançant avec* JEANNE. Non, duchesse; mais madame Paul Raymond, sa femme, si vous le voulez bien.

LA DUCHESSE, *lorgnant* JEANNE *qui salue*. Elle est jolie! . . . Elle est très jolie! Avec ma petite Suzanne et Lucy, malgré ses lunettes, ça fera trois jolies femmes dans la maison. . . . Ce ne sera, ma foi, pas trop. (*Elle boit. A* JEANNE.) Et comment, charmante comme vous êtes, avez-vous épousé cet affreux républicain-là? . . .

PAUL, *se récriant*. Oh! duchesse! républicain, moi!

LA DUCHESSE. Ah! vous l'avez été au moins. (*Elle boit.*)

PAUL. Oh! bien, comme tout le monde, quand j'étais petit. C'est la rougeole politique cela, duchesse; tout le monde l'a eue.

LA DUCHESSE, *riant*. Ah! ah! la rou-

[1] *ad usum mundi*, for the use of society, popularized.
[2] *de Tocqueville*, 1805–1859, a political writer, author of *la Démocratie en Amérique*, etc.
[3] *Journal des Débats*, a very sedate and conservative paper.

geole! . . . Il est drôle. (*A* Jeanne.)
Et vous, êtes-vous un peu gaie aussi, mon
enfant, voyons?

Jeanne, *réservée.* Mon Dieu, madame
la duchesse, je ne suis pas ennemie d'une
gaieté décente . . . et je. . . .

La Duchesse. Oui; enfin, entre un
pinson [1] et vous, il y a une différence, je
vois cela. Tant pis! tant pis! . . . J'aime
qu'on soit gaie, moi . . . surtout à votre
âge. (*A la femme de chambre.*) Tenez,
ôtez-moi cela. (*Elle montre sa tasse.*)

Madame de Céran, *à la femme de
chambre.* Voulez-vous conduire madame
Raymond chez elle, mademoiselle? (*A*
Jeanne.) Votre appartement est par ici,
à côté du mien. . . .

Jeanne. Merci, madame. (*A* Paul.)
Venez, mon ami.

Madame de Céran. Non, votre mari,
je l'ai mis par là, lui, de l'autre côté, avec
nos laborieux; entre le comte, mon fils,
et M. Bellac, dans ce pavillon que nous
appelons ici, un peu prétentieusement peut-
être, le pavillon des Muses. (*A* Paul.)
François va vous y conduire; j'ai pensé
que vous seriez mieux là pour travailler.

Paul. Admirablement, comtesse, et je
vous remercie. (Jeanne *le pince.*) Aïe!

Jeanne, *doucement.* Allez, mon ami!

Paul, *bas.* Tu viendras au moins m'aider à défaire mes malles.

Jeanne. Comment?

Paul. Par les corridors, en haut.

La Duchesse, *à* Madame de Céran.
Si tu crois que tu leur fais plaisir avec ta
séparation de corps.[2]

Jeanne, *bas, à* Paul. Je suis trop
bonne.

Madame de Céran, *à* Jeanne. Comment, est-ce que cet arrangement vous
contrarie?

Jeanne. Moi, madame la comtesse,
mais pas le moins du monde. D'ailleurs,
vous savez mieux que personne *quid deceat,
quid non.*[3] (*Elle salue.*)

Madame de Céran, *à* Paul. Tout à
fait charmante! (*Ils sortent;* Paul *à
droite,* Jeanne *à gauche.*)

SCÈNE VII

Madame de Céran, La Duchesse, *assise
près de la table de gauche et travaillant
à sa tapisserie.*

La Duchesse. Ah! elle parle latin!
Allons! allons! elle ne déparera pas la
collection.

Madame de Céran. Vous savez, ma
tante, que Revel est au plus mal.

La Duchesse. Il ne fait que cela, et
puis qu'est-ce que cela me fait?

Madame de Céran, *s'asseyant.* Comment, ma tante! mais Revel est un second
Saint-Réault. Il occupe au moins quinze
places. Celle de Directeur de la Jeune
École, entre autres, une situation qui
mène à tout: voilà ce qu'il faudrait à
Roger. Justement il revient aujourd'hui
et j'ai le secrétaire du ministre à dîner ce
soir, vous le savez.

La Duchesse. Oui, une nouvelle
couche [4] qui s'appelle Toulonnier.

Madame de Céran. Ce soir, j'emporte
la place.[5]

La Duchesse. Alors tu veux en faire
un maître d'école, de ton fils, à présent?

Madame de Céran. Mais c'est le pied
à l'étrier, ma tante, comprenez donc!

La Duchesse. Il est vrai que tu l'as
élevé comme un pion.

Madame de Céran. J'en ai fait un
homme sérieux, ma tante.

La Duchesse. Oh! oui, parlons-en! un
homme de vingt-huit ans, qui n'a pas
encore seulement . . . fait une bêtise, je
le parierais; si ce n'est pas honteux!

Madame de Céran. A trente ans, il
sera de l'Institut, à trente-cinq à la Chambre.

La Duchesse. Ah çà! décidément, tu
veux recommencer avec le fils ce que tu as
fait avec le père?

Madame de Céran. Ai-je donc si mal
fait?

La Duchesse. Ah! pour ton mari, je
ne dis pas: un cœur sec, une intelligence
médiocre. . . .

Madame de Céran. Ma tante!

La Duchesse. Laisse-moi donc tranquille, c'était un imbécile, ton mari!

Madame de Céran. Duchesse!

La Duchesse. Un imbécile avec de la
tenue! Tu l'as poussé dans la politique.
C'était indiqué. Et encore tout ce que
tu as pu en faire, c'est un ministre de
l'agriculture et du commerce. Il n'y a
pas tant de quoi te vanter! Enfin, passe
pour lui; mais pour Roger, c'est autre

---

[1] *pinson,* finch. Proverbial expression: *gai comme un pinson.*
[2] *séparation de corps,* legal term, separate bed and board.
[3] *quid deceat, quid non,* what is fitting and what is not.
[4] *nouvelle couche,* lit. new social layer, a bourgeois.
[5] *j'emporte la place,* I carry the fort, land the job.

chose: il est intelligent, lui, il a du cœur ou il en aura . . . que diable! ou il ne serait pas mon neveu. Tu ne penses pas à cela, toi?

Madame de Céran. Je pense à sa carrière, ma tante!

La Duchesse. Et à son bonheur?

Madame de Céran. J'y ai pensé.

La Duchesse. Oui, oui, oh! Lucy, n'est-ce pas? Ils s'écrivent, je sais cela; c'est joli, va! Une jeune fille qui a des lunettes et qui n'a pas de gorge . . . , tu appelles ça penser à son bonheur, toi?

Madame de Céran. Duchesse, vous êtes terrible.

La Duchesse. Une manière d'aéro- lithe qui est tombé ici pour quinze jours et qui y est depuis deux ans, une pédante qui correspond avec les savants, qui tra- duit Schopenhauer.[1]

Madame de Céran. Une personne sérieuse, instruite, orpheline, extrêmement riche et bien née, la nièce du lord chance- lier qui me l'a recommandée . . . ce serait pour Roger une femme. . . .

La Duchesse. Cette banquise an- glaise? . . . brrr. . . . Rien qu'à l'em- brasser il aurait le nez gelé. Du reste, tu fais fausse route, tu sais. D'abord Bellac en tient[2] pour elle; oui, le professeur. Oh! il m'a demandé trop de renseignements. . . . Et puis elle en tient pour lui.

Madame de Céran. Lucy?

La Duchesse. Oui! Lucy! parfaite- ment! comme vous toutes, d'ailleurs; vous en êtes toutes folles! . . . Oh! mais je m'y connais mieux que toi, peut-être. Non, non, ce n'est pas Lucy qu'il faut à ton fils.

Madame de Céran. Oui! c'est Su- zanne, je sais vos desseins.

La Duchesse. Et je ne m'en cache pas! Oui, si j'ai amené Suzanne chez toi, c'est pour qu'il l'épouse. Si j'ai voulu qu'il fût son tuteur et un peu son maître c'est pour qu'il l'épouse, et il l'épousera, j'y compte bien.

Madame de Céran. Vous comptez sans moi, Duchesse, qui n'y consentirai jamais!

La Duchesse. Et pourquoi donc? Une enfant. . . .

Madame de Céran. Inquiétante d'ori- gine, inquiétante d'allures, sans éducation, sans tenue!

La Duchesse, éclatant de rire. Tout à fait moi, à son âge!

Madame de Céran. Sans fortune, sans naissance!

La Duchesse. Sans naissance! La fille de mon pauvre Georges, si beau, si bon, si brave. . . . Ta cousine, après tout. Et puis, et puis tu auras beau faire, tu sais, si le diable s'en mêle . . . et moi donc!

Madame de Céran. Il s'en est mêlé, Duchesse, mais pas comme vous l'espériez; c'est vous qui faites fausse route.

La Duchesse. Oh! le professeur! oui, oui, Bellac. Tu m'as dit cela. Tu crois qu'on ne peut pas aller à son cours sans l'aimer alors?

Madame de Céran. Mais Suzanne n'en manque pas un, ma tante, et elle prend des notes, et elle rédige, et elle travaille; un travail sérieux, Suzanne! Et quand il est là, elle ne le quitte pas d'un instant, elle boit ses paroles. Et tout cela pour la science, alors? Allons donc! ce n'est pas la science qu'elle aime, c'est le savant! c'est aussi clair! Il n'y a qu'à la voir avec Lucy, d'ailleurs: elle en est jalouse. Et cette coquetterie qui lui est venue, et son caractère, depuis quelque temps? Elle chante, elle boude, elle rou- git, elle pâlit, elle rit, elle pleure. . . .

La Duchesse. Giboulées d'avril: c'est la fleur qui vient. Elle s'ennuie, cette enfant.

Madame de Céran. Ici?

La Duchesse. Ici! Ah çà, est-ce que tu t'imagines qu'on s'amuse ici? Mais moi, tu entends, moi! . . . Est-ce que tu crois que si j'avais dix-huit ans je serais ici, moi, avec toutes tes vieilles et tous tes vieux? Ah! bien oui! Mais je serais toujours fourrée[3] avec des jeunes gens, moi! et les plus jeunes possible, et les plus beaux possible, et qui me feraient la cour le plus possible! Nous autres fem- mes, vois-tu, il n'y a qu'une seule chose qui ne nous ennuie jamais, c'est d'aimer et d'être aimées! Et plus je vieillis, plus je vois qu'il n'y a pas d'autre bonheur au monde.

Madame de Céran. Il y en a de plus sérieux, Duchesse.

La Duchesse. De plus sérieux que l'amour! Allons donc! C'est-à-dire que quand celui-là vous échappe, on s'en fait

---

[1] *Schopenhauer*, 1788–1860, German philosopher, exponent of pessimism.

[2] *en tient pour*, is interested in.

[3] *je serais fourrée*, I would be sticking.

d'autres: quand on est vieux on a des faux bonheurs comme on a des fausses dents, mais il n'y en a qu'un vrai! un seul! c'est l'amour! c'est l'amour, je te dis!

MADAME DE CÉRAN. Vous êtes romanesque, ma tante.

LA DUCHESSE. C'est de mon âge, ma nièce. Les femmes le sont deux fois: à seize ans pour elles, et à soixante ans pour les autres. En résumé, tu veux que Lucy épouse ton fils; moi, je veux que ce soit Suzanne; tu dis que c'est Suzanne qui aime Bellac, moi, je dis que c'est Lucy. Nous avons peut-être tort toutes les deux. C'est Roger qui jugera.

MADAME DE CÉRAN. Comment?

LA DUCHESSE. Oui; je lui exposerai la situation et pas plus tard que tout à l'heure, dès son arrivée.

MADAME DE CÉRAN. Vous voulez! . . .

LA DUCHESSE. Ah! c'est son tuteur! Il faut qu'il le sache. (*A part.*) Et puis ça l'émoustillera un peu, il en a besoin!

SCÈNE VIII

MADAME DE CÉRAN, LA DUCHESSE, LUCY, *en grande toilette décolletée, avec une pèlerine.*

LUCY. Je crois que voici votre fils, madame.

MADAME DE CÉRAN. Le comte!

LA DUCHESSE. Roger!

LUCY. Sa voiture entre dans la cour.

MADAME DE CÉRAN. Enfin!

LA DUCHESSE. Tu avais peur qu'il ne revînt pas?

MADAME DE CÉRAN. Qu'il ne revînt pas à temps, oui . . . à cause de cette place.

LUCY. Oh! . . . il m'avait écrit ce matin qu'il arriverait aujourd'hui, jeudi.

LA DUCHESSE. Et vous avez manqué le cours du professeur pour le voir plus tôt? c'est bien, cela.

LUCY. Oh! ce n'est pas pour cela, madame.

LA DUCHESSE, *bas à* MADAME DE CÉRAN. Tu vois? . . . (*Haut.*) Non, alors? . . .

LUCY. Non . . . je cherchais . . . je . . . c'est autre chose qui m'a retenue.

LA DUCHESSE. Ce n'est pourtant pas pour le nommé Schopenhauer [1] que vous avez fait cette toilette-là, j'imagine?

[1] *le nommé Schopenhauer,* Mr. Schopenhauer.
[2] *infamies,* horrors.
[3] *C'est égal,* all the same.

LUCY. Mais n'attend-on pas du monde ici, ce soir, madame?

LA DUCHESSE, *bas, à* MADAME DE CÉRAN. Bellac, c'est assez clair. (*A* LUCY.) Mes compliments, d'ailleurs. Il n'y a que ces affreuses lunettes. . . . Pourquoi donc portez-vous des infamies [2] pareilles?

LUCY. Parce que je n'y vois pas sans cela, madame.

LA DUCHESSE. Une belle raison! (*A part.*) Elle est pratique; j'ai horreur de cela, moi! . . . C'est égal,[3] elle est moins maigre que je ne croyais. Ces Anglaises ont d'aimables surprises.

MADAME DE CÉRAN. Ah! voici mon fils.

SCÈNE IX

LES MÊMES, ROGER

ROGER. Ma mère! ah! ma mère! . . . que je suis heureux de vous revoir.

MADAME DE CÉRAN. Et moi de même, mon cher enfant. (*Elle lui tend la main qu'il baise.*)

ROGER. Qu'il y a longtemps! . . . Encore! (*Il lui baise encore la main.*)

LA DUCHESSE, *à part.* Ils ne s'étouferont pas.

MADAME DE CÉRAN, *lui faisant voir* MADAME DE RÉVILLE. La duchesse, mon ami.

ROGER, *allant à* LA DUCHESSE. Duchesse!

LA DUCHESSE. Appelle-moi ma tante et embrasse-moi!

ROGER. Ma chère tante. . . . (*Il va pour lui baiser la main.*)

LA DUCHESSE. Non! . . . non! . . . sur les joues, moi, sur les joues, ce sont les petits profits de mon âge. . . . Mais regarde-moi donc! . . . tu as toujours ton petit air pion! Tiens! tu as laissé pousser tes moustaches, il est tout à fait mignon comme cela, ce garçon.

MADAME DE CÉRAN. J'espère bien, Roger, que vous couperez cela.

ROGER. Oui, ma mère, soyez tranquille. . . . Ah! Lucy; bonjour, Lucy! . . .

LUCY. Bonjour, Roger! (*Poignées de mains.*) Vous avez fait un bon voyage?

ROGER. Oh! des plus intéressants; figurez-vous un pays presque inexploré et, comme je vous l'écrivais, une mine véritable pour le savant, le poète et l'artiste.

LA DUCHESSE, *s'asseyant*. Et les femmes? Parle-moi un peu des femmes.

MADAME DE CÉRAN. Duchesse!

ROGER, *étonné*. De quelles femmes, ma tante?

LA DUCHESSE. De ces femmes d'Orient qui sont si belles, il paraît. . . . Ah! coquin!

ROGER. Je vous avouerai, ma tante, que le temps m'a manqué pour vérifier ce . . . détail.

LA DUCHESSE, *indignée*. Ce détail!

ROGER, *souriant*. Du reste, le gouvernement ne m'avait pas envoyé pour cela.

LA DUCHESSE. Mais qu'est-ce que tu as vu, alors?

ROGER. Vous lirez cela dans la *Revue archéologique*.

LUCY. Sur les monuments funéraires de l'Asie occidentale, n'est-ce pas, Roger?

ROGER. Oui, oh! Lucy, il y a là des *tumuli*. . . .

LUCY. Ah! des *tumuli!*

LA DUCHESSE. Voyons, voyons, vous marivauderez[1] quand vous serez seuls. Dis-moi un peu, tu dois être fatigué? . . . Tu arrives à l'instant?

ROGER. Oh! non, ma tante, je suis depuis hier soir à Paris.

LA DUCHESSE. Tu as été au spectacle?

ROGER. Non, j'ai été simplement voir le ministre.

MADAME DE CÉRAN. Très bien! et qu'est-ce qu'il t'a dit?

LUCY. Je vous laisse.

MADAME DE CÉRAN. Ah! vous pouvez rester, Lucy.

LUCY. Non, il est plus convenable que je vous laisse, je reviendrai tout à l'heure; . . . à tout à l'heure, Roger.

ROGER, *lui serrant la main*. A tout à l'heure, Lucy.

LA DUCHESSE, *à part*. Pour ceux-là, je les garantis calmes, on ne peut plus calmes. (LUCY *sort*. ROGER *l'accompagne jusqu'à la porte de droite*, MADAME DE CÉRAN *s'assied sur le fauteuil, de l'autre côté de la table.*)

SCÈNE X

LES MÊMES, *moins* LUCY

MADAME DE CÉRAN. Et qu'est-ce qu'il t'a dit, le ministre, voyons? . . .

LA DUCHESSE. Ah! oui, au fait, parlons-en un peu. Il y avait longtemps.

ROGER. Il m'a interrogé sur les résultats de mon voyage et m'a demandé mon rapport dans le plus bref délai, en assignant au jour de son dépôt une récompense que vous devinez, n'est-ce pas. (*Il montre sa boutonnière où est le ruban de chevalier.*)

MADAME DE CÉRAN. Officier?[2] C'est bien, mais j'ai mieux. Et puis?

ROGER. Et puis, il m'a chargé de vous présenter ses respects, ma mère, en vous priant de penser à lui, pour cette loi, au Sénat.

MADAME DE CÉRAN. Je penserai à lui s'il pense à nous. . . . Il faut te mettre à ton rapport sans tarder.

ROGER. A l'instant même.

MADAME DE CÉRAN. Tu as mis des cartes chez le président?

ROGER. Ce matin, oui, et chez le général de Briais et chez madame de Vielfond.

MADAME DE CÉRAN. Bon! il faut qu'on sache ton retour. Du reste, je ferai passer une note aux journaux. A ce propos, une observation. Les articles que tu as envoyés de là-bas sont bien: seulement j'y ai découvert avec étonnement une tendance à . . . comment dirai-je? à l'imagination, au style; il y a des paysages . . . des digressions . . . il y a même des vers. . . . (*D'un ton de reproche douloureux.*) des vers d'Alfred de Musset, mon enfant!

LA DUCHESSE. Oui, enfin, c'était presque amusant, méfie-toi de cela.

MADAME DE CÉRAN. La duchesse plaisante, mon ami, mais garde-toi de la poésie, je t'en prie. . . . Tu traites des matières sérieuses, sois sérieux.

ROGER. Je ne croyais pas, ma mère. . . . A quoi reconnaît-on qu'un article est sérieux, alors?

LA DUCHESSE, *montrant une brochure*. A ce qu'il n'est pas coupé, mon ami.

MADAME DE CÉRAN. Ta tante exagère, mon enfant; mais crois-moi, va, pas de poésie. Et maintenant, nous dînons à six heures. Tu as ton rapport sur les *tumuli* à faire et une heure devant toi. Je ne te retiens plus; va à ton travail, va! . . .

LA DUCHESSE. Un instant! . . . Maintenant que vos épanchements de cœur sont terminés, parlons d'affaires, s'il vous plaît. Et Suzanne?

ROGER. Oh! chère petite, où donc est-elle?

LA DUCHESSE. Au cours de littératures comparées, mon ami.

---

[1] *vous marivauderez*, you will exchange your gallantries. The duchess is ironical.

[2] *officier*, the rank above that of *chevalier* of the Legion of Honor.

ROGER. Suzanne?

LA DUCHESSE. Oui, au cours de Bellac.

ROGER. Bellac? . . . Qui, Bellac? . . .

LA DUCHESSE. Un champignon de cet hiver, le savant à la mode, un de ces abbés galants d'École Normale,[1] courtisant les femmes, courtisé d'elles, et se poussant par ce moyen. La princesse Okolitch, qui en est folle, comme toutes nos vieilles, du reste, a imaginé de lui faire faire deux fois par semaine, dans son salon, un cours dont la littérature est le prétexte et le cailletage[2] le but. Or, à force de voir toute la haute femellerie férue du génie de ce Vadius[3] jeune, aimable et facond, il paraît que ta pupille a fait comme les autres, voilà!

MADAME DE CÉRAN. Inutile, Duchesse.

LA DUCHESSE. Pardon, c'est son tuteur, il doit tout savoir.

ROGER. Mais qu'est-ce que cela veut dire, ma tante?

LA DUCHESSE. Ça veut dire que Suzanne est amoureuse de ce monsieur! là. . . . Comprends-tu?

ROGER. Suzanne! . . . allons donc! . . . cette gamine?

LA DUCHESSE. Oh! il ne faut pas longtemps à une gamine pour passer femme, tu sais.

ROGER. Suzanne!

LA DUCHESSE. Enfin, voilà ce que ta mère prétend.

MADAME DE CÉRAN. Je prétends, je prétends que cette . . . demoiselle recherche visiblement les bonnes grâces d'un homme beaucoup trop sérieux pour l'épouser, mais assez galant pour s'amuser d'elle, et je prétends que, dans ma maison, cette aventure qui n'en est encore qu'à l'inconvenance, n'aille pas jusqu'au scandale.

LA DUCHESSE, à ROGER. Tu entends?

ROGER. Mais, ma mère, vous me confondez! Suzanne! une enfant que j'ai laissée en robe courte, grimpant aux arbres, une gamine à qui je donnais des pensums, qui sautait sur mes genoux, qui m'appelait papa. . . . Allons donc! . . . C'est impossible . . . une dépravation aussi précoce. . . .

LA DUCHESSE. Une dépravation! parce qu'elle aime! Ah! tu es bien le fils de ta mère, toi, par exemple! . . . Et quant à être précoce, il y a beau jour qu'à son âge

mon cœur avait parlé. . . . C'était un hussard, moi! oui, bleu et argent! superbe! . . . Il était bête comme son sabre! mais à cet âge-là! . . . Un cœur neuf, c'est comme une maison neuve, ce ne sont pas les vrais locataires qui essuient les plâtres![4] Enfin, il paraît que Bellac. . . . Ah! c'est invraisemblable; mais les jeunes filles . . . il faut se méfier. (A part.) Je n'en crois pas un mot, mais ça l'émoustille. . . . (Haut.) Et c'est pourquoi tu vas me faire le plaisir de planter là tes *tumuli*, et de t'occuper d'elle et rien que d'elle.

SCÈNE XI

MADAME DE CÉRAN, LA DUCHESSE, ROGER, SUZANNE

SUZANNE, *entrant à pas de loup derrière* ROGER, *lui met la main sur les yeux.* Coucou! . . .

ROGER, *se levant.* Hein?

SUZANNE, *venant se placer devant lui.* Ah! la voilà.

ROGER, *surpris.* Mais, mademoiselle.

SUZANNE. Vilain! . . . qui ne reconnaît pas sa fille.

ROGER. Suzanne!

LA DUCHESSE, à part. Il rougit.

SUZANNE. Eh bien! tu ne m'embrasses pas?

MADAME DE CÉRAN. Suzanne, voyons, il n'est pas convenable. . . .

SUZANNE. D'embrasser son père? . . . Ah bien! (*Elle va à lui.*)

LA DUCHESSE, à ROGER. Mais embrasse-la donc, voyons! (*Ils s'embrassent.*)

SUZANNE. C'est moi qui suis contente! . . . Je ne savais pas que tu arrivais aujourd'hui, figure-toi! C'est madame de Saint-Réault qui m'a appris cela, au cours, tout à l'heure; alors, moi, sans rien dire . . . j'étais précisément près d'une porte . . . je me suis esquivée et j'ai couru au chemin de fer!

MADAME DE CÉRAN. Seule?

SUZANNE. Oui, toute seule! Oh! C'est amusant! . . . Mais le plus drôle, vous allez voir! . . . J'arrive au guichet, pas d'argent, ah!! Voyant cela, un monsieur qui prenait son billet m'offre de prendre

---

[1] *abbés galants d'École Normale*, professors who are graduates of the Higher Normal School and have the unction and gallantry of ecclesiastics for society women.

[2] *cailletage*, small talk, especially by women: from *caille*, quail.

[3] *Vadius*, a pedant in Molière's *Femmes savantes*.

[4] *essuient les plâtres*, lit. wipe the plaster, being the first occupants, generally until the plaster is dried, of a newly built house.

le mien, un jeune homme très poli. Il allait à Saint-Germain justement. Et puis un autre, un vieux très respectable! Et puis un troisième, et puis tout le monde, tous les messieurs qui étaient là . . . ils allaient tous à Saint-Germain: " Mais, mademoiselle, je vous en prie! . . . Je ne souffrirai pas. . . . Moi, mademoiselle; moi! . . ." J'ai donné la préférence au vieux respectable; tu comprends, c'était plus convenable.

MADAME DE CÉRAN. Tu as accepté?

SUZANNE. Je ne pouvais pas rester là, voyons.

MADAME DE CÉRAN. D'un étranger?

SUZANNE. Puisque c'était un vieux respectable! . . . Oh! il a été très bien; il m'a aidée à monter en wagon. . . . Oh! très bien! tous, du reste! . . . car ils étaient tous montés avec nous. Et si aimables! Ils m'offraient les coins, ils levaient les glaces, et puis ils s'empressaient: " Par ici, mademoiselle; . . . non, vous iriez en arrière." . . . "Tenez, par là; pas de soleil, mademoiselle!" . . . et ils tiraient leurs manchettes, et ils frisaient leurs moustaches, et ils faisaient des grâces, tout à fait comme pour une dame. . . . Oh! oui, c'est amusant de sortir seule! . . . Il n'y a que le vieux respectable qui me parlait toujours de ses propriétés immenses! . . . ça m'était bien égal.

MADAME DE CÉRAN. Mais c'est monstrueux!

SUZANNE. Oh! non; mais le plus étonnant, c'est qu'en arrivant, je retrouve mon porte-monnaie! dans ma poche! . . . Alors, j'ai remboursé le vieux respectable, j'ai fait une belle révérence à ces messieurs, et j'ai filé. Ah! ah! ils me regardaient tous. . . . (A ROGER.) comme toi, tiens! . . . Qu'est-ce qu'il a? . . . Mais embrasse-moi donc encore? . . .

MADAME DE CÉRAN, à LA DUCHESSE. Voilà une inconvenance qui dépasse toutes les autres.

SUZANNE. Une inconvenance!

LA DUCHESSE. Tu vois bien qu'elle n'a pas conscience. . . .

MADAME DE CÉRAN. Une jeune fille, seule, par les chemins!

SUZANNE. Lucy sort bien seule!

MADAME DE CÉRAN. Lucy n'a pas dix-huit ans.

SUZANNE. Je crois bien! Elle en a au moins vingt-quatre!

MADAME DE CÉRAN. Lucy sait se conduire.

SUZANNE. Pourquoi? parce qu'elle a des lunettes?

LA DUCHESSE, riant. Suzanne! voyons! . . . (à part). Je l'adore, moi, cette enfant-là!

MADAME DE CÉRAN. Lucy n'a pas été renvoyée du couvent.

SUZANNE. Oh! cela, c'est une injustice, tu vas voir. Quand je m'ennuyais. . . .

MADAME DE CÉRAN. Inutile, votre tuteur le sait. . . .

SUZANNE. Oui, mais il ne sait pas pourquoi. . . . Tu vas voir si c'est une injustice. Quand je m'ennuyais trop en classe, je me faisais mettre à la porte pour aller au jardin, tu comprends! . . . Oh! mon Dieu! c'était bien facile. . . . J'avais un moyen! Au milieu d'un grand silence, je m'écriais:—" Ah! ce Voltaire, quel génie! "[1] La sœur Séraphine me disait tout de suite: " Sortez, mademoiselle! " Ce n'était pas long et ça prenait toujours. Une fois, qu'il faisait un beau soleil, je regardais par le carreau et tout d'un coup, je dis: " Ah! ce Voltaire, quel génie! " et j'attends. Rien! . . . Je répète: " Oh! ce Voltaire . . . ! " Encore rien . . . un silence! Tout étonnée, je me retourne. Ma mère supérieure était là, je ne l'avais pas entendue entrer. Tableau! Elle ne m'a pas envoyée au jardin, non, elle m'a renvoyée ici! Ah bien! tant pis! . . . Assez de couvent comme ça . . . maintenant je suis une femme! . . . Tiens!

MADAME DE CÉRAN. Votre conduite ne le prouve guère; madame de Saint-Réault doit mourir d'inquiétude.

SUZANNE. Oh! le cours était presque fini; elle sera ici dans un instant avec les autres et M. Bellac. . . . Oh! c'est lui qui a parlé aujourd'hui! . . . Oh!

LA DUCHESSE, regardant ROGER. Hum!

SUZANNE. Et ce que ces dames l'ont applaudi! . . . Et il n'en manquait pas à son cours, je vous en reponds! Et dans des toilettes! . . . Ça avait l'air d'un mariage à Sainte-Clotilde.[2] . . . Oh! mais il a été . . . (faisant claquer un baiser sur ses doigts) superbe!

LA DUCHESSE, regardant ROGER. Hum!

SUZANNE. Superbe! . . . Aussi, il fallait entendre ces dames. . . . " Ah! charmant! charmant! . . ." Madame de Loudan en poussait des petits cris de cochon

---

[1] Voltaire, the great sceptic and scoffer of the eighteenth century, would naturally be anathema in a school conducted by nuns.

[2] Sainte-Clotilde, a church where aristocratic marriages are celebrated.

d'Inde [1] . . . ah! ah! ah! Je ne l'aime pas, moi, cette femme-là!

LA DUCHESSE, *regardant* ROGER. Hum! (*A* SUZANNE.) Et alors, voilà les notes que tu prends au cours, toi? . . .

SUZANNE. Moi? . . . oh! j'en prends d'autres. (*A* ROGER.) Tu verras.

LA DUCHESSE, *à* ROGER, *prenant le cahier de notes que* SUZANNE *a déposé sur la table en entrant.* On peut voir tout de suite. (*Cinq heures sonnent.*) Cinq heures! Oh! oh! et ma promenade! (*Bas à* ROGER.) Eh bien, y vois-tu quelque chose . . . pour Bellac?

ROGER. Non, je. . . .

LA DUCHESSE. Cherche! examine! déchiffre! C'est un palimpseste qui en vaut bien un autre! Après tout, c'est ton métier.[2] . . .

ROGER. Je n'y entends rien.

LA DUCHESSE. Et c'est ton devoir!

MADAME DE CÉRAN, *à part.* Que de temps perdu!

LA DUCHESSE, *à part, regardant* ROGER. Ça l'émoustille!

SUZANNE, *à part, les regardant tous.* Qu'est-ce qu'ils ont donc?

SCÈNE XII

ROGER, SUZANNE

SUZANNE. Comme tu me regardes! . . . Parce que je suis venue seule? . . . Tu es fâché?

ROGER. Non, Suzanne, et pourtant vous devez comprendre. . . .

SUZANNE. Mais tu me dis vous! ce n'est pas parce que tu es fâché?

ROGER. Non, et cependant. . . .

SUZANNE. Alors, c'est parce que tu trouves que je suis une femme, maintenant? . . . hein? . . . oui, n'est-ce pas? . . . dis-le! . . . oh! dis-le . . . cela me fera tant de plaisir.

ROGER. Oui, Suzanne, vous êtes une femme maintenant et c'est précisément pour cela qu'il faut vous observer davantage.

SUZANNE, *se pressant contre lui.* C'est cela, gronde-moi, toi, je veux bien.

ROGER, *la repoussant doucement.* Voyons, mettez-vous là!

SUZANNE. Mais attends donc! tu me dis: vous; tu veux que je te dise vous aussi, alors?

ROGER. Cela vaudrait mieux.

SUZANNE. Oh! que c'est amusant! . . . mais pas facile!

ROGER. Il y a bien d'autres convenances auxquelles il faudra désormais vous astreindre, et c'est précisément là le reproche. . . .

SUZANNE. Oui, oui, oh! je sais: pas de tenue! monsieur Bellac me l'a assez dit.

ROGER. Ah! monsieur. . . .

SUZANNE. Mais qu'est-ce que tu veux? . . . pas moyen . . . ce n'est pas ma faute, va, je te jure, je vous jure. . . . Tu vois, ce n'est pas facile; je m'étais pourtant bien promis qu'à ton . . . qu'à votre retour, tu me . . . vous . . . ah bien! je ne peux pas! tant pis! ce sera pour une autre fois; oui, je m'étais promis qu'à ton retour tu me retrouverais aussi raide que Lucy, et ce que[3] je m'appliquais! . . . Voilà six mois que je m'applique. . . . Et puis, tout à coup j'apprends que tu arrives . . . et patatras! six mois de perdus, je manque mon effet!

ROGER, *d'un ton de reproche.* Je manque mon effet!

SUZANNE. Ah! oui, je suis contente que tu sois revenu! . . . Je t'aime tant! mais tant! je t'adore! . . .

ROGER. Suzanne! Suzanne! perdez donc l'habitude de vous servir de mots dont vous ne connaissez pas la portée.

SUZANNE. Comment! . . . je ne connais pas! . . . mais je connais très bien! . . . je t'adore, je te dis. Est-ce que tu ne m'aimes pas, toi, avec ton air tout drôle? . . . Pourquoi as-tu un air tout drôle? . . . N'est-ce pas que tu m'aimes mieux que Lucy?

ROGER. Suzanne!

SUZANNE. Bien sûr! Tu ne vas pas l'épouser?

ROGER. Suzanne!

SUZANNE. On me l'a dit.

ROGER. Allons! . . . allons!

SUZANNE. Alors pourquoi lui écris-tu? . . . oui, tu lui as écrit vingt-sept lettres, à elle! . . . oh! je les ai comptées . . . vingt-sept.

ROGER. C'était sur des choses. . . .

SUZANNE. Et encore une ce matin . . . toujours sur des choses, alors? Qu'est-ce que tu lui écrivais, hein . . . ce matin?

ROGER. Mais tout simplement que j'arriverais jeudi.

---

[1] *cochon d'Inde,* guinea pig.

[2] Roger is an archæologist, used to deciphering palimpsests. Suzanne, because of her mysterious behavior, is compared to a palimpsest.

[3] *et ce que . . .* and how.

SUZANNE. Que tu arriverais jeudi? que ça! bien vrai? Mais pourquoi pas à moi, alors? Je t'aurais vu la première.

ROGER. Mais ne vous ai-je pas écrit pendant mon absence? et souvent.

SUZANNE. Oh! souvent . . . dix fois! et encore des petits mots de rien du tout, au bas d'une page comme à un baby. Je ne suis plus un baby, va, j'ai bien réfléchi pendant ces dix mois; j'ai appris des choses! . . .

ROGER. Quoi? . . . quelles choses? (SUZANNE *se penche sur son épaule et pleure.*) Suzanne, qu'avez-vous?

SUZANNE, *essuyant ses yeux en voulant rire.* Ah! et puis j'ai travaillé! . . . oh! mais beaucoup! Tu sais, mon piano . . . l'horrible piano. . . . Eh bien, je joue du Schumann, maintenant; c'est raide, hein?

ROGER. Oh! . . .

SUZANNE. Veux-tu que je t'en joue?

ROGER. Non, plus tard.

SUZANNE. Tu as joliment raison! Et puis je suis devenue savante.

ROGER. Oui, vous suivez les cours de M. Bellac; c'est M. Bellac qui m'a remplacé, alors?

SUZANNE. Oui. Ah! il a été bon! Oh! je l'aime bien aussi.

ROGER. Ah!

SUZANNE, *vivement.* Tu es jaloux de lui?

ROGER. Moi! . . .

SUZANNE. Oh! dis-le, je comprends ça! Je suis si jalouse, moi! . . . oh! . . . mais toi, pourquoi? Toi et un autre, ce n'est pas la même chose. . . . Est-ce que tu n'es pas mon père, toi?

ROGER. Permettez, votre père. . . .

SUZANNE. Mais qu'est-ce que tu as donc? Voyons, câline-moi un peu, comme autrefois.

ROGER. Comme autrefois, non.

SUZANNE. Si! . . . si! . . . comme autrefois. (*Elle va pour l'embrasser.*)

ROGER. Suzanne, ah! non, plus cela.

SUZANNE. Pourquoi?

ROGER. Allez-vous-en, voyons. Tss! tss! tss! (*Il s'assied sur le canapé.*)

SUZANNE. J'aime bien quand tu fais: tss! tss! tss!

ROGER, *même jeu.* Soyez raisonnable.

SUZANNE. Ah! . . . assez de raison pour aujourd'hui. (*Elle lui ébouriffe les cheveux en riant.*)

ROGER. Allez-vous-en! . . . Une grande fille! . . .

SUZANNE, *jalouse.* Oh! si c'était Lucy.

ROGER. Voyons, va-t'en!

SUZANNE. Tu m'as dit: tu. Un gage.[1] (*Elle s'assied sur ses genoux et l'embrasse.*)

ROGER. Suzanne, encore une fois!

SUZANNE. Oui, encore une fois. (*Elle l'embrasse.*)

ROGER, *la repousse et se lève.* C'est intolérable!

SUZANNE. Je suis taquine, hein? Bah! je vais te chercher mes cahiers, ça nous raccommodera. . . . (*Elle s'arrête à la porte et regarde.*) Ah! voilà ces dames et M. Bellac! Comment! Lucy est décolletée! Attends un peu. (*Elle sort en courant.*)

ROGER, *seul, très agité.* Intolérable! . . .

SCÈNE XIII

ROGER, LA DUCHESSE

LA DUCHESSE. Eh bien?

ROGER. Eh bien?

LA DUCHESSE. Comme tu es ému!

ROGER. Eh bien! . . . Elle a été très affectueuse . . . trop peut-être!

LA DUCHESSE. Je t'engage à te plaindre. . . . Alors, tu n'as rien trouvé? Moi, j'ai trouvé ça. . . . (*Elle tire un portrait-carte du cahier de notes de* SUZANNE.)

ROGER. La photographie? . . .

LA DUCHESSE. Du professeur . . . oui. . . .

ROGER. Dans son cahier!

LA DUCHESSE, *légèrement.* Oui, mais ceci. . . .

ROGER. Ah! permettez, ceci. . . .

LES DAMES, *du dehors.* Admirable, cette leçon! . . . Magnifique!

LA DUCHESSE. Le voilà, le bel objet! avec ses gardes du corps!

SCÈNE XIV

LES MÊMES, BELLAC, MADAME ARRIÉGO, MADAME DE LOUDAN, MADAME DE SAINT-RÉAULT, MADAME DE CÉRAN, LUCY

MADAME DE SAINT-RÉAULT. Superbe . . . il a été superbe!

BELLAC. Madame de Saint-Réault, épargnez-moi!

MADAME DE LOUDAN. Idéal! . . . vous entendez? Idéal. . . .

BELLAC. Marquise! . . .

---

[1] *un gage.* a forfeit.

MADAME ARRIÉGO. Beau! . . . beau!
. . . beau! . . . Oh! je suis passionnée!

BELLAC. Madame Arriégo! voyons!

MADAME DE LOUDAN. Enfin, mesdames, disons le mot: il a été . . . dangereux! mais n'est-ce pas son péché d'habitude?

BELLAC. De grâce, madame de Loudan.

MADAME DE LOUDAN. Oh! d'abord,
moi, je suis folle de votre talent, oui, oui,
folle! et de vous aussi! . . . Oh! je ne
m'en cache pas! Je le dis partout! cy-
niquement. . . . Vous êtes un des dieux
de mon Olympe! . . . c'est du fétichisme!

MADAME ARRIÉGO. Vous savez que j'ai
un autographe de lui dans mon médaillon.
(*Elle montre son cou.*) Là.

MADAME DE LOUDAN, *montrant sa poitrine.* Et moi, une de ses plumes, là!

LA DUCHESSE, *à* ROGER. Vieilles
chattes!

MADAME DE LOUDAN, *à* MADAME DE
CÉRAN. Ah! comtesse, comment n'étiez-
vous pas à ce cours?

MADAME DE CÉRAN, *présentant* ROGER.
Voici mon excuse! Mon fils, mesdames.

LES DAMES. Ah! Comte!

MADAME DE LOUDAN. Voilà donc l'exilé de retour!

ROGER, *saluant.* Mesdames!

MADAME DE CÉRAN, *présentant* BELLAC
à son fils. Monsieur Bellac . . . le comte
Roger de Céran.

MADAME DE LOUDAN. Je reconnais que
l'empêchement était inéluctable . . . mais
vous, Lucy, vous.

LUCY. Moi, j'avais affaire ici.

MADAME DE LOUDAN. Vous absente,
il lui manquait sa muse.

BELLAC, *galamment.* Ah! Marquise, je
pourrais vous répondre: vous en êtes une
autre.

MADAME DE LOUDAN. Il est charmant.
(*A* LUCY.) Ah! vous ne savez pas ce que
vous avez perdu.

LUCY. Oh! je sais. . . .

MADAME ARRIÉGO. Non! elle ne le sait
pas! une flamme! une passion!

MADAME DE LOUDAN. Une suavité de
parole! une délicatesse de pensée!

BELLAC. Devant un pareil auditoire,
qui ne serait éloquent?

LA DUCHESSE. Et de quoi a-t-il parlé
aujourd'hui?

TOUTES. De l'amour!

LA DUCHESSE, *à* ROGER. Bien entendu!

MADAME ARRIÉGO. Et comme un poète!

MADAME DE LOUDAN. Et comme un
savant! un psychologue doublé d'un rêveur! une lyre et un scalpel! . . . C'était.
. . . Ah! il n'y a qu'une chose que je
n'accepte pas, c'est que l'amour ait sa
raison dans l'instinct.

BELLAC. Mais, marquise, je parlais. . . .

MADAME DE LOUDAN. Ah! cela, non!
non!

BELLAC. Je parlais de l'amour dans la
nature.

MADAME DE LOUDAN. L'instinct,
pouah! Mesdames, aidez-moi, défendons-
nous! Lucy!

BELLAC. Vous tombez mal, marquise,
miss Watson tient pour l'instinct.

MADAME DE SAINT-RÉAULT. Est-il possible, Lucy!

MADAME DE LOUDAN. L'instinct!

MADAME ARRIÉGO. Dans l'amour!

MADAME DE LOUDAN. Mais c'est voler
à l'âme son plus beau fleuron; mais il n'y
a plus ni bien ni mal alors, Lucy.

LUCY, *froidement.* Il ne s'agit ici ni
du bien ni du mal, madame, mais de
l'existence même de l'espèce.

LES DAMES, *protestant.* Oh!

LA DUCHESSE, *à part.* Décidément, elle
est pratique!

MADAME DE LOUDAN, *avec indignation.*
Tenez, vous dénimbez [1] l'amour!

LUCY. Hunter et Darwin.[2] . . .

MADAME DE LOUDAN. Non! non! non!
Personne mieux que moi ne connaît les
fatalités du corps! La matière nous
domine, nous oppresse, je le sais! je le
sens! mais laissez-nous au moins le refuge
psychique des pures extases!

BELLAC. Mais, marquise. . . .

MADAME DE LOUDAN. Taisez-vous!
vous êtes un vilain! Je ne veux pas frapper mon dieu! ce serait un sacrilege, mais
je vous boude.

LA DUCHESSE, *à part.* Petite follette!

BELLAC. Nous nous réconcilierons, je
l'espère, quand vous lirez mon livre.

MADAME DE LOUDAN. Mais quand?
mais quand? Oh! ce livre, le monde entier l'attend! et il n'en veut rien dire, pas
même le titre!

TOUTES. Le titre, au moins, le titre!

MADAME ARRIÉGO. Lucy! vous! insistez!

---

[1] *dénimber*, take away the halo.
[2] *Hunter*, 1728–1793, an English pathologist; *Darwin*, 1809–1882, English naturalist.

Lucy. Eh bien! le titre?

Bellac, à Lucy après un temps. Mélanges!

Madame de Loudan. Oh! que c'est joli . . . mais quand! mais quand?

Bellac. J'en hâte la publication, comptant bien qu'elle me sera un droit de plus à la place que je sollicite.

Madame de Céran. Vous sollicitez?

Madame Arriégo. Que peut-il désirer encore?

Madame de Loudan. Lui, le filleul des fées!

Bellac. Mon Dieu! ce pauvre Revel est au plus mal, vous le savez. Et à tout évènement, je l'avoue sans pudeur, j'ai posé ma candidature à la direction de la Jeune École.

La Duchesse, à Madame de Céran. Et de trois!

Bellac. Mesdames, le cas échéant, ce qu'à Dieu ne plaise, je me recommande à votre toute-puissance.

Les Dames. Soyez tranquille, Bellac.

Bellac, allant vers la Duchesse. Et vous, duchesse, puis-je espérer?

La Duchesse. Oh! moi! mon cher monsieur, il ne faut rien me demander avant le dîner; la fatalité du corps me domine, comme dit madame de Loudan. (On entend une cloche.) Et tenez, voilà le premier coup, vous n'avez plus qu'un quart d'heure. Allez vous habiller, nous causerons de cela à table.

Madame de Céran. A table! mais monsieur Toulonnier n'est pas arrivé, duchesse!

La Duchesse. Ah! c'est ça qui m'est égal, par exemple; à six heures précises, avec ou sans lui. . . .

Madame de Céran. Sans lui! un secrétaire général!

La Duchesse. Oh! sous la République![1] (Suzanne entre avec ses cahiers sous le bras et va les poser sur la table de droite.)

Madame de Céran. Je vais à sa rencontre. (A Bellac.) Mon cher professeur, on va vous montrer votre chambre. (Elle sonne, François entre.)

Bellac. Inutile, comtesse, j'ai ce bonheur de connaître le chemin. (Bas, à Lucy.) Vous avez reçu ma lettre?

Lucy. Oui, mais. . . . (Bellac lui fait signe de se taire, s'incline et sort par la porte d'appartement à droite.)

Madame de Loudan. Et nous, mesdames, allons nous faire belles pour le dieu!

Madame Arriégo. Allons!

Madame de Céran. Venez-vous avec moi, Lucy?

Lucy. Volontiers, madame.

Madame de Loudan. Dans cette toilette? Vous ne redoutez pas la perfide beauté des soirs de printemps, ma chère?

Lucy. Oh! je n'ai pas froid.

Madame de Loudan. Vous êtes une fille des brumes, c'est vrai. Pour moi, j'ai grand'peur de ces humidités bleues. (Elle sort avec Madame Arriégo par la porte d'appartement, à gauche. Au moment où Lucy va suivre Madame de Céran dans le jardin, elle est arrêtée par François.)

François, à Lucy. Je ne trouve toujours pas ce papier rose, miss.

Suzanne, ramassant un papier rose qu'elle vient de faire tomber de la table en dérangeant les papiers qui l'encombrent pour y poser ses cahiers, et à part. Un papier rose! (Elle le regarde.)

Lucy. Ah! oui, la lettre de ce matin.

Suzanne, à part, la cachant vivement derrière elle. La lettre de ce matin!

Lucy, s'en allant. Oh! bien! ne cherchez plus, c'est inutile. (Elle sort par la porte du jardin. François sort derrière elle.)

SCÈNE XV

La Duchesse, Roger, Suzanne

Suzanne, à part, regardant Lucy puis Roger. La lettre de ce matin!

La Duchesse. Comment! tu n'es pas encore prête, toi non plus? Mais qu'est-ce que tu viens faire ici? (Suzanne regarde Roger sans répondre.)

Roger, à la Duchesse. Ah! ce sont ses cahiers. Donnez, Suzanne. (Il va à elle, Suzanne lui tend ses cahiers en le regardant toujours, sans parler.) Qu'est-ce qu'elle a?

La Duchesse. Voyons un peu ces cahiers! (Roger va a la Duchesse assise à gauche. Suzanne, à droite près de la table, essaie de déplier sans être vue le papier qu'elle tient de la main gauche.)

Roger, regardant Suzanne, et à part avec étonnement.—C'est singulier.

La Duchesse, à Roger, l'attirant à elle.

[1] *Oh! sous la République.* The old duchess is an unregenerate aristocrat and has not much respect for ministers whom she called before *nouvelle couche.*

Mais plus près donc! Ah! dame, mes yeux! . . .

ROGER, *baisse les cahiers tout en regardant furtivement* SUZANNE, *et tout d'un coup il saisit le bras de* LA DUCHESSE. *Bas.—* Ma tante!

LA DUCHESSE, *bas à* ROGER. Qu'est-ce qui te prend?

ROGER. Regardez! Ne levez pas la tête. Elle cherche à lire quelque chose! Une lettre! Voyez-vous? elle se cache; voyez-vous?

LA DUCHESSE. Oui!

SUZANNE, *qui a ouvert le papier, lisant.* " J'arriverai jeudi." (*Avec étonnement.*) De Roger! Sa lettre de ce matin à Lucy! (*Elle regarde le papier.*) Mais pourquoi écrit comme ça renversé et pas signé? (*Elle lit.*) " Le soir, à dix heures, dans la serre. Ayez la migraine." Ah!

LA DUCHESSE. Mais qu'est-ce que ça peut être? (*Appelant.*) Suzanne!

SUZANNE, *surprise, met la main qui tient la lettre derrière son dos et se retournant vers* LA DUCHESSE. Ma tante?

LA DUCHESSE. Qu'est-ce que tu lis donc là?

SUZANNE. Moi, ma tante? Rien. . . .

LA DUCHESSE. Il me semblait. . . . Viens donc ici.

SUZANNE, *glissant la lettre sous les livres de la table contre laquelle elle est appuyée avec sa main gauche qu'elle tient derrière son dos.* Oui! ma tante! . . . (*Elle marche vers* LA DUCHESSE.)

LA DUCHESSE, *à part.* Ah! mais voilà qui est curieux, par exemple.

SUZANNE, *près de* LA DUCHESSE. Qu'est-ce que vous voulez, ma tante?

LA DUCHESSE. Va donc me chercher un manteau.

SUZANNE, *hésitant.* Mais. . . .

LA DUCHESSE. Tu ne veux pas?

SUZANNE. Si . . . , si, ma tante.

LA DUCHESSE. Là, dans ma chambre. Va! (SUZANNE *sort. A* ROGER.) Sur la table, vite!

ROGER. Quoi?

LA DUCHESSE. La lettre! cachée! Je l'ai vue!

ROGER. Cachée! . . . (*Il va à la table et cherche.*)

LA DUCHESSE. Oui, dans le coin, là, sous le livre noir! Tu ne vois rien?

ROGER. Non. . . . Ah! si! . . . Un papier rose! (*Il prend la lettre et l'apporte en lisant, à* LA DUCHESSE.) Oh!

LA DUCHESSE. Quoi donc?

ROGER, *lisant.* " J'arriverai jeudi." De Bellac!

LA DUCHESSE, *lui arrachant la lettre et la regardant.* De! . . . Mais ce n'est pas signé! Et l'écriture. . . .

ROGER. Renversée, oui. Oh! le monsieur est prudent! Mais " j'arriverai jeudi " c'est lui ou moi!

LA DUCHESSE, *lisant.* " Le soir à dix heures dans la serre. Ayez la migraine! " Un rendez-vous! (*Lui tendant la lettre.*) Vite! vite! remets-la! Je l'entends.

ROGER, *troublé.* Oui. . . . (*Il remet la lettre où il l'a prise.*)

LA DUCHESSE. Et reviens maintenant.

ROGER, *toujours troublé.* Oui, oui!

LA DUCHESSE. Vite donc! vite! (RO-GER *reprend sa place auprès de sa tante.*) Et du calme! la voilà! . . . (SUZANNE *rentre. Haut, en feuilletant les cahiers.*) Eh bien! mais, c'est très bien cela, très bien!

SUZANNE. Voici votre manteau, ma tante.

LA DUCHESSE. Merci, mon enfant. (*Bas à* ROGER.) Parle donc, toi. (SU-ZANNE *va à la table, reprend la lettre et y jette encore les yeux en se détournant comme auparavant, pendant que* ROGER *parle.*)

ROGER, *troublé.* Il y a, en effet, là . . . des progrès étonnants . . . et . . . je m'étonne. . . . (*Bas à* LA DUCHESSE, *montrant* SUZANNE.) Ma tante!

LA DUCHESSE, *bas.* Oui, elle l'a reprise, je l'ai vue. (*On entend la cloche, haut.*) Le second coup! Mais va donc t'habiller, Suzanne, tu ne seras jamais prête!

SUZANNE, *à part, regardant* ROGER. Un rendez-vous! à Lucy! Oh! (*Elle marche sur* ROGER *sans rien lui dire et, le regardant toujours, lui prend des mains ses cahiers, les déchire, les jette à terre avec colère et sort.*)

SCÈNE XVI

LA DUCHESSE, ROGER

ROGER, *stupéfait, se tournant vers* LA DUCHESSE. Ma tante?

LA DUCHESSE. Un rendez-vous!

ROGER. De Bellac!

LA DUCHESSE. Allons donc![1] . . .

ROGER, *se laissant tomber sur un siège.* Je n'ai plus ni bras ni jambes! (*On entend des voix au dehors; la porte du fond s'ouvre.*)

[1] *Allons donc!* Come! Come! expressing unbelief.

La Duchesse. *regardant au dehors.* Et voilà le Toulonnier![1] et tout le monde! et le dîner! . . . Tiens, va mettre ton habit, ça te calmera, tu es pâle! . . .

Roger. Suzanne, ce n'est pas possible, enfin! (*Il sort.*)

La Duchesse. Eh! non, ce n'est pas possible . . . et cependant! . . .

SCÈNE XVII

La Duchesse, Madame de Céran, Toulonnier, Saint-Réault, Madame de Saint-Réault; *peu après,* Lucy, Madame de Loudan, Madame Arriégo, *entourant* Bellac

Madame de Céran, *présentant* Toulonnier *à la* Duchesse. Monsieur le secrétaire général, ma tante.

Toulonnier, *saluant.* Madame la Duchesse!

La Duchesse. Ma foi, mon cher monsieur Toulonnier, j'allais dîner sans vous.

Toulonnier. Excusez-moi, madame la Duchesse, mais les affaires! Nous sommes littéralement débordés. Vous voudrez bien me permettre de me retirer de bonne heure, n'est-ce pas?

La Duchesse. Comment donc? Avec plaisir.

Madame de Céran, *embarrassée.* Hum! Ah! Monsieur Bellac!

Toulonnier, *à qui* Madame de Céran *présente* Bellac. Monsieur! (Bellac *et lui se serrent la main et causent.*)

Madame de Céran, *revenant à la* Duchesse. Ménagez-le, ma tante, je vous en prie.

La Duchesse. Ton républicain? Allons donc! Un homme qui nous donne vingt minutes, comme le roi! A-t-on idée de cela?

Madame de Céran. Au moins, vous accepterez son bras pour aller à table?

La Duchesse. Pas du tout! Garde-le pour toi! Je prendrai le petit Raymond, moi; c'est plus gai.

Roger, *arrivant habillé et effaré, à la* Duchesse. Ma tante!

La Duchesse. Qu'est-ce qu'il y a encore? Quoi?

Roger. Oh! mais une chose! . . . Je viens d'entendre dans le corridor! . . . En haut. . . . Oh! c'est à ne pas croire!

La Duchesse. Mais quoi?

Roger. Je n'ai vu personne, mais j'ai entendu positivement! . . . (Raymond *et* Jeanne *entrent furtivement.*)

La Duchesse. Mais quoi? Mais quoi?

Roger. Eh bien, le bruit d'un baiser, là!

La Duchesse, *bondissant.* D'un. . . .

Roger. Oh! je l'ai entendu!

La Duchesse. Mais qui? . . .

Madame de Céran, *présentant* Raymond *à* Toulonnier. Monsieur Paul Raymond, sous-préfet d'Agenis. (*Ils se saluent.*)

Raymond. Monsieur le secrétaire général (*présentant* Jeanne), madame Paul Raymond. (Suzanne *entre décolletée.*)

Madame de Loudan, *voyant* Suzanne. Oh! oh!

Bellac. Ah! voilà ma jeune élève. (*Légers murmures d'étonnement.*)

Roger, *à la* Duchesse. Ma tante, voyez donc, décolletée! mais c'est épouvantable.

La Duchesse. Je ne trouve pas. . . . (*A part.*) Elle a pleuré.

François, *annonçant.* Madame la duchesse est servie.

Roger, *allant à* Suzanne *qui cause avec* Bellac. Oh! je veux savoir! . . . (*Lui offrant son bras.*) Suzanne! (Suzanne *le regarde fièrement et prend le bras de* Bellac *qui parle à* Lucy.)

Bellac, *à* Suzanne. Voilà qui va me faire bien des envieux, mademoiselle.

Roger, *à lui-même.* Oh! c'est trop fort! (*Il va offrir son bras à* Lucy.)

La Duchesse, *à part.* Qu'est-ce que tout cela signifie? (*Haut.*) Allons, Raymond, votre bras. (Raymond *vient près d'elle.*) Ah! dame, il faut souffrir pour être préfet, mon ami.

Paul. La pénitence est douce, Duchesse.

La Duchesse. Vous vous mettrez à côté de moi, à table, nous dirons du mal du gouvernement.

Paul. Oh! Duchesse! moi, un fonctionnaire, en dire! Oh! non . . . mais je peux en entendre!

ACTE DEUXIÈME

Même décor qu'au premier acte.

SCÈNE PREMIÈRE

Saint-Réault, Bellac, Toulonnier, Roger, Paul Raymond, Madame de Céran, Madame Arriégo, Madame de Loudan, La Duchesse, Suzanne, Lucy, Jeanne

Tout le monde est assis et rangé pour écouter

---

[1] *le Toulonnier*, that Toulonnier person.

SAINT-RÉAULT *qui termine sa lecture.*
SAINT-RÉAULT. Et qu'on ne s'y trompe pas! Si profondes dans leur étrangeté qu'apparaissent ces légendes, ce ne sont, comme l'écrivait, en 1834, mon illustre père, ce ne sont que de pauvres imaginations comparées aux conceptions surhumaines des Brahmanas recueillis dans les Oupanischas, ou bien aux dix-huit Puranas de Vyasa, le compilateur des Védas.[1]
JEANNE, *bas, à* PAUL. Tu dors?
PAUL. Non. non . . . j'entends comme un vague auvergnat.[2]
SAINT RÉAULT, *continuant.* Tel est, en termes clairs, le *concretum* de la doctrine boudhique, et c'est par là que je voulais terminer. (*Bruit.—On se lève.*)
PLUSIEURS VOIX, *faiblement.* Très bien! Très bien!
SAINT-RÉAULT. Et maintenant. . . . (*Silence subit. On va se rasseoir.*)
SAINT-RÉAULT. Et maintenant. . . . (*Il tousse.*)
MADAME DE CÉRAN, *avec empressement.* Vous êtes fatigué, Saint-Réault?
SAINT-RÉAULT. Mais non, comtesse.
MADAME ARRIÉGO. Si! vous êtes fatigué; reposez-vous, nous attendrons!
PLUSIEURS VOIX. Oui! reposez-vous! reposez-vous!
MADAME DE LOUDAN. Vous ne sauriez planer toujours! Reprenez terre, baron.
SAINT-RÉAULT. Merci, mais. . . . D'ailleurs, j'avais fini! (*Tout le monde se lève.*)
PLUSIEURS VOIX, *dans le bruit.* Très intéressant! Un peu obscur! Très bien! Trop long!
BELLAC, *aux dames.* Matérialiste! Trop matérialiste!
PAUL, *a* JEANNE. C'est un four![3]
SUZANNE, *très haut.* Monsieur Bellac!
BELLAC. Mademoiselle?
SUZANNE. Venez donc à côté de moi (BELLAC *va vers elle*).
ROGER, *bas.* Ma tante!
LA DUCHESSE, *de même.* C'est-à-dire qu'elle a l'air de le faire exprès, positivement!
SAINT-RÉAULT, *revenant à la table.* Plus qu'un mot! (*Étonnement. On se rassied dans un silence consterné.*) Ou, pour mieux m'exprimer, un vœu.—Ces études, dont, malgré les limites étroites et la forme légère que mon genre d'auditoire m'imposait. . . .

LA DUCHESSE, *à part.* Eh bien! il est poli!
SAINT-RÉAULT. . . . on aura peut-être entrevu l'immense portée, ces études, dis-je, ont eu, en 1821, il y a tantôt soixante ans, pour initiateur . . . je vais plus loin, pour inventeur,—l'homme de génie dont j'ai le pesant honneur d'être le fils.
PAUL, *à* JEANNE. Il en joue du cadavre, celui-là.
SAINT-RÉAULT. Dans la voie qu'il avait tracée, je l'ai suivi moi-même, et, non sans éclat, j'ose le dire. Un autre enfin, après nous, a tenté, comme nous, d'arracher quelques mots de l'éternelle vérité au sphinx jusqu'à nous impénétré des théogonies primitives . . . j'ai nommé Revel, un savant considéré, un homme considérable. Mon illustre père est mort, Revel, bientôt, l'aura suivi dans la tombe . . . s'il ne l'a fait déjà. Je reste donc seul sur cette terre nouvelle de la science dont Guillaume Ériel de Saint-Réault, mon père, a été le premier occupant! Seul! (*Regardant* TOULONNIER.) Puissent nos gouvernants; puissent les dépositaires et dispensateurs du pouvoir, à qui incombe la périlleuse mission de choisir un successeur au confrère regretté que nous aurons à pleurer demain, peut-être; puissent ces hommes éminents (*regardant* BELLAC *qui parle à* TOULONNIER), en dépit des sollicitations plus ou moins légitimes qui les assiègent, faire un choix éclairé, impartial,—et déterminé uniquement par la triple autorité de l'âge, des aptitudes et des droits acquis, un choix digne, enfin, de mon illustre père, et de la grande science qui est son œuvre, et que je suis, je le répète, seul à représenter aujourd'hui. (*Tout le monde se lève. On applaudit, grand mouvement. Bourdonnement de salon. Les* DOMESTIQUES *entrent et circulent portant des plateaux, et pendant ce temps:*)
VOIX DISTINCTES, *dans ce bruit.* Très bien! bravo! bravo!
PAUL. Ah! çà, c'est plus clair, à la bonne heure.
MADAME DE CÉRAN. C'est une candidature à la succession Revel.
BELLAC. A l'Académie, à la Jeune École, à tout!
MADAME DE CÉRAN, *à part.* Je m'en doutais bien.
LE DOMESTIQUE, *annonçant.* Le général comte de Briais!—Monsieur Virot!

---

[1] *Brahmanas, Oupanischas* (or *Upanichads*), *Puranas, Védas,* all Sanscrit sacred writings.
[2] *auvergnat,* dialect of Auvergne, which has many endings with the sound *ah.*
[3] *four.* "flop."

LE GÉNÉRAL, *baisant la main de* MA-
DAME DE CÉRAN. Comtesse!

MADAME DE CÉRAN. Ah! Monsieur le
sénateur. . . .

VIROT, *baisant la main de* MADAME DE
CÉRAN. Madame la Comtesse.

MADAME DE CÉRAN, *à* VIROT. Et vous,
mon cher député, trop tard! vous arrivez
trop tard!

LE GÉNÉRAL, *galamment.* On arrive
toujours trop tard dans votre salon, comtesse!

MADAME DE CÉRAN. Monsieur de
Saint-Réault avait la parole: c'est tout
dire!

LE GÉNÉRAL, *à* SAINT-RÉAULT *en le
saluant.* Oh! oh! que de regrets!

VIROT, *lui prenant le bras et allant vers
la gauche.* Et alors, si la Chambre vote la
loi, vous la rejetez?

LE GÉNÉRAL. Mais certainement . . .
au moins la première fois, que diable! Le
Sénat se doit bien cela!

VIROT. Ah! la duchesse! (*Ils vont la
saluer.* PAUL RAYMOND *et* JEANNE *se
glissent hors du salon, dans le jardin.*)

MADAME DE CÉRAN, *à* SAINT-RÉAULT.
C'est vrai, vous vous êtes surpassé aujourd'hui, Saint-Réault.

MADAME ARRIÉGO. Oui, oui, surpassé!
Pas de plus bel éloge.

MADAME DE LOUDAN. Ah! baron! baron! quel monde vous nous avez ouvert, et
qu'ils sont captivants ces premiers bégaie-
ments de la foi! Ah! votre Trinité boudhique! . . . d'abord, moi, j'en suis folle!

LUCY *à* SAINT-RÉAULT. Excusez ma
hardiesse, monsieur, mais il me semble que
dans votre énumération des livres sacrés,
il y a une lacune.

SAINT-RÉAULT, *piqué.* Vous croyez,
mademoiselle?

LUCY. Je ne vous ai entendu citer ni
le Mahabharata, ni le Ramayana.[1]

SAINT-RÉAULT. C'est que ce ne sont
pas des livres révélés, mademoiselle, mais
de simples poèmes, que leur ancienneté
rend pour les Indous un objet de vénération, il est vrai, mais de simples poèmes.

LUCY. Pourtant, l'Académie de Calcutta. . . .

SAINT-RÉAULT, *ironique.* Ah! c'est du
moins l'opinion des Brahmes! . . . Si vous
en avez une autre. . . .

SUZANNE, *très haut.* M. Bellac?

BELLAC. Mademoiselle!

SUZANNE. Donnez-moi donc votre bras;
je voudrais prendre l'air un instant.

BELLAC. Mais . . . mademoiselle! . . .

SUZANNE. Vous ne voulez pas?

BELLAC. Mais, croyez-vous qu'en ce
moment? . . .

SUZANNE. Venez donc! Venez donc!
(*Elle l'entraîne. Ils sortent.*)

ROGER, *à la* DUCHESSE. Ma tante!
Elle sort avec lui!

LA DUCHESSE. Eh bien, suis-les. Attends, je vais avec toi. Aussi bien, j'ai
besoin de marcher un peu; il m'endormait
avec son Brahma, ce vieux bonze.[2] (*Ils
sortent.*)

TOULONNIER, *à* SAINT-RÉAULT. Plein
de vues neuves et d'érudition. . . . (*Bas.*)
J'ai parfaitement compris l'allusion de la
fin, mon cher baron; mais elle était inutile.
Vous savez bien que nous sommes tout à
vous. (*Ils se serrent la main.*)

MADAME DE CÉRAN, *à* SAINT-RÉAULT.
Pardon! (*Bas à* TOULONNIER.) Vous
n'oubliez pas mon fils?

TOULONNIER. Je n'oublie pas plus ma
promesse que la vôtre, comtesse.

MADAME DE CÉRAN. Vous aurez vos
six voix au Sénat, c'est convenu; mais, convenu aussi qu'après son rapport publié. . . .

TOULONNIER. Comtesse, vous savez
bien que nous sommes tout à vous.

PAUL, *à* JEANNE, *revenant du jardin furtivement.* Je te dis qu'on nous a vus.

JEANNE. Trop noir sous les arbres.

PAUL. Déjà, avant le dîner, nous avons
failli être pris. Deux fois c'est trop! Je
ne veux plus.

JEANNE. Ah! m'as-tu promis de m'embrasser dans les coins, oui ou non?

PAUL, *animé.* Et toi, veux-tu être préfète, oui ou non?

JEANNE, *animée aussi.* Oui, mais je ne
veux pas être veuve. (MADAME DE CÉRAN
s'approche d'eux.)

PAUL, *bas à* JEANNE. La comtesse!
. . . (*Haut.*) Vraiment, Jeanne—vous
préférez le Bhagavata?[3]

JEANNE. Mon Dieu! mon ami, le Bhagavata. . . .

MADAME DE CÉRAN. Comment! Vous
avez entendu quelque chose à toute cette
science, madame? Notre pauvre Saint-
Réault m'a pourtant semblé ce soir particulièrement prolixe et obscur.

---

[1] *Mahabharata, Ramayana,* Sanscrit epic poems.
[2] *bonze,* Buddhist priest.
[3] *Bhagavata,* one of the *Puranas.*

PAUL, *à part.* La concurrence!

JEANNE. Vers la fin, cependant, madame la comtesse, il a été assez clair.

MADAME DE CÉRAN. Ah! oui, sa candidature: vous avez compris?

JEANNE. Et puis, la science qui repousse la foi, n'a-t-elle pas elle-même un peu besoin de foi? a écrit M. de Maistre.[1]

MADAME DE CÉRAN. Très joli! Il faut que je vous présente à quelqu'un qui vous sera très utile: Le général de Briais, le sénateur.

JEANNE. Et le député, madame la comtesse?

MADAME DE CÉRAN. Oh! le sénateur est plus puissant.

JEANNE. Mais le député est peut-être plus influent?

MADAME DE CÉRAN. Décidément, mon cher Raymond, vous avez eu la main heureuse. . . . (*Serrant la main de* JEANNE.) Et moi aussi. (*A* JEANNE.) Soit! à tous les deux, alors!

PAUL, *suivant* JEANNE, *qui suit* MADAME DE CÉRAN, *et bas:* Ange! ange!

JEANNE, *de même.* Nous irons encore dans les coins?

PAUL. Oui, ange! mais quand il y aura plus de monde. . . . Tiens! pendant la tragédie.

LE DOMESTIQUE, *annonçant.* Madame la baronne de Boines!—Monsieur Melchior de Boines.

LA BARONNE, *à* MADAME DE CÉRAN *qui vient la recevoir.* Ah! ma chère, arrivé-je à temps?

MADAME DE CÉRAN. Si c'est pour la science, il est trop tard; si c'est pour la poésie, il est trop tôt. J'attends encore mon poète.

LA BARONNE. Qui donc?

MADAME DE CÉRAN. Un inconnu.

LA BARONNE. Jeune?

MADAME DE CÉRAN. Je n'en sais rien. Mais, j'en suis sûre. . . . C'est son premier ouvrage. C'est Gaïac qui me l'amène. Vous savez, Gaïac, du *Conservateur.* Ils devaient être là à neuf heures. . . . Je ne comprends pas. . . .

LA BARONNE. Je bénéficierai du hasard. Mais ce n'est ni pour le savant ni pour le poète que je viens; c'est pour lui, ma chère, pour Bellac; je ne le connais pas, figurez-vous. Il paraît qu'il est si séduisant. La princesse Okolitch en est folle, vous savez. Où est-il? Oh! montrez-le-moi, comtesse.

MADAME DE CÉRAN. Mais, je le cherche et je. . . . (*Voyant* BELLAC *entrer avec* SUZANNE.) Tiens!

LA BARONNE. C'est lui qui entre là, avec mademoiselle de Villiers?

MADAME DE CÉRAN, *étonnée.* Oui, lui-même.

LA BARONNE. Ah! qu'il est bien, ma chère; qu'il est bien! Et vous le laissez aller comme cela, avec cette petite?

MADAME DE CÉRAN, *à part, regardant* SUZANNE *et* BELLAC. C'est singulier. . . .

MELCHIOR. Et Roger, comtesse, pourrai-je lui serrer la main!

MADAME DE CÉRAN. En ce moment, j'en doute; il doit être en plein travail. (LA DUCHESSE *et* ROGER *entrent.*)

MADAME DE CÉRAN, *à part, en les voyant.* Hein? Avec la duchesse. Mais que se passe-t-il donc?

ROGER, *à* LA DUCHESSE, *très ému.*—Eh bien! Vous avez entendu, ma tante?

LA DUCHESSE. Oui, mais je n'ai pas vu.

ROGER. C'était bien un baiser, cette fois!

LA DUCHESSE. Et solide! Ah çà! qui est-ce qui s'embrasse donc comme ça, ici?

ROGER. Qui? Qui?

LA DUCHESSE, *voyant* MADAME DE CÉRAN *s'approcher.* Ta mère!

MADAME DE CÉRAN. Comment, Roger, tu n'es pas à ton travail?

ROGER. Non, ma mère, je. . . .

MADAME DE CÉRAN. Eh bien, et tes *tumuli?*

ROGER. J'ai le temps, je passerai la nuit, je . . . et puis à un jour près! . . .

MADAME DE CÉRAN. Y penses-tu? Le ministre attend, mon enfant.

ROGER. Eh! ma mère, il attendra! (*Il s'éloigne.*)

MADAME DE CÉRAN, *stupéfaite.* Duchesse, qu'est-ce que cela signifie?

LA DUCHESSE. Dis-moi; est-ce qu'on ne doit pas nous lire quelque insanité ce soir, une tragédie, je ne sais quoi?

MADAME DE CÉRAN. Oui.

LA DUCHESSE. Eh bien! dans l'autre salon, ta lecture, n'est-ce pas? Débarrasse-moi celui-ci. J'en aurai besoin, et le plus tôt sera le mieux.

MADAME DE CÉRAN. Mais pourquoi?

LA DUCHESSE. Je te dirai cela pendant la tragédie.

LE DOMESTIQUE, *annonçant.* M. le vicomte de Gaïac; M. Des Millets!

LA DUCHESSE. Et tiens! Justement, voilà ton poète!

---

[1] *de Maistre, Joseph,* 1753–1821, a writer on philosophic matters.

MURMURES DES DAMES. Le poète? c'est le poète! le jeune poète! Où donc? où donc?

GAÏAC. Que j'ai d'excuses à vous faire, comtesse! Mais le journal m'a retenu. (*Bas.*) Je préparais le compte rendu de votre soirée. (*Haut.*) M. Des Millets, mon ami, le poète tragique, dont vous allez pouvoir tout à l'heure apprécier le talent.

DES MILLETS, *saluant.* Madame la comtesse.

LA DUCHESSE, *à* ROGER. C'est ça le jeune poète? Eh bien, il est tout neuf.

MADAME ARRIÉGO, *bas aux autres dames.* Affreux!

LA BARONNE, *de même.* Tout gris!

MADAME DE SAINT-RÉAULT, *de même.* Chauve!

MADAME DE LOUDAN, *de même.* Pas de talent! Il est trop laid, ma chère!

MADAME DE CÉRAN, *à* DES MILLETS. Nous sommes très heureux, mes invités et moi, monsieur, de la faveur que vous voulez bien nous faire.

MADAME DE LOUDAN, *s'approchant.* La virginité d'un succès, monsieur! Quelle reconnaissance!

DES MILLETS, *confus.* Ah! Madame!

MADAME DE CÉRAN. Et alors, c'est votre premier ouvrage, monsieur?

DES MILLETS. Oh! j'ai fait des poèmes!

GAÏAC. Et couronnés par l'Académie, madame la comtesse! Nous sommes lauréat.

JEANNE, *bas, à* PAUL, *avec admiration.* Lauréat!

PAUL, *à* JEANNE. *Mediocritas!* [1]

MADAME DE CÉRAN. Et c'est la première fois que vous abordez le théâtre? Du reste, la maturité de l'âge garantit la maturité du talent.

DES MILLETS. Hélas! madame la comtesse, il y a quinze ans que ma pièce est faite.

LES DAMES. Quinze ans! Est-ce possible? Vraiment!

GAÏAC. Oh! c'est que Des Millets a la foi! Il faut soutenir ceux qui ont la foi, n'est-ce pas, mesdames?

MADAME DE LOUDAN. Oui, il a raison, certainement. Il faut encourager la tragédie, n'est-ce pas, général? la tragédie. . . .

LE GÉNÉRAL, *interrompant sa conversation avec* VIROT. Hein? Ah! oui, la tra-

gédie! Horace! Cinna! [2] Il en faut! Certainement! Il faut une tragédie, pour le peuple. (*A* DES MILLETS.) Et peut· on savoir le titre?

DES MILLETS. Philippe-Auguste! [3]

LE GÉNÉRAL. Très beau sujet! sujet militaire! Et c'est en vers, sans doute?

DES MILLETS. Oh! général! . . . une tragédie!

LE GÉNÉRAL. Et en plusieurs actes, probablement?

DES MILLETS. Cinq!

LE GÉNÉRAL, *très haut.* Ah! ah! . . . (*Doucement.*) Tant mieux! Tant mieux!

JEANNE, *bas à* PAUL. Cinq actes! Quel bonheur! Nous aurons le temps de nous. . . .

PAUL. Chut!

MADAME DE LOUDAN. Un travail de longue haleine!

MADAME DE SAINT-RÉAULT. Grand effort!

MADAME ARRIÉGO. Il faut encourager cela! (*On entend* SUZANNE *rire.*)

MADAME DE CÉRAN. Suzanne!

LA DUCHESSE, *à* MADAME DE CÉRAN. Allons, emmène cette espèce d'Euripide . . . voyons, et son cornac, [4] et tout le monde!

MADAME DE CÉRAN. Eh bien, mesdames, allons dans le grand salon pour la lecture. (*A* DES MILLETS.) Vous êtes prêt, monsieur?

DES MILLETS. A vos ordres, madame la comtesse.

PAUL, *bas, à* JEANNE. Place aux jeunes!

MADAME DE CÉRAN. Allons, mesdames!

MADAME DE LOUDAN, *l'arrêtant.* Oh! auparavant, comtesse, je vous en supplie, laissez-nous exécuter notre petit complot, ces dames et moi. (*Allant à* BELLAC, *et d'un ton suppliant.*) M. Bellac?

BELLAC. Marquise?

MADAME DE LOUDAN. Nous implorons de vous une grâce.

BELLAC, *gracieusement.* La grâce que vous me demandez n'égalera jamais la grâce que vous me faites en me la demandant.

TOUTES LES DAMES. Oh! très joli!

MADAME DE LOUDAN. Cette œuvre poétique va probablement absorber la soirée entière, elle en sera le dernier rayonnement. Dites-nous quelque chose

---

[1] *mediocritas*, a pun on Horace's *aurea mediocritas*, the golden mean, but here interpreted as mediocrity.

[2] *Horace, Cinna*, tragedies by Corneille.

[3] *Philippe-Auguste*, king of France, 1165–1223.

[4] *cornac*, showman.

auparavant. Oh! si peu que vous le vou-drez! On ne taxe pas le génie! . . . Mais, quelque chose! . . . Parlez! Votre parole sera reçue comme la manne biblique!

SUZANNE. Oui. Oh! monsieur Bellac!

MADAME ARRIÉGO. Soyez bon!

LA BARONNE. Nous sommes à vos pieds!

BELLAC, se défendant. Oh! Mesdames.

MADAME DE LOUDAN. Aidez-nous, Lucy; vous, sa muse! Demandez-le, vous!

LUCY. Mais certainement, je le de-mande.

SUZANNE. Et moi, je le veux!

MURMURES. Oh! oh!

MADAME DE CÉRAN. Suzanne!

BELLAC. Du moment qu'on emploie la violence. . . .

MADAME DE LOUDAN. Ah! il consent! Un fauteuil? (Grand mouvement des dames autour de lui.)

MADAME ARRIÉGO. Une table?

MADAME DE LOUDAN. Voulez-vous qu'on se recule?

MADAME DE CÉRAN. Un peu de place, mesdames!

BELLAC. Oh! je vous en prie, rien qui rappelle. . . .

VIROT, au général. Ah! mais, prenez garde; la loi est populaire.

TOUS. Chut!

BELLAC. Je vous en supplie, pas de mise en scène . . . rien qui dénonce. . . .

VIROT. Eh bien! oui. Mais les élec-teurs? . . .

LE GÉNÉRAL. Je suis inamovible!

LES DAMES. Chut! Chut donc! Ah! général!

BELLAC. Rien qui sente la leçon, la conférence, le pédantisme. Je vous sup-plie, mesdames, causons; interrogez-moi, simplement.

MADAME DE LOUDAN, les mains jointes. Oh! Bellac! Quelque chose de votre livre?

MADAME ARRIÉGO, de même. De votre livre, oui!

SUZANNE, de même. Oh! monsieur Bel-lac!

BELLAC. Irrésistibles prières! Pour-tant souffrez que j'y résiste. Avant d'être à tout le monde, . . . mon livre ne sera à personne.

MADAME DE LOUDAN, avec intention. Pas même . . . à une seule personne?

BELLAC. Ah! marquise, comme disait Fontenelle [1] à madame de Coulanges: [2]

"Prenez garde! il y a peut-être là un secret."

TOUTES LES DAMES. Ah! charmant! Ah! charmant!

LA BARONNE, bas à MADAME DE LOU-DAN. Il a beaucoup d'esprit.

MADAME DE LOUDAN, de même. Il a mieux que de l'esprit.

LA BARONNE, de même. Quoi donc?

MADAME DE LOUDAN, de même. Des ailes! vous verrez, des ailes!

BELLAC. Ce n'est ni le lieu, ni l'heure, du reste, vous en conviendrez, mesdames, d'approfondir quelques-uns de ces éternels problèmes où se plaisent les âmes de haut vol, comme les vôtres, que tourmentent incessamment les mystérieuses énigmes de la vie et de " l'au delà."

LES DAMES. Ah! " L'au delà!" ma chère, " l'au delà!" [3]

BELLAC. Mais, ceci réservé, je suis à vos ordres. Et tenez, précisément, il me revient à la pensée une de ces questions toujours agitées, jamais résolues, sur la-quelle je vous demanderai la permission de m'affirmer en deux mots.

LES DAMES. Oui, oui! parlez!

BELLAC, s'asseyant. Je parlerai donc, visant un triple but: vous obéir d'abord, mesdames; (regardant MADAME DE LOU-DAN) ramener une âme égarée. . . .

MURMURES DES DAMES. C'est madame de Loudan.

LA BARONNE, bas à MADAME DE LOU-DAN, qui baisse les yeux modestement. C'est vous, ma chère.

BELLAC, regardant LUCY. Et combattre une adversaire bien dangereuse . . . de toutes façons.

MURMURES DES DAMES. C'est Lucy! Lucy! Lucy!

BELLAC. Il s'agit de l'amour!

LES DAMES. Ah! ah!

LA DUCHESSE, à part. Pour changer!

SUZANNE. Bravo! (Légers murmures.)

JEANNE, à PAUL. Elle va bien, la jeune fille!

BELLAC. De l'amour!—Faiblesse qui est une force!—sentiment qui est une foi! la seule, peut-être, qui n'ait pas un athée!

LES DAMES. Ah! ah! charmant!

MADAME DE LOUDAN, à la baronne. Ses ailes, ma chère . . . voilà!

BELLAC. J'avais été amené ce matin à parler—chez la princesse, à propos de la littérature allemande, d'une certaine phi-

---

[1] Fontenelle, 1657–1757, writer on scientific and philosophic matters.

[2] Mme de Coulanges, died in 1723, remembered because of her charming letters.

[3] " L'au delà." Compare in Molière's Femmes savantes, the famous scène du sonnet.

losophie qui fait de l'instinct la base et la règle de toutes nos actions et de toutes nos pensées.

LES DAMES, *protestant.* Oh! oh!

BELLAC. Eh bien, je saisis cette occasion pour déclarer hautement que cette opinion n'est pas la mienne, et que je la repousse de toute l'énergie d'une âme fière d'être! . . .

LES DAMES. Très bien! A la bonne heure.

LA BARONNE, *bas, à* MADAME DE LOUDAN. Quelle jolie main!

BELLAC. Non, mesdames, non! L'amour n'est pas, comme le dit le philosophe allemand, une passion purement spécifique;[1] une illusion décevante dont la nature éblouit l'homme pour arriver à ses fins, non, cent fois non, si nous avons une âme!

LES DAMES. Oui, oui!

SUZANNE. Bravo!

LA DUCHESSE, *bas, à* ROGER. Elle le fait exprès, décidément.

BELLAC. Laissons aux sophistes et aux natures vulgaires ces théories qui abaissent les cœurs; ne les discutons même pas; répondons-leur par le silence, ce langage de l'oubli!

LES DAMES. Charmant!

BELLAC. A Dieu ne plaise que j'aille jusqu'à nier l'influence souveraine de la beauté sur la chancelante volonté des hommes! (*Regardant autour de lui.*) Je vois trop devant moi de quoi me réfuter victorieusement! . . .

LES DAMES. Ah! ah!

ROGER, *à* LA DUCHESSE. Il l'a regardée!

LA DUCHESSE. Oui.

BELLAC. Mais, au-dessus de cette beauté perceptible et périssable, il en est une autre, insoumise au temps, invisible aux yeux, et que l'esprit épuré seul contemple et aime d'un immatériel amour. Cet amour-là, mesdames, c'est l'Amour, c'est-à-dire l'accouplement de deux âmes et leur envolement loin des fanges terrestres . . . dans l'infini bleu de l'idéal!

LES DAMES. Bravo! bravo!

LA DUCHESSE, *à elle-même un peu haut.* En voilà du galimatias.

BELLAC, *la regardant.* Cet amour-là, raillé des uns, nié des autres, inconnu du plus grand nombre, je pourrais dire, moi aussi, en frappant sur mon cœur: et cependant il existe! Chez les âmes d'élite, a dit Proudhon.[2] . . .

QUELQUES VOIX, *protestant.* Oh! oh! Proudhon. . . .

MADAME DE LOUDAN. Oh! Bellac!

BELLAC. Un écrivain que je m'étonne et m'excuse d'avoir à citer ici. . . . Chez les âmes d'élite l'amour n'a pas d'organes.

LES DAMES. Ah! ah! très fin! charmant!

LA DUCHESSE, *éclatant.* Ah! bien, en voilà une bêtise, par exemple.

LES DAMES. Oh! oh! Duchesse!

BELLAC, *saluant* LA DUCHESSE. Et cependant, il existe! De nobles cœurs l'ont ressenti, de grands poètes l'ont chanté, et dans le ciel apothéotique des rêves, on voit radieusement assises ces figures immortelles, preuve immaculée d'un immortel et psychique amour: Béatrice. . . . Laure de Noves.[3] . . .

LA DUCHESSE. Laure! Mais elle avait onze enfants, mon bon monsieur.

LES DAMES. Duchesse!

LA DUCHESSE. Onze! Vous appelez cela psychique, vous!

MADAME DE LOUDAN. Ils n'étaient pas de Pétrarque, voyons, Duchesse: il faut être juste.

BELLAC. Héloïse.[4] . . .

LA DUCHESSE. Ah! celle-là. . . .

BELLAC. Et leurs sœurs d'hier: Elvire, Eloa![5] et bien d'autres encore, ignorées ou connues: car elle est plus qu'on ne le croit, nombreuse, la phalange des chastes et secrètes amours. . . . J'en appelle à toutes les femmes! . . .

LES DAMES. Ah! ah! comme c'est vrai, ma chère!

BELLAC. Non! non! l'âme a son langage qui est à elle, ses aspirations, ses voluptés et ses tortures qui sont à elle, sa vie enfin. Et si elle est attachée au corps, c'est comme l'aile l'est à l'oiseau: pour l'élever aux cimes!

LES DAMES. Ah! ah! ah! bravo!

BELLAC, *se levant.* Voilà ce que la science moderne doit comprendre. . . . (*Re-*

---

[1] *spécifique*, for the preservation of the species.

[2] *Proudhon*, 1809–1865, a French economist and sociologist.

[3] *Beatrice*, immortalized by Dante in his *Vita Nuova* and *Divina Commedia*: *Laure*, Laura, woman in whose honor Petrarch wrote.

[4] *Héloïse*, 1101–1164, famous for her love affair with Abelard, 1079–1142, scholastic philosopher and teacher, who was her tutor and father to her child.

[5] *Elvire*, sung by Lamartine; *Eloa*, heroine of Vigny's poem by that name.

gardant SAINT-RÉAULT.) elle qu'un matérialisme de plomb rive à la terre, et j'ajouterai, puisque notre vénérable maître et ami a fait tout à l'heure une allusion—un peu hâtive, peut-être—à une perte dont la science, je l'espère, n'aura pas sitôt à gémir, j'ajouterai. . . . (*Regardant* TOULONNIER *à qui* SAINT-RÉAULT *parle en ce moment.*) parlant, moi aussi, à nos gouvernants: Voilà ce qu'il devra enseigner à cette jeunesse que Revel instruisait de sa parole, celui, quel qu'il soit, qui sera choisi pour l'instruire après lui, et non pas seulement, j'en demande pardon à notre illustre confrère, non pas avec l'insuffisante autorité des droits acquis, de l'érudition et de l'âge, mais avec l'irrésistible puissance d'une voix jeune encore et d'une ardeur qui ne s'éteint pas!

TOUS. Bravo! Charmant! Exquis! Délicieux! (*Tout le monde se lève.—Bruits bourdonnants faisant la basse.—Les Dames entourent* BELLAC.)

LA DUCHESSE, *à part.* Attrape, Saint-Réault!

PAUL, *de même.* Deuxième candidature!

MADAME DE LOUDAN. Ah! monsieur Bellac!

SUZANNE. Mon cher professeur!

LA BARONNE. Quelle fête pour l'esprit!

MADAME ARRIÉGO. C'est beau! beau! beau!

BELLAC. Oh! mesdames, je n'ai fait que rendre vos idées!

MADAME DE LOUDAN. Ah! charmeur! charmeur!

BELLAC. Alors, nous sommes réconciliés, marquise?

MADAME DE LOUDAN. Peut-on vous tenir rigueur? (*Présentant* LA BARONNE.) Madame la baronne de Boines, tenez, encore une que vous venez de séduire et qui est toute à vous.

LA BARONNE. J'ai pleuré, monsieur!

BELLAC. Oh! madame la baronne!

MADAME ARRIÉGO. N'est-ce pas que c'est superbe?

LA BARONNE. Superbe!

SUZANNE. Et comme il a chaud! (BELLAC *cherche son mouchoir.*) Vous n'en avez pas? Tenez! (*Elle lui donne le sien.*)

BELLAC. Oh! Mademoiselle!

MADAME DE CÉRAN. Mais, Suzanne, y pensez-vous?

SUZANNE, *à* BELLAC *qui veut lui rendre son mouchoir.* Si, si, gardez-le, je vais vous chercher à boire.

MADAME DE LOUDAN, *remontant vers la table devant laquelle a parlé* SAINT-RÉAULT *et où se trouve le plateau à verres d'eau sucrée.* Oui, oui, à boire!

ROGER, *bas à* LA DUCHESSE. Ma tante, voyez!

LA DUCHESSE, *de même.* Tout ça . . . tout ça, c'est bien hardi pour être coupable.

BELLAC, *bas, à* LUCY. Et vous, êtes-vous convaincue?

LUCY. Oh! pour moi, le concept de l'amour. . . . Non, plus tard. . . .

BELLAC, *de même.* Tout à l'heure? . . .

LUCY. Oui. . . . Voulez-vous un verre d'eau? (*Elle remonte.*)

MADAME DE LOUDAN, *arrivant avec un verre d'eau.* Non! moi! que le dieu m'excuse! . . . c'est de l'eau pure! Ah! le secret du nectar est perdu.

MADAME ARRIÉGO, *arrivant avec un verre d'eau.* Un verre d'eau, monsieur Bellac?

MADAME DE LOUDAN. Non, non. . . . Choisissez le mien! . . . moi!

MADAME ARRIÉGO. Non . . . moi! moi!

BELLAC, *embarrassé.* Mais. . . .

LUCY, *lui tendant un autre verre d'eau.* Tenez!

MADAME DE LOUDAN. Cela va être Lucy, j'en suis sûre. . . . Oh! je suis jalouse! Non! moi! moi!

SUZANNE, *arrivant avec un autre verre d'eau et le lui imposant.* Pas du tout! Ce sera moi! Ah! ah! quatrième larron![1]

LUCY. Mais, mademoiselle! . . .

MADAME DE LOUDAN, *à part.* Cette petite est d'une effronterie. . . .

ROGER, *à* LA DUCHESSE, *lui montrant* SUZANNE. Ma tante!

LA DUCHESSE. Mais, qu'est-ce qu'elle a?

ROGER. C'est depuis l'arrivée de Bellac. (*Les portes du fond s'ouvrent et le grand salon paraît éclairé.*)

LA DUCHESSE. Enfin! (*A* MADAME DE CÉRAN.) Emmène ton monde, toi; tu sais, voilà le moment!

MADAME DE CÉRAN. Allons, mesdames, la lecture de notre tragédie! Passons dans le grand salon! Après quoi, nous irons prendre le thé dans la serre!

LUCY, BELLAC ET SUZANNE, *à part.* Dans la serre!

ROGER, *bas, à* LA DUCHESSE. Avez-vous vu Suzanne? Elle a fait un mouvement.

LA DUCHESSE, *de même.* Bellac a remué positivement.

[1] *quatrième larron*, fourth robber. Allusion to La Fontaine's fable, *Les voleurs et l'âne.*

MADAME DE LOUDAN. Allons, mes-dames, la Muse nous appelle! (*Tout le monde commence à passer lentement dans le grand salon du fond.*)

LE GÉNÉRAL, *à* PAUL. Comment, mon cher sous-préfet, trois ans!

MADAME DE CÉRAN. Allons, général!

LE GÉNÉRAL, *qui cause avec* PAUL. Ah! oui, comtesse, oui, la tragédie! . . . Vous avez raison, il faut encourager cela! . . . Cinq actes, allons!

JEANNE, *bas, à* PAUL. C'est convenu, à tout à l'heure!

PAUL, *de même.* Mais oui! . . . mais oui! C'est convenu.

LE GÉNÉRAL, *revenant à* PAUL. Trois ans, alors, sous-préfet à la même place? Et on dit que ce gouvernement n'est pas conservateur!

PAUL. Oh! très joli, monsieur le séna-teur, très joli!

LE GÉNÉRAL, *modestement.* Oh!

TOULONNIER, *à* MADAME DE LOUDAN. C'est entendu, marquise! . . . (*A* MA-DAME ARRIÉGO.) A votre disposition, chère madame!

BELLAC, *à* TOULONNIER. Alors, mon-sieur le secrétaire général, je puis donc espérer?

TOULONNIER, *lui donnant la main.* Mais, mon cher ami, cela vous revient de droit; vous savez bien que nous sommes tout à vous. (*Ils sortent par le fond.*)

LE GÉNÉRAL, *à* PAUL, *en remontant.* Et quel est l'esprit de votre département, mon cher sous-préfet? Vous devez le connaître, que diable! en trois ans!

PAUL. Mon Dieu! général, son esprit . . . je vais vous dire . . . son esprit . . . il n'en a pas! (*Ils sortent par le fond.* SUZANNE *frôle en passant les touches du piano ouvert avec un grand bruit.*)

MADAME DE CÉRAN, *sévèrement, à* SU-ZANNE. Ah! mais, Suzanne, en vérité! . . .

SUZANNE, *d'un air étonné.* Quoi donc, ma cousine!

LA DUCHESSE, *l'arrêtant et la regardant en face.* Qu'est-ce que tu as?

SUZANNE, *avec un sourire nerveux.* Moi! . . . Je m'amuse, tiens!

LA DUCHESSE. Qu'est-ce que tu as?

SUZANNE. Mais rien, ma tante, puisque je m'amuse, je vous dis.

LA DUCHESSE. Qu'est-ce que tu as?

SUZANNE, *avec un sanglot étouffé.* J'ai du chagrin, là! (*Elle entre dans le grand salon et referme violemment les portes.*)

LA DUCHESSE, *à elle-même.* C'est pour-tant bien de l'amour, ou je ne m'y connais pas. . . . Et je m'y connais!

SCÈNE II

ROGER, LA DUCHESSE, MADAME DE CÉRAN

MADAME DE CÉRAN, *à* LA DUCHESSE. Ah çà! voyons, qu'est-ce qu'il y a? (*A* ROGER.) Pourquoi n'es-tu pas à ton rapport? Qu'est-ce qui se passe, enfin?

ROGER. Vous aviez trop raison, ma mère!

MADAME DE CÉRAN. Suzanne? . . .

ROGER. Suzanne . . . et cet homme!

LA DUCHESSE. Tais-toi! tu vas dire une bêtise.

ROGER. Mais. . . .

LA DUCHESSE, *à* MADAME DE CÉRAN. Voilà! nous avons surpris dans ses mains une lettre.

MADAME DE CÉRAN. De Bellac?

LA DUCHESSE. Je n'en sais rien! . . .

ROGER. Comment!

LA DUCHESSE. Écriture contrefaite, pas signée. . . . Je n'en sais rien! . . .

ROGER. Oui, oui. . . . Oh! il ne se compromet pas . . . mais écoutez. . . .

LA DUCHESSE, *à* ROGER. Tais-toi! (*A* MADAME DE CÉRAN.) Écoute: " J'arri-verai jeudi. . . .''

ROGER. Aujourd'hui! Par conséquent, c'est lui ou moi!

LA DUCHESSE. Mais tais-toi donc, à la fin! . . . " Jeudi; le soir, à dix heures, dans la serre.''

ROGER. " Ayez la migraine.''

LA DUCHESSE. Ah! oui. J'oubliais. . . . " Ayez la migraine.''

MADAME DE CÉRAN. Mais c'est un rendez-vous!

LA DUCHESSE. Ça, c'est clair.

MADAME DE CÉRAN. A elle!

LA DUCHESSE. Ça, je n'en sais rien.

ROGER. Oh! je crois pourtant. . . .

LA DUCHESSE. Ah! . . . tu crois! . . . tu crois! . . . Quand il s'agit d'accuser une femme, tu entends! . . . une femme! il ne suffit pas de croire, il faut voir, et quand on a vu et bien vu et revu. . . . Alors! oh! alors. . . . Eh bien! alors, ce n'est pas encore vrai! Ah! (*A part.*) C'est toujours bon à dire aux jeunes gens, ces choses-là!

MADAME DE CÉRAN. Un rendez-vous! Qu'est-ce que je disais? Allons! allons! Elle ne dément pas son origine! Dans ma maison! . . . Ah! la grisette! Enfin, Duchesse, qu'allez-vous faire? Dites vite! J'ai bien prié que l'on commençât sans moi; mais je ne peux pas m'éterniser ici! Et tenez, c'est commencé; j'entends le poète. Je vous en supplie, qu'allez-vous faire?

LA DUCHESSE. Ce que je vais faire?
... Mais, rester là ... tout simplement.
... Dix heures moins le quart. Si elle va à ce rendez-vous, il faudra qu'elle passe par ici, et je le verrai bien.

ROGER. Et si elle y va, ma tante?

LA DUCHESSE. Si elle y va, mon neveu? Eh bien! j'irai aussi, et sans rien dire, et je verrai où ils en sont, et quand j'aurai vu où ils en sont ... alors comme alors,[1] il sera temps d'agir.

ROGER, s'asseyant. Soit! attendons.

MADAME DE CÉRAN. Oh! toi, inutile, mon ami! Nous sommes là. Tu as ton rapport, tes *tumuli*, toi, va! (*Elle le pousse vers la porte.*)

ROGER. Permettez! ma mère, il s'agit.

MADAME DE CÉRAN, *même jeu.* Il s'agit de ta place. Allons. . . . Va . . . va!

ROGER, *résistant.* Pardonnez-moi de vous désobéir, mais. . . .

MADAME DE CÉRAN. Eh bien! Roger.

ROGER. Ma mère, je vous en supplie.
... D'ailleurs, ce soir, il me serait impossible d'écrire une ligne. Je suis trop.
... Je ne sais pas. . . . Je suis très troublé. J'ai le sentiment de ne pas avoir fait pour cette jeune fille ce que je devais faire. Je suis très ému. Mais, pensez donc, ma mère. . . . Suzanne! Mais, ce serait affreux! Ma situation est épouvantable!

LA DUCHESSE. Allons! . . . tu exagères!

ROGER, *bondissant.* En vérité!

MADAME DE CÉRAN. Roger! Y pensez-vous?

ROGER. Mais je suis son tuteur, moi; mais j'ai charge d'âme![2] Mais pensez donc à ma responsabilité! l'honneur de cette enfant! Mais c'est un dépôt sacré dont j'ai la garde! Mais j'aurais laissé voler sa fortune que je serais moins criminel! Et vous venez me parler de *tumuli!* Eh! les *tumuli!* les *tumuli!* Il s'agit bien des *tumuli!* Au diable les *tumuli!*

MADAME DE CÉRAN, *terrifiée.* Oh!

LA DUCHESSE, *à part.* Tiens! tiens!

ROGER. Mais c'est-à-dire que si c'est

vrai, si ce misérable a osé manquer à tout ce qu'il devait à lui, à elle, à nous-mêmes ... mais je vais droit à lui, et je le soufflette devant tout le monde . . . entendez-vous?

MADAME DE CÉRAN. Mon fils!

ROGER. Oui, devant tout le monde!

MADAME DE CÉRAN. Mais, c'est de l'égarement! Duchesse ... pardonnez....

LA DUCHESSE. Comment! Mais je l'aime bien mieux comme cela . . . tu sais. . . .

MADAME DE CÉRAN. Roger!

ROGER. Non, ma mère, non! Ceci me regarde . . . j'attendrai. . . . (*Il s'assied.*)

MADAME DE CÉRAN. C'est bien. . . . J'attendrai aussi.

ROGER. Vous?

MADAME DE CÉRAN. Oui, et je lui parlerai. . . .

LA DUCHESSE. Ah! mais, prends garde!

MADAME DE CÉRAN. Oh! à mots couverts, soyez tranquille; mais, si elle persiste. ce sera du moins en connaissance de cause![3] J'attendrai. (*Elle s'assied.*)

LA DUCHESSE. Et pas longtemps! Dix heures moins cinq! Si elle doit avoir la migraine, cela ne va pas tarder. (*La porte du salon du fond s'ouvre doucement.*) Chut!

ROGER. La voilà! (*A mesure que la porte s'ouvre on entend le poète déclamer.*)

LE POÈTE, *en dehors.*

Je purgerai le sol de toute cette engeance!
Et, jusque dans la mort poursuivant ma vengeance,
Je ne reculerai, ni devant son tombeau! . . .

JEANNE *paraît. La voix s'éteint à mesure que la porte se ferme.*

LA DUCHESSE, *à part.* La sous-préfète!

SCÈNE III

LES MÊMES, JEANNE

JEANNE, *s'arrêtant interdite en les voyant.* Ah! . . .

LA DUCHESSE. Venez donc! venez donc! Eh bien, vous en avez déjà assez, il paraît?

JEANNE. Moi, non, madame la duchesse. . . . Mais, c'est que. . . .

LA DUCHESSE. C'est que vous n'aimez pas la tragédie, je vois cela. . . .

JEANNE. Si . . . oh! si.

---

[1] *alors comme alors*, then we shall see what we shall do.
[2] *j'ai charge d'âme*, I have a responsibility.
[3] *en connaissance de cause*, with full knowledge.

LA DUCHESSE. Oh! il ne faut pas vous en défendre, il y en a encore plus de dix-sept comme vous. (*A part.*) Qu'est-ce qu'elle a donc? (*Haut.*) Alors, c'est mauvais, hein?

JEANNE. Oh! au contraire.

LA DUCHESSE. Au contraire, comme quand on vous marche sur le pied?

JEANNE. Non! non! . . . Il y a même des choses . . . des. . . . Il y a un joli vers!

LA DUCHESSE. Déjà!

JEANNE. Et qu'on a fort applaudi. (*A part.*) Comment faire?

LA DUCHESSE. Ah! ah! . . . Et qu'est-ce qu'il dit, ce joli vers?

JEANNE. "L'honneur est comme un dieu. . . . C'est un dieu qui . . ." je craindrais de le déflorer en le citant mal.

LA DUCHESSE. Eh! mais, gardez-le, mon enfant, gardez-le! Et vous vous en allez, malgré ce joli vers?

JEANNE. Mon Dieu! c'est à mon grand regret. (*A part.*) Que dire? . . . (*Prise par une idée.*) Ah! . . . (*Haut.*) Mais je ne sais si c'est la fatigue du déplacement . . . ou la chaleur . . . je . . . je ne me sens pas très bien!

LA DUCHESSE. Ah!

JEANNE. Oui, j'ai les yeux. . . . Je n'y vois plus clair. Je crois . . . je . . . j'ai la migraine!

MADAME DE CÉRAN, LA DUCHESSE *et* ROGER, *se levant.* La migraine?

JEANNE, *effrayée, à part.* Qu'est-ce qu'ils ont donc?

LA DUCHESSE, *après un silence.* Eh bien, ça ne m'étonne pas, c'est dans l'air.

JEANNE. Ah! vous aussi!

LA DUCHESSE. Moi! Oh! . . . ce n'est plus de mon âge, ça. . . . Ah! vous avez la. . . . Eh bien, mais, il faut soigner cela, mon enfant.

JEANNE. Oui, je vais marcher un peu. . . . Vous me pardonnez . . . n'est-ce pas?

LA DUCHESSE. Allez donc. . . . Allez donc!

JEANNE, *se tenant la tête et s'en allant.* Cela me fait un mal. . . . Ah! (*A part.*) Ça, y est! . . . Ma foi, Paul saura bien s'en tirer. (*Elle sort par la porte du jardin.*)

SCÈNE IV

MADAME DE CÉRAN, LA DUCHESSE, ROGER

LA DUCHESSE, *à* ROGER. Ah! ah! tu crois, hein? Dis donc, tu crois!

ROGER. Eh! ma tante, ceci n'est qu'un hasard!

LA DUCHESSE. Un hasard, c'est possible; mais tu vois comme on peut faire fausse route, et qu'il ne faut jamais. . . . (*La porte du salon s'ouvre; même effet que la première fois.*) Ah! ah! cette fois!

VOIX *du poète* DES MILLETS, *qu'on entend par la porte entr'ouverte et qui diminue à mesure que la porte se referme.*
Et quand ils seraient cent, et quand ils seraient mille. . . .

LA DUCHESSE. A-t-il une voix, ce vieux Tyrtée! [1]

LA VOIX.
J'irais seul, et bravant leur colère inutile,
Leur demander raison de cette lâcheté. . . .

LUCY *paraît.*

MADAME DE CÉRAN *et* ROGER. Lucy!

SCÈNE V

LES MÊMES, LUCY, *allant à la porte du jardin*

LA DUCHESSE. Comment, Lucy, vous vous en allez!

LUCY, *s'arrêtant.* Pardon! je ne vous avais pas vue.

LA DUCHESSE. Il y a pourtant un joli vers, il paraît:
"L'honneur est le dieu! . . ."

LUCY, *reprenant son chemin.*
"Comme un dieu qui. . . ."

LA DUCHESSE. Oui, enfin, c'est bien le même. (*Dix heures sonnent.* LUCY *arrive à la porte.*) Et vous vous en allez, néanmoins?

LUCY, *se retournant.* Oui, j'ai besoin de prendre l'air, j'ai la migraine! (*Elle sort.*)

TOUS LES TROIS, *s'asseyant.* Ah! . . .

SCÈNE VI

LA DUCHESSE, MADAME DE CÉRAN, ROGER

LA DUCHESSE. Ah! par exemple, voilà qui devient curieux!

MADAME DE CÉRAN. C'est encore un hasard! . . .

LA DUCHESSE. Encore un! . . . Ah! mais non, cette fois! Comment? Toutes, alors, toutes! . . . excepté Suzanne! . . . Allons donc! Il y a quelque chose! . . . Elle ne viendra pas. Je parierais qu'elle ne viendra pas. (*La porte du salon s'ouvre brusquement, laissant échapper un éclat de*

---

[1] *Tyrtée*, Tyrtæus, a Greek lyric poet of the VIIth century B.C., famous for his war songs.

voix tragique, mais rapide et vague; et SUZANNE *entre précipitamment comme si elle voulait rejoindre quelqu'un.*) La voilà!

SCÈNE VII

LES MÊMES, SUZANNE

MADAME DE CÉRAN, *se levant.* Vous quittez le salon, mademoiselle?

SUZANNE, *voulant s'échapper.* Oui, ma cousine!

MADAME DE CÉRAN. Restez!

SUZANNE. Mais, ma cousine. . . .

MADAME DE CÉRAN. Restez . . . et asseyez-vous!

SUZANNE, *se laissant tomber sur un tabouret de piano, sur lequel elle tourne à chaque réplique nouvelle du côté de la personne qui lui parle.* Voilà.

MADAME DE CÉRAN. Et pourquoi quittez-vous le salon, je vous prie?

SUZANNE. Mais, parce que ça m'ennuie ce qu'il récite là-dedans, le vieux monsieur.

ROGER. Est-ce bien la raison?

SUZANNE. Je sors, parce que Lucy est sortie, s'il vous en faut une autre?

MADAME DE CÉRAN. Miss Watson, mademoiselle. . . .

SUZANNE. Oh! bien entendu! C'est la perfection! l'idéal, l'oiseau rare, miss Watson! Elle peut tout faire . . . tandis que moi! . . .

ROGER. Tandis que vous, Suzanne. . . .

MADAME DE CÉRAN. Ah! laisse-moi lui parler! Tandis que vous, mademoiselle, vous courez les chemins, seule. . . .

SUZANNE. Comme Lucy!

MADAME DE CÉRAN. Vous vous habillez de la façon la plus extravagante. . . .

SUZANNE. Comme Lucy!

MADAME DE CÉRAN. Vous accaparez monsieur Bellac, vous affectez de lui parler. . . .

SUZANNE. Comme Lucy! Est-ce qu'elle ne lui parle pas, elle, (*Se tournant vers* ROGER) et à monsieur aussi?

MADAME DE CÉRAN. Oh! mais en secret! Vous me comprenez parfaitement.

SUZANNE. Oh! pour des secrets, on n'a pas besoin de se parler . . . on s'écrit . . . (*regardant* ROGER *et à mi-voix*) en dissimulant son écriture!

MADAME DE CÉRAN. Hein!

ROGER, *bas, à* LA DUCHESSE. Ma tante!

LA DUCHESSE, *bas.* Chut!

MADAME DE CÉRAN. Enfin! . . .

SUZANNE. Enfin, Lucy parle à qui elle veut; Lucy sort quand elle veut; Lucy s'habille comme elle veut. Je veux faire ce que fait Lucy, puisqu'on l'aime tant, elle!

MADAME DE CÉRAN. Et savez-vous pourquoi on l'aime, mademoiselle? C'est que, malgré une indépendance d'allures, conséquence de sa nationalité, elle est réservée, sérieuse, instruite. . . .

SUZANNE, *se levant.* Eh bien! et moi? Je n'ai donc pas été tout ça, moi? .Oui, pendant six mois, jusqu'aujourd'hui, jusqu'à ce soir cinq heures je m'appliquais, je me tenais à quatre, et j'étudiais, et autant qu'elle! et j'en savais aussi long qu'elle! Et l'objectif et le subjectif et tout cela! Eh bien! à quoi ça m'a-t-il servi? Est-ce qu'on m'aime mieux? Est-ce qu'on ne me traite pas toujours en petite fille? Et tout le monde, oui, tout le monde! . . . (*Regardant* ROGER *de côté.*) Qui est-ce qui fait attention à moi, seulement? Suzanne! ah! Suzanne! Est-ce que ça compte, ça, Suzanne! Et tout ça parce que je ne suis pas une vieille Anglaise!

ROGER. Suzanne!

SUZANNE. Oui, défendez-la, vous! Oh! je sais bien comment il faut être pour vous plaire . . . allez! (*Prenant le binocle de* LA DUCHESSE *et le mettant sur nez.*) Esthétique! Schopenhauer! Le moi! Le non-moi! Et cætera! . . . gnan! . . . gnan! . . . gnan! . . .

MADAME DE CÉRAN. Faites-nous grâce de vos gamineries, mademoiselle!

SUZANNE, *faisant une révérence.* Merci, ma cousine!

MADAME DE CÉRAN. Oui, de vos gamineries! Et les sottises que vous faites. . . .

SUZANNE. Puisque je ne suis qu'une gamine, ce n'est pas étonnant que je fasse des sottises. (*S'animant.*) Eh bien! oui, je fais des sottises! . . . et je les fais exprès, et j'en ferai encore!

MADAME DE CÉRAN. Plus chez moi, je vous le garantis.

SUZANNE. Oui, je suis sortie avec monsieur Bellac; oui, j'ai parlé bas à monsieur Bellac! oui, j'ai un secret avec monsieur Bellac!

ROGER. Vous osez! . . .

SUZANNE. Et il est plus savant que vous! Et il est meilleur que vous! Et je l'aime mieux que vous! Oui, je l'aime, là! Je l'aime!

MADAME DE CÉRAN. Je veux croire que vous ne savez pas la gravité. . . .

SUZANNE. Si! si! Je sais la gravité! si!

Madame de Céran. Alors, écoutez-moi! Avant de faire la nouvelle sottise dont vous nous menacez, réfléchissez bien! Le bruit, les coups de tête, le scandale, vous conviennent moins qu'à personne, mademoiselle de Villiers!

La Duchesse. Ah! mais, prends garde!

Madame de Céran. Eh! Duchesse, il faut au moins qu'elle sache. . . .

Suzanne, *retenant ses larmes.* Oh! je sais!

La Duchesse. Comment!

Suzanne, *se jetant dans ses bras en pleurant.* Oh! ma tante! ma tante!

La Duchesse. Suzanne, voyons, mon enfant. . . . (*A* Madame de Céran.) Tu avais bien besoin de lever ce lièvre-là, toi. (*A* Suzanne.) Voyons, qu'est-ce que tu sais? Quoi? (*Elle l'assied sur ses genoux.*)

Suzanne, *pleurant en parlant.* Oh! quoi? Je ne sais pas; mais je sais bien qu'il y a quelque chose contre moi, allez . . . et il y a longtemps!

La Duchesse. Qui est-ce qui t'a dit?

Suzanne. Oh! personne . . . tout le monde . . . les gens qui vous regardent, qui chuchotent, qui se taisent quand vous entrez . . . qui vous embrassent, qui vous appellent: Pauvre petite!—Si vous croyez que les enfants ne sentent pas cela! . . .

La Duchesse, *lui essuyant les yeux.* Voyons, ma chérie, voyons. . . .

Suzanne. Et au couvent donc! Je voyais bien que je n'étais pas comme les autres, allez! . . . Oh! si, je le voyais! On me parlait toujours . . . de mon père, de ma mère . . . pourquoi? puisque je n'en avais plus! Et une fois, en récréation, je jouais avec une grande, je ne sais pas ce que je lui avais fait . . . elle était furieuse . . . et tout d'un coup elle m'a appelée " Mademoiselle l'illégitime!" Elle ne savait pas ce que cela voulait dire, moi non plus!—C'est sa mère qui avait dit cela devant elle. Elle me l'a avoué après . . . quand nous nous sommes raccommodées. . . . Oh! j'étais malheureuse! (*sanglotant*). Nous avons cherché dans le dictionnaire . . . mais nous n'avons rien trouvé . . . ou pas compris . . . (*avec colère*). Mais qu'est-ce que ça veut dire, enfin? . . . qu'est-ce qui fait que je ne suis pas comme tout le monde? que tout ce que je fais est mal? Est-ce que c'est ma faute?

La Duchesse, *l'embrassant.* Non, ma petite! Non, ma chérie!

Madame de Céran. Je regrette. . . .

Suzanne, *sanglotant.* Eh bien! alors, pourquoi me le reproche-t-on, si ce n'est pas ma faute? Mais je suis à charge à tout le monde ici! Je le sais bien; je ne veux plus rester; je veux m'en aller! Personne ne m'aime ici, personne!

Roger, *très agité.* Pourquoi dites-vous cela, Suzanne? Ce n'est pas bien! tout le monde ici, au contraire . . . et moi. . . .

Suzanne, *se levant furieuse.* Vous!

Roger. Oui, moi! et je vous jure. . . .

Suzanne. Vous? ah! tenez! . . . Laissez-moi, vous! je vous déteste! je ne veux plus vous voir! jamais! . . . Entendez-vous? (*Elle va vers la porte du jardin.*)

Roger. Suzanne! mais, Suzanne! Où donc allez-vous?

Suzanne. Où je vais? Je vais me promener. Je vais où je veux, d'abord!

Roger. Pourquoi, maintenant? Pourquoi sortez-vous?

Suzanne. Pourquoi? (*Elle descend vers lui.*) Pourquoi? (*Dans les yeux.*) J'ai la migraine!!! (*Tous se lèvent.* Suzanne *sort par la porte du jardin.*)

SCÈNE VIII

Roger, La Duchesse, Madame de Céran

Roger, *très agité.* Eh bien! ma tante, est-ce clair maintenant?

La Duchesse, *se levant.* De moins en moins!

Roger. C'est bien, je vais le voir!

Madame de Céran. Roger! où vas-tu donc?

Roger. Où je vais? mais, faire ce que dit ma tante, savoir où ils en sont! et je vous jure que si c'est vrai . . . si cet homme a osé! . . .

Madame de Céran. Si c'est vrai! . . . moi, je la chasse!

Roger. Eh bien! si c'est vrai . . . moi, je le tue! (*Il sort par la porte du jardin.*)

La Duchesse. Et si c'est vrai, moi, je les marie! Seulement, ce n'est pas vrai. . . . Enfin, nous allons voir; viens! (*Elle veut l'entraîner.—On entend applaudir très fort dans le salon. Bruit de chaises et de conversations.*)

Madame de Céran, *hésitant.* Mais! . . .

La Duchesse. Hein? Quoi? Encore un joli vers! Non, c'est la fin de l'acte! Vite! avant qu'ils n'arrivent!

Madame de Céran. Mais, mes invités?

La Duchesse. Eh! tes invités? Ils se

rendormiront bien sans toi! viens, viens! (*Elles sortent. La porte du fond s'ouvre et laisse voir quelques personnes par groupes,* Des Millets *très entouré.*)

Voix diverses. Très beau! Grand art! très élevé!

Paul, *sur la porte du fond.* Charmant, cet acte! N'est-ce pas, général?

Le Général, *en bâillant bruyamment.* Charmant! encore quatre! (Paul *s'esquive adroitement, gagne la porte du jardin et disparaît. La toile tombe.*)

ACTE TROISIÈME

Grande serre-salon éclairée au gaz. Pièce d'eau et jet d'eau, meubles, sièges, touffes d'arbustes et massifs de plantes, derrière lesquels on peut aisément se couler et se cacher.

SCÈNE PREMIÈRE

La Duchesse, Madame de Céran. *Elles entrent par le fond à droite, hésitent, regardent d'abord et à voix basse.*

La Duchesse. Personne?

Madame de Céran. Personne.

La Duchesse. Bon! (*Elle descend en scène et s'arrêtant.*) Trois migraines!

Madame de Céran. Il est pourtant inouï que je sois forcée de laisser ainsi ce poète. . . .

La Duchesse. Ah! bien, ton poète, il lit ses vers! Un poète, vois-tu, pourvu que ça lise ses vers!

Madame de Céran. Mais l'emportement de Roger m'a effrayée! Jamais je ne l'ai vu ainsi, jamais! Qu'est-ce que vous faites donc là ma tante?

La Duchesse. J'arrête le jet d'eau, tu vois bien!

Madame de Céran. Pourquoi?

La Duchesse. C'est pour mieux entendre, mon enfant!

Madame de Céran. Il est au jardin, je ne sais où . . . qui la suit, qui la guette. . . . Que va-t-il arriver? Ah! petite malheureuse! . . . Comment, duchesse, vous éteignez le gaz?

La Duchesse. Non, je le baisse.

Madame de Céran. Mais pourquoi?

La Duchesse. Mais pour mieux voir, mon enfant!

Madame de Céran. Pour? . . .

La Duchesse. Dame! . . . moins on nous verra, mieux nous verrons. . . . Trois migraines! . . . Et un seul rendez-vous! y comprends-tu quelque chose, toi?

Madame de Céran. Ce que je ne comprends pas, moi, c'est que M. Bellac. . . .

La Duchesse. Et moi c'est que Suzanne. . . .

Madame de Céran. Oh! elle. . . .

La Duchesse. Elle? Enfin nous allons voir! Ils peuvent venir maintenant, tout est prêt.

Madame de Céran. Si Roger les trouve ici . . . ensemble, il est capable. . . .

La Duchesse. Bah! . . . bah! il faut voir . . . il faut voir!

Madame de Céran. Mais. . . .

La Duchesse. Chut! entends-tu?

Madame de Céran. Oui.

La Duchesse, *poussant* Madame de Céran *vers le massif de droite, au premier plan.* Il était temps! Viens!

Madame de Céran. Comment, vous voulez écouter?

La Duchesse, *cachée.* Dame! pour entendre, il n'y a encore que cela, tu sais? . . . Tiens, dans ce coin-là, nous serons comme des rois de féerie. Nous sortirons quand il le faudra, sois tranquille. On est entré?

Madame de Céran, *cachée et regardant à travers les branches.* Oui.

La Duchesse. Lequel des deux?

Madame de Céran. C'est elle. . . .

La Duchesse. Suzanne?

Madame de Céran. Oui! (*Avec étonnement.*) Non!

La Duchesse. Comment, non?

Madame de Céran. Non! Pas décolletée. . . . C'est une autre!

La Duchesse. Une autre? . . . Qui?

Madame de Céran. Je ne distingue pas.

Jeanne. Mais viens donc, Paul!

Madame de Céran. La sous-préfète!

La Duchesse. Encore!

SCÈNE II

La Duchesse, Madame de Céran, *cachées premier plan;* Jeanne, *puis* Paul, *entrant par le fond à droite.*

Jeanne. Qu'est-ce que tu fais donc à cette porte, enfin?

Paul, *dans la coulisse, à droite.* La prudence étant la mère de la sûreté, je nous mets prudemment en sûreté!

Jeanne. Comment?

Paul. Comme ça. . . . (*Bruit de porte qui crie.*)

Jeanne, *effrayée.* Hein?

Paul, *entrant.* Très réussi!

JEANNE. Qu'est-ce que c'est que cela?

PAUL. Ça! c'est un indique-fuite [1] que je viens d'installer. . . . Oui, un morceau de bois . . . dans le gond de la porte. De cette façon, si quelqu'un, je ne dis pas quelque amoureux comme nous, ceci est invraisemblable dans cette enceinte, mais quelque évadé de tragédie se réfugiait de ce côté, par impossible . . . plus de danger! Il pousse la porte, elle pousse un cri, et nous, par l'autre porte. . . . Frtt! . . . hein? Est-ce assez combiné? Ah! nous autres hommes d'État! . . . Et maintenant, madame, que nous sommes à l'abri des regards indiscrets, je dépouille l'homme public, l'homme privé reparaît, et, donnant l'essor à des sentiments trop longtemps contenus, je vous permets de me tutoyer.

JEANNE. A la bonne heure, tu es gentil, ici!

PAUL. Je suis gentil ici, parce que je suis tranquille ici; mais, s'embrasser dans les corridors, comme tantôt, tu sais? . . . quand tu es venue m'aider à défaire mes malles.

LA DUCHESSE, à part. C'étaient eux!

PAUL. Ou comme ce soir, dans le jardin. . . .

LA DUCHESSE, à part. Encore eux!

PAUL. Plus jamais cela! Trop imprudent pour la maison . . . hein? Quelle maison! t'avais-je trompé? Faut-il avoir envie d'être préfet pour venir s'ennuyer dans des bâilloirs [2] pareils!

MADAME DE CÉRAN. Hein?

LA DUCHESSE, à MADAME DE CÉRAN. Écoute ça! Écoute ça!

JEANNE, le faisant asseoir près d'elle. Viens là. . . .

PAUL, s'asseoit, se relève et marchant avec agitation. Non, mais quelle maison! Et les maîtres, et les invités, et tout le monde! Et madame Arriégo! Et le poète! Et la marquise! Et cette Anglaise en glace! Et ce Roger en bois! Il n'y a que la duchesse qui ait le sens commun. . . .

LA DUCHESSE, à MADAME DE CÉRAN. Pour moi, ça!

PAUL, avec conviction. Mais le reste, ah!

LA DUCHESSE. Ça, c'est pour toi!

JEANNE. Mais viens donc là!

PAUL, s'asseoit et se relève, même jeu.

Et la lecture, et la littérature! et la candidature! Ah! la candidature Revel! Un vieux malin, figure-toi, qui meurt . . . tous les soirs et qui ressuscite tous les matins avec une place de plus! (Il va pour s'asseoir et reprend.) Et Saint-Réault! Ah! Saint-Réault! Et les Ramas-Ravanas et tous les fouchtras [3] de Boudha!

MADAME DE CÉRAN, indignée. Oh!

LA DUCHESSE, riant. Il est drôle!

PAUL. Et l'autre, dis donc, le Bellac des dames, avec son amour platonique!

JEANNE, baissant les yeux. Il est bête!

PAUL, s'asseyant. Tu trouves, toi? . . . (Se relevant avec fureur.) Et la tragédie. . . . Oh! la tragédie! . . .

JEANNE. Mais, Paul, qu'as-tu?

PAUL. Et ce vieux Philippe-Auguste avec son joli vers! Mais tout le monde en a fait, des jolis vers. . . . Ce n'est pas une raison pour les lire. Moi aussi j'en ai fait. . . .

JEANNE. Toi?

PAUL. Oui, moi! Quand j'étais étudiant et pas riche, j'en ai même vendu!

JEANNE. A un éditeur?

PAUL. Non; à un dentiste! La Plombéïde ou l'Art de plomber les dents. Poème, trois cents vers! . . . Trente francs. . . . Écoute-moi ça. . . .

JEANNE. Oh! non, par exemple!

PAUL.

" Muse, s'il est un mal, parmi les maux divers,
Que le ciel en courroux épand sur l'univers,
Dont le plus justement le bon goût s'effarouche,
C'est celui dont le siège est placé dans la bouche! . . ."

JEANNE, voulant l'arrêter. Voyons, Paul!

PAUL.

" Ah! qu'arracher sa dent semble alors plein d'appas!
Imprudent! Guéris-la, mais ne l'arrache pas!
Ah! n'arrachez jamais, même une dent qui tombe!
Qui sait si, quelque jour, l'homme adroit qui la plombe
N'aura pas conservé, soit en haut, soit en bas,

---

[1] indique-fuite, alarm to flee.

[2] bâilloirs, a neologism coined by the speaker and meaning " a yawn-inducing place."

[3] fouchtras, an expletive used much by Auvergnats and often in fun in the expression: c'est de l'auvergnat fouchtras, meaning: obscure nonsense.

Cet attrait au sourire et cette aide au repas."

LA DUCHESSE, *riant.* Ah! ah! il est amusant!

JEANNE. Quel gamin tu fais! Qui croirait cela à te voir au salon! (*L'imitant.*) " Mon Dieu, monsieur le sénateur, le flot démocratique . . . les traités de 1815. . . ." Ah! ah! ah!

PAUL. Eh bien! et toi, dis donc? . . . C'est toi qui vas bien, avec la maîtresse de la maison!

MADAME DE CÉRAN. Hein?

PAUL. Mes compliments!

JEANNE. Mais, mon ami, je fais ce que tu m'as recommandé.

PAUL, *l'imitant.* " Je fais ce que tu m'as recommandé!" Ah! sainte-nitouche, avec sa petite voix! Ah! tu lui en fournis à la comtesse: du Joubert, et du latin, et du Tocqueville! Et de ton cru encore!

MADAME DE CÉRAN. Comment, de son cru!

LA DUCHESSE. Ça me raccommode avec elle, ça.

JEANNE. Ah! Je n'ai pas de remords, va! . . . Une femme qui nous loge aux deux bouts de la maison!

MADAME DE CÉRAN, *se levant.* Si je la priais d'en sortir!

LA DUCHESSE. Tais-toi donc.

JEANNE. Et c'est de la méchanceté! . . . Si! si. . . . J'en suis sûre. . . . Une femme sait bien, n'est-ce pas? que des nouveaux mariés . . . ont toujours quelque chose à se dire, enfin.

PAUL, *tendrement.* Oui, toujours.

JEANNE. Toujours, bien vrai? . . . Toujours comme ça?

PAUL. As-tu une jolie voix! Je l'écoutais tout à l'heure . . . en parlant des traités de 1815. Fine, douce, enveloppante. . . . Ah! la voix, c'est la musique du cœur, comme dit M. de Tocqueville.

JEANNE. Ah! Paul! . . . Je ne veux pas que tu ries des choses sérieuses.

PAUL. Ah! bien, laisse-moi être un peu gai, je t'en prie; je suis si heureux ici!— Mon Dieu! que ça m'est donc égal de ne pas être préfet à Carcassonne, dans ce moment-ci!

JEANNE. C'est toujours que cela m'est égal à moi, monsieur: voilà la différence!

PAUL. Chère petite femme! (*Il lui baise les mains.*)

MADAME DE CÉRAN, *bas à* LA DUCHESSE. Mais c'est d'une inconvenance. . . .

LA DUCHESSE, *de même.* Je ne déteste pas ça, moi!

PAUL. Ah! c'est que j'ai un fort arriéré à combler, tu comprends, sans compter les avances à prendre. Quand serons-nous libres, à présent? Chère enfant, tu ne sais pas combien je t'adore.

JEANNE. Si, je le sais . . . par moi. . . .

PAUL. Ma Jeanne.

JEANNE. Ah! Paul! Toujours comme ça, répète-le encore, toujours!

PAUL, *très près d'elle et tendrement.* Toujours!

MADAME DE CÉRAN, *bas à* LA DUCHESSE. Mais, duchesse!

LA DUCHESSE, *de même.* Ah! ils sont mariés! (*La porte crie.* PAUL *et* JEANNE *se lèvent, effrayés.*)

PAUL ET JEANNE. Hein?

JEANNE. On vient!

PAUL. Fuyons! comme on dit dans les tragédies.

JEANNE. Vite, vite!

PAUL. Tu vois, hein? mes précautions.

JEANNE. Déjà! Quel malheur! (*Ils s'échappent par le fond à gauche.*)

MADAME DE CÉRAN, *passant à gauche.* Eh bien, c'est heureux qu'on les ait interrompus.

LA DUCHESSE, *la suivant.* Ma foi, je le regrette! Oui, mais c'est fini de rire, maintenant.

SCÈNE III

MADAME DE CÉRAN, LA DUCHESSE, *cachées à gauche,* BELLAC, *entrant par le fond à droite.*

BELLAC. Cette porte fait un bruit!

MADAME DE CÉRAN, *bas à* LA DUCHESSE. Bellac!

LA DUCHESSE, *de même.* Bellac.

BELLAC. Mais on ne voit pas clair, ici.

MADAME DE CÉRAN. C'était vrai! Vous voyez, tout est vrai.

LA DUCHESSE. Tout! non! Il n'y en a encore que la moitié.

MADAME DE CÉRAN. Ah! l'autre n'est pas loin, allez!

LA DUCHESSE. En tous cas, ça ne peut être qu'un coup de tête, une imprudence de pensionnaire. Il n'est pas possible. (*La porte crie.*) La voilà! . . . Ah! dame, le cœur me bat. . . . Dans ces choses-là, on a beau être sûr, on n'est jamais certain. . . . La vois-tu?

MADAME DE CÉRAN, *regardant.* Ah! c'est elle! Et tout à l'heure Roger, qui l'épie, va venir, lui aussi. . . . Si nous nous montrions, duchesse?

La Duchesse. Non . . . non. . . . Maintenant, je veux savoir où ils en sont; je veux en avoir le cœur net.

Madame de Céran, *regardant toujours.* Je meurs d'inquiétude. . . . Décolletée. . . . C'est cela, c'est bien elle. . . .

La Duchesse. Ah! petite coquine! Laisse-moi voir. . . . (*Elle regarde à travers les feuilles, puis après un moment.*) Hein?

Madame de Céran. Quoi donc?

La Duchesse. Regarde.

Madame de Céran, *regardant.* Lucy!

La Duchesse. Lucy.

Madame de Céran. Qu'est-ce que cela veut dire?

La Duchesse. Ah! je ne sais pas encore, mais j'aime déjà mieux cela.

SCÈNE IV

Madame de Céran, La Duchesse, *cachées au premier plan à gauche,* Bellac *et* Lucy *se cherchant à droite,* Paul *rentrant par le fond, à gauche, suivi de* Jeanne *qui le retient.*

Jeanne, *bas à* Paul. Non! non! Paul! non!

Paul, *de même.* Si . . . si! . . . laisse un instant, pour voir! Ici, à cette heure-ci, ce ne peut être que des amoureux, je te dis. Dans cette maison! . . . Non! . . . Ce serait trop drôle.

Jeanne. Prends garde.

Paul. Chut!

Lucy. Vous êtes là, M. Bellac?

Paul. L'Anglaise!

Bellac. Oui, mademoiselle!

Paul. Et le professeur. . . . L'Anglaise et le professeur: fable! Quand je te disais! Une intrigue! . . . Un rendez-vous! Ah! mais c'est moi qui ne m'en vais plus, par exemple!

Jeanne. Comment?

Paul. Après cela si tu veux t'en aller, toi?

Jeanne. Ah! mais non! (*Ils se cachent derrière un massif au fond à gauche.*)

Lucy. Vous êtes de ce côté!

Bellac. Par ici! . . . Je vous demande pardon. . . . La serre est habituellement mieux éclairée. . . . Je ne sais

pourquoi, ce soir. . . . (*Il marche vers elle.*)

Madame de Céran, *bas à* la Duchesse. Lucy! . . . Mais, alors, Suzanne? . . . Je n'y suis plus! [1]

La Duchesse, *de même.* Attends un peu; j'ai idée que nous allons y être.

Lucy. Mais, M. Bellac, que signifie cette sorte de rendez-vous? Et votre lettre de ce matin? . . . Pourquoi m'écrire?

Bellac. Mais, pour vous parler, chère miss Lucy. Est-ce donc la première fois que nous nous isolons, pour échanger nos pensées?

Paul, *pouffant de rire, bas à* Jeanne. Oh! . . . échanger! . . . Je ne savais pas que cela s'appelait comme ça.

Bellac. Entouré comme je le suis ici, quel autre moyen avais-je de vous parler, à vous seule?

Lucy. Quel autre? Il fallait me donner le bras et sortir du salon avec moi, tout simplement. Je ne suis pas une jeune fille française, moi.

Bellac. Mais vous êtes en France.

Lucy. En France comme ailleurs, je fais ce que je veux; je n'ai pas besoin de secret, et encore moins, de mystère. Vous déguisez votre écriture. . . . Vous ne signez pas. . . . Il n'est pas jusqu'à votre papier rose. . . . Ah! que vous êtes bien français!

Paul, *bas à* Jeanne. Né malin. [2]

Bellac. Et que vous êtes bien, vous, la muse austère de la science, la Polymnie superbe! la Piéride [3] froide et fière. . . . Asseyez-vous donc!

Lucy. Non! non! . . . Et voyez comme toutes vos précautions ont tourné contre nous. . . . J'ai perdu cette lettre.

La Duchesse, *un peu haut.* J'y suis! (*Mouvement de* Lucy *vers la gauche.*)

Bellac. Quoi?

Lucy. Vous n'avez pas entendu?

Bellac. Non! Ah! vous avez perdu?

Lucy. Et que voulez-vous que pense celui qui cette lettre l'aura trouvée?

La Duchesse, *bas à* Madame de Céran. Y es-tu, maintenant?

Lucy. Il est vrai qu'il n'y avait plus d'enveloppe . . . partant plus d'adresse.

Bellac. Ni mon écriture, ni ma signature. . . . Vous voyez donc que j'ai bien

---

[1] *je n'y suis plus,* I don't understand it at all.
[2] *Né malin.* Part of a line by Boileau in his *Art poétique: Le Francais né malin, forma le vaudeville.* But *malin* used in Boileau's line means satirical, while Paul means it in the sense of "shrewd."
[3] *Polymnie,* the muse of lyric poetry represented in an attitude of meditation. *Piéride,* another name for muse, although she was one of the nine daughters of Pierus, changed into magpie for having competed in song with the muses.

fait. En tous cas, j'ai cru bien faire; chère miss Lucy, pardonnez à votre professeur, à votre ami, et . . . asseyez-vous, je vous en prie.

Lucy. Non! dites-moi ce que vous aviez à me dire en si grand secret, et rentrons.

Bellac, *la retenant.* Attendez! . . . Pourquoi n'êtes-vous pas venue à mon cours, aujourd'hui?

Lucy. Parce que j'ai passé mon temps à chercher cette lettre, précisément. De quoi aviez-vous à me parler?

Bellac. Êtes-vous impatiente de me quitter! (*Il lui donne un paquet de papiers attachés avec un ruban rose.*) Tenez!

Lucy. Des épreuves!

Bellac, *ému.* De mon livre.

Lucy, *émue aussi.* De votre? . . . Ah! Bellac!

Bellac. J'ai voulu que vous fussiez la seule à le connaître avant tous, la seule!

Lucy, *lui prenant les mains avec effusion.* Ah! mon ami! mon ami!

Paul, *retenant son rire.* Oh! non, ce cadeau d'amour, pff! . . . (*Mouvement de* Bellac *vers la gauche.*)

Lucy. Qu'avez-vous?

Bellac. Non, rien. . . . J'avais cru. . . . Vous le lirez, ce livre où j'ai mis ma pensée, et vous nous trouverez en communion parfaite, j'en suis sûr . . . sauf sur un point. . . . Oh! celui-là!

Lucy. Lequel?

Bellac, *tendrement.* Est-il possible que vous ne croyiez pas à l'amour platonique, vous?

Lucy. Moi? Oh! pas du tout.

Bellac, *gracieusement.* Eh bien! . . . Et nous, cependant?

Lucy, *simplement.* Nous, c'est de l'amitié.

Bellac, *marivaudant.* Pardon! c'est plus que de l'amitié et mieux que de l'amour!

Lucy. Alors, si c'est plus que l'un et mieux que l'autre, ce n'est ni l'un ni l'autre. Et maintenant, merci encore, merci mille fois; mais rentrons, voulez-vous? (*Elle va pour sortir.*)

Bellac, *la retenant toujours.* Attendez!

Lucy. Non! non! rentrons.

Paul, *à* Jeanne. Ça ne mord pas.

Bellac, *la retenant.* Mais, attendez donc, de grâce! Deux mots! . . . Deux mots! Éclairez-moi, ou éclairez-vous! La question en vaut la peine. Voyons, Lucy!

Lucy, *s'animant et passant à droite.* Voyons, Bellac! Voyons, mon ami, votre amour platonique! . . . Philosophiquement, mais cela ne se soutient pas!

Bellac. Permettez, cet amour est une amitié. . . .

Lucy. Si c'est l'amitié, ce n'est plus l'amour!

Bellac. Mais, le concept est double!

Lucy. S'il est double, il n'est pas un!

Bellac. Mais, il y a confusion! (*Il s'assied.*)

Lucy. S'il y a confusion, il n'y a plus caractère! Et je vais plus loin! . . . (*Elle s'assied.*)

Paul, *à* Jeanne. Ça a mordu!

Lucy. Je nie que la confusion soit possible entre l'amour, qui a l'individuation pour base, et l'amitié, forme de la sympathie, c'est-à-dire d'un fait, où le moi devient, en quelque sorte, le non-moi. Je nie absolument, oh! mais absolument!

La Duchesse, *bas à* Madame de Céran. J'ai bien souvent entendu parler d'amour, mais jamais comme cela.

Bellac. Voyons, Lucy! . . .

Lucy. Voyons, Bellac! Oui ou non? Le facteur principal. . . .

Bellac. Voyons, Lucy, un exemple. Supposons deux êtres quelconques—deux abstractions—deux entités—un homme quelconque—une femme quelconque, tous deux s'aimant, mais de l'amour vulgaire, physiologique, vous me comprenez?

Lucy. Parfaitement!

Bellac. Je les suppose dans une situation comme celle-ci, seuls la nuit, ensemble, que va-t-il arriver?

La Duchesse, *à* Madame de Céran. Je m'en doute, moi, et toi?

Bellac. Fatalement!—suivez-moi bien; —fatalement, il va se produire le phénomène que voici.

Jeanne, *à* Paul. Oh! c'est amusant!

Paul. Eh bien! madame?

Bellac. Tous deux, ou plus vraisemblablement, l'un des deux, le premier, l'homme. . . .

Paul, *à* Jeanne. L'entité mâle!

Bellac. Se rapprochera de celle qu'il croit aimer. . . . (*Il s'approche d'elle.*)

Lucy, *se reculant un peu.* Mais. . . .

Bellac, *la retenant doucement.* Non, non! . . . Vous allez voir! Ils plongeront leurs regards dans leurs regards; ils mêleront leurs souffles et leurs chevelures. . . .

Lucy. Mais, monsieur Bellac. . . .

Bellac. Et alors! . . . Et alors . . . il se passera en leur moi . . . indépendamment de leur moi lui-même, une suite non interrompue d'actes inconscients, qui,

par une sorte de progrès, de processus
lent, mais inéluctable, les jettera, si j'ose
ainsi dire, à la fatalité d'un dénouement
prévu où la volonté ne sera pour rien,
l'intelligence pour rien, l'âme pour rien!
Lucy. Permettez!... ce processus.
Bellac. Attendez, attendez!... Supposons maintenant un autre couple et un
autre amour, à la place de l'amour physiologique, l'amour psychologique à la place
d'un couple quelconque,—deux exceptions:
—vous me suivez toujours?
Lucy. Oui.
Bellac. Eux aussi, assis l'un près de
l'autre, se rapprocheront l'un de l'autre.
Lucy, s'éloignant encore. Mais, alors,
c'est la même chose!
Bellac, la retenant toujours. Attendez
donc! Il y a une nuance. Laissez-moi
vous faire voir la nuance. Eux aussi pourront plonger leurs yeux dans leurs yeux et
mêler leurs chevelures....
Lucy. Mais enfin? (Elle se lève.)
Bellac, la faisant rasseoir. Seulement!
... Seulement!... Ce n'est plus leur
beauté qu'ils contemplent, c'est leur âme;
ce n'est plus leurs voix qu'ils entendent,
c'est la palpitation même de leur pensée!
Et lorsque enfin, par un processus tout
autre, quoique congénère, ils en seront
arrivés, eux aussi, à ce point obscur et
troublé où l'être s'ignore lui-même, sorte
d'engourdissement délicieux du vouloir qui
paraît être à la fois le summum et le terminus des félicités humaines, ils ne se
réveilleront pas sur la terre, eux, mais en
plein ciel, car leur amour à eux plane bien
par delà les nuages orageux des passions
communes dans le pur éther des idéalités
sublimes! (Silence.)
Paul, à Jeanne. Il l'embrassera!
Bellac. Lucy! chère Lucy, me comprenez-vous? Oh! dites que vous me comprenez!
Lucy, troublée. Mais!... Il me semble que les deux concepts....
Paul. Oh! les concepts! non, ils sont
trop drôles!
Lucy, toujours troublée. Les deux concepts... sont identiques!
Paul. Oh! identiques....
Bellac, avec passion. Identiques!...
Oh! Lucy, vous êtes cruelle!... Identiques!!! Mais songez donc qu'ici tout
est subjectif!
Paul. Subjectif! Il faut que je fasse
une folie!

Bellac, tout à fait passionné. Subjec-
tif! Lucy! comprenez-moi bien!
Lucy, tout à fait émue. Mais, Bellac!
... subjectif!...
Jeanne, à Paul. Il ne l'embrassera
pas!
Paul. Alors, c'est moi qui t'embrasse!
Jeanne, se défendant. Paul! Paul!
(Bruit de baisers.)
Bellac, Lucy, se levant effrayés. Hein?
La Duchesse, étonnée, se levant aussi.
Eh bien! comment! Ils s'embrassent?
Lucy. Quelqu'un! Quelqu'un est là!
Bellac. Venez, venez! prenez ma
main!
Lucy. On nous écoutait! Oh! Bellac,
je vous le disais bien.
Bellac. Venez!
Lucy. Mais, je suis horriblement com-
promise! (Elle sort par le fond à gauche.)
Bellac, la suivant. Je réparerai, chère
miss, je réparerai!

SCÈNE V

La Duchesse, Madame de Céran, cachées. Jeanne, Paul, sortant de leur
cachette en riant.

Paul. Ah! l'amour platonique! Ah!
ah! ah!
La Duchesse, à part. Raymond!
Jeanne. Et le moi, et le processus, et
le terminus! Ah! ah! ah!
La Duchesse, sortant à son tour de sa
cachette, et à part. Ah! mes coquins!...
Attendez un peu! (Elle marche doucement
vers eux.)
Paul. Hein? le joli Tartuffe,[1] avec ses
déclarations à deux fins et à échappement.
(Imitant Bellac.) "Mais, chère miss, le
concept de l'amour est double."
Jeanne, imitant Lucy. Mais, le fac-
teur principal!
Paul. Voyons, Lucy!
Jeanne. Voyons, Bellac!
Paul. Mais, c'est une nuance! Lais-
sez-moi vous faire voir la nuance!
Jeanne. Mais, alors, c'est identique.
Paul. Identique! O cruelle.... Son-
gez donc qu'ici tout est subjectif!
Jeanne. Oh! Bellac! subjectif! (Bruit
de baisers que la Duchesse fait claquer
sur sa main.)
Paul et Jeanne, se relevant, effrayés.
Hein?
Jeanne. Quelqu'un!

[1] Tartuffe, hypocrite (hero of Molière's comedy by that name).

PAUL. Pincés!

JEANNE. On nous écoutait.

PAUL, *l'entraînant.* Viens, Viens!

JEANNE, *en s'en allant.* Ah! Paul, peut-être aussi dans le commencement. . . .

PAUL. Je réparerai, cher ange, je réparerai! . . . (*Ils disparaissent par la gauche.*)

SCÈNE VI

LA DUCHESSE, MADAME DE CÉRAN

LA DUCHESSE, *riant.* Ah! ah! ah! mes drôles. . . . Ils sont gentils . . . mais ils méritaient une leçon. . . . Ah! ah! . . . Je peux rire . . . maintenant. . . . Ah! ah! . . . dis donc, Lucy! . . . Elle va bien, ta bru! Quand je te disais![1] . . . Eh bien! y es-tu, à présent! Suzanne . . . ce rendez-vous . . . cette lettre? . . .

MADAME DE CÉRAN. Oui, c'était la lettre de Bellac à Lucy que Suzanne avait trouvée!

LA DUCHESSE. Et qu'elle prenait pour la lettre de Roger à Lucy. C'est pour cela qu'elle était si furieuse, la jalouse!

MADAME DE CÉRAN. Jalouse? Duchesse, vous ne voulez pas dire qu'elle aime mon fils?

LA DUCHESSE. Ah çà! est-ce que tu penserais encore à lui faire épouser l'autre, par hasard? . . . Eh bien! et le processus?

MADAME DE CÉRAN. L'autre? . . . Non, certes. . . . Mais Suzanne, jamais, ma tante, jamais!

LA DUCHESSE. Nous n'en sommes pas encore là malheureusement. . . . En attendant, va retrouver ta tragédie et ta candidature Revel. Va! Moi je me charge de rattraper ton fils, et de lui faire rengaîner son grand sabre.—Tout est bien qui finit bien. . . . Ouf! ah! c'est égal, je suis plus tranquille! Beaucoup de bruit pour pas grand'chose. . . . Mais c'est fini! fini! fini! Allons-nous-en! (*Elles vont pour sortir à gauche. La porte de droite crie.*)

TOUTES DEUX, *s'arrêtant.* Hein?

LA DUCHESSE. Encore!—Ah çà! mais, ta serre! . . . C'est les marronniers du Figaro,[2] ta serre! Ah! bien, c'est joli!

MADAME DE CÉRAN. Mais qui ça peut-il être encore?

LA DUCHESSE. Qui? (*Prise d'une idée.*) Ah! (*A MADAME DE CÉRAN, la poussant vers la gauche.*) Rentre au salon, je te le dirai.

MADAME DE CÉRAN. Mais pourquoi ne pas rester? . . .

LA DUCHESSE, *même jeu.* Tu ne peux pas laisser éternellement tes invités?

MADAME DE CÉRAN, *cherchant à voir.* En effet, mais qui donc? . . .

LA DUCHESSE, *même jeu.* Puisque je te le dirai. Va vite, avant qu'on ne soit là. . . . Tu ne pourrais plus. . . .

MADAME DE CÉRAN. C'est vrai; d'ailleurs, je vais revenir pour le thé.

LA DUCHESSE. Pour le thé! c'est cela. Va, va! et vite, et vite! (*MADAME DE CÉRAN sort par la gauche.*)

SCÈNE VII

LA DUCHESSE, *puis* SUZANNE, *puis* ROGER

LA DUCHESSE. Qui ça peut être? Mais Roger, qui épie Suzanne, ou Suzanne, qui épie Roger. (*Regardant à droite.*) Oui, oui, c'est bien lui.—C'est mon Bartholo.[3] . . . (*Regardant à gauche.*) Et ma jalouse, maintenant, qui croit Roger avec Lucy, et qui voudrait bien voir un peu ce qui se passe. C'est cela. Troisième migraine. Mon compte y est! . . . Ah! si le hasard ne fait pas quelque chose avec cela, c'est un grand maladroit! . . . (*Baissant doucement le gaz.*) Aidons-le un peu.

SUZANNE, *entrant en se cachant.* Je savais bien qu'en faisant le tour de la serre, il finirait par y arriver. Je le gênais.

ROGER, *de même.* Elle a fait le tour de la serre; elle y est.—Je l'ai vue entrer. Enfin! Je vais donc savoir à quoi m'en tenir.

LA DUCHESSE. Ils jouent à cache-cache!

SUZANNE, *écoutant.* Il paraît qu'elle est en retard, son Anglaise!

ROGER, *de même.* Ah çà! Bellac n'est donc pas là? . . .

LA DUCHESSE. Ils n'en finiront pas . . . à moins que je ne m'en mêle . . . Pst!

ROGER. Elle l'appelle! . . . Ah! si j'osais, je prendrais sa place, puisqu'il n'est pas là. Le voilà bien, le moyen de savoir où ils en sont.

LA DUCHESSE, *à part.* Allons donc! . . . allons donc! . . . Pst!

ROGER. Ma foi, ça durera ce que ça pourra. . . . Puisqu'il ne vient pas, j'aurai toujours appris quelque chose. . . . Pst!

---

[1] *Quand je te disais,* Didn't I tell you?

[2] *marronniers du Figaro.* Reference to *le Mariage de Figaro,* a comedy by Beaumarchais, in which a somewhat similar situation occurs in an alley of chestnut trees.

[3] *Bartholo,* the guardian in *le Mariage de Figaro.*

La Duchesse. Tiens!

Suzanne, *à part*. Il me prend pour Lucy. . . . Oh! que je voudrais savoir ce qu'il va lui dire.

Roger, *à mi-voix*. C'est vous?

Suzanne, *à mi-voix*. Oui! . . . (*A part, résolument*.) Tant pis!

Roger, *à part*. Elle me prend pour Bellac.

La Duchesse. Oh! bien . . . maintenant!—Allez, mes enfants, allez! . . . (*Elle disparaît derrière les massifs du fond, à gauche*.)

Roger. Vous avez reçu ma lettre?

Suzanne, *à part, furieuse, lui parlant en face sans qu'il la voie ni l'entende*. Oui, je l'ai reçue, ta lettre! . . . Oui, je l'ai reçue! et tu ne t'en doutes guère. (*Haut, doucement*.) Mais, sans cela, serais-je à votre rendez-vous?

Roger, *à part*. A votre! . . . Eh bien! est-ce assez clair, cette fois? Ah! malheureuse enfant! . . . Enfin, nous allons voir. (*Haut*.) J'avais si peur que vous ne vinssiez pas . . . ma chère.

Suzanne, *à part*. Ma chère! . . . Oh! (*Haut*.) Vous m'avez pourtant bien vue sortir du salon tout à l'heure . . . mon cher.

Roger, *à part*. Ils en sont au moins à la familiarité! . . . Il n'y a pas à dire! . . . Il faut absolument que je sache. . . . (*Haut*.) Pourquoi vous tenez-vous si loin de moi? (*Il marche vers elle*.)

Suzanne, *à part*. Mais il va voir que je suis plus petite que Lucy. (*Elle s'assied*.) Ah! comme ça. . . .

Roger. Ne voulez-vous pas que j'aille m'asseoir auprès de vous?

Suzanne. Je veux bien.

Roger, *à part, allant vers elle*. Oh! elle veut bien! Ce qui m'étonne, c'est qu'elle me prenne pour Bellac; je n'ai pourtant ni sa voix, ni. . . . Enfin, ça durera ce que ça pourra.—Profitons-en.—(*Il s'assied auprès d'elle en lui tournant le dos, et haut*.) Que vous êtes bonne d'être venue! . . . Vous m'aimez donc un peu, ma chère?

Suzanne, *qui lui tourne aussi le dos*. Mais oui, mon cher.

Roger, *se levant, à part*. Elle l'aime! . . . Oh! le misérable!

Suzanne. Qu'est-ce qu'il a donc?

Roger, *revenant s'asseoir près d'elle*. Eh bien! alors, laissez-moi donc être auprès de vous comme les autres fois. (*Il lui prend les mains*.)

Suzanne, *à part, indignée*. Il lui prend la main!

Roger, *à part, indigné*. Elle se laisse parfaitement prendre les mains. . . . C'est épouvantable!

Suzanne, *de même*. Oh!

Roger, *haut*. Vous tremblez!

Suzanne. C'est . . . c'est vous qui tremblez.

Roger. Non, non, c'est vous! Est-ce que. . . . (*A part*.) Nous allons voir . . . tant pis! . . . (*Haut*.) Est-ce que tu as peur?

Suzanne, *à part, furieuse, se levant*. Tu! . . .

Roger, *à part, respirant*. Ils n'en sont que là! (Suzanne *revient, après un geste de résolution, se rasseoir auprès de lui, sans mot dire*.)

Roger, *terrifié, à part*. Comment? . . . Encore plus loin? . . . Mais alors? . . . (*Haut*.) Ah! tu n'as pas peur?

Suzanne. Peur . . . avec toi? . . .

Roger, *à part*. Avec! . . . Mais jusqu'où a-t-il poussé la séduction, le misérable! Oh! je le saurai! je veux le savoir. . . . Je le veux . . . je le dois . . . j'ai charge d'âme. . . . (*Haut, avec décision*.) Eh bien! . . . en ce cas, voyons, si tu n'as pas peur, pourquoi me fuir? (*Il l'attire à lui*.)

Suzanne, *indignée*. Oh!

Roger. Pourquoi te détourner de moi? (*Il passe son bras autour de sa taille*.)

Suzanne, *même jeu*. Oh!

Roger. Pourquoi me défendre ton visage? (*Il se penche sur elle*.)

Suzanne, *bondissant sur ses pieds*. Oh! c'est trop fort!

Roger. Oui! c'est trop fort!

Suzanne. Mais regardez-moi donc! Suzanne! Pas Lucy, Suzanne, entendez-vous?

Roger. Et moi Roger! pas Bellac, Roger! entendez-vous?

Suzanne. Bellac?

Roger. Oh! malheureuse enfant! C'était donc vrai? . . . Ah! Suzanne! Suzanne! . . . Que c'est mal! . . . Que vous me faites mal! . . . Enfin, il va venir, je l'attends!

Suzanne. Comment? Qui?

Roger. Mais vous ne comprenez donc pas que j'ai lu la lettre?

Suzanne. La lettre! . . . C'est moi qui l'ai lue, votre lettre?

Roger. Ma lettre? La lettre de Bellac!

Suzanne. De Bellac? . . . De vous!

Roger. De moi?

Suzanne. De vous! . . . A Lucy! . . .

Roger. A Lucy? . . . A vous! à vous! à vous! . . .

Suzanne. A Lucy! . . . à Lucy! . . . à Lucy! . . . qui l'avait perdue!

Roger, *stupéfait.* Perdue!

Suzanne. Ah! j'étais là quand elle l'a réclamée au domestique! Vous ne direz pas. . . . Et je l'avais trouvée, moi!

Roger, *éclairé.* Trouvée.

Suzanne. Oui . . . oui . . . trouvée, et le rendez-vous . . . et la migraine . . . et tout! Je savais tout. Et j'ai voulu voir, et je suis venue. . . . Et vous me preniez pour elle. . . .

Roger. Moi?

Suzanne, *les larmes commençant à la gagner.* Oui, vous! Oui, vous! . . . Vous me preniez pour elle, et vous lui disiez que vous l'aimiez! . . . Si! . . . Si! . . . Alors, pourquoi m'avez-vous dit que vous ne l'aimiez pas? . . . Oui! . . . à moi . . . tantôt . . . vous me l'avez dit, et que vous ne l'épousiez pas. . . . Pourquoi l'avez-vous dit? Il ne fallait pas me le dire. Épousez-la si vous voulez, cela m'est bien égal, mais il ne fallait pas me le dire! . . . Vouz m'avez trompée . . . vous m'avez menti! Ce n'est pas bien! Puisque vous l'aimiez, il ne fallait pas . . . il fallait! . . . (*Se jetant dans ses bras.*) Ah! ne l'épouse pas! . . . ne l'épouse pas! . . . ne l'épouse pas!

Roger. Suzanne! . . . ô ma chère Suzanne! que je suis heureux!

Suzanne. Hein?

Roger. Cette lettre, alors, tu l'as trouvée? Elle n'est pas à toi?

Suzanne. A moi?

Roger. Eh bien! ni à moi non plus . . . je te jure!

Suzanne. Mais.

Roger. Puisque je te le jure! Elle est à Lucy! . . . à Bellac! . . . à d'autres! . . . Que nous importe! Ah! je comprends maintenant. . . . Tu croyais. . . . Oui . . . oui. . . . Comme moi. . . . Je comprends! Ah! . . . chère enfant . . . ma chère Suzanne! Que j'ai eu peur! mon Dieu! que j'ai eu peur!

Suzanne. Mais de quoi?

Roger. De quoi? Oui, c'est vrai! . . . C'est absurde! . . . non! . . . non! . . . ne cherche pas. . . . C'est odieux! . . . pardon, entends-tu? . . . Je te demande pardon. . . .

Suzanne. Alors, tu ne l'épouses pas?

Roger. Mais, puisque je te dis. . . .

Suzanne. Oh! je n'entends rien à tout ça, moi. . . . Dis seulement que tu ne l'épouses pas, et je te croirai.

Roger. Mais non! . . . mais non! . . . Qu'elle est enfant! Voyons, ne pleure plus . . . essuie tes yeux, chère petite, chère Suzanne. Nous ne sommes plus fâchés . . . ne pleure donc plus.

Suzanne, *au milieu.* Je ne peux pas m'en empêcher.

Roger. Mais pourquoi?

Suzanne. Mais je n'ai que toi, moi, Roger. Je ne veux pas que tu me quittes.

Roger. Te quitter?

Suzanne, *toujours pleurant.* Je suis jalouse, tu sais bien. . . . Tu ne comprends pas ça, toi . . . non . . . non. . . . Oh! j'ai bien vu, ce soir, quand je voulais te faire enrager avec M. Bellac. . . . Tu ne me regardais pas seulement. Cela t'est bien égal, M. Bellac.

Roger. Lui! Mais je voulais le tuer!

Suzanne. Le tuer! . . . (*Elle lui saute au cou.*) Oh! que tu es gentil. Tu croyais donc? . . .

Roger. Tais-toi . . . ne parlons plus de cela . . . c'est fini . . . c'est oublié, rien ne s'est passé. . . . Recommençons tout! A mon arrivée, à la tienne, tantôt. . . . Bonjour, Suzanne, bonjour, ma chérie. Comme il y a longtemps que je ne t'ai vue! Viens là . . . viens près de moi . . . comme tantôt. (*Il s'assied et la fait asseoir tout près de lui.*)

Suzanne. Ah! Roger, comme tu es bon maintenant! Comme tu me dis des choses! . . . Tu m'aimes mieux qu'elle, alors, bien vrai?

Roger, *s'animant peu à peu.* T'aimer? Mais est-ce que ce n'est pas mon devoir de t'aimer? . . . mon devoir de parent, de tuteur? . . . mon devoir d'honnête homme enfin? T'aimer! Tiens, quand j'ai lu cette lettre . . . je ne sais ce qui s'est passé en moi. . . . Ah! c'est là que j'ai compris quelle affection sérieuse. . . . Oh! oui, je t'aime, chère enfant, chère pureté, et plus que je ne le pensais moi-même, et je veux que tu le saches. (*Très tendre.*) N'est-ce pas que tu le sais? N'est-ce pas que tu le sens que je t'aime bien . . . ma chère petite Suzanne?

Suzanne, *en peu étonnée.* Oui . . . Roger. . . .

Roger. Tu me regardes. . . . Je t'étonne . . . je ne te convaincs pas. . . . Je suis si peu habitué aux expansions tendres, si gauche aux caresses. . . . Je ne sais pas dire ces choses-là . . . moi. . . . L'éducation du cœur se fait par les mères, et tu connais la mienne. . . . Elle a fait de moi un piocheur, un savant. La science a rempli ma vie. Tu en as été le seul repos, le seul sourire, la seule jeunesse! Tu n'as que moi, dis-tu? Eh bien! et moi, chère petite, qu'ai-je eu à aimer que toi, que toi seule . . . et je ne le sentais pas, non! Tu m'as pris comme les enfants vous prennent, sans qu'ils le sachent et qu'on s'en doute: par l'expansion puissante de leur être, par l'obsession de leur grâce, par la séduction de leur faiblesse, par tout ce qui fait que l'on aime, parce que l'on se donne et que l'on se soumet à ce que l'on protège. J'étais ton maître, mais ton élève aussi. Pendant que j'ouvrais ton esprit à la pensée, tu ouvrais mon âme à la tendresse. Je t'apprenais à lire . . . tu m'apprenais à aimer. C'est sur tes petits doigts roses, c'est sur la soie d'or de tes cheveux d'enfant que mon cœur ignorant a épelé ses premiers baisers. Tu y es entrée, toute petite, dans ce cœur où tu as grandi et que tu remplis maintenant tout entier, entends-tu? tout entier. (*Silence.*) Eh bien! es-tu rassurée?

SUZANNE, *émue, se levant, et à voix basse.* Allons-nous-en!

ROGER, *étonné.* Pourquoi? Où?

SUZANNE, *très troublée.* Autre part. . . .

ROGER. Mais pourquoi?

SUZANNE, *de même.* Il fait sombre!

ROGER. Mais, tout à l'heure! . . .

SUZANNE. Ah! tout à l'heure . . . je n'avais pas vu.

ROGER. Non, reste! . . . reste! . . . Où serons-nous mieux qu'ici? J'ai tant de choses encore. . . . J'ai le cœur si plein. . . . Je ne sais pas pourquoi je te dis tout cela . . . c'est vrai . . . mais c'est si bon de te le dire. Ah! Suzanne . . . reste encore . . . ma chère Suzanne. . . . (*Il la retient.*)

SUZANNE, *voulant se dégager.* Non . . . non . . . je vous en prie. . . .

ROGER, *étonné.* Vous? Tu ne me tutoies plus!

SUZANNE, *toujours plus troublée.* Je . . . je vous en prie! . . .

ROGER. Mais, tout à l'heure. . . .

SUZANNE. Oui, mais plus maintenant.

ROGER. Mais pourquoi?

SUZANNE. Je ne sais pas . . . je.

ROGER. Eh bien! . . . encore! . . . Tu pleures. . . . Je t'ai fait du chagrin?

SUZANNE. Non . . . oh! . . . non. . . .

ROGER. Alors . . . je t'ai offensée sans le vouloir. . . . J'ai. . . .

SUZANNE. Non . . . non. . . . Je ne sais pas. . . . Je ne comprends pas. . . . Je suis. . . . Allons-nous-en, je vous en prie. . . .

ROGER. Suzanne. . . . Mais je ne comprends pas non plus . . . je ne devine pas. . . .

SCÈNE VIII

LES MÊMES, LA DUCHESSE, *paraissant*

LA DUCHESSE. Et savez-vous pourquoi? C'est que vous n'y voyez clair ni l'un ni l'autre. (*Elle tourne le gaz. La scène s'éclaire.*) Voilà!

ROGER. Ma tante!

LA DUCHESSE. Ah! chers petits, que vous me rendez heureuse! Allons, embrasse ta femme, toi!

ROGER, *stupéfait d'abord.* Ma femme! . . . Suzanne! (*Il regarde sa tante, il regarde* SUZANNE; *puis avec un cri.*) Ah! c'est vrai . . . je l'aime!

LA DUCHESSE, *avec joie.* Allons donc! . . . Et d'un qui voit clair. . . . (*A* SUZANNE.) Eh bien . . . et toi?

SUZANNE, *les yeux baissés.* Ah! ma tante!

LA DUCHESSE. Tu y voyais déjà, toi, il paraît. Les femmes ont toujours l'œil plus vif. . . . Hein? Quelle belle invention que le gaz! Tout va bien? Il n'y a plus que ta mère.

ROGER. Comment?

LA DUCHESSE. Ah! dame, ça sera dur. . . . La voilà! . . . Les voilà tous: toute la tragédie! Pas un mot. . . . Laisse-moi faire. . . . Je m'en charge! Mais qu'est-ce qui se passe donc là-bas?

SCÈNE IX

LES MÊMES, MADAME DE CÉRAN, *d'abord, entrant joyeuse; puis, peu à peu, par toutes les issues:* DES MILLETS, *entouré de dames,* LE GÉNÉRAL, BELLAC, LUCY, MADAME DE LOUDAN, MADAME ARRIÉGO, PAUL *et* JEANNE, *tous les personnages du 2e acte.*

MADAME DE CÉRAN. Grande nouvelle, ma tante!

LA DUCHESSE. Quoi donc?

MADAME DE CÉRAN. Revel est mort!

LA DUCHESSE. Tu badines!

MADAME DE CÉRAN. C'est dans les journaux du soir. Voyez! (*Elle lui tend un journal.*)

LA DUCHESSE. Allons donc! (*Elle prend le journal et lit.*)

Madame Arriégo, *au poète.* Très beau!
Superbe!

Madame de Loudan. Très belle œuvre!
Et si élevée!

Le Général. Très remarquable! Il
y a un joli vers!

Des Millets. Oh! général!

Le Général. Si! si! . . . un très joli
vers! Le. . . .

Le. . . . " L'honneur est maintenant semblable à un dieu qui n'aurait plus un seul
autel." Très joli vers!

Paul, *à* Jeanne. Un peu long!

Bellac, *tenant un journal, et à* Lucy.
Il est mort à six heures.

Saint-Réault, *à sa femme. Il tient
un journal.* Oui! à six heures—Oh! j'ai
la parole de M. Toulonnier.

Bellac, *à* Lucy. Toulonnier m'a promis formellement. . . .

Madame de Céran, *à la* Duchesse.
Toulonnier est tout à nous!

La Duchesse. Au fait, où est-il donc,
votre Toulonnier!

Saint-Réault. On vient de lui remettre une dépêche.

Madame de Céran, *à part.* Confirma-
tive! . . . c'est bien cela. Mais pourquoi? . . . (*le voyant entrer*). Ah! enfin!

Tout le Monde. C'est lui! Ah! ah!
(Toulonnier *descend en scène.—On l'entoure.*)

Madame de Céran. Mon cher secrétaire général!

Saint-Réault. Mon cher Toulonnier!

Madame de Céran. Eh bien! cette
dépêche.

Bellac. Il s'agit de ce pauvre Revel,
n'est-ce pas?

Toulonnier, *embarrassé.* De Revel,
oui.

Bellac. Eh bien! qu'est-ce qu'elle dit.

La Duchesse, *regardant* Toulonnier.
Elle dit qu'il n'est pas mort, parbleu!

Madame de Céran, Bellac, Saint-
Réault, *montrant les journaux.* Mais les
journaux?

La Duchesse. Ils se seront trompés!

Tous. Oh!

La Duchesse. Pour une fois!¹ (*A*
Toulonnier.) N'est-ce pas?

Toulonnier, *avec ménagement.* En
effet, il n'est pas mort.

Saint-Réault, *se laissant tomber sur un
siège.* Encore!

La Duchesse. Et on l'a même nommé
quelque chose de plus, je le parierais!

Toulonnier. Commandeur de la Légion d'honneur.

Saint-Réault, *bondissant sur ses pieds.*
Toujours!

Toulonnier, *montrant son télégramme.*
Ce sera demain à *l'Officiel.* . . . Voyez!
(*Douloureusement, à* Saint-Réault.) Je
prends bien part.² . . .

La Duchesse, *regardant* Toulonnier,
à part. Il le savait en venant ici; il est
très fort.³ (*Haut.*) Et moi aussi, j'ai
une grande nouvelle à vous annoncer.

Tout le Monde. Ah! (*On se tourne
vers la* Duchesse.)

La Duchesse. J'en ai même deux.

Lucy. Comment?

Madame de Loudan. Deux? Et lesquelles, duchesse?

Bellac. Lesquelles?

La Duchesse. D'abord le mariage de
notre amie miss Lucy Watson avec M. le
professeur Bellac.

Tout le Monde. Avec Bellac? Comment?

Bellac, *bas.* Duchesse!

La Duchesse. Ah! . . . il faut réparer!

Bellac. Rép. . . . Ah! mais, avec
bonheur! Ah! Lucy!

Lucy, *étonnée.* Pardon, madame. . . .

La Duchesse, *bas.* Ah! . . . il faut
réparer, mon enfant!

Lucy, *de même.* Il ne peut y avoir
réparation; il n'y a pas faute, madame, et
vous avez tort de dire: " Il faut."

Bellac. Comment?

Lucy. Mes sentiments étant d'accord
avec ma volonté. (*Elle tend la main à*
Bellac.)

Bellac. Ah! Lucy.

La Duchesse. Allons, tant mieux! . . .
Et d'un!

Madame de Loudan. Ah! Lucy! vous
êtes heureuse entre toutes les femmes.

La Duchesse. Et seconde nouvelle!

Madame de Loudan. Encore un mariage!

La Duchesse. Encore un, oui!

Madame de Loudan. Mais, c'est la
fête d'Hyménée!

La Duchesse. Le mariage de mon
cher neveu, Roger de Céran. . . .

Madame de Céran. Duchesse!

---

¹ *Pour une fois!* ironical and implying frequent such blunders on the part of the press.

² *je prends bien part,* I am genuinely sorry for you.

³ *il est très fort,* he is clever, profound.

LA DUCHESSE. Avec une fille que j'aime de tout mon cœur. . . .

MADAME DE CÉRAN. Ma tante!

LA DUCHESSE. Ma légataire universelle! . . .

MADAME DE CÉRAN. Votre. . . .

LA DUCHESSE. L'héritière de mes biens et de mon nom! . . . ma fille adoptive enfin, mademoiselle Suzanne de Villiers de Réville.

SUZANNE, *se jetant dans ses bras.* Ah! ma mère!

MADAME DE CÉRAN. Mais, duchesse!

LA DUCHESSE. Trouves-en une plus riche et de meilleure famille, toi.

MADAME DE CÉRAN. Je ne dis pas. Cependant. . . . (*A* ROGER.) Songe, Roger.

ROGER. Je l'aime, ma mère!

LA DUCHESSE, *cherchant des yeux autour*

d'elle. Et de deux! Il me reste. . . . (*A* PAUL.) Ah! venez donc un peu ici, vous. . . . Comment allez-vous réparer, vous?

PAUL, *penaud.* Ah! Duchesse, c'était vous?

JEANNE, *confuse.* Ah! Madame, vous avez entendu? . . .

LA DUCHESSE. Oui, petite masque,[1] oui, j'ai entendu.

PAUL. Oh!

LA DUCHESSE. Mais, comme vous n'avez pas dit trop de mal de moi, je vous pardonne. Vous serez préfet, allons!

PAUL. Ah! Duchesse. (*Il lui baise la main.*)

JEANNE. Ah! Madame! . . . La reconnaissance, a dit Saint-Évremond. . . .

PAUL, *à* JEANNE. Oh! maintenant ce n'est plus la peine! . . .

[1] *petite masque,* little fraud.

BECQUE

Henri Becque (1837–1899), the son of a bookkeeper, received a good education in a Paris lycée. At an early age he evinced an interest in the stage, fostered no doubt by the many literary people with whom he came in contact; his uncle, Martin Lubize, himself wrote plays.

Little attention was paid to the libretto *Sardanapale* which he wrote for an opera by that name, the music of which was by Victorin de Jonciéres. In 1868 he composed *l'Enfant prodigue* in which his realistic tendencies are already discernible. In *Michel Pauper*, which he staged himself because he could find no theater to accept it, he dramatized the struggle between capital and labor. In the Franco-Prussian war he served as a private; when the war was over, he produced *l'Enlèvement*, a failure. *La navette* in 1878 and *les Honnêtes gens* in 1880 fared somewhat better. September 14, 1882 was for him and for dramatic art a date of great importance, for on that day *les Corbeaux* was produced at the Théâtre Français. The play had only three performances, but the controversy aroused by it raged for a long time, and it served as a model for the Théâtre Libre founded by Antoine five years later in 1887. In what respect was this play different from those of Augier and Dumas? They too called themselves realists, but we have seen that there was still a good deal of Scribe's technique left in both. Compared to Becque they and their imitators seemed highly artificial. Becque in *les Corbeaux* did away with all but the minimum plot. His aim was neither to amuse nor to interest in problems, but merely to depict life and people in all their commonplaceness, to make the stage identical with life. His characters reveal themselves, almost from the first words they utter, and they seldom say anything very striking.

Life, for the vast majority of humanity, is mostly drab, made up of a number of insignificant happenings, doings and sayings, and so are Becque's plays. He seems to forget that he has an audience that has come to the theater to see and hear something that it cannot see and hear at home, at the shop, or at their café or club, beautiful scenes, witty or profound conversation, pathos, humor, or philosophy. Because of this indifference to the taste of the public, the latter did not like Becque's productions. But his partisans maintained that a true picture of life was sufficient to arouse and maintain the interest of all but children. In 1885 a second shock came with the production of *la Parisienne*. There was the same sobriety of action and dialogue, the same absence of plot, the same pessimism. Besides, respectable bourgeois protested against the immorality of the situation and the implication that Clotilde, the amoral heroine, represented Parisian womanhood. The term *rosse* (" tough," " hard-boiled " or " shamelessly vicious ") suited the characters of that comedy and has ever since been applied to plays in which the protagonists are of that type. Both *les Corbeaux* and *la Parisienne* are unsympathetic because of their dark outlook on life. But they are interesting on account of the new technique they illustrate. The author takes a stand against the conventions and artificialities of the well-made play as regards both subject-matter and treatment. His plots are reduced to their simplest expression. A contractor dies in the first act, just when his wife is sending out invitations for the wedding of one of the daughters. The rest of the play is nothing but a picture in grey of the widow and her daughters helplessly caught in the tangle of an involved succession, like flies caught in a spider's web. The Crows are the partner, the architect, the creditors with whom the dead man had had business relations. One of the daughters, in order to save the family from starvation, marries the partner, an old man whom she hates, and who is one of the meanest " crows " of the lot. In la Parisienne we have the satirical picture of a ménage à trois. The heroine, the husband and the lover live in perfect harmony. In order to advance the interests of the husband, she takes for a time a second lover, and when her aim is accomplished, she quietly returns to the first lover and the comedy ends where it began. All the characters are perfectly odious and perfectly devoid of interest. Of action there is none. Such a technique was truly revolutionary, a negation of all the principles which had until then been considered essential in the composition of a good play. The Théâtre Libre adopted Becque's method and completed it by introducing the same simplification in the staging and the same realism in the acting, the speaking of parts, the gestures. Actors were to forget that the stage was a room open toward the public, were to forget the public altogether. The latter became gradually " educated," less tolerant toward stage trickery, artificiality and mere cleverness. The best of modern dramatists owe much to the movement initiated by Becque, who may be called a genuine pioneer at least in France. He has left two volumes of critical writings: *Querelles littéraires*, 1890 and *Souvenirs d'un auteur dramatique*, 1895.

Bibliography: *Edition définitive des Œuvres de Henri Becque* par JEAN ROBAGLIA, 6 volumes, Paris, Crès, 1824–26. F. DUBOIS, *Henri Becque, l'homme, le critique, l'auteur dramatique*, Paris, Dupret, 1888. A. THALASSO, *Le Théâtre Libre, essai critique, historique et documentaire*, Paris, 1909. AMBROISE GOT, *Henri Becque, sa vie et son œuvre* Paris, Crès, 1920. ANTOINE, *Mes souvenirs sur le Théâtre Libre*, Paris, Fayard, 1922. ERIC DAWSON, *Henri Becque, sa vie et son théâtre*, Paris, Payot, 1923.

The edition of *les Corbeaux* here reproduced is that of 1898. There are also editions of 1882, 1890, and 1924, each somewhat different from the others. *Les Corbeaux* has been translated twice in English, by F. TILDEN as *The Vultures*, New York, 1912; by B. PAPOT as *The Crows*, Chicago, 1913.

LES CORBEAUX

Par Henri Becque

(1882)

A Édouard Thierry

Reconnaissance

PERSONNAGES

VIGNERON, *fabricant.*
TEISSIER, *ancien escompteur, associé de* VIGNERON.
BOURDON, *notaire.*
MERCKENS, *professeur de musique.*
LEFORT, *architecte.*
DUPUIS, *tapissier.*
GASTON, *fils des* VIGNERON.
AUGUSTE.
UN MÉDECIN.

GEORGES DE SAINT-GENIS
LENORMAND } *Personnages muets.*
LE GÉNÉRAL FROMENTIN
MADAME VIGNERON.
MADAME DE SAINT-GENIS.
MARIE
BLANCHE } *filles des* VIGNERON.
JUDITH
ROSALIE.

La scène se passe à Paris, de nos jours.

ACTE PREMIER

Le théâtre représente un salon. Décoration brillante, gros luxe. Au fond, trois portes à deux battants; portes latérales à deux battants également. A droite, au premier plan, en scène, un piano. Au premier plan, à gauche, contre le mur, un meuble-secrétaire. Après le meuble-secrétaire, une cheminée. En scène, au second plan, sur la droite, une table; à gauche, en scène également, au premier plan, un canapé. Meubles divers, glaces, fleurs, etc.

SCÈNE PREMIÈRE

VIGNERON, MADAME VIGNERON, MARIE, BLANCHE, JUDITH, *puis* AUGUSTE, *puis* GASTON. *Au lever du rideau,* VIGNERON, *étendu sur le canapé, en robe de chambre et un journal entre les mains, sommeille.* MARIE, *assise auprès de lui, travaille à l'aiguille.* JUDITH *est au piano,* BLANCHE *à la table où elle écrit.*

MADAME VIGNERON. Ferme ton piano, ma Judith, ton père dort. (*Allant à la table.*) Blanche?
BLANCHE. Maman?
MADAME VIGNERON. Est-ce fini?

BLANCHE. Dans une minute.
MADAME VIGNERON. As-tu fait le compte de ton côté? Combien de personnes serons-nous à table?
BLANCHE. Seize personnes.
MADAME VIGNERON. C'est bien cela. (*Elle va prendre une chaise et revient s'asseoir près de* BLANCHE.)
BLANCHE. Crois-tu que le dîner sera meilleur parce que nous aurons mis le menu sur les assiettes?
MADAME VIGNERON. Il ne sera pas plus mauvais au moins.
BLANCHE. Quel drôle d'usage? Mais es-tu bien sûre que ce soit l'usage?
MADAME VIGNERON. Sûre et certaine. Je l'ai lu dans la *Cuisinière bourgeoise.*
BLANCHE. Veux-tu que nous arrêtions les places ensemble?
MADAME VIGNERON. Récapitulons d'abord. Madame de Saint-Genis?
BLANCHE. C'est fait.
MADAME VIGNERON. Son fils?
BLANCHE. Tu penses bien, maman, que je ne l'ai pas oublié.
MADAME VIGNERON. L'abbé Mouton?
BLANCHE. Mon cher abbé! J'aurai reçu les sacrements de sa main, le baptême, la communion . . . et le mariage.
MADAME VIGNERON. Si tu bavardes à

chaque nom nous n'aurons pas fini la semaine prochaine. M. Teissier?

BLANCHE. Le voici, monsieur Teissier; je me serais bien privée de sa présence.

VIGNERON, *se réveillant.* Qu'est-ce que j'ai entendu là? C'est mademoiselle Blanche qui parle chez moi à la première personne?

BLANCHE. Mon Dieu, oui, papa, c'est la petite Blanche.

VIGNERON. Et peut-on savoir ce que monsieur Teissier vous a fait, mademoiselle?

BLANCHE. A moi? Rien! Il est vieux, laid, grossier, avare; il regarde toujours en dessous, cela seulement suffirait pour que je souffre de me trouver avec lui.

VIGNERON. Très bien! Parfait! Je vais arranger cette affaire-là! Madame Vigneron, tu feras enlever le couvert de cette petite fille et elle dînera dans sa chambre.

BLANCHE. Ajoute tout de suite qu'on signera le contrat sans moi.

VIGNERON. Si tu dis un mot de plus, je ne te marie pas. Ah! (*Pause.*)

MARIE, *après s'être levée.* Écoute-moi un peu, mon cher père, et réponds-moi sérieusement, ce que tu ne fais jamais, quand on te parle de ta santé. Comment te sens-tu?

VIGNERON. Pas mal.

MARIE. Tu es bien rouge cependant.

VIGNERON. Je suis rouge! Ça se passera au grand air.

MARIE. Si tes étourdissements te reprenaient, il faudrait faire venir un médecin.

VIGNERON. Un médecin! Tu veux donc ma mort?

MARIE. Comme tu plaisantes et que tu sais que tu me fais de la peine, n'en parlons plus. (*Elle le quitte, il la rattrape par le bas de sa robe et la ramène dans ses bras.*)

VIGNERON. On l'aime donc bien, son gros papa Vigneron?

MARIE. Oui, je t'aime beaucoup, beaucoup, beaucoup . . . mais tu ne fais rien de ce que je voudrais et de ce que tu devrais faire. Travailler moins d'abord, jouir un peu de ta fortune et te soigner quand tu es malade.

VIGNERON. Mais je ne suis pas malade, mon enfant. Je sais ce que j'ai, un peu de fatigue et le sang à la tête, ce qui m'arrive tous les ans, à pareille époque, quand j'ai clos mon inventaire. L'inventaire de la maison Teissier, Vigneron et Cⁱᵉ! Sais-tu ce qu'on nous en a offert, à Teissier et à moi, de notre fabrique, pas plus tard qu'il y a huit jours! Six cent mille francs!

MARIE. Eh bien! il fallait la vendre.

VIGNERON. Je la vendrai, dans dix ans, un million, et d'ici là elle en aura rapporté autant.

MARIE. Quel âge auras-tu alors?

VIGNERON. Quel âge j'aurai? Dans dix ans? J'aurai l'âge de mes petits-enfants et nous ferons de bonnes parties ensemble. (AUGUSTE *entre.*) Que voulez-vous, Auguste?

AUGUSTE. C'est l'architecte de monsieur qui désirerait lui dire un mot.

VIGNERON. Répondez à monsieur Lefort que, s'il a besoin de me parler, il aille me voir à la fabrique.

AUGUSTE. Il en vient, monsieur.

VIGNERON. Qu'il y retourne. Ici je suis chez moi, avec ma femme et mes enfants, je ne me dérange pas pour recevoir mes entrepreneurs. (AUGUSTE *sort.*) Laisse-moi me lever. (MARIE *s'éloigne;* VIGNERON *se lève avec effort; il est pris d'un demi-étourdissement et fait quelques pas mal assurés.*)

MARIE, *revenant à lui.* Pourquoi ne veux-tu pas voir un médecin?

VIGNERON. Ce n'est donc pas fini?

MARIE. Non, ce n'est pas fini. Tu as beau dire, tu n'es pas bien et je suis inquiète. Soigne-toi, fais quelque chose, un petit régime pendant huit jours te rétablirait peut-être entièrement.

VIGNERON. Finaude! je t'entends bien, avec ton petit régime! Je mange trop, n'est-ce pas? Allons, parle franchement, je ne t'en voudrai pas. Je mange trop. Que veux-tu, fillette? Je n'ai pas toujours eu une table pleine et de bonnes choses à profusion. Demande à ta mère, elle te dira que dans les commencements de notre ménage je me suis couché plus d'une fois sans souper. Je me rattrape. C'est bête, c'est vilain, ça me fait mal, mais je ne sais pas résister. (*Quittant* MARIE.) Et puis je crois que j'ai tort de lire le *Siècle* après mon déjeuner, ça alourdit mes digestions. (*Il froisse le journal et en remontant la scène le jette sur le canapé; ses regards se portent sur* JUDITH; *celle-ci, assise au piano, le dos tourné, paraît réfléchir profondément; il va à elle à petits pas et lui crie à l'oreille.*) Judith!

JUDITH. Oh! mon père, je n'aime pas ces plaisanteries-là, tu le sais bien.

VIGNERON. Ne vous fâchez pas, mademoiselle, on ne le fera plus. Judith.

raconte-moi un peu ce qui se passe . . . dans la lune.

JUDITH. Moque-toi de moi maintenant.

VIGNERON. Où prends-tu que je me moque de toi? J'ai une fille, qui s'appelle Judith. Est-elle ici? Est-elle ailleurs? Comment le saurais-je? On ne l'entend jamais.

JUDITH. Je n'ai rien à dire.

VIGNERON. On parle tout de même.

JUDITH. Quel plaisir trouves-tu à me taquiner toujours sur ce chapitre? Je vous vois, je vous écoute, je vous aime, et je suis heureuse.

VIGNERON. Es-tu heureuse?

JUDITH. Absolument.

VIGNERON. Alors, ma fille, tu as raison et c'est moi qui ai tort. Veux-tu m'embrasser?

JUDITH, se levant. Si je veux t'embrasser? Cent fois pour une, mon excellent père. (Ils s'embrassent; AUGUSTE entre.)

VIGNERON. Qu'est-ce qu'il y a encore? Je ne pourrai donc pas embrasser mes enfants tranquillement.

AUGUSTE. M. Dupuis est là, monsieur.

VIGNERON. Dupuis! Dupuis, le tapissier de la place des Vosges?[1] Qu'est-ce qu'il demande? J'ai réglé son compte depuis longtemps.

AUGUSTE. M. Dupuis venait voir en passant si monsieur n'avait pas de commande à lui faire.

VIGNERON. Dites de ma part à monsieur Dupuis que je ne me fournis pas deux fois chez un fripon de son espèce. Allez. (AUGUSTE sort; il se dirige vers la table.) Ah! çà, que faites-vous donc là toutes les deux?

MADAME VIGNERON. Laisse-nous tranquilles, veux-tu, mon ami, nous nous occupons du dîner de ce soir.

VIGNERON. Ah! Madame Vigneron, viens que je te glisse un mot à l'oreille. (MME VIGNERON se lève, ils se joignent sur le devant de la scène.) Alors, c'est bien convenu, c'est décidé, nous donnons notre fille à ce freluquet?

MADAME VIGNERON. C'est pour me dire ça que tu me déranges?

VIGNERON. Écoute-moi donc. Mon Dieu, je n'ai pas de préventions contre ce mariage. Madame de Saint-Genis me fait l'effet d'une honnête femme, hein? Elle n'a pas le sou, ce n'est pas sa faute.

Son fils est un bon petit garçon bien doux, bien poli, et surtout admirablement frisé. Dans quelque temps, je ne me gênerai pas pour lui dire qu'il met trop de pommade. Il gagne mille écus au ministère de l'Intérieur, c'est fort joli pour son âge. Cependant, je me demande au dernier moment si ce mariage est raisonnable et si ma fille sera bien heureuse avec ce petit monsieur, parce qu'il a la particule.[2]

MADAME VIGNERON. Mais Blanche en est folle, de son Georges.

VIGNERON. Blanche est une enfant; le premier jeune homme qu'elle a rencontré lui a tourné la tête, c'est tout simple.

MADAME VIGNERON. Qu'est-ce qui te prend, mon ami? A quel propos reviens-tu sur ce mariage pour ainsi dire fait? Tu ne reproches pas, je suppose, à madame de Saint-Genis sa position de fortune, la nôtre n'a pas été toujours ce qu'elle est maintenant. De quoi te plains-tu alors? De ce que monsieur Georges est un joli garçon, bien élevé et de bonne famille. S'il a la particule, tant mieux pour lui.

VIGNERON. Ça te flatte que ton gendre ait la particule.

MADAME VIGNERON. Oui, ça me flatte, j'en conviens, mais je ne sacrifierais pas le bonheur d'une de mes filles à une niaiserie sans importance. (Plus près et plus bas.) Veux-tu que je te dise tout, Vigneron? Blanche est une enfant, c'est vrai, modeste et innocente, la chère petite, autant qu'on peut l'être, mais d'une sensibilité extraordinaire pour son âge; nous ne nous repentirons pas de l'avoir mariée de bonne heure. Enfin, l'abbé Mouton, un ami pour nous, qui nous connaît depuis vingt ans, ne se serait pas occupé de ce mariage, s'il n'avait pas été avantageux pour tout le monde.

VIGNERON. Qui est-ce qui te dit le contraire? Mais c'est égal, nous sommes allés trop vite. D'abord un abbé qui fait des mariages, ce n'est pas son rôle. Ensuite explique-moi comment madame de Saint-Genis, qui n'a pas le sou, je le répète, a d'aussi belles relations. Je pensais que les témoins de son fils seraient des gens sans importance; elle en a trouvé, ma foi, de plus huppés[3] que les nôtres. Un chef de division et un général! Le chef de division, ça se conçoit, monsieur Georges est dans ses bureaux; mais le général!

[1] Place des Vosges, a square enclosed by one-time aristocratic dwellings: constructed under Henri IV and Louis XIII; formerly called Place Royale.

[2] particule, the nobiliary de before his name.

[3] huppé, " swell."

MADAME VIGNERON. Eh bien? quoi? le général. Tu sais bien que monsieur de Saint-Genis le père était capitaine. Va à tes affaires, mon ami. (*Elle le quitte.*) Blanche, donne à ton père sa redingote. (*Elle sort par la porte de droite en la laissant ouverte derrière elle.*)

VIGNERON, *il ôte sa robe de chambre et passe le vêtement que lui apporte Blanche.* Vous voilà, vous, ingrate!

BLANCHE. Ingrate! A quel propos me dis-tu cela?

VIGNERON. A quel propos? Si nous sommes riches aujourd'hui, si tu te maries, si je te donne une dot, n'est-ce pas à monsieur Teissier que nous le devons?

BLANCHE. Non, papa.

VIGNERON. Comment, non, papa. C'est bien Teissier, j'imagine, avec sa fabrique, qui m'a fait ce que je suis.

BLANCHE. C'est-à-dire que tu as fait de la fabrique de monsieur Teissier ce qu'elle est. Sans toi, elle lui coûtait de l'argent; avec toi, Dieu sait ce qu'elle lui en a rapporté. Tiens, papa, si monsieur Teissier était un autre homme, un homme juste, après le mérite que tu as eu et la peine que tu t'es donnée, voici ce qu'il te dirait: Cette fabrique m'a appartenu d'abord, elle a été à tous deux ensuite, elle est à vous maintenant.

VIGNERON. Bon petit cœur, tu mets du sentiment partout. Il faut en avoir du sentiment et ne pas trop compter sur celui des autres. (*Il l'embrasse.*)

MADAME VIGNERON, *rentrant.* Comment, Vigneron, tu es encore ici!

VIGNERON. Madame Vigneron, réponds-moi à cette question: suis-je l'obligé de Teissier ou bien Teissier est-il le mien?

MADAME VIGNERON. Ni l'un ni l'autre.

VIGNERON. Explique-nous ça.

MADAME VIGNERON. Tu tiens beaucoup, mon ami, à ce que je rabâche cette histoire encore une fois?

VIGNERON. Oui, rabâche-là.

MADAME VIGNERON. M. Teissier, mes enfants, était un petit banquier, rue Guénégaud, n° 12, où nous demeurions en même temps que lui. Nous le connaissions et nous ne le connaissions pas. Nous avions eu recours à son obligeance dans des moments d'embarras et il nous avait pris quelques effets, sans trop de difficultés, parce que nous avions la réputation d'être des honnêtes gens. Plus tard, monsieur Teissier, dans le mic-mac [1] de ses affaires, se trouva une fabrique sur les bras. Il se souvint de votre père et lui offrit de la conduire à sa place, mais en prenant Vigneron aux appointements. A cette époque, notre ménage était hors de gêne; votre père avait une bonne place dans une bonne maison, le plus sage était de la garder. Quinze mois se passèrent; nous ne pensions plus à rien depuis longtemps; un soir, à neuf heures et demie précises, j'ai retenu l'heure, la porte de vos chambres était ouverte, Vigneron et moi nous nous regardions en vous écoutant dormir, on sonne. C'était monsieur Teissier qui montait nos cinq étages pour la première fois. Il avait pris un grand parti, sa fabrique, pour dire le mot, ne fabriquait plus du tout; il venait supplier votre père de la sauver en s'associant avec lui. Vigneron le remercia bien poliment et le remit au lendemain. Dès que monsieur Teissier fut parti, votre père me dit, écoutez bien ce que me dit votre père: Voilà une chance qui se présente, ma bonne; elle vient bien tard quand nous commencions à être tranquilles; je vais me donner beaucoup de mal, tu seras toujours dans les transes [2] jusqu'à ce que je réussisse, si je réussis! mais nous avons quatre enfants et leur sort est peut-être là. (*Elle essuie une larme et serre la main de son mari; les enfants se sont rapprochés; émotion générale.*) Pour en revenir à ce que tu demandais, la chose me paraît bien simple. M. Teissier et monsieur Vigneron ont fait une affaire ensemble; elle a été bonne pour tous les deux, partant quittes.

VIGNERON. Hein, mes enfants, parle-t-elle bien, votre mère! Prenez votre exemple sur cette femme-là et tenez-vous toujours à sa hauteur, on ne vous en demandera pas davantage. (*Il embrasse sa femme.*)

MADAME VIGNERON. Tu flânes bien, mon ami, ça n'est pas naturel. Es-tu toujours indisposé?

VIGNERON. Non, ma bonne, je me sens mieux au contraire; il me semble que me voilà remis tout à fait. Maintenant je vais prier mademoiselle Judith, la grrrande musicienne de la maison, de me faire entendre quelque chose, et puis je vous débarrasserai de ma présence.

JUDITH. Que veux-tu que je te joue? *Le Trouvère?* [3]

---

[1] *mic-mac* or *micmac*, shady dabbling.

[2] *dans les transes*, on pins and needles.

[3] *Trouvère*, Verdi's opera *Il Trovatore* (1853).

VIGNERON. Va pour *le Trouvère.* (A BLANCHE.) C'est gai, ça, *le Trouvère?* C'est de Rossini?

BLANCHE. Non, de Verdi.

VIGNERON. Ah! Verdi, l'auteur des *Huguenots.*

BLANCHE. Non, *les Huguenots* sont de Meyerbeer.[1]

VIGNERON. C'est juste. Le grand Meyerbeer. Quel âge peut-il bien avoir aujourd'hui, Meyerbeer?

BLANCHE. Il est mort.

VIGNERON. Bah! . . . Ma foi, il est mort sans que je m'en aperçoive. . . . (*A* JUDITH.) Tu ne trouves pas *le Trouvère?* Ne cherche pas, mon enfant, ne te donne pas cette peine. Tiens, joue-moi tout simplement . . . *la Dame blanche.*[2]

JUDITH. Je ne la connais pas.

VIGNERON. Tu ne connais pas *la Dame blanche?* Répète-moi ça. Tu ne connais pas. . . . Alors à quoi te servent les leçons que je te fais donner, des leçons à dix francs l'heure. Qu'est-ce qu'il t'apprend, ton professeur? Voyons, réponds, qu'est-ce qu'il t'apprend?

JUDITH. Il m'apprend la musique.

VIGNERON. Eh bien? *La Dame blanche?* ce n'est donc pas de la musique?

MARIE, *entraînant* JUDITH. Allons, grande sœur, joue donc à papa ce qu'il te demande. (JUDITH *se place au piano et attaque le morceau célèbre.*)

> D'ici voyez ce beau domaine,
> Dont les créneaux touchent le ciel;
> Une invisible châtelaine
> Veille en tout temps sur ce castel.
> Chevalier félon et méchant,
> Qui tramez complot malfaisant,
> Prenez garde!
> La dame blanche vous regarde,
> La dame blanche vous entend!

VIGNERON *s'est mis à chanter, puis sa femme, puis ses filles, au milieu du couplet, arrivée de* GASTON; *il passe la tête d'abord par la porte du fond, entre, va à la cheminée, prend la pelle et les pincettes et complète le charivari.*

VIGNERON, *le couplet fini, courant sur son fils.* D'où viens-tu, polisson? Pourquoi n'étais-tu pas à table avec nous?

GASTON. J'ai déjeuné chez un de mes amis.

VIGNERON. Comment l'appelles-tu, cet ami-là?

GASTON. Tu ne le connais pas.

VIGNERON. Je crois bien que je ne le connais pas. Plante-toi là que je te regarde. (*Il s'éloigne de son fils pour le mieux voir;* GASTON *a conservé la pelle et les pincettes; il les lui prend et va les remettre à leur place; il revient et à quelques pas de son fils le considère avec tendresse.*) Tiens-toi droit. (*Il va à lui et le bichonne.*)[3] Montre-moi ta langue. Bien. Tousse un peu. Plus fort. Très bien. (*Bas.*) Tu ne te fatigues pas trop, j'espère.

GASTON. A quoi, papa? je ne fais rien.

VIGNERON. Tu fais la bête en ce moment. Quand je te dis: tu ne te fatigues pas trop, je m'entends très bien, et toi aussi, polisson, tu m'entends très bien. As-tu besoin d'argent?

GASTON. Non.

VIGNERON. Ouvre la main.

GASTON. C'est inutile.

VIGNERON, *plus haut.* Ouvre la main.

GASTON. Je ne le veux pas.

VIGNERON. C'est papa Vigneron qui l'a élevé, cet enfant-là. Mets cet argent dans ta poche et plus vite que ça. Amuse-toi, fiston, je veux que tu t'amuses. Fais le monsieur, fais le diable, fais les cent dix-neuf coups.[4] Mais minute! Sorti d'ici tu es ton maître! ici, devant tes sœurs, de la tenue, pas un mot de trop, pas de lettres qui traînent surtout. Si tu as besoin d'un confident, le voici.

JUDITH. Nous t'attendons, mon père, pour le second couplet.

VIGNERON, *après avoir tiré sa montre.* Vous le chanterez sans moi le second couplet. (*Il prend son chapeau et se dirige vers la porte: il s'arrête, promène les yeux sur son petit monde, et revient comme un homme qui est bien où il est et à regret de s'en aller.*) Madame Vigneron, approche un peu. (MME VIGNERON *s'approche, il passe un bras sous le sien.*) Judith, lève-toi. (*Même jeu.*) Venez ici, jeunes filles. Si je m'écoutais, mes petits amours, je repasserais ma robe de chambre et j'attendrais le dîner avec vous. Malheureusement ma besogne ne se fait pas toute seule et je n'ai pas de rentes pour vivre sans travailler. Ça viendra peut-être, quand je serai propriétaire. Mais il faut attendre, primo, que mes maisons soient con-

---

[1] G. Meyerbeer (1791–1864) produced his masterpiece, *les Huguenots,* in 1836.

[2] *La Dame Blanche,* comic opera by Boieldieu, words by Scribe (1825).

[3] *bichonner,* arrange his hair.

[4] *faire . . . coups,* raise the roof.

struites et secundo, que mes enfants soient établis. Qui aurait dit que cette gamine de Blanche, la plus jeune, entrerait la première en ménage? A qui le tour maintenant? Judith? Ah! Judith n'est pas une demoiselle bien commode à marier. A moins de rencontrer un prince, elle restera vieille fille. Qu'il vienne donc, ce prince, qu'il se présente, j'y mettrai le prix qu'il faudra. Quant à toi, polisson, qui te permets de rire quand je parle, je te laisse jeter ta gourme, mais tu n'en as pas pour bien longtemps. Je vais te prendre avec moi au premier jour, et tu commenceras par balayer la fabrique . . . de haut en bas . . . jusqu'à ce que je te mette aux expéditions; je verrai après si tu es bon à quelque chose. De vous tous, ma petite Marie est celle qui me préoccupe le moins. Ce n'est pas une rêveuse (*à* JUDITH) comme toi, ni une sentimentale (*à* BLANCHE) comme toi; elle épousera un brave garçon, bien portant, franc du collier et dur à la peine,[1] qui vous rappellera votre père quand je ne serai plus là. (*A sa femme.*) Je ne parle pas de toi, ma bonne; à notre âge, on n'a plus de grands désirs ni de grands besoins. On est content quand la marmaille est contente. Je ne pense pas que ces enfants auraient été plus heureux ailleurs. Qu'est-ce qu'il faut maintenant? Que le père Vigneron travaille quelques années encore pour assurer l'avenir de tout ce monde-là, après il aura le droit de prendre sa retraite. J'ai bien l'honneur de vous saluer.

LES ENFANTS. Adieu, papa. Embrasse-moi. Adieu. (VIGNERON *leur échappe et sort rapidement.*)

SCÈNE II

LES MÊMES, *moins* VIGNERON

MADAME VIGNERON. Maintenant, mesdemoiselles, à vos toilettes. (*A* BLANCHE.) Toi, je te garde un instant, j'ai deux mots à te dire. (*A* MARIE.) Passe à la cuisine, mon enfant, et recommande bien à Rosalie de ne pas se faire attendre; bouscule-la un peu; elle nous aime beaucoup, notre vieille Rosalie, mais son dîner est toujours en retard. Allons, Gaston, laisse ta sœur rentrer chez elle; tu prendras ta leçon de musique une autre fois. (*Jeux de scène pour accompagner la sortie des personnages.*)

---

[1] *franc . . . peine,* a good man not afraid of hard work.

SCÈNE III

MADAME VIGNERON, BLANCHE

MADAME VIGNERON. Écoute-moi bien, ma minette, je n'ai pas le temps de te parler longuement, fais ton profit de ce que je vais te dire et ne me réplique pas, c'est inutile. Je ne suis pas contente du tout de ta tenue et de tes manières, lorsque ton prétendu est là. Tu le regardes, tu lui fais des mines, il se lève, tu te lèves, vous allez dans les petits coins pour causer ensemble, je ne veux pas de ça, et aujourd'hui où nous aurons des étrangers avec nous, aujourd'hui moins que jamais. Que monsieur Georges te plaise, que vous vous aimiez l'un et l'autre, c'est pour le mieux puisqu'on vous marie ensemble, mais vous n'êtes pas encore mariés. Jusque là, j'entends que tu t'observes davantage et que tu gardes tes sentiments pour toi, comme une jeune fille réservée doit le faire en pareil cas. Tu n'as pas besoin de pleurer. C'est dit, c'est dit. Essuie tes yeux, embrasse ta mère et va t'habiller. (BLANCHE *quitte sa mère; lorsqu'elle est arrivée à la porte de droite,* AUGUSTE *entre par le fond et annonce* MME DE SAINT-GENIS; BLANCHE *s'arrête.*) Va t'habiller.

SCÈNE IV

MADAME VIGNERON, MADAME DE SAINT-GENIS

MADAME DE SAINT-GENIS. Bonjour, ma chère madame Vigneron. Allons, embrassez-moi. C'est plus qu'une mode ici, c'est une rage, on s'embrasse toutes les cinq minutes. Je viens de bonne heure, mais que mon arrivée ne dérange rien. Si je vous gêne le moins du monde, dites-le franchement. Je m'en vais ou je reste, comme vous voudrez.

MADAME VIGNERON. Restez, madame, restez, je vous en prie.

MADAME DE SAINT-GENIS. Vous aviez peut-être des visites à rendre?

MADAME VIGNERON. Aucune.

MADAME DE SAINT-GENIS. Alors vous espériez en recevoir?

MADAME VIGNERON. Pas davantage.

MADAME DE SAINT-GENIS. J'ôte mon chapeau?

MADAME VIGNERON. Ou bien je vais vous l'ôter moi-même.

MADAME DE SAINT-GENIS. Les femmes

comme vous, madame Vigneron, qu'on voit quand on veut et qu'on peut surprendre à toute heure, c'est une rareté par le temps qui court. Je ne risquerais pas une indiscrétion semblable chez mes amies les plus intimes.

MADAME VIGNERON. Asseyez-vous, madame, et dites-moi d'abord comment vous allez.

MADAME DE SAINT-GENIS. Bien. Tout à fait bien. Je me souviens pas de m'être mieux portée. J'en faisais la remarque ce matin devant ma toilette, en constatant que ma fraîcheur et mon embonpoint m'étaient revenus chez vous.

MADAME VIGNERON. Je veux depuis longtemps vous faire une question qui de vous à moi est bien sans conséquence. Quel âge avez-vous, madame?

MADAME DE SAINT-GENIS. Mais je ne cache pas mon âge, ma chère madame. Je le voudrais que je ne le pourrais pas, mon fils est là. Il aura vingt-trois ans dans quelques jours, j'en avais dix-sept quand je l'ai mis au monde, comptez vous-même.

MADAME VIGNERON. Vous ne m'en voulez pas de cette petite curiosité?

MADAME DE SAINT-GENIS. Elle est si naturelle, entre vieilles femmes.

MADAME VIGNERON. Savez-vous, madame, que nous sommes deux mères bien imprudentes, vous, en mariant un garçon si jeune, vingt-trois ans, et moi en lui donnant ma fille!

MADAME DE SAINT-GENIS. Tranquillisez-vous, ma chère madame Vigneron. Georges m'a été soumis jusqu'à ce jour, je compte bien le guider encore après son mariage. J'ai élevé mon fils très sévèrement, je crois vous l'avoir dit, aussi est-ce un enfant comme il y en a peu. Il n'a jamais fait de dettes et, ce qui n'est pas moins rare, il ne s'est pas dissipé avec les femmes. J'en connais quelques-unes cependant qui n'auraient pas demandé mieux. Mon fils a reçu une éducation complète; il parle trois langues; il est musicien; il a un joli nom, de bonnes manières, des principes religieux, si avec tout cela, il ne va pas loin, c'est que le monde sera bien changé. (*Changeant de ton.*) Dites-moi, puisqu'il est question de Georges et que j'agis toujours pour lui, j'avais prié mon notaire de réparer un oubli sur le contrat, votre mari en a-t-il eu connaissance?

MADAME VIGNERON. Je ne pourrais pas vous le dire.

MADAME DE SAINT-GENIS. Vous vous souvenez que monsieur Vigneron, après avoir fixé l'apport de mademoiselle Blanche à deux cent mille francs, nous a demandé de se libérer par annuités.

MADAME VIGNERON. C'est le contraire, madame. Mon mari, avant toute chose, a déclaré que pour doter sa fille il exigerait du temps. Alors vous lui avez parlé de garanties, d'une hypothèque à prendre sur ses maisons en construction, et il a refusé. Enfin, on s'est entendu du même coup sur le chiffre et sur les délais.

MADAME DE SAINT-GENIS. Soit! Il ne m'en paraît pas moins juste et naturel, jusqu'à ce que les époux aient touché la somme entière, qu'elle leur produise des intérêts à cinq ou six pour cent, si on veut bien les fixer à six. Du reste, monsieur Vigneron, dans la rédaction du contrat, s'est prêté de si bonne grâce à tous mes petits caprices qu'un de plus ne fera pas de difficultés entre nous. Parlons d'autre chose. Parlons de votre dîner. Vos convives sont-ils nombreux et quels sont-ils?

MADAME VIGNERON. Vos témoins d'abord, les nôtres, le professeur de musique de ma fille aînée. . . .

MADAME DE SAINT-GENIS. Ah! vous l'avez invité. . . .

MADAME VIGNERON. Oui, madame, nous avons invité ce garçon. Je sais bien que c'est un artiste, mais justement nous n'avons pas voulu le lui faire sentir.

MADAME DE SAINT-GENIS. Tenez, madame Vigneron, vous trouverez peut-être que je me mêle de ce qui ne me regarde pas, mais à votre place, je recevrais monsieur Merckens aujourd'hui encore et demain je ne le reverrais plus.

MADAME VIGNERON. Pourquoi, madame? Ma fille n'a jamais eu à s'en plaindre, ni de lui ni de ses leçons.

MADAME DE SAINT-GENIS. Mettons que je n'ai rien dit. Qui avez-vous encore?

MADAME VIGNERON. M. Teissier et c'est tout.

MADAME DE SAINT-GENIS. Enfin, je vais donc le connaître, ce monsieur Teissier, dont on parle si souvent et qu'on ne voit jamais! (*Elle se lève et amicalement fait lever* MME VIGNERON.) Pourquoi, madame, ne voit-on jamais l'associé de votre mari?

MADAME VIGNERON. Mes filles ne l'aiment pas.

MADAME DE SAINT-GENIS. Vos filles ne font pas la loi chez vous. Je pense que monsieur Vigneron passerait sur un enfantillage de leur part pour recevoir son associé.

MADAME VIGNERON. Mais ces messieurs se voient presque tous les jours, à la fabrique; quand ils ont parlé de leurs affaires ils n'ont plus rien à se dire.

MADAME DE SAINT-GENIS. Voyons, ma chère madame Vigneron, je ne suis pas femme à abuser d'un secret qu'on me confierait; j'en aurais le droit si je le surprenais moi-même. Convenez que c'est vous, pour une raison ou pour une autre, qui fermez la porte à monsieur Teissier.

MADAME VIGNERON. Moi, madame! Vous vous trompez bien. D'abord je fais tout ce qu'on veut ici; ensuite, si je n'ai pas . . . de l'affection pour monsieur Teissier, je n'ai pas non plus d'antipathie pour lui.

MADAME DE SAINT-GENIS. Il vous est . . . indifférent?

MADAME VIGNERON. Indifférent, c'est le mot.

MADAME DE SAINT-GENIS. Alors, permettez-moi de vous le dire, vous êtes bien peu prévoyante ou par trop désintéressée. M. Teissier est fort riche, n'est-ce pas?

MADAME VIGNERON. Oui.

MADAME DE SAINT-GENIS. Il a passé la soixantaine?

MADAME VIGNERON. Depuis longtemps.

MADAME DE SAINT-GENIS. Il n'a ni femme ni enfants?

MADAME VIGNERON. Ni femme ni enfants.

MADAME DE SAINT-GENIS. On ne lui connaît pas de maîtresse?

MADAME VIGNERON. Une maîtresse! à monsieur Teissier! Pour quoi faire, mon Dieu?

MADAME DE SAINT-GENIS. Ne riez pas et écoutez-moi sérieusement comme je vous parle. Ainsi, vous avez là, sous la main, une succession considérable, vacante, prochaine, qui pourrait vous revenir décemment sans que vous l'enleviez à personne, et cette succession ne vous dit rien? Elle ne vous tente pas, ou bien trouvez-vous peut-être que ce serait l'acheter trop cher par quelques politesses et des semblants d'affection pour un vieillard?

MADAME VIGNERON. Ma foi, madame, votre remarque est fort juste, elle n'était venue encore à personne de nous. Vous allez comprendre pourquoi. Notre situation ne serait plus la même, mon mari en

serait moins fier et nous moins heureux, si nous devions quelque chose à un étranger. Mais cette raison n'en est pas une pour vous et rien ne vous empêchera, après le mariage de nos enfants, de faire quelques avances à monsieur Teissier. S'il s'y prête, tant mieux. Si le nouveau ménage lui paraissait digne d'intérêt, je serais enchantée pour Blanche et pour son mari qu'il leur revînt un peu de bien de ce côté. Je vais plus loin, madame. Si monsieur Teissier, fatigué comme il doit l'être de vivre seul à son âge, se laissait toucher par votre esprit et par vos charmes, je vous verrais de bien bon cœur contracter un mariage qui ne serait pas sans inconvénients pour vous, mais où vous trouveriez de grandes compensations.

MADAME DE SAINT-GENIS. Vous dites des folies, madame Vigneron, et vous connaissez bien peu les hommes. M. Teissier, à la rigueur, ne serait pas trop âgé pour moi, c'est moi qui ne suis plus assez jeune pour lui.

AUGUSTE, entrant. M. Merckens vient d'arriver, madame; dois-je le faire entrer ici ou dans l'autre salon?

MADAME VIGNERON. Que préférez-vous, madame? Rester seule, recevoir monsieur Merckens ou assister à ma toilette.

MADAME DE SAINT-GENIS. Comme vous voudrez.

MADAME VIGNERON. Venez avec moi. Je vous montrerai quelques emplettes que j'ai faites et vous me direz si elles sont comme il faut.

MADAME DE SAINT-GENIS. Très volontiers.

MADAME VIGNERON. Faites entrer monsieur Merckens et priez-le d'attendre un instant. (Elles sortent par la porte de gauche.)

SCÈNE V

AUGUSTE, MERCKENS, un cahier de musique à la main

AUGUSTE. Entrez, mon cher monsieur Merckens, et asseyez-vous, il n'y a que moi jusqu'à cette heure pour vous recevoir.

MERCKENS. C'est bien. Faites vos affaires, Auguste, que je ne vous retienne pas. (Descendant la scène.) Il est bon enfant, ce domestique, c'est insupportable.

AUGUSTE, le rejoignant. Pas de leçons aujourd'hui, monsieur Merckens, vous venez pour boustifailler.[1]

---

[1] boustifailler, vulgar for "to feast."

MERCKENS. Mademoiselle Judith s'habille?

AUGUSTE. Elle s'habille probablement.
Mais vous savez, avec elle, une, deux, trois,
c'est vite enlevé?

MERCKENS. Faites donc savoir à mademoiselle Judith que je suis là et que je
lui apporte la musique qu'elle attend.
(JUDITH entre.)

AUGUSTE. Qu'est-ce que je vous disais?
(A JUDITH.) Mademoiselle n'a pas mis
beaucoup de temps à sa toilette, mais elle
l'a bien employé.

JUDITH. Merci, Auguste. (Il sort en
emportant la robe de VIGNERON.)

SCÈNE VI

MERCKENS, JUDITH

MERCKENS. Votre domestique vient de
me voler mon compliment, je ne trouve
rien après lui.

JUDITH. Ne cherchez pas, c'est inutile.

MERCKENS, lui roulant le morceau de
musique. Voici votre œuvre, mademoiselle.

JUDITH. Donnez.

MERCKENS. Le nom de l'auteur manque, mais je peux encore le faire mettre.

JUDITH. Gardez-vous-en bien.

MERCKENS. Vous êtes contente?

JUDITH. Je suis embarrassée. Je sais
si bien que ma famille, maman surtout,
prendra mal la chose et que notre petit
complot ne lui plaira pas.

MERCKENS. Ce que je vous ai dit de ce
morceau, je vous le répète. Il est distingué et intéressant. Un peu triste, vous
aviez peut-être un rhume de cerveau ce
jour-là. Nous l'avons fait imprimer parce
qu'il en valait la peine, tout le reste ne
compte pas.

JUDITH. Entendons-nous bien, monsieur Merckens. Je me réserve de montrer
ma composition ou de n'en pas parler du
tout, comme je le voudrai.

MERCKENS. Pourquoi?

JUDITH. On se tient tranquille à mon
âge, c'est encore le plus sûr, sans se
permettre des fantaisies qui ne conviennent
pas à une jeune fille.

MERCKENS. Les jeunes filles que je vois
n'y regardent pas de si près.

JUDITH, à part. Raison de plus. (Elle
ouvre le morceau et en lit le titre avec attendrissement.) « Adieu à la mariée. » Si
ce morceau est triste, il ne faut pas que cela
vous étonne. J'étais bien émue, allez,
lorsque je l'ai écrit. Je pensais à ma jeune
sœur que nous aimons si tendrement et qui
nous quitte si vite; nous savons ce qu'elle
perd, savons-nous ce qui l'attend?

MERCKENS. Ce mariage, soyez sincère,
ne vous a causé aucune déception?

JUDITH. Aucune. Que voulez-vous
dire?

MERCKENS. M. de Saint-Genis avait le
choix en venant ici. Il pouvait demander
l'aînée plutôt que la cadette.

JUDITH. C'eût été dommage. Ma
sœur et lui font un petit couple charmant,
tandis que nous ne nous serions convenus
sous aucun rapport.

MERCKENS. Patientez, votre tour viendra.

JUDITH. Il ne me préoccupe pas.

MERCKENS. Cependant vous souhaitez
bien un peu de vous marier.

JUDITH. Le plus tard possible. Je me
trouve à merveille et je ne pense pas à
changer.

MERCKENS. La composition vous suffit?

JUDITH. Elle me suffit, vous l'avez dit.

MERCKENS. Quel malheur qu'une belle
personne comme vous, pleine de dons,
manque justement de ce je ne sais quoi qui
les mettrait en œuvre.

JUDITH. Quel je ne sais quoi?

MERCKENS, à mi-voix. Le diable au
corps.

JUDITH. Maman ne serait pas contente,
si elle vous entendait en ce moment; elle
qui me trouve déjà indisciplinée.

MERCKENS. Votre mère vous gronde
donc quelquefois?

JUDITH. Quelquefois, oui. Mais ce qui
est plus grave, elle ferme mon piano à clef
quand elle se fâche, et elle s'entend avec
mon père qui nous supprime l'Opéra.

MERCKENS. Où vous mène-t-on alors?

JUDITH. Au Cirque. Je ne blâme pas
maman, du reste. Elle pense que l'Opéra
me fait mal et elle n'a peut-être pas tort.
C'est vrai, ce spectacle superbe, ces scènes
entraînantes, ces chanteuses admirables,
j'en ai pour huit jours avant de me
remettre complètement.

MERCKENS. On les compte, vous savez, ces chanteuses admirables.

JUDITH. Toutes le sont pour moi.

MERCKENS. Vous les enviez peut-être?

JUDITH. Elles me passionnent.

MERCKENS. Faites comme elles.

JUDITH. Qu'est-ce que vous dites?
Moi, monsieur Merckens, entrer au
théâtre?

MERCKENS. Pourquoi pas? Les contraltos sont fort rares, le vôtre n'en a que plus de mérite. Vous avez de l'éclat, du feu, de l'âme, de l'âme surtout, beaucoup d'âme. Le monde ne pleurerait pas pour une bourgeoise de moins, et une artiste de plus lui ferait plaisir.

JUDITH. C'est bien. N'en dites pas davantage. Je m'en tiendrai à vos leçons qui me paraissent meilleures que vos conseils. Êtes-vous libre ce soir? Nous resterez-vous un peu après le dîner?

MERCKENS. Un peu. Je me promets bien encore d'entendre votre morceau.

JUDITH. Vous nous jouerez aussi quelque chose.

MERCKENS. Ne me demandez pas ça. Je ne fais pas de manières avec vous et nous disons les choses comme elles sont. Quand je cause, j'ai de l'esprit, je suis amusant; mais ma musique ne ressemble pas du tout à ma conversation.

JUDITH. On sautera.[1]

MERCKENS. Bah!

JUDITH. Oui, nous danserons. Blanche l'a désiré. C'est bien le moins qu'avant son mariage elle danse une fois avec son prétendu. Et puis Gaston nous ménage une surprise. Il a juré qu'il danserait un quadrille avec son père et qu'on ne les distinguerait pas l'un de l'autre.

MERCKENS. Comment cela?

JUDITH. Vous le verrez. Vous ne savez pas que mon frère imite papa dans la perfection. La voix, les gestes, la manière de plaisanter, il pense comme lui dans ces moments-là, c'est extraordinaire.

MERCKENS. Voilà une jolie fête qui se prépare, je vous remercie bien de me retenir.

JUDITH. Moquez-vous, monsieur l'artiste. Je me figure, sans y regarder de trop près, que beaucoup de vos réunions ne valent pas le bruit que vous en faites; on leur trouverait aussi des ridicules, pour ne pas dire plus. Vous aurez cet avantage chez nous d'être chez de bonnes gens. (*Rentrent* MME VIGNERON *et* MME DE SAINT-GENIS.)

SCÈNE VII

LES MÊMES, MADAME VIGNERON, MADAME DE SAINT-GENIS

MADAME DE SAINT-GENIS, *à part.* J'étais bien sûre que nous les retrouverions ensemble. (JUDITH *va à elle; elles s'accueillent affectueusement.*)

[1] *On sautera*, there will be dancing.

MADAME VIGNERON, *elle porte une toilette criarde et beaucoup de bijouterie.* Excusez-moi, monsieur Merckens, de m'être fait attendre, les femmes n'en finissent jamais de s'habiller. Ma toilette vous plaît-elle?

MERCKENS. Elle m'éblouit.

MADAME VIGNERON. Un peu trop de bijoux peut-être; madame de Saint-Genis me conseillait de les enlever.

MERCKENS. Pourquoi, madame? La princesse Limpérani en portait pour trois cent mille francs au dîner qu'elle a donné hier.

MADAME VIGNERON. Trois cent mille francs! Alors j'aurais pu mettre tout ce que j'ai. (*Entrent* MARIE *et* BLANCHE.)

SCÈNE VIII

LES MÊMES, MARIE, BLANCHE

MADAME VIGNERON, *allant à* JUDITH. Ton père s'est attardé avec nous, il ne sera pas là pour recevoir son monde.

BLANCHE, *à* MME DE SAINT-GENIS. Pourquoi votre fils ne vous a-t-il pas accompagnée?

MADAME DE SAINT-GENIS. Georges travaille, mon enfant; vous ne comptez pas sur moi pour l'enlever à ses devoirs!

BLANCHE. Il n'en a plus qu'un maintenant, c'est de m'aimer comme je l'aime.

MADAME DE SAINT-GENIS. Celui-là est trop facile et ne doit pas lui faire oublier les autres. Nous nous battrons ensemble, je vous en préviens, si vous me débauchez mon garçon.

MADAME VIGNERON, *à* MME DE SAINT-GENIS. Je pense que les témoins de monsieur Georges vont nous arriver bras dessus bras dessous.

MADAME DE SAINT-GENIS, *avec embarras.* Non. M. Lenormand et mon fils quitteront leur bureau ensemble pour se rendre ici, le général viendra de son côté. Le général et monsieur Lenormand se connaissent, ils se sont rencontrés chez moi, mais je n'ai pas cherché à les lier davantage. (AUGUSTE *annonce:* « M. TEISSIER.»)

SCÈEN IX

LES MÊMES, TEISSIER

TEISSIER. Je suis votre serviteur, madame.

MADAME VIGNERON. Donnez-moi votre chapeau, monsieur Teissier, que je vous en débarrasse.

TEISSIER. Laissez, madame, je le déposerai moi-même pour être plus certain de le retrouver.

MADAME VIGNERON. Comme vous voudrez. Asseyez-vous là, dans ce fauteuil.

TEISSIER. Un peu plus tard. Il fait très froid dehors et très chaud chez vous, je me tiendrai debout quelques instants pour m'habituer à la température de votre salon.

MADAME VIGNERON. Vous n'êtes pas malade?

TEISSIER. J'évite autant que possible de le devenir.

MADAME VIGNERON. Comment trouvez-vous mon mari depuis quelque temps?

TEISSIER. Bien. Très bien. Vigneron s'écoute un peu maintenant que le voilà dans l'aisance. Il a raison. Un homme vaut davantage quand il possède quelque chose. Occupez-vous de vos invités, madame, j'attendrai le dîner dans un coin. (*Il la quitte.*)

MADAME VIGNERON, *allant à* MME DE SAINT-GENIS. Eh bien? Le voilà, monsieur Teissier! Comment le trouvez-vous?

MADAME DE SAINT-GENIS. Il a des yeux de renard et la bouche d'un singe. (AUGUSTE *annonce:* « M. BOURDON. »)

MADAME VIGNERON. J'avais oublié de vous dire que notre notaire dînait avec nous.

SCÈNE X

LES MÊMES, BOURDON

BOURDON. Je vous présente mes hommages, madame, mesdemoiselles. . . . (*Salutations.*)

MADAME VIGNERON, *en les présentant à* BOURDON. Madame de Saint-Genis; M. Merckens, le professeur de musique de ma fille aînée. Vous nous arrivez un des premiers, monsieur Bourdon, c'est bien aimable à vous. (BOURDON *s'incline.*)

MADAME DE SAINT-GENIS. M. Bourdon donne là un bon exemple à ses confrères qui ne se piquent pas généralement d'exactitude.

BOURDON. Oui, nous nous faisons attendre quelquefois, mais jamais à table. (*S'approchant de* MME DE SAINT-GENIS.) On m'a chargé, madame, de bien des compliments pour vous.

MADAME DE SAINT-GENIS. M. Testelin sans doute?

BOURDON. Précisément. Nous causions du mariage de mademoiselle Vigneron

avec monsieur votre fils et je lui disais que j'aurais l'honneur de dîner avec vous. « Vous verrez là une femme charmante, rappelez-moi bien à son souvenir. »

MADAME DE SAINT-GENIS. M. Testelin est mon notaire depuis vingt ans.

BOURDON. C'est ce qu'il m'a appris. (*Plus près et plus bas.*) Très galant, Testelin, un faible très prononcé pour les jolies femmes.

MADAME DE SAINT-GENIS, *sèchement.* C'est la première fois que je l'entends dire. (*Elle le quitte; il sourit.*)

BOURDON, *à* MME VIGNERON. Est-ce que Teissier ne dîne pas avec nous?

MADAME VIGNERON, *lui montrant* TEISSIER. Il est là, si vous désirez lui parler.

BOURDON. Bonjour, Teissier.

TEISSIER. Ah! vous voilà, Bourdon. Approchez un peu et ouvrez vos oreilles. (*Bas.*) J'ai été aujourd'hui, mon ami, à la Chambre des notaires où j'avais affaire. Le Président, à qui je parlais de mes vieilles relations avec vous, s'est étendu sur votre compte. « Je le connais Bourdon, ce n'est pas l'intelligence qui lui manque; il est fin, très fin; il s'expose quelquefois. Nous pourrions être obligés de sévir contre lui. »

BOURDON. Je me moque bien de la Chambre des notaires. Ils sont là une vingtaine de prud'hommes qui veulent donner à la Chambre un rôle tout autre que le sien. C'est une protection pour nous et non pas pour le public.

TEISSIER. Entendez-moi bien, Bourdon. Je ne vous ai pas rapporté cette conversation pour vous empêcher de faire vos affaires. J'ai cru vous rendre service en vous avertissant.

BOURDON. C'est bien ainsi que je le prends, mon cher Teissier, et je vous en remercie. (AUGUSTE *annonce:* « M. LENORMAND, M. GEORGES DE SAINT-GENIS. »)

MADAME DE SAINT-GENIS, *à* MME VIGNERON. Je vais vous présenter monsieur Lenormand. (*Cette présentation et la suivante ont lieu au fond du théâtre.* GEORGES *seul descend la scène.*)

SCÈNE XI

LES MÊMES, LENORMAND, GEORGES, *puis* LE GÉNÉRAL FROMENTIN

BLANCHE, *à* GEORGES, *bas.* Ne me parle pas et éloigne-toi de moi. Maman m'a fait la leçon. Je ne savais pas ce qu'elle allait me dire, j'ai eu bien peur. (Auguste *annonce:* « M. le Général Fromentin. »)

Bourdon, *à* Merckens. Vous êtes pianiste, monsieur?

Merckens. Compositeur, monsieur.

Bourdon. Vous êtes musicien, voilà ce que je voulais dire. Aimez-vous le monde?

Merckens. Je ne peux pas me dispenser d'y aller, on se m'arrache.[1]

Bourdon. Si vous voulez vous rappeler mon nom et mon adresse, M. Bourdon, notaire, 22, rue Sainte-Anne, je reçois tous les dimanches soirs. C'est bien simple chez moi, je vous en préviens. On arrive à neuf heures, on fait un peu de musique, vous chantez la romance probablement, on prend une tasse de thé, à minuit tout le monde est couché.

Merckens. Je ne vous promets pas de venir tous les dimanches.

Bourdon. Quand vous voudrez, vous nous férez toujours plaisir. (Auguste *annonce:* « M. Vigneron. »)

Madame de Saint-Genis, *à* Mme Vigneron. Comment, madame, votre mari se fait annoncer chez lui?

Madame Vigneron. Le domestique se sera trompé bien certainement. (*Entre* Gaston, *il est revêtu de la robe de chambre que portait son père à la première scène, il imite sa voix et sa démarche.*)

SCÈNE XII

Les Mêmes, Gaston

Gaston, *allant à* Mme de Saint-Genis. Comment se porte la belle madame de Saint-Genis?

Madame de Saint-Genis, *se prêtant à la plaisanterie.* Je vais très bien, monsieur Vigneron, je vous remercie.

Gaston, *continuant.* Monsieur Bourdon, votre serviteur. (*A* Merckens.) Bonjour, jeune homme. (*A* Lenormand *et au général.*) Enchanté, messieurs, de faire votre connaissance.

Madame Vigneron. Voyez, messieurs, comme on a tort de gâter ses enfants; ce petit gamin fait la caricature de son père.

Gaston, *a* Mme Vigneron. Eh bien, ma bonne, ce dîner avance-t-il? Ah! dame! nous avons mis les petits plats dans les grands [2] pour vous recevoir, on ne marie pas tous les jours sa fille. (*A ses sœurs.*) Quelle est celle de vous qui se marie? Je ne m'en souviens plus. Il me semble

qu'en attendant le dîner mademoiselle Judith pourrait ouvrir son piano et nous faire entendre quelque chose, un morceau de *la Dame blanche*, par exemple.

Madame Vigneron. Allons, Gaston, que ça finisse! Ote cette robe de chambre et tiens-toi convenablement.

Gaston. Oui, ma bonne. (*Les sœurs de* Gaston *lui enlèvent la robe de chambre en riant avec lui.—Gaieté générale.*)

SCÈNE XIII

Les Mêmes, Auguste, *puis* Le Médecin

Auguste, *s'approchant de* Mme Vigneron. Il y a là un monsieur qui ne vient pas pour le dîner et qui voudrait parler à madame.

Madame Vigneron. Quel monsieur, Auguste? Est-ce une nouvelle plaisanterie complotée avec mon fils?

Auguste. Madame verra que non si elle me donne l'ordre de faire entrer.

Madame Vigneron. Ne faites entrer personne. Dites à ce monsieur que je ne peux pas le recevoir.

Auguste. S'il insiste, madame?

Madame Vigneron. Renvoyez-le.

Auguste, *se retournant.* Le voici, madame.

Le Médecin, *s'avançant.* Madame Vigneron?

Madame Vigneron. C'est moi, monsieur.

Le Médecin, *plus près et plus bas.* Vous avez des enfants ici, madame?

Madame Vigneron. Oui, monsieur.

Le Médecin. Éloignez-les. Faites ce que je vous dis, madame, faites vite.

Madame Vigneron, *troublée, vivement.* Passez dans l'autre salon, mesdemoiselles. Allons, entendez-vous ce que je vous dis, passez dans l'autre salon. Gaston, va avec tes sœurs, mon enfant. Madame de Saint-Genis, ayez l'obligeance d'accompagner mes filles. (*Elle a ouvert la porte de droite et les fait défiler devant elle.*)

Le Médecin, *aux hommes qui se sont levés.* Vous pouvez rester, vous, messieurs; vous êtes parents de M. Vigneron?

Bourdon. Non, monsieur, ses amis seulement.

Le Médecin. Eh bien, messieurs, votre pauvre ami vient d'être frappé d'une apoplexie foudroyante. (*On apporte* Vigneron *au fond du théâtre;* Mme Vigneron

---

[1] *on se m'arrache,* they fight over me.

[2] *nous avons mis les petits plats dans les grands,* we've done things in style.

pousse un crie et se précipite sur le corps de son mari.)

ACTE DEUXIÈME

Même décor.

SCÈNE PREMIÈRE

Madame Vigneron, Madame
de Saint-Genis

Madame Vigneron, *pleurant, son mouchoir à la main.* Excusez-moi, madame, je suis honteuse de pleurer comme ça devant vous, mais je ne peux pas retenir mes larmes. Quand je pense qu'il n'y a pas un mois, il était là, à la place où vous êtes, et que je ne le reverrai plus. Vous l'avez connu, madame; il était si bon, mon mari, si heureux, il était trop heureux et nous aussi, ça ne pouvait pas durer. Parlez-moi, madame, je vais me remettre en vous écoutant. Je sais bien qu'il faut me faire une raison. Il devait mourir un jour. Mais j'avais demandé tant de fois à Dieu de m'en aller la première. N'est-ce pas, madame, que Vigneron est au ciel où vont les honnêtes gens comme lui?

Madame de Saint-Genis. Soyez-en bien sûre, madame.

Madame Vigneron. Donnez-moi des nouvelles de votre fils; je l'ai à peine vu depuis ce malheur. Il est bon aussi, votre fils; Blanche m'a dit qu'il avait pleuré.

Madame de Saint-Genis. Georges va bien, je vous remercie.

Madame Vigneron. Pauvres enfants qui s'aiment tant, voilà leur mariage bien reculé.

Madame de Saint-Genis. Je voulais justement vous parler de ce mariage, si je vous avais trouvée plus maîtresse de vous. Vous n'êtes pas raisonnable ni courageuse, ma chère madame Vigneron. Je sais ce que c'est que de perdre son mari. J'ai passé par là. Encore étais-je plus à plaindre que vous; monsieur de Saint-Genis, en mourant, ne me laissait que des dettes et un enfant de quatre ans sur les bras. Vous, vous avez de grandes filles en âge de vous consoler; elles sont élevées; l'avenir ne vous inquiète ni pour vous ni pour elles. *(Changeant de ton.)* Je me doute bien que dans l'état où vous êtes, vous n'avez pas songé un instant à vos affaires?

Madame Vigneron. Quelles affaires, madame?

Madame de Saint-Genis. Vous devez penser que la succession de monsieur Vigneron ne se liquidera pas toute seule; il va y avoir des intérêts à régler et peut-être des difficultés à résoudre.

Madame Vigneron. Non, madame, aucune difficulté. Mon mari était un trop honnête homme pour avoir eu jamais des affaires difficiles.

Madame de Saint-Genis. Elles peuvent le devenir après sa mort. Entendez-moi bien. Je ne doute pas de la loyauté de monsieur Vigneron, je doute de celle des autres. M. Teissier n'a pas bougé encore?

Madame Vigneron. M. Teissier est resté chez lui comme à son ordinaire. J'ai eu besoin d'argent, il m'a envoyé ce que je lui demandais en se faisant tirer l'oreille,[1] nos rapports n'ont pas été plus loin jusqu'ici.

Madame de Saint-Genis. Écoutez bien ce que je vais vous dire, madame Vigneron, et quand bien même mon avis tomberait à faux, prenez-le pour règle de votre conduite. Méfiez-vous de monsieur Teissier.

Madame Vigneron. Soit, madame, je me méfierai de lui. Mais en supposant qu'il fût mal intentionné, ce n'est pas moi, c'est mon notaire qui le mettrait à la raison.

Madame de Saint-Genis. Méfiez-vous de votre notaire.

Madame Vigneron. Oh! madame.

Madame de Saint-Genis. Ne faites pas: Oh! Madame Vigneron, ne connais messieurs les officiers publics.[2] On ne sait jamais s'ils vous sauvent ou s'ils vous perdent, et l'on a toujours tort avec eux.

Madame Vigneron. Que direz-vous donc, madame, quand vous saurez que monsieur Bourdon, mon notaire, est en même temps celui de monsieur Teissier?

Madame de Saint-Genis. Je vous dirai d'en prendre un autre.

Madame Vigneron. Non, madame; j'ai en monsieur Bourdon une confiance aveugle, je ne le quitterai que lorsqu'il l'aura perdue.

Madame de Saint-Genis. Il sera trop tard alors.

Auguste, *entrant et s'approchant de* Mme Vigneron. M. Lefort présente ses compliments à madame et lui fait demander si elle a examiné son mémoire.

Madame Vigneron. Son mémoire! Il me l'a donc donné?

---

[1] *en se faisant tirer l'oreille,* with bad grace.
[2] *officier public,* notary.

AUGUSTE. Oui, madame.

MADAME VIGNERON. Où l'ai-je mis? Je n'en sais rien.

AUGUSTE. M. Lefort viendra voir madame dans la journée.

MADAME VIGNERON. C'est bien. Dites que je le recevrai. (AUGUSTE sort.) M. Lefort est notre architecte.

MADAME DE SAINT-GENIS. Méfiez-vous de votre architecte!

MADAME VIGNERON. Je ne sais pas, madame, où vous avez pris une si mauvaise opinion des autres, mais, à votre place, je ne voudrais pas la montrer.

MADAME DE SAINT-GENIS. C'est bien le moins vraiment qu'on vous mette sur vos gardes! Vous voyez des honnêtes gens partout.

MADAME VIGNERON. Et vous, madame, vous n'en voyez nulle part.

MADAME DE SAINT-GENIS, se levant. Je souhaite de tout mon cœur, ma chère madame Vigneron, pour vous, à qui je ne veux aucun mal, et pour vos filles, qui sont réellement charmantes, que la succession de monsieur Vigneron marche sur des roulettes; mais, en affaires, rien ne marche sur des roulettes. Ce qui est simple est compliqué, ce qui est compliqué est incompréhensible. Croyez-moi, oubliez un peu celui qui n'est plus pour penser à vous et à vos enfants. Je ne sache pas malheureusement que monsieur Vigneron vous ait laissé un titre de rente ou des actions de la Banque de France. Non, n'est-ce pas? Sa fortune, c'était cette fabrique dont il était propriétaire pour une moitié et monsieur Teissier pour l'autre. Il possédait des terrains, c'est vrai, mais il en avait payé une bonne partie au moyen d'emprunts et d'hypothèques. Je vous rappelle tout cela de bonne amitié, parce que les femmes doivent s'avertir et se défendre entre elles; d'intérêts, il me semble que je n'en ai plus ici. Nous avions fait un projet fort aimable, celui de marier nos enfants. N'est-il que reculé, je le voudrais, mais je le crois bien compromis. Les engagements pécuniaires qui avaient été pris de votre côté, il ne vous sera plus possible de les tenir, et pour rien au monde, je ne permettrais à mon fils de faire un mariage insuffisant, qu'il serait en droit de me reprocher plus tard.

MADAME VIGNERON. Comme il vous plaira, madame. (Pause et moment d'embarras.)

MADAME DE SAINT-GENIS, vivement. Au revoir, chère madame. Faites ce que je vous dis, occupez-vous de vos intérêts, nous reparlerons de nos enfants une autre fois. Mais pour l'amour de Dieu, madame Vigneron, mettez-vous bien dans la tête la recommandation la plus utile et la plus amicale que je puisse vous faire. Méfiez-vous de tout le monde, de tout le monde! (Elle se dirige vers la porte de fond, reconduite très froidement par MME VIGNERON; la porte s'ouvre, TEISSIER entre.) Restez, je vous en prie, ne m'accompagnez pas plus loin. (Elle sort.)

SCÈNE II

MADAME VIGNERON, TEISSIER

MADAME VIGNERON, pleurant, son mouchoir à la main. Quel malheur, monsieur Teissier, quel épouvantable malheur! Mon pauvre Vigneron. C'est le travail, qui l'a tué! Pourquoi travaillait-il autant? Il ne tenait pas à l'argent; il ne dépensait rien pour lui-même. Ah! il voulait voir ses enfants heureux pendant sa vie et leur laisser une fortune après sa mort. (Un silence.)

TEISSIER. Est-ce avec votre autorisation, madame, que madame de Saint-Genis s'est présentée chez moi pour connaître la situation qui vous était faite par le décès de votre mari?

MADAME VIGNERON. J'ignorais complètement cette visite que je n'aurais pas permise.

TEISSIER. Mon devoir était bien net; j'ai pris cette dame par le bras et je l'ai poussée à la porte de mon cabinet.

MADAME VIGNERON. Son indiscrétion ne méritait pas autre chose. Tenez, monsieur Teissier, madame de Saint-Genis était ici, lorsque vous êtes arrivé, elle me parlait des affaires de mon mari. Vous les connaissiez, ses affaires, et vous les compreniez mieux que personne, éclairez-moi.

TEISSIER. Je me suis amusé justement, dans un moment de loisir, à établir la succession de Vigneron. Avant tout, que désirez-vous savoir? Si elle se soldera en perte ou en bénéfice. (Mouvement de MME VIGNERON.) Des calculs que j'ai relevés, la plume à la main, résulte une situation générale que voici. . . . Vous m'écoutez. . . . La fabrique vendue. . . .

MADAME VIGNERON. Pourquoi la vendre?

TEISSIER. Il faudra en arriver là. Vos terrains et les quelques bâtisses qui avaient été commencées, vendus également. . . .

MADAME VIGNERON. Je garderai mes terrains.

TEISSIER. Vous ne le pourrez pas. Vos dettes courantes éteintes. . . .

MADAME VIGNERON. Mais je n'ai pas de dettes.

TEISSIER. Je les évalue à quarante mille francs environ. Je ne comprends pas pourtant dans cette somme votre architecte, dont le règlement devra venir avec la vente de vos immeubles. Je continue. Les droits de l'enregistrement acquittés. . . .

MADAME VIGNERON. On paye donc, monsieur, pour hériter de son mari?

TEISSIER. On paye, oui, madame. Les frais généraux liquidés . . . j'entends par frais généraux les honoraires du notaire, ceux de l'avoué, les dépenses imprévues, voitures, ports de lettres, etc. Bref, le compte que vous aurez ouvert sous cette rubrique: « Liquidation de feu Vigneron, mon mari », ce compte-là entièrement clos, il vous restera une cinquantaine de mille francs.

MADAME VIGNERON. Cinquante mille francs de rente.

TEISSIER. Comment, de rente? Vous n'écoutez donc pas ce que je vous dis? Où voyez-vous dans tout ce qu'a laissé Vigneron le capital nécessaire pour établir une rente de cinquante mille francs? (MME VIGNERON *le quitte brusquement; après avoir sonné, elle ouvre le meuble-secrétaire avec précipitation.*)

MADAME VIGNERON, *écrivant.* « Mon cher monsieur Bourdon, ayez l'obligeance de venir me parler le plus tôt possible, je ne serai tranquille qu'après vous avoir vu. Je vous salue bien honnêtement: Veuve Vigneron. » Cinquante mille francs! (*A* AUGUSTE *qui est entré.*) Portez cette lettre à la minute.

TEISSIER, *il a tiré un portefeuille bourré de papiers.* Vous vous rendrez mieux compte à la lecture. . . .

MADAME VIGNERON. Cinquante mille francs! (*Se retournant vers* TEISSIER *et lui faisant sauter son portefeuille.*) Gardez vos papiers, monsieur, je n'ai plus d'affaires avec vous. (*Elle sort précipitamment par la porte de gauche.*)

SCÈNE III

TEISSIER, *tout en ramassant ses papiers.* Ignorance, incapacité, emportement, voilà les femmes! A quoi pense celle-là, je me le demande! Elle veut garder ses terrains, elle ne le pourra pas. Bourdon se chargera de le lui faire comprendre. S'il est possible à Bourdon de mener l'affaire comme il me l'a promis, vivement, sans bruit, je mets la main sur des immeubles qui valent le double de ce que je les payerai. Mais il ne faut pas perdre de temps. Attendre, ce serait amener des acquéreurs et faire le jeu du propriétaire. Quand Bourdon saura que j'ai donné le premier coup, il se dépêchera de porter les autres. (*Il va pour sortir,* MARIE *entre par la porte de gauche.*)

SCÈNE IV

TEISSIER, MARIE

MARIE. Ne partez pas, monsieur, avant d'avoir fait la paix avec ma mère. Elle a tant pleuré, ma pauvre mère, tant pleuré, qu'elle n'a plus toujours sa tête à elle.

TEISSIER, *revenant.* Il était temps que vous m'arrêtiez, mademoiselle. J'allais de ce pas assigner madame Vigneron au Tribunal de commerce en remboursement des avances que je lui ai faites. Je me suis gêné moi-même pour ne pas laisser votre mère dans l'embarras. (*Il tire une seconde fois son portefeuille et y prend un nouveau papier.*) Vous aurez l'obligeance de lui remettre ce petit compte qu'elle vérifiera facilement: « Au 7 janvier, avancé à madame Vigneron 4000 francs qui ont dû servir aux obsèques de votre père; au 15 janvier, avancé à madame Vigneron 5000 francs pour les dépenses de sa maison, c'est à ce titre qu'ils m'ont été demandés; au 15 également, écoutez cela, remboursé une lettre de change, signée: Gaston Vigneron, ordre: Lefébure, montant: 10,000 francs. » Votre frère étant mineur, son engagement ne valait rien. Mais madame Vigneron n'aurait pas voulu frustrer un bailleur de fonds, que ce jeune homme a trompé nécessairement sur son âge et sur ses ressources personnelles. (*Il plie le papier et le lui remet.*) Je suis votre serviteur.

MARIE. Restez, monsieur, je vous prie de rester. Ce n'est pas ce compte qui a bouleversé ma mère au point de s'emporter avec vous. Elle vous eût remercié plutôt, tout en blâmant son fils comme il le mérite, d'avoir fait honneur à sa signature.

TEISSIER, *surpris, avec un sourire.* Vous savez donc ce que c'est qu'une signature?

MARIE. Mon père me l'a appris.

TEISSIER. Il aurait mieux fait de l'apprendre à votre frère.

MARIE. Asseyez-vous, monsieur; je suis peut-être bien jeune pour parler d'affaires avec vous.

TEISSIER, *debout, souriant toujours.* Allez, causez, je vous écoute.

MARIE. Je m'attendais bien, pour ma part, à un grand changement dans notre position, mais qu'elle fût perdue entièrement, je ne le pensais pas. Dans tous les cas, monsieur, vous ne nous conseilleriez ni une faiblesse ni un coup de tête. Que devons-nous faire alors? Examiner où nous en sommes, demander des avis, et ne prendre aucune résolution avant de connaître le pour et le contre de notre situation.

TEISSIER. Ah!... Laissons de côté vos immeubles qui ne me regardent pas. Que faites-vous, en attendant, de la fabrique?

MARIE. Qu'arriverait-il, monsieur, si nous voulions la garder et vous la vendre?

TEISSIER. Elle serait vendue. Le cas a été prévu par la loi.

MARIE. Il y a une loi?

TEISSIER, *souriant toujours.* Oui, mademoiselle, il y a une loi. Il y a l'article 815 du Code civil qui nous autorise l'un comme l'autre à sortir d'une association rompue en fait par la mort de votre père. Je peux vous mettre à même de vous en assurer tout de suite. (*Tirant un volume de sa poche.*) Vous voyez quel est cet ouvrage: « Recueil des lois et règlements en vigueur sur tout le territoire français. » Je ne sors jamais sans porter un code sur moi, c'est une habitude que je vous engage à prendre. (*Il lui passe le volume à une page indiquée; pendant qu'elle prend connaissance de l'article, il la regarde avec un mélange d'intérêt, de plaisir et de moquerie.*) Avez-vous compris?

MARIE. Parfaitement. (*Pause.*)

TEISSIER. Vous vous appelez bien Marie et vous êtes la seconde fille de Vigneron?

MARIE. Oui, monsieur, pourquoi?

TEISSIER. Votre père avait une préférence marquée pour vous.

MARIE. Mon père aimait tous ses enfants également.

TEISSIER. Cependant il vous trouvait plus raisonnable que vos sœurs.

MARIE. Il le disait quelquefois, pour me consoler de n'être pas jolie comme elles.

TEISSIER. Qu'est-ce qui vous manque? Vous avez de beaux yeux, les joues fraîches, la taille bien prise, toutes choses qui annoncent de la santé chez une femme.

MARIE. Ma personne ne m'occupe guère, je ne demande qu'à passer inaperçue.

TEISSIER. C'est vous bien certainement qui aidez votre mère dans les détails de sa maison; vous lui servez de scribe au besoin.

MARIE. L'occasion ne s'en est pas présentée jusqu'ici.

TEISSIER. La voilà venue. Je ne crois pas madame Vigneron capable de se débrouiller toute seule et vous lui serez d'un grand secours. . . . Avez-vous un peu le goût des affaires?

MARIE. Je les comprends quand il le faut.

TEISSIER. La correspondance ne vous fait pas peur?

MARIE. Non, si je sais ce que je dois dire.

TEISSIER. Calculez-vous facilement? Oui ou non? Vous ne voulez pas répondre? (*La quittant.*) Elle doit chiffrer comme un ange.

MARIE. Que pensez-vous, monsieur, que valent nos immeubles?

TEISSIER. Votre notaire vous dira cela mieux que moi. (*Revenant à elle, après avoir pris son chapeau.*) Il faudra toujours, mademoiselle, en revenir à mes calculs. Je sais bien ce que vous pensez: La fabrique est une affaire excellente, gardons la fabrique. Qui me dit d'abord qu'elle ne périclitera pas? Qui me dit ensuite que vous-même, après avoir manœuvré habilement, vous ne voudrez pas la vendre pour la racheter à moitié prix?

MARIE. Que prévoyez-vous là, monsieur?

TEISSIER. Je ne prévois que ce que j'aurais fait moi-même, si j'avais encore quarante ans au lieu de soixante et quelques. En résumé, vos besoins d'argent d'une part, mes intérêts sagement appréciés de l'autre, nous amènent à la vente de notre établissement. Sa situation est très prospère. La mort de son directeur est une occasion excellente, qui ne se représentera pas, pour nous en défaire, profitons-en. Vous n'avez pas autre chose à me dire?

MARIE. Ne partez pas, monsieur, avant d'avoir revu ma mère; elle est plus calme maintenant, elle vous écoutera très volontiers.

TEISSIER. C'est inutile. J'ai dit ce qu'il fallait à madame Vigneron et vous êtes assez intelligente pour lui expliquer le reste.

MARIE, *après avoir sonné.* Faites ce

que je vous demande, monsieur. Ma mère n'a pas été maîtresse d'un mouvement d'impatience; en allant à elle, vous lui donnerez l'occasion de vous exprimer ses regrets.

TEISSIER. Soit! Comme vous voudrez! Vous désirez donc que nous vivions en bons rapports? Vous n'y gagnerez rien, je vous le dis d'avance. Quel âge peut bien avoir mademoiselle Marie? Vingt ans à peine! Mais c'est déjà une petite personne, modeste, sensée, s'exprimant fort convenablement (*la quittant*), et ce que son père ne m'avait pas dit: très appétissante. (AUGUSTE *entre.*)

MARIE. Suivez Auguste, il vous conduira près de ma mère.

TEISSIER, *après avoir cherché un compliment sans le trouver.* Je suis votre serviteur, mademoiselle. (*Il entre à gauche, sur un signe que lui fait* AUGUSTE *de prendre par là.*)

SCÈNE V

MARIE, *puis* BLANCHE

MARIE, *fondant en larmes.* Mon père! Mon père!

BLANCHE, *entrant et allant lentement à elle.* Qui était là, avec toi?

MARIE. M. Teissier.

BLANCHE. C'est ce vilain homme que tu gardes si longtemps?

MARIE. Tais-toi, ma chérie, tais-toi. Il faut maintenant veiller sur nous et ne plus parler imprudemment.

BLANCHE. Pourquoi?

MARIE. Pourquoi? Je ne voudrais pas te le dire, mais que tu le saches aujourd'hui ou demain, la peine sera toujours la même.

BLANCHE. Qu'est-ce qu'il y a?

MARIE. Nous sommes ruinées peut-être.

BLANCHE. Ruinées! (MARIE *baisse la tête;* BLANCHE *fond en larmes, elles se jettent dans les bras l'une de l'autre; elles se séparent, mais* BLANCHE *reste encore émue et sanglotante.*)

MARIE. J'ai eu tort de te parler d'un malheur qui n'est pas inévitable. La vérité, la voici: je ne vois pas bien clair encore dans nos affaires, mais elles ne me promettent rien de bon. Il est possible cependant qu'elles s'arrangent, à une condition: soyons raisonnables, prudentes, pleines de ménagements avec tout le monde et résignons-nous dès maintenant à passer sur bien des dégoûts.

BLANCHE. Vous ferez ce que vous voudrez, maman, Judith et toi, je ne me mêlerai de rien. Je voudrais dormir jusqu'à mon mariage.

MARIE. Ton mariage, ma chérie!

BLANCHE. Qu'est-ce que tu penses?

MARIE. Je pense bien tristement que ce mariage te préoccupe et peut-être n'est-il plus possible aujourd'hui.

BLANCHE. Tu juges donc bien mal monsieur de Saint-Genis pour le croire plus sensible à une dot qu'à un cœur.

MARIE. Les hommes, en se mariant, désirent les deux. Mais monsieur de Saint-Genis serait il plus désintéressé qu'un autre, il a une mère qui calculera pour lui.

BLANCHE. Sa mère est sa mère. Si elle a des défauts, je ne veux pas les voir. Mais elle est femme et ne voudrait pas que son fils manquât de loyauté envers une autre femme.

MARIE. Il ne faut pas, ma chérie, que le malheur nous rende injustes et déraisonnables. Les engagements ont été réciproques: si nous ne pouvons plus tenir les nôtres, monsieur de Saint-Genis se trouvera dégagé des siens.

BLANCHE. Tu te trompes, sois en sûre, tu te trompes. Demain, si je disais demain, dans un an ou dans dix, Georges m'épousera comme il le veut et comme il le doit. Ne parlons plus de cela. Mon mariage, vois-tu, ne ressemble pas à tant d'autres qui peuvent se faire ou se défaire impunément, et tu ne sais pas la peine que tu me causes en doutant une minute de sa réalisation. (*Pause.*) Explique-moi un peu comment nous serions ruinées.

MARIE. Plus tard; je ne le sais pas bien moi-même.

BLANCHE. Qui te l'a dit?

MARIE. M. Teissier. Prends garde, je te le répète. M. Teissier est là, chez ma mère; je viens de le réconcilier avec elle.

BLANCHE. Ils s'étaient donc fâchés?

MARIE. Oui, ils s'étaient fâchés. Maman dans un mouvement d'impatience, l'avait congédié de chez elle.

BLANCHE. Maman avait bien fait.

MARIE. Maman avait eu tort et elle l'a compris tout de suite. Notre situation est assez grave sans que nous la compromettions encore par des vivacités et des imprudences. Il y va, penses-y bien, Blanche, de notre existence à toutes, de l'avenir de tes sœurs, du tien autant que du nôtre. Si certaine que tu sois de monsieur de Saint-Genis, un homme y regarde à deux fois avant d'épouser une jeune fille qui n'a rien. Tu es la plus charmante petite femme de la terre, toute de cœur et de sentiment: l'argent n'existe pas pour toi. Mais l'argent, vois-tu, existe pour les autres. On le retrouve partout. Dans les affaires, et nous sommes en affaires avec monsieur Teissier. Dans les mariages aussi, tu l'apprendras peut-être à tes dépens. Il faut bien que l'argent ait son prix, puisque tant de malheurs arrivent par sa faute et qu'il conseille bien souvent les plus vilaines résolutions.

BLANCHE. *à part.* Serait-ce possible qu'un tout jeune homme, épris comme il le dit, aimé comme il le sait, plutôt que de sacrifier ses intérêts, commît une infamie!

MARIE. Qu'est-ce que je désire, ma chérie? Que ce mariage se fasse, puisque tu y vois le bonheur pour toi. Mais à ta place, je voudrais être prête à tout: ravie, s'il se réalise, et résignée, s'il venait à manquer.

BLANCHE. Résignée! Si je pensais que monsieur de Saint-Genis ne m'eût recherchée que pour ma dot, je serais la plus honteuse des femmes, et si, ma dot perdue, il hésitait à m'épouser, je deviendrais folle ou j'en mourrais.

MARIE. Tu l'aimes donc bien?

BLANCHE. Oui, je l'aime! je l'adore, si tu veux le savoir! Il est doux, il est tendre, c'est un enfant comme moi. Je suis certaine qu'il a du cœur et qu'il est incapable d'une mauvaise action. Tu comprends, n'est-ce-pas, que je veuille l'avoir pour mari? Eh bien, me tromperais-je sur son compte, ne méritât-il ni mon affection ni mon estime, serait-ce le dernier des hommes, il faut maintenant que je l'épouse.

MARIE, *à part.* Elle souffre, la pauvre enfant, et elle déraisonne.

BLANCHE, *à part.* Ah! quelle faute nous avons commise! Quelle faute! Tu me connais, toi, ma sœur, nous vivons ensemble depuis vingt ans sans un secret l'une pour l'autre. Est-ce que je ne suis pas une belle petite fille, bien aimante, c'est vrai, mais bien honnête aussi? Je n'ai jamais eu une pensée qu'on ne puisse pas dire. Si j'avais rencontré monsieur de Saint-Genis dans la rue ou ailleurs, je ne l'aurais pas seulement regardé. Il est venu ici, la main dans celle de mon père, nous nous sommes plu tout de suite et l'on nous a fiancés aussitôt. Maman me recommandait bien plus de sagesse avec mon futur, mais c'était mon futur, je ne voyais pas de danger ni un bien grand mal en me confiant à lui.

MARIE. Allons, calme-toi, tu exagères comme toujours. Tu as dit à monsieur de Saint-Genis que tu l'aimais, n'est-ce pas, tu es bien excusable puisque tu devais l'épouser. Vous vous preniez les mains quelquefois et vous vous êtes embrassés peut-être, c'est un tort sans doute, mais qui ne vaut pas les reproches que tu te fais.

BLANCHE, *après avoir hésité.* Je suis sa femme, entends-tu, je suis sa femme!

MARIE, *très innocemment.* Je ne comprends pas ce que tu veux dire.

BLANCHE, *surprise d'abord et émerveillée.* Oh! pardon, pardon, chère sœur, pure comme les anges, je n'aurais jamais dû te parler ainsi. Oublie ce que je viens de te dire, ne cherche pas à le comprendre et ne le répète à personne surtout, ni à maman, ni à Judith.

MARIE. Sais-tu que je te crois un peu folle ou bien c'est moi qui suis une petite bête.

BLANCHE. Oui, je suis folle, et toi tu es la plus belle enfant et la plus charmante sœur qu'on puisse rêver. (*Elle l'embrasse passionnément.*)

SCÈNE VI

LES MÊMES, BOURDON

BOURDON. Bonjour, mesdemoiselles. Madame Vigneron est là sans doute? Ayez l'obligeance de lui dire que je l'attends.

MARIE. Va, ma chérie. (BLANCHE *sort par la porte de gauche.*)

SCÈNE VII

MARIE, BOURDON, *puis* MADAME VIGNERON

BOURDON. Votre mère vient de m'écrire qu'elle était très impatiente de me voir, je le conçois sans peine. Je l'attendais tous les jours à mon étude.

MARIE. Ma mère, monsieur Bourdon, a été si désolée et si souffrante. . . .

BOURDON. Je comprends très bien, mademoiselle, que frappée comme elle vient de l'être, votre mère ne s'amuse pas à faire des visites ou à courir les magasins; mais on prend sur soi de venir voir son notaire, et si c'est encore trop on le prie de passer. La succession de monsieur Vigneron, fort heureusement, ne présente pas des difficultés bien sérieuses; cependant votre père a laissé une grosse affaire de terrains, qui demande à être examinée de près et liquidée le plus tôt possible; vous entendez, liquidée le plus tôt possible.

MARIE. Voici ma mère.

MADAME VIGNERON, *pleurant, son mouchoir à la main.* Quel malheur, monsieur Bourdon, quel épouvantable malheur! Mon pauvre Vigneron! Ce n'est pas assez de le pleurer nuit et jour, je sens bien là que je ne lui survivrai pas. (*Un silence.*)

BOURDON. Dites-moi, madame, pendant que j'y pense: est-ce avec votre autorisation que madame de Saint-Genis s'est présentée chez moi pour connaître la situation qui vous était faite par le décès de votre mari?

MADAME VIGNERON. C'est sans mon autorisation, et si madame de Saint-Genis vous faisait une nouvelle visite. . . .

BOURDON. Tranquillisez-vous. J'ai reçu madame de Saint-Genis de manière à lui ôter l'envie de revenir. Vous avez désiré me voir, madame. Parlons peu, parlons vite et parlons bien.

MADAME VIGNERON. Je ne vous retiendrai pas longtemps, monsieur Bourdon, je n'ai qu'une question à vous faire. Est-il vrai, est-il possible que mon mari en tout et pour tout ne laisse que cinquante mille francs?

BOURDON. Qui vous a dit cela?

MADAME VIGNERON. M. Teissier.

BOURDON. Cinquante mille francs! Teissier va peut-être un peu vite. Vous le connaissez. Ce n'est pas un méchant homme, mais il est brutal sur la question d'argent. J'espère et je ferai tout mon possible, soyez-en bien sûre, madame, pour qu'il vous revienne quelque chose de plus. (MME VIGNERON *fond en larmes et va tomber sur le canapé; il la rejoint.*) Vous espériez donc, madame, que la succession de monsieur Vigneron serait considérable? A combien l'estimiez-vous?

MADAME VIGNERON. Je ne sais pas, monsieur.

BOURDON. Cependant vous avez dû vous rendre compte de ce que laissait monsieur Vigneron. Quand on perd son mari, c'est la première chose dont on s'occupe. (*Il la quitte.*) Teissier n'en est pas moins très blâmable, et je ne me gênerai pas pour le lui dire, de vous avoir jeté un chiffre en l'air. Les affaires ne se font pas ainsi. On procède à une liquidation par le commencement, par les choses les

plus urgentes; on avance pas à pas; quand on est arrivé au bout, il reste ce qu'il reste. (*Revenant à* MME VIGNERON.) Avez-vous décidé quelque chose, madame, pour vos terrains? Vous vous trouvez là en face d'une nécessité manifeste, il faut les vendre.

MARIE Quelle somme pensez-vous que nous en tirions?

BOURDON, *allant à* MARIE. Quelle somme, mademoiselle? Aucune! Vous ne devez compter sur rien.

MADAME VIGNERON, *se levant.* Quel avantage alors aurons-nous à nous en défaire?

BOURDON, *revenant à* MME VIGNERON. Quel avantage, madame? Celui de vous retirer un boulet que vous avez aux pieds. Croyez-moi, je n'ai pas l'habitude, dans les conseils que je donne, de me montrer aussi affirmatif que je le suis en ce moment. Chaque jour de retard est gros de conséquences pour vous. Pendant que vous délibérez, Catilina[1] est aux portes de Rome, Catilina, dans l'espèce,[2] ce sont les hypothèques qui vous dévorent, votre architecte qui vous attend avec son mémoire, et le fisc qui va se présenter avec ses droits. (*Rentre* TEISSIER *par la porte de gauche;* BLANCHE *derrière lui.*)

SCÈNE VIII

LES MÊMES, TEISSIER, BLANCHE

TEISSIER. Bonjour, Bourdon.

BOURDON. Bonjour, Teissier. J'étais en train d'expliquer à madame Vigneron et à sa fille l'impossibilité où elles se trouvent de conserver leurs terrains.

TEISSIER. Je n'ai rien à voir là-dedans. Ces dames ne peuvent pas trouver un meilleur conseiller que vous. Elles sont en bonnes mains.

BOURDON. Remarquez bien, je vous prie, madame, le point de vue auquel je me place pour qu'il n'y ait pas de malentendu entre nous. Je ne voudrais pas me trouver plus tard exposé à des reproches que je ne mériterais pas. Je me borne à établir ceci: le *statu quo* est funeste à vos intérêts, sortez du *statu quo*. Je ne vous dis pas, bien loin de là, que la situation de vos immeubles me paraisse excellente et que le moment soit bien choisi pour les mettre en

---

[1] *Catilina,* This refers to Catiline's conspiracy against the Roman senate, and means: the danger is imminent.

[2] *dans l'espèce,* in the present instance.

adjudication.[1] Non. Cependant, en présentant cette affaire sous son jour le plus favorable et je n'y manquerai pas, en la dégageant de bien des broussailles,[2] avec un peu de charlatanisme et de grosse caisse,[3] nous arriverons peut-être à un résultat satisfaisant.

TEISSIER, *à part.* Qu'est-ce qu'il dit? Qu'est-ce qu'il dit? (*Bas, à* BOURDON.) Nous ne sommes donc plus d'accord?

BOURDON, *bas à* TEISSIER. Laissez-moi faire. (*Allant à* MME VIGNERON.) Voyez, madame, réfléchissez, mais réfléchissez vite, je vous y engage. Quand vous aurez pris une décision, vous me la ferez connaître. (*Il fait mine de se retirer.*)

TEISSIER. Ne partez pas, Bourdon, sans que nous ayons dit un mot de la fabrique.

BOURDON. La fabrique, mon cher Teissier, peut attendre. Je voudrais avant tout débarrasser madame Vigneron de ses terrains. Nous sommes en présence d'une veuve et de quatre enfants qui se trouvent appauvris du jour au lendemain, il y a là une situation très intéressante, ne l'oublions pas. (TEISSIER *sourit.*)

AUGUSTE, *entrant, bas, à* MME VIGNERON. M. Lefort est là, madame.

MADAME VIGNERON. Ayez l'obligeance, monsieur Bourdon, de rester encore un instant. Vous allez entendre notre architecte qui vous fera peut-être changer d'avis.

BOURDON. Je suis à vos ordres, madame.

MADAME VIGNERON, *à* AUGUSTE. Faites entrer monsieur Lefort et priez mademoiselle Judith de venir ici.

SCÈNE IX

LES MÊMES, LEFORT, *puis* JUDITH

MADAME VIGNERON, *pleurant, son mouchoir à la main.* Quel malheur, monsieur Lefort, quel épouvantable malheur! Mon pauvre Vigneron! Je ne me consolerai jamais de la perte que j'ai faite.

LEFORT, *il a les manières communes et la voix forte.* Allons, madame, ne vous désolez pas comme ça; avec du sang-froid et de la persévérance, nous arriverons à remplacer votre mari. (*Il descend la scène.*)

TEISSIER. Bonjour, Lefort.

LEFORT. Je vous salue, monsieur Teissier. (JUDITH *entre ici.*)

MARIE, *à* LEFORT. Vous vous intéressiez beaucoup, monsieur, aux travaux qui vous avaient été confiés?

LEFORT. Oui, mademoiselle, Vigneron n'était pas un client pour moi, c'était un frère.

MARIE. Nous sommes à la veille de prendre une décision fort importante. . . .

LEFORT. Disposez de moi. Mon temps vous appartient, ma bourse est à votre service. Les enfants de Vigneron sont mes enfants.

MARIE. Si vous aviez quelques éclaircissements, quelque projet même à nous communiquer, ayez l'obligeance de tout dire en présence de ces messieurs.

LEFORT. Je suis prêt, mademoiselle. Ces messieurs ne me font pas peur. J'ai l'habitude de mettre ma poitrine en avant.

MADAME VIGNERON. Asseyez-vous là, monsieur Lefort.

LEFORT, *assis.* Avez-vous ouvert mon mémoire, madame? Non, n'est-ce pas? Tant pis. Il renfermait une notice sur les terrains de monsieur Vigneron où toute l'affaire est exposée depuis A jusqu'à Z. Si j'avais cette notice sous les yeux, je serais plus bref et je me ferais mieux comprendre.

MARIE. Je peux vous la donner, monsieur, j'ai serré moi-même votre mémoire.

LEFORT. Vous m'obligerez. (MARIE *va au meuble-secrétaire, en passant devant sa mère et* TEISSIER *assis l'un près de l'autre.*)

TEISSIER, *à* MME VIGNERON. Elle a de l'ordre, votre demoiselle?

MADAME VIGNERON. Beaucoup d'ordre.

TEISSIER. Ce sera plus tard une femme de tête?

MADAME VIGNERON. Oui, je le crois.

TEISSIER. Calcule-t-elle facilement? (*Pas de réponse.*)

BOURDON, *il a pris le mémoire des mains de* MARIE *et en détache une partie qu'il donne à* LEFORT. C'est là sans doute ce que vous désirez. Si vous le permettez, je parcourrai votre mémoire en vous écoutant. (*Ils échangent un regard hostile.*)

LEFORT, *en martelant chacune de ses phrases.* Dès le principe, les terrains de monsieur Vigneron, situés à l'extrémité de

---

[1] *en adjudication,* for public sale.
[2] *broussailles,* entanglements.
[3] *grosse caisse,* ballyhoo.

Paris, dans le voisinage d'une gare, soumis de ce chef [1] à mille servitudes,[2] étaient, au prix où il les avait achetés, une détestable affaire. Disons le mot, il avait été mis dedans.[3]

BOURDON. Je vous arrête. Personne n'avait intérêt à tromper monsieur Vigneron. Il avait acheté ces terrains dans l'espoir qu'ils seraient expropriés.

LEFORT. Expropriés? Par qui?

BOURDON. Par le chemin de fer.

LEFORT. Quelle bonne blague! C'était le chemin de fer qui les vendait.

BOURDON. En êtes-vous sûr?

LEFORT. Parfaitement sûr.

BOURDON. Soit. Alors on supposait que la Ville, qui avait entrepris de grands travaux dans les quartiers excentriques, aurait besoin de ces terrains. Je me souviens maintenant; on espérait traiter avec la Ville.

LEFORT. Avec la Ville ou avec le grand Turc. Il ne faut pas m'en conter à moi pour tout ce qui regarde les immeubles; je connais la place de Paris depuis A jusqu'à Z. Je continue. Monsieur Vigneron, qui avait été mis dedans, je maintiens le mot, s'aperçut bien vite de sa sottise et il voulut la réparer. Comment? En faisant bâtir. Il vint me trouver. Il connaissait de longue date ma conscience et mon désintéressement, je ne le quittai plus qu'il ne m'eût confié les travaux. Malheureusement, à peine mes études étaient-elles faites et les premières fondations commencées (*avec une pantomime comique*) Vigneron décampait pour l'autre monde.

BOURDON. Nous connaissons tous ces détails, mon cher monsieur, vous nous faites perdre notre temps à nous les raconter.

LEFORT. Les héritiers se trouvent dans une passe difficile, mais dont ils peuvent sortir à leur avantage. Ils ont sous la main un homme dévoué, intelligent, estimé universellement sur la place de Paris, c'est l'architecte du défunt qui devient le leur. L'écouteront-ils? S'ils repoussent ses avis et sa direction (*avec une pantomime comique*), la partie est perdue pour eux.

BOURDON. Arrivez donc, monsieur, sans tant de phrases, à ce que vous proposez.

LEFORT. Raisonnons dans l'hypothèse la plus défavorable, monsieur Lefort, qui vous parle en ce moment, est écarté de l'affaire. On règle son mémoire, loyalement, sans le chicaner sur chaque article. M. Lefort n'en demande pas plus pour lui. Que deviennent les immeubles? Je répète qu'ils sont éloignés du centre, chargés de servitudes, j'ajoute: grevés [4] d'hypothèques, autant de raisons qu'on fera valoir contre les propriétaires au profit d'un acheteur mystérieux qui ne manquera pas de se trouver là. (*Avec volubilité.*) On dépréciera ces immeubles, on en précipitera la vente, on écartera les acquéreurs, on trompera le tribunal pour obtenir une mise à prix [5] dérisoire, on étouffera les enchères [6] (*avec une pantomime comique*), voilà une propriété réduite à zéro.

BOURDON. Précisez, monsieur, j'exige que vous précisiez. Vous dites: on fera telle, telle et telle chose. Qui donc les fera, s'il vous plaît? Savez-vous que de pareilles manœuvres ne seraient possibles qu'à une seule personne et que vous incriminez le notaire qui sera chargé de l'adjudication.

LEFORT. C'est peut-être vous, monsieur.

BOURDON. Je ne parle pas pour moi, monsieur, mais pour tous mes confrères, qui se trouvent atteints par vos paroles. Vous attaquez bien légèrement la corporation la plus respectable que je connaisse. Vous mettez en suspicion la loi elle-même dans la personne des officiers publics chargés de l'exécuter. Vous faites pis, monsieur, si c'est possible. Vous troublez la sécurité des familles. Il vous sied bien vraiment de produire une accusation semblable et de nous arriver avec un mémoire de trente-sept mille francs.

LEFORT. Je demande à être là, quand vous présenterez votre note.

BOURDON. Terminons, monsieur. En deux mots, qu'est-ce que vous proposez?

LEFORT. J'y arrive à ce que je propose. Je propose aux héritiers de Vigneron de continuer les travaux. . . .

BOURDON. Allons donc, il fallait le dire tout de suite. Vous êtes architecte, vous proposez de continuer les travaux.

LEFORT. Laissez-moi finir, monsieur.

BOURDON. C'est inutile. Si madame

---

[1] *de ce chef*, on this account.
[2] *servitudes*, Charges (legal term).
[3] *mis dedans*, taken in.
[4] *grevés*, burdened.
[5] *mise à prix*, appraisal.
[6] *enchères*, bids.

Vigneron veut vous entendre, libre à elle; mais moi, je n'écouterai pas plus longtemps des divagations. Quelle somme mettez-vous sur table? Madame Vigneron n'a pas d'argent, je vous en préviens, où est le vôtre? Dans trois mois, nous nous retrouverions au même point, avec cette différence que votre mémoire, qui est aujourd'hui de trente-sept mille francs, s'élèverait au double, au train dont vous y allez. Ne me forcez pas à en dire davantage. Je prends vos offres telles que vous nous les donnez. Je ne veux pas y voir quelque combinaison ténébreuse qui ferait de vous un propriétaire à bon marché.

LEFORT. Qu'est-ce que vous dites, monsieur? Regardez-moi donc en face. Est-ce que j'ai l'air d'un homme à combinaison ténébreuse? Ma parole d'honneur, je n'ai jamais vu un polichinelle pareil!

BOURDON, *se contenant, à mi-voix.* Comment m'appelez-vous, saltimbanque! (MME VIGNERON *se lève pour intervenir.*)

TEISSIER. Laissez, madame, ne dites rien. On n'interrompt jamais une conversation d'affaires.

LEFORT, *à* MME VIGNERON. Je cède la place, madame. Si vous désirez connaître mon projet et les ressources dont je dispose, vous me rappellerez. Dans le cas contraire, vous auriez l'obligeance de me régler mon mémoire le plus tôt possible. Il faut que je fasse des avances à tous mes clients, moi, tandis qu'un notaire tripote avec l'argent des siens. (*Il se retire.*)

TEISSIER. Attendez-moi, Lefort, nous ferons un bout de chemin ensemble. (*A* MME VIGNERON.) Je vous laisse avec Bourdon, madame, profitez de ce que vous le tenez.

LEFORT, *revenant.* J'oubliais de vous dire, madame; est-ce avec votre autorisation qu'une madame de Saint-Genis s'est présentée chez moi? . . .

MADAME VIGNERON. Elle a été chez tout le monde. Je n'ai autorisé personne, monsieur Lefort, personne, à aller vous voir, et si cette dame revenait. . . .

LEFORT. Cette dame ne reviendra pas. Je lui ai fait descendre mon escalier plus vite qu'elle ne l'avait monté.

TEISSIER, *à* MARIE. Adieu, mademoiselle Marie, portez-vous bien. (*Il la quitte et revient.*) Restez ce que vous êtes. Les amoureux ne vous manqueront

---

¹ *avoir barre sur,* have first claim on.

---

pas. Si je n'étais pas si vieux, je me mettrais sur les rangs.

SCÈNE X

LES MÊMES, *moins* TEISSIER *et* LEFORT

BOURDON. Eh bien, madame?

MADAME VIGNERON. Quelle faute j'ai faite, monsieur Bourdon, en amenant une pareille rencontre.

BOURDON. Je ne regretterai pas cette discussion, madame, si elle vous a éclairée sur vos intérêts.

MADAME VIGNERON. Oubliez ce qui vient de se passer pour voir les choses comme elles sont. M. Lefort est un homme très mal élevé, je vous l'accorde, mais il ne manque ni de bon sens ni de savoir-faire. Il ne nous propose après tout que ce que mon mari eût exécuté lui-même, s'il avait vécu.

BOURDON. Est-ce sérieux, madame, ce que vous me dites là? Vous ne m'avez donc pas entendu apprécier comme elles le méritent les offres de cet architecte?

MADAME VIGNERON. On pourrait en prendre un autre.

BOURDON. Celui-là ne vous suffit pas? (*Pause.*) Approchez, mesdemoiselles, vous n'êtes pas de trop. Votre mère est dans les nuages, aidez-moi à la ramener sur terre. Je vais prendre la situation, madame, aussi belle que possible. Admettons pour un instant que vos terrains vous appartiennent. J'écarte les créanciers hypothécaires qui ont barre¹ sur eux. Savez-vous ce que coûterait l'achèvement de vos maisons qui sont à peine commencées? Quatre à cinq cent mille francs! Vous pensez bien que monsieur Lefort n'a pas cette somme. Vous ne comptez pas sur moi pour la trouver. Et alors même que vous la trouveriez chez moi ou ailleurs, conviendrait-il bien à une femme, permettez-moi de vous dire ça, de se mettre à la tête de travaux considérables et de se jeter dans une entreprise dont on ne voit pas la fin? Cette question que je vous pose est si sérieuse, que si elle venait devant le conseil de famille qui sera chargé de vous assister dans la tutelle de vos enfants mineurs, on pourrait s'opposer à ce que le patrimoine de ces enfants, si petit qu'il sera, fût aventuré dans une véritable spéculation. (*Solennellement.*) Moi, membre d'un conseil de famille, chargé des intérêts d'un mineur, la chose la plus grave qu'il y ait au monde, je m'y opposerais. (*Silence.*) Vous voilà avertie, madame. En insistant davantage, j'outrepasserais les devoirs de mon ministère. Vous savez où est mon étude, j'y attendrai maintenant vos ordres. (*Il sort.*)

SCÈNE XI

MADAME VIGNERON, MARIE, BLANCHE, JUDITH

MADAME VIGNERON. Causons un peu, mes enfants. Ne parlons pas toutes à la fois et tâchons de nous entendre. M. Lefort. . . .

JUDITH, *l'interrompant*. Oh! M. Lefort!

MADAME VIGNERON. Tu ne sais pas encore ce que je veux dire. M. Lefort s'exprime très grossièrement peut-être, mais je crois qu'il a du cœur et de la loyauté.

JUDITH. Je crois tout le contraire.

MADAME VIGNERON. Pourquoi?

JUDITH. Je lui trouve les allures d'un charlatan.

MADAME VIGNERON. Ah! Et toi, Blanche, est-ce que tu trouves à monsieur Lefort les allures d'un charlatan?

BLANCHE. Oui, un peu, Judith n'a pas tort.

MADAME VIGNERON. C'est bien. Dans tous les cas, ses conseils me paraissent préférables à ceux de monsieur Bourdon qui ne demande en réalité qu'à vendre nos terrains. Quel est ton avis, Marie?

MARIE. Je n'en ai pas jusqu'à présent.

MADAME VIGNERON. Nous voilà bien avancées, mon enfant. Parle-nous alors de monsieur Teissier.

MARIE. Il me semble que sans brusquer rien et avec des égards pour monsieur Teissier, on obtiendrait quelque chose de lui.

BLANCHE. Qu'est-ce que tu dis, Marie? M. Teissier est l'homme le plus faux et le plus dangereux qu'il y ait au monde.

MADAME VIGNERON. Judith?

JUDITH. Je ne sais pas qui a raison de Marie ou de Blanche, mais, à mon sens, nous ne devons compter que sur monsieur Bourdon.

MADAME VIGNERON. Je ne pense pas comme toi, mon enfant. M. Bourdon! M. Bourdon! Il y a une question d'abord que monsieur Bourdon devait me faire et il ne paraît pas y avoir songé. Ensuite, j'ai remarqué beaucoup d'obscurité dans ses

paroles. Qu'est-ce que c'est que cette phrase que je me rappelle: Catilina est aux portes de Rome? (*A* MARIE.) As-tu compris ce qu'il a voulu dire?

MARIE. Oui, j'ai compris.

MADAME VIGNERON. Tu as compris? C'est bien vrai? N'en parlons plus, vous êtes plus savantes que moi. Mais monsieur Bourdon aurait pu me parler de Catilina tout à son aise et me demander si nous avions besoin d'argent. Regardez-moi, mes enfants. S'il faut vendre les terrains, on les vendra. Ce qui sera perdu, sera perdu. Mais écoutez bien votre mère; ce qu'elle dit une fois est dit pour toujours. Moi, vivante, on ne touchera pas à la fabrique!

MARIE. Tu te trompes, maman.

MADAME VIGNERON. Moi, vivante, on ne touchera pas à la fabrique!

MARIE. M. Teissier peut la vendre demain. Il y a une loi qui l'autorise à le faire.

MADAME VIGNERON. Moi, vivante. . . .

MARIE. Il y a une loi.

BLANCHE et JUDITH. S'il y a une loi.

MADAME VIGNERON. Tenez, laissez-moi tranquille avec votre loi. Si je devais passer beaucoup de journées comme celle-ci, mes enfants, mes forces n'y résisteraient pas; vous n'auriez plus ni père ni mère avant peu. (*Elle va tomber en pleurant sur le canapé.*)

AUGUSTE, *entrant*. Voici des lettres pour madame.

MADAME VIGNERON, *à* MARIE. Prends ces lettres, et lis-les-moi, mon enfant.

MARIE. C'est une lettre de la couturière:

« Madame, nous avons l'honneur de vous remettre votre facture dans notre maison, en prenant la liberté de vous faire remarquer qu'elle dépasse le chiffre ordinaire de nos crédits. Notre caissier aura l'honneur de se présenter chez vous demain. Agréez, madame, nos respectueuses salutations. *P. S.* Nous appelons votre attention, madame, sur une étoffe toute nouvelle, dite « deuil accéléré », que les jeunes femmes portent beaucoup et qui peut convenir également aux demoiselles. » (MARIE *ouvre et lit une seconde lettre.*)

« Madame, monsieur Dubois par la présente vous autorise à sous-louer votre appartement, ce qui ne vous sera pas bien difficile, moyennant un léger sacrifice. M. Dubois aurait voulu faire plus, il ne le peut pas. S'il admettait avec vous, madame, qu'un bail se trouve résilié par la mort du locataire, monsieur Dubois établirait dans sa maison un précédent qui pourrait le mener loin et dont on serait tenté d'abuser. »

(*Troisième lettre.*)

« Madame, j'ai envoyé chez vous la semaine dernière pour toucher ma note et vos domestiques ont répondu assez brutalement à la jeune fille qui se présentait de ma part qu'on passerait payer. Ne voyant venir personne, je ne sais à quoi attribuer un retard qui ne peut pas se prolonger plus longtemps. Je ne cours pas après les pratiques, vous le savez, madame, pas plus que je ne fais de la réclame dans les journaux; je laisse ça aux grandes maisons de Paris que l'on paye en conséquence. Si j'arrive à confectionner des chapeaux qui étonnent par leur bon marché, leur fraîcheur et leur distinction, je ne le dois qu'à mon activité commerciale et à la régularité de mes encaissements. »

(MARIE *se dispose à lire une quatrième lettre;* MME VIGNERON *l'arrête et se remet à pleurer; les jeunes filles se regardent sans mot dire, en secouant la tête, dans des attitudes inquiètes et attristées.* La toile tombe.)

ACTE TROISIÈME

Même décor.

SCÈNE PREMIÈRE

MADAME DE SAINT-GENIS, ROSALIE

ROSALIE. Asseyez-vous, madame.

MADAME DE SAINT-GENIS, *hésitante et contrariée.* Je ne sais.

ROSALIE. Faites comme je vous dis, madame, placez-vous là, bien à votre aise, vos jolis petits pieds sur ce coussin.

MADAME DE SAINT-GENIS. Ne me pressez pas, Rosalie; je calcule ce qui est le plus sage, ou d'attendre ou de revenir.

ROSALIE. Attendez, madame, obéissez-moi. Vous me fâcheriez avec Blanchette si je vous laissais partir sans qu'elle vous ait embrassée.

MADAME DE SAINT-GENIS. Blanche m'embrassera un peu plus tard. C'est elle justement que je venais voir et à qui je voulais parler très sérieusement. Je ne pensais pas que madame Vigneron aurait du monde à déjeuner.

ROSALIE. Du monde, non, il n'y a pas de monde.

MADAME DE SAINT-GENIS. Ces dames sont à table, c'est bien ce que vous venez de me dire?

ROSALIE. Oui.

MADAME DE SAINT-GENIS. Elles ne sont pas seules?

ROSALIE. Non.

MADAME DE SAINT-GENIS. Elles ont donc quelqu'un avec elles.

ROSALIE. Oui. (*Bas.*) M. Teissier.

MADAME DE SAINT-GENIS. Ah! M. Teissier. (*Se rapprochant de* ROSALIE.) Il vient maintenant dans la maison?

ROSALIE. Plus qu'on ne voudrait.

MADAME DE SAINT-GENIS. On lui fait bonne mine cependant?

ROSALIE. Il le faut bien. Ces demoiselles ont beau ne pas l'aimer, le besoin de s'entendre avec lui est le plus fort.

MADAME DE SAINT-GENIS. S'entendre? A quel sujet?

ROSALIE. Pour leur fortune.

MADAME DE SAINT-GENIS. Oui, Rosalie, pour leur fortune (*elle la quitte*) ou pour la sienne.

ROSALIE. Vous restez, n'est-ce pas, madame?

MADAME DE SAINT-GENIS. Non, je m'en vais. Je n'hésite plus maintenant. M. Teissier est là, ces dames ont des affaires avec lui, quelles affaires? je ne veux gêner personne ni pénétrer aucun mystère. (*Elle se dirige vers la porte.*)

ROSALIE. Madame reviendra?

MADAME DE SAINT-GENIS. Je reviendrai.

ROSALIE. Sûrement?

MADAME DE SAINT-GENIS. Sûrement. Écoutez, Rosalie. Si madame Vigneron et ses filles, Blanche exceptée bien entendu, veulent sortir, qu'elles sortent, qu'elles ne se gênent pas. C'est Blanche seulement qui doit m'attendre et avec qui je veux causer une fois pour toutes. Dites-lui donc un peu, vous, sa vieille bonne, qu'elle se calme . . . , qu'elle réfléchisse . . . , qu'elle se résigne . . . , ce n'est pas ma faute si son père est mort . . . , elle se rend compte des embarras pécuniaires où elle se trouve et dont mon fils ne peut pas être responsable . . . , il ne le peut pas . . . en aucun cas. . . . Hein? Rosalie, comprenez-vous ce que je vous demande?

ROSALIE. Sans doute, madame, je comprends, mais ne comptez pas sur moi pour affliger ma petite Blanchette.

MADAME DE SAINT-GENIS. Tenez, on vous sonne. Voyez ce qu'on vous veut, je retrouverai mon chemin pour m'en aller.

ROSALIE, *seule.* Elle me fait peur, cette

femme-là. Je me signe[1] chaque fois qu'elle entre et qu'elle sort. (*La troisième porte du fond, à droite, s'ouvre; entre* TEISSIER, *le bras passé à celui de* MARIE, MME VIGNERON *derrière eux;* JUDITH *vient après,* BLANCHE *la dernière;* ROSALIE *s'est rangée pour les laisser passer; elle arrête* BLANCHE, *la rajuste et l'embrasse; elle sort par la porte ouverte et la referme.*)

SCÈNE II

TEISSIER, MADAME VIGNERON, MARIE, BLANCHE, JUDITH

TEISSIER. Vous voulez bien que je m'appuie un peu sur vous? Je n'ai pas l'habitude de déjeuner si copieusement et avec de si jolies personnes. (*S'arrêtant.*) Qu'est-ce que j'ai dit à table?

MARIE. Différentes choses.

TEISSIER. Qui portaient?

MARIE. Sur la vie en général.

TEISSIER. A-t-on parlé de vos affaires?

MARIE. Il n'en a pas été question. (*Ils reprennent leur marche en inclinant vers la droite;* MARIE *se dégage et s'éloigne.*)

TEISSIER, *revenant à elle.* Elles sont bien, vos sœurs, l'aînée surtout, qui a des avantages. C'est vous pourtant que je préfère. Je n'ai pas toujours été vieux. Je sais distinguer encore la brune d'avec la blonde. Vous me plaisez beaucoup, vous entendez.

MARIE. Tournez-vous un peu du côté de ma mère.

TEISSIER. Dites-moi, madame, pourquoi monsieur Gaston, qui fait si bien les lettres de change, n'a-t-il pas déjeuné avec nous?

MADAME VIGNERON, *avec émotion.* Mon fils s'est engagé.

TEISSIER. Il est soldat. C'est bien le meilleur parti qu'il pouvait prendre. Un soldat est logé, nourri, chauffé aux frais du gouvernement. Qu'est-ce qu'il risque? De se faire tuer. Alors il n'a plus besoin de rien.

MADAME VIGNERON. Mon fils a fait ce qu'il a voulu, il regrettera plus tard la décision qu'il a prise. Je me serais entendu avec vous, monsieur Teissier, pour le placer dans la fabrique, et si cette fabrique, comme je le crois, ne sort pas de vos mains et des nôtres, Gaston, dans quelques années, aurait succédé à son père. (*Un temps.*)

TEISSIER. Avez-vous vu Bourdon?

MADAME VIGNERON. Non. Est-ce que nous devions le voir?

TEISSIER, *embarrassé, sans répondre, revenant à* MARIE. Elles sont bien, vos sœurs, mais ce sont des Parisiennes, ça se voit tout de suite. Pas de fraîcheur. On ne dirait pas, en vous regardant, que vous avez été élevée avec elles. J'ai des roses, l'été, dans mon jardin, qui n'ont pas de plus belles couleurs que vos joues. Il faudra que vous veniez, avec votre mère et vos sœurs, visiter ma maison de campagne. Vous n'êtes plus des enfants, vous n'abîmerez rien. Vous déjeunerez chez vous avant de partir et vous serez rentrées pour l'heure du dîner. Vous n'avez pas beaucoup de distractions, ça vous en fera une.

MARIE. Ne comptez pas, monsieur Teissier, que nous allions vous voir avant d'être un peu plus tranquilles. Notre situation, vous le savez, n'a pas fait un pas; elle se complique, voilà tout. Nous sommes tourmentées aujourd'hui par d'anciens fournisseurs qui sont devenus des créanciers très impatients.

TEISSIER, *embarrassé, sans répondre, revenant à* MME VIGNERON. Si vous êtes appelée par vos occupations, madame, ne vous dérangez pas pour moi; vos demoiselles me tiendront compagnie jusqu'au moment de mon départ.

MADAME VIGNERON. Restez autant que vous voudrez, nous ne vous renvoyons pas. (*Allant à* MARIE.) As-tu parlé à monsieur Teissier?

MARIE. Non, pas encore.

MADAME VIGNERON. Ça te coûte?[2]

MARIE. Oui, ça me coûte. Douze mille francs, la somme est grosse à demander.

MADAME VIGNERON. Ne la demandons pas.

MARIE. Et demain, où en serons-nous, si cette couturière met sa note chez un huissier? Elle le fera comme elle le dit.

MADAME VIGNERON. Veux-tu que je prenne monsieur Teissier à part et que je t'évite une explication avec lui?

MARIE. Non. C'est un moment de courage à avoir, je l'aurai.

TEISSIER, *il est assis sur le canapé auprès de* JUDITH. Alors vous faites bon ménage avec vos sœurs?

JUDITH. Très bon ménage.

TEISSIER. Quelle est la plus sensée de vous trois?

---

[1] *je me signe,* I make the sign of the cross.
[2] *Ça te coûte?* Do you find it hard?

JUDITH. Marie.

TEISSIER. Mademoiselle Marie. (*Il la regarde.*) Pense-t-elle beaucoup à se marier?

JUDITH. Elle n'en parle jamais.

TEISSIER. Cependant on la trouve jolie?

JUDITH. Elle est plus que jolie, elle est charmante.

TEISSIER. Précisément. (*Il regarde* MARIE *une seconde fois.*) Ce n'est pas un fuseau [1] comme la plupart des jeunes filles et ce n'est pas non plus une commère. A-t-elle le caractère bien fait?

JUDITH. Très bien fait.

TEISSIER. Des goûts simples?

JUDITH. Très simples.

TEISSIER. Est-ce une femme à rester chez elle et à soigner une personne âgée avec plaisir?

JUDITH. Peut-être.

TEISSIER. On pourrait lui confier les clefs d'une maison sans inquiétude? (JUDITH *le regarde avec étonnement.*) Qu'est-ce que fait donc mademoiselle Marie? Pourquoi ne vient-elle pas causer avec moi? (*Se levant; à* JUDITH.) Je ne vous retiens plus, mademoiselle. Allez là-bas (*il lui montre* BLANCHE) près de votre sœur qui a l'air d'être en pénitence. (MARIE *s'est approchée, il la joint sur le devant de la scène.*) Ce petit ouvrage que vous tenez là s'appelle?

MARIE. Une bourse tout simplement.

TEISSIER. Elle est destinée?

MARIE. A une vente de pauvres.

TEISSIER. De pauvres? J'ai bien entendu. Vous travaillez pour eux pendant qu'ils ne font rien?

MARIE. Ma mère, monsieur Teissier, m'a chargée d'une demande qu'elle n'a pas osé vous faire elle-même.

TEISSIER. Qu'est-ce qu'il y a?

MARIE. Il semble, je vous le disais tout à l'heure, que nos fournisseurs se soient donné le mot. Autrefois nous ne pouvions pas obtenir leurs notes, c'est à qui [2] maintenant sera payé le premier.

TEISSIER. Ces gens sont dans leur droit, si ce qu'ils réclament leur est dû.

MARIE. Nous n'avons pas malheureusement la somme nécessaire pour en finir avec eux. Une somme assez importante. Douze mille francs. Consentez, monsieur Teissier, à nous les prêter encore; vous nous délivrerez de petites inquiétudes qui

sont quelquefois plus terribles que les grandes. (*Un temps.*)

TEISSIER. Avez-vous vu Bourdon?

MARIE. Non; est-ce que nous devions voir monsieur Bourdon?

TEISSIER. Vous pensez bien que cet état de choses ne peut pas durer, ni pour vous, ni pour moi. Douze mille francs que vous me demandez et vingt mille qu'on me doit déjà, total: trente-deux mille francs qui seront sortis de ma caisse. Je ne risque rien sans doute. Je sais où retrouver cette somme. Il faudra bien pourtant qu'elle me rentre. Vous ne vous étonnerez pas en apprenant que j'ai pris mes mesures en conséquence. Ne pleurez pas; ne pleurez pas. Vous serez bien avancée, quand vous aurez les yeux battus et les joues creuses. Gardez donc ce qui est bien à vous, vos avantages de vingt ans; une fillette de votre âge, fraîche et florissante, n'est malheureuse que quand elle le veut bien; vous me comprenez, que quand elle le veut bien. (*Il la quitte brusquement, prend son chapeau et va à* MME VIGNERON.) Votre seconde fille vient de me dire que vous aviez besoin de douze mille francs. N'ajoutez rien, c'est inutile. Vous attendez sans doute après, je vais vous les chercher. (*Il sort précipitamment.*)

SCÈNE III

LES MÊMES, *moins* TEISSIER

MADAME VIGNERON. Merci, ma chère Marie. On est si bête et si honteuse quand il faut obtenir de l'argent de ce vieux bonhomme; je crois bien qu'au dernier moment j'aurais reculé à lui en demander.

MARIE. C'est fait.

MADAME VIGNERON. Judith? . . . Où vas-tu, mon enfant?

JUDITH. Je vous laisse, j'ai besoin de me reposer.

MADAME VIGNERON. Reste ici, je te prie.

JUDITH. Mais, maman. . . .

MADAME VIGNERON, *impérieusement.* Reste ici. (JUDITH *obéit à contre-cœur et se rapproche de sa mère.*) Notre situation est grave, n'est-ce pas? Elle t'intéresse? Nous n'en parlerons jamais assez.

JUDITH. A quoi bon en parler? Nous répétons toujours les mêmes choses sans prendre la plus petite détermination. Il

---

[1] *ce n'est pas un fuseau*, she is not spindly.
[2] *c'est à qui*, they vie with each other, to see which one.

faudrait une autre femme que toi, vois-tu, pour nous tirer de l'impasse où nous sommes.

MADAME VIGNERON. Dis-moi tout de suite que je ne fais pas mon devoir.

JUDITH. Je ne dis pas cela. Ce n'est pas ta faute si tu n'entends rien aux affaires.

MADAME VIGNERON. Charge-t'en, toi, alors de nos affaires.

JUDITH. Dieu m'en garde! Je perds la tête devant une addition.

MADAME VIGNERON. On ne te demande pas de faire une addition. On te demande d'être là, de prendre part à ce qui se dit, et de donner ton avis quand tu en as un.

JUDITH. Vous le connaissez, mon avis, il ne changera pas. Nous ne ferons rien et il n'y a rien à faire.

MADAME VIGNERON. Cependant, mon enfant, si on nous vole?

JUDITH. Eh bien! on nous volera. Ce n'est ni toi ni moi qui l'empêcherons. Ce n'est pas Marie non plus. Elle doit bien voir maintenant que nous reculons pour mieux sauter.[1] J'aimerais mieux mille fois, mille fois, en finir dès demain et prendre ce qu'on nous laisse, puisqu'on veut bien nous laisser quelque chose. Quand le passé ne nous occuperait plus, nous penserions à l'avenir.

MADAME VIGNERON. Tu en parles bien légèrement, mon enfant, de l'avenir.

JUDITH. Il me préoccupe, mais il ne m'épouvante pas. C'est Blanche que je trouve de beaucoup la plus malheureuse. Elle perd un mari qui lui plaisait.

MARIE. Rien ne dit qu'elle le perdra.

JUDITH. Tout le dit, au contraire. Blanche ne se mariera pas, c'est clair comme le jour. A sa place, je n'attendrais pas que monsieur de Saint-Genis me redemandât sa parole, je la lui rendrais moi-même.

MADAME VIGNERON. Regarde, mon enfant, que de sottises tu as dites en cinq minutes. Tu m'as blessée d'abord, tu as découragé une de tes sœurs et tu fais pleurer l'autre.

JUDITH, allant à BLANCHE. Tu m'en veux?

BLANCHE. Non, je ne t'en veux pas. Tu parles de monsieur de Saint-Genis sans le connaître. J'étais très heureuse de lui apporter une dot, je l'ai perdue, il ne m'en aime pas moins et me témoigne le même désir de m'épouser. Les difficultés viennent de sa mère. Une mère cède tôt ou tard; madame de Saint-Genis fera comme toutes les autres. Elle trouvera plus sage de nous donner son consentement, quand elle nous verra résolus à nous en passer. Tu as raison, ma grande sœur, en disant que nous ne nous défendons pas bien sérieusement; mais cette décision qui nous manque dans nos affaires, je l'aurai, moi, je te le promets, pour mon mariage.

MADAME VIGNERON. Ah çà! mes enfants, je ne vous comprends pas. Vous parlez toujours de décision, nous manquons de décision, il faudrait de la décision, vous ne dites pas autre chose, et, quand je vous propose une véritable mesure, vous êtes les premières à m'en détourner. Voulez-vous, oui ou non, renvoyer monsieur Bourdon et le remplacer?

MARIE. Par qui?

MADAME VIGNERON. Par qui? Par le premier venu. (A JUDITH.) Par ce monsieur qui nous a envoyé sa carte.

JUDITH. Prenons ce monsieur, je le veux bien.

MARIE. Et moi je m'oppose à ce qu'on le prenne.

MADAME VIGNERON. Eh bien! mes enfants, c'est votre mère qui vous mettra d'accord. Si monsieur Bourdon me dit encore un mot, un seul, qui ne me paraisse pas à sa place, je le congédie et j'envoie chercher ce monsieur. Où est-elle d'abord la carte de ce monsieur? (Silence.) Cherche dans ce meuble, Judith, et cherche avec soin. Marie, va au piano, cette carte s'y trouve peut-être. Et toi aussi, Blanche, fais quelque chose, regarde sur la cheminée. (Nouveau silence.) Ne cherchez plus, mes enfants, j'avais cette carte dans ma poche. (A JUDITH.) Pourquoi ris-tu?

JUDITH. Je ris en pensant que nos adversaires savent ce qu'ils font de leurs instruments.

MADAME VIGNERON, tristement. Est-ce que tu vas recommencer?

JUDITH. Non, je ne vais pas recommencer et je te demande pardon. Si je m'emporte, c'est bien malgré moi. Je voudrais que toutes ces affaires fussent finies, parce qu'elles nous irritent, parce qu'elles nous aigrissent, parce qu'au lieu de batailler avec les autres nous nous querellons entre nous. On pourrait croire que nous nous aimions davantage quand nous étions plus heureuses et c'est le contraire

---

[1] nous . . . sauter, we are only delaying the inevitable.

qui est la vérité. (*Elle embrasse sa mère;* MARIE *et* BLANCHE *se sont rapprochées; émotion générale.*)

ROSALIE, *entrant.* M. Bourdon, madame.

JUDITH. Cette fois, je me sauve.

MADAME VIGNERON. Allez vous reposer, mes enfants, je vais recevoir monsieur Bourdon.

SCÈNE IV

MADAME VIGNERON, BOURDON

BOURDON. Mon intention, madame, après l'inutilité de mes conseils, était de laisser aller les choses et de vous voir venir quand vous le jugeriez à propos. Je ne suis donc pour rien, croyez-le, dans la mauvaise nouvelle qu'on m'a chargé de vous annoncer.

MADAME VIGNERON. Je commence à m'y faire, monsieur Bourdon, aux mauvaises nouvelles.

BOURDON. Il le faut, madame, il le faut. Au point où vous en êtes, le courage et la résignation sont de première nécessité.

MADAME VIGNERON. Il me semble, monsieur Bourdon, que mes affaires vont vous donner bien du mal pour le peu de profit que vous en tirerez. On m'a parlé justement d'une personne, très honorable et très intelligente, qui consentirait à s'en charger.

BOURDON. Très bien, madame, très bien. Il eût été plus convenable peut-être de m'éviter cette visite en m'informant plus tôt de votre résolution. Peu importe. Dois-je envoyer ici tous vos papiers ou bien les fera-t-on prendre à mon étude?

MADAME VIGNERON, *troublée.* Mais je ne suis pas engagée encore avec cette personne: attendons; rien ne presse.

BOURDON. Si, madame, si, tout presse au contraire, et puisque vous avez trouvé, me dites-vous, un homme capable, expérimenté, consciencieux, quelque agent d'affaires probablement, il n'a pas de temps à perdre pour étudier une succession dont il ne sait pas le premier mot.

MADAME VIGNERON. Qui vous dit que ce soit un agent d'affaires?

BOURDON. Je le devine. Y a-t-il de l'indiscrétion à vous demander le nom de cette personne? (MME VIGNERON, *après avoir hésité, tire la carte de sa poche et la lui remet; il sourit.*) Un dernier avis, voulez-vous, madame, vous en ferez ce que vous voudrez. Duhamel, dont voici la carte,

est un ancien avoué qui a dû se démettre de sa charge après malversations. Vous ignorez peut-être que dans la compagnie des avoués comme dans celle des notaires, les brebis galeuses sont expulsées impitoyablement. Duhamel, après cette mésaventure, a établi aux abords du Palais de Justice un cabinet d'affaires. Ce qui se passe là, je ne suis pas chargé de vous le dire, mais vous viendrez dans quelque temps m'en donner des nouvelles.

MADAME VIGNERON. Déchirez cette carte, monsieur Bourdon, et dites-moi l'objet de votre visite.

BOURDON. Vous mériteriez bien, madame, qu'on vous laissât entre les mains de ce Duhamel. Il n'aurait qu'à s'entendre avec un autre coquin de son espèce, Lefort, par exemple, et la succession de monsieur Vigneron y passerait tout entière. Vous m'en voulez de ce que je ne partage pas vos illusions. Ai-je bien tort? Jugez-en vous-même. Devant l'obstination que vous mettez et que je déplore à conserver vos terrains, je devais me rendre un compte exact de leur situation. Je me suis aperçu alors, en remuant la masse des hypothèques, que l'une d'elles arrivait à son échéance. J'ai écrit aussitôt pour en demander le renouvellement, on refuse. C'est soixante et quelques mille francs qu'il va falloir rembourser à bref délai.

MADAME VIGNERON. Qu'allons-nous faire?

BOURDON. Je vous le demande. Ce n'est pas tout. Le temps passe, vous serez en mesure pour les frais de succession?

MADAME VIGNERON. Mais, monsieur Bourdon, nos immeubles, à votre avis, ne valent rien; où il n'y a rien, l'enregistrement ne peut pas réclamer quelque chose.

BOURDON. C'est une erreur. L'enregistrement ne s'égare pas dans une succession; il touche son droit sur ce qu'il voit, sans s'occuper de ce qui peut être dû.

MADAME VIGNERON. En êtes-vous sûr?

BOURDON. Quelle question me faites-vous, madame? Mon dernier clerc, un bambin de douze ans, sait ces choses-là aussi bien que moi. Voyez comme nous sommes malheureux avec des clients tels que vous, très respectables sans aucun doute, mais aussi trop ignorants. Si ce point par mégarde n'avait pas été traité entre nous, et que plus tard, dans les comptes qui vous seront remis après la vente de vos immeubles qui est inévitable, vous eussiez trouvé: droits de l'enregistrement, tant; qui sait? vous vous seriez dit peut-être: M. Bourdon a mis cette somme-là dans sa poche.

MADAME VIGNERON. Jamais une pareille pensée ne me serait venue.

BOURDON. Eh! madame, vous me soupçonnez bien un peu de ne pas remplir mes devoirs envers vous dans toute leur étendue, l'accusation est aussi grave. Laissons cela. Pendant que vous vous agitez sans rien conclure, attendant je ne sais quel événement qui ne se présentera pas, Teissier, lui, avec ses habitudes d'homme d'affaires, a marché de l'avant. Il a remis la fabrique entre les mains des experts, ces messieurs ont terminé leur rapport, bref, Teissier vient de m'envoyer l'ordre de mettre en vente votre établissement.

MADAME VIGNERON. Je ne vous crois pas.

BOURDON. Comment, madame, vous ne me croyez pas? (Il tire une lettre de sa poche et la lui donne.) La lettre de Teissier est fort claire; il met les points sur les i, suivant son habitude.

MADAME VIGNERON. Laissez-moi cette lettre, monsieur Bourdon?

BOURDON. Je ne vois pas ce que vous en ferez et elle doit rester dans mon dossier.

MADAME VIGNERON. Je vous la ferai remettre aujourd'hui même, si monsieur Teissier persiste dans sa résolution.

BOURDON. Comme vous voudrez.

MADAME VIGNERON. Vous ignorez, monsieur Bourdon, que nos rapports avec monsieur Teissier sont devenus très amicaux.

BOURDON. Pourquoi ne le seraient-ils pas?

MADAME VIGNERON. Mes filles lui ont plu.

BOURDON. C'est bon, cela, madame, c'est très bon.

MADAME VIGNERON. Il a déjeuné ici ce matin même.

BOURDON. Je serais plus surpris si vous eussiez déjeuné chez lui.

MADAME VIGNERON. Enfin, nous avons dû faire part à monsieur Teissier de nos embarras, et il a consenti à nous avancer une somme assez importante, qui n'était pas la première.

BOURDON. Pourquoi demandez-vous de l'argent à Teissier? Est-ce que je ne suis pas là? Je vous l'ai dit, madame; vous ne trouveriez pas chez moi quatre ou cinq cent mille francs pour des constructions imaginaires. Teissier ne vous les offre pas non plus, j'en suis bien sûr. Mais c'est moi, c'est votre notaire qui doit parer à vos besoins de tous les jours, et vous m'auriez fait plaisir de ne pas attendre que je vous le dise.

MADAME VIGNERON. Pardonnez-moi, monsieur Bourdon, j'ai douté de vous un instant. Il ne faut pas m'en vouloir, ma tête se perd dans toutes ces complications et vous avez bien raison de le dire, je ne suis qu'une ignorante. Si je m'écoutais, je resterais dans ma chambre à pleurer mon mari; mais que dirait-on d'une mère qui ne défend pas le bien de ses enfants? (Elle sanglote et va tomber en pleurant sur le canapé.)

BOURDON, la rejoignant, à mi-voix. Je me fais fort d'obtenir de Teissier qu'il remette à un autre temps la vente de la fabrique, mais à une condition: vous vous déferez de vos terrains. (Elle le regarde fixement.) Cette condition, qui est toute à votre avantage, vous comprenez bien pourquoi je vous l'indique. Je n'entends pas me donner de la peine inutilement et servir vos intérêts sur un point pendant que vous les compromettez sur un autre. (Pause.)

MADAME VIGNERON, à ROSALIE qui est entrée. Qu'est-ce qu'il y a, Rosalie?

ROSALIE. C'est monsieur Merckens qui vient vous voir, madame.

MADAME VIGNERON, se levant. C'est bien. Fais entrer. (A BOURDON.) M. Merckens vous tiendra compagnie un instant, voulez-vous, pendant que j'irai consulter mes filles?

BOURDON. Allez, madame, allez consulter vos filles. (Elle sort par la porte de gauche.)

SCÈNE V

BOURDON, MERCKENS

MERCKENS, entrant. Tiens, monsieur Bourdon.

BOURDON. Bonjour, jeune homme. Qu'êtes-vous devenu depuis ce mauvais dîner que je vous ai fait faire?

MERCKENS. Le dîner n'était pas mauvais, nous le prenions, malheureusement après un fichu spectacle.

BOURDON. En effet. Ce pauvre monsieur Vigneron qu'on venait de rapporter sous nos yeux. . . .

MERCKENS. Quelle idée avez-vous eue de m'emmener au restaurant ce jour-là?

BOURDON. L'idée venait de vous. Vous m'avez dit, en descendant, sous la porte cochère: Rentrer chez soi, en cravate blanche et l'estomac vide, je n'aime pas beaucoup ça. Je vous ai répondu: Allons dîner, nous ferons quelque chose le soir. Eh bien! nous n'avons mangé que du bout des lèvres et nous ne demandions qu'à aller nous coucher. Voyez-vous, on est toujours plus sensible qu'on ne croit à la mort des autres, et surtout à une mort violente; on pense malgré soi qu'un accident pareil peut vous arriver le lendemain et l'on n'a pas envie de rire.

MERCKENS. Vous attendez madame Vigneron?

BOURDON. Oui, je ne devrais pas l'attendre. Mais madame Vigneron n'est pas une cliente ordinaire pour moi, je la gâte. Vous ne donnez plus de leçons ici, je suppose?

MERCKENS. Mademoiselle Judith les a interrompues depuis la mort de son père.

BOURDON. Si vous m'en croyez, vous ne compterez plus sur cette élève et vous vous pourvoirez ailleurs.

MERCKENS. Pourquoi?

BOURDON. Je me comprends. . . . Les circonstances nouvelles où se trouve cette famille vont lui commander de grandes économies dans son budget.

MERCKENS. Non.

BOURDON. Si.

MERCKENS. Sérieusement?

BOURDON. Très sérieusement. (*Un temps.*)

MERCKENS. M. Vigneron était riche cependant.

BOURDON. M. Vigneron n'était pas riche; il gagnait de l'argent, voilà tout.

MERCKENS. Il ne le dépensait pas.

BOURDON. Il l'aventurait, c'est quelquefois pis.

MERCKENS. Je croyais que ce gros papa aurait laissé une fortune à sa femme et à ses enfants.

BOURDON. Une fortune! Vous me rendriez service en m'indiquant où elle se trouve. La famille Vigneron, d'un moment à l'autre, va se trouver dans une situation très précaire et je puis le dire, sans faire sonner [1] mon dévouement pour elle, si elle sauve une bouchée de pain, c'est à moi qu'elle le devra.

MERCKENS. Pas possible!

BOURDON. C'est ainsi, jeune homme. Gardez cette confidence pour vous et profitez du renseignement, s'il peut vous être utile. (*Un temps.*)

MERCKENS, *entre deux tons.* Qu'est-ce qu'on dit de ça ici?

BOURDON. Que voulez-vous qu'on dise?

MERCKENS. Toutes ces femmes ne doivent pas être gaies?

BOURDON. Ce qui leur arrive n'est pas fait pour les réjouir.

MERCKENS. On pleure?

BOURDON. On pleure.

MERCKENS, *allant à lui en souriant.* Rendez-moi un petit service, voulez-vous? Ayez l'obligeance de dire à madame Vigneron que je n'avais qu'une minute, que j'ai craint de la déranger et que je reviendrai la voir prochainement.

BOURDON. Reviendrez-vous au moins?

MERCKENS. Ce n'est pas probable.

BOURDON. Restez donc, jeune homme, maintenant que vous êtes là. Vous en serez quitte pour écouter cette pauvre femme et elle vous saura gré d'un petit moment de complaisance; elle se doute bien que ses malheurs n'intéressent personne.

MERCKENS. Il est certain que mademoiselle Judith ne reprendra pas ses leçons?

BOURDON. C'est bien certain.

MERCKENS. Vous ne voyez rien dans l'avenir qui puisse refaire une position à madame Vigneron ou à ses filles?

BOURDON. Je ne vois rien.

MERCKENS. Je file [2] décidément. J'aime mieux ça. Ce n'est pas quelques bredouilles que je dirai à madame Vigneron qui la consoleront. Je me connais. Je suis capable de lâcher une bêtise, tandis que vous, avec votre grande habitude, vous trouverez ce qu'il faut pour m'excuser. Hein?

BOURDON. Comme vous voudrez.

MERCKENS. Merci. Adieu, monsieur Bourdon.

BOURDON. Adieu.

MERCKENS, *revenant.* Jusqu'à quelle heure vous trouve-t-on à votre étude?

BOURDON. Jusqu'à sept heures.

MERCKENS. Je viendrai vous prendre un de ces jours et nous irons au théâtre ensemble. Ça vous va-t-il?

BOURDON. Très volontiers.

MERCKENS. Que préférez-vous: la grande ou la petite musique?

BOURDON. La petite.

MERCKENS. La petite! Ce sont des mollets que vous voulez voir. C'est bien, on vous montrera des mollets. Dites

[1] *faire sonner*, brag about.
[2] *je file*, I clear out.

donc, il faut espérer que cette fois nous n'aurons pas un apoplectique pour nous gâter notre soirée. Au revoir!

BOURDON. Au revoir, jeune homme. (MERCKENS *sort par la porte du fond pendant que* MME VIGNERON *rentre par la gauche.*)

SCÈNE VI

BOURDON, MADAME VIGNERON

MADAME VIGNERON. C'est monsieur Merckens qui s'en va sans m'avoir attendue, pourquoi?

BOURDON. Ce jeune homme était fort embarrassé, madame: il a compris, en me voyant ici, que vous aviez autre chose à faire que de le recevoir et il a préféré remettre sa visite pour une meilleure occasion.

MADAME VIGNERON. Il a eu tort. Je venais de prévenir mes filles qui l'auraient reçu à ma place.

BOURDON. Eh bien, madame, cette conférence avec vos filles a-t-elle amené un résultat?

MADAME VIGNERON. Aucun, monsieur Bourdon.

BOURDON. Qu'attendez-vous encore?

MADAME VIGNERON. Nous ne ferons rien avant d'avoir revu monsieur Teissier.

BOURDON. Et qu'espérez-vous qu'il vous dise?

MADAME VIGNERON. Ses intentions ne sont pas douteuses, c'est vrai. Aujourd'hui comme hier il veut vendre notre établissement. Cependant ce parti est si désastreux pour nous qu'il n'ose pas nous en faire part lui-même. Nous allons mettre monsieur Teissier au pied du mur, et nous ne lui cacherons pas qu'il commet une mauvaise action.

BOURDON. Une mauvaise action, c'est beaucoup dire. Je doute fort, madame, qu'en tenant ce langage à votre adversaire, vous arriviez à l'émouvoir.

MADAME VIGNERON. Ce n'est pas moi qui parlerai à monsieur Teissier. La patience m'a manqué une première fois, elle pourrait bien m'échapper une seconde. Au surplus, à la tournure que prennent nos affaires, je les laisserais maintenant se terminer comme elles pourraient, sans une de mes filles qui montre plus de persévé·rance que nous n'en avons, ses sœurs et moi. Justement monsieur Teissier paraît bien disposé pour elle, elle réussira peut-être à le faire revenir sur sa détermination.

BOURDON. Pardon. Teissier, dites-vous, s'est pris d'amitié pour une de vos filles?

MADAME VIGNERON. On le croirait au moins.

BOURDON. Laquelle?

MADAME VIGNERON. La seconde, Marie.

BOURDON. Et de son côté mademoiselle Marie est-elle sensible aux sympathies que monsieur Teissier lui témoigne?

MADAME VIGNERON. A quoi pensez-vous donc, monsieur Bourdon? Vous ne comptez pas les marier ensemble?

BOURDON. Attendez, madame. Teissier serait disposé à épouser cette jeune fille qu'elle ne ferait pas une mauvaise affaire en acceptant; mais je pensais à autre chose. Teissier n'est plus jeune, vous le savez; le voilà d'un âge aujourd'hui où la plus petite maladie peut devenir mortelle; si cette affection toute subite qu'il éprouve pour votre enfant, devait l'amener plus tard à prendre quelques dispositions en sa faveur, vous gagneriez peut-être à ne pas irriter un vieillard pour rester dans les meilleurs termes avec lui.

MADAME VIGNERON. Nous n'attendons rien de monsieur Teissier. Qu'il vive le plus longtemps possible et qu'il fasse de sa fortune ce qu'il voudra. Mais cette fabrique qu'il a résolu de vendre nous appartient comme à lui, plus qu'à lui-même. Il abuse du droit que lui donne la loi, en disposant à sa convenance de l'œuvre de mon mari et de la propriété de mes enfants.

BOURDON. Je n'insiste pas.

ROSALIE, *entrant.* M. Teissier est là, madame.

MADAME VIGNERON. Attends un peu, Rosalie. (*A* BOURDON.) Est-il nécessaire que vous vous rencontriez ensemble?

BOURDON. Oui, je l'aimerais mieux. Comprenez-moi bien, madame. Je suis aux ordres de Teissier comme aux vôtres, je ne fais pas de différence entre vous. Je désire seulement qu'on s'arrête à quelque chose, pour être fixé sur ce que j'aurai à faire.

MADAME VIGNERON. C'est bien. Je vais vous envoyer ma fille. (*Elle entre à gauche en indiquant à* ROSALIE *de faire entrer* TEISSIER.)

SCÈNE VII

BOURDON, TEISSIER

BOURDON. Vous voilà, vous?

TEISSIER. Oui, me voilà.

BOURDON. Qu'est-ce que je viens d'apprendre? On ne voit plus que vous ici.

TEISSIER. J'ai fait quelques visites dans la maison. Après?

BOURDON. Vous êtes en hostilité d'affaires avec cette famille et vous vous asseyez à sa table?

TEISSIER. Que trouvez-vous à redire, si mes mouvements ne contrecarrent pas les vôtres?

BOURDON. Ma situation n'est pas commode, vous la rendez plus difficile.

TEISSIER. Marchez toujours comme nous en sommes convenus, Bourdon, vous m'entendez; ne vous occupez pas de ce que je fais.

BOURDON. Mademoiselle Marie obtiendra de vous tout ce qu'elle voudra.

TEISSIER. Mademoiselle Marie n'obtiendra rien.

BOURDON. Il paraît que vous avez un faible pour cette jeune fille?

TEISSIER. Qui vous a dit cela?

BOURDON. Sa mère.

TEISSIER. De quoi se mêle-t-elle?

BOURDON. Préparez-vous à un siège en règle de la part de votre ingénue; on compte sur elle, je vous en préviens, pour avoir raison de vous.

TEISSIER. Prenez votre chapeau, Bourdon, et retournez à votre étude.

BOURDON. Soit! Comme vous voudrez! (*Revenant à* TEISSIER.) Je n'attends plus, hein, et je mets les fers au feu?

TEISSIER. Parfait! (*Rappelant* BOURDON.) Écoutez, Bourdon. Vous ai-je conté en son temps mon entretien avec Lefort? Nous avions là, tout près de nous, un fort mauvais coucheur [1] qu'il était prudent de ménager, n'est-ce pas vrai? Il restera chargé des constructions.

BOURDON. Comment! Vous avez traité avec Lefort, après cette scène déplorable où il nous a insultés l'un et l'autre?

TEISSIER. Vous pensez encore à cela, vous! Si on ne voyait plus les gens, mon ami, pour quelques injures qu'on a échangées avec eux, il n'y aurait pas de relations possibles.

BOURDON. Après tout, c'est votre affaire. Je ne sais pas de quoi je me mêle. Je vous ai promis les terrains, vous les aurez. Le reste ne me regarde pas. (MARIE *entre; il va à elle, à mi-voix.*) Je vous laisse avec Teissier, mademoiselle; tâchez de le convaincre, une femme réussit parfois où nous avons échoué. Si vous en

obtenez quelque chose vous serez plus heureuse et plus habile que moi. (*Il sort.*)

SCÈNE VIII

TEISSIER, MARIE

TEISSIER. Voici la somme que vous m'avez demandée. Elle est destinée, m'avez-vous dit, à des fournisseurs. Recevez-les vous-même. Examinez les mémoires qu'on vous remettra, ne craignez pas de les réduire autant que possible et prenez bien garde surtout à ne pas payer deux fois la même note. (*Retenant* MARIE.) Où est mon reçu?

MARIE. Je vais vous le donner tout à l'heure.

TEISSIER. J'aurais dû le tenir d'une main pendant que je vous remettais l'argent de l'autre. Je suis à découvert en ce moment. (*Elle va au meuble-secrétaire et dépose les billets dans un tiroir; elle revient. Moment de silence.*) Vous avez une chose à me dire et moi j'en ai une autre. Venez vous asseoir près de moi, voulez-vous, et causons comme une paire d'amis. (*Ils s'asseyent.*) Qu'est-ce que vous comptez faire?

MARIE. Je ne comprends pas votre question.

TEISSIER. Elle est bien simple cependant, ma question. Je vous ai dit autrefois qu'il vous reviendrait une cinquantaine de mille francs, il ne vous reviendra pas davantage. Vous ne pensez pas garder cet appartement et tenir table ouverte jusqu'à la fin de votre dernier écu. Qu'est-ce que vous comptez faire?

MARIE. Un parent de ma mère qui habite la province nous a offert de nous retirer près de lui.

TEISSIER. Votre parent est comme tous les parents; il vous a fait cette proposition en pensant que vous y mettriez du vôtre; il ne la maintiendra pas quand ce sera à lui d'y mettre du sien.

MARIE. Nous resterons à Paris alors.

TEISSIER. Qu'allez-vous devenir à Paris?

MARIE. Ma sœur aînée est toute prête, dès qu'il le faudra, à donner des leçons de musique.

TEISSIER. Bien. Votre sœur aînée, si elle prend ce parti, se lassera promptement de soutenir sa famille; elle voudra que ses profits soient pour elle, et elle aura raison.

---

[1] *mauvais coucheur*, evil customer.

MARIE. Mais je compte bien m'occuper aussi.

TEISSIER. A quoi?

MARIE. Ah! à quoi? Je ne le sais pas encore. Le travail pour une femme est si difficile à trouver et rapporte si peu de chose.

TEISSIER. Voilà ce que je voulais vous faire dire. (*Pause; il reprend avec hésitation et embarras.*) Je connais une maison où, si vous le vouliez, vous viendriez vous établir. Vous auriez là le logement, la table, tous les mois une petite somme que vous pourriez économiser pour plus tard, vous n'auriez plus à songer à vous.

MARIE. Quelle maison? . . . La vôtre?

TEISSIER, *avec un demi-sourire équivoque.* La mienne.

MARIE, *après une marque d'émotion, ne sachant ce qu'elle doit comprendre ni ce qu'elle doit répondre.* Ce que vous me proposez n'est pas possible; ma mère d'abord ne me laisserait pas m'éloigner d'elle.

TEISSIER. Oui, je me doute bien que votre mère ferait des difficultés; mais vous êtes d'âge aujourd'hui à n'écouter personne et à calculer vos intérêts.

MARIE. Je vous ai dit non, monsieur Teissier, non.

TEISSIER. Est-ce que vous ne seriez pas bien aise de laisser votre famille dans l'embarras et d'en sortir vous-même? J'aurais ce sentiment-là à votre place.

MARIE. Ce n'est pas le mien.

TEISSIER. Quel avantage verrez-vous à patauger[1] toutes ensemble, plutôt que de chercher un sort l'une à droite et l'autre à gauche?

MARIE. L'avantage justement de ne pas nous séparer. (*Le quittant.*) On se félicite parfois d'avoir des consolations près de soi. On se trouble moins de certaines surprises qui vous déconcerteraient autrement. (*Pause.*)

TEISSIER. Voilà quelque temps déjà que je viens ici. Je ne m'éloigne pas de mes affaires sans une raison. Vous n'êtes pas sotte et vous avez de bons yeux. Vous avez dû penser quelque chose.

MARIE. Mon attention était ailleurs.

TEISSIER. Où était-elle?

MARIE. Je ne vois que ma famille. Je ne vois que le sort qui l'attend après celui qu'elle a perdu.

TEISSIER, *avec un sourire.* Vous vouliez donc me tromper alors et m'extorquer quelque concession pour elle?

MARIE. Oh! monsieur Teissier, j'ai bien assez de mes peines sans que vous veniez les augmenter encore. Vous voulez savoir ce que j'ai pensé, je vais vous le dire. J'ai pensé que vous n'étiez plus jeune, que vous viviez bien triste et bien isolé, que vous n'aviez pas d'enfants et que vous vous plaisiez avec ceux des autres; voilà toutes les réflexions que j'ai faites. Vous avez raison pourtant, je le reconnais. Nous ne vous voyions pas avant la mort de mon père, nous aurions dû ne pas vous voir après. Il fallait accepter les choses comme il les avait laissées, en prendre bravement notre parti, et nous dire qu'après tout des femmes ne sont jamais malheureuses lorsqu'elles s'aiment, qu'elles ont du courage et qu'elles se tiennent par la main. (*Pause.*)

TEISSIER. Qu'est-ce que vous êtes de personnes[2] ici? Vous, votre mère et vos deux sœurs?

MARIE. Et Rosalie.

TEISSIER. Qu'est-ce que c'est que Rosalie?

MARIE. Une sainte créature qui nous a toutes élevées.

TEISSIER. Comment faites-vous pour conserver vos domestiques, je n'ai jamais pu m'en attacher un seul. Vous êtes quatre personnes, Rosalie ne compte pas. C'est trop, malheureusement, vous devez le comprendre. Je ne peux pas, pour une petite amie que je voudrais avoir, me charger aussi de sa famille qui m'ennuierait.

MARIE. Personne ne vous le demande et personne n'y songe.

TEISSIER. Je ne voulais pas vous le dire, mais vous l'avez deviné. On ne se plaint pas d'être seul aussi longtemps qu'on reste jeune; c'est un ennui à mon âge et une imprudence.

MARIE. Si vous êtes seul, c'est que vous le voulez bien.

TEISSIER. Je devrais me marier?

MARIE. Il ne serait pas nécessaire de vous marier pour avoir du monde autour de vous. Vous avez bien des parents.

TEISSIER. J'ai cessé de voir mes parents pour me mettre à l'abri de leurs demandes d'argent; ils meurent de faim. Je tiendrais beaucoup à m'attacher une petite personne, simple, douce et sûre, qui se tiendrait décemment dans ma maison et qui ne la mettrait pas au pillage. Je verrais peut-être plus tard si je ne dois

---

[1] *patauger*, flounder about.

[2] *Qu'est-ce que vous êtes de personnes?* How many of you are there?

pas l'épouser. Mais vous êtes toutes des
agneaux avant le mariage et l'on ne sait
pas ce que vous devenez après. Je régle-
rais ma conduite sur la sienne: elle ne
serait pas bien malheureuse de mon vivant
et elle n'aurait pas à se plaindre quand je
serais mort; mariée ou pas mariée, ce
serait la même chose pour elle.

MARIE. Levez-vous, monsieur Teissier,
et allez-vous-en. Je ne veux pas me sentir
près de vous une minute de plus. Je crois
que vous êtes malheureux et je vous plains.
Je crois que votre proposition était honnête et acceptable et je vous en remercie.
Elle pourrait cependant cacher une arrière-pensée, une arrière-pensée si odieuse
que le cœur me manque seulement de la
soupçonner. Allez-vous-en.

TEISSIER, *debout, embarrassé, balbutiant.*
Voyons un peu ce que vous aviez à me dire.

MARIE. Rien, rien, rien! Je serais
honteuse maintenant de vous parler de ma
famille; je le serais pour elle autant que
pour moi. Vous réfléchirez. Vous vous
demanderez ce qu'était mon père et si vous
ne devez rien à sa probité, à son travail, à
sa mémoire. (*Elle va vivement au meuble-
secrétaire, en retire les billets et les lui remet.*)
Reprenez votre argent. Reprenez-le sans
embarras. M. Bourdon vient de se mettre
à notre disposition et nous trouverons chez
lui ce que nous n'aurions pas dû vous
demander, à vous. Allez-vous-en. Allez-
vous-en ou je vais appeler Rosalie qui vous
mettra dehors. (*Pause; ROSALIE entre.*)
La voici justement. Que veux-tu, Rosalie?

ROSALIE. Madame de Saint-Genis est
là.

MARIE. C'est bien, qu'elle entre.

ROSALIE. Qu'est-ce que tu as, ma
petite fille, tu es toute rouge? (*Regardant
MARIE et TEISSIER alternativement.*) On
ne t'a pas dit un mot de trop, j'espère?

MARIE. Fais entrer madame de Saint-
Genis.

TEISSIER. Je vous quitte, mademoiselle. Je vais voir en passant chez Bourdon s'il ne reste pas un moyen d'arranger
les choses; mais n'y comptez pas. Je suis
votre serviteur.

ROSALIE. Ce n'est pas sage de laisser
une enfant si jeune avec un homme de cet
âge-là. (MME DE SAINT-GENIS, *en entrant, croise* TEISSIER *qui sort.*)

SCÈNE IX

MARIE, MADAME DE SAINT-GENIS

MADAME DE SAINT-GENIS. Bonjour,
mademoiselle. Je ne viens plus ici sans

rencontrer monsieur Teissier, est-ce bon
signe? Arriverez-vous à vous entendre
avec lui?

MARIE. Non, madame.

MADAME DE SAINT-GENIS. Bah! j'aurais cru le contraire.

MARIE. Pourquoi?

MADAME DE SAINT-GENIS. Un vieillard
doit se plaire dans une maison comme la
vôtre.

MARIE. M. Teissier y est venu aujourd'hui pour la dernière fois.

MADAME DE SAINT-GENIS. Je vous
plains alors et c'est bien désintéressé de ma
part. Votre sœur est à la maison?

MARIE. Oui, madame.

MADAME DE SAINT-GENIS. Ayez l'obligeance de me l'envoyer. Ne dérangez pas
madame Vigneron, c'est inutile, je la
verrai une autre fois. Je voudrais causer
avec mademoiselle Blanche.

MARIE. Elle va venir.

SCÈNE X

MADAME DE SAINT-GENIS

J'aime mieux décidément avoir une
explication avec cette jeune fille et lui
déclarer net que son mariage n'est pas
remis, mais qu'il est rompu. Il est pré-
férable pour elle qu'elle sache à quoi s'en
tenir et de mon côté je serai plus tranquille
aussi. J'ai vu le moment où pour la
première fois de sa vie Georges me résiste-
rait. Il tenait à sa petite, il voulait
l'épouser. Heureusement un autre mariage s'est présenté pour lui et je lui ai
donné le choix: ou de m'obéir ou de ne plus
me voir; il a cédé. Mais fiez-vous donc à
un jeune homme de vingt-trois ans, quel
bandit! et cette évaporée qui ne pouvait
pas attendre jusqu'au sacrement, tant pis
pour elle.

SCÈNE XI

MADAME DE SAINT-GENIS, BLANCHE

BLANCHE. Ah! que je suis contente de
vous voir, madame.

MADAME DE SAINT-GENIS. Bonjour,
mon enfant, bonjour.

BLANCHE. Embrassez-moi.

MADAME DE SAINT-GENIS. Très volontiers.

BLANCHE. Je vous aime bien, madame,
vous le savez.

MADAME DE SAINT-GENIS. Allons, ma
chère Blanche, du calme. Je suis venue
aujourd'hui pour causer sérieusement avec
vous; écoutez-moi donc comme une grande

personne que vous êtes. A votre âge, il est temps déjà d'avoir un peu de raison. (*Elles s'asseyent.*) Mon fils vous aime, mon enfant; je vous le dis très franchement, il vous aime beaucoup. Ne m'interrompez pas. Je sais bien, mon Dieu, que de votre côté vous ressentez quelque chose pour lui; une émotion, vive et légère, comme les jeunes filles en éprouvent souvent à la vue d'un joli garçon.

BLANCHE. Ah! madame, comme vous rabaissez un sentiment beaucoup plus sérieux.

MADAME DE SAINT-GENIS. Soit, je me trompe. C'est très joli, l'amour, très vague et très poétique, mais une passion, si grande qu'elle soit, ne dure jamais bien longtemps et ne conduit pas à grand'chose. Je sais ce que je dis. On ne paye pas, avec cette monnaie-là, son propriétaire et son boulanger. Je suis sans fortune, vous le savez; mon fils n'a exactement que sa place; des circonstances que je déplore ont compromis la situation de votre famille et peut-être la réduiront à rien. Dans ces conditions, je vous le demande, mon enfant, serait-il bien habile de consommer un mariage qui ne présente plus aucune garantie?

BLANCHE, *vivement.* Ce mariage doit se faire, madame, et il se fera.

MADAME DE SAINT-GENIS, *avec douceur.* Il se fera, si je le veux bien.

BLANCHE. Vous consentirez, madame.

MADAME DE SAINT-GENIS. Je ne le crois pas.

BLANCHE. Si, madame, si, vous consentirez. Il y a des affections si sincères qu'une mère même n'a pas le droit de les désunir. Il y a des engagements si sérieux qu'un homme perd son honneur à ne pas les remplir.

MADAME DE SAINT-GENIS. De quels engagements me parlez-vous? (*Silence.*) Je reconnais, si c'est là ce que vous voulez dire, qu'un projet de mariage existait entre vous et mon fils; mais il était soumis à certaines conditions et ce n'est pas ma faute si vous ne pouvez plus les remplir. Je voudrais, mon enfant, que cette réflexion vous fût venue. Je voudrais que vous subissiez silencieusement une situation nouvelle, qui n'est le fait de personne, mais qui change forcément les espérances de chacun.

BLANCHE. Georges ne me parle pas ainsi, madame; ses espérances sont restées les mêmes. La perte de ma dot ne l'a

pas affecté une minute et je ne le trouve que plus impatient de m'épouser.

MADAME DE SAINT-GENIS. Laissons mon fils de côté, voulez-vous? Il est trop jeune encore, je l'apprends tous les jours, pour savoir ce qu'il fait et ce qu'il dit.

BLANCHE. Georges a vingt-trois ans.

MADAME DE SAINT-GENIS Vingt-trois ans, la belle affaire!

BLANCHE. A cet âge-là, madame, un homme a ses passions, une volonté et des droits.

MADAME DE SAINT-GENIS. Vous voulez parler de mon fils, soit, parlons-en. Êtes-vous bien sûre de ses dispositions, je les juge autrement que vous. Placé comme il l'est, le pauvre garçon, entre une affection qui lui est chère et son avenir qui le préoccupe, il est incertain, il hésite.

BLANCHE, *se levant précipitamment.* Vous me trompez, madame.

MADAME DE SAINT-GENIS. Non, mon enfant, non, je ne vous trompe pas. Je prête à mon fils des réflexions sérieuses et je serais fâchée pour lui qu'il ne les eût point faites. J'irai plus loin. Savons-nous jamais ce qui se passe dans la tête des hommes? Georges n'est pas plus sincère qu'un autre. Peut-être n'attend-il qu'un ordre de ma part pour se dégager d'une situation qui l'embarrasse.

BLANCHE. Eh bien! donnez-lui cet ordre.

MADAME DE SAINT-GENIS. Il le suivrait.

BLANCHE. Non, madame.

MADAME DE SAINT-GENIS. Il le suivrait, je vous l'assure, serait-ce à contrecœur.

BLANCHE. Si vous en veniez là, madame, votre fils se déciderait à vous faire un aveu qu'il a différé par respect pour moi.

MADAME DE SAINT-GENIS. Quel aveu? (*Silence.*) Allons, je vois bien que vous n'imiterez pas longtemps ma réserve. Épargnez-vous une confidence plus que délicate. Je sais tout. (BLANCHE, *confuse et rougissante, court à* MME DE SAINT-GENIS *et se laisse tomber, la tête dans ses genoux; elle reprend en la caressant.*) Je ne veux pas rechercher, mon enfant, de Georges ou de vous, lequel a entraîné l'autre. C'est moi, c'est votre mère, qui avons été coupables, en laissant ensemble deux enfants qui avaient besoin de surveillance. Vous voyez que je n'attache pas plus d'importance qu'il ne faut à un moment d'oubli, que la nature d'abord, votre jeunesse ensuite et les circonstances justifient suffisamment. Vous devez désirer que cette faute reste secrète, mon fils est un galant homme qui ne vous trahira pas. Ce point bien établi, est-il indispensable que l'un et l'autre vous perdiez toute votre vie sur une inconséquence,[1] et ne vaudrait-il pas mieux l'oublier?

BLANCHE, *se relevant*. Jamais. (*Pause*.)

MADAME DE SAINT-GENIS, *elle s'est levée à son tour et change de ton*. Vous ne serez pas surprise, mademoiselle, si mon fils cesse ses visites ici.

BLANCHE. Je l'attends là pour le connaître.

MADAME DE SAINT-GENIS. Espérez-vous qu'il désobéisse à sa mère?

BLANCHE. Oui, madame, pour faire son devoir.

MADAME DE SAINT-GENIS. Il fallait d'abord ne pas oublier le vôtre.

BLANCHE. Blessez-moi, madame, humiliez-moi, je sais que je le mérite.

MADAME DE SAINT-GENIS. Je serais plus disposée, mademoiselle, à vous plaindre qu'à vous offenser. Il me semble pourtant qu'une petite fille, après le malheur qui vous est arrivé, devrait baisser la tête et se soumettre.

BLANCHE. Vous verrez, madame, de quoi cette petite fille est capable pour obtenir la réparation qui lui est due.

MADAME DE SAINT-GENIS. Que ferez-vous donc?

BLANCHE. Je saurai d'abord si votre fils a deux langages, l'un avec vous, l'autre avec moi. Je ne l'accuse pas encore. Il connaît votre volonté et vous cache la sienne. Mais, si j'ai affaire à un lâche qui se sauve derrière sa mère, qu'il ne compte pas m'abandonner si tranquillement. Partout, partout où il sera, je l'atteindrai. Je briserai sa position et je perdrai son avenir.

MADAME DE SAINT-GENIS. Vous vous compromettrez, pas autre chose. C'est peut-être là ce que vous désirez. Votre mère fort heureusement vous en empêchera. Elle pensera que c'est assez d'une tache dans sa famille sans y ajouter un scandale. Adieu, mademoiselle.

BLANCHE, *la retenant*. Ne partez pas, madame.

MADAME DE SAINT-GENIS, *avec douceur*. Nous n'avons plus rien à nous dire.

BLANCHE. Restez. Je pleure! Je souf-

fre! Touchez ma main, la fièvre ne me quitte plus.

MADAME DE SAINT-GENIS. Oui, je me rends compte de l'agitation où vous êtes, elle passera. Tandis qu'une fois mariée avec mon fils, vos regrets et les siens seraient éternels.

BLANCHE. Nous nous aimons.

MADAME DE SAINT-GENIS. Aujourd'hui, mais demain.

BLANCHE. Consentez, madame, je vous en conjure.

MADAME DE SAINT-GENIS. Faut-il vous répéter le mot que vous me disiez tout à l'heure? Jamais. (BLANCHE *la quitte, va et vient, traverse la scène en donnant les signes d'une vive agitation et de la plus grande douleur; elle tombe sur un fauteuil. Revenant lentement à elle*.) Je regrette bien, mon enfant, de vous paraître aussi cruelle et de vous laisser dans un pareil état. J'ai raison cependant, tout à fait raison contre vous. Une femme de mon âge et de mon expérience, qui a vu tout ce qu'on peut voir en ce monde, sait la valeur des choses et n'exagère pas les unes aux dépens des autres.

BLANCHE, *se jetant à ses genoux*. Écoutez-moi, madame. Que vais-je devenir, si votre fils ne m'épouse pas? C'est son devoir. Je n'en connais pas de plus noble et de plus doux à remplir envers une femme dont on est aimé. Croyez-vous que s'il s'agissait d'un engagement ordinaire, je m'humilierais au point de le rappeler. Mon cœur même, oui, je briserais mon cœur, plutôt que de l'offrir à qui le dédaignerait et n'en serait plus digne. Mais il faut que votre fils m'épouse; c'est son devoir, je le répéterai toujours. Toutes les considérations s'effacent devant celle-là. Vous me parlez de l'avenir, il sera ce qu'il voudra, l'avenir, je ne pense qu'au passé, moi, qui me fera mourir de honte et de chagrin.

MADAME DE SAINT-GENIS. Enfant que vous êtes, est-ce qu'on parle de mourir à votre âge! Allons, relevez-vous et écoutez-moi à votre tour. Je vois bien que vous aimez mon fils plus que je ne le pensais pour tenir autant à un pauvre garçon dont la position est presque misérable. Mais, si je consentais à vous marier avec lui, dans un an, dans six mois peut-être, vous me reprocheriez bien amèrement la faiblesse que j'aurais eue. L'amour passe, le ménage reste. Savez-vous ce que serait

---

[1] *inconséquence*, indiscretion.

le vôtre? Mesquin, besogneux, vulgaire, avec des enfants qu'il faudrait nourrir vous-même et un mari mécontent qui vous reprocherait à toute minute le sacrifice que vous auriez exigé de lui. Faites ce que je vous demande. Sacrifiez-vous plutôt vous-même. Comme les choses changent aussitôt, Georges ne vous abandonne plus, c'est vous qui le dégagez généreusement. Il devient votre obligé et vous donne dans son cœur une place mystérieuse que vous conserverez éternellement. Les hommes restent toujours sensibles au souvenir d'une femme qui les a aimés, ne fût-ce qu'une heure, avec désintéressement, c'est si rare! Que deviendrez-vous? Je vais vous le dire. L'image de mon fils qui remplit en ce moment toutes vos pensées s'effacera peu à peu, plus vite que vous ne le croyez. Vous êtes jeune, charmante, pleine de séductions. Dix, vingt partis se présenteront pour vous. Vous choisirez non pas le plus brillant mais le plus solide, et ce jour-là vous penserez à moi en vous disant: madame de Saint-Genis avait raison.

BLANCHE. Qui êtes-vous donc, madame, pour me donner de pareils conseils? Que dirait votre fils s'il les connaissait? J'aimerais mieux être sa maîtresse que la femme d'un autre.

MADAME DE SAINT-GENIS. Sa maîtresse! Voilà un joli mot dans votre bouche. Mon fils saura, mademoiselle, les expressions qui vous échappent et qui sont un signe de plus de votre précocité.

BLANCHE. Non, non, madame, vous ne répéterez pas ce mot affreux que je rougis d'avoir prononcé.

MADAME DE SAINT-GENIS. Sa maîtresse! Je vais tout vous dire puisque vous pouvez tout entendre. Jamais je n'aurais rompu votre mariage pour une question d'intérêt. Mais je veux que la femme de mon fils ne lui donne ni soupçons sur le passé ni inquiétudes pour l'avenir. (Elle se dirige vers la porte.)

BLANCHE, l'arrêtant. Oh! oh! oh! Vous m'insultez, madame, sans raison et sans pitié!

MADAME DE SAINT-GENIS. Laissez-moi partir, mademoiselle. Sa maîtresse! Qu'est-ce que c'est que ce langage de fille perdue! (Elle repousse BLANCHE légèrement et sort.)

SCÈNE XII

BLANCHE, puis ROSALIE, puis MARIE, puis MADAME VIGNERON, puis JUDITH

BLANCHE. Fille perdue! Elle a osé m'appeler. . . . Infamie! (Elle fond en

larmes.) Oh! tout est bien fini maintenant. . . . Georges est faible, sa mère le domine, il lui obéira. . . . Fille perdue! (Elle pleure abondamment.) Un homme si charmant, qui ressemble si peu à cette femme et qui se laisse mener par elle! . . . Je ne me tiens plus. Mes mains étaient brûlantes tout à l'heure, elles sont glacées maintenant. (Elle sonne et revient en scène; d'une voix entrecoupée.) Il est jeune . . . , il a vingt-trois ans à peine . . . , il est doux, fin et séduisant, une autre l'aimera et l'épousera à ma place.

ROSALIE, entrant. C'est toi, mon enfant, qui me demandes?

BLANCHE, allant à elle, douloureusement. J'ai froid, ma vieille, mets-moi quelque chose sur les épaules.

ROSALIE, après l'avoir regardée. Je vais te mettre dans ton lit, ce qui vaudra beaucoup mieux.

BLANCHE. Non.

ROSALIE. Fais ce que je te dis, si tu ne veux pas tomber malade.

BLANCHE. Oh! certainement, je vais tomber malade.

ROSALIE. Allons, viens, Rosalie va te déshabiller, ce ne sera pas la première fois.

BLANCHE. Appelle maman.

ROSALIE. Tu n'as pas besoin de ta mère, je suis là.

BLANCHE. Je ne me marierai pas, Rosalie.

ROSALIE. Le beau malheur! On ne te gâte donc pas assez pour que tu nous préfères ce gringalet et cette diablesse. Voilà leurs noms à tous les deux. Ce mariage-là, vois-tu, ce n'était pas ton affaire. Si l'on nous avait écoutés, ton père et moi, on n'y aurait pas pensé plus d'une minute.

BLANCHE, sa tête s'égare. Mon père! Je le vois, mon père! Il me tend les bras et il me fait signe de venir avec lui.

ROSALIE. Viens te coucher, ma Blanchette.

BLANCHE. Ta Blanchette, c'est une fille perdue! Je suis une fille perdue, tu ne le savais pas.

ROSALIE. Ne parle plus, mon enfant, ça te fait mal. Viens . . . viens . . . avec ta vieille.

BLANCHE. Ah! que je souffre! (Criant.) Marie! Marie! Marie! (Elle s'affaisse dans les bras de ROSALIE et glisse peu à peu jusqu'à terre.)

MARIE, entrant et se précipitant. Blanche! Blanche!

ROSALIE. Tais-toi, ma petite, c'es'

inutile, elle ne t'entend pas. Prends-la bien doucettement, la pauvre mignonne, et allons la coucher.

BLANCHE, *murmurant*. Fille perdue!

MADAME VIGNERON, *paraissant*. Qu'est-ce qu'il y a? (*Elle se précipite à son tour.*)

ROSALIE. Laissez-nous faire, madame, vous nous embarrassez plutôt qu'autre chose. (JUDITH *paraît.*)

MADAME VIGNERON. Judith, viens ici. (*Elles descendent la scène.*) Tu avais raison, mon enfant. Toutes ces affaires ne nous valent rien. Voilà ta sœur qu'on porte dans son lit, demain ce sera vous et après-demain ce sera moi. Tu penses toujours que le meilleur est d'en finir?

JUDITH. Oui, toujours.

MADAME VIGNERON. Bien. Tu vas prendre Rosalie avec toi et vous irez chez monsieur Bourdon. Tu lui diras que j'accepte tout, que j'approuve tout, et que j'ai hâte maintenant de voir tout terminé. Tu ajouteras: la même hâte que lui. C'est bien ton avis?

JUDITH. C'est mon avis.

MADAME VIGNERON. Va, ma grande fille. (*Elles se séparent.*) Je veux bien garder ce que j'ai, mais je tiens d'abord à conserver mes enfants.

ACTE QUATRIÈME

Le théâtre représente une salle à manger. Pièce vulgaire, triste, meublée misérablement. Çà et là, quelques sièges, le canapé entre autres, qui ont figuré aux actes précédents et qui détonnent dans l'ensemble. Deux portes à un seul battant, l'une au fond, l'autre sur la gauche. Au fond, à droite, contre le mur, une table d'acajou recouverte d'un rond de cuir rouge; sur la table, un pain, des tasses et quelques ustensiles de ménage.

SCÈNE PREMIÈRE

ROSALIE, MERCKENS

ROSALIE. Entrez, monsieur Merckens. On ne se plaindra pas ici de voir une figure de connaissance.

MERCKENS, *après avoir regardé autour de lui*. Oh! oh! l'homme de loi ne m'avait pas trompé. Ça sent la misère.

ROSALIE. Vous regardez notre nouveau logement, il n'est pas riche? Ah! dame! Hier et aujourd'hui ne se ressemblent pas.

MERCKENS. Qu'est-ce qui est donc arrivé à cette famille?

ROSALIE. Ruinées, mon cher monsieur, ruinées, la pauvre dame et ses demoiselles! Je ne vous dirai pas comment ça s'est fait, mais on ne m'ôtera pas mon idée de la tête. Voyez-vous, quand les hommes d'affaires arrivent derrière un mort, on peut bien dire: v'là les corbeaux! Ils ne laissent que ce qu'ils ne peuvent pas emporter.

MERCKENS. La maison n'est plus bonne, hein, Rosalie?

ROSALIE. Pour personne, monsieur Merckens, pour personne.

MERCKENS. Pourquoi ne cherchez-vous pas une place ailleurs?

ROSALIE. Est-ce que ces demoiselles pourraient se passer de moi, pas plus que moi d'elles? Je suis une bouche de trop, ça, c'est vrai; mais je gagne bien ce que je mange, allez. Il ne faut pas penser, mon pauvre monsieur Merckens, à déjeuner avec nous. Autrefois, quand je vous voyais venir à cette heure-ci, je savais ce que parler veut dire,[1] vous trouviez votre couvert mis; maintenant ce n'est plus la même chose. Je vais prévenir madame de votre visite.

MERCKENS. Non, ne dérangez pas madame Vigneron; dites seulement à mademoiselle Judith que je suis là. (JUDITH *entre.*)

ROSALIE. Voici mademoiselle justement.

JUDITH. Bonjour, monsieur Merckens. (MERCKENS *salue.*)

ROSALIE. Si ça vous va cependant, une bonne tasse de café au lait, on sera bien de force[2] encore à vous l'offrir.

JUDITH. Laisse-nous, Rosalie.

SCÈNE II

MERCKENS, JUDITH

JUDITH. Je vais vous faire une petite querelle d'abord, et puis il n'en sera plus question. Je vous ai écrit deux fois pour vous prier de venir me voir, une seule aurait dû suffire.

MERCKENS, *entre deux tons*. Êtes-vous certaine de m'avoir écrit deux fois?

JUDITH. Vous le savez bien.

MERCKENS. Non, je vous assure; votre première lettre ne m'est pas parvenue.

JUDITH. Laissons cela. Je n'ai pas

---

[1] *Je savais . . . dire*, I knew at once what it meant.
[2] *de force*, able.

besoin de vous dire à quelle situation nous voilà réduites, vous l'aurez deviné en entrant ici.

MERCKENS, *moitié sérieux, moitié comique.* Expliquez-moi. . . .

JUDITH. C'est une histoire qui ne vous intéresserait guère et je ne trouve aucun plaisir à la raconter. En deux mots, nous avons manqué d'argent pour défendre notre fortune; il nous aurait fallu, dans la main, une centaine de mille francs.

MERCKENS. Pourquoi ne m'avez-vous pas parlé de cela? Je vous les aurais trouvés.

JUDITH. Il est trop tard maintenant. Asseyons-nous. Vous vous souvenez, monsieur Merckens, et vous avez été témoin de notre vie de famille. Nous étions très heureux, nous nous aimions beaucoup, nous n'avions pas de relations et nous n'en voulions pas. Nous ne pensions pas qu'un jour nous aurions besoin de tout le monde et que nous ne connaîtrions personne. (MERCKENS *a tiré sa montre.*) Vous êtes pressé?

MERCKENS. Très pressé. Ne faisons pas de phrases, n'est-ce pas? Vous avez désiré me voir, me voici. Vous voulez me demander quelque chose, qu'est-ce que c'est? Il vaut peut-être mieux que je vous le dise, je ne suis pas très obligeant.

JUDITH. Dois-je continuer?

MERCKENS. Mais oui, çertainement, continuez.

JUDITH. Voici ce dont il s'agit d'abord, je vais tout de suite au plus simple et au plus sûr. Je me propose de mettre à profit les excellentes leçons que j'ai reçues de vous et d'en donner à mon tour.

MERCKENS, *lui touchant le genou.* Comment, malheureuse enfant, vous en êtes là!

JUDITH. Voyons, voyons, monsieur Merckens, appelez-moi mademoiselle comme vous avez l'habitude de le faire et prenez sur vous de me répondre posément.

MERCKENS. Des leçons! Etes-vous capable d'abord de donner des leçons? Je n'en suis pas bien sûr. Admettons-le. Ferez-vous ce qu'il faudra pour en trouver. Les leçons, ça se demande comme une aumône; on n'en obtient pas avec de la dignité et des grands airs. Il est possible cependant qu'on ait pitié de vous et que dans quatre ou cinq années, pas avant, vous vous soyez fait une clientèle. Vous aurez des élèves qui seront désagréables le plus souvent, et les parents de vos élèves qui seront grossiers presque toujours. Qu'est-ce que c'est qu'un pauvre petit

professeur de musique pour des philistins qui ne connaissent pas seulement la clef de sol. Tenez, sans aller chercher bien loin, votre père. . . .

JUDITH. Ne parlons pas de mon père.

MERCKENS. On peut bien en rire un peu. . . . Il ne vous a rien laissé. (*Pause.*)

JUDITH. Écartons un instant cette question des leçons, nous y reviendrons tout à l'heure. Dans ce que je vais vous dire, monsieur Merckens, ne voyez de ma part ni vanité ni présomption, mais le désir seulement d'utiliser mon faible talent de musicienne. J'ai composé beaucoup, vous le savez. Est-ce que je ne pourrais pas, avec tant de morceaux que j'ai écrits et d'autres que je produirais encore, assurer à tous les miens une petite aisance?

MERCKENS, *après avoir ri.* Regardez-moi. (*Il rit de nouveau.*) Ne répétez jamais, jamais, vous entendez, ce que vous venez de me dire; on se moquerait de vous dans les cinq parties du monde. (*Il rit encore.*) Une petite aisance! Est-ce tout?

JUDITH. Non, ce n'est pas tout. Nous avions parlé autrement d'une profession qui ne me plaisait guère et qui aujourd'hui encore ne me sourit que très médiocrement. Mais dans la situation où se trouve ma famille, je ne dois reculer devant rien pour la sortir d'embarras. Le théâtre?

MERCKENS. Trop tard!

JUDITH. Pourquoi ne ferais-je pas comme tant d'autres qui n'étaient pas bien résolues d'abord et qui ont pris leur courage à deux mains?

MERCKENS. Trop tard!

JUDITH. J'ai peut-être des qualités naturelles aux-quelles il ne manque que le travail et l'habitude.

MERCKENS. Trop tard! On ne pense pas au théâtre sans s'y être préparé depuis longtemps. Vous ne serez jamais une artiste. Vous n'avez pas ce qu'il faut. A l'heure qu'il est, vous ne trouveriez au théâtre que des déceptions . . . ou des aventures, est-ce ça ce que vous désirez?

JUDITH. Mais que puis-je donc faire alors?

MERCKENS. Rien! Je vois bien où vous en êtes. Vous n'êtes pas la première que je trouve dans cette situation et à qui je fais cette réponse. Il n'y a pas de ressources pour une femme, ou plutôt il n'y en a qu'une. Tenez, mademoiselle, je vais vous dire toute la vérité dans une phrase. Si vous êtes honnête, on vous estimera sans vous servir; si vous ne l'êtes pas, on vous servira sans vous estimer;

vous ne pouvez pas espérer autre chose. Voulez-vous reparler des leçons?

JUDITH. C'est inutile. Je regrette de vous avoir dérangé.

MERCKENS. Vous me renvoyez?

JUDITH. Je ne vous retiens plus.

MERCKENS. Adieu, mademoiselle.

JUDITH. Adieu, monsieur.

MERCKENS, *à la porte.* Il n'y avait rien de mieux à lui dire.

SCÈNE III

JUDITH, MARIE

MARIE. Eh bien?

JUDITH. Eh bien, si monsieur Merckens a raison et si les choses se passent comme il le dit, nous ne sommes pas au bout de nos peines. En attendant, voilà tous mes projets renversés, ceux que tu connais d'abord . . . et un autre que je gardais pour moi.

MARIE. Quel autre?

JUDITH. À quoi bon te le dire!

MARIE. Parle donc.

JUDITH. J'avais pensé un instant à tirer parti de ma voix, en me faisant entendre sur un théâtre.

MARIE. Toi, ma sœur, sur un théâtre!

JUDITH. Eh! que veux-tu? Il faut bien que nous nous retournions[1] et que nous entreprenions quoi que ce soit. Nous ne pouvons pas attendre que nous ayons mangé jusqu'à notre dernier sou. Maman n'est plus d'un âge à travailler, nous ne le voudrions pas du reste. Qui sait si notre pauvre Blanche retrouvera jamais sa raison? Nous restons donc, toi et moi, et encore toi, ma chère enfant, qu'est ce que tu peux bien faire? Il faudra que tu travailles douze heures par jour pour gagner un franc cinquante.

MARIE. Dis-moi un peu, bien raisonnablement, ce que tu penses de l'état de Blanche. Comment la trouves-tu?

JUDITH. Un jour bien et l'autre mal. On croit à tout moment qu'elle va vous reconnaître, mais elle ne voit personne et n'entend plus rien. J'ai bien pensé à ce malheur et peut-être nous en a-t-il épargné un plus grand. Si Blanche, avec une tête comme la sienne, avait appris par hasard, par une fatalité, le mariage de monsieur de Saint-Genis, qui sait si cette nouvelle ne l'aurait pas tuée sur le coup? Elle vit, c'est le principal, elle n'est pas perdue

pour nous. S'il faut la soigner, on la soignera; s'il faut se priver de pain pour elle, nous nous en passerons; ce n'est plus notre sœur, c'est notre enfant.

MARIE. Tu es bonne, ma grande sœur, et je t'aime. (*Elles s'embrassent.*)

JUDITH. Moi aussi, je vous aime. Je suis brusque par moments, mais je vous porte toutes là dans mon cœur. Il me semble que c'est moi, moi, votre aînée, la grande sœur comme vous m'appelez, qui devrais nous tirer d'affaire et remettre la famille à flot. Comment? Je n'en sais rien. Je cherche, je ne trouve pas. S'il ne fallait que se jeter dans le feu, j'y serais déjà. (*Pause.*)

MARIE. Maman t'a-t-elle parlé de la visite de monsieur Bourdon?

JUDITH. Non. Que venait-il faire?

MARIE. M. Teissier l'avait chargé de me demander en mariage.

JUDITH. Tu ne m'étonnes pas. Il était facile de voir que monsieur Teissier t'avait prise en affection et la pensée de t'épouser devait lui venir un jour ou l'autre.

MARIE. Est-ce que tu m'engagerais à accepter?

JUDITH. Ne me demande pas mon avis là-dessus. C'est de toi qu'il s'agit, c'est à toi de décider. Vois, réfléchis, calcule, mais surtout ne pense qu'à toi. Si notre situation t'épouvante et que tu regrettes le temps où tu ne manquais de rien, épouse monsieur Teissier, il te fera payer assez cher un peu de bien-être et de sécurité. Mais comme je te connais, comme tu aimes bien ta mère et tes sœurs, et que tu pourrais te résigner pour elles à ce que tu repousserais pour toi, nous serions des plus coupables, tu m'entends, des plus coupables, en te conseillant un sacrifice qui est le plus grand que puisse faire une femme.

MARIE. Tout ce que tu dis est plein de cœur; embrasse-moi encore. (ROSALIE *entre par la porte du fond; elle tient une cafetière d'une main et de l'autre une casserole pleine de lait; elle les dépose sur la table; elle s'approche et regarde les deux sœurs en soupirant;* MARIE *et* JUDITH *se séparent.*)

SCÈNE IV

LES MÊMES, ROSALIE, *puis* MADAME VIGNERON *et* BLANCHE

JUDITH. Le déjeuner est prêt?

ROSALIE. Oui, mademoiselle, je le servirai quand on voudra.

---

[1] *que nous nous retournions,* that we bestir ourselves.

MARIE. Judith va t'aider à passer la table, ma bonne Rosalie.

SCÈNE MUETTE

JUDITH *et* ROSALIE *apportent la table sur le devant de la scène, à droite;* ROSALIE *dispose les tasses et sert le café au lait pendant que* JUDITH *approche des chaises;* MARIE *a été à la porte de gauche et l'a ouverte; entre* BLANCHE *précédant sa mère;* BLANCHE *est pâle, sans force et sans regard, son attitude est celle d'une folle au repos;* MME VIGNERON *a vieilli et blanchi;* MARIE *fait asseoir* BLANCHE, *elles s'asseyent toutes à leur tour à l'exception de* ROSALIE *qui prend son café debout. Silence prolongé; grande tristesse.*

MADAME VIGNERON, *éclatant.* Ah! mes enfants, si votre père nous voyait! (*Larmes et sanglots.*)

SCÈNE V

LES MÊMES, BOURDON

ROSALIE, *à* BOURDON *qui est entré doucement.* Comment êtes-vous entré?

BOURDON. Par la porte qui était ouverte. Vous avez tort, ma fille, de laisser votre porte d'entrée ouverte; on pourrait dévaliser vos maîtres.

ROSALIE, *sous le nez.*[1] Il n'y a plus de danger. L'ouvrage a été fait et bien fait.

BOURDON, *en descendant la scène, à* MME VIGNERON *qui se lève.* Ne vous dérangez pas, madame, j'attendrai que votre repas soit terminé.

MADAME VIGNERON, *allant à lui.* Qu'avez-vous à me dire, monsieur Bourdon?

BOURDON, *à mi-voix.* Je viens encore, madame, de la part de Teissier pour ce projet qui lui tient au cœur. Je dois croire, n'est-ce pas, que vous avez instruit votre fille de la demande que je vous ai faite?

MADAME VIGNERON. Mais sans doute.

BOURDON. Autorisez-moi, je vous prie, à la lui renouveler moi-même en votre présence.

MADAME VIGNERON. Soit. J'y consens. Judith, emmène ta sœur, mon enfant. Marie, monsieur Bourdon veut causer avec nous.

SCÈNE VI

MADAME VIGNERON, MARIE, BOURDON

BOURDON. Votre mère vous a fait part, mademoiselle, du désir que monsieur Teissier a manifesté?

MARIE. Oui, monsieur.

BOURDON. C'est bien de vous-même et sans obéir à personne que vous avez décliné le mariage qui vous était offert?

MARIE. C'est de moi-même.

BOURDON. Très bien! Très bien! J'aime autant cela du reste. J'avais craint un moment, en vous voyant repousser une proposition si avantageuse, que votre mère et vos sœurs n'eussent comploté de vous retenir auprès d'elles, non pas dans une pensée de jalousie, mais par une affection mal entendue. S'il y a chez vous, mademoiselle, une décision arrêtée, un parti pris irrévocable, je ne vois pas la peine d'aller plus loin. (*Silence.*)

MADAME VIGNERON. Ne te trouble pas, mon enfant, réponds franchement ce que tu penses. (*Nouveau silence.*)

BOURDON. Dans le cas, mademoiselle, où vous regretteriez un premier mouvement qui s'expliquerait fort bien du reste, je vous offre l'occasion de le reprendre, profitez-en.

MARIE. Il faut dire à monsieur Teissier de ma part qu'en insistant comme il le fait, il gagne beaucoup dans mon esprit; mais je lui demande encore quelque temps pour réfléchir.

BOURDON. Eh bien! madame, voilà une réponse très raisonnable, pleine de sens, et qui ne ressemble pas du tout au refus catégorique que vous m'avez opposé?

MADAME VIGNERON. Il est possible que ma fille ait changé d'avis, mais elle doit savoir que je ne l'approuve pas.

BOURDON. Ne dites rien, madame. Laissez cette jeune fille à ses inspirations, elle pourrait vous reprocher plus tard d'avoir suivi les vôtres. (*Revenant à* MARIE.) Je comprends à merveille, mademoiselle, quelque intérêt qu'ait ce mariage, que vous ne soyez pas bien pressée de le conclure. Malheureusement Teissier n'a plus vingt ans comme vous; c'est même là votre plus grand grief contre lui; à son âge, on ne remet pas volontiers au lendemain.

MARIE. Je voudrais savoir, monsieur Bourdon, et je vous prie de me dire sincèrement si monsieur Teissier est un honnête homme.

BOURDON. Un honnête homme! Que voulez-vous dire par là? Je ne vous conseillerais pas, mademoiselle, au cas où vous épouseriez monsieur Teissier, de placer toutes vos espérances sur une simple promesse de sa part; mais les notaires

---

[1] *sous le nez,* under her breath.

sont là pour rédiger des contrats qui établissent les droits des parties. Ai-je répondu à votre question?

MARIE. Non, vous ne l'avez pas comprise. Un honnête homme, pour une jeune fille, cela veut dire bien des choses.

BOURDON. Me demandez-vous, mademoiselle, si Teissier a fait sa fortune honorablement?

MARIE. Oui, je voudrais être fixée sur ce point et sur d'autres.

BOURDON. De quoi vous préoccupez-vous? Si on recherchait aujourd'hui en France l'origine de toutes les fortunes, il n'y en a pas cent, pas cinquante, qui résisteraient à un examen scrupuleux. Je vous en parle savamment, comme un homme qui tient les fils [1] dans son cabinet. Teissier a fait des affaires toute sa vie; il en a retiré un capital considérable qui est bien à lui et que personne ne songe à attaquer; vous n'avez pas besoin d'en savoir davantage.

MARIE. Quelle est la conduite ordinaire de monsieur Teissier? Quels sont ses goûts, ses habitudes?

BOURDON. Mais les goûts et les habitudes d'un homme de son âge. Je ne pense pas que vous ayez beaucoup à craindre de ce côté. Je devine maintenant où tendait votre question. Croyez-moi, Teissier sera un mari plutôt trop honnête que pas assez, je m'en rapporte à votre mère elle-même.

MADAME VIGNERON. Je me demande en ce moment, monsieur Bourdon, quel intérêt vous pouvez avoir à ce mariage?

BOURDON. Quel intérêt, madame? Mais celui de cette enfant qui est en même temps le vôtre.

MADAME VIGNERON. Il est bien tard, savez-vous, pour nous montrer tant de dévouement.

BOURDON. Vous pensez encore, madame, à ces maudites affaires qui se sont terminées aussi mal que possible, je le reconnais. Est-ce ma faute, si vous vous êtes trouvée impuissante pour défendre la succession de votre mari? Vous avez subi la loi du plus fort, voilà tout. Aujourd'hui cette loi se retourne en votre faveur. Il se trouve que votre fille a fait la conquête d'un vieillard, qui accordera tout ce qu'on voudra pour passer avec elle les quelques jours qui lui restent à vivre. Cette situation est toute à votre avantage; les atouts sont dans votre jeu, profitez-en.

Je n'ai pas besoin de vous dire, madame, que nous, officiers publics, nous ne connaissons ni le plus fort ni le plus faible et que la neutralité est un devoir dont nous ne nous écartons jamais. Cependant je ne me croirais pas coupable, bien que Teissier soit mon client, de stipuler en faveur de votre fille tous les avantages qu'elle est en état d'obtenir. (Revenant à MARIE.) Vous avez entendu, mademoiselle, ce que je viens de dire à votre mère. Faites-moi autant de questions que vous voudrez, mais, abordons, n'est-ce pas, la seule qui soit véritablement importante, la question d'argent. Je vous écoute.

MARIE. Non, parlez vous-même.

BOURDON, avec un demi-sourire. Je suis ici pour vous entendre et pour vous conseiller.

MARIE. Il me serait pénible de m'appesantir là-dessus.

BOURDON, souriant. Bah! Vous désirez peut-être savoir quelle est exactement, à un sou près, la fortune de monsieur Teissier?

MARIE. Je la trouve suffisante, sans la connaître.

BOURDON. Vous avez raison. Teissier est riche, très riche, plus riche, le sournois, qu'il n'en convient lui-même. Allez donc, mademoiselle, je vous attends.

MARIE. M. Teissier vous a fait part sans doute de ses intentions?

BOURDON. Oui, mais je voudrais connaître aussi les vôtres. Il est toujours intéressant pour nous de voir se débattre les parties. [2]

MARIE. N'augmentez pas mon embarras. Si ce mariage doit se faire, j'aimerais mieux en courir la chance plutôt que de poser des conditions.

BOURDON, souriant toujours. Vraiment! (MARIE le regarde fixement.) Je ne mets pas en doute vos scrupules, mademoiselle; quand on veut bien nous en montrer, nous sommes tenus de les croire sincères. Teissier se doute bien cependant que vous ne l'épouserez pas pour ses beaux yeux. Il est donc tout disposé déjà à vous constituer un douaire; mais ce douaire, je m'empresse de vous le dire, ne suffirait pas. Vous faites un marché, n'est-il pas vrai, ou bien, si ce mot vous blesse, vous faites une spéculation, elle doit porter tous ses fruits. Il est donc juste, et c'est ce qui arrivera, que Teissier, en vous épousant,

---

[1] *les fils*, the strings.

[2] *les parties*, the parties to a contract or a lawsuit.

vous reconnaisse commune en biens, ce qui veut dire que la moitié de sa fortune, sans rétractation et sans contestation possible, vous reviendra après sa mort. Vous n'aurez plus que des vœux à faire pour ne pas l'attendre trop longtemps. (*Se tournant vers* MME VIGNERON.) Vous avez entendu, madame, ce que je viens de dire à votre fille?

MADAME VIGNERON. J'ai entendu.

BOURDON. Que pensez-vous?

MADAME VIGNERON. Je pense, monsieur Bourdon, si vous voulez le savoir, que plutôt que de promettre à ma fille la fortune de monsieur Teissier, vous auriez mieux fait de lui conserver celle de son père.

BOURDON. Vous ne sortez pas de là, vous, madame. (*Revenant à* MARIE.) Eh bien? mademoiselle, vous connaissez maintenant les avantages immenses qui vous seraient réservés dans un avenir très prochain; je cherche ce que vous pourriez opposer encore, je ne le trouve pas. Quelques objections de sentiment peut-être? Je parle, n'est-ce pas, à une jeune fille raisonnable, bien élevée, qui n'a pas de papillons[1] dans la tête. Vous devez savoir que l'amour n'existe pas; je ne l'ai jamais rencontré pour ma part. Il n'y a que des affaires en ce monde; le mariage en est une comme toutes les autres; celle qui se présente aujourd'hui pour vous, vous ne la retrouveriez pas une seconde fois.

MARIE. M. Teissier, dans les conversations qu'il a eues avec vous, a-t-il parlé de ma famille?

BOURDON. De votre famille? Non. (*Bas.*) Est-ce qu'elle exigerait quelque chose?

MARIE. M. Teissier doit savoir que jamais je ne consentirais à me séparer d'elle.

BOURDON. Pourquoi vous en séparerait-il? Vos sœurs sont charmantes, madame votre mère est une personne très agréable. Teissier a tout intérêt d'ailleurs à ne pas laisser sans entourage une jeune femme qui aura bien des moments inoccupés. Préparez-vous, mademoiselle, à ce qui me reste à vous dire. Teissier m'a accompagné jusqu'ici; il est en bas; il attend une réponse qui doit être cette fois définitive; vous risqueriez vous-même en la différant. C'est donc un oui ou un non que je vous demande.

MADAME VIGNERON. En voilà assez,

monsieur Bourdon. J'ai bien voulu que vous appreniez à ma fille les propositions qui lui étaient faites; mais si elle doit les accepter, ça la regarde, je n'entends pas que ce soit par surprise, dans un moment de faiblesse ou d'émotion. Au surplus, je me réserve, vous devez bien le penser, d'avoir un entretien avec elle où je lui dirai de ces choses qui seraient déplacées en votre présence, mais qu'une mère, seule avec son enfant, peut et doit lui apprendre dans certains cas. Je n'ai pas, je vous l'avoue, une fille de vingt ans, pleine de cœur et pleine de santé, pour la donner à un vieillard.

BOURDON. A qui la donnerez-vous? On dirait, madame, à vous entendre, que vous avez des gendres plein vos poches et que vos filles n'auront que l'embarras du choix. Pourquoi le mariage de l'une d'elles, mariage qui paraissait bien conclu, celui-là, a-t-il manqué? Faute d'argent. C'est qu'en effet, madame, faute d'argent, les jeunes filles restent jeunes filles.

MADAME VIGNERON. Vous vous trompez. Je n'avais rien et mon mari non plus. Il m'a épousée cependant et nous avons été très heureux.

BOURDON. Vous avez eu quatre enfants, c'est vrai. Si votre mari, madame, était encore de ce monde, il serait, pour la première fois peut-être, en désaccord avec vous. C'est avec effroi qu'il envisagerait la situation de ses filles, situation, quoi que vous en pensiez, difficile et périlleuse. Il estimerait à son prix la proposition de monsieur Teissier, imparfaite sans doute, mais plus qu'acceptable, rassurante pour le présent (*regardant* MARIE), éblouissante pour l'avenir. On ne risque rien, je le sais, en faisant parler les morts, mais le père de mademoiselle, avec un cœur excellent comme le vôtre, avait de plus l'expérience qui vous fait défaut. Il connaissait la vie; il savait que tout se paye en ce monde; et, en fin de compte, sa pensée aujourd'hui serait celle-ci: j'ai vécu pour ma famille, je suis mort pour elle, ma fille peut bien lui sacrifier quelques années.

MARIE, *les larmes aux yeux.* Dites à monsieur Teissier que j'accepte.

BOURDON. Allons donc, mademoiselle, il faut se donner bien du mal pour faire votre fortune. Voici votre contrat. Je l'avais préparé à l'avance sans savoir si je serais remboursé de mes peines. Vous le lirez à tête reposée. Il ne reste plus qu'à

[1] *papillons,* sentimental notions.

le faire signer par Teissier, je m'en charge. J'étais le notaire de votre père, je compte bien devenir le vôtre. Je vais chercher Teissier et je vous l'amène.

SCÈNE VII

LES MÊMES, *moins* BOURDON

MARIE. Embrasse-moi et ne me dis rien. Ne m'ôte pas mon courage, je n'en ai pas plus qu'il ne m'en faut. M. Bourdon a raison, vois-tu, ce mariage, c'est le salut. Je suis honteuse, honteuse de le faire, et je serais coupable en ne le faisant pas. Est-ce possible que toi, ma bonne mère, à ton âge, tu recommences une vie de misère et de privations? Oui, je le sais, tu es bien courageuse, mais Blanche, Blanche, la pauvre enfant, on ne peut plus lui demander du courage, à elle. Quels remords aurais-je plus tard, si sa santé réclamait des soins que nous ne pourrions pas lui donner! Et Judith! Ah! Judith, je pense bien à elle aussi. Qui sait ce que peut devenir une jeune fille, la meilleure, la plus honnête, quand sa tête travaille et que le hasard ne lui fait pas peur! Tiens, je suis soulagée d'un poids depuis que ce mariage est décidé. Il sera ce qu'il voudra, blâmable, intéressé, bien douloureux aussi! mais je préfère encore un peu de honte et des chagrins que je connaîtrai à des inquiétudes de toutes sortes qui pourraient se terminer par un malheur. Essuie tes yeux, qu'on ne voie pas que nous ayons pleuré. (*Rentre* BOURDON *suivi de* TEISSIER; TEISSIER *se dirige en souriant vers* MARIE, BOURDON *l'arrête et lui indique de saluer d'abord* MME VIGNERON.)

SCÈNE VIII

MADAME VIGNERON, MARIE, BOURDON, TEISSIER

TEISSIER. Je suis votre serviteur, ma-vame. (*Allant à* MARIE.) Est-ce bien vrai, mademoiselle, ce que vient de me dire Bourdon, vous consentez à devenir ma femme?
MARIE. C'est vrai.
TEISSIER. Votre résolution est bien prise, vous n'en changerez pas d'ici à demain? (*Elle lui tend la main; il l'embrasse sur les deux joues.*) Ne rougissez pas. C'est ainsi que les accords se font dans mon village. On embrasse sa fiancée sur la joue droite d'abord en disant: Voilà pour monsieur le Maire; sur la joue gauche ensuite en disant: Voilà pour monsieur le curé. (MARIE *sourit; il va à* MME VIGNERON.) Si vous le voulez bien, madame, nous commencerons la publication des bans dès demain. Bourdon nous préparera un bout de contrat, n'est-ce pas, Bourdon? (BOURDON *répond par un geste significatif.*) Et dans trois semaines votre seconde fille s'appellera madame Teissier. (*Pause.*)

SCÈNE IX

LES MÊMES, ROSALIE

MADAME VIGNERON. Qu'est-ce qu'il y a, Rosalie?
ROSALIE. Voulez-vous recevoir monsieur Dupuis, madame?
MADAME VIGNERON. M. Dupuis? Le tapissier de la place des Vosges?
ROSALIE. Oui, madame.
MADAME VIGNERON. A quel propos vient-il nous voir?
ROSALIE. Vous lui devez de l'argent, madame, il le dit du moins. Encore un corbeau, bien sûr!
MADAME VIGNERON. Nous ne devons rien, tu m'entends, rien, à monsieur Dupuis; dis-lui que je ne veux pas le recevoir.
TEISSIER. Si, madame, si, il faut recevoir monsieur Dupuis. Ou bien, quoi que vous en pensiez, il lui est dû quelque chose, et alors le plus simple est de le payer; ou bien monsieur Dupuis se trompe et il n'y a pas d'inconvénient à lui montrer son erreur. Vous n'êtes plus seules; vous avez un homme avec vous maintenant. Faites entrer monsieur Dupuis. C'est mademoiselle Marie qui va le recevoir. Elle sera bientôt maîtresse de maison, je veux voir comment elle se comportera. Venez, Bourdon. Laissons votre fille avec monsieur Dupuis. (MME VIGNERON *et* BOURDON *entrent à gauche; à* MARIE, *avant de les suivre.*) Je suis là, derrière la porte, je ne perds pas un mot.

SCÈNE X

MARIE, DUPUIS, *puis* TEISSIER

DUPUIS. Bonjour, ma chère demoiselle.
MARIE. Je vous salue, monsieur Dupuis.
DUPUIS. Votre maman se porte bien?
MARIE. Assez bien, je vous remercie.
DUPUIS. Vos sœurs sont en bonne santé?
MARIE. En bonne santé.

DUPUIS. Je ne vous demande pas de vos nouvelles; vous êtes fraîche et rose comme l'enfant qui vient de naître.

MARIE. Ma mère, monsieur Dupuis, m'a chargée de vous recevoir à sa place; dites-moi tout de suite ce qui vous amène.

DUPUIS. Vous vous en doutez bien un peu, de ce qui m'amène.

MARIE. Non, je vous assure.

DUPUIS. Vrai? Vous ne vous dites pas: si monsieur Dupuis vient nous voir, au bout de tant de temps, c'est qu'il a bien besoin de son argent?

MARIE. Expliquez-vous mieux.

DUPUIS. J'aurais donné beaucoup, mademoiselle, beaucoup, pour ne pas vous faire cette visite. Quand j'ai appris la mort de votre père, j'ai dit à ma femme: je crois bien que monsieur Vigneron nous devait encore quelque chose, mais baste, la somme n'est pas bien grosse, nous n'en mourrons pas de la passer à profits et pertes. Je suis comme ça avec mes bons clients. M. Vigneron en était un; jamais de difficultés avec lui; entre honnêtes gens, ça devrait toujours se passer ainsi. Malheureusement, vous savez ce que sont les affaires, bonnes un jour, mauvaises le lendemain; ça ne va pas fort en ce moment. Vous comprenez.

MARIE. Il me semblait bien, monsieur Dupuis, que mon père s'était acquitté avec vous.

DUPUIS. Ne me dites pas cela, vous me feriez de la peine.

MARIE. Je suis certaine cependant, autant qu'on peut l'être, que mon père avait réglé son compte dans votre maison.

DUPUIS. Prenez garde. Vous allez me fâcher. Il s'agit de deux mille francs, la somme n'en vaut pas la peine. Vous êtes peut être gênées en ce moment, dites-le-moi, je ne viens pas vous mettre le couteau sur la gorge. Que madame Vigneron me fasse un effet de deux mille francs, à trois mois; sa signature, pour moi, c'est de l'argent comptant.

MARIE. Je dirai à ma mère que vous êtes venu lui réclamer deux mille francs, mais, je vous le répète, il y a erreur de votre part, je suis bien sûre que nous ne vous les devons pas.

DUPUIS. Eh bien, mademoiselle, je ne sortirai pas d'ici avant de les avoir reçus. Je me suis présenté poliment, mon chapeau à la main (*il se couvre*), vous avez l'air de me traiter comme un voleur, ces manières-

là ne réussissent jamais avec moi. Allez chercher votre mère, qu'elle me donne mes deux mille francs . . . ou un billet . . . , je veux bien encore recevoir un billet . . . , sinon, monsieur Dupuis va se ficher[1] en colère et il fera trembler toute la maison. (*Teissier rentre. Dupuis, surpris et déjà intimidé par son arrivée, se découvre.*)

TEISSIER. Gardez votre chapeau. On ne fait pas de cérémonies dans les affaires. Vous avez votre facture sur vous?

DUPUIS. Certainement, monsieur, j'ai ma facture.

TEISSIER. Donnez-la-moi.

DUPUIS. Est-ce qu'il faut, mademoiselle, que je remette mon compte à ce monsieur?

MARIE. Faites ce que monsieur vous dit.

TEISSIER, *lisant la facture*. « Reçu de madame veuve Vigneron deux mille francs pour solde de son compte arrêté de commun accord entre elle et moi.» Qu'est-ce que c'est qu'une note de ce genre-là? Vous ne donnez pas ordinairement le détail de vos livraisons?

DUPUIS. Nous ne pouvons pas, monsieur, recommencer cinq et six fois la même facture. La première que j'ai remise à monsieur Vigneron contenait toutes les indications nécessaires.

TEISSIER. C'est bien. Je vais vous payer. Je vérifierai en rentrant chez moi.

DUPUIS. Vérifiez, monsieur, vérifiez. Monsieur Vigneron a dû laisser ses papiers en règle.

TEISSIER. Oui, très en règle. (*Portant la facture à ses yeux.*) Dupuis, n'est-ce pas? Cette signature est bien la vôtre? Vous êtes monsieur Dupuis en personne?

DUPUIS. Oui, monsieur.

TEISSIER. Je vais vous donner vos deux mille francs.

DUPUIS. Vérifiez, monsieur, puisque vous le pouvez. J'attendrai jusque-là.

TEISSIER. Vous êtes bien sûr que monsieur Vigneron, au moment de son décès, vous devait encore deux mille francs?

DUPUIS. Oui, monsieur . . . , oui, monsieur. Il faudrait que ma femme eût fait une erreur dans ses calculs, mais je ne le pense pas.

TEISSIER. Votre femme n'a rien à voir là-dedans. C'est vous qui vous exposeriez en recevant deux fois la même somme.

---

[1] *se ficher*, vulgar for se mettre.

DUPUIS. Je ne la réclamerais pas, monsieur, si elle ne m'était pas due. Je suis un honnête homme.

TEISSIER, *lui tendant l'argent.* Voici vos deux mille francs.

DUPUIS. Non. Vérifiez d'abord. J'aime mieux ça.

TEISSIER. Rentrez chez vous, mon garçon, et que je ne vous voie pas remettre les pieds ici, vous m'entendez?

DUPUIS. Qu'est-ce que vous dites, monsieur?

TEISSIER. Je vous dis de rentrer chez vous. Ne faites pas l'insolent, vous le regretteriez.

DUPUIS. Rendez-moi ma facture au moins.

TEISSIER. Prenez garde de la retrouver chez le juge d'instruction.

DUPUIS. Ah! C'est trop fort! Un monsieur que je ne connais pas, qui ose me parler ainsi, en pleine figure. Je m'en vais, mademoiselle, mais on aura bientôt de mes nouvelles. (*Il sort en se couvrant.*)

TEISSIER. Vous êtes entourées de fripons, mon enfant, depuis la mort de votre père. Allons retrouver votre famille.

CUREL

An aristocrat by birth and temperament, the vicomte François de Curel was born at Metz in 1854 and died in 1928. Although at an early age he showed inclinations toward literature—he obtained when he was sixteen a first prize in oratory—he became an engineer to please his parents who hoped to see him some day take his father's place at the head of a large iron industry. Fate, however, had decreed otherwise. He wrote novels, *l'Été des fruits secs*, *le Sauvetage du Grand Duc*, others still, all of a humorous and satirical turn. A critic saw in *le Sauvetage du Grand Duc* signs of a dramatic vocation. " Au théâtre, au théâtre, M. de Curel! " wrote Maurras, and the injunction was heeded or at least was instrumental in changing Curel from a novelist to a dramatist. Several of his plays were rejected by most of the Parisian theatres, when the author hit upon a rather original idea. He sent to Antoine three of his productions each under a different pseudonym, and to his delight the director of the Théâtre Libre, established in 1887, accepted all three and wrote three congratulatory letters to the same author. Those plays were *l'Amour brode*, the first title of which was *Sauvé des eaux*, *la Figurante*, and *l'Envers d'une sainte*, which was first entitled *Ortie*. The latter was produced in 1892, although it was not the first composed; being completed in 1891, it was preceded by *Sauvé des eaux* and la *Figurante*, both written in 1889. The subject was suggested to Curel by a *fait divers* which he read in the papers and which was as follows. A woman was accused of murder, and escaped the extreme penalty only by being pronounced insane. She was confined to an asylum, from which after several years she escaped and returned to her husband and children who had all but forgotten her. This subject fit for a melodrama, became *l'Envers d'une sainte*, in which a young and refined woman comes near committing a murder out of jealousy, condemns herself without genuine vocation to a life of expiation and convent discipline for twenty years, and at the death of the man she had loved, leaves the convent and returns to the world. How will the ex-nun behave toward the widow and the daughter? The interest here is neither in the study of the causes that led to the attempted murder, nor the analysis of the love and jealousy of the woman, but in the effect her twenty years of monastic discipline has had upon her soul. She feels that this discipline without curing her jealousy, has made her unfit for life in secular society, and it is this psychological case that appealed to the author. The same motif studied from a different angle underlies *l'Invitée*. Here the heroine, because of her husband's conjugal infidelity, leaves him and her two little daughters and goes to live by herself in a foreign country. Her husband gives out that she is insane and he installs a mistress in the place of the absent wife. Years pass, and the daughters approach womanhood. Realizing that his false social position is bound to hurt their chances for a good marriage, their father invites his wife to come and resume her lawful place in her home. Hesitatingly and partly out of curiosity, she decides to accept the invitation. The meeting is utterly devoid of emotion; she feels no love for her now elderly and stodgy husband, and, stranger still, she feels

611

at the most only pity for her children.   Again, the effect on a woman's psychology of prolonged absence was the main point of interest in the play.

The year 1893 saw the production of *l'Amour brode* which was a failure.   While supervising the rehearsals of *l'Envers d'une sainte*, Curel wrote *les Fossiles*, which was produced almost immediately (1892) by Antoine.   A slightly different version was given at the Odéon in 1900 by the actors of the Théâtre Français.   It is again a psychological study but the inspiration is entirely different from that of the previous plays.   The fossils are the aristocracy, imbued with feelings and prejudices which seemed long forgotten.   The specimens which the dramatist presents to us seem to belong to the Middle Ages although the action is entirely modern.   It is a somber drama, but one which breathes an extraordinary grandeur and nobility, in spite of the immoral situation it implies.   *La nouvelle idole* presents a more complex problem than any of the plays mentioned.   It deals with a conflict between science and faith in which faith has the upper hand.   Donnat, a physician, makes science his idol and is willing to sacrifice even humanity to it.   He inoculates a young girl, dying with consumption, with the virus of cancer to study its effect on her.   She gets cured of her consumption, but dies of cancer.   All the time she realized the horrible experiment made on her, but she was willing to give up her life for the good of humanity in the name of God.   Such a devotion to a noble cause strikes the scientist with awe, and humbly he acknowledges that faith is greater than the scientific spirit which had dominated him.   *Le repas du lion* deals with socialism and capitalism.   The hero, Jean de Sancey, is haunted by many of the thoughts and feelings that stirred in the author's breast when, as a youth, he deplored the encroachments of modern industrialism on the peaceful countryside.   Possibly also the hero's swing from an ill-defined humanitarianism back to a more practical capitalism was an evolution which took place in the author's own life.   *La fille sauvage* shows a decisive break with the naturalism of Curel's early plays.   Here he treats a subject in which pure ideas, and not characters, constitute the main interest.   In the depths of the African jungle Paul Moncel, an explorer, finds a young savage woman and takes her to France to be educated.   She is placed in a convent, baptized and made over into a fervent Christian.   But Moncel, with whom she has fallen in love, is a materialist, and under his influence the faith she had acquired, vanishes.   She returns to her jungle, marries a native King and reverts to a savagery all the more brutal and cruel because of her awakened intellect and her disappointed love.   This strange play might be called a study in evolution, an evolution that is not the slow process of ages, but one that occurs within the space of a few acts.   Neither the plot nor the characters are of sufficient interest to appeal to the masses.   Yet the play was a success almost as great as that of *la Nouvelle Idole*, thanks to the " thesis " expounded with fire and eloquence. This is all the more remarkable since the author disregards the ordinary dramatic conventions and relies entirely on the inherent value of his ideas, their logic and the lyric fervor with which he defends them.   His last pieces, *l'Ame en folie*, *l'Ivresse du sage*, obtained only meager success, while *Terre inhumaine*, the least intellectual of his plays, was perhaps the one that gained the most applause.

Curel will never be popular: he is too philosophic.   For a cultured élite, on the other hand, he will always hold a powerful appeal whether seen on the stage or merely read.   His plays are stimulating, thought-provoking and original.

Bibliography: *L'envers d'une sainte*, 1892. *Les fossiles*, 1892. *L'invitée*, 1893. *L'amour brode*, 1893. *La figurante*, 1896. *Le repas du lion*, 1897. *La nouvelle idole*, published in 1895, produced in 1899. *La fille sauvage*, 1902. *Le coup d'aile*, 1906. *La danse devant le miroir* (a revision of *l'Amour brode*) 1914. *L'âme en folie*, 1919. *L'ivresse du sage*, 1921. *Terre inhumaine*, 1922. *La viveuse et le moribond*, 1925. *Orage mystique*, 1927.

J. GABRIER, *Le Théâtre Libre: François de Curel*, 1899. PH. MALPY, *François de Curel* (in *Revue d'Art Dramatique*, March, 1899). A. BRISSON, *Portraits intimes* (*Le Vicomte François de Curel*, interview) 5ᵉ série, 1901. R. LE BRUN, *François de Curel*, 1905. A. BENOIST, *Le théâtre d'aujourd'hui*, 2ᵉ série, 1912. P. BLANCHART, *François de Curel, son œuvre*, Paris, 1924. H. A. SMITH, *François de Curel* in *the French Review*, vol. II (1929), pp. 214-21.

L'ENVERS D'UNE SAINTE

PAR FRANÇOIS DE CUREL

(1892)

PERSONNAGES

JULIE RENAUDIN, *38 ans.*
VEUVE RENAUDIN, *sa mère.*
CHRISTINE LAVAL. *13 ans.*
JEANNE LAVAL, *36 ans.*
ODILE DE FRÉVOIR, *23 ans.*
BARBE.

DÉCOR DES TROIS ACTES

Intérieur bourgeois de petite ville. Salon cossu, parquet ciré, rideaux empesés, mobilier banal. Ordre méticuleux. Carrés de guipure sur le dossier des meubles, tapis ronds en losanges de toutes couleurs devant chaque fauteuil. Cave à liqueurs,[1] *jeu de tric-trac, album de photographies. Ni livres ni journaux. Sujet de pendule: Muse accordant sa lyre.*

Au fond, fenêtres sur la rue. A gauche, fenêtre sur le jardin. A droite, porte des appartements et vestibule. On se trouve au rez-de-chaussée.

ACTE PREMIER

SCÈNE PREMIÈRE

VVE [2] RENAUDIN, BARBE

VVE RENAUDIN, *toilette soie noire à volants, surannée et sévère, non sans prétentions à l'élégance. Chapeau à rubans violets et ornements de jais. Prête à sortir.* BARBE *est une bonne à tout faire, entre deux âges.*

Au lever du rideau, MME RENAUDIN *fait le guet à la fenêtre. Entre* BARBE.

BARBE. Comment, Madame est déjà prête? . . .

VVE RENAUDIN. Je me suis habillée de façon à n'avoir plus qu'à filer aussitôt après l'avoir embrassée . . . et si elle n'arrive pas avant dix minutes, elle ne me trouvera plus. . . .

BARBE. Madame sortirait sans avoir revu sa fille! . . .

VVE RENAUDIN. Vous oubliez que Monseigneur m'attend. . . .

BARBE. Mademoiselle est partie depuis des années, et pour une fois qu'elle revient. . . . Oh! ça ne serait pas à faire! . . .

VVE RENAUDIN. Entre deux devoirs dont l'un touche à la religion, c'est naturellement ce dernier. . . . (*Tirant sa montre.*) Une demi-heure de retard! . . . (*Elle se penche à la fenêtre.*)

BARBE. Pas la peine de regarder. . . . Quand la diligence arrive sur le mauvais pavé du bout de la rue, il y a un vacarme que les vitres en tremblent.

VVE RENAUDIN. Pensera-t-elle seulement à crier au cocher d'arrêter devant la maison?

BARBE. Mademoiselle Julie, qu'on dit qu'a tant d'esprit, réfléchira bien sûr que si on n'arrête pas devant chez nous, je serai forcée d'aller avec une brouette chercher sa malle au bureau.

VVE RENAUDIN. Pour l'esprit elle ne craint personne, mais une religieuse qui vient de passer dix-huit ans sans bouger du couvent doit être terriblement empêtrée lorsqu'elle roule tout à coup sur la grand'route.

BARBE. Dix-huit ans! . . . C'est un bail! . . . Il y a pourtant des gens qui se souviennent encore d'elle. . . . Paraît qu'elle allait volontiers en soirée et qu'elle n'était pas la dernière à rire et s'amuser. . . .

VVE RENAUDIN. Oui, elle avait beaucoup d'animation. . . . (*On entend au loin le bruit sourd de la diligence.*)

BARBE. La diligence! . . . Madame entend?

---

[1] *Cave à liqueurs,* liqueur stand.
[2] *Vve,* abbreviation for *Veuve.*

Vᵛᵉ Renaudin. Vraiment? . . . Vous avez l'oreille fine. . . .

Barbe. Maintenant . . . à moins d'être sourde. . . . (*Courant à la fenêtre.*) Elle sort du tournant, devant l'épicerie. . . . Regardez! . . . Il y a un militaire sur l'impériale. . . . Le fils Léonard, probablement. . . . On l'attendait. . . .

Vᵛᵉ Renaudin, *auprès d'elle, à la fenêtre.* A la portière de gauche, est-ce qu'on ne dirait pas? . . . Elle! . . . C'est elle! . . .

Barbe. Si c'est la dame qui secoue son mouchoir, elle n'a pas l'air empêtrée. . . .

Vᵛᵉ Renaudin. Courez vite en avant pour faire signe au cocher au cas où elle oublierait. . . . (Barbe *se précipite suivie de sa maîtresse. Le fracas de la voiture cesse brusquement. Remue-ménage d'une arrivée. Baisers. Exclamations de tendresse. Choc d'une malle sur le dallage du vestibule.*)

SCÈNE II

Vᵛᵉ Renaudin, Julie

Elles entrent, Julie *suspendue au bras de sa mère.* Julie *en robe noire, sans ornements, très simple, coiffée d'une capote noire, garnie sur le devant d'un bandeau blanc. Elle se débarrassera de ce chapeau pendant les premières répliques et restera en cheveux, avec des bandeaux plats sur le front.*

Vᵛᵉ Renaudin, *embrassant* Julie. Oh, ma fille, après dix-huit ans! . . .

Julie. Il me semble que c'est un rêve . . . que j'ai tout quitté hier! . . . (*Allant à la fenêtre de gauche.*) Le jardin n'a pas changé. . . . Ah si, pourtant. . . . Là-bas, le long du mur, on a planté des lilas. . . . Il y avait autrefois une haie de charmille. . . .

Vᵛᵉ Renaudin. Il a fallu l'arracher après le gros hiver.

Julie. Comme dans le jardin du Sacré-Cœur: la gelée a fait périr toute une allée de marronniers. . . . (*Continuant son inspection.*) La poulerie, toujours à la même place. . . . Et dans la niche, plus de chien? . . . Phanor, qu'est-il devenu?

Vᵛᵉ Renaudin. Y penses-tu? . . . A ton départ il était déjà vieux?

Julie. C'est vrai! . . . Je retarde! . . .

Vᵛᵉ Renaudin. Julie, tu vas déjeuner, n'est-ce pas? . . .

Julie. Merci maman. . . . J'ai pris du chocolat au buffet de Dijon, il y a deux heures. . . . (*Riant.*) Par exemple, quand le garçon m'a remis l'addition, j'ai eu un geste d'insolvable.[1] . . . Pas moyen de me mettre dans la tête que j'ai un porte-monnaie. . . . Ma main ne sait plus payer. . . .

Vᵛᵉ Renaudin. Enfin, pour une personne qui ne sortait jamais, tu te tires pas mal d'affaire. . . . Moi qui croyais que tu te perdrais en route! . . .

Julie. On ne se perd pas lorsqu'on revient vers sa maman, même si c'est une méchante maman, qui n'est pas venue me voir une seule fois. . . .

Vᵛᵉ Renaudin. Et le pouvais-je, avec ton père infirme à soigner? . . . Il fallait tout le temps quelqu'un pour le servir. . . . Les derniers mois il n'y avait plus en lui de vivant que les yeux.

Julie, *montrant une porte.* C'est dans la chambre à côté, n'est-ce pas, qu'il est mort?

Vᵛᵉ Renaudin. Oui. (*Elle s'essuie les yeux.*) Pendant sa dernière heure, j'ai dit ton nom, tout haut. . . . Julie! . . . Il a ouvert les yeux et m'a regardée. . . .

Julie. Alors sa connaissance jusqu'à la fin? . . .

Vᵛᵉ Renaudin, *faisant signe que oui.* Et si résigné à la volonté du bon Dieu! . . .

Julie. Cher papa! . . . (*Elle se dirige vers la porte.*) Je voudrais dire une prière au pied du lit. . . . (*Elle entre dans la chambre voisine. Un silence. Sa mère la regarde en s'essuyant les yeux.* Julie *du dehors:*) Tout est resté comme autrefois.

Vᵛᵉ Renaudin. Jusqu'à sa montre sur la table de nuit. . . . Je la remonte chaque soir. . . .

Julie, *reparaissant.* Je le vois encore! (*Se tournant vers la porte ouverte.*) Là, dans son fauteuil! . . . Toujours si patient! . . . (*Un silence. Elle se couvre la figure de ses deux mains.*) Ah! les morts! . . .

Vᵛᵉ Renaudin. Quand on y pense! . . . Tous ceux que tu ne retrouveras plus! . . . Tes deux grand'mères. . . . Tante Mélanie! . . . Tante Louise! . . .

Julie. Vous oubliez le plus jeune . . . le plus nécessaire aux siens. . . .

Vᵛᵉ Renaudin. Laisse-moi le temps! . . . J'ouvrais la bouche pour en parler. . . .

Julie. Il y a trois mois j'ai appris qu'il était mort et c'est tout! . . . Il n'a pas été longtemps malade, n'est-ce pas? . . .

Vᵛᵉ Renaudin. Quelques jours. Une

---

[1] *d'insolvable,* of an insolvent person.

pneumonie qui l'a, pour ainsi dire, foudroyé.

JULIE. Et ses derniers moments?

VVE RENAUDIN. Très courageux. . . . Mais, tu sais, il pratiquait peu. . . . C'était un homme de la génération nouvelle. . . . Pas comme ton père. . . .

JULIE. Il a reçu les sacrements cependant?

VVE RENAUDIN. Oui, oui. . . . Et il s'est éteint doucement entre sa femme et sa fille. . . .

JULIE. Sa fille! . . . C'est elle, précisément, qui m'a écrit la triste nouvelle, et en termes si tendres, pour moi qu'elle n'avait jamais vue! . . . Cela m'a paru étrange! . . . Ensuite, à votre tour, vous m'avez envoyé l'annonce toute sèche de l'événement. Pourquoi si peu? . . .

VVE RENAUDIN. Je respectais ton habit en n'en disant pas davantage. . . .

JULIE. Toujours votre ancienne idée que j'ai eu pour mon cousin une passion contrariée? . . .

VVE RENAUDIN. Mon idée n'était pas si bête! . . . J'en ai acquis la certitude par un aveu que m'a fait Henri lui-même. . . . C'était le jour de la première communion de sa fille. . . . Après déjeuner on prenait le café devant sa maison, sous le gros sapin. Je me suis trouvée à l'écart, je ne sais comment, avec ton cousin. Il me montrait sa fille, jolie comme un cœur dans son nuage de mousseline, et il l'appelait en riant « sa petite mariée ». Mais aussitôt il est devenu grave: « Ma petite mariée toute blanche me fait songer à une autre personne, là-bas, toute noire. . . . Je n'ai jamais commis qu'une vraiment vilaine action, mais c'est un poids que j'ai là! . . . » (Elle se frappe la poitrine.)

JULIE. Ah je suis touchée! . . . Oui, c'est bien lui, je le retrouve! . . . Il ne pouvait m'avoir oubliée! . . . Mais il n'en est pas resté là? . . .

VVE RENAUDIN. Il m'a raconté votre roman, dont je n'avais pas le moindre soupçon. . . . J'avais bien entrevu qu'il te plaisait, mais quant à deviner qu'avant son séjour à Paris vous aviez échangé des serments. . . .

JULIE. Oui, au départ, fiancé à moi et au retour marié à Jeanne. . . . Ah! ce retour avec une femme de là-bas! . . . qui le couvait des yeux . . . le tutoyait. . . . Et moi . . . folle! . . .

VVE RENAUDIN. Il savait à quoi s'en tenir. . . . Pour lui ton entrée en religion était un coup de désespoir. . . . Il me l'a

dit ce jour-là en me priant de t'exprimer ses remords et d'obtenir son pardon. Bien entendu, j'ai refusé.

JULIE, faisant un effort pour se contenir. Cela va de soi. . . .

VVE RENAUDIN. Ses regrets ne pouvaient que te troubler sans le moindre résultat pratique. Quant au pardon, j'ai pris sur moi de déclarer qu'avant ton départ tu m'avais autorisée à le lui transmettre plein et entier si l'occasion s'en présentait.

JULIE, avec violence. Là, pour le coup, maman, vous avez fait du zèle! (Reprenant son sang-froid.) Mais à quoi bon récriminer! . . . Il est parti! . . . parti sans qu'entre lui et moi un souvenir ait été échangé! . . . Et cela par votre faute, maman! . . .

VVE RENAUDIN. Je n'ai qu'à t'entendre pour être convaincue d'avoir sagement agi. . . .

JULIE. Sachant ce qu'il avait été pour moi, vous auriez pu deviner qu'à l'heure où ici on le portait au cimetière, dans notre chapelle je sanglotais sous mon voile.

VVE RENAUDIN. Tu aimais encore ton cousin! . . .

JULIE. J'ai été une fidèle religieuse, je vous jure! . . . Jamais je n'ai pensé à Henri qu'en priant, mais jamais je n'ai prié sans penser à lui.

VVE RENAUDIN. Une religieuse ne doit offrir à Dieu qu'une âme remplie de Lui.

JULIE. C'est précisément parce que ma vie intérieure n'était pas conforme à ma vocation que j'ai demandé à être relevée de mes vœux. Lorsque, devant les difficultés que je rencontrais, je vous ai suppliée d'obtenir l'appui de votre évêque, vous ne l'avez pas réclamé de bon cœur. Vous voyez pourtant que j'avais de sérieux motifs pour désirer ma liberté.

VVE RENAUDIN. J'avoue, qu'en effet, je n'ai ressenti aucune joie lorsque tu m'as écrit que, dans l'intérêt même de ton salut, tu devais quitter la sainte maison où tu n'étais plus à ta place. . . . Peut-être, si j'avais mieux compris. . . . Certainement je suis heureuse de revoir ma fille, mais ta position sera bien difficile. . . . Quand on aura dit: c'est une défroquée! les pharisiens se signeront. Enfin nous tâcherons de t'organiser une petite vie supportable en t'occupant des pauvres, des œuvres. . . . Au fond, sais-tu ce qui m'inquiète le plus?

JULIE. Dites-le.

VVE RENAUDIN. Jeanne vient ici tous les jours, surtout depuis qu'elle est veuve.

Elle mène une existence très retirée, et je suis pour elle comme une mère.

JULIE, *avec une froide ironie.* En effet, il vous manquait une fille. . . . Ainsi elle est ici chez elle? . . .

VVE RENAUDIN. A peu près. . . . Comment la supporteras-tu? . . . Voilà ce qui me tourmente, surtout depuis que je constate à quel point le souvenir de son mari te poursuit encore.

JULIE. Rassurez-vous. . . . L'idée de revoir Jeanne . . . je ne peux pas dire qu'elle m'enchante, mais, je dissimulerai parfaitement. La règle m'a disciplinée. Mes élèves me trouvaient très douce.

VVE RENAUDIN. Je rêve que Jeanne et toi vous soyez comme deux sœurs. Jeanne s'y prêtera. . . . C'est une nature très simple, incapable d'arrière-pensée. Elle s'est toujours beaucoup intéressée à toi. . . . Ton exil, dont elle a probablement soupçonné la cause, te revêt à ses yeux d'une teinte romanesque. Elle s'exprime sur ton compte avec un véritable enthousiasme.

JULIE, *ironiquement.* Vous m'étonnez! . . .

VVE RENAUDIN. C'est pourtant comme cela. . . . Elle m'a prévenue ce matin qu'elle viendrait te présenter sa fille aussitôt après ton arrivée. . . . Elles seront l'une et l'autre très intimidées. . . . Reçois-les bien. . . .

JULIE. Puisque je suis destinée à rencontrer Jeanne tous les jours, je voudrais m'expliquer avec elle, dès notre première entrevue, sur certains points délicats. Aussi, maman, m'obligerez-vous beaucoup en emmenant la fille, sous un prétexte quelconque, pour me laisser seule avec la mère.

VVE RENAUDIN, *très ennuyée.* Mon enfant, quelle explication veux-tu avoir? . . . Jeanne vient à toi la main tendue, donne-lui la tienne, et que ce soit tout! Si son mari t'a manqué de parole, elle en est bien innocente, la pauvrette.

JULIE. Je n'ai pas l'intention de lui reprocher quoi que ce soit.

VVE RENAUDIN. Laisse donc la Providence arranger les choses; elles n'en vont que mieux et on s'épargne bien des tracas.

JULIE, *avec fermeté.* Cela ne fait rien maman, délivrez-nous, pour un instant, de la jeune personne.

VVE RENAUDIN, *légèrement embarrassée.* Écoute, Julie, je suis obligée de sortir. . . . Tu vois, je t'attendais en toilette, et à présent que tu as repris pied dans la maison, je n'ai plus qu'à me sauver au plus vite.

JULIE. C'est donc un devoir bien impérieux qui vous réclame?

VVE RENAUDIN. Nous avons cet après-midi réunion générale des Enfants de Marie et grande exposition annuelle des ornements que nous avons brodés pour les églises pauvres du diocèse. Monseigneur a fait le voyage exprès pour l'inaugurer et comme présidente de l'œuvre, c'est à moi de faire les honneurs. Pas moyen de me dérober! . . . C'est ennuyeux, tout de même! . . .

JULIE, *avec un sourire un peu pénible.* Voilà! . . . Les grandeurs! . . . Pourquoi Jeanne, qui doit être Enfant de Marie, ne vous accompagne-t-elle pas? . . .

VVE RENAUDIN. Elle assiste aux réunions de travail, mais aujourd'hui c'est grande fête. . . . (*Montrant sa toilette.*) Nous sommes toutes en falbalas, et son crêpe, au milieu de nos splendeurs. . . ' (*Entrent* JEANNE *et* CHRISTINE.)

SCÈNE III

VVE, RENAUDIN, JULIE, JEANNE,
CHRISTINE

JEANNE *arrive, suivie de sa fille. Elles sont en grand deuil.* JULIE *va audevant de* JEANNE *et l'embrasse. Elles restent un instant la main dans la main, très émues,* JEANNE *ayant peine à contenir ses larmes.*

JEANNE, *poussant* CHRISTINE *vers* JULIE. Ma chère Julie, je vous présente ma fille. Dix-neuf ans. . . . Une grande personne.

JULIE, *embrassant* CHRISTINE. En ai-je élevé, de ces grandes personnes! . . . J'espère que celle-ci remplacera toutes celles qui ont été mes filles et que le monde m'a prises l'une après l'autre. . . .

JEANNE, *souriant.* Il est à craindre qu'un jeune inconnu nous la prenne aussi, tôt ou tard.

JULIE. C'est vrai! . . . Le renoncement . . . il faut toujours en venir là. . . . Le renoncement! Un grand mot, n'est-ce pas, Christine, que vous n'avez pas beaucoup médité? (CHRISTINE *lève les yeux sur elle et ne répond pas.*)

JEANNE. Vous l'intimidez énormément.

JULIE. Eh bien, elle se remettra en accompagnant maman un bout de chemin et, dans dix minutes, elle reviendra pleine de courage faire connaissance avec moi.

VVE RENAUDIN. Eh bien alors, viens, Christine. Dépêchons-nous, je suis en retard. (*Elle sort accompagnée de* CHRIS-TINE.)

SCÈNE IV

JULIE, JEANNE

JULIE. Toute une vie, Jeanne, depuis notre séparation.

JEANNE. Oh! pour moi, c'est sûr, l'existence est finie! Il n'y a plus que ma fille.

JULIE. Mon existence, à moi, qu'est-ce qu'il en reste? . . . Une conscience douloureuse. . . .

JEANNE. A tout prix chassez cette vilaine pensée, chère Julie. . . . Une minute d'égarement est plus que rachetée par des années d'abnégation. . . . Car vous n'étiez pas attirée vers la vie religieuse. . . . Évidemment non! . . . Ce que vous avez fait est bien! . . . Je n'aurais pas eu l'énergie de persévérer ainsi contre mes goûts. . . .

JULIE. Mais je ne persévère pas. . . .

JEANNE, *bas.* Je devine pourquoi. . . . Vous revenez parce qu'il n'est plus! . . . (*Elle fond en larmes.*) Je ne suis pas forte quand on parle de lui. . . .

JULIE, *luttant contre une émotion pareille.* Ah! je comprends tous les chagrins! . . .

JEANNE. Vous êtes bonne! . . .

JULIE, *avec raideur.* La bonté n'entre pour rien là-dedans. . . . Communauté de peines, compréhension réciproque. (*Un silence.*) Comme vous l'avez fort bien deviné, je rentre dans le monde parce que je n'y rencontrerai plus Henri. . . . Grâce à votre générosité j'ai pu lui dire adieu, mais aussi mon adieu devait être éternel. . . .

JEANNE. Où voyez-vous tant de générosité? . . .

JULIE. Vous étiez enceinte. . . . Nous traversions le ravin sur une planche étroite, moi derrière vous. . . . Un faux pas qui me précipite sur votre dos. . . . Vous tombez. . . . Toutes les apparences d'un accident y étaient. . . . Maman a été prise au petit cri que j'ai poussé, comme quand on glisse et qu'on se raccroche à sa voisine. Pendant que nous nous empressions autour de vous, mon regard a rencontré le vôtre, et j'y ai lu ces mots: Elle a voulu me tuer! . . .

JEANNE. J'ai senti que votre poussée n'était pas involontaire. Alors, en effet,

j'ai eu la révélation de tout: votre amour, votre jalousie. . . .

JULIE. Mon crime. . . . Et pourtant vous avez gardé le silence. . . . Sans votre grandeur d'âme je passais en cour d'assises et au lieu du Sacré-Cœur j'arriverais de Nouméa.[1]

JEANNE. Julie! . . .

JULIE. Je vous dois de n'avoir pas été chassée comme une malfaitrice sous les yeux de celui dont je tenais par-dessus tout à conserver l'estime. Vous m'avez sauvée d'un de ces désespoirs auxquels on ne survit pas. . . . Je perdrais mon temps à vouloir exprimer par des mots combien je suis votre obligée, mais j'apporte la résolution bien arrêtée de ne pas réclamer même une parcelle de la mémoire d'Henri. S'il faut promettre de ne pas aller sur sa tombe, j'y suis prête. . . . Il a été à vous, il reste à vous. . . . Je me suis donnée à Dieu et ne croyez pas que je me sois reprise. . . .

JEANNE. Je suis loin de le croire! . . . Les personnes qui vous ont connue au couvent disent que vous êtes une sainte. . . . Je suis si heureuse que vous soyez de retour parmi nous! . . . Figurez-vous qu'au moment où j'ai appris votre résolution de quitter le couvent, j'étais sur le point de tenter auprès de vous une démarche pour vous conjurer d'en sortir.

JULIE. Sous quel prétexte?

JEANNE. Je ne supportais pas l'idée que vous restiez enfermée par expiation, c'est-à-dire, en somme, à cause de moi. . . .

JULIE. Vous répondez précisément à un scrupule que j'ai eu, et je vous remercie humblement de tranquilliser ma conscience. Oui, je m'imposais une expiation. . . . Mais pourtant, je n'ai pas tué. . . . Dieu veut-il que je meure? . . . Cela serait arrivé. . . . Je n'en pouvais plus! . . . J'éprouvais vis-à-vis de mes compagnes une sécheresse de cœur affreuse. . . . Mes élèves, celles-là, je les aimais. . . . Ah oui, beaucoup! . . . Il y en a eu quelques-unes à la formation desquelles je me suis vouée de toute mon âme. Mais la famille en les reprenant me brisait le cœur. . . . On m'appelait « ma mère » et j'étais bien réellement mère, toujours en deuil de quelque fille. . . . Voyez-vous, je n'ai jamais pu renoncer à être femme, douloureusement et humainement femme, parmi des anges qui ne me comprenaient pas. . . .

---

[1] *Nouméa*, port and capital of New Caledonia, one of the Melanesian Islands and a French penal colony.

JEANNE. La supérieure . . . lui aviez-vous confié quelque chose de votre passé? . . .

JULIE. La supérieure? . . . J'en ai eu trois, si bien façonnées par la règle qu'elles étaient absolument pareilles. . . . On peut en parler au singulier: la supérieure! . . . Mon devoir était de tout lui dire: elle a connu ma faute.

JEANNE. Et rien de ce côté-là? . . . Pas un peu de tendresse? . . .

JULIE. Bonnes . . . les trois . . . également bonnes et indulgentes. . . . De la tendresse? . . . Non, certes pas! . . . mais de la charité envers le prochain. . . . Toujours m'exhorter au repentir, prêcher une vie de pénitence. . . . Et que faisais-je donc, grand Dieu? . . . Au ciel je serai récompensée, consolée, choyée. . . . Ah! ce que j'ai souffert sur la terre! . . .

JEANNE, lui prenant la main. Chère Julie! . . .

JULIE. Vous, au moins, Jeanne, avez-vous été heureuse? . . .

JEANNE. Parfaitement heureuse, pendant longtemps, et ensuite il n'y a eu que de bien légers nuages. . . . Nous étions si complètement unis! . . . Encore maintenant il n'a pas cessé d'être présent autour de moi. . . . En ouvrant la porte de son bureau, mes regards vont tout de suite à la place où il s'asseyait. . . . Je l'y verrais. . . . Ah je n'aurais pas du tout peur! . . . Quelquefois, la nuit, je me réveille en sursaut croyant qu'il frappe à la porte. . . .

JULIE, avec un léger dédain. Tout cela est dans l'imagination.

JEANNE. Qui sait? . . . Vous admettez, cependant, que les âmes restent en relation d'une vie à l'autre? . . .

JULIE. Je suppose que les morts s'intéressent à nous qui pensons à eux. . . . Ainsi votre union n'a pas été troublée un seul jour? . . .

JEANNE. A peine . . . et si vous saviez par qui! . . . C'est une confidence étrange à faire, justement à vous. . . . Mais n'est-ce pas donner la plus belle marque de respect qui soit en mon pouvoir que de vous traiter en personne supérieure à nos passions? . . .

JULIE. Délivrée de nos passions serait plus juste. . . . Mais la confidence . . . voyons. . . .

JEANNE. Sachez donc qu'à un certain moment votre image est venue se placer entre Henri et moi. C'était vers l'époque de la première communion de Christine.

. . . Mon mari n'était plus le même. . . . Il songeait à vous, j'en ai eu la preuve.

JULIE, simulant l'incrédulité. Je ne crois guère aux affections qui ressuscitent.

JEANNE. La froideur d'Henri s'accentuait de jour en jour. . . . Tout de suite j'ai soupçonné qu'il pensait encore à vous. . . . Mais ce n'était pas une certitude, car je le savais très contrarié de n'avoir pas de fils et depuis mon . . . accident, il m'était impossible d'espérer une nouvelle grossesse. J'ai fini par m'expliquer avec Henri. . . . Je lui ai dit que son attitude me peinait d'autant plus qu'il m'en voulait probablement de ne pas lui donner de garçon. . . . Il a répondu avec bonté que je n'étais pas responsable d'un malheur. . . . Je l'entends encore ajoutant avec un soupir: « — Vous devez être heureuse. . . . S'il y a une punition du ciel, qu'elle retombe sur moi! . . . » Plus de doute, vous étiez bien réellement entre nous, et aussitôt ma résolution a été prise. . . . J'ai tout raconté à Henri. . . . Il a su que ce n'était pas un simple hasard qui m'avait condamnée à n'être plus mère. . . . J'avais gardé le secret tant que ma dignité d'épouse n'était pas en jeu, mais puisque votre souvenir devenait menaçant, c'était mon droit de me défendre. . . . Après avoir parlé, j'ai eu pourtant un léger remords. C'est lui qui me rendait pénible la pensée que vous étiez au couvent. . . .

JULIE, froidement. Je n'ai pas un reproche à vous adresser. . . . Qu'a dit Henri?

JEANNE. Il n'a pas répondu. . . . Un trouble profond, qui a duré plusieurs jours, puis il est revenu à moi et je n'ai plus cessé d'être une très heureuse femme.

JULIE, pâle, très hautaine. Tant mieux que j'aie pu m'acquitter envers vous.

JEANNE. Me voici récompensée de ma sincérité. . . . Cet aveu qui pouvait fâcher contre moi une âme moins haute, nous rapproche au contraire. . . . Rien ne s'oppose plus à ce que nous soyons comme deux sœurs.

JULIE. Ne l'espérons pas trop. Ma solitude était une préparation à la mort. Je viens ici pour achever de mourir sous vos yeux. . . .

JEANNE. Allons donc! . . . La vie déborde en vous! . . .

JULIE. Croyez-moi, il y a une aridité d'âme qui ne se guérit pas. . . . Je suis une recluse. . . . L'habitude est prise de me renfermer en moi-même. . . . Comprenez aussi que je dois, de mon mieux, continuer dans le monde une existence de religieuse.

JEANNE. Vous le pourrez en vous occupant de ma fille. . . . Serez-vous bonne pour elle? . . .

JULIE. C'est à moi qui faillis la tuer dès sa naissance que vous demandez cela?

JEANNE. Oui, je le demande. . . . Christine m'accable de questions sur vous. . . . Deux ou trois pensionnaires du Sacré-Cœur qu'elle voit tous les étés pendant les vacances, lui ont dit que vous étiez adorée de vos élèves. C'est Christine qui a tenu à vous annoncer elle-même la mort de son père. . . . Elle m'a suppliée de lui abandonner ce soin avec une insistance inexplicable. . . . (*Entre* CHRISTINE.)

SCÈNE V

JULIE, JEANNE, CHRISTINE

JEANNE, *apercevant sa fille.* Déjà! . . .

CHRISTINE. En chemin nous avons rencontré plusieurs de ces dames et la tante a fini par être tellement entourée que j'ai disparu sans qu'elle s'en soit doutée.

JEANNE, *à* CHRISTINE. Je rentre à la maison pendant que tu tiendras compagnie à ta cousine, si elle veut bien de toi.

JULIE, *souriant.* Si elle veut! . . .

JEANNE. Alors à bientôt, Julie. . . .

JULIE. Au revoir, Jeanne. (JEANNE *sort.*)

SCÈNE VI

JULIE, CHRISTINE

JULIE. Votre mère vous croit portée à m'offrir un peu d'affection. . . . Est-ce vrai, Christine? . . .

CHRISTINE, *avec élan.* Beaucoup plus qu'un peu, ma cousine! . . .

JULIE. Je suis pourtant une inconnue pour vous.

CHRISTINE. Mais pas du tout! . . . J'entends vos anciennes élèves parler de vous avec enthousiasme. Mlle Dupré, entre autres. . . .

JULIE. Ne serait-ce pas Claire Dupré que j'ai eue pendant trois ans dans ma classe?

CHRISTINE. Oui, justement. . . . Elle est petite-fille de M. Dupré, l'inspecteur des forêts en retraite. Chaque fois qu'elle vient à demeure chez son grand-père nous parlons de vous. . . . Elle prétend qu'au-cune des dames du Sacré-Cœur ne vous va [1] jusqu'à la cheville. . . .

JULIE. Hélas! en me séparant de ces dames je prouve qu'elles vivent à des altitudes qui me sont inaccessibles. Toujours est-il, Christine, que vous étiez renseignée sur mon compte, je le reconnais. De mon côté, du fond de ma solitude, je m'informais de votre santé. Le bruit courait qu'elle n'était pas très robuste. Il n'y paraît guère.

CHRISTINE. J'ai été excessivement délicate. . . . Peu de temps après ma naissance on a craint me perdre.

JULIE, *étourdiment.* Des convulsions?

CHRISTINE. Non, un accident. . . . La nourrice m'a laissé tomber. . . .

JULIE. Ah! . . . (*Un silence.*) On m'écrivait aussi que vous étiez très sage et travailleuse. . . . Vos études, cela intéressait une maîtresse d'école. . . . C'est votre mère, n'est-ce pas, qui vous donnait vos leçons? . . .

CHRISTINE. Oui, excepté celles de piano qui regardent Walther, l'organiste de Saint-Martin.

JULIE. Maintenant que votre éducation est terminée, à quoi passez-vous le temps?

CHRISTINE. Je dessine. . . . La musique. . . . Le catéchisme de persévérance. . . . C'est moi qui tiens tous les comptes de maman. . . . Il y a aussi les œuvres, les dames de charité. . . . Je suis secrétaire des jeunes économes. . . .

JULIE. Ainsi, pas une minute d'ennui?

CHRISTINE. Oh! cela jamais! . . . Surtout depuis que je suis grande. . . . Autrefois il m'arrivait de trouver le temps long. . . . A présent il vole. . . .

JULIE, *souriant.* Même quand vous n'avez rien à faire? . . .

CHRISTINE. Oui. . . . N'est-ce pas singulier? . . .

JULIE. Mon enfant, je ne vois à cela rien d'extraordinaire. . . . Lorsque vous êtes inoccupée, vous rêvez et c'est précisément ce qui vous absorbe le mieux. . . . Et voici que vous rougissez, ma petite. . . . Comme je n'ai pas le droit de surprendre vos secrets, il serait prudent de parler d'autre chose.

CHRISTINE, *confuse et ravie.* Claire Dupré m'avait bien prévenue, ma cousine, que vous avez une façon, en causant, sans paraître y prendre garde, de tout vous faire dire. . . . Elle prétend que

---

[1] *ne vous va*, comes up.

vous êtes un peu sorcière. . . . M'en voilà convaincue. . . . Oui, j'ai un gros secret. . . . Maman le sait . . . mais il n'y a qu'elle. . . . Il y aura vous aussi. . . . Je veux qu'avec ma mère vous soyez ma plus grande amie!

JULIE. J'accepte de bon cœur. . . .

CHRISTINE. J'ai un fiancé: Georges Pierrard, le fils du juge Pierrard qui habite une maison que lui louait papa. . . . Locataire, vous comprenez, cela crée des relations. . . . Enfant, Georges était toujours fourré chez nous. . . . Il jouait avec moi, comme autrefois papa et. . . . (*Avec un rire de gamine.*) j'allais dire vous. . . . C'est qu'il y a une petite différence: je n'ai pas la moindre envie d'entrer au Sacré-Cœur. . . . Il a sept ans de plus que moi, ça lui fait vingt-six, ce n'est pas encore un bien grand âge, tout de même il est docteur ès-sciences et sur le point d'être nommé directeur d'une usine de produits chimiques qu'on a bâtie au bout de la ville. Pour le moment on l'envoie passer six mois à Paris où il expérimentera de nouveaux procédés. . . . C'est le côté triste, mais bah! . . . six mois sont vite passés! . . . C'est il y a un an qu'il m'a demandé si je voulais l'épouser. . . . Ma foi, pensez de moi ce que vous voudrez, je ne l'ai pas fait languir. Maman a été folle de joie. Elle ne vivait plus à l'idée qu'un jour un mari quelconque m'emmènerait au loin. La certitude que notre bonne petite existence va continuer l'enchante. Car elle habitera chez nous: j'ai fait mes conditions. Le juge Pierrard se figure que, comme fortune, son fils aurait pu trouver mieux, mais il laisse faire. Il admire tellement Georges! . . . Nous n'avons rien dit à personne puisqu'il faut attendre au moins six mois. . . . Vous verrez Georges avant son départ. Ne lui ménagez pas vos conseils pour se conduire à Paris.

JULIE, *avec violence.* Paris! . . . Il y emporte la fleur de votre affection, l'espoir de toute une vie! . . . O mon enfant, Paris tue les âmes que nous lui confions. Les tentations y sont si grandes! . . . On y considère comme une chose très simple qu'un cœur admette à la fois trois ou quatre affections dont une seule remplirait ici toute l'existence. . . . En ai-je connu des bonheurs détruits là-bas, tandis qu'en province un cœur fidèle attendait!

CHRISTINE, *souriant.* Causez avec Georges: vous serez rassurée.

JULIE. Votre fiancé est la loyauté même, je le veux bien. Mais il y a des entraînements[1] que vous ne soupçonnez pas, ma chère enfant. Avez-vous sur le passé de ce jeune homme des renseignements précis? Votre mère a-t-elle fait une rigoureuse enquête?

CHRISTINE. Maman voit mon inclination pour lui, elle est sûre de sa tendresse pour moi. Ce sont des garanties de bonheur.

JULIE. Votre mère, pour des motifs très respectables mais tout personnels, désire vivement ce mariage. . . . Cela n'est-il pas de nature à la rendre moins clairvoyante? . . .

CHRISTINE, *pensivement.* C'est vrai, pourtant!

JULIE. Vous ne voudriez assurément pas d'un bonheur avili. . . . Plutôt se dessécher au fond d'un cloître, croyez-moi, et je ne suis pas suspecte de faiblesse pour le cloître, moi qui le déserte!

CHRISTINE. Que feriez-vous à ma place?

JULIE. Je réfléchirai.

CHRISTINE. Merci de bien vouloir me guider. . . . Je n'aurai jamais d'autre mari que Georges, mais je ne l'épouserai que si je le puis en conscience. . . . Voyez quelle foi il faut que j'aie en votre jugement. . . . Il ne tient qu'à vous de ruiner mon bonheur. . . . (*Avec une ardeur contenue.*) Ce Georges . . . je l'aime tant!

JULIE, *le regard étincelant.* Répétez! . . .

CHRISTINE, *très troublée et avec un sentiment profond.* Je l'aime tant! . . .

JULIE, *à elle-même.* Comme elle ressemble à son père! . . .

CHRISTINE. Vous trouvez? . . .

JULIE. Même expression de visage . . . même ton . . . même phrase. . . . Lui! . . .

CHRISTINE. Je sais que vous l'avez beaucoup connu, ma cousine. C'était votre ami d'enfance. . . .

JULIE. Est-ce lui qui vous l'a dit?

CHRISTINE. C'est plutôt maman. . . . Depuis que papa est mort, dans nos conversations, le soir, elle raconte sa jeunesse, comment elle s'est liée avec papa quand il habitait Paris. De fil en aiguille, elle décrit les personnes qui, dans le temps, vivaient autour d'eux. . . . Vous en première ligne.

JULIE. Lorsque vous avez perdu votre père, où avez-vous pris l'inspiration de m'écrire si gentiment pour m'annoncer la triste nouvelle?

[1] *entraînements,* same as *tentations.*

CHRISTINE, *hésitante.* Comme parente, vous deviez être prévenue et il n'y avait que moi pour penser à tout, car maman était anéantie.

JULIE, *la regardant fixement.* Êtes-vous bien sûre qu'elle était anéantie au point de m'oublier?

CHRISTINE, *rougissant et détournant la tête.* Peut-être pas, mais. . . .

JULIE, *lui prenant la main.* Christine, on ne s'adresse pas aussi tendrement à une parente quelconque. . . . Un motif que je voudrais connaître a dicté votre lettre. . . .

CHRISTINE. Eh bien c'est vrai, j'ai écrit, pour ainsi dire, de la part de celui que. . . .

JULIE, *au comble de l'émotion.* Parlez donc, malheureuse enfant, vous me brûlez à petit feu!

CHRISTINE. Presqu'à la fin de sa maladie, alors qu'on n'avait déjà plus d'espoir, un matin que j'étais seule auprès de papa, il m'a fait signe de me pencher sur son lit, m'a serrée dans ses bras de tout ce qui lui restait de forces et m'a dit: « Christine, écoute et n'oublie jamais. . . . Il s'agit de ta cousine Julie, la religieuse. . . . Elle a eu à se plaindre de moi et je le regrette profondément. Je meurs en pensant à elle. . . . Si, un jour, tu crois la consoler en le lui disant, fais-le. . . . Pourtant je t'engage à t'assurer d'abord que tu ne réveilleras pas inutilement de douloureux souvenirs. En tout cas, je veux que tu ne négliges aucune occasion de lui témoigner une grande amitié. . . . Sois comme sa fille. . . . Tu comprends, c'est une espèce de réparation dont je te charge.» . . . (JULIE *écoute haletante, le regard fixe, les poings crispés. A la fin du récit, elle attire à elle* CHRISTINE *et l'interroge avec une ardeur fébrile.*)

JULIE. Christine, répétez-le, votre père n'est donc pas mort en me maudissant? . . .

CHRISTINE, *surprise et un peu effrayée.* Lui, vous maudire! . . . Vous voyez bien que la lettre où je vous annonçais sa fin, j'y avais mis toute son âme avec la mienne. . . . Lorsque je l'écrivais, il n'était pas encore enseveli. . . . J'exécutais, sans perdre un instant, sa volonté.

JULIE. Ah! j'avais besoin de vous entendre! . . .

CHRISTINE. Si vous me trouvez prête à vous obéir en tout, c'est parce que je crois fermement que de loin, papa veille sur moi

et me confie à votre sagesse. (*Entre* MME RENAUDIN *essoufflée et radieuse.*)

SCÈNE VII

JULIE, CHRISTINE, VVE RENAUDIN

VVE RENAUDIN, *se laissant tomber dans un fauteuil.* Ouf! Je n'en puis plus! . . . Quelle journée! . . . Monseigneur a parlé. (*A* JULIE.) Tu sais qu'il est un de nos premiers orateurs. . . . Il a eu pour la Présidente un compliment délicieux. . . . Il m'a comparée à la reine des abeilles au milieu de ses ouvrières. . . . Ces dames ont applaudi frénétiquement. . . . Je ne savais plus où me mettre.

CHRISTINE. Ma tante, quel triomphe! . . . Je me réjouis de le raconter à maman.

VVE RENAUDIN. Eh bien, dépêche-toi d'aller la rejoindre. . . . Tu oublies complètement ta leçon de piano. En passant devant chez vous, je viens de voir ce brave Walther qui y entrait.

CHRISTINE. C'est vrai, je suis en retard! (*A* JULIE.) Le temps ne compte pas auprès de vous! . . . (*Lui faisant un signe d'intelligence.*) A demain, n'est-ce pas? . . . (*A* MME RENAUDIN.) Au revoir, ma tante! (*Elle lui tend le front.*)

VVE RENAUDIN. Allons, file vite! . . .

CHRISTINE. . . . Oh! je n'ai pas peur d'être grondée. . . . Je trouverai maman déchiffrant ses éternelles *Noces de Jeannette*[1] avec Walther. . . . C'est encore moi qui attendrai! (*Elle sort.*)

SCÈNE VIII

JULIE, VVE RENAUDIN

JULIE. Maman, dites-moi où je pourrais trouver un confesseur?

VVE RENAUDIN. J'y ai déjà réfléchi, ma fille, et j'en ai plusieurs en vue. . . . Nous avons le temps d'y penser.

JULIE. Non, Maman. . . . C'est tout de suite que je voudrais me confesser, n'importe où, à un prêtre quelconque. . . . Je ne me coucherai pas ce soir avant d'avoir obtenu l'absolution.

VVE RENAUDIN. Perds-tu l'esprit? . . . Tu ne parlerais pas autrement si tu avais sur la conscience un énorme péché mortel.

JULIE. J'en ai un.

VVE RENAUDIN. Voilà bien vos scrupules de religieuses! . . .

[1] *Noces de Jeannette,* a comic opera, music by V. Massé (1853).

JULIE. S'abandonner à une colère affreuse, qui ne se manifeste pas à l'extérieur, mais qui vous fait souhaiter la mort de quelqu'un, ne croyez-vous pas que ce soit une faute grave? . . .

VVE RENAUDIN. Si, mais. . . . Autour de toi, qui peut mériter une haine pareille? . . .

JULIE. Ne cherchez pas, et indiquez-moi un confessionnal où je sois sûre d'être écoutée tout de suite. . . .

ACTE II

SCÈNE PREMIÈRE

JULIE, VVE RENAUDIN

JULIE *est assise près de la fenêtre, les mains inoccupées, le visage tourné vers l'extérieur, le regard vague. Elle est seule. Au bout d'un instant arrive* MME RE-NAUDIN, *sans corset sous sa robe de toile écrue et coiffée d'un vaste chapeau de paille. Elle est munie d'un sécateur* [1] *et d'un grand panier.*

VVE RENAUDIN. Je vais cueillir des fleurs pour le reposoir. . . . [2] Viens-tu m'aider, Julie? . . .

JULIE, *sans tourner la tête.* Une autre fois, Maman. . . . Je ne me sens pas le cœur à l'ouvrage. . . .

VVE RENAUDIN. Encore à broyer du noir! . . . [3]

JULIE. Non. . . . Je pensais à une petite sœur que nous avons perdue l'hiver dernier. . . . A peine vingt-trois ans! . . . Une figure d'enfant avec de grands yeux résignés! . . . Elle s'en allait de la poitrine [4] et jamais un murmure. . . . Ses parents habitaient dans les environs et la voyaient baisser de jour en jour. Sa mère disait: « Si seulement elle pouvait s'éteindre au milieu de nous! . . . Si on me la rendait pour les derniers jours! . . . Et qui sait? . . . En bon air, peut-être qu'on la prolongerait! » On n'aurait pas demandé mieux; mais une sœur appartient à Dieu tant qu'elle respire et on aurait été bien reçu à lui proposer d'aller finir loin du couvent! . . . Mais voilà qu'une petite conspiration s'organise. . . . Nous avons découvert le moyen de procurer à notre chère compagne le bonheur de revoir le foyer paternel. Nous expliquons la chose au médecin. Il approuve et déclare qu'une promenade en voiture est indispensable à la guérison. . . . La mère supérieure sourit. . . . Elle regrette que la communauté soit pauvre. . . . Ses ressources ne lui permettent pas de promener les sœurs en carrosse. . . . Si pourtant Mme la Comtesse voulait bien prêter son landau. . . . Vous jugez si la pauvre mère était contente. . . . Et la supérieure continuait avec le même sourire: « Votre fille est prévenue qu'elle restera cloîtrée, comme l'exige la règle, tant qu'elle ne franchira pas les portières de la voiture. . . . Moyennant cela, vous pourrez la promener autour du château. Par les fenêtres ouvertes, elle reverra les appartements où elle a grandi. . . . Mais surtout qu'elle ne mette pas pied à terre, à moins, bien entendu, d'accident. » L'expédition a lieu . . . Mère et fille sont dans l'équipage. . . . Les voici dans le parc . . . la comtesse a donné ses instructions au cocher et en arrivant au petit pas dans la cour du château, une roue se détache et la voiture verse mollement sur le seuil défendu. Il y a cas de force majeure. [5] . . . La dame pousse un cri et entraîne sa fille dans cet intérieur où elles ont vécu. Quand notre petite malade nous est revenue le soir, elle était, pour la première fois, lasse et découragée. Le lendemain, elle me disait: « Voyez-vous, sous aucun prétexte, je ne sortirai plus. . . . Ma pauvre mère a cru me procurer un grand bonheur et c'est tout le contraire. . . . Ce retour parmi des personnes attachées à la vie ne m'a pas été bon. Il m'a fallu prier toute la nuit pour me retrouver joyeuse d'être ici. Qu'on m'y laisse mourir en paix, ce sera la meilleure façon, d'avoir pitié de moi! » Maman, elle avait raison, notre petite sainte. Il ne faut pas ramener son regard sur la terre après avoir pendant des années contemplé le ciel.

VVE RENAUDIN. J'avais bien prévu que tu serais mal à l'aise parmi nous.

JULIE. Dites mieux, j'y suis très malheureuse.

VVE RENAUDIN. Là, pour le coup, tu exagères!

JULIE. Non, vous ne voulez pas comprendre qu'au couvent nos sentiments

---

[1] *sécateur,* pruning shears.

[2] *reposoir,* temporary altar erected in the streets in times of processions.

[3] *broyer du noir,* indulging in a fit of the blues.

[4] *Elle s'en allait de la poitrine,* she was dying of consumption.

[5] *cas de force majeure,* unavoidable accident.

sont enfermés avec nous et qu'après des années ils nous étreignent avec la même furie. Vous souriez des anciennes douleurs, tandis qu'elles nous rongent! . . .

VVE RENAUDIN. Il n'y a plus de raison pour que tu sois rongée, puisque tu n'es plus enfermée avec tes vieux sentiments. . . . Fais comme nous, moque-toi d'eux.

JULIE. Ah! c'est facile à dire! . . . Je heurte à chaque pas ce mort et je dois l'accueillir de sang-froid! . . . Des impressions que je croyais à jamais éteintes renaissent. Je suis assaillie de toutes parts. . . . (S'approchant de la fenêtre.) Ce jardin, tenez, il n'est pas un détour d'allée, pas un arbre, pas une touffe de lilas qui n'évoque un souvenir. . . . Là il me disait tout ce qu'on peut rêver de tendre avant son séjour à Paris. . . . Là, il passait quelques mois après, nous amenant Jeanne en visite de noces. . . . Ah! son regard honteux pendant qu'il me la présentait. C'était près du magnolia: je vois d'ici la place. . . . Et chez lui, donc! Il m'environne, il m'affole! . . . Au point que moi, une chaste fille, dont la pensée fuyait jusqu'au soupçon même de certaines choses, quand Jeanne m'a menée dans la chambre où il a rendu l'âme, je n'ai pas pu prier au pied du lit, sans entendre des baisers d'époux passer dans l'air où flottait encore son dernier souffle! . . . Et puis des scènes ridicules et navrantes. Par exemple, Jeanne et moi traversons l'appartement. J'arrive à l'endroit où je lui ai serré une dernière fois la main en le quittant pour toujours. . . . Mes regards sont rivés sur ce coin du salon: Il est là! . . . C'est lui! . . . Jeanne a surpris mon émotion, et ne voilà-t-il pas qu'elle s'avise de la partager! « Vous êtes comme moi! s'écrie-t-elle. Je ne peux pas m'y faire! » Qu'a-t-elle donc dans les veines, cette femme là? . . . Je l'aurais étranglée!

VVE RENAUDIN, ironiquement. Rien que cela! . . . Dis-moi la vérité, Julie. C'est contre Jeanne que, dès le premier jour, tu t'es mise dans une colère tellement affreuse que tu as dû t'en confesser le soir même?

JULIE. Oui, Maman.

VVE RENAUDIN. Pourquoi cette fureur? Jeanne est incapable de peiner volontairement quelqu'un.

JULIE. Oui, Jeanne est un agneau. . . . C'est moi qui autrefois l'ai attaquée la première . . . lâchement . . . . J'ai un crime sur la conscience.

VVE RENAUDIN. Mais ne raconte donc pas de pareilles absurdités! . . . Il y a des gens qui seraient assez bêtes pour te croire. . . . Ne vois-tu pas que vos consciences de serres chaudes,[1] dressées à crier miséricorde pour la moindre imperfection, finissent par radoter?

JULIE. Si j'entrais dans les détails, vous verriez. . . .

VVE RENAUDIN. Je t'en supplie, ne me trouble pas la cervelle avec le récit de tes vieux péchés. Dieu, qui est infiniment bon, doit t'avoir pardonné depuis des années. Reposons-nous sur lui.

JULIE. C'est cela. . . . Retenez seulement que j'ai été coupable envers Jeanne qui a tout supporté avec une si admirable sérénité que je pouvais me demander si elle savait. . . . Il a fallu m'accuser moi-même pour acquérir la certitude que je ne lui apprenais rien.

VVE RENAUDIN. Ta colère s'explique de moins en moins. . . . Si tu l'as, comme tu le prétends, lâchement attaquée, elle a été très généreuse. . . .

JULIE. D'une générosité à faire vomir! . . . Tandis qu'elle dérobait ma faute aux regards du monde entier, elle révélait l'odieux secret à une personne, rien qu'une, mais précisément la seule dont je redoutais le jugement: elle disait tout à Henri. . . . Je m'étais enterrée vive pour emporter l'estime de cet homme, et Jeanne a voulu me perdre dans son esprit. Le jour de la première communion de sa fille, il s'était souvenu de moi avec émotion. . . . Eh bien, à la même époque sa femme s'inquiétait de ce qu'il m'oubliait si peu. Ne pouvant anéantir ma personne, elle tuait ma réputation.

VVE RENAUDIN. C'est abominable de parler comme si entre elle et toi la partie était égale. . . . Jeanne a été unie à Henri par un sacrement! . . . (Long silence.)

JULIE, frappée de terreur, à voie basse. Unie à lui par un sacrement. . . . Tout est là! . . . Merci, Maman, de me le faire comprendre! . . . Une fois de plus je suis coupable et j'en demande humblement pardon à Dieu! . . . Jeanne a usé d'un droit sacré, et en le lui reprochant je me conduisais comme une misérable pécheresse. A l'avenir elle sera ma sœur, je vous le promets. . . . J'y mettrai toute ma bonne volonté.

VVE RENAUDIN. Tu réussiras, j'en suis certaine.

---

[1] consciences de serres chaudes, hot-house consciences (under forced cultivation.)

JULIE. Je serai soutenue par la pensée qu'elle n'est pas arrivée à me rendre odieuse à Henri, dont la dernière parole a été pour ordonner à sa fille de se confier entièrement à moi.

VVE RENAUDIN. Jeanne est loin de faire obstacle à la réalisation de ce vœu. . . . Preuve qu'au lieu de chercher à te nuire elle a été d'accord avec son mari pour mettre un intérêt dans ta vie. . . .

JULIE. C'est encore vrai! . . . Prions Dieu de m'éclairer et de faire triompher en moi son esprit de justice. . . .

VVE RENAUDIN. Et surtout qu'il te fasse apprécier ce qu'il y a d'agréable dans ta situation qui s'arrange beaucoup mieux que je n'espérais. . . . On t'a fait partout le meilleur accueil. . . . Ton entrée aux Enfants de Marie a été un véritable triomphe. . . . Tu seras présidente après moi. . . . (JULIE *hausse les épaules*.) Laisse-toi donc aller à sourire une fois! . . . (*Entre* BARBE.)

SCÈNE II

JULIE, VVE RENAUDIN, BARBE

VVE RENAUDIN. Qu'est-ce qu'il y a, Barbe?

BARBE. Une belle visite pour mademoiselle Julie. . . . Une jeune dame, oh mais, tout ce qu'il y a de chic. . . . (*Tendant une carte à* JULIE.) Et puis, voilà son nom. . . .

JULIE, *lisant*. Marquise de Frévoir! . . . O quelle joie! . . . Odile de Saint-Hilaire, qui a épousé le marquis de Frévoir. . . .

VVE RENAUDIN. Une de tes anciennes élèves?

JULIE. Oui. . . . Celle que j'ai le plus aimée! . . .

VVE RENAUDIN. Je te laisse pour aller récolter mes fleurs (*Mettant d'énormes lunettes bleues*.) Tu vois, je m'équipe contre le soleil. . . . (*Faisant un mouvement pour s'en aller, puis revenant sur ses pas*.) Mon sécateur que j'oubliais. . . . Oh non, il est dans le panier. . . . Quand elle sera partie, viens me raconter les nouvelles. . . .

JULIE, *qui grillait d'impatience de voir disparaître sa mère, pendant qu'elle s'éloigne*. Barbe, voyons. . . . Vous restez là, plantée. . . . Mais appelez-la donc. . . . Où est-elle? . . . (*Au même instant, une jeune femme, élégante, jolie, rieuse, moqueuse,* bouscule BARBE *qui sort et accourt vers* JULIE.)

SCÈNE III

JULIE, ODILE

ODILE, *se précipitant au cou de* JULIE. Ici! . . . (JULIE *se penche vers la figure d'*ODILE *et presse successivement ses deux joues sur les deux joues qui lui sont offertes*.) Oh! non! . . . Pas comme ça! . . . Vous embrassez encore comme les nonnes, en jouant des cymbales avec vos joues. . . .[1] Ce n'est pas de jeu, ma . . . j'allais dire ma mère. . . . A-t-on jamais vu? . . . Au fait, comment dire?

JULIE. On m'appelle Mademoiselle.

ODILE. Eh bien, voici pour vous, Mademoiselle. (*Elle applique deux baisers retentissants sur les joues de* JULIE.) A l'avenir, prenez modèle là-dessus. . . . Hein, c'est mon tour de vous faire la leçon. . . .

JULIE, *souriant*. Toujours la même! . . .

ODILE. Il y a six mois vous avez répondu à la lettre où je vous annonçais mon mariage, que j'étais à jamais perdue pour vous. . . . Je l'étais si peu que nous sommes voisines.

JULIE. Pourtant votre château n'est-il pas dans les Vosges?

ODILE. Nous recevons l'hospitalité d'un vieil oncle de mon mari, à trois lieues d'ici. . . . Un de ces oncles qu'on soigne. . . . Tant que nous ne lui aurons pas fermé les yeux nous ne le quitterons guère.

JULIE. Comment avez-vous appris mon changement d'existence?

ODILE. Claire Dupré se trouve en ce moment chez son grand-père le conservateur des forêts, qui est ami de notre oncle et administrateur de ses bois. Hier nous avions à déjeuner le conservateur et Claire. Pensez si elle et moi nous avons parlé de vous! . . .

JULIE. C'est très mal à elle de n'être pas encore venue me voir! . . .

ODILE. Ne l'accusez pas. . . . Elle était arrivée le matin et son grand-père lui avait à peine laissé le temps de se débarbouiller avant de nous l'amener.

JULIE. Arrivée le matin et déjà renseignée sur mes faits et gestes!

ODILE. Elle avait eu de vos nouvelles par Christine Laval, votre parente, qui lui écrit souvent. Il paraît que la jeune fille, ainsi que nous toutes, a été prise à vos séductions.

---

[1] *en jouant des cymbales avec vos joues,* applying your cheeks against mine, instead of your lips.

JULIE, *blessée.* Je ne sais ce que vous entendez par mes séductions. . . . Christine sent que je lui suis attachée, comme je l'ai été à d'autres, vous en particulier, pour mon malheur. . . .

ODILE, *riant.* En quoi ai-je mérité ce coup de griffe?

JULIE, *souriant.* En me quittant pour aller vers la vie. . . . Christine également m'abandonnera.

ODILE. Est-elle vraiment fiancée avec M. Georges Pierrard, comme on le prétend?

JULIE. Je crois, en effet, qu'il est question d'un mariage.

ODILE. C'est ce que nous a dit Claire. Alors l'oncle nous a raconté un fait-divers [1] tragi-comique dont ce M. Pierrard vient d'être le héros. Il avait pour maîtresse la fille d'un de nos métayers à laquelle il a signifié son congé dès qu'il s'est occupé de votre cousine. La délaissée a fait semblant de s'empoisonner avec des allumettes, mais l'indigestion qu'elle a réussi à se donner a été guérie en cinq minutes par une cuillerée d'ipéca. Son père menaçait de laver dans le sang le déshonneur de sa fille qui en était à son vingt-cinquième amant. On avait eu tant de fois l'occasion de le calmer, ce papa féroce, qu'on savait la façon de s'y prendre. Une petite somme versée par le délinquant lui a procuré la liberté de se consacrer à son nouvel amour.

JULIE. Ce monsieur Pierrard est un homme abominable! . . .

ODILE, *gaîment.* Mais non! . . . Il est à l'âge où l'on s'amuse.

JULIE, *amèrement.* Il sème la haine et le désespoir: ne blâmez pas: il s'amuse! . . .

ODILE. L'été dernier, dans l'arène de Saint-Sébastien,[2] je voyais un taureau ruisselant d'une sueur d'agonie, le mufle barbouillé d'une bave sanglante, et prêt à fondre sur un de ses persécuteurs, lequel se trouvant pris de trop court, criait à ses compagnons, en leur montrant l'animal exaspéré: «Amusez-le pendant que je recule un peu. . . . » C'est ce qu'ils firent en plantant quelques banderilles [3] dans le cuir de la bête. . . . Il y a, croyez-moi, bien des manières de s'amuser.

JULIE. Vous parlez avec une légèreté! . . . Et vous étiez parmi nos meilleures! . . .

ODILE, *riant.* On frémit à l'idée de ce que deviennent celles qui étaient parmi les pires! . . .

JULIE, *tristement.* Cette vision vous paraîtrait moins drôle si vous aviez perdu votre jeunesse à vouloir former des chrétiennes.

ODILE. Si nous sommes des chrétiennes tièdes, nous vous conservons une chaude affection. . . . C'est consolant! . . . Quant à M. Pierrard, je suis désolée que mes bavardages lui aient fait tort dans votre estime.

JULIE. Ce tort n'est peut-être pas irréparable. . . . Je sais, hélas! que bien des hommes deviennent d'excellents pères de famille après de scandaleuses jeunesses. . . . Croyez-vous, au moins, que M. Pierrard aime sérieusement Christine?

ODILE. Cela, oui! . . . Le courage qu'il a eu d'affronter d'assez grands ennuis pour appartenir exclusivement à ses espérances, le prouve. . . . De l'avis de tous ceux qui le connaissent, il rendra sa femme très heureuse. . . .

JULIE. Voilà qui me rassure un peu. . . . (*Entre* CHRISTINE.)

SCÈNE IV

JULIE, ODILE, CHRISTINE

JULIE. Précisément celle dont nous parlions. . . . Venez, Christine, que je vous présente à une autre de mes enfants, Odile de Saint-Hilaire. . . . Je devrais dire Mme la marquise de Frévoir. . . .

CHRISTINE, *à* ODILE. Je vous connais déjà, Madame. Je ne rencontre jamais Claire Dupré sans qu'elle me cite vos spirituelles reparties.

ODILE, *montrant* JULIE. Pourvu que cette personne austère ne vous les fasse pas prendre en grippe! . . .[4]

CHRISTINE. Je vous assure que ma cousine a le caractère très gai et ce n'est pas elle qui nous empêchera de plaisanter lorsque vous viendrez goûter avec Claire et moi. Vous voyez, je parle déjà comme si nous étions amies. . . .

ODILE. Si cela dépend de moi, nous le serons. . . . Cependant.

CHRISTINE. Vous en doutez? . . .

ODILE. Je vous expliquerai mon hésitation un jour où je serai moins pressée.

---

[1] *un fait-divers*, incident, from the title *Faits-divers* given in newspapers to a column of miscellaneous happenings.

[2] *Saint-Sébastien*, a city in Spain near the French border.

[3] *banderilles*, darts adorned with ribbons which the bull fighters stick into the animal's skin.

[4] *prendre en grippe*, hate.

Pour le moment, il faut que je vous quitte. ... Mon mari m'a donné un quart d'heure à passer ici, pendant qu'il portait chez l'armurier un fusil qu'il a détraqué! ... Il m'attend avec une patience qui n'est pas à toute épreuve. ... (*A* JULIE.) Au revoir ma mère. ... Ah zut! ... Je suis incorrigible! ... (*Se jetant au cou de* JULIE.) Au moins que je vous embrasse: c'est toujours de saison. ... (*A* CHRISTINE.) A bientôt, Mademoiselle. ... Ne vous dérangez pas, je connais le chemin. (*Elle sort.*)

SCÈNE V

JULIE, CHRISTINE

JULIE. Croyez-moi, ce n'est pas une amie pour vous. ... La pernicieuse influence du monde ne l'a pas épargnée. ...

CHRISTINE. Vous faites bien de me prévenir. ... La prochaine fois, je l'accueillerai plus froidement. Ma chère Julie,—vous voyez, je vous obéis en vous appelant par votre petit nom,—ma chère Julie, hier soir, mon fiancé est venu à la maison, et, vraiment, il a été si charmant que je me suis sentie toute gênée pour lui répondre. Je me disais que son inclination méritait d'être payée de retour, mais vous m'avez rendue prudente en me montrant la nécessité d'être mieux renseignée sur sa conduite et ses sentiments religieux. ... Il en est résulté que le pauvre garçon est parti désolé de m'avoir trouvée maussade. J'en suis moi-même navrée et pourtant je ne laisserai pas mon affection s'exprimer librement, tant que je ne saurai pas s'il en est digne. Vous m'avez promis de vous informer. Avez-vous appris quelque chose? ...

JULIE, *embarrassée.* Rien de décisif. ... Attendons. ...

CHRISTINE. Heureusement vous êtes là pour m'encourager. ... Je ne puis plus me passer de nos longues causeries. ... Mon âme ne s'ouvre complètement que pour vous.

JULIE. Il ne faut pas que cette confiance fasse tort à l'autorité de votre mère.

CHRISTINE. Maman, je l'aime beaucoup, mais il entre dans sa tendresse trop de souci de mon bonheur matériel, tandis que vous préparez mon éternité! Je sens qu'auprès de vous mon âme s'élève et s'ennoblit. Je m'estime davantage depuis que je vous vois tous les jours. Vraiment, je ne sais comment vous témoigner ma reconnaissance. Si seulement une trouvaille que j'ai faite hier pouvait vous intéresser. En ce moment on met à sec, pour la nettoyer, la petite pièce d'eau qui se trouve devant notre maison. ...

JULIE. Que de fois, lorsque j'étais enfant, je m'y suis amusée à jeter du pain aux poissons rouges.

CHRISTINE. Pendant le déjeuner des ouvriers, je flânais par là et j'ai aperçu un objet qui sortait de la vase, un objet un peu brillant. ... Je l'ai ramené avec un rateau. ... C'est une miniature sur bois, dans un cadre autrefois doré; miniature qui vous ressemble autant qu'on en peut juger, car l'humidité l'a fortement détériorée.

JULIE. Qu'en avez-vous fait? ...

CHRISTINE. Voici. ... (*Elle tend à* JULIE *un petit paquet, enveloppé d'un journal qu'elle tenait à la main.*)

JULIE, *après avoir déballé le paquet et regardé le contenu. Froidement.* Ceci a été mon portrait.

CHRISTINE. Je m'en doutais. ... Est-ce qu'il n'y a pas eu quelque chose d'écrit, au dos? ... (*Elle reprend le portrait.*) Donnez que je nettoie la boue. (*Elle mouille de salive un coin de son mouchoir et frotte le revers du portrait.*) Décidément, c'est effacé. ... Tout de même, ne dirait-on pas le mot: Henri. ... Tenez, là. ...

JULIE, *affectant un calme dédaigneux.* Henri, oui. ... Henri Laval, votre père. ... Je me souviens de lui avoir donné mon portrait accompagné d'une phrase quelconque.

CHRISTINE. Mais ce portrait au fond de l'eau. ... Pourquoi?

JULIE. La peinture s'était peut-être abîmée. On vend maintenant des couleurs si peu solides.

CHRISTINE. C'est égal! ... Je suis scandalisée de voir jeter à l'eau l'image d'une cousine, comme un petit chat crevé.

JULIE, *souriant.* Une véritable profanation! ... Avez-vous montré ce débris à votre mère?

CHRISTINE. Non. ... Elle est encore si triste! ... Cela n'aurait qu'à réveiller une vieille histoire.

JULIE. Vous avez bien fait. (*Reprenant le portrait.*) Puis-je le garder?

CHRISTINE, *riant.* Le beau cadeau!

JULIE, *très sombre.* Il a sa valeur! (*Long silence.* JULIE *s'absorbe dans la contemplation du portrait.*)

CHRISTINE, *l'observant.* Julie, vous n'êtes guère plus forte que maman contre les vieilles histoires.

JULIE, *levant la tête brusquement.* Moi?

CHRISTINE. Est-ce que je ne vois pas vos mains qui tremblent? . . . et des larmes? . . . J'ai eu tort d'apporter cela.

JULIE. Il y a, en effet, de vieilles, très vieilles histoires qui me font pleurer. J'en suis quitte pour une courte émotion, comme vous voyez. (*Elle s'efforce de sourire.*)

CHRISTINE. Est-ce que je me trompe? Il me semble qu'un chagrin qu'a dû vous pousser dans le temps à entrer au Sacré-Cœur.

JULIE. Le bon Dieu ne m'a pas envoyé la grâce d'une vocation spontanée. . . . Il a fallu de lourdes peines pour me conduire à lui. Cette peinture est de la même époque. Voilà toute la chose.

CHRISTINE. Un homme que vous aimiez a eu des torts envers vous?

JULIE. Je ne prononcerai pas un mot de blâme contre une personne à laquelle mon affection restera fidèle jusque dans l'autre vie.

CHRISTINE. Il s'agit de mon père, n'est-ce pas?

JULIE. Oui. Que cela vous serve de leçon, Christine. Vous savez combien il était noble et bon, malgré cela j'ai cruellement souffert par lui. Jugez du danger que court une jeune fille qui s'attache à un être vulgaire, esclave des plus bas instincts.

CHRISTINE. Mon Dieu, est-ce qu'en disant cela, vous penseriez à Georges?

JULIE. Pour vous répondre avec une franchise absolue, j'aurais besoin de mieux connaître votre caractère. . . . Êtes-vous la femme forte qui fait passer l'intérêt de son salut avant les affections périssables d'ici-bas?

CHRISTINE. Je l'espère. . . . La plus grande obligation que je vous ai, c'est de m'avoir éclairée sur l'énergie dont je serais capable pour sauver mon âme si elle était en péril.

JULIE. Supposez pourtant que votre fiancé soit l'ennemi. . . .

CHRISTINE. Aucun motif humain ne me ferait renoncer à Georges, mais nos devoirs envers Dieu sont au-dessus de toute discussion.

JULIE. Bien, mon enfant! . . .

CHRISTINE. Seulement, je ne vois pas comment, auprès de Georges, mon salut serait compromis.

JULIE. La vie conjugale comporte une terrifiante intimité. Votre mari parlant de vous dira: ma moitié. . . . Avec l'air de plaisanter, il énoncera une vérité sinistre. La vierge pure risque d'être la moitié d'un débauché, la créature née pour la vie éternelle se rive à un cadavre.

CHRISTINE. En revanche, quel bonheur si on devient la moitié d'un héros ou d'un saint! . . .

JULIE. Oh! quant à cela, d'accord! . . . Moi-même, j'avais rêvé de m'unir à votre père. Appuyé sur lui j'aurais trouvé moins aride le chemin du ciel. Oui, le sacrement du mariage est une institution divine. Seulement le mari et la femme vivent dans une dépendance mutuelle si complète que l'un ne peut pas commettre un péché sans que l'autre subisse une flétrissure. A eux deux, ils n'ont plus qu'une conscience. Accepteriez-vous d'arriver devant le juge suprême avec les responsabilités d'un infâme séducteur. . . . Voilà pourtant ce qui vous menace.

CHRISTINE. Au cas où j'épouserais Georges? . . . Vous disiez à l'instant que vous n'aviez rien appris de décisif.

JULIE. J'ai lâchement reculé devant le chagrin que j'allais vous faire. Mais la vue de ce portrait me rappelle au sentiment du devoir. Si l'être délicat qu'était votre père a jeté aux ordures un souvenir sacré, de quoi sera capable celui qui se signale par son inconduite? Un M. Pierrard, par exemple. . . .

CHRISTINE. Je suis au supplice! . . . Apprenez-moi ce que vous savez.

JULIE. En m'écoutant, vous allez peut-être sourire, comme tout à l'heure mon élève préférée pendant qu'elle me révélait le scandale. Un jeune homme s'amuse. . . . Quoi de plus naturel? . . .

CHRISTINE, *tirant son mouchoir et s'essuyant les yeux.* Ayez pitié. . . . Est-ce que Georges en aime une autre? . . .

JULIE. Bien au contraire, pour le quart d'heure, c'est vous qu'il aime. Vous lui plaisez tellement qu'il s'est dégoûté d'une jeune fille dont il avait fait sa maîtresse. La pauvre abandonnée a voulu se suicider, et n'a pas réussi. . . . Son père allait la venger, mais on l'a désarmé. . . . La fille désespérée et le père en courroux sont d'un ridicule classique. . . . Quant à vous, Christine, vous êtes le personnage applaudi, la rivale heureuse, la triomphatrice. Voyons, courage! Ne pleurez pas!

CHRISTINE, *se raidissant contre la douleur.* Je serai forte, mais le premier moment. . . .

JULIE. Est rude! . . . Assister à l'effondrement d'un idéal. . . . Je connais cela. . . .

CHRISTINE. Je sais ce que vous feriez à ma place.

JULIE. Oui, mais j'agirais en contradiction avec le genre humain. M. Pierrard est un homme sérieux, plein d'avenir, très estimé et que la plupart des mères de famille s'empresseraient de choisir pour gendre.

CHRISTINE. N'avoir qu'une conscience avec lui! . . . Être de moitié dans ses crimes! . . . Quelle horreur! . . . Merci, Julie, de m'avoir ouvert les yeux! . . .

JULIE. Vous, du moins, vous êtes une vraie chrétienne avec laquelle je n'ai plus à redouter les déceptions que m'ont apportées tant de jeunes filles! . . .

CHRISTINE. Mon chagrin est très grand, mais votre approbation me soutiendra jusqu'au bout. C'est maman qui m'inquiète. Elle tenait énormément à ce mariage. . . . Comprendra-t-elle mes raisons de le rompre. . . . J'ai peur qu'elle ne les trouve pas assez graves.

JULIE. Mon enfant, elles sont de la plus haute gravité pour nous qui avons la foi. . . .

SCÈNE VI

JULIE, CHRISTINE, VVE RENAUDIN

Cette dernière revient avec son panier rempli de fleurs, son grand chapeau, de vieux gants, les lunettes bleues, et tout en parlant se débarrasse de son attirail de jardinage.

VVE RENAUDIN. Eh bien, c'est du joli! . . . Laisser une vieille femme s'exténuer au grand soleil pendant que vous restez à ne rien faire! . . . (*A* CHRISTINE.) Je travaillais pour le bon Dieu, tu n'aurais pas dû l'oublier!

CHRISTINE, *avec un sentiment profond.* Le bon Dieu n'y perdra rien, allez, tante! . . .

VVE RENAUDIN. Oui, on dit cela. . . . Tu n'es pas à l'âge où il fera de bien brillantes affaires avec toi.

CHRISTINE, *d'un ton mystérieux.* On ne peut pas savoir! . . . (*Consultant la pendule.*) Mon Dieu, déjà cinq heures! Maman doit se demander ce que je deviens. . . .

VVE RENAUDIN. Reste encore un peu; elle viendra te chercher et nous aurons le plaisir de la voir.

CHRISTINE. Non, il vaut mieux que j'aille la rejoindre. . . . Au revoir, tante. (*Elle lui tend le front. A* JULIE.) A demain n'est-ce pas? . . .

JULIE. Oui, Christine, à demain. (*Elles s'embrassent.* CHRISTINE *sort.*)

SCÈNE VII

JULIE, VVE RENAUDIN

VVE RENAUDIN, *la suivant des yeux.* Elle est toute pâlote, cette petite. . . . On devrait la purger. . . . Et puis, tu la rendras nerveuse à force de causer. Cela m'agace de voir s'éterniser vos colloques. C'est pour cela que je l'ai grondée de n'être pas venue m'aider à cueillir mes fleurs. Si vous aviez fait une partie de volants sur la pelouse, je me serais bien gardée de vous déranger.

JULIE. Nos conversations ne peuvent que la pousser au bien.

VVE RENAUDIN. Tu ne t'en aperçois pas, avec son air tranquille, c'est une tête chaude que cette fillette. Ne viens-tu pas de l'entendre? . . . « Le Bon Dieu n'y perdra rien! . . . On ne peut pas savoir! » . . . Prends garde qu'elle n'aille prendre sa place au couvent.

JULIE. Quand cela serait! . . .

VVE RENAUDIN. Tu t'en es bien trouvée, n'est-ce pas?

JULIE. Je n'avais pas la vocation. Une foule d'autres l'ont.

VVE RENAUDIN. Et puis songe à sa mère qui resterait seule. Sa position serait lamentable. Elle n'est pas de force à supporter l'isolement. Ce serait sa fin.

JULIE, *les yeux étincelants, mais la voix molle et d'un ton neutre.* Quelle idée!

ACTE III

SCÈNE PREMIÈRE

JULIE, JEANNE

JULIE *est seule, faisant du crochet. Entre* JEANNE.

JEANNE. Comment allez-vous, Julie? . . . Seule?

JULIE. Je garde la maison. Ma mère est allée à sa ferme de Belle-Fontaine pour des réparations.

JEANNE. Cela tombe à merveille. Nous pourrons causer tranquillement.

JULIE. Où est Christine?

JEANNE. Je l'ai laissée au jardin . . . comme il s'agissait précisément d'elle. . . .

JULIE, *affectant la surprise.* Ah! . . .

JEANNE. Il faut bien l'avouer, je

tenais énormément à ce mariage. Peu de fortune de part et d'autre, mais une belle carrière du côté de Georges, et, vraiment, depuis que nous sommes en danger de le perdre, je m'aperçois que je le considérais déjà comme un fils. Il aime tant Christine! . . . Pauvre garçon. . . . Il est venu me confier ses peines. . . . J'avais le cœur gros de ne pouvoir lui donner la moindre espérance, puisque la résolution de Christine paraît irrévocable. Il s'est expliqué très franchement sur son aventure. On ne peut pas lui reprocher d'avoir séduit une jeune fille honnête. Celle qu'il fréquentait avait un déplorable passé. Elle a maladroitement joué une comédie de suicide qui n'a trompé personne. Quant au père, c'est un triste individu qui s'entend avec sa fille pour exploiter ceux qu'elle attire. Vous voyez que tout cela est bien banal. J'ai essayé de le faire comprendre à Christine. Elle a répondu par des phrases d'un mysticisme tellement exalté que j'en suis restée follement inquiète. Elle est sombre, rude, comme frappée de terreur. Quelques mots qui lui sont échappés me font craindre qu'elle n'ait le projet d'entrer en religion.

JULIE. Elle ne m'a rien dit de précis à ce sujet.

JEANNE. Enfin, croyez-vous cela possible?

JULIE, *avec un regard dur*. Probable même.

JEANNE. Vous le dites sans frémir! . . . Soutiendrez-vous qu'elle a la vocation? . . . Ah! plût au Ciel! . . . je n'aurais à pleurer que sur ma propre solitude. . . . Mais non! . . . Il fallait l'entendre, il y a quelques semaines, toute à la joie d'être fiancée! . . . Je vous le garantis, elle ne songeait guère au cloître. Et puis voilà qu'une brusque apparition des tristes réalités de la vie anéantit en elle tout espoir de bonheur. . . . Quel avenir devant elle! . . . Pendant des années malheureuse au couvent, ou bien, si elle renonce, un retour désolé parmi nous qui ne la comprendrons plus.

JULIE, *avec un sourire amer*. Tout à fait mon histoire! . . .

JEANNE. Raison de plus pour avoir pitié! . . . Sauvez-la! . . .

JULIE. Est-ce donc sauver Christine que l'empêcher de se donner à Dieu? . . . Si je n'ai pas su correspondre à la grâce est-ce un motif pour que votre fille s'en montre également indigne? . . .

JEANNE. Une femme qui n'apporte pas à Dieu un cœur intact ne se plie pas à la vie religieuse. Vous le savez mieux que personne.

JULIE. Je pourrais, au contraire, citer plusieurs de mes anciennes compagnes qui, venues à Dieu avec des cœurs brisés, ont goûté dès cette vie le bonheur des élus. Je serais la pire ennemie de votre fille en m'opposant à ses projets si elle se sent appelée par Dieu.

JEANNE. Ce n'est pas Dieu qui l'appelle mais vous. . . .

JULIE. Étrange affirmation! . . .

JEANNE. C'est vous qui avez révélé à Christine les torts de son fiancé. Elle ne veut pas en convenir, mais elle n'avait parlé qu'à vous, le jour où je l'ai vue revenir à la maison toute bouleversée. En causant avec elle on discerne facilement que l'idée de sacrifice lui est inspirée par le désir de mériter l'approbation d'une personne austère dont elle est la fervente admiratrice. Le temps n'est pas loin où moi-même j'étais enthousiaste de vous, Julie. Aussi n'est-ce pas au hasard que je vous juge capable de monter la tête d'une jeune fille jusqu'à l'exaltation la plus folle. Observez attentivement Christine et vous constaterez que votre influence n'est pas bonne. Elle se figure que vous êtes impitoyable aux péchés les plus véniels et que vous méprisez nos modestes petites existences, sans vertus héroïques ni désirs sublimes. Pour se mettre à l'unisson elle se montre exigeante et chercheuse de complications morales. Avant de vous avoir connue elle était si gaie et gentille! Vous paraissez! . . . Plus d'air heureux, de physionomie ouverte! . . . Entre elle et moi plus d'intimité. . . . Vous ne savez pas ce que nous étions. . . . Il ne lui était pas arrivé une fois depuis sa naissance de me cacher une pensée ou une action. . . . Et voilà qu'elle prend la résolution la plus grave de sa vie: renvoyer un honnête homme qu'elle avait promis d'épouser, sans même songer à m'avertir! . . . Et c'est moi qui vous l'ai amenée! N'avez-vous donc pas senti ce qu'il y avait d'affectueux dans ma façon d'agir? Nous ne pouvions pas devenir très liées, et pourtant je vous devinais si seule! . . . Alors j'ai eu l'inspiration de vous donner en ma fille une charmante petite amie. . . . Un rayon de soleil dans votre existence! . . . N'éteignez pas le rayon! . . .

JULIE. Oui, vous faites l'aumône d'un sourire d'enfant à une existence dévastée par vous.

JEANNE. A vos yeux je serai donc éternellement celle qui a volé le cœur d'Henri? . . . Hélas, combien alors j'étais loin de savoir que j'acceptais le bien d'une autre! . . . Je croyais que quand on aime c'est pour toujours. . . . Et quand même j'aurais été une méchante rivale, n'êtes-vous pas assez vengée? . . . Dieu lui-même vous est venu en aide en m'arrachant autant de larmes que mes yeux pouvaient en verser. Ne suis-je pas veuve? . . . Que vous faut-il encore? . . . M'enlever ma fille? . . . Ah non, c'est trop! . . . Souvenez-vous, Julie . . . quand on m'a rapportée sur mon lit, mourante par votre faute, ma première parole a été pour vous demander. . . . On croyait que je ne passerais pas la nuit. . . . Vous êtes venue, presque provocante, résolue à braver l'accusation que vous me supposiez prête à porter contre vous. Je vois encore votre figure convulsée lorsque silencieusement je vous ai tendu la main. Toute autre femme à votre place, comprenant que je pardonnais, n'aurait pas pu réprimer un mouvement de joie. Mais si vos colères sont terribles, votre âme, lorsqu'elle est touchée, va jusqu'au bout de l'héroïsme. Simplement, sans phrases, vous m'avez annoncé votre entrée au couvent et souhaité une heureuse guérison. . . . Nous nous sommes quittées sur une impression de mutuelle réconciliation. A votre retour vous m'avez parlé presque tendrement. Pourquoi, tout à coup, êtes-vous contre moi? Vous ai-je peinée sans le vouloir? . . .

JULIE. Mon unique consolation était de penser qu'Henri gardait de moi un touchant souvenir. C'était une illusion dernière, une faiblesse inguérissable, et s'il y avait faute à entretenir un pareil sentiment dans une âme de religieuse, je n'osais me l'avouer tant elle était douce. . . . Je rapportais ici ce bien modeste rêve. . . . Il me semblait certain qu'Henri n'était pas mort sans avoir envoyé un message de paix à son inconsolable amie. . . . A mon arrivée, qu'est-ce que j'apprends de votre bouche? . . . Que vous avez tout raconté à Henri. . . . Je le hantais. . . . Ma figure sacrifiée vous semblait redoutable encore. . . . Vous avez tenté d'en faire un objet d'horreur. . . .

JEANNE. Si cela était, je m'y serais bien mal prise. . . . Christine m'a confié ce que son père mourant l'avait chargée de vous dire. . . .

JULIE. Votre tentative a échoué, mais l'intention y était. . . . Certes vous n'aviez rien à céder de votre dignité d'épouse. . . . Je ne conteste pas votre droit. , . . . Mais confondue par votre générosité je suis allée murer ma jeunesse dans un cachot et vous m'avez laissé faire. A mon retour je vous ai exprimé mon admiration en termes enflammés et vous m'avez laissé dire. . . . Malgré mon désir d'être charitable, je ne puis pas me dissimuler que je me suis pâmée devant une magnanimité de carton. . . .

JEANNE. Comment pouvez-vous communier chaque jour avec un pareil ressentiment plein le cœur? . . .

JULIE. Chaque fois que je m'approche de la sainte table, je supplie mon Sauveur de fortifier en moi l'esprit de justice qui veut que je supporte tout de vous après que vous avez tant souffert par moi. Je suis exaucée, car je ne découvre pas dans mon cœur le moindre ressentiment.

JEANNE. Pourtant Christine expiera l'erreur de sa mère.

JULIE. Ma conduite à l'égard de Christine s'inspire des intérêts les plus élevés de son âme. Je vous plains si vous ne comprenez pas. . . . (*On entend le bruit d'une voiture qui s'arrête devant la maison.*)

JEANNE, *écoutant.* Sans doute votre mère qui revient de la campagne? . . .

JULIE, *allant à la fenêtre.* Non, c'est la marquise de Frévoir, mon ancienne élève. . . . Je l'attendais. . . . Un mot arrivé ce matin par la poste me prévenait de sa visite.

JEANNE. Quand elle sera partie, il faut que nous causions encore. . . . Je vais attendre dans la chambre de ma tante.

JULIE. Comme vous voudrez. . . . (JEANNE *sort,* JULIE *va ouvrir la porte, semble surprise de ne pas voir immédiatement* ODILE, *qui arrive au bout d'un instant.*)

SCÈNE II

JULIE, ODILE

JULIE, *avec impatience.* Arrivez donc! . . . Où étiez-vous passée? . . . (*Elles s'embrassent.*)

ODILE. La porte du jardin était ouverte, et supposant que, par ce beau soleil, vous y étiez peut-être, j'y ai jeté un coup d'œil. . . . Mal m'en a pris: je me suis trouvée nez à nez avec la jeune Christine Laval.

JULIE. Vous vous en plaignez? . . .

ODILE. Je prenais mon air le plus affable pour aller à elle. . . . Mais elle m'a carrément tourné le dos.

JULIE. Elle ne vous a pas reconnue.

ODILE, *haussant les épaules.* Allons donc! . . . Il faut en prendre mon parti! . . . Votre cousine ne se soucie pas d'entrer en relations avec moi. Dites-lui de ma part qu'elle est une pimbêche.

JULIE. Je me garderai de lui appliquer une épithète qu'elle ne mérite pas. Elle a en ce moment des préoccupations qui ont pu la rendre distraite.

ODILE, *ironiquement.* Distraite au point de me toiser avec sa mine la plus dédaigneuse avant de me tourner le dos. Et savez-vous pourquoi elle me regardait ainsi du haut en bas? . . . Tout simplement, ma bonne demoiselle, parce que vous l'avez persuadée de mon indignité. . . . J'ai été au couvent une de vos enfants chéries, et je n'ai qu'à me rappeler comment vous nous gouverniez pour deviner ce qui se passe entre Christine et vous. . . . Lorsque vous vous empariez d'une jeune âme vous prétendiez régner sur elle sans partage. . . . Vous aviez toujours une ou deux préférées, dont vous vous occupiez avec un dévouement admirable mais tyrannique. M'arrivait-il, en promenade ou en récréation, de ne pas causer exclusivement avec vous, j'avais à subir de véritables scènes.

JULIE, *protestant.* Oh! par exemple! . . .

ODILE, *riant.* Oui, j'exagère. . . . Vous vous borniez à être d'une humeur massacrante. Chaque fois que je prenais une camarade en amitié, vous opériez aussitôt un savant déballage de ses défauts qui me détournait d'elle. Ne suis-je pas en droit d'en conclure que les mauvaises dispositions de Christine à mon endroit viennent de ce que vous avez étalé à ses yeux mes petits travers? . . .

JULIE. C'est exact. . . . J'ai fait cela!

ODILE. Je l'aurais parié! . . . Je savais également que loyale et franche comme vous l'êtes, vous n'hésiteriez pas à le reconnaître. . . .

JULIE. J'ai la volonté de toujours dire la vérité, mais vous m'apprenez comment on peut être menteuse sans le savoir, car je n'avais pas conscience de vous avoir fait un tort immérité dans l'estime de Christine, pas plus qu'autrefois je ne m'étais aperçue des accès de mauvaise humeur dont vous aviez à souffrir.

ODILE. Vous étiez bien trop bonne pour faire souffrir. . . . On vous voyait jalouse et on souriait. . . .

JULIE. Parlez, parlez! . . . J'ai besoin de savoir! . . . On souriait, dites-vous? . . .

ODILE. Oh! pas méchamment, je vous assure. . . . Pas une maîtresse n'était plus aimée et respectée que vous. . . . Votre esprit nous charmait et malgré notre inexpérience nous comprenions ce que vos vertus vous coûtaient. . . .

JULIE. Vous soupçonniez donc que je n'avais pas la vocation? . . .

ODILE. On nous apprenait qu'une religieuse doit être morte au monde et nous étions déjà suffisamment femmes pour saluer en vous le plus passionné des cœurs de femmes.

JULIE. La passion que Dieu a mise en moi, je l'appliquais à des œuvres pieuses avec un tel acharnement que ma santé déclinait. Mon ardeur qui me soutenait en ce monde, m'emportait dans l'autre.

ODILE. Cela non plus, ne nous échappait pas: aussi vous regardions-nous comme une sainte.

JULIE. Ah ne profanez pas ce nom en l'appliquant à une pauvre pécheresse! . . . Considérez seulement que je sacrifiais ma vie à la sanctification de vos âmes et pardonnez-moi mes colères lorsqu'il m'arrive de découvrir qu'une de mes anciennes élèves n'est pas fervente chrétienne. . . . Vous, par exemple, Odile, que n'ai-je pas fait pour asseoir vos convictions sur des fondements inébranlables? . . . Vous êtes remarquablement intelligente, et c'est à votre intelligence que je m'adressais.

ODILE. Oui, pendant que les autres mères nous enjoignaient de croire sans même essayer de comprendre, vous me faisiez un véritable cours de philosophie. . . .

JULIE. En nous accordant la raison, Dieu n'a-t-il pas voulu nous fournir un moyen d'arriver jusqu'à lui? . . . Vous l'avez constaté vous-même, lorsque, sans recourir à la révélation, nous avons conclu à l'existence de Dieu et à l'immortalité de l'âme.

ODILE, *riant.* C'est vous qui avez conclu ma chère et bonne maîtresse, moi pas.

JULIE. Pourtant vous sembliez intéressée par nos recherches.

ODILE. Au plus haut point. . . . Seulement, j'avais, quand nous les avons entreprises, une foi pleine de sécurité, et à la fin je me débattais au milieu d'innombrables objections.

JULIE. Pourquoi ne m'en avoir pas dit un mot?

ODILE. Oui, pour vous affoler, nous précipiter dans de cruelles discussions, et nous rendre l'existence impossible! . . . J'ai préféré vous regarder voguer à pleines voiles vers la certitude bénie, pendant que je ramais péniblement vers le doute.

JULIE. Et cela, parce que mon caractère emporté vous faisait peur?

ODILE. Peur, non pas pour moi, mais pour vous qui preniez tout tellement à cœur. . . .

JULIE. Le doute qui vous tourmentait alors, en êtes-vous guérie? . . .

ODILE. J'observe ma religion. . . . Ce n'est pas à des gens comme nous de renier le passé.

JULIE. Ainsi vous n'êtes plus qu'une chrétienne d'occasion. . . . Et cela par ma faute, parce que dans mon orgueil je me suis crue capable de guider votre esprit jusqu'à des hauteurs qui ne m'étaient pas accessibles. . . . J'ai causé à votre âme un tort d'autant plus irréparable, qu'à vos yeux ce n'est peut-être pas un tort. . . . Si je me jetais à vos pieds, comme j'en suis tentée, pour vous demander pardon, vous me regarderiez comme une folle.

ODILE. Ce qui subsiste de meilleur en moi vient de vous!

JULIE. Ne cherchez pas à me rassurer: Dieu vous envoie pour m'aider à voir clair dans les réduits obscurs de ma conscience. . . . Ce n'est pas à vous seule que j'ai fait du mal. Mon caractère jaloux, mon ardeur conquérante qui, autrefois, provoquaient les sourires de mes élèves, m'ont rendue odieusement criminelle. Odile, je vous en prie, laissez-moi. . . . Venez demain. . . . Plus tard vous risqueriez de ne plus me trouver. . . .

ODILE. Oui, demain. . . .

JULIE. Merci, et maintenant partez! partez! . . . Dieu m'attend! . . . (*Elle tombe à genoux, accoudée à l'assise [1] d'un fauteuil, la figure dans les mains.* ODILE *se penche, l'embrasse sur le haut du front, puis s'éloigne sans que* JULIE *ait fait le moindre mouvement.*)

SCÈNE III

JULIE, *puis* JEANNE, CHRISTINE

Au bout d'un instant, entre JEANNE *suivie de* CHRISTINE. *Elles viennent jusqu'au milieu de l'appartement sans apercevoir*

---

[1] *assise,* seat.

JULIE, *masquée par le dossier du fauteuil contre lequel elle est toujours prosternée.*

JEANNE. Je l'ai prévenue que je reviendrais. . . . Elle doit avoir accompagné la visiteuse jusqu'à sa voiture. . . . Attendons-là. . . .

CHRISTINE. Si vous y tenez, Maman. . . .

JEANNE. Je veux la confondre en ta présence.

CHRISTINE. Encore une fois, elle n'est pas responsable de ma résolution.

JEANNE. Tu n'es pas d'âge à mesurer la perfidie humaine. On se sert de toi pour crucifier ta mère. . . .

JULIE, *relevant la tête, mais restant agenouillée.* Elle a raison, Christine. . . . Je suis indigne de la confiance que vous m'accordez. . . . Je vous ai poussée dans une direction funeste. Je m'en accuse à genoux. . . .

CHRISTINE, *courant à elle.* Julie, vous écoutiez! . . . Ma chère Julie! . . . Voyons, relevez-vous! . . . Vite, ou bien je ne veux rien entendre! . . . (*L'obligeant et l'aidant à se lever.*) Comment m'auriez-vous poussée dans une direction funeste? . . . Vous ne me donniez pas de conseils. En causant de mon avenir vous m'avez fait envisager la beauté du mariage chrétien et dépeint l'horreur des unions mal assorties. Si j'ai réfléchi et pris une résolution héroïque. . . .

JULIE, *interrompant.* C'est que j'étais à vos côtés comme un mauvais génie. . . .

CHRISTINE. Cela jamais!

JULIE. Odile, piquée de votre froideur qu'elle attribue à mon influence, vient de me présenter une peinture de mon caractère d'après ses souvenirs du couvent. J'avais entrepris de démontrer à de pieuses jeunes filles les grandes vérités de la foi, avec l'unique secours des maigres notions de philosophie que j'avais péniblement acquises. Dans mon orgueil je croyais armer pour le bon combat de ferventes chrétiennes. Eh bien je sais, à n'en pouvoir douter, que mon enseignement troublait de jeunes âmes dans la sécurité de leur foi. Quelle épouvantable vision! . . . J'ai éloigné de Dieu des cœurs qui lui appartenaient! . . . J'ai été leur mauvais génie! . . .

CHRISTINE. Elles n'ont pas été à votre hauteur!

JULIE. Écoutez ce que m'a encore appris Odile. . . . Lorsque je m'intéressais à une élève, je l'entourais de soins infinis.

J'imitais le Bon Pasteur qui porte sa brebis sur ses épaules. Seulement, à mes élues, il n'y avait plus qu'une amitié permise: la mienne. Ma préférée témoignait-elle de l'affection à une camarade, aussitôt je trouvais moyen de la lui rendre odieuse. Oh je ne calomniais pas, je ne médisais même pas, si ce terme implique la volonté de nuire à la réputation du prochain. . . . Je remplissais le devoir de mettre l'âme qui m'intéressait, en garde contre un péril. Je n'avais pas conscience d'être ce que tout le monde savait que j'étais. . . . Diaboliquement jalouse! . . . Christine, reconnaissez-vous la femme que vous avez vue à l'œuvre? . . . Odile va devenir votre amie. . . . Prévenue par moi, vous lui tournez le dos. . . . Vous adorez votre fiancé. . . . Je creuse un abîme entre lui et vous. . . .

CHRISTINE. Sa mauvaise conduite est pourtant une réalité. . . .

JULIE. Il y a plusieurs façons d'envisager une même réalité. . . . Au moment où Odile m'a dénoncé les égarements de Georges, je l'ai plaint d'avoir offensé Dieu sans songer le moins du monde que son mariage avec vous devenait impossible, et il ne me semblait même pas utile de vous répéter ce que j'étais en train d'apprendre. . . . Mais vous m'apportez ce portrait que votre père avait jeté dans la boue et aussitôt voilà mes dispositions changées. . . . (*Tout en parlant elle a montré le portrait resté sur une table.*)

JEANNE, *reconnaissant le portrait.* Julie, j'étais inquiète. . . . Je souffrais. . . . Un jour ce portrait m'est tombé sous la main. . . . Il était chez mon mari, au fond d'un tiroir. . . . Je l'ai fait disparaître. . . .

JULIE. Si j'avais su! . . . Mais j'ai cru qu'Henri avait profané mon image. . . . Sous le coup de l'injure je me suis révoltée. . . . Christine m'avait à peine montré sa trouvaille que je ripostais en me voilant la face devant les abominations dont je chargeais son fiancé. Ce que je puis dire pour ma défense, c'est qu'il n'est pas sorti de ma bouche une parole qui ne fût sincère. . . . Lorsque je vous adjurais, au nom du salut de votre âme, de renoncer à une alliance avilissante, je n'étais pas hypocrite. Il a fallu pour m'ouvrir les yeux sur la vraie nature de mon indignation, l'ironie complimenteuse d'Odile qui affirmait en souriant que malgré les exigences de mon caractère passionné, j'étais une sainte. Ah misérable sainteté, dont

le Tentateur se fait un allié pour nous perdre! . . . Vertu à double tranchant qui à la bonne parole associe la calomnie! . . . Oui, Christine, j'ai calomnié votre fiancé lorsque je prétendais que votre conscience ne pourrait pas se conserver pure auprès de lui. J'aurais dû proclamer qu'au lieu de subir la contagion de ses défauts, vous étiez sûre de rencontrer en lui une tendresse respectueuse de vos croyances et un attachement qui vous permettrait de l'entraîner vers Dieu. Votre mère m'a suppliée de le juger avec moins de rigueur, elle a essayé de m'inspirer un peu de l'indulgence que Jésus témoignait à la pécheresse, je l'ai repoussée durement. C'est elle pourtant qui avait raison. Elle a de la vie et du monde une expérience que je n'ai pas. Vous ne pouvez pas savoir à quel point elle est digne d'admiration. Il y a dans mon passé un crime dont elle a été victime et dont je n'ai pas porté le déshonneur grâce à sa générosité. Et cependant pour voir pleurer cette admirable femme, je vous ménageais un lamentable avenir. Tout ce qu'il y a de noble dans votre âme, je l'exaltais à rebours. Je prétendais qu'une honnête fille n'accepte pas un cœur qui s'est déjà donné. Je disais cela, n'est-ce pas? . . . et vous m'avez vue mendier les miettes du cœur de votre père, un cœur qui se détournait de moi et me laissait vieillir dans l'abandon.

CHRISTINE, *se jetant dans les bras de* JEANNE. Maman je devine tout! . . . A l'avenir je n'écouterai plus d'autres conseils que les vôtres. . . .

JULIE, *à* JEANNE. Elle vous est rendue. . . . Mon passage ne laissera pas de ruines.

CHRISTINE, *à* JULIE. Oh! quant à ça, n'ayez aucune crainte. . . . (*Montrant sa mère.*) Sous sa protection je suis sûre d'être heureuse. . . . Partons-nous, Maman?

JEANNE, *montrant* JULIE. Christine . . . embrasse-la. . . . N'oublie jamais le dernier vœu de ton père. . . . (CHRISTINE, *qui déjà s'éloignait, revient sur ses pas et embrasse* JULIE *avec une gêne marquée.*)

JULIE. Merci, Jeanne! . . . Je ne vous demande pas d'autre pardon. . . . A une âme comme la vôtre, ce serait faire injure. . . . Adieu! . . . Ne revenez pas avant deux ou trois jours. . . .

JEANNE. J'attendrai votre appel. (CHRISTINE *est déjà dehors, sa mère la rejoint.*)

SCÈNE IV

JULIE, *puis* VVE RENAUDIN, BARBE

JULIE, *presque défaillante, va se réfugier dans l'embrasure d'une fenêtre, le front appuyé contre un carreau. Après quelques instants, se fait entendre l'arrivée d'une voiture qui s'arrête devant la maison, puis l'envahissement de celle-ci par les voyageurs. Paroles dans le vestibule, claquements de portes, recommandations, exclamations, et, pour finir, entrée tumultueuse de* MME RENAUDIN *escortée de* BARBE. *Elles apportent des paniers, des volailles, des branchages, des légumes.*

VVE RENAUDIN. La belle journée! . . . Tu as été bien sotte de rester toute seule à t'ennuyer. . . . Ne dis pas le contraire! . . . Le temps t'a paru long! . . . Tu fais une figure! . . . Est-ce que tu es malade? . . .

JULIE. Non, je vous assure.

VVE RENAUDIN. Cela t'aurait amusée de voir tous les changements qu'on a faits à la ferme. . . . Un véritable petit palais, maintenant. . . . Ah c'est que les fermiers sont des messieurs exigeants! . . . Il leur faut des peintures à l'huile et des plinthes. . . . Et justement il y avait à l'étable un veau, né hier, pas beaucoup plus gros qu'un chat. . . . Et regarde tout ce que nous apportons: des œufs, du beurre, d'excellentes salades, du muguet, des asperges. . . . La fermière a obtenu qu'on lui bâtirait une laiterie neuve, mais nous l'avons pillée de fond en comble.

BARBE, *triomphante.* Et puis, Mademoiselle, voici le plus joli pour la bonne bouche. . . . Devinez quoi. . . . (*Elle s'approche de* JULIE *et présente ses deux mains réunies de façon à former comme une boîte, l'une servant de couvercle à l'autre.*)

JULIE. Un oiseau! . . . Je vois son bec entre vos doigts.

BARBE. Justement! . . . Un petit merle. . . . (*Entr'ouvrant légèrement les doigts*). Voyez. . . . Est-il mignon! . . .

JULIE, *tendant la main pour le prendre.* Donnez.

BARBE, *le faisant glisser avec précaution dans la main de* JULIE. Attention! . . . Ne le laissez pas échapper. . . . Malgré qu'il ne mange pas encore seul, il vole déjà bien.

JULIE, *regardant l'oiseau.* Comme son cœur bat! . . .

BARBE. C'est qu'aussi vous le tenez à pleines mains. . . .

JULIE, *à l'oiseau.* Pauvre petit, on va te mettre en cage . . . prisonnier, toute la vie! . . . Sautiller du perchoir à la mangeoire et de la mangeoire au perchoir . . . et tristement chanter! . . .

BARBE. Tenez, rendez-le-moi. . . .

JULIE, *offrant sa main ouverte sur laquelle l'oiseau est mort.* Le voilà! . . .

BARBE. Vous l'avez tué! . . .

JULIE. En serrant si peu! Il a moins souffert qu'à étouffer pendant des années.

BARBE. Ah bien merci! . . . On vous en donnera des bêtes à soigner! . . . (*Elle sort furieuse.*)

SCÈNE V

JULIE, VVE RENAUDIN

VVE RENAUDIN. Vraiment Julie, tu n'as pas de cœur! . . . Quelle cruauté! . . .

JULIE, *avec emportement.* La cruauté c'est d'enfermer entre des barreaux une créature née pour voler à tire d'ailes. . . . (*Se dominant.*) Maman, je viens de vous mettre en colère pour la dernière fois. . . . Ne me grondez pas trop. . . . J'ai longuement réfléchi. . . . La liberté ne me réussit pas. . . . Pendant trop d'années j'ai été un instrument docile entre les mains des supérieures; je ne sais plus faire usage de ma volonté. . . . J'ai pris une grande résolution.

VVE RENAUDIN. Rentrer au Sacré-Cœur?

JULIE. Oui. . . .

VVE RENAUDIN. Raconte tout ce que tu voudras: tu te sauves devant un mort. . . . Si tu avais vu mettre dans le cercueil et descendre dans la fosse les restes de ce pauvre Henri, tu ne te souviendrais plus de lui que dans tes prières. . . . Mais pour toi il continue d'habiter la ville. . . . Eh bien, s'il te gêne parmi nous, pourquoi n'irais-tu pas t'établir dans notre ferme de Belle-Fontaine? . . . Nous y avons un appartement de maître qu'on vient justement de repeindre à neuf.

JULIE. Si je cherchais un refuge contre le souvenir d'Henri, j'accepterais. Mais, quand je commets un crime, c'est au couvent que je vais l'expier. . . .

VVE RENAUDIN. Allons bon! Te voilà de nouveau criminelle. . . . Toujours ces maudits scrupules qui te mettent la cervelle à l'envers! . . .

JULIE. Admettons, Maman. . . . Mon scrupule me chassera d'ici ce soir même. . . .

VVE RENAUDIN, *l'embrassant et s'essuyant les yeux.* Ah, mon enfant, encore

une croix que le bon Dieu m'envoie! . . .
Enfin, j'ai tant à faire avec mes œuvres
que je n'ai guère le temps de dorloter mes
peines. Quant à toi, une vie très occupée
est nécessaire à ta nature ardente. Tes
élèves te manquaient.

JULIE. Je n'aurai plus d'élèves. . . .
Je m'emparais des jeunes âmes trop pour
moi-même et pas assez pour Dieu. Je serai
sœur converse [1] . . .

VVE RENAUDIN. J'espère bien que la
supérieure n'admettra pas qu'avec tes
grandes qualités tu deviennes sœur lingère ou tourière. . . .[2] D'ailleurs, qu'on
fasse de toi ce qu'on voudra, je vais encore
te perdre! . . . Seulement, comme ton
pauvre père n'est plus là pour me réclamer,
j'irai te voir. . . .

JULIE. Vous logerez au couvent. . . .
On y reçoit quelques dames en chambre. . . .

VVE RENAUDIN. D'abord je m'y sen-
tirai bien plus chez moi qu'à l'hôtel, et
puis vois comme ce sera gentil! . . . Nous
aurons pendant plusieurs jours la sensation
que tu me donnes l'hospitalité dans ton
ménage. . . . (*Un silence.*) Tu permets.
. . . Je vais jeter un coup d'œil à la cuisine. . . . Barbe range toujours les provisions en dépit du bon sens. . . . Je
reviens. . . . (*Elle s'en va.*)

JULIE, *seule.* Ah s'il n'y avait pas
l'autre vie! . . .

RIDEAU

[1] *sœur converse*, employed in the housekeeping department.
[2] *sœur tourière*, sister attending to the entrance door and all outside business.

BRIEUX

Eugène Brieux was born in Paris in 1858, and died on December 6, 1932. As the son of a modest artisan living in one of the most populous parts of the capital, the Quartier Saint-Antoine, he frequented the public schools as do most of the children of his station in life, and his formal education went hardly beyond the elementary stages; but through private reading he acquainted himself with the masterpieces of French literature and even learned to read Latin fairly well. His intimate knowledge of the milieu in which he grew up was of great value for his life work. He knew the common people, their virtues, vices, needs, and problems, better than any other outstanding novelist or playwright has known them, and what is more, he appreciated them sympathetically. He soon learned that a great deal of unhappiness is attributable to a faulty organization of society, to prejudice, ignorance, and outworn traditions, and he was convinced that much of all this could be remedied. He chose the theater as a tribune for his ideas, following in the footsteps of Augier and Dumas. He is then an exponent of the *théâtre utile*, and lest anyone might doubt this, he states explicitly: " J'ai toujours envisagé le théâtre non comme un but, mais comme un moyen. J'ai voulu par lui, non seulement modifier des habitudes et des actes, mais encore . . . déterminer des arrêtés administratifs qui m'apparaissent désirables." Those words might have been written by Dumas the younger. Yet there is a vast difference between those two masters of the *pièce à thèse*, both equally convinced of their mission in life, for while Dumas was obsessed by the various forms of evils resulting from the relation of the sexes, Brieux' outlook is far broader, and the wrongs he attacks are far more real. In a number of plays he has taken up the cudgels for the mother and the child, he has shown the dangers of over-education of poor girls, of the typically French institution of wet-nursing, of pre-arranged and loveless marriages; he has criticized the French administration of justice, the French electoral system, organized charity, race-course gambling among the working classes; he has satirized free love, the pseudo-scientific doctrine of heredity, gentlemen-farmers who think that success in the city and book-learning can make good farmers; he has taken up the defense of French womanhood, slandered and misrepresented in current novels and in plays like Becque's *Parisienne*, and finally he has taken a fling at the supposed American mania for reforming in a play in which French and Americans are brought in contact by the great war. His earnestness is undoubted, and his influence has been great not only in his own country, but also in others. While some of the evils he exposes are typically French, others are as universal as is human nature. One of his plays, *les Avariés*, dealing with a wide-spread social evil, has been staged in America under the name of *Damaged Goods*, and under the auspices of church organizations. It is not improbable that recent agitation, especially in our country, about sex-education, owes in part its inception to discussion provoked by that play.

Brieux differs from Dumas in other respects still. He came early under the influence of the Théâtre Libre which in 1890 produced two of his plays, *Ménages d'artistes* and *la Fille de Duramé*. His association with that group of writers and artists, headed by his friend Antoine, confirmed his natural leaning toward a realism far more genuine than was that of Dumas. He shrinks neither from the commonplace, nor from the risqué in situation or language. In point of technique, too, he is far removed from Scribism; his plays are not characterized by carefully constructed plots, by the *scène à faire*, or by choice language. The diction is sometimes incorrect and often lacking in distinction, which does not mean that it is ineffective. Several of his plays are also undramatic: they are rather scientific or sociological dissertations; their interest lies in the subject which is of vital concern, and the manner in which he presents his message is always thought-provoking. His dialogue, less literary than that of Dumas, is also more life-like.

Three of his plays, *l'Engrenage*, *l'Evasion*, and *la Robe rouge*, have been crowned by the French Academy. The author himself was elected to that body in 1910.

If now we compare Brieux to Augier, we find that both defend the family and the home, but from a different angle. For Augier the family is the corner-stone of society, the foundation of all civilized life. Husband and wife are charged with the duty of preserving its sanctity; whatever tends to disrupt it is not only bad for society but will also redound to the unhappiness of the sinner, the one sinned against, or both.

Brieux regards the family as a biological combination having for its main purpose the perpetuation of the race. Whatever disturbs the proper function-ing of this combination, whether it be a faulty start, misconduct on the part of one of the conjuncts, incompatibility, interference of the parents of the couple, divorce, disease, neglect of the children, will affect the well-being of the off-spring and is to be condemned. Whereas Augier was inclined to indulgence toward the conduct of men before marriage and even to passing lapses after marriage (*la Princesse Georges*), Brieux has but one standard for man or woman, because misconduct on the part of either may affect the health of children yet to be born and therefore cannot be condoned (*les Avariés*). In a dozen plays Brieux has demonstrated this moral concern with the fate of the child.

Technically, Augier is a more careful artist. He paints canvasses in which nothing jars the sensibilities; we are among people of taste and refinement, who speak a correct and often elegant language, the aristocracy or the upper bour-geoisie, doctors, lawyers, politicians, literary men, artists, society women, or women of the demi-monde who act like ladies. Brieux is less finicky; his pic-tures are not so pretty, but after seeing or reading his plays, we have the sensation of having spent an hour with every-day people, and with living problems. Even at his worst, when he " lectures " too much, as in *les Remplaçantes* or *les Avariés*, we feel that we have been dealing with realities.

The subject of *les Trois filles de M. Dupont* is as typical of Brieux' manner as any. It was produced by the Théâtre du Gymnase on October 8, 1897. The central theme might be expressed as follows: French girls of a fairly good social class, but without means, are destined to be unhappy under the prevailing cus-toms. They must either remain spinsters and work for a living with attendant loss of caste and humiliation (Caroline); or they must seek their share of happiness in illicit love and run the risk of ending in a life of shame (Angèle). Girls with means are asked in marriage because of their dowry, and thus enter into a loveless union terminating not infrequently in adultery because divorce is unobtainable by the wife unless the husband is willing (Julie). Matters are aggravated by the selfishness of parents who often consult their interests or their vanity more than their children's happiness in " negotiating " marriages. From this statement of the theme we see that the play is somewhat lacking in unity. A mere reading of it will soon reveal the fact that our interest is divided between the financial schemes of the Duponts and the Mairauts, the fate of Julie, that of Caroline and that of Angèle. Another topic is broached and that is the selfishness of married couples who refuse to have children. In this instance, it is the young husband who evades his responsibilities, for Julie is endowed with a strong maternal instinct. Despite her indifference toward Antonin, she would find life bearable if only she could have a baby, but when she asks: " Cette consolation, tu me la refuseras toujours? ", he replies: " Quand on est jeune, l'enfant est une charge. Quand on en a un plus tard, on est ridicule."

In spite of a certain lack of concentration or unity, the play is interesting on account of the ideas contained in it and further, on account of the splendid picture of a middle-class provincial group, worthy of Balzac.

Bibliography: *Bernard de Palissy*, in collaboration with GASTON SALANDRI, 1879. *Le bureau des divorces*, 1880. *Ménages d'artistes*, 1890. *La fille de Duramé*, 1890. *Blanchette*, 1892. *M. de Réboval*, 1892. *La couvée*, 1893. *L'engrenage*, 1894. *La rose bleue*, 1895. *Les bienfaiteurs*, 1896. *L'évasion*, 1896. *Les trois filles de M. Dupont*, 1897. *Résultat des courses*, 1898. *Le berceau*, 1898. *L'école des belles-mères*, 1898. *La robe rouge*, 1900. *Les remplaçantes*, 1901. *Les avariés*, 1902. *La petite amie*, 1902. *Maternité*, 1903. *La déserteuse*, 1904. (In collaboration with Jean Sigaux.) *L'armature*, 1905. (In collaboration with Paul Hervieu.) *Les hannetons*, 1906. *La Française*, 1907. *Simone*, 1908. *Suzette*, 1909. *La foi*, 1909. *La femme seule*, 1913. *Le bourgeois aux champs*, 1914. *Les Américains chez nous*, 1919. *Trois bons amis*, 1924. *L'avocat*, 1922. *L'enfant*, 1923. *La famille Lavolette*, 1926.

For discussion and criticism, see:

RENÉ DOUMIC, *Monsieur Eugène Brieux* in *le Théâtre nouveau*, Perrin et Cie., Paris, 1908. BERTRAND, *Eugène Brieux* (Célébrités d'aujourd'hui), 1910. A. E. SOREL, *Brieux* in *Essais de psychologie dramatique*, Sansot et Cie., Paris, 1911. PAUL FLAT, *Brieux* in *Figures du théâtre contemporain*, Paris, 1912. P. V. THOMAS, *The Plays of Eugène Brieux*, 1913. W. H. SCHEIFLEY, *Brieux and Contemporary French Society*, 1917.

LES TROIS FILLES DE M. DUPONT

PAR EUGÈNE BRIEUX

(1897)

PERSONNAGES.

M. Dupont.
Antonin Mairaut.
Courthezon.
M. Mairaut.
M. Pouchelet.
Lignol.
Julie.
Caroline.

Angèle.
Madame Dupont.
Madame Mairaut.
Madame Pouchelet.
Justine.
Françoise.

En province, de nos jours.

ACTE PREMIER

Un salon très modeste en province.—Février.—Table au milieu, chaises autour. —Piano.—Cheminée, premier plan, à droite.—Fenêtre, premier plan gauche.— Lampes.—Gutenberg en zinc d'art.[1]— Housses [2] sur les meubles.—Portes au fond, a droite et à gauche.

SCÈNE PREMIÈRE

Madame Dupont, Courthezon. Madame Dupont *travaille un moment seule, en silence.* Courthezon *entre, des papiers à la main*

Courthezon. Tiens! vous êtes seule, madame Dupont?

Madame Dupont. Oui, monsieur Courthezon.

Courthezon. Vos demoiselles sont à la musique?

Madame Dupont. Non. Julie est allée faire une visite, et Caroline est au salut [3]— comme tous les dimanches.

Courthezon. C'est vrai.

Madame Dupont. Ces jours-là, nous la voyons à peine pour déjeuner; le reste du temps, elle est à l'église. Non seulement elle suit tous les offices, mais encore elle est des enfants de Marie.[4] A son âge, je vous demande un peu.

Courthezon. Quel âge a-t-elle, au juste?

Madame Dupont. Trente-trois ans.

Courthezon. Mademoiselle Caroline est restée très pieuse.

Madame Dupont. Très pieuse.

Courthezon. Sa mère l'était aussi beaucoup.

Madame Dupont. C'est vrai, vous avez connu la première femme de mon mari, vous.

Courthezon. J'étais à l'imprimerie depuis deux ans lorsqu'elle est morte. (*Un temps.*) Le patron, lui, fait sa petite partie au café du Commerce? . . . Moi, j'irais bien aussi, mais c'est de l'argent. . . .

Madame Dupont. Oh! . . . vous avez des économies. . . .

Courthezon. C'est justement, je ne veux pas les perdre. . . . Et vous, vous travaillez, madame Dupont?

Madame Dupont. Je raccommode des bas: il faut bien se distraire.

Courthezon. J'ai travaillé toute la journée, moi aussi.

Madame Dupont. A votre invention, toujours?

Courthezon. Toujours. Je suis très content. Et puis, je suis venu voir au bureau de l'imprimerie, en bas, s'il y avait des commandes.

Madame Dupont. Y en a-t-il?

[1] *Gutenberg en zinc d'art,* imitation bronze bust of the great German printer, 1397–1468.
[2] *Housses,* slip covers.
[3] *salut,* vespers.
[4] *enfants de Marie,* a religious organization for children.

640

Courthezon, *feuilletant ses papiers.* Trois cents cartes de visite, un prix-courant et un faire-part.

Madame Dupont, *s'arrêtant de travailler.* Décès? Naissance?

Courthezon. Non. Mariage.

Madame Dupont. Montrez. . . . (*Elle lit un papier que lui a donné* Courthezon.) « Monsieur Jacquemin. . . .» Tiens! M. Jacquemin. . . . Et qu'est-ce que c'est que cette mademoiselle Marthe Violet qu'il épouse?

Courthezon. Ce sont les Violet de la rue du Pré.

Madame Dupont. Oui, oui, oui. (*A* Courthezon, *qui fait un geste pour reprendre le papier.*) Laissez, je vous l'enverrai: je veux le faire voir à Julie. . . . Alors, vous êtes content, pour votre invention?

Courthezon, *s'asseyant.* Je suis content, content, content. Ça y est! Voilà vingt ans que j'y travaille. . . . Maintenant, c'est fait. . . . Je suis fier, allez!

Entre Caroline, *grande, sèche, pas jolie, pas coquette, pas ridicule. Un paroissien à la main.*

SCÈNE II

Les Mêmes, Caroline

Madame Dupont, *à* Courthezon, *qui s'était interrompu, négligemment.* Continuez, c'est Caroline. . . . (*Avec intérêt.*) Et vous ne voulez pas encore dire ce que c'est?

Courthezon. Pas encore. . . . Bonjour, mademoiselle Caroline.

Caroline. Bonjour, monsieur Courthezon.

Madame Dupont. Ah! je comprends que vous soyez satisfait.

Courthezon. N'est-ce pas?

Caroline. Vous avez terminé votre invention. . . . J'en suis certaine.

Courthezon. Oui. . . . Mais pourquoi dites-vous que vous en êtes certaine?

Caroline, *un peu confuse.* Parce que.

Courthezon. Parce que quoi?

Caroline, *plus bas.* Parce que je le savais.

Courthezon. Vous le saviez?

Caroline, *confuse.* Je dis cela . . . cela n'a pas d'importance.

Madame Dupont, *à* Courthezon. Alors, vous allez devenir riche, monsieur Courthezon?

Courthezon. Pas tout de suite. Il me faut trouver quelqu'un qui m'achète mon procédé . . . ou qui me prête de l'argent pour le faire connaître moi-même. Mais nous avons le temps de penser à cela. . . . Que je réussisse ou non, je suis content d'avoir consacré vingt ans à chercher le moyen de rendre la vie un peu moins dure à ceux qui viendront après moi. . . . Je m'en vais travailler un peu en bas. . . . Alors, pour le faire-part, vous me l'enverrez, madame Dupont?

Madame Dupont. Oui, oui, oui.

Courthezon. Bonsoir, madame Dupont; bonsoir, mademoiselle Caroline.

Caroline *et* Madame Dupont. Bonsoir, monsieur Courthezon.

Il sort.

SCÈNE III

Madame Dupont, Caroline

Madame Dupont. Comment se fait-il que tu étais certaine qu'il avait terminé son invention?

Caroline, *confuse, après un silence.* Vous tenez à ce que je vous le dise, ma mère?

Madame Dupont. Oui.

Caroline. Parce que j'avais fait une neuvaine.[1]

Madame Dupont, *sans malveillance, mais après un léger haussement d'épaules.* Oh! alors. . . .

Entre Julie *par la droite.*

SCÈNE IV

Les Mêmes, Julie

Julie. Me voilà! . . . Bonjour, maman. (*Baiser.*) . . . jour, Caro. . . .
Pas de baiser.

Madame Dupont. Bonjour Julie. . . . (*Elle se dérange.*) Assieds-toi . . . conte-moi ce que tu as fait. Qui as-tu vu? (*Accueil aimable, contrastant avec celui fait tout à l'heure à* Caroline.)

Julie. J'ai vu madame Leseigneur.

Madame Dupont. Je l'aurais parié.

Julie. Pourquoi?

Madame Dupont. Tu ne vas que dans les maisons où il y a des enfants . . . et comme madame Leseigneur en a six. . . .

Julie. Je voudrais bien être à sa place. . . . Figure-toi qu'André, le dernier, tu sais, celui qui n'a que six mois?

---

[1] *neuvaine,* a prayer repeated nine days in succession.

Madame Dupont. Oui.

Julie. Il m'a reconnue. . . . Il est d'une intelligence extraordinaire pour son âge. . . .

Madame Dupont. Tu parles déjà comme une mère.

Julie. Jean a ri aux larmes, quand il a vu ce que je lui ai apporté. . . . J'ai trouvé Charles et Pierre en pénitence parce qu'ils s'étaient battus. J'ai obtenu leur grâce . . . et je suis contente. Demain, j'irai chez madame Durand prendre des nouvelles de Jacques; il paraît qu'il a la coqueluche. . . .

Madame Dupont, riant. Toi, tu aurais dû être bonne d'enfants.

Julie, grave. Moi, non. Je serais morte de chagrin lorsqu'il m'aurait fallu quitter mon premier nourrisson.

Madame Dupont. Alors, il faut te marier.

Julie. Oui.

Un temps.

Madame Dupont, à Caroline. Eh bien, Caroline, qu'est-ce que tu fais là, la bouche ouverte?

Caroline. J'écoute.

Madame Dupont. Tes porcelaines sont terminées?

Caroline. Non. J'ai encore six Marie-Antoinette à peindre et douze Amours à finir.

Julie. Ça m'amuse de voir Caro peindre des Amours.

Caroline. Pourquoi?

Madame Dupont, à Caroline. Et tu dois livrer tout cela demain à midi!

Caroline. Oui.

Madame Dupont. Tu n'auras jamais fini!

Caroline. Si.

Madame Dupont. Tu devrais en faire un peu maintenant, avant de dîner, plutôt que de te tourner les pouces.

Caroline. Je me lèverai de bonne heure demain.

Madame Dupont. Même en te levant de bonne heure. . . .

Caroline. A six heures, dès qu'il fera jour, je serai au travail.

Madame Dupont. Encore une fois, pourquoi ne pas t'avancer un peu maintenant?

Caroline. J'aime mieux.

Madame Dupont. Ah! . . . parce que c'est dimanche . . . et qu'il est défendu de travailler le dimanche.

Caroline. Oui. . . . (*Un temps.*) Qu'est-ce que ça peut vous faire, ma mère, que je. . . .

Madame Dupont. A moi? Oh! rien du tout. Fais comme tu voudras. Tu as l'âge de raison.

Julie, qui lisait. Est-ce que Courthezon est en bas? Je voudrais la suite de ces épreuves-là.

Madame Dupont. Tu sais bien que ton père n'aime pas beaucoup que tu lises les épreuves des livres qu'il est chargé d'imprimer.

Julie. Je n'en ai pas d'autres. . . . Écoutez et dites-moi s'il n'est pas malheureux d'en rester là: (*Elle lit.*) « Solange était alors dans les bras de Robert. A ce moment, le comte entra, terrible, menaçant, le revolver au poing. . . . J'aurais voulu savoir la suite.

Caroline. Le comte va les tuer, parbleu! il en a le droit.

Julie. Ça. . . .

Caroline. D'après la loi. . . .

Julie. Ce n'est pas une raison. . . . Je vais relire l'arrivée de Robert. C'est si joli. . . . Et la rencontre avec Solange, en Italie, par une nuit de mai. . . . Où est-ce donc? Ah! oui! (*Elle lit.*) « Sous le ciel bleu sombre piqué d'étoiles, au bord de la mer calme qu'une brise parfumée faisait frissonner et dans laquelle se reflétaient, avec les feux d'en haut, les lumières lointaines et nombreuses de Menton et de Monte-Carlo. . . .

Madame Dupont, gaiement. Ah! ah! Et ton père qui croit t'avoir guérie de toutes tes folies!

Julie. Je ne fais point de mal.

Madame Dupont. Peu importe, je ne veux pas que tu lises de [1] romans.

Julie. Pourquoi? Mon amie Berthe lit tous ceux qui paraissent et elle est plus jeune que moi.

Madame Dupont. Ton amie Berthe est mariée.

Julie. Ah! voilà le grand mot! Si on ne veut pas rester une enfant toute sa vie, il faut se marier! . . . J'ai vingt-quatre ans et je ne puis pas lire ce qu'on permet à Berthe qui a dix-huit ans.

Madame Dupont. Voilà encore ma laine cassée. (*A Caroline.*) Je parie que tu l'as prise chez M. Lagnier.

Caroline. Oui.

Madame Dupont. Pourquoi ne va-t-on pas chez M. Laurent?

---

[1] *de*, should be *des*.

CAROLINE. J'ai cru qu'il valait mieux soutenir ceux qui pensent comme nous.

MADAME DUPONT. Le rêve, ce serait de trouver un fournisseur bien pensant [1] et qui vendrait de bonnes marchandises.

CAROLINE. Il n'y en a pas dans la ville.

JULIE, *avec un soupir.* Ah! mon Dieu! . . . Tu ne connais pas un mari, Caro?

CAROLINE. Comment le veux-tu?

JULIE, *grave.* J'approche du moment où l'on prend le premier qui se présente. . . . Choisis-le-moi à ton goût. . . . (*Riant.*) Quel aurait été ton idéal? Un commerçant? Un capitaine. . . . Dis. . . .

CAROLINE. Non. . . .

JULIE. Quoi, alors?

CAROLINE. Si je m'étais mariée, j'aurais voulu un travailleur, un homme ayant un but noble, un homme qui aurait été prêt à se sacrifier pour essayer de rendre la vie un peu moins dure à ceux qui le suivront. . . .

MADAME DUPONT. Voilà Caroline qui récite des phrases de roman.

Elle rit.

CAROLINE. Mais non.

MADAME DUPONT. Je t'assure que j'ai lu ça quelque part. . . . Et puis crois-moi, ma fille, à ton âge on ne parle plus de ces choses-là. . . .

JULIE. A propos . . . tu sais, mon amie, Henriette Longuet?

MADAME DUPONT. Oui.

JULIE. Elle se marie.

MADAME DUPONT. Ah!

JULIE, *rêveuse.* Oui. . . . Je reste la dernière. . . .

MADAME DUPONT. Aux dernières les bons. . . . C'est la semaine des mariages, décidément. Courthezon m'a apporté un « faire-part » que j'ai gardé pour te le montrer. . . . Où est-il? Le voici.

JULIE, *après avoir lu, très triste.* C'est complet.

MADAME DUPONT. Qu'est-ce qu'il y a?

CAROLINE. Qu'est-ce que tu as?

JULIE. Rien.

MADAME DUPONT. Est-ce que tu pensais à M. Jacquemin?

JULIE. Est-ce que je sais? . . . Sans qu'il m'ait rien dit, je m'étais figuré qu'il m'avait remarquée, et, bien qu'il ne me plût qu'à moitié . . . je m'étais résignée à lui. . . . Résignée! (*Un soupir.*) Ah!

que c'est bête, la vie des jeunes filles d'à présent!

Entre M. DUPONT.

MONSIEUR DUPONT, *très en dehors,*[2] *très important.* Dites donc, les enfants, allez donc voir dans votre chambre si j'y suis. Je vous appellerai quand j'aurai besoin de la réponse.

JULIE, *en sortant avec* CAROLINE. Est-ce que . . . ?

CAROLINE. Ça m'en a tout l'air.

SCÈNE V

MONSIEUR DUPONT, MADAME DUPONT

MADAME DUPONT. Qu'est-ce qu'il y a?

MONSIEUR DUPONT, *avec importance.* M. et madame Mairaut seront ici dans une heure, à six heures.

MADAME DUPONT. Eh bien?

MONSIEUR DUPONT, *fin.*[3] Et sais-tu ce qu'ils viendront faire?

MADAME DUPONT. Non.

MONSIEUR DUPONT. Nous demander la main de Julie, tout simplement.

MADAME DUPONT. Pour leur fils?

MONSIEUR DUPONT. A moins que ce ne soit pour le Grand Turc.

MADAME DUPONT. M. Mairaut, le banquier?

MONSIEUR DUPONT. M. Mairaut, directeur de la Banque de l'Univers, rue des Trois-Chapeaux, 14, au deuxième.

MADAME DUPONT. Oui, mais. . . .

MONSIEUR DUPONT. Seulement, ne t'emballe pas. . . . Ne va pas te monter la tête,[4] comme toutes les femmes; ce n'est pas fait. Voilà . . . j'ai été assez malin. Depuis une quinzaine, au Cercle des négociants, Mairaut me prenait assez souvent à part, me parlait de Julie, me demandait ceci, me questionnait sur cela. . . . Moi, tu comprends, je le laissais venir. Aujourd'hui, nous échangions quelques idées sur la difficulté qu'on éprouve à marier ses enfants: « J'en sais quelque chose,» me dit-il. Je lui réponds: « Moi aussi.» Alors (il est très fin, tu sais, le gaillard), alors, il m'a regardé en souriant et m'a dit: « Si madame Mairaut et moi, nous allions un de ces jours causer de cela avec vous et madame Dupont? » Tu penses ma joie; je ne me tenais plus. Quand je dis que je ne me tenais plus, c'est une

[1] *bien pensant,* a good Catholic.
[2] *très en dehors,* bluff and somewhat noisy.
[3] *fin,* slyly.
[4] *ne t'emballe pas. . . . Ne va pas te monter la tête,* both mean " don't get excited."

erreur: je me tenais très bien. La preuve, c'est que je lui ai dit négligemment: « Un de ces jours, la semaine prochaine.—Pourquoi pas aujourd'hui? » qu'il fait.[1] « Comme vous voudrez.—A six heures, nous serons chez vous.—Entendu.» Voilà.

MADAME DUPONT. Mais. . . . M. Mairaut le fils. . . . Monsieur. . . . Au fait, comment s'appelle-t-il de son petit nom?

MONSIEUR DUPONT. Antonin. . . . Antonin Mairaut.

MADAME DUPONT. Oui. Voilà ce que je voulais te demander: M. Antonin Mairaut est-il bien le mari qu'il faut à Julie?

MONSIEUR DUPONT. Quoi? Je sais ce que tu vas me dire. Il mène une vie légère, irrégulière, si tu veux: il a une liaison, enfin.

MADAME DUPONT. On le dit.

MONSIEUR DUPONT. Qu'est-ce que ça prouve? Il y a une chose à laquelle tu n'as pas pensé, parce que les femmes ne pensent jamais aux choses sérieuses.

MADAME DUPONT. A quoi? A sa fortune! Les Mairaut n'en ont pas. Leur maison de banque occupe, en tout et pour tout, deux employés.

MONSIEUR DUPONT. Deux employés, c'est exact.

MADAME DUPONT. Elle est à la merci d'une catastrophe.

MONSIEUR DUPONT. A la merci d'une catastrophe, c'est encore exact. Il y a aussi quelqu'un qui est à la merci d'une catastrophe, c'est l'oncle d'Antonin . . . de M. Antonin. . . . Et il a deux cent mille francs à lui, et il ne dépense rien.

MADAME DUPONT. C'est vrai, mais . . .

MONSIEUR DUPONT. Mais . . . mais quoi? . . . Veux-tu que je te dise? Tu es insupportable. Tu t'entêtes à ne voir que le petit côté des choses. Je ne te le reproche pas, c'est de ton sexe. Sache donc que je suis là, moi, et que je saurai bien empêcher l'oncle Maréchal de déshériter son neveu. Et puis, qu'est-ce qu'il est, l'oncle?

MADAME DUPONT. Quoi?

MONSIEUR DUPONT. Je te demande qu'est-ce qu'il est, qu'est-ce qu'il fait, M. Maréchal, l'oncle d'Antonin?

MADAME DUPONT. Il est chef de bureau à la Préfecture.[2]

MONSIEUR DUPONT. Ah! . . . Est-ce qu'il ne peut pas s'arranger pour faire donner à mon imprimerie tous les travaux d'impression, trente mille francs par an? Soit, combien de bénéfices?

MADAME DUPONT. Cinq mille francs.

MONSIEUR DUPONT. Combien? Cinq mille francs! Dix mille! Si on ne devait empocher que le bénéfice régulier, ce ne serait pas la peine de travailler pour le gouvernement.

MADAME DUPONT. J'ai peur que le fils Mairaut n'ait des défauts. . . .

MONSIEUR DUPONT. Des défauts! Des défauts! D'abord, nous ne les connaissons pas. Ensuite, il a une qualité qu'on ne peut lui enlever: c'est d'être le neveu de son oncle, qui peut me faire gagner dix mille francs par an, et qui est presque à moitié millionnaire.

MADAME DUPONT. Es-tu certain que ce soit le mari qui convient à Julie?

MONSIEUR DUPONT. C'est le mari qui convient à Julie, et le gendre qu'il me faut.

MADAME DUPONT. Tu as plus d'expérience que moi.

MONSIEUR DUPONT. Cinq heures dix. Maintenant, tu vas bien m'écouter. Nous n'avons que fort peu de temps, mais je sens les idées me venir avec une abondance et une clarté! . . . C'est seulement dans les moments difficiles que je dispose de toute mon intelligence, et je crois n'être pas tout à fait un imbécile. (Il s'assied à cheval sur une chaise.) Je te dis tout cela, c'est pour que tu fasses le moins de bêtises que tu pourras. . . . Il faut obtenir du père Mairaut que les enfants soient mariés sous le régime de la communauté.[3]

MADAME DUPONT. Mais Julie aura sa dot.

MONSIEUR DUPONT. Si tu m'interromps tout le temps, nous n'arriverons à rien. . . . Le régime de la communauté . . . à cause de la succession de l'oncle Maréchal. . . . Y es-tu?

MADAME DUPONT. Oui.

MONSIEUR DUPONT. Ce n'est pas malheureux. Alors, nous demanderons. . . .

MADAME DUPONT. La communauté.

MONSIEUR DUPONT. Nous demanderons la séparation de biens.

MADAME DUPONT. Mais. . . .

MONSIEUR DUPONT. Tu n'es pas de force. Contente-toi d'écouter sans chercher à comprendre. (Il se lève, replace sa chaise et lui frappe sur l'épaule.) Il ne faut

[1] *qu'il fait*, says he.
[2] *chef* . . . *Préfecture*, chief clerk in the prefect's office.
[3] *régime de la communauté*, in which all property belongs to both parties, opposed to *la séparation de biens*, in which each has only the disposal of the property he brings in marriage.

jamais demander ce dont on a envie. Il faut savoir se le faire offrir et se faire prier pour accepter. Donc, je donne cinquante mille francs de dot et. . . .

MADAME DUPONT. Cinquante mille! . . . Julie n'a que mes vingt-cinq mille francs.

MONSIEUR DUPONT. C'est juste. Je donnerai vingt-cinq mille francs comptant et je promettrai le reste pour l'an prochain.

MADAME DUPONT. Tu n'y penses pas; tu ne pourras jamais faire face à cet engagement-là.

Elle se lève.

MONSIEUR DUPONT. Qui sait? . . . Si j'ai les travaux de la Préfecture! . . .

MADAME DUPONT. Il faudrait demander à Julie ce qu'elle pense de ce mariage. . . .

MONSIEUR DUPONT. Nous n'avons plus grand temps. Enfin, appelle-la, et retire les housses.

MADAME DUPONT *va vers la porte à droite et revient.* Mais . . . as-tu pensé . . . ?

MONSIEUR DUPONT. A tout.

MADAME DUPONT. A tout? . . . Même. . . . Et l'histoire d'Angèle? . . .

MONSIEUR DUPONT. Angèle n'est plus ma fille.

MADAME DUPONT. Il faudra leur dire.

MONSIEUR DUPONT. Naturellement; puisqu'ils le savent, nous ne pouvons pas faire autrement.

MADAME DUPONT. Je suis à peu près certaine que c'est elle que j'ai rencontrée la dernière fois que je suis allée à Paris.

MONSIEUR DUPONT. Tu te seras trompée.

MADAME DUPONT. Je suis sûre que non.

MONSIEUR DUPONT. Quoi qu'il en soit, en agissant comme je l'ai fait, j'ai accompli mon devoir; je puis marcher la tête haute, et je ne crains rien. . . . Aie confiance. Appelle Julie, elle t'aidera à mettre le salon en ordre.

SCÈNE VI

MONSIEUR DUPONT *seul, puis* JULIE *et* MADAME DUPONT

MONSIEUR DUPONT, *seul, se frottant les mains.* Je n'ai tout de même pas conduit ça trop bêtement, allons!

Entrent JULIE *et sa mère.*

JULIE. Alors, c'est une demande?

MONSIEUR DUPONT. C'est une demande. (*A sa femme.*) Retire les housses. (*A* JULIE.) Tu connais le jeune Antonin Mairaut? (*Il s'assied.*) Vous avez dansé plusieurs fois ensemble.

JULIE. Oui.

MONSIEUR DUPONT. Qu'est-ce que tu penses de lui?

JULIE. Comme mari?

MONSIEUR DUPONT. Comme mari. . . . Ne te presse pas de répondre. Retire la housse de la chaise où tu es assise et passe-la à ta mère.

JULIE, *obéissant.* Est-ce que les parents ont fait la demande officielle?

MADAME DUPONT. Non, c'est seulement en prévision que nous voulons. . . .

MONSIEUR DUPONT, *lui donnant une dernière housse qu'il a retirée lui-même.* Va porter tout ça à côté. (*A sa fille.*) La demande n'est pas faite, mais elle le sera bientôt . . . avant une heure d'ici.

JULIE. C'est donc pour ça, tous ces frais? [1]

MONSIEUR DUPONT. Tu l'as dit. . . . Il s'agit de ne pas avoir l'air d'être des misérables et sans aucune relation. . . . (*Il prend une coupe où sont des cartes de visite.*) Bien vieilles ces cartes de visite, bien jaunes; et des noms bien communs. Il faut rafraîchir cela. (*A sa femme qui revient.*) Descends à l'atelier; tu demanderas à Courthezon qu'il te donne nos nouveaux modèles de cartes à trois francs . . . à trois francs cinquante, et puis tu monteras la partition de Wagner, qu'on nous a donnée à relier. (MADAME DUPONT *sort.* A JULIE.) Je ne veux pas t'influencer. . . .

JULIE. Mais cependant. . . .

MONSIEUR DUPONT. *Il va à la cheminée.* Cependant, quoi? Attends que j'allume la lampe.

Il frotte une allumette.

JULIE. Mais il fait encore clair.

MONSIEUR DUPONT. Lorsqu'on reçoit, on n'attend pas qu'il fasse nuit pour. . . . Tu es assez grande pour savoir. . . . Qu'est-ce que c'est que cette huile-là? . . . ce que tu as à faire. . . . Sacrées lampes! Quand on ne les allume jamais, c'est le diable pour les allumer. . . . Oui, je disais, tu es assez grande, c'est à toi de peser le pour et le contre. Le mariage . . . Là. . . . (*Regardant autour de lui.*) Qu'est-ce qu'on arrangerait bien encore?

---

[1] *ces frais,* this fixing-up.

Qu'est-ce que c'est que ça? Le chapeau à cette grande sarcelle [1] de Caroline.

MADAME DUPONT, *entrant du fond et apportant des cartes de visite et une partition.* Voilà les cartes et la partition.

MONSIEUR DUPONT. Merci. (*Il donne à* MADAME DUPONT *le chapeau de* CAROLINE.) Emporte ça. . . . Et ton ouvrage! Veux-tu cacher ça! N'aie pas l'air de repriser tes bas toi-même, que diable! . . . C'est drôle que tu ne comprennes pas ça toute seule! (*Elle sort par le fond et revient bientôt. Machinalement, à* JULIE.) C'est à toi de peser le pour et le contre. . . . A la bonne heure: « Vicomte de Liverolles. . . . M. l'abbé Candar, chanoine honoraire. . . . Ange Nitton, ancien conseiller municipal. . . .» Voilà qui ne fera pas trop mauvaise figure. . . . La partition . . . sur le piano, tout ouverte. . . . Bien. . . . Il manque encore quelque chose. . . . Julie! la boîte de cigares que M. Guéroult m'a envoyée, pour son élection?

JULIE. Elle est là.

MONSIEUR DUPONT. Donne.

JULIE. Tu ne l'as pas encore entamée.

MONSIEUR DUPONT. Attends. . . . (*Il fouille dans sa poche, tire un canif qu'il ouvre.*) Il faut leur faire voir qu'il n'y a pas que les députés qui fument des cigares à cinq sous! (*Il ouvre la boîte.*) Tu comprends bien que sans être orgueilleux, on a sa dignité. . . . Là. (*Il prend une poignée de cigares et les donne à sa fille.*) Mets ça dans le tiroir, pour qu'on n'ait pas l'air d'avoir sorti la boîte exprès. (*Il arrange la boîte sur la table. . . .*) Un journal de modes. . . . Très bien. . . . Et moi? (*A sa femme.*) Léontine . . . donne-moi une autre décoration du Christ; [2] celle-ci est fanée. (*A sa fille.*) Il a vingt-huit ans. Il est élégant, distingué; il a fait son droit à Bordeaux. . . . (*Il met la décoration fraîche et se regarde un peu longuement.*) Dans une ville où je ne serais pas connu, ça, ça vaudrait la Légion d'honneur. (*Il se retourne.*) Eh bien! as-tu réfléchi?

JULIE. Je demande à réfléchir plus longuement.

MONSIEUR DUPONT. Tu as encore un quart d'heure.

MADAME DUPONT. Elle voudrait plusieurs jours peut-être.

MONSIEUR DUPONT. C'est ça! attendre, n'est-ce pas? Recommencer l'histoire de cette grande bête de Caroline. Ah, non! Ta sœur, que tu vois maintenant vieille fille, et qui ne se mariera jamais, à moins que sa tante de Calcutta ne lui laisse un héritage; ta sœur a eu un jour, elle aussi, une occasion. Elle a fait la difficile, elle a « réfléchi . . .» et voilà où elle en est. Voilà où ça conduit, la réflexion. Elle me reste sur les bras.

MADAME DUPONT. Il ne faut pas dire cela: elle gagne sa vie.

MONSIEUR DUPONT. Elle gagne sa vie, possible, mais elle me reste sur les bras tout de même. Entre parenthèses, il ne faut pas avouer aux Mairaut que Caroline travaille pour vivre.

MADAME DUPONT. Ils doivent le savoir.

MONSIEUR DUPONT. Pas du tout. . . . Qu'est-ce que je disais? . . . Oui. . . . Elle me reste sur les bras tout de même. Une, c'est assez; deux, ce serait trop. . . . N'oublie pas que tu n'as pas de dot, ma fille . . . ou à peu près, et que par le temps qui court, quand on n'a pas de dot, on n'a pas le droit d'être difficile.

JULIE. Alors, maintenant, le mariage, c'est un mari qu'on achète?

MONSIEUR DUPONT. Dame. [3]

JULIE. Et les filles pauvres sont condamnées au malheur?

MONSIEUR DUPONT. Ce n'est pas tout à fait exact, mais il est bien évident qu'il y a plus de choix pour celles qui ont un gros sac.

JULIE, *amère.* Les autres doivent se contenter des articles de rebut, [4] des laissés-pour-compte. [5]

MONSIEUR DUPONT. Il y a des exceptions, mais, en général, les maris, c'est comme le reste: quand on veut avoir du beau, il faut y mettre le prix.

MADAME DUPONT. Et encore, on est souvent volé.

MONSIEUR DUPONT. Ça arrive . . mais M. Antonin Mairaut est très présentable. Non? . . . Je me demande ce qu'il te faut, parole! Si tu attends un prince,

---

[1] *sarcelle*, a kind of wild duck.

[2] *décoration du Christ*, a papal order; the ribbon is red of a shade somewhat different from the Legion of Honor ribbon.

[3] *Dame*, that's about it.

[4] *articles de rebut*, discards.

[5] *laissés-pour-compte*, left-overs, unsold articles.

dis-le. . . . Attends-tu un prince? Réponds, réponds? . . . Voyons, mon enfant, il se présente une occasion unique, que tu ne retrouveras peut-être jamais, un jeune homme bien élevé qui a un oncle chef de bureau à la Préfecture, lequel oncle peut doubler mes bénéfices en me faisant avoir les travaux de l'administration, sans compter le reste . . . et tu fais la difficile!

MADAME DUPONT. Réfléchis. . . . Voilà que tu as vingt-quatre ans.

MONSIEUR DUPONT. Tu as cette chance énorme que ce garçon s'est toqué[1] de toi, paraît-il, à un bal.

JULIE. Je crois bien. Il voulait m'embrasser, entre deux portes. J'ai dû le remettre à sa place.

MADAME DUPONT. Tu as bien fait.

MONSIEUR DUPONT. Elle a bien fait si elle n'a pas agi trop brutalement. Il n'y a eu de la part de ce garçon, j'en suis sûr, qu'un enfantillage.

MADAME DUPONT. Oh! certainement.

JULIE. Il ne me plaît qu'à demi.

MONSIEUR DUPONT. Mâtin![2] S'il te plaît à moitié, c'est déjà quelque chose! Il y a beaucoup de mariages où l'on n'a même pas ça!

MADAME DUPONT. Tu n'as pas d'antipathie contre lui?

JULIE. Non!

MONSIEUR DUPONT. Alors!

MADAME DUPONT. C'est peut-être insuffisant.

MONSIEUR DUPONT. Voyons, voyons, mon enfant, il s'agit de causer sérieusement. Jadis tu étais romanesque. Grâce à Dieu, je t'ai guérie de cette infirmité. Tu sais bien que les ménages malheureux sont le plus souvent des mariages d'amour.

JULIE, *pas convaincue.* Je le sais bien . . . je le sais bien. . . . Enfin, je veux un mari qui m'aime.

MONSIEUR DUPONT. Mais, nom d'une pipe, il t'aime, celui-là, puisque tu viens de nous avouer toi-même qu'au bal, tu avais été forcée de le remettre à sa place!

JULIE. Je ne veux pas être une esclave.

MONSIEUR DUPONT. Tu conduiras ton mari par le bout du nez.

JULIE. Qu'en sais-tu?

MONSIEUR DUPONT. Je le sais. Que cela te suffise. . . . Et puis, vraiment, en voilà assez! . . . Tu t'imagines que, par ton caprice, tu vas renverser tous mes plans, m'empêcher d'agrandir l'imprimerie

et de nous retirer l'année prochaine comme nous en avions l'intention, ta mère et moi! . . . Alors, tu crois que nous n'avons . . . que je n'ai pas assez travaillé? Tu ne veux pas que nous allions goûter un peu de repos avant de mourir? Tu trouves peut-être que je ne l'ai pas gagné, ce repos. Réponds? tu trouves que je ne l'ai pas gagné?

JULIE. Si.

MONSIEUR DUPONT, *triomphant.* Eh bien, alors? . . . D'ailleurs, je vais te mettre à ton aise. Je n'exige pas une réponse définitive aujourd'hui. Je te demande seulement de ne pas faire la mauvaise tête et de nous laisser te présenter Antonin comme un prétendant si ses parents nous font des avances, voilà tout. Tu causeras ensuite avec lui, tu le questionneras. Naturellement, il faut que vous vous connaissiez.

MADAME DUPONT. Réfléchis bien, mon enfant.

MONSIEUR DUPONT. Vois si tu dois suivre l'exemple de cette grande bête de Caroline.

MADAME DUPONT. Tu es en âge de te marier.

MONSIEUR DUPONT. Réponds. Es-tu en âge de te marier?

JULIE. Évidemment.

MONSIEUR DUPONT. As-tu d'autres partis?

MADAME DUPONT. Oui. As-tu le choix?

JULIE. Non.

MONSIEUR DUPONT. Tu vois bien.

MADAME DUPONT. Tu vois bien.

MONSIEUR DUPONT. Alors, c'est entendu. . . . Nous n'avons que le temps. M. Mairaut est l'exactitude même: il est six heures moins cinq; dans cinq minutes il sera là. (JULIE *garde le silence, regardant par la fenêtre ouverte. On entend des rires d'enfants. A sa femme.*) Qu'est-ce qu'elle regarde par la fenêtre?

MADAME DUPONT. Madame Brichot qui rentre avec ses enfants.

JULIE, *à elle-même, avec un sourire d'une grande douceur, se répétant un mot qu'elle entend en rêve.* Maman!

MONSIEUR DUPONT. Eh bien?

JULIE. Eh bien, c'est entendu.

MONSIEUR DUPONT. Ouf! . . . Maintenant va t'habiller.

JULIE. M'habiller?

---

[1] *s'est toqué,* has lost his head.
[2] *Mâtin!* meaningless expletive, expressing astonishment.

MADAME DUPONT. Évidemment. Tu seras censée ne rien savoir, mais il faut que tu sois propre.

JULIE. Quelle robe faut-il mettre?

MADAME DUPONT, *réfléchissant.* Ah! voilà! (*Tout à coup.*) J'y pense. N'est-ce pas aujourd'hui le bal chez les Gonthier?

JULIE. Oui, mais nous avons fait dire que nous n'irions pas.

MADAME DUPONT. Nous y allons tout de même. Mets ta robe de bal.

JULIE. Avant dîner? . . . Est-ce donc ma robe qu'il épousera?

MADAME DUPONT. Non. Mais ta robe te fait valoir. Obéis-moi.

JULIE. Allons!

Elle sort.

SCÈNE VII

MONSIEUR DUPONT, MADAME DUPONT

MONSIEUR DUPONT. Tu as l'intention d'aller à ce bal?

MADAME DUPONT. Pas du tout.

MONSIEUR DUPONT. Eh bien?

MADAME DUPONT. M. Antonin va venir.

MONSIEUR DUPONT, *comprenant.* Et Julie est beaucoup plus gentille lorsque . . . Tu as raison. . . . Les voilà. . . . Nous allons passer de l'autre côté.

MADAME DUPONT. Pour? . . .

MONSIEUR DUPONT. Il faut les faire attendre un peu, c'est plus distingué. . . . (*A la bonne qui entre de gauche pour aller ouvrir. A mi-voix.*) Vous prierez d'attendre un moment.

LA BONNE. Oui, monsieur.

MONSIEUR DUPONT. Filons.

Ils sortent par la gauche. Entrent M. et MADAME MAIRAUT.

SCÈNE VIII

MONSIEUR MAIRAUT, MADAME MAIRAUT.
Ils entrent avec un sourire qui se glace dès qu'ils voient que le salon est vide.

MONSIEUR MAIRAUT. Ils ne sont pas là?

LA BONNE. Je vais prévenir madame.
Elle sort.

MADAME MAIRAUT. Prévenir madame! . . . (*A son mari.*) On nous avait vus venir. . . .

MONSIEUR MAIRAUT. Tu crois?

MADAME MAIRAUT. Cette lampe-là n'est pas allumée pour éclairer les murs. . . . Ça n'est pas riche, riche, riche, leur salon. . . . (*Elle soulève un peu l'étoffe du dossier d'un fauteuil.*) C'est du meuble retapé.[1] . . .

MONSIEUR MAIRAUT, *sur la coupe aux cortes de visite.* Ils ont de jolies relations. . . .

MADAME MAIRAUT. Voyons. . . . (*Elle regarde.*) Ces cartes-là ont été mises exprès pour nous, il n'y a pas une heure. . . .

MONSIEUR MAIRAUT. Oh! oh! oh!

MADAME MAIRAUT. Regarde. Elles sont toutes fraîches, tandis que celles qui sont en dessous sont jaunies.

MONSIEUR MAIRAUT. Parce que celles du dessous sont plus vieilles.

MADAME MAIRAUT. Parce qu'elles ont été à la lumière depuis le premier de l'an jusqu'à tout à l'heure, tandis que celles-ci sont neuves. Il va falloir jouer serré.[2] Surtout, toi, ne me fais pas de gaffes.

MONSIEUR MAIRAUT. Non.

MADAME MAIRAUT. Ne pas avoir l'air de tenir à ce mariage-là.

MONSIEUR MAIRAUT. Je sais.

MADAME MAIRAUT. Se faire offrir le régime de la communauté.

MONSIEUR MAIRAUT. Oui.

MADAME MAIRAUT. Et pour cela, demander la séparation de biens.

MONSIEUR MAIRAUT. Oui.

MADAME MAIRAUT. Du reste, fais comme d'habitude: parle le moins possible.

MONSIEUR MAIRAUT. Mais. . . .

MADAME MAIRAUT. Tu sais bien qu'il n'y a que ça qui te réussit.

MONSIEUR MAIRAUT. Mais à toi, j'ai quelque chose à te dire.

MADAME MAIRAUT. Ça doit être une bêtise. Enfin! nous n'avons rien à faire de mieux: je t'écoute.

MONSIEUR MAIRAUT. C'est toujours pour la chose dont je t'ai entretenue et qui me gêne, vraiment. Si les Dupont nous donnent leur fille, qui a probablement vingt-cinq mille francs de dot. . . .

MADAME MAIRAUT. Oui, moi, je compte vingt ou vingt-cinq mille francs.

MONSIEUR MAIRAUT. Eh bien, s'ils nous la donnent, à nous qui n'avons que ma banque, c'est qu'ils ne savent pas que l'oncle Maréchal est ruiné.

MADAME MAIRAUT. Évidemment, personne ne le sait.

---

[1] *meuble retapé,* old furniture done over.
[2] *jouer serré,* play a close game.

Monsieur Mairaut. Ce n'est pas honnête de ne pas le leur dire.

Madame Mairaut. Pourquoi?

Monsieur Mairaut. Dame. . . .

Madame Mairaut. Si on doit le leur dire, nous n'avons qu'à nous en aller tout de suite.

Monsieur Mairaut. Tu vois.

Madame Mairaut. Donc, nous devons nous taire. Oui. Parce que si tu as le souci de ne pas leur faire du tort, moi, j'ai le souci de ne pas en faire à l'oncle Maréchal.

Monsieur Mairaut. Comment cela?

Madame Mairaut. Nous n'avons pas le droit de divulguer un secret qui ne nous appartient pas. Je regrette que tu n'aies pas compris cela. Je suis tout aussi scrupuleuse que toi, mon ami; seulement, moi, je place les intérêts de ma famille avant ceux des étrangers. Si j'ai tort, dis-le moi.

Monsieur Mairaut. Et s'ils nous questionnent?

Madame Mairaut. Nous consulterons l'oncle Maréchal, puisque c'est lui le principal intéressé.

Monsieur Mairaut. Malgré tout . . . il me semble. . . .

Madame Mairaut. Maintenant, ordonne. Si tu veux que nous partions, partons; c'est toi le maître: je ne l'ai jamais oublié. Partons-nous?

Monsieur Mairaut, *après un silence, capitulant.* Maintenant que nous sommes là, qu'est-ce que les Dupont penseraient de nous? . . .

Madame Mairaut. Et puis, il faut se souvenir que l'aînée des demoiselles Dupont a été déshonorée et qu'elle est établie « cocotte » à Paris. Ça les rendra moins difficiles.

Monsieur Mairaut. Chut! . . .

Entrent M. *et* Madame Dupont.

SCÈNE IX

Monsieur *et* Madame Dupont, Monsieur *et* Madame Mairaut. *Papotage;* « *Bonjour, chère madame. Comment allez-vous? . . . Que c'est aimable à vous! . . . Asseyez-vous donc . . . etc. . . .* » *On s'installe.—Silence.*

Madame Mairaut. Ma chère madame, je n'irai pas par quatre chemins. Voici le but de notre visite. Nous avons cru nous apercevoir, M. Mairaut et moi, que mademoiselle votre fille avait produit sur Antonin une impression . . . comment dirais-je? . . . une certaine impression.

Monsieur Mairaut. Oui, c'est cela . . . une certaine impression. . . .

Madame Mairaut. Antonin doit venir nous prendre ici tout à l'heure, mais, naturellement, nous ne lui avons rien dit.

Monsieur Dupont. De même, Julie ne se doute de rien.

Madame Dupont. Elle s'habille. Nous allons ce soir au bal des Gonthier, et la pauvre petite m'a demandé la permission de mettre sa robe avant le dîner.

Monsieur Dupont. Non pas qu'elle soit coquette.

Madame Dupont. Oh! Dieu! non!

Monsieur Dupont, *d'un ton détaché, à sa femme.* Est-ce qu'elle ne fait pas ses petites affaires elle-même?

Madame Dupont. Oui, oui, oui. Nous ignorons, dans la maison, ce que c'est qu'une note de couturière. . . .

Monsieur Dupont. Ce qui ne l'empêche pas d'être très bonne musicienne.

Madame Dupont. Excellente. Elle a une passion pour la grande musique. Ainsi, elle connaît son Wagner sur le bout du doigt.

Madame Mairaut. Wagner! Diable!

Madame Dupont. Oh! juste ce qu'il faut pour en parler.

Madame Mairaut. Je sais qu'elle est charmante.

Madame Dupont. Et bonne. . . . Vous ne sauriez croire combien cette petite est susceptible d'attachement!

Monsieur Dupont, *à* M. Mairaut. Voulez-vous un cigare?

Monsieur Mairaut. Merci, je ne fume pas avant dîner.

Monsieur Dupont. Prenez toujours. Vous le fumerez après. Ce sont mes ordinaires, mais ils sont passables.

Monsieur Mairaut, *acceptant.* Merci.

Madame Mairaut. Si Antonin n'est pas encore marié, c'est que, son père et moi, nous avons voulu lui trouver une femme digne de lui. La question d'argent, pour nous, ne vient qu'en dernière ligne.

Madame Dupont. C'est tout à fait comme nous. Je vois avec plaisir que nous nous entendrons facilement.

Madame Mairaut. Dieu merci, ce ne sont pas les partis les plus riches qui ont manqué à Antonin.

Monsieur Dupont. De même pour Julie. Malgré le malheur qu'il y a eu dans la famille?

Monsieur Mairaut. Oui, nous savons. . . .

Madame Mairaut. Quel malheur? Nous ne savons rien. . . . Qu'est-ce que tu dis, mon ami? . . .

Monsieur Mairaut. Je disais . . . Rien . . . je disais. . . . Non, je ne disais rien.

Madame Mairaut, à Madame Dupont. Il y a un malheur dans la famille?

Monsieur Dupont. Oui. De mon premier mariage, j'ai eu deux filles: l'une, cette grande bête de Caroline, que vous connaissez.

Madame Mairaut. Parfaitement. . . . Et que vous n'avez pu marier.

Monsieur Dupont. Parce qu'elle ne l'a pas voulu, croyez-le bien. L'autre s'appelait Angèle. A dix-sept ans, elle a commis une faute qu'il devenait impossible de cacher. Je l'ai chassée. . . . (Très sincère.) Ça m'a fait de la peine, je vous le jure. . . .

Madame Dupont. Il est resté trois jours sans manger.

Monsieur Dupont, ému. Oui, ça m'a fait de la peine . . . mais je sais quel est le devoir d'un honnête homme.

Madame Mairaut. Vous en avez eu d'autant plus de mérite . . . permettez-moi de vous féliciter.

Poignées de main.

Monsieur Mairaut. Puisque vous l'aimiez tant que ça, vous auriez peut-être mieux fait de la garder tout de même.

Madame Mairaut. Tu ne penses pas à ce que tu dis, mon ami. . . . (A M. Dupont.) Et qu'est-ce qu'elle est devenue?

Monsieur Dupont. Elle est aux Indes.

Madame Dupont, surprise. Aux Indes?

Monsieur Dupont, à sa femme. Oui, chez sa tante, une sœur de ma première femme. J'ai eu de ses nouvelles. . . . (A Madame Mairaut.) Indirectement, bien entendu. Voilà. . . .

Madame Mairaut. Je vous le répète, monsieur Dupont, cela est tout à votre honneur . . . seulement, il y a des gens si drôles. . . . Enfin je ne pense pas que cette révélation doive immédiatement nous faire abandonner nos projets. (A son mari.) Qu'en penses-tu, mon ami?

Monsieur Mairaut. Moi?

Madame Mairaut. Tu penses comme moi qu'il faut réfléchir, n'est-ce pas? . . . (Un temps.) Sans vouloir rien engager d'un côté ni de l'autre, et pour n'avoir plus à revenir sur la question d'argent qui m'est

odieuse, voulez-vous me permettre une petite question, monsieur Dupont?

Monsieur Dupont. Parfaitement, madame Mairaut.

Madame Mairaut. Avez-vous déjà pensé . . . à ce que vous donneriez à votre fille?

Monsieur Dupont. Mon Dieu . . . oui . . . comme ça, vaguement.

Monsieur Mairaut. Oui.

Un temps.

Madame Mairaut. Et . . . à peu près . . . c'est? . . .

Monsieur Dupont. Cinquante mille francs.

Madame Mairaut. Cinquante mille francs. . . . (A son mari.) Tu entends, monsieur ne donne *que* cinquante mille francs.

Monsieur Mairaut. Oui.

Un temps.

Madame Mairaut. Comptant, en espèces, naturellement?

Monsieur Dupont. Comptant, vingt-cinq mille . . . et vingt-cinq mille dans six mois.

Madame Mairaut, à son mari. Tu entends?

Monsieur Mairaut. Oui.

Madame Mairaut. Ça ne fait plus que vingt-cinq mille francs et une promesse.

Monsieur Dupont. Vingt-cinq mille francs et ma parole.

Madame Mairaut. Oui, c'est ce que je dis. (Regard à son mari.) Dans ces conditions-là, nous regrettons beaucoup. . . . Mais M. Mairaut se refuse. . . . C'est vraiment trop peu.

Monsieur Dupont. Combien donnez-vous à M. Antonin?

Madame Mairaut. Oh! pas un sou. . . . Ça, nous sommes très nets et très francs. . . . Lorsqu'il sera marié, son père le prendra comme associé . . . et c'est la dot de sa femme qui sera sa mise de fonds.

Monsieur Mairaut. Nous vous disons la vérité telle qu'elle est.

Madame Mairaut. Antonin n'aura rien que ce qui pourra lui revenir après nous.

Madame Dupont. Et, Dieu merci, vous êtes tous les deux en très bonne santé.

Madame Mairaut, s'excusant. Mon Dieu, oui.

Madame Dupont. Il a un oncle, je crois?

Madame Mairaut. Oui, madame.
Monsieur Mairaut. Oui, l'oncle Maréchal.
Monsieur Dupont. On dit que M. Maréchal aime beaucoup M. Antonin.
Madame Mairaut. Beaucoup.
Monsieur Mairaut. Beaucoup.
Monsieur Dupont. Il est riche, à ce qu'on dit.
Madame Mairaut. A ce qu'on dit.
Monsieur Mairaut. Nous n'avons pas compté avec lui, n'est-ce pas?
Madame Dupont. Et naturellement, M. Maréchal laisserait tout ce qu'il a à son neveu.
Monsieur et Madame Mairaut, ensemble. Oh! ça, oui. . . . Nous le garantissons. Il lui laisserait tout ce qu'il a. . . .
Madame Dupont. M. Maréchal est très influent à la Préfecture?
Madame Mairaut. Oui. . . . Mais tout cela est parler pour ne rien dire. . . . A vingt-cinq mille francs, nous ne pouvons pas.
Monsieur Dupont. Je regrette. . . .
Madame Mairaut. Nous aussi. . . . (Elle se lève. A son mari.) Allons, mon ami, nous allons prendre congé. . . .
Monsieur Dupont. J'irai peut-être jusqu'à trente mille. . . .
Madame Mairaut. Non. A moins de cinquante mille, c'est impossible.
Monsieur Dupont. Tenez, coupons la poire en deux. Trente mille, et ma maison de campagne de Saint-Laurent.
Madame Mairaut. Elle est inondée deux mois par an.
Monsieur Dupont. Inondée? jamais!
Madame Mairaut, à son mari. Enfin, qu'en penses-tu? . . .
Monsieur Mairaut. Antonin aime tant mademoiselle Julie!
Madame Mairaut. Ah! mon Dieu, si ce n'était pas cela! (Elle s'assied.) Mon pauvre enfant!

Elle pleure.

Madame Dupont. Ma pauvre petite Julie!

Elle pleure.

Monsieur Mairaut, à M. Dupont. Excusez-la . . . seulement . . . c'est son fils. . . .
Monsieur Dupont. Vous pensez si je vous comprends. . . .
Madame Mairaut, en s'essuyant les yeux. Et naturellement, les autres vingt-cinq mille dans six mois?
Madame Dupont. Naturellement.
Madame Mairaut. Sous quel régime les marions-nous?
Monsieur Dupont. Là-dessus, j'ai des idées bien arrêtées.
Monsieur Mairaut. Moi aussi.
Monsieur Dupont. La séparation de biens.
Monsieur Mairaut. La séparation de biens?

Silence étonné.

Monsieur Dupont. Oui. . . .
Monsieur Mairaut. Ah! la séparation de. . . .
Monsieur Dupont. Vous tenez à. . . .
Monsieur Mairaut. J'y tiens . . . j'y tiens. . . . A moins que vous ne préfériez. . . .
Monsieur Dupont. La communauté.
Monsieur Mairaut. C'est cela. . . .
Monsieur Dupont. C'est cela . . . il y a, dans le régime de la séparation, je ne sais quoi de choquant . . . de mesquin.
Monsieur Mairaut. C'est cela, de mesquin. . . .
Monsieur Dupont. De méfiant! . . .
Monsieur Mairaut. N'est-ce pas? . . . Alors, voilà qui est entendu?
Monsieur Dupont. C'est entendu. . . . La communauté réduite aux acquêts.[1] . . . C'est-à-dire que les premiers vingt-cinq mille francs constitueront la dot.
Madame Mairaut. Et ceux que vous donnerez six mois après, c'est à la communauté que vous les donnerez.
Monsieur Dupont. Nous ferons un petit contrat.
Monsieur Mairaut. Parfaitement.
Entre Antonin Mairaut, *vingt-huit ans, joli garçon, très correct. Salutations.*

SCÈNE X

Les Mêmes, Antonin

Madame Mairaut. Antonin. . . . (A M. *et* Madame Dupont.) Vous permettez que je le mette au courant en deux mots?
Madame Dupont. Faites donc. . . .
Madame Mairaut, *bas, à* Antonin. Ça y est.
Antonin. Combien?
Madame Mairaut. Trente mille, la maison et vingt-cinq mille dans six mois,

---

[1] *réduite aux acquêts*, applied only to what accrues to the couple after their marriage. Dupont thinks of Uncle Maréchal's legacy, Madame Mairaut of the 25,000 francs to be paid in six months.

ANTONIN. Bon.

MADAME MAIRAUT. Ça ne dépend plus que de la petite.

ANTONIN. Est-elle romanesque ou positive? Je ne sais pas bien.

MADAME MAIRAUT. Elle est très romanesque et elle est folle de Wagner.

ANTONIN. Diable!

MADAME MAIRAUT. C'est ce que j'ai dit. . . . Mais une fois mariée . . . mère de famille. . . .

ANTONIN. Oh! mère de famille. . . . Comme tu y vas! Ça coûte cher, les enfants, et c'est bien embêtant.

MADAME MAIRAUT. Ne la contrarie pas maintenant. Ne seras-tu pas le maître plus tard?

ANTONIN. Évidemment.

MADAME MAIRAUT, revenant auprès de MADAME DUPONT. Voilà. . . .

MADAME DUPONT. Qu'est-ce qu'il a dit?

MADAME MAIRAUT. Il craint de ne pas plaire à mademoiselle Julie.

MONSIEUR DUPONT. Quel enfantillage!

MADAME MAIRAUT. Puis, il reste hésitant à cause du chiffre de la dot.

MONSIEUR DUPONT. C'est mon dernier mot. . . . (A sa femme.) Mais qu'est-ce que fait Julie? . . .

MADAME DUPONT. Je vais aller la chercher. . . .

MONSIEUR DUPONT. Attends. (Il sonne. A la bonne.) Voulez-vous prier mademoiselle de venir, si elle est prête?

La bonne sort.

ANTONIN. Je tiens à vous dire, monsieur et madame, combien je suis flatté de voir que des pourparlers se sont engagés entre mes parents et vous sur une aussi grave question. . . . Je ne sais s'ils aboutiront . . . mais. . . .

MADAME DUPONT. C'est nous, monsieur, qui. . . . Vous allez la voir, cette pauvre petite. . . . Elle ne se doute de rien. . . .

MADAME MAIRAUT. Nous pourrons les laisser causer un peu en tête à tête.

MADAME DUPONT. C'est cela. . . . Nous allons au bal des Gonthier. . . . Elle m'a demandé la permission. . . . La voici. . . .

Entre JULIE.

SCÈNE XI

LES MÊMES, JULIE

MADAME DUPONT, à JULIE. Ta robe fait un pli. (*Elle l'entraîne à part.—Aux* MAIRAUT.) Vous permettez?

JULIE, *bas.* Eh bien?

MADAME DUPONT. Ça ne dépend plus que de toi. On va vous laisser ensemble. N'oublie pas que c'est ta dernière ressource. Ne rate pas l'occasion.

JULIE. J'ai réfléchi. Je ne veux pas faire comme Caroline . . . et si, après notre conversation. . . .

MADAME DUPONT. Ne l'effarouche pas. . . . Il est très pratique. . . . Si tu pouvais lui donner l'espérance que tu l'aiderais dans ses travaux de banque. . . .

JULIE. J'ai horreur des chiffres.

MADAME DUPONT. Une fois mariée, tu feras ce que tu voudras. . . . Rentre un peu cette dentelle qui est fanée. (*Elle baisse la dentelle du corsage de sa fille.*) Et puis, mon Dieu, tu sais . . . entre fiancés, il y a peut-être des petites choses qu'il se croira permises. . . .

JULIE. Oui. On s'aperçoit que tu me parles bas. Va.

MADAME DUPONT *revient auprès de* MADAME MAIRAUT.

MADAME MAIRAUT. Qu'est-ce qu'elle a dit?

MADAME DUPONT. Elle ne se doute de rien.

MADAME MAIRAUT. Laissons-les. (*Haut.*) Il y a bien longtemps, cher monsieur Dupont, que j'avais envie de visiter un atelier d'imprimerie. Est-ce que? . . .

MONSIEUR DUPONT. Si vous voulez bien m'accompagner, madame, je serai heureux. . . .

MONSIEUR MAIRAUT. C'est cela.

MADAME MAIRAUT. Nous serions six . . . ce serait tout un cortège. (*Négligemment.*) Les enfants vont rester là; n'est-cè pas, chère madame? . . .

MADAME DUPONT. Parfaitement.

Ils sortent.

SCÈNE XII

JULIE, ANTONIN

ANTONIN, *regardant la partition qui est sur le piano.* Vous aimez Wagner, mademoiselle?

JULIE. Beaucoup.

ANTONIN. Moi, je l'adore.

JULIE. Quel génie! N'est-ce pas?

ANTONIN. N'est-ce pas?

JULIE. Il est le seul musicien.

ANTONIN. Le plus grand.

JULIE. Non pas: le seul.

ANTONIN. Le seul, en effet. Je vois avec plaisir que nous avons les mêmes goûts artistiques. (*Un temps.*) Vous êtes

censée ne rien savoir, n'est-ce pas? Moi
aussi.

JULIE. A quel sujet?

ANTONIN. Vos parents ne vous ont
rien dit? Les miens non plus . . . alors.

JULIE. Ils ne m'ont rien dit, mais ils
m'ont laissé deviner, peut-être. . . .

ANTONIN. C'est comme moi. Alors,
vous voulez bien me permettre de me
considérer comme votre fiancé?

JULIE. Oh! oh! vous allez un peu vite.
Il faut d'abord que nous fassions plus
ample connaissance.

ANTONIN. Nous avons souvent dansé
ensemble.

JULIE. C'est vrai, mais c'est insuffisant.

ANTONIN. Pas pour moi. Depuis la
première fois que je vous ai vue . . .
c'était, je crois, au bal de la Préfecture.

JULIE. Non. C'est un dimanche, à la
musique, que madame votre mère vous a
présenté.

ANTONIN. Peu importe. . . .

JULIE. Je désirerais connaître votre
caractère. Voulez-vous . . . voulez-vous
me permettre de vous poser quelques questions? . . . Ce n'est peut-être pas très
convenable ce que je fais là. . . .

ANTONIN. Mais si, mais si. Parlez.

JULIE. Aimez-vous les enfants?

ANTONIN. Je les adore.

JULIE. . . . Vrai?

ANTONIN. Vrai.

JULIE. J'en suis folle. C'est, pour moi,
le bonheur et le but de la vie. . . . D'ailleurs, je me fais du mariage une idée plus
haute que la plupart des jeunes filles. J'y
vois une union parfaite de l'esprit et du
cœur.

ANTONIN. Moi aussi.

JULIE. Ils me paraissent monstrueux,
ces ménages qui ne sont plus que des
associations.

ANTONIN. Monstrueux, vous avez raison.

JULIE. Une dernière question: aimez-
vous le monde?

ANTONIN. Non. Et vous?

JULIE. Moi non plus.

ANTONIN. Tant mieux, car j'en ai vraiment par-dessus la tête, moi, des fêtes et
des bals. . . . Cependant, si cela était
nécessaire pour augmenter nos relations
. . . si cela devait aider au développement
de la maison de banque, vous consentiriez. . . .

JULIE. Bien entendu. Quel genre d'opérations faites-vous, dans votre banque?

ANTONIN. Mais toutes celles qui se
font habituellement.

JULIE. J'ai vu sur l'enseigne: les comptes courants, les ordres de bourse. . . .

ANTONIN. L'encaissement des coupons.

JULIE. Ce doit être intéressant.

ANTONIN. Vous vous intéresseriez à cela?

JULIE. Oh! quand j'étais petite, mon
père me faisait l'aider à sa comptabilité.

ANTONIN. Et maintenant?

JULIE. Plus, malheureusement. Il y
a un comptable. Je le regrette.

ANTONIN. Savez-vous que vous êtes
charmante?

JULIE. Vous me l'avez dit une fois, déjà.

ANTONIN. Oui. Au bal. . . . Vous
aviez une robe qui ressemblait à celle-ci.
. . . Vous êtes jolie . . . jolie. . . .

Il lui prend la main.

JULIE, *un peu troublée.* Non. . . .

ANTONIN. Quoi! . . . Un fiancé . . .
presque votre mari. . . . Laissez-moi vous
embrasser.

JULIE. Je vous en prie. . . .

ANTONIN. Allons! allons!

JULIE, *émue.* Non, je vous dis.

ANTONIN. Vous avez des bras admirables. . . . (*Il l'attire vers lui.*) Vous
savez que vous me rendiez fou, quand nous
dansions. . . .

JULIE. Laissez-moi.

ANTONIN, *très excité, à mi-voix.* Restez
donc là. . . . Vous êtes adorable.

*Il lui baise le bras. Elle se retire avec
brutalité.*

JULIE. Monsieur. . . .

ANTONIN, *piqué.* Je vous demande pardon, mademoiselle.

Un très long silence.

JULIE, *après avoir regardé longtemps.* Je
vous ai fâché?

ANTONIN. Mon Dieu . . . je vois que
je vous inspire une telle répugnance. . . .

JULIE, *après un combat intérieur, va à lui.*

JULIE, *approchant son bras de la bouche
d'*ANTONIN, *et avec une douleur résignée
qu'elle lui cache.* Tenez! . . .

ANTONIN, *baisant le bras.* Oh! que je
vous aime!

JULIE. Chut! J'entends nos parents.

Entrent M. et MADAME MAIRAUT *et* M.
et MADAME DUPONT.

SCÈNE XIII

LES MÊMES, MONSIEUR *et* MADAME MAI-
RAUT MONSIEUR *et* MADAME DUPONT

MONSIEUR DUPONT. Et quand j'aurai
les travaux de la préfecture, je doublerai
mon chiffre d'affaires.

Monsieur Mairaut. Tant mieux, tant mieux.

Madame Mairaut. Nous allons nous retirer, chère madame. . . . Nous abusons, vraiment. . . . Eh bien, Antonin. Tu viens?

Antonin, à Julie, *haut*. Mademoiselle. (*Bas.*) Ma chère Julie. . . . (*La main. Bas à sa mère.*) Elle est charmante. . . . Moi, j'ai été parfait, d'ailleurs. . . . Wagner, les enfants, les petites fleurs bleues. . . . Elle me croit romanesque. . . . (*Haut, aux* Dupont.) Monsieur et madame Dupont, mes parents auront l'honneur, demain, de venir vous demander pour moi la main de mademoiselle Julie. . . .

Monsieur Dupont. Alors, à demain . . . à demain. . . . (*A* Antonin.) Et bien des choses à monsieur votre oncle, si vous le voyez. . . .

Antonin. Manquerai pas.

Salutations. Ils sortent.

SCÈNE XIV

Julie, Monsieur *et* Madame Dupont, *puis* Caroline

Monsieur Dupont. Alors, ça y est?

Julie. Ça y est. . . . Il me plaît beaucoup. Je n'ai pas été trop maladroite, d'ailleurs. . . . Wagner, la banque . . . il me croit amoureuse de la banque. . . .

Monsieur Dupont, *riant*. Tiens! tu es vraiment ma fille. Embrasse-moi. . . . Et ton père, a-t-il assez bien manœuvré? J'ai obtenu la communauté réduite aux acquêts, c'est-à-dire que si tu divorces ou si tu meurs après l'oncle Maréchal, ta dot nous revient, et la moitié de la succession! Voilà une belle journée . . . et nous boirons au dessert une bouteille que je sais à la santé de madame Antonin Mairaut.

Madame Dupont, *embrassant* Julie. Ma pauvre fille. . . .

Monsieur Dupont. Non, plains-la! . . . Et cette grande bête de Caroline, où est-elle fourrée, encore? . . . Caroline! . . . Elle n'est jamais là quand on a besoin d'elle. . . . Caroline! . . . Elle est encore à peinturlurer [1] des amours sur des assiettes, je parie. . . . (Caroline *paraît.*) Ah! la voilà! Une grosse nouvelle: ta sœur se marie.

Caroline. Julie! . . . C'est vrai? . . .

Julie. Oui.

Caroline. Ah!

Monsieur Dupont. Eh bien, c'est tout ce que tu dis? . . .

Caroline. Je suis bien contente, bien contente. . . .

Elle éclate en sanglots.

Monsieur Dupont. Bon! qu'est-ce qui lui prend? . . . Tu pleures . . . tu n'as pas seulement demandé avec qui. . . . Elle épouse M. Antonin Mairaut, le neveu de M. Maréchal. . . .

Madame Dupont. Ne pleure pas comme ça. . . .

Julie. Caroline. . . .

Caroline. Fais pas attention. . . . C'est parce que je t'aime bien. . . . Enfin, toi, tu seras heureuse.

Julie, *rêveuse*. Oui!

Monsieur Dupont, *à lui-même*. La morale de tout ça, c'est que l'accident d'Angèle me coûte encore cinq mille francs et ma maison de Saint-Laurent. . . .

ACTE DEUXIÈME

Un salon à la campagne.—Un soir de juillet.—Au fond, par les portes vitrées, on aperçoit le jardin fortement éclairé par la lune.—Portes au premier plan et au second plan à gauche.—A droite et au fond, en pan coupé, porte de la chambre à coucher dont on voit en partie le lit. —Cheminée à gauche.

SCÈNE PREMIÈRE

Antonin, Courthezon, Caroline; Caroline, *à droite, fait un paquet*

Antonin. C'est une affaire entendue, monsieur Courthezon. Je vais écrire ce soir même à ces messieurs.

Courthezon. Je vous remercie, monsieur Antonin. . . . Mais écrivez ce soir, je vous en prie: M. Smith part demain.

Antonin. J'écrirai ce soir.

Courthezon. Si j'osais, je vous offrirais d'emporter la lettre: je la mettrais à la poste de la ville. . . .

Antonin. Ah! oui . . . mais elle est assez difficile à faire et il me faut un peu de temps. Mon ami Lignol, avec qui nous venons de dîner dans le jardin, est forcé de rentrer aujourd'hui; il la portera.

Courthezon. Je vous remercie mille fois.

Antonin. Allons prendre le café.

---

[1] *peinturlurer*, contemptuous for *peindre;* translate: daub.

COURTHEZON. Je n'irai pas, si vous le voulez bien, parce qu'alors, je partirai par le train de huit heures neuf . . . j'irai porter ce soir les porcelaines et les dessins de mademoiselle Caroline. . . .

ANTONIN. Comme vous voudrez. Au revoir.

COURTHEZON. Au revoir, monsieur Antonin, et encore merci.

ANTONIN *sort par le fond.*

SCÈNE II

COURTHEZON, CAROLINE

CAROLINE. Ne vous impatientez pas, voici le paquet préparé.

COURTHEZON. Ah! ne vous pressez pas, mademoiselle; je prendrai le train suivant . . . ça ne me fait rien . . . j'aime mieux même, parce qu'il y a des troisièmes. . . . Seulement, ça m'ennuyait de retourner à table. . . . M. et madame Mairaut, M. Lignol, tout ce monde m'intimide. Et puis, je suis trop content.

CAROLINE. M. Antonin s'occupe de votre invention?

COURTHEZON. Oui. J'étais en pourparlers avec une maison de Bordeaux: M. Antonin connaît les patrons . . . et il veut bien me recommander. Seulement, M. Smith part demain: c'est pourquoi j'insistais.

CAROLINE, *lui donnant un paquet qu'elle vient d'achever.* Vous êtes bien aimable de vous charger de cela. . . . Voici les porcelaines . . . et voici le projet qu'on m'a demandé. Vous m'excuserez auprès de ces messieurs. J'ai été un peu malade.

COURTHEZON. Malade!

CAROLINE. Pas malade si vous voulez; mais, enfin, le médecin a dit que j'avais besoin de l'air de la campagne. Julie et son mari ont été très bons; ils m'ont fait venir ici: voilà huit jours que j'y suis. Je vais beaucoup mieux.

COURTHEZON. Ils ne pouvaient pas vous laisser crever [1] toute seule dans votre petite chambre. (*Un temps.*) Quelle idée vous aviez eue d'aller vivre comme ça, à part. . . .

CAROLINE. J'ai mieux aimé . . . après le mariage de Julie . . . j'ai préféré. . . .

COURTHEZON. Sans compter que cela doit vous coûter plus cher.

CAROLINE. Que voulez-vous! (*Un temps.*) Vous allez avoir beau temps pour vous en retourner. . . . Un clair de lune. . . . On y voit comme en plein jour. . . .

COURTHEZON, *revenant.* Mon Dieu! j'allais oublier . . . j'ai une lettre pour M. Dupont. . . . Il est parti de bonne heure, tantôt, pour aller voir un de ses clients qui demeure par ici, et elle est arrivée lorsqu'il venait de partir. N'oubliez pas de la lui remettre; ça concerne les travaux de la Préfecture.

CAROLINE. Les travaux de la Préfecture! Je crois bien que c'est important!

COURTHEZON. Cette fois, je me sauve. . . . Au revoir, mademoiselle Caro. . . .

CAROLINE. Au revoir, monsieur Courthezon.

COURTHEZON *sort.*

SCÈNE III

CAROLINE, *seule, puis* ANTONIN, LIGNOL, JULIE. MONSIEUR *et* MADAME MAIRAUT. COURTHEZON *parti,* CAROLINE *va se rasseoir. Elle esquisse ensuite un très léger signe de croix, ferme les yeux et s'absorbe, immobile, dans une courte prière mentale. Après quelques secondes, nouvelle indication de signe de croix. Tout cela très discret. Entrent, par le fond,* LIGNOL *donnant le bras à* JULIE, ANTONIN, *puis* M. *et* MADAME MAIRAUT.

ANTONIN. Je vous assure qu'on sera mieux ici que dans le jardin. Il commençait à faire frais. (*A* LIGNOL.) Tu peux fumer. . . .

LIGNOL. On aurait très bien pu rester dehors. . . .

ANTONIN. Pour que Julie attrape froid, n'est-ce pas?

JULIE. Vraiment, mon ami, je t'assure. . . .

ANTONIN. Je sais ce que je dis. Tu es à peine couverte. (*Il lui touche le bras.*) Tu n'as sur la peau que ton corsage. . . . (*A sa mère.*) Tiens, maman, regarde si c'est raisonnable!

MADAME MAIRAUT. En effet.

ANTONIN. Tu vois. . . . Touche, Lignol, touche. . . .

JULIE. Mon ami. . . .

ANTONIN. Et, même ici, tu devrais te couvrir . . . un châle, un fichu.

JULIE. Ici! tu es fou.

ANTONIN. Tu devrais mettre un fichu.

LIGNOL. Mais voyons, Antonin, madame n'a pas froid. . . .

---

[1] *crever,* vulgar for *mourir.*

ANTONIN. Enfin!

MADAME MAIRAUT. Je vous fais mon compliment, ma chère petite; votre robe est d'un goût. . . .

JULIE. Elle vient de chez madame Raimond. . . .

MADAME MAIRAUT, à son mari. Tiens! . . . Je croyais qu'elle faisait ses petites affaires elle-même. . . .

LIGNOL, à JULIE. Vous savez, madame, que vous ne m'avez pas convaincu. . . .

JULIE. Admettons que j'aie tort. (Ils remontent en causant avec ANTONIN.)

MADAME MAIRAUT, à son mari. Et c'est toi qui m'as poussée à ce mariage. . . .

MONSIEUR MAIRAUT. Moi?

MADAME MAIRAUT. Chez ses parents, il n'entrait jamais une note de couturière, paraît-il. . . . Ah! non! c'est trop à la fois! S'apercevoir de ça le jour où la rivière monte, où le mur est menacé!

MONSIEUR MAIRAUT. Crois-tu?

MADAME MAIRAUT. Toute la maison tombe en ruines . . . et cet imbécile qui. . . .

MONSIEUR MAIRAUT. Quel imbécile?

MADAME MAIRAUT. Ton fils, parbleu, qui s'avise[1] d'y faire installer l'électricité!

ANTONIN, dans le fond, à LIGNOL. Tu n'as pas vu . . . j'ai fait installer l'électricité. . . . Grâce à la chute d'eau. . . . Je ne sais pas d'ailleurs pourquoi nous restons dans la nuit. . . . Tu vas voir! (Il tourne un bouton: lumière.) Ah! . . . ce n'est pas joli?

LIGNOL. Si, si, c'est très joli. . . . (Ils continuent à causer à voix basse.)

MADAME MAIRAUT. Si la rivière monte encore de ça, les quatre cents mètres de murs sont à bas!

MONSIEUR MAIRAUT. Quatre cents mètres!

MADAME MAIRAUT. Oh! tu pourras dire que tu t'es assez laissé rouler![2]

MONSIEUR MAIRAUT. Oh! oh!

MADAME MAIRAUT. Elle ne sait rien faire de ses dix doigts et la maison coûtera plus cher de réparations qu'elle ne vaut de loyer. . . . Quand je pense que j'ai été assez bête pour t'écouter. . . . Tu n'as rien entendu?

MONSIEUR MAIRAUT. Non.

MADAME MAIRAUT. Le mur! Écoute!

Ils écoutent.

JULIE, descendant avec LIGNOL et ANTONIN. Oui, vous le voyez, nous sommes assez gentiment installés.

MADAME MAIRAUT. Assez gentiment installés! (A son mari.) Viens avec moi, passons par ici. Je suis certaine que le mur est par terre. Si c'est vrai, nous allons avoir avec les Dupont une explication qui ne sera pas piquée des vers,[3] je te le garantis! (Haut.) Mon mari se trouve un peu incommodé par la chaleur: il vous demande la permission d'aller faire un petit tour dans le jardin. Vous voulez bien? . . . Oh! ce n'est rien . . . ce n'est rien. . . .

MONSIEUR MAIRAUT. Rien du tout. . . .

ANTONIN. C'est cela; profitez du bon air pendant que vous êtes à la campagne. Ne soyez pas trop longtemps; vous savez que nous attendons une visite.

MADAME MAIRAUT. Sois tranquille.

Les MAIRAUT sortent.

SCÈNE IV

ANTONIN, JULIE, LIGNOL, CAROLINE

ANTONIN. Ici, l'escalier qui va aux chambres du premier, et sortie dans le jardin. (Allant à la porte.) Ici, notre chambre à coucher.

JULIE, très discrètement, sans se laisser voir de LIGNOL. Antonin!

ANTONIN, à voix haute. Laisse donc. . . . Il sait bien ce que c'est. . . . (Il ouvre la porte. A LIGNOL.) Regarde. . . .

LIGNOL. Charmant. . . .

ANTONIN. Un vrai nid, hein? Le nid des amoureux. Le nid des amoureux. (A sa femme.) Embrasse-moi.

JULIE. Mais. . . .

ANTONIN. Embrasse-moi!

JULIE, très douce. Nous ne sommes pas seuls, voyons.

ANTONIN. Lignol permet. N'est-ce pas, tu permets?

LIGNOL. Tu ne m'as pas demandé la permission pendant le dîner.

ANTONIN, à JULIE, souriant. Allons! C'est ton devoir. (Elle l'embrasse.) Maintenant, va préparer le service à bière.

JULIE. Je vais envoyer la bonne. J'aime mieux, moi, rester ici, causer avec vous.

---

[1] qui s'avise, who has the idea.

[2] rouler, bamboozle.

[3] qui ne sera pas piquée des vers, lit. "which will not be worm-eaten"; translate here: "which will be no joke."

ANTONIN. D'abord, la bonne ne sait pas où il est, puisqu'on ne l'a pas encore déballé. (*A* LIGNOL.) C'est un cadeau de noces que nous inaugurons ce soir.

LIGNOL. Pas pour moi, puisque je m'en vais.

ANTONIN. Pas pour toi; toi, tu n'es qu'un ami, on ne fait pas de cérémonies avec toi; pour M. et madame Pouchelet —M. Pouchelet, le jeune conseiller général [1]—qui viennent nous rendre visite: c'est la première fois.

LIGNOL. Si tard?

ANTONIN. En rentrant chez eux. Ils dînent chez le préfet et ce sont des voisins. Très riches . . . très puissants, des relations à ménager. . . . Qu'est-ce que je disais? . . . (*A* JULIE.) Oui. D'abord, la bonne ne sait pas . . . et ensuite j'aime mieux que ce soit toi: elle n'aurait qu'à le casser.

JULIE, *doutant.* Oh! oh!

ANTONIN. C'est encore ton devoir.

JULIE. Alors. . . . A tout à l'heure, Lignol. . . .

Elle sort.

CAROLINE, *à* ANTONIN. Monsieur Antonin, n'oubliez pas la lettre pour Courthezon?

ANTONIN. Ah! oui. . . .

CAROLINE. Si vous écrivez, je suis certaine qu'il réussira.

ANTONIN. Soyez tranquille.

CAROLINE. Je vais retrouver Julie.

ANTONIN. Vous feriez mieux, je pense, d'aller un peu vous parer . . . vous rendre belle . . . pour que M. et madame Pouchelet trouvent ici un air de fête.

CAROLINE, *un peu interdite, regardant sa toilette.* Mais. . . . (*Un temps.*) J'y vais, j'y vais. . . .

Elle sort.

SCÈNE V

ANTONIN, LIGNOL

LIGNOL. Qui est-ce, cette dame, qui n'a pas dit un mot pendant le dîner?

ANTONIN, *négligemment.* Une parente pauvre. Un type de vieille fille dévote. . . . Et à cheval sur les principes, mon cher! . . . Figure-toi. . . . Mon Dieu, je puis bien te dire cela, à toi. (*Un peu honteux.*) Elle travaille pour vivre.

LIGNOL. Ça ne la déshonore pas.

ANTONIN. Je sais bien, parbleu! . . . Elle peint . . . des petits amours, sur de la porcelaine. . . . Ça me fait tordre.[2] . . . Toi, pas? . . . L'autre jour, on lui offre des travaux beaucoup mieux payés que ceux qu'elle fait en ce moment. . . . Elle a refusé. . . . Sais-tu pourquoi?

LIGNOL. Non.

ANTONIN. Parce que la patronne est une femme divorcée! . . . (*Il rit.*) Ça me fait plaisir de te voir. . . . (*Une claque sur l'épaule.*) Non! là, vrai, ça me fait plaisir.

LIGNOL. Moi aussi. . . . (*Un temps.*) Dis donc, elle est charmante, ta femme!

ANTONIN, *fat.* Elle est assez gentille, n'est-ce pas?

LIGNOL. Et non seulement jolie, mais intelligente.

ANTONIN. Ne te moque pas de moi.

LIGNOL. Je ne me moque pas de toi.

ANTONIN. Si, tu te moques de moi. . . . Mais je te préviens que je m'en aperçois. . . . Je sais bien que Julie est bête . . . c'est même un peu à cause de cette qualité que je l'ai épousée. Elle est bête. On ne peut pas lui retirer cela.

LIGNOL. Mais non. Elle a beaucoup lu. . . .

ANTONIN. Ah! oui, elle lit; ça c'est exact. Elle lit tout ce qui lui tombe sous la main. Avant son mariage, elle dévorait les épreuves de son père. Elle a déniché ici une bibliothèque laissée par un vieux fou à qui M. Dupont a acheté la maison. Tous les livres y ont passé.[3] . . .

LIGNOL. Mais. . . .

ANTONIN. Mais elle ne comprend pas un mot de tout ce qu'elle lit. Pas un mot. L'autre jour, je regarde le nom de l'auteur du livre qu'elle tenait . . . c'était Stuart Mill. . . . Tu connais, Stuart Mill?

LIGNOL. Oui.

ANTONIN. Moi aussi de nom . . . mais je ne l'ai jamais lu. . . . Je te le répète, Julie est bête. . . . Seulement, elle est jolie et porte assez bien la toilette. Ajoute qu'avec un peu de patience, j'en ferai une bonne ménagère. . . . Je ne lui demande rien de plus.

LIGNOL. A la bonne heure! . . . Eh bien, mon petit, si tu crois avoir épousé une femme bête, tu es volé.

ANTONIN. Qu'en sais-tu?

LIGNOL. J'ai bavardé avec elle, pendant que tu recevais ton inventeur.

[1] *conseiller général*, member of the departmental council.
[2] *tordre*, die with laughter.
[3] *y ont passé*, have been read.

ANTONIN. Allons donc! elle a parlé?

LIGNOL. Beaucoup.

ANTONIN. Tu m'étonnes. Quand nous sommes ensemble, elle ne trouve rien à dire.

LIGNOL. Et toi?

ANTONIN. Moi non plus.

LIGNOL. Diable!

ANTONIN. J'ai toujours peur de la froisser. . . . Tu comprends, moi je ne sais pas. . . . Je ne la connais pas.

LIGNOL. Après cinq mois de mariage?

ANTONIN. Quatre mois et huit jours. . . . La semaine, je suis pris par mes affaires. Ses parents et les miens viennent tous les samedis soir pour passer la journée du dimanche avec nous. . . . Monsieur et madame Dupont n'ont pas pu venir pour dîner, mais ils ne tarderont pas. . . . Quand nous sommes seuls, j'essaie bien un sujet de conversation, mais je . . . je vais dans son esprit comme à tâtons . . . ça me fatigue. Alors. . . .

LIGNOL. Alors?

ANTONIN. Alors, je m'arrête . . . et je l'embrasse. . . .

LIGNOL. Tu es très amoureux? . . .

ANTONIN. Très.

LIGNOL. Et elle?

ANTONIN. Emballée à fond. . . .

LIGNOL. Heureux homme! . . .

ANTONIN. Pour le reste, il nous faut le temps, tu comprends. Elle ignore mes goûts, j'ignore les siens. . . .

LIGNOL. De quoi avez-vous parlé, pendant les fiançailles?

ANTONIN. Les fiançailles, elles ont duré trois semaines; juste le temps de discuter les intérêts.

LIGNOL. Sous ce rapport-là, tu es renseigné, je suppose.

ANTONIN. Tu penses. . . . J'ai même fait une bonne affaire. (Il rit.) Maman et moi. . . . (Rire.) Si tu savais, maman et moi, comme nous avons roulé les Dupont! . . .

Rire.

LIGNOL. Chut! . . . voilà ta femme.

Entre JULIE.

SCÈNE VI

LES MÊMES, JULIE

LIGNOL, *prenant congé.* Me voici forcé de partir, madame.

ANTONIN. Et ma lettre pour Courthezon! . . . (*Regard à sa montre.*) Tu as encore vingt minutes.

LIGNOL. Tu es certain?

ANTONIN. Certain. . . . Attends-moi. . . . Je vais écrire ma lettre et je t'accompagne à la gare. . . . Elle est à deux pas, tu sais bien. . . .

Il sort.

SCÈNE VII

LIGNOL, JULIE

JULIE. Grâce à vous, monsieur Lignol, nous aurons passé une bonne soirée.

LIGNOL. Vous voulez me flatter, chère madame. Je sais bien que j'ai été un trouble-fête.

JULIE. Pas du tout. Depuis mon mariage, je n'avais pas autant parlé.

LIGNOL. Oui. Antonin est peu bavard.

JULIE. Il y a longtemps que vous le connaissez?

LIGNOL. Quinze ans. C'est mon ami intime . . . presque un frère.

JULIE. Dites-moi. . . . Le croyez-vous sincèrement religieux?

LIGNOL. Lui! . . . (*Il pouffe de rire.*) Pas pour deux sous d'idéal. . . .

JULIE. Oh! . . . pas pour deux sous d'idéal. . . . Il aime la musique, cependant, et la bonne. . . . Wagner. . . .

LIGNOL. Il aime la musique militaire et l'opérette. . . .

JULIE, *surprise.* Ah! . . .

LIGNOL. Ça vous surprend? . . . Je dois ajouter, pour être juste, qu'il a su jouer de l'accordéon. . . . Je vous dis: Antonin est un bon garçon, mais terre-à-terre, prosaïque. . . .

JULIE, *riant.* Eh bien, vous êtes gentil pour vos amis, vous!

LIGNOL. Ça m'enrage qu'il possède un trésor comme vous et qu'il n'ait pas l'air de s'en douter. Ah! lorsque je me marierai. . . .

JULIE. Vous vous mariez prochainement?

LIGNOL. Je ne sais pas. (*Rêveur.*) Si je rencontrais une femme comme vous, avec laquelle je pourrais causer de tout ce qui n'est pas la platitude de l'existence, de tout ce qui nous élève . . . je ne dis pas. . . .

JULIE. Cherchez; vous n'aurez pas de mal à trouver mieux, allez!

LIGNOL. Et jolie, avec ça, jolie comme vous l'êtes . . . car vous êtes vraiment jolie, vous savez. . . .

JULIE, *toujours enjouée.* Est-ce que, par hasard, vous me feriez la cour?

LIGNOL. Si c'est vous faire la cour que de céder à un entraînement irrésistible . . . à un amour. . . .

JULIE, *riant.* Allons, vous n'aurez pas perdu votre temps, vous, pour essayer de remplir tout à fait votre rôle d'ami de la maison. . . . (*Toujours gaie.*) Ne vous fatiguez pas, mon cher monsieur; vous gaspilleriez un tas de belles paroles que vous pourriez mieux employer ailleurs. J'ai des idées d'un autre temps sur le mariage. . . .

LIGNOL. Ce sont certainement des idées spirituelles et élevées. . . .

JULIE. Merci, vous me comblez. . . . Mais vous vous trompez. Ce sont des idées toutes simples. Je rêve d'aimer beaucoup mes enfants et beaucoup mon mari.

LIGNOL. « Mes enfants? »

JULIE, *très sincère, un peu émue.* Surtout. Le jour . . . ça vous paraîtra bête ce que je vais vous dire là . . . le jour où mon premier viendra au monde, ce sera le plus beau jour de ma vie. . . . Alors, vous voyez, monsieur Lignol. . . .

LIGNOL. Bah! nous nous reverrons.

JULIE, *riant.* Oh! . . . quand vous voudrez.

Entre ANTONIN.

SCÈNE VIII

JULIE, LIGNOL, ANTONIN, *puis* CAROLINE. MONSIEUR *et* MADAME DUPONT

ANTONIN. Voici la lettre. Tu auras alors la complaisance de la mettre à la poste. . . . Tu n'as plus guère que le temps. . . .

LIGNOL. Compte sur moi.

ANTONIN. Je vais t'accompagner à la gare.

LIGNOL. Mais non. . . . Tu vas laisser madame seule.

ANTONIN. Elle m'excusera. Viens. . . . En même temps, je regarderai si l'on voit arriver M. et madame Pouchelet. Ta canne, ton chapeau sont dans l'antichambre. . . .

LIGNOL. Oui. (*A* JULIE.) Au revoir, madame. . . . (*A* ANTONIN.) J'aurais voulu aussi saluer mademoiselle. . . . (*Étonnement d'*ANTONIN.) Cette demoiselle qui a dîné avec nous. . . .

ANTONIN. Oh Caro! . . . Nous lui dirons. . . . Tiens, la voici.

Entre CAROLINE.

LIGNOL, *à la porte du fond.* Mademoiselle. . . .

Entrent M. *et* MADAME DUPONT.

ANTONIN, *à la porte, présentant vaguement.* Mon ami Lignol . . . forcé de partir tout de suite.

LIGNOL. Désolé. . . .

Il sort avec ANTONIN.

SCÈNE IX

CAROLINE, JULIE, MONSIEUR *et* MADAME DUPONT

MONSIEUR DUPONT. Ah! Caroline. . . . Te voilà. . . . Une bonne nouvelle. Ta tante est morte. Ta tante des Indes. . . . Tu hérites . . . avec Angèle. . . . Oh! pas grand'chose, soixante mille francs à vous deux. Moi, rien; elle n'a jamais pu me souffrir. . . . Eh bien, qu'est-ce que tu as? Allons . . . tu ne vas pas pleurer ta tante: il y a vingt-cinq ans que tu ne l'as vue. . . . C'est une aubaine . . . une aubaine pour toi. . . . Dans tout ça, moi, je ne recueillerai que des désagréments, comme toujours. (*Geste de Caro.*) Évidemment! il faut que ta sœur Angèle vienne de Paris.

MADAME DUPONT. Elle n'est donc pas aux Indes?

MONSIEUR DUPONT. Aux Indes. . . . Qu'est-ce que tu racontes? . . . Elle est à Paris. Elle n'a jamais quitté Paris. . . . Qu'est-ce qu'elle serait allée faire aux Indes? . . . (*A* CAROLINE.) Il faut que ta sœur Angèle vienne de Paris, parce que, dans l'héritage, il y a un immeuble. . . . On le vendra, naturellement, mais il faudra que je voie Angèle. . . . Ça fera parler dans le pays. Il y a des gens qui ne savent pas que j'ai trois filles. (*A* JULIE.) Tu as encore de la chance, toi, que cette histoire-là ne soit pas arrivée avant ton mariage.

CAROLINE. Il faut qu'elle vienne?

MONSIEUR DUPONT. Oui. Il est indispensable que vous alliez toutes les deux ensemble chez le notaire.

CAROLINE. Je n'irai pas chez le notaire.

MONSIEUR DUPONT. Si tu refuses d'y aller, tu empêches Angèle de toucher ce qui lui revient. . . . Et elle en a besoin. . . .

CAROLINE. Alors . . . je ne dis pas non; je verrai, je réfléchirai . . . je consulterai quelqu'un. . . . Ne parlons plus de cela. . . . (*A son père.*) Je te donnerai une réponse demain.

Monsieur Dupont. Comme tu voudras. . . . Et pas un mot . . . vous entendez? . . . Julie . . . tu entends? . . .

Julie. Je te promets.

Caroline. C'est une lettre que Courthezon a apportée . . . pour les travaux de la Préfecture.

Monsieur Dupont. *Il lit.* Flambés! c'est Dumoulin qui est adjudicataire.[1] . . . Bon sang de bon sang! . . . Je m'y attendais! . . . Oui, je m'y attendais! . . . L'oncle Maréchal l'a fait exprès, parbleu! (*A* Julie.) Voilà combien de temps que je te dis d'aller lui rendre visite! . . . Y es-tu allée? . . . Non! . . . Et Antonin? . . . non plus! Et ses parents? non plus! . . . Il se venge et il a raison! Et si ça continue, l'héritage nous passera devant le nez! Pourquoi n'as-tu pas été le voir?

Julie. Les parents d'Antonin n'ont pas voulu.

Monsieur Dupont. Ah! ils n'ont pas voulu! Eh bien, je vais leur dire deux mots, moi, aux parents d'Antonin; tu vas voir ça! . . . Je fais mon devoir, moi; je vais le voir, moi, l'oncle Maréchal; je fais sa partie,[2] moi, à ce vieillard, bien que ça ne m'amuse pas tous les jours! . . . Ah! ils n'ont pas voulu! . . . Je vais leur montrer de quel bois je me chauffe.[3] . . . Et ;oi . . . tu es assez bornée pour les écouter! . . . Comment, je te fais faire un mariage inespéré. . . . Je roule les Mairaut. . . .

Madame Dupont, *effrayée, regardant autour d'elle.* Chut!

Monsieur Dupont. Je n'ai pas roulé les Mairaut?

Madame Dupont. Enfin! . . . ne le dis pas si haut.

Monsieur Dupont. Ils ne sont pas là. . . . Et quand même! Le mariage est fait, n'est-ce pas? . . . (*A voix basse, mais avec la même passion.*) Je roule les Mairaut. . . .

Madame Dupont. Es-tu bien sûr?

Monsieur Dupont. C'est trop fort! . . . Je ne les ai pas roulés? Je les ai roulés comme dans de la farine. Tu entends; comme dans de la farine!

Entre la Bonne.

La Bonne, *à* Julie. Madame, c'est pour la bière.

Julie. J'y vais. Viens-tu, Caro?

Caroline. Oui.

Elles sortent.

Monsieur Dupont. Comme dans de la farine! . . .

Madame Dupont. Chut! les voici.

Monsieur Dupont. Les voici? . . . Nous allons rire! . . .

Entrent les Mairaut.

SCÈNE X

Julie, Caroline, Monsieur *et* Madame Dupont, Monsieur *et* Madame Mairaut

Madame Mairaut. Ah! vous voilà! . . . Ça y est, le mur est par terre!

Monsieur Dupont. Il n'est pas question de mur!

Madame Mairaut. Parbleu! Ce n'est plus vous qui payez les réparations.

Monsieur Dupont. Il n'est pas question de mur! Il s'agit d'une chose plus grave. Monsieur et madame Mairaut, j'ai le regret de vous dire que vous êtes des êtres inintelligents ou des parents sans entrailles.

Madame Mairaut. C'est vous qui allez nous insulter, lorsque. . . .

Monsieur Dupont. J'aime mes enfants, moi! et, quand il s'agit de leurs intérêts, je sais ménager les personnes qui peuvent les avantager plus tard.

Madame Mairaut, *après réflexion.* J'y suis. . . . C'est pour l'oncle Maréchal que vous dites ça?

Monsieur Dupont. Non. C'est pour le roi de Prusse.

Madame Mairaut. Pour le roi de Prusse!

Elle éclate de rire.

Monsieur Mairaut. Allons, Charlotte, ne ris pas comme ça!

Madame Mairaut. Qui est-ce qui m'empêcherait de rire? Ce n'est pas toi, toujours. (*Regardant* Dupont *et pouffant.*) Ni monsieur.

Monsieur Dupont. Eh bien . . . puisque vous le prenez sur ce ton-là, je vais vous dire tout net ma façon de penser. Vous êtes deux égoïstes ou deux nigauds.

Monsieur Mairaut. Monsieur Dupont!

Madame Mairaut. Tais-toi. . . . Je vais calmer monsieur.

---

[1] *adjudicataire,* the successful bidder.
[2] *je fais sa partie,* I play cards (or dominoes, checkers, etc.) with him.
[3] *de quel bois je me chauffe,* what stuff I am made of.

MADAME DUPONT. Mon ami. . . .

MONSIEUR DUPONT. Fiche-moi la paix.[1]
. . . Oui, deux égoïstes ou deux nigauds!

MADAME MAIRAUT. Parce que?

MONSIEUR DUPONT. L'oncle Maréchal est-il, oui ou non, un oncle à héritage?

MADAME MAIRAUT, *nettement, après un silence.* Non.

MONSIEUR DUPONT, *démonté.* Comment, non? . . . Je vous demande. . . .

MADAME MAIRAUT. J'ai parfaitement entendu et je vous réponds: non.

MONSIEUR DUPONT. Il n'a pas deux cent mille francs?

MADAME MAIRAUT. Il les a eus, mais il ne les a plus. Il a tout perdu.

MONSIEUR DUPONT. Tout! . . . Si c'était vrai. . . .

MADAME MAIRAUT. C'est même pour cela que nous n'allons pas perdre notre temps chez lui.

MONSIEUR DUPONT. Mais alors . . . je m'explique. . . . Mais alors. . . . (*Un temps. Se dominant.*) Depuis combien de temps est-il ruiné?

MADAME MAIRAUT. Depuis le Panama.[2]

MONSIEUR DUPONT. Depuis le Panama! . . . Dans ce cas . . . il y a six mois, vous le saviez?

MADAME MAIRAUT. Nous le savions.

MONSIEUR DUPONT. Et vous ne me l'avez pas dit?

MADAME MAIRAUT. Me l'avez-vous demandé?

MONSIEUR DUPONT. Vous deviez me prévenir! c'est de la malhonnêteté!

MADAME MAIRAUT. Vous dites?

MONSIEUR DUPONT. J'ai été volé!

MADAME MAIRAUT. Volé!

MONSIEUR DUPONT. Oui, volé!

MADAME MAIRAUT. Par exemple! Nous vous valons bien, je suppose. Notre banque vaut votre imprimerie, j'imagine?

MONSIEUR DUPONT. Ce n'est pas ce qu'on dit. . . . Et, à ce propos, je vais, si vous le permettez, vous demander un renseignement. . . .

MADAME MAIRAUT. C'est inutile. Je n'ai plus rien à vous dire et je vais raconter à mon fils comment vous nous traitez.

MADAME DUPONT. Madame Mairaut!

MADAME MAIRAUT. Viens-tu, Alfred?

Derrière MADAME MAIRAUT, M. MAIRAUT *s'excuse d'un geste désolé. Elle sort par le fond avec* M. MAIRAUT.

SCÈNE XI

MONSIEUR DUPONT, MADAME DUPONT, JULIE

MADAME DUPONT. Eh bien?

MONSIEUR DUPONT. Eh bien, quoi? Veux-tu que je te dise? Après réflexion, je suis enchanté que les choses se passent comme ça, et je ne regrette rien . . . au contraire.

MADAME DUPONT. Je ne comprends pas. . . .

MONSIEUR DUPONT. Bien entendu. Tu ne comprends pas. . . . Tu comprendras plus tard. . . . (*Entre* JULIE.) Il s'agit de toi. . . . On dit que les affaires de ton mari vont mal. Est-ce vrai?

JULIE. Je n'en sais rien.

MONSIEUR DUPONT. Tu sais peut-être bien s'il est vrai qu'il se soit laissé pincer dans la faillite Bourdin.

JULIE. Non.

MONSIEUR DUPONT. C'est trop fort! Alors, qu'est-ce que vous vous dites, à table?

JULIE. Rien.

MONSIEUR DUPONT. Tu as bien remarqué s'il était préoccupé, soucieux, ou s'il était comme à l'habitude.

JULIE. J'ignore comment il est d'habitude: il n'y a que six mois que je le connais.

MONSIEUR DUPONT. Tu vas lui demander de te mettre au courant.

JULIE. A quoi bon?

MONSIEUR DUPONT. Tu vas le lui demander. Tu auras des enfants, plus tard, n'est-ce pas?

JULIE, *avec un grand soupir.* Ah! si je savais ne pas en avoir, je crois que j'irais me jeter à l'eau tout de suite.

MONSIEUR DUPONT. Ce serait une bêtise. Mais je n'insiste pas. . . . Eh bien, si tu ne veux pas que tes enfants manquent de tout, surveille les affaires de ton mari.

JULIE. Bien, je le ferai.

Entre ANTONIN.

SCÈNE XII

LES MÊMES, ANTONIN

ANTONIN, *d'un ton de reproche très doux.* Voyons, monsieur Dupont: c'est très embêtant. . . . Voilà maintenant que mes parents viennent se plaindre que vous les appelez « voleurs.» Vous comprenez que

---

[1] *Fiche-moi la paix . . .* , vulgar for: leave me alone.

[2] *Panama.* The Panama Canal Company failed in 1889, ruining many people who had bought its shares.

ce n'est vraiment pas drôle pour moi de ne pas pouvoir passer un dimanche tranquille à la campagne.   Dès le samedi soir, vous vous disputez. . . . Enfin . . . voleurs . . . voyons, monsieur Dupont, on n'appelle pas les gens voleurs. . . . Ils se fâchent et ils ont raison, après tout!

MONSIEUR DUPONT. Oh! voilà-t-il pas une affaire . . . ! [1]

ANTONIN. Maman est furieuse. . . .

MONSIEUR DUPONT. Elle a tort. . . . Vous savez bien ce que c'est lorsqu'on discute: un mot en amène un autre . . . on dit des choses qu'on ne pense qu'à moitié. . . . Tenez, je vais vous prouver que je ne suis pas un esprit à idées étroites: je vais aller exprimer mes regrets à madame Mairaut. (A sa femme.) Viens. C'est toi qui parleras. . . .

ANTONIN. Mettez-vous à ma place. . . . Ce n'est pas amusant pour moi, vraiment. . . .

MONSIEUR DUPONT, supérieur. Parfaitement.

Il va pour sortir avec MADAME DUPONT.

ANTONIN, au fond, les rappelant. Voici M. et madame Pouchelet. Attendez. . . . (Il va à la porte de droite. A ses parents.) Venez! Les voici! . . . M. Dupont allait vous exprimer ses regrets. . . . C'est un malentendu. . . . Je vous en prie, pas de scandale devant eux. . . . (A JULIE.) Sois aimable, hein?

JULIE sort pour aller au devant des arrivants. M. et MADAME MAIRAUT entrent par la droite en même temps que M. et MADAME POUCHELET par le fond, où JULIE les débarrasse. M. POUCHELET est en habit, MADAME POUCHELET en toilette de bal.

SCÈNE XIII

JULIE, ANTONIN, M. et MADAME DUPONT, M. et MADAME POUCHELET, puis CAROLINE

JULIE. Nous sommes extrêmement touchés, mon mari et moi, de l'honneur que vous nous faites. . . .

MONSIEUR POUCHELET. Il a fallu que j'aie promis à M. Antonin Mairaut: le préfet nous a gardés plus longtemps que nous n'aurions voulu, et nous, nous n'avons pas l'habitude de nous coucher à ces heures-là. Nous ne resterons qu'un moment.

MADAME MAIRAUT, avançant une chaise à MADAME POUCHELET. Vous prendrez bien la peine de vous asseoir.

ANTONIN, de même, à M. POUCHELET. Le préfet était trop content d'avoir auprès de lui un homme de votre valeur. . . .

MONSIEUR POUCHELET. Oui, il s'agissait du déclassement [2] des routes départementales.

ANTONIN, avec un intérêt joué. Ah! vraiment!

MADAME MAIRAUT, de même. Des routes départementales! . . .

ANTONIN. C'est du plus haut intérêt et vous êtes mieux que personne à même de le renseigner. . . .

MONSIEUR POUCHELET. Oui, je ne suis pas tout à fait un ignorant à ce sujet.

MONSIEUR DUPONT. C'est une question dont je me suis moi-même très occupé. J'ai imprimé il y a douze ans. . . .

MONSIEUR POUCHELET. Je compte faire là-dessus. . . .

MONSIEUR DUPONT. . . . treize ans.

MADAME MAIRAUT, à son mari. Écoute donc, mon ami, ce que dit monsieur Pouchelet.

MONSIEUR MAIRAUT. J'écoute, j'écoute. . . .

MONSIEUR POUCHELET. Je compte faire là-dessus un grand discours au Conseil général. Vous le lirez. . . .

ANTONIN. Vous pensez si nous le lirons! N'est-ce pas, Julie?

MONSIEUR POUCHELET. Oh! madame, ce n'est pas là une lecture pour vous.

ANTONIN. Pourquoi pas? Ma femme est très sérieuse: elle n'aime que les lectures graves. Ainsi, je l'ai surprise penchée sur je ne sais plus quel auteur anglais. . . . Rappelle-moi le nom, ma chérie. . . .

JULIE. Peu importe. . . .

ANTONIN, allant à JULIE, très détaillé. C'est que c'est une excellente femme que la mienne. . . . N'est-ce pas, ma chérie? . . . Tu n'as pas froid, au moins? . . . Je te le dis toujours, tu ne te couvres pas assez. (A M. POUCHELET.) Elle est charmante. . . . Et elle aime son mari. . . . (A JULIE.) N'est-ce pas que tu aimes ton mari?

MADAME MAIRAUT. Antonin . . . si tu offrais des rafraîchissements. . . .

ANTONIN. Oui, maman. (A sa femme.) Des rafraîchissements. . . .

---

[1] voilà-t-il pas une affaire . . . ! a big matter indeed!
[2] déclassement, change in classification.

JULIE *va sonner.* LA BONNE *entre presque aussitôt avec le service à bière.*

JULIE, *à* LA BONNE. Mettez là. . . .

ANTONIN, *à* MADAME POUCHELET. Vous voyez, madame. Nous sommes à peine installés et cependant on n'attend pas pour le service. . . . Un verre de bière. . . . (*On passe les verres de bière que* JULIE *vient de verser. Entre* CAROLINE.)

MONSIEUR DUPONT. Monsieur Pouchelet, permettez-moi de vous présenter ma seconde fille, Caroline.

MONSIEUR POUCHELET. Madame. . . .

ANTONIN, *rectifiant.* Mademoiselle. . . . Mademoiselle Caroline n'a pas voulu se marier pour se consacrer tout entière à son art. . . .

MADAME POUCHELET. Vous êtes artiste, mademoiselle? Je suis ravie: j'aime tant les artistes. . . .

CAROLINE. Oh! madame, je peins un peu sur porcelaine.

ANTONIN. Et ma belle-sœur, ma foi, s'en tire fort bien. . . .

MONSIEUR POUCHELET. Vous devriez envoyer quelque chose à notre exposition régionale. . . .

ANTONIN. C'est une idée. M. Pouchelet a raison. Pourquoi n'enverriez-vous pas quelque chose? . . .

CAROLINE. Je peins des assiettes, des petites choses sur des bibelots.

ANTONIN. Oui, pour vous amuser. . . . (*A* POUCHELET.) Ma belle-sœur peint cela pour s'amuser. Mais je suis certain que si elle voulait s'en donner la peine. . . .

CAROLINE. Mais ce n'est pas pour m'amuser. . . .

MADAME MAIRAUT, ANTONIN *et* MONSIEUR DUPONT. Mais si, mais si.

ANTONIN. Du reste, on peut très bien faire œuvre d'artiste en s'exerçant sur des petits sujets. Voyez Meissonier.[1]

MADAME POUCHELET. Rien n'est plus juste. . . . Il faut le même effort d'imagination. . . .

CAROLINE. Oh! . . . je ne fais que copier les modèles que mon magasin me fournit.

MADAME MAIRAUT. Un verre de bière, madame Pouchelet? C'est de la bière française. . . .

MADAME POUCHELET. Tout à l'heure. (*A* CAROLINE.) Je ne comprends pas, mademoiselle. . . . Votre magasin? . . .

CAROLINE. Oui, madame, le magasin pour lequel je travaille . . . un magasin qui me paie assez bien.

MADAME POUCHELET. Ah! ah!

Un silence.

ANTONIN, *portant un verre à* CAROLINE, *bas.* Taisez-vous, nom de Dieu!

CAROLINE, *de même, stupéfaite.* Moi?

ANTONIN, *à* MADAME POUCHELET, *la menant devant un tableau, au fond, à droite.* Madame Pouchelet, vous qui vous y connaissez en tableaux, comment trouvez-vous celui-ci? je l'ai payé assez bon prix et. . . . (*La conversation continue à voix basse.*)

CAROLINE, *à* MADAME MAIRAUT, *bas.* Est-ce que j'ai fait quelque chose de mal?

MADAME MAIRAUT, *sèche.* Pas du tout . . . au contraire.

Elle se lève et va rejoindre MADAME POUCHELET.

MADAME POUCHELET, *redescendant avec* ANTONIN. Je n'aime pas beaucoup les tableaux qui ne veulent rien dire. Qu'est-ce que ça représente?

JULIE. C'est la gravure d'un tableau de Gérard Dow.

MADAME POUCHELET. Connais pas.

JULIE. Un peintre hollandais du dix-septième siècle.

MADAME POUCHELET. Il faut m'excuser, je ne suis pas aussi savante que vous. . . . A propos, monsieur Dupont, avez-vous entendu parler de cette conférence sur les droits de la femme? . . .

MONSIEUR POUCHELET, *riant.* Ah! oui.

MADAME POUCHELET, *à* JULIE. Je ne serais pas surprise que vous-même, madame, vous partagiez les avis de. . . .

JULIE, *évasivement.* Oh! madame.

ANTONIN, *riant.* Allons, un peu, un peu, avoue-le. . . .

MADAME MAIRAUT. La femme, l'égale de l'homme. . . .

JULIE, *timide.* Pourquoi pas?

MONSIEUR MAIRAUT. Il y en a qui y perdraient.

MADAME DUPONT. Pas toutes.

MONSIEUR DUPONT. La femme avocate. . . .

MADAME POUCHELET. Médecin! . . .

MONSIEUR POUCHELET. Électrice!

ANTONIN, *riant.* Oui, électrice! . . .

MONSIEUR DUPONT, *de même.* Électrice! . . .

MONSIEUR POUCHELET. Elle est bonne! (*Tous les trois rient et se tordent pendant ce qui suit.*)

MONSIEUR DUPONT. Voyez-vous un Parlement composé de députées?

ANTONIN. Et de sénatrices. . . .

---

[1] *Meissonier* (1815-1891), a famous French artist who painted very small pictures.

MONSIEUR POUCHELET. Un gouvernement de ministresses.

MONSIEUR DUPONT. A la Chambre, elles voudraient conserver leurs chapeaux.

MONSIEUR POUCHELET. Oui! . . . (A JULIE.) Dites, madame Mairaut . . . est-ce qu'elles conserveraient leurs chapeaux, comme au théâtre?

MADAME POUCHELET. Et les élections. . . . Elles iraient à domicile solliciter les suffrages. . . . Ça leur irait, à certaines femmes modernes! . . .

MONSIEUR POUCHELET. Et ce Parlement . . . élu par les femmes . . . qu'est-ce que ce serait? . . . (Nouveaux rires.) Les femmes choisissant les députés!

JULIE, un peu piquée. Mon Dieu, messieurs, pour le résultat que vous avez obtenu jusqu'ici en vous occupant tout seuls, vous n'avez pas à craindre que les femmes fassent beaucoup moins bien. . . .

MONSIEUR POUCHELET, sérieux. Je sais qu'il est de mode, maintenant, de décrier toutes nos assemblées élues . . . mais comme je suis moi-même, très modestement, je l'avoue, un mandataire du suffrage universel, je ne saurais laisser passer de telles insinuations sans protester.

Un silence.

JULIE, s'excusant. Je n'ai pas eu l'intention de vous blesser, monsieur Pouchelet.

MADAME POUCHELET. Nous le pensons bien, chère madame.

MONSIEUR POUCHELET. Nous allons nous retirer, n'est-ce pas, chère amie?

ANTONIN. Veuillez excuser ma femme, cher monsieur.

MONSIEUR POUCHELET. Il n'y a pas à l'excuser, cher monsieur. . . .

ANTONIN. Ne partez pas ainsi. . . . Un verre de bière?

MADAME POUCHELET. Volontiers . . . il a fait si chaud aujourd'hui. . . .

ANTONIN. Julie! un verre de bière. . . . (A MADAME POUCHELET.) Le fait est que, cette après-midi, la chaleur a été vraiment étouffante. (A JULIE.) Eh bien! . . . voyons! . . . la bière. . . .

JULIE, qui a regardé les bouteilles, confuse. Je vais en envoyer chercher, mon ami. Il n'y en a plus. . . .

ANTONIN. Comment!

MADAME POUCHELET. Ne vous dérangez pas. . . . Non, non, non. Je ne veux pas que vous vous dérangiez . . . nous boirons chez nous. . . . (Sur le point de sortir.) Nos affaires sont par là? . . .

JULIE. Oui, madame. . . .

ANTONIN. Je vais aller vous reconduire. . . .

MONSIEUR POUCHELET. Je vous remercie, monsieur . . . nous connaissons le chemin. . . .

Salutations cérémonieuses, silencieuses et froides. JULIE *sort avec les* POUCHELET. *Silence.* ANTONIN *fait les cent pas.*[1] MADAME MAIRAUT *ricane.*

MONSIEUR DUPONT, à sa femme, à mi-voix, après un coup d'œil circulaire. Je crois qu'il est l'heure d'aller nous coucher.

MADAME DUPONT. Oui.

MONSIEUR et MADAME DUPONT, saluant. Monsieur, madame. . . .

MONSIEUR et MADAME MAIRAUT. Madame, monsieur. . . .

M. et MADAME DUPONT *sortent. Rentre* JULIE *par le fond.*

SCÈNE XIV

MONSIEUR *et* MADAME MAIRAUT, JULIE, ANTONIN, CAROLINE

ANTONIN, les bras croisés, à JULIE. Alors, il n'y a plus de bière!

JULIE. Non, mon ami.

ANTONIN. C'est trop fort!

JULIE. Voici les trois bouteilles: tu m'as dit d'en acheter trois bouteilles, elles sont là. . . .

ANTONIN. Enfin! tu me fais passer pour un imbécile! . . . J'offre de la bière . . . il n'y en a plus! . . . J'ai l'air d'un imbécile ou d'un mauvais plaisant.

JULIE. Ce n'est pas ma faute. . . .

ANTONIN. C'est la mienne, peut-être.

MADAME MAIRAUT. Évidemment, mon enfant.

ANTONIN. D'abord, je ne me rappelle pas t'avoir dit d'en prendre trois bouteilles.

JULIE. Je t'assure. . . .

ANTONIN. Je ne me le rappelle pas du tout. Je suis même à peu près certain de t'avoir dit d'en faire acheter quatre ou cinq.

JULIE. Trois.

ANTONIN. Tu me rends ridicule. . . . J'ai l'air de me moquer des gens. . . . Oui, tu me rends ridicule, et je te préviens que cela ne me convient pas.

CAROLINE. Monsieur Antonin, j'étai

[1] *fait les cent pas,* walks up and down.

là quand vous avez parlé à Julie; vous lui avez parfaitement dit d'acheter trois bouteilles. . . .

ANTONIN. Mademoiselle Caroline, je vous aime beaucoup, mais je ne puis cependant me dispenser de vous dire que le meilleur moyen d'aggraver une querelle de ménage, c'est d'intervenir pour donner raison à l'un ou à l'autre. Si vous ne le savez pas, je vous l'apprends.

MADAME MAIRAUT. Il est certain, mademoiselle, que vous feriez mieux de parler moins.

CAROLINE. Qu'est-ce que j'ai dit?

ANTONIN. Et de ne pas crier sur les toits que vous en étiez réduite à travailler pour vivre.

CAROLINE. Ce n'est pas un déshonneur!

MADAME MAIRAUT. Ce n'est pas un déshonneur, mais il est inutile de s'en vanter.

ANTONIN. J'ai vu le moment où vous alliez offrir vos services à M. Pouchelet. Si vous croyez que c'est gai pour nous. . . .

CAROLINE. Je vous demande pardon. Je n'ai pas cru faire mal. . . . (*Elle pleure.*) Je n'ai pas de chance, vrai, je n'ai pas de chance.

ANTONIN. Oh! Et puis . . . pas de scènes de larmes! Je vous en prie, mademoiselle Caroline, pas de scènes de larmes . . . ça n'en vaut pas la peine!

MADAME MAIRAUT. Non, il n'y a pas là de quoi pleurer.

JULIE, *allant à* CAROLINE. Viens, ma pauvre Caro. . . . Ne pleure pas. . . .

Elles sortent ensemble.

SCÈNE XV

MONSIEUR MAIRAUT, MADAME MAIRAUT, ANTONIN

MADAME MAIRAUT. Eh bien, mon enfant, nous allons te dire bonsoir.

ANTONIN. Bonsoir, maman.

Il l'embrasse distraitement.

MADAME MAIRAUT. Tu n'as rien à nous reprocher, n'est-ce pas? C'est toi qui as voulu épouser mademoiselle Dupont. Bonsoir, mon enfant.

Ils sortent.

ANTONIN *sonne. A la bonne qui paraît.* Eteignez le lustre. Laissez allumées ces deux lampes de la cheminée seulement, fermez les persiennes.

La bonne obéit et sort. Entre JULIE.

SCÈNE XVI

JULIE, ANTONIN

ANTONIN. J'ai à te parler.

JULIE. J'écoute.

ANTONIN. Je désire que Caroline ne reste pas ici plus longtemps.

JULIE. Qu'est-ce qu'elle t'a fait?

ANTONIN. Tu le sais bien.

JULIE. Non.

ANTONIN. Elle m'agace.

JULIE. Précise.

ANTONIN. Je n'ai pas d'explications à te donner. Je suis le maître chez moi, peut-être? Je te prie de décider Caroline à partir lundi!

JULIE. Elle ne devait partir qu'à la fin du mois. Elle me demandera les raisons. Qu'est-ce que je répondrai?

ANTONIN. Ce que tu voudras.

JULIE. Elle aura du chagrin.

ANTONIN. Je m'en moque.

JULIE. Mais moi, je ne m'en moque pas. Et si je refuse de t'obéir? . . .

ANTONIN. Je ferai ma commission moi-même et sur un ton qui n'admettra pas de réplique.

JULIE. Elle se fâchera.

ANTONIN. Elle se fâchera.

JULIE. Quand vous serez fâchés, où la verrai-je? Ici?

ANTONIN. Je te le défends.

JULIE. As-tu le droit de me le défendre?

ANTONIN. Oui.

JULIE. Parce que?

ANTONIN. Encore une fois, parce que je suis le maître, parce que le mari est le maître dans son ménage.

JULIE. Ce n'est pas ce que tu me déclarais lorsque nous étions fiancés.

ANTONIN. Évidemment.

JULIE. Tu n'as plus rien d'autre à me dire?

ANTONIN. Si.

JULIE. J'écoute.

ANTONIN. Quand tu auras des opinions aussi saugrenues que celles de tantôt, tu feras bien de les garder pour toi.

JULIE. N'ai-je pas le droit d'avoir des opinions?

ANTONIN. Assez! J'entends que tu m'obéisses et que tu ne compromettes pas mon avenir. M. et madame Pouchelet sont des personnages: ils peuvent m'être utiles et si tu les éloignes par tes balivernes, tu manques à ton devoir. Le mariage est une association.

JULIE. Alors, rends-moi des comptes.

On dit que tes affaires vont mal. Est-ce vrai?

Antonin. Occupe-toi de ton ménage. Les affaires ne regardent pas les femmes. Nous sommes mariés sous le régime de la communauté, j'administre les biens de la communauté, je les administre comme je l'entends, de mon mieux: voilà tout ce que j'ai à te dire.

Julie. En un mot, je suis une associée qui doit garder les yeux fermés et la bouche close?

Antonin. Ma chère amie, il est inutile de me recommencer la conférence sur les droits de la femme. Je l'ai entendue l'autre soir. Laisse cela aux vieilles filles qui ont de la barbe. Si je t'écoutais, tu te plaindrais des lois qui font de vous des esclaves, paraît-il. Je connais le couplet.

Julie. Non, je ne me plains pas des lois, je me plains des mœurs. (Un temps.) Notre malheur, vois-tu, ce n'est pas qu'il y ait tel ou tel article du code; notre malheur, c'est qu'on nous ait mariés comme on nous a mariés.

Antonin. C'est ainsi que se font maintenant presque tous les mariages.

Julie. Et c'est sans doute à cause de cela que presque tous les mariages sont malheureux.

Antonin. Si tu m'aimais vraiment....

Julie. Oui, mais voilà: je ne t'aime pas, tu ne m'aimes pas non plus, et nous sommes enchaînés l'un à l'autre.

Antonin. C'est trop fort! Je ne t'aime pas?

Julie. Ah! non! tu ne m'aimes pas!

Antonin. Allons, allons, tu dis des bêtises. Il est tard, allons nous coucher. Ça ira mieux demain. (Il sort par la porte de droite.)

Julie, à elle-même. Non, « cela » n'ira pas mieux . . . ni demain, ni jamais.

Antonin, du dehors. Eh bien, Julie, viens-tu?

Scène muette. Julie semble sortir d'un rêve; elle regarde autour d'elle avec étonnement.

Antonin, du dehors. Allons, allons!

Julie, avec un grand soupir, la physionomie empreinte d'un profond dégoût et de résignation douloureuse. Me voilà!

Elle se dirige lentement vers la porte de la chambre à coucher.

ACTE TROISIÈME

Le décor du 1er acte.—Septembre.

SCÈNE PREMIÈRE

Monsieur Dupont, Madame Dupont

Monsieur Dupont, à sa femme qui tient un papier. Tu connais maintenant les résultats de l'inventaire. Ils ne sont pas brillants. (A la Bonne.) Dès que mademoiselle Caroline sera arrivée, vous la ferez monter ici.

La Bonne. Oui, monsieur.

Madame Dupont. Le chiffre des affaires est en baisse sur celui de l'année dernière. . . .

Monsieur Dupont. Les bénéfices sont réduits à zéro. Je me trompe, 112 francs 17. C'est une belle chose, la comptabilité.

Madame Dupont. Alors?

Monsieur Dupont. Alors! . . . Je ne sais pas, moi! Il y a une chose certaine, c'est que ça ne peut pas durer comme ça. . . .

Madame Dupont. Que faire?

Monsieur Dupont. L'année prochaine, ce sera encore plus déplorable . . . à moins que. . . .

Madame Dupont. A moins que?

Monsieur Dupont. Eh mon Dieu! il faudrait renouveler le matériel. Nous marchons avec une machine à bras qui me vient de mon père. . . . Nous avons un moteur à gaz qui ne vaut pas quatre sous. . . . Il n'y a plus qu'une espérance.

Madame Dupont. Laquelle.

Monsieur Dupont. C'est que des capitaux nous tombent du ciel.

Madame Dupont. Ça n'arrive plus, ces choses-là. . . .

Monsieur Dupont. Qui sait? . . . Ah! mon Dieu! heureusement pour toi que ton mari n'est ni un imbécile ni un homme prompt au découragement. . . . Je vais tâcher de te tirer de ce mauvais pas. (Entre Caroline.) Voici Caroline. Va retrouver Julie. J'aurai besoin de vous deux tout à l'heure; je vous appellerai.

Madame Dupont sort.

SCÈNE II

CAROLINE, MONSIEUR DUPONT

MONSIEUR DUPONT. Ma chère enfant, je t'ai priée de venir parce que j'ai besoin d'avoir avec toi un sérieux entretien. Après de longues discussions, j'ai pu enfin avoir raison de tes scrupules et tu as consenti à accepter l'héritage de ta tante des Indes. Ta sœur Angèle va venir.

CAROLINE. Elle va venir . . . ici?

MONSIEUR DUPONT. C'est une autre question. Nous causerons de cela tout à l'heure, avec Julie et sa mère qui sont là. Pour le moment, il s'agit de toi, seulement; toutes les difficultés sont aplanies. Ça m'a donné assez de mal, soit dit en passant—et demain, à quatre heures, tu toucheras, chez le notaire, la somme de trente et un mille trois cent dix-huit francs et des centimes. . . . Ma chère Caroline, tu es en âge, certainement, de savoir ce que tu fais; cependant, tu n'es pas une de ces filles sans cœur qui rejettent toute autorité paternelle dès qu'elles sont majeures. Tu continues, j'en suis certain, à me reconnaître le droit de te donner des conseils. J'ai vécu plus longtemps que toi, je connais les affaires et je puis t'être de quelque utilité lorsque tu chercheras à placer ton argent. As-tu déjà quelque projet?

CAROLINE. J'en ai un.

MONSIEUR DUPONT. Puis-je savoir lequel?

CAROLINE. Je voudrais le garder secret.

MONSIEUR DUPONT, *stupéfait.* Secret?

CAROLINE. Oui. . . .

MONSIEUR DUPONT. Ah! Tu. . . .

CAROLINE. Excuse-moi. . . .

MONSIEUR DUPONT, *très déconfit, mais cherchant à se maîtriser.* C'est bien! C'est bien! Alors, je n'ai plus rien à te dire. Je suis un peu surpris . . . et peiné surtout . . . très peiné.

CAROLINE. Je te demande pardon. . . . Mais. . . .

MONSIEUR DUPONT. C'est bien, c'est bien. . . .

CAROLINE. Comprends-moi. . . .

MONSIEUR DUPONT. Je comprends que tu n'as pas confiance en ton père: voilà ce que je comprends. Mais je respecte ta volonté et je ne te questionne pas.

CAROLINE. Tu es fâché?

MONSIEUR DUPONT. Pas du tout . . . pas du tout. Seulement, quand tu auras donné tout ce que tu possèdes à une communauté religieuse, je me demande ce qui te restera pour ta vieillesse. Car tu penses bien, n'est-ce pas, que j'ai deviné qu'il s'agit d'une communauté religieuse?

CAROLINE. . . .

MONSIEUR DUPONT. Tu l'avoues?

CAROLINE. Non. . . . Je voudrais ne te donner aucun renseignement.

MONSIEUR DUPONT. Enfin, cependant.

CAROLINE. Je t'en prie. . . .

MONSIEUR DUPONT. Indique-moi seulement. . . .

CAROLINE. Non.

MONSIEUR DUPONT. Alors, c'est un refus formel? . . .

CAROLINE. Ne suis-je pas libre?

MONSIEUR DUPONT. Évidemment, tu es majeure.

CAROLINE. Ne parlons plus de cela.

MONSIEUR DUPONT. N'en parlons plus. (*Après un silence, éclatant.*) Et voilà ma récompense! Voilà ce que ça me rapporte de m'être sacrifié toute ma vie pour mes filles! Celle-ci n'a même pas en moi la confiance qu'elle aurait dans le premier homme d'affaires venu!

CAROLINE. Mon père, j'ai confiance en toi, et je te respecte.

MONSIEUR DUPONT, *furieux.* Tais-toi! Tu es une fille sans cœur, sans affection . . . une ingrate! Ah! je ne m'attendais pas à celle-là, par exemple!

CAROLINE. Ne te mets pas en colère.

MONSIEUR DUPONT. Si! Je me mets en colère, et il y a de quoi! . . . (*Frappant sur la table.*) Bon sang de bon sang! C'est trop fort! Avoir vécu jusqu'à soixante-deux ans pour recevoir un affront pareil!

Il marche de long en large.

CAROLINE. J'ai cru pouvoir. . . . Je n'ai disposé que d'une partie de la somme.

MONSIEUR DUPONT, *se retournant.* Quoi?

CAROLINE. Je n'ai disposé que d'une partie de la somme. . . .

MONSIEUR DUPONT, *radouci, d'un ton de reproche tendre et venant s'asseoir auprès d'elle.* Bien; pourquoi ne le disais-tu pas tout de suite, mon enfant?

CAROLINE. Tu ne m'en laisses pas le temps. . . .

MONSIEUR DUPONT. De combien?

CAROLINE. Quinze mille.

MONSIEUR DUPONT. Oui. . . . C'est déjà un chiffre. . . . Et pour les seize mille qui restent?

CAROLINE. J'avais l'intention de te demander conseil.

MONSIEUR DUPONT, *se levant.* Ah! . . .

De mon côté, j'ai réfléchi et nous allons successivement passer en revue ensemble les divers débouchés offerts aujourd'hui à l'épargne. . . . Les fonds publics? . . . L'argent rapporte deux et demi pour cent quand c'est sûr et quatre pour cent lorsqu'il s'agit de ce qu'il me sera permis d'appeler les valeurs aléatoires.[1] . . . La grande industrie? . . . Nous sommes peut-être à la veille d'une crise sociale; la concurrence étrangère est de plus en plus menaçante; le conflit entre le capital et le travail entre dans une période aiguë. . . .

CAROLINE. M. Antonin Mairaut est venu me voir.

MONSIEUR DUPONT. Ah! la canaille! Je parie qu'il t'a proposé de commanditer [2] sa maison de banque!

CAROLINE. Oui.

MONSIEUR DUPONT. Tu vois, je l'avais deviné! Tu l'as envoyé promener, j'espère.

CAROLINE. J'ai dit que je réfléchirais.

MONSIEUR DUPONT. Ça va bien. Tu m'as fait peur. Commanditer une banque, il n'y a rien de plus dangereux. Donc, nous disions: pas de fonds publics, pas de grande industrie, pas de banque. Qu'est-ce qui nous reste? (Silence.) Je te demande ce qui nous reste.

CAROLINE. Je ne sais pas.

MONSIEUR DUPONT. Il reste le commerce, la petite industrie. . . . Seulement, connais-tu un commerçant, un petit industriel qui voudra accepter tes fonds?

CAROLINE. Non.

MONSIEUR DUPONT. Cherchons ensemble. . . . C'est que je n'en vois pas. Madame Grandjean?

CAROLINE. Cette femme divorcée. . . . Tu sais bien que je n'ai pas voulu travailler pour elle. . . .

MONSIEUR DUPONT. C'est vrai. C'est une bêtise, d'ailleurs. . . . M. Darbout?

CAROLINE. Il est protestant.

MONSIEUR DUPONT. Alors . . . je ne vois pas . . . il n'y a pas à dire, je ne vois pas. . . .

CAROLINE. Mais . . . toi . . . si tu voulais. . . .

MONSIEUR DUPONT. Si je voulais . . . quoi? . . . M'en charger, de tes capitaux?

CAROLINE. Oui!

MONSIEUR DUPONT. C'est une grosse responsabilité. . . . Je ne sais pas si. . . . A quel intérêt?

CAROLINE. Oh! . . . celui que tu voudras.

MONSIEUR DUPONT. Oui. . . . J'en parlerai à ta mère. . . . (Comme se décidant tout à coup.) Ah! mon Dieu, tiens, tiens! il ne sera pas dit que j'aurai hésité pour te rendre service. Remercie-moi! C'est entendu. . . .

CAROLINE. Merci.

MONSIEUR DUPONT, câlin. Et tu ne veux toujours pas me dire ce que tu veux faire des quinze mille?

CAROLINE. Je t'en prie. . . .

MONSIEUR DUPONT. Enfin! c'est bon. . . . Tu es libre. . . . Alors, je te préparerai une délégation.[3] Ne t'occupe de rien; j'arrangerai tout cela d'avance. . . . Tu n'auras plus qu'à signer. Ah! trois heures! . . . Maintenant, nous avons à nous occuper d'une autre question. (Il va à la porte de droite et dit au dehors:) Si vous voulez venir? (Il fait entrer JULIE et MADAME DUPONT.) Asseyez-vous.

SCÈNE III

MONSIEUR DUPONT, JULIE, MADAME DUPONT, CAROLINE

MONSIEUR DUPONT, lorsque tout le monde est assis. Mes enfants, je vous ai réunis pour que nous discutions ensemble la conduite à tenir à l'égard d'Angèle qui va arriver tout à l'heure. C'est très délicat. Vous savez qu'elle mène à Paris une vie irrégulière. . . . Faut-il la recevoir ici? Faut-il aller la chercher à la gare?

JULIE. Enfin, qu'est-ce qu'elle a fait, au juste? Maintenant que je suis mariée, on peut bien tout me dire. Chaque fois qu'on parlait d'elle et que j'entrais, on se taisait. . . . Je me la rappelle très bien. . . .

MADAME DUPONT. Oh! tu avais cinq ans lorsqu'elle est partie.

MONSIEUR DUPONT. Vous comprenez, mes enfants, combien ce sujet est douloureux pour vous comme pour moi. Je n'entrerai donc pas dans les détails. Qu'il te suffise, Julie, de savoir qu'à dix-sept ans, Angèle a dû quitter cette maison parce que. . . . Enfin. . . .

MADAME DUPONT, simplement. Elle allait être mère.

JULIE. Elle est partie?

MONSIEUR DUPONT. Oui.

---

[1] *valeurs aléatoires*, uncertain, speculative investments.
[2] *commanditer*, become a sleeping partner in.
[3] *délégation*, assignment, proxy.

JULIE. D'elle-même?

MONSIEUR DUPONT. Je l'ai renvoyée.

JULIE. Ah!

MONSIEUR DUPONT. Enfin . . . je vous le répète, cela est très pénible; finissons-en rapidement. Elle va venir ici. . . . (*Regard à sa montre.*) Elle est en route. Le train est arrivé depuis cinq minutes. Je vous demande d'être . . . correctes, de vous tenir à égale distance d'une tendresse qui serait inexplicable et d'une froideur qui serait cruelle.

JULIE. Depuis qu'elle est partie, tu as eu de ses nouvelles?

MONSIEUR DUPONT. Oui.

JULIE. Sa conduite . . . ?

MONSIEUR DUPONT. Mon Dieu . . . pas régulière, évidemment, mais. . . .

CAROLINE. Père, tu l'innocentes trop. Nous avons eu trois fois de ses nouvelles. La première, lorsque son enfant est mort. La seconde fois, on a su qu'elle chantait dans un café-concert; qu'elle était presque dans la misère. La troisième, nous avons appris qu'elle était riche . . . sans avoir travaillé. . . . Lorsque je me rappelle tout cela, je me reproche d'avoir accepté de la voir.

JULIE. Puisqu'il lui était impossible de toucher sa part sans ton consentement. . . . Tu ne pouvais pas la priver de cette somme, quels que soient tes griefs contre elle.

CAROLINE. C'est ce qui m'a décidée . . . mais il n'y a aucune raison pour que je la voie ici.

MONSIEUR DUPONT. Je la verrai, moi. Julie la verra. Sa mère aussi. Pourquoi ferais-tu autrement que nous?

MADAME DUPONT. Elle t'aimait beaucoup, Caroline, et toi aussi, tu l'aimais. Ne sois pas trop dure! Il faut avoir de la pitié pour celles qui ont eu des malheurs comme les siens.

CAROLINE, *cédant.* Allons! . . . je ferai ce que vous voudrez.

MONSIEUR DUPONT. A la bonne heure. Bien entendu, je ne tombe pas d'un excès dans l'autre, et il ne saurait être question de lui offrir l'hospitalité, ni même de l'inviter à dîner. . . . C'est convenu comme cela, n'est-ce pas?

CAROLINE. C'est convenu. Je descends au bureau.

MONSIEUR DUPONT. Rentre dans ta chambre, Julie. (*Elle sort.*)

SCÈNE IV

MONSIEUR DUPONT, MADAME DUPONT

MONSIEUR DUPONT. Dans dix minutes elle sera ici.

MADAME DUPONT. Ah! mon Dieu! si c'était ma fille, à moi, il y a longtemps que je serais à la gare.

MONSIEUR DUPONT. Tu crois donc que je n'ai pas eu vingt fois l'envie d'y aller, à la gare?

MADAME DUPONT. Pourquoi ne l'as-tu pas fait?

MONSIEUR DUPONT. Et le monde? Tout le monde me connaît dans la ville. Sur le quai de la gare, j'aurais rencontré dix personnes qui m'auraient demandé qui j'attendais. Et puis, tout bien réfléchi, il est plus digne que je l'attende ici. Voilà quinze jours que je me demande ce que je vais lui dire.

MADAME DUPONT. Embrasse-la de bon cœur: le reste viendra tout seul.

MONSIEUR DUPONT. Je dois l'embrasser, n'est-ce pas, c'est ton avis?

MADAME DUPONT. Oui.

MONSIEUR DUPONT. C'est le mien aussi. . . . Seulement, ma chère, songe que . . . enfin . . . il n'y a pas à dire . . . elle a (*baissant la voix*) des amants. . . . C'est très délicat! . . . Comment vais-je lui parler? Dois-je faire allusion au passé? . . . Il ne faut pas que j'aie l'air de lui pardonner . . . je ne peux pas . . . je ne peux pas. . . . D'un autre côté, puis-qu'elle vient, je ne peux pas non plus. . . . Ah! mon Dieu, mon Dieu, mon Dieu, que c'est embêtant! Hein?

MADAME DUPONT. Je n'ai pas de conseils à te donner.

MONSIEUR DUPONT, *poursuivant.* Évidemment, c'est ma fille. . . . Mais depuis dix-huit ans que je ne l'ai pas vue. . . . (*Mécontent.*) je m'étais fait à l'idée que je ne la reverrais jamais. . . . Les premiers temps après son départ, j'ai eu un chagrin mortel. . . . Ça s'est calmé peu à peu, naturellement. . . . Alors, tu comprends. . . . Enfin! tu vas me donner ton avis. J'ai préparé quelque chose, afin de ne pas laisser tout cela au hasard de l'inspiration. . . . N'est-ce pas, si on ne pense pas à l'avance à ce qu'on dira, on en dit trop ou trop peu? . . . Alors, je te répète, j'ai préparé quelque chose . . . je l'avais même écrit, mais je le sais par cœur. . . . Tu ne peux pas t'imaginer combien je suis ému! . . . Voilà: « Mon enfant. . . .» je crois qu'il faut dire: « Mon enfant »; *Angèle* serait trop familier et *ma fille* trop solennel. « Mon enfant. . . .» (*S'imposant.*) Et ce qui rend tout cela très difficile, c'est que je ne sais pas comment elle va me parler, elle. . . . Le ton de ses lettres est très convenable, évidemment. . . . Mais . . . va-t-elle pleurer? sangloter? Elle va peut-être se trouver mal! . . . on ne sait pas! . . . Ah la la! que je te remercie d'être venue. . . . Parce que, il faut que je te dise, dans l'intérêt même de Caroline, je ne lui ai pas montré, à Caroline, les choses sous un jour tout à fait exact.

MADAME DUPONT. Comment cela?

MONSIEUR DUPONT. Oui! c'est Caroline qui ne peut pas se passer de la signature d'Angèle pour toucher.

MADAME DUPONT. Tu disais. . . .

MONSIEUR DUPONT. Oui. J'ai dit le contraire. Jamais Caroline n'aurait consenti à voir Angèle si elle avait su que, des deux, c'était elle, Caroline, qui avait besoin de l'autre. Angèle est l'exécuteur testamentaire. . . . Enfin, c'est elle qui nous rend service. . . . Mais si nous entrons dans tous ces détails, nous n'en finirons pas. Donc, je lui dis: « Mon enfant, je te remercie d'être venue. Ne parlons pas du passé. Je ne veux savoir qu'une chose: c'est que tu n'as pas reporté sur ta sœur Caroline le ressentiment que je t'inspire sans doute. Je t'en suis reconnaissant. . . .» Qu'est-ce que tu en penses? . . . (*Entre* LA BONNE.) Mon Dieu, la voilà! . . . (*Désignant les clichés enveloppés de papier qui sont sur la table.*) Et ce Courthezon qui n'a pas enlevé les clichés de l'inventaire! (*A* LA BONNE.) Attendez! (*A* MADAME DUPONT.) Viens, viens par ici . . . tu vas me dire s'il faut que je modifie. . . . (*A voix basse, à* LA BONNE.) Priez d'attendre . . . dites que je suis occupé. . . . (*Il sort par la gauche 2e plan, avec* MADAME DUPONT. LA BONNE *fait entrer* ANGÈLE, *35 ans, habillée de noir et d'une élégance très discrète.*)

SCÈNE V

ANGÈLE, LA BONNE

LA BONNE. Monsieur est occupé, mais je ne pense pas qu'il en ait encore pour bien longtemps. . . . Qui faut-il annoncer, madame?

ANGÈLE. Madame Angèle Dupont.

LA BONNE. Tiens! Madame s'appelle comme monsieur.

ANGÈLE. Oui.

LA BONNE. Si madame veut s'asseoir.

Elle enlève deux paquets de sur une chaise; elle sort.

SCÈNE VI

ANGÈLE, *puis* COURTHEZON. *Seule,* ANGÈLE *reste un moment immobile, émue. Puis elle regarde les meubles, les tableaux.*

ANGÈLE, *avec un geste de découragement, à mi-voix.* Plus rien! Il ne reste plus rien d'autrefois!

Entre COURTHEZON.

COURTHEZON. M. Dupont vous prie de l'attendre cinq minutes, madame.

ANGÈLE. Parfaitement, monsieur. (COURTHEZON *rassemble quelques clichés tout en regardant* ANGÈLE *du coin de l'œil; il va pour sortir.*) Vous êtes monsieur Courthezon, monsieur?

COURTHEZON, *très gêné pendant toute la scène.* Oui mad . . . oui, mademoiselle Angèle. . . . Comment! vous vous rappelez mon nom et vous m'avez reconnu? Vous avez bonne mémoire. . . . D'autant plus qu'en ce moment je dois avoir très mauvaise mine, parce que je suis sous le coup de gros ennuis personnels. . . . Ça serait trop long à vous raconter. (*Il reste debout devant elle, ses clichés dans les bras.*) Moi, je vous ai reconnue tout de suite: M. Dupont m'avait dit. . . .

ANGÈLE. Mon père se porte bien?

COURTHEZON, *très embarrassé.* Mais oui, mais oui. . . . Tout le monde va bien. Vous aussi, d'après ce que je vois?

ANGÈLE. Très bien.

COURTHEZON. . . . Alors, vous venez pour cet héritage?

ANGÈLE. Oui.

Un silence.

COURTHEZON. Vous avez dû en trouver, du changement, dans le pays?

ANGÈLE. Oui. Je ne l'ai pas reconnu.

COURTHEZON. Nous avons déménagé. . . . Oui. La maison où se trouvait l'ancienne imprimerie a été démolie quand on a refait la rue de l'Arbre-à-Poires. . . .

ANGÈLE, *regardant autour d'elle.* Et on a changé les meubles du salon.

COURTHEZON. Oh! voilà déjà dix ans.

ANGÈLE, *douloureusement.* Si j'étais entrée ici sans être prévenue, rien ne m'aurait indiqué que j'étais chez mon père.

COURTHEZON. Oui. . . . Il y a si longtemps que vous êtes partie. . . . Ça doit vous faire une rude émotion, hein, à la pensée que vous allez le revoir?

ANGÈLE, *très lentement*   Mon Dieu, certes, mais moins que je ne l'aurais cru. . . . Quand j'ai reçu sa lettre . . . là . . . oui . . . j'ai cru que j'allais me trouver mal. . . . Voilà deux mois. Depuis, j'ai pensé chaque jour au moment que voici. . . . J'ai si souvent imaginé ce que mon père me dirait, ce que je lui répondrais . . . que maintenant j'ai la tristesse et la surprise de me sentir presque calme. (*Un soupir.*) Voyez-vous, monsieur Courthezon, c'est toujours plus simple et moins beau qu'on ne croit, la vie! (*Un temps. Douloureusement.*) Et puis, j'en ai tant vu!

COURTHEZON.   Vous avez beaucoup souffert?

ANGÈLE.   Un peu.

COURTHEZON.   Il y a dix-huit ans, n'est-ce pas?

ANGÈLE.   Oui . . . dix-huit ans.

COURTHEZON.   J'entends monsieur Dupont. . . . Je m'en vais.   Au revoir, madame. . . .

Il sort.   Après un moment, on entend, au dehors, par la porte à demi ouverte, la voix de M. DUPONT.

MONSIEUR DUPONT, *à* MADAME DUPONT.   Mais si, mais si, je veux que tu viennes avec moi.

Entrent M. et MADAME DUPONT.

SCÈNE VII

ANGÈLE, MONSIEUR DUPONT, MADAME DUPONT

Un grand silence très long.

MONSIEUR DUPONT, *sans émotion apparente.*   Bonjour, Angèle.

ANGÈLE.   Bonjour, père.

Ils hésitent pendant un moment pour savoir s'ils doivent s'embrasser.   Enfin, ils s'y décident.   M. DUPONT pose froidement un baiser sur chaque joue d'ANGÈLE. Dans le même silence, ANGÈLE va embrasser MADAME DUPONT avec la même froideur.

MADAME DUPONT.   Bonjour, Angèle.

ANGÈLE.   Bonjour, bonne mère.

Ils se regardent sans rien se dire.

MONSIEUR DUPONT, *remis d'une fugitive émotion.*   Asseyons-nous. . . . (*On s'assied.   A* ANGÈLE, *avec le ton qu'il aurait s'il l'avait quittée la veille.*)   Je te remercie d'être venue.

ANGÈLE.   Je suis venue pour ma sœur Caroline.   Je l'aimais beaucoup. . . . (*Un temps.*)   Elle est mariée?

MONSIEUR DUPONT.   Non.   Elle n'a pas voulu.

ANGÈLE.   Elle a trente-trois ans, maintenant.

MONSIEUR DUPONT, *à sa femme.*   Trente-trois ou trente-quatre?

MADAME DUPONT.   Trente-trois.

ANGÈLE.   Je vais la voir?

MONSIEUR DUPONT.   Oui.   Nous allons la prévenir que tu es là.

ANGÈLE.   Et ma petite sœur?

MONSIEUR DUPONT.   Julie?

ANGÈLE.   Oui, Julie.

MONSIEUR DUPONT.   Ta petite sœur . . . elle est mariée, elle . . . elle a fait un assez joli mariage . . . le fils d'un banquier . . . les Mairaut . . . tu te rappelles bien M. Mairaut, le grand-père?

ANGÈLE.   Non.

MONSIEUR DUPONT.   Mais si, mais si . . . un vieux, avec toute sa barbe blanche.

ANGÈLE.   Non.

MONSIEUR DUPONT.   Enfin . . . c'était le grand-père de M. Antonin Mairaut, le mari de Julie. (*Désignant la porte de gauche, 1er plan.*)   Elle est là, elle.

ANGÈLE.   Elle est là?

MONSIEUR DUPONT, *parlant pour cacher son émotion et son embarras.*   Oui . . . elle est revenue, avec son mari, habiter ici pour quelque temps, parce que la maison de Saint-Laurent est inondée.   Tu te la rappelles bien, pour le coup,[1] la maison de Saint-Laurent?

ANGÈLE.   Oui. . . .

MONSIEUR DUPONT, *de même.*   L'embarras va croissant.   Je leur avais dit: « Mes enfants, faites faire un petit mur du côté de la rivière . . . ou sans ça, vous serez inondés.»   Ils n'ont pas voulu m'écouter, et voilà. . . . Heureusement l'eau baisse et ils pourront rentrer chez eux demain. . . . Parce qu'il faut te dire que les voisins en ont fait faire un, eux; alors . . . alors, voilà.

ANGÈLE, *après un temps.*   Et les affaires? tu es content?

MONSIEUR DUPONT.   Assez. . . .

ANGÈLE.   Tout le monde se porte bien?

MONSIEUR DUPONT.   Tout le monde. . . . Moi, j'ai eu une petite bronchite,

---

[1] *pour le coup,* this time.

l'année dernière, mais ça n'a pas eu de suites.

ANGÈLE. Tant mieux.

Silence.

MONSIEUR DUPONT, *à* ANGÈLE *qui le regarde.* Tu me trouves vieilli, hein?

ANGÈLE. Non, au contraire; je m'en faisais la remarque en moi-même. . . .

MONSIEUR DUPONT. Toi aussi tu te portes bien?

ANGÈLE. Très bien.

Nouveau silence. ANGÈLE *se lève.* M. *et* MADAME DUPONT *se lèvent ensuite.*

MONSIEUR DUPONT. Alors, tu ne peux pas rester plus longtemps?

ANGÈLE. Non. Il faut que. . . .

MONSIEUR DUPONT, *après un silence.* Tu es venue tout droit de la gare ici?

ANGÈLE. Non. J'ai fait porter ma valise au *Lion d'Or.*

MONSIEUR DUPONT. Ah! Tu es descendue au *Lion d'Or?*

ANGÈLE. Oui.

MONSIEUR DUPONT. Voilà. . . . Alors, à demain quatre heures, chez le notaire. Il demeure juste en face. . . . Tiens, on voit sa porte d'ici. . . . Tu ne pourras pas te tromper.

ANGÈLE. Oui. . . . (*Un temps.*) Julie . . . elle est là!

MONSIEUR DUPONT. Que je suis bête! . . . J'avais oublié . . . oui . . . on va te conduire. . . . (*A* MADAME DUPONT.) Va donc voir si . . . moi je vais dire qu'on aille chercher Caroline.

MADAME DUPONT, *ouvrant la porte de gauche.* Julie . . . c'est ta sœur Angèle.

LA VOIX DE JULIE. Angèle! . . . mais qu'elle vienne.

MADAME DUPONT, *à* ANGÈLE. Tu peux entrer.

ANGÈLE *sort.* M. DUPONT *a sonné et dit quelques mots à* LA BONNE *qui est sortie ensuite.*

SCÈNE VIII

MONSIEUR DUPONT, MADAME DUPONT

MONSIEUR DUPONT. Ouf! . . . (*A* MADAME DUPONT.) Eh bien, ça s'est très bien passé. Je n'ai pas dit ce que j'avais préparé . . . mais je trouve que ça s'est tout de même bien passé, moi. Et toi?

MADAME DUPONT. Très bien. . . . Pauvre fille! . . . Elle me faisait de la peine.

MONSIEUR DUPONT. Elle est très heureuse . . . très bien mise. . . . Très comme

il faut. . . . Qu'est-ce qui dirait, hein? à la voir. . . .

MADAME DUPONT. Oui.

MONSIEUR DUPONT. Et pourtant. . . . Mais, vois-tu, lorsqu'on a reçu une bonne éducation, il en reste toujours quelque chose. . . . C'est curieux, je m'étais figuré que quand je la reverrais, je serais tout retourné. . . . Eh bien . . . évidemment, je ne dis pas que cela ne m'a rien fait . . . mais beaucoup moins que je ne le craignais. . . . Maintenant qu'elle n'est plus là . . . tiens . . . voilà que ça me prend . . . je . . . c'est vrai . . . je . . . j'ai les jambes coupées. . . . (*Il s'assied. Après un silence.*) Si je n'étais pas aussi certain que mon devoir était de faire ce que j'ai fait. . . . Car enfin, c'était mon devoir. . . . Tu ne réponds rien. . . . Ce n'était pas mon devoir?

MADAME DUPONT. Je ne sais pas.

Entre CAROLINE.

SCÈNE IX

MONSIEUR DUPONT, MADAME DUPONT, CAROLINE

MADAME DUPONT. Angèle. . . .

CAROLINE. Oui. . . . Courthezon m'a dit. . . .

MONSIEUR DUPONT, *négligemment, après un silence.* Et puis . . . et puis . . . tu sais, ne lui reproche rien, ne te vante pas de ce que tu fais pour elle.

CAROLINE. Naturellement.

MONSIEUR DUPONT, *à sa femme.* Va lui dire que Caroline l'attend.

(*Entre* LA BONNE.)

LA BONNE. Monsieur, c'est M. et madame Mairaut qui demandent à parler à monsieur.

MONSIEUR DUPONT. Ah! ah! Où sont-ils? dans mon bureau?

LA BONNE. Oui, monsieur.

MONSIEUR DUPONT, *à sa femme.* Je sais ce que c'est. (*A* LA BONNE.) Je descends avec vous.

Il sort avec LA BONNE.

MADAME DUPONT, *à la porte de droite.* Caroline est là.

Elle sort par le fond gauche. Entre ANGÈLE.

SCÈNE X

ANGÈLE, CAROLINE. *En entrant,* ANGÈLE *a un élan vers* CAROLINE, *élan qu'elle réprime aussitôt devant la froideur de celle-ci.*

ANGÈLE, *sans cri.* Caroline.

CAROLINE, *de même.* Angèle.

Elles sont debout en face l'une de l'autre et se regardent longuement.

ANGÈLE, *avec tristesse.* Comme tu es changée!

CAROLINE. Vous aussi, vous êtes changée!

ANGÈLE. C'est que la vie n'a pas toujours été douce par moi.

CAROLINE, *avec un geste de doute.* Oh!

ANGÈLE. Tu ne me crois pas?

CAROLINE. Si, puisque vous le dites.

ANGÈLE. Vous!... Je viens de voir Julie: elle a été moins sévère que vous. Pourtant elle n'avait que cinq ans quand j'ai quitté la maison et elle n'est que ma demi-sœur. Vous et moi, nous sommes filles du même père et de la même mère: nous avons presque le même âge et nous nous aimions bien.

CAROLINE, *glaciale.* C'est justement.

ANGÈLE. Si vous saviez tout, vous me pardonneriez!

CAROLINE. Est-ce qu'on vous a calomniée?

ANGÈLE. Non. Tout le mal qu'on a pu vous dire de moi . . . on ne m'a pas calomniée.

CAROLINE. Alors!

ANGÈLE, *sans colère.* Alors . . . je trouve tout de même que votre vertu est bien orgueilleuse et bien dure, voilà tout. (*Changeant de ton.*) Vous êtes au courant de ce qui m'amène?

CAROLINE. Oui. Je sais que nous devons nous trouver ensemble chez le notaire.

ANGÈLE. C'est bien . . . à demain quatre heures, chez le notaire.

CAROLINE. A demain quatre heures, chez le notaire.

ANGÈLE, *sur le pas de la porte, très émue.* Tu n'as rien autre chose à me dire?

CAROLINE, *pour toute réponse, secoue la tête négativement.* ANGÈLE *sort. Entre* M. DUPONT.

SCÈNE XI

MONSIEUR DUPONT, CAROLINE, MADAME DUPONT

MONSIEUR DUPONT, *rayonnant.* Elle est partie?

CAROLINE. Oui.

MONSIEUR DUPONT, *riant.* Où est ta mère . . . où est ta mère? (*Il appelle au fond à gauche.*) Eh! madame Dupont!

MADAME DUPONT. Qu'est-ce qu'il y a?

MONSIEUR DUPONT. Écoute. . . .

CAROLINE. Je m'en vais.

MONSIEUR DUPONT. Tu n'es pas de trop.

CAROLINE. C'est que j'ai à travailler.

MONSIEUR DUPONT. Alors, va-t'en, ma fille, va-t'en. . . . (*Criant.*) A demain!

SCÈNE XII

MONSIEUR DUPONT, MADAME DUPONT

MONSIEUR DUPONT, *se frottant les mains, en riant.* Devine un peu ce que M. et madame Mairaut venaient me demander? Tu ne devines pas?

MADAME DUPONT. Non.

MONSIEUR DUPONT. Le contraire m'aurait surpris. Ils venaient me demander les 25.000 francs . . . les 25.000 francs de la dot . . . tu sais bien . . . que je devais payer six mois après le mariage.

MADAME DUPONT. Eh bien?

MONSIEUR DUPONT. Eh bien . . . il y a aujourd'hui six mois que Julie est mariée.

MADAME DUPONT. Ah! mon Dieu! Comment as-tu fait?

MONSIEUR DUPONT. Tu penses bien que je n'ai pas donné un sou.

MADAME DUPONT. Forcément.

MONSIEUR DUPONT. Forcément, comme tu dis.

MADAME DUPONT. Mais ils vont nous faire mettre en faillite!

MONSIEUR DUPONT, *toujours souriant.* Peuvent pas! Ils n'ont que ma parole.

MADAME DUPONT. Heureusement.

MONSIEUR DUPONT. D'ailleurs, je n'ai pas refusé de payer les 25.000 francs et je n'ai pas contesté la dette.

MADAME DUPONT. Alors?

MONSIEUR DUPONT, *souriant.* J'aurais voulu que tu sois là, tu te serais amusée.

MADAME DUPONT. Mais, dis-moi. . . .

MONSIEUR DUPONT. Sans fausse modestie, ça n'a pas été trop mal fait. . . . Si tu avais vu leurs têtes . . . surtout celle de la mère Mairaut. (*Il pouffe.*) Non, je voudrais en avoir un instantané! je le regarderais dans mes moments de tristesse.

Rire.

MADAME DUPONT, *souriant.* Parle, voyons.

MONSIEUR DUPONT. Voilà. . . . J'aurais donné cent sous. . . . Je leur ai dit. (*Très grave.*) « Cher monsieur et chère

madame, je reconnais que je vous ai promis, pour aujourd'hui, vingt-cinq mille
francs. . . . Seulement, je ne suis pas en
état de vous les verser.» Là-dessus, colère, indignation, injures. Je laisse passer
l'orage, toujours souriant. La mère Mairaut était là, je suppose; son mari, ici,
moi, là. . . . Pendant tout le temps qu'ils
parlaient, je te dis, je les regardais comme
ça. . . . (Sourire.) Lorsqu'ils ont eu fini,
j'ai repris la parole: « Je ne nie pas ma
dette, ai-je fait; je vous demande seulement d'en retarder le paiement. Et, cette
fois, je vais vous signer un engagement sur
papier timbré.» Changement à vue: on
sourit, on s'excuse, on se met à plat ventre,
on m'appelle galant homme, etc., etc. . . .
Je laisse faire, gardant toujours la même
attitude. Puis, au milieu d'un silence
religieux, je m'installe à mon bureau, je
prends une feuille de papier timbré, j'écris,
je passe la poudre, comme ça, en prenant
bien mon temps. Madame Mairaut en
bavait de plaisir. Puisque je te dis qu'elle
en bavait! . . . Je lui donne le papier sur
lequel j'avais écrit simplement ceci: « Bon
pour la somme de vingt-cinq mille francs
à valoir sur [1] la succession de l'oncle Maréchal.»

Rire.

Madame Dupont, *riant aussi.* C'est
bien fait! . . .

Monsieur Dupont. Tu dis qu'elle [2]
n'est pas drôle?

Madame Dupont. Si!

Monsieur Dupont. Non! mais tu dis
qu'elle n'est pas drôle? . . . Hein? Dis!
Hein?

Madame Dupont. Si, si. . . .

Monsieur Dupont. Quand la mère
Mairaut a vu ça, j'ai pensé qu'elle allait
éclater: « C'est une indignité! . . .» Je
crois même qu'elle m'a appelé paltoquet.
. . . Moi, je mourais, je mourais! . . .
Ils sont partis disant qu'ils allaient à leur
bureau mettre Antonin au courant de mes
« facéties grotesques.» Non! il y a longtemps que je n'avais eu autant de plaisir!

Madame Dupont, *redevenue sérieuse.*
Pourvu que le ménage de Julie n'en souffre
pas!

Monsieur Dupont. Bah!

Madame Dupont. C'est qu'il ne va
guère bien. Antonin est exigeant et des-
pote, et elle se cache souvent pour pleurer.

Monsieur Dupont. C'est toujours

comme ça au début d'un mariage. Il faut
que les angles s'arrondissent. Ce sont ces
unions-là qui sont les plus heureuses! . . .
(*Entre* Julie.) La voici. Parle-lui.
Assure-toi qu'il n'y a rien de grave. Fais-
lui comprendre son devoir. . . . Moi, je
retourne à mon inventaire. (*A* Julie.)
Eh bien, qu'est-ce qu'elle t'a dit, ta sœur
Angèle?

Julie. Presque rien. . . . Elle ne m'a
pas reconnue, et moi, je ne l'ai pas reconnue non plus.

Monsieur Dupont. Je te le disais
bien. . . . Allons, à tantôt.

SCÈNE XIII

Julie, Madame Dupont

Madame Dupont. Je te préviens. . . .
Peut-être que ton mari rentrera un peu de
mauvaise humeur. . . .

Julie. Je commence à m'y faire.

Madame Dupont. Mais plus encore
que d'habitude.

Julie. Parce que?

Madame Dupont. Ton père n'a pu
tenir l'engagement qu'il avait pris. . . .

Julie. Les vingt-cinq mille francs? . . .

Madame Dupont. Oui, Antonin l'apprend en ce moment.

Julie, *découragée.* Qu'importe! (*Tout
à coup, effrayée.*) Mon Dieu! je crois
j'ai oublié de dire qu'on prépare son vêtement gris . . . non . . . oui. . . . Je me
rappelle . . . c'est fait. . . . J'en aurais,
des reproches, si on l'avait oublié!

Madame Dupont. C'est tout naturel.
. . . N'es-tu pas sa femme?

Julie. Tu trouves naturel qu'il s'emporte comme il l'a fait avant-hier parce
qu'il lui manquait je ne sais plus quoi!
Il a raison aussi de m'ordonner d'aller à
la messe simplement pour que madame je
ne sais plus qui m'y rencontre! Il peut
ordonner. Je n'y suis pas allée . . . et
je n'irai pas.

Madame Dupont. Tu exagères tout.
. . . Voyons, mon enfant, est-ce que tu
n'es pas heureuse?

Julie, *ironique.* Si, si.

Madame Dupont. Est-ce que ton mari
ne t'aime pas?

Julie. Ça dépend de ce qu'on entend
par « aimer.»

Madame Dupont. Il est très amoureux de toi?

---

[1] à *faire valoir sur*, payable out of.
[2] *elle*, viz. *la farce.*

JULIE. En effet.

MADAME DUPONT. Tu lui en veux?

JULIE. C'est à moi que j'en veux.

MADAME DUPONT. Explique-toi.

JULIE. J'ai honte de moi.

MADAME DUPONT. Je ne te comprends pas.

JULIE. Moi je me comprends. Ne parlons pas de cela.

MADAME DUPONT. Si.

JULIE. Eh bien, je le déteste, là!

MADAME DUPONT. Mais dis pourquoi.

JULIE. Il n'y a pas de pourquoi à ces haines-là. Elles naissent et se développent à tous les contacts de la vie. A chaque instant il se produit un petit fait où nous nous heurtons. Nous n'avons les mêmes idées sur rien . . . sur rien. Il m'est étranger atrocement, douloureusement étranger. . . . Nous sommes aussi loin l'un de l'autre que deux êtres humains peuvent l'être. (*Avec un profond soupir.*) Oh! s'apercevoir de cela peu à peu! . . . Nous nous découvrons une inimitié de plus à chaque révélation de notre caractère; j'en arrive à cette certitude que plus nous nous connaîtrons plus nous nous haïrons. Chaque jour, chaque heure ajoutera une rancune à toutes les rancunes amoncelées! . . . Mon Dieu! . . . Et à moins d'un scandale, c'est pour toute l'existence! (*Un temps.*) Tiens . . . il y a des moments . . . quand il lit, là, assis dans ce fauteuil, je le regarde attentivement . . . il se produit ceci: il me semble que je ne l'ai jamais vu. Après tout, il y a six mois, je ne le reconnaissais pas quand nous nous croisions dans la rue. Alors, je me demande ce que je fais là, moi, en cheveux, en peignoir, enfermée avec ce monsieur, et j'ai une envie folle de me sauver en criant. . . . Et nous dormons dans le même lit! . . . Ah! . . . je te dis que c'est une honte!

MADAME DUPONT. Il faut te faire une raison. Antonin est un très brave garçon, et beaucoup de femmes auraient été heureuses de l'avoir.

JULIE. Pourquoi ne l'ont-elles pas pris, grand Dieu! Ah! si tu savais avec quelle anxiété, avec quelle impatience j'attends l'espérance d'avoir un enfant qui me consolera de tout! Mon Dieu! si je devais ne pas en avoir! Je ne veux pas penser à cela!

MADAME DUPONT. Ma chère fille, il faut voir les choses avec moins de colère. A la longue, crois-moi, tout cela s'atténuera et finira par disparaître.

JULIE. Lorsque je serai vieille.

MADAME DUPONT. Eh! oui, lorsque tu seras vieille.

JULIE. Merci.

MADAME DUPONT. Quoi qu'il en soit, tu devrais tâcher de te dominer un peu. . . . Quand ce ne serait que pour ton père et pour moi. . . .

JULIE. J'essaierai. (*Entre* ANTONIN.) Tiens le voilà. . . . Laisse-nous, va, tu ne ferais qu'envenimer les choses.

SCÈNE XIV

JULIE, ANTONIN

ANTONIN, *furieux*. Eh bien, il ne manquait plus que cela! Ton père ne tient pas parole. Tu le sais?

JULIE, *assise sur le canapé*. Oui.

ANTONIN. Et ça ne t'émeut pas?

JULIE. C'est qu'il ne peut pas faire autrement.

ANTONIN. Il me ruine. Du reste, on dirait que vous vous entendez tous. Ah! elle est jolie, ta famille! Ton père nous doit vingt-cinq mille francs, il ne les paie pas; l'autre jour, ta sœur nous promet, ou à peu près, quinze mille francs: aujourd'hui, elle a changé d'avis. . . . De ton côté, toi, tu fais ce que tu peux pour compromettre mon crédit.

JULIE. Moi?

ANTONIN. Toi. Tu me désobéis.

JULIE. Comment?

ANTONIN. As-tu été à la messe, ce matin?

JULIE. Non.

ANTONIN. Pourquoi?

JULIE. Ce n'est pas ma faute si j'ai perdu la foi.

ANTONIN. Je ne te demande pas d'avoir la foi, je te demande d'aller à la messe. Ça n'a aucun rapport. Une femme doit aller à la messe. Si elle ne croit pas, elle doit faire semblant de croire, parce que c'est l'usage chez les gens comme il faut. Je veux que tu t'y conformes. Tu m'entends, je le veux! Je n'ai pas envie de passer pour un libre-penseur, alors que toute ma clientèle est catholique, que diable!

JULIE. Je n'y suis pas allée, et je n'irai pas.

ANTONIN. Qu'est-ce que tu dis?

JULIE. Tu m'as bien entendu. Si tu étais toi-même un croyant, si tu me demandais cette concession par respect pour ta foi, je te la ferais. Mais c'est à un acte de mensonge commercial que tu veux me contraindre: je refuse!

ANTONIN. Tu veux faire tes volontés!

JULIE, *avec éclat.* Eh bien, tu as dit le mot: je veux faire ma volonté . . . c'est cela; c'est cela même; une fois au moins dans ma vie, je veux faire ma volonté. Tant que j'ai été jeune fille, il m'a fallu obéir, subir une autorité souvent despotique. Maintenant il me faudrait encore obéir. Obéir! . . . J'en ai assez d'être une éternelle mineure!

ANTONIN. Dans ce cas, il ne fallait pas te marier.

JULIE. Mon rôle, alors, se borne à te servir, à seconder la bonne, à veiller sur toi, à donner le dernier coup de brosse à tes habits, à goûter ton potage et à t'admirer.

ANTONIN. Tu dis des bêtises.

JULIE. En quoi?

ANTONIN. En quoi? . . . Parce que tu sais bien toi-même que ton rôle ne se borne pas là, parce que tu sais bien qu'il ne tient qu'à toi d'être une épouse heureuse. Tu sais bien que je t'aime. . . .

JULIE. Oui! oui! J'oubliais, tu m'aimes! Ça veut dire, ça, qu'il me faut subir tes caresses lorsque la fantaisie t'en prend. On disait jadis de nous: ménagère *ou* courtisane. Maintenant, c'est changé, le progrès a marché . . . il vous faut les deux dans la même femme: Ménagère *et* courtisane. C'est là notre seule différence avec celles que vous avez aimées avant de nous épouser; l'épouse, c'est une maîtresse qui consent à être servante. . . . Eh bien, vraiment, cela ne me suffit pas. Non! non! non! Toute ma vie ne peut pas se passer entre la cuisine et la chambre à coucher.

ANTONIN. Et allez donc! En avant la tirade sur la femme incomprise! sur la pauvre femme esclave et martyre! Si tu m'aimais véritablement, si, au lieu de te bourrer la tête d'idées que tu t'assimiles mal, tu réfléchissais un peu plus, tu te contenterais du rôle, modeste sans doute, mais non sans honneur, dont tant d'autres femmes qui te valaient bien se sont contentées avant toi.

JULIE. Peut-être as-tu raison. Si je t'aimais en effet, si nous nous aimions, nous aurions des sentiments communs, des façons de sentir identiques, et je n'aurais à surmonter aucune répugnance pour agir selon tes volontés. Mais, je le répète; je ne t'aime pas!

ANTONIN. Tais-toi donc.

JULIE. Je ne t'aime pas.

ANTONIN. Mais, à la fin, tu m'impatientes! Et tu me forcerais à dire des choses. . . .

JULIE. Lesquelles?

ANTONIN. C'est bon.

JULIE. Je te comprends parfaitement. Quelque honte que j'en aie, il faut pourtant que nous parlions de cela. Car c'est là qu'est le malentendu. Nous sommes seuls, n'est-ce pas? Eh bien, expliquons-nous à ce sujet une fois pour toutes. Il le faut. Cela me pèse depuis longtemps. Parle.

ANTONIN. Non.

JULIE. Alors, c'est moi, c'est moi qui vais parler. Je te dis que je ne t'aime pas, et tu hausses les épaules, en retenant un sourire de fat. Des idées égrillardes passent dans ton cerveau. . . . Ah! ce n'est pourtant pas drôle, mon Dieu! et je devine bien que je ne suis pas la seule pour laquelle ce sujet, joyeux pour vous, représente tout un drame de douleur et de dégoût.

ANTONIN. Je ne te comprends pas.

JULIE. Ce n'est pas assez clair. Soit. Ecoute. Je sais ce que signifient tes silences et à quoi font allusion tes restrictions si ridiculeusement vaniteuses. Oui, il y a des baisers que tu me donnes, et que je finis par te rendre. Oui, mes lèvres quand tu les baises, mes lèvres, qui d'abord se crispent pour se refuser, finissent par se détendre et communier avec les tiennes! Oui, il y a nos nuits! (*Un temps. Bien dans les yeux.*) Veux-tu que je te dise? C'est après ces moments-là que je te hais le plus, et tu ne sauras jamais tout ce qu'il y a de détresse et de remords dans les larmes qui suivent, dans les larmes que ta vanité satisfaite prend pour des pleurs de lassitude heureuse et d'émotion reconnaissante.

ANTONIN. Alors, quand tu te donnes, ce n'est donc pas par amour?

JULIE. Non, c'est par lâcheté!

ANTONIN. Par lâcheté?

JULIE. Par lâcheté! Je le répète, je te hais après t'avoir cédé. Nos embrassements sont des luttes, et, si je suis vaincue, c'est que j'ai été trahie par ce que j'ai de meilleur en moi. J'ai honte de ta victoire parce que tu ne l'aurais pas sans le concours des avilissements que tu sais provoquer. Tu ne triomphes pas de moi; tu triomphes de la bête et des instincts bas, voilà tout! . . . Aussi, je te le dis! comme je te hais, après! Je te hais pour le crime que tu as commis en me prenant sans amour, et plus encore pour le crime que tu m'as fait commettre en me contraignant à t'imiter. . . . Oui! oui! je l'avoue! tu n'es pas seul coupable, tu n'es pas seul digne de tous les mépris! . . . Mais, vois-tu, maintenant, j'en ai assez! j'en ai assez! . . . J'en ai assez de passer mes journées à pleurer sur la lâcheté de mes nuits! Chaque soir, je me promettais de me reconquérir. Je n'avais pas encore osé prononcer les paroles libératrices que je viens de dire. À présent, c'est fait et je me sens délivrée!

ANTONIN, *haussant les épaules.* Tu n'es délivrée de rien.

JULIE. Parce que? . . .

ANTONIN. Parce que j'ai plus de raison que toi; parce que tu n'es qu'une enfant nerveuse; parce que mon devoir est de te garder contre les exagérations de ta pensée. Un caprice ne peut pas rompre les liens qui nous unissent. Tu es ma femme et tu resteras ma femme. Le divorce est impossible; je n'ai pas contre toi de torts légaux. Oui, tu peux fuir, mais tu sais la vie sans considération, sans avenir et sans respect que les mœurs d'aujourd'hui font à la femme en dehors du mariage. Donc, tu resteras.

JULIE. Alors, le mariage, c'est cette prison! (*Un temps.*) Et quand je pense que j'ai attendu ça, que j'ai soupiré après ça, que j'ai rêvé les rêves de ma jeunesse, en espérant ça! . . . Quand je pense qu'à l'heure qu'il est, il y a, devant des lits blancs, des jeunes filles qui soupirent en attendant ça! (*Des larmes.*) Ah! les pauvres petites, les pauvres petites! Si elles savaient! (*Elle s'essuie les yeux. Après un moment.*) Dieu! que je suis bête! voilà que je pleure. . . . Il n'y a qu'à rire, car ce n'est plus douloureux, c'est comique! . . . Ma parole, si on osait, on se tordrait! Vous êtes peut-être des tyrans, mais tellement ridicules qu'en réfléchissant bien, on n'a presque plus la force de vous en vouloir. . . . Non! ce que vous avez fait du mariage! . . . Depuis le début . . . depuis ce jour de fête, de singeries, où les vanités se pavanent, où les sottises se regardent avec complaisance. . . . Quand je pense qu'il est encore des gens pour respecter cette mascarade!

Elle éclate de rire.

ANTONIN. Julie, ne ris pas comme cela!

JULIE. Ah! laissez donc, mon pauvre monsieur! . . . C'est tant mieux que je prenne les choses de ce côté. . . . Si on les regardait sérieusement, je me demande quelle figure vous pourriez faire. Tout est grotesque, à force d'être odieux. Je dis: tout! Depuis l'obligation que vous nous imposez de céder tel jour, à telle heure, à une date et à une minute déterminées à l'avance par les convenances des uns et des autres! Comment ne meurent-elles pas de honte, les fiancées, sous les regards insolents qui trahissent le dévergondage des imaginations émoustillées! . . . Penser qu'elles passent une journée devant des gens qui savent. . . . Pouah! . . . Ne te fâche pas. Je sais bien qu'elles sont risibles. (*Lui mettant familièrement la main sur l'épaule.*) Mais tu sais, mon petit, il ne faudrait pas vous croire une allure très reluisante pendant cette journée-là, vous, les maris! (*Rire.*) Ah! ah! vous avez tous un air de fatuité bête, un air d'animal content de soi dans l'attente d'une victoire facile. . . . Et il faut une dot, et il faut vous acheter, et il faut payer pour être votre femme! Vous avez admirablement arrangé les choses. Il est vrai que vous mettez là-dessus les mensonges de la loi et de la religion, le tricolore des écharpes et la solennité des autels, le trouble des parfums d'encens et les exaltations de la musique sacrée! Dieu! que vous avez raison! . . . Seulement, vous avez beau faire, ça ne vous déguise pas encore assez!

ANTONIN, *dans le même mouvement.* Tu te fais la part trop belle, et il n'est pas juste de me rendre seul responsable d'une situation que je n'ai pas créée, moi, et qui est le résultat de tes actes autant qu'elle est le résultat des miens!

JULIE. Je serais curieuse de les connaître, ces actes!

ANTONIN. Je vais te les rappeler.

JULIE. Ai-je manqué à mon devoir? N'ai-je pas été. . . .

ANTONIN, *avec autorité.* Tais-toi et laisse-moi parler, à la fin! Il ne s'agit pas maintenant de faire la victime et de te plaindre d'un crime dont tu as été la complice. Quand je t'ai demandée à tes parents, je ne t'aimais pas. Je l'avoue. Je ne t'aimais pas comme tu voudrais être aimée aujourd'hui. Tu m'as épousé cependant.

JULIE. Est-ce que je savais, moi? Est-ce que je connaissais la vie? Est-ce que je pouvais me douter? . . .

ANTONIN. Tu savais bien de quelle espèce était mon amour, né du désir que les mères s'efforcent d'exciter chez tout jeune homme dont la situation de fortune leur paraît suffisante, et cela, avec votre complicité, à vous, les pures jeunes filles et les anges immaculés!

JULIE. Moi, j'ai fait! . . .

ANTONIN. Allons! allons! Tu as commencé à tout dire, je vais continuer et nous allons abattre nos cartes; nous allons avouer toutes nos fautes, nos habiletés et nos hypocrisies, mais les tiennes comme les miennes; nous allons, avec une cynique franchise, étaler les turpitudes des mariages d'à présent, les nôtres! . . . Tout n'a été qu'un tissu de mensonges. Tes parents ont trompé les miens.

JULIE. Et les tiens!

ANTONIN. Je le sais. . . . Mais est-il vrai, oui ou non, que tu aies été leur complice?

JULIE. Tu te trompes.

ANTONIN. Je ne me trompe pas! Je me souviens maintenant comment, avec ton aide, ils m'ont enjôlé, dupé, ligotté. . . . Oh! je sais bien que je vais te paraître ridicule en te le rappelant, je sais bien que chaque petit fait, pris isolément, n'a pas de signification; mais ces mensonges, les tiens, ont une importance puisque tu ne les proférais que pour me conquérir. Tu donnais une pâture[1] à mes défauts. Tu me savais avare, tu vois bien que je ne dissimule plus rien, tu me savais avare, et tu t'es montrée comme une jeune fille modèle, économe, minutieuse, faisant ses robes elle-même; tu as voulu flatter mon snobisme; tu croyais que je suivais la mode d'admirer Wagner que je ne connaissais pas et tu m'as dit l'adorer, toi qui ne le connaissais pas plus que moi; à t'entendre, tu avais refusé plusieurs partis, c'était faux; tu avais fait de la comptabilité avec ton père, et tu t'intéressais à la banque, c'était faux!

JULIE. Vraiment, si tu n'as que cela à me reprocher. . . .

ANTONIN. Je n'ai pas que cela. Il est un autre mensonge que tu as commis toi-même, grave celui-là, puisqu'il a consisté à sacrifier ta pudeur à ton intérêt. Tu l'as oublié? Moi pas! Tiens, tu étais là, à cette même place . . . tu étais en toilette de bal, et vous n'aviez l'intention d'aller à aucun bal, je l'ai su depuis, mais on t'avait mis cette toilette parce qu'elle te déshabillait un peu et qu'on ne regardait pas la qualité des moyens à employer pour me faire tomber dans le piège. . . .

[1] *pâture*, food.

(*A partir de ce moment,* JULIE, *déconcertée, se cache la figure dans ses mains.*) J'y suis tombé. J'ai été séduit, troublé, grisé. J'ai voulu prendre ton bras et l'embrasser. . . . Ton premier mouvement a été une révolte; mais, comme tu as vu que j'en étais froissé, tu t'es dit qu'un mari valait bien la capitulation de ta chasteté, et tu es venue, par calcul, me mettre sur les lèvres cette chair que tu me refusais d'instinct. Est-ce vrai, tout cela? Est-ce vrai? . . . Moi aussi, j'ai cherché à te tromper, je l'avoue. Mais si je t'ai menti, tu m'as également menti! Le mariage, tel que nous avons fait le nôtre, est une action vile, c'est possible; mais ne me rends pas seul responsable de la faute commise, alors que tu l'as commise avec moi! (JULIE *baisse la tête. Un temps.*) Les autres reproches que tu m'as faits, je les mérite peut-être. Je suis ambitieux, je rêve la fortune. Est-ce ma faute si, aujourd'hui, elle est la seule mesure de la considération? Pour arriver, je cherche à flatter ceux qui peuvent m'aider, et te demande de les flatter avec moi. Est-ce ma faute si l'on n'arrive plus au succès que par l'habileté? Je ne suis pas un héros; je suis de mon temps, et ce n'est pas moi qui l'ai fait ce qu'il est. Nous sommes des malheureux, vois-tu; mais le plus malheureux de nous deux, c'est encore moi, parce que tu ne m'aimes pas, et que moi, je ne puis m'empêcher de t'aimer! Qu'est-ce que je vais devenir si tu me quittes? C'est ma situation brisée, ma clientèle perdue? . . . Et par-dessus tout, toi, toi que je n'aurai plus. . . . Je ne te parle pas comme il le faudrait . . . je suis maladroit et sot, j'ai tort de ne te dire cette misère-là qu'après t'avoir montré l'autre. Pourtant elle sera la plus grande. (*Très ému.*) Parce que je suis amoureux de toi tout de même, malgré tout ce que tu peux dire, et que l'idée de ne plus t'avoir me torture comme si l'on m'annonçait que je vais mourir. (*Au milieu de sanglots.*) Qu'est-ce que j'ai fait de mal, au fond? J'ai fait comme tous les autres. . . . Alors, pourquoi n'y a-t-il que moi de puni? Ah! Julie, ma petite Julie! . . . aie pitié de moi, va! j'ai bien du chagrin! bien du chagrin!

Il pleure, penché sur la table, la tête dans ses mains.

JULIE, *lui posant la main sur le front, d'une voix faible et sans expression.* Pauvre ami!

ANTONIN, *pleurant toujours.* N'est-ce pas, n'est-ce pas, que je suis bien à plaindre . . . et que tu me comprends . . . et que tu me plains! Dis-le moi!

JULIE. Oui, nous sommes des victimes. . . .

ANTONIN. Tu comprends bien. . . . Depuis que je suis au monde, mes parents m'ont toujours montré que le but de la vie, c'était la richesse. . . .

JULIE. Les miens aussi.

ANTONIN. Partout, j'ai vu qu'on n'avait d'estime que pour ceux qui parviennent. . . .

JULIE. Et le mariage est considéré comme un des moyens de parvenir.

ANTONIN. Voilà ce qui a fait notre malheur.

JULIE. Voilà ce qui a brisé notre vie à tous les deux . . . et ce qui pèse sur tant d'existences.

ANTONIN, *se remettant.* Tu me comprends? N'est-ce pas que tu me comprends?

JULIE, *vaguement.* Oui.

ANTONIN, *lui prenant la main; elle ne la retire pas.* Tu ne m'en veux plus?

JULIE. . . .

ANTONIN, *lui tapotant la main.* C'est fini, n'est-ce pas? . . . Bien fini. (*Silence.*) Tu comprends bien qu'il ne faut pas que je m'expose à perdre ma clientèle? Dis?

JULIE. Oui.

ANTONIN. Et qu'il vaut mieux ne pas froisser les gens dont nous pouvons avoir besoin. . . . Dis? Réponds?

JULIE. Oui.

ANTONIN. Qu'est-ce que ça peut te faire d'aller à la messe? . . . Allons! allons! (*Souriant.*) Avons-nous été bêtes, hein? de nous dire toutes ces choses désagréables! C'est oublié, n'est-ce pas? . . . Dis-moi que c'est oublié!

JULIE, *du bout des lèvres.* Oui.

ANTONIN, *redevenu gai.* Ah! . . . tu es une brave petite femme. . . . C'est vrai, on se dispute, on s'emballe, on va, on va . . . on dit des mots . . . des mots. . . . (*Riant.*) Hein? ce que tu m'as reproché? . . . Oh! que c'est vilain. . . . Chut! . . . chut! . . . N'en parlons plus . . . jamais, jamais. . . . Là! . . . faisons la paix. (*Il l'embrasse; elle se laisse faire, après une hésitation.*) C'est fini! . . . Tu vas te passer un peu d'eau sur les yeux pour qu'on ne voie pas que tu as pleuré. . . . Moi, est-ce que ça se voit? Non, n'est-ce pas? . . . Veux-tu que je te dise une

chose? Tu ne vas pas me croire . . . ça va te paraître énorme. . . . Eh bien, je suis en train de penser que c'est peut-être très bien, que nous nous soyons dit tout cela. Tu ne trouves pas? Nous nous connaissons mieux. Tu n'ignores plus rien de mes tracas. . . . Ah! les affaires ne vont pas comme je voudrais. Tu comprends, c'est ça qui me rend quelquefois un peu vif. . . . Non, elles ne vont pas. . . . Si tu voulais dire un mot à Caroline, peut-être qu'elle ne me refuserait plus. . . .

JULIE, *toujours sur la réserve.* J'essaierai.

ANTONIN. Ah! tu es gentille . . . tu es gentille. Ça ne sera qu'un mauvais moment à passer. Quand on n'est que deux, on s'en tire. Heureusement, nous n'avons à songer qu'à nous. . . . Vois-tu notre inquiétude si nous attendions un bébé?

JULIE. Cela m'aurait donné du courage. . . .

ANTONIN. Pas de bêtises. On se passe très bien de ça!

JULIE, *effrayée.* Nous n'aurons pas d'enfants?

ANTONIN. Nous n'aurons pas d'enfants.

JULIE. Pourquoi?

ANTONIN. Tu en as de bonnes, toi. Parce que je n'en veux pas, parbleu!

JULIE. Mais il nous est arrivé maintes fois d'en parler et tu faisais avec moi des projets d'avenir.

ANTONIN, *riant.* Bien, oui . . . pour ne pas te contrarier . . . parce que ça t'amusait, et que c'était un sujet de conversation. Aujourd'hui, il est convenu que nous nous disons tout.

JULIE. Cette consolation, tu me la refuseras toujours?

ANTONIN. Quand on est jeune, l'enfant est une charge. Quand on en a un, plus tard, on est ridicule.

JULIE. Tu ne sais donc pas ce qui m'a décidée à me marier? Tu ne sais donc pas que c'est cela, surtout cela, cela exclusivement? Et tu peux me le refuser! Être femme, être mère, c'est le développement naturel de mon existence. . . . Et il me manquera quelque chose; et ma vie ne sera pas complète: et je n'aurai pas vécu, en un mot, si mes bras n'ont pas serré un enfant né de ma chair, si je ne l'ai pas allaité, si je n'ai pas pleuré, si je n'ai pas eu toutes les inquiétudes et toutes les joies maternelles. Et tu peux m'en priver! Et tu peux, simplement parce que tu es un avare, un égoïste, un ambitieux, tu peux me condamner à cet isolement! Quoi! tu peux avoir sur ma vie cette influence là! Ah! ah! on parle du despotisme des hommes, on s'insurge contre les lois; il y a des femmes qui demandent à voter, à être vos égales dans le mariage, et elles n'ont pas compris que c'est le mariage lui-même qu'il faut attaquer, attaquer avec furie, puisqu'il permet de semblables monstruosités!

ANTONIN. Voyons, mon enfant, calme-toi. Nous étions réconciliés.

JULIE. Réconciliés! . . . Et peut-être es-tu assez. . . . Ah! il ne me vient pas de mot assez méprisable pour te le jeter à la figure . . . peut-être es-tu assez avili pour croire que maintenant il peut être question d'un rapprochement entre nous deux. Après ce que tu viens de dire, tu comprendrais que je subisse. . . . Mais réfléchis donc! réfléchis donc à ce que c'est, ce que vous appelez le geste de l'amour, s'il n'a pas l'amour ni l'enfant pour excuse!

ANTONIN. Je ne te répondrai pas. Tu es folle. Tu ne sais plus ce que tu dis. Je te le répète, tu es folle, et je te traiterai comme une folle. Tu vas commencer par rentrer dans ta chambre et te calmer. . . . Va.

Il veut la prendre par le bras.

JULIE, *avec des cris.* Ne me touche pas! Ne me touche pas!

Elle le repousse brutalement.

ANTONIN, *furieux.* En voilà assez! Je te dis de rentrer dans ta chambre.

JULIE. Ne me touche pas!

ANTONIN. Eh! je te toucherai si je veux. Tu as beau crier, tu es ma femme, et si je te prends dans mes bras, je ne fais qu'user de mon droit, après tout.

JULIE. Lâche-moi! lâche-moi! Je te hais! Je te hais, je te dis!

ANTONIN. Tu me hais! Ah! ah! Si tu crois que je suis un mari de comédie, un mari du grand monde à qui une pécore tire le verrou de sa chambre et qui s'en contente, tu te trompes. Je t'ai épousée, je t'aime, et je te garde! Ah! tu me hais! eh bien, tiens, sauve-toi, si tu peux! (*Il la prend dans ses bras. Lutte. Meubles renversés. Cris sourds. Halètements. Tout à coup, il pousse un cri.*) Sale bête, tu m'as mordu!

JULIE. Oui. Et je te tuerai plutôt que de te céder, maintenant.

ANTONIN, *au comble de la fureur.* Eh bien, nous verrons lequel de nous deux cédera!

JULIE. Nous verrons!

ANTONIN. Je vais te montrer si je suis le maître. (*Il sort. JULIE, seule, rajuste son corsage, ses cheveux, machinalement, disant entre ses dents des paroles qu'on n'entend pas. Tout à coup, elle tombe sur un canapé, puis à terre où elle reste à sangloter dans l'anéantissement de la plus grande détresse.*)

ACTE QUATRIÈME

Même décor.

SCÈNE PREMIÈRE

MONSIEUR DUPONT, MADAME DUPONT

MONSIEUR DUPONT. Alors, elle veut partir?

MADAME DUPONT. Ce qu'elle veut, avant tout, c'est ne plus rester avec lui.

MONSIEUR DUPONT. Et lui?

MADAME DUPONT. Après la scène que je t'ai racontée, il est sorti. Depuis, on ne l'a pas revu.

MONSIEUR DUPONT. Il a découché?

MADAME DUPONT. Il a découché.

MONSIEUR DUPONT, *ironique.* Il sera retourné « chez sa mère.»

Il va à la fenêtre.

MADAME DUPONT, *après un temps.* Qu'est-ce que tu as toujours à regarder à la fenêtre?

MONSIEUR DUPONT. Je surveille la porte du notaire. Caroline y est arrivée il y a cinq minutes. J'ai une peur bleue qu'Angèle ne vienne pas. (*A lui-même.*) Cette sacrée Caroline! à qui a-t-elle bien pu fourrer ses quinze autres mille francs? . . . (*Avec joie.*) Voilà Angèle! La voilà! . . . Elle entre chez le notaire! Nous sommes sauvés. . . . Alors, tu disais. . . . Qu'est-ce que tu disais? . . . Mon Dieu! mon Dieu! m'en auront-elles donné du tintouin, mes filles! . . . Oui. . . . Il est retourné chez sa mère. . . . Et tu crois que ça ne s'arrangera pas, ça?

MADAME DUPONT. J'en suis certaine, absolument certaine, Julie est exaspérée.

MONSIEUR DUPONT, *presque avec joie.* Alors, c'est le divorce.

MADAME DUPONT. C'est le divorce.

MONSIEUR DUPONT. Eh bien! . . . Qui est-ce qui a été malin, une fois de plus? . . . Réponds! Qui est-ce qui a été malin?

MADAME DUPONT. Je ne sais pas.

Monsieur Dupont. Naturellement.
. . . Eh bien, c'est moi.

Madame Dupont. Comment?

Monsieur Dupont. Elle va demander le divorce, nous disons.

Madame Dupont. Ou lui.

Monsieur Dupont. Ou lui. Toujours est-il que grâce à ma petite combinaison du contrat, communauté réduite aux acquêts, le bel Antonin va être forcé de rendre les trente mille francs et ma maison! *Il se frotte les mains. Entre* la Bonne.

La Bonne. Monsieur et madame Mairaut.

Monsieur Dupont. Faites entrer. (*A sa femme.*) Ne bougeons plus.

Entrent Monsieur *et* Madame Mairaut.

SCÈNE II

Les Mêmes, Monsieur *et* Madame Mairaut

Madame Mairaut, *à son mari encore dehors.* Eh bien, entres-tu, oui ou non?

Monsieur Mairaut. Voilà, voilà.

Il ferme la porte. Salutations cérémonieuses.

Madame Mairaut, *assise.* Après ce qui s'est passé hier entre nous deux. . . .

Monsieur Dupont, *ironiquement doucereux.* Quoi donc? Au sujet de la succession de l'oncle Maréchal?

Madame Mairaut, *faisant semblant de ne pas avoir entendu.* Après ce qui s'est passé hier entre nous deux, je croyais bien ne plus avoir jamais à remettre les pieds dans cette maison.

Monsieur Dupont, *s'inclinant.* Il ne tenait qu'à vous, madame.

Madame Mairaut. Mais il est survenu entre nos enfants des événements graves.

Monsieur Dupont. Graves, en effet.

Madame Mairaut. Vous les connaissez?

Monsieur Dupont. Je les connais.

Madame Mairaut. Nous venons, mon mari et moi, au nom de notre fils, demander à madame Antonin Mairaut, votre fille, de vouloir bien réintégrer le domicile conjugal.

Monsieur Dupont. Le domicile conjugal?

Madame Mairaut. A Saint-Laurent. Mon fils l'y attend.

Monsieur Dupont. Je lui souhaite de la patience. Ma fille ne rejoindra pas son mari. Vous pouvez faire constater ce refus par un huissier: cela servira de base à votre instance en divorce.

Madame Mairaut, *doucement.* Il n'est pas question de divorce.

Monsieur Dupont, *stupéfait.* Comment! il n'est pas question de divorce?

Madame Mairaut. Non, monsieur.

Monsieur Dupont. Malgré le refus de ma fille de. . . .

Madame Mairaut. Malgré son refus.

Monsieur Dupont. Malgré ce qu'elle a dit à son mari?

Madame Mairaut. Malgré ce qu'elle a dit à son mari.

Monsieur Dupont. Et malgré ce qu'elle pourra faire dans l'avenir?

Madame Mairaut. Malgré tout. Il n'est pas question de divorce et il n'en sera jamais question!

Monsieur Dupont. De votre part, soit.

Madame Mairaut. De la vôtre non plus, car nous ne vous fournirons aucun prétexte. Mon fils attend sa femme chez lui. Il est prêt à la recevoir lorsqu'il lui plaira de s'y présenter.

Monsieur Dupont. Quoi qu'elle fasse?

Madame Mairaut. Quoi qu'elle fasse.

Monsieur Dupont. Même si. . . .

Madame Mairaut. Même dans ce cas-là. (*Mouvement de M.* Mairaut.) Qu'est-ce que tu as?

Monsieur Mairaut. Rien.

Monsieur Dupont, *à part.* Ah! les rosses! (*Haut, à pleine voix.*) La vérité, c'est que vous aimez mieux voir votre fils cocu, que de rendre les trente mille francs.

Madame Mairaut, *de la même voix douce.* Tiens! . . . A ce prix-là! . . .

Grognement de Monsieur Mairaut.

Monsieur Dupont. Hier, en partant, votre fils a prononcé des menaces. . . .

Madame Mairaut, *de même.* Il renonce à les exécuter.

Madame Dupont. Vous savez bien que Julie n'acceptera. . . .

Madame Mairaut. Que voulez-vous que j'y fasse?

Madame Dupont. Toute leur vie, ils seront ainsi enchaînés. Jeunes comme ils le sont, il leur faut renoncer pour toujours à avoir un foyer. . . .

Madame Mairaut. Votre fille n'a qu'à revenir, Antonin l'attend.

Monsieur Mairaut, *éclatant.* Eh bien, nom d'un petit bonhomme . . . j'ai quelque chose à dire!

Madame Mairaut. Qu'est-ce qui te prend? . . . Parle, mon ami. . . .

MONSIEUR MAIRAUT, *criant.* C'est une cochonnerie, ce que nous faisons là!

MADAME MAIRAUT. Tu vas te taire!

MONSIEUR MAIRAUT. Non.

MADAME MAIRAUT. Si.

MONSIEUR MAIRAUT. Non. Et puis ne cherche pas à crier plus fort que moi; aujourd'hui, tu n'y arriveras pas!

MADAME MAIRAUT. Mais qu'est-ce qu'il a! Je ne l'ai jamais vu comme ça.

MONSIEUR MAIRAUT. En voilà assez! Je te dis que c'est honteux, tout ce que nous faisons là! Et il y a longtemps que je le pense. Depuis le jour où tu m'as empêché d'avouer l'oncle Maréchal. Je me suis tu parce que j'avais peur. Voilà trente ans que je me tais. . . . Maintenant . . . c'est plus fort que moi, je dis ce que je pense: c'est une cochonnerie! . . . Il arrivera ce qu'il arrivera . . . je le dis. . . . Tu ne me battras peut-être pas! . . . Veux-tu que je te le répète? . . . C'est une cochonnerie. . . . Il y a assez longtemps que les *malins* s'occupent des affaires de ces enfants-là; il est temps que les braves gens s'en mêlent un peu, et je vais m'en mêler.

MADAME MAIRAUT. Ne faites pas attention, il est fou!

MONSIEUR MAIRAUT. Tais-toi! Monsieur et madame Dupont, voilà ce que j'ai à vous dire: il faut tâcher de réconcilier Julie à Antonin; si on n'y parvient pas, je vous rendrai vos trente mille francs.

MADAME MAIRAUT, *avec des cris.* Ah! mon Dieu! mon Dieu!

MONSIEUR MAIRAUT. Je vous rendrai vos trente mille francs, et vous verrez qu'après ça mon garnement de fils sera le premier à parler de divorce.

MADAME MAIRAUT, *à son mari.* Toi, tu me paieras ça! Et nous allons nous expliquer à la maison.

MONSIEUR MAIRAUT. Comme tu voudras. En attendant, file devant, et plus vite que ça! (*Elle sort.*) Au revoir, monsieur et madame Dupont. Faites ce que vous pourrez de votre côté; moi, je vais tâcher de décider Antonin à demander pardon à sa femme.

MONSIEUR DUPONT. Bonsoir, monsieur Mairaut.

MADAME DUPONT. Comptez sur moi, monsieur Mairaut, et donnez-moi la main; vous êtes un brave homme!

MONSIEUR MAIRAUT, *en sortant.* Ça va mieux!

SCÈNE III

MONSIEUR DUPONT, MADAME DUPONT

MONSIEUR DUPONT. Est-ce que vraiment tu vas t'occuper de ça? . . .

MADAME DUPONT. Oui.

MONSIEUR DUPONT. Puisque le père Mairaut rend la dot.

MADAME DUPONT. Je n'accepterai l'idée d'un divorce que lorsqu'il me sera prouvé qu'il est impossible de l'éviter.

MONSIEUR DUPONT. Puisque c'est impossible; tu le disais toi-même.

MADAME DUPONT. Prends garde, toi, d'être plus préoccupé de ton argent que du bonheur de ta fille.

MONSIEUR DUPONT. Moi! . . . En voilà des façons de me parler. . . . Est-ce que tu veux suivre l'exemple de M. Mairaut?

MADAME DUPONT, *grave.* Tout juste.

SCÈNE IV

LES MÊMES, MADAME MAIRAUT, *puis* CAROLINE

MADAME MAIRAUT. Je remonte tout exprès pour vous dire deux choses: la première, c'est que vous auriez tort de compter sur la promesse de mon mari; la seconde, c'est que je vous remercie du nouvel affront que vous venez de nous faire.

MONSIEUR DUPONT. Quel affront?

MADAME MAIRAUT. Vous ne savez pas à qui mademoiselle Caroline a donné la moitié de son héritage?

MONSIEUR DUPONT. Non, mais je voudrais bien le savoir.

MADAME MAIRAUT. A votre employé, à Courthezon! . . .

MONSIEUR DUPONT. A Courthezon! C'est faux!

MADAME DUPONT. A Courthezon! . . .

MADAME MAIRAUT. C'est elle qui vient de me le dire.

Entre CAROLINE.

MONSIEUR DUPONT. Ah! . . . Caroline, c'est à Courthezon que tu as donné les quinze mille francs?

MADAME DUPONT. Tu as donné quinze mille francs à Courthezon?

MADAME MAIRAUT. Est-ce vrai que c'est à Courthezon que vous avez donné les quinze mille francs?

Ensemble:

CAROLINE. Oui.

MONSIEUR DUPONT. Tu es folle!

MADAME DUPONT. Qu'est-ce qu'il t'a pris?

MADAME MAIRAUT. Pour son invention. . . . Une invention qui ne vaut pas deux sous, on l'a écrit à Antonin!

MADAME DUPONT. Tu aimes mieux des étrangers que tes parents!

MONSIEUR DUPONT. Au moment où j'ai besoin de renouveler mon matériel!

MADAME MAIRAUT. Elle sait que son beau-frère est à la veille de la faillite! . . . Oui, mademoiselle, oui! et cet argent, que vous donnez à un idiot qui ne vous est rien, aurait peut-être sauvé votre sœur de la misère! C'est tout ce que j'ai à vous dire! Adieu!

Elle sort.

SCÈNE V

CAROLINE, MONSIEUR DUPONT, MADAME DUPONT

MONSIEUR DUPONT. Enfin! tu vas nous dire pourquoi tu as fait ça?

MADAME DUPONT. Qu'est-ce qu'il t'a pris? Je te demande comment tu as eu cette idée-là?

MONSIEUR DUPONT. Est-ce que tu espères que son invention va le rendre millionnaire?

CAROLINE. Non.

MONSIEUR DUPONT. La connais-tu, seulement?

CAROLINE. Je ne la connais pas.

MADAME DUPONT. C'est lui qui t'a demandé de lui prêter de l'argent?

CAROLINE. Non.

MONSIEUR DUPONT. Alors, il faut te faire enfermer, tu es toquée.

MADAME DUPONT. J'en reviens toujours à ce que je te disais: comment as-tu eu cette idée-là?

CAROLINE, *pleurant.* Parce que je m'ennuie.

MONSIEUR DUPONT. Comment! parce que tu t'ennuies? Parce que tu t'ennuies, tu vas donner quinze mille francs au premier venu?

CAROLINE. J'espère qu'il me saura gré de ce que j'ai fait pour lui et que. . . .

MONSIEUR DUPONT. Quoi?

CAROLINE. Je ne suis plus jeune, je le sais bien, mais, lui non plus. . . .

MONSIEUR DUPONT. Tu crois qu'il va t'épouser?

CAROLINE. Oui.

MONSIEUR DUPONT. Mais tu ne sais donc pas? . . .

MADAME DUPONT. Tais-toi. . . .

CAROLINE. Je ne puis plus vivre toute seule; je suis trop misérable. Il y a longtemps, bien longtemps, qu'en regardant M. Courthezon, en le voyant si sobre, si économe, si simple, je me disais que je serais heureuse avec lui. Mais je savais bien qu'il ne m'épouserait pas sans argent, et je n'aurais pas voulu, naturellement, diminuer la dot de Julie. . . . Où j'ai été plus malheureuse encore, c'est quand M. Antonin est venu ici. Il causait avec Julie: ils ne se gênaient pas devant moi, ils s'embrassaient et, bien que je ne sois pas jalouse, ça me faisait beaucoup de mal. Alors, quand cet héritage est venu, comme je savais que M. Courthezon avait besoin d'argent pour son invention, je me suis promis de lui en donner. . . .

MADAME DUPONT. Il fallait au moins lui faire connaître tes intentions; tu te serais épargné la déception qui t'attend, ma pauvre fille.

MONSIEUR DUPONT. Il fallait m'en parler. Je t'aurais dit pourquoi tu n'avais rien à espérer.

CAROLINE. Ah! je . . . je n'ai rien à espérer? . . . Parce que? Parce que?

MONSIEUR DUPONT. Parce que Courthezon vit depuis vingt ans avec une femme mariée, qu'il cache naturellement, et dont il a deux enfants.

CAROLINE, *faiblement.* Ah! mon Dieu, mon Dieu!

Elle est près de défaillir.

MADAME DUPONT. Caroline? . . . Mon enfant. . . .

MONSIEUR DUPONT. Mon enfant. . . . Voyons . . . voyons. . . . Il faut être raisonnable. . . .

MADAME DUPONT. Il ne faut pas pleurer pour ça. . . .

CAROLINE. Non.

MONSIEUR DUPONT, *à sa femme.* C'est encore ta faute, ça. . . . On aurait dû lui dire que Courthezon. . . . Tu n'as jamais voulu. . . .

MADAME DUPONT. On ne pouvait pas raconter cela à des jeunes filles; et puis, quand elles ont grandi, le mensonge était établi. . . . (A CAROLINE.) Ne pleure plus.

CAROLINE. Je ne pleure plus.

MONSIEUR DUPONT. Il y a une chose à faire: c'est d'essayer de reprendre l'argent à Courthezon.

CAROLINE. Non! non!

MONSIEUR DUPONT. Tu vas bien voir!

Il sort à gauche.

CAROLINE. Empêche-le, je t'en prie. . . . Va . . . va . . . empêche-le! . . . Je t'en supplie. . . .

MADAME DUPONT. J'y vais.

Elle sort.

SCÈNE VI

CAROLINE, *seule, puis* ANGÈLE

ANGÈLE, *très tendre.* Tu as du chagrin, Caroline?

CAROLINE, *bas.* Oui.

ANGÈLE. Dis-le moi.

CAROLINE, *avec sécheresse, mais pas agressive.* C'est fini.

ANGÈLE. Vous ne voulez rien me dire?

CAROLINE, *avec froideur.* Ça ne servirait de rien.

ANGÈLE. Qui sait? . . . Allons . . . je vois bien que vous pleurez.

CAROLINE. Oui. . . . Nous sommes malheureuses, Julie et moi.

ANGÈLE. Julie?

CAROLINE. Elle va quitter son mari.

ANGÈLE. Pourquoi?

CAROLINE. Ils ne peuvent plus vivre ensemble.

ANGÈLE. Et vous?

CAROLINE. Oh! moi. . . .

Entre JULIE.

SCÈNE VII

CAROLINE, ANGÈLE, JULIE

JULIE. Je te cherchais, Caroline. Je pars plus tôt que je ne pensais. On m'a dit que mon mari est décidé à venir me trouver ici; je ne veux pas le revoir et je m'en vais.

CAROLINE. Qu'est-ce que tu feras?

JULIE. Ce que tu fais. Je vais louer quelque part une petite chambre et je travaillerai.

CAROLINE. A quoi?

JULIE. A ce qu'on voudra.

CAROLINE. Ne fais pas ça, ma bonne Julie. . . . (*Avec une grande douleur.*) Si tu savais!

JULIE. Quoi?

CAROLINE. La tristesse de la solitude.

JULIE. J'ai du courage. Je travaillerai tant, que je ne m'ennuierai pas.

CAROLINE. Tu travailleras! . . . (*Soupir.*) C'est bien dur, de gagner sa vie, pour une femme toute seule.

JULIE. Bah!

CAROLINE. J'en sais quelque chose.

. . . Quand je rapporte de l'ouvrage à mon magasin, il y a des fois où on me le refuse avec une brutalité dans l'injustice qu'on n'oserait pas avoir vis-à-vis d'un homme, je t'assure! Mais, moi, je suis deux fois faible, puisque je suis femme et que j'ai besoin de travailler.

JULIE. Rentrée chez toi, au moins, tu es libre. . . .

CAROLINE. Ah! la triste liberté, et comme j'aimerais mieux certains esclavages!

JULIE. J'aurai des amis.

CAROLINE. Crois-tu? Les femmes te fuiront parce que tu seras une femme séparée et parce que tu seras triste. Les hommes? Que dirait-on si tu en recevais?

JULIE. Peu m'importe ce que l'on dira!

CAROLINE. Alors, c'est toi-même qui les renverras.

JULIE. Que me conseilles-tu donc? De rester avec Antonin?

CAROLINE. Ah! ma bonne Julie! Tu te plains de n'être pas aimée comme tu le voudrais! . . . Qu'est-ce que je dirai donc, moi, que personne ne prendra jamais dans ses bras! Moi qui me sens un être à part, inutile, ridicule et incomplet! Tu ne peux pas t'imaginer quel vide cela fait, de n'avoir personne à pardonner, personne à qui se dévouer! Et l'on m'en veut de mon isolement; on me reproche ma propre misère. Il semble même, tiens! que je n'aie pas le droit de disposer de mon propre bien, et, autour de moi, on m'a injuriée, parce que j'avais employé à ma guise l'argent qui m'appartenait.

JULIE. Pauvre Caroline!

CAROLINE. Oui, tu peux me plaindre! . . . Et si je disais tout. . . . J'ai cherché un refuge dans la religion; pendant quelque temps, elle a trompé mon besoin d'affection; elle n'a pu le calmer et ne m'a laissé qu'une déception et une rancœur de plus! Depuis quelques mois, je m'étais accrochée à une dernière espérance: Pauvre bête que je suis! (*Pleurant.*) Ah! on n'a pas besoin de me dire que je suis ridicule, va, je le sais bien. . . . Avec ma vieille figure, et les toilettes que j'ai qui sont celles de tout le monde, mais qui deviennent risibles dès que je les porte . . . avec tout cela j'étais devenue amoureuse . . . je suis folle . . . ne vous moquez pas trop de moi . . . j'ai tant de chagrin . . . je savais bien qu'il ne m'aimerait pas, mais j'espérais qu'il me saurait gré de ce que . . . enfin, je n'attendais de lui que de la reconnaissance et de la pitié! . . . rien de plus, je vous jure . . . et voilà . . . il a une femme. (*Après un silence.*) A quoi ça m'a-t-il servi, de garder ma réputation comme un avare garde son argent? . . . Non, non, Julie, ne sois pas victime une seconde fois. Si tu ne veux pas te résigner à vivre avec ton mari, ne cherche pas à m'imiter. Ne recommence pas ma vie, c'est assez que je l'aie soufferte. Ne cherche pas à travailler, c'est trop dur, et la lâcheté des hommes rend, pour nous, le travail trop humiliant.

JULIE. Mais si l'on me voit accepter la misère avec courage, m'isoler volontairement comme je veux le faire, est-ce que la dignité de ma vie n'inspirera pas le respect?

CAROLINE. On n'y croira pas, à la dignité de ta vie.

JULIE. Eh bien, c'est trop monstrueux, à la fin! Et puisque pour avoir du pain, des vêtements et un gîte, il faut que je me donne à un mari que je n'aime pas ou à un amant que j'aimerai peut-être, je veux au moins courir cette chance-là; et, puisque je suis condamnée à me vendre, j'aime encore mieux choisir l'acheteur.

ANGÈLE. Tu es folle! tu es folle! Réconcilie-toi avec ton mari, c'est ce que tu as de mieux à faire.

JULIE. Toujours le même refrain! Puisque je vous dis que cela, je ne le veux pas, je ne le veux pas!

ANGÈLE. Tu regretterais bientôt les tristesses de ton ménage, si douloureuses qu'elles soient, ou la pauvreté de Caroline.

JULIE. Allons donc!

ANGÈLE, *affolée.* Mais tu ne penses pas à ce que tu dis! . . . tu ne sais pas! . . . Tu me fais peur, Julie! . . . Toi! toi! dire cela; que tu veux . . . mais tu ne sais pas, tu ne sais pas!

JULIE. Tu l'as bien fait, toi!

ANGÈLE, *avec la plus grande émotion.* Ah! oui, je l'ai fait, mais j'aimerais mieux m'étrangler que de recommencer, Julie, je t'en supplie! . . . Comment te prier? Comment t'empêcher? . . . Je ne puis te raconter, à toi, à vous, toutes mes hontes. . . . Ne me force pas à cela, je t'en prie, je t'en prie!

JULIE. Tu es heureuse, maintenant.

ANGÈLE, *de même.* Heureuse! Quand je suis partie . . . avec Georges . . . on t'a dit, n'est-ce pas! . . . Oui . . . alors . . . ses parents l'ont rappelé . . . sa mère se mourait de chagrin . . . oui. . . . Ce n'est pas cela que tu veux savoir, mais il faut que je te le dise pourtant pour que tu comprennes comment je suis tombée, jusqu'où je suis tombée. . . . Je suis restée seule avec l'enfant. . . . Enfin, il fallait bien le nourrir, n'est-ce pas? . . . Ça, tu le comprends . . . tu le comprends. . . . Du travail? . . . Oui . . . j'en ai cherché . . . seulement, on me disait d'attendre. . . . Attendre! Est-ce que je pouvais? . . . Alors! . . . Oh! mon Dieu! t'avouer cela. . . . Alors, j'ai cédé . . . et puis. . . . (*Sanglots.*) Non! non! je ne peux pas continuer! Comprends-moi, devine-moi, Julie. . . . Tu dois bien entrevoir l'horreur de ma vie, rien qu'à ma honte, à l'impossibilité même où je suis de te la raconter. . . . Oh! mon Dieu! (*Se reprenant.*) Tu crois qu'elles sont heureuses, ces femmes, parce que tu les vois rire. . . . Mais rire, c'est leur métier . . . on les paye pour cela. . . . Je te jure que souvent elles voudraient bien pouvoir pleurer à leur aise. . . . Ensuite. . . . Tu parlais de choisir . . . tu crois donc qu'elles choisissent, ma pauvre petite! . . . Et si tu pouvais savoir comme on en arrive à haïr tout le monde, à être méchante, méchante! On nous méprise tant . . . on n'a pas d'amis, pas de pitié, pas de justice. . . . On est volée, exploitée. . . . Je te dis tout cela n'importe comment, mais tu me comprends, n'est-ce pas? . . . Et puis, on ne sait pas où s'arrêtera la chute. . . . La voilà, notre vie; voilà la boue où je me suis débattue pendant dix ans. . . . Non, non, Julie? non, ma petite sœur, je t'en supplie, ne fais pas cela; vraiment, c'est trop de dégoût, trop d'abjection et trop de misère!

JULIE. Pauvre Angèle. . . .

ANGÈLE. Tu m'as comprise, n'est-ce pas? . . .

JULIE. Oui.

ANGÈLE. Je m'en vais. Adieu. Je n'ose plus vous regarder toutes les deux, maintenant que vous savez tout, et que je me suis rappelé à moi-même ce que j'ai été. Je savais bien que vous ne pouviez pas m'ouvrir vos bras . . . mais j'avais tant besoin d'être aimée que je m'étais figuré tout de même que toi surtout, Caroline. . . . Je sens bien que j'avais tort. . . . Allons, adieu . . . je m'en vais et je vous demande pardon de tout ce que j'ai fait. Adieu.

Elle va pour sortir.

CAROLINE. Angèle! (*Un temps.*) Je te plains de tout mon cœur. . . . (*Nouveau silence.*) Je voudrais bien t'embrasser.

ANGÈLE *se jette dans ses bras.*

ANGÈLE. Caroline! ma bonne Caroline!

Elles pleurent toutes les trois en s'embrassant.
Entrent M. DUPONT, ANTONIN *et* M. MAIRAUT.

SCÈNE DERNIÈRE

LES MÊMES, M. DUPONT, M. MAIRAUT, ANTONIN

ANTONIN, *poussé par son père, à* JULIE. Ma chère femme, je te prie de me pardonner.

JULIE. Allons donc! c'est moi qui te demande pardon. J'avais des idées de romans, je voyais le mariage comme il n'est pas. Maintenant, je le comprends. Je suis raisonnable. Il faut faire des concessions dans la vie. J'en ferai . . . à moi-même.

MONSIEUR DUPONT. A la bonne heure!

ANTONIN. A la bonne heure! Tu ne peux pas te figurer combien je suis heureux que tu m'aies enfin compris. . . . Vois-tu, il me semble que c'est seulement d'aujourd'hui que nous sommes réellement mariés.

JULIE. C'est cela.

ANTONIN. Et pour fêter notre réconciliation, je donnerai un grand dîner. J'inviterai les Pouchelet, les Rambourg, Lignol. . . .

JULIE, *douloureusement.* C'est cela, Lignol. . . .

MONSIEUR DUPONT. Je savais bien, moi, que tout finirait par s'arranger, maintenant que te voilà comme tout le monde.

JULIE. Oui, comme tout le monde. J'avais rêvé mieux; mais il paraît que c'est impossible! . . .

ROSTAND

Edmond Rostand (1868–1918) was born at Marseilles of a wealthy and cultured family. After attending the Lycée of his native town and later the Collège Stanislas in Paris, he studied law. In 1890 he published a volume of verse, *les Musardises*, which contains in germ many of the poetic qualities which characterize the more mature writer. In the same year he married Rosemonde Gérard, a poetess whose genius is similar to her husband's. He then produced in rapid succession *les Romanesques*, 1894; *la Princesse lointaine*, 1895; *la Samaritaine*, 1897; *Cyrano de Bergerac*, 1897; *l'Aiglon*, 1900; and in 1910 the long heralded *Chantecler*. Lyric are *Un soir à Hernani*, a tribute to Victor Hugo; *le Vol de la Marseillaise* (1919), composed during the war; *le Cantique de l'aile* (1922).

Les Romanesques is a comedy which reminds one of Marivaux, of Musset and of Shakespeare in his lighter vein; but with a humor, a poetic grace and an optimism all his own. *La Princesse lointaine* is based on the legend of the troubadour Rudel's love for Mélissinde, the princess of Tripoli, of whose beauty and charm he had heard pilgrims speak; of his voyage to that distant land, and of his death in her arms. Brother Trophime, one of the characters, expounds the poet's philosophy, his optimism, his insistence in seeing beauty in the midst of ugliness, in a word his idealism. *La Samaritaine* is biblical, the story of the woman of Samaria; although it contains beautiful passages, it is the least successful of Rostand's plays; the sacred character of the material does not seem suited to his talent, which deals so much better with worldly than with divine love. His great triumph came with *Cyrano de Bergerac*. The spontaneous enthusiasm which greeted its appearance in Paris on December 28, 1897, and soon afterward in every country in the world, scarcely had a parallel in the annals of the theater. Hugo's sensational victory in 1830 was partly due to skilful and not altogether noble propaganda and to the aggressive and defensive attitude of two conflicting schools. In Rostand's case there was, at the time of the play's production, not a dissenting voice. With one bound the young poet had risen to the pinnacle of fame. Together with a play that had marvelous dramatic qualities, he had created a character who was the incarnation of the heroic spirit of France, often latent, but coming to life on great occasions.

L'Aiglon depicted the conflict between the feeble body of Napoleon's son, the Duke of Reichstadt, pining away at the somber court of Austria, and the spirit aflame with longing for great deeds. The dual nature of the principal character, his noble spirit in this weak effeminate body racked by disease and ennui, produce a rather painful impression. The real hero of the play is Flambeau, a grenadier who refuses to believe that the great Emperor is no more and who, like Cyrano and like Rudel, will continue, *malgré tout*, to live his epic to the end. The creation of this heroic grenadier, the finely drawn picture of the astute Metternich, and several epic scenes, redeem this play. If there is a good deal of symbolism in *Cyrano* and in *L'Aiglon*, there is more still in *Chantecler*. Here the characters are all animals, but they have human attributes. The hero, the

687

cock, represents man and his struggle for a higher life, for beauty. The work is interesting on account of its originality, its philosophy and its magnificent lyric passages, like the hymn to the sun. But it was a dangerous experiment to make human beings, disguised as barn-fowl, singing birds, dogs, toads and owls, fall in love, attend tea-parties and indulge in small talk and punning, all on the stage. Failure was almost a foregone conclusion, and nothing but the author's great name and the literary qualities of the drama could save it from ridicule. It is a play to be read, rather than to be staged. In spite of its obvious defects, it enjoyed a respectable number of performances in France and elsewhere.

Rostand has had many critics. He has been accused of imitating Victor Hugo, of dislocating the alexandrine, of excessive punning and verbal pyrotechnics, of exaggeration in the depiction of feelings, of falsification of history. But if we grant the truth of these criticisms, he is nevertheless the most " complete " and the most satisfying of all romantic dramatists. Before his bewildering verbal virtuosity, his unparalleled science in preparing and executing his *coups de théâtre*, his uncanny skill in making pathos and humor alternate with lightning rapidity, changing tears into laughter and laughter into tears, his healthy optimism and his noble idealism which refuses to compromise with the base and the ugly, having " des yeux qui, voyant le laid, voient le beau quand même "; before his wit, his grace, his delicate satire, his glorious lyrical passages which move by the very sound of the words as well as by the images they evoke, before all that splendor, we forget the weaknesses and we revel in the beauty of the work.

The historical Savinien-Cyrano de Bergerac was a minor prose writer of the seventeenth century. Legend has long made him out a Gascon, an error which may be due to his surname, to the fact that he served in the *gardes-nobles*, a regiment most of the members of which were Gascons, and to his swaggering nature. As a matter of fact, Paris was his birth-place and Bergerac was the name of a family estate near Rambouillet. Until his twelfth year he was taught privately by a country priest; afterward, with his friend Le Bret, he attended the Collège de Beauvais in Paris. His studies there finished, he entered the army, had many duels and acted as second in many more, was wounded twice in battle, at Mouzon and at Arras, and returned to civilian life at the age of twenty-one, devoting himself to study and writing. In company with Chapelle and Molière he attended the lectures of Gassendi, physicist, astronomer and Epicurean philosopher. He frequented the literary cabarets—" La Croix Blanche," " La Croix de Lorraine," " La Pomme de Pin," Ragueneau's " grill room "—where he mingled with many talented and semi-talented bohemians, " poètes-crottés " and libertines—Dassoucy, Chapelle, Linière, Saint-Amant and others. By the time he was thirty he settled down and enjoyed the protection of the duke d'Arpajon, a patronage which he lost because of the irreligious nature of his tragedy *la Mort d'Agrippine*. Poor and in bad health, he was mortally wounded in 1655 by a heavy piece of wood which fell from a window and struck him on the head. It has never been established whether this was accident or murder. He died as he had lived, a freethinker, in spite of the efforts of Madeleine Robineau (Roxane in the play) and Mother Marguerite de Jésus. He was buried in the church of Centnoix, to-day called Sannois (Seine-et-Oise).

As a writer Cyrano belongs to the group of *burlesques* like Scarron and Dassoucy, who represent the *esprit gaulois* so lacking in the classicists. Cyrano's literary baggage is small: a tragedy, *la Mort d'Agrippine;* a comedy, *le Pédant joué; l'Autre Monde,* composed of *Histoires comiques des états et empires de la lune et du soleil,* and about fifty letters. *La Mort d'Agrippine* contains ideas on religion and politics so bold for the times that the government stopped its performances. *Le Pédant joué* resembles the Italian *commedia dell'arte,* but contains one original character, a peasant drawn realistically and speaking in patois. *L'Autre monde* contains semi-scientific and philosophical matter and satire; it inspired Swift's *Gulliver's Travels* and Voltaire's *Micromégas.* In a *Fragment de physique* he popularized the theories of Descartes. Physically, he was a fairly good-looking man, although his face was disfigured by an unduly large nose of which he was perfectly willing to make fun, but about which he allowed no one else to jest. From his letters we judge that he was inclined to be quarrelsome. One of them is addressed to *un gros homme.* The fat man was Montfleury, the most popular actor in Paris. To him Cyrano had offered the leading part in his *Pédant joué;* but Montfleury scorned the offer, criticized the play and took off Cyrano in a certain role of matamore and swashbuckler. It would have needed much less to arouse Cyrano's anger. He wrote to Montfleury: " Enfin Gros Homme, je vous ai vu; mes prunelles ont achevé sur vous un grand voyage; et le jour que vous éboulâtes corporellement jusqu'à moi, j'eus le temps de parcourir votre hemisphère, ou, pour parler plus veritablement, d'en découvrir quelques cantons. . . . Je vous puis assurer que si les coups de bâtons s'envoyaient par écrit, vous liriez ma lettre par les épaules. . . ." Montfleury did not heed the signs. He continued to ridicule the irascible letter writer until one day the latter appeared in the pit of the Hotel de Bourgogne, interrupted the actor in the midst of a tirade and called out: " Gros homme! Je t'interdis pour un mois." It is around this incident that Rostand develops his brilliant first act, so rich in local color and in allusions to contemporary theatrical customs, an act that should be read by every student of the drama of the seventeenth century.

Rostand has, of course, idealized his hero; but he is remarkably accurate in his general delineation of Cyrano's character. We know from his writing and from contemporary testimony that he was a swashbuckler and a braggart, that he was irascible, witty, learned, brave. We know from the biography of Le Bret, his lifelong friend, who edited his works, that he was kind. Rostand is also accurate in depicting the other characters, some of whom are historical: Roxane (Madeleine Robineau), Cyrano's cousin and wife of Christian de Neuvillette; LeBret, Montfleury, de Cuigy, Carbon de Castel Jaloux, de Guiche (duc de Grammont), Bellerose, de Valvert, Jodelet—all are known and played a part, large or small, in their day.

About *le panache*—the last word in the play—so frequently used to characterize the character of Rostand's works, the author, in his *discours de réception à l'Académie,* says: " Qu'est-ce que le panache? Il ne suffit pas pour en avoir, d'être un héros. Le panache n'est pas la grandeur, mais quelquechose qui s'ajoute à la grandeur, et qui bouge au-dessus d'elle. C'est quelquechose de voltigeant, d'excessif—et d'un peu frisé . . . le panache, c'est l'esprit de la bravoure. Oui, c'est le courage, dominant à ce point la situation qu'il en trouve le mot. Toutes les répliques du *Cid* ont du panache. . . . Le vent d'Espagne nous apporta cette plume; mais elle a pris, dans l'air de France, une légèreté de meilleur goût. Plaisanter en face du danger, c'est la suprême politesse, un délicieux refus de se prendre au tragique; le panache c'est alors la pudeur de l'héroïsme, comme un sourire par lequel on s'excuse d'être sublime. . . ."

Bibliography: CYRANO DE BERGERAC, *Œuvres*, 2 vols., Paris, 1858. J. HARASZTI, *E. Rostand, étude complète sur le poète et sur son œuvre*, 1913. SUBERVILLE, *Le Théâtre d'Edmond Rostand*, 1919. J. RICTUS, *Un bluff littéraire, le cas Edmond Rostand*, 1903. NORDI, *E. Rostand et l'Aiglon*, 1906. A. LAUTIER et F. KELLER: *Edmond Rostand*, 1924. FILON, *De Dumas à Rostand*, 1898; ERNEST-CHARLES: *Le Théâtre des poètes*, 1910. P. A. BRUN, *Savinien de Cyrano Bergerac*, 1893, 2d ed., 1909.

CYRANO DE BERGERAC

PAR EDMOND ROSTAND

(1897)

PERSONNAGES

CYRANO DE BERGERAC
CHRISTIAN DE NEUVILLETTE
COMTE DE GUICHE
RAGUENEAU
LE BRET
LE CAPITAINE CARBON DE CASTEL-JALOUX
LES CADETS
LIGNIÈRE
DE VALVERT
UN MARQUIS
DEUXIÈME MARQUIS
TROISIÈME MARQUIS
MONTFLEURY
BELLEROSE
JODELET
CUIGY
BRISSAILLE
UN FACHEUX
UN MOUSQUETAIRE
UN AUTRE
UN OFFICIER ESPAGNOL
UN CHEVAU-LÉGER
LE PORTIER
UN BOURGEOIS
SON FILS
UN TIRE-LAINE
UN SPECTATEUR
UN GARDE

BERTRANDOU LE FIFRE
LE CAPUCIN
DEUX MUSICIENS
LES POÈTES
LES PATISSIERS
ROXANE
SŒUR MARTHE
LISE
LA DISTRIBUTRICE DES DOUCES LIQUEURS
MÈRE MARGUERITE DE JÉSUS
LA DUÈGNE
SŒUR CLAIRE
UNE COMÉDIENNE
LA SOUBRETTE
LES PAGES
LA BOUQUETIÈRE

LA FOULE, BOURGEOIS, MARQUIS, MOUS-
QUETAIRES, TIRE-LAINE, PATISSIERS,
POÈTES, CADETS GASCONS, COMÉDIENS,
VIOLONS, PAGES, ENFANTS, SOLDATS
ESPAGNOLS, SPECTATEURS, SPECTA-
TRICES, PRÉCIEUSES, COMÉDIENNES,
BOURGEOISES, RELIGIEUSES, etc.

Les quatre premiers actes en 1640, le
cinquième en 1655.

PREMIER ACTE

UNE REPRÉSENTATION A L'HOTEL DE BOUR-GOGNE [1]

La salle de l'Hôtel de Bourgogne, en 1640. Sorte de hangar de jeu de paume [2] aménagé et embelli pour des représentations.

La salle est un carré long; on la voit en biais, de sorte qu'un de ses côtés forme le fond qui part du premier plan, à droite, et va au dernier plan, à gauche, faire angle avec la scène qu'on aperçoit en pan coupé. [3]

Cette scène est encombrée, des deux côtés, le long des coulisses, par des banquettes. Le rideau est formé par deux tapisseries qui peuvent s'écarter. Au-dessus du manteau d'Arlequin, [4] les armes royales. On descend de l'estrade dans la salle par de larges marches. De chaque côté de ces marches, la place des violons. Rampe de chandelles.

Deux rangs superposés de galeries latérales: le rang supérieur est divisé en loges. Pas de sièges au parterre, qui est la scène

[1] *Hôtel de Bourgogne*, the principal theatre in Paris in the 16th and 17th centuries; its two rivals in the 17th century were the *Marais* and Molière's theatre.

[2] *Hangar de jeu de paume*, an enclosed and covered tennis court.

[3] *en pan coupé*, cut off obliquely.

[4] *manteau d'Arlequin*, wooden frame representing drapery around the opening of the stage, inside of which the curtain is attached.

*même du théâtre; au fond de ce parterre,
c'est-à-dire à droite, premier plan, quelques bancs formant gradins et, sous un
escalier qui monte vers des places supérieures et dont on ne voit que le départ,[1]
une sorte de buffet orné de petits lustres,
de vases fleuris, de verres de cristal,
d'assiettes de gâteaux, de flacons, etc.
Au fond, au milieu, sous la galerie de loges,
l'entrée du théâtre. Grande porte qui
s'entre-bâille pour laisser passer les spectateurs. Sur les battants de cette porte,
ainsi que dans plusieurs coins et au-
dessus du buffet, des affiches rouges sur
lesquelles on lit: La Clorise.
Au lever du rideau, la salle est dans une
demi-obscurité, vide encore. Les lustres
sont baissés au milieu du parterre, attendant d'être allumés.*

SCÈNE PREMIÈRE

Le Public, *qui arrive peu à peu.* Cavaliers, Bourgeois, Laquais, Pages,
Tire-laine,[2] le Portier, etc., *puis*
les Marquis, Cuigy, Brissaille, la
Distributrice,[3] les Violons, etc.
(*On entend derrière la porte un tumulte de
voix, puis* un Cavalier *entre brusquement.*)

Le Portier, *le poursuivant*
Holà! vos quinze sols![4]

Le Cavalier
J'entre gratis!

Le Portier
Pourquoi?
Le Cavalier
Je suis chevau-léger [5] de la maison du Roi!

Le Portier, *à un autre* Cavalier *qui vient
d'entrer*
Vous?
Deuxième Cavalier
Je ne paye pas!

Le Portier
Mais. . . .

Deuxième Cavalier
Je suis mousquetaire.[6]

Premier Cavalier, *au deuxième*
On ne commence qu'à deux heures. Le
parterre
Est vide. Exerçons-nous au fleuret.
(*Ils font des armes avec des fleurets qu'ils
ont apportés.*)

Un Laquais, *entrant*
Pst. . . . Flanquin! . . .

Un Autre, *déjà arrivé*
Champagne? . . .

Le Premier, *lui montrant des jeux qu'il
sort de son pourpoint*
Cartes. Dés.
(*Il s'assied par terre.*)
Jouons.

Le Deuxième, *même jeu*
Oui, mon coquin.

Premier Laquais, *tirant de sa poche un
bout de chandelle qu'il allume et colle
par terre*
J'ai soustrait à mon maître un peu de
luminaire.

Un Garde, *à une bouquetière qui s'avance*
C'est gentil de venir avant que l'on
n'éclaire! . . .
(*Il lui prend la taille.*)

Un des Bretteurs, *recevant un coup de
fleuret*
Touche![7]

Un des Joueurs
Trèfle![8]

Le Garde, *poursuivant la fille*
Un baiser!

La Bouquetière, *se dégageant*
On voit! . . .

Le Garde, *l'entraînant dans les coins
sombres*
Pas de danger!

---

[1] *départ*, beginning, lower part.
[2] *tire-laine*, pickpocket.
[3] *distributrice*, the woman who sells refreshments.
[4] *quinze sols*, modern *quinze sous*, the price of admission.
[5] *chevau-léger*, plur. *chevau-légers*, light cavalry-man of the king's guard.
[6] *mousquetaire*, like the *chevau-légers*, claimed the right to enter theatres without paying.
[7] *touche*, a hit (in fencing).
[8] *trèfle*, clubs (at cards).

UN HOMME, *s'asseyant par terre avec d'autres porteurs de provisions de bouche*
Lorsqu'on vient en avance, on est bien pour manger.

UN BOURGEOIS, *conduisant son fils*
Plaçons-nous là, mon fils.

UN JOUEUR
Brelan d'as! [1]

UN HOMME, *tirant une bouteille de sous son manteau et s'asseyant aussi*
                                    Un ivrogne
Doit boire son bourgogne. . . .
                        (*Il boit.*)
                        à l'hôtel de Bourgogne!

LE BOURGEOIS, *à son fils*
Ne se croirait-on pas en quelque mauvais lieu?
(*Il montre l'ivrogne du bout de sa canne.*)
Buveurs. . . .
(*En rompant, un des* CAVALIERS *le bouscule.*)
        Bretteurs!
        (*Il tombe au milieu des joueurs.*)
        Joueurs!

LE GARDE, *derrière lui, lutinant toujours la femme*
                            Un baiser!

LE BOURGEOIS, *éloignant vivement son fils*
                            Jour de Dieu!
—Et penser que c'est dans une salle pareille
Qu'on joua du Rotrou, [2] mon fils!

LE JEUNE HOMME
                    Et du Corneille!

UNE BANDE DE PAGES, *se tenant par la main, entre en farandole [3] et chante*
Tra la la la la la la la la la la lère. . . .

LE PORTIER, *sévèrement aux* PAGES
Les pages, pas de farce! . . .

PREMIER PAGE, *avec une dignité blessée*
        Oh! Monsieur! ce soupçon! . . .

(*Vivement au deuxième dès que* LE PORTIER *a tourné le dos.*)
As-tu de la ficelle?

LE DEUXIÈME
    Avec un hameçon.

PREMIER PAGE
On pourra de là-haut pêcher quelque perruque.

UN TIRE-LAINE, *groupant autour de lui plusieurs hommes de mauvaise mine*
Or çà, jeunes escrocs, venez qu'on vous éduque:
Puis donc que vous volez pour la première fois. . . .

DEUXIÈME PAGE, *criant à d'autres* PAGES *déjà placés aux galeries supérieures*
Hep!   Avez-vous des sarbacanes?

TROISIÈME PAGE, *d'en haut*
                        Et des pois!
(*Il souffle et les crible de pois.*)

LE JEUNE HOMME, *à son père*
Que va-t-on nous jouer?

LE BOURGEOIS
        Clorise.[4]

LE JEUNE HOMME
                De qui est-ce?

LE BOURGEOIS
De monsieur Balthazar Baro.   C'est une pièce! . . .
(*Il remonte au bras de son fils.*)

LE TIRE-LAINE, *à ses acolytes*
. . . La dentelle surtout des canons,[5] coupez-la!

UN SPECTATEUR, *à un autre, lui montrant une encoignure élevée*
Tenez, à la première du *Cid*,[6] j'étais là!

LE TIRE-LAINE, *faisant avec ses doigts le geste de subtiliser*
Les montres. . . .

[1] *brelan d'as*, three aces (which win the game).
[2] *Rotrou* (1609–50), a popular playwright.—*Corneille* (1606–84), author of *le Cid*, etc., lived in Rouen.
[3] *farandole*, a Provençal dance, one of the figures of which forms a single file.
[4] *Clorise*, a pastoral play by Baro (1600–50), secretary of Honoré d'Urfé whose *Astrée* he finished. *Clorise* was first produced in 1631.
[5] *canons*, lace or open-work cuffs of large dimensions attached to the breeches below the knees.
[6] *Cid*, first successful tragedy by Corneille, not given at the Hôtel de Bourgogne, but at the Théâtre du Marais, in 1636.

LE BOURGEOIS, *redescendant, à son fils*
Vous verrez des acteurs très illustres. . . .

LE TIRE-LAINE, *faisant le geste de tirer par petites secousses furtives*
Les mouchoirs.

LE BOURGEOIS
Montfleury. . . .

QUELQU'UN, *criant de la galerie supérieure*
Allumez donc les lustres!

LE BOURGEOIS
. . . Bellerose,[1] l'Épy, la Beaupré, Jodelet!

UN PAGE, *au parterre*
Ah! voici la distributrice! . . .

LA DISTRIBUTRICE, *paraissant derrière le buffet*
Oranges, lait,
Eau de framboise, aigre de cèdre. . . .
(*Brouhaha à la porte.*)

UNE VOIX DE FAUSSET
Place, brutes!

UN LAQUAIS, *s'étonnant*
Les marquis! . . . au parterre?[2] . . .

UN AUTRE LAQUAIS
Oh! pour quelques minutes!
(*Entre une bande de petits* MARQUIS.)

UN MARQUIS, *voyant la salle à moitié vide*
Hé quoi! Nous arrivons ainsi que des drapiers,
Sans déranger les gens? sans marcher sur les pieds?
Ah! fi! fi! fi!
(*Il se trouve devant d'autres Gentilshommes entrés peu avant.*)
Cuigy! Brissaille!
(*Grandes embrassades.*)

CUIGY
Des fidèles! . . .
Mais oui, nous arrivons devant que les chandelles. . . .

LE MARQUIS
Ah! ne m'en parlez pas! Je suis dans une humeur. . . .

UN AUTRE
Console-toi, marquis, car voici l'allumeur!

LA SALLE, *saluant l'entrée de l'allumeur*
Ah! . . .
(*On se groupe autour des lustres qu'il allume. Quelques personnes ont pris place aux galeries. Lignière entre au parterre donnant le bras à* CHRISTIAN DE NEUVILLETTE. *Lignière, un peu débraillé, figure d'ivrogne distingué.* CHRISTIAN, *vêtu élégamment, mais d'une façon un peu démodée, paraît préoccupé et regarde les loges.*)

SCÈNE II

LES MÊMES, CHRISTIAN, LIGNIÈRE, *puis* RAGUENEAU *et* LE BRET

CUIGY
Lignière!

BRISSAILLE, *riant*
Pas encor gris?

LIGNIÈRE, *bas à* CHRISTIAN
Je vous présente?
(*Signe d'assentiment de* CHRISTIAN.)
Baron de Neuvillette.
(*Saluts.*)

LA SALLE, *acclamant l'ascension du premier lustre allumé*
Ah!

CUIGY, *à* BRISSAILLE, *en regardant* CHRISTIAN
La tête est charmante.

PREMIER MARQUIS, *qui a entendu*
Peuh! . . .

LIGNIÈRE, *présentant à* CHRISTIAN
Messieurs de Cuigy, de Brissaille. . . .

CHRISTIAN, *s'inclinant*
Enchanté!

PREMIER MARQUIS, *au deuxième*
Il est assez joli, mais n'est pas ajusté
Au dernier goût.

LIGNIÈRE, *à* CUIGY
Monsieur débarque de Touraine?

CHRISTIAN
Oui, je suis à Paris depuis vingt jours à peine.

---

[1] *Bellerose*, etc., popular actors of the day.
[2] *au parterre:* the marquis habitually sat on the stage itself, not in the pit.

J'entre aux gardes demain, dans les Cadets.[1]

PREMIER MARQUIS, *regardant les personnes
qui entrent dans les loges*
Voilà

La présidente Aubry![2]

LA DISTRIBUTRICE
Oranges, lait. . . .

LES VIOLONS, *s'accordant*
La . . . la. . . .

CUIGY, *à* CHRISTIAN, *lui désignant la salle
qui se garnit*
Du monde!

CHRISTIAN
Eh! oui, beaucoup.

PREMIER MARQUIS
Tout le bel air!

(*Ils nomment les femmes à mesure qu'elles
entrent très parées, dans les loges. En-
vois de saluts, réponses de sourires.*)

DEUXIÈME MARQUIS
Mesdames

De Guéménée. . . .

CUIGY
De Bois-Dauphin. . . .

PREMIER MARQUIS
Que nous aimâmes. . . .

BRISSAILLE
De Chavigny. . . .

DEUXIÈME MARQUIS
Qui de nos cœurs va se jouant!

LIGNIÈRE
Tiens, monsieur de Corneille est arrivé
de Rouen.

LE JEUNE HOMME, *à son père*
L'Académie est là?

LE BOURGEOIS
Mais . . . j'en vois plus d'un membre;
Voici Boudu, Boissat, et Cureau de la
Chambre,

Porchères, Colomby, Bourzeys, Bourdon,
Arbaud. . . .
Tous ces noms dont pas un ne mourra,[3]
que c'est beau!

PREMIER MARQUIS
Attention! nos précieuses[4] prennent place:
Barthénoïde, Urimédonte, Cassandace,
Félixérie. . . .

DEUXIÈME MARQUIS, *se pâmant*
Ah! Dieu! leurs surnoms sont exquis!
Marquis, tu les sais tous?

PREMIER MARQUIS
Je les sais tous, marquis!

LIGNIÈRE, *prenant* CHRISTIAN *à part*
Mon cher, je suis entré pour vous rendre
service:
La dame ne vient pas. Je retourne à mon
vice!

CHRISTIAN, *suppliant*
Non! . . . Vous qui chansonnez et la ville
et la cour,
Restez: vous me direz pour qui je meurs
d'amour.

LE CHEF DES VIOLONS, *frappant sur son
pupitre avec son archet*
Messieurs les violons! . . .
(*Il lève son archet.*)

LA DISTRIBUTRICE
Macarons, citronnée. . . .
(*Les violons commencent à jouer.*)

CHRISTIAN
J'ai peur qu'elle ne soit coquette et raffinée,
Je n'ose lui parler car je n'ai pas d'esprit.
Le langage aujourd'hui qu'on parle et
qu'on écrit
Me trouble. Je ne suis qu'un bon soldat
timide.
—Elle est toujours, à droite, au fond: la
loge vide.

LIGNIÈRE, *faisant mine de sortir*
Je pars.

CHRISTIAN, *le retenant encore*
Oh! non, restez!

---

[1] *Cadets*, a regiment of guards made up of younger sons of the nobility.

[2] *Présidente Aubry*, the wife of Aubry, presiding judge of the Paris parlement or chief court of justice.

[3] *ne mourra*, since they were called the " Immortals "; the irony is that all are quite forgotten to-day.

[4] *précieuses*, society ladies; at first the word had no pejorative meaning: only those women who affected fanciful names and exaggerated refinement in speech and manners were ridiculed in Molière's *Précieuses ridicules*. Rostand treats them with gentle and sympathetic satire.

LIGNIÈRE
Je ne peux. D'Assoucy [1]
M'attend au cabaret. On meurt de soif,
ici.

LA DISTRIBUTRICE, *passant devant lui avec*
un plateau
Orangeade?

LIGNIÈRE
Fi!

LA DISTRIBUTRICE
Lait?

LIGNIÈRE
Pouah!

LA DISTRIBUTRICE
Rivesalte? [2]

LIGNIÈRE
Halte!
(*A* CHRISTIAN.)
Je reste encor un peu.—Voyons ce rive-
salte?
(*Il s'assied près du buffet.* LA DISTRIBU-
TRICE *lui verse du rivesalte.*)

CRIS, *dans le public à l'entrée d'un petit*
homme grassouillet et réjoui
Ah! Ragueneau! . . .

LIGNIÈRE, *à* CHRISTIAN
Le grand rôtisseur [3] Ragueneau.

RAGUENEAU, *costume de pâtissier endi-*
manché, s'avançant vivement vers LI-
GNIÈRE
Monsieur, avez-vous vu monsieur de Cyrano?

LIGNIÈRE, *présentant* RAGUENEAU *à* CHRIS-
TIAN
Le pâtissier des comédiens et des poètes!

RAGUENEAU, *se confondant*
Trop d'honneur. . . .

LIGNIÈRE
Taisez-vous, Mécène [4] que vous êtes!

RAGUENEAU
Oui, ces messieurs chez moi se servent. . . .

LIGNIÈRE
A crédit.
Poète de talent lui-même. . . .

RAGUENEAU
Ils me l'ont dit.

LIGNIÈRE
Fou de vers!

RAGUENEAU
Il est vrai que pour une odelette. . . .

LIGNIÈRE
Vous donnez une tarte. . . .

RAGUENEAU
Oh! une tartelette!

LIGNIÈRE
Brave homme, il s'en excuse! . . . Et
pour un triolet [5]
Ne donnâtes-vous pas? . . .

RAGUENEAU
Des petits pains!

LIGNIÈRE, *sévèrement*
Au lait.
—Et le théâtre, vous l'aimez?

RAGUENEAU
Je l'idolâtre.

LIGNIÈRE
Vous payez en gâteaux vos billets de
théâtre!
Votre place, aujourd'hui, là, voyons, entre
nous,
Vous a coûté combien?

RAGUENEAU
Quatre flans. Quinze choux. [6]
(*Il regarde de tous côtés.*)
Monsieur de Cyrano n'est pas là? Je
m'étonne.

LIGNIÈRE
Pourquoi?

RAGUENEAU
Montfleury joue!

---

[1] *D'Assoucy* with Lignière, Scarron, Cyrano de Bergerac and others belonged to the burlesque and free-thinking school of poets.

[2] *Rivesalte*, a wine made at Rivesaltes near Perpignan.

[3] *rôtisseur*, proprietor of a grill-room. However, Ragueneau was a pastry cook as well as a *rôtisseur*.

[4] *Mécène*, Maecenas, great Roman patron of the arts, friend of the emperor Augustus.

[5] *triolet*, a poem composed of eight-line strophes of which the first, fourth and seventh lines are the same. For an example of this form see *les Cadets de Gascogne* in Act II.

[6] *Quatre flans quinze choux*, four custard pies and fifteen cream puffs, a play on *quatre francs quinze sous*.

LIGNIÈRE

En effet, cette tonne [1]
Va nous jouer ce soir le rôle de Phédon.[2]
Qu'importe à Cyrano?

RAGUENEAU

Mais vous ignorez donc?
Il fit à Montfleury, messieurs, qu'il prit en haine,
Défense, pour un mois, de reparaître en scène.

LIGNIÈRE, *qui en est à son quatrième petit verre*

Eh! bien?

RAGUENEAU

Montfleury joue!

CUIGY, *qui s'est rapproché avec son groupe*

Il n'y peut rien.

RAGUENEAU

Oh! oh!
Moi, je suis venu voir!

PREMIER MARQUIS

Quel est ce Cyrano?

CUIGY

C'est un garçon versé dans les coliche-mardes.[3]

DEUXIÈME MARQUIS

Noble?

CUIGY

Suffisamment. Il est cadet aux gardes.
(*Montrant un gentilhomme qui va et vient dans la salle comme s'il cherchait quel-qu'un.*)
Mais son ami Le Bret [4] peut vous dire. . . .
(*Il appelle.*)

Le Bret!

(LE BRET *descend vers eux.*)
Vous cherchez Bergerac?

LE BRET

Oui, je suis inquiet! . . .

CUIGY

N'est-ce pas que cet homme est des moins ordinaires?

LE BRET, *avec tendresse*

Ah! c'est le plus exquis des êtres sublu-naires!

RAGUENEAU

Rimeur!

CUIGY

Bretteur!

BRISSAILLE

Physicien!

LE BRET

Musicien!

LIGNIÈRE

Et quel aspect hétéroclite que le sien!

RAGUENEAU

Certes, je ne crois pas que jamais nous le peigne
Le solennel monsieur Philippe de Cham-paigne; [5]
Mais bizarre, excessif, extravagant, falot,
Il eût fourni, je pense, à feu Jacques Callot [6]
Le plus fol spadassin à mettre entre ses masques:
Feutre à panache triple et pourpoint à six basques,
Cape, que par derrière, avec pompe, l'estoc
Lève, comme une queue insolente de coq,
Plus fier que tous les Artabans [7] dont la Gascogne
Fut et sera toujours l'alme Mère Gigogne,[8]
Il promène, en sa fraise à la Pulcinella,[9]
Un nez! . . . Ah! messeigneurs, quel nez que ce nez-là!
On ne peut voir passer un pareil nasigère [10]
Sans s'écrier: « Oh! non, vraiment, il exagère! »
Puis on sourit, on dit: « Il va l'enlever. . . . » Mais
Monsieur de Bergerac ne l'enlève jamais.

[1] *tonne*, barrel, allusion to Montfleury's huge girth.

[2] *Phédon*, the shepherd in *Clorise*.

[3] *versé dans les colichemardes*, expert with the sword-blade.

[4] *Le Bret*, Cyrano's companion and biographer. He died in 1710.

[5] *Philippe de Champaigne* (1602–1674), a famous painter of stiff and formal portraits.

[6] *Callot* (1593–1635), painter and etcher, famous for his fantastic figures and caricatures.

[7] *Artaban*, boasting king of the Persians in a novel by La Calprenède (1610–1663).

[8] *l'alme Mère Gigogne*, fertile mother accompanied by a large brood of children: a stock character in marionette plays.

[9] *fraise à la Pulcinella*, voluminous, fluted ruff, characteristic of the Neapolitan pagliaccio or Pul-cinella.

[10] *nasigère*, nose-bearer.

LE BRET, *hochant la tête*

Il le porte,—et pourfend quiconque le
remarque!

RAGUENEAU, *fièrement*

Son glaive est la moitié des ciseaux de la
Parque![1]

PREMIER MARQUIS, *haussant les épaules*

Il ne viendra pas!

RAGUENEAU

         Si! . . . Je parie un poulet
A la Ragueneau!

LE MARQUIS, *riant*

         Soit!

(*Rumeurs d'admiration dans la salle.*
ROXANE *vient de paraître dans sa loge.*
Elle s'assied sur le devant, sa duègne
prend place au fond. CHRISTIAN, *occupé*
à payer LA DISTRIBUTRICE, *ne regarde*
pas.)

DEUXIÈME MARQUIS, *avec des petits cris*

         Ah! messieurs! mais elle est
Épouvantablement [2] ravissante!

PREMIER MARQUIS

         Une pêche
Qui sourirait avec une fraise!

DEUXIÈME MARQUIS

         Et si fraîche
Qu'on pourrait, l'approchant, prendre un
rhume de cœur!

CHRISTIAN, *lève la tête, aperçoit* ROXANE,
et saisit vivement LIGNIÈRE *par le bras*

C'est elle!

LIGNIÈRE, *regardant*

Ah! c'est elle? . . .

CHRISTIAN

         Oui. Dites vite. J'ai peur.

LIGNIÈRE, *dégustant son rivesalte à petits*
coups

Magdeleine Robin, dite Roxane.—Fine
Précieuse.

CHRISTIAN

Hélas!

LIGNIÈRE

         Libre. Orpheline. Cousine
De Cyrano,—dont on parlait. . . .

(*A ce moment, un seigneur très élégant, le*
cordon bleu en sautoir,[3] entre dans la loge
et, debout, cause un instant avec ROXANE.)

CHRISTIAN, *tressaillant*

         Cet homme? . . .

LIGNIÈRE, *qui commence à être gris, cli-*
gnant de l'œil

         Hé! hé! . . .
—Comte de Guiche. Épris d'elle. Mais
marié
A la nièce d'Armand de Richelieu. Désire
Faire épouser Roxane à certain triste sire,
Un monsieur de Valvert, vicomte . . . et
complaisant.
Elle n'y souscrit pas, mais de Guiche est
puissant:
Il peut persécuter une simple bourgeoise.
D'ailleurs j'ai dévoilé sa manœuvre sour-
noise
Dans une chanson qui. . . . Ho! il doit
m'en vouloir!
—La fin était méchante. . . . Écoutez. . . .

(*Il se lève en titubant, le verre haut, prêt à*
chanter.)

CHRISTIAN

         Non. Bonsoir.

LIGNIÈRE

Vous allez?

CHRISTIAN

Chez monsieur de Valvert!

LIGNIÈRE

         Prenez garde:
C'est lui qui vous tuera!

(*Lui désignant du coin de l'œil* ROXANE.)
         Restez. On vous regarde.

CHRISTIAN

C'est vrai!

(*Il reste en contemplation. Le groupe de*
TIRE-LAINE, *à partir de ce moment, le*
voyant la tête en l'air et bouche bée, se
rapproche de lui.)

LIGNIÈRE

C'est moi qui pars. J'ai soif! Et l'on
m'attend
—Dans les tavernes!

(*Il sort en zigzaguant.*)

---

[1] *Parque*, Atropos, that one of the three Fates who cuts the thread of life spun by Lachesis while
Clotho holds the distaff.

[2] *épouvantablement:* such exaggerated and fantastic expressions were favored by the *précieux* and
précieuses.

[3] *cordon bleu en sautoir*, with blue ribbon of the Order of the Holy Ghost round the neck.

Le Bret, *qui a fait le tour de la salle, revenant vers* Ragueneau, *d'une voix rassurée*

Pas de Cyrano.

Ragueneau, *incrédule*

Pourtant. . . .

Le Bret

Ah! je veux espérer qu'il n'a pas vu l'affiche!

La Salle

Commencez!   Commencez!

SCÈNE III

Les Mêmes, *moins* Lignière; de Guiche, Valvert *puis* Montfleury

Un Marquis, *voyant* de Guiche *qui descend de la loge de* Roxane, *et traverse le parterre, entouré de seigneurs obséquieux, parmi lesquels* le Vicomte de Valvert.

Quelle cour, ce de Guiche!

Un Autre

Ff! . . . Encore un Gascon!

Le Premier

Le Gascon souple et froid,
Celui qui réussit! . . . Saluons-le, crois-moi.

(*Ils vont vers* de Guiche.)

Deuxième Marquis

Les beaux rubans!   Quelle couleur, comte de Guiche?
Baise-moi-ma-mignonne ou bien *Ventre-de-biche?*

De Guiche

C'est couleur *Espagnol malade.*[1]

Premier Marquis

La couleur
Ne ment pas, car bientôt, grâce à votre valeur,
L'Espagnol ira mal, dans les Flandres!

De Guiche

Je monte
Sur scène.   Venez-vous?
(*Il se dirige suivi de tous les* Marquis *et* Gentilshommes *vers le théâtre. Il se retourne et appelle.*)

Viens, Valvert!

Christian, *qui les écoute et les observe, tressaille en entendant ce nom*

Le vicomte!
Ah! je vais lui jeter à la face mon. . . .
(*Il met la main dans sa poche, et y rencontre celle d'un* Tire-laine *en train de le dévaliser. Il se retourne.*)

Hein?

Le Tire-laine

Ay! . . .

Christian, *sans le lâcher*

Je cherchais un gant!

Le Tire-laine, *avec un sourire piteux*

Vous trouvez une main.
(*Changeant de ton, bas et vite.*)
Lâchez-moi.   Je vous livre un secret.

Christian, *le tenant toujours*

Quel?

Le Tire-laine

Lignière. . . .

Qui vous quitte. . . .

Christian, *de même*

Eh! bien?

Le Tire-laine

. . . Touche à son heure dernière.
Une chanson qu'il fit blessa quelqu'un de grand,
Et cent hommes—j'en suis—ce soir sont postés! . . .

Christian

Cent!

Par qui?

Le Tire-laine

Discrétion. . . .

Christian, *haussant les épaules*

Oh!

Le Tire-laine, *avec beaucoup de dignité*

Professionnelle!

Christian

Où seront-ils postés?

Le Tire-laine

A la porte de Nesle.[2]
Sur son chemin.   Prévenez-le!

Christian, *qui lui lâche enfin le poignet*

Mais où le voir?

---

[1] *baise-moi-ma-mignonne, ventre-de-biche, Espagnol malade,* three shades of pale brown, names taken from Agrippa d'Aubigné's *Baron de Faeneste.*

[2] *Porte de Nesle,* a former gate on the left bank of the Seine situated where the Institut stands to-day.

LE TIRE-LAINE

Allez courir tous les cabarets: *le Pressoir D'Or, la Pomme de Pin, la Ceinture qui craque, Les Deux Torches, les Trois Entonnoirs,*[1]— et dans chaque,
Laissez un petit mot d'écrit l'avertissant.

CHRISTIAN

Oui, je cours! Ah! les gueux! Contre un seul homme, cent!

(*Regardant* ROXANE *avec amour.*)
La quitter . . . elle!

(*Avec fureur,* VALVERT.)
Et lui! . . .—Mais il faut que je sauve Lignière! . . .

(*Il sort en courant.* DE GUICHE, LE VI-COMTE, LES MARQUIS, *tous les* GENTILS-HOMMES *ont disparu derrière le rideau pour prendre place sur les banquettes de la scène. Le parterre est complètement rempli. Plus une place vide aux galeries et aux loges.*)

LA SALLE

Commencez!

UN BOURGEOIS, *dont la perruque s'envole au bout d'une ficelle, pêchée par un page de la galerie supérieure*
Ma perruque!

CRIS DE JOIE

Il est chauve! . . .
Bravo, les pages! . . . Ha! ha! ha! . . .

LE BOURGEOIS, *furieux, montrant le poing*
Petit gredin!

RIRES ET CRIS, *qui commencent très fort et vont décroissant*
HA! HA! ha! ha! ha! ha!

(*Silence complet.*)

LE BRET, *étonné*
Ce silence soudain? . . .

(UN SPECTATEUR *lui parle bas.*)
Ah? . . .

LE SPECTATEUR

La chose me vient d'être certifiée.

MURMURES, *qui courent*

Chut!—Il paraît? . . .—Non!—Si!— Dans la loge grillée.[2]—
Le cardinal!—Le cardinal?—Le cardinal![3]

UN PAGE

Ah! diable, on ne va pas pouvoir se tenir mal! . . .

(*On frappe sur la scène.*[4] *Tout le monde s'immobilise. Attente.*)

LA VOIX D'UN MARQUIS, *dans le silence, derrière le rideau*

Mouchez cette chandelle!

UN AUTRE MARQUIS, *passant la tête par la fente du rideau*

Une chaise!

(*Une chaise est passée, de main en main, au-dessus des têtes.* LE MARQUIS *la prend et disparaît, non sans avoir envoyé quelques baisers aux loges.*)

UN SPECTATEUR

Silence!

(*On refrappe les trois coups. Le rideau s'ouvre.* LES MARQUIS *assis sur les côtés, dans des poses insolentes. Toile de fond représentant un décor bleuâtre de pastorale. Quatre petits lustres de cristal éclairent la scène. Les violons jouent doucement.*)

LE BRET, *à* RAGUENEAU, *bas*

Montfleury entre en scène?

RAGUENEAU, *bas aussi*

Oui, c'est lui qui commence.

LE BRET

Cyrano n'est pas là.

RAGUENEAU

J'ai perdu mon pari.

LE BRET

Tant mieux! tant mieux!

(*On entend un air de musette, et* MONT-FLEURY *paraît en scène, énorme, dans un costume de berger de pastorale, un chapeau garni de roses penché sur l'oreille, et soufflant dans une cornemuse enrubannée.*)

---

[1] *Pressoir d'or,* etc., all names of famous seventeenth-century drinking places.
[2] **loge grillée,** box with lattice capable of hiding the occupant while leaving him a clear view of stage and audience.
[3] **le cardinal,** Richelieu, fond of the theatre and a dramatist himself.
[4] **on frappe sur la scène,** the three traditional blows on the floor of the stage still used to-day in France as a signal for raising the curtain.

Le Parterre, *applaudissant*
Bravo, Montfleury! Montfleury!

Montfleury (*après avoir salué, jouant le
rôle de Phédon*)
« *Heureux qui loin des cours, dans un lieu
solitaire,
Se prescrit à soi-même un exil volontaire,
Et qui, lorsque Zéphire a soufflé sur les
bois. . . .* »

Une Voix, *au milieu du* Parterre
Coquin, ne t'ai-je pas interdit pour un
mois?
(*Stupeur. Tout le monde se retourne.
Murmures.*)

Voix Diverses
Hein?—Quoi?—Qu'est-ce? . . .
(*On se lève dans les loges, pour voir.*)

Cuigy
C'est lui!

Le Bret, *terrifié*
Cyrano!

La Voix
Roi des pitres,
Hors de scène à l'instant!

Toute la salle, *indignée*
Oh!

Montfleury
Mais. . . .

La Voix
Tu récalcitres?

Voix diverses, *du parterre, des loges*
Chut!—Assez!—Montfleury, jouez!—Ne
craignez rien! . . .

Montfleury, *d'une voix mal assurée*
« *Heureux qui loin des cours dans un lieu
sol. . . .* »

La Voix, *plus menaçante*
Eh bien?
Faudra-t-il que je fasse, ô Monarque des
drôles,
Une plantation de bois sur vos épaules?
(*Une canne au bout d'un bras jaillit au-
dessus des têtes.*)

Montfleury, *d'une voix de plus en plus
faible*
« *Heureux qui. . . .* »
(*La canne s'agite.*)

La Voix
Sortez!

Le Parterre
Oh!

Montfleury, *s'étranglant*
« *Heureux qui loin des cours. . . .* »

Cyrano, *surgissant du parterre, debout sur
une chaise, les bras croisés, le feutre en
bataille, la moustache hérissée, le nez
terrible.*
Ah! je vais me fâcher! . . .
(*Sensation à sa vue.*)

SCÈNE IV

Les Mêmes, Cyrano, *puis* Bellerose,
Jodelet

Montfleury, *aux* Marquis
Venez à mon secours,
Messieurs!

Un Marquis, *nonchalamment*
Mais jouez donc!

Cyrano
Gros homme, si tu joues
Je vais être obligé de te fesser les joues!

Le Marquis
Assez!

Cyrano
Que les marquis se taisent sur leurs
bancs,
Ou bien je fais tâter ma canne à leurs rubans!

Tous les Marquis, *debout*
C'en est trop! . . . Montfleury. . . .

Cyrano
Que Montfleury s'en aille,
Ou bien je l'essorille et le désentripaille! [1]

Une Voix
Mais. . . .

Cyrano
Qu'il sorte!

Une autre voix
Pourtant. . . .

Cyrano
Ce n'est pas encor fait?
(*Avec le geste de retrousser ses manches.*)

---

[1] *essoriller*, cut the ears; *désentripailler*, disembowel.

Bon! je vais sur la scène en guise de buffet,
Découper cette mortadelle d'Italie! [1]

MONTFLEURY, *assemblant toute sa dignité*
En m'insultant, Monsieur, vous insultez
Thalie! [2]

CYRANO, *très poli*
Si cette Muse, à qui, Monsieur, vous n'êtes
rien,
Avait l'honneur de vous connaître, croyez
bien
Qu'en vous voyant si gros et bête comme
une urne,
Elle vous flanquerait quelque part son
cothurne.[3]

LE PARTERRE
Montfleury! Montfleury!—La pièce de
Baro!—

CYRANO, *à ceux qui crient autour de lui*
Je vous en prie, ayez pitié de mon four-
reau:
Si vous continuez, il va rendre sa lame! [4]
(*Le cercle s'élargit.*)

LA FOULE, *reculant*
Hé! là! . . .

CYRANO, *à* MONTFLEURY
Sortez de scène!

LA FOULE, *se rapprochant et grondant*
Oh! oh!

CYRANO, *se retournant vivement*
Quelqu'un réclame?
(*Nouveau recul.*)

UNE VOIX, *chantant au fond*
Monsieur de Cyrano
Vraiment nous tyrannise;
Malgré ce tyranneau
On jouera *la Clorise.*

TOUTE LA SALLE, *chantant*
La Clorise, la Clorise! . . .

CYRANO
Si j'entends une fois encor cette chanson,
Je vous assomme tous.

UN BOURGEOIS
Vous n'êtes pas Samson!

CYRANO
Voulez-vous me prêter, Monsieur, votre
mâchoire? [5]

UNE DAME, *dans les loges*
C'est inouï!

UN SEIGNEUR
C'est scandaleux!

UN BOURGEOIS
C'est vexatoire!

UN PAGE
Ce qu'on s'amuse!

LE PARTERRE
Kss!—Montfleury!—Cyrano!

CYRANO
Silence!

LE PARTERRE, *en délire*
Hi han! Bêê! Ouah, ouah! Cocorico!

CYRANO
Je vous. . . .

UN PAGE
Miâou!

CYRANO
Je vous ordonne de vous taire!
Et j'adresse un défi collectif au parterre!
—J'inscris les noms!—Approchez-vous,
jeunes héros!
Chacun son tour! Je vais donner des
numéros!—
Allons, quel est celui qui veut ouvrir la
liste?
Vous, Monsieur? Non! Vous? Non! Le
premier duelliste,
Je l'expédie avec les honneurs qu'on lui
doit!
—Que tous ceux qui veulent mourir lèvent
le doigt.
(*Silence.*)
La pudeur vous défend de voir ma lame
nue?
Pas un nom?—Pas un doigt?—C'est bien.
Je continue.
(*Se retournant vers la scène où* MONT-
FLEURY *attend avec angoisse.*)
Donc, je désire voir le théâtre guéri
De cette fluxion.[6] Sinon. . . .
(*La main à son épée.*)
le bistouri!

[1] *mortadelle d'Italie,* Bologna sausage.
[2] *Thalie,* Thalia, the muse of Comedy.
[3] *Elle . . . cothurne,* she would apply her buskin to a certain part of your anatomy.
[4] *rendre sa lame,* literally, give up its blade, a play on *rendre l'âme,* give up the ghost.
[5] *mâchoire,* jaw bone, comical allusion to the Samson's slaying of the Philistines with the jaw bone of an ass.
[6] *fluxion,* swelling, i.e. Montfleury.

MONTFLEURY

Je. . . .

CYRANO, *descend de sa chaise, s'assied au milieu du rond qui s'est formé, s'installe comme chez lui*

Mes mains vont frapper trois claques, pleine lune!
Vous vous éclipserez à la troisième.

LE PARTERRE, *amusé*

Ah? . . .

CYRANO, *frappant dans ses mains*

Une!

MONTFLEURY

Je. . . .

UNE VOIX, *des loges*

Restez!

LE PARTERRE

Restera . . . restera pas. . . .

MONTFLEURY

Je crois,

Messieurs. . . .

CYRANO

Deux!

MONTFLEURY

Je suis sûr qu'il vaudrait mieux que. . . .

CYRANO

Trois!

(MONTFLEURY *disparaît comme dans une trappe. Tempête de rires, de sifflets, de huées.*)

LA SALLE

Hu! . . . hu! . . . Lâche! . . . Reviens! . . .

CYRANO, *épanoui, se renverse sur sa chaise, et croise ses jambes*

Qu'il revienne, s'il l'ose!

UN BOURGEOIS

L'orateur de la troupe!

(BELLEROSE *s'avance et salue.*)

LES LOGES

Ah! . . . voilà Bellerose!

BELLEROSE, *avec élégance*

Nobles seigneurs. . . .

LE PARTERRE

Non! Non! Jodelet! [1]

JODELET, *s'avance, et, nasillard*

Tas de veaux!

LE PARTERRE

Ah! Ah! Bravo! très bien! bravo!

JODELET

Pas de bravos!
Le gros tragédien dont vous aimez le ventre
S'est senti. . . .

LE PARTERRE

C'est un lâche!

JODELET

Il dut sortir!

LE PARTERRE

Qu'il rentre!

LES UNS

Non!

LES AUTRES

Si!

UN JEUNE HOMME, *à* CYRANO

Mais à la fin, monsieur, quelle raison
Avez-vous de haïr Montfleury?

CYRANO, *gracieux, toujours assis*

Jeune oison,
J'ai deux raisons, dont chaque est suffisante seule.
Primo: c'est un acteur déplorable, qui gueule,
Et qui soulève avec des han! de porteur d'eau,
Le vers qu'il faut laisser s'envoler!—
Secundo:
Est mon secret. . . .

LE VIEUX BOURGEOIS, *derrière lui*

Mais vous nous privez sans scrupule
De la *Clorise!* Je m'entête. . . .

CYRANO, *tournant sa chaise vers* LE BOURGEOIS, *respectueusement*

Vieille mule,
Les vers du vieux Baro valant moins que zéro,
J'interromps sans remords!

LES PRÉCIEUSES, *dans les loges*

Ha!—Ho!—Notre Baro!
Ma chère!—Peut-on dire? . . . Ah! Dieu!

---

[1] *Jodelet,* a very popular comic actor (1590–1660) who belonged for a long time to the Hôtel de Bourgogne, but played the part of *Jodelet* in Molière's *Précieuses ridicules.* His comical face, always powdered white, created amusement whenever he appeared.

CYRANO, *tournant sa chaise vers les loges,*
galant
               Belles personnes,
Rayonnez, fleurissez, soyez des échan-
sonnes
De rêve, d'un sourire enchantez un trépas,
Inspirez-nous des vers . . . mais ne les
jugez pas!
         BELLEROSE
Et l'argent qu'il va falloir rendre!

CYRANO, *tournant sa chaise vers la scène*
               Bellerose,
Vous avez dit la seule intelligente chose!
Au manteau de Thespis [1] je ne fais pas de
trous:
(*Il se lève, et lançant un sac sur la scène.*)
Attrapez cette bourse au vol, et taisez-
vous!
         LA SALLE, *éblouie*
Ah! . . . Oh! . . .

JODELET, *ramassant prestement la bourse*
et la soupesant
       A ce prix-là, monsieur, je t'autorise
A venir chaque jour empêcher la *Clorise!*

         LA SALLE
Hu! . . . Hu! . . .

         JODELET
     Dussions-nous même ensemble être
hués! . . .

         BELLEROSE
Il faut évacuer la salle! . . .

         JODELET
        Évacuez! . . .
(*On commence à sortir, pendant que* CY-
RANO *regarde d'un air satisfait. Mais la*
foule s'arrête bientôt en entendant la scène
suivante, et la sortie cesse. Les femmes
qui, dans les loges, étaient déjà debout,
leur manteau remis, s'arrêtent pour écouter
et finissent par se rasseoir.)

       LE BRET, *à* CYRANO
C'est fou! . . .

UN FACHEUX,[2] *qui s'est approché de* CY-
RANO
     Le comédien Montfleury! quel scandale!
Mais il est protégé par le duc de Candale!
Avez-vous un patron?

         CYRANO
         Non!

        LE FACHEUX
         Vous n'avez pas? . . .

         CYRANO
             Non!

        LE FACHEUX
Quoi, pas un grand seigneur pour couvrir
de son nom? . . .

       CYRANO, *agacé*
Non, ai-je dit deux fois.   Faut-il donc que
je trisse?
Non, pas de protecteur . . .
        (*La main à son épée.*)
         mais une protectrice!

        LE FACHEUX
Mais vous allez quitter la ville?

         CYRANO
         C'est selon.
        LE FACHEUX
Mais le duc de Candale a le bras long!

         CYRANO
         Moins long
Que n'est le mien . . .
       (*Montrant son épée.*)
        quand je lui mets cette rallonge!

        LE FACHEUX
Mais vous ne songez pas à prétendre. . . .

         CYRANO
         J'y songe.
        LE FACHEUX
Mais. . . .
         CYRANO
Tournez les talons, maintenant.

        LE FACHEUX
         Mais. . . .
         CYRANO
         Tournez!
—Ou dites-moi pourquoi vous regardez
mon nez.

       LE FACHEUX, *ahuri*
Je. . . .

      CYRANO, *marchant sur lui*
Qu'a-t-il d'étonnant?

---

[1] *Thespis*, Greek poet and author of tragedies, 6th cent. B.C.
[2] *Fâcheux*, a bore.   One of Molière's plays is entitled *les Fâcheux.*

LE FACHEUX, *reculant*
Votre grâce se trompe. . . .

CYRANO

Est-il mol et ballant, monsieur, comme une
trompe? . . .

LE FACHEUX, *même jeu*

Je n'ai pas. . . .

CYRANO
Ou crochu comme un bec de hibou?

LE FACHEUX

Je. . . .

CYRANO
Y distingue-t-on une verrue au bout?

LE FACHEUX

Mais. . . .

CYRANO
Ou si quelque mouche, à pas lents,
s'y promène?
Qu'a-t-il d'hétéroclite?

LE FACHEUX
Oh! . . .

CYRANO
Est-ce un phénomène?

LE FACHEUX

Mais d'y porter les yeux, j'avais su me
garder!

CYRANO

Et pourquoi, s'il vous plaît, ne pas le regarder?

LE FACHEUX

J'avais. . . .

CYRANO
Il vous dégoûte alors?

LE FACHEUX
Monsieur. . . .

CYRANO
Malsaine
Vous semble sa couleur?

LE FACHEUX
Monsieur!

CYRANO
Sa forme, obscène?

LE FACHEUX

Mais du tout! . . .

¹ *camus, camard*, flatnose.

CYRANO

Pourquoi donc prendre un air dénigrant?
—Peut-être que monsieur le trouve un peu
trop grand?

LE FACHEUX, *balbutiant*

Je le trouve petit, tout petit, minuscule!

CYRANO

Hein? comment? m'accuser d'un pareil
ridicule?
Petit, mon nez? Holà!

LE FACHEUX
Ciel!

CYRANO
Énorme, mon nez!
—Vil camus, sot camard,¹ tête plate, ap-
prenez
Que je m'enorgueillis d'un pareil appen-
dice,
Attendu qu'un grand nez est proprement
l'indice
D'un homme affable, bon, courtois, spiri-
tuel,
Libéral, courageux, tel que je suis, et tel
Qu'il vous est interdit à jamais de vous
croire,
Déplorable maraud! car la face sans gloire
Que va chercher ma main en haut de votre
col,
Est aussi dénuée. . . .
(*Il le soufflette.*)

LE FACHEUX
Aï!

CYRANO
De fierté, d'envol,
De lyrisme, de pittoresque, d'étincelle,
De somptuosité, de Nez enfin, que celle. . . .
(*Il le retourne par les épaules, joignant le
geste à la parole.*)
Que va chercher ma botte au bas de votre
dos!

LE FACHEUX, *se sauvant*

Au secours! A la garde!

CYRANO
Avis donc aux badauds,
Qui trouveraient plaisant mon milieu de
visage,
Et si le plaisantin est noble, mon usage
Est de lui mettre, avant de le laisser s'en-
fuir,

Par devant, et plus haut, du fer, et non du
cuir!

DE GUICHE, *qui est descendu de la scène,
avec* LES MARQUIS
Mais à la fin il nous ennuie!

LE VICOMTE DE VALVERT, *haussant les
épaules*
Il fanfaronne!
DE GUICHE
Personne ne va donc lui répondre? . . .

LE VICOMTE
Personne?
Attendez! Je vais lui lancer un de ces
traits! . . .
Il s'avance vers CYRANO *qui l'observe, et se
campant devant lui d'un air fat.)*
Vous . . . vous avez un nez . . . heu
. . . un nez . . . très grand. ·

CYRANO, *gravement*
Très.
LE VICOMTE, *riant*
Ha!
CYRANO, *imperturbable*
C'est tout? . . .
LE VICOMTE
Mais. . . .
CYRANO
Ah! non! c'est un peu court, jeune
homme!
On pouvait dire. . . . Oh! Dieu! . . .
bien des choses en somme. . . .
En variant le ton,—par exemple, tenez:
Agressif: « Moi, monsieur, si j'avais un tel
nez,
Il faudrait sur-le-champ que je me l'am-
putasse! »
Amical: « Mais il doit tremper dans votre
tasse:
Pour boire, faites-vous fabriquer un ha-
nap! »
Descriptif: « C'est un roc! . . . c'est un
pic . . . c'est un cap!
Que dis-je, c'est un cap? . . . C'est une
péninsule! »
Curieux: « De quoi sert cette oblongue
capsule?
D'écritoire, monsieur, ou de boîte à ciseaux? »

Gracieux: « Aimez-vous à ce point les
oiseaux
Que paternellement vous vous préoccu-
pâtes
De tendre ce perchoir à leurs petites
pattes? »
Truculent: « Çà, monsieur, lorsque vous
pétunez,[1]
La vapeur du tabac vous sort-elle du nez
Sans qu'un voisin ne crie au feu de che-
minée? »
Prévenant: « Gardez-vous, votre tête en-
traînée
Par ce poids, de tomber en avant sur le
sol! »
Tendre: « Faites-lui faire un petit parasol
De peur que sa couleur au soleil ne se
fane! »
Pédant: « L'animal seul, monsieur, qu'A-
ristophane
Appelle Hippocampéléphantocamélos [2]
Dut avoir sous le front tant de chair sur
tant d'os! »
Cavalier: « Quoi, l'ami, ce croc est à la
mode?
Pour pendre son chapeau c'est vraiment
très commode! »
Emphatique: « Aucun vent ne peut, nez
magistral,
T'enrhumer tout entier, excepté le mis-
tral! »
Dramatique: « C'est la Mer Rouge quand
il saigne! »
Admiratif: « Pour un parfumeur, quelle
enseigne! »
Lyrique: « Est-ce une conque, êtes-vous
un triton? »
Naïf: « Ce monument, quand le visite-t-
on? »
Respectueux: « Souffrez, monsieur, qu'on
vous salue,
C'est là ce qui s'appelle avoir pignon sur
rue! » [3]
Campagnard: « Hé, ardé! C'est-y un
nez? Nanain!
C'est quequu'navet géant ou ben queu-
qu'melon nain! » [4]
Militaire: « Pointez contre cavalerie! »
Pratique: « Voulez-vous le mettre en lo-
terie?
Assurément, monsieur, ce sera le gros lot! »
Enfin parodiant Pyrame [5] en un sanglot:

---

[1] *pétuner*, to smoke.

[2] *Hippocampéléphantocamélos*, formed from *hippocampe*, seahorse, *éléphant*, and *camélos*, camel.

[3] *avoir pignon sur rue*, own a house in the city; lit., a gable.

[4] *Hé ardé . . . melon nain!* Eh! by Heaven! is that a nose? No, it's some giant turnip or some dwarfed melon.

[5] *Pyrame.* In Théophile de Viau's tragedy *Pyrame et Thisbé* are the following lines, often ridiculed: *Ah! voici le poignard qui du sang de son maître S'est souillé lâchement: il en rougit, le traître.*

« Le voilà donc ce nez qui des traits de son
maître
A détruit l'harmonie! Il en rougit, le
traître! »
—Voilà ce qu'à peu près, mon cher, vous
m'auriez dit
Si vous aviez un peu de lettres et d'esprit:
Mais d'esprit, ô le plus lamentable des
êtres,
Vous n'en eûtes jamais un atome, et de
lettres
Vous n'avez que les trois qui forment le
mot: Sot!
Eussiez-vous eu, d'ailleurs, l'invention
qu'il faut
Pour pouvoir là, devant ces nobles galeries,
Me servir toutes ces folles plaisanteries,
Que vous n'en eussiez pas articulé le quart
De la moitié du commencement d'une, car
Je me les sers moi-même, avec assez de
verve,
Mais je ne permets pas qu'un autre me
les serve.

DE GUICHE, *voulant emmener* LE VICOMTE
pétrifié
Vicomte, laissez donc!

LE VICOMTE, *suffoqué*
            Ces grands airs arrogants!
Un hobereau qui . . . qui . . . n'a même
pas de gants!
Et qui sort sans rubans, sans bouffettes,
sans ganses! [1]

CYRANO
Moi, c'est moralement que j'ai mes élé-
gances.
Je ne m'attife pas ainsi qu'un freluquet,
Mais je suis plus soigné si je suis moins
coquet;
Je ne sortirais pas avec, par négligence,
Un affront pas très bien lavé, la conscience
Jaune encore de sommeil dans le coin de
son œil,
Un honneur chiffonné, des scrupules en
deuil.
Mais je marche sans rien sur moi qui ne
reluise,
Empanaché d'indépendance et de fran-
chise;
Ce n'est pas une taille avantageuse, c'est
Mon âme que je cambre ainsi qu'en un
corset,
Et tout couvert d'exploits qu'en rubans
je m'attache,

Retroussant mon esprit ainsi qu'une
moustache,
Je fais, en traversant les groupes et les
ronds,
Sonner les vérités comme des éperons.

LE VICOMTE
Mais, monsieur. . . .

CYRANO
Je n'ai pas de gants? . . . la belle af-
faire!
Il m'en restait un seul . . . d'une très
vieille paire!
—Lequel m'était d'ailleurs encor fort im-
portun:
Je l'ai laissé dans la figure de quelqu'un.[2]

LE VICOMTE
Maraud, faquin, butor de pied plat ridicule!

CYRANO, *ôtant son chapeau et saluant comme
si* LE VICOMTE *venait de se présenter*
Ah? . . . Et moi, Cyrano-Savinien-Her-
cule
De Bergerac.
            (*Rires.*)

LE VICOMTE, *exaspéré*
            Bouffon!

CYRANO, *poussant un cri comme lorsqu'on
est saisi d'une crampe*
            Ay! . . .

LE VICOMTE, *qui remontait, se retournant*
            Qu'est-ce encor qu'il dit?

CYRANO, *avec des grimaces de douleur*
Il faut la remuer car elle s'engourdit. . . .
—Ce que c'est que de la laisser inoccu-
pée!—
Ay! . . .
            LE VICOMTE
Qu'avez-vous?

CYRANO
            J'ai des fourmis dans mon épée! [3]

LE VICOMTE, *tirant la sienne*
Soit!

CYRANO
Je vais vous donner un petit coup
charmant.

---

[1] *bouffette*, bows; *ganses*, braid.
[2] Throwing a glove into anyone's face was a challenge to fight.
[3] *des fourmis dans mon épée*, my sword is asleep, is itching; Cf. *j'ai des fourmis dans les jambes.*

LE VICOMTE, *méprisant*

Poète! . . .

CYRANO

Oui, monsieur, poète! et tellement,
Qu'en ferraillant je vais—hop!—à l'improvisade,
Vous composer une ballade.

LE VICOMTE

Une ballade?

CYRANO

Vous ne vous doutez pas de ce que c'est,
je crois?

LE VICOMTE

Mais. . . .

CYRANO, *récitant comme une leçon*

La ballade, donc, se compose de trois
Couplets de huit vers. . . .

LE VICOMTE, *piétinant*

Oh!

CYRANO, *continuant*

Et d'un envoi de quatre. . . .

LE VICOMTE

Vous. . . .

CYRANO

Je vais tout ensemble en faire une et
me battre,
Et vous toucher, monsieur, au dernier vers.

LE VICOMTE

Non!

CYRANO

Non?

(*Déclamant.*)

« BALLADE DU DUEL QU'EN L'HOTEL BOUR-
GUIGNON
MONSIEUR DE BERGERAC EUT AVEC UN
BÉLÎTRE! » [1]

LE VICOMTE

Qu'est-ce que c'est que ça, s'il vous plaît?

CYRANO

C'est le titre.

LA SALLE, *surexcitée au plus haut point*

Place!—Très amusant!—Rangez-vous!—
Pas de bruits!

(*Tableau. Cercle de curieux au parterre,
LES MARQUIS et les officiers mêlés aux
bourgeois et aux gens du peuple; les pages
grimpés sur des épaules pour mieux voir.
Toutes les femmes debout dans les loges.
A droite, DE GUICHE et ses gentilshommes.
A gauche, LE BRET, RAGUENEAU,
CUIGY, etc.*)

CYRANO, *fermant une seconde les yeux*

Attendez! . . . je choisis mes rimes. . . .
Là, j'y suis.

(*Il fait ce qu'il dit, à mesure.*)

Je jette avec grâce mon feutre,
Je fais lentement l'abandon
Du grand manteau qui me calfeutre,[2]
Et je tire mon espadon;
Élégant comme Céladon,[3]
Agile comme Scaramouche,[4]
Je vous préviens, cher Mirmydon,[5]
Qu'à la fin de l'envoi je touche!

(*Premiers engagements de fer.*)

Vous auriez bien dû rester neutre;
Où vais-je vous larder, dindon? . . .
Dans le flanc, sous votre maheutre?[6] *. . .*
Au cœur, sous votre bleu cordon? . . .
—Les coquilles tintent, ding-don!
Ma pointe voltige: une mouche!
Décidément . . . c'est au bedon,
Qu'à la fin de l'envoi, je touche.

Il me manque une rime en eutre. . . .
Vous rompez, plus blanc qu'amidon?
C'est pour me fournir le mot pleutre!
—Tac! je pare la pointe dont
Vous espériez me faire don;—
J'ouvre la ligne,—je la bouche. . . .
Tiens bien ta broche, Laridon![7]
A la fin de l'envoi, je touche.

(*Il annonce solennellement:*)

ENVOI

Prince,[8] *demande à Dieu pardon!*
Je quarte du pied, j'escarmouche,
Je coupe, je feinte. . . .

(*Se fendant.*)

Hé! là donc!

---

[1] *bélître,* a nobody, a fool, from the German *Bettler,* beggar.

[2] *calfeutre,* literally to caulk, here enclose.

[3] *Céladon,* hero of d'Urfé's novel *l'Astrée.*

[4] *Scaramouche,* well known Italian actor of the 17th century from whom Molière is said to have taken lessons in mimicry.

[5] *Mirmydon,* dwarf, of an ancient Greek tribe.

[6] *maheutre,* sleeve padded from the shoulder to the elbow.

[7] *Tiens bien ta broche, Laridon,* hold on to your spit, you scullion. Laridon, a degenerate dog in La Fontaine's fable, used to turn a spit.

[8] *Prince,* The envoi of a ballade generally begins with the word Prince, which was the title given to the president of a literary society or puy.

(Le Vicomte *chancelle;* Cyrano *salue.*)
   A la fin de l'envoi, je touche.
(*Acclamations. Applaudissements dans les
   loges. Des fleurs et des mouchoirs tombent. Les officiers entourent et félicitent
   Cyrano. Ragueneau danse d'enthousiasme. Le Bret est heureux et navré.
   Les amis du Vicomte le soutiennent et
   l'emmènent.*)

   La Foule, *en un long cri*
Ah! . . .

   Un Chevau-Léger
Superbe!

   Une Femme
Joli!

   Ragueneau
   Pharamineux! [1]

   Un Marquis
   Nouveau! . . .

   Le Bret
Insensé!
(*Bousculade autour de* Cyrano. *On en-
   tend.*)
. . . Compliments . . . félicite . . . bravo. . . .

   Voix de Femme
C'est un héros! . . .

Un Mousquetaire, *s'avançant vivement
   vers* Cyrano, *la main tendue*
   Monsieur, voulez-vous me permettre?
C'est tout à fait très bien, et je crois m'y
   connaître;
J'ai du reste exprimé ma joie en trépi-
   gnant! . . .
   (*Il s'éloigne.*)

   Cyrano, *à* Cuigy
Comment s'appelle donc ce monsieur?

   Cuigy
   D'Artagnan.[2]

Le Bret, *à* Cyrano, *lui prenant le bras*
Çà, causons! . . .

   Cyrano
   Laisse un peu sortir cette cohue. . . .
   (*A* Bellerose.)
Je peux rester?

   Bellerose, *respectueusement*
   Mais oui! . . .
(*On entend des cris au dehors.*)

   Jodelet, *qui a regardé*
   C'est Montfleury qu'on hue!

   Bellerose, *solennellement*
Sic transit! . . . [3]
(*Changeant de ton, au portier et au mou-
   cheur de chandelles.*)
   Balayez. Fermez. N'éteignez pas.
Nous allons revenir après notre repas,
Répéter pour demain une nouvelle farce.
(*Jodelet et* Bellerose *sortent, après de
   grands saluts à* Cyrano.)

   Le Portier, *à* Cyrano
Vous ne dînez donc pas?

   Cyrano
   Moi? . . . Non.
   (*Le Portier se retire.*)

   Le Bret, *à* Cyrano
   Parce que?

   Cyrano, *fièrement*
   Parce. . . .
(*Changeant de ton, en voyant que* le Por-
   tier *est loin.*)
Que je n'ai pas d'argent! . . .

Le Bret, *faisant le geste de lancer un sac*
   Comment! le sac d'écus? . . .

   Cyrano
Pension paternelle, en un jour, tu vécus!

   Le Bret
Pour vivre tout un mois, alors? . . .

   Cyrano
   Rien ne me reste.

   Le Bret
Jeter ce sac, quelle sottise!

   Cyrano
   Mais quel geste! . . .

   La Distributrice, *toussant derrière son
   petit comptoir*
Hum! . . .

---

[1] *Pharamineux,* stunning.
[2] *D'Artagnan,* the hero of Dumas' *Three Musketeers.* He was killed at the siege of Maestricht in 1673.
[3] *sic transit!* . . . part of the Latin saying *sic transit gloria mundi,* thus does worldly fame pass.

(CYRANO *et* LE BRET *se retournent.*   *Elle s'avance intimidée.*)

    Monsieur. . . . Vous savoir jeûner . . . le cœur me fend. . . .

          (*Montrant le buffet.*)

J'ai là tout ce qu'il faut. . . .

          (*Avec élan.*)

          Prenez!

        CYRANO, *se découvrant*

          Ma chère enfant,

Encor que mon orgueil de Gascon m'interdise

D'accepter de vos doigts la moindre friandise,

J'ai trop peur qu'un refus ne vous soit un chagrin,

Et j'accepterai donc. . . .

          (*Il va au buffet et choisit.*)

          Oh! peu de chose!—un grain

De ce raisin. . . .

(*Elle veut lui donner la grappe, il cueille un grain.*)

          Un seul! . . . ce verre d'eau . . .

(*Elle veut y verser du vin, il l'arrête.*)

                limpide!

—Et la moitié d'un macaron!

          (*Il rend l'autre moitié.*)

        LE BRET

          Mais c'est stupide!

       LA DISTRIBUTRICE

Oh! quelque chose encor!

        CYRANO

          Oui.   La main à baiser.

(*Il baise, comme la main d'une princesse, la main qu'elle lui tend.*)

       LA DISTRIBUTRICE

Merci, monsieur.

          (*Révérence.*)

          Bonsoir.

          (*Elle sort.*)

SCÈNE V

    CYRANO, LE BRET, *puis* LE PORTIER

       CYRANO, *à* LE BRET

          Je t'écoute causer.

(*Il s'installe devant le buffet et rangeant devant lui le macaron.*)

    Dîner! . . .

          (*. . . le verre d'eau.*)

      Boisson! . . .

          (*. . . le grain de raisin.*)

          Dessert! . . .

          (*Il s'assied.*)

          Là, je me mets à table!

—Ah! . . . j'avais une faim, mon cher, épouvantable!

          (*Mangeant.*)

—Tu disais?

        LE BRET

Que ces fats aux grands airs belliqueux

Te fausseront l'esprit si tu n'écoutes qu'eux! . . .

Va consulter des gens de bon sens, et t'informe

De l'effet qu'a produit ton algarade.

     CYRANO, *achevant son macaron*

          Énorme.

        LE BRET

Le cardinal. . . .

       CYRANO, *s'épanouissant*

        Il était là, le cardinal?

        LE BRET

A dû trouver cela. . . .

         CYRANO

        Mais très original.

        LE BRET

Pourtant.

         CYRANO

C'est un auteur. Il ne peut lui déplaire [1]

Que l'on vienne troubler la pièce d'un confrère.

        LE BRET

Tu te mets sur les bras, vraiment, trop d'ennemis!

     CYRANO, *attaquant son grain de raisin*

Combien puis-je, à peu près, ce soir, m'en être mis? [2]

        LE BRET

Quarante-huit. Sans compter les femmes.

         CYRANO

        Voyons, compte!

---

[1] *déplaire.* Richelieu, who had composed plays himself, is said to have been jealous of the success of Corneille's *Cid*.

[2] *m'en être mis*, namely, *sur les bras*.

LE BRET

Montfleury, le bourgeois, de Guiche, le
vicomte,
Baro, l'Académie. . .

CYRANO

Assez! tu me ravis!

LE BRET

Mais où te mènera la façon dont tu vis?
Quel système est le tien?

CYRANO

J'errais dans un méandre;
J'avais trop de partis, trop compliqués, à
prendre;
J'ai pris. . . .

LE BRET

Lequel?

CYRANO

Mais le plus simple, de beaucoup.
J'ai décidé d'être admirable, en tout, pour
tout!

LE BRET, *haussant les épaules*

Soit!—Mais enfin, à moi, le motif de ta
haine
Pour Montfleury, le vrai, dis-le-moi!

CYRANO, *se levant*

Ce Silène,[1]
Si ventru que son doigt n'atteint pas son
nombril,
Pour les femmes encor se croit un doux
péril,
Et leur fait, cependant qu'en jouant il
bredouille,
Des yeux de carpe avec ses gros yeux de
grenouille! . . .
Et je le hais depuis qu'il se permit, un soir,
De poser son regard, sur celle. . . . Oh!
j'ai cru voir
Glisser sur une fleur une longue limace!

LE BRET, *stupéfait*

Hein? Comment? Serait-il possible? . . .

CYRANO, *avec un rire amer*

Que j'aimasse? . . .
(Changeant de ton et gravement.)
J'aime.

LE BRET

Et peut-on savoir? tu ne m'as jamais
dit? . . .

CYRANO

Qui j'aime? . . . Réfléchis, voyons. Il
m'interdit
Le rêve d'être aimé même par une laide,
Ce nez qui d'un quart d'heure en tous lieux
me précède;
Alors moi, j'aime qui? . . . Mais cela va
de soi!
J'aime—mais c'est forcé!—la plus belle
qui soit!

LE BRET

La plus belle? . . .

CYRANO

Tout simplement, qui soit au monde!
La plus brillante, la plus fine,
(Avec accablement.)
la plus blonde!

LE BRET

Eh! mon Dieu, quelle est donc cette
femme? . . .

CYRANO

Un danger
Mortel sans le vouloir, exquis sans y
songer,
Un piège de nature, une rose muscade
Dans laquelle l'amour se tient en em-
buscade!
Qui connaît son sourire a connu le parfait
Elle fait de la grâce avec rien, elle fait
Tenir tout le divin dans un geste quel-
conque,
Et tu ne saurais pas, Vénus, monter en
conque,[2]
Ni toi, Diane, marcher dans les grands
bois fleuris,
Comme elle monte en chaise[3] et marche
dans Paris! . . .

LE BRET

Sapristi! Je comprends. C'est clair!

CYRANO

C'est diaphane.

LE BRET

Magdeleine Robin, ta cousine?

CYRANO

Oui, Roxane.

LE BRET

Eh! bien, mais c'est au mieux! Tu l'aimes?
Dis-le-lui!
Tu t'es couvert de gloire à ses yeux au-
jourd'hui!

---

[1] *Silène*, Silenus, foster father of Bacchus, and big-bellied buffoon among the Olympian gods.
[2] *monter en conque*, step into your seashell, referring to Venus born of the waves in a seashell.
[3] *chaise*, i.e. *à porteurs*, sedan chair.

CYRANO

Regarde-moi, mon cher, et dis quelle espérance
Pourrait bien me laisser cette protubérance!
Oh! je ne me fais pas d'illusions!—Parbleu
Oui, quelquefois, je m'attendris, dans le soir bleu;
J'entre en quelque jardin où l'heure se parfume;
Avec mon pauvre grand diable de nez je hume
L'avril,—je suis des yeux, sous un rayon d'argent,
Au bras d'un cavalier, quelque femme, en songeant
Que pour marcher, à petits pas, dans de la lune,
Aussi moi j'aimerais au bras en avoir une,
Je m'exalte, j'oublie . . . et j'aperçois soudain
L'ombre de mon profil sur le mur du jardin!

LE BRET, *ému*

Mon ami! . . .

CYRANO

Mon ami, j'ai de mauvaises heures
De me sentir si laid, parfois, tout seul. . . .

LE BRET, *vivement, lui prenant la main*

Tu pleures?

CYRANO

Ah! non, cela, jamais! Non, ce serait trop laid,
Si le long de ce nez une larme coulait!
Je ne laisserai pas, tant que j'en serai maître,
La divine beauté des larmes se commettre
Avec tant de laideur grossière! . . . Vois-tu bien,
Les larmes, il n'est rien de plus sublime, rien,
Et je ne voudrais pas qu'excitant la risée,
Une seule, par moi, fût ridiculisée! . . .

LE BRET

Va, ne t'attriste pas! L'amour n'est que hasard!

CYRANO, *secouant la tête*

Non! J'aime Cléopâtre: ai-je l'air d'un César?
J'adore Bérénice:[1] ai-je l'aspect d'un Tite?

LE BRET

Mais ton courage! ton esprit!—Cette petite
Qui t'offrait là, tantôt, ce modeste repas,
Ses yeux, tu l'as bien vu, ne te détestaient pas!

CYRANO, *saisi*

C'est vrai!

LE BRET

Hé! bien! alors? . . . Mais, Roxane, elle-même
Toute blême a suivi ton duel! . . .

CYRANO

Toute blême?

LE BRET

Son cœur et son esprit déjà sont étonnés!
Ose, et lui parle, afin. . . .

CYRANO

Qu'elle me rie au nez?
Non!—C'est la seule chose au monde que je craigne.

LE PORTIER, *introduisant quelqu'un à* CYRANO

Monsieur, on vous demande. . . .

CYRANO, *voyant la duègne*

Ah! mon Dieu! Sa duègne!

SCÈNE VI

CYRANO, LE BRET, LA DUÈGNE

LA DUÈGNE, *avec un grand salut*

De son vaillant cousin on désire savoir
Où l'on peut, en secret, le voir.

CYRANO, *bouleversé*

Me voir?

LA DUÈGNE, *avec une révérence*

Vous voir.
—On a des choses à vous dire.

CYRANO

Des? . . .

LA DUÈGNE, *nouvelle révérence*

Des choses!

CYRANO, *chancelant*

Ah! mon Dieu!

---

[1] *Bérénice*, Jewish princess made a prisoner and taken to Rome by the emperor Titus (*Tite*), whose love she gained. She is the heroine of Racine's tragedy by that name.

LA DUÈGNE

L'on ira, demain, aux primes roses [1]
D'aurore,—ouïr la messe à Saint-Roch.[2]

CYRANO, *se soutenant sur* LE BRET

Ah! mon Dieu!

LA DUÈGNE

En sortant,—où peut-on entrer, causer un peu?

CYRANO, *affolé*

Où?... Je... mais.... Ah! mon Dieu!...

LA DUÈGNE

Dites vite.

CYRANO

Je cherche!...

LA DUÈGNE

Où?...

CYRANO

Chez... chez... Ragueneau... le pâtissier....

LA DUÈGNE

Il perche?

CYRANO

Dans la rue—Ah! mon Dieu, mon Dieu!—
Saint-Honoré!...

LA DUÈGNE, *remontant*

On ira. Soyez-y. Sept heures.

CYRANO

J'y serai.

(LA DUÈGNE *sort*.)

SCÈNE VII

CYRANO, LE BRET, *puis* LES COMÉDIENS,
LES COMÉDIENNES, CUIGY, BRISSAILLE,
LIGNIÈRE, LE PORTIER, LES VIOLONS

CYRANO, *tombant dans les bras de* LE BRET

Moi!... D'elle!... Un rendez-vous!...

LE BRET

Eh! bien! tu n'es plus triste?

CYRANO

Ah! pour quoi que ce soit, elle sait que j'existe!

LE BRET

Maintenant, tu vas être calme?

CYRANO, *hors de lui*

Maintenant....

Mais je vais être frénétique et fulminant!
Il me faut une armée entière à déconfire!
J'ai dix cœurs; j'ai vingt bras; il ne peut me suffire
De pourfendre des nains....

(*Il crie à tue-tête.*)

Il me faut des géants!

(*Depuis un moment, sur la scène, au fond,
des ombres de comédiens et de comédiennes
s'agitent, chuchotent: on commence à répéter.* LES VIOLONS *ont repris leur
place.*)

UNE VOIX, *de la scène*

Hé! pst! là-bas! Silence! on répète céans![3]

CYRANO, *riant*

Nous partons!

(*Il remonte; par la grande porte du fond
entrent* CUIGY, BRISSAILLE, *plusieurs
officiers, qui soutiennent* LIGNIÈRE *complètement ivre.*)

CUIGY

Cyrano!

CYRANO

Qu'est-ce?

CUIGY

Une énorme grive [4]

Qu'on t'apporte!

CYRANO, *le reconnaissant*

Lignière!... Hé, qu'est-ce qui t'arrive?

CUIGY

Il te cherche!

BRISSAILLE

Il ne peut rentrer chez lui!

CYRANO

Pourquoi?

LIGNIÈRE, *d'une voix pâteuse, lui montrant
un billet tout chiffonné*

Ce billet m'avertit... cent hommes contre moi....
A cause de... chanson... grand danger me menace....
Porte de Nesle.... Il faut, pour rentrer,
que j'y passe....

---

[1] *aux primes roses,* at the first roses of dawn, in *précieux* language.

[2] *Saint-Roch,* church in the rue Saint-Honoré.

[3] *on répète céans,* we are rehearsing in here (on the stage).

[4] *grive,* thrush, a bird which is said to get drunk on grapes.

Permets-moi donc d'aller coucher sous
  . . . sous ton toit!

CYRANO

Cent hommes, m'as-tu dit?   Tu coucheras
chez toi!

LIGNIÈRE, *épouvanté*

Mais. . . .

CYRANO, *d'une voix terrible, lui montrant
la lanterne allumée que* LE PORTIER
*balance en écoutant curieusement cette
scène*

  Prends cette lanterne! . . .
(LIGNIÈRE *saisit précipitamment la lanterne.*)
                Et marche!—Je te jure
Que c'est moi qui ferai ce soir ta couverture! . . .
          (*Aux officiers.*)
Vous! suivez à distance, et vous serez
témoins!

CUIGY

Mais cent hommes! . . .

CYRANO

      Ce soir, il ne m'en faut pas moins!
(LES COMÉDIENS *et* LES COMÉDIENNES
*descendus de scène se sont rapprochés dans
leurs divers costumes.*)

LE BRET

Mais pourquoi protéger. . . .

CYRANO

        Voilà Le Bret qui grogne!

LE BRET

Cet ivrogne banal? . . .

CYRANO, *frappant sur l'épaule* DE LIGNIÈRE
              Parce que cet ivrogne,
Ce tonneau de muscat, ce fût de rossoli,[1]
Fit quelque chose un jour de tout à fait
joli:
Au sortir d'une messe ayant, selon le rite,
Vu celle qu'il aimait prendre de l'eau
bénite,
Lui que l'eau fait sauver, courut au béni-
tier,[2]
Se pencha sur sa conque et le but tout
entier! . . .

UNE COMÉDIENNE, *en costume de soubrette*
Tiens, c'est gentil, cela!

CYRANO

    N'est-ce pas, la soubrette?

LA COMÉDIENNE, *aux autres*
Mais pourquoi sont-ils cent contre un
pauvre poète?

CYRANO

Marchons!
      (*Aux officiers.*)
Et vous, messieurs, en me voyant charger,
Ne me secondez pas, quel que soit le
danger!

UNE AUTRE COMÉDIENNE, *sautant de la
scène*
Oh! mais moi je vais voir!

CYRANO

              Venez! . . .

UNE AUTRE, *sautant aussi, à un vieux
comédien*
          Viens-tu, Cassandre? . . .

CYRANO

Venez tous, le Docteur, Isabelle, Léandre,[3]
Tous!   Car vous allez joindre, essaim
charmant et fol,
La farce italienne à ce drame espagnol,
Et sur son ronflement tintant un bruit
fantasque,
L'entourer de grelots comme un tambour
de basque! . . .

TOUTES LES FEMMES, *sautant de joie*
Bravo!—Vite, une mante!—Un capuchon!

JODELET

                Allons!
CYRANO, *aux violons*
Vous nous jouerez un air, messieurs les
violons!
(*Les violons se joignent au cortège qui se
forme.   On s'empare des chandelles allu-
mées de la rampe et on se les distribue.
Cela devient une retraite aux flambeaux.*)
Bravo! des officiers, des femmes en cos-
tume,

---

[1] *fût de rossoli*, barrel of rossolis, from the Italian *rosoglio*, a drink made by steeping rose leaves,
orange blossoms, cinnamon and cloves in alcohol and adding syrup after distillation.

[2] *bénitier*, holy water vessel; *sauver*, run away.

[3] *Cassandre, le Docteur, Isabelle, Léandre* are all stock characters of the old Italian farces; the Spanish
drama was more heroic.

Et vingt pas en avant. . . .

(Il se place comme il dit.)

        Moi, tout seul, sous la plume
Que la gloire elle-même à ce feutre piqua,
Fier comme un Scipion triplement Na-
  sica![1] . . .
—C'est compris? Défendu de me prêter
  main-forte!—
On y est? . . . Un, deux, trois! Portier,
  ouvre la porte!

*(Le Portier ouvre à deux battants. Un
coin du vieux Paris pittoresque et lunaire
paraît.)*

Ah! . . . Paris fuit,[2] nocturne et quasi
  nébuleux;
Le clair de lune coule aux pentes des toits
  bleus;
Un cadre se prépare, exquis, pour cette
  scène;
Là-bas, sous des vapeurs en écharpe, la
  Seine
Comme un mystérieux et magique miroir,
Tremble. . . . Et vous allez voir ce que
  vous allez voir!

        Tous
A la porte de Nesle!

    Cyrano, *debout sur le seuil*

    A la porte de Nesle!

*(Se retournant avant de sortir, à la sou-
brette.)*

Ne demandiez-vous pas pourquoi, mademoiselle,
Contre ce seul rimeur cent hommes furent
  mis?

    (Il tire l'épée et, tranquillement.)

C'est parce qu'on savait qu'il est de mes
  amis!

*(Il sort. Le cortège,—Lignière zigzaguant
en tête,—puis les Comédiennes aux
bras des officiers,—puis les Comédiens
gambadant,—se met en marche dans la
nuit au son des violons, et à la lueur
falote des chandelles.)*

DEUXIÈME ACTE

LA ROTISSERIE DES POÈTES

La boutique de Ragueneau, *rôtisseur-
pâtissier, vaste ouvroir au coin de la rue
Saint-Honoré et de la rue de l'Arbre-Sec
qu'on aperçoit largement au fond, par le
vitrage de la porte, grises dans les premières lueurs de l'aube.*

*A gauche, premier plan, comptoir surmonté
d'un dais en fer forgé, auquel sont ac-
crochés des oies, des canards, des paons
blancs. Dans de grands vases de faïence
de hauts bouquets de fleurs naïves, prin-
cipalement des tournesols jaunes. Du
même côté, second plan, immense cheminée
devant laquelle, entre de monstrueux chenets, dont chacun supporte une petite
marmite, les rôtis pleurent dans les lèchefrites.[3]*

*A droite, premier plan avec porte. Deuxième
plan, un escalier montant à une petite
salle en soupente,[4] dont on aperçoit l'intérieur par des volets ouverts; une table
y est dressée, un menu lustre flamand y
luit: c'est un réduit où l'on va manger et
boire. Une galerie de bois, faisant suite
à l'escalier, semble mener à d'autres petites
salles analogues.*

*Au milieu de la rôtisserie, un cercle en fer
que l'on peut faire descendre avec une
corde, et auquel de grosses pièces sont
accrochées, fait un lustre de gibier.[5]*

*Les fours, dans l'ombre, sous l'escalier,
rougeoient.[6] Les cuivres étincellent. Des
broches tournent. Des pièces montées
pyramident.[7] Des jambons pendent.
C'est le coup de feu matinal. Bousculade
de marmitons effarés, d'énormes cuisiniers
et de minuscules gâte-sauces. Foisonne-
ment de bonnets à plume de poulet ou à
aile de pintade. On apporte sur des
plaques de tôle et des clayons d'osier des
quinconces de brioches,[8] des villages de
petits fours.*

*Des tables sont couvertes de gâteaux et de
plats. D'autres, entourées de chaises,
attendent les mangeurs et les buveurs.
Une plus petite, dans un coin, disparaît*

---

[1] *Scipio Nasica,* famous Roman, enemy of Tiberius Gracchus, had a large nose, whence his nickname
[2] *fuit,* almost disappears in the mist.
[3] *pleurent,* weep, drip; *lèchefrites,* drip pans.
[4] *en soupente,* built high up along or inside the wall.
[5] *lustre de gibier,* suspended iron circle provided with hooks on which game, fowls, etc., are hung.
[6] *Les fours . . . rougeoient,* the ovens are red; from *rougeoyer,* to redden.
[7] *Des pièces montées pyramident,* elaborate constructions of cake and pastry in pyramids.
[8] *clayons d'osier,* flat willow baskets.—*quinconces de brioches,* buns arranged like squares on a checker
board.

sous les papiers. RAGUENEAU *y est assis au lever du rideau, il écrit.*

SCÈNE PREMIÈRE

RAGUENEAU, PATISSIERS, *puis* LISE; RAGUENEAU, *à la petite table, écrivant d'un air inspiré, et comptant sur ses doigts.*

PREMIER PATISSIER, *apportant une pièce montée*

Fruits en nougat!

DEUXIÈME PATISSIER, *apportant un plat*

Flan!

TROISIÈME PATISSIER, *apportant un rôti paré de plumes*

Paon!

QUATRIÈME PATISSIER, *apportant une plaque de gâteaux*

Roinsoles! [1]

CINQUIÈME PATISSIER, *apportant une sorte de terrine*

Bœuf en daube!

RAGUENEAU, *cessant d'écrire, et levant la tête*

Sur les cuivres, déjà, glisse l'argent de l'aube!
Étouffe en toi le dieu qui chante, Ragueneau!
L'heure du luth viendra,—c'est l'heure du fourneau!

(*Il se lève.—A un cuisinier.*)

Vous, veuillez m'allonger cette sauce, elle est courte!

LE CUISINIER

De combien?

RAGUENEAU

De trois pieds. [2]

(*Il passe.*)

LE CUISINIER

Hein?

PREMIER PATISSIER

La tarte!

DEUXIÈME PATISSIER

La tourte!

RAGUENEAU, *devant la cheminée*

Ma Muse, éloigne-toi, pour que tes yeux charmants
N'aillent pas se rougir au feu de ces sarments!

(*A* UN PÂTISSIER, *lui montrant des pains.*)

Vous avez mal placé la fente de ces miches:
Au milieu la césure,—entre les hémistiches!

(*A un autre, lui montrant un pâté inachevé.*)

A ce palais de croûte, il faut, vous, mettre un toit. . . .

(*A un jeune* APPRENTI, *qui, assis par terre, embroche des volailles.*)

Et toi, sur cette broche interminable, toi,
Le modeste poulet et la dinde superbe,
Alterne-les, mon fils, comme le vieux Malherbe [3]
Alternait les grands vers avec les plus petits,
Et fais tourner au feu des strophes de rôtis!

UN AUTRE APPRENTI, *s'avançant avec un plateau recouvert d'une serviette*

Maître, en pensant à vous, dans le four, j'ai fait cuire
Ceci, qui vous plaira, je l'espère.

(*Il découvre le plateau, on voit une grande lyre de pâtisserie.*)

RAGUENEAU, *ébloui*

Une lyre!

L'APPRENTI

En pâte de brioche.

RAGUENEAU, *ému*

Avec des fruits confits!

L'APPRENTI

Et les cordes, voyez, en sucre je les fis.

RAGUENEAU, *lui donnant de l'argent*

Va boire à ma santé!

(*Apercevant* LISE *qui entre.*)

Chut! ma femme! Circule,
Et cache cet argent!

(*A* LISE, *lui montrant la lyre d'un air gêné.*)

C'est beau?

LISE

C'est ridicule!

(*Elle pose sur le comptoir une pile de sacs en papier.*)

[1] *roinsoles,* meat pies.
[2] *de trois pieds,* by three syllables. He is thinking only of poetry.
[3] *Malherbe* (1555–1628), poet and critic.

RAGUENEAU

Des sacs? . . . Bon.   Merci.
(Il les regarde.)
                    Ciel!   Mes livres vénérés!
Les vers de mes amis! déchirés! démem-
brés!
Pour en faire des sacs à mettre des cro-
quantes. . . .
Ah! vous renouvelez Orphée et les bac-
chantes![1]

LISE, *sèchement*

Et n'ai-je pas le droit d'utiliser vraiment
Ce que laissent ici pour unique paiement,
Vos méchants écriveurs de lignes inégales!

RAGUENEAU

Fourmi! . . . n'insulte pas ces divines
cigales![2]

LISE

Avant de fréquenter ces gens-là, mon ami,
Vous ne m'appeliez pas bacchante,—ni
fourmi!

RAGUENEAU

Avec des vers, faire cela!

LISE
                    Pas autre chose.

RAGUENEAU

Que faites-vous, alors, madame, avec la
prose?

SCÈNE II

LES MÊMES, DEUX ENFANTS, *qui viennent
d'entrer dans la pâtisserie*

RAGUENEAU

Vous désirez, petits?

PREMIER ENFANT
                    Trois pâtés.

RAGUENEAU, *les servant*
                    Là, bien roux. . . .
Et bien chauds.

DEUXIÈME ENFANT

S'il vous plaît, enveloppez-les-nous?

RAGUENEAU, *saisi, à part*

Hélas! un de mes sacs!
                    (Aux enfants.)
                    Que je les enveloppe? . . .
*(Il prend un sac et au moment d'y mettre les
pâtés, il lit.)*
« *Tel Ulysseus, le jour qu'il quitta Péné-
lope. . . .* »
Pas celui-ci! . . .
*(Il le met de côté, et en prend un autre.   Au
moment d'y mettre les pâtés, il lit.)*
    « *Le blond Phœbus.*[3] . . . » Pas celui-là!
                    (Même jeu.)

LISE, *impatientée*

Eh! bien! qu'attendez-vous?

RAGUENEAU
                    Voilà, voilà, voilà!
(Il en prend un troisième, et se résigne.)
Le sonnet à Philis![4] . . . mais c'est dur
tout de même!

LISE

C'est heureux qu'il se soit décidé!
                    (Haussant les épaules.)
                    Nicodème![5]
*(Elle monte sur une chaise et se met à ranger
des plats sur une crédence.)*

RAGUENEAU, *profitant de ce qu'elle tourne
le dos, rappelle les enfants déjà à la porte*

Pst! . . . Petits! . . . Rendez-moi le sonnet à Philis,
Au lieu de trois pâtés je vous en donne
six.
*(Les enfants lui rendent le sac, prennent
vivement les gâteaux et sortent.   RAGUE-
NEAU, défripant le papier, se met à lire
en déclamant.)*
« *Philis! . . .* » Sur ce doux nom, une
tache de beurre! . . .
« *Philis! . . .* »
                    (CYRANO entre brusquement.)

---

[1] *bacchantes.* Orpheus, the musician of antiquity, was torn to pieces by Bacchantes who were
priestesses of Bacchus.
[2] *fourmi! . . . cigales.* The ants represent industry and thrift, the crickets carefree singers and
poets. See La Fontaine's fable, *la Cigale et la fourmi.*
[3] *Phoebus,* Greek for Apollo, god of the sun.
[4] *Philis,* conventional name of girl in pastoral poetry.
[5] *Nicodème,* ninny, a character from mystery plays and farces.

SCÈNE III

RAGUENEAU, LISE, CYRANO, *puis* LE
MOUSQUETAIRE

CYRANO
Quelle heure est-il?

RAGUENEAU, *le saluant avec empressement*
Six heures.

CYRANO, *avec émotion*
Dans une heure!
(*Il va et vient dans la boutique.*)

RAGUENEAU, *le suivant*
Bravo! J'ai vu. . . .

CYRANO
Quoi donc!

RAGUENEAU
Votre combat! . . .

CYRANO
Lequel?

RAGUENEAU
Celui de l'hôtel de Bourgogne!

CYRANO, *avec dédain*
Ah! . . . le duel! . . .

RAGUENEAU, *admiratif*
Oui, le duel en vers! . . .

LISE
Il en a plein la bouche!

CYRANO
Allons! tant mieux!

RAGUENEAU, *se fendant, avec une broche
qu'il a saisie*
« A la fin de l'envoi, je touche! . . .
A la fin de l'envoi, je touche! . . . » Que
c'est beau!
(*Avec un enthousiasme croissant.*)
« A la fin de l'envoi. . . . »

CYRANO
Quelle heure, Ragueneau?

RAGUENEAU, *restant fendu pour regarder
l'horloge*
Six heures cinq! . . . « . . . je touche! »
(*Il se relève.*)
. . . Oh! faire une ballade!

LISE, *à* CYRANO, *qui en passant devant son
comptoir lui a serré distraitement la
main*
Qu'avez-vous à la main?

CYRANO
Rien. Une estafilade.

RAGUENEAU
Courûtes-vous quelque péril?

CYRANO
Aucun péril.

LISE, *le menaçant du doigt*
Je crois que vous mentez!

CYRANO
Mon nez remuerait-il? [1]
Il faudrait que ce fût pour un mensonge
énorme!
(*Changeant de ton.*)
J'attends ici quelqu'un. Si ce n'est pas
sous l'orme,[2]
Vous nous laisserez seuls.

RAGUENEAU
C'est que je ne peux pas;
Mes rimeurs vont venir. . . .

LISE, *ironique*
Pour leur premier repas.

CYRANO
Tu les éloigneras quand je te ferai signe. . . .
L'heure?

RAGUENEAU
Six heures dix.

CYRANO, *s'asseyant nerveusement à la table
de* RAGUENEAU *et prenant du papier*
Une plume? . . .

RAGUENEAU, *lui offrant celle qu'il a à son
oreille*
De cygne.[3]

UN MOUSQUETAIRE, *superbement mous-
tachu, entre et d'une voix de stentor*
Salut!

(LISE *remonte vivement vers lui.*)

CYRANO, *se retournant*
Qu'est-ce?

---

[1] *mon nez remuerait-il?* When a child is suspected of fibbing his elders say: *ton nez remue.*
[2] *sous l'orme,* under the elm tree, i.e. in vain.
[3] *de cygne.* not an ordinary goose quill, but a swan quill, which to Ragueneau seems more poetic.

RAGUENEAU
Un ami de ma femme.   Un guerrier
Terrible,—à ce qu'il dit! . . .

CYRANO, *reprenant la plume et éloignant*
du geste RAGUENEAU
Chut! . . .
Écrire,—plier,—
(*A lui-même.*)
Lui donner,—me sauver. . . .
(*Jetant la plume.*)
Lâche! . . . Mais que je meure,
Si j'ose lui parler, lui dire un seul mot. . . .
(*A* RAGUENEAU.)
L'heure?

RAGUENEAU
Six et quart! . . .

CYRANO, *frappant sa poitrine*
. . . un seul mot de tous ceux que j'ai
là!
Tandis qu'en écrivant. . . .
(*Il reprend la plume.*)
Eh! bien! écrivons-la
Cette lettre d'amour qu'en moi-même j'ai
faite
Et refaite cent fois, de sorte qu'elle est
prête,
Et que mettant mon âme à côté du papier,
Je n'ai tout simplement qu'à la recopier.
(*Il écrit.—Derrière le vitrage de la porte on*
voit s'agiter des silhouettes maigres et
hésitantes.)

SCÈNE IV

RAGUENEAU, LISE, LE MOUSQUETAIRE,
CYRANO, *à la petite table, écrivant,* LES
POÈTES, *vêtus de noir, les bas tombants,*
couverts de boue.

LISE, *entrant, à* RAGUENEAU
Les voici, vos crottés! [1]

PREMIER POÈTE, *entrant, à* RAGUENEAU
Confrère! . . .

DEUXIÈME POÈTE, *de même, lui secouant*
les mains
Cher confrère!

TROISIÈME POÈTE
Aigle des pâtissiers!
(*Il renifle.*)
Ça sent bon dans votre aire!

QUATRIÈME POÈTE
O Phœbus-Rôtisseur!

CINQUIÈME POÈTE
Apollon maître-queux! . . .
RAGUENEAU, *entouré, embrassé, secoué*
Comme on est tout de suite à son aise avec
eux! . . .

PREMIER POÈTE
Nous fûmes retardés par la foule at-
troupée
A la porte de Nesle! . . .

DEUXIÈME POÈTE
Ouverts à coups d'épée
Huit malandrins sanglants illustraient les
pavés!

CYRANO, *levant une seconde la tête*
Huit? . . . Tiens, je croyais sept.
(*Il reprend sa lettre.*)

RAGUENEAU, *à* CYRANO
Est-ce que vous savez
Le héros du combat?

CYRANO, *négligemment*
Moi? . . . Non!

LISE, *au* MOUSQUETAIRE
Et vous?

LE MOUSQUETAIRE, *se frisant la moustache*
Peut-être!

CYRANO, *écrivant, à part,—on l'entend mur-*
murer un mot de temps en temps
Je vous aime. . . .

PREMIER POÈTE
Un seul homme, assurait-on, sut mettre
Toute une bande en fuite . . . !

DEUXIÈME POÈTE
Oh! c'était curieux!
Des piques, des bâtons jonchaient le
sol! . . .

CYRANO, *écrivant*
. . . vos yeux. . . .

TROISIÈME POÈTE
On trouvait des chapeaux jusqu'au quai
des Orfèvres!

PREMIER POÈTE
Sapristi! ce dut être un féroce. . . .

---

[1] *crottés,* mud-covered fellows; a group of starving poets.
[2] *Phoebus-Rôtisseur, Apollon maître-queux* (chief cook). Such compound qualifying nouns were common in 16th and 17th century poetry, particularly during the Pléiade period.

CYRANO, *même jeu*

    . . . *vos lèvres.* . . .

PREMIER POÈTE

Un terrible géant, l'auteur de ces exploits!

CYRANO, *même jeu*

. . . *Et je m'évanouis de peur quand je vous vois.*

DEUXIÈME POÈTE, *happant un gâteau*

Qu'as-tu rimé de neuf, Ragueneau?

CYRANO, *même jeu*

    . . . *qui vous aime.* . . .

(*Il s'arrête au moment de signer, et se lève, mettant la lettre dans son pourpoint.*)

Pas besoin de signer. Je la donne moi-même.

RAGUENEAU, *au* DEUXIÈME POÈTE

J'ai mis une recette en vers.

TROISIÈME POÈTE, *s'installant près d'un plateau de choux à la crème*

    Oyons [1] ces vers!

QUATRIÈME POÈTE, *regardant une brioche qu'il a prise*

Cette brioche a mis son bonnet [2] de travers.

(*Il la décoiffe d'un coup de dent.*)

PREMIER POÈTE

Ce pain d'épice suit le rimeur famélique
De ses yeux en amande aux sourcils d'angélique! [3]

(*Il prend le morceau de pain d'épice.*)

DEUXIÈME POÈTE

Nous écoutons.

TROISIÈME POÈTE, *serrant légèrement un chou entre ses doigts*

    Ce chou bave sa crème. Il rit.

DEUXIÈME POÈTE, *mordant à même la grande lyre de pâtisserie*

Pour la première fois la Lyre me nourrit!

RAGUENEAU, *qui s'est préparé, qui a toussé, assuré son bonnet, pris une pose*

Une recette en vers. . . .

DEUXIÈME POÈTE, *au premier, lui donnant un coup de coude*

    Tu déjeunes?

PREMIER POÈTE, *au deuxième*

    Tu dînes?

RAGUENEAU

COMMENT ON FAIT LES TARTELETTES AMANDINES

Battez, pour qu'ils soient mousseux,
    Quelques œufs;
Incorporez à leur mousse
Un jus de cédrat choisi;
    Versez-y
Un bon lait d'amande douce;

Mettez de la pâte à flan
    Dans le flanc
De moules à tartelette;
D'un doigt preste, abricotez
    Les côtés;
Versez goutte à gouttelette

Votre mousse en ces puits, puis
    Que ces puits
Passent au four, et, blondines,
Sortant en gais troupelets,
    Ce sont les
Tartelettes amandines!

LES POÈTES, *la bouche pleine*

Exquis!—Délicieux!

UN POÈTE, *s'étouffant*

    Homph!

(*Ils remontent vers le fond, en mangeant. CYRANO qui a observé s'avance vers RAGUENEAU.*)

CYRANO

    Bercés par ta voix,
Ne vois-tu pas comme ils s'empiffrent? [4]

RAGUENEAU, *plus bas, avec un sourire*

    Je le vois. . . .
Sans regarder, de peur que cela ne les trouble;
Et dire ainsi mes vers me donne un plaisir double,
Puisque je satisfais un doux faible que j'ai
Tout en laissant manger ceux qui n'ont pas mangé!

CYRANO, *lui frappant sur l'épaule*

Toi, tu me plais! . . .

(RAGUENEAU *va rejoindre ses amis.* CYRANO *le suit des yeux, puis, un peu brusquement.*)

    Hé là, Lise?

---

[1] *Oyons*, let us hear (archaic).
[2] *son bonnet*: the *brioche* consists of a smaller part (here called *bonnet*) resting on a larger one.
[3] *sourcils d'angélique*, candied stems of the angelica plant placed like eyebrows over the almonds.
[4] *s'empiffrer*, stuff oneself.

(LISE *en conversation tendre avec le mousquetaire tressaille et descend vers* CYRANO.)

              Ce capitaine. . . .
Vous assiège?

LISE, *offensée*

Oh! mes yeux, d'une œillade hautaine,
Savent vaincre quiconque attaque mes
vertus.

CYRANO

Euh! pour des yeux vainqueurs, je les
trouve battus.

LISE, *suffoquée*

Mais. . . .

CYRANO, *nettement*

Ragueneau me plaît. C'est pourquoi,
     dame Lise,
Je défends que quelqu'un le ridicoculise.[1]

LISE

Mais. . . .

CYRANO, *qui a élevé la voix assez pour être
entendu du galant*
A bon entendeur. . . .[2]

(*Il salue* LE MOUSQUETAIRE, *et va se
mettre en observation, à la porte du fond,
après avoir regardé l'horloge.*)

LISE, AU MOUSQUETAIRE *qui a simplement
rendu son salut à* CYRANO
       Vraiment, vous m'étonnez! . . .
Répondez . . . sur son nez. . . .

LE MOUSQUETAIRE

Sur son nez . . . sur son nez. . . .
(*Il s'éloigne vivement,* LISE *le suit.*)

CYRANO, *de la porte du fond, faisant signe
à* RAGUENEAU *d'emmener les poètes*
Pst! . . .

RAGUENEAU, *montrant aux poètes la porte
de droite*
Nous serons bien mieux par là. . . .

CYRANO, *s'impatientant*
           Pst! pst! . . .

RAGUENEAU, *les entraînant*
           Pour lire
Des vers. . . .

PREMIER POÈTE, *désespéré, la bouche pleine*
Mais les gâteaux! . . .

DEUXIÈME POÈTE
         Emportons-les!

(*Ils sortent tous derrière* RAGUENEAU, *processionnellement, et après avoir fait une
rafle de plateaux.*)

SCÈNE V

CYRANO, ROXANE, LA DUÈGNE

CYRANO
            Je tire
Ma lettre si je sens seulement qu'il y a
Le moindre espoir! . . .
(ROXANE, *masquée, suivie de* LA DUÈGNE,
paraît derrière le vitrage. Il ouvre vivement la porte.)
        Entrez! . . .
(*Marchant sur* LA DUÈGNE.)
      Vous, deux mots, duègna!

LA DUÈGNE

Quatre.

CYRANO
Êtes-vous gourmande?

LA DUÈGNE
       A m'en rendre malade.

CYRANO, *prenant vivement des sacs de papier
sur le comptoir*
Bon. Voici deux sonnets de monsieur
     Benserade. . . .[3]

LA DUÈGNE
Heu! . . .

CYRANO
     . . . que je vous remplis de darioles.

LA DUÈGNE, *changeant de figure*
          Hou!

CYRANO
Aimez-vous le gâteau qu'on nomme petit
chou?

LA DUÈGNE
Monsieur, j'en fais état, lorsqu'il est à la
crème.

CYRANO
J'en plonge six pour vous dans le sein d'un
poème

---

[1] *ridicoculise,* comical compound of *ridiculiser* and *cocu* (cuckold).
[2] *A bon entendeur. . . .* The complete saying is *à bon entendeur, salut!* "A word to the wise is
sufficient."
[3] *Benserade* (1612–1691), an indifferent court poet.

De Saint-Amant![1] Et dans ces vers de
  Chapelain [2]
Je dépose un fragment, moins lourd,[3] de
  poupelin.
—Ah! vous aimez les gâteaux frais?

LA DUÈGNE
                          J'en suis férue!

CYRANO, *lui chargeant les bras de sacs
              remplis*
Veuillez aller manger tous ceux-ci dans la
  rue.
LA DUÈGNE
Mais. . . .

        CYRANO, *la poussant dehors*
    Et ne revenez qu'après avoir fini!
(*Il referme la porte, redescend vers* ROXANE,
*et s'arrête, découvert, à une distance res-
pectueuse.*)

SCÈNE VI

CYRANO, ROXANE, LA DUÈGNE, *un instant*

CYRANO
Que l'instant entre tous les instants soit
  béni,
Où, cessant d'oublier qu'humblement je
  respire
Vous venez jusqu'ici pour me dire . . . me
  dire? . . .

        ROXANE, *qui s'est démasquée*
Mais tout d'abord merci, car ce drôle, ce
  fat
Qu'au brave jeu d'épée, hier, vous avez
  fait mat,[4]
C'est lui qu'un grand seigneur . . . épris
  de moi. . . .
              CYRANO
                      De Guiche?

        ROXANE, *baissant les yeux*
Cherchait à m'imposer . . . comme mari.

              CYRANO
                          Postiche? [5]
        (*Saluant.*)
Je me suis donc battu, madame, et c'est
  tant mieux,
Non pour mon vilain nez, mais bien pour
  vos beaux yeux.

ROXANE
Puis . . . je voulais. . . . Mais pour l'a-
  veu que je viens faire,
Il faut que je revoie en vous le . . .
  presque frère,
Avec qui je jouais, dans le parc—près du
  lac! . . .

CYRANO
Oui . . . vous veniez tous les étés à
  Bergerac! . . .

ROXANE
Les roseaux fournissaient le bois pour vos
  épées. . . .

CYRANO
Et les maïs, les cheveux blonds pour vos
  poupées!

ROXANE
C'était le temps des jeux. . . .

CYRANO
                  Des mûrons aigrelets. . . .

ROXANE
Le temps où vous faisiez tout ce que je
  voulais! . . .

CYRANO
Roxane, en jupons courts, s'appelait Madeleine. . . .

ROXANE
J'étais jolie, alors?

CYRANO
                  Vous n'étiez pas vilaine.

ROXANE
Parfois, la main en sang de quelque
  grimpement,
Vous accouriez!—Alors, jouant à la ma-
  man,
Je disais d'une voix qui tâchait d'être
  dure:
        (*Elle lui prend la main.*)
« Qu'est-ce que c'est encor que cette
  égratignure? »
        (*Elle s'arrête stupéfaite.*)
Oh! C'est trop fort! Et celle-ci!

---

[1] *Saint-Amant* (1594–1661), a poet badly handled by Boileau, but deserving a better fate.

[2] *Chapelain* (1595–1674), a mediocre, but in his day highly esteemed poet, author of an epic poem, *la Pucelle*.

[3] *moins lourd*, i.e. than Chapelain's poems.

[4] *faire mat*, checkmate.

[5] *mari postiche*, make-believe husband.

(CYRANO *veut retirer sa main.*)

Non! Montrez-la!

Hein? à votre âge, encor!—Où t'es-tu fait cela? [1]

CYRANO

En jouant, du côté de la porte de Nesle.

ROXANE, *s'asseyant à une table, et trempant son mouchoir dans un verre d'eau*

Donnez!

CYRANO, *s'asseyant aussi*

Si gentiment! Si gaiement maternelle!

ROXANE

Et, dites-moi,—pendant que j'ôte un peu le sang,—
Ils étaient contre vous . . . ?

CYRANO

Oh! pas tout à fait cent.

ROXANE

Racontez!

CYRANO

Non. Laissez. Mais vous, dites la chose
Que vous n'osiez tantôt me dire. . . .

ROXANE, *sans quitter sa main*

A présent, j'ose.

Car le passé m'encouragea de son parfum!
Oui, j'ose maintenant. Voilà. J'aime quelqu'un.

CYRANO

Ah! . . .

ROXANE

Qui ne le sait pas d'ailleurs.

CYRANO

Ah! . . .

ROXANE

Pas encore.

CYRANO

Ah! . . .

ROXANE

Mais qui va bientôt le savoir, s'il l'ignore.

CYRANO

Ah! . . .

ROXANE

Un pauvre garçon qui jusqu'ici m'aima
Timidement, de loin, sans oser le dire. . . .

CYRANO

Ah! . . .

ROXANE

Laissez-moi votre main, voyons, elle a la fièvre.—
Mais moi j'ai vu trembler les aveux sur sa lèvre.

CYRANO

Ah! . . .

ROXANE, *achevant de lui faire un petit bandage avec son mouchoir*

Et figurez-vous, tenez, que, justement
Oui, mon cousin, il sert dans votre régiment!

CYRANO

Ah! . . .

ROXANE, *riant*

Puisqu'il est cadet dans votre compagnie! . . .

CYRANO

Ah! . . .

ROXANE

Il a sur son front de l'esprit, du génie,
Il est fier, noble, jeune, intrépide, beau. . . .

CYRANO, *se levant, tout pâle*

Beau!

ROXANE

Quoi? Qu'avez-vous?

CYRANO

Moi, rien. . . . C'est . . . c'est. . . .
(*Il montre sa main, avec un sourire.*)

C'est ce bobo.

ROXANE

Enfin, je l'aime. Il faut d'ailleurs que je vous die [2]
Que je ne l'ai jamais vu qu'à la Comédie. . . .

CYRANO

Vous ne vous êtes donc pas parlé?

ROXANE

Nos yeux seuls.

CYRANO

Mais comment savez-vous, alors?

ROXANE

Sous les tilleuls
De la place Royale,[3] on cause. . . . Des bavardes
M'ont renseignée. . . .

---

[1] *Où t'es-tu fait cela?* Roxane unconsciously reverts to her childish talk and uses *tu.* Cyrano replies in the same strain.

[2] *die,* archaic for *dise:* ridiculed in the *scène des sonnets* of Molière's *Femmes savantes.*

[3] *tilleuls de la Place Royale,* the linden trees of the Place Royale, a rendez-vous of idlers. Now called Place des Vosges.

CYRANO
Il est cadet?

ROXANE
            Cadet aux gardes.

CYRANO
Son nom?

ROXANE
Baron Christian de Neuvillette.

CYRANO
                        Hein? . . .
Il n'est pas aux cadets.

ROXANE
                        Si, depuis ce matin:
Capitaine Carbon de Castel-Jaloux.

CYRANO
                                Vite,
Vite, on lance son cœur! . . . Mais, ma
    pauvre petite, . . .

LA DUÈGNE, *ouvrant la porte du fond*
J'ai fini les gâteaux, monsieur de Bergerac!

CYRANO
Eh! bien! lisez les vers imprimés sur le sac!
        (LA DUÈGNE *disparaît.*)
. . . Ma pauvre enfant, vous qui n'aimez
        que beau langage,
Bel esprit,—si c'était un profane, un sau-
    vage! [1]

ROXANE
Non, il a les cheveux d'un héros de d'Urfé!

CYRANO
S'il était aussi maldisant que bien coiffé!

ROXANE
Non, tous les mots qu'il dit sont fins, je le
    devine!

CYRANO
Oui, tous les mots sont fins quand la
    moustache est fine.
—Mais si c'était un sot! . . .

ROXANE, *frappant du pied*
            Eh! bien! j'en mourrais, là!

CYRANO, *après un temps*
Vous m'avez fait venir pour me dire cela?
Je n'en sens pas très bien l'utilité, madame.

ROXANE
Ah, c'est que quelqu'un hier m'a mis la
    mort dans l'âme,

En me disant que tous, vous êtes tous
    Gascons
Dans votre compagnie. . . .

CYRANO
                Et que nous provoquons
Tous les blanc-becs qui, par faveur, se font
    admettre
Parmi les purs Gascons que nous sommes,
    sans l'être?
C'est ce qu'on vous a dit?

ROXANE
                Et vous pensez si j'ai
Tremblé pour lui!

CYRANO, *entre ses dents*
            Non sans raison!

ROXANE
                    Mais j'ai songé
Lorsqu'invincible et grand, hier, vous nous
    apparûtes,
Châtiant ce coquin, tenant tête à ces
    brutes,—
J'ai songé: s'il voulait, lui que tous ils
    craindront. . . .

CYRANO
C'est bien, je défendrai votre petit baron.

ROXANE
Oh, n'est-ce pas que vous allez me le
    défendre?
J'ai toujours eu pour vous une amitié si
    tendre.

CYRANO
Oui, oui.

ROXANE
            Vous serez son ami?

CYRANO
                        Je le serai.

ROXANE
Et jamais il n'aura de duel?

CYRANO
                        C'est juré.

ROXANE
Oh! je vous aime bien.   Il faut que je m'en
    aille.
(*Elle remet vivement son masque, une den-
    telle sur son front, et, distraitement.*)
Mais vous ne m'avez pas raconté la ba-
    taille
De cette nuit.   Vraiment ce dut être
    inouï! . . .

---

[1] *profane, sauvage,* uninitiated in the mysteries of preciosity.

—Dites-lui qu'il m'écrive.

(*Elle lui envoie un petit baiser de la main.*)

Oh! je vous aime!

CYRANO

Oui, oui.

ROXANE

Cent hommes contre vous? Allons, adieu.
—Nous sommes
De grands amis!

CYRANO

Oui, oui.

ROXANE

Qu'il m'écrive!—Cent hommes!—
Vous me direz plus tard. Maintenant, je
ne puis.
Cent hommes! Quel courage!

CYRANO, *la saluant*

Oh! j'ai fait mieux depuis

(*Elle sort. CYRANO reste immobile, les
yeux à terre. Un silence. La porte de
droite s'ouvre. RAGUENEAU passe sa
tête.*)

SCÈNE VII

CYRANO, RAGUENEAU, LES POÈTES, CAR-
BON DE CASTEL-JALOUX, LES CADETS,
LA FOULE, ETC., *puis* DE GUICHE

RAGUENEAU

Peut-on rentrer?

CYRANO, *sans bouger*

Oui. . . .

(*RAGUENEAU fait signe et ses amis rentrent. En même temps, à la porte du
fond, paraît CARBON DE CASTEL-JALOUX,
costume de capitaine aux gardes, qui fait
de grands gestes en apercevant CYRANO.*)

CARBON DE CASTEL-JALOUX

Le voilà!

CYRANO, *levant la tête*

Mon capitaine! . . .

CARBON, *exultant*

Notre héros! Nous savons tout! Une
trentaine
De mes cadets sont là! . . .

CYRANO, *reculant*

Mais. . . .

CARBON, *voulant l'entraîner*

Viens! on veut te voir!

CYRANO

Non!

CARBON

Ils boivent en face, à *la Croix du Tra-
hoir.*

CYRANO

Je. . . .

CARBON, *remontant à la porte, et criant à
la cantonade, d'une voix de tonnerre*

Le héros refuse. Il est d'humeur bour-
rue!

UNE VOIX, *au dehors*

Ah! Sandious! [1]

(*Tumulte au dehors, bruit d'épées et de
bottes qui se rapprochent.*)

CARBON, *se frottant les mains*

Les voici qui traversent la rue! . . .

LES CADETS, *entrant dans la rôtisserie*

Mille dious!—Capdedious!—Mordious!—
Pocapdedious!

RAGUENEAU, *reculant épouvanté*

Messieurs, vous êtes donc tous de Gascogne?

LES CADETS

Tous!

UN CADET, *à* CYRANO

Bravo!

CYRANO

Baron!

UN AUTRE, *lui secouant les mains*

Vivat!

CYRANO

Baron!

TROISIÈME CADET

Que je t'embrasse!

CYRANO

Baron! . . .

PLUSIEURS GASCONS

Embrassons-le!

CYRANO, *ne sachant auquel répondre*

Baron . . . baron . . . de grâce. . . .

---

[1] *Sandious!* 'Sblood!—*Mille dious, Capdedious, Mordious, Pocapdedious*, oaths meaning literally A
thousand gods, Head of God, Death of God. By the head of God.

RAGUENEAU

Vous êtes tous barons, messieurs?

LES CADETS

Tous!

RAGUENEAU

Le sont-ils? . . .

PREMIER CADET

On ferait une tour rien qu'avec nos tor-
tils! [1]

LE BRET, *entrant, et courant à* CYRANO

On te cherche! Une foule en délire conduite
Par ceux qui cette nuit marchèrent à ta
suite. . . .

CYRANO, *épouvanté*

Tu ne leur as pas dit où je me trouve? . . .

LE BRET, *se frottant les mains*

Si!

UN BOURGEOIS, *entrant suivi d'un groupe*

Monsieur, tout le Marais [2] se fait porter
ici!

(*Au dehors la rue s'est remplie de monde.
Des chaises à porteur, des carrosses s'arrêtent.*)

LE BRET, *bas, souriant, à* CYRANO

Et Roxane?

CYRANO, *vivement*

Tais-toi!

LA FOULE, *criant dehors*

Cyrano! . . .

(*Une cohue se précipite dans la pâtisserie.
Bousculade. Acclamations.*)

RAGUENEAU, *debout sur une table*

Ma boutique
Est envahie! On casse tout! C'est magnifique!

DES GENS, *autour de* CYRANO

Mon ami . . . mon ami. . . .

CYRANO

Je n'avais pas hier
Tant d'amis! . . .

LE BRET, *ravi*

Le succès!

UN PETIT MARQUIS, *accourant, les mains
tendues*

Si tu savais, mon cher. . . .

CYRANO

Si tu? . . . Tu? . . . Qu'est-ce donc qu'ensemble nous gardâmes? [3]

UN AUTRE

Je veux vous présenter, Monsieur, à quelques dames
Qui là, dans mon carrosse. . . .

CYRANO, *froidement*

Et vous, d'abord, à moi,
Qui vous présentera?

LE BRET, *stupéfait*

Mais qu'as-tu donc?

CYRANO

Tais-toi!

UN HOMME DE LETTRES, *avec un écritoire*

Puis-je avoir des détails sur? . . .

CYRANO

Non.

LE BRET, *lui poussant le coude*

C'est Théophraste
Renaudot! [4] l'inventeur de la gazette.

CYRANO

Baste!

LE BRET

Cette feuille où l'on fait tant de choses
tenir!
On dit que cette idée a beaucoup d'avenir!

UN POÈTE, *s'avançant*

Monsieur. . . .

CYRANO

Encor!

LE POÈTE

. . . Je veux faire un pentacrostiche [5]
Sur votre nom. . . .

---

[1] *tortil*, baron's crown.

[2] *Marais*, fashionable quarter north of the Seine, later abandoned for the Quartier Saint-Germain,
south of the Seine.

[3] *gardâmes.* The familiarity of the marquis who addresses Cyrano with *tu* displeases the latter.
His reply is a variant of the popular expression, *nous n'avons pas, que je sache, gardé des cochons ensemble*,
meaning " Since when have we been so chummy? "

[4] *Renaudot* (1586–1653), founder of *La Gazette de France* in 1631.

[5] *pentacrostiche*, an acrostic in five strophes.

QUELQU'UN, *s'avançant encore*
Monsieur. . . .

CYRANO
Assez!

(*Mouvement. On se range.* DE GUICHE *paraît escorté d'officiers.* CUIGY, BRISSAILLE, *les officiers qui sont partis avec* CYRANO *à la fin du premier acte.* CUIGY *vient vivement à* CYRANO.)

CUIGY, *à* CYRANO
Monsieur de Guiche!
(*Murmure. Tout le monde se range.*)
Vient de la part du maréchal de Gassion![1]

DE GUICHE, *saluant* CYRANO
. . . Qui tient à vous mander son admiration
Pour le nouvel exploit dont le bruit vient de courre.[2]

LA FOULE
Bravo! . . .

CYRANO, *s'inclinant*
Le maréchal s'y connaît en bravoure.

DE GUICHE
Il n'aurait jamais cru le fait si ces messieurs
N'avaient pu lui jurer l'avoir vu.

CUIGY
De nos yeux!
LE BRET, *bas à* CYRANO, *qui a l'air absent*
Mais. . . .

CYRANO
Tais-toi!
LE BRET
Tu parais souffrir!

CYRANO, *tressaillant, et se redressant vivement*
Devant ce monde? . . .
(*Sa moustache se hérisse; il poitrine.*)
Moi souffrir? . . . Tu vas voir!

DE GUICHE, *auquel* CUIGY *a parlé à l'oreille*
Votre carrière abonde
En beaux exploits, déjà.—Vous servez chez ces fous
De Gascons, n'est-ce pas?

CYRANO
Aux cadets, oui.

UN CADET, *d'une voix terrible*
Chez nous!

DE GUICHE, *regardant* LES GASCONS, *rangés derrière* CYRANO
Ah! Ah! . . . Tous ces messieurs à la mine hautaine,
Ce sont donc les fameux? . . .

CARBON DE CASTEL-JALOUX
Cyrano!
CYRANO
Capitaine?
CARBON
Puisque ma compagnie est, je crois, au complet,
Veuillez la présenter au comte, s'il vous plaît.

CYRANO, *faisant deux pas vers* DE GUICHE, *et montrant* LES CADETS
Ce sont les cadets de Gascogne
De Carbon de Castel-Jaloux;
Bretteurs et menteurs sans vergogne,
Ce sont les cadets de Gascogne!
Parlant blason, lambel, bastogne,[3]
Tous plus nobles que des filous,
Ce sont les cadets de Gascogne
De Carbon de Castel-Jaloux:

Œil d'aigle, jambe de cigogne,
Moustache de chat, dents de loups,
Fendant la canaille qui grogne,
Œil d'aigle, jambe de cigogne,
Ils vont,—coiffés d'un vieux vigogne
Dont la plume cache les trous!—
Œil d'aigle, jambe de cigogne,
Moustache de chat, dents de loups!

Perce-Bedaine et Casse-Trogne
Sont leurs sobriquets les plus doux;
De gloire, leur âme est ivrogne!
Perce-Bedaine et Casse-Trogne,
Dans tous les endroits où l'on cogne
Ils se donnent des rendez-vous . . .
Perce-Bedaine et Casse-Trogne
Sont leurs sobriquets les plus doux!

Voici les cadets de Gascogne
Qui font cocus tous les jaloux!
O femme, adorable carogne,[4]
Voici les cadets de Gascogne!
Que le vieil époux se renfrogne:
Sonnez, clairons! chantez, coucous!
Voici les cadets de Gascogne
Qui font cocus tous les jaloux!

[1] *Gassion* (1609–1647), a distinguished general mortally wounded at Lens.
[2] *courre*, old form of *courir*, still used in *chasse à courre*.
[3] *blason, lambel, bastogne*, terms of heraldry.
[4] *carogne*, a form of *charogne*, carrion, slut.

De Guiche, *nonchalamment assis dans un fauteuil que* Ragueneau *a vite apporté*

Un poète est un luxe, aujourd'hui, qu'on se donne.
—Voulez-vous être à moi?

Cyrano

Non, Monsieur, à personne.

De Guiche

Votre verve amusa mon oncle Richelieu,
Hier. Je veux vous servir auprès de lui.

Le Bret, *ébloui*

Grand Dieu!

De Guiche

Vous avez bien rimé cinq actes, j'imagine?

Le Bret, *à l'oreille de* Cyrano

Tu vas faire jouer, mon cher, ton *Agrippine!* [1]

De Guiche

Portez-les-lui.

Cyrano, *tenté et un peu charmé*

Vraiment. . . .

De Guiche

Il est des plus experts.
Il vous corrigera seulement quelques vers.

Cyrano, *dont le visage s'est immédiatement rembruni*

Impossible, Monsieur; mon sang se coagule
En pensant qu'on y peut changer une virgule.

De Guiche

Mais quand un vers lui plaît, en revanche, mon cher,
Il le paye très cher.

Cyrano

Il le paye moins cher
Que moi, lorsque j'ai fait un vers, et que je l'aime,
Je me le paye, en me le chantant à moi-même!

De Guiche

Vous êtes fier.

Cyrano

Vraiment, vous l'avez remarqué?

Un Cadet, *entrant avec, enfilés à son épée, des chapeaux aux plumets miteux, aux coiffes trouées, défoncées*

Regarde, Cyrano! ce matin, sur le quai,
Le bizarre gibier à plumes que nous prîmes!
Les feutres des fuyards! . . .

Carbon

Des dépouilles opimes! [2]

Tout le Monde, *riant*

Ah! Ah! Ah!

Cuigy

Celui qui posta ces gueux, ma foi,
Doit rager aujourd'hui.

Brissaille

Sait-on qui c'est?

De Guiche

C'est moi.

(Les Rires *s'arrêtent.*)

Je les avais chargés de châtier,—besogne
Qu'on ne fait pas soi-même,—un rimailleur ivrogne.

(*Silence gêné.*)

Le Cadet, *à mi-voix, à* Cyrano, *lui montrant les feutres*

Que faut-il qu'on en fasse? Ils sont gras.
. . . Un salmis?

Cyrano, *prenant l'épée où ils sont enfilés, et les faisant, dans un salut, tous glisser aux pieds de* De Guiche

Monsieur, si vous voulez les rendre à vos amis?

De Guiche *se levant et d'une voix brève*

Ma chaise et mes porteurs, tout de suite: je monte.

(*A* Cyrano, *violemment.*)

Vous, Monsieur! . . .

Une Voix, *dans la rue, criant*

Les porteurs de monseigneur le comte
De Guiche!

De Guiche, *qui s'est dominé, avec un sourire*

. . . Avez-vous lu *Don Quichot?* [3]

---

[1] *Agrippine*, or *la Mort d'Agrippine*, tragedy by Cyrano de Bergerac (1654).

[2] *dépouilles opimes*, Lat. *spolia opima*, spoils of war.

[3] *Don Quichot*, hero of Cervantes' famous book, a character akin to Cyrano and a favorite with Rostand.

CYRANO

Je l'ai lu
Et me découvre au nom de cet hurluberlu.

DE GUICHE

Veuillez donc méditer alors. . . .

UN PORTEUR, *paraissant au fond*

Voici la chaise.

DE GUICHE

Sur le chapitre des moulins!

CYRANO, *saluant*

Chapitre treize.

DE GUICHE

Car lorsqu'on les attaque, il arrive souvent. . . .

CYRANO

J'attaque donc des gens qui tournent à tout vent?

DE GUICHE

Qu'un moulinet de leurs grands bras chargés de toiles
Vous lance dans la boue! . . .

CYRANO

Ou bien dans les étoiles!
(DE GUICHE *sort. On le voit remonter en chaise. Les seigneurs s'éloignent en chuchotant.* LE BRET *les réaccompagne. La foule sort.*)

SCÈNE VIII

CYRANO, LE BRET, LES CADETS, *qui se sont attablés à droite et à gauche et auxquels on sert à boire et à manger.*

CYRANO, *saluant d'un air goguenard ceux qui sortent sans oser le saluer*

Messieurs . . . Messieurs . . . Messieurs. . . .

LE BRET, *désolé, redescendant, les bras au ciel*

Ah! dans quels jolis draps.[1] . . .

CYRANO

Oh! toi! tu vas grogner!

LE BRET

Enfin, tu conviendras
Qu'assassiner toujours la chance passagère,
Devient exagéré.

CYRANO

Hé bien oui, j'exagère!

LE BRET, *triomphant*

Ah!

CYRANO

Mais pour le principe, et pour l'exemple aussi,
Je trouve qu'il est bon d'exagérer ainsi.

LE BRET

Si tu laissais un peu ton âme mousquetaire,
La fortune et la gloire. . . .

CYRANO

Et que faudrait-il faire? . . .
Chercher un protecteur puissant, prendre un patron,
Et comme un lierre obscur qui circonvient un tronc
Et s'en fait un tuteur en lui léchant l'écorce,
Grimper par ruse au lieu de s'élever par force?
Non, merci. Dédier, comme tous ils le font,
Des vers aux financiers? se changer en bouffon
Dans l'espoir vil de voir, aux lèvres d'un ministre,
Naître un sourire, enfin, qui ne soit pas sinistre?
Non, merci. Déjeuner, chaque jour, d'un crapaud?[2]
Avoir un ventre usé par la marche? une peau
Qui plus vite, à l'endroit des genoux, devient sale?
Exécuter des tours de souplesse dorsale?[3] . . .
Non, merci. D'une main flatter la chèvre au cou
Cependant que, de l'autre, on arrose le chou,[4]
Et donneur de séné par désir de rhubarbe,[5]

---

[1] *quels jolis draps*, what a fine fix.

[2] *crapaud*, toad. The expression *avaler un crapaud* means " swallow an insult."

[3] *faire des tours de souplesse dorsale*, perform acrobatics with the back, bow and scrape.

[4] *chèvre . . . chou:* the proverb *ménager la chèvre et le chou* means flatter two contending parties, serve two masters.

[5] *séné*, senna. Proverb: *Passez-moi la casse* (or *la rhubarbe*) *et je vous passerai le séné*, do me a favor and I will do you one.

...ensoir, toujours, dans quel-[1]

Se pousser de giron en giron,
...petit grand homme dans un rond,
Et naviguer, avec des madrigaux pour rames,
Et dans ses voiles des soupirs de vieilles dames?
Non. merci! Chez le bon éditeur de Sercy [2]
Faire éditer ses vers en payant? Non, merci!
S'aller faire nommer pape par les conciles
Que dans des cabarets tiennent des imbéciles?
Non, merci! Travailler à se construire un nom
Sur un sonnet,[3] au lieu d'en faire d'autres? Non,
Merci! Ne découvrir du talent qu'aux mazettes? [4]
Être terrorisé par de vagues gazettes,
Et se dire sans cesse: oh, pourvu que je sois
Dans les petits papiers [5] du *Mercure François?*
Non, merci! Calculer, avoir peur, être blême,
Préférer faire une visite qu'un poème,
Rédiger des placets, se faire présenter?
Non, merci! non, merci! non, merci!
Mais . . . chanter,
Rêver, rire, passer, être seul, être libre,
Avoir l'œil qui regarde bien, la voix qui vibre,
Mettre, quand il vous plaît, son feutre de travers,
Pour un oui, pour un non, se battre,—ou faire un vers!
Travailler sans souci de gloire ou de fortune,
A tel voyage, auquel on pense, dans la lune! [6]
N'écrire jamais rien qui de soi ne sortît,
Et modeste d'ailleurs, se dire: mon petit,

Sois satisfait des fleurs, des fruits, même des feuilles,
Si c'est dans ton jardin à toi que tu les cueilles!
Puis, s'il advient d'un peu triompher, par hasard,
Ne pas être obligé d'en rien rendre à César,[7]
Vis-à-vis de soi-même en garder le mérite,
Bref, dédaignant d'être le lierre parasite,
Lors même qu'on n'est pas le chêne ou le tilleul,
Ne pas monter bien haut, peut-être, mais tout seul!

LE BRET

Tout seul, soit! mais non pas contre tous! Comment diable
As-tu donc contracté la manie effroyable
De te faire toujours, partout, des ennemis?

CYRANO

A force de vous voir vous faire des amis,
Et rire à ces amis dont vous avez des foules,
D'une bouche empruntée au derrière des poules! [8]
J'aime raréfier sur mes pas les saluts,
Et m'écrie avec joie: un ennemi de plus!

LE BRET

Quelle aberration!

CYRANO

Eh! bien! oui, c'est mon vice.
Déplaire est mon plaisir. J'aime qu'on me haïsse.
Mon cher, si tu savais comme l'on marche mieux
Sous la pistolétade excitante des yeux!
Comme, sur les pourpoints, font d'amusantes taches
Le fiel des envieux et la bave des lâches!
—Vous, la molle amitié dont vous vous entourez,
Ressemble à ces grands cols d'Italie, ajourés

---

[1] *encensoir . . . barbe.* The saying is: *donner de l'encensoir à travers le visage,* or *casser l'encensoir sur le nez de quelqu'un,* to flatter fulsomely.

[2] Sercy, the publisher of Cyrano's works.

[3] *sonnet.* Perhaps an allusion to the famous *querelle des sonnets* which in the seventeenth century divided Paris into two camps, the Jobistes, from a sonnet on *Job* by Benserade, and the Uranistes from Voiture's sonnet on *Uranie.* Cf. Molière, *Les Femmes savantes.*

[4] *mazette,* a broken down horse, literary hack.

[5] *Mercure François,* a periodical founded in 1605; the more famous *Mercure de France* dates from 1672.

[6] *dans la lune,* reference to Cyrano's work *l'Autre monde,* account of an imaginary trip to the sun and the moon.

[7] *César.* " Render unto Caesar the things which are Caesar's " (Mark XII: 17).

[8] *derrière des poules.* The usual expression is *faire le cul de poule,* pucker the lips so as to give the face an expression of obsequious pleasantness.

Et flottants, dans lesquels votre cou s'ef-
fémine:
On y est plus à l'aise . . . et de moins
haute mine,
Car le front n'ayant pas de maintien ni de
loi,
S'abandonne à pencher dans tous les sens.
Mais moi,
La Haine, chaque jour, me tuyaute et
m'apprête
La fraise dont l'empois force à lever la
tête; [1]
Chaque ennemi de plus est un nouveau
godron
Qui m'ajoute une gêne, et m'ajoute un
rayon:
Car, pareille en tous points à la fraise
espagnole,
La Haine est un carcan, mais c'est une
auréole! [2]

LE BRET, *après un silence, passant son bras
sous le sien*

Fais tout haut l'orgueilleux et l'amer, mais,
tout bas,
Dis-moi tout simplement qu'elle ne t'aime
pas!

CYRANO, *vivement*
Tais-toi!

(*Depuis un moment, Christian est entré,
s'est mêlé aux cadets; ceux-ci ne lui adres-
sent pas la parole; il a fini par s'asseoir
seul à une petite table, ou LISE le sert.*)

SCÈNE IX

CYRANO, LE BRET, LES CADETS, CHRIS-
TIAN DE NEUVILLETTE

UN CADET, *assis à une table du fond, le
verre en main*
Hé! Cyrano!

(CYRANO *se retourne.*)
Le récit?

CYRANO
Tout à l'heure!
(*Il remonte au bras de LE BRET. Ils
causent bas.*)

LE CADET, *se levant, et descendant*
Le récit du combat! Ce sera la meilleure
Leçon
(*Il s'arrête devant la table où est CHRISTIAN.*)
pour ce timide apprentif!

CHRISTIAN, *levant la tête*
Apprentif?

UN AUTRE CADET
Oui, septentrional maladif!

CHRISTIAN
Maladif?

PREMIER CADET, *goguenard*
Monsieur de Neuvillette, apprenez quelque
chose:
C'est qu'il est un objet, chez nous, dont
on ne cause
Pas plus que de cordon dans l'hôtel d'un
pendu! [3]

CHRISTIAN
Qu'est-ce?

UN AUTRE CADET, *d'une voix terrible*
Regardez-moi!
(*Il pose trois fois, mystérieusement, son
doigt sur son nez.*)
M'avez-vous entendu?

CHRISTIAN
Ah! c'est le. . . .

UN AUTRE
Chut! . . . jamais ce mot ne se profère!
(*Il montre CYRANO qui cause au fond avec
LE BRET.*)
Ou c'est à lui, là-bas, que l'on aurait
affaire!

UN AUTRE, *qui, pendant qu'il était tourné
vers les premiers, est venu sans bruit
s'asseoir sur la table, dans son dos*
Deux nasillards par lui furent exterminés
Parce qu'il lui déplut qu'ils parlassent du
nez!

UN AUTRE, *d'une voix caverneuse,—surgissant de sous la table, où il s'est glissé
à quatre pattes*

---

[1] *La Haine . . . tête.* Hatred each day flutes and prepares the ruff (*fraise*) whose starch (*empois*) compels me to keep my head high.
[2] *carcan*, iron collar to fasten prisoners to the post, sometimes with spikes on the inside.—*auréole*, halo. The idea of this whole brilliant passage is: easy friendships are comparable to the soft Italian lace collars which leave you free to bow and smile right and left, not always nobly, while the hatred which I arouse is like the uncomfortable Spanish ruff which compels me to keep my head up proudly.
[3] *cordon . . . pendu.* Reference to the saying *Il ne faut pas parler de corde dans la maison d'un pendu*, implying that one should not touch on subjects that are sore points with someone present.

On ne peut faire, sans défuncter avant
  l'âge,
La moindre allusion au fatal cartilage!
Un Autre, *lui posant la main sur l'épaule*
Un mot suffit! Que dis-je, un mot? Un
  geste, un seul!
Et tirer son mouchoir, c'est tirer son lin-
  ceul!
(*Silence. Tous autour de lui, les bras
croisés, le regardent. Il se lève et va à
Carbon de Castel-Jaloux qui, causant
avec un officier, a l'air de ne rien voir.*)

            CHRISTIAN
Capitaine!

      CARBON, *se retournant et le toisant*
          Monsieur?

            CHRISTIAN
        Que fait-on quand on trouve
Des méridionaux trop vantards? . . .

            CARBON
          On leur prouve
Qu'on peut être du Nord, et courageux.
      (*Il lui tourne le dos.*)

            CHRISTIAN
              Merci.

     PREMIER CADET, *à* CYRANO
Maintenant, ton récit!

             TOUS
        Son récit!

     CYRANO, *redescendant vers eux*
         Mon récit? . . .

(*Tous rapprochent leurs escabeaux, se
groupent autour de lui, tendent le col.
Christian s'est mis à cheval sur une
chaise.*)
Eh! bien donc, je marchais tout seul, à
  leur rencontre.
La lune, dans le ciel, luisait comme une
  montre,
Quand soudain, je ne sais quel soigneux
  horloger
S'étant mis à passer un coton nuager
Sur le boîtier d'argent de cette montre
  ronde,
Il se fit une nuit la plus noire du monde,
Et les quais n'étant pas du tout illuminés,
Mordious! on n'y voyait pas plus loin. . . .

            CHRISTIAN
           Que son nez.
(*Silence. Tout le monde se lève lentement.
On regarde Cyrano avec terreur. Celui-
ci s'est interrompu, stupéfait. Attente.*)

            CYRANO
Qu'est-ce que c'est que cet homme-là?

      UN CADET, *à mi-voix*
          C'est un homme
Arrivé ce matin.

CYRANO, *faisant un pas vers* CHRISTIAN
         Ce matin?

      CARBON, *à mi-voix*
         Il se nomme
Le baron de Neuvil. . . .

     CYRANO, *vivement, s'arrêtant*
         Ah! c'est bien. . . .
(*Il pâlit, rougit, a encore un mouvement
pour se jeter sur* CHRISTIAN.)
             Je. . . .
(*Puis il se domine, et dit d'une voix sourde.*)
          Très bien. . . .

       (*Il reprend.*)
Je disais donc. . . .
    (*Avec un éclat de rage dans la voix.*)
        Mordious! . . .
    (*Il continue d'un ton naturel.*)
        que l'on n'y voyait rien.
(*Stupeur. On se rassied en se regardant.*)
Et je marchais, songeant que pour un
  gueux fort mince
J'allais mécontenter quelque grand, quel-
  que prince,
Qui m'aurait sûrement. . . .

            CHRISTIAN
         Dans le nez.[1] . . .
(*Tout le monde se lève.* CHRISTIAN *se
balance sur sa chaise.*)

    CYRANO, *d'une voix étranglée*
          Une dent,—
Qui m'aurait une dent . . . et qu'en
  somme, imprudent,
J'allais fourrer. . . .

            CHRISTIAN
Le nez. . . .

---

[1] *nez. Avoir quelqu'un dans le nez,* " have it in for some one.".

CYRANO

le doigt . . . entre l'écorce
Et l'arbre,[1] car ce grand pouvait être de
    force
A me faire donner. . . .

CHRISTIAN

Sur le nez. . . .

CYRANO, *essuyant la sueur à son front*

Sur les doigts.
—Mais j'ajoutai: Marche, Gascon, fais ce
    que dois!
Va, Cyrano! Et ce disant, je me hasarde,
Quand, dans l'ombre, quelqu'un me porte.

CHRISTIAN

Une nasarde.

CYRANO

Je la pare. Et soudain me trouve. . . .

CHRISTIAN

Nez à nez. . . .

CYRANO, *bondissant vers lui*

Ventre-Saint-Gris![2]

(*Tous les* GASCONS *se précipitent pour voir;
    arrivé sur* CHRISTIAN, *il se maîtrise et
    continue.*)

avec cent braillards avinés
Qui puaient. . . .

CHRISTIAN

A plein nez. . . .

CYRANO, *blême et souriant*

L'oignon et la litharge!
Je bondis, front baissé. . . .

CHRISTIAN

Nez au vent!

CYRANO

et je charge!
J'en estomaque deux! J'en empale un
    tout vif!
Quelqu'un m'ajuste: Paf! et je riposte. . . .

CHRISTIAN

Pif![3]

CYRANO, *éclatant*

Tonnerre! Sortez tous!

(*Tous les* CADETS *se précipitent vers les
    portes.*)

PREMIER CADET

C'est le réveil du tigre!

CYRANO

Tous! Et laissez-moi seul avec cet
    homme!

DEUXIÈME CADET

Bigre!

On va le retrouver en hachis!

RAGUENEAU

En hachis?

UN AUTRE CADET

Dans un de vos pâtés!

RAGUENEAU

Je sens que je blanchis,
Et que je m'amollis comme une serviette!

CARBON

Sortons!

UN AUTRE

Il n'en va pas laisser une miette!

UN AUTRE

Ce qui va se passer ici, j'en meurs d'effroi!

UN AUTRE, *refermant la porte de droite*

Quelque chose d'épouvantable!

(*Ils sont tous sortis,—soit par le fond, soit
    par les côtés,—quelques-uns ont disparu
    par l'escalier.* CYRANO *et* CHRISTIAN
    *restent face à face, et se regardent un
    moment.*)

SCÈNE X

CYRANO, CHRISTIAN

CYRANO

Embrasse-moi!

CHRISTIAN

Monsieur. . . .

CYRANO

Brave.

CHRISTIAN

Ah çà! mais! . . .

CYRANO

Très brave. Je préfère.

CHRISTIAN

Me direz-vous? . . .

CYRANO

Embrasse-moi. Je suis son frère.

---

[1] *écorce*, bark. *Mettre le doigt entre l'écorce et l'arbre*, Mix in a quarrel between related persons.
[2] *Ventre-Saint-Gris*, for *Ventre-Saint-Christ*, favored oath of that other Gascon, Henri IV.
[3] *pif*, large nose; but *pif paf!* slap bang!

CHRISTIAN

De qui?

CYRANO

Mais d'elle!

CHRISTIAN

Hein? . . .

CYRANO

Mais de Roxane!

CHRISTIAN, *courant à lui*

Ciel!

Vous, son frère?

CYRANO

Ou tout comme: un cousin fraternel.

CHRISTIAN

Elle vous a? . . .

CYRANO

Tout dit!

CHRISTIAN

M'aime-t-elle?

CYRANO

Peut-être!

CHRISTIAN, *lui prenant les mains*

Comme je suis heureux, Monsieur, de vous
connaître!

CYRANO

Voilà ce qui s'appelle un sentiment soudain.

CHRISTIAN

Pardonnez-moi. . . .

CYRANO, *le regardant, et lui mettant la main
sur l'épaule*

C'est vrai qu'il est beau, le gredin!

CHRISTIAN

Si vous saviez Monsieur, comme je vous
admire!

CYRANO

Mais tous ces nez que vous m'avez. . . .

CHRISTIAN

Je les retire!

CYRANO

Roxane attend ce soir une lettre. . . .

CHRISTIAN

Hélas!

CYRANO

Quoi?

CHRISTIAN

C'est me perdre que de cesser de rester coi!

CYRANO

Comment?

CHRISTIAN

Las! je suis sot à m'en tuer de honte!

CYRANO

Mais non, tu ne l'es pas puisque tu t'en
rends compte.
D'ailleurs, tu ne m'as pas attaqué comme
un sot.

CHRISTIAN

Bah! on trouve des mots quand on monte
à l'assaut!
Oui, j'ai certain esprit facile et militaire,
Mais je ne sais, devant les femmes, que me
taire.
Oh! leurs yeux, quand je passe, ont pour
moi des bontés. . . .

CYRANO

Leurs cœurs n'en ont-ils plus quand vous
vous arrêtez?

CHRISTIAN

Non! car je suis de ceux,—je le sais . . .
et je tremble!—
Qui ne savent parler d'amour.

CYRANO

Tiens! . . . Il me semble
Que si l'on eût pris soin de me mieux
modeler,
J'aurais été de ceux qui savent en parler.

CHRISTIAN

Oh! pouvoir exprimer les choses avec
grâce!

CYRANO

Être un joli petit mousquetaire qui passe!

CHRISTIAN

Roxane est précieuse et sûrement je vais
Désillusionner Roxane!

CYRANO, *regardant* CHRISTIAN

Si j'avais
Pour exprimer mon âme un pareil interprète!

CHRISTIAN, *avec désespoir*

Il me faudrait de l'éloquence!

CYRANO, *brusquement*

Je t'en prête!
Toi, du charme physique et vainqueur,
prête-m'en:
Et faisons à nous deux un héros de roman!

CHRISTIAN

Quoi?

CYRANO
Te sentirais-tu [1] de répéter les choses
Que chaque jour je t'apprendrais? . . .

CHRISTIAN
            Tu me proposes? . . .

CYRANO
Roxane n'aura pas de désillusions!
Dis, veux-tu qu'à nous deux nous la sé-
    duisions?
Veux-tu sentir passer, de mon pourpoint
    de buffle
Dans ton pourpoint brodé, l'âme que je
    t'insuffle?

CHRISTIAN
Mais, Cyrano! . . .

CYRANO
            Christian, veux-tu?

CHRISTIAN
                    Tu me fais peur!

CYRANO
Puisque tu crains, tout seul, de refroidir
    son cœur,
Veux-tu que nous fassions,—et bientôt tu
    l'embrases!—
Collaborer un peu tes lèvres et mes
    phrases? . . .

CHRISTIAN
Tes yeux brillent! . . .

CYRANO
            Veux-tu? . . .

CHRISTIAN
                    Quoi! cela te ferait
Tant de plaisir? . . .

CYRANO, avec enivrement
            Cela. . . .
    (Se reprenant, et en artiste.)
                    Cela m'amuserait!
C'est une expérience à tenter un poète.
Veux-tu me compléter et que je te com-
    plète?
Tu marcheras, j'irai dans l'ombre à ton
    côté:
Je serai ton esprit, tu seras ma beauté.

CHRISTIAN
Mais la lettre qu'il faut, au plus tôt, lui
    remettre!
Je ne pourrai jamais. . . .

CYRANO, sortant de son pour
        qu'il a écrite
        Tiens, la vo   ....

CHRISTIAN
Comment?

CYRANO
Hormis l'adresse, il n'y manque plus
    rien.

CHRISTIAN
Je. . . .

CYRANO
Tu peux l'envoyer. Sois tranquille.
    Elle est bien.

CHRISTIAN
Vous aviez? . . .

CYRANO
Nous avons toujours, nous, dans nos
    poches,
Des épîtres à des Chloris [2] . . . de nos
    caboches,
Car nous sommes ceux-là qui pour amante
    n'ont
Que du rêve soufflé dans la bulle d'un
    nom! . . .
Prends, et tu changeras en vérités ces
    feintes;
Je lançais au hasard ces aveux et ces
    plaintes:
Tu feras se poser tous ces oiseaux errants.
Tu verras que je fus dans cette lettre—
    prends!—
D'autant plus éloquent que j'étais moins
    sincère!
—Prends donc, et finissons!

CHRISTIAN
            N'est-il pas nécessaire
De changer quelques mots? Écrite en
    divaguant,
Ira-t-elle à Roxane?

CYRANO
            Elle ira comme un gant!

CHRISTIAN
Mais. . . .

CYRANO
La crédulité de l'amour-propre est telle, —
Que Roxane croira que c'est écrit pour elle!

CHRISTIAN
Ah! mon ami!
(Il se jette dans les bras de CYRANO. Ils
    restent embrassés.)

[1] Te sentirais-tu, i.e. capable. This ellipsis is quite uncommon.
[2] Chloris, like Philis, is a favorite name among poets of the sixteenth and seventeenth centuries.—
de nos caboches (heads), i.e. imaginary.

SCÈNE XI

Cyrano, Christian, les Gascons, le
Mousquetaire, Lise

Un Cadet, *entr'ouvrant la porte*

Plus rien. . . . Un silence de mort. . . .
Je n'ose regarder. . . .

(*Il passe la tête.*)

Hein?

Tous les Cadets, *entrant et voyant Cyrano et* Christian *qui s'embrassent*

Ah! . . . Oh! . . .

Un Cadet

C'est trop fort!

(*Consternation.*)

Le Mousquetaire, *goguenard*

Ouais? . . .

Carbon

Notre démon est doux comme un apôtre?
Quand sur une narine on le frappe,—il
tend l'autre?

Le Mousquetaire

On peut donc lui parler de son nez, maintenant? . . .

(*Appelant* Lise, *d'un air triomphant.*)

—Eh! Lise! Tu vas voir!

(*Humant l'air avec affectation.*)

Oh! . . . oh! . . . c'est surprenant! . . .
Quelle odeur! . . .

(*Allant à* Cyrano.)

Mais, monsieur doit l'avoir reniflée?
Qu'est-ce que cela sent ici? . . .

Cyrano, *le souffletant*

La giroflée[1]!

(*Joie. Les* Cadets *ont retrouvé* Cyrano:
ils font des culbutes.)

TROISIÈME ACTE

LE BAISER DE ROXANE

*Une petite place, dans l'ancien Marais.
Vieilles maisons. Perspectives de ruelles.
A droite, la maison de* Roxane *et le mur
de son jardin que débordent de larges
feuillages. Au-dessus de la porte, fenêtre
et balcon. Un banc devant le seuil.
Du lierre grimpe au mur, du jasmin en-
guirlande le balcon, frissonne et retombe.*

*Par le banc et les pierres en saillie du mur,
on peut facilement grimper au balcon.
En face, une ancienne maison de même
style, brique et pierre, avec une porte
d'entrée. Le heurtoir de cette porte est
emmailloté de linge comme un pouce
malade.
Au lever du rideau, la* Duègne *est assise
sur le banc. La fenêtre est grande ouverte
sur le balcon de* Roxane.
Près de la Duègne *se tient debout* Ragueneau, *vêtu d'une sorte de livrée: il termine
un récit, en s'essuyant les yeux.*

SCÈNE PREMIÈRE

Ragueneau, la Duègne, *puis* Roxane,
Cyrano *et* deux Pages

Ragueneau

. . . Et puis, elle est partie avec un mousquetaire!
Seul, ruiné, je me pends. J'avais quitté la
terre.
Monsieur de Bergerac entre, et, me dé-
pendant,
Me vient à sa cousine offrir comme intendant.

La Duègne

Mais comment expliquer cette ruine où
vous êtes?

Ragueneau

Lise aimait les guerriers, et j'aimais les
poètes!
Mars mangeait les gâteaux que laissait
Apollon:
—Alors, vous comprenez, cela ne fut pas
long!

La Duègne, *se levant et appelant vers la
fenêtre ouverte*

Roxane, êtes-vous prête? . . . On nous
attend!

La voix de Roxane, *par la fenêtre*

Je passe

Une mante!

La Duègne, *à* Ragueneau, *lui montrant
la porte d'en face*

C'est là qu'on nous attend, en face.
Chez Clomire. Elle tient bureau, dans
son réduit.[2]
On y lit un discours sur le Tendre,[3] aujourd'hui.

---

[1] *giroflée*, lit. gilly-flower, colloquial for "slap in the face."

[2] *Elle tient bureau dans son réduit*, précieux expression meaning: She receives in her apartment.

[3] *Tendre*, the land of Affection. In Mlle de Scudéry's famous novel *Clélie* there was a map, *la carte de Tendre*, on which the various forms of affection and the ways to reach them were indicated by villages situated along a broad stream, *le fleuve Inclination.*

RAGUENEAU

Sur le Tendre?

LA DUÈGNE, *minaudant*

Mais oui! . . .

(*Criant vers la fenêtre.*)

Roxane, il faut descendre,
Ou nous allons manquer le discours sur le
Tendre!

LA VOIX DE ROXANE

Je viens!

(*On entend un bruit d'instruments à cordes
qui se rapproche.*)

LA VOIX DE CYRANO, *chantant dans la
coulisse*

La! la! la! la!

LA DUÈGNE, *surprise*

On nous joue un morceau?

CYRANO, *suivi de deux pages porteurs de
théorbes* [1]

Je vous dis que la croche est triple, triple
sot!

PREMIER PAGE, *ironique*

Vous savez donc, Monsieur, si les croches
sont triples? [2]

CYRANO

Je suis musicien, comme tous les disciples
De Gassendi! [3]

LE PAGE, *jouant et chantant*

La! la!

CYRANO, *lui arrachant le théorbe et continuant la phrase musicale*

Je peux continuer! . . .

La! la! la! la!

ROXANE, *paraissant sur le balcon*

C'est vous?

CYRANO, *chantant sur l'air qu'il continue*

Moi, qui viens saluer
Vos lys, et présenter mes respects à vos
ro . . . ses!

ROXANE

Je descends!

(*Elle quitte le balcon.*)

LA DUÈGNE, *montrant les pages*

Qu'est-ce donc que ces deux virtuoses?

CYRANO

C'est un pari que j'ai gagné, sur d'Assoucy.
Nous discutions un point de grammaire.—
Non!—Si!—
Quand soudain me montrant ces deux
grands escogriffes
Habiles à gratter les cordes de leurs griffes,
Et dont il fait toujours son escorte, il me
dit:
« Je te parie un jour de musique! » Il
perdit.
Jusqu'à ce que Phœbus recommence son
orbe,
J'ai donc sur mes talons ces joueurs de
théorbe,
De tout ce que je fais harmonieux té-
moins! . . .
Ce fut d'abord charmant, et ce l'est déjà
moins.

(*Aux musiciens.*)

Hep! . . . Allez de ma part jouer une
pavane
A Montfleury! . . .

(*Les pages remontent pour sortir.—A* LA
DUÈGNE.)

Je viens demander à Roxane
Ainsi que chaque soir. . . .

(*Aux pages qui sortent.*)

Jouez longtemps,—et faux!

(*A* LA DUÈGNE.)

. . . Si l'ami de son âme est toujours sans
défauts?

ROXANE, *sortant de la maison*

Ah! qu'il est beau, qu'il a d'esprit, et que
je l'aime!

CYRANO, *souriant*

Christian a tant d'esprit? . . .

ROXANE

Mon cher, plus que vous-même!

CYRANO

J'y consens.

ROXANE

Il ne peut exister à mon goût
Plus fin diseur de ces jolis riens qui sont
tout.
Parfois il est distrait, ses Muses sont ab-
sentes;
Puis, tout à coup, il dit des choses ravis-
santes!

CYRANO, *incrédule*

Non!

---

[1] *théorbe*, a sort of lute with double neck.
[2] *croche triple*, demi-semi quaver (thirty-second note).
[3] *Gassendi* (1592–1655), a materialistic philosopher under whom Cyrano and Molière studied.

ROXANE

C'est trop fort! Voilà comme les hommes sont:
Il n'aura pas d'esprit puisqu'il est beau garçon!

CYRANO

Il sait parler du cœur d'une façon experte?

ROXANE

Mais il n'en parle pas, Monsieur, il en disserte!

CYRANO

Il écrit?

ROXANE

Mieux encor! Écoutez donc un peu:
(*Déclamant.*)
« *Plus tu me prends de cœur, plus j'en ai!* . . . »
(*Triomphante à* CYRANO.)
Hé! bien?

CYRANO

Peuh! . . .

ROXANE

Et ceci: « *Pour souffrir, puisqu'il m'en faut un autre,*
Si vous gardez mon cœur, envoyez-moi le vôtre! »

CYRANO

Tantôt il en a trop et tantôt pas assez.
Qu'est-ce au juste qu'il veut, de cœur? . . .

ROXANE

Vous m'agacez!
C'est la jalousie. . . .

CYRANO, *tressaillant*

Hein? . . .

ROXANE

. . . d'auteur qui vous dévore!
—Et ceci, n'est-il pas du dernier tendre [1] encore?
« *Croyez que devers vous mon cœur ne fait qu'un cri,*
Et que si les baisers s'envoyaient par écrit,
Madame, vous liriez ma lettre avec les lèvres! . . . »

CYRANO, *souriant malgré lui de satisfaction*

Ha! ha! ces lignes-là sont . . . hé! hé!
(*Se reprenant et avec dédain.*)
mais bien mièvres!

ROXANE

Et ceci. . . .

CYRANO, *ravi*

Vous savez donc ses lettres par cœur?

ROXANE

Toutes!

CYRANO

Il n'y a pas à dire: c'est flatteur!

ROXANE

C'est un maître!

CYRANO, *modeste*

Oh! . . . un maître! . . .

ROXANE, *péremptoire*

Un maître!

CYRANO

Soit! . . . un maître!

LA DUÈGNE, *qui était remontée, redescendant vivement*

Monsieur de Guiche!
(*A* CYRANO, *le poussant vers la maison.*)
Entrez! . . . car il vaut mieux, peut-être,
Qu'il ne vous trouve pas ici; cela pourrait
Le mettre sur la piste. . . .

ROXANE, *à* CYRANO

Oui, de mon cher secret!
Il m'aime, il est puissant, il ne faut pas qu'il sache!
Il peut dans mes amours donner un coup de hache!

CYRANO, *entrant dans la maison*

Bien! bien! bien!
(*De* GUICHE *paraît.*)

SCÈNE II

ROXANE, DE GUICHE, LA DUÈGNE, *à l'écart*

ROXANE, *à* DE GUICHE, *lui faisant une révérence*

Je sortais.

DE GUICHE

Je viens prendre congé.

ROXANE

Vous partez?

DE GUICHE

Pour la guerre.

ROXANE

Ah!

---

[1] *du dernier tendre,* of the utmost tenderness (a précieux expression).

DE GUICHE
Ce soir même.

ROXANE
Ah!

DE GUICHE
J'ai
Des ordres.   On assiège Arras.

ROXANE
Ah! . . . on assiège? . . .

DE GUICHE
Oui. . . . Mon départ a l'air de vous laisser de neige.

ROXANE
Oh! . . .

DE GUICHE
Moi, je suis navré.   Vous reverrai-je?
. . . Quand?
—Vous savez que je suis nommé mestre de
camp? [1]

ROXANE, *indifférente*
Bravo.

DE GUICHE
Du régiment des gardes.

ROXANE, *saisie*
Ah? des gardes?

DE GUICHE
Où sert votre cousin, l'homme aux phrases
vantardes.
Je saurai me venger de lui, là-bas.

ROXANE, *suffoquée*
Comment!
Les gardes vont là-bas?

DE GUICHE, *riant*
Tiens! c'est mon régiment!

ROXANE, *tombant assise sur le banc,—à part*
Christian!

DE GUICHE
Qu'avez-vous?

ROXANE, *tout émue*
Ce . . . départ . . . me désespère!
Quand on tient à quelqu'un, le savoir à la
guerre!

DE GUICHE, *surpris et charmé*
Pour la première fois me dire un mot si
doux,
Le jour de mon départ!

---

[1] *mestre-de-camp*, colonel.

ROXANE, *changeant de ton et s'éventant*
Alors,—vous allez vous
Venger de mon cousin? . . .

DE GUICHE, *souriant*
On est pour lui?

ROXANE
Non,—contre!

DE GUICHE
Vous le voyez?

ROXANE
Très peu.

DE GUICHE
Partout on le rencontre
Avec un des cadets . . .
(*Il cherche le nom.*)
ce Neu . . . villen . . . viller. . . .

ROXANE
Un grand?

DE GUICHE
Blond.

ROXANE
Roux.

DE GUICHE
Beau! . . .

ROXANE
Peuh!

DE GUICHE
Mais bête.

ROXANE
Il en a l'air!
(*Changeant de ton.*)
. . . Votre vengeance envers Cyrano,—
c'est peut-être
De l'exposer au feu, qu'il adore? . . .
Elle est piètre!
Je sais bien, moi, ce qui lui serait sanglant!

DE GUICHE
C'est? . . .

ROXANE
Mais si le régiment, en partant, le laissait
Avec ses chers cadets, pendant toute la
guerre,
A Paris, bras croisés! . . . C'est la seule
manière,
Un homme comme lui, de le faire enrager:
Vous voulez le punir? privez-le de danger.

DE GUICHE

Une femme! une femme! il n'y a qu'une femme
Pour inventer ce tour!

ROXANE

Il se rongera l'âme,
Et ses amis les poings, de n'être pas au feu:
Et vous serez vengé!

DE GUICHE, *se rapprochant*

Vous m'aimez donc un peu?
(*Elle sourit.*)
Je veux voir dans ce fait d'épouser ma rancune,
Une preuve d'amour, Roxane! . . .

ROXANE

C'en est une.

DE GUICHE, *montrant plusieurs plis cachetés*

J'ai les ordres sur moi qui vont être transmis
A chaque compagnie, à l'instant même, hormis. . . .
(*Il en détache un.*)
Celui-ci! C'est celui des cadets.
(*Il le met dans sa poche.*)
Je le garde.
(*Riant.*)
Ah! ah! ah! Cyrano! . . . Son humeur bataillarde! . . .
—Vous jouez donc des tours aux gens, vous? . . .

ROXANE

Quelquefois.

DE GUICHE, *tout près d'elle*

Vous m'affolez! Ce soir—écoutez—oui, je dois
Être parti. Mais fuir quand je vous sens émue! . . .
Écoutez. Il y a, près d'ici, dans la rue
D'Orléans, un couvent fondé par le syndic
Des capucins, le Père Athanase. Un laïc
N'y peut entrer. Mais les bons Pères, je m'en charge! . . .
Ils peuvent me cacher dans leur manche: elle est large.[1]
—Ce sont les capucins qui servent Richelieu
Chez lui; redoutant l'oncle, ils craignent le neveu.

On me croira parti. Je viendrai sous le masque.
Laissez-moi retarder d'un jour, chère fantasque! . . .

ROXANE

Mais si cela s'apprend, votre gloire. . . .

DE GUICHE

Bah!

ROXANE

Mais
Le siège, Arras. . . .

DE GUICHE

Tant pis! Permettez!

ROXANE

Non!

DE GUICHE

Permets!

ROXANE, *tendrement*

Je dois vous le défendre!

DE GUICHE

Ah!

ROXANE

Partez!
(*A part.*)
Christian reste.
(*Haut.*)
Je vous veux héroïque,—Antoine![2]

DE GUICHE

Mot céleste!
Vous aimez donc celui? . . .

ROXANE

Pour lequel j'ai frémi.

DE GUICHE, *transporté de joie*

Ah! je pars!
(*Il lui baise la main.*)
Êtes-vous contente?

ROXANE

Oui, mon ami!
(*Il sort.*)

LA DUÈGNE, *lui faisant dans le dos une révérence comique*

Oui, mon ami!

ROXANE, *à LA DUÈGNE*

Taisons ce que je viens de faire:
Cyrano m'en voudrait de lui voler sa guerre!

---

[1] *large.* *Avoir la manche large*, to be indulgent; but here used also literally.
[2] *Antoine.* de Guiche's real title was Antoine III, duc de Grammont.

(*Elle appelle vers la maison.*)
Cousin!

SCÈNE III

ROXANE, LA DUÈGNE, CYRANO
ROXANE

Nous allons chez Clomire.
(*Elle désigne la porte d'en face.*)

Alcandre y doit
Parler, et Lysimon!

LA DUÈGNE, *mettant son petit doigt dans son oreille*

Oui! mais mon petit doigt [1]
Dit qu'on va les manquer!

CYRANO, *à* ROXANE

Ne manquez pas ces singes!
(*Ils sont arrivés devant la porte de Clomire.*)

LA DUÈGNE, *avec ravissement*

Oh! voyez! le heurtoir est entouré de
linges! . . .
(*Au heurtoir.*)
On vous a bâillonné pour que votre métal
Ne troublât pas les beaux discours,—petit
brutal!
(*Elle le soulève avec des soins infinis et
frappe doucement.*)

ROXANE, *voyant qu'on ouvre*

Entrons! . . .
(*Du seuil, à* CYRANO.)
Si Christian vient, comme je le présume,
Qu'il m'attende!

CYRANO, *vivement, comme elle va disparaître*

Ah! . . .
(*Elle se retourne.*)
Sur quoi, selon votre coutume,
Comptez-vous aujourd'hui l'interroger?

ROXANE

Sur. . . .

CYRANO, *vivement*

Sur?

ROXANE

Mais vous serez muet, là-dessus!

CYRANO

Comme un mur.

ROXANE

Sur rien! . . . Je vais lui dire: Allez!
Partez sans bride!

Improvisez.   Parlez   d'amour.   Soyez
splendide!

CYRANO, *souriant*

Bon.

ROXANE

Chut! . . .

CYRANO

Chut! . . .

ROXANE

Pas un mot! . . .
(*Elle rentre et referme la porte.*)

CYRANO, *la saluant, la porte une fois fermée*

En vous remerciant!
(*La porte se rouvre et* ROXANE *passe la
tête.*)

ROXANE

Il se préparerait! . . .

CYRANO

Diable, non! . . .

TOUS LES DEUX, *ensemble*

Chut! . . .
(*La porte se ferme.*)

CYRANO, *appelant*

Christian!

SCÈNE IV

CYRANO, CHRISTIAN

CYRANO

Je sais tout ce qu'il faut.   Prépare ta
mémoire.
Voici l'occasion de se couvrir de gloire.
Ne perdons pas de temps.   Ne prends pas
l'air grognon.
Vite, rentrons chez toi, je vais t'apprendre. . . .

CHRISTIAN

Non!

CYRANO

Hein?

CHRISTIAN

Non! J'attends Roxane ici.

CYRANO

De quel vertige
Es-tu frappé?   Viens vite apprendre. . . .

CHRISTIAN

Non, te dis-je!
Je suis las d'emprunter mes lettres, mes
discours,

---

[1] *mon petit doigt.*   When children wish to hide something, one may say: *Mon petit doigt me dit ce
que tu as fait.*

Et de jouer ce rôle, et de trembler toujours! . . .
C'était bon au début!   Mais je sens qu'elle
m'aime!
Merci.   Je n'ai plus peur.   Je vais parler
moi-même.

CYRANO

Ouais!

CHRISTIAN

Et qui te dit que je ne saurai pas? . . .
Je ne suis pas si bête à la fin!   Tu verras!
Mais, mon cher, tes leçons m'ont été
profitables.
Je saurai parler seul!   Et, de par tous les
diables,
Je saurai bien toujours la prendre dans
mes bras! . . .

(*Apercevant* ROXANE, *qui ressort de chez
Clomire.*)

—C'est elle!   Cyrano, non, ne me quitte
pas!

CYRANO, *le saluant*

Parlez tout seul, Monsieur.

(*Il disparaît derrière le mur du jardin.*)

SCÈNE V

CHRISTIAN, ROXANE, LA DUÈGNE, *un
instant*

ROXANE, *sortant de la maison de Clomire
avec une compagnie qu'elle quitte: révérences et saluts*

Barthénoïde!—Alcandre!—
Grémione! . . .

LA DUÈGNE, *désespérée*

On a manqué le discours sur le Tendre!
(*Elle rentre chez* ROXANE.)

ROXANE, *saluant encore*

Urimédonte! . . . Adieu! . . .

(*Tous saluent* ROXANE, *se resaluent entre
eux, se séparent et s'éloignent par différentes rues.* ROXANE *voit* CHRISTIAN.)

C'est vous! . . .
(*Elle va à lui.*)
Le soir descend.
Attendez.   Ils sont loin.   L'air est doux.
Nul passant.
Asseyons-nous.   Parlez.   J'écoute.

CHRISTIAN, *s'assied près d'elle, sur le banc.
Un silence*

Je vous aime.

ROXANE, *fermant les yeux*

Oui, parlez-moi d'amour.

CHRISTIAN

Je t'aime.

ROXANE

C'est le thème.

Brodez, brodez.

CHRISTIAN

Je vous. . . .

ROXANE

Brodez!

CHRISTIAN

Je t'aime tant!

ROXANE

Sans doute, et puis? . . .

CHRISTIAN

Et puis . . . je serais si content
Si vous m'aimiez!—Dis-moi, Roxane, que
tu m'aimes!

ROXANE, *avec une moue*

Vous m'offrez du brouet quand j'espérais
des crèmes!
Dites un peu comment vous m'aimez? . . .

CHRISTIAN

Mais . . . beaucoup.

ROXANE

Oh! . . . Délabyrinthez [1] vos sentiments!

CHRISTIAN

Ton cou!
Je voudrais l'embrasser! . . .

ROXANE

Christian!

CHRISTIAN

Je t'aime!

ROXANE, *voulant se lever*

Encore!

CHRISTIAN, *vivement, la retenant*

Non! je ne t'aime pas!

ROXANE, *se rasseyant*

C'est heureux!

CHRISTIAN

Je t'adore!

---

[1] *délabyrinther, précieux* term meaning " disentangle."

ROXANE, *se levant et s'éloignant*
Oh!

CHRISTIAN
Oui . . . je deviens sot!

ROXANE, *sèchement*
Et cela me déplaît!
Comme il me déplairait que vous devinssiez laid.

CHRISTIAN
Mais. . . .

ROXANE
Allez rassembler votre éloquence en fuite!

CHRISTIAN
Je. . . .

ROXANE
Vous m'aimez, je sais. Adieu.
(*Elle va vers la maison.*)

CHRISTIAN
Pas tout de suite!
Je vous dirai. . . .

ROXANE, *poussant la porte pour rentrer*
Que vous m'adorez . . . oui, je sais.
Non! Non! Allez-vous-en!

CHRISTIAN
Mais je. . . .
(*Elle lui ferme la porte au nez.*)

CYRANO, *qui depuis un moment est rentré sans être vu*
C'est un succès.

SCÈNE VI

CHRISTIAN, CYRANO, LES PAGES, *un instant*

CHRISTIAN
Au secours!

CYRANO
Non, monsieur.

CHRISTIAN
Je meurs si je ne rentre
En grâce, à l'instant même. . . .

CYRANO
Et comment puis-je, diantre!
Vous faire à l'instant même, apprendre?

CHRISTIAN, *lui saisissant le bras*
Oh! là, tiens, vois!
(*La fenêtre du balcon s'est éclairée.*)

CYRANO, *ému*
Sa fenêtre!

CHRISTIAN
Je vais mourir!

CYRANO
Baissez la voix!

CHRISTIAN, *tout bas*
Mourir! . . .

CYRANO
La nuit est noire. . . .

CHRISTIAN
Eh! bien?

CYRANO
C'est réparable.
Vous ne méritez pas. . . . Mets-toi là, misérable!
Là, devant le balcon! Je me mettrai dessous. . . .
Et je te soufflerai tes mots.

CHRISTIAN
Mais. . . .

CYRANO
Taisez-vous!

LES PAGES, *reparaissant au fond, à* CYRANO
Hep!

CYRANO
Chut! . . .
(*Il leur fait signe de parler bas.*)

PREMIER PAGE, *à mi-voix*
Nous venons de donner la sérénade
A Montfleury! . . .

CYRANO, *bas, vite*
Allez vous mettre en embuscade
L'un à ce coin de rue, et l'autre à celui-ci;
Et si quelque passant gênant vient par ici,
Jouez un air!

DEUXIÈME PAGE
Quel air, monsieur le gassendiste?

CYRANO
Joyeux pour une femme, et pour un homme, triste!
(LES PAGES *disparaissent, un à chaque coin de rue.—A* CHRISTIAN.)
Appelle-la!

CHRISTIAN
Roxane!

CYRANO, *ramassant des cailloux qu'il jette dans les vitres*
Attends! Quelques cailloux.

ROXANE, *entr'ouvrant sa fenêtre*
Qui donc m'appelle?

CHRISTIAN
Moi.

ROXANE
Qui, moi?

CHRISTIAN
Christian.

ROXANE, *avec dédain*
C'est vous?

CHRISTIAN
Je voudrais vous parler.

CYRANO, *sous le balcon, à* CHRISTIAN
Bien. Bien. Presque à voix basse.

ROXANE
Non! vous parlez trop mal. Allez-vous-en!

CHRISTIAN
De grâce! . . .

ROXANE
Non! Vous ne m'aimez plus!

CHRISTIAN, *à qui* CYRANO *souffle ses mots*
M'accuser,—justes dieux!—
De n'aimer plus . . . quand . . . j'aime plus!

ROXANE, *qui allait refermer sa fenêtre, s'arrêtant*
Tiens! mais c'est mieux!

CHRISTIAN, *même jeu*
L'amour grandit bercé dans mon âme inquiète. . . .
Que ce . . . cruel marmot prit pour . . . barcelonnette.[1]

ROXANE, *s'avançant sur le balcon*
C'est mieux!—Mais, puisqu'il est cruel, vous fûtes sot
De ne pas, cet amour, l'étouffer au berceau!

CHRISTIAN, *même jeu*
Aussi l'ai-je tenté, mais. . . . Tentative nulle:
Ce . . . nouveau-né, Madame, est un petit. . . . Hercule.[2]

ROXANE
C'est mieux!

CHRISTIAN, *même jeu*
De sorte qu'il . . . strangula comme rien. . . .
Les deux serpents. . . . Orgueil et. . . . Doute.

ROXANE, *s'accoudant au balcon*
Ah! c'est très bien!
—Mais pourquoi parlez-vous de façon peu hâtive?
Auriez-vous donc la goutte à l'imaginative? [3]

CYRANO, *tirant* CHRISTIAN *sous le balcon, et se glissant à sa place*
Chut! Cela devient trop difficile! . . .

ROXANE
Aujourd'hui. . . .
Vos mots sont hésitants. Pourquoi?

CYRANO, *parlant à mi-voix comme* CHRISTIAN
C'est qu'il fait nuit.
Dans cette ombre, à tâtons, ils cherchent votre oreille.

ROXANE
Les miens n'éprouvent pas difficulté pareille.

CYRANO
Ils trouvent tout de suite? oh! cela va de soi.
Puisque c'est dans mon cœur, eux, que je les reçoi;
Or, moi, j'ai le cœur grand, vous, l'oreille petite.
D'ailleurs vos mots à vous, descendent: ils vont vite.
Les miens montent, Madame: il leur faut plus de temps!

ROXANE
Mais ils montent bien mieux depuis quelques instants.

CYRANO
De cette gymnastique, ils ont pris l'habitude!

ROXANE
Je vous parle, en effet, d'une vraie altitude!

[1] *barcelonnette*, or *bercelonnette*, diminutive of *berceau*, cradle.
[2] *Hercule:* note that one of Cyrano's names was Hercule. The infant Hercules is said to have strangled two snakes sent to kill him.
[3] *Auriez-vous donc la goutte à l'imaginative?* Can it be that your imagination has the gout?

CYRANO

Certe, et vous me tueriez si de cette hauteur
Vous me laissiez tomber un mot dur sur le cœur!

ROXANE, *avec un mouvement*

Je descends.

CYRANO, *vivement*

Non!

ROXANE, *lui montrant le banc qui est sous le balcon*

Grimpez sur le banc, alors, vite!

CYRANO, *reculant avec effroi, dans la nuit.*

Non!

ROXANE

Comment . . . non?

CYRANO, *que l'émotion gagne de plus en plus*

Laissez un peu que l'on profite. . . .
De cette occasion qui s'offre . . . de pouvoir
Se parler doucement, sans se voir.

ROXANE

Sans se voir?

CYRANO

Mais oui, c'est adorable.   On se devine à peine.
Vous voyez la noirceur d'un long manteau qui traîne,
J'aperçois la blancheur d'une robe d'été:
Moi je ne suis qu'une ombre, et vous qu'une clarté!
Vous ignorez pour moi ce que sont ces minutes!
Si quelquefois je fus éloquent. . . .

ROXANE

Vous le fûtes!

CYRANO

Mon langage jamais jusqu'ici n'est sorti
De mon vrai cœur. . . .

ROXANE

Pourquoi?

CYRANO

Parce que . . . jusqu'ici
Je parlais à travers. . . .

ROXANE

Quoi?

CYRANO

. . . le vertige où tremble
Quiconque est sous vos yeux! . . . Mais, ce soir, il me semble. . . .
Que je vais vous parler pour la première fois!

ROXANE

C'est vrai que vous avez une tout autre voix.

CYRANO, *se rapprochant, avec fièvre*

Oui, tout autre, car dans la nuit qui me protège
J'ose être enfin moi-même, et j'ose. . . .

(*Il s'arrête et avec égarement.*)

Où en étais-je?
Je ne sais . . . tout ceci—pardonnez mon émoi—
C'est si délicieux . . . c'est si nouveau pour moi!

ROXANE

Si nouveau?

CYRANO, *bouleversé, et essayant toujours de rattraper ses mots*

Si nouveau . . . mais oui . . . d'être sincère:
La peur d'être raillé, toujours, au cœur me serre. . . .

ROXANE

Raillé de quoi?

CYRANO

Mais de . . . d'un élan! . . . Oui, mon cœur,
Toujours, de mon esprit s'habille, par pudeur:
Je pars pour décrocher l'étoile, et je m'arrête
Par peur du ridicule, à cueillir la fleurette![1]

ROXANE

La fleurette a du bon.

CYRANO

Ce soir, dédaignons-la!

ROXANE

Vous ne m'aviez jamais parlé comme cela!

CYRANO

Ah! si loin des carquois, des torches et des flèches,[2]
On se sauvait un peu vers des choses . . . plus fraîches!

[1] *cueillir la fleurette*, gather little flowers; say pretty nothings.
[2] *carquois, torches, flèches*, mythological attributes of Cupid in *précieux* style.

Au lieu de boire goutte à goutte, en un mignon
Dé à coudre d'or fin, l'eau fade du Lignon,[1]
Si l'on tentait de voir comment l'âme s'abreuve
En buvant largement à même le grand fleuve![2]

ROXANE

Mais l'esprit? . . .

CYRANO

    J'en ai fait pour vous faire rester
D'abord, mais maintenant ce serait insulter
Cette nuit, ces parfums, cette heure, la Nature,
Que de parler comme un billet doux de Voiture![3]
—Laissons, d'un seul regard de ses astres, le ciel
Nous désarmer de tout notre artificiel:
Je crains tant que parmi notre alchimie exquise
Le vrai du sentiment ne se volatilise,
Que l'âme ne se vide à ces passe-temps vains,
Et que le fin du fin ne soit la fin des fins![4]

ROXANE

Mais l'esprit? . . .

CYRANO

Je le hais dans l'amour! C'est un crime
Lorsqu'on aime de trop prolonger cette escrime!
Le moment vient d'ailleurs, inévitablement,
—Et je plains ceux pour qui ne vient pas ce moment!—
Où nous sentons qu'en nous une amour noble existe
Que chaque joli mot que nous disons rend triste!

ROXANE

Eh! bien! si ce moment est venu pour nous deux,
Quels mots me direz-vous?

CYRANO

    Tous ceux, tous ceux, tous ceux
Qui me viendront, je vais vous les jeter, en touffe,
Sans les mettre en bouquet: je vous aime, j'étouffe,
Je t'aime, je suis fou, je n'en peux plus, c'est trop;
Ton nom est dans mon cœur comme dans un grelot,
Et comme tout le temps, Roxane, je frissonne,
Tout le temps le grelot s'agite, et le nom sonne!
De toi, je me souviens de tout, j'ai tout aimé:
Je sais que l'an dernier, un jour, le douze mai,
Pour sortir le matin tu changeas de coiffure!
J'ai tellement pris pour clarté ta chevelure
Que comme lorsqu'on a trop fixé le soleil
On voit sur toute chose ensuite un rond vermeil,
Sur tout, quand j'ai quitté les feux dont tu m'inondes,
Mon regard ébloui pose des taches blondes!

ROXANE, *d'une voix troublée*

Oui, c'est bien de l'amour. . . .

CYRANO

    Certes, ce sentiment
Qui m'envahit, terrible et jaloux, c'est vraiment
De l'amour, il en a toute la fureur triste!
De l'amour,—et pourtant il n'est pas égoïste!
Ah! que pour ton bonheur je donnerais le mien,
Quand même tu devrais n'en savoir jamais rien,
S'il se pouvait, parfois, que de loin, j'entendisse
Rire un peu le bonheur né de mon sacrifice!
—Chaque regard de toi suscite une vertu
Nouvelle, une vaillance en moi! Commences-tu
A comprendre, à présent? voyons, te rends-tu compte?
Sens-tu, mon âme, un peu, dans cette ombre, qui monte? . . .
Oh! mais vraiment, ce soir, c'est trop beau, c'est trop doux!
Je vous dis tout cela, vous m'écoutez, moi, vous!

---

[1] *Lignon*, the river on the banks of which lived the heroes and heroines of d'Urfé's *l'Astrée*. It is an affluent of the Loire.

[2] *à même le grand fleuve*, right from the great river of love.

[3] *Voiture* (1598–1648), an *habitué* of the Hôtel de Rambouillet, the most representative *précieux* writer.

[4] *le fin du fin*, an expression common among the Précieux, meaning the essence of delicacy and refinement (*fin*, adjective, " refined ").—*la fin des fins*, the end of all things.

C'est trop! Dans mon espoir même le
 moins modeste.
Je n'ai jamais espéré tant! Il ne me reste
Qu'à mourir maintenant! C'est à cause
 des mots
Que je dis qu'elle tremble entre les bleus
 rameaux!
Car vous tremblez, comme une feuille
 entre les feuilles!
Car tu trembles! car j'ai senti, que tu le
 veuilles
Ou non, le tremblement adoré de ta main
Descendre tout le long des branches du
 jasmin!
(*Il baise éperdument l'extrémité d'une
 branche pendante.*)

ROXANE

Oui, je tremble, et je pleure, et je t'aime,
 et suis tienne!
Et tu m'as enivrée!

CYRANO

Alors, que la mort vienne!
Cette ivresse, c'est moi, moi, qui l'ai su
 causer!
Je ne demande plus qu'une chose. . . .

CHRISTIAN, *sous le balcon*

Un baiser!

ROXANE, *se rejetant en arrière*

Hein?

CYRANO

Oh!

ROXANE

Vous demandez?

CYRANO

Oui . . . je. . . .

(*A* CHRISTIAN, *bas.*)

Tu vas trop vite!

CHRISTIAN

Puisqu'elle est si troublée, il faut que j'en
 profite!

CYRANO, *à* ROXANE

Oui je . . . j'ai demandé, c'est vrai, mais
 justes cieux!
Je comprends que je fus bien trop audacieux.

ROXANE, *un peu déçue*

Vous n'insistez pas plus que cela?

CYRANO

Si! j'insiste. . . .
Sans insister! . . . Oui, oui! votre pudeur
 s'attriste!
Eh! bien! mais, ce baiser . . . ne me
 l'accordez pas!

CHRISTIAN, *à* CYRANO, *le tirant par son
 manteau*

Pourquoi?

CYRANO

Tais-toi, Christian!

ROXANE, *se penchant*

Que dites-vous tout bas?

CYRANO

Mais d'être allé trop loin, moi-même je
 me gronde;
Je me disais: tais-toi, Christian! . . .
(*Les théorbes se mettent à jouer.*)

Une seconde! . . .
On vient!
(ROXANE *referme la fenêtre.* CYRANO
 *écoute les théorbes, dont l'un joue un air
 folâtre el l'autre un air lugubre.*)

Air triste? Air gai? . . . Quel est donc
 leur dessein?
Est-ce un homme? une femme?—Ah! c'est
 un capucin!
(*Entre un capucin qui va de maison en
 maison, une lanterne à la main, regardant
 les portes.*)

SCÈNE VII

CYRANO, CHRISTIAN, UN CAPUCIN

CYRANO, *au* CAPUCIN

Quel est ce jeu renouvelé de Diogène?[1]

LE CAPUCIN

Je cherche la maison de madame. . . .

CHRISTIAN

Il nous gêne!

LE CAPUCIN

Magdeleine Robin. . . .

CHRISTIAN

Que veut-il? . . .

CYRANO, *lui montrant une rue montante*

Par ici!
Tout droit,—toujours tout droit. . . .

---

[1] *Diogène*, the Greek philosopher Diogenes, who sought with a lantern in daylight to find an honest man.

LE CAPUCIN

Je vais pour vous—merci!—
Dire mon chapelet jusqu'au grain majuscule.[1]

(*Il sort.*)

CYRANO

Bonne chance! Mes vœux suivent votre cuculle!

(*Il redescend vers* CHRISTIAN.)

SCÈNE VIII

CYRANO, CHRISTIAN

CHRISTIAN

Obtiens-moi ce baiser! . . .

CYRANO

Non!

CHRISTIAN

Tôt ou tard. . . .

CYRANO

C'est vrai!
Il viendra, ce moment de vertige enivré
Où vos bouches iront l'une vers l'autre, à cause
De ta moustache blonde et de sa lèvre rose!

(*A lui-même.*)

J'aime mieux que ce soit à cause de. . . .
(*Bruit des volets qui se rouvrent,* CHRISTIAN *se cache sous le balcon.*)

SCÈNE IX

CYRANO, CHRISTIAN, ROXANE

ROXANE, *s'avançant sur le balcon*

C'est vous?
Nous parlions de . . . de . . . d'un. . . .

CYRANO

Baiser. Le mot est doux.
Je ne vois pas pourquoi votre lèvre ne l'ose;
S'il la brûle déjà, que sera-ce la chose?
Ne vous en faites pas un épouvantement:
N'avez-vous pas tantôt, presqu'insensiblement,
Quitté le badinage et, glissé sans alarmes
Du sourire au soupir, et du soupir aux larmes?

Glissez encore un peu d'insensible façon:
Des larmes au baiser il n'y a qu'un frisson![2]

ROXANE

Taisez-vous!

CYRANO

Un baiser, mais à tout prendre, qu'est-ce?
Un serment fait d'un peu plus près, une promesse
Plus précise, un aveu qui veut se confirmer,
Un point rose qu'on met sur l'i du verbe aimer;
C'est un secret qui prend la bouche pour oreille,
Un instant d'infini qui fait un bruit d'abeille,
Une communion ayant un goût de fleur,
Une façon d'un peu se respirer le cœur,
Et d'un peu se goûter, au bord des lèvres, l'âme!

ROXANE

Taisez-vous!

CYRANO

Un baiser, c'est si noble, Madame,
Que la reine de France.[3] au plus heureux des lords,
En a laissé prendre un, la reine même!

ROXANE

Alors!

CYRANO, *s'exaltant*

J'eus comme Buckingham des souffrances muettes,
J'adore comme lui la reine que vous êtes,
Comme lui je suis triste et fidèle. . . .

ROXANE

Et tu es
Beau comme lui!

CYRANO, *à part, dégrisé*

C'est vrai, je suis beau, j'oubliais!

ROXANE

Eh! bien, montez cueillir cette fleur sans pareille. . . .
CYRANO, *poussant* CHRISTIAN *vers le balcon*
Monte!

ROXANE

Ce goût de cœur. . . .

CYRANO

Monte!

---

[1] *grain majuscule*, the large bead at the end of the rosary.
[2] *frisson*, trembling. Variant of: *Du sublime au ridicule il n'y a qu'un pas.*
[3] *reine de France.* Reference to Anne of Austria, wife of Louis XIII. She is said to have had an affair with the Duke of Buckingham, minister of James I and Charles I of England. This is the subject of Alexandre Dumas' *Sept baisers du duc de Buckingham.*

ROXANE
Ce bruit d'abeille. . . .

CYRANO

Monte!

CHRISTIAN, *hésitant*

Mais il me semble, à présent, que c'est
mal!

ROXANE

Cet instant d'infini! . . .

CYRANO, *le poussant*
Monte donc, animal!

(CHRISTIAN *s'élance, et par le banc, le
feuillage, les piliers, atteint les balustres,
qu'il enjambe.*)

CHRISTIAN

Ah! Roxane! . . .
(*Il l'enlace et se penche sur ses lèvres.*)

CYRANO

Aïe! au cœur, quel pincement bizarre!
—Baiser, festin d'amour dont je suis le
Lazare! [1]
Il me vient dans cette ombre une miette
de toi,—
Mais oui, je sens un peu mon cœur qui te
reçoit,
Puisque, sur cette lèvre où Roxane se
leurre,
Elle baise les mots que j'ai dits tout à
l'heure!
(*On entend les théorbes.*)
Un air triste, un air gai: le capucin!
(*Il feint de courir comme s'il arrivait de
loin, et d'une voix claire.*)
Holà!

ROXANE

Qu'est-ce?

CYRANO

Moi. Je passais. . . . Christian est encor là?

CHRISTIAN, *très étonné*

Tiens, Cyrano!

ROXANE
Bonjour, cousin!

CYRANO
Bonjour, cousine!

ROXANE

Je descends!
(*Elle disparaît dans la maison. Au fond
rentre* LE CAPUCIN.)

CHRISTIAN, *l'apercevant*
Oh! encor!
(*Il suit* ROXANE.)

SCÈNE X

CYRANO, CHRISTIAN, ROXANE, LE CAPU-
CIN, RAGUENEAU

LE CAPUCIN
C'est ici,—je m'obstine—
Magdeleine Robin!

CYRANO
Vous aviez dit: Ro-*lin.*

LE CAPUCIN

Non: *Bin.* B, i, n, *bin!*

ROXANE, *paraissant sur le seuil de la maison, suivie de* RAGUENEAU *qui porte une
lanterne, et de* CHRISTIAN
Qu'est-ce?

LE CAPUCIN
Une lettre.

CHRISTIAN
Hein?

LE CAPUCIN, *à* ROXANE
Oh! il ne peut s'agir que d'une sainte
chose!
C'est un digne seigneur qui. . . .

ROXANE, *à* CHRISTIAN
C'est de Guiche!

CHRISTIAN
Il ose? . . .

ROXANE

Oh! mais il ne va pas m'importuner tou-
jours!
Décachetant la lettre.)
Je t'aime, et si. . . .
(*A la lueur de la lanterne de* RAGUENEAU,
elle lit, à l'écart, à voix basse.)
« *Mademoiselle,
Les tambours
Battent; mon régiment boucle sa soubreveste;
Il part; moi, l'on me croit déjà parti: je
reste.
Je vous désobéis. Je suis dans ce couvent.
Je vais venir, et vous le mande auparavant
Par un religieux simple comme une chèvre
Qui ne peut rien comprendre à ceci. Votre
lèvre
M'a trop souri tantôt: j'ai voulu la revoir.*

---

[1] *Lazare*, Lazarus, who had to feed on the crumbs of the rich man's table.

Éloignez un chacun, et daignez recevoir
L'audacieux déjà pardonné, je l'espère,
Qui signe votre très . . . et cætera. . . .»
       (*Au* Capucin.)
                     Mon Père,
Voici ce que me dit cette lettre.   Écoutez:
(*Tous se rapprochent, elle lit à haute voix.*)
« *Mademoiselle,*
           Il faut souscrire aux volontés
Du cardinal, si dur que cela vous puisse
    être.
C'est la raison pourquoi j'ai fait choix pour
    remettre
Ces lignes en vos mains charmantes, d'un
    très saint,
D'un très intelligent et discret capucin;
Nous voulons qu'il vous donne, et dans votre
    demeure,
La bénédiction
       (*Elle tourne la page.*)
           nuptiale sur l'heure.
Christian doit en secret devenir votre époux;
Je vous l'envoie. Il vous déplaît. Rési-
    gnez-vous.
Songez bien que le ciel bénira votre zèle,
Et tenez pour tout assuré, Mademoiselle,
Le respect de celui qui fut et qui sera
Toujours votre très humble et très . . . et
    cætera.»

      Le Capucin, *rayonnant*
Digne seigneur! . . . Je l'avais dit. J'é-
tais sans crainte:
Il ne pouvait s'agir que d'une chose sainte!

    Roxane, *bas à* Christian
N'est-ce pas que je lis très bien les lettres?

        Christian
                  Hum!

   Roxane, *haut, avec désespoir*
Ah! . . . c'est affreux!

Le Capucin, *qui a dirigé sur* Cyrano *la*
    clarté de sa lanterne
             C'est vous?

        Christian
              C'est moi!

Le Capucin, *tournant la lumière vers lui,*
et, comme si un doute lui venait, en voyant
sa beauté
                Mais. . . .

    Roxane, *vivement*
            Post-scriptum:
« *Donnez pour le couvent cent vingt pistoles.*»

      Le Capucin
                Digne,
Digne seigneur!
      (*A* Roxane.)
      Résignez-vous!

    Roxane, *en martyre*
           Je me résigne!
(*Pendant que* Ragueneau *ouvre la porte*
    au Capucin *que* Christian *invite à*
    entrer, elle dit bas à Cyrano.)
Vous, retenez ici de Guiche! Il va venir!—
Qu'il n'entre pas tant que. . . .

      Cyrano
             Compris!
    (*Au* Capucin.)
           Pour les bénir
Il vous faut? . . .

      Le Capucin
   Un quart d'heure.

Cyrano, *les poussant tous vers la maison*
         Allez! moi, je demeure!

    Roxane, *à* Christian
Viens! . . .

      (*Ils entrent.*)

      Cyrano
Comment faire perdre à de Guiche un
    quart d'heure?
(*Il se précipite sur le banc, grimpe au mur,*
    vers le balcon.)
Là! . . . Grimpons! . . . J'ai mon plan! . . .
(*Les théorbes se mettent à jouer une phrase*
    lugubre.)
         Ho! c'est un homme!
(*Le trémolo devient sinistre.*)
             Ho! Ho!
Cette fois, c'en est un! . . .
(*Il est sur le balcon, il rabaisse son feutre*
    sur ses yeux, ôte son épée, se drape dans
    sa cape, puis se penche et regarde au
    dehors.)
      Non, ce n'est pas trop haut! . . .
(*Il enjambe les balustres et attirant à lui*
    la longue branche d'un des arbres qui
    débordent le mur du jardin, il s'y accroche
    des deux mains, prêt à se laisser tomber.)
Je vais légèrement troubler cette atmo-
sphère! . . .

SCÈNE XI

CYRANO, DE GUICHE

DE GUICHE, *qui entre, masqué, tâtonnant dans la nuit*

Qu'est-ce que ce maudit capucin peut bien faire?

CYRANO

Diable! et ma voix? . . . S'il la reconnaissait?

(*Lâchant d'une main, il a l'air de tourner une invisible clef.*)

Cric! crac!

(*Solennellement.*)

Cyrano, reprenez l'accent de Bergerac! [1]

DE GUICHE, *regardant la maison*

Oui, c'est là. J'y vois mal. Ce masque m'importune!

(*Il va pour entrer, CYRANO saute du balcon en se tenant à la branche, qui plie, et le dépose entre la porte et DE GUICHE; il feint de tomber lourdement, comme si c'était de très haut, et s'aplatit par terre, où il reste immobile comme étourdi. DE GUICHE fait un bond en arrière.*)

Hein? quoi?

(*Quand il lève les yeux, la branche s'est redressée; il ne voit que le ciel; il ne comprend pas.*)

D'où tombe donc cet homme?

CYRANO, *se mettant sur son séant, et avec l'accent DE GASCOGNE*

De la lune!

DE GUICHE

De la? . . .

CYRANO, *d'une voix de rêve*

Quelle heure est-il?

DE GUICHE

N'a-t-il plus sa raison?

CYRANO

Quelle heure? Quel pays? Quel jour? Quelle saison?

DE GUICHE

Mais. . . .

CYRANO

Je suis étourdi!

DE GUICHE

Monsieur. . . .

CYRANO

Comme une bombe
Je tombe de la lune!

DE GUICHE, *impatienté*

Ah! çà, Monsieur!

CYRANO, *se relevant, d'une voix terrible*

J'en tombe!

DE GUICHE, *reculant*

Soit! soit! vous en tombez! . . . c'est peut-être un dément!

CYRANO, *marchant sur lui*

Et je n'en tombe pas métaphoriquement!

DE GUICHE

Mais. . . .

CYRANO

Il y a cent ans, ou bien une minute,
—J'ignore tout à fait ce que dura ma chute!—
J'étais dans cette boule à couleur de safran!

DE GUICHE, *haussant les épaules*

Oui. Laissez-moi passer!

CYRANO, *s'interposant*

Où suis-je? soyez franc!
Ne me déguisez rien! En quel lieu, dans quel site,
Viens-je de choir, Monsieur, comme un aérolithe?

DE GUICHE

Morbleu. . . .

CYRANO

Tout en cheyant [2] je n'ai pu faire choix
De mon point d'arrivée,—et j'ignore où je chois!—
Est-ce dans une lune ou bien dans une terre,
Que vient de m'entraîner le poids de mon postère? [3]

DE GUICHE

Mais je vous dis, Monsieur. . . .

CYRANO, *avec un cri de terreur qui fait reculer DE GUICHE*

Ha! grand Dieu! . . . je crois voir
Qu'on a dans ce pays le visage tout noir!

---

[1] *l'accent de Bergerac*, the Gascon accent, with strongly marked nasals and a peculiar intonation.
[2] *cheyant*, pres. part. of *choir*, archaic verb, "to fall." *Chois* is present indicative.
[3] *postère*, archaic for *postérieur*.

DE GUICHE, *portant la main à son visage*
Comment?

    CYRANO, *avec une peur emphatique*
Suis-je en Alger? Êtes-vous indigène?

    DE GUICHE, *qui a senti son masque*
Ce masque! . . .

    CYRANO, *feignant de se rassurer un peu*
Je suis donc dans Venise, ou dans Gêne?

      DE GUICHE, *voulant passer*
Une dame m'attend! . . .

      CYRANO, *complètement rassuré*
          Je suis donc à Paris.

   DE GUICHE, *souriant malgré lui*
Le drôle [1] est assez drôle!

      CYRANO
         Ah! vous riez?

      DE GUICHE
            Je ris,
Mais veux passer!

      CYRANO, *rayonnant*
        C'est à Paris que je retombe!
(*Tout à fait à son aise, riant, s'époussetant,
saluant.*)
J'arrive—excusez-moi!—par la dernière
   trombe.
Je suis un peu couvert d'éther. J'ai
   voyagé!
J'ai les yeux tout remplis de poudre d'as-
   tres.
Aux éperons, encor, quelques poils de
   planète!
(*Cueillant quelque chose sur sa manche.*)
Tenez, sur mon pourpoint, un cheveu de
   comète! . . .
(*Il souffle comme pour le faire envoler.*)
      DE GUICHE, *hors de lui*
Monsieur! . . .

CYRANO, *au moment où il va passer, tend
   sa jambe comme pour y montrer quelque
   chose, et l'arrête*
Dans mon mollet je rapporte une dent
De la Grande Ourse,—et comme, en frô-
   lant le Trident,

Je voulais éviter une de ses trois lances,
Je suis allé tomber assis dans les Balances,
Dont l'aiguille,[2] à présent, là-haut, marque
   mon poids!
(*Empêchant vivement* DE GUICHE *de passer
   et le prenant à un bouton du pourpoint.*)
Si vous serriez mon nez, Monsieur, entre
   vos doigts,
Il jaillirait du lait! . . .

      DE GUICHE
      Hein? du lait? . . .

      CYRANO
            De la Voie
Lactée! . . .
      DE GUICHE
Oh! par l'enfer!

      CYRANO
      C'est le ciel qui m'envoie!
(*Se croisant les bras.*)
Non! croiriez-vous, je viens de le voir en
   tombant,
Que Sirius, la nuit, s'affuble d'un turban?
(*Confidentiel.*)
L'autre Ourse est trop petite encor pour
   qu'elle morde.
(*Riant.*)
J'ai traversé la Lyre en cassant une corde!
(*Superbe.*)
Mais je compte en un livre [3] écrire tout
   ceci,
Et les étoiles d'or qu'en mon manteau
   roussi
Je viens de rapporter à mes périls et
   risques,
Quand on l'imprimera, serviront d'asté-
   risques!

      DE GUICHE
A la parfin,[4] je veux. . . .

      CYRANO
      Vous, je vous vois venir!

      DE GUICHE
Monsieur!
      CYRANO
      Vous voudriez de ma bouche tenir
Comment la lune est faite, et si quelqu'un
   habite
Dans la rotondité de cette cucurbite? [5]

---

[1] *drôle,* noun, " rascal "; adjective, " amusing."
[2] *aiguille* (or *flèche*), the beam of scales.
[3] *livre:* reference to his *Voyage à la lune.*
[4] *à la parfin,* archaic for *à la fin.*
[5] *cucurbite,* the thick part of a glass retort.

DE GUICHE, *criant*

Mais non! Je veux. . . .

CYRANO

Savoir comment j'y suis monté?
Ce fut par un moyen que j'avais inventé.

DE GUICHE, *découragé*

C'est un fou!

CYRANO, *dédaigneux*

Je n'ai pas refait l'aigle stupide
De Regiomontanus,[1] ni le pigeon timide
D'Archytas![2] . . .

DE GUICHE

C'est un fou,—mais c'est un fou savant.

CYRANO

Non, je n'imitai rien de ce qu'on fit avant!
(DE GUICHE *a réussi à passer et il marche
vers la porte de* ROXANE, CYRANO *le
suit, prêt à l'empoigner.*)
J'inventai six moyens de violer l'azur
vierge!

DE GUICHE, *se retournant*

Six?

CYRANO, *avec volubilité*

Je pouvais, mettant mon corps nu
comme un cierge,
Le caparaçonner de fioles de cristal
Toutes pleines des pleurs d'un ciel matu-
tinal,
Et ma personne, alors, au soleil exposée,
L'astre l'aurait humée en humant la rosée!

DE GUICHE, *surpris et faisant un pas vers*
CYRANO

Tiens! Oui, cela fait un!

CYRANO, *reculant pour l'entraîner de l'autre
côté*

Et je pouvais encor
Faire engouffrer du vent, pour prendre
mon essor,
En raréfiant l'air dans un coffre de cèdre
Par des miroirs ardents mis en icosaèdre![3]

DE GUICHE, *fait encore un pas*

Deux!

CYRANO, *reculant toujours*

Ou bien, machiniste autant qu'artificier,
Sur une sauterelle aux détentes d'acier,
Me faire, par des feux successifs de sal-
pêtre,
Lancer dans les prés bleus où les astres
vont paître!

DE GUICHE, *le suivant, sans s'en douter, et
comptant sur ses doigts*

Trois!

CYRANO

Puisque la fumée a tendance à monter,
En souffler dans un globe assez pour m'emporter!

DE GUICHE, *même jeu, de plus en plus
étonné*

Quatre!

CYRANO

Puisque Phœbé,[4] quand son arc est le
moindre
Aime sucer, ô bœufs, votre moëlle . . .
m'en oindre!

DE GUICHE, *stupéfait*

Cinq!

CYRANO, *qui en parlant l'a amené jusqu'à
l'autre côté de la place, près d'un banc*

Enfin, me plaçant sur un plateau de fer,
Prendre un morceau d'aimant et le lancer
en l'air!
Ça, c'est un bon moyen: le fer se précipite,
Aussitôt que l'aimant s'envole, à sa pour-
suite;
On relance l'aimant bien vite, et cadédis![5]
On peut ainsi monter indéfiniment.

DE GUICHE

Six!

—Mais voilà six moyens excellents! . . .
Quel système
Choisîtes-vous des six, Monsieur?

CYRANO

Un septième!

DE GUICHE

Par exemple! Et lequel?

CYRANO

Je vous le donne en cent![6]

---

[1] *Régiomontanus* (Johannes Muller), a German astronomer (1436–1476), who made a flying machine in the form of an eagle.

[2] *Archytas* (430–365 B.C.), Greek philosopher to whom is attributed the invention of a mechanical bird that could fly.

[3] *icosaèdre*, with twenty surfaces.

[4] *Phœbé*, the moon.

[5] *cadédis!* a Gascon oath, probably the same as *capdediou!*

[6] *Je vous le donne en cent*, I give you a hundred guesses.

DE GUICHE

C'est que ce mâtin-là devient intéressant!

CYRANO, *faisant le bruit des vagues avec de grands gestes mystérieux*

Houüh! houüh!

DE GUICHE

Eh! bien?

CYRANO

Vous devinez?

DE GUICHE

Non!

CYRANO

La marée! . . .

A l'heure où l'onde par la lune est attirée,
Je me mis sur le sable—après un bain de mer—
Et la tête partant la première, mon cher,
—Car les cheveux, surtout, gardent l'eau dans leur frange!—
Je m'enlevai dans l'air, droit, tout droit, comme un ange.
Je montais, je montais doucement, sans efforts,
Quand je sentis un choc![1] . . . Alors. . . .

DE GUICHE, *entraîné par la curiosité et s'asseyant sur le banc*

Alors?

CYRANO

Alors. . . .

(Reprenant sa voix naturelle.)

Le quart d'heure est passé, Monsieur, je vous délivre:
Le mariage est fait.

DE GUICHE, *se relevant d'un bond*

Çà, voyons, je suis ivre! . . .
Cette voix?

(La porte de la maison s'ouvre, des laquais paraissent portant des candélabres allumés. Lumière. CYRANO ôte son chapeau au bord abaissé.)

Et ce nez! . . . Cyrano?

CYRANO, *saluant*

Cyrano.

—Ils viennent à l'instant d'échanger leur anneau.

DE GUICHE

Qui cela?

(Il se retourne.—Tableau. Derrière les laquais, ROXANE et CHRISTIAN se tien-

nent par la main. LE CAPUCIN *les suit en souriant.* RAGUENEAU *élève aussi un flambeau.* LA DUÈGNE *ferme la marche, ahurie, en petit saut de lit.)* [2]

Ciel!

SCÈNE XII

LES MÊMES, ROXANE, CHRISTIAN, LE CAPUCIN, RAGUENEAU, LAQUAIS, LA DUÈGNE

DE GUICHE, *à* ROXANE

Vous!

(Reconnaissant CHRISTIAN *avec stupeur.)*

Lui?

(Saluant ROXANE *avec admiration.)*

Vous êtes des plus fines!

(A CYRANO.)*

Mes compliments, Monsieur l'inventeur de machines:
Votre récit eût fait s'arrêter au portail
Du paradis, un saint! Notez-en le détail,
Car vraiment cela peut resservir dans un livre!

CYRANO, *s'inclinant*

Monsieur, c'est un conseil que je m'engage à suivre.

LE CAPUCIN, *montrant les amants à* DE GUICHE *et hochant avec satisfaction sa grande barbe blanche*

Un beau couple, mon fils, réuni là par vous!

DE GUICHE, *le regardant d'un œil glacé*

Oui.

(A ROXANE.)*

Veuillez dire adieu, Madame, à votre époux.

ROXANE

Comment?

DE GUICHE, *à* CHRISTIAN

Le régiment déjà se met en route.
Joignez-le!

ROXANE

Pour aller à la guerre?

DE GUICHE

Sans doute!

ROXANE

Mais, Monsieur, les cadets n'y vont pas!

---

[1] In his *Histoire comique des empires de la lune et du soleil,* Cyrano explains in detail several of the means indicated in above passage to raise himself into the air.

[2] *en petit saut de lit,* in négligé dress or peignoir.

DE GUICHE

Ils iront.

(Tirant le papier qu'il avait mis dans sa poche.)
Voici l'ordre.

(A CHRISTIAN.*)*
Courez le porter, vous, baron.

ROXANE, *se jetant dans les bras de* CHRIS-TIAN
Christian!

DE GUICHE, *ricanant, à* CYRANO
La nuit de noce est encore lointaine!

CYRANO, *à part*
Dire qu'il croit me faire énormément de peine!

CHRISTIAN, *à* ROXANE
Oh! tes lèvres encor!

CYRANO

Allons, voyons, assez!

CHRISTIAN, *continuant à embrasser* ROXANE
C'est dur de la quitter. . . . Tu ne sais pas. . . .

CYRANO, *cherchant à l'entraîner*

Je sais.

(On entend au loin des tambours qui battent une marche.)

DE GUICHE, *qui est remonté au fond*
Le régiment qui part!

ROXANE *à* CYRANO, *en retenant* CHRISTIAN *qu'il essaye toujours d'entraîner*

Oh! . . . je vous le confie!
Promettez-moi que rien ne va mettre sa vie
En danger!

CYRANO

J'essaierai . . . mais ne peux cependant
Promettre. . . .

ROXANE, *même jeu*
Promettez qu'il sera très prudent!

CYRANO
Oui, je tâcherai, mais. . . .

ROXANE, *même jeu*

Qu'à ce siège terrible
Il n'aura jamais froid!

CYRANO

Je

Mais. . . .

ROXANE, *mê*
Qu'il sera fidèle!

CYRANO
Eh! oui! sans doute, mais. . . .

ROXANE, *même jeu*
Qu'il m'écrira souvent!

CYRANO, *s'arrêtant*

Ça,—je vous le promets!

QUATRIÈME ACTE

LES CADETS DE GASCOGNE

Le poste qu'occupe la compagnie de CARBON DE CASTEL-JALOUX *au siège d'Arras.*[1]
Au fond, talus traversant toute la scène. Au delà s'aperçoit un horizon de plaine: le pays couvert de travaux de siège. Les murs d'Arras et la silhouette de ses toits sur le ciel, très loin.—Tentes; armes éparses; tambours, etc. . . .—Le jour va se lever. Jaune Orient.—Sentinelles espacées. Feux.—Roulés dans leurs manteaux, LES CADETS DE GASCOGNE *dorment.* CARBON DE CASTEL-JALOUX *et* LE BRET *veillent. Ils sont très pâles et très maigres.* CHRISTIAN *dort, parmi les autres, dans sa cape, au premier plan, le visage éclairé par un feu. Silence.*

SCÈNE PREMIÈRE

CHRISTIAN, CARBON DE CASTEL-JALOUX, LE BRET, LES CADETS, *puis* CYRANO

LE BRET
C'est affreux!

CARBON
Oui. Plus rien.

LE BRET

Mordious!

CARBON, *lui faisant signe de parler plus bas*

Jure en sourdine![2]
Tu vas les réveiller.

(Aux CADETS.*)*
Chut! Dormez!
(A LE BRET.*)*

Qui dort dîne!

---

[1] Arras, city in the north of France taken by the French from the Spanish in 1640. The real Cyrano was wounded at the siege. Rostand's account is sufficiently correct.
[2] *en sourdine,* with muted voice.

LE BRET

Quand on a l'insomnie on trouve que c'est peu!
Quelle famine!

(*On entend au loin quelques coups de feu.*)

CARBON

Ah! maugrébis des coups de feu! . . .
Ils vont me réveiller mes enfants!

(*Aux* CADETS *qui lèvent la tête.*)

Dormez!

(*On se recouche. Nouveaux coups de feu plus rapprochés.*)

UN CADET, *s'agitant*

Diantre!

Encore!

CARBON

Ce n'est rien! C'est Cyrano qui rentre!

(*Les têtes qui s'étaient relevées se recouchent.*)

UNE SENTINELLE, *au dehors*

Ventrebieu! qui va là?

LA VOIX DE CYRANO

Bergerac!

LA SENTINELLE *qui est sur le talus*

Ventrebieu!

Qui va là?

CYRANO, *paraissant sur la crête*

Bergerac, imbécile!

(*Il descend.* LE BRET *va au-devant de lui, inquiet.*)

LE BRET

Ah! grand Dieu!

CYRANO, *lui faisant signe de ne réveiller personne*

Chut!

LE BRET

Blessé?

CYRANO

Tu sais bien qu'ils ont pris l'habitude
De me manquer tous les matins!

LE BRET

C'est un peu rude,
Pour porter une lettre, à chaque jour levant,
De risquer! . . .

CYRANO, *s'arrêtant devant* CHRISTIAN

J'ai promis qu'il écrirait souvent!

(*Il le regarde.*)

Il dort. Il est pâli. Si la pauvre petite
Savait qu'il meurt de faim . . . Mais toujours beau!

LE BRET

Va vite

Dormir!

CYRANO

Ne grogne pas, Le Bret! . . . Sache ceci:
Pour traverser les rangs espagnols, j'ai choisi
Un endroit où je sais, chaque nuit, qu'ils sont ivres.

LE BRET

Tu devrais bien un jour nous rapporter des vivres.

CYRANO

Il faut être léger pour passer!—Mais je sais
Qu'il y aura ce soir du nouveau. Les Français
Mangeront ou mourront,—si j'ai bien vu. . . .

LE BRET

Raconte!

CYRANO

Non. Je ne suis pas sûr . . . vous verrez! . . .

CARBON

Quelle honte
Lorsqu'on est assiégeant d'être affamé!

LE BRET

Hélas!
Rien de plus compliqué que ce siège d'Arras:
Nous assiégeons Arras,—nous-mêmes, pris au piège,
Le cardinal infant d'Espagne [1] nous assiège. . . .

CYRANO

Quelqu'un devrait venir l'assiéger à son tour.

LE BRET

Je ne ris pas.

CYRANO

Oh! oh!

LE BRET

Penser que chaque jour
Vous risquez une vie, ingrat, comme la vôtre,

[1] *Le cardinal . . . Espagne*, Ferdinand, brother of Philip IV; *infant*, prince.

Pour porter. . . .
(*Le voyant qui se dirige vers une tente.*)
Où vas-tu?

CYRANO
J'en vais écrire une autre.
(*Il soulève la toile et disparaît.*)

SCÈNE II

LES MÊMES, *moins* CYRANO

(*Le jour s'est un peu levé. Lueurs roses.
La ville d'Arras se dore à l'horizon. On
entend un coup de canon immédiatement
suivi d'une batterie de tambours, très au
loin, vers la gauche. D'autres tambours
battent plus près. Les batteries vont se
répondant, et se rapprochant, éclatent
presque en scène et s'éloignent vers la
droite, parcourant le camp. Rumeurs de
réveil. Voix lointaines d'officiers.*)

CARBON, *avec un soupir*
La diane![1] . . . Hélas!

(LES CADETS *s'agitent dans leurs man-
teaux, s'étirent.*)
Sommeil succulent, tu prends fin! . . .
Je sais trop quel sera leur premier cri!

UN CADET, *se mettant sur son séant*
J'ai faim!

UN AUTRE
Je meurs!

TOUS
Oh!

CARBON
Levez-vous!

TROISIÈME CADET
Plus un pas!

QUATRIÈME CADET
Plus un geste!

LE PREMIER, *se regardant dans un morceau
de cuirasse*
Ma langue est jaune: l'air du temps est
indigeste!

UN AUTRE
Mon tortil de baron pour un peu de
Chester![2]

UN AUTRE
Moi, si l'on ne veut pas fournir à mon
gaster[3]
De quoi m'élaborer une pinte de chyle,
Je me retire sous ma tente,—comme
Achille![4]

UN AUTRE
Oui, du pain!

CARBON, *allant à la tente où est entré
CYRANO, à mi-voix*
Cyrano!

D'AUTRES
Nous mourons!

CARBON, *toujours à mi-voix, à la porte de
la tente*
Au secours!
Toi qui sais si gaiement leur répliquer
toujours,
Viens les ragaillardir!

DEUXIÈME CADET, *se précipitant vers le
premier, qui mâchonne quelque chose*
Qu'est-ce que tu grignotes?

LE PREMIER
De l'étoupe à canon que dans les bour-
guignotes[5]
On fait frire en la graisse à graisser les
moyeux.[6]
Les environs d'Arras sont très peu gi-
boyeux!

UN AUTRE, *entrant*
Moi, je viens de chasser!

UN AUTRE, *même jeu*
J'ai pêché dans la Scarpe![7]

TOUS, *debout, se ruant sur les deux nou-
veaux venus*
Quoi?—Que rapportez-vous?—Un faisan?
—Une carpe?—
Vite, vite, montrez!

LE PÊCHEUR
Un goujon!

---

[1] *Diane*, reveille, signal to rise.
[2] *Chester*, a Chester (or rather Cheshire) cheese.
[3] *gaster* (pron. *gastère*), stomach.
[4] *Achille:* allusion to the incident in the *Iliad* when Achilles, angered at the treatment he received at the hands of Agamemnon, withdrew sulkily in his tent.
[5] *bourguignote*, a kind of helmet.
[6] *moyeux*, hub (of a wheel).
[7] *Scarpe*, a river passing near Arras.

Le Chasseur
　　　　　　Un moineau!

Tous, *exaspérés*

Assez!—Révoltons-nous!

Carbon
　　　　　Au secours, Cyrano!
(*Il fait maintenant tout à fait jour.*)

SCÈNE III

Les Mêmes, Cyrano

Cyrano, *sortant de sa tente, tranquille, une plume à l'oreille, un livre à la main*

Hein? . . .
　　　(*Silence. Au* Premier Cadet.)
　　　Pourquoi t'en vas-tu, toi, de ce pas qui traîne?

Le Cadet

J'ai quelque chose, dans les talons, qui me gêne! . . .

Cyrano

Et quoi donc?

Le Cadet

L'estomac! [1]

Cyrano
　　　　　　Moi de même, pardi!

Le Cadet

Cela doit te gêner?

Cyrano
　　　　　　Non, cela me grandit.

Deuxième Cadet

J'ai les dents longues!

Cyrano
　　　　Tu n'en mordras que plus large.

Un Troisième

Mon ventre sonne creux!

Cyrano
　　　　Nous y battrons la charge.

Un Autre

Dans les oreilles, moi, j'ai des bourdonnements.

Cyrano

Non, non; ventre affamé, pas d'oreilles: tu mens!

Un Autre

Oh! manger quelque chose,—à l'huile!

Cyrano, *le décoiffant et lui mettant son casque dans la main*
　　　　　　　　Ta salade. [2]

Un Autre

Qu'est-ce qu'on pourrait bien dévorer?

Cyrano, *lui jetant le livre qu'il tient à la main*
　　　　　　　　L'*Iliade*.

Un Autre

Le ministre, à Paris, fait ses quatre repas!

Cyrano

Il devrait t'envoyer du perdreau?

Le Même
　　　　　　　Pourquoi pas?

Et du vin!

Cyrano
　　　Richelieu, du Bourgogne, *if you please?*

Le Même

Par quelque capucin!

Cyrano
　　　　　L'éminence qui grise? [3]

Un Autre

J'ai des faims d'ogre!

Cyrano
　　　Eh! bien! . . . tu croques le marmot! [4]

Le Premier Cadet, *haussant les épaules*

Toujours le mot, la pointe!

Cyrano
　　　　　　Oui, la pointe, le mot!
Et je voudrais mourir, un soir, sous un ciel rose,
En faisant un bon mot, pour une belle cause!
—Oh! frappé par la seule arme noble qui soit,
Et par un ennemi qu'on sait digne de soi,
Sur un gazon de gloire et loin d'un lit de fièvres,

---

[1] *estomac. Avoir l'estomac dans les talons*, to be very hungry.

[2] *salade*, play on the word. The *salade* is the name of a certain kind of helmet.

[3] *éminence qui grise*, which intoxicates. Play on the title of " Eminence Grise " given to Father Joseph, confidential agent of Cardinal Richelieu (" l'Eminence Rouge ").

[4] *tu croques le marmot*, eat the baby, as an ogre is supposed to do, but the expression *croquer le marmot* also means: wait in vain.

Tomber la pointe au cœur en même temps
qu'aux lèvres!

CRI DE TOUS

J'ai faim!

CYRANO, *se croisant les bras*

Ah çà! mais vous ne pensez qu'à man-
ger? . . .
—Approche, Bertrandou le fifre, ancien
berger;
Du double étui de cuir tire l'un de tes
fifres,
Souffle, et joue à ce tas de goinfres et de
piffres
Ces vieux airs du pays, au doux rythme
obsesseur,
Dont chaque note est comme une petite
sœur,
Dans lesquels restent pris des sons de voix
aimées,
Ces airs dont la lenteur est celle des
fumées
Que le hameau natal exhale de ses toits,
Ces airs dont la musique a l'air d'être en
patois! . . .
(*Le vieux s'assied et prépare son fifre.*)
Que la flûte, aujourd'hui, guerrière qui
s'afflige,
Se souvienne un moment, pendant que sur
sa tige
Tes doigts semblent danser un menuet
d'oiseau,
Qu'avant d'être d'ébène, elle fut de roseau;
Que sa chanson l'étonne, et qu'elle y
reconnaisse
L'âme de sa rustique et paisible jeunesse!
(*Le vieux commence à jouer des airs langue-
dociens.*) [1]
Écoutez, les Gascons. . . . Ce n'est plus,
sous ses doigts,
Le fifre aigu des camps, c'est la flûte des
bois!
Ce n'est plus le sifflet du combat, sous ses
lèvres,
C'est le lent galoubet [2] de nos meneurs de
chèvres! . . .
Écoutez. . . . C'est le val, la lande, [3] la
forêt,
Le petit pâtre brun sous son rouge béret,
C'est la verte douceur des soirs sur la
Dordogne, [4]
Écoutez, les Gascons: c'est toute la Gas-
cogne!

(*Toutes les têtes se sont inclinées; tous les
yeux rêvent;—et des larmes sont furtivement essuyées, avec un revers de manche,
un coin de manteau.*)

CARBON, *à* CYRANO, *bas*

Mais tu les fais pleurer!

CYRANO

De nostalgie! . . . Un mal
Plus noble que la faim! . . . pas physique:
moral!
J'aime que leur souffrance ait changé de
viscère,
Et que ce soit leur cœur, maintenant, qui
se serre!

CARBON

Tu vas les affaiblir en les attendrissant!

CYRANO, *qui a fait signe au tambour d'approcher*

Laisse donc! Les héros qu'ils portent
dans leur sang
Sont vite réveillés! Il suffit! . . .
(*Il fait un geste. Le tambour roule.*)

TOUS, *se levant et se précipitant sur leurs
armes*

Hein? . . . Quoi? . . . Qu'est-ce?

CYRANO, *souriant*

Tu vois, il a suffi d'un roulement de caisse!
Adieu rêves, regrets, vieille province,
amour. . . .
Ce qui du fifre vient s'en va par le tambour!

UN CADET, *qui regarde au fond*

Ah! Ah! Voici monsieur de Guiche!

TOUS LES CADETS, *murmurant*

Hou. . . .

CYRANO, *souriant*

Murmure
Flatteur!

UN CADET

Il nous ennuie!

UN AUTRE

Avec, sur son armure,
Son grand col de dentelle, il vient faire le
fier!

UN AUTRE

Comme si l'on portait du linge sur du fer!

---

[1] *languedocien*, from Languedoc, the old province in southern France of which Toulouse is the capital. *Gascogne* is used for this whole region.

[2] *galoubet*, rustic flageolet of Languedoc and Provence.

[3] *lande*, plain of the south-west of France.

[4] *Dordogne*, river which joins the Garonne north of Bordeaux and forms the wide Gironde.

LE PREMIER

C'est bon lorsqu'à son cou l'on a quelque furoncle!

LE DEUXIÈME

Encore un courtisan!

UN AUTRE

Le neveu de son oncle!

CARBON

C'est un Gascon pourtant!

LE PREMIER

Un faux! . . . Méfiez-vous!
Parce que, les Gascons . . . ils doivent être fous:
Rien de plus dangereux qu'un Gascon raisonnable.

LE BRET

Il est pâle!

UN AUTRE

Il a faim . . . autant qu'un pauvre diable!
Mais comme sa cuirasse a des clous de vermeil,
Sa crampe d'estomac étincelle au soleil!

CYRANO, *vivement*

N'ayons pas l'air non plus de souffrir! Vous, vos cartes,
Vos pipes et vos dés. . . .

(*Tous rapidement se mettent à jouer sur des tambours, sur des escabeaux et par terre, sur leurs manteaux, et ils allument de longues pipes de pétun.*)

Et moi, je lis Descartes.[1]

(*Il se promène de long en large et lit dans un petit livre qu'il a tiré de sa poche.— Tableau.—DE GUICHE entre. Tout le monde a l'air absorbé et content. Il est très pâle. Il va vers CARBON.*)

SCÈNE IV

LES MÊMES, DE GUICHE

DE GUICHE, *à* CARBON

Ah!—Bonjour!

(*Ils s'observent tous les deux. A part, avec satisfaction.*)

Il est vert.

CARBON, *de même*

Il n'a plus que les yeux.

DE GUICHE, *regardant les cadets*

Voici donc les mauvaises têtes? . . . Oui, messieurs,
Il me revient de tous côtés qu'on me brocarde
Chez vous, que les cadets, noblesse montagnarde,
Hobereaux béarnais,[2] barons périgourdins,[3]
N'ont pour leur colonel pas assez de dédains,
M'appellent intrigant, courtisan,—qu'il les gêne
De voir sur ma cuirasse un col en point de Gêne,[4]
Et qu'ils ne cessent pas de s'indigner entre eux
Qu'on puisse être Gascon et ne pas être gueux!

(*Silence. On fume.*)

Vous ferai-je punir par votre capitaine? Non.

CARBON

D'ailleurs, je suis libre et n'inflige de peine.

DE GUICHE

Ah?

CARBON

J'ai payé ma compagnie, elle est à moi.
Je n'obéis qu'aux ordres de guerre.

DE GUICHE

Ah? . . . Ma foi!
Cela suffit.

(*S'adressant aux cadets.*)

Je peux mépriser vos bravades.
On connaît ma façon d'aller aux mousquetades;
Hier, à Bapaume, on vit la furie avec quoi
J'ai fait lâcher le pied au comte de Bucquoi;
Ramenant sur ses gens les miens en avalanche,
J'ai chargé par trois fois!

CYRANO, *sans lever le nez de son livre*

Et votre écharpe blanche?

DE GUICHE, *surpris et satisfait*

Vous savez ce détail? . . . En effet, il advint,

---

[1] *Descartes* (1596–1650), French philosopher, much studied by Cyrano.
[2] *béarnais*, from Béarn, former French province in southwestern France, capital Pau.
[3] *périgourdain*, from Périgord, another province, capital Périgueux.
[4] *point de Gênes*, Genoese lace.

Durant que je faisais ma caracole afin
De rassembler mes gens pour la troisième
   charge,
Qu'un remous de fuyards m'entraîna sur
   la marge
Des ennemis; j'étais en danger qu'on me
   prît
Et qu'on m'arquebusât,[1] quand j'eus le
   bon esprit
De dénouer et de laisser couler à terre
L'écharpe qui disait mon grade militaire;
En sorte que je pus, sans attirer les yeux,
Quitter les Espagnols, et revenant sur eux,
Suivi de tous les miens réconfortés, les
   battre!
—Eh! bien, que dites-vous de ce trait?
(LES CADETS *n'ont pas l'air d'écouter; mais
ici les cartes et les cornets à dés restent
en l'air, la fumée des pipes demeure dans
les joues: attente.*)

CYRANO
            Qu'Henri quatre [2]
N'eût jamais consenti, le nombre l'acca-
   blant,
A se diminuer de son panache blanc.
(*Joie silencieuse. Les cartes s'abattent.
Les dés tombent. La fumée s'échappe.*)

DE GUICHE
L'adresse a réussi, cependant!
(*Même attente suspendant les jeux et les
pipes.*)
CYRANO
            C'est possible,
Mais on n'abdique pas l'honneur d'être
   une cible.
(*Cartes, dés, fumées, s'abattent, tombent,
s'envolent avec une satisfaction croissante.*)
Si j'eusse été présent quand l'écharpe coula
—Nos courages, monsieur, diffèrent en
   cela—
Je l'aurais ramassée et me la serais mise.

DE GUICHE
Oui, vantardise, encor, de gascon!

CYRANO
           Vantardise? . . .
Prêtez-la-moi. Je m'offre à monter, dès ce
   soir,
A l'assaut, le premier, avec elle en sautoir.

DE GUICHE
Offre encor de gascon! Vous savez que
   l'écharpe

Resta chez l'ennemi, sur les bords de la
   Scarpe,
En un lieu que depuis la mitraille cribla,—
Où nul ne peut aller la chercher!

CYRANO, *tirant de sa poche l'écharpe blanche
et la lui tendant*
                La voilà.
(*Silence.* LES CADETS *étouffent leurs rires
dans les cartes et dans les cornets à dés.
DE GUICHE se retourne, les regarde:
immédiatement ils reprennent leur gravité, leurs jeux; l'un d'eux sifflote avec
indifférence l'air montagnard joué par le
fifre.*)

DE GUICHE, *prenant l'écharpe*
Merci. Je vais, avec ce bout d'étoffe
   claire,
Pouvoir faire un signal,—que j'hésitais à
   faire.
(*Il va au talus, y grimpe, et agite plusieurs
fois l'écharpe en l'air.*)
TOUS
Hein?

LA SENTINELLE, *en haut du talus*
Cet homme, là-bas, qui se sauve en
   courant! . . .

DE GUICHE, *redescendant*
C'est un faux espion espagnol. Il nous
   rend
De grands services. Les renseignements
   qu'il porte
Aux ennemis sont ceux que je lui donne,
   en sorte
Que l'on peut influer sur leurs décisions.

CYRANO
C'est un gredin!

DE GUICHE, *se nouant nonchalamment son
écharpe*
C'est très commode. Nous disions? . . .
—Ah! . . . J'allais vous apprendre un
   fait. Cette nuit même,
Pour nous ravitailler tentant un coup
   suprême,
Le maréchal s'en fut vers Dourlens, sans
   tambours;
Les vivandiers du Roi sont là; par les
   labours
Il les joindra; mais pour revenir sans en-
   combre,

---

[1] *arquebusât*, from *arquebuser*, to shoot with the arquebus, ancestor of the musket.

[2] *Henri IV*, most popular king of France (1589–1610), whose white plume was always seen where
the danger was greatest; he was from Béarn, hence considered by the Gascons as one of themselves.

Il a pris avec lui des troupes en tel nombre
Que l'on aurait beau jeu, certes, en nous
    attaquant:
La moitié de l'armée est absente du camp!

CARBON

Oui, si les Espagnols savaient, ce serait
    grave.
Mais ils ne savent pas ce départ?

DE GUICHE
               Ils le savent.
Ils vont nous attaquer.

CARBON
Ah!

DE GUICHE
                Mon faux espion
M'est venu prévenir de leur agression.
Il ajouta: « J'en peux déterminer la place;
Sur quel point voulez-vous que l'attaque
    se fasse?
Je dirai que de tous c'est le moins défendu,
Et l'effort portera sur lui.»—J'ai répondu:
« C'est bon. Sortez du camp. Suivez des
    yeux la ligne:
Ce sera sur le point d'où je vous ferai
    signe.»

CARBON, aux CADETS
Messieurs, préparez-vous!

(Tous se lèvent. Bruit d'épées et de cein-
turons qu'on boucle.)

DE GUICHE
           C'est dans une heure.

PREMIER CADET
          Ah! . . . bien! . . .
(Ils se rasseyent tous. On reprend la partie
interrompue.)

DE GUICHE, à CARBON
Il faut gagner du temps. Le maréchal
    revient.

CARBON
Et pour gagner du temps?

DE GUICHE
          Vous aurez l'obligeance
De vous faire tuer.

CYRANO
      Ah! voilà la vengeance?

DE GUICHE
Je ne prétendrai pas que si je vous aimais

Je vous eusse choisi vous et les vôtres,
    mais,
Comme à votre bravoure on n'en compare
    aucune,
C'est mon Roi que je sers en servant ma
    rancune.

CYRANO
Souffrez que je vous sois, monsieur, reconnaissant.

DE GUICHE
Je sais que vous aimez vous battre un
    contre cent:
Vous ne vous plaindrez pas de manquer de
    besogne.

(Il remonte avec CARBON.)

CYRANO, aux CADETS
Eh! bien donc, nous allons au blason de
    Gascogne,
Qui porte six chevrons,[1] messieurs, d'azur
    et d'or,
Joindre un chevron de sang qui lui man-
    quait encor!

(DE GUICHE cause bas avec CARBON DE
CASTEL-JALOUX, au fond. On donne
des ordres. La résistance se prépare.
CYRANO va vers CHRISTIAN qui est resté
immobile, les bras croisés.)

CYRANO, lui mettant la main sur l'épaule
Christian?

CHRISTIAN, secouant la tête
Roxane!

CYRANO
Hélas!

CHRISTIAN
      Au moins, je voudrais mettre
Tout l'adieu de mon cœur dans une belle
    lettre! . . .

CYRANO
Je me doutais que ce serait pour aujour-
d'hui.
(Il tire un billet de son pourpoint.)
Et j'ai fait tes adieux.

CHRISTIAN
         Montre! . . .

CYRANO
         Tu veux? . . .

---

[1] chevron: in heraldry, a chevron on the shield indicates an honorable deed.

CHRISTIAN, *lui prenant la lettre*

Mais oui!

(*Il l'ouvre, lit et s'arrête.*)

Tiens! . . .

CYRANO

Quoi?

CHRISTIAN

Ce petit rond? . . .

CYRANO, *reprenant la lettre vivement, et regardant d'un air naïf*

Un rond? . . .

CHRISTIAN

C'est une larme!

CYRANO

Oui. . . . Poète, on se prend à son jeu, c'est le charme! . . .
Tu comprends . . . ce billet,—c'était très émouvant:
Je me suis fait pleurer moi-même en l'écrivant.

CHRISTIAN

Pleurer? . . .

CYRANO

Oui . . . parce que . . . mourir n'est pas terrible. . . .
Mais . . . ne plus la revoir jamais . . . voilà l'horrible!
Car enfin je ne la . . .

(CHRISTIAN *le regarde.*)

nous ne la . . .

(*Vivement.*)

tu ne la. . . .

CHRISTIAN, *lui arrachant la lettre*

Donne-moi ce billet!

(*On entend une rumeur, au loin, dans le camp.*)

LA VOIX D'UNE SENTINELLE

Ventrebieu, qui va là?

(*Coups de feu. Bruits de voix. Grelots.*)

CARBON

Qu'est-ce?

LA SENTINELLE, *qui est sur le talus*

Un carrosse!

(*On se précipite pour voir.*)

CRIS

Quoi! Dans le camp?—Il y entre!
—Il a l'air de venir de chez l'ennemi!—
Diantre!

Tirez!—Non! Le cocher a crié!—Crié quoi?—
Il a crié: Service du Roi!

(*Tout le monde est sur le talus et regarde au dehors. Les grelots se rapprochent.*)

DE GUICHE

Hein? Du Roi! . . .

(*On redescend, on s'aligne.*)

CARBON

Chapeau bas, tous!

DE GUICHE, *à la cantonade*

Du Roi!—Rangez-vous, vile tourbe,
Pour qu'il puisse décrire avec pompe sa courbe!

(*Le carrosse entre au grand trot. Il est couvert de boue et de poussière. Les rideaux sont tirés. Deux laquais derrière. Il s'arrête net.*)

CARBON, *criant*

Battez aux champs!

(*Roulement de tambours. Tous* LES CADETS *se découvrent.*)

DE GUICHE

Baissez le marchepied!

(*Deux hommes se précipitent. La portière s'ouvre.*)

ROXANE, *sautant du carrosse*

Bonjour!

(*Le son d'une voix de femme relève d'un seul coup tout ce monde profondément incliné. —Stupeur.*)

SCÈNE V

LES MÊMES, ROXANE

DE GUICHE

Service du Roi! Vous?

ROXANE

Mais du seul roi, l'Amour!

CYRANO

Ah! grand Dieu!

CHRISTIAN, *s'élançant*

Vous! Pourquoi?

ROXANE

C'était trop long, ce siège!

CHRISTIAN

Pourquoi? . . .

ROXANE

Je te dirai!

CYRANO, *qui, au son de sa voix, est resté cloué, immobile, sans oser tourner les yeux vers elle*

Dieu! La regarderai-je?

DE GUICHE

Vous ne pouvez rester ici!

ROXANE, *gaiement*

Mais si! mais si!
Voulez-vous m'avancer un tambour? . . .
(*Elle s'assied sur un tambour qu'on avance.*)

Là, merci!
(*Elle rit.*)
On a tiré sur mon carrosse!
(*Fièrement.*)

Une patrouille!
—Il a l'air d'être fait avec une citrouille,
N'est-ce pas? comme dans le conte, et les laquais
Avec des rats.
(*Envoyant des lèvres un baiser à* CHRISTIAN.)

Bonjour!
(*Les regardant tous.*)

Vous n'avez pas l'air gais!
—Savez-vous que c'est loin, Arras?
(*Apercevant* CYRANO.)

Cousin, charmée!

CYRANO, *s'avançant*

Ah, çà! comment? . . .

ROXANE

Comment j'ai retrouvé l'armée?
Oh! mon Dieu, mon ami, mais c'est tout simple: j'ai
Marché tant que j'ai vu le pays ravagé.
Ah! ces horreurs, il a fallu que je les visse
Pour y croire! Messieurs si c'est là le service
De votre Roi, le mien vaut mieux!

CYRANO

Voyons, c'est fou!
Par où diable avez-vous bien pu passer?

ROXANE

Par où?
Par chez les Espagnols.

PREMIER CADET

Ah! qu'Elles sont malignes!

DE GUICHE

Comment avez-vous fait pour traverser leurs lignes?

LE BRET

Cela dut être très difficile! . . .

ROXANE

Pas trop.
J'ai simplement passé dans mon carrosse, au trot.
Si quelque hidalgo[1] montrait sa mine altière,
Je mettais mon plus beau sourire à la portière,
Et ces messieurs étant, n'en déplaise aux Français,
Les plus galantes gens du monde,—je passais!

CARBON

Oui, c'est un passe-port, certes, que ce sourire!
Mais on a fréquemment dû vous sommer de dire
Où vous alliez ainsi, madame?

ROXANE

Fréquemment.
Alors je répondais: « Je vais voir mon amant.»
—Aussitôt l'Espagnol à l'air le plus féroce
Refermait gravement la porte du carrosse,
D'un geste de la main à faire envie au Roi
Relevait les mousquets déjà braqués sur moi,
Et superbe de grâce, à la fois, et de morgue,
L'ergot tendu sous la dentelle en tuyau d'orgue,[2]
Le feutre au vent pour que la plume palpitât,
S'inclinait en disant: « Passez, señorita! »

CHRISTIAN

Mais, Roxane. . . .

ROXANE

J'ai dit: mon amant, oui . . . pardonne!
Tu comprends, si j'avais dit: mon mari, personne
Ne m'eût laissé passer!

CHRISTIAN

Mais. . . .

ROXANE

Qu'avez-vous?

---

[1] *hidalgo*, Spanish gentleman.
[2] *L'ergot . . . orgue*, with his leg (lit. spur) stiff under the lace (of the *canon*) like an organ-pipe.

De Guiche

Il faut

Vous en aller d'ici!

Roxane

Moi?

Cyrano

Bien vite!

Le Bret

Au plus tôt!

Christian

Oui!

Roxane

Mais comment?

Christian, *embarrassé*

C'est que. . . .

Cyrano, *de même*

Dans trois quarts d'heure. . . .

De Guiche, *de même*

. . . ou quatre. . . .

Carbon, *de même*

Il vaut mieux. . . .

Le Bret, *de même*

Vous pourriez. . . .

Roxane

Je reste.   On va se battre.

Tous

Oh! non!

Roxane

C'est mon mari!
(*Elle se jette dans les bras de* Christian.)
Qu'on me tue avec toi!

Christian

Mais quels yeux vous avez!

Roxane

Je te dirai pourquoi!

De Guiche, *désespéré*

C'est un poste terrible!

Roxane, *se retournant*

Hein! terrible?

Cyrano

Et la preuve

C'est qu'il nous l'a donné!

Roxane, *à* De Guiche

Ah! vous me vouliez veuve?

De Guiche

Oh! je vous jure! . . .

Roxane

Non!   Je suis folle à présent!
Et je ne m'en vais plus! . . . D'ailleurs,
c'est amusant.

Cyrano

Eh! quoi, la précieuse était une héroïne?

Roxane

Monsieur de Bergerac, je suis votre cousine.

Un Cadet

Nous vous défendrons bien!

Roxane, *enfiévrée de plus en plus*

Je le crois, mes amis!

Un Autre, *avec enivrement*

Tout le camp sent l'iris!

Roxane

Et j'ai justement mis
Un chapeau qui fera très bien dans la
bataille! . . .
(*Regardant* De Guiche.)
Mais peut-être est-il temps que le comte
s'en aille:
On pourrait commencer.

De Guiche

Ah! c'en est trop!   Je vais
Inspecter mes canons, et reviens. . . .
Vous avez
Le temps encor: changez d'avis!

Roxane

Jamais!

(De Guiche *sort*.)

SCÈNE VI

Les Mêmes, *moins* De Guiche

Christian, *suppliant*

Roxane! . . .

Roxane

Non!

Premier Cadet, *aux autres*

Elle reste!

Tous, *se précipitant, se bousculant, s'astiquant*

Un peigne!—Un savon!—Ma basane [1]
Est trouée: une aiguille!—Un ruban!—
Ton miroir!—
Mes manchettes!—Ton fer à moustache! [2]
Un rasoir!

ROXANE, *à* CYRANO *qui la supplie encore*
Non! rien ne me fera bouger de cette place!

CARBON, *après s'être, comme les autres, sanglé, épousseté, avoir brossé son chapeau, redressé sa plume et tiré ses manchettes, s'avance vers* ROXANE, *et cérémonieusement:*
Peut-être siérait-il que je vous présentasse,
Puisqu'il en est ainsi, quelques de ces messieurs
Qui vont avoir l'honneur de mourir sous vos yeux.
(ROXANE *s'incline et elle attend, debout au bras de* CHRISTIAN. CARBON *présente:*)
Baron de Peyrescous de Colignac!

LE CADET, *saluant*
Madame. . . .

CARBON, *continuant*
Baron de Casterac de Cahuzac.—Vidame [3]
De Malgouyre Estressac Lésbas d'Escarabiot.—
Chevalier d'Antignac-Juzet.—Baron Hillot
De Blagnac-Saléchan de Castel Crabioules. . . .

ROXANE
Mais combien avez-vous de noms, chacun?

LE BARON HILLOT
Des foules!

CARBON, *à* ROXANE
Ouvrez la main qui tient votre mouchoir.

ROXANE, *ouvre la main et le mouchoir tombe*
Pourquoi?
(*Toute la compagnie fait le mouvement de s'élancer pour le ramasser.*)

CARBON, *le ramassant vivement*
Ma compagnie était sans drapeau! Mais ma foi,
C'est le plus beau du camp qui flottera sur elle!

ROXANE, *souriant*
Il est un peu petit.

CARBON, *attachant le mouchoir à la hampe de sa lance de capitaine*
Mais il est en dentelle!

UN CADET, *aux autres*
Je mourrais sans regret ayant vu ce minois,
Si j'avais seulement dans le ventre une noix! . . .
CARBON, *qui l'a entendu, indigné*
Fi! Parler de manger lorsqu'une exquise femme! . . .

ROXANE
Mais l'air du camp est vif et, moi-même, m'affame:
Pâtés, chauds-froids, vins fins:—mon menu, le voilà!
—Voulez-vous m'apporter tout cela?
(*Consternation.*)

UN CADET
Tout cela!

UN AUTRE
Où le prendrions-nous, grand Dieu?

ROXANE, *tranquillement*
Dans mon carrosse.

TOUS
Hein? . . .

ROXANE
Mais il faut qu'on serve et découpe, et désosse!
Regardez mon cocher d'un peu plus près, messieurs,
Et vous reconnaîtrez un homme précieux:
Chaque sauce sera, si l'on veut, réchauffée!
LES CADETS, *se ruant vers le carrosse*
C'est Ragueneau!
(*Acclamations.*)
Oh! Oh!

ROXANE, *les suivant des yeux*
Pauvres gens!

CYRANO, *lui baisant la main*
Bonne fée!

RAGUENEAU, *debout sur le siège comme un charlatan en place publique*
Messieurs! . . .
(*Enthousiasme.*)

---

[1] *basane*, sheep-leather jacket.
[2] *fer à moustache*, curling iron.
[3] *vidame*, a title.

LES CADETS
Bravo! Bravo!

RAGUENEAU
Les Espagnols n'ont pas,
Quand passaient tant d'appas, vu passer
le repas!
(*Applaudissements.*)

CYRANO, *bas à* CHRISTIAN
Hum! hum! Christian!

RAGUENEAU
Distraits par la galanterie
Ils n'ont pas vu. . . .
(*Il tire de son siège un plat qu'il élève.*)
la galantine! . . .
(*Applaudissements. La galantine passe de
mains en mains.*)

CYRANO, *bas à* CHRISTIAN
Je t'en prie,
Un seul mot! . . .

RAGUENEAU
Et Vénus sut occuper leur œil
Pour que Diane en secret pût passer. . . .
(*Il brandit un gigot.*)
son chevreuil!
(*Enthousiasme. Le gigot est saisi par vingt
mains tendues.*)

CYRANO, *bas à* CHRISTIAN
Je voudrais te parler!

ROXANE, *aux cadets qui redescendent, les
bras chargés de victuailles*
Posez cela par terre!
(*Elle met le couvert sur l'herbe, aidée des
deux laquais imperturbables qui étaient
derrière le carrosse.*)

ROXANE, *à* CHRISTIAN, *au moment où*
CYRANO *allait l'entraîner à part*
Vous, rendez-vous utile!
(CHRISTIAN *vient l'aider. Mouvement d'in-
quiétude de* CYRANO.)

RAGUENEAU
Un paon truffé! [1]

PREMIER CADET, *épanoui, qui descend en
coupant une large tranche de jambon*
Tonnerre!
Nous n'aurons pas couru notre dernier
hasard
Sans faire un gueuleton. . . .[2]
(*Se reprenant vivement en voyant* ROXANE.)
pardon! un balthazar! [3]

RAGUENEAU, *lançant les coussins du car-
rosse*
Les coussins sont remplis d'ortolans!
(*Tumulte. On éventre les coussins. Rires.
Joie.*)

TROISIÈME CADET
Ah! Viédaze! [4]

RAGUENEAU, *lançant des flacons de vin
rouge*
Des flacons de rubis! . . .
(*De vin blanc.*)
Des flacons de topaze!

ROXANE, *jetant une nappe pliée à la figure
de* CYRANO
Défaites cette nappe! . . . Eh! hop!
Soyez léger!
RAGUENEAU, *brandissant une lanterne ar-
rachée*
Chaque lanterne est un petit garde-
manger!

CYRANO, *bas à* CHRISTIAN, *pendant qu'ils
arrangent la nappe ensemble*
Il faut que je te parle avant que tu lui
parles!

RAGUENEAU, *de plus en plus lyrique*
Le manche de mon fouet est un saucisson
d'Arles! [5]

ROXANE, *versant du vin, servant*
Puisqu'on nous fait tuer, morbleu! nous
nous moquons
Du reste de l'armée!—Oui! tout pour les
Gascons!—
Et si de Guiche vient, personne ne l'invite!
(*Allant de l'un à l'autre.*)
Là, vous avez le temps.—Ne mangez pas
si vite!—
Buvez un peu.—Pourquoi pleurez-vous?

---

[1] *paon truffé*, peafowl stuffed with truffles.
[2] *gueuleton*, vulgar slang for feast.
[3] *balthazar*, less vulgar slang for feast.
[4] *viédaze*, vulgar Provençal exclamation.
[5] *Arles*, a town in Provence on the Rhone.

PREMIER CADET

C'est trop bon! . . .

ROXANE

Chut!—Rouge ou blanc?—Du pain pour monsieur de Carbon!
—Un couteau!—Votre assiette!—Un peu de croûte?—Encore?
—Je vous sers!—Du champagne?—Une aile?

CYRANO, *qui la suit, les bras chargés de plats, l'aidant à servir*

Je l'adore!

ROXANE, *allant vers* CHRISTIAN

Vous?

CHRISTIAN

Rien.

ROXANE

Si! ce biscuit, dans du muscat . . . deux doigts!

CHRISTIAN, *essayant de la retenir*

Oh! dites-moi pourquoi vous vîntes?

ROXANE

Je me dois
A ces malheureux. . . . Chut! Tout à l'heure. . . .

LE BRET, *qui était remonté au fond, pour passer, au bout d'une lance, un pain à la sentinelle du talus*

De Guiche!

CYRANO

Vite, cachez flacon, plat, terrine, bourriche!
Hop!—N'ayons l'air de rien! . . .

(*A* RAGUENEAU.)

Toi, remonte d'un bond
Sur ton siège!—Tout est caché? . . .

(*En un clin d'œil tout a été repoussé dans les tentes, ou caché sous les vêtements, sous les manteaux, dans les feutres.—*DE GUICHE *entre vivement,—et s'arrête, tout d'un coup, reniflant. Silence.*)

SCÈNE VII

LES MÊMES, DE GUICHE

DE GUICHE

Cela sent bon.

UN CADET, *chantonnant d'un air détaché*

To lo lo! . . .

DE GUICHE, *s'arrêtant et le regardant*

Qu'avez-vous, vous? . . . Vous êtes tout rouge!

LE CADET

Moi? . . . Mais rien. C'est le sang. On va se battre: il bouge!

UN AUTRE

Poum . . . poum . . . poum. . . .

DE GUICHE, *se retournant*

Qu'est cela?

LE CADET, *légèrement gris*

Rien! C'est une chanson!
Une petite. . . .

DE GUICHE

Vous êtes gai, mon garçon!

LE CADET

L'approche du danger!

DE GUICHE, *appelant* CARBON DE CASTEL-JALOUX, *pour donner un ordre*

Capitaine! je. . . .

(*Il s'arrête en le voyant.*)

Peste!
Vous avez bonne mine aussi!

CARBON, *cramoisi, et cachant une bouteille derrière son dos, avec un geste évasif*

Oh! . . .

DE GUICHE

Il me reste
Un canon que j'ai fait porter. . . .

(*Il montre un endroit dans la coulisse.*)

Là, dans ce coin,
Et vos hommes pourront s'en servir au besoin.

UN CADET, *se dandinant*

Charmante attention!

UN AUTRE, *lui souriant gracieusement*

Douce sollicitude!

DE GUICHE

Ah! çà, mais ils sont fous!—

(*Sèchement.*)

N'ayant pas l'habitude
Du canon, prenez garde au recul.

LE PREMIER CADET

Ah! pfftt!

DE GUICHE, *allant à lui, furieux*

Mais! . . .

LE CADET

Le canon des Gascons ne recule jamais!

DE GUICHE, *le prenant par le bras et le secouant*
Vous êtes gris! . . . De quoi?

LE CADET, *superbe*
De l'odeur de la poudre!

DE GUICHE, *haussant les épaules, le repousse et va vivement à* ROXANE
Vite, à quoi daignez-vous, madame, vous résoudre?

ROXANE
Je reste!

DE GUICHE
Fuyez!

ROXANE
Non!

DE GUICHE
Puisqu'il en est ainsi,
Qu'on me donne un mousquet!

CARBON
Comment?

DE GUICHE
Je reste aussi.

CYRANO
Enfin, Monsieur! voilà de la bravoure pure!

PREMIER CADET
Seriez-vous un Gascon malgré votre guipure?

ROXANE
Quoi! . . .

DE GUICHE
Je ne quitte pas une femme en danger.

DEUXIÈME CADET, *au premier*
Dis donc! Je crois qu'on peut lui donner à manger!
(*Toutes les victuailles reparaissent comme par enchantement.*)

DE GUICHE, *dont les yeux s'allument*
Des vivres!

UN TROISIÈME CADET
Il en sort de sous toutes les vestes!

DE GUICHE, *se maîtrisant, avec hauteur*
Est-ce que vous croyez que je mange vos restes?

CYRANO, *saluant*
Vous faites des progrès!

¹ *C'en est un,* i.e. a Gascon.
² *piquiers,* pikemen.

DE GUICHE, *fièrement, et à qui échappe sur le dernier mot une légère pointe d'accent*
Je vais me battre à jeun!

PREMIER CADET, *exultant de joie*
A *jeung!* Il vient d'avoir l'accent!

DE GUICHE, *riant*
Moi?

LE CADET
C'en est un!¹
(*Ils se mettent tous à danser.*)

CARBON DE CASTEL-JALOUX, *qui a disparu depuis un moment derrière le talus, reparaissant sur la crête*
J'ai rangé mes piquiers.² Leur troupe est résolue!
(*Il montre une ligne de piques qui dépasse la crête.*)

DE GUICHE, *à* ROXANE, *en s'inclinant*
Acceptez-vous ma main pour passer leur revue? . . .
(*Elle la prend, ils remontent vers le talus. Tout le monde se découvre, et les suit.*)

CHRISTIAN, *allant à* CYRANO, *vivement*
Parle vite!
(*Au moment où* ROXANE *paraît sur la crête, les lances disparaissent, abaissées pour le salut, un cri s'élève: elle s'incline.*)

LES PIQUIERS, *au dehors*
Vivat!

CHRISTIAN
Quel était ce secret? . . .

CYRANO
Dans le cas où Roxane. . . .

CHRISTIAN
Eh! bien?

CYRANO
Te parlerait
Des lettres? . . .

CHRISTIAN
Oui, je sais! . . .

CYRANO
Ne fais pas la sottise
De t'étonner. . . .

CHRISTIAN
De quoi?

CYRANO

Il faut que je te dise! . . .
Oh! mon Dieu, c'est tout simple, et j'y
pense aujourd'hui
En la voyant. Tu lui. . . .

CHRISTIAN

Parle vite!

CYRANO

Tu lui. . . .
As écrit plus souvent que tu ne crois.

CHRISTIAN

Hein?

CYRANO

Dame!
Je m'en étais chargé: j'interprétais ta
flamme!
J'écrivais quelquefois sans te dire: j'écris!

CHRISTIAN

Ah?

CYRANO

C'est tout simple!

CHRISTIAN

Mais, comment t'y es-tu pris,
Depuis qu'on est bloqué, pour? . . .

CYRANO

Oh! . . . avant l'aurore
Je pouvais traverser. . . .

CHRISTIAN, se croisant les bras

Ah! c'est tout simple encore?
Et qu'ai-je écrit de fois [1] par semaine? . . .
Deux? Trois?—
Quatre?—

CYRANO

Plus.

CHRISTIAN

Tous les jours?

CYRANO

Oui, tous les jours.—Deux fois.

CHRISTIAN, violemment

Et cela t'enivrait, et l'ivresse était telle
Que tu bravais la mort. . . .

CYRANO, voyant ROXANE qui revient

Tais-toi! Pas devant elle.
(Il rentre vivement dans sa tente.)

SCÈNE VIII

ROXANE, CHRISTIAN; au fond, allées et
venues de CADETS. CARBON et DE
GUICHE donnent des ordres

ROXANE, courant à CHRISTIAN

Et maintenant, Christian! . . .

CHRISTIAN, lui prenant les mains

Et maintenant dis-moi
Pourquoi, par ces chemins effroyables,
pourquoi
A travers tous ces rangs de soudards et de
reîtres,[2]
Tu m'as rejoint ici?

ROXANE

C'est à cause des lettres!

CHRISTIAN

Tu dis?

ROXANE

Tant pis pour vous si je cours ces
dangers!
Ce sont vos lettres qui m'ont grisée! Ah!
songez
Combien depuis un mois vous m'en avez
écrites,
Et plus belles toujours!

CHRISTIAN

Quoi! pour quelques petites
Lettres d'amour. . . .

ROXANE

Tais-toi! Tu ne peux pas savoir!
Mon Dieu, je t'adorais, c'est vrai, depuis
qu'un soir,
D'une voix que je t'ignorais, sous ma
fenêtre,
Ton âme commença de se faire con-
naître. . . .
Eh! bien! tes lettres, c'est, vois-tu, depuis
un mois,
Comme si tout le temps je l'entendais, ta
voix
De ce soir-là, si tendre, et qui vous en-
veloppe!
Tant pis pour toi, j'accours. La sage
Pénélope [3]
Ne fût pas demeurée à broder sous son
toit,
Si le seigneur Ulysse eût écrit comme toi,
Mais pour le joindre, elle eût, aussi folle
qu'Hélène,
Envoyé promener ses pelotons de laine!

---

[1] Qu'ai-je écrit de fois? for Que de fois (combien de fois) ai-je écrit?
[2] soudard, rough soldier.—reître, a cavalry soldier (German Reiter).
[3] Pénélope, wife of Ulysses, who wove a fabric while waiting for her husband to return.

CHRISTIAN

Mais. . . .

ROXANE

Je lisais, je relisais, je défaillais,
J'étais à toi.   Chacun de ces petits feuillets
Était comme un pétale envolé de ton âme.
On sent à chaque mot de ces lettres de flamme
L'amour puissant, sincère. . . .

CHRISTIAN

Ah! sincère et puissant?
Cela se sent, Roxane? . . .

ROXANE

Oh! si cela se sent!

CHRISTIAN

Et vous venez? . . .

ROXANE

Je viens (ô mon Christian, mon maître!
Vous me relèveriez si je voulais me mettre
A vos genoux, c'est donc mon âme que j'y mets,
Et vous ne pourrez plus la relever jamais!)
Je viens te demander pardon, (et c'est bien l'heure
De demander pardon, puisqu'il se peut qu'on meure!)
De t'avoir fait d'abord, dans ma frivolité,
L'insulte de t'aimer pour ta seule beauté!

CHRISTIAN, avec épouvante

Ah! Roxane!

ROXANE

Et plus tard, mon ami, moins frivole,
—Oiseau qui saute avant tout à fait qu'il s'envole—
Ta beauté m'arrêtant, ton âme m'entraînant,
Je t'aimais pour les deux ensemble! . . .

CHRISTIAN

Et maintenant?

ROXANE

Eh! bien! toi-même enfin l'emporte sur toi-même,
Et ce n'est plus que pour ton âme que je t'aime! [1]

CHRISTIAN, reculant

Ah! Roxane!

ROXANE

Sois donc heureux.   Car n'être aimé
Que pour ce dont on est un instant costumé,
Doit mettre un cœur avide et noble à la torture;
Mais ta chère pensée efface ta figure,
Et la beauté par quoi tout d'abord tu me plus,
Maintenant j'y vois mieux . . . et je ne la vois plus!

CHRISTIAN

Oh! . . .

ROXANE

Tu doutes encor d'une telle victoire? . . .

CHRISTIAN, douloureusement

Roxane!

ROXANE

Je comprends, tu ne peux pas y croire,
A cet amour? . . .

CHRISTIAN

Je ne veux pas de cet amour!
Moi, je veux être aimé plus simplement pour. . . .

ROXANE

Pour
Ce qu'en vous elles ont aimé jusqu'à cette heure?
Laissez-vous donc aimer d'une façon meilleure!

CHRISTIAN

Non! c'était mieux avant!

ROXANE

Ah! tu n'y entends rien!
C'est maintenant que j'aime mieux, que j'aime bien!
C'est ce qui te fait toi, tu m'entends, que j'adore,
Et moins brillant. . . .

CHRISTIAN

Tais-toi!

ROXANE

Je t'aimerais encore!
Si toute ta beauté tout d'un coup s'envolait. . . .

CHRISTIAN

Oh! ne dis pas cela!

ROXANE

Si! je le dis!

---

[1] *Et ce n'est plus que pour ton âme:* a terrible revelation for Christian, since the soul of the letters was Cyrano's.

CHRISTIAN

Quoi? laid?

ROXANE

Laid! je le jure!

CHRISTIAN
Dieu!

ROXANE

Et ta joie est profonde?

CHRISTIAN, *d'une voix étouffée*

Oui. . . .

ROXANE

Qu'as-tu?

CHRISTIAN, *la repoussant doucement*

Rien. Deux mots à dire: une seconde.

ROXANE

Mais? . . .

CHRISTIAN, *lui montrant un groupe de* CADETS, *au fond*

A ces pauvres gens mon amour t'enleva:
Va leur sourire un peu puisqu'ils vont
mourir . . . va!

ROXANE, *attendrie*

Cher Christian! . . .

(*Elle remonte vers* LES GASCONS *qui s'em-*
pressent respectueusement autour d'elle.)

SCÈNE IX

CHRISTIAN, CYRANO; *au fond* ROXANE
causant avec CARBON *et quelques* CADETS

CHRISTIAN, *appelant vers la tente de* CYRANO

Cyrano?

CYRANO, *reparaissant, armé pour la bataille*

Qu'est-ce? Te voilà blême!

CHRISTIAN

Elle ne m'aime plus!

CYRANO

Comment?

CHRISTIAN

C'est toi qu'elle aime!

CYRANO

Non!

CHRISTIAN

Elle n'aime plus que mon âme!

CYRANO

Non!

CHRISTIAN

Si!

C'est donc bien toi qu'elle aime,—et tu
l'aimes aussi!

CYRANO

Moi?

CHRISTIAN

Je le sais.

CYRANO

C'est vrai.

CHRISTIAN

Comme un fou.

CYRANO

Davantage.

CHRISTIAN

Dis-le-lui!

CYRANO

Non!

CHRISTIAN

Pourquoi?

CYRANO

Regarde mon visage!

CHRISTIAN

Elle m'aimerait laid!

CYRANO

Elle te l'a dit?

CHRISTIAN

Là!

CYRANO

Ah! je suis bien content qu'elle t'ait dit
cela!
Mais va, va, ne crois pas cette chose insensée!
—Mon Dieu, je suis content qu'elle ait eu
la pensée
De la dire,—mais va, ne la prends pas au
mot,
Va, ne deviens pas laid: elle m'en voudrait
trop!

CHRISTIAN

C'est ce que je veux voir!

CYRANO

Non, non!

CHRISTIAN

Qu'elle choisisse!

Tu vas lui dire tout!

CYRANO

Non, non! Pas ce supplice!

CHRISTIAN

Je tuerais ton bonheur parce que je suis
beau?
C'est trop injuste!

CYRANO

Et moi, je mettrais au tombeau
Le tien parce que, grâce au hasard qui fait
naître,
J'ai le don d'exprimer . . . ce que tu sens
peut-être?

CHRISTIAN

Dis-lui tout!

CYRANO

Il s'obstine à me tenter, c'est mal!

CHRISTIAN

Je suis las de porter en moi-même un rival!

CYRANO

Christian!

CHRISTIAN

Notre union—sans témoins—clande-
stine,
—Peut se rompre,—si nous survivons!

CYRANO

Il s'obstine! . . .

CHRISTIAN

Oui, je veux être aimé moi-même, ou pas
du tout!
—Je vais voir ce qu'on fait, tiens! Je vais
jusqu'au bout
Du poste; je reviens: parle, et qu'elle
préfère
L'un de nous deux!

CYRANO

Ce sera toi!

CHRISTIAN

Mais . . . je l'espère!
(Il appelle.)
Roxane!

CYRANO

Non! Non!

ROXANE, accourant
Quoi?

CHRISTIAN

Cyrano vous dira
Une chose importante. . . .
(Elle va vivement à CYRANO. CHRISTIAN
sort.)

SCÈNE X

ROXANE, CYRANO, puis LE BRET, CARBON
DE CASTEL-JALOUX, LES CADETS, RAGUE-
NEAU, DE GUICHE, ETC.

ROXANE

Importante? . . .

CYRANO, éperdu

Il s'en va! . . .

(A ROXANE.)
Rien! . . . Il attache,—oh! Dieu! vous
devez le connaître!—
De l'importance à rien!

ROXANE, vivement

Il a douté peut-être
De ce que j'ai dit là? . . . J'ai vu qu'il a
douté! . . .

CYRANO, lui prenant la main

Mais avez-vous bien dit, d'ailleurs, la
vérité?

ROXANE

Oui, oui, je l'aimerais même. . . .
(Elle hésite une seconde.)

CYRANO, souriant tristement

Le mot vous gêne
Devant moi?

ROXANE

Mais. . . .

CYRANO

Il ne me fera pas de peine!
—Même laid?

ROXANE

Même laid!
(Mousqueterie au dehors.)
Ah! tiens, on a tiré!

CYRANO, ardemment

Affreux?

ROXANE

Affreux!

CYRANO

Défiguré?

ROXANE

Défiguré!

CYRANO

Grotesque?

ROXANE

Rien ne peut me le rendre grotesque!

CYRANO
Vous l'aimeriez encore?

ROXANE
Et davantage presque!

CYRANO, *perdant la tête, à part*
Mon Dieu, c'est vrai, peut-être, et le bonheur est là!

(*A* ROXANE.)
Je . . . Roxane . . . écoutez! . . .

LE BRET, *entrant rapidement, appelle à mi-voix*
Cyrano!

CYRANO, *se retournant*
Hein?

LE BRET
Chut!
(*Il lui dit un mot tout bas.*)

CYRANO, *laissant échapper la main de* ROXANE, *avec un cri*
Ah! . . .

ROXANE
Qu'avez-vous?

CYRANO, *à lui-même, avec stupeur*
C'est fini.
(*Détonations nouvelles.*)

ROXANE
Quoi? Qu'est-ce encore? On tire?
(*Elle remonte pour regarder au dehors.*)

CYRANO
C'est fini, jamais plus je ne pourrai le dire!

ROXANE, *voulant s'élancer*
Que se passe-t-il?

CYRANO, *vivement, l'arrêtant*
Rien!
(*Des* CADETS *sont entrés, cachant quelque chose qu'ils portent, et ils forment un groupe empêchant* ROXANE *d'approcher.*)

ROXANE
Ces hommes?

CYRANO, *l'éloignant*
Laissez-les! . . .

ROXANE
Mais qu'alliez-vous me dire avant? . . .

CYRANO
Ce que j'allais
Vous dire? . . . rien, oh! rien, je le jure, madame!
(*Solennellement.*)
Je jure que l'esprit de Christian, que son âme
Étaient . . .
(*Se reprenant avec terreur.*)
sont les plus grands. . . .

ROXANE
Étaient?
(*Avec un grand cri.*)
Ah! . . .
(*Elle se précipite et écarte tout le monde.*)

CYRANO
C'est fini!

ROXANE, *voyant* CHRISTIAN *couché dans son manteau*
Christian!

LE BRET, *à* CYRANO
Le premier coup de feu de l'ennemi!

(ROXANE *se jette sur le corps de* CHRISTIAN. *Nouveaux coups de feu. Cliquetis. Rumeurs. Tambours.*)

CARBON DE CASTEL-JALOUX, *l'épée au poing*
C'est l'attaque! Aux mousquets!
(*Suivi des* CADETS, *il passe de l'autre côté du talus.*)

ROXANE
Christian!

LA VOIX DE CARBON, *derrière le talus*
Qu'on se dépêche!

ROXANE
Christian!

CARBON
Alignez-vous!

ROXANE
Christian!

CARBON
Mesurez . . . mèche!
(RAGUENEAU *est accouru, apportant de l'eau dans un casque.*)

CHRISTIAN, *d'une voix mourante*
Roxane! . . .

CYRANO, *vite et bas, à l'oreille de* CHRISTIAN *pendant que* ROXANE *affolée trempe dans l'eau, pour le panser, un morceau de linge arraché à sa poitrine*

J'ai tout dit. C'est toi qu'elle aime encor!

(CHRISTIAN *ferme les yeux.*)

ROXANE

Quoi, mon amour?

CARBON

Baguette haute! [1]

ROXANE, *à* CYRANO

Il n'est pas mort? . . .

CARBON

Ouvrez la charge avec les dents! [2]

ROXANE

Je sens sa joue
Devenir froide, là, contre la mienne!

CARBON

En joue! [3]

ROXANE

Une lettre sur lui!

(*Elle l'ouvre.*)

Pour moi!

CYRANO, *à part*

Ma lettre!

CARBON

Feu!

(*Mousqueterie. Cris. Bruit de bataille.*)

CYRANO, *voulant dégager sa main que tient* ROXANE *agenouillée*

Mais, Roxane, on se bat!

ROXANE, *le retenant*

Restez encore un peu.
Il est mort. Vous étiez le seul à le connaître.

(*Elle pleure doucement.*)

—N'est-ce pas que c'était un être exquis, un être
Merveilleux?

CYRANO, *debout, tête nue*

Oui, Roxane.

ROXANE

Un poète inouï,
Adorable?

CYRANO

Oui, Roxane.

ROXANE

Un esprit sublime?

CYRANO

Oui,
Roxane!

ROXANE

Un cœur profond, inconnu du profane,
Une âme magnifique et charmante?

CYRANO, *fermement*

Oui, Roxane!

ROXANE, *se jetant sur le corps de* CHRISTIAN

Il est mort!

CYRANO, *à part, tirant l'épée*

Et je n'ai qu'à mourir aujourd'hui,
Puisque sans le savoir, elle me pleure en lui!

(*Trompettes au loin.*)

DE GUICHE, *qui reparaît sur le talus, décoiffé, blessé au front, d'une voix tonnante*

C'est le signal promis! Des fanfares de cuivres!
Les Français vont rentrer au camp avec les vivres!
Tenez encore un peu!

ROXANE

Sur sa lettre, du **sang**,
Des pleurs!

UNE VOIX, *au dehors, criant*

Rendez-vous!

VOIX DE CADETS

Non!

RAGUENEAU, *qui, grimpé sur son carrosse, regarde la bataille par-dessus le talus*

Le péril va croissant!

CYRANO, *à* DE GUICHE, *lui montrant* ROXANE

Emportez-la! Je vais charger!

ROXANE, *baisant la lettre, d'une voix mourante*

Son sang! ses larmes! . . .

---

[1] *baguette haute!* ramrod out!

[2] *ouvrez . . . dents!* The powder charge was in a paper cartridge which had to be torn open with the teeth.

[3] *en joue!* Aim!

RAGUENEAU, *sautant à bas du carrosse pour courir vers elle*
Elle s'évanouit!

DE GUICHE, *sur le talus, aux cadets, avec rage*
Tenez bon!

UNE VOIX, *au dehors*
                        Bas les armes!

VOIX DES CADETS
Non!

CYRANO, *à de Guiche*
Vous avez prouvé, Monsieur, votre valeur:
(*Lui montrant* ROXANE.)
Fuyez en la sauvant!

DE GUICHE, *qui court à* ROXANE *et l'enlève dans ses bras*
            Soit! Mais on est vainqueur
Si vous gagnez du temps!

CYRANO
            C'est bon!

(*Criant vers* ROXANE *que* DE GUICHE, *aidé de* RAGUENEAU, *emporte évanouie.*)
                        Adieu, Roxane!

(*Tumulte. Cris. Des* CADETS *reparaissent blessés et viennent tomber en scène.* CYRANO *se précipitant au combat est arrêté sur la crête par* CARBON DE CASTEL-JALOUX, *couvert de sang.*)

CARBON
Nous plions! J'ai reçu deux coups de pertuisane![1]

CYRANO, *criant aux* GASCONS
Hardi! Reculès pas, drollos![2]
(*A* CARBON, *qu'il soutient.*)
                        N'ayez pas peur!
J'ai deux morts à venger: Christian et mon bonheur!
(*Ils redescendent.* CYRANO *brandit la lance où est attaché le mouchoir de* ROXANE.)
Flotte, petit drapeau de dentelle à son chiffre!
(*Il la plante en terre; il crie aux cadets.*)
Toumbé dèssus! Escrasas lous![3]
(*Au fifre.*)
                        Un air de fifre!

(*Le fifre joue. Des blessés se relèvent. Des* CADETS, *dégringolant le talus, viennent se grouper autour de* CYRANO *et du petit drapeau. Le carrosse se couvre et se remplit d'hommes, se hérisse d'arquebuses, se transforme en redoute.*)

UN CADET, *paraissant, à reculons, sur la crête, se battant toujours, crie*
Ils montent le talus!
            (*et tombe mort.*)

CYRANO
            On va les saluer!
(*Le talus se couronne en un instant d'une rangée terrible d'ennemis. Les grands étendards des Impériaux se lèvent.*)

CYRANO
Feu!
            (*Décharge générale.*)

CRI, *dans les rangs ennemis*
            Feu!
(*Riposte meurtrière.* LES CADETS *tombent de tous côtés.*)

UN OFFICIER ESPAGNOL, *se découvrant*
Quels sont ces gens qui se font tous tuer?

CYRANO, *récitant, debout au milieu des balles*
Ce sont les cadets de Gascogne
De Carbon de Castel-Jaloux;
Bretteurs et menteurs sans vergogne
(*Il s'élance, suivi des quelques survivants.*)
Ce sont les cadets. . . .
            (*Le reste se perd dans la bataille.*)

CINQUIÈME ACTE

LA GAZETTE DE CYRANO

Quinze ans après, en 1655. Le parc du couvent que les Dames de la Croix[4] occupaient à Paris. Superbes ombrages. A gauche, la maison; vaste perron sur lequel ouvrent plusieurs portes. Un arbre énorme au milieu de la scène, isolé au milieu d'une petite place ovale. A droite, premier plan, parmi de grands buis, un banc de pierre demi-circulaire. Tout le fond du théâtre est traversé par une allée de marronniers qui aboutit à droite,

---

[1] *pertuisane*, halbert.
[2] *Hardi! . . . drollos!* Courage, don't give way, cowards! (Gascon dialect.)
[3] *Toumbé dèssus! Escrasas lous!* Fall upon them! Crush them! (Gascon dialect.)
[4] *Dames de la Croix*, Ladies of the Cross, a religious order founded in Paris in 1639.

quatrième plan, à la porte d'une chapelle entrevue parmi les branches. A travers le double rideau d'arbres de cette allée, on aperçoit des fuites de pelouses,[1] d'autres allées, des bosquets, les profondeurs du parc, le ciel.

La chapelle ouvre une petite porte latérale sur une colonnade enguirlandée de vigne rougie, qui vient se perdre à droite, au premier plan, derrière les buis.

C'est l'automne. Toute la frondaison est rousse au-dessus des pelouses fraîches. Taches sombres des buis et des ifs restés verts. Une plaque de feuilles jaunes sous chaque arbre. Les feuilles jonchent toute la scène, craquent sous les pas dans les allées, couvrent à demi le perron et les bancs.

Entre le banc de droite et l'arbre, un grand métier à broder devant lequel une petite chaise a été apportée. Paniers pleins d'écheveaux et de pelotons. Tapisserie commencée.

Au lever du rideau, des sœurs vont et viennent dans le parc; quelques-unes sont assises sur le banc autour d'une religieuse plus âgée. Des feuilles tombent.

SCÈNE PREMIÈRE

Mère Marguerite, Sœur Marthe, Sœur Claire, les Sœurs

Sœur Marthe, *à* Mère Marguerite
Sœur Claire a regardé deux fois comment allait
Sa cornette, devant la glace.

Mère Marguerite, *à* Sœur Claire
C'est très laid.

Sœur Claire
Mais sœur Marthe a repris un pruneau de la tarte,
Ce matin: je l'ai vu.

Mère Marguerite, *à* Sœur Marthe
C'est très vilain, sœur Marthe.

Sœur Claire
Un tout petit regard!

Sœur Marthe
Un tout petit pruneau!

Mère Marguerite
Je le dirai, ce soir, à monsieur Cyrano.

Sœur Claire, *épouvantée*
Non! il va se moquer!

Sœur Marthe
Il dira que les nonnes
Sont très coquettes!

Sœur Claire
Très gourmandes!

Mère Marguerite, *souriant*
Et très bonnes.

Sœur Claire
N'est-ce pas, Mère Marguerite de Jésus,
Qu'il vient le samedi depuis dix ans?

Mère Marguerite
Et plus!
Depuis que sa cousine à nos béguins[2] de toile
Mêla le deuil mondain de sa coiffe de voile,[3]
Qui chez nous vint s'abattre, il y a quatorze ans,
Comme un grand oiseau noir parmi des oiseaux blancs!

Sœur Marthe
Lui seul, depuis qu'elle a pris chambre dans ce cloître,
Sait distraire un chagrin qui ne veut pas décroître.

Toutes les Sœurs
Il est si drôle!—C'est amusant quand il vient!
—Il nous taquine!—Il est gentil!—Nous l'aimons bien!
—Nous fabriquons pour lui des pâtes d'angélique!

Sœur Marthe
Mais enfin, ce n'est pas un très bon catholique!

Sœur Claire
Nous le convertirons.

Les Sœurs
Oui! oui!

---

[1] *fuite de pelouses*, vista of lawns.
[2] *béguin*, nun's head covering.
[3] *coiffe de voile*, headdress of voile (a thin, soft material).

MÈRE MARGUERITE

Je vous défends
De l'entreprendre encor sur ce point, mes
enfants.
Ne le tourmentez pas: il viendrait moins
peut-être!

SŒUR MARTHE

Mais. . . . Dieu! . . .

MÈRE MARGUERITE

Rassurez-vous: Dieu doit bien le connaître.

SŒUR MARTHE

Mais chaque samedi, quand il vient, d'un
air fier,
Il me dit en entrant: « Ma sœur, j'ai fait
gras,[1] hier! »

MÈRE MARGUERITE

Ah! il vous dit cela? . . . Eh bien! la fois
dernière
Il n'avait pas mangé depuis deux jours.

SŒUR MARTHE

Ma Mère!

MÈRE MARGUERITE

Il est pauvre.

SŒUR MARTHE

Qui vous l'a dit?

MÈRE MARGUERITE

Monsieur Le Bret.

SŒUR MARTHE

On ne le secourt pas?

MÈRE MARGUERITE

Non, il se fâcherait.
(*Dans une allée du fond on voit apparaître*
ROXANE, *vêtue de noir, avec la coiffe des
veuves, et de longs voiles;* DE GUICHE,
*magnifique et vieillissant, marche auprès
d'elle. Ils vont à pas lents.* MÈRE
MARGUERITE *se lève.*)
—Allons, il faut rentrer. . . . Madame
Madeleine,
Avec un visiteur, dans le parc, se promène.

SŒUR MARTHE, *bas à* SŒUR CLAIRE

C'est le duc-maréchal de Grammont?

SŒUR CLAIRE, *regardant*

Oui, je crois.

SŒUR MARTHE

Il n'était plus venu la voir depuis des mois!

LES SŒURS

Il est très pris!—La cour!—Les camps!

SŒUR CLAIRE

Les soins du monde!
(*Elles sortent.* DE GUICHE *et* ROXANE
*descendent en silence, et s'arrêtent, près
du métier. Un temps.*)

SCÈNE II

ROXANE, LE DUC DE GRAMMONT, *ancien*
COMTE DE GUICHE, *puis* LE BRET *et*
RAGUENEAU

LE DUC

Et vous demeurerez ici, vainement blonde,[2]
Toujours en deuil?

ROXANE

Toujours.

DE GUICHE

Aussi fidèle?

ROXANE

Aussi.

LE DUC, *après un temps*

Vous m'avez pardonné?

ROXANE

Puisque je suis ici.
(*Nouveau silence.*)

LE DUC

Vraiment c'était un être? . . .

ROXANE

Il fallait le connaître!

LE DUC

Ah! il fallait? . . . Je l'ai trop peu connu,
peut-être.
. . . Et son dernier billet, sur votre cœur,
toujours?

ROXANE

Comme un doux scapulaire,[3] il pend à ce
velours.

LE DUC

Même mort, vous l'aimez?

ROXANE

Quelquefois il me semble
Qu'il n'est mort qu'à demi, que nos cœurs
sont ensemble,

[1] *faire gras*, eat meat on Fridays.
[2] *vainement blonde*, blond (and beautiful) to no purpose.
[3] *scapulaire*, scapulary, two little squares of cloth connected by ribbons and worn on chest and back.

Et que son amour flotte, autour de moi,
  vivant!

LE DUC, *après un silence encore*
Est-ce que Cyrano vient vous voir?

ROXANE
                              Oui, souvent.
—Ce vieil ami, pour moi, remplace les
  gazettes.
Il vient; c'est régulier; sous cet arbre où
  vous êtes
On place son fauteuil, s'il fait beau; je
  l'attends
En brodant; l'heure sonne; au dernier
  coup, j'entends
—Car je ne tourne plus même le front!—
  sa canne
Descendre le perron; il s'assied; il ricane
De ma tapisserie éternelle; il me fait
La chronique de la semaine, et. . . .
    (LE BRET *paraît sur le perron.*)
                              Tiens, Le Bret!

    (LE BRET *descend.*)
Comment va notre ami?

LE BRET
                              Mal.

LE DUC
                              Oh!

ROXANE, *au* DUC
                              Il exagère.

LE BRET
Tout ce que j'ai prédit: l'abandon, la
  misère! . . .
Ses épîtres lui font des ennemis nouveaux!
Il attaque les faux nobles, les faux dévots,
Les faux braves, les plagiaires,—tout le
  monde!

ROXANE
Mais son épée inspire une terreur pro-
  fonde.
On ne viendra jamais à bout de lui.

LE DUC, *hochant la tête*
                              Qui sait?

LE BRET
Ce que je crains, ce n'est pas les attaques,
  c'est
La solitude, la famine, c'est Décembre
Entrant à pas de loup dans son obscure
  chambre:
Voilà les spadassins qui plutôt le tueront!
—Il serre chaque jour, d'un cran, son
  ceinturon.

Son pauvre nez a pris des tons de vieil
  ivoire.
Il n'a plus qu'un petit habit de serge noire.

LE DUC
Ah! celui-là n'est pas parvenu!—C'est
  égal,
Ne le plaignez pas trop.

LE BRET, *avec un sourire amer*
                    Monsieur le maréchal! . . .

LE DUC
Ne le plaignez pas trop: il a vécu sans
  pactes,
Libre dans sa pensée autant que dans ses
  actes.

LE BRET, *de même*
Monsieur le duc! . . .

LE DUC, *hautainement*
Je sais, oui: j'ai tout; il n'a rien. . . .
Mais je lui serrerais bien volontiers la
  main.
          (*Saluant* ROXANE.)
Adieu.

ROXANE
          Je vous conduis.
(LE DUC *salue* LE BRET *et se dirige avec*
  ROXANE *vers le perron.*)
LE DUC, *s'arrêtant, tandis qu'elle monte*
                    Oui, parfois, je l'envie.
—Voyez-vous, lorsqu'on a trop réussi sa
  vie,
On sent,—n'ayant rien fait, mon Dieu, de
  vraiment mal!—
Mille petits dégoûts de soi, dont le total
Ne fait pas un remords, mais une gêne
  obscure;
Et les manteaux de duc traînent dans leur
  fourrure,
Pendant que des grandeurs on monte les
  degrés,
Un bruit d'illusions sèches et de regrets,
Comme, quand vous montez lentement
  vers ces portes,
Votre robe de deuil traîne des feuilles
  mortes.

ROXANE, *ironique*
Vous voilà bien rêveur? . . .

LE DUC
          Eh! oui!
(*Au moment de sortir, brusquement.*)
                    Monsieur Le Bret!

    (*A* ROXANE.)
Vous permettez?   Un mot.
    (*Il va à* LE BRET, *et à mi-voix.*)

C'est vrai: nul n'oserait
Attaquer votre ami; mais beaucoup l'ont
en haine;
Et quelqu'un me disait, hier, au jeu, chez
la Reine:
« Ce Cyrano pourrait mourir d'un accident.»

LE BRET

Ah?

LE DUC

Oui. Qu'il sorte peu. Qu'il soit prudent.

LE BRET, *levant les bras au ciel*

Prudent!
Il va venir. Je vais l'avertir. Oui, mais!

ROXANE, *qui est restée sur le perron, à une
sœur qui s'avance vers elle*

Qu'est-ce?

LA SŒUR

Ragueneau veut vous voir, Madame.

ROXANE

Qu'on le laisse
Entrer.

(*Au* DUC *et à* LE BRET.)

Il vient crier misère. Étant un jour
Parti pour être auteur, il devint tour à
tour
Chantre. . . .

LE BRET

Étuviste.[1] . . .

ROXANE

Acteur. . . .

LE BRET

Bedeau.[2] . . .

ROXANE

Perruquier. . . .

LE BRET

Maître
De théorbe. . . .

ROXANE

Aujourd'hui que pourra-t-il bien être?

RAGUENEAU, *entrant précipitamment*

Ah! madame!

(*Il aperçoit* LE BRET.)

Monsieur!

ROXANE, *souriant*

Racontez vos malheurs
A Le Bret. Je reviens.

RAGUENEAU

Mais, Madame. . . .

(ROXANE *sort sans l'écouter, avec* LE DUC.
Il redescend vers LE BRET.)

SCÈNE III

LE BRET, RAGUENEAU

RAGUENEAU

D'ailleurs,
Puisque vous êtes là, j'aime mieux qu'elle
ignore!
—J'allais voir votre ami tantôt. J'étais
encore
A vingt pas de chez lui . . . quand je le
vois de loin
Qui sort. Je veux le joindre. Il va tour-
ner le coin
De la rue . . . et je cours . . . lorsque
d'une fenêtre
Sous laquelle il passait—est-ce un hasard?
. . . peut-être!—
Un laquais laisse choir une pièce de bois.

LE BRET

Les lâches! . . . Cyrano!

RAGUENEAU

J'arrive et je le vois. . . .

LE BRET

C'est affreux!

RAGUENEAU

Notre ami, Monsieur, notre poète,
Je le vois, là, par terre, un grand trou dans
la tête!

LE BRET

Il est mort?

RAGUENEAU

Non! mais. . . . Dieu! je l'ai porté chez
lui.
Dans sa chambre. . . . Ah! sa chambre!
il faut voir ce réduit!

LE BRET

Il souffre?

RAGUENEAU

Non, Monsieur, il est sans connaissance.

LE BRET

Un médecin?

RAGUENEAU

Il en vint un par complaisance.

LE BRET

Mon pauvre Cyrano!—Ne disons pas cela
Tout d'un coup à Roxane!—Et ce docteur?

---

[1] *étuviste*, keeper of an *étuve* or bathing establishment.
[2] *bedeau*, beadle.

RAGUENEAU

Il a

Parlé—je ne sais plus—de fièvre, de méninges![1] . . .
Ah! si vous le voyiez—la tête dans des linges! . . .
Courons vite!—Il n'y a personne à son chevet!—
C'est qu'il pourrait mourir, Monsieur, s'il se levait!

LE BRET, *l'entraînant vers la droite*

Passons par là! Viens, c'est plus court!
Par la chapelle!

ROXANE, *paraissant sur le perron et voyant*
LE BRET *s'éloigner par la colonnade qui*
mène à la petite porte de la chapelle

Monsieur le Bret!

(LE BRET *et* RAGUENEAU *se sauvent sans*
répondre.)

Le Bret s'en va quand on l'appelle?
C'est quelque histoire encor de ce bon
Ragueneau!

(*Elle descend le perron.*)

SCÈNE IV

ROXANE *seule, puis* DEUX SŒURS, *un instant*

ROXANE

Ah! que ce dernier jour de septembre est donc beau!
Ma tristesse sourit. Elle qu'Avril offusque,[2]
Se laisse décider par l'automne, moins brusque.
(*Elle s'assied à son métier. Deux sœurs*
sortent de la maison et apportent un grand
fauteuil sous l'arbre.)
Ah! voici le fauteuil classique où vient s'asseoir
Mon vieil ami!

SŒUR MARTHE

Mais c'est le meilleur du parloir!

ROXANE

Merci, ma sœur.
(*Les sœurs s'éloignent.*)
Il va venir.
(*Elle s'installe. On entend sonner l'heure.*)
Là . . . l'heure sonne.

—Mes écheveaux!—L'heure a sonné? Ceci m'étonne!
Serait-il en retard pour la première fois?
La sœur tourière[3] doit—mon dé? . . . là, je le vois!—
L'exhorter à la pénitence.
(*Un temps.*)
Elle l'exhorte!
—Il ne peut plus tarder.—Tiens! une feuille morte!—
(*Elle repousse du doigt la feuille tombée sur*
son métier.)
D'ailleurs, rien ne pourrait—Mes ciseaux?
. . . dans mon sac!—
L'empêcher de venir!

UNE SŒUR, *paraissant sur le perron*

Monsieur de Bergerac.

SCÈNE V

ROXANE, CYRANO *et, un moment,* SŒUR
MARTHE

ROXANE, *sans se retourner*

Qu'est-ce que je disais? . . .
(*Elle brode.* CYRANO, *très pâle, le feutre*
enfoncé sur les yeux, paraît. La sœur
qui l'a introduit rentre. Il se met à
descendre le perron lentement avec un
effort visible pour se tenir debout, et en
s'appuyant sur sa canne. ROXANE *tra-*
vaille à sa tapisserie.)
Ah! ces teintes fanées. . . .
Comment les rassortir?
(*A* CYRANO, *sur un ton d'amicale gron-*
derie.)
Depuis quatorze années,
Pour la première fois, en retard!

CYRANO, *qui est parvenu au fauteuil et s'est*
assis, d'une voix gaie contrastant avec son
visage

Oui, c'est fou!
J'enrage. Je fus mis en retard, vertuchou![4] . . .

ROXANE

Par? . . .

CYRANO

Par une visite assez inopportune.

ROXANE, *distraite, travaillant*

Ah! oui! quelque fâcheux?

---

[1] *méninges*, meninges, the membranes that encase the brain and spine.
[2] *offusquer*, displease, hurt.
[3] *sœur tourière*, the sister who attends to the front door.
[4] *vertuchou*, bless my soul!

CYRANO

Cousine, c'était une Fâcheuse.[1]

ROXANE

Vous l'avez renvoyée?

CYRANO

Oui, j'ai dit:
Excusez-moi, mais c'est aujourd'hui samedi,
Jour où je dois me rendre en certaine
demeure;
Rien ne m'y fait manquer: repassez dans
une heure!

ROXANE, *légèrement*

Eh bien! cette personne attendra pour
vous voir:
Je ne vous laisse pas partir avant ce soir.

CYRANO

Peut-être un peu plus tôt faudra-t-il que
je parte.
(*Il ferme les yeux et se tait un instant.
SŒUR MARTHE traverse le parc de la
chapelle au perron. ROXANE l'aperçoit,
lui fait un petit signe de tête.*)

ROXANE, *à* CYRANO

Vous ne taquinez pas sœur Marthe?

CYRANO, *vivement, ouvrant les yeux*

Si!
(*Avec une grosse voix comique.*)

Sœur Marthe!
Approchez!

(LA SŒUR *glisse vers lui.*)

Ha! ha! ha! Beaux yeux toujours
baissés!

SŒUR MARTHE, *levant les yeux en souriant*

Mais. . . .
(*Elle voit sa figure et fait un geste d'étonne-
ment.*)
Oh!

CYRANO, *bas, lui montrant* ROXANE

Chut! Ce n'est rien!—
(*D'une voix fanfaronne. Haut.*)

Hier, j'ai fait gras.

SŒUR MARTHE

Je sais.
(*A part.*)
C'est pour cela qu'il est si pâle!
(*Vite et bas.*)

[1] une *fâcheuse*, i.e. la Mort.

Au réfectoire
Vous viendrez tout à l'heure, et je vous
ferai boire
Un grand bol de bouillon. . . . Vous viendrez?

CYRANO

Oui, oui, oui.

SŒUR MARTHE

Ah! vous êtes un peu raisonnable, aujour-
d'hui!

ROXANE, *qui les entend chuchoter*

Elle essaye de vous convertir?

SŒUR MARTHE

Je m'en garde!

CYRANO

Tiens, c'est vrai! Vous toujours si sainte-
ment bavarde,
Vous ne me prêchez pas? c'est étonnant,
ceci! . . .
(*Avec une fureur bouffonne.*)
Sabre de bois! Je veux vous étonner
aussi!
Tenez, je vous permets. . . .
(*Il a l'air de chercher une bonne taquinerie,
et de la trouver.*)
Ah! la chose est nouvelle? . . .
De . . . de prier pour moi, ce soir, à la
chapelle.

ROXANE

Oh! oh!

CYRANO, *riant*

Sœur Marthe est dans la stupéfaction!

SŒUR MARTHE, *doucement*

Je n'ai pas attendu votre permission.
(*Elle rentre.*)

CYRANO, *revenant à* ROXANE, *penchée sur
son métier*

Du diable si je peux jamais, tapisserie,
Voir ta fin!

ROXANE

J'attendais cette plaisanterie.
(*A ce moment un peu de brise fait tomber
des feuilles.*)

CYRANO

Les feuilles!

ROXANE, *levant la tête, et regardant au loin,
dans les allées*

Elles sont d'un blond vénitien.
Regardez les tomber.

compare to surp off balcony

CYRANO

Comme elles tombent bien!
Dans ce trajet si court de la branche à la
terre,
Comme elles savent mettre une beauté
dernière,
Et malgré leur terreur de pourrir sur le sol,
Veulent que cette chute ait la grâce d'un
vol!

ROXANE

Mélancolique, vous?

CYRANO, *se reprenant*

Mais, pas du tout, Roxane!

ROXANE

Allons, laissez tomber les feuilles de pla-
tane. . . .
Et racontez un peu ce qu'il y a de neuf.
Ma gazette?

CYRANO

Voici!

ROXANE

Ah!

CYRANO, *de plus en plus pâle, et luttant
contre la douleur*

Samedi, dix-neuf:
Ayant mangé huit fois du raisiné de Cette,[1]
Le Roi fut pris de fièvre; à deux coups de
lancette,
Son mal fut condamné pour lèse-majesté,
Et cet auguste pouls n'a plus fébricité![2]
Au grand bal, chez la reine, on a brûlé,
dimanche,
Sept cent soixante-trois flambeaux de cire
blanche;
Nos troupes ont battu, dit-on, Jean l'Au-
trichien;
On a pendu quatre sorciers; le petit chien
De madame d'Athis a dû prendre un
clystère.[3] . . .

ROXANE

Monsieur de Bergerac, voulez-vous bien
vous taire!

CYRANO

Lundi . . . rien. Lygdamire a changé
d'amant.

ROXANE

Oh!

CYRANO, *dont le visage s'altère de plus en
plus*

Mardi, toute la cour est à Fontainebleau.
Mercredi, la Montglat[4] dit au comte de
Fiesque:[5]
Non! Jeudi: Mancini,[6] reine de France,—
ou presque!
Le vingt-cinq, la Montglat à de Fiesque
dit: Oui;
Et samedi, vingt-six. . . .
(*Il ferme les yeux. Sa tête tombe. Silence.*)

ROXANE, *surprise de ne plus rien entendre,
se retourne, le regarde, et se levant effrayée*

Il est évanoui?
(*Elle court vers lui en criant.*)
Cyrano!

CYRANO, *rouvrant les yeux, d'une voix vague*

Qu'est-ce? . . . Quoi? . . .
(*Il voit* ROXANE *penchée sur lui et, vive-
ment, assurant son chapeau sur sa tête
et reculant avec effroi dans son fauteuil.*)
Non! non! je vous assure,
Ce n'est rien. Laissez-moi!

ROXANE

Pourtant. . . .

CYRANO

C'est ma blessure
D'Arras . . . qui . . . quelquefois . . . vous
savez. . . .

ROXANE

Pauvre ami!

CYRANO

Mais ce n'est rien. Cela va finir.
(*Il sourit avec effort.*)
C'est fini.

ROXANE, *debout près de lui*

Chacun de nous a sa blessure: j'ai la
mienne.
Toujours vive, elle est là, cette blessure
ancienne,
(*Elle met la main sur sa poitrine.*)

---

[1] *raisiné de Cette*, jelly made of grapes and other fruits, eaten with wine. Cette is a town on the Mediterranean coast.

[2] *fébriciter*, to be feverish.

[3] *clystère*, injection, enema.

[4] *la Montglat*, wife of Montglat, the author of valuable memoirs.

[5] *Fiesque*, an illustrious Genoese family.

[6] *Mancini*, Marie Mancini (1640–1715); young Louis XIV was deeply in love with her, and her uncle, cardinal Mazarin, had to intervene to prevent a marriage.

Elle est là, sous la lettre au papier jaunis-
sant
Où l'on peut voir encor des larmes et du
sang!

(*Le crépuscule commence à venir.*)

CYRANO

Sa lettre! . . . N'aviez-vous pas dit qu'un
jour, peut-être,
Vous me la feriez lire?

ROXANE

Ah! vous voulez? . . . Sa lettre?

CYRANO

Oui. . . . Je veux. . . . Aujourd'hui. . . .

ROXANE, *lui donnant le sachet pendu à son
cou*

Tenez!

CYRANO, *le prenant*

Je peux ouvrir?

ROXANE

Ouvrez . . . lisez! . . .

(*Elle revient à son métier, le replie, range
ses laines.*)

CYRANO, *lisant*

« Roxane, adieu, je vais mourir! . . .»

ROXANE, *s'arrêtant, étonnée*

Tout haut?

CYRANO, *lisant*

« C'est pour ce soir, je crois, ma bien-
aimée!
« J'ai l'âme lourde encor d'amour inex-
primée,
« Et je meurs! Jamais plus, jamais mes
yeux grisés,
« Mes regards dont c'était. . . .»

ROXANE

Comme vous la lisez,
Sa lettre!

CYRANO, *continuant*

« . . . dont c'était les frémissantes fêtes,
« Ne baiseront au vol les gestes que vous
faites;
« J'en revois un petit qui vous est familier
« Pour toucher votre front, et je voudrais
crier. . . .»

ROXANE

Comme vous la lisez, cette lettre!

(*La nuit vient insensiblement.*)

CYRANO

« Et je crie:
« Adieu! . . .»

ROXANE

Vous la lisez. . . .

CYRANO

« Ma chère, ma chérie,
« Mon trésor. . . .»

ROXANE

D'une voix. . . .

CYRANO

« Mon amour! . . .»

ROXANE

D'une voix. . . .
Mais . . . que je n'entends pas pour la
première fois!

(*Elle s'approche tout doucement, sans qu'il
s'en aperçoive, passe derrière le fauteuil,
se penche sans bruit, regarde la lettre.—
L'ombre augmente.*)

CYRANO

« Mon cœur ne vous quitta jamais une
seconde,
« Et je suis et serai jusque dans l'autre
monde
« Celui qui vous aima sans mesure, celui.»

ROXANE, *lui posant la main sur l'épaule*

Comment pouvez-vous lire à présent? Il
fait nuit.

(*Il tressaille, se retourne, la voit là tout
près, fait un geste d'effroi, baisse la tête.
Un long silence. Puis, dans l'ombre
complètement venue, elle dit avec lenteur,
joignant les mains.*)

Et pendant quatorze ans, il a joué ce rôle
D'être le vieil ami qui vient pour être
drôle!

CYRANO

Roxane!

ROXANE

C'était vous.

CYRANO

Non, non, Roxane, non!

ROXANE

J'aurais dû deviner quand il disait mon
nom!

CYRANO

Non! ce n'était pas moi!

ROXANE

C'était vous!

CYRANO

Je vous jure. . . .

ROXANE

J'aperçois toute la généreuse imposture:
Les lettres, c'était vous. . . .

CYRANO

Non!

ROXANE

Les mots chers et fous,

C'était vous. . . .

CYRANO

Non!

ROXANE

La voix dans la nuit, c'était vous!

CYRANO

Je vous jure que non!

ROXANE

L'âme, c'était la vôtre!

CYRANO

Je ne vous aimais pas.

ROXANE

Vous m'aimiez!

CYRANO

C'était l'autre!

ROXANE

Vous m'aimiez!

CYRANO

Non!

ROXANE

Déjà vous le dites plus bas!

CYRANO

Non, non, mon cher amour, je ne vous
aimais pas!

ROXANE

Ah! que de choses qui sont mortes . . .
qui sont nées!
—Pourquoi vous être tu pendant quatorze
années,
Puisque sur cette lettre où, lui, n'était
pour rien,
Ces pleurs étaient de vous?

CYRANO, *lui tendant la lettre*

Ce sang était le sien.

ROXANE

Alors pourquoi laisser ce sublime silence,
Se briser aujourd'hui?

CYRANO

Pourquoi? . . .

(LE BRET *et* RAGUENEAU *entrent en courant.*)

SCÈNE VI

LES MÊMES, LE BRET *et* RAGUENEAU

LE BRET

Quelle imprudence!
Ah! j'en étais bien sûr! il est là!

CYRANO, *souriant et se redressant*

Tiens, parbleu! [1]

LE BRET

Il s'est tué, Madame, en se levant!

ROXANE

Grand Dieu!
Mais tout à l'heure alors . . . cette faiblesse? . . . cette? . . .

CYRANO

C'est vrai! je n'avais pas terminé ma gazette:
. . . Et samedi, vingt-six, une heure avant
dîné,
Monsieur de Bergerac est mort assassiné.
(*Il se découvre; on voit sa tête entourée de
linges.*)

ROXANE

Que dit-il?—Cyrano!—Sa tête enveloppée! . . .
Ah! que vous a-t-on fait? Pourquoi? . . .

CYRANO

« D'un coup d'épée,
Frappé par un héros, tomber la pointe au
cœur. » [2]
—Oui, je disais cela! . . . Le destin est
railleur! . . .
Et voilà que je suis tué, dans une em-
bûche,
Par derrière, par un laquais, d'un coup
de bûche! [3]
C'est très bien. J'aurai tout manqué,
même ma mort.

RAGUENEAU

Ah! Monsieur! . . .

CYRANO

Ragueneau, ne pleure pas si fort! . . .
(*Il lui tend la main.*)
Qu'est-ce que tu deviens, maintenant,
mon confrère? [4]

[1] *Tiens, parbleu!* Why, of course! naturally!
[2] *la pointe au cœur.* See act IV, sc. 3.
[3] *bûche:* Cyrano actually was killed in this way.
[4] *mon confrère,* my colleague (in poetry).

RAGUENEAU, *à travers ses larmes*

Je suis moucheur de . . . de . . . chandelles,[1] chez Molière.

CYRANO

Molière!

RAGUENEAU

Mais je veux le quitter, dès demain;
Oui, je suis indigné! . . . Hier, on jouait
Scapin,[2]
Et j'ai vu qu'il vous a pris une scène!

LE BRET

Entière!

RAGUENEAU

Oui, Monsieur, le fameux: « Que diable
allait-il faire? . . .»

LE BRET

Molière te l'a pris!

CYRANO

Chut! chut! Il a bien fait! . . .

(A RAGUENEAU.)

La scène, n'est-ce pas, produit beaucoup
d'effet?

RAGUENEAU, *sanglotant*

Oh! Monsieur, on riait! on riait!

CYRANO

Oui, ma vie
Ce fut d'être celui qui souffle,—et qu'on
oublie!

(A ROXANE.)

Vous souvient-il du soir où Christian vous
parla
Sous le balcon? Eh bien! toute ma vie
est là:
Pendant que je restais en bas, dans l'ombre
noire,
D'autres montaient cueillir le baiser de la
gloire!
C'est justice, et j'approuve au seuil de
mon tombeau:
Molière a du génie et Christian était beau!

(A ce moment, la cloche de la chapelle ayant
tinté, on voit passer au fond, dans l'allée,
les religieuses se rendant à l'office.)

Qu'elles aillent prier puisque leur cloche
sonne!

ROXANE, *se relevant pour appeler*

Ma sœur! ma sœur!

CYRANO, *la retenant*

Non! non! n'allez chercher personne;
Quand vous reviendriez, je ne serais plus
là.

(Les religieuses sont entrées dans la chapelle,
on entend l'orgue.)

Il me manquait un peu d'harmonie . . .
en voilà.

ROXANE

Je vous aime, vivez!

CYRANO

Non! car c'est dans le conte[3]
Que lorsqu'on dit: Je t'aime! au prince
plein de honte,
Il sent sa laideur fondre à ces mots de
soleil. . . .
Mais tu t'apercevrais que je reste pareil.

ROXANE

J'ai fait votre malheur! moi! moi!

CYRANO

Vous? . . . au contraire!
J'ignorais la douceur féminine. Ma mère
Ne m'a pas trouvé beau. Je n'ai pas eu de
sœur.
Plus tard, j'ai redouté l'amante à l'œil
moqueur.
Je vous dois d'avoir eu tout au moins une
amie.
Grâce à vous une robe a passé dans ma vie.

LE BRET, *lui montrant le clair de lune qui
descend à travers les branches*

Ton autre amie est là, qui vient te voir!

CYRANO, *souriant à la lune*

Je vois.

ROXANE

Je n'aimais qu'un seul être et je le perds
deux fois!

CYRANO

Le Bret, je vais monter dans la lune
opaline,
Sans qu'il faille inventer, aujourd'hui, de
machine. . .

ROXANE

Que dites-vous?

---

[1] *moucheur de chandelles*, candle snuffer (which seems to have been true).
[2] *Scapin.* In *les Fourberies de Scapin* Molière has indeed imitated from Cyrano's *Pédant joué*, the scene here referred to.
[3] *conte:* a reference to the story of Beauty and the Beast.

CYRANO

Mais oui, c'est là, je vous le dis,
Que l'on va m'envoyer faire mon paradis.
Plus d'une âme que j'aime y doit être
    exilée,
Et je retrouverai Socrate et Galilée![1]

LE BRET, *se révoltant*

Non! non! C'est trop stupide à la fin, et
    c'est trop
Injuste! Un tel poète! Un cœur si grand,
    si haut!
Mourir ainsi! . . . Mourir! . . .

CYRANO

Voilà Le Bret qui grogne!

LE BRET, *fondant en larmes*

Mon cher ami. . . .

CYRANO, *se soulevant, l'œil égaré*

Ce sont les cadets de Gascogne. . . .
—La masse élémentaire. . . . Eh! oui!
    . . . voilà le *hic*. . . .[2]

LE BRET

Sa science . . . dans son délire!

CYRANO

                                Copernic
A dit. . . .

ROXANE

Oh!

CYRANO

Mais aussi que diable allait-il faire,
Mais que diable allait-il faire en cette
    galère?

Philosophe, physicien,
Rimeur, bretteur, musicien,
    Et voyageur aérien,
Grand riposteur du tac au tac,[3]
Amant aussi—pas pour son bien!—
    Ci-gît Hercule-Savinien
    De Cyrano de Bergerac
Qui fut tout, et qui ne fut rien.

. . . Mais je m'en vais, pardon, je ne peux
    faire attendre:
Vous voyez, le rayon de lune vient me
    prendre!
(*Il est retombé assis, les pleurs de* ROXANE
*le rappellent à la réalité, il la regarde, et
caressant ses voiles:*)

Je ne veux pas que vous pleuriez moins ce
    charmant,
Ce bon, ce beau Christian; mais je veux
    seulement
Que lorsque le grand froid aura pris mes
    vertèbres,
Vous donniez un sens double à ces voiles
    funèbres,
Et que son deuil sur vous devienne un peu
    mon deuil.

ROXANE

Je vous jure! . . .

CYRANO, *est secoué d'un grand frisson et se
lève brusquement*

Pas là! non! pas dans ce fauteuil!
(*On veut s'élancer vers lui.*)
—Ne me soutenez pas!—Personne!
(*Il va s'adosser à l'arbre.*)
                                Rien que l'arbre!
(*Silence.*)
Elle vient.[4] Je me sens déjà botté de
    marbre,
—Ganté de plomb!
(*Il se raidit.*)
Oh! mais! . . . puisqu'elle est en che-
    min,
Je l'attendrai debout,
(*Il tire l'épée.*)
                        et l'épée à la main!

LE BRET

Cyrano!

ROXANE, *défaillante*

Cyrano!
(*Tous reculent épouvantés.*)

CYRANO

Je crois qu'elle regarde. . . .
Qu'elle ose regarder mon nez, cette ca-
    marde![5]
(*Il lève son épée.*)
Que dites-vous? . . . C'est inutile? . . .
Je le sais!
Mais on ne se bat pas dans l'espoir du
    succès!
Non! non! c'est bien plus beau lorsque c'est
    inutile!
—Qu'est-ce que c'est que tous ceux-là?—
Vous êtes mille?

---

[1] *Socrate.* In his journey to the Moon, Cyrano tells us that he met the spirit of Socrates.—
Galilée. Galileo (1564–1642), and *Copernic*, mentioned below (1473–1543), were famous astronomers.
[2] *Eh! . . . voilà le hic. . . .* Ah, there's the rub!
[3] *riposteur du tac au tac*, fencer.
[4] *Elle*, i.e. la Mort.
[5] *camarde*, flatnose, i.e. la Mort.

Ah! je vous reconnais, tous mes vieux
  ennemis!
Le Mensonge?

> (*Il frappe de son épée le vide.*)

Tiens, tiens!—Ha! ha! les Compromis,
Les Préjugés, les Lâchetés! . . .

> (*Il frappe.*)
>> Que je pactise? [1]

Jamais, jamais!—Ah! te voilà, toi, la
  Sottise!
—Je sais bien qu'à la fin vous me mettrez
  à bas;
N'importe: je me bats! je me bats! je me
  bats!
(*Il fait des moulinets* [2] *immenses et s'arrête,
  haletant.*)
Oui, vous m'arrachez tout, le laurier et
  la rose! [3]
Arrachez! Il y a malgré vous quelque
  chose

Que j'emporte, et ce soir, quand j'entrerai
  chez Dieu,
Mon salut balaiera largement le seuil bleu;
Quelque chose que sans un pli, sans une
  tache,
J'emporte malgré vous,

> (*Il s'élance l'épée haute.*)
>> et c'est. . . .

(*L'épée s'échappe de ses mains, il chancelle,
  tombe dans les bras de* LE BRET *et de*
  RAGUENEAU.)

ROXANE, *se penchant sur lui et lui baisant
  le front*
>> C'est? . . .

CYRANO, *rouvre les yeux, la reconnaît et dit
  en souriant*
>> Mon panache. [4]

---

[1] *Que je pactise?* Shall I compromise?
[2] *moulinets*, circles with his sword.
[3] *le laurier*, glory; *la rose*, love.
[4] *Mon panache*, my plume: that is to say, my pride, my independence; or, as Rostand defined this word in his *Discours à l'Académie*, " *l'esprit de la bravoure.*"

THE CENTURY MODERN LANGUAGE SERIES

For the study of French Drama:

Uniform with the present volume:

Eighteenth-Century French Plays, edited by C. D. Brenner and N. A. Goodyear. Plays included: Dancourt, *Le Chevalier à la mode;* Regnard, *Le Légataire universel;* Lesage, *Turcaret;* Crébillon, *Rhadamiste et Zénobie;* Destouches, *Le Glorieux;* Voltaire, *Zaïre,* and *Nanine;* Marivaux, *Le Jeu de l'amour et du hasard;* Nivelle de la Chaussée, *Le Préjugé à la mode;* Gresset, *Le Méchant;* Diderot, *Le Père de famille;* Palissot, *Les Philosophes;* Sedaine, *Le Philosophe sans le savoir;* Beaumarchais, *Le Mariage de Figaro;* Laya, *L'Ami des lois.*
Some of these plays are difficult to find elsewhere, and all of them, here printed in complete form, are important in the development of the drama. The volume as a whole offers the best available collection of texts for the study of French drama in the eighteenth century, and it is useful for the study of the history of French thought in general.

Seventeenth-Century French Plays (In preparation).

Single plays:

XVII Century

Corneille, *Cinna* (1640), edited by Lawrence M. Riddle
Racine, *Phèdre* (1677), edited by C. H. Hunkins

XVIII Century

Delisle de la Drévetière, *Arlequin sauvage* (1721), edited by N. A. Goodyear
Voltaire, *Mérope* (1744), edited by T. E. Oliver

XIX Century

Lemercier, *Christophe Colomb* (1809), edited by Charles Grimm
Hugo, *Marion de Lorme* (1831), edited by M. A. Smith and M. R. Smith
Lamartine, *Toussaint Louverture* (1850), edited by G. Raffalovich
Labiche, *La Poudre aux yeux* (1861), edited by A. Cardon
Sardou, *La Perle noire* (1862), edited by K. McKenzie
Daudet, *L'Arlésienne* (1872), edited by S. Deléry and G. A. Renshaw
Pailleron, *Petite pluie* (1876), edited by C. C. Clarke
Maeterlinck, *L'Intruse,* and *Les Aveugles* (1890), edited by H. W. Church
Curel, *La Nouvelle Idole* (1899), edited by H. A. Smith and L. R. Méras

XX Century

Mirbeau, *Les Affaires sont les affaires* (1903), edited by C. A. Rochedieu and P. T. Manchester

Brieux, *La Française* (1908), edited by S. de la Souchère Deléry and G. A. Renshaw

Rire et Sourire, edited by R. P. Jameson: four one-act plays, including *Modestie* by Hervieu. Introduction on the history of the " short play " in France

Lenormand, *Le Temps est un songe* (1919), edited by H. Moussiegt and A. J. Dickman

Vildrac, *Michel Auclair* (1922), edited by C. H. Bissell

Romains, *Knock* (1923), edited by A. D. Menut and D. I. Chapman

Rolland, *Le Jeu de l'amour et de la mort* (1928), edited by A. D. Menut and D. I. Chapman

All these editions contain scholarly introductions and notes, of value for the study of the history of French drama. Attention may also be called to the following:

Selections from Théophile Gautier, edited by A. Schaffer and S. A. Rhodes (includes " Première représentation d'Hernani ")

Gautier, *Le Capitaine Fracasse*, edited by F. E. Guyer (gives a picture of theatrical conditions in seventeenth century)

Manuel de la littérature française, by P. H. Churchman, J. P. Lecoq and C. E. Young

BEFORE CATASTROPHE: THE DISTINCTIVE PATH OF GERMAN ZIONISM